누구나 쉽게 배울 수 있는
서자룡의
페도라 리눅스
그대로 따라하기

누구나 쉽게 배울 수 있는
서자룡의
페도라 리눅스
그대로 따라하기

누구나 쉽게 배울 수 있는
서자룡의
페도라 리눅스
그대로 따라하기

누구나 쉽게 배울 수 있는
서자룡의
페도라 리눅스
그대로 따라하기

누구나 쉽게 배울 수 있는

서자룡의

페도라 리눅스

그대로 따라하기

혜지원

누구나 쉽게 배울 수 있는

서자룡의 페도라 리눅스
그대로 따라하기

저자 서자룡 님은

리눅스 시스템 및 네트워크 엔지니어로, 1993년에 리눅스에 입문하여 2000년까지 리눅스 기반 사설 비비에스(넷토피아비비에스)를 운영하여 리눅스에 대한 체계적인 경험과 실무를 쌓았고, 1998년 넷토피아 회사를 창립하여 국내 전화 전용선 인터넷 서비스를 하면서 오랜 리눅스 실무와 경험을 바탕으로 『리눅스 6.0 그대로 따라하기』를 출간하여 국내에 리눅스 열풍을 주도한 바가 있습니다.

현재 누구나 쉽게 사용할 수 있는 새로운 데스크탑 운영체제인 No1.Linux를 개발하여 공개 배포중에 있습니다. linuxpia와 no1linux 사이트를 운영하면서 독자들에게 책에 대한 철저한 서비스와 배포판 개발 공개를 통하여 리눅스 보급및 확산에 힘을 쓰고 있습니다.

대표 저서

『리눅스 6.0 그대로 따라하기』 1998년

『리눅스 7.1 그대로 따라하기』 1999년

『리눅스 Q&A』 2002년

『리눅스 8.0 그대로 따라하기』 2002년

『리눅스 9 Plus 그대로 따라하기』 2003년

『맨드레이크 리눅스 그대로 따라하기』 2004년

『Fedora Core 리눅스 그대로 따라하기』 2005년

『New Fedora Core 리눅스 그대로 따라하기』 2007년

『리눅스 레퍼런스 가이드』 2007년

도서 내용 관련 문의

http://www.linuxpia.com(이메일 서비스는 지원하지 않습니다)

부록 DVD 관련 문의

http://www.hyejiwon.co.kr (독자마당)

집필 │ 서자룡

기획진행 │ 이영희

디자인 │ 이수정

표지 │ 김경미

영업마케팅 │ 조완용, 김남권, 황대일, 고광수, 서지영

ISBN │ 978-89-8379-583-0

등록번호 │ 제9-295호

정가 │ 29,000원

초판 발행일 │ 2008년 11월 3일

초판 2쇄 발행일 │ 2009년 9월 1일

발행인 │ 박정모

발행처 │ 도서출판 혜지원

주소 │ 서울시 동대문구 장안1동 420-3번지

전화 │ 영업부 02)2217-1227, 2213-1227 / 편집부 02)2249-7975

팩스 │ 02) 2247-1227

홈페이지 │ http://www.hyejiwon.co.kr

혜지원

좋은 책을 위해...
언제나 독자님들과 함께 합니다.

시간과 정성을 들이지 않고

얻을 수 있는 결실은 없다.

- Balthasar Gracian

무언가를 배우려고 시작할 때에는 많은 시간과 노력이 필요합니다.
컴퓨터를 배우려고 할 때에는 더욱 많은 시간과 노력이 필요합니다.

아무리 잘 쓰여진 책과 좋은 스승이 있다한들 시간과 정성을 들이지 않고는 쉽게 얻을 수 있는 지식은 없습니다.
바쁜 현대인들에게 시간은 정말 금(金)이나 다름 없지만 무엇이든 쉽게 얻을 수 있다면 세상은 존재할 가치가 없을
것입니다. 배움의 가치는 스스로 깨닫고 이해할 때 값진 것처럼 어려움에 닥치더라도 시간과 노력을 게을리 하지
않는다면 자신이 가질 수 있는 지식을 얻을 수 있으리라 봅니다.

컴퓨터의 세계에서는 '백문(百聞)이 불여일행(不如一行)'이라는 말을 사용하곤 합니다.
백 번 듣는 것보다 한 번 실제로 해보는 게 낫다는 말입니다.

리눅스는 윈도우와 다르다! 라는 생각때문에 아직까지도 리눅스를 접하지 못한다구요? 물론 리눅스는 윈도우와는
한층 다른 운영체제입니다. 윈도우보다 사용빈도가 낮다는 이유로 많은 사용자들에게 외면을 당하고 있지만 리눅스
를 사용하고 나면 그 강력함에 쉽게 헤어나기 어렵습니다. 사용자가 늘어가는 것도 당연한 이치겠지요. 그만큼 리눅
스는 서버 역할과 데스크탑 역할을 충분히 소화하고 있는 운영체제가 되었습니다. 이제 새롭게 변화된 "페도라 리
눅스"를 사용하여 윈도우의 압력(?)에서 벗어나 보기 바랍니다.

따가운 질책과 혹독한 비평은 독자 여러분의 사랑임을 저희는 잘 알고 있습니다.
더욱 많은 애정과 격려 부탁드립니다.

도서출판 혜지원 올림

독자에게 드리는 글

이 책은 무엇보다도 리눅스의 데스크탑 활용에 보다 많은 초점을 두고 집필되었습니다. 시스템 관리와 네트워크 서버 구축에 관련된 비중이 많았던 이전의 서적과는 달리 이 책에서는 엑스 윈도우와 데스크탑 활용 가치를 높이는 방법을 많이 제공하였습니다. 리눅스를 데스크탑 운영체제로써 좀 더 재미있게 배우고 활용할 수 있도록 리눅스에서 윈도우 운용체제와 응용 프로그램을 사용하는 방법과 윈도우 게임을 즐기는 방법 등 이종 운영체제의 호환성에 대해서 자세히 다루고, HDTV 카드와 MySQL 데이터베이스를 이용하여 윈도우 운영체제보다도 뛰어난 홈 씨어터 구축을 통하여 환상적인 멀티미디어의 진수를 체험할 수 있는 방법 등이 제시되어 있습니다. 새롭게 재구성된 리펭박사와 그대로 따라하기 코너를 통하여 리눅스 전반적인 부분을 그대로 따라 미리 학습할 수 있도록 하여 리눅스 시스템 조작에 대한 이해감과 자신감을 한층 높였습니다.

시스템과 네트워크 서버 구축 편은 이전보다는 보다 쉽게 이해하고 따라할 수 있도록 많은 부분들이 재구성되었습니다. 이 책을 가지고 공부하는 독자가 그대로 따라하여 자신만의 서버를 구축하여 실제로 운영할 수 있는 방법이 보다 쉽게 제시되어 있습니다. 예를 들면, 아파치, PHP, MySQL로 웹 서버를 구축하여 인터넷 초고속 전용선 서비스로 웹 서버를 운영할 수 있도록 유동 아이피에 대한 도메인을 무료로 등록하는 방법과 제로보드를 이용하여 웹 사이트를 구축하여 운영하는 방법 등이 제시되어 있습니다. 또한 리눅스 시스템을 인터넷 공유기로 활용할 수 있도록 마스커레이드 서버와 DHCP 서버를 통합적으로 구축하는 방법도 제시되어 있으며, 윈도우와 리눅스 운영체제간의 자료를 공유하는 삼바 서버 구축 과정이 보다 쉽게 설명되어 있습니다. 그리고 이전의 책과는 달리 리눅스 입문자가 이해하기 어렵다고 판단되는 부분들은 가감히 편삭하여 누구나 쉽게 이해할 수 있는 리눅스 입문서로의 제기능을 다할 수 있도록 최선을 다하였습니다.

이 책을 통해서 리눅스에 많은 관심을 가지고 있는 윈도우 사용자들이 리눅스를 중도 포기없이 쉽고 재미있고 유익하게 사용할 수 있을까 노심초사하면서 저술하였고, 리눅스에 입문하는 독자들이 진정한 리눅스 세계를 맛보고 탐구하는데 많은 도움이 되었으면 하는 바람에서 부족하나마 정성껏 집필하였습니다. 무엇보다도 이 책을 통하여 인터넷상에 널려 있는 수많은 하우투(HowTo) 또는 강좌 문서들을 독자 스스로 학습하여 자신의 것으로 소화할 수 있는 능력이 배양될 수 있도록 항상 배우는 학생 입장에서 독자 눈높이에 맞게 집필하였습니다.

이 책은 독자 스스로 새로운 지식을 터득할 수 있는 가이드가 될 수 있도록 충실함은 물론, 무엇보다도 리눅스를 최대한 활용할 수 있는 실용적인 가이드가 되도록 최선을 다하였습니다. 그러나 막대한 분량의 책에도 불구하고도, 이 한 권의 책으로 광범위한 리눅스 세계의 모든 것을 담기에는 한계가 있습니다. 이 책에서 다루고 있는 것들은 사막의 모래알 한 줌에 불과할 정도로 부족한 점이 많습니다. 하지만, 한 줌의 모래알들이 독자들에게는 가뭄 속의 단비가 될 수 있도록 십여 년 동안의 숱한 오랜 경험과 리눅스 하우투(HowTo) 문서를 바탕으로 체계적으로 심혈을 기울였으므로, 이 책을 충분히 소화해 낸 독자라 한다면 이 책에서 다루지 않았거나 좀 더 깊은 리눅스 세계를 스스로 개척해 나갈 수 있는 능력만큼은 배양되었을 것이라 확언할 수 있습니다.

개인적인 고초로 말미암아 상반기에 이미 출간되었어야 할 이 책이 오랫동안 표류하다 뒤늦게나마 이렇게 빛을 볼 수 되어 기쁘게 생각하며, 오랫동안 필자의 숙제이었다고 할 수 있는 데스크탑 배포판 개발을 아직 미완의 형태이지만, No1.Linux 배포판으로 이룩해 내어 이 책의 특별부록으로 제공하게 된 점을 무엇보다도 감개무량합니다. 이 책을 가지고 학습하면서 부족함이나 궁금한 점이 있는 분이나, 이 책에 대해 조언하실 분이 있으면 언제든지 필자의 홈페이지 http://joayo.net (좋아요넷)와 http://www.no1linux.org (No1.Linux 커뮤니티 사이트)에 방문하시면 환영합니다.

끝으로 이 책을 통하여 몇 분의 은인들께 감사의 말을 꼭 드리고 싶습니다. 그동안 가시밭길에서 헤쳐 나올 수 있도록 서로 용기와 격려를 준 (주)우성 케이엘에스의 김경식 대표와 임환섭 이사에게 이 책을 감사의 보답으로 드리고, 호스팅 무료 쿠폰을 협찬해 주신 메가존(주)의 이주완 실장님과 최인영 팀장님에게 감사드리며, 하늘같이 떠받들더라도 모자랄 허기환 형님, 죽마고우 김홍기에게도 이 책으로 보답드리고자 합니다. 그리고 언제나 이 책이 명서로 유지할 수 있도록 끝까지 배려와 성의를 다 해 주신 혜지원 출판사의 박정모 사장님과 이영희 편집부장님에게도 감사의 말을 전합니다. 그동안 어려운 환경속에서도 묵묵히 내조를 해 준 나의 아내 수정에게 미소 가득한 고마움을 전하며, 사랑하는 푸름,오름,가온 아들셋과 함께 언제나 행복하고 축복받는 우리 가족이 되길 이 책에 염원합니다.

누구나 쉽게 사용할 수 있는 새로운 리눅스 데스크탑 운영체제인 No1.Linux의 활성화를 기대하면서

2008년 9월
저자 서자룡
http://www.joayo.net
http://www.no1linux.org

부록 DVD

부록 DVD는 페도라9 DVD 설치 버전과 서자룡의 No1.Linux LiveDVD로 구성되어 있습니다.

페도라9 부록 DVD는 DVD-ROM에서 설치할 수 있는 페도라 32비트 버전으로, 64비트 시스템에서도 설치가 가능하지만, CD-ROM에서는 설치되지 않으므로, 이 점 유의해 주시기 바랍니다. 만일 64비트용 페도라 리눅스나 CD-ROM용 페도라9 리눅스를 설치하고자 하는 경우에는 다음 사이트에서 64비트용 ISO 파일 또는 CD-ROM용 ISO 파일을 다운로드하여 DVD 또는 CD-ROM으로 구워 설치해야 합니다.

```
ftp://ftp.kaist.ac.kr/pub/fedora/linux/releases/9/Fedora/x86_64/iso/   64비트용
ftp://ftp.kaist.ac.kr/pub/fedora/linux/releases/9/Fedora/i386/iso/     32비트용
http://fedoraproject.org/en/get-fedora
```

서자룡의 No1.Linux는 PCLinuxOS 라이브 배포판을 한글화 및 재구성하여 만들어진 배포판으로, 페도라 리눅스와는 달리 설치 과정없이 DVD로 부팅하여 리눅스를 바로 사용할 수 있어 리눅스를 처음 접하는 사용자 누구나 손쉽게 리눅스를 사용할 수 있습니다.

부록 DVD로 페도라9 리눅스 설치 시 발생되는 문제점이나 DVD 불량 또는 기타 문의 사항은 다음 주소로 문의하시면 됩니다.

```
페도라9 부록 DVD 설치 및 책 전반적인 질문 : http://www.linuxpia.com
DVD 불량 및 교환 : http://www.hyejiwon.co.kr
No1.Linux 문의사항 : http://www.no1linux.org
```

◎ 부록 DVD 구성

```
페도라9 리눅스 32비트 DVD 버전
서자룡의 No1.Linux LiveDVD 버전
(주)메가존 웹호스팅 서비스 무료 6개월 쿠폰
```

이 책의 구성

Part 1. Discovery Linux

이 파트에서는 페도라 리눅스가 어떻게 부팅이 이뤄지고, 부팅 과정에서 어떤 화면들을 나오며, 리눅스 시스템을 어떻게 시작하고 종료시키는지 기본적인 시스템 조작을 학습하고 이해함으로써 리눅스 세계를 발견하는 기회가 될 것입니다.

Chapter1 리눅스 시스템 부팅 살펴보기

시스템 전원을 켠 후 바이오스 부팅부터 엑스 윈도우로 부팅되는 과정까지 그 일련의 기초적인 과정을 이해할 수 있도록 설명합니다.

Chapter2 리눅스 시스템 시작과 종료

리눅스 시스템의 로그인과 로그아웃 그리고 시스템 종료 시 셧다운 방법을 자세히 설명합니다.

Chapter3 엑스윈도우 데스크탑 한눈에 익히기

윈도우 운영체제와 다른, 리눅스의 그래픽 인터페이스 환경에 친숙하게 접할 수 있도록 엑스 윈도우의 데스크탑 환경을 손쉽게 다룰 수 있는 방법을 설명합니다.

Chapter4 리눅스 시스템 명령어 익히기

리눅스 시스템을 다루는 기본적이고 필수적인 명령어의 사용법과 예제를 초보자의 눈높이에 맞게 친절하고 쉽게 설명합니다.

Chapter5 리펭박사 그대로 따라하기

리눅스 세계를 발견하고 체험할 수 있도록 이 책에 있는 전반적인 내용을 미리 학습할 수 있도록 팁 형식의 "리눅스 펭귄 박사와 함께 그대로 따라하기" 코너로 구성되었습니다.

Part2. Explore Linux

앞 파트에서 학습한 지식을 바탕으로 리눅스 엑스 윈도우 세계를 체험하고 탐구하는 장입니다. 리눅스의 엑스 윈도우 시스템 설정 방법과 작동 원리에 대해서 알아보고, 오픈 데스크탑 환경을 사용자 취향에게 맞게 구성하고 꾸미는 방법을 알아보고 인터넷 및 멀티미디어 응용 프로그램의 활용 방법을 알아봄으로써 엑스 윈도우의 편리성및 활용성 그리고 윈도우 운영체제의 대체 가능성을 이해할 수 있는 시간이 될 것입니다.

Chapter1 엑스 윈도우 시스템 설정

엑스 윈도우에 대한 기본적인 개념과 설정 방법, 3D 데스크탑 효과 설정, 한글 글꼴 설정, 다중 헤드 설정 등 엑스 윈도우의 설정 및 활용 방법에 대해서 설명합니다.

Chapter2 그놈 데스크탑 환경 기본 설정

페도라 리눅스의 기본 데스크탑 환경인 그놈에서 지원하는 환경 설정 도구인 그놈 제어판을 다루는 방법과 데스크탑 시스템 설정에 대해서 살펴봅니다.

Chapter3 그놈 데스크탑 환경 시스템 관리

소프트웨어 설치 및 제거, 시스템 업데이트, 날짜 및 시간 설정, 네트워크 설정정, 사용자 및 그룹 관리, 프린터 설정 등 그놈 데스크탑 환경의 시스템 관리에 대해서 살펴봅니다.

Chapter4 시스템 도구 및 파일 브라우저

디스크 관리, 시스템 감시, 시스템 로그, 압축 관리자, 네트워크 장치 제어, 인터넷 설정 마법사, 터미널, 플로피 포맷, 하드웨어 탐색기 등의 시스템 도구를 살펴보고, 그놈 데스크탑 환경의 파일브라우저로 노틸러스를 다루는 방법에 대해서 살펴봅니다.

Chapter5 오피스 및 보조프로그램

오피스와 보조 프로그램 카테고리 메뉴에 있는 프로그램을 살펴봅니다. 리눅스에서 사용 가능한 오피스 제품군으로는 어떤 것이 있으며, 한글과컴퓨터 오피스 2008 리눅스 버전 60일 체험판을 설치하는 방법을 살펴봅니다.

Chapter6 인터넷과 응응 프로그램

국내에서 서비스되고 있는 초고속 인터넷 서비스를 연결하는 방법을 알아보고, 리눅스에서는 웹 서핑, FTP 접속, 온라인 채팅, 이메일은 어떤 프로그램으로 어떻게 하는지를 알아봅니다. 또한 리눅스에서 네이트온을 설치하는 방법도 소개됩니다.

Chapter7 게임 프로그램

리눅스 게임에 대한 정보와 wine이라는 프로그램을 기반으로 하여 개발된 playonlinux와 cedega 프로그램으로 윈도우 게임을 리눅스에서 즐길 수 있는 방법을 소개합니다.

Chapter8 멀티미디어 응용 프로그램

리눅스 데스크탑 활용면에서 가장 관심이 많은 멀티미디어 환경 구축에 관하여 알아봅니다. MP3/OGG 파일 듣기, Divx 동영상 파일 보기, DVD로 영화를 보는 방법과 HDTV 수신 카드로 HDTV를 보는 방법을 알아보며, 시디 레코딩하는 방법을 알아보고 마지막으로 홈 씨어터를 구축하는 방법을 설명합니다.

Chapter9 그래픽 응용 프로그램

엑스 윈도우상에서 사용할 수 있는 그래픽 응용 프로그램으로는 어떤 것들이 있는지 간략하게 살펴봅니다. 김프 그래픽 응용 프로그램을 비롯하여 그래픽 보기 프로그램, 그래픽 캡쳐 프로그램, 디지털 카메라 이미지 관리 프로그램, 스캐너 프로그램 등에 대해서 살펴봅니다.

Chapter10 윈도우 응용 프로그램 사용

리눅스에서 윈도우 응용 프로그램을 사용하는 방법을 살펴봅니다. 대표적인 에뮬레이트 프로그램인 Wine과 Wine를 기반으로 개발된 CrossOver, PlayOnLinux, Cedega를 소개합니다. 또한 버추얼 머신을 이용하여 윈도우 운영체제와 응용 프로그램을 다루는 방법을 알아봅니다.

Part3. Expert Linux

리눅스 시스템을 자신있게 관리하여 리눅스 시스템 숙련자가 될 수 있는 시스템 관리 방법을 설명합니다. 리눅스 시스템의 부팅 과정에 대해서 자세히 살펴보고, 운영체제의 부트를 위한 부트로더 관리 방법, 사용자 계정을 관리하는 방법, 리눅스 파일시스템과 디스크를 관리하는 방법, 데몬과 프로세스를 관리하는 방법, 시스템 쉘과 백업하는 방법, 파일 압축과 RPM 패키지 관리하는 방법, 인터넷상으로 통한 패키지 관리 방법, 문서 편집기를 다루는 방법, 프린터 관리 방법 그리고 마지막으로 리눅스 커널 관리 방법 등 리눅스 시스템에 관한 전반적인 관리 체계 방법을 다룹니다.

Chapter1 부팅 과정의 이해

페도라 리눅스를 설치한 후 시스템을 재시작하였을 때 바이오스 부팅부터 시스템 로그인 과정까지 어떠한 과정들이 진행되는지를 그 흐름에 대해서 이해하는 정도로 간략하게 쉽게 설명합니다.

Chapter2 부트로더

부트로더 설정과 관리 방법에 대해서 살펴보고, 윈도우 엑스피 부트로더를 이용하여 리눅스로 부팅하는 방법에 대해서 알아봅니다.

Chapter3 사용자관리

사용자 계정을 추가하고, 추가된 사용자 계정의 열쇠글을 관리하는 방법에 대해서 살펴보고, 일반 사용자가 루트 권한을 갖도록 설정하는 방법과 권한 획득하는 방법에 대해서 알아봅니다.

Chapter4 파일시스템 관리

리눅스 파일 시스템에 관련된 지식과 관리 방법에 대해서 학습합니다. 파일시스템이란 무엇이고, 리눅스에선 어떤 종류의 파일시스템을 지원하는지를 알아보고, 리눅스 디렉토리와 파일 구조에 대해서도 알아봅니다. 또한 파일 허가권과 소유권에 대해서 자세히 살펴보고, 마운트라는 개념과 파일시스템에 따른 마운트 방법을 자세히 알아봅니다.

Chapter5 시스템디스크 관리

하드 디스크를 추가하거나 파티션을 다시 재조정하였을 때 리눅스 파일시스템은 어떻게 만들어야 하는지, 디스크를 포맷하는 방법에 대해서 알아보고, 시스템에 예기치 않은 사태로 인하여 디스크의 파일시스템이 손상되었을 때 이를 어떻게 복구하는지를 살펴봅니다. 사용자 계정 용량 제한하는 디스크 쿼터 설정과 여러 개의 파티션을 하나로 통합하여 관리할 수 있는 시스템 관리 방법을 알아봅니다.

Chapter6 데몬 관리

프로세스 관리는 시스템 관리자에게는 시스템이 안정적으로 운용될 수 있도록 하는데 있어서 가장 기본적인 임무이기 때문에 프로세스와 데몬을 어떻게 관리해야 하는지에 대해서 살펴봅니다.

Chapter7 소프트웨어 패키지 관리

리눅스 설치 시 사용자 정의 설치 모드에서 전체 패키지를 선택하여 설치하지 않았다면 어떤 특정한 소프트웨어를 사용하기 위해서는 추가로 설치해야 할 때가 있으며, 또한 소프트웨어 패키지의 보안상 버그나 기능 업데이트를 위해서 소프트웨어를 패치하거나 업그레이드해야 할 경우도 있는데, 이 장에서 소프트웨어 패키지를 어떻게 다루어야 하는지 관리 방법에 대해서 살펴봅니다.

Chapter8 쉘 관리

쉘 종류와 프롬프트를 변경하는 방법에 대해서 알아보고, 간단한 쉘 스크립트를 만드는 방법과 쉘을 자유자재로 다룰 수 있는 도구인 MC에 대해서 살펴봅니다.

이 책의 차례

Part 1

Discovery Linux

Chapter 01. 리눅스 시스템 부팅 살펴보기

Chapter 02. 리눅스 시스템 시작과 종료

Chapter 03. 엑스 윈도우 데스크톱 눈에 익히기

Chapter 05. 리펭박사 그대로 따라하기

Part 2

Explore Linux

Chapter 01. 엑스 윈도우 시스템 설정

Chapter 02. 그놈 데스크탑 환경 기본 설정

Chapter 03. 그놈 데스크탑 환경 시스템 관리

Chapter 04. 시스템 도구 및 파일 브라우저

Chapter 05. 오피스

Chapter 06. 인터넷 설정과 응용 프로그램

Chapter 07. 게임 프로그램

Chapter 10. 윈도우 응용 프로그램 사용

Part 3

Expert Linux

Chapter 01. 리눅스 부팅의 이해

Chapter 02. GRUB 부트로더 다루기

Chapter 03. 사용자 관리

Chapter 04. 파일 시스템 관리

Chapter 05. 시스템 디스크 관리

Chapter 06. 데몬과 프로세스 관리

Chapter 11. 프린터 설정

Chapter 12. 커널(Kernel)

Chapter 05. 메일 서버

Chapter 06. 파일 전송 서버(FTP)

Chapter 10. SSH 서버

Chapter 11. 보안(Security)

부록

Chapter 01. GNU 선언문

Chapter 02. 리눅스에 대한 이해

Chapter 03. 03. 리눅스 파티션의 이해

Chapter 04. 페도라 설치

Chapter 05. No1.Linux 소개

end
help

PART 1

Discovery Linux

Chapter

01. 리눅스 시스템 부팅 살펴보기

리눅스 시스템 부팅 과정에 대해서 간략하게 살펴보고, 자세한 것은 Part3 Chapter 1 "리눅스 부팅 과정의 이해"에서 알아볼 것입니다. 이 장에서는 리눅스 설치 후 시스템이 재시작된 이후부터 엑스 윈도우 로그인 화면이 나올 때까지 그 일련의 과정에 대해서 알아봅니다.

학습 주제

▶ 리눅스 시스템 시작과 종료 이해
▶ 리눅스 부팅 과정의 이해
▶ Setup Agent 설정 방법 이해

1. 리눅스 시스템 부팅 한눈에 익히기

① GRUB 부트로더 부팅 화면

페도라 리눅스 설치 후 시스템을 재시작하게 되면 GRUB 부트로더 화면이 나옵니다. 이 때 5초 동안 키보드 입력이 없게 되면 부트 메뉴 화면없이 바로 페도라로 부팅이 이뤄집니다.

윈도우 엑스피와 페도라 리눅스와 멀티 부팅이 되도록 선택하려면 5초 이내에 키보드의 아무 버튼이나 누릅니다.

② GRUB 부트로더 부팅 메뉴 화면

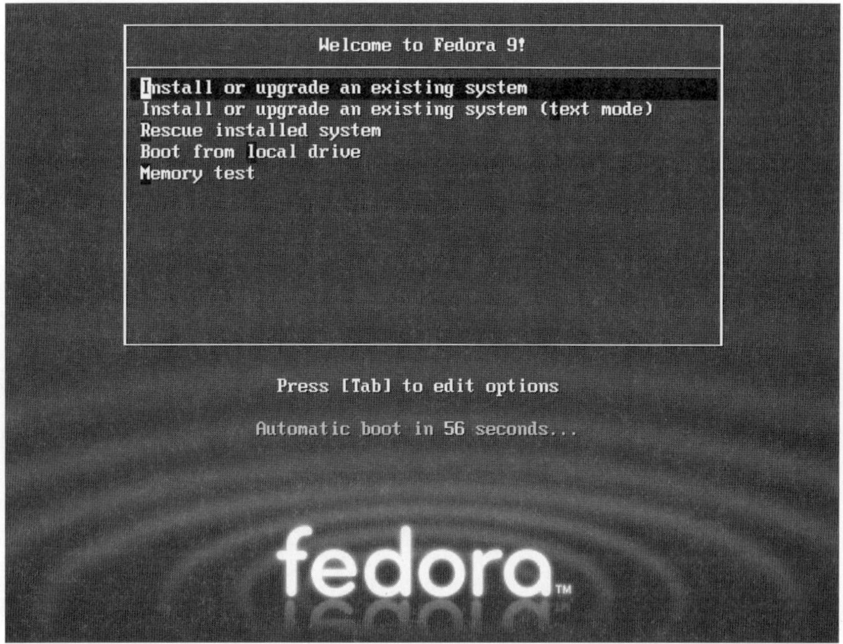

앞 화면에서 키보드 입력이 있었을 때 나타나는 GRUB 부트로더의 메뉴 화면으로 다른 운영체제와 멀티 부팅을 지원합니다. 부팅하고자 하는 운영체제를 ↑, ↓ 방향키로 선택하여 Enter 키를 치면 해당 운영체제로 부팅이 이뤄집니다. 부팅하고자 하는 운영체제에 선택한 후 E 버튼을 누르면 부팅 정보를 수정할 수 있습니다. 자세한 것은 "Part 3, Chapter 2 리눅스 부트로더"를 참고하기 바랍니다.

③ 커널 부트 메시지

```
  Booting 'Fedora (2.6.25-14.fc9.i686)'

root (hd0,0)
 Filesystem type is ext2fs, partition type 0x83
kernel /boot/vmlinuz-2.6.25-14.fc9.i686 ro root=UUID=04406184-a341-42fe-a85d-3e
fa0af7edde rhgb quiet
   [Linux-bzImage, setup=0x3000, size=0x1fab60]
initrd /boot/initrd-2.6.25-14.fc9.i686.img
   [Linux-initrd @ 0x20050000, 0x28f321 bytes]


Decompressing Linux... done.
Booting the kernel.
Red Hat nash version 6.0.52 starting
sd 0:0:0:0: [sda] Assuming drive cache: write through
sd 0:0:0:0: [sda] Assuming drive cache: write through
            Welcome to
            Press 'I' to enter interactive startup.
Starting udev: _
```

리눅스로 시스템이 부팅될 때 커널(Kernel)이 제일 먼저 동작하는데, 커널에 의해서 리눅스 시스템의 모든 것들이 동작됩니다. 커널이 동작하면서 보여주는 메시지를 커널 메시지라 합니다.

부팅 과정을 커널 메시지 대신에 그래픽 화면으로 보여주는데, 이러한 부트 그래픽 화면을 부트 스플래시(bootsplash)라 합니다. 그래픽 화면 상태로 부팅이 이뤄질 때 어떤 일들이 진행되고 있는지를 확인하려면 Alt + D 키를 누르면 됩니다. 이에 대한 자세한 것은 "Part 3 Chapter 1 리눅스 부팅 과정의 이해"에서 살펴볼 것입니다.

부트 스플래시 화면에서 Alt + D 키를 누르면 init라는 프로그램에 의해서 여러 종류의 서비스들이 활성화되고 있는 과정을 볼 수 있습니다. 이러한 과정을 시스템 초기화 과정이라고 합니다. init 프로그램에 의해서 실행레벨(runlevel)에 따른 하드웨어와 시스템 그리고 네트워크 서비스 등의 활성화 여부를 [확인] 또는 [실패]로 보여줍니다.

시스템의 날짜와 시간, 엑스 윈도우의 해상도 설정, 시스템 사용자 추가, 사운드 카드 설정, 추가 패키지 설치 등을 기본적인 시스템 설정을 도와주는 설정 에이전트(Setup Agent)가 페도라9 리눅스 설치 후 처음 부팅할 때만 나타납니다. 처음 부팅시 설정 에이전트를 설정하였다면 다음 부팅 시에는 이 과정이 생략됩니다.

⑦ 로그인 화면

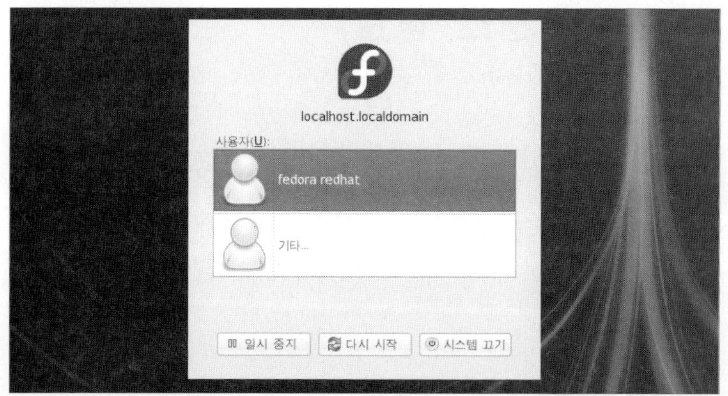

로그인하고자 하는 사용자를 선택하여 로그인을 합니다.

2. 설정 에이전트(Setup Agent) 설정

페도라 리눅스를 설치 후 시스템을 재시작하면 설정 에이전트 설정 과정이 나옵니다. 이것은 시스템 날짜와 시간 설정, 사용자 계정 설정을 도와주는 마법사 도구입니다. 설정 에이전트는 처음 페도라 리눅스 설치 후에만 작동하므로, 처음 부팅 시 설정 에이전트 설정을 생략하였다면, 이에 관련된 설정들은 리눅스로 부팅한 후 관련된 각각의 도구를 이용하여 다시 설정할 수 있습니다. 그러면 설정 에이전트를 다루는 방법에 대해서 알아봅니다.

Step1 [앞으로] 버튼을 클릭하여 다음 설정으로 진행합니다.

Step2 [앞으로] 버튼을 클릭합니다.

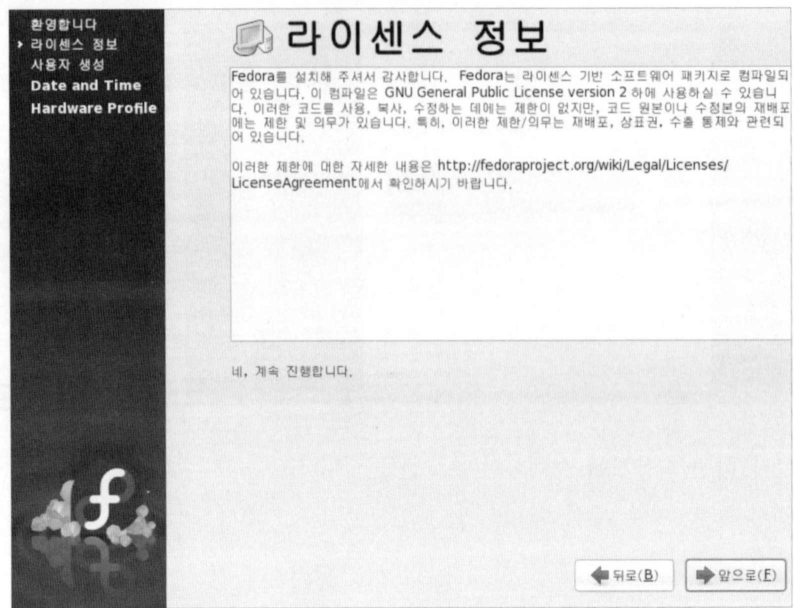

Step3 페도라에서 사용할 사용자 계정을 생성합니다.

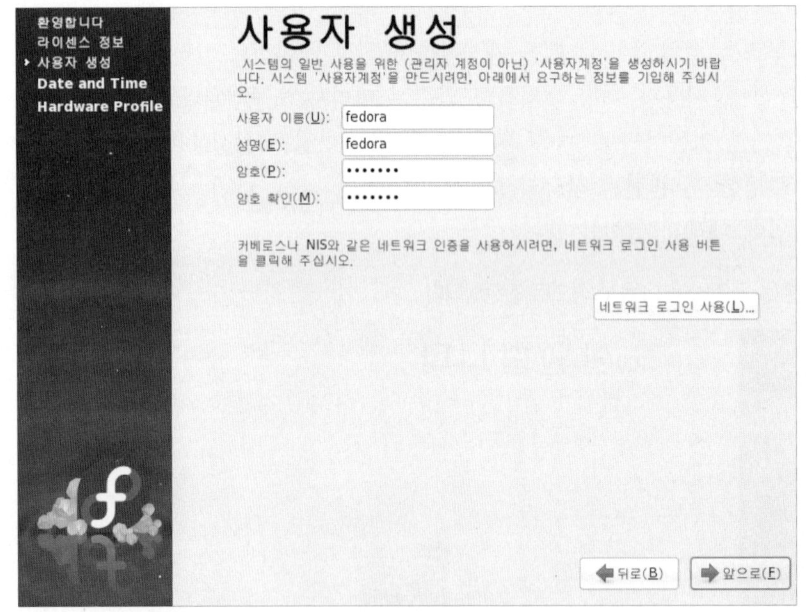

Step4 시스템 날짜와 시간 설정

① 날짜와 시간 설정

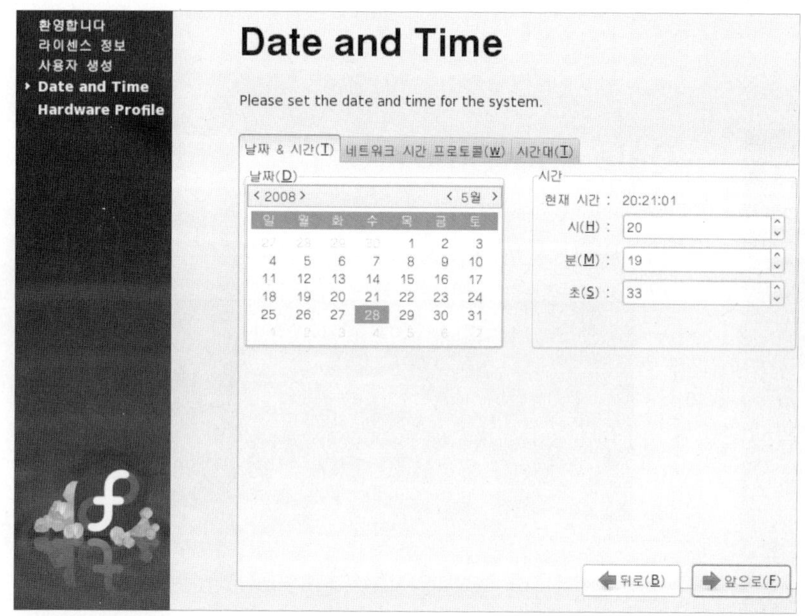

시스템 날짜와 시간은 메인 보드의 바이오스 설정에서 우선적으로 정확히 설정해 주는 것이 중요하지만, 시스템 날짜와 시간이 맞지 않는다면 설정 에이전트를 통해서 정확하게 맞춰줄 수 있습니다.

② 네트워크 시간 프로토콜(Network Time Protocol) 설정

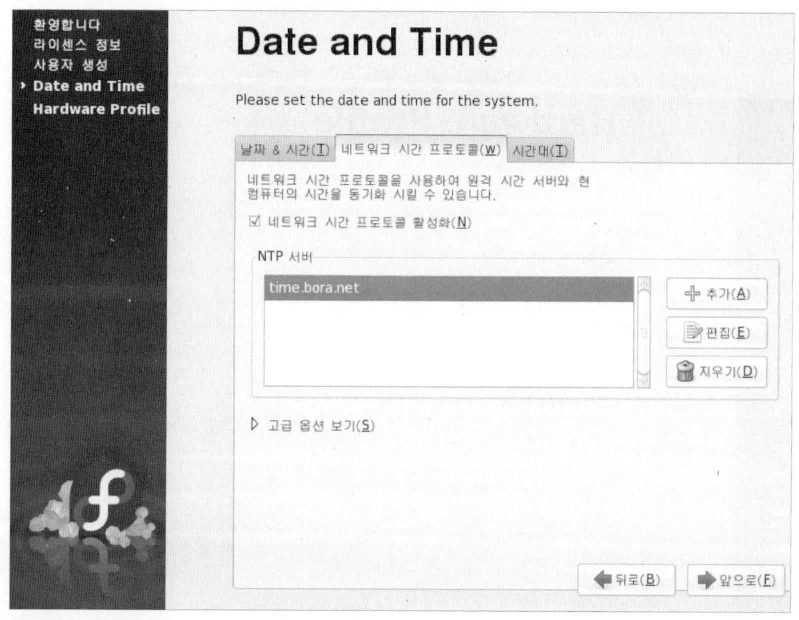

원격 시간 서버를 지정하여 시스템 시간을 정확한 표준 시간에 맞춰 놓을 수 있습니다. 원격 타임 서버를 통해서 시스템 시간을 맞춰 놓으려면 [네트워크 시간 프로토콜 활성화] 옵션을 체크하여 NTP 서버 설정에 다음 국내 시간 서버 주소를 추가해 주면 됩니다.

```
time.kriss.re.kr

time.bora.net

time.nuri.net
```

③ 시간대 설정

서울(Seoul)로 시간대를 설정합니다.

Step5 하드웨어 프로필 보내기

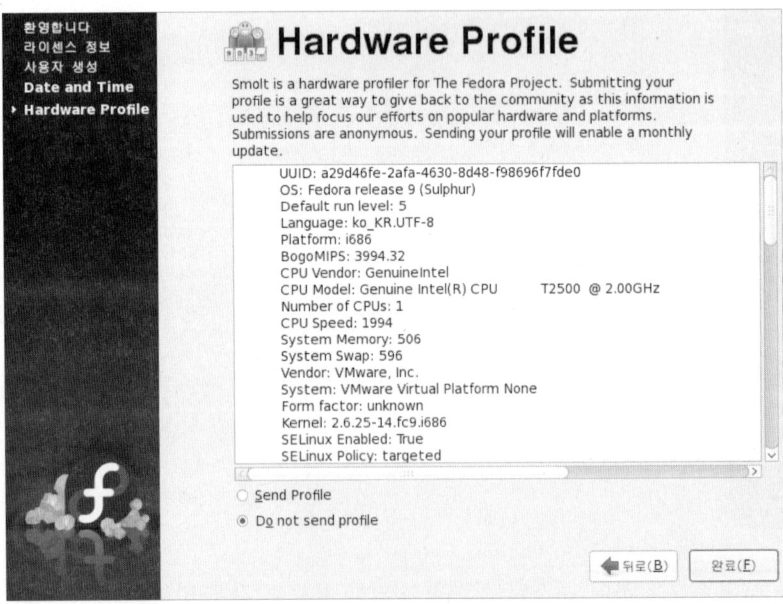

여러분의 하드웨어 프로필은 페도라 프로젝트에 하드웨어 데이터베이스를 축적하는데 소중한 자료가 되므로, 프로필 보내기를 체크하여 [완료] 버튼을 클릭합니다.

이 장에서는 리눅스 시스템에 로그인과 로그아웃하는 방법에 대해서 알아보며, 리눅스 시스템을 종료할 때는 어떻게 해야 하는지에 대해서 살펴봅니다.

▶ 로그인과 로그아웃
▶ 리눅스 프롬프트 구조에 대한 이해
▶ 리눅스 시스템 셧다운

학습 주제

1. 로그인과 로그아웃

로그인(login)[1] 이란 리눅스 시스템에 사용자가 작업을 하기 위하여 사용자 아이디[2] 와 열쇠글[3] 을 입력하여 사용자 인증을 걸쳐 리눅스 시스템 안[4] 으로 들어가는 과정을 말합니다. 리눅스 시스템은 한 대의 시스템을 여러 사용자가 동시에 사용할 수 있는 다중 사용자 환경(Multi-users)과 멀티 태스킹(Multi-Tasking) 환경이기 때문에 로그인은 매우 중요한 절차입니다.

리눅스 설치 후 로그인할 수 있는 사용자는 수퍼유저인 root와 셋업 에이전트에서 생성한 계정뿐입니다. root 계정은 시스템에서 절대 권한을 갖는 슈퍼유저(super user)이기 때문에 특별한 시스템 관리가 아닌 이상 root 사용자로는 로그인하지 않고 일반 사용자 계정으로 로그인을 하도록 합니다. 그러면 엑스 윈도우와 콘솔[5] 로그인 화면에서 로그인하는 방법을 알아봅니다.

---

1) 컴퓨터 시스템이나 네트워크상에서 구분되는 사용자의 아이디와 암호를 입력하고 접근 권한이나 사용 권한을 얻는 것입니다.
2) 리눅스에서는 계정(account)라 부릅니다.
3) 열쇠글은 비밀 번호 또는 암호를 일컫는 또 다른 우리말입니다.
4) 리눅스 시스템은 쉘(shell)로 이뤄져 있으며, 쉘 작업을 편리할 수 있도록 지원해 주는 작업 환경으로 콘솔과 엑스 윈도우가 있습니다. 엑스 윈도우에서 쉘 작업을 하고자 할 때 일반적으로 터미널 프로그램을 많이 사용합니다.
5) 컴퓨터에 직접 연결된 모니터와 키보드를 콘솔이라고 정의하는데 일반적으로 터미널을 일컫는 말입니다. 리눅스에서는 텍스트 상태의 터미널 화면을 콘솔이라고 부르며, 쉽게 생각하면 도스와 같은 상태의 화면을 콘솔이라고 생각하면 이해가 쉬울 것입니다. 리눅스는 여러 개의 가상 콘솔을 제공하는데 각 콘솔로 전환은 Alt + F1 ~ F6 키 또는 Ctrl + Alt + F1 ~ F6 키(엑스 윈도우상에서)를 사용합니다.

1.1 엑스 윈도우 로그인 및 로그아웃

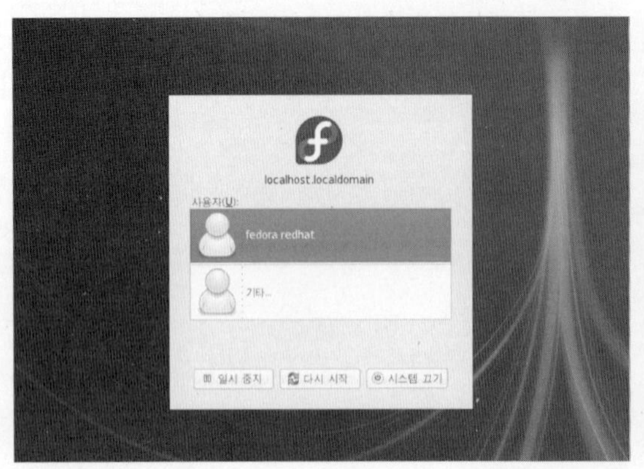 

로그인하고자 하는 사용자를 마우스로 클릭하거나 키보드로 선택하여 Enter 키를 치고, password 입력 폼에 해당 사용자의 열쇠글을 입력하여 로그인을 합니다. 로그인이 성공되면 페도라의 오픈 데스크탑 환경인 그놈(Gnome)을 사용할 수 있게 됩니다.

 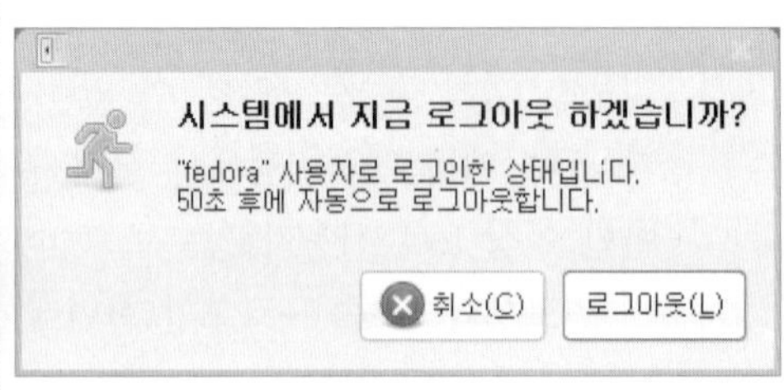

엑스 윈도우 환경에서 로그아웃은 화면 상단의 [시스템] 메뉴에서 [로그 아웃]를 클릭하여 [로그아웃] 버튼을 누르면 됩니다. 여기서 로그아웃은 시스템 종료를 의미하는 것이 아니라 다시 다른 사용자로 로그인을 할 수 있도록 엑스 로그인 화면으로 되돌아가게 됩니다.

1.2 콘솔 로그인과 로그아웃

엑스 윈도우에서 콘솔로 전환하려면 Ctrl + Alt + F1 키를 누릅니다.

```
Fedora release 9 (Sulphur)
Kernel 2.6.25-14.fc9.i686 on an i686 (tty1)


localhost login:
```

콘솔에서 로그인하는 과정을 알아보기 전에 로그인 화면에 있는 메시지에 대해서 알아봅니다. 첫 줄은 페도라 버전과 코드명을 의미하는데, 현재의 배포판이 페도라9 버전이며, 페도라9는 Sulphur라는 코드명을 가진다는 것을 보여줍니다.

두 번째 줄은 페도라9 버전에서 지원하는 커널 버전이 2.6.25-14.fc9.i686이라는 것을 알 수 있게 해 줍니다. i686은 시스템 CPU를 나타내는 것으로, CPU 종류에 따라서 i386, i486, i586, i686, alpha ,sparc 등으로 표시됩니다. 세 번째 줄에 있는 "localhost[6)]"는 여러분의 리눅스 컴퓨터 이름을 가르킵니다.

그러면 콘솔에서의 로그인은 login: 프롬프트에 사용자의 계정을 소문자로 입력하여 Enter 키를 치고, Password: 에 사용자의 열쇠글을 입력하여 Enter 키를 치면 됩니다. 이 때 열쇠글을 잘못 입력하거나 없는 계정일 경우에는 Login incorrect 라는 메시지가 나타나며, 열쇠글 입력시 입력되는 열쇠글이 보이질 않는데, 이것은 버그가 아니므로, 주의하여 정확하게 입력합니다. 또한 리눅스는 소대문자를 엄밀히 구별하므로, 열쇠글을 입력시 Caps Lock 키가 꺼져 있는지 주의하도록 합니다.

이제 로그아웃하는 방법을 알아볼까요? exit 명령만 실행해 주면 간단하게 로그아웃을 할 수 있습니다.

2. 리눅스 프롬프트(Prompt) 구조

윈도우에서 명령창을 사용할 기회가 많지 않았지만, 리눅스에서는 어떤 형태라도 명령을 실행하는 쉘을 많이 접하게 됩니다. 콘솔에서 로그인하거나 엑스 윈도우에서 터미널 창을 열면 낯설은 리눅스의 프롬프트를 보게 됩니다. 도스 창의 C:\ 프롬프트와는 구조가 전혀 달라 리눅스의 프롬프트는 다소 복잡하고 생소하게 느껴질지도 모르겠군요. 그러면 리눅스의 프롬프트는 어떠한 구조로 되어 있는지를 살펴봅니다.

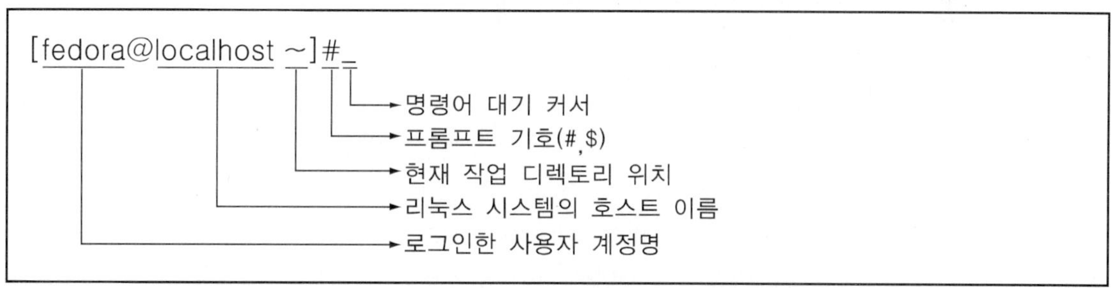

리눅스의 프롬프트는 "[계정명@시스템이름 작업위치] 프롬프트 기호"로 구성되어 있습니다. 계정명은 사용자 계정으로 로그인하였을 때 해당 사용자 계정명을 말하며, 시스템 이름은 /etc/sysconfig/network 파일에서 HOSTNAME=옵션으로 명시된 호스트이름으로, 리눅스 설치시 호스트명을 명시해 주지 않았다면 기본적으로 localhost 명을 갖게 됩니다. 작업 위치는 현재 로그인한 계정의 위치를 가르키는데, ~기호는 사용자 계정의 홈 경로를 의미합니다. 즉 fedora라는 계정으로 로그인하였을 때의 홈 경로는

---

6) 호스트명은 /etc/sysconfig/network 파일에서 HOSTNAME=으로 명시된 이름입니다. 리눅스 설치시 호스트명을 지정하지 않았다면 이 파일에서 HOSTNAME값은 localhost.localdomain으로 되어 있으며, 로그인시 호스트명은 localhost로만 보여줍니다.

/home/fedora로 이를 ~기호로 나타낼 수 있습니다. 프롬프트 기호는 사용자 계정에 따라 다르다는 것을 유의하기 바랍니다. root 계정일 경우에는 # 기호로 표시되지만, 일반 사용자 계정일 경우에는 $ 기호로 표시됩니다.

프롬프트 기호	의미
#	root 사용자
$	일반 사용자

이제까지 콘솔상에서 로그인하는 방법에 대해서 알아보았습니다. 그러면 그와 반대로 로그아웃은 어떻게 할까요? 로그아웃은 프롬프트에서 exit 명령어를 치거나, Ctrl + D 키를 입력하면 로그아웃이 이뤄집니다.

리펭박사와 함께 그대로 따라하기

프롬프트에서 리눅스 시스템의 이름을 변경하는 방법에 대해서 알아봅니다. /etc/sysconfig/network 파일을 편집해야 하는데, 리눅스에서 많이 사용하는 vi 편집기를 이용하여 수정해 봅니다. vi 편집기를 다룰 줄 알아야 하므로, 간단한 편집기 사용 방법과 함께 살펴봅니다.

다음 화면과 같이 su - 명령을 실행하여 루트 권한을 갖습니다.

vi /etc/sysconfig/network 명령을 실행합니다.

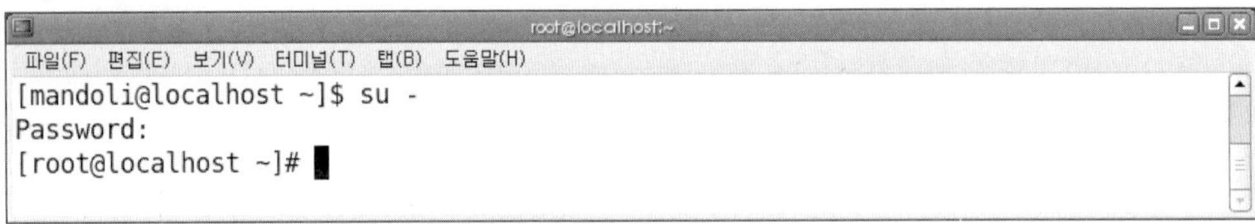

다음 화면에서 보는 바와 같이 HOSTNAME= 설정이 localhost,localdomain으로 지정되어 있습니다. 이 설정을 통해서 리눅스 시스템 이름을 지정해 줄 수 있습니다.

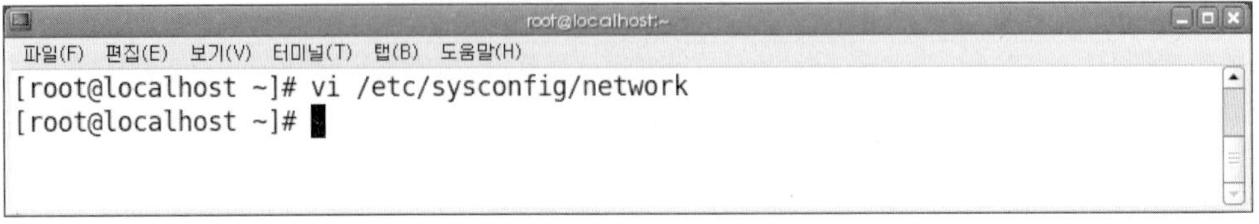

그러면, 편집기에서 A 키를 누르게 되면 하단에 -INSERT-가 표시됨을 볼 수 있습니다. 커서키를 이용하여 HOSTNAME 라인으로 이동하여 localhost.localdomain을 백스페이스키나 Del 키를 사용하여 지운 후에 fedora6라는 이름을 입력합니다.

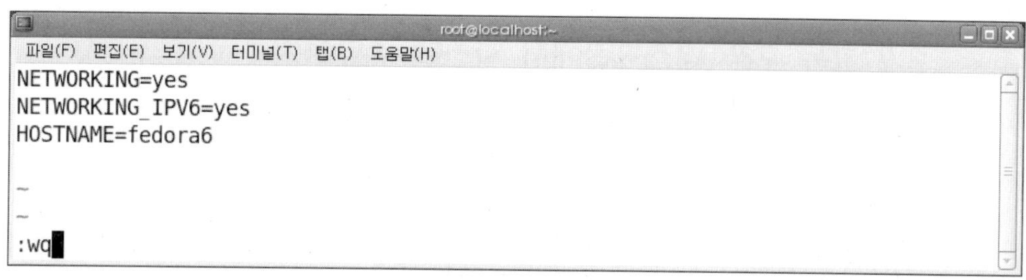

그런 다음에 Esc 키를 한번 누른 후 Shift 키를 누른 상태에서 :(콜론) 키를 누릅니다. 그러면 화면 하단에 : 표시가 됩니다. 여기에 wq를 입력하여 문서가 저장되고 종료됩니다.

3. 리눅스 시스템 종료하기(셧다운 Shutdown)

시스템 작업을 마친 후 시스템을 종료하는 방법을 알아봅니다. 리눅스 시스템은 윈도우 운영체제와는 달리 시스템이 종료될 때까지 많은 프로세스들이 작동하고 있어 이러한 프로세스들이 완전히 중지되지 않은 상태에서 시스템 파워를 끄게 되면 파일 시스템에 심각한 결함을 주게 되어 최악의 경우 하드 디스크에 이상을 가져와 시스템이 부팅되지 않은 불상사를 겪을 수 있으므로 주의해야 합니다.

엑스 윈도우상에서 시스템을 종료하는 방법은 세 가지가 있습니다. 한 가지는 엑스 윈도우 로그인 화면에서 시스템을 종료시키는 방법과 엑스 윈도우 바탕 화면에서 직접 시스템을 종료시키는 방법이 있고 다른 방법으로 엑스 윈도우에서 터미널을 이용하여 shutdown 명령을 실행하여 종료시키는 방법이 있습니다.

3.1. 엑스 윈도우 로그인 화면에서 시스템 종료와 재시작

[시스템 끄기] 버튼을 클릭하면 시스템 종료 메시지없이 바로 시스템이 종료됩니다. [다시 시작] 버튼을 클릭하면 시스템은 재시작됩니다.

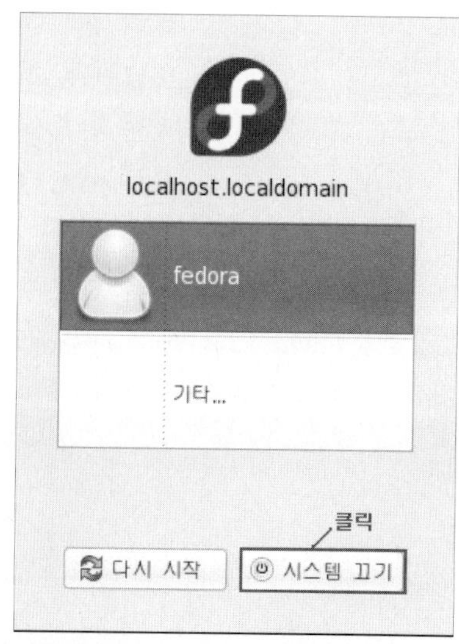

3.2 그놈 오픈 데스크탑에서 시스템 종료하기

GNOME 오픈 데스크탑 화면의 상단 패널에서 [시스템 메뉴 ≫ 끄기]를 클릭하면 시스템 종료 창이 뜨게 됩니다.

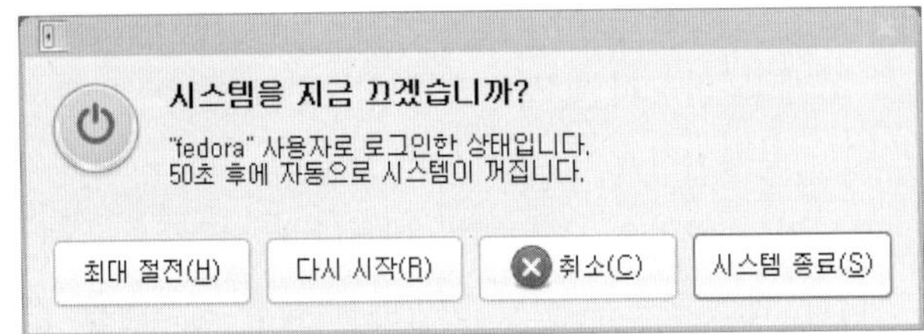

[시스템 종료] 버튼을 누르면 시스템이 종료됩니다.

3.3 shutdown 명령어

콘솔이나 엑스 윈도우의 터미널 창7)에서 shutdown 명령으로 수작업을 통해서 시스템을 종료시킬 수 있습니다. shutdown 명령8)은 오직 시스템 관리자 계정인 root만 실행이 가능하므로, 이 명령을 실행할 때는 반드시 root 계정이어야 합니다. 만일 일반 사용자 계정일 경우에는 나중에 살펴보게 될 su 명령으로 root 권한을 획득한 후에 이 명령을 사용해야 합니다.

① 사용법

```
shutdown <옵션> <시간> [경고 메시지]
```

---

7) 엑스 윈도우의 터미널은 [프로그램 시작 메뉴 〉시스템 도구〉터미널]를 선택하여 실행시킬 수 있습니다.
8) 시스템을 종료시키는 명령어로는 shutdown외에 halt 명령을 사용합니다. 시스템 재시작시에는 reboot 명령어로도 가능합니다.

② 옵션

옵 션	설 명
-t 시간(초)	다른 런레벨(runlevel)로 바뀌기 전에 경고를 내보내는 프로세스와 kill 시그널 사이의 기다리는 시간(단위는 초)
-k	실제적으로 셧다운하는 것이 아니라, 사용자 모두에게 경고 메시지만 전달하는 옵션
-r	셧다운 후 리부팅하기
-h	셧다운 후 시스템 정지(ATX 보드인 경우 자동 Power-off)
-c	셧다운 예약 적용
-f	빠른 부팅, 부팅 시 fsck를 점검하지 않도록 함.

시 간	설 명
now	지금 바로
+m	지정한 m분 이후에
hh:mm	몇 시 : 몇 분에

③ 사용 예제

명 령	의 미
① shutdown -r now	시스템 리부팅
② shutdown -h now	시스템 바로 종료
③ shutdown -h +5 5분 후에 시스템이 종료됩니다.	종료 메시지와 함께 5분 후에 종료하기
④ shutdown -h 12:00 점심 시간입니다.	지정된 시간에 메시지를 보여주면서 종료하기

시스템을 완전히 종료시킬 때는 shutdown -h now 명령을 사용하고, 시스템을 재시작시킬 때는 shutdown -r now를 사용합니다.

Chapter
03. 엑스 윈도우 데스크톱 눈에 익히기

오픈 오피스를 이용한 워드 문서 작업, 웹브라우저를 이용한 인터넷 서핑, 네트워크 게임, 동영상 작업, 시디 레코딩 작업 등은 그래픽 인터페이스 환경에서 이뤄집니다. 페도라는 이러한 작업들을 엑스 윈도우에서 할 수 있는 편리한 그래픽 인터페이스 환경을 제공합니다. 엑스 윈도우의 그래픽 인터페이스는 MS 윈도우의 그래픽 인터페이스에 못지않게 편리하고 미려한 환경을 제공하며, KDE, GNOME 등 두 개의 오픈 데스크탑 환경과 시스템 설정 제어판 그리고 수많은 테마를 지원하고 있어서 사용자의 기호와 취향에 따라서 엑스 윈도우 데스크탑 환경을 멋지게 꾸밀 수 있는 특징이 있습니다.

리눅스를 데스크탑 환경으로 주로 사용하는 경우 그래픽 환경에 익숙해져야 하므로, 이 장에서는 엑스 윈도우의 데스크탑을 다루는 기본적인 것을 다루고 나중에 엑스 윈도우 시스템 설정에서 다시 살펴보게 됩니다.

학습 주제

▶ 엑스 윈도우란 무엇인가?
▶ 엑스 윈도우 설정
▶ 엑스 윈도우 데스크탑 익히기

1. 엑스 윈도우란?

엑스 윈도우는 XFree86(http://www.xfree86.org) 그룹에 의해서 개발된 것으로, 그래픽 환경의 사용자 인터페이스를 제공해 주는 데스크탑 작업 환경입니다. 엑스 윈도우 시스템은 서버와 클라이언트의 네트워크 모델을 지원하여 X 서버와 X 클라이언트가 서로 분리되어 작동되도록 설계되어 있어서 엑스 서버의 프로그램을 엑스 클라이언트가 이용할 수 있는 것이 큰 특징 중의 하나입니다. 그래서 우리는 엑스 윈도우 시스템을 일반적으로 X 서버라고 부르는 이유도 여기에 있습니다. 엑스 윈도우에서는 아이콘, 메뉴, 패널을 자유자재로 사용할 수 있게 해 주는 윈도우 매니저(Window Manager)와 오픈 데스크탑 환경으로 KDE, GNOME 등을 사용할 수 있도록 지원합니다.

XFree86의 X는 현재 XFree86 4.6.0버전까지 나와 있으나, 페도라를 비롯한 요즘의 리눅스 배포판에서는 XFree86 X 서버 기능을 흡수하여 X.org 재단에서 새롭게 개발한 X를 지원하고 있습니다.

엑스 윈도우 시스템에 대한 자세한 것은 다음 사이트를 참고하면 됩니다.

```
http://www.xfree86.org : XFree86 X 서버 사이트
http://www.x.org 새로운 X 서버 사이트
```

2. 엑스 윈도우 오픈 데스크탑 환경

오픈 데스크탑 환경이란 윈도우 매니저(window manager)와 파일 매니저, 패널(Panel), 제어판(Control Center) 등을 하나로 통합된 그래픽 데스크탑 환경으로 윈도우 운영체제와 같은 완벽한 데스크탑 작업 환경을 일컫습니다.

리눅스에서 지원하는 대표적인 오픈 데스크탑 환경으로는 그놈과 KDE, XFce 등이 있습니다만, 페도라 9에서는 그놈을 기본 오픈 데스크탑 환경으로 지원합니다. 다른 두 데스크탑 환경을 사용하려면 패키지 관리자에서 이들 패키지를 추가로 설치해 주어야 합니다.

2.1 그놈 (GNOME)

그놈(GNOME)은 GNU 네트워크 객체 모델 환경(GNU Network Object Model Environment)를 의미합니다. 그놈은 파일 관리자로 노틸러스(Nautilus)를 지원하며, 윈도우 매니저로는 metacity를 채택하고 있으며, KDE에 비해 지원하는 응용 프로그램 수는 적지만, 다양한 테마를 지원하고 있어서 멋진 데스크탑 환경을 꾸밀 수 있는 것이 장점입니다.

```
http://www.gnome.org
http://www.gnome.or.kr
```

2.2 KDE(the K Desktop Environment)

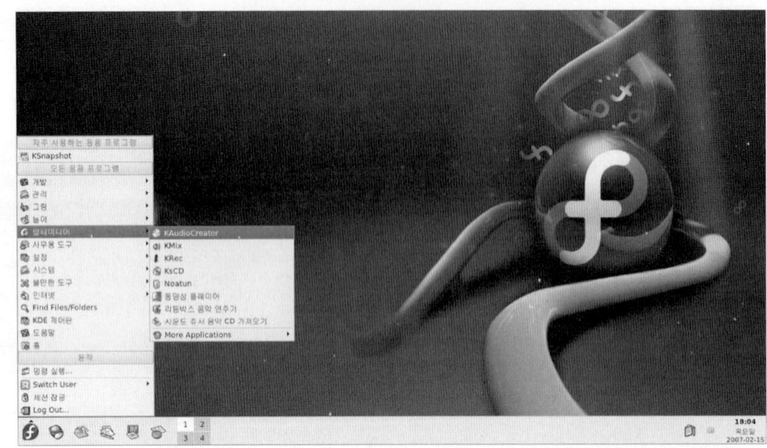

KDE는 파일 매니저로 컹커러(Konqueror)를 지원하며, GNOME에 비해 체계적으로 시스템을 구성할 수 있는 제어판을 지원하며, 수많은 응용 프로그램을 지원하고 있어서 워크스테이션 용도에 적합한 데스크탑 환경입니다.

```
http://www.kde.org
http://www.kde.or.kr
```

2.3 XFce

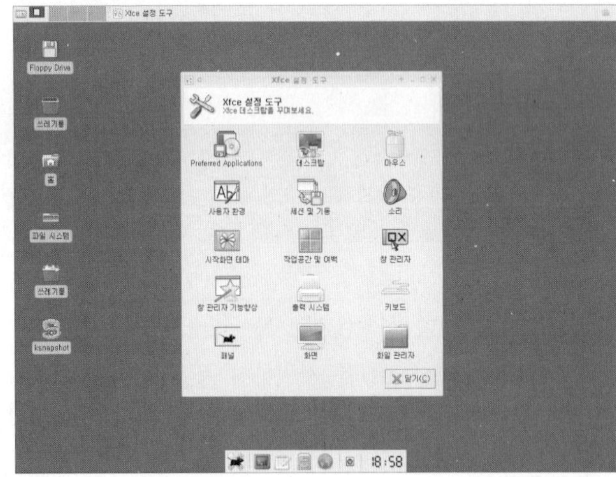

XFce는 매우 가볍고 심플하면서 사용하기 편리한 환경을 제공하는 오픈 데스크탑 환경으로 파일 매니저로는 xffm를 지원하며, 윈도우 매니저(xfwm4)와 데스크 매니저(xfdesktop)을 지원합니다. 페도라 리눅스에서는 GTK+ 개발 도구로 개발된 XFce 4버전을 지원하며, 체계적인 도움말을 지원하는 것이 특징입니다.

```
http://www.xfce.org
```

3. 엑스 오픈 데스크탑 환경 익숙해지기

3.1 데스크탑 환경 구성

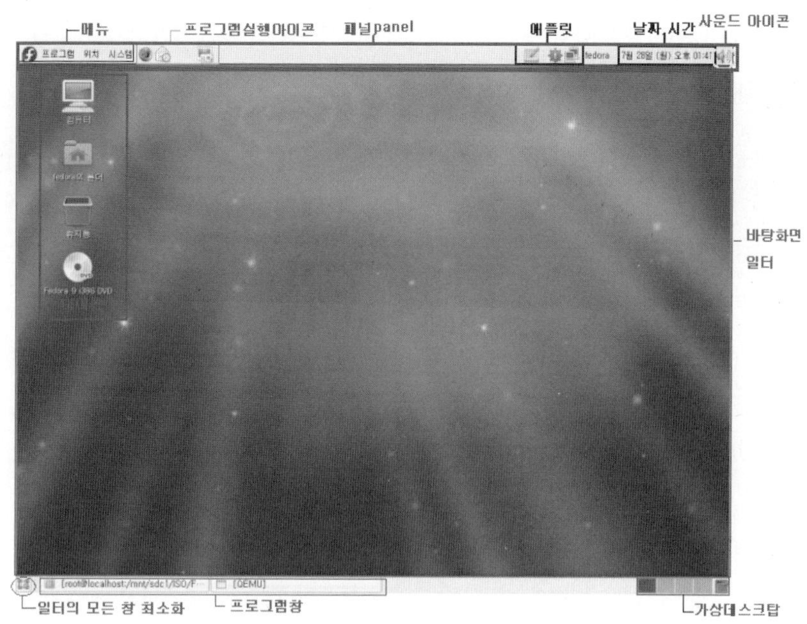

▶ 데스크탑 환경 구조

그놈 데스크탑 환경의 인터페이스는 바탕 화면(Background)와 패널(Panel)로 구성되어 있습니다.

- **바탕 화면** : 컴퓨터 아이콘, 사용자 폴더 아이콘, 휴지통 등 몇 가지 기본적인 아이콘들이 생성되어 있는 공간으로, 패널에 있는 시작 메뉴에서 프로그램을 실행하였을 때 프로그램이 동작하는 작업 공간(일터)입니다.

- **패널(Panel)** : 데스크탑 환경 화면 상·하단에 위치하고 있는 회색의 긴 네모 박스 형태를 패널이 라 합니다. 일반적인 패널은 다음과 같이 구성되어 있습니다.

1. 상단 패널 구성

▶ 그놈 메뉴 막대(Menu Button Bar)

오픈 데스크탑 환경 메뉴를 선택할 수 있습니다. [프로그램] 메뉴에는 개발, 게임, 그래픽, 보조 프로그 램, 시스템 도구, 오피스, 음악과 비디오, 인터넷 메뉴가 포함되어 있으며, [위치] 메뉴에는 폴더, 바탕 화면, 컴퓨터, CD/DVD 제작, 네트워크 서버, 서버연결, 찾기 등의 작업을 선택할 수 있습니다. [시스템] 메뉴에서는 오픈 데스크탑 환경을 설정할 수 있는 기본 설정과 관리, 화면 잠그기, 로그아웃, 끄기 등의 메뉴를 포함합니다.

▶ 데스크탑 응용 프로그램 아이콘

기본적으로 모질라 파이어폭스와 에볼루션 이메일 아이콘이 위치하며, 그놈 메뉴에서 오른쪽 마우스를 클릭하여 [이 실행 아이콘을 패널에 추가]를 선택하므로서 패널에 응용 프로그램의 아이콘을 추가할 수 있습니다. 자주 실행하는 프로그램은 패널에 아이콘을 생성해 놓으면 보다 편리해집니다.

▶ 기타 시스템 아이콘

상단 패널 오른쪽에는 쪽지함, 패키지 업데이트 알림 아이콘, 네트워크 연결 아이콘, 시계 , 음량 조절 아이콘 등이 위치합니다.

- 패키지 업데이트 알림 아이콘에서는 패키지에 대한 업데이트와 보안 정보를 알림으로 제공합니다.
- 시계 아이콘은 현재의 시각을 보여주며, 시간 설정은 오른쪽 마우스 버튼을 클릭하여 설정할 수 있습니다.
- 음량 조절 아이콘은 사운드 카드의 음량을 조절할 수 있는 믹서 기능을 제공합니다. 왼쪽 마우스 버튼을 이용하여 사운드 음량을 조절하면 됩니다.

2. 하단 패널 구성

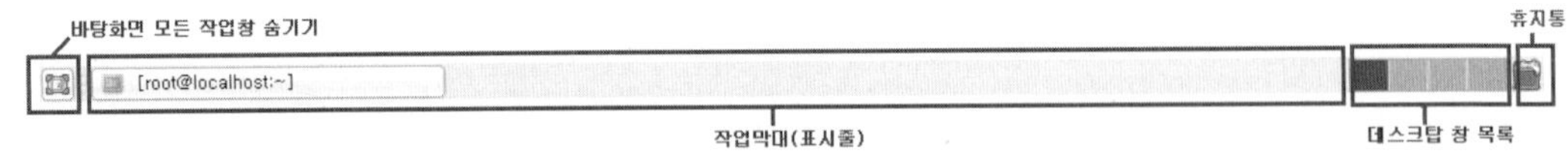

하단 패널에는 바탕 화면의 모든 작업 창 숨기기, 작업 막대, 데스크탑 창 목록, 휴지통으로 구성되어 있습니다.

▶ 바탕 화면의 모든 작업창 숨기기

바탕 화면에 열려진 작업 창을 모두 닫고 바탕화면만 나타나 보이도록 할 때 사용하는 아이콘입니다. 이 아이콘을 누르면 바탕화면내 작업창이 사라지고, 아이콘을 한 번 더 누르면 사라진 작업창이 다시 나타나게 됩니다.

▶ 작업 막대(표시줄)

일터에서 동작중에 있는 응용 프로그램을 표시해 주는 부분입니다. 각 응용 프로그램의 전환은 마우스로 해당 프로그램의 작업 막대를 클릭해 주면 됩니다.

▶ 데스크탑 창 목록

페도라 오픈 데스크탑 환경에서는 4개의 가상 데스크탑 창을 지원합니다. 마우스로 4개의 창 박스를 각각 클릭하면 각기 다른 데스크탑 환경이 나타납니다. 이것은 리눅스가 완벽한 다중 작업 환경(Multi-tasking)를 지원하고 있음을 의미합니다.

▶ 휴지통

제거된 파일이 들어 있는 폴더입니다. 왼쪽 버튼을 한 번 클릭하면 제거된 파일이 있는 창이 열리며, 오른쪽 버튼을 한 번 클릭하면 휴지통 비우기를 할 수 있는 메뉴를 선택할 수 있습니다.

4. 데스크탑 환경 다루기

4.1 마우스 사용

▶ 주의점

윈도우 운영체제에서는 프로그램을 실행할 때 더블 클릭을 주로 사용하였지만, 그놈의 데스크탑 환경에서는 원 클릭을 해야 하는 경우도 있고, 더블 클릭을 해야 하는 경우도 있으므로, 원클릭을 요하는 아이콘 실행 시 주의해야 합니다. 바탕 화면의 아이콘은 더블 클릭을 통하여 프로그램을 실행시키거나 폴더를 열지만, 패널에 있는 아이콘이나 작업 막대 실행시에는 원 클릭을 눌러야 한다는 점을 주의하도록 합니다.

▶ 마우스 버튼 사용법

마우스 왼쪽 버튼은 일반적으로 프로그램 실행이나 아이콘 또는 버튼을 클릭하고자 할 때 사용합니다. 휠 마우스 버튼은 프로그램 창의 스크롤이나 붙여 넣기에 사용되며, 오른쪽 버튼은 팝업 메뉴를 이용하고자 할 때 사용합니다.

4.2 바탕 화면 바꾸기

바탕 화면에 마우스 커서를 두고 오른쪽 마우스 버튼을 클릭하여 [바탕 화면 바꾸기]를 클릭하면 페도라 바탕 화면을 다른 멋진 이미지로 변경할 수 있습니다.

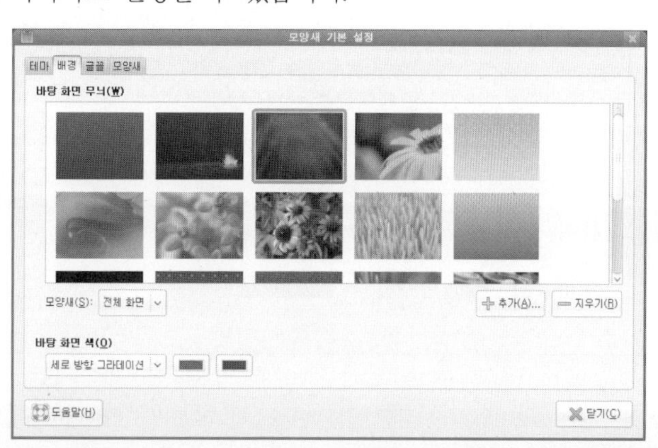

그러면 페도라9에서 기본적으로 지원하는 바탕 화면 무늬 가운데 하나를 선택해서 변경해 볼까요? 꽃
정원 바탕 무늬를 선택하면 바탕 화면이 자동으로 바뀌는 것을 볼 수 있습니다. 이렇게 원하는 그림으
로 바탕 화면을 꾸밀 수 있습니다.

만일 기본 바탕 무늬를 사용하지 않고 외부 무늬를 가져다 사용하려면 [바탕 무늬 더하기] 버튼을 클릭하여
새로운 바탕 무늬가 있는 경로로 이동한 후 그 파일을 선택하여 [열기] 버튼을 클릭하면 바탕 무늬 목록에
추가됩니다. 그 바탕 무늬를 선택하여 바탕 화면을 변경할 수 있습니다. 그러면 http://art.gnome.org 사이트
에 접속하여 바탕 무늬를 하나 다운로드하여 바탕 화면을 변경해 봅니다.[9]

Step1 art.gnome.org 사이트 오른쪽에 있는 [Backgrounds] 메뉴에서 GNOME 링크를 클릭합니다.

9) 리눅스에서는 웹브라우저로 모질라, 컹커러, 모질라 파이어폭스, 에피파니, 오페라 등을 지원합니다. 그놈 상단 패널에 있는 지구를 마우
스로 감싸고 있는 아이콘을 실행하면 모질라 파이어폭스 웹브라우저가 실행됩니다. 다른 웹브라우저 실행은 [프로그램 – 인터넷]에서 선
택해 주면 됩니다.

Step2 foot-friends 배경화면을 선택합니다.

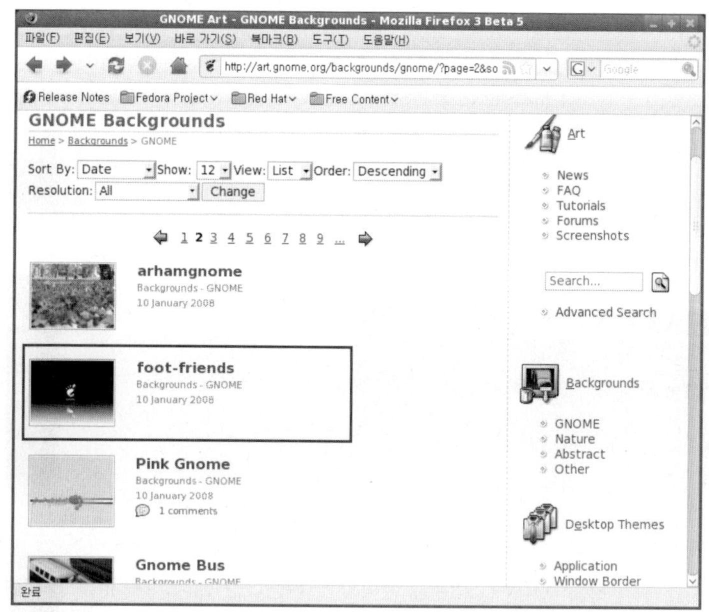

Step3 Available Resolutions에서 1600x1200를 클릭하여 다운로드합니다.

웹브라우저 상에서 이미지가 나타나는데, 마우스 오른쪽 버튼을 클릭하여 [그림을 새 이름으로 저장]을 선택하여 파일을 저장합니다. 또는 [배경 화면으로...]를 선택하면 배경 화면 무늬로 바로 변경할 수 있습니다.

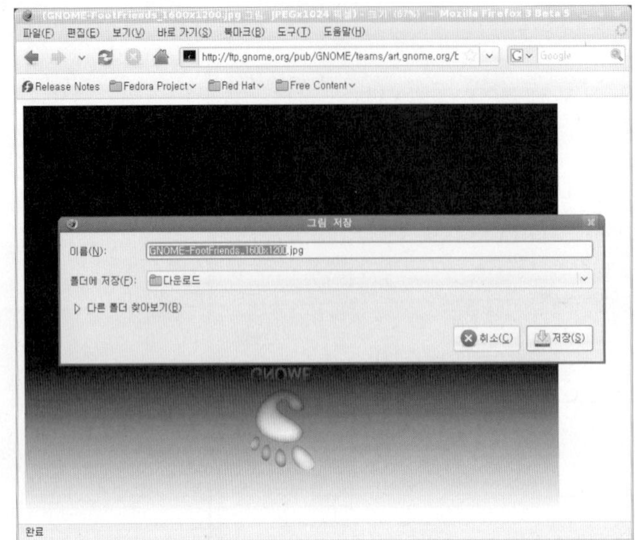

Step4 바탕화면에 마우스 커서를 두고 오른쪽 마우스 버튼을 클릭하여 [바탕화면 배경 바꾸기]를 클릭합니다.

Step5 [배경] 탭에서 [+추가] 버튼을 눌러 다운로드한 이미지를 선택하여 [열기] 버튼을 클릭합니다.

Step6 그러면 바탕화면 무늬 목록에 foot-friends 무늬가 추가되고,

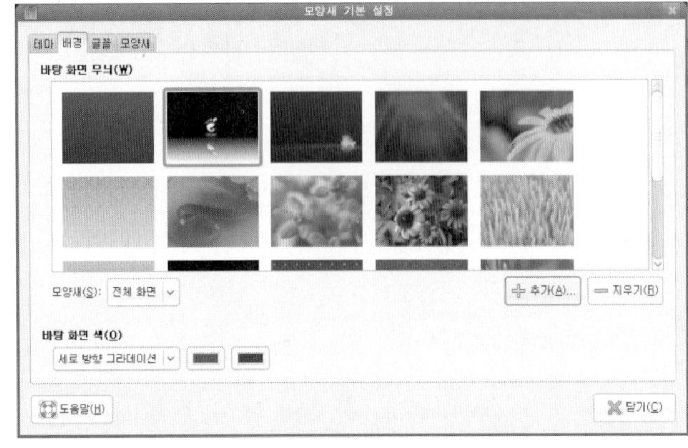

바탕 화면의 무늬도 변경됩니다.

4.3 바탕 화면 아이콘 다루기

사용자 계정으로 로그인하면 컴퓨터, 사용자 폴더, 휴지통 등 세 개의 아이콘이 기본적으로 나타납니다.

- **컴퓨터** : 컴퓨터 아이콘을 클릭하면 플로피 디스크, CD-ROM/DVD-ROM 드라이브, 네트워크 상태 그리고 파일시스템에 대한 정보를 볼 수 있습니다. 윈도우 운영체제의 [내 컴퓨터]와 같은 기능입니다. 파일 시스템 아이콘을 누르면 루트 최상위 디렉토리에 연결된 디렉토리들을 볼 수 있습니다.

- **사용자 폴더** : 사용자 홈 디렉토리에 있는 파일과 디렉토리 정보를 제공합니다. 이 때 파일과 디렉토리 정보를 보여주는 창을 노틸러스(Nautilus) 파일 관리자라고 합니다. 노틸러스는 그놈 데스크탑 환경의 파일 관리자입니다.

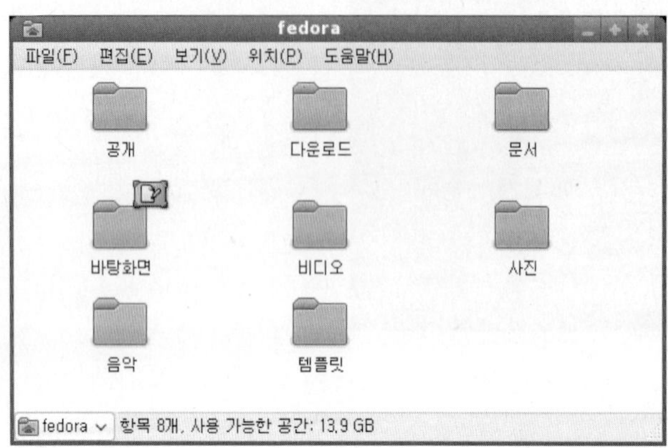

- **휴지통** : 삭제한 파일이 임시로 있는 곳입니다. 휴지통내의 파일들이 완전히 제거되도록 하려면 바탕화면의 휴지통 아이콘을 더블 클릭하여 [파일] 메뉴에서 [휴지통 비우기]를 선택해 주면 됩니다.

4.4 폴더와 실행 아이콘 생성

바탕 화면에 폴더(디렉토리)와 실행 아이콘을 생성하는 방법에 대해서 알아볼까요?

먼저 새로운 폴더를 만들어 봅니다.

바탕 화면에서 마우스 오른쪽 버튼을 클릭하여 [폴더 만들기(F)]를 클릭하면 바탕 화면에 [이름없는 폴더]가 생성되어집니다. 생성된 [이름없는 폴더]는 이름을 변경할 수 있도록 반전되어 있는데, [이름없는 폴더] 이름을 [fedora]로 변경한 후 Enter 키를 치면 fedora라는 이름을 가진 폴더로 바뀝니다.

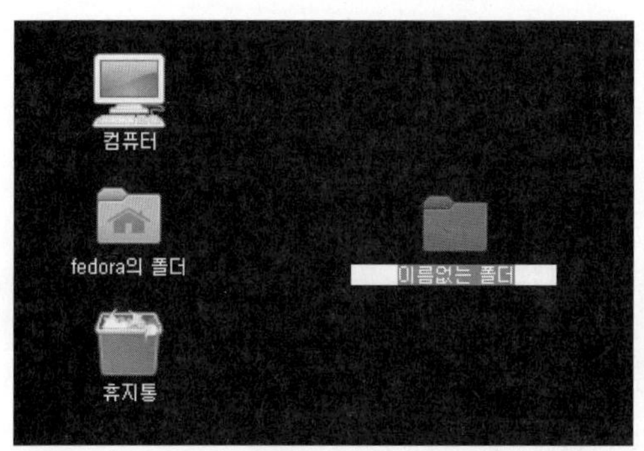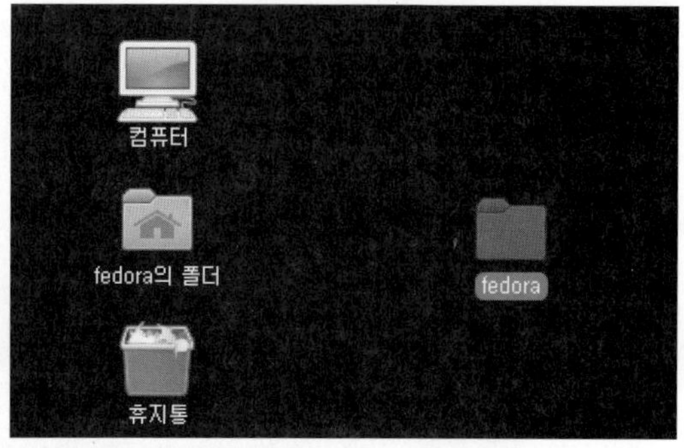

새로 생성한 Fedora 폴더를 더블 클릭하면 노틸러스(Nautilus) 파일 관리자 창이 뜨는데, 이 창에서도 역시 오른쪽 마우스 버튼을 클릭하여 폴더나 문서 등을 만들 수 있습니다.

이번에는 바탕 화면에 실행 아이콘을 만드는 방법을 알아봅니다. 실행 아이콘은 윈도우의 바로가기와 같은 것으로 실행 아이콘을 생성하기 위해서는 실행하고자 하는 파일의 위치를 정확히 알고 있어야 합니다.

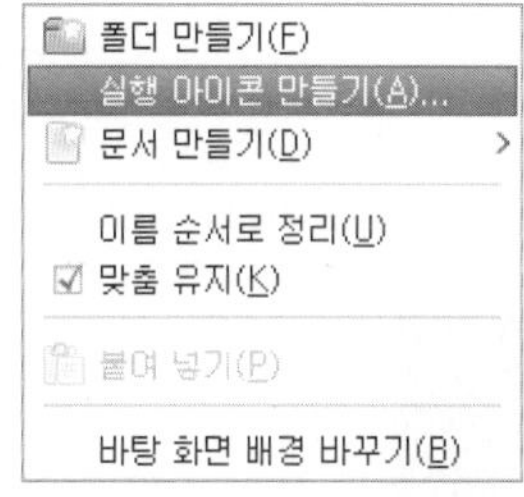

그러면 바탕 화면에서 오른쪽 마우스 버튼을 클릭하여 [실행 아이콘 만들기(A)]를 실행합니다.

먼저 [아이콘없음] 버튼을 클릭하여 아이콘을 선택합니다. [이름] 입력칸에 실행 아이콘의 이름을 입력합니다. [명령어] 입력칸에 실행 파일명을 입력합니다. 만일 실행 파일명을 모르겠다면 [찾아보기]를 통해서 해당 실행 파일을 지정합니다.

[설명] 입력칸에는 프로그램에 대한 간단한 설명을 넣어 주면 되는데, 이 부분은 생략해도 됩니다. 설정이 완료되었다면 [확인] 버튼을 클릭해 보면 실행 아이콘이 바탕 화면이 생성됨을 볼 수 있습니다.

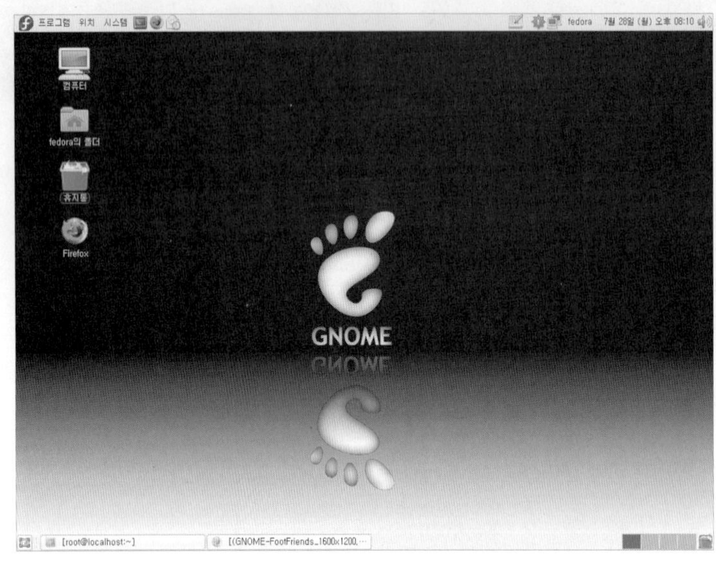

그런데, 아이콘 크기가 예의치 않게 크게 생성되어 있습니다. 아이콘 크기를 축소하려면 아이콘에 마우스 포인트를 두고 오른쪽 마우스 버튼을 클릭하여 [아이콘 크기 바꾸기(E)]를 선택해서 원하는 크기로 아이콘을 조절하면 됩니다.

프로그램 시작 메뉴에 있는 응용 프로그램을 바탕 화면에 아이콘을 생성하려면 [프로그램 메뉴] 버튼을 클릭하여 원하는 응용 프로그램을 오른쪽 마우스 버튼을 눌러 [이 실행 아이콘을 바탕 화면에 추가]를 선택하면 됩니다. 또는 해당 응용 프로그램을 선택하여 왼쪽 마우스 버튼을 누른 상태에서 바탕 화면으로 드래그하여 바탕화면에 아이콘을 만들 수 있습니다.

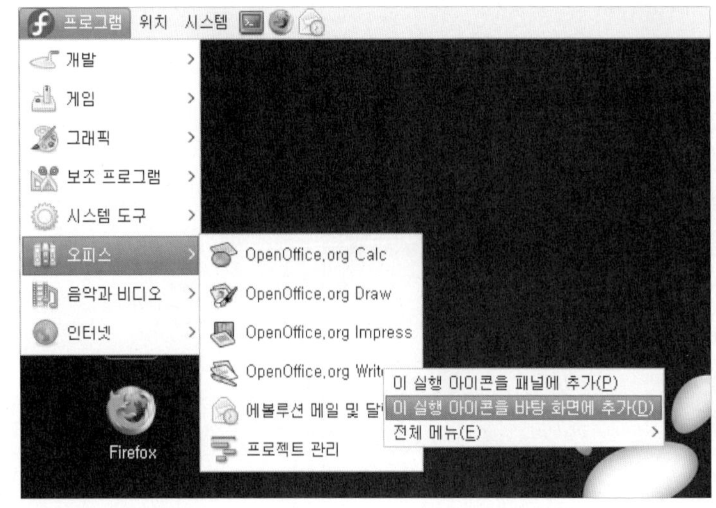

4.5 패널 다루기

● 실행 아이콘 추가하기

패널에 실행 프로그램 아이콘을 추가하는 방법을 알아봅니다. 프로그램 메뉴에서 원하는 프로그램을 선택한 다음 오른쪽 마우스 버튼을 클릭하여 [실행 아이콘을 패널에 더하기]를 클릭하면 패널에 실행 아이콘을 추가할 수 있습니다.

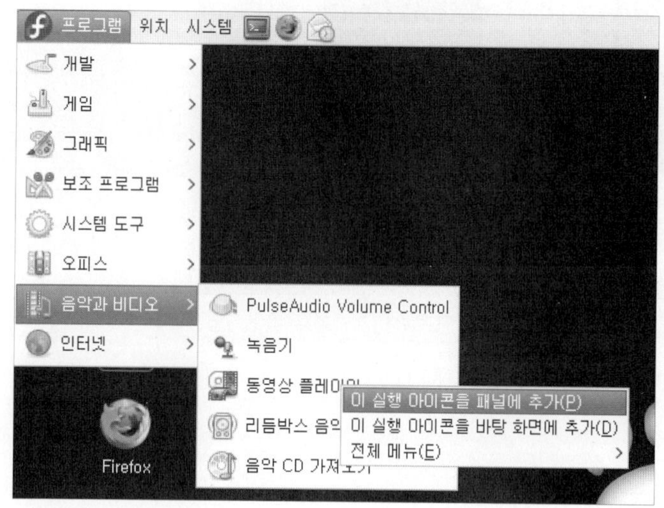

다른 방법으로는 바탕 화면에 생성되어 있는 실행 아이콘을 왼쪽 마우스 버튼으로 클릭한 상태에서 패널로 드래그하여 실행 아이콘을 추가하면 됩니다.

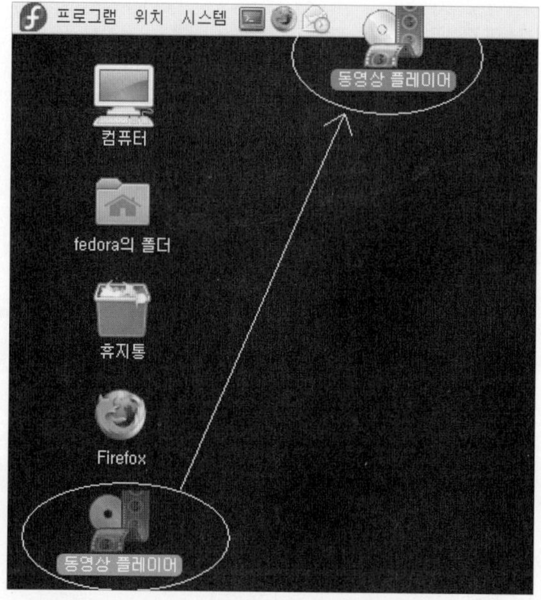

• 패널 항목 추가, 이동 및 삭제

▶ 패널 항목 추가

상단 패널에 마우스 커서를 두고 오른쪽 마우스 버튼을 클릭하면 패널 설정 창이 나타납니다.

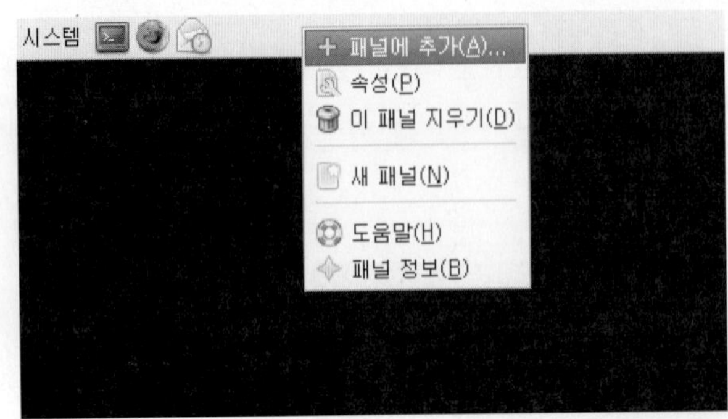

[패널에 추가]를 선택하여 패널에 새로운 항목을 추가해 봅니다.

상기 항목 가운데 [명령 행]을 선택하여 [더하기] 버튼을 클릭합니다. 그러면 상단 패널 중간에 명령 입력 칸이 추가됩니다. 이 명령 행에 실행 명령어를 입력하면 바탕화면에 해당 프로그램이 바로 실행됩니다.

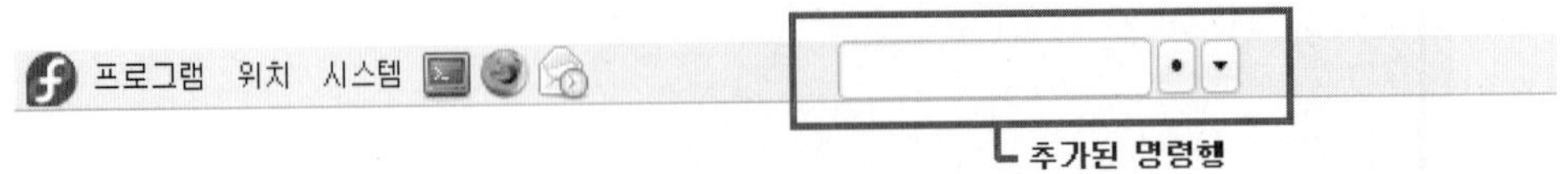

이번에는 같은 방법으로 강제로 끝내기, 기상 예보, 눈동자, 화면잠그기, 파일찾기 등을 차례로 추가해 보도록 합니다.

추가된 패널들

▶ 패널 항목 이동

패널에 추가한 항목 아이콘은 자동으로 정렬되지 않으므로, 사용자가 직접 아이콘을 움직여 정렬해야 합니다. 이동시키고자 하는 아이콘을 왼쪽 마우스 버튼을 클릭한 채로 원하는 곳으로 이동시키면 됩니다.

▶ 패널 항목 삭제

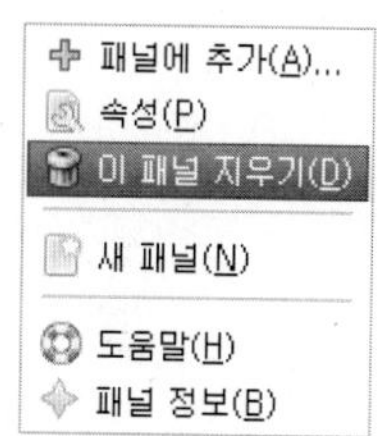

패널에 있는 항목을 제거하려면 제거할 항목 아이콘에 마우스 커서를 두고 오른쪽 마우스 버튼을 클릭하여 [패널에서 지우기]를 선택해 주면 됩니다. 주의할 것은 패널에 있는 아이콘이 아닌 다른 부위에서 패널 지우기를 선택하면 상단 패널 모두 제거된다는 점입니다.

• 패널 크기 조절

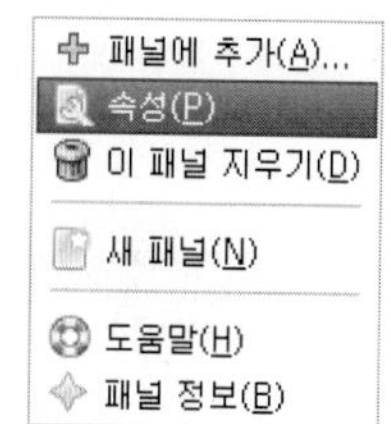

패널에 마우스 커서를 두고 오른쪽 마우스 버튼을 클릭하여 [속성]을 선택합니다.

패널 크기 조절은 크기 설정에서 24 픽셀값을 줄여주면 패널이 작아지고, 반대로 늘여주면 패널이 커지게 됩니다.

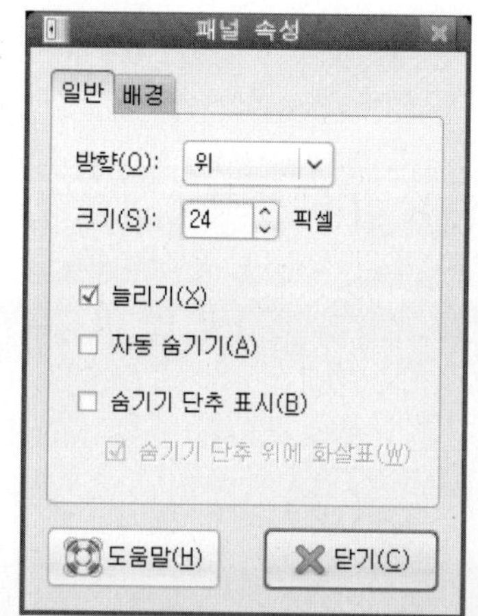

다음은 픽셀값을 40으로 늘렸을 때의 패널 모습입니다.

● 패널 위치 변경

[패널 속성]에서 방향 설정 값을 위, 아래, 왼쪽, 오른쪽으로 변경하므로써 패널 위치를 상·하·좌·우로 이동시킬 수 있습니다. 왼쪽 마우스로 패널을 클릭한 상태에서 원하는 방향으로 직접 갖다 놓아 패널을 옮길 수도 있습니다. 다음은 하단 패널을 바탕 화면 위쪽 상단 패널 밑으로 옮겼을 때의 그림입니다.

● 패널 감추기

[패널 속성]에서 [자동 숨기기]를 선택하면 마우스 커서가 바탕 화면에 있을 때는 패널이 사라지고, 사라진 패널 위치에 마우스 커서를 두고 왼쪽 마우스 버튼을 클릭하면 다시 패널이 나타납니다.

● 패널 자동 감추기

[패널 속성]에서 [숨기기 단추 보기(B)]과 [숨기기 단추 위에 화살표(W)]를 선택하면 패널 양쪽에 화살표 박스가 생기고, 이 화살표 박스를 클릭하면 누른 방향으로 패널이 사라지게 됩니다. 다시 패널이 나타나도록 하려면 화살표 박스를 다시 클릭하면 됩니다.

4.6 엑스 윈도우 화면 해상도 변경

[시스템 메뉴 >> 기본 설정 >> 하드웨어 >>화면 해상도]를 클릭하여 엑스 윈도우의 화면 해상도를 조절할 수 있습니다.

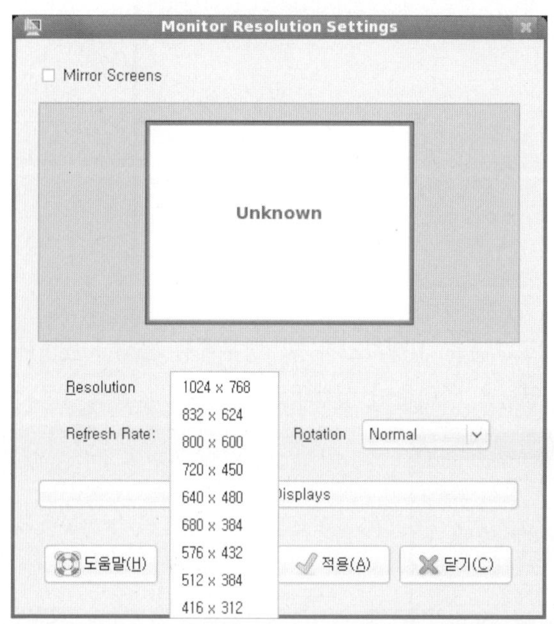

원하는 해상도와 화면 주사율을 선택하여 [적용] 버튼을 클릭합니다.

[[시스템 메뉴 >> 관리 >> 화면 표시]를 통해서 해상도와 색상수를 변경할 수 있습니다.

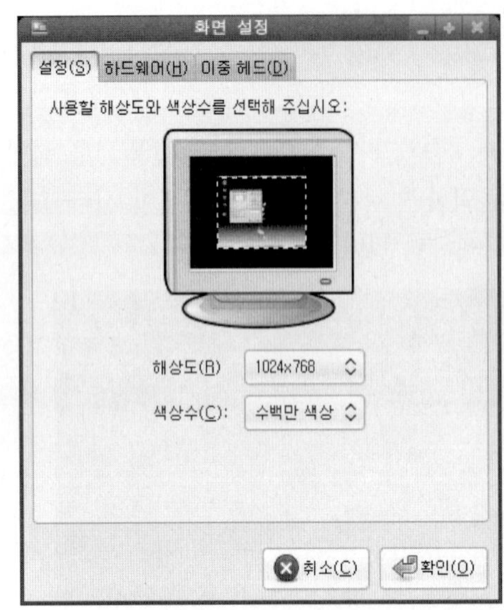

4.7 프로그램 실행

프로그램 시작 메뉴에 등록되어 있는 응용 프로그램은 마우스 원클릭을 통해서 쉽게 실행시킬 수 있습니다. 그러나 시작 메뉴가 없는 응용 프로그램은 어떻게 실행해야 할까요? 제일 간단한 것이 터미널을 실행하여 터미널에서 명령 라인을 실행해 주는 것입니다. 터미널은 [프로그램 시작 메뉴 >> 시스템 도구 >> 터미널]를 선택하면 실행합니다. 실행된 터미널 창에서 파이어폭스 웹브라우저를 실행하고자 한다면 쉘 프롬프트에 firefox 명령을 실행하면 됩니다.

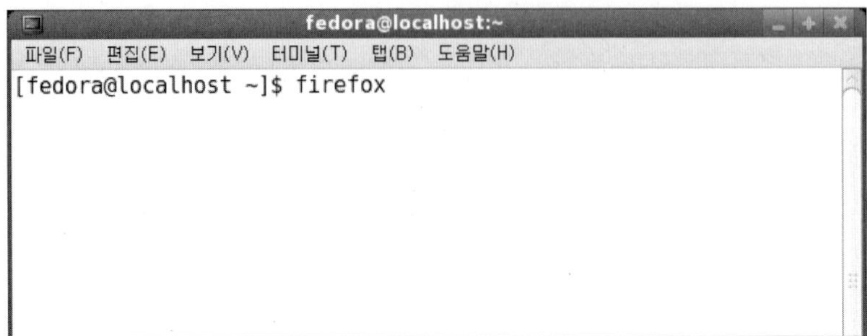

터미널을 이용하지 않고 응용 프로그램을 실행하고자 할 경우에는 Alt + F2 단축키를 눌러 프로그램 실행 창의 명령 입력 칸에 실행 명령을 입력하여 실행하면 됩니다.

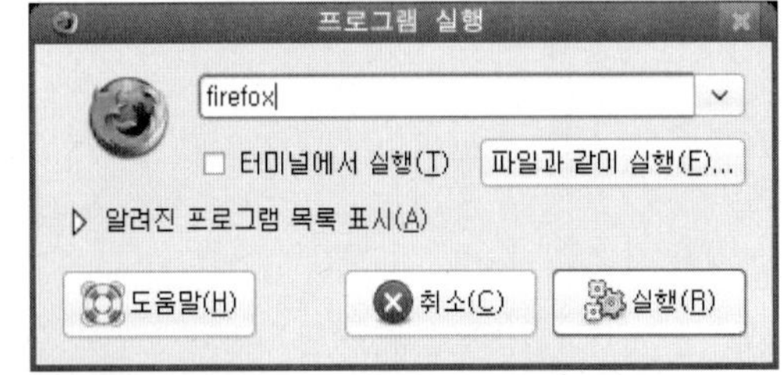

4.8 화면 보호기 설정

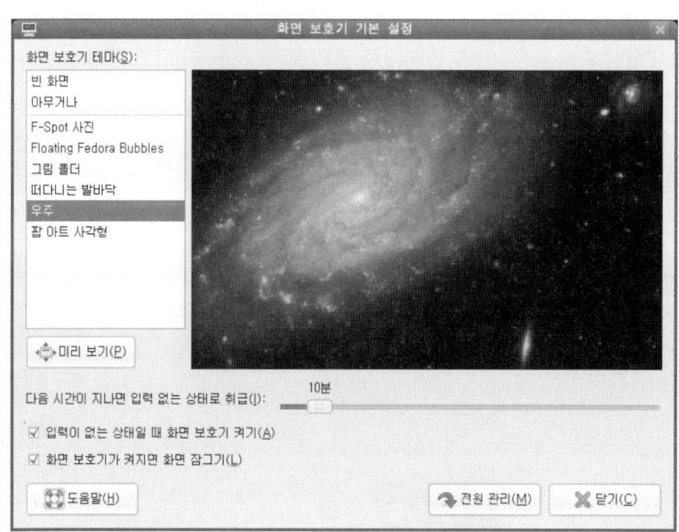

장시간 작업이 없을 때 모니터와 시스템 보호를 위해서 화면 보호기가 작동되도록 설정해 놓는 것이 좋습니다. [시스템 메뉴 >> 모양새 > 화면 보호기]를 선택합니다. 화면 보호기로 사용할 보호기를 선택한 후 모니터 화면이 꺼지는 시간과 변경 시간을 설정하여 [설정] 버튼을 누르면 화면 보호기가 적용됩니다.

4.9 테마 꾸미기

그놈 오픈 데스크탑의 테마를 변경하려면 [시스템 메뉴 >> 기본 설정 >> 모양새 >> 모양새]를 선택합니다.

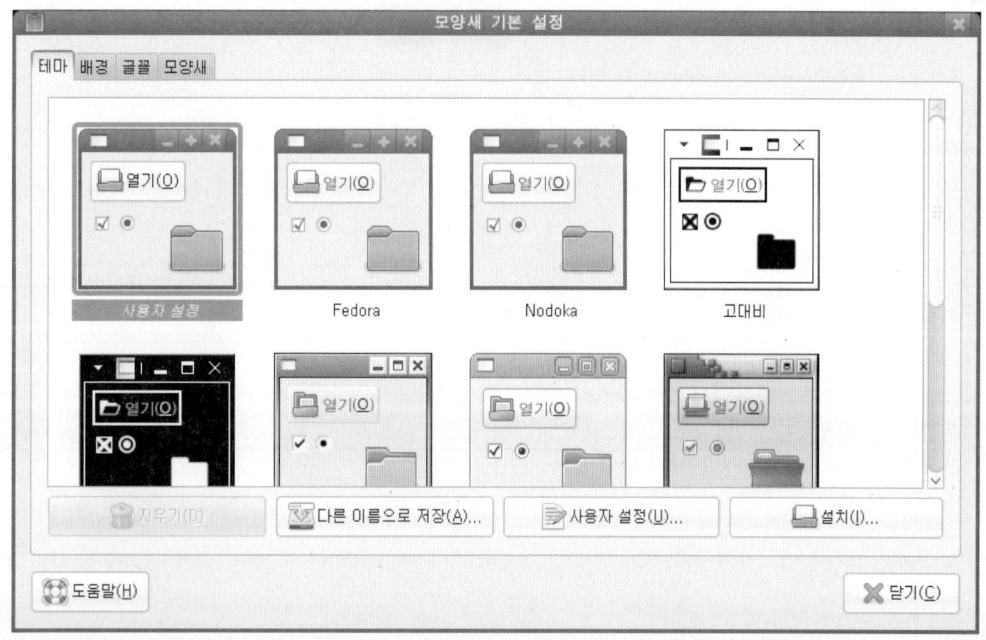

페도라 리눅스에서는 Bluecurve, 간단, 고대비, 고대비 역상, 글라이더, 기본, 남십자성, 대협곡, 바다의 꿈, 푸르스름, 확대, 흐림 등의 다양한 테마를 지원합니다. 각 테마를 클릭하면 자동으로 테마가 적용됨을 확인할 수 있습니다. 그러면 페도라 리눅스에서 지원하는 기본 테마 외에 자체 테마를 만들어 변경하는 방법에 대해서 알아봅니다.

Step1 그놈 테마는 http://art.gnome.org 사이트에 접속하여 Desktop Themes 중에서 Applications, Window Border, Icons를 각각 클릭하여 나오는 테마 가운데 맘에 드는 테마를 골라 내려받기를 합니다.

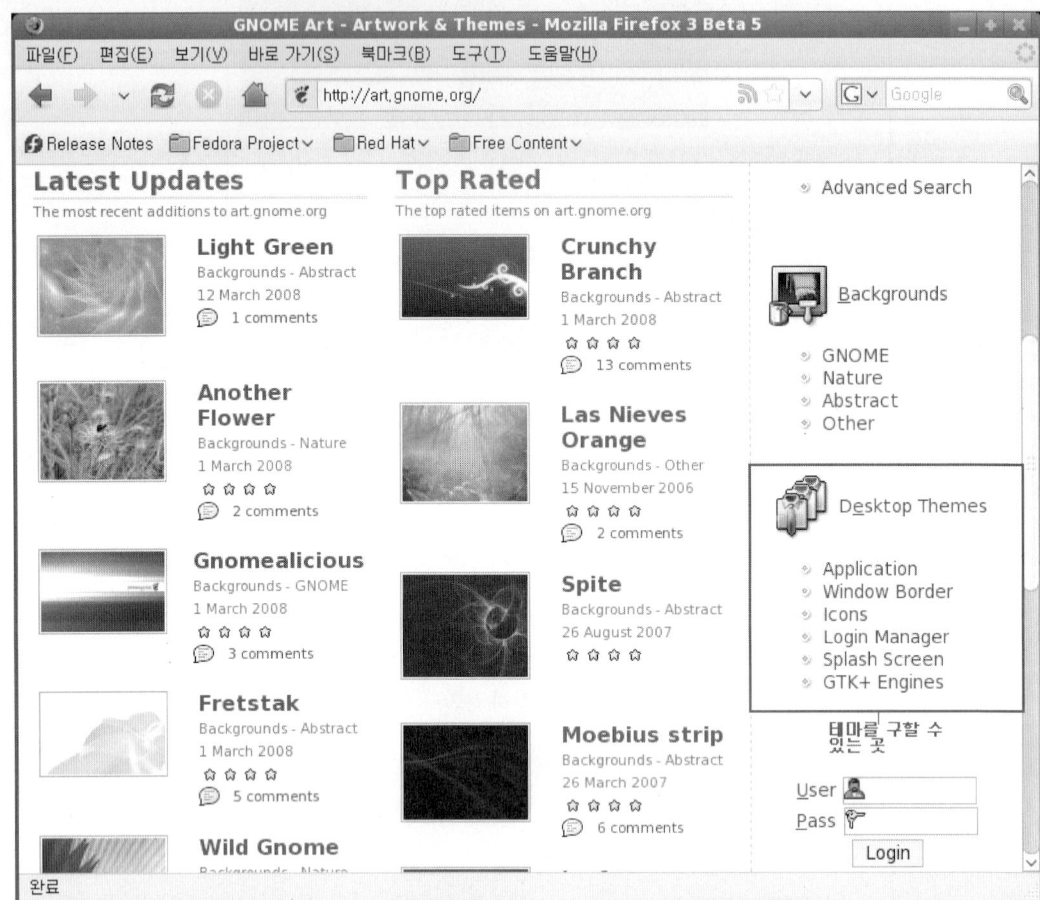

필자는 다음과 같이 다운로드하였습니다.

Applications	T-ish brushed for Clearlooks
Window Border	Clearbox with a Cherry on Top
Icons	Dropline Nuovo

Step2 모양새 기본 설정 창에서 [테마] 탭을 선택하여 [설치] 버튼을 클릭합니다.

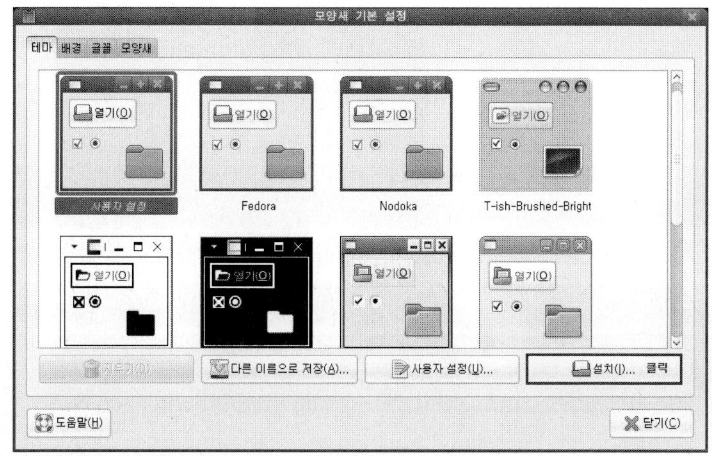

Step3 내려받기한 Applications 테마 파일을 선택하여 [열기] 버튼을 클릭합니다.

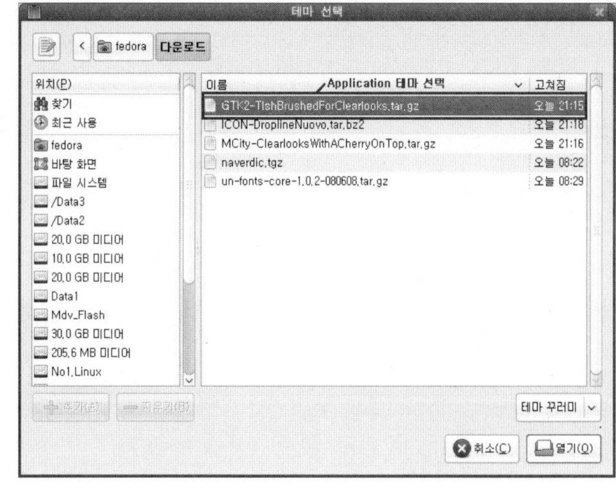

Step4 새 테마가 추가됩니다. [확인] 버튼을 클릭합니다.

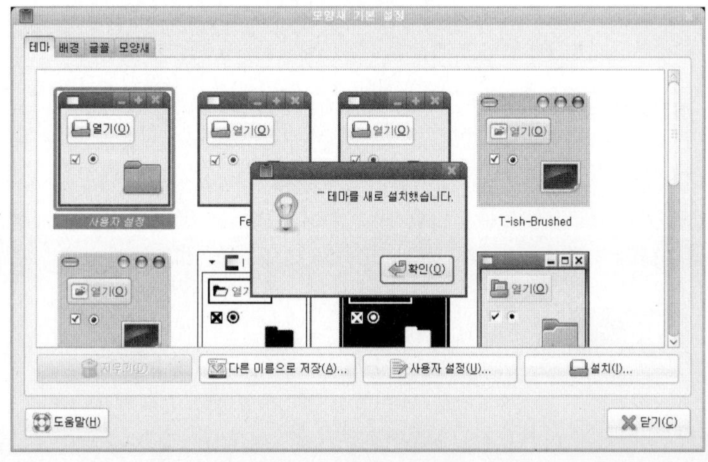

Step5 추가된 T-ish-Brushed 테마를 클릭하면 그놈에서 테마가 적용됩니다.

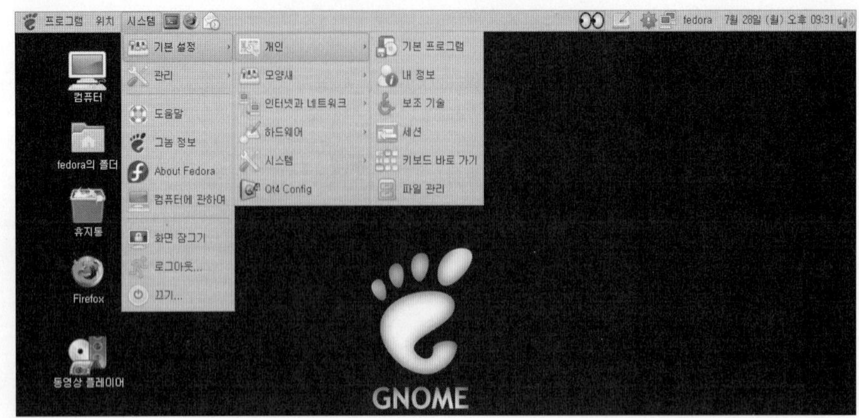

Step6 모양새 기본 설정 창에서 [설치] 버튼을 클릭하여 Window Borders 테마 파일을 선택하여 엽니다.

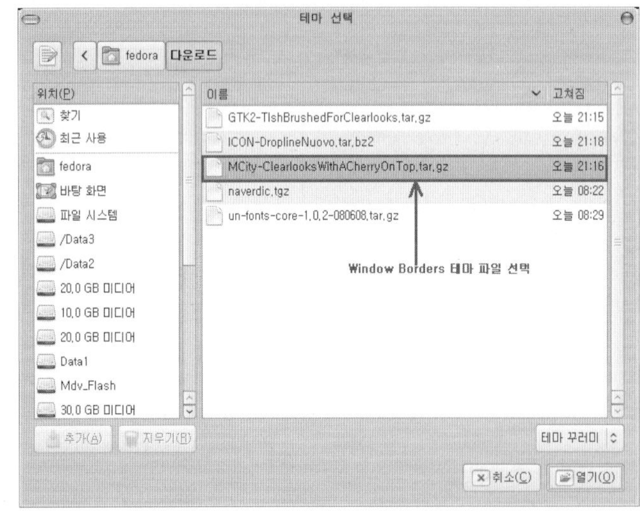

Step7 [현재 테마 유지] 버튼을 클릭합니다.

Step8 [설치] 버튼을 클릭하여 Icon 테마 파일을 선택하여 엽니다.

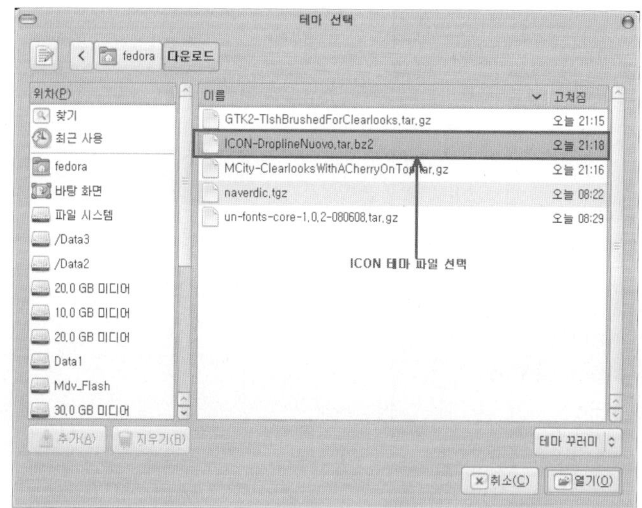

Step9 [현재 테마 유지] 버튼을 클릭합니다.

Step10 [사용자 설정] 버튼을 클릭합니다.

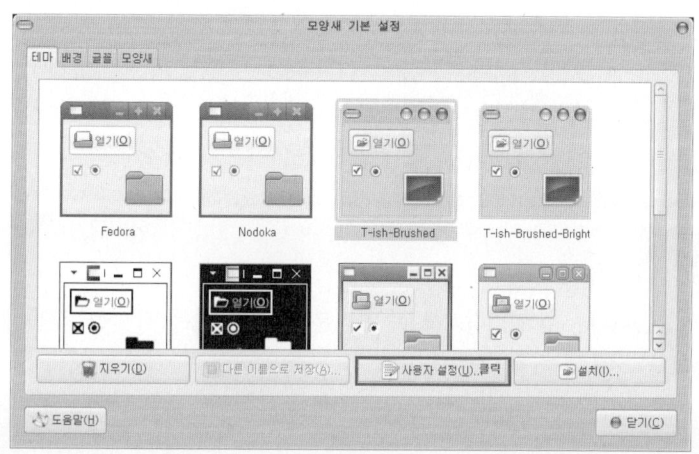

Step11 [창 가장자리] 탭을 클릭하여 [ClearlooksWithACherryOn Top]를 선택합니다.

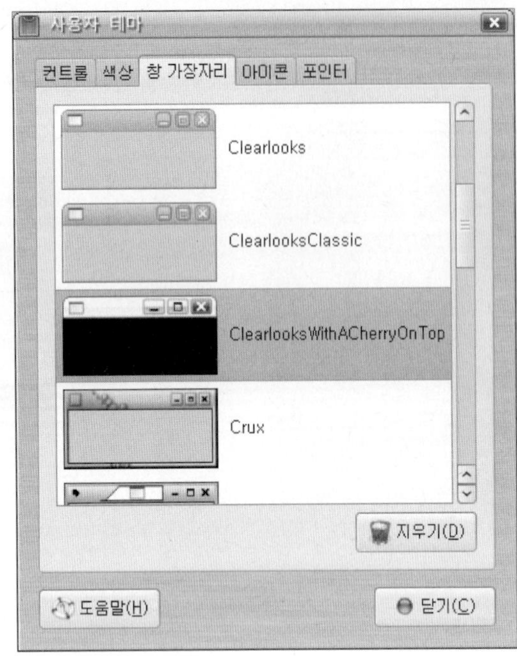

Step12 [아이콘] 탭을 클릭하여 [Dropline Nuovo]를 선택합니다.

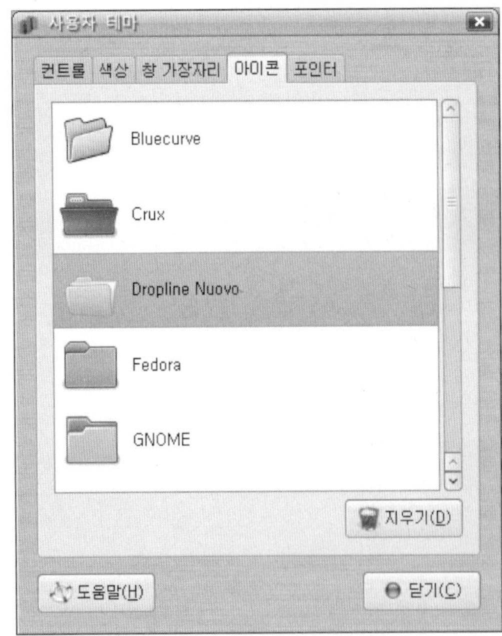

모든 설정이 완료되었습니다. 이러한 방식으로 여러분이 직접 만든 테마를 적용하여 멋진 데스크탑 환경을 꾸밀 수 있습니다.

5. 그놈 터미널(Gnome-Terminal)

엑스 터미널은 엑스 윈도우상에서 콘솔을 사용하는데 매우 유용한 도구입니다. 엑스에서 콘솔 작업을 위해서는 Ctrl + Alt + F1 키를 눌러 콘솔을 나가야 하지만, 터미널을 이용하게 되면 콘솔로 작업 환경을 변경하지 않고서도 콘솔을 사용할 수 있게 됩니다. 엑스 터미널은 Alt + F2 키를 눌러 명령 라인에 각 터미널의 명령어를 입력하여 실행시킵니다. 또한 프로그램 시작 메뉴 버튼을 클릭하여 터미널을 선택하여 실행시킬 수도 있습니다.

페도라 리눅스의 엑스에서 지원하는 터미널로는 그놈 터미널, xterm이 있는데, 그놈 터미널은 여러 가지 기능을 지원할 뿐만 아니라, UTF-8, EUC-KR 한글 인코딩 환경을 잘 지원하고 있어 사용하는데 불편함이 없는 터미널이므로, 그놈 터미널을 다루는 방법에 대해서 살펴봅니다. 페도라 리눅스에서 사용할 수 있는 외부 터미널로는 Eterm, Hanterm, Mlterm 등이 있습니다.

5.1 그놈 터미널 실행

그놈 터미널은 [프로그램 시작 메뉴 >> 시스템 도구 >> 터미널]을 선택하여 실행합니다. 또는 Alt + F2 키를 눌러 gnome-terminal를 입력하여 실행시킬 수도 있습니다.

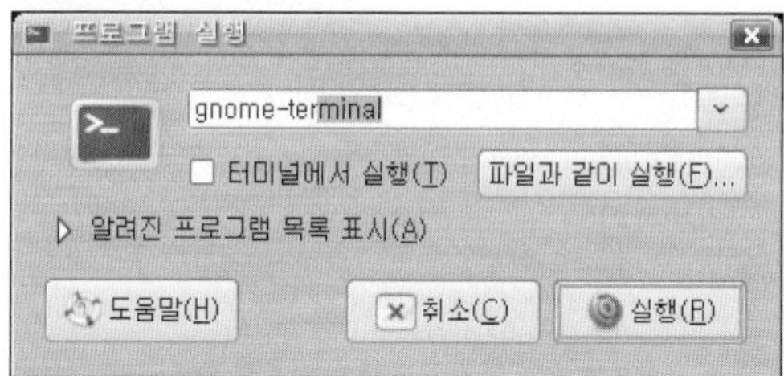

그놈 터미널이 실행되면 다음과 같이 터미널 창이 나타납니다.

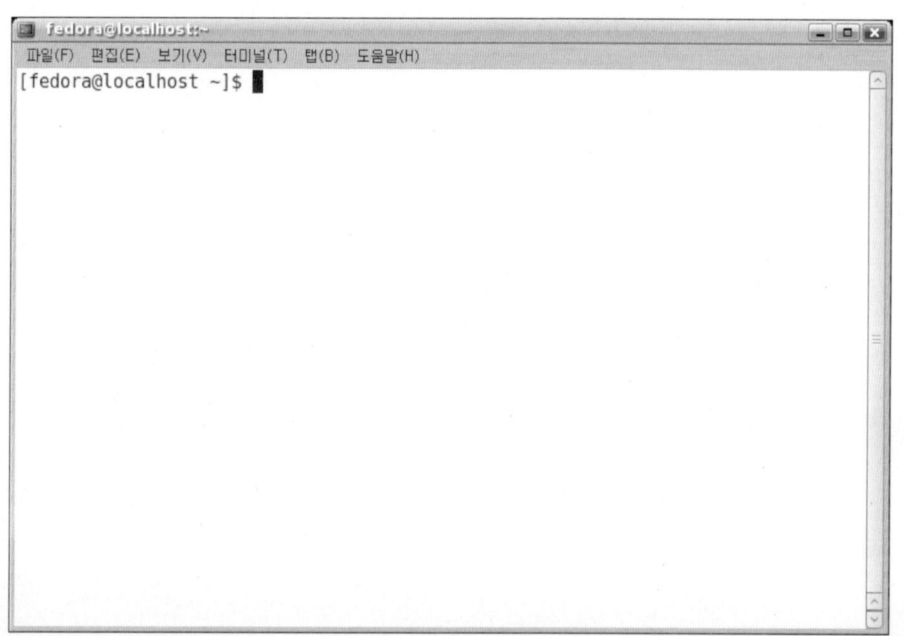

5.2 그놈 터미널 환경 설정

● 문자셋 인코딩 설정

그놈 터미널은 페도라 기본 로케일인 UTF-8를 지원할 뿐만 아니라 EUC-KR, Johab 인코딩을 지원하여 완벽한 한글 입출력을 지원합니다. 터미널 환경을 UTF-8에서 EUC-KR로 변경하려면 [터미날 〉〉문자 인코딩 설정 〉〉 추가/지우기]를 선택하여 EUC-KR를 추가하여 문자 인코딩 설정에서 EUC-KR를 선택해 주면 됩니다.

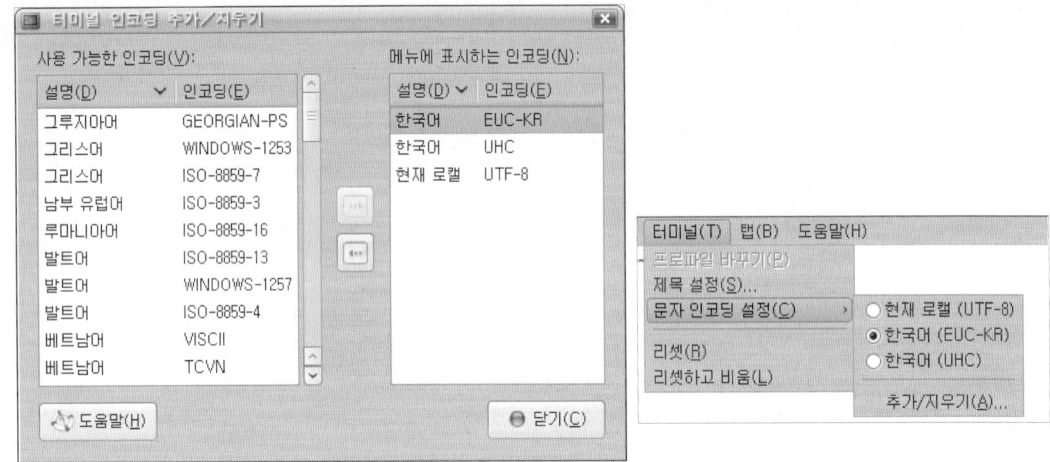

● MC F10 키와 충돌 방지

나중에 살펴보게 될 mc(midnight commander)를 그놈 터미널에서 F10 키로 종료하는 경우 그놈 터미널의 펑션키와 충돌이 일어나는데, 이것은 [편집 메뉴〉〉 바로 가기 키]를 선택하여 [메뉴 바로가기 키를 사용하지 않음(기본값은 F10)]를 체크해주면 방지할 수 있습니다.

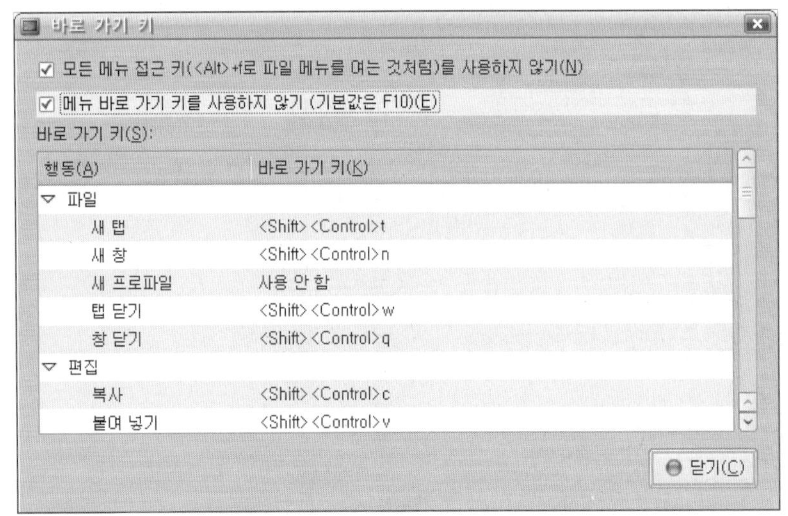

③ 옵션

옵션	기능
-a, --all	디렉토리 내의 모든 파일 출력
-l, --format=long	파일 정보(파일 종류, 퍼미션, 사이즈)를 표시
-s, --size	1K 블록 단위로 파일 크기 표시
-t, --sort=time	최근의 파일부터 출력
-c, --time	파일 최근 변경 시간에 따라 정렬해서 출력
--color	파일 종류에 따라 색상 표시
-R (recursive)	현재 작업 디렉토리와 하위 디렉토리 모두 출력
--help	도움말

④ 설명

도스에서 파일 목록이나 디렉토리 목록을 보고자 할 때 dir이란 명령을 사용합니다. 도스의 dir과 같은 리눅스의 명령어가 바로 "ls"입니다. 그러면, ls 명령어에 각각의 옵션을 부여하여 연습해 보기로 합니다. 연습할 위치는 일반 사용자 계정의 홈 디렉토리입니다. ls 명령어를 실행하면 사용자 홈 디렉토리엔 디렉토리외는 파일이 나타나질 않습니다.

1. ls -a

먼저 -a 옵션을 부여하게 되면 다음 화면과 같은 파일들이 출력됨을 볼 수 있습니다.

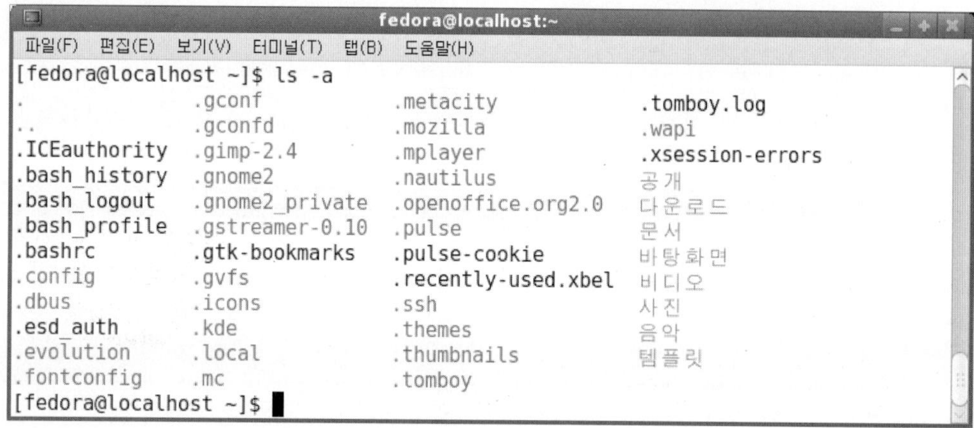

ls 명령어 단독으로 실행했을 때에는 보이지 않았던 파일들이 "-a" 옵션을 지정하면 볼 수 있습니다. "-a" 옵션은 도트(.)로 된 숨겨진 파일을 포함한 모든 파일들을 볼 수 있도록 해 주는 모든 것(all)이라는 의미의 옵션입니다. 도트로 표시된 파일들은 대부분 사용자의 환경 설정 파일과 디렉토리 이름입니다.

[참고] 점(.)으로 된 파일과 디렉토리에 관하여

- **.** : 점(.) 한 개는 현재 디렉토리를 의미합니다.
- **..** : 점(..) 두 개는 현재 디렉토리에서 상위 디렉토리로 이동할 수 있음을 의미합니다.
- **.bash_history** : 입력한 명령어 내용이 저장되는 파일입니다. 방향키 ⬆ 키를 프롬프트에서 누르면 전에 입력한 명령어가 나타나는데, 이 파일에 기록된 명령어가 도스의 doskey처럼 나오게 됩니다.
- **.bash_profile** : 도스의 autoexec.bat 파일과 유사한 기능을 가진 파일입니다.
- **.bashrc** : 알리아스(alias) 정보를 가지고 있는 파일. 알리아스로 리눅스 기본 명령어를 도스 명령어로 바꾸어 쓸 수 있습니다.

2. ls -l

이번에는 디렉토리를 바이너리(/bin) 디렉토리로 이동해서 "-l" 옵션을 적용해 봅니다. /bin 디렉토리에서 -l 옵션을 적용하여 연습해 봅니다. 앞서 소개한 -a 옵션과 함께 사용하였을 때 어떠한 결과가 나오는지 각자 테스트해 보기로 합니다.

```
redfox@localhost:/bin
파일(F)  편집(E)  보기(V)  터미널(T)  탭(B)  도움말(H)
[redfox@localhost bin]$ cd /bin
[redfox@localhost bin]$ ls -l
합 계 6616
-rwxr-xr-x 1 root     root        8984 2007-05-30 22:59 alsacard
-rwxr-xr-x 1 root     root       21048 2007-05-30 22:59 alsaunmute
-rwxr-xr-x 1 root     root        7440 2007-07-10 19:10 arch
lrwxrwxrwx 1 root     root           4 2007-07-20 10:20 awk -> gawk
-rwxr-xr-x 1 root     root       21408 2007-06-13 23:31 basename
-rwxr-xr-x 1 root     root      797312 2007-02-13 00:18 bash
-rwxr-xr-x 1 root     root       25216 2007-06-13 23:31 cat
-rwx------ 1 root     root       14488 2007-07-25 17:10 checkpassword
-rwxr-xr-x 1 root     root       51216 2007-06-13 23:31 chgrp
-rwxr-xr-x 1 root     root       42848 2007-06-13 23:31 chmod
-rwxr-xr-x 1 root     root       52976 2007-06-13 23:31 chown
```

[참고] 디렉토리 경로 표시할 때의 주의할 사항

디렉토리 이동은 잠시 후에 다시 자세히 살펴보겠지만, 도스와 마찬가지로 cd 명령을 사용하지만 한 가지 틀린 점은 "cd /디렉토리명" 입니다. cd 명령 다음에 한 칸을 띄우고 슬래시를 붙이고 디렉토리 명을 지정합니다. 주의할 점은 역슬래시(\)가 아닌 점에 주목해야 합니다.

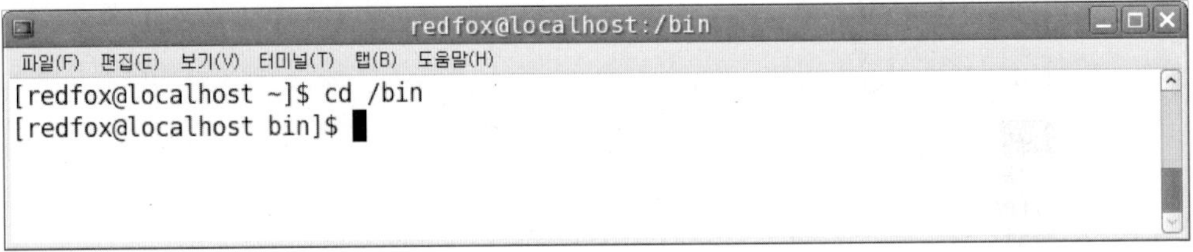
```
redfox@localhost:/bin
파일(F)  편집(E)  보기(V)  터미널(T)  탭(B)  도움말(H)
[redfox@localhost ~]$ cd /bin
[redfox@localhost bin]$
```

3. ls --color

ls 옵션에는 파일에 안시(ANSI) 색상을 지정하는 옵션이 있어서 파일과 디렉토리명이 컬러로 출력됩니

다.. --color 옵션을 이용하면 파일 목록 출력 시 파일 종류에 따라서 색상이 지정되는데 페도라 리눅스에서는 ls 명령에 기본 옵션으로 들어가 있어서 파일과 디렉토리 목록을 컬러로 출력해 줍니다.

```
# ls --color=yes    파일 색상을 지정하여 목록 출력
# ls --color=no     파일 색상을 지정하지 않음
```

[참고] 디렉토리 명만 출력하고자 할 때

수많은 파일과 디렉토리가 함께 존재할 경우 디렉토리만 ls 명령으로 나오게 하려면 다음과 같이 합니다.

```
ls -la | grep "^d"
```

4. 와일드 문자 적용

ls 명령 실행할 때 와일드 문자를 사용하여 원하는 파일을 검색할 수 있습니다.

```
* : 모든 것을 의미하며, 앞에 문자가 있으면 그 문자에 해당되는 모든 것을 말합니다.
? : 하나의 문자에 대해서 상징할 때 사용됩니다.
```

그러면 와일드 문자를 사용하여 ls 명령을 연습해 봅니다.

먼저 /bin 디렉토리에서 ls *를 실행합니다. 이것은 모든 파일을 출력하라는 의미이므로 ls 명령을 단독으로 실행한 결과와 동일합니다.

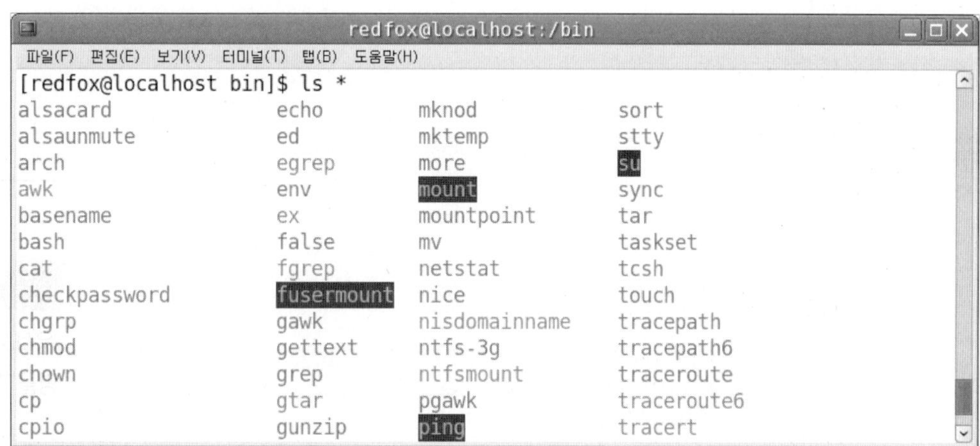

ls m*를 실행해 보도록 합니다. 그러면 m으로 시작되는 파일들이 출력됩니다.

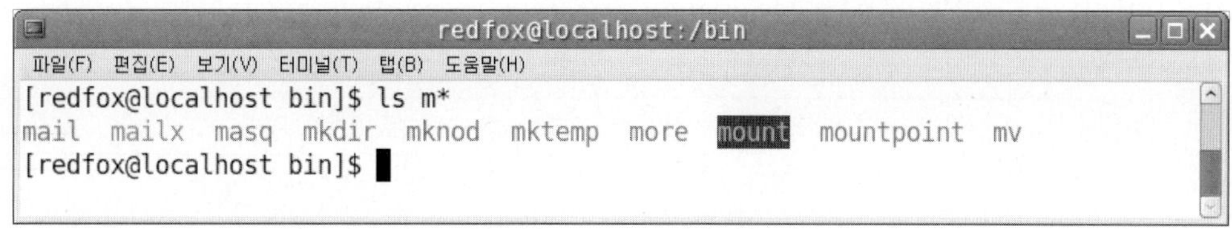

자, 이번에는 *m과 *m*를 각각 실행해 봅니다. *m은 m으로 끝나는 모든 파일을 보여 주고, *m*은 m이 중간에 있는 파일들을 모두 보여줍니다.

마지막으로 문자는 개수만큼 해당되는 문자를 가진 파일을 출력할 때 사용하므로 m으로 시작되는 파일 가운데 5개의 문자로 된 파일을 출력합니다.

2.2 cp 명령어 – 파일 복사

① 기능

파일을 복사하는데 사용하는 명령어

② 사용법

```
cp [옵션] 원본 파일 대상파일
cp [옵션] 원본 디렉토리 대상디렉토리
```

③ 옵션

옵션	기능
-a	원본 파일의 속성, 링크 정보들을 유지하면서 복사
-b	복사할 대상을 덮어쓰거나 지울 때를 대비하여 백업 파일 만듦
-d	심볼릭 파일 자체를 심볼릭 정보와 함께 복사할 때
-f	복사할 파일이 존재할 때 삭제하고 복사
-i	복사할 파일이 존재하는 경우 복사할 것인지 물음
-l	디렉토리가 아닌 경우 복사 대신 하드 링크로 만듦
-p	원본 파일의 소유, 그룹, 권한, 허용 시간을 보존한 채로 복사
-r	서브디렉토리 내에 있는 모든 파일까지 통채로 복사
-s	디렉토리가 아닌 경우 복사 대신 심볼릭 링크로 만듦
-u	대상 파일보다 원본 파일이 새로운 것일 때 복사

④ 설명

도스에서는 복사할 원본 파일의 경로를 지정한 경우 복사될 디렉토리 위치가 생략되어도 파일이 복사되지만, 리눅스에서는 대상 파일이나 대상 디렉토리 경로를 지정하지 않게 되면 파일이 복사되지 않습니다. 따라서 복사할 원본 파일에 대한 대상 파일이나 디렉토리가 반드시 지정되어야 한다는 점을 기억해야 합니다.

자, 이것이 사실인지 확인해 보기 위하여 다음과 같이 명령어를 실행해 봅니다.

/bin 디렉토리에 있는 date 파일을 복사될 대상 디렉토리를 지정하지 않으니깐 오류 메시지가 나왔음을 볼 수 있습니다. 다음 명령에서는 ~ 디렉토리[11]를 지정해 주니깐 아무런 메시지가 나오지 않습니다. ls 명령으로 확인해 본 결과 ~ 디렉토리로 /bin/date 파일이 복사되었습니다.

하위 디렉토리 내에 있는 모든 파일을 한 번에 복사하고자 하는 경우에는 다음과 같이 '-r' 옵션을 지정해 주면 됩니다.

```
cp -r 소스 대상    예) cp -r /usr/local temp/
```

[참고] 파일 사이즈를 0바이트로 만드는 방법

/var/log/message 파일 사이즈를 0바이트로 초기화시키는 방법은 cp 명령을 사용하는 것입니다. 다음과 같이 명령을 실행하여 파일 크기를 0으로 만듭니다.

```
cp -f /dev/null /var/log/message
```

2.3 rm 명령어 – 파일 삭제

① 기능

불필요한 파일을 삭제하는 명령어

② 사용법

```
rm [옵션] 파일명
```

---

11) ~ : 사용자 계정 홈 위치를 말합니다. 즉 mandoli 계정에 대해서 ~ 표시는 /home/mandoli를 의미합니다.

③ 옵션

옵션	기능
-d	디렉토리 삭제
-f	삭제할 것인가라는 메시지 없이 그대로 강제 삭제
-i	삭제 시 일일이 삭제할 것인지 물음
-r	하위 디렉토리를 포함한 파일들을 모두 삭제
-v	삭제되기 전의 파일들을 보여줌

④ 설명

파일을 삭제할 때는 rm 명령어를 사용합니다. 주의할 점은 한번 삭제한 파일은 절대 복구가 불가능하다는 점을 명심해야 합니다. '-d' 옵션을 이용하여 파일을 삭제하는 경우 디렉토리 내에 파일이 존재하면 디렉토리가 삭제되지 않습니다. '-d'옵션은 오직 비어있는 디렉토리를 삭제할 때 사용되는 옵션입니다.

만일 디렉토리 내에 있는 파일까지 한번에 삭제하고자 한다면 '-d' 옵션이 아닌 '-r' 옵션을 사용합니다. '-r' 옵션은 하위 디렉토리와 그 안에 있는 파일 모두를 삭제하므로 유용하게 쓰이는 옵션입니다.

삭제할 파일이 많은 경우, 파일 하나하나씩 삭제하겠느냐 하는 메시지가 나오는데 메시지를 무시하고 한번에 삭제하고자 한다면 아래 그림과 같이 실행 '-f'옵션과 와일드 문자를 사용하면 됩니다.[12]

```
# rm -rf *
```

2.4 디렉토리 변경(cd)

① 기능

현재의 디렉토리에서 다른 디렉토리로 경로를 변경하고자 할 때 쓰이는 명령어

② 사용법

```
cd 디렉토리명
cd /디렉토리명
```

경로를 변경할 때 주의할 점은 윈도에서는 역슬래시(\)를 사용했지만, 리눅스에서는 슬래시(/)를 사용한다는 점입니다. 사용법에서 하나는 슬래시가 있고 하나는 슬래시가 없는데, 슬래시가 붙은 디렉토리명을 절대 경로(Absolute Path)라 부르고, 슬래시가 없는 디렉토리명을 상대 경로(Relative Path)라 합니다. 절대 경로를 쓰는 경우는 새로운 디렉토리로 경로를 변경할 때이며, 상대 경로는 현재의 디렉토리 내에 있는 하위 디렉토리로 이동하고자 할 때 사용합니다. 예를 들면 /moviez/divx라는 디렉토리가

---

12) rm –rf 명령 사용은 주의 있게 사용해야 합니다. rm –rf /*를 실행하면 시스템 전체가 삭제되므로, 리눅스를 다시 설치해야 하는 불상사가 생기므로 주의하도록 합니다.

있다고 가정할 때 현재의 디렉토리가 /root 디렉토리인 경우에는 /moviez/divx 전체 경로를 지정해 주어야 이동이 가능한데 /moviez/divx가 절대 경로이며, 현재의 디렉토리가 /moviez/ 상태에서 이동하기 위해서 divx만 지정하는 것이 상대 경로입니다.

만일 /moviez/ 디렉토리 상태에서 절대 경로인 /divx를 입력하게 되면 어떻게 될까요? 이는 최상위 절대 경로 root(/)로부터 divx를 찾아야 하므로 없는 경로가 될 것입니다. 만약에 굳이 절대 경로로 사용하겠다면 /moviez/divx를 입력하면 절대 경로가 되어 디렉토리 이동이 가능합니다.

다시 말해서 상대적인 경로는 어느 특정 위치를 기준으로 하여 기준된 위치의 이상이나 이하의 내용만을 표현하는 것이며, 절대 경로는 실제의 물리적인 위치를 말한다고 하겠습니다.

[참고] 디렉토리 위치 나타내기

cd 명령으로 디렉토리를 이동할 때 주로 사용되는 변수와 문자들이 있습니다.

- . : 점 한 개는 현재의 디렉토리 위치를 의미합니다. cd .은 아무런 변화가 없습니다.
- .. : 점 두 개는 현 위치의 상위 디렉토리를 말합니다. cd ..은 상위 디렉토리로 이동합니다.
- ~ : 자신의 계정 디렉토리 위치를 의미합니다. cd ~는 자신의 계정 디렉토리로 이동합니다.
- $HOME : 변수에 있는 자신의 디렉토리이며, cd $HOME은 자신의 디렉토리로 이동합니다.

2.5 디렉토리 생성(mkdir)

① 기능

새로운 디렉토리를 신규 또는 추가로 만들기

② 사용법

```
mkdir [옵션] 생성디렉토리 (복수 지정 가능)
mkdir [옵션] /생성디렉토리
```

③ 옵션

옵션	기능
-p	지정한 하위 디렉토리까지 한 번에 생성

④ 설명

디렉토리는 절대 경로로 지정하여 생성하거나 상대 경로를 지정하여 생성할 수 있으며 여러 개의 경로를 복수로 지정할 수 있습니다.

단, 절대 경로는 마운트된 리눅스 시스템의 특정 디렉토리 내에서 디렉토리가 생성되고, 상대 경로는 작업 디렉토리 내의 하위 디렉토리로 생성된다는 사실을 명심합니다.

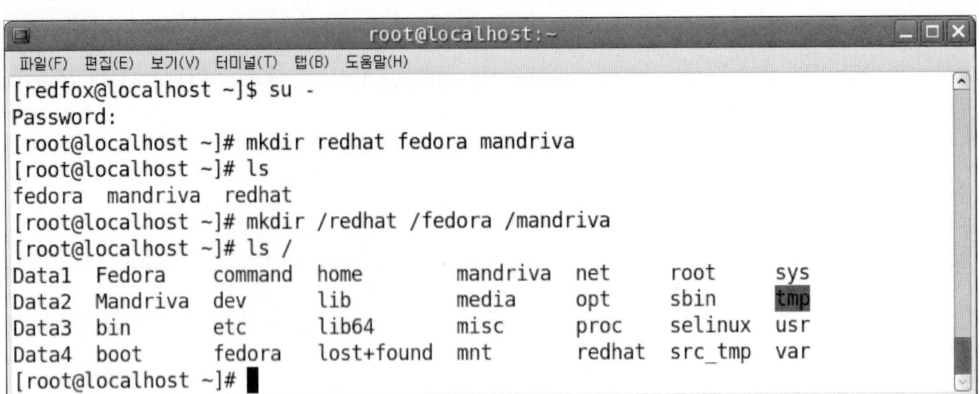

상기 화면에서도 볼 수 있듯이 redhat, fedora, mandriva 세 개의 디렉토리를 지정한 경우 사용자 홈 디렉토리 내에 하위 디렉토리로 생성되었지만, 절대 경로 표시로 디렉토리를 만든 경우 루트 하위 디렉토리가 아닌 개별적인 상위 디렉토리로 만들어집니다. 이와 같이 슬래시(/) 하나가 엄청난 차이를 가져오므로 주의해야 합니다.

mkdir에는 매우 유용한 '-p' 옵션이 있는데, 단 한번에 하위 디렉토리까지 디렉토리를 만들고자 할 때 사용합니다. 만일 /moviez/divx/new/actions는 디렉토리를 만들고자 할 때 '-p' 옵션이 없다고 한다면 각각의 디렉토리를 하나하나씩 만들어야 하지만 -p 옵션을 사용하여 /moviez 디렉토리부터 actions라는 하위 디렉토리까지 한꺼번에 만들 수 있습니다.

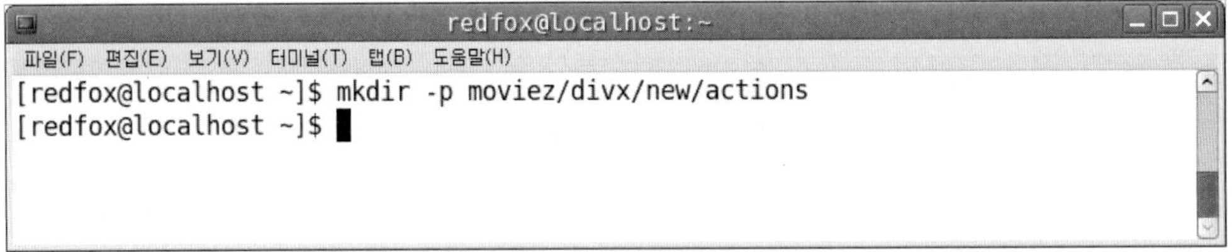

2.6 rmdir 명령어 – 디렉토리 삭제

① 기능

mkdir에 의해서 생성된 디렉토리를 삭제

② 사용법

```
rmdir [옵션] 디렉토리 (복수지정 가능)
rmdir [옵션] /디렉토리
```

③ 옵션

옵 션	기능
-p	지정한 하위 디렉토리까지 한번에 삭제

④ 설명

디렉토리 삭제 명령은 mkdir의 디렉토리 생성 명령과 같은 구조를 가지고 있습니다.

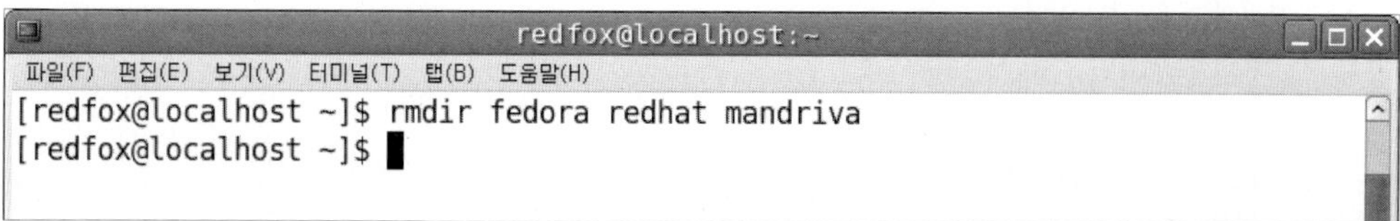

-p 옵션을 지정하여 mkdir로 생성한 하위 디렉토리(moviez/divx/new/actions)까지 삭제하는 방법은 다음과 같습니다.

2.7 mv 명령어 – 파일 옮기기

① 기능

파일을 다른 디렉토리로 이동하거나 다른 이름으로 바꾸고자 할 때 사용.

② 사용법

```
mv [옵션] 원본 파일 대상 파일
mv [옵션] 원본 파일[원본 디렉토리] 디렉토리
```

③ 옵션

옵션	기능
-b	파일이 지워지기 전에 백업 파일을 만듦
-f	대상 파일이 있더라도 파일을 강제로 삭제
-i	대상 파일이 있는 경우 덮어쓸 것인가 물어 봄
-u	대상 파일보다 원본 파일이 최신 것일 때 업그레이드
-v	파일 옮기기 전의 과정을 보여 줌

④ 설명

mv 명령어는 파일을 옮기거나 다른 이름으로 변경할 경우에 사용합니다. 또한 파일을 옮기거나 다른 이름으로 변경될 때는 항상 원본 파일이 삭제됩니다. 이것이 cp 명령어와의 차이점인데, cp 명령어는 오직 다른 이름으로 복사되거나 다른 경로로 복사됩니다. 이때는 원본 파일은 항상 보존되지만, mv 명령어에서는 원본 파일이 항상 삭제됩니다. 따라서 원본 파일을 안전하게 보존하려면 cp 명령어를 사용해야 합니다.

다음은 /bin/netstat 파일을 /bin/netstet 파일로 옮긴 후에 다시 원상태로 되돌려 놓은 예제입니다.

```
[redfox@localhost ~]$ su -
Password:
[root@localhost ~]# mv /bin/netstat /bin/netstat.org
[root@localhost ~]# ls -l /bin/netstat
ls: cannot access /bin/netstat: 그런 파일이나 디렉토리가 없음
[root@localhost ~]# mv /bin/netstat.org /bin/netstat
[root@localhost ~]# ls -l /bin/netstat
-rwxr-xr-x 1 root root 125920 2007-06-07 16:45 /bin/netstat
[root@localhost ~]#
```

2.8 df 명령어 – 디스크 용량 확인

① 기능

하드 디스크의 용량이 얼마나 남아 있는지 확인하는 명령어

② 사용법

```
df [옵션]
```

③ 옵션

옵션	기능
-a	디폴트로 생략된 0 블록 크기의 파일 시스템도 보여줌
-i	파일 크기를 블록 대신 inode로 디스크 정보를 보여줌
-k	파일 크기를 킬로바이트(kb)로 보여줌
-T	파일 시스템의 종류와 함께 디스크 정보를 보여줌
-t	fstype 값을 가진 파일 시스템에 대한 디스크 정보
-h	쉬운 용량 표시 단위로 표기(예 : 1G 250M 1K)

④ 설명

df 명령어는 현재 사용하지 않고 남아있는 하드 디스크의 공간 상태를 알려주는 명령어입니다. 파일 시스템의 종류를 지정하지 않으면 현재 마운트되어 있는 파일 시스템에 대해 남아 있는 디스크 정보를 보여 줍니다. 디스크 용량은 디폴트로 1k blocks로 표시합니다.

```
[root@localhost ~]# df
Filesystem          1K-blocks      Used Available Use% Mounted on
/dev/sda9            9469148    5191856   3788516  58% /
tmpfs                1031432          0   1031432   0% /dev/shm
/dev/sda5           48059123    9752012  35865233  22% /Mandriva
/dev/sda11          84558428   78584076   1678976  98% /Data1
/dev/sdb1          307663800  286799252   5236116  99% /Data2
/dev/sdc1          115380192  107743428   1775728  99% /Data3
/dev/sdd2           68350968   12615336  52263584  20% /Data4
/dev/sda7           18930908   13762920   4190836  77% /media
[root@localhost ~]#
```

상기 예제 화면에서 /dev/sda9 파티션의 디스크 용량을 확인해 보면, 총용량 9,469,148KB에서 5,191,856KB의 용량이 사용되었고(58% 사용률), 3,788,516KB의 용량이 남아 있습니다. 이런 용량 표기는 우리가 한 눈에 인식하기가 어려운데, -h 옵션을 사용하게 되면 쉽게 인식할 수 있는 용량 단위로 보여 줍니다. 그러면 다음 화면과 같이 -h 옵션을 적용하게 되면 메가바이트 단위 또는 기가바이트 단위로 용량을 표시해 줍니다.

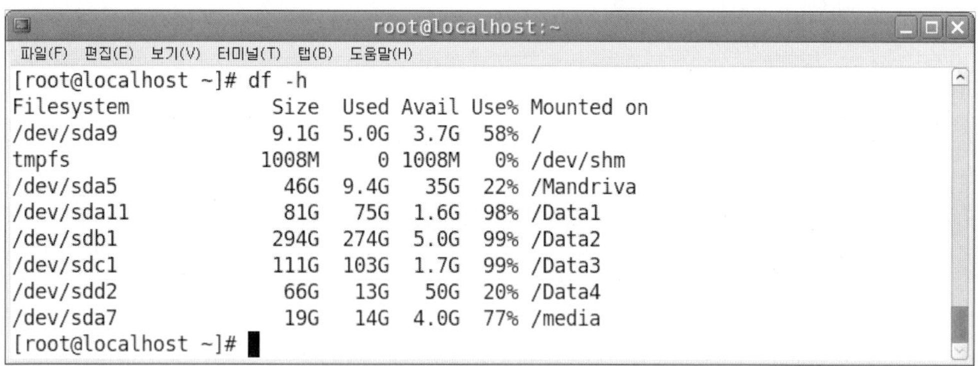

만약 어느 특정 디렉토리에 있는 파일들의 총 크기가 얼마나 되는지 확인하고자 한다면, 다음에 설명할 명령어를 사용하면 됩니다.

2.9 du 명령어 - 디스크 사용량 확인

① 기능

사용한 디스크 용량에 대한 정보를 제공

② 사용법

```
du [옵션]
```

③ 옵션

옵션	기능
-a	해당 경로에 대한 사용한 디스크 용량 표시
-k	용량 표시 단위를 킬로바이트(kilobyte)로 표시
-m	용량 표시를 메가바이트(megabyte)로 표시

④ 설명

du 명령어는 사용한 디스크 용량을 확인할 경우에 사용되는 명령어로 디스크에 남아 있는 용량을 확인하는 df 명령어와는 다소 차이가 있습니다. /bin 디렉토리에 있는 파일들의 총 용량을 확인해 봅니다. df 명령에 사용되었던 -h 옵션은 이 명령어에도 적용되므로, -h 옵션을 함께 사용하여 /bin, /usr/bin, /sbin 디렉토리의 각 용량을 체크해 봅니다.

```
redfox@localhost:~
파일(F) 편집(E) 보기(V) 터미널(T) 탭(B) 도움말(H)
[redfox@localhost ~]$ du -h /bin
6.5M    /bin
[redfox@localhost ~]$ du -h /usr/bin
313M    /usr/bin
[redfox@localhost ~]$ du -h /sbin
20M     /sbin
[redfox@localhost ~]$
```

2.10 cat 명령어 – 파일 내용을 출력해 주는 명령어

① 기능

텍스트 파일을 만들거나 파일 내용을 출력해 주는 명령어

② 사용법

```
cat [옵션] 파일
```

③ 옵션

옵션	기능
-e	-vE 옵션과 같음
-b	공백 라인을 제외한 모든 라인에 행 번호를 붙임
-n	출력되는 파일 내용들에 대해서 번호 매김
-t	-vT 옵션과 같음
-v	LFD와 TAB를 제외한 컨트롤 문자 출력
-E	각 라인 끝에 '$' 표시
-T	'ı' 로 TAB 문자를 표시

④ 설명

cat 명령어는 파일의 내용을 보거나 간단한 텍스트 파일 또는 스크립트 파일을 만들 때 사용되는 것으로, vi 편집기만큼 리눅스에서 텍스트 파일을 만들 때 많이 사용되는 것이므로 이 명령의 쓰임에 대해서 잘 알아 두는 것이 좋습니다.

```
redfox@localhost:~
파일(F) 편집(E) 보기(V) 터미널(T) 탭(B) 도움말(H)
[redfox@localhost ~]$ cat > test.txt
Hello
Nice to meet you.
[redfox@localhost ~]$
```

cat 〉 text.txt 명령을 실행한 후에 이 텍스트 파일 안에 입력하고자 하는 내용을 채운 후에 `Ctrl` + `D` 키를 눌러 저장합니다. 여기서 설명하지 않은 생소한 기호를 볼 수 있습니다. "cat 〉 test.txt"에서 '〉' 기호는 일명 리다이렉션(redirection)이라 불리는 기호인데, 이것은 출력이나 입력의 방향을 지정하는 방향 지시자의 의미로 사용됩니다.

리눅스에서 cat 명령어로 비교적 간단한 파일을 만들 경우는 상기 화면의 예제처럼 '〉' 기호를 사용하여 입력에 대한 출력을 지정합니다. cat 명령어의 기본 입력은 키보드, 출력은 모니터가 됩니다. 여기서 출력의 방향을 지시하는 의미로 '〉' 기호를 사용하고 파일명을 적음으로써 키보드로 입력하는 내용을 지시된 파일에 저장하는 것입니다.

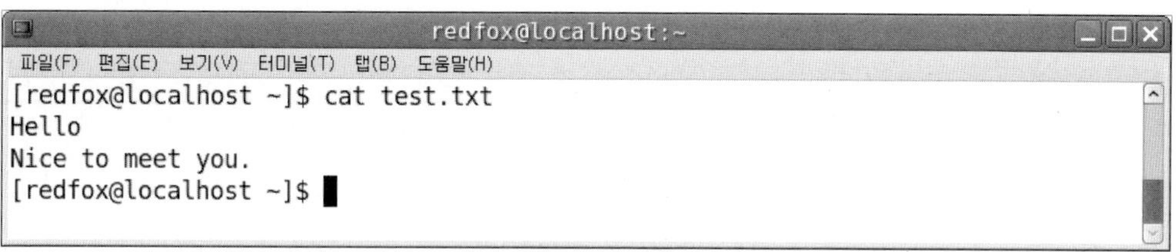

리다이렉션 기호에는 방향을 지시하여 기존의 파일을 무시하고 절대적으로 파일을 생성(create)하는 것과 추가(append)하는 기능을 가지고 있는 것이 있습니다. 리다이렉션 기호가 하나일 경우(〉)에는 무조건 파일을 만들어 내고, 기호가 둘이 되면(〉〉) 기존의 파일에 데이터를 추가하게 됩니다.

상기 화면은 '〉〉' 기호를 사용하여 기존 test.txt 파일에 새로운 내용을 추가하고 cat 명령으로 내용이 추가되었음을 확인하는 화면입니다. 이러한 기능들은 간단한 파일을 만들고자 할 경우 번거롭게 에디터를 실행하여 파일을 만들지 않아도 되는 장점을 가지고 있으나 아쉽게도 편집 기능은 가지고 있지 않습니다.

[참고] 리다이렉션 기호(Redirection Characters)

〉 기호 : 입력 방향 지시자	예) 명령 > 파일 : 명령을 파일 안으로
〉〉 기호 : 두 번의 입력 방향 지시자	예) 명령 >> 파일 : 새로운 명령을 파일 안으로
〈 기호 : 출력 방향 지시자	예) 명령 < 파일 : 파일에 있는 것을 명령으로

2.11 find 명령어 – 파일 찾아보기

① 기능

원하는 파일 찾아보기

② 사용법

```
find [경로] [옵션] 파일명
```

③ 옵션

옵션	기능
-amin n	n분 전에 마지막으로 액세스된 파일
-atime n	n*24시간 전에 마지막으로 액세스된 파일
-cmin n	n분 전에 마지막으로 변경된 파일
-ctime n	n*24시간 전에 마지막으로 변경된 파일
-empty	비어 있는 파일이나 디렉토리
-name ⟨pattern⟩	pattern으로 주어진 파일
-newer 파일	"파일"보다 최신의 파일
-perm	지정한 퍼미션을 갖는 파일
-prune	찾고자 하는 디렉토리에서만 검색
-user	지정한 사용자로 된 파일
-group	지정한 그룹으로 된 파일
-nouser	소유권자가 없는 파일
-nogroup	그룹이 없는 파일
-size n	지정한 파일 크기를 갖는 파일
-type	검색하고자 하는 파일 종류 지정
-mount	마운트된 파일 시스템만 검색
-follow	심볼릭 링크가 있는 경우 심볼릭 링크를 따라가서 파일 검색

④ 설명

find 명령은 일종의 검색 기능입니다. ping라는 파일이 어디에 있는지를 찾아보도록 합니다.

```
[redfox@localhost ~]$ su -
Password:
[root@localhost ~]# find / -name ping
/bin/ping
/Data2/Fedora/bin/ping
[root@localhost ~]#
```

find 명령에 [시작 경로] [옵션] [검색될 문자열 또는 파일명]의 형식으로 입력하여 파일을 찾는 명령을 실행합니다. 그러면 명시한 경로로부터 해당 파일을 찾아 경로와 파일명을 알려줍니다. 상기 명령의 경우는 "최상위 루트 디렉토리 이하의 디렉토리에서 ping을 포함하는 모든 파일을 찾아라!"라는 명령입니다. 이와 같이 특정한 파일을 찾고자 할 때는 찾기 시작할 경로를 지정해 주고, 만약 시작 경로조차 모른다면 가장 상위 경로인 루트 디렉토리(/)를 지정하여 -name 옵션을 부여한 후에 찾고자 하는 파일명을 붙여주면 됩니다.

2.12 프로세스 상태 확인(ps)

① 기능

작동중인 프로세스 상태 체크하기

② 사용법

```
ps [-] [옵션]
```

③ 옵션

옵션	기능
l	긴 포맷으로 출력
u	실행한 유저와 실행 시간을 표시
j	"job" 형식으로 표시
s	시그널(signal) 포맷으로 표시
m	메모리 정보 표시
a	다른 유저의 프로세스 현황 표시
x	터미널 제어 없이 프로세스 현황 표시

④ 설명

ps 명령어로 현재 실행중인 프로그램들을 확인할 수 있습니다.

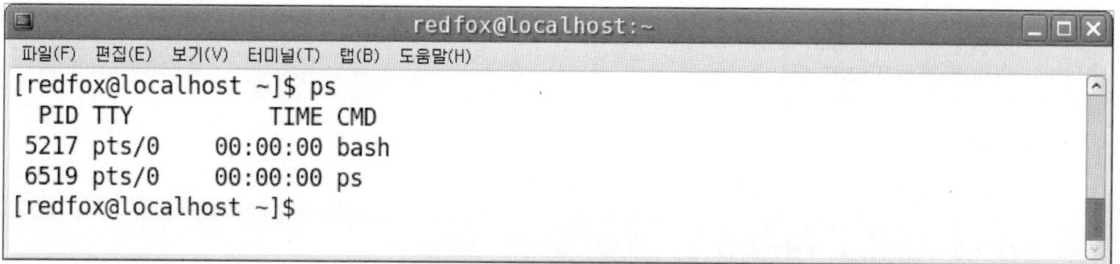

실행중인 프로세스들에 대한 좀 더 자세한 정보를 보기 위하여 다음 화면과 같이 'ax' 옵션을 사용합니다.

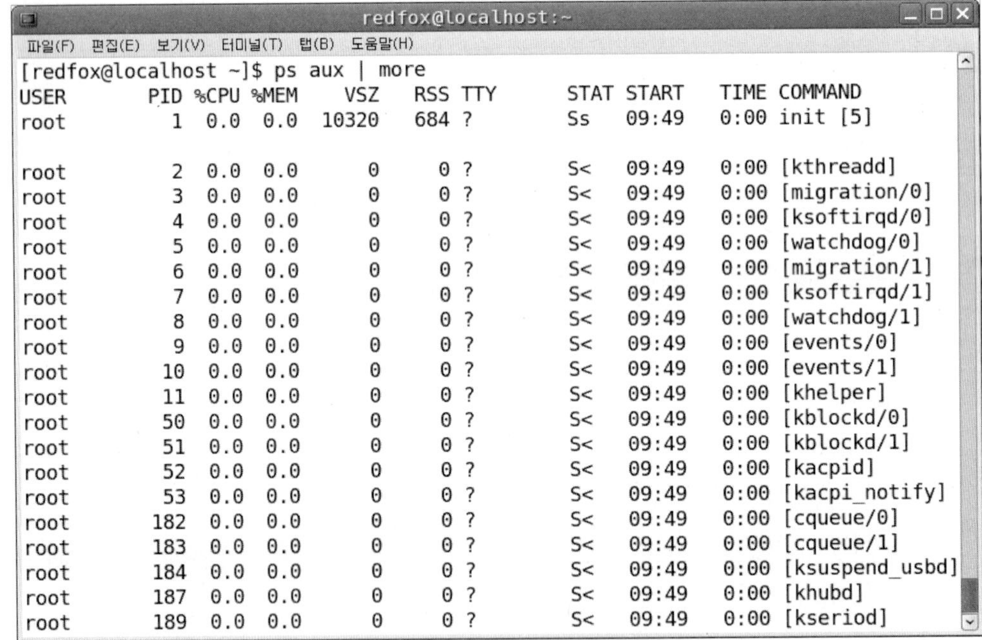

어떤 사용자에 의해 프로세스가 실행되었는지 확인하기 위해서는 다음 화면과 같이 '-u' 옵션을 사용합니다.

2.13 mount 명령어 – 블록 장치 연결

① 기능

파일 시스템(fs)을 사용하기 위하여 마운트 시키는 기능

② 사용법

```
mount [-fnrvw] [-t fs 유형] [-a 옵션] 장치 디렉토리
```

③ 옵션

옵션	기능
-v	자세한 출력 모드
-f	실제로 마운트하지 않고 마운트 가능한지 점검
-n	/etc/mtab 파일에 저장 없이 마운트 하기
-r	읽기만 가능하도록 마운트
-w	읽기/쓰기 모두 가능하도록 마운트
-t vfstype	-t 뒤에 파일 시스템 유형을 지정함

④ 설명

리눅스에서는 CD-ROM 드라이브를 사용하기 위해서는 물리적인 장치(디바이스)를 파일 시스템으로 변경해야 하는데, 이러한 과정을 마운트라고 합니다. 물리적인 장치(하드디스크, CD-ROM/DVD-ROM, 플로피 디스크)를 파일 시스템으로 변경할 때 mount 명령이 사용됩니다. CD-ROM/DVD를 마운트하려면 다음과 같이 실행하면 됩니다. 주의할 점은 mount 명령은 root만이 실행할 수 있으므로, 루트 권한을 가지고 실행해야 합니다.

상기 예제의 경우 CD-ROM/DVD-ROM의 디바이스를 /dev/cdrom로 나타내었는데, 실제로는 /dev/hdc 또는 /dev/scd0와 같은 디바이스 명을 사용합니다. /dev/hdc 또는 /dev/scd0과 같은 디바이스 명 대신에 /dev/cdrom으로 사용할 수 있는 것은 실제 물리적인 디바이스를 /dev/cdrom으로 심볼릭 링크해 놓았기 때문입니다. 이에 관해서는 '파일시스템 관리' 편에서 살펴보게 될 것입니다.

마운트 명령어 뒤에 오는 '-t' 옵션은 파일 시스템을 지정하는데, 저장 장치들은 자신만의 파일시스템을 가지므로, 마운트 할 때는 해당 파일시스템을 명시해 주어야 합니다.

종류	파일 시스템
CD-ROM/DVD-ROM	iso9660
ms-dos	msdos / umsdos
win98	vfat
win2000,XP	ntfs
linux	ext2, ext3, reiserfs, xfs
floopy	msdos, ext2

마운트시킨 후 장치를 언마운트하려면 umount 명령을 사용하며, 이 옵션의 인자값으로는 디바이스명이나 마운트할 경로를 지정해 줍니다.

```
# umount /media
# umount /dev/cdrom
```

2.14 mkfs 명령어 – 파일 시스템 만들기

① 기능

리눅스 파일 시스템 만들기

② 사용법

```
mkfs [-t 형태] [fs-옵션] 장치명 [블록]
```

③ 설명

mkfs 명령어는 하나의 드라이브 장치를 리눅스 파일 시스템으로 만들 경우에 사용하는 명령어입니다. 도스에서는 디스크를 포맷할 때 format 명령어를 사용하는데 하드 디스크 파티션을 리눅스 파일 시스템으로 포맷한다는 개념으로 이해하면 쉬울 것입니다. /dev/sda8 파티션에 대해서 파일 시스템으로 포맷하는 과정은 다음과 같습니다.

```
[root@localhost ~]# mkfs -t ext3 /dev/sda8
mke2fs 1.39 (29-May-2006)
Filesystem label=
OS type: Linux
Block size=4096 (log=2)
Fragment size=4096 (log=2)
2443200 inodes, 4885760 blocks
244288 blocks (5.00%) reserved for the super user
First data block=0
Maximum filesystem blocks=4294967296
150 block groups
32768 blocks per group, 32768 fragments per group
16288 inodes per group
Superblock backups stored on blocks:
        32768, 98304, 163840, 229376, 294912, 819200, 884736, 1605632, 2654208,
        4096000

Writing inode tables: done
Creating journal (32768 blocks): done
Writing superblocks and filesystem accounting information: done

This filesystem will be automatically checked every 26 mounts or
180 days, whichever comes first.  Use tune2fs -c or -i to override.
[root@localhost ~]#
```

2.15 fsck.ext3 – 파일 시스템 점검

① 기능

리눅스 파일 시스템을 점검하고 손상 복구시켜 줌

② 사용법

```
fsck.ext3 [-t 파일시스템유형] 파일시스템
```

③ 설명

리눅스 시스템은 부팅시에 파일 시스템을 자동으로 체크하고, 파일 시스템이 손상이 입었을 때 fsck.ext3 명령으로 이러한 것을 점검하고 복구합니다.

2.16 who 명령어 – 시스템 사용자 확인하기

① 기능

현재 시스템에 접속한 사용자를 확인하고자 할 때 사용

② 사용법

```
who
```

③ 옵션

옵션	기능
-i	idle time과 함께 사용자 출력함
-m	who 명령을 실행한 사용자 표시
-q	사용자 이름과 사용자 수 출력
-w, -T	각 사용자의 메시지 설정 상태 출력

④ 설명

현재 시스템을 사용하고 있는 계정 사용자들을 확인하는 명령으로 who 또는 w 명령을 사용합니다. 간단히 who 명령을 실행하면 현재 쉘 사용자를 확인할 수 있습니다.

```
                          root@localhost:~
파일(F)  편집(E)  보기(V)  터미널(T)  탭(B)  도움말(H)
[root@localhost ~]# w
 20:36:20 up 10:47,  2 users,  load average: 0.06, 0.02, 0.00
USER     TTY      FROM            LOGIN@   IDLE   JCPU   PCPU WHAT
mandoli  pts/0    :0.0            09:51    1.00s  0.29s  4.64s gnome-terminal
mandoli  pts/1    :0.0            15:10    17:16  0.02s  4.64s gnome-terminal
[root@localhost ~]#
```

2.17 kill 명령어 – 프로세스 죽이기

① 기능

실행중인 프로세스를 재활성화하거나 완전히 죽이고자 할 때 쓰이는 명령

② 사용법

```
kill [옵션] 프로세스ID
```

③ 옵션

옵션	기능
-1, -HUP	프로세스를 재활성화 함
-9	프로세스를 강제로 죽임

④ 설명

현재 작동중인 프로세스를 죽이거나 다시 띄우고자 할 때 kill 명령을 사용합니다. kill 명령을 이용하여
현재 작동중인 프로세스를 죽이거나 다시 띄우는 방법에 대해서 연습해 보도록 합니다. 먼저 작동중인
커널 프로세스가 어떤 것들이 있는지 확인한 후 그 가운데 존재하는 cupsd 데몬을 다시 띄워 보도록
합니다.

```
                          root@localhost:~
파일(F)  편집(E)  보기(V)  터미널(T)  탭(B)  도움말(H)
[mandoli@localhost ~]$ su -
Password:
[root@localhost ~]# ps ax | grep cupsd
 2695 ?        Ss     0:00 cupsd
 3291 pts/0    S+     0:00 grep cupsd
[root@localhost ~]# kill -1 2695
[root@localhost ~]# kill -HUP 2695
[root@localhost ~]#
```

-1 또는 -HUP 옵션을 사용하여 작동중인 프로세스를 다시 시작할 수 있습니다. 자, 이번에는 cupsd
데몬을 제거해 봅니다. 이때 사용되는 옵션은 -9입니다.

```
root@localhost:~
파일(F)  편집(E)  보기(V)  터미널(T)  탭(B)  도움말(H)
[root@localhost ~]# kill -9 2695
[root@localhost ~]# ps ax | grep cupsd
 3524 pts/0     S+      0:00 grep cupsd
[root@localhost ~]#
```

해당 프로세스를 -9 옵션으로 제거하면 "ps ax | grep 프로세스 명"으로 검색했을 때 해당 프로세스에 대한 PID가 나오지 않습니다.

2.18 echo - 입력한 문자 출력

① 기능

시스템 환경 변수나 입력 내용을 화면에 출력해 주는 기능

② 사용법

```
echo [옵션] 문자열
```

③ 옵션

옵션	기능
-n	화면상에서 커서를 하 줄 아래로 내리게 하는 개 행 문자를 출력하지 않도록 함
-e	문자열에서 백슬래시(\)와 이스케이프를 인용부호로 묶어 문자를 인식하도록 함

④ 사용 가능한 이스케이프

이스케이프(escape sequence)	기능
\a	경고음
\b	백스페이스
\c	마지막 개행 문자 사용하지 않음
\f	Form Feed (프린터에서 용지 바꿈 기능)
\n	개행 문자
\r	Carriage return(그 줄의 맨 앞으로 커서를 옮기는 코드)
\t	수평 탭
\v	수직 탭
\\	백슬래시
\nnn	ASCII 코드가 nnn(8진수)인 문자

⑤ 설명

문자열을 출력해 주는 명령으로, 내부 환경 변수의 내용을 보고자 할 때도 사용합니다. "안녕하세요"라
는 메시지를 화면상에 출력되도록 하려면 다음과 같이 실행해 주면 됩니다.

상기 메시지를 파일로 저장하도록 하려면 다음과 같이 리다이렉션(>) 기호를 사용하면 됩니다.

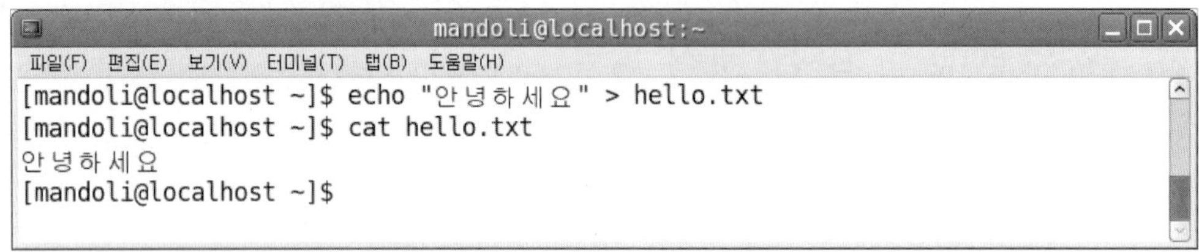

2.19 clear – 화면 문자 청소하기

① 기능

화면에 있는 모든 메시지를 초기화할 때 사용하는 명령

② 사용법

```
clear
```

③ 설명

화면상에서 보여지는 모든 메시지를 제거할 때 사용하는 메시지입니다. 새로운 창을 열지 않는 한 터미
널 창이나 콘솔에서의 메시지는 계속 스크롤되는데, 이 명령을 사용하면 화면상의 모든 메시지가 제거
됩니다.

2.20 tail – 파일의 마지막에 있는 메시지 출력

① 기능

파일내의 마지막 부분에 있는 내용이 출력되도록 할 때 사용하는 명령

② 사용법

```
tail [옵션] 파일명
```

③ 옵션

옵션	기능
-행 수	출력하고자 하는 메시지의 줄 수
-c	원하는 용량만큼 출력(bytes)
-n	원하는 줄 수
-q	출력할 때 파일명을 보여 주지 않음

④ 설명

앞 서 살펴본 head와는 정반대되는 명령으로, 파일의 마지막 부분에 있는 메시지를 출력하도록 하는 명령입니다. 옵션으로 "-줄 수"를 사용하면 마지막부터 해당 줄까지의 내용을 보여줍니다. 다음은 /var/log/dmesg 파일의 마지막에서 위로 5줄까지의 메시지를 출력하는 명령입니다.

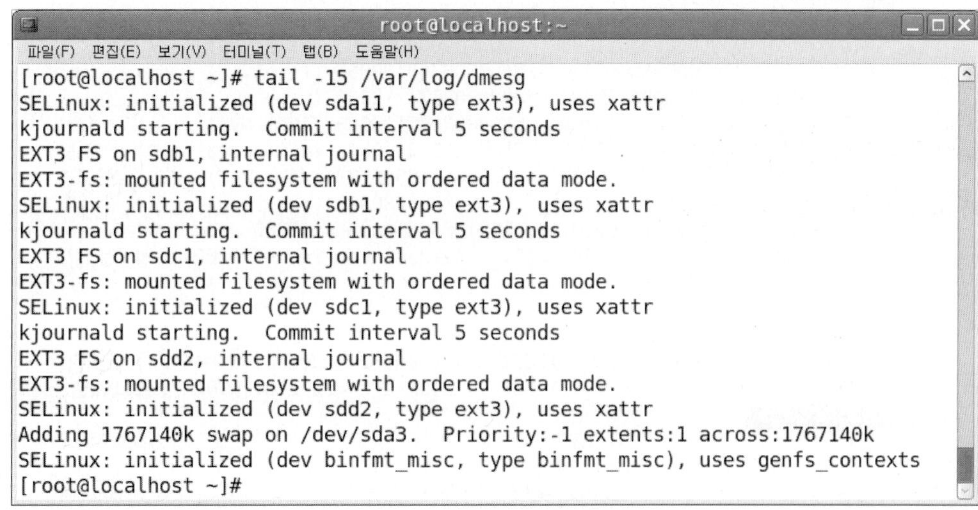

```
[root@localhost ~]# tail -15 /var/log/dmesg
SELinux: initialized (dev sda11, type ext3), uses xattr
kjournald starting.  Commit interval 5 seconds
EXT3 FS on sdb1, internal journal
EXT3-fs: mounted filesystem with ordered data mode.
SELinux: initialized (dev sdb1, type ext3), uses xattr
kjournald starting.  Commit interval 5 seconds
EXT3 FS on sdc1, internal journal
EXT3-fs: mounted filesystem with ordered data mode.
SELinux: initialized (dev sdc1, type ext3), uses xattr
kjournald starting.  Commit interval 5 seconds
EXT3 FS on sdd2, internal journal
EXT3-fs: mounted filesystem with ordered data mode.
SELinux: initialized (dev sdd2, type ext3), uses xattr
Adding 1767140k swap on /dev/sda3.  Priority:-1 extents:1 across:1767140k
SELinux: initialized (dev binfmt_misc, type binfmt_misc), uses genfs_contexts
[root@localhost ~]#
```

2.21 more – 화면 단위로 메시지 보기

① 기능

파일 내용이 길어서 한 화면에서 모두 볼 수 없을 때 화면 단위로 출력되는 메시지를 정지시켜 주는 명령

② 사용법

```
more [옵션] 파일명
```

③ 옵션

옵션	기능
-d	키보드 입력을 받을 때, [press space to continue, "q" to quit] 메시지를 보여줌 키보드 입력이 잘못되었을 땐 [Press "h" for instructions] 메시지를 보여 줌

-p	스크롤되지 않고, 모든 화면을 지우고 메시지를 보여 줌
-s	여러 줄의 빈 줄을 한 줄로 보여 줌
-라인	화면에 출력될 줄 수 지정
+라인	지정한 줄부터 출력

④ 설명

다음은 /var/log/dmesg 파일의 내용이 처음부터 화면 끝까지 일시적으로 출력되도록 하는 명령입니다.

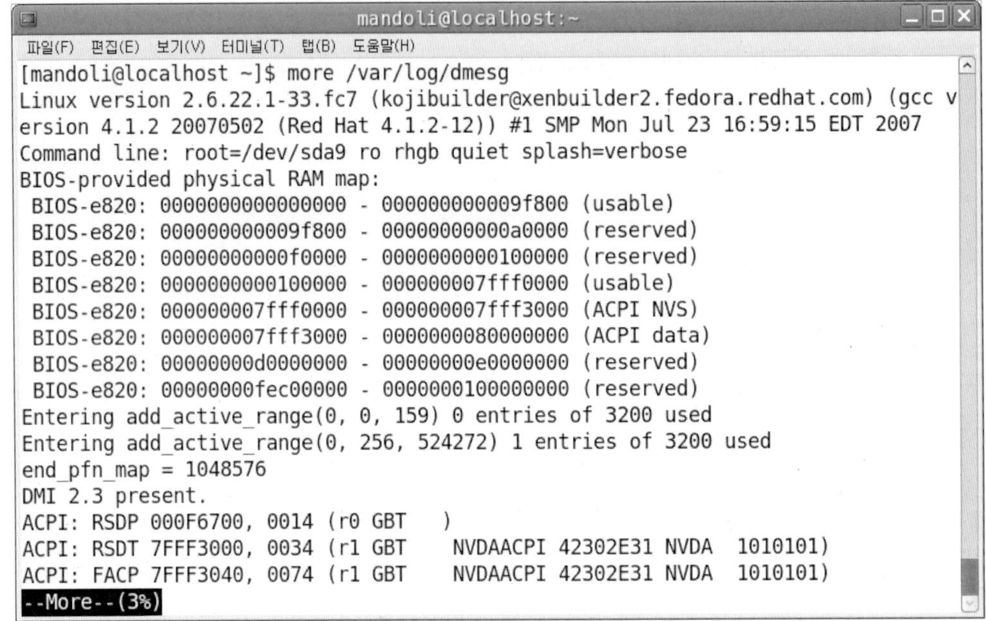

화면 스크롤이 정지된 상태에서 다음과 같은 키보드 키를 사용할 수 있습니다.

키보드	기능
Space Bar 키	다음 페이지 출력
Enter 키	다음 줄 출력
D	다음 페이지 절반 출력
V	vi 편집기로 전환
B	이전 페이지 출력
N	/문자열로 검색한 문자열 찾기
H	도움말
Q	종료
/문자	지정한 문자 검색
=	현재 위치의 줄 번호 출력
!쉘 명령어	쉘 명령어 실행

2.22 man 명령어 – 리눅스 명령어 매뉴얼 보기

① 기능

리눅스의 모든 명령어에 대한 사용 방법을 알려주는 명령

② 사용법

```
man 리눅스명령어
```

③ 설명

이제까지 살펴 본 리눅스의 기본 명령어에 대해 자세히 알고자 하는 경우에는 "man 명령어"를 실행하면 해당 명령어의 기능, 사용법, 옵션 등에 대해 자세히 알 수 있습니다. 여러분이 해당 명령어에 대한 사용법을 모르는 경우에는 man 페이지를 통하여 쉽게 터득할 수 있습니다. 그러면 man man 명령을 실행하면 다음과 같이 man에 대한 도움말이 나옵니다.

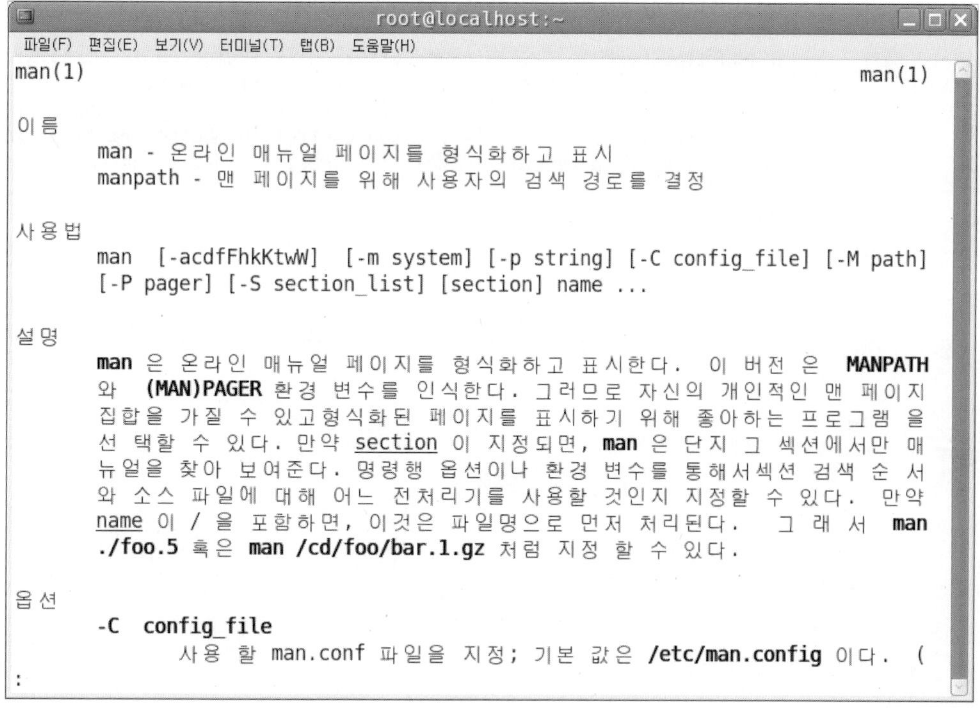

[참고] man 페이지 내용을 텍스트 파일로 변환하기

맨 페이지 문서 내용을 텍스트 페이지로 저장하는 방법은 다음과 같습니다.

man 명령어 | col -b 〉 텍스트파일명

다음은 cp 명령어에 대한 Man 페이지의 도움말을 cp.man.txt 파일로 저장하는 예제입니다.

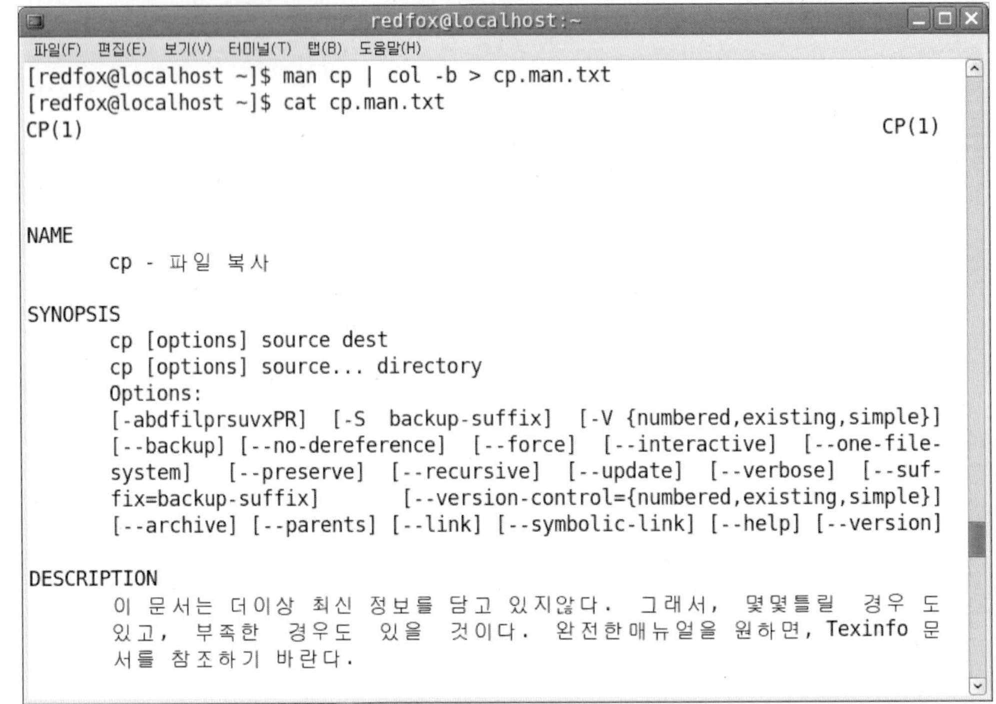

```
[redfox@localhost ~]$ man cp | col -b > cp.man.txt
[redfox@localhost ~]$ cat cp.man.txt
CP(1)                                                              CP(1)



NAME
       cp - 파 일  복 사

SYNOPSIS
       cp [options] source dest
       cp [options] source... directory
       Options:
       [-abdfilprsuvxPR]  [-S  backup-suffix]  [-V {numbered,existing,simple}]
       [--backup] [--no-dereference]  [--force]  [--interactive]  [--one-file-
       system]   [--preserve]   [--recursive]  [--update]  [--verbose]  [--suf-
       fix=backup-suffix]          [--version-control={numbered,existing,simple}]
       [--archive] [--parents] [--link] [--symbolic-link] [--help] [--version]

DESCRIPTION
       이 문 서 는  더 이 상  최 신  정 보 를  담 고  있 지않다 .   그 래 서 ,   몇몇틀릴  경 우 도
       있 고 ,  부 족 한  경 우 도  있 을  것 이 다 .  완 전 한매뉴얼을  원 하 면 ,  Texinfo 문
       서 를  참 조 하 기  바 란 다 .
```

Chapter
05. 리펭박사 그대로 따라하기

이 장에선 리눅스의 세계를 마스터하는데 있어서 기본적으로 습득해야 할 지식을 복습하거나 미리 체험할 수 있도록 리눅스 펭권 박사와 함께 그대로 따라해 보기로 합니다. 또한 본문에 다루지 않은 팁 형식의 내용들도 이 장을 통해서 학습해 보기로 합니다.

학습 주제

따라하기 01 일반 사용자의 루트 권한 얻기

일반 사용자가 루트 권한을 획득하고자 할 때는 'su -' 명령을 사용합니다. 그러면 fedora라는 계정이 root로 되기 위해선 다음과 같이 실행합니다.

따라하기 02 일반 사용자의 루트 권한으로 명령어 실행하기

일반 사용자가 루트 권한으로 명령어를 실행하고자 할 때는 다음과 같은 방법으로 명령어를 실행하여 암호에는 루트의 열쇠글을 입력합니다.

```
su -c '명령어'
```

이에 대한 예제는 다음 그대로 따라하기에서 연습합니다.

O3   yum을 이용한 rpm 패키지 설치

네트워크상에서 rpm 패키지를 설치할 때는 yum 패키지 설치 도구를 이용합니다. mc라는 셸 파일 관리자를 설치하고자 할 때는 다음과 같이 실행합니다.

```
$ su -c 'yum -y install mc' Enter
암호: root 열쇠글 입력
```


O4   yum 리포지토리(rpm 저장소) 추가하기 No.1

페도라 리눅스의 rpm 패키지를 저장하고 있는 yum 리포지토리로부터 rpm 패키지를 관리하려면 먼저 RPM GPG 키를 설치해야 합니다. 그러면 다음과 같이 GPG 키를 설치합니다.

O5   yum 리포지토리 추가하기 No.2

다음과 같이 LIVNA 리포지토리 서버를 추가합니다.

O6   yum 리포지토리 추가하기 No.3   R

freshrpms.net 리포지토리를 다음과 같이 추가합니다.

```
fedora@localhost:~
파일(F)  편집(E)  보기(V)  터미널(T)  탭(B)  도움말(H)
[fedora@localhost ~]$ su -c 'rpm -ivh ftp://ftp.freshrpms.net/pub/freshrpms/fedo
ra/linux/9/freshrpms-release/freshrpms-release-1.1-1.fc.noarch.rpm'
암호:
ftp://ftp.freshrpms.net/pub/freshrpms/fedora/linux/9/freshrpms-release/freshrpms
-release-1.1-1.fc.noarch.rpm(을)를 복구합니다
경고: /var/tmp/rpm-xfer.N9Fyw7: Header V3 DSA signature: NOKEY, key ID e42d547b
준비 중...                    ######################################### [100%]
   1:freshrpms-release        ######################################### [100%]
[fedora@localhost ~]$
```

따라하기

07 명령 자동 입력 기능(Command AutoList)   R   U

긴 명령어나 하위 디렉토리명을 입력할 때 간단한 방법으로 명령어나 디렉토리가 한번에 입력되도록
하는 방법에 대해서 연습해 봅니다. /usr/lib/xorg/modules/extensions 경로를 쉽게 입력하여 이동하려
면 먼저 cd 명령 다음에 /u까지 입력한 후에 ⭾ 키를 치면 나머지 sr이 자동으로 입력됩니다. 만일
/usr 디렉토리외 /united와 같은 디렉토리가 있다면 비프음으로 경고를 해 주고, 이 때 탭키를 한번 누
르면 u로 시작되는 경로들을 보여줍니다. /usr키가 자동으로 입력되면 /li를 입력하고 ⭾ 키를 누릅니
다. 그러면 /usr/lib이 완전히 입력됩니다. 이러한 식으로 경로의 앞 글자만 입력하고 탭키를 누르면 나
머지 글자들이 자동입력됨을 볼 수 있습니다. 철자 하나를 입력하고 ⭾ 키를 눌렀을 때 중복되지 않
는 경로나 명령어가 있으면 바로 해당 단어의 나머지 철자가 자동으로 입력되지만, 중복될 경우에는 그
에 해당되는 것으로 모두 보여주게 됩니다. 이 경우 다음 철자를 누르고 탭 키를 누르면 자동으로 해당
철자에 맞는 단어가 입력됩니다. 참, 편리한 기능이므로, 콘솔상에서 명령 작업을 많이 할 때 사용하면
도움이 됩니다.

따라하기

08 한글 입출력기 scim 설치

페도라9에서는 한글 입출력기가 기본적으로 설치되지 않아 그놈에서 한글을 사용할 수 없는 문제점이
있습니다. 그놈에서 한글 입력이 되도록 하려면 다음과 같이 scim 관련 패키지를 설치합니다. 패키지를
설치한 후 로그아웃하였다가 로그인을 하게 되면 한글 입력이 가능해집니다. 한영 전환 단축키는 Shift
+ Space Bar 또는 Ctrl + Space Bar 키입니다.

```
fedora@localhost:~
파일(F)  편집(E)  보기(V)  터미널(T)  탭(B)  도움말(H)
[fedora@localhost ~]$ su -c 'yum -y install scim scim-lang-korean scim-hangul'
암호:
```

따라하기

09 플래시 플러그인 설치

웹브라우저 파이어폭스(Firefox)에 플래시 플러그인을 설치하려면 먼저 다음과 같이 adobe 리포지토리를 설정합니다.

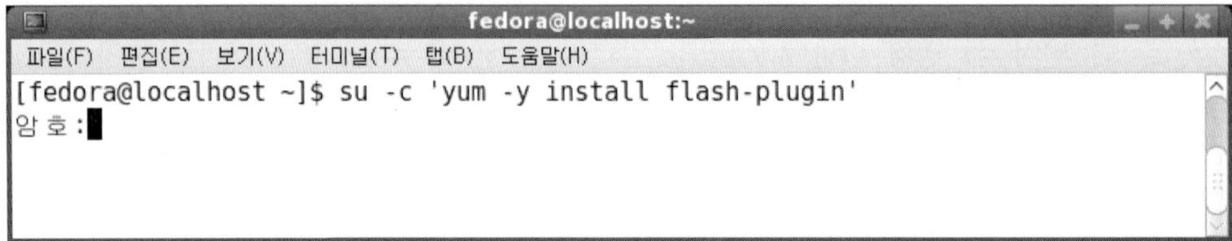

```
fedora@localhost:~
파일(F)  편집(E)  보기(V)  터미널(T)  탭(B)  도움말(H)
[fedora@localhost ~]$ su -c 'rpm -ivh http://linuxdownload.adobe.com/adobe-relea
se/adobe-release-i386-1.0-1.noarch.rpm'
암호:
http://linuxdownload.adobe.com/adobe-release/adobe-release-i386-1.0-1.noarch.rpm
(을)를 복구합니다
준비 중...                        ######################################### [100%]
   1:adobe-release-i386           ######################################### [100%]
[fedora@localhost ~]$
```

그리고 나서 다음과 같이 플래시 플러그인을 설치합니다.

```
fedora@localhost:~
파일(F)  편집(E)  보기(V)  터미널(T)  탭(B)  도움말(H)
[fedora@localhost ~]$ su -c 'yum -y install flash-plugin'
암호:
```

따라하기

10 커널 소스 설치

Step1 페도라 리눅스에서는 커널 소스 RPM 패키지를 제공하지 않으므로 페도라9용 커널 2.6.25-14.fc9 버전을 설치하려면 다음과 같이 kernel 소스 패키지를 다운로드합니다.

```
fedora@localhost:~
파일(F)  편집(E)  보기(V)  터미널(T)  탭(B)  도움말(H)
[fedora@localhost ~]$ wget ftp://ftp.kaist.ac.kr/pub/fedora/linux/releases/9/Fed
ora/source/SRPMS/kernel-2.6.25-14.fc9.src.rpm
```

Step2 /usr/src/redhat 경로를 생성한 후 다운로드한 rpm 패키지를 설치합니다.

```
fedora@localhost:~
파일(F)  편집(E)  보기(V)  터미널(T)  탭(B)  도움말(H)
[fedora@localhost ~]$ su -c 'mkdir /usr/src/redhat'
암호:
[fedora@localhost ~]$ su -c 'rpm -ivh kernel-2.6.25-14.fc9.src.rpm'
암호:
```

Step3 rpmbuild 패키지를 설치합니다.

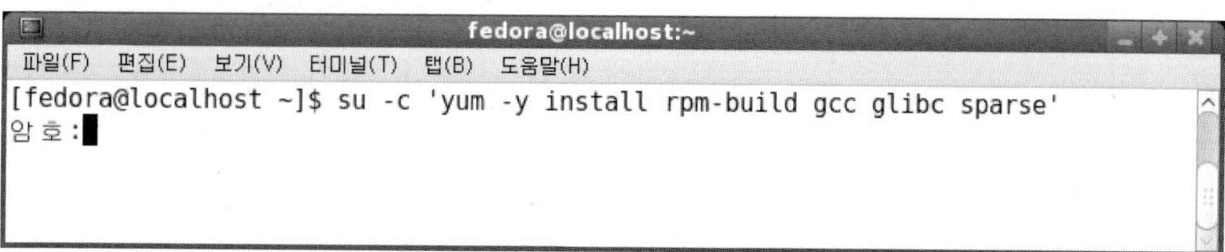

Step4 rpmbuild 명령을 실행합니다.

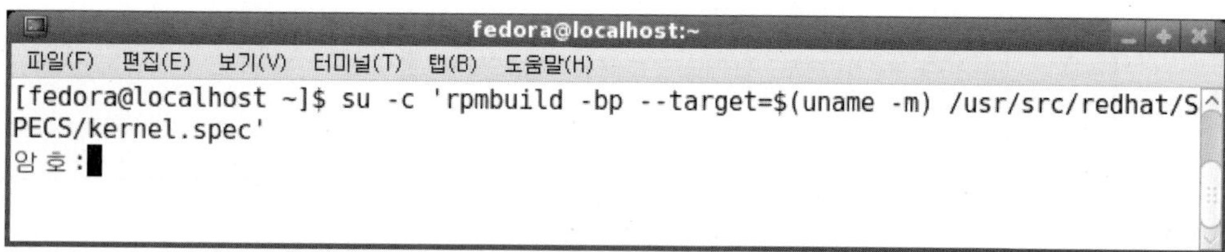

Step5 /usr/src/redhat/BUILD/kernel-2.6.25/linux-2.6.25.i386 디렉토리를 /usr/src 디렉토리로 옮기고 심볼릭 링크를 걸어 놓습니다.

```
[fedora@localhost ~]$ su -c 'mv /usr/src/redhat/BUILD/kernel-2.6.25/linux-2.6.25
.i386/ /usr/src/'
암호:
[fedora@localhost ~]$ su -c 'ln -s /usr/src/linux-2.6.25.i386/ /usr/src/linux'
암호:
```

따라하기

11 업데이트된 커널 소스 설치

```
$ su -c 'yum -y install yum-utils'
$ su -c 'yumdownloader --source kernel --enablerepo updates-source'
```

따라하기

12 vi 에디터로 텍스트 파일 생성 및 수정

"vi 파일명"을 실행합니다. 예를 들어 vi test를 실행합니다.

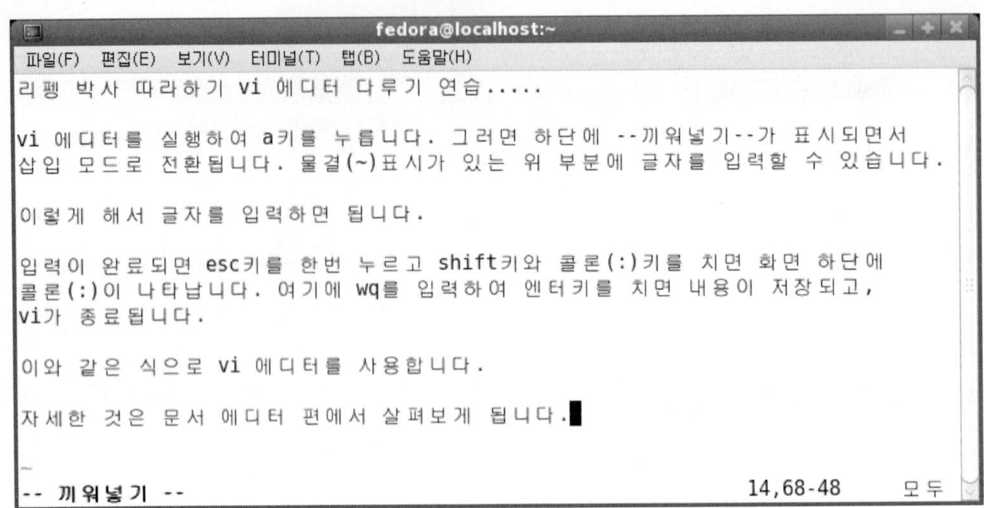

A 키를 눌러 화면 상단에 -INSERT(끼워넣기)-가 표시되면 생성하고자 하는 파일의 내용을 입력합니다. 내용이 입력되었으면 Esc 키를 누른 후에 Shift 키와 :(콜론) 키를 동시에 누르고 W, Q 키를 눌러 문서 내용을 저장하고 종료합니다.

13 cat를 이용한 텍스트 파일 만들기

cat 명령으로 문서 텍스트 파일을 만들어 보고, 그 파일 안에 문자를 추가하는 방법을 따라 연습해 봅니다. 이 방법은 소스를 컴파일하여 라이브러리 경로가 추가되었을 때 해당 경로를 경로 변수에 알려 주고자 할 때나 특정 파일에 새로운 내용을 첨가해 주고자 할 때 유용합니다. 그러면 cat > test1 명령을 실행해 봅니다.

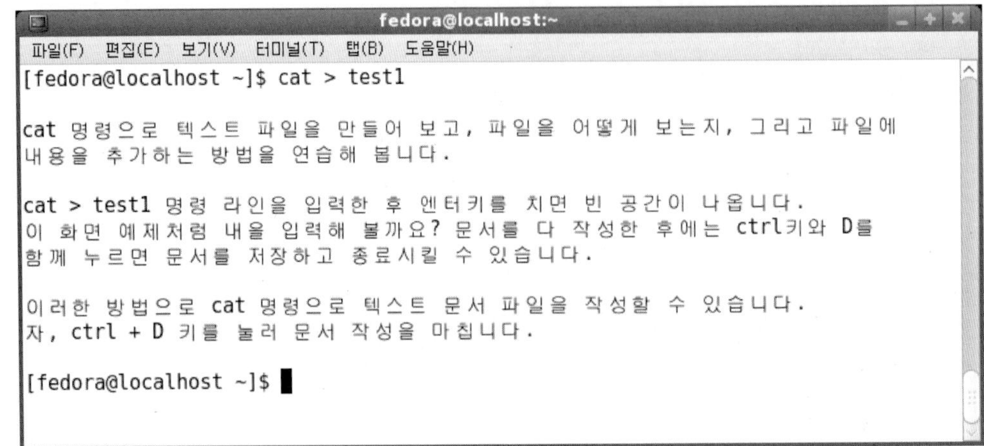

문서의 내용을 입력합니다. 그리고 나서 Ctrl + D 키를 누르면 내용이 저장됩니다. cat 명령으로 만든 문서의 내용을 보려면 cat test1를 실행하면 됩니다.

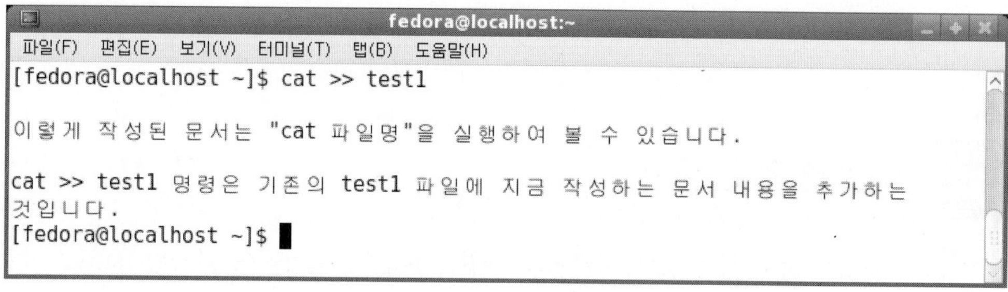

자, 이 파일에 새로운 내용을 추가하고자 한다면 cat >> test1를 실행하여 새로운 내용을 입력한 후 마칠 때는 Ctrl + D 키를 동시에 누르면 됩니다.

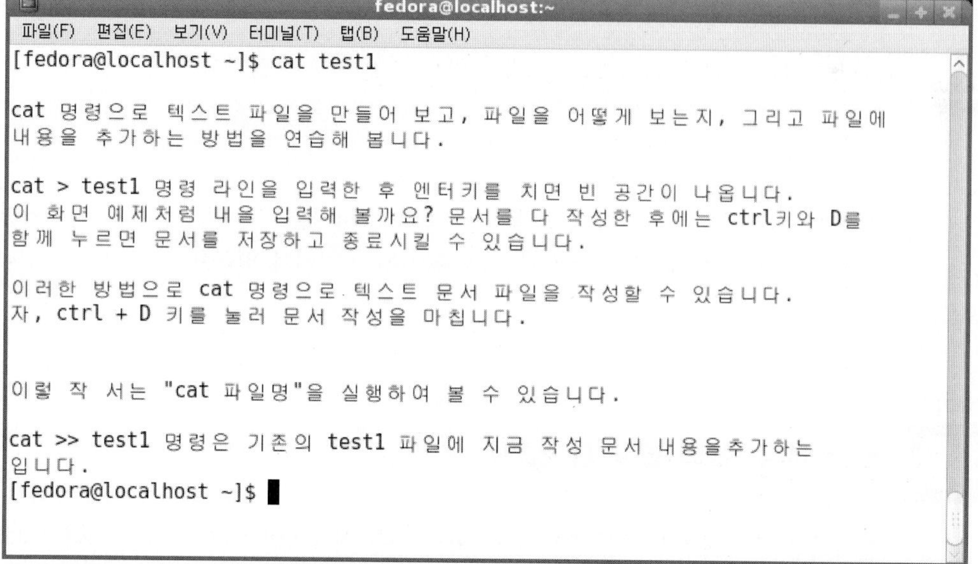

이제까지 추가한 내용을 cat test1를 실행하여 확인해 봅니다.

14   tar.gz(타볼 소스) 압축 풀기

리눅스의 대표적인 압축 파일인 tar.gz (또는 tgz)파일을 푸는 방법에 대해서 따라해 봅니다. 타볼 소스를 푸는 형식은 다음과 같습니다.

```
tar xvfz 타볼소스파일명 [-C 설치경로]
```

그러면 예제 타볼 소스로 다음과 같이 커널 소스를 다운로드합니다.

```
$ wget ftp://ftp.kernel.org/pub/linux/kernel/v2.6/linux-2.6.25.tar.gz
```

다운로드한 파일을 다음과 같이 풉니다.

```
$ su -c 'tar xvfz linux-2.6.25.tar.gz -C /usr/src'
```


15   tar.bz2 압축 풀기   R U

이번에는 tar로 묶여 있는 아카이브 파일을 bzip2를 이용하여 압축된 tar.bz2 파일을 푸는 방법에 대해서 따라 연습해 봅니다. tar.bz2로 된 커널 소스를 다음과 같이 다운로드합니다.

```
$ wget ftp://ftp.kernel.org/pub/linux/kernel/v2.6/linux-2.6.25.tar.bz2
```

그러면 다음과 같이 tar.bz2로 된 커널 압축 파일을 풀어 봅니다.

```
$ su -c 'tar xvfj linux-2.6.25.tar.bz2 -C /usr/src'
```

예제에서 옵션의 쓰임을 잘 관찰해 보면 tar.bz2 파일을 푸는데 j 옵션이 사용되었음을 알 수 있습니다. 반면에 tar.gz 파일에서는 z 옵션을 사용하는 것과 차이가 있군요.

16   설치되어 있는 패키지 찾기

설치되어 있는 패키지(예를 들어, 파이어폭스)을 찾으려면 다음과 같이 실행합니다.

```
$ su -c 'rpm -qa | grep firefox'
```

따라하기

17 rpm 패키지 설치하기

확장자 .rpm 파일로 끝나는 파일은 다음과 같은 형식으로 설치합니다.

```
rpm 설치 사용법 : rpm -ivh rpm파일명
```

따라하기

18 rpm 패키지가 설치되는 경로 확인하기

rpm 패키지 파일에 들어 있는 파일들이 어디에 설치되었는지 확인하고자 할 때는 다음과 같은 형식으로 명령을 실행합니다.

```
rpm -ql rpm파일명
```

따라하기

19 RPM 파일 지우기

설치한 rpm 패키지는 다음과 같은 형식으로 삭제합니다.

```
RPM 패키지 제거 : rpm -e 패키지명
RPM 패키지 검색: rpm -q 패키지명
```

따라하기

20 가상 콘솔 열기

콘솔 상태에서는 Alt + F2 키를 누릅니다. 엑스 윈도우 사용자는 Ctrl + Alt + F2 키를 누릅니다. 그러면 가상 콘솔이 열리게 됩니다. 펑션키(function key)를 F1 키부터 F6 키까지 눌러 보면 여섯 개의 가상 콘솔이 열리게 됩니다.

따라하기

21 시스템 사용자 보기

현재 시스템에 어떤 사용자가 접속되어 있는지 확인하려면 다음과 같이 터미널이나 콘솔에서 'w' 명령을 실행하면 됩니다.

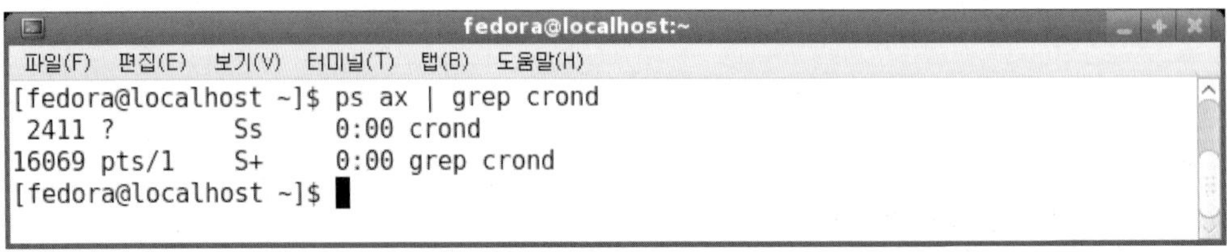

따라하기

22 프로세스 ID 찾는 방법

프로세스의 ID값을 확인하고자 하는 경우 'ps ax | grep 프로세스명' 명령을 실행합니다. 다음 예제는
crond 데몬의 PID 값을 확인하는 방법입니다.

따라하기

23 사용자 계정 추가하기

root 외에 다른 사용자를 추가할 때는 adduser 명령을 사용합니다. 다음과 같이 fedora2라는 사용자를
만들어 봅니다. fedora2라는 사용자 계정을 생성한 후 passwd로 fedora2 사용자의 열쇠글(암호)을 지정
합니다.

24 계정 사용자 제거하기

앞서 생성한 fedora2 계정을 제거하는 방법을 다음과 같이 따라해 봅니다.

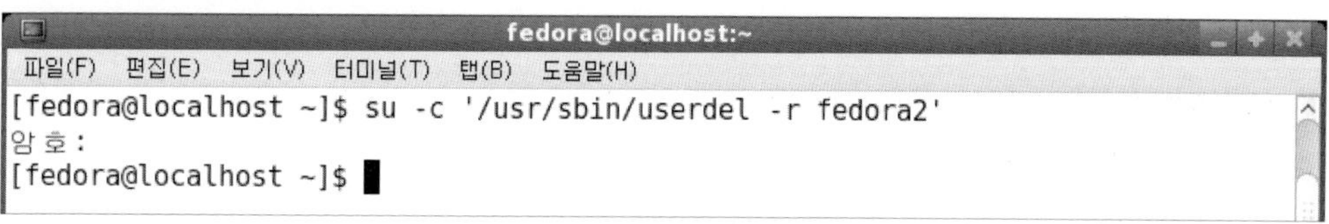

25 root 열쇠글(암호) 변경하기

passwd 명령을 이용하여 루트 계정의 열쇠글을 변경해 봅니다.

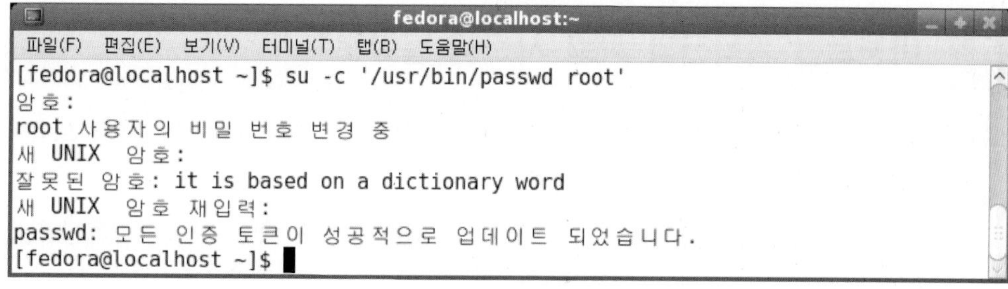

26 쉘 파일 관리자 mc 실행하기

리눅스에서는 mc(미드나잇 커맨더)라는 콘솔이나 터미널에서 리눅스 시스템 파일 관리하는데 상당한 위력을 발휘합니다. mc 실행은 매우 간단합니다.

```
$ mc
```

mc 명령만 실행해 주면 됩니다. mc 종료는 F10, 파일 복사는 F5, 문서 편집은 F4 키를 사용합니다.

27 프로세스를 백그라운드 모드로 실행하기

터미널에서 시스템 상태 분석 도구인 top를 백그라운드 모드로 작동되도록 하여, 사용하는 방법을 따라해 봅니다. 단일 터미널이나 콘솔에서 여러 작업을 할 때 편리한 기능입니다.

```
                              fedora@localhost:~
파일(F)  편집(E)  보기(V)  터미널(T)  탭(B)  도움말(H)
[fedora@localhost ~]$ top &
[1] 16506
[fedora@localhost ~]$
```

top 도구가 백그라운드 모드로 실행되면 동일한 터미널에서 다른 새로운 작업을 할 수 있습니다. 그러면 다시 top를 fg 명령으로 포그라운드로 전환해 보도록 합니다. 프로그램이 포그라운드 모드로 작동할 때는 다른 작업을 할 수 없게 됩니다. top 프로그램을 마치려면 q 버튼을 누르면 됩니다.

```
                              fedora@localhost:~
파일(F)  편집(E)  보기(V)  터미널(T)  탭(B)  도움말(H)
[fedora@localhost ~]$ fg
top
```

따라하기

28 마운트된 파티션의 파일 시스템 알아보기

df -T 명령을 실행해 봅니다. 그러면 다음 화면에서 보는 바와 같이 마운트되어 있는 파티션이 어떤 파일 시스템을 갖는지 알 수 있습니다.

```
                              fedora@localhost:~
파일(F)  편집(E)  보기(V)  터미널(T)  탭(B)  도움말(H)
[fedora@localhost ~]$ df -T
Filesystem      Type   1K-blocks       Used Available Use% Mounted on
/dev/sda6       ext3    19236308    9612536   8646620  53% /
tmpfs           tmpfs    1037580         84   1037496   1% /dev/shm
gvfs-fuse-daemon
fuse.gvfs-fuse-daemon    19236308    9612536   8646620  53% /home/fedora/.gvfs
/dev/sdc1       ext3   307663800  290242216   1793152 100% /media/_Data3
/dev/sda2       ext3      194449       5664    178745   4% /media/disk-1
/dev/sda11      ext3     9621848    7243056   1890016  80% /media/disk-2
/dev/sda7       ext3    19236308    8139980  10119176  45% /media/disk-3
/dev/sda10      ext3     9621848    7233460   1899612  80% /media/Data1
/dev/sda12      ext3     9621848    5520948   3612124  61% /media/No1.Linux
/dev/sda1       fuseblk 29302528   23246824   6055704  80% /media/disk-5
[fedora@localhost ~]$
```

따라하기

29 데몬 시작과 정지, 재시작

데몬을 띄우거나 정지, 또는 재시작시키고자 할 때는 /etc/init.d 디렉토리에 있는 init 스크립트를 다음과 같은 형태로 사용합니다.

데몬 실행 : su -c '/etc/init.d/데몬스크립트명 start'

데몬 정지 : su -c '/etc/init.d/데몬스크립트명 stop'

데몬재시작: su -c '/etc/init.d/데몬스크립트명 restart'

그러면 예제로 crond 데몬을 재시작시켜 봅니다.

30 커널 메시지 보기

부팅 시 커널에 의해서 나타나는 메시지를 보는 방법에 대해서 따라해 봅니다. 간단히 dmesg 명령을 실행하면 되지만, 커널 메시지가 긴 경우 일일이 볼 수 없으므로, more를 함께 실행하면 다음과 같이 커널 메시지를 끊어서 볼 수 있습니다.

31 사용 중인 커널 버전 알아보기

현재 동작중인 커널 버전을 확인하고자 할 때는 uname 명령을 다음과 같이 사용합니다.

```
                         fedora@localhost:~
파일(F)  편집(E)  보기(V)  터미널(T)  탭(B)  도움말(H)
[fedora@localhost ~]$ uname -r
2.6.25.11-97.fc9.i686
[fedora@localhost ~]$ uname -a
Linux localhost.localdomain 2.6.25.11-97.fc9.i686 #1 SMP Mon Jul 21 01:31:09 EDT
 2008 i686 athlon i386 GNU/Linux
[fedora@localhost ~]$
```

따라하기

32 최신 커널 버전 정보 알아보기

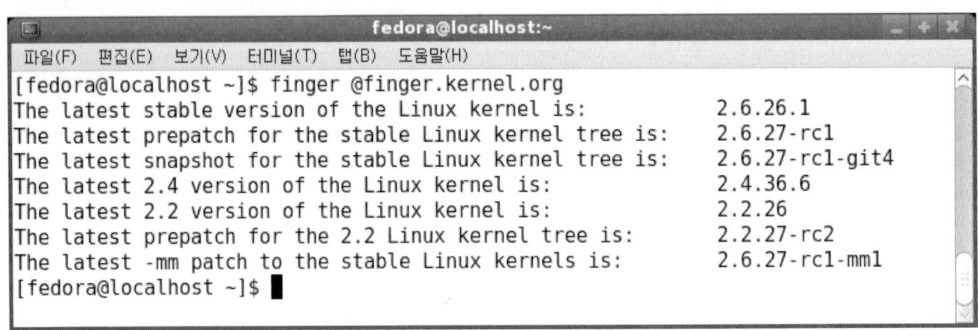

```
                         fedora@localhost:~
파일(F)  편집(E)  보기(V)  터미널(T)  탭(B)  도움말(H)
[fedora@localhost ~]$ finger @finger.kernel.org
The latest stable version of the Linux kernel is:          2.6.26.1
The latest prepatch for the stable Linux kernel tree is:   2.6.27-rc1
The latest snapshot for the stable Linux kernel tree is:   2.6.27-rc1-git4
The latest 2.4 version of the Linux kernel is:             2.4.36.6
The latest 2.2 version of the Linux kernel is:             2.2.26
The latest prepatch for the 2.2 Linux kernel tree is:      2.2.27-rc2
The latest -mm patch to the stable Linux kernels is:       2.6.27-rc1-mm1
[fedora@localhost ~]$
```

따라하기

33 시스템 하드웨어 정보 보기 - CPU

시스템 하드웨어 정보는 /proc 디렉토리에 저장됩니다. 이 디렉토리에 있는 파일들을 cat 명령으로 내용을 출력해 볼 수 있습니다. 그러면 다음과 같이 CPU에 대한 정보를 알아봅니다.

```
                         fedora@localhost:~
파일(F)  편집(E)  보기(V)  터미널(T)  탭(B)  도움말(H)
[fedora@localhost ~]$ cat /proc/cpuinfo
processor       : 0
vendor_id       : AuthenticAMD
cpu family      : 15
model           : 67
model name      : AMD Athlon(tm) 64 X2 Dual Core Processor 5600+
stepping        : 3
cpu MHz         : 1000.000
cache size      : 1024 KB
physical id     : 0
siblings        : 2
core id         : 0
cpu cores       : 2
fdiv_bug        : no
hlt_bug         : no
f00f_bug        : no
coma_bug        : no
fpu             : yes
```

34 시스템 하드웨어 정보 보기 - 메모리

cat /proc/meminfo를 실행하여 시스템 메모리 상태를 확인해 봅니다.

```
                          fedora@localhost:~
 파일(F)  편집(E)  보기(V)  터미널(T)  탭(B)  도움말(H)
[fedora@localhost ~]$ cat /proc/meminfo
MemTotal:        2075164 kB
MemFree:           57244 kB
Buffers:           96384 kB
Cached:          1532048 kB
SwapCached:            0 kB
Active:           801840 kB
Inactive:        1074448 kB
HighTotal:       1179584 kB
HighFree:           4092 kB
LowTotal:         895580 kB
LowFree:           53152 kB
SwapTotal:       1767140 kB
SwapFree:        1767140 kB
Dirty:                56 kB
Writeback:             0 kB
AnonPages:        247860 kB
Mapped:           110760 kB
```


35 시스템 하드웨어 정보 보기 - 인터럽트

'cat /proc/interrupts' 명령으로 시스템 인터럽트(interrupt) 상태를 확인해 봅니다.

```
                          fedora@localhost:~
 파일(F)  편집(E)  보기(V)  터미널(T)  탭(B)  도움말(H)
[fedora@localhost ~]$ cat /proc/interrupts
           CPU0        CPU1
  0:        264           1   IO-APIC-edge      timer
  1:       8395        7281   IO-APIC-edge      i8042
  4:          0           2   IO-APIC-edge
  7:          1           0   IO-APIC-edge      parport0
  8:          0           1   IO-APIC-edge      rtc0
  9:          0           0   IO-APIC-fasteoi   acpi
 12:      98757       97357   IO-APIC-edge      i8042
 14:          0           0   IO-APIC-edge      pata_amd
 15:          0           0   IO-APIC-edge      pata_amd
 16:         87         504   IO-APIC-fasteoi   cx88[0], cx88[0], cx88[0]
 18:     176696      795188   IO-APIC-fasteoi   firewire_ohci, nvidia
 20:       4545       42939   IO-APIC-fasteoi   sata_nv
 21:      25847       57475   IO-APIC-fasteoi   sata_nv
 22:      96587       30191   IO-APIC-fasteoi   ohci_hcd:usb2, NVidia CK804
 23:    1677909         393   IO-APIC-fasteoi   ehci_hcd:usb1, eth0
NMI:          0           0   Non-maskable interrupts
```

따라하기 36 사용자 홈 계정 위치로 바로 이동하기

특정 디렉토리에서 자신의 홈 경로로 바로 이동하고자 하는 경우에는 다음과 같이 실행합니다.

```
[fedora@localhost ~]$ cd /var/log
[fedora@localhost log]$ cd ~
[fedora@localhost ~]$
```

따라하기 37 커널 모듈 띄우기

커널 모듈은 'modprobe 모듈명' 명령으로 띄울 수 있습니다.

```
su -c 'modprobe 모듈명'
```

따라하기 38 작동중인 커널 모듈 확인하기

어떤 커널 모듈이 작동하고 있는지 확인하는 방법은 다음과 같이 /sbin/lsmod 명령을 실행해 보면 됩니다.

```
[fedora@localhost ~]$ /sbin/lsmod | more
Module                  Size  Used by
sit                    12104  0
tunnel4                 6792  1 sit
nls_utf8                5632  0
bridge                 46104  0
bnep                   14592  2
rfcomm                 34576  4
l2cap                  22272  16 bnep,rfcomm
bluetooth              47588  5 bnep,rfcomm,l2cap
fuse                   41116  5
sunrpc                151412  3
ipt_REJECT              6784  2
nf_conntrack_ipv4      11396  13
iptable_filter          6528  1
ip_tables              13840  1 iptable_filter
ip6t_REJECT             7552  2
--More--
```

따라하기 39

핑 테스트

네트워크 연결 여부를 확인하기 위해서 핑을 테스트하게 되는데, 핑(ping)은 다음과 같이 "ping 상대방 주소"를 입력하여 테스트합니다.

```
fedora@localhost:~
파일(F)  편집(E)  보기(V)  터미널(T)  탭(B)  도움말(H)
[fedora@localhost ~]$ ping 192.168.0.5
PING 192.168.0.5 (192.168.0.5) 56(84) bytes of data.
64 bytes from 192.168.0.5: icmp_seq=1 ttl=128 time=1.50 ms
64 bytes from 192.168.0.5: icmp_seq=2 ttl=128 time=0.351 ms
64 bytes from 192.168.0.5: icmp_seq=3 ttl=128 time=0.248 ms
^C
--- 192.168.0.5 ping statistics ---
3 packets transmitted, 3 received, 0% packet loss, time 2915ms
rtt min/avg/max/mdev = 0.248/0.700/1.502/0.568 ms
[fedora@localhost ~]$
```

핑을 멈추고자 할 때는 Ctrl + C 키를 누릅니다.

따라하기 40

라우팅 테이블 보기 - route 명령

네트워크이 연결되었을 때 게이트웨이를 확인하고자 할 때는 라우팅 테이블을 보는 명령인 'route' 명령을 사용합니다.

```
fedora@localhost:~
파일(F)  편집(E)  보기(V)  터미널(T)  탭(B)  도움말(H)
[fedora@localhost ~]$ /sbin/route
Kernel IP routing table
Destination     Gateway         Genmask         Flags Metric Ref    Use Iface
192.168.0.0     *               255.255.255.0   U     0      0        0 eth0
link-local      *               255.255.0.0     U     0      0        0 eth0
default         192.168.0.254   0.0.0.0         UG    0      0        0 eth0
[fedora@localhost ~]$
```

따라하기 41

라우팅 테이블 보기 - netstat 명령

라우팅 테이블을 확인하는 다른 명령으로는 netstat 명령이 있습니다. 다음과 같이 실행합니다.

```
fedora@localhost:~
파일(F)  편집(E)  보기(V)  터미널(T)  탭(B)  도움말(H)
[fedora@localhost ~]$ /bin/netstat -nr
Kernel IP routing table
Destination     Gateway         Genmask         Flags   MSS Window  irtt Iface
192.168.0.0     0.0.0.0         255.255.255.0   U         0 0          0 eth0
169.254.0.0     0.0.0.0         255.255.0.0     U         0 0          0 eth0
0.0.0.0         192.168.0.254   0.0.0.0         UG        0 0          0 eth0
[fedora@localhost ~]$
```

42 패킷 전달 과정 체크

원격 서버에 연결될 때 어떠한 과정으로 패킷이 전달되는지 그 과정을 체크하고자 할 때는 'traceroute'
명령어로 다음과 같이 실행합니다.

```
fedora@localhost:~
파일(F)  편집(E)  보기(V)  터미널(T)  탭(B)  도움말(H)
[fedora@localhost ~]$ traceroute ftp.kaist.ac.kr
traceroute to ftp.kaist.ac.kr (143.248.234.110), 30 hops max, 40 byte packets
 1  192.168.0.254 (192.168.0.254)  0.531 ms  1.012 ms  1.338 ms
 2  119.197.101.254 (119.197.101.254)  8.484 ms  8.943 ms  8.971 ms
 3  * * *
 4  119.197.101.253 (119.197.101.253)  8.344 ms  8.383 ms  8.407 ms
 5  121.172.110.45 (121.172.110.45)  8.771 ms  8.803 ms  8.832 ms
 6  220.126.56.253 (220.126.56.253)  9.009 ms  1.557 ms  7.174 ms
 7  59.18.54.9 (59.18.54.9)  7.253 ms  7.285 ms  7.310 ms
 8  59.18.54.10 (59.18.54.10)  7.383 ms  7.419 ms  11.456 ms
 9  128.134.10.98 (128.134.10.98)  11.551 ms  11.586 ms  11.612 ms
10  58.229.13.237 (58.229.13.237)  11.686 ms  11.720 ms  11.714 ms
11  58.224.30.46 (58.224.30.46)  218.901 ms *  218.756 ms
12  218.236.231.86 (218.236.231.86)  57.675 ms  57.648 ms  57.887 ms
13  (143.248.117.1)  56.011 ms  55.990 ms  57.259 ms
14  (143.248.117.83)  57.388 ms  58.611 ms  59.327 ms
15  ftp.kaist.ac.kr (143.248.234.110)  59.404 ms  52.129 ms  52.530 ms
[fedora@localhost ~]$
```


43 이더넷 네트워크 설정

이더넷 카드에 아이피 주소를 설정하는 방법은 예제와 같은 형식에 따릅니다.

```
ifconfig eth0 아이피주소 netmask 넷마스크값 broadcast 브로드캐스트값
```

자, 그러면 eth0 인터페이스에 192.168.0.4 주소를 할당하는 방법을 연습해 봅니다.

```
fedora@localhost:~
파일(F)  편집(E)  보기(V)  터미널(T)  탭(B)  도움말(H)
[fedora@localhost ~]$ su -c '/sbin/ifconfig eth0 192.168.0.4'
암 호:
[fedora@localhost ~]$ /sbin/ifconfig eth0
eth0      Link encap:Ethernet  HWaddr 00:16:E6:DC:EF:82
          inet addr:192.168.0.4  Bcast:192.168.0.255  Mask:255.255.255.0
          inet6 addr: fe80::216:e6ff:fedc:ef82/64 Scope:Link
          UP BROADCAST RUNNING MULTICAST  MTU:1500  Metric:1
          RX packets:71381 errors:0 dropped:0 overruns:0 frame:0
          TX packets:48142 errors:0 dropped:0 overruns:0 carrier:0
          collisions:0 txqueuelen:1000
          RX bytes:77241028 (73.6 MiB)  TX bytes:49654768 (47.3 MiB)
          Interrupt:23

[fedora@localhost ~]$
```

이번에 이더넷 네트워크를 비활성 또는 제거하는 방법에 대해서 다음과 같이 따라 해 봅니다.

```
fedora@localhost:~
파일(F)  편집(E)  보기(V)  터미널(T)  탭(B)  도움말(H)
[fedora@localhost ~]$ su -c '/sbin/ifconfig eth0 down'
암호:
[fedora@localhost ~]$ /sbin/ifconfig
lo        Link encap:Local Loopback
          inet addr:127.0.0.1  Mask:255.0.0.0
          inet6 addr: ::1/128 Scope:Host
          UP LOOPBACK RUNNING  MTU:16436  Metric:1
          RX packets:32148 errors:0 dropped:0 overruns:0 frame:0
          TX packets:32148 errors:0 dropped:0 overruns:0 carrier:0
          collisions:0 txqueuelen:0
          RX bytes:1617368 (1.5 MiB)  TX bytes:1617368 (1.5 MiB)

[fedora@localhost ~]$ 
```

따라하기

44 dhcp 연결 방법

VDSL, 광랜, 케이블 모뎀을 연결할 때는 다음과 같은 명령을 실행합니다.

```
fedora@localhost:~
파일(F)  편집(E)  보기(V)  터미널(T)  탭(B)  도움말(H)
[fedora@localhost ~]$ su -c '/sbin/ifup eth0'
암호:

eth0에 관한 IP 정보를 얻고 있습니다... 완료.
[fedora@localhost ~]$ 
```

따라하기

45 네트워크 연결 재시작

네트워크 연결을 초기화한 후 재연결하려면 /etc/init.d 디렉토리에 있는 network 스크립트를 다음과 같이 사용합니다.

```
fedora@localhost:~
파일(F)  편집(E)  보기(V)  터미널(T)  탭(B)  도움말(H)
[fedora@localhost ~]$ su -c '/etc/init.d/network restart'
암호:
인터페이스 eth0 (을)를 종료함:                          [  OK  ]
loopback 인터페이스를 종료함:                           [  OK  ]
loopback 인터페이스 활성화중 입니다:                     [  OK  ]
eth0 인터페이스 활성화중 입니다:
eth0에 관한 IP 정보를 얻고 있습니다... 완료.
                                                      [  OK  ]
[fedora@localhost ~]$ 
```

46 엑스 윈도우 화면 캡쳐

스크린샷 찍기(gnome-screenshot) 또는 ksnapshot 프로그램으로 엑스 윈도우 화면을 캡쳐할 수 있습니다. 스크린샷 찍기 프로그램으로 엑스 윈도우 화면을 캡쳐해 봅니다.

이 프로그램은 [프로그램 메뉴 〉 보조 프로그램 〉 스크린샷 찍기]를 클릭하여 실행합니다. 데스크탑 화면 전체를 캡쳐하려면 [전체 데스크탑 잡기]를 체크하여 [스크린샷 찍기]를 클릭하면 되고, 활성화된 창을 캡쳐하려면 [현재 창 잡기]를 선택하면 됩니다.

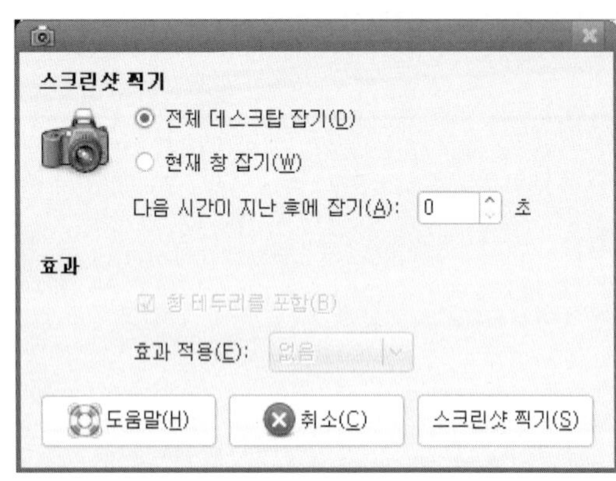

47 네임서버 지정하기

네트워크를 연결한 후 웹브라우저로 인터넷 사이트에 접속할 때 도메인을 찾을 수 없다는 메시지가 나오는 것은 네임서버 주소가 지정되지 않아서 발생합니다. 이러한 문제가 발생한다면 반드시 네임서버 주소를 지정해 주어야 하는데, /etc/resolv.conf 파일안에 다음과 같이 네임서버 주소를 지정해주면 됩니다.

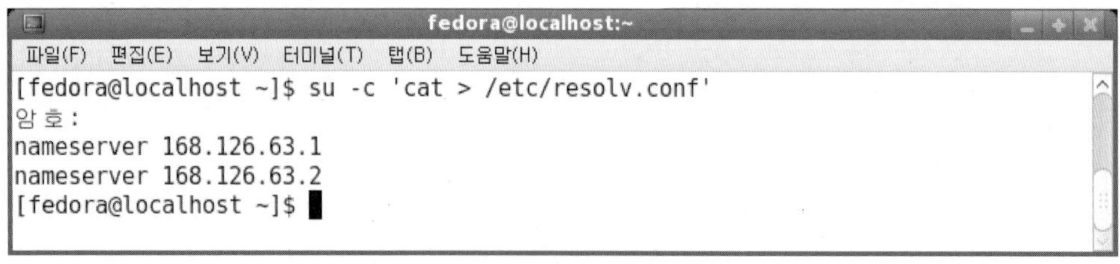

따라하기

48 방화벽 재실행하기

페도라 리눅스에서 지원하는 병화벽(iptables)은 시스템 부팅시 자동으로 시작되도록 되어 있습니다. 네트워크 서버를 구축하여 해당 서버의 서비스에 다른 네트워크에 접근하도록 설정한 후에는 이 설정이 적용되도록 하기 위해서는 방화벽 스크립트를 재실행해 주어야 하는데 다음과 같은 방법으로 재실행합니다.

```
fedora@localhost:~
파일(F)  편집(E)  보기(V)  터미널(T)  탭(B)  도움말(H)
[fedora@localhost ~]$ su -c '/etc/init.d/iptables restart'
암호:
iptables: Flushing firewall rules:                        [  OK  ]
iptables: Setting chains to policy ACCEPT: filter         [  OK  ]
iptables: Unloading modules:                              [  OK  ]
iptables: Applying firewall rules:                        [  OK  ]
[fedora@localhost ~]$
```

따라하기

49 방화벽 설정 수정하기

웹서버를 구축하여 외부 사용자들이 웹브라우저를 통해 웹서버의 80번 포트에 접근할 수 있도록 방화벽에서 접근 허용 정책을 추가하는 방법에 대해서 연습해 봅니다.

웹서버는 TCP 80번 포트를 사용하므로, 허용 정책은 이 포트로 -j ACCEPT 옵션을 사용하여 반드시 거부 정책(-j REJECT) 설정보다 선행되도록 하여 추가해 주면 됩니다. 그러면 다음과 같이 /etc/sysconfig/iptables 파일에 80번 포트에 접근을 허용하는 설정을 추가해 봅니다.

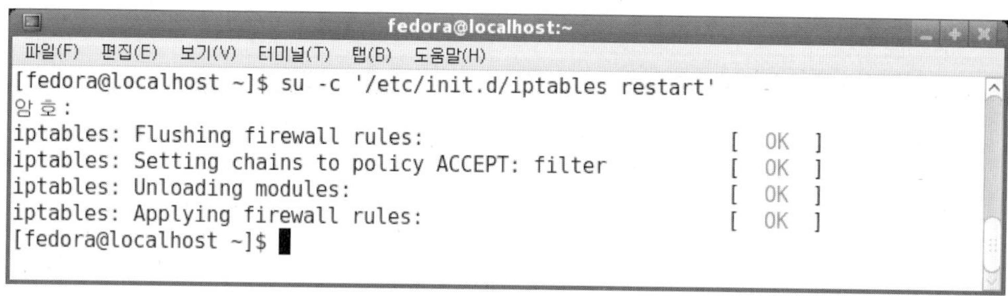

```
mc - root@localhost.localdomain:/etc/sysconfig/iptables
파일(F)  편집(E)  보기(V)  터미널(T)  탭(B)  도움말(H)
iptables          [B---] 64 L:[  1+11  12/ 27] *(488 /1294b)= .  10 0x0A
# Firewall configuration written by system-config-firewall
# Manual customization of this file is not recommended.
*filter
:INPUT ACCEPT [0:0]
:FORWARD ACCEPT [0:0]
:OUTPUT ACCEPT [0:0]
-A INPUT -m state --state ESTABLISHED,RELATED -j ACCEPT
-A INPUT -p icmp -j ACCEPT
-A INPUT -i lo -j ACCEPT
-A INPUT -m state --state NEW -m tcp -p tcp --dport 22 -j ACCEPT
-A INPUT -m state --state NEW -m tcp -p tcp --dport 25 -j ACCEPT
-A INPUT -m state --state NEW -m tcp -p tcp --dport 80 -j ACCEPT
-A INPUT -m state --state NEW -m udp -p udp --dport 67:68 -i eth0 -j ACCEPT
-A INPUT -m state --state NEW -m tcp -p tcp --dport 137:139 -j ACCEPT
-A INPUT -m state --state NEW -m udp -p udp --dport 137:139 -j ACCEPT
-A INPUT -m state --state NEW -m tcp -p tcp --dport 2049 -j ACCEPT
1도움말 2저장  3선택  4바꿈  5복사  6이동  7찾기  8지우기 9풀다 온 10끝냄
```

다른 설정도 상기 화면의 역상처럼 추가해 주면 되고, 방화벽 설정 파일을 수정한 후에 반드시 따라하기 No. 48과 같이 방화벽을 재시작해 주어야 합니다.

50 손쉬운 방화벽 설정   R

따라하기 49번의 /etc/sysconfig/iptables 파일에서 방화벽 설정을 수정해 보았습니다만, 이보다 더 쉬운 설정 도구를 통해서 웹 서버에 접근할 수 있도록 방화벽을 수정하는 방법에 대해서 연습해 봅니다.

[그놈 시스템 메뉴 〉 관리 〉 방화벽]를 클릭합니다. 루트 열쇠글을 입력하여 인증합니다. 방화벽 설정 창이 실행되면 왼쪽에 있는 신뢰하는 서비스를 선택하여 오른쪽 창에서 WWW(HTTP)를 체크한 후 [적용] 도구 아이콘을 클릭하면 됩니다.

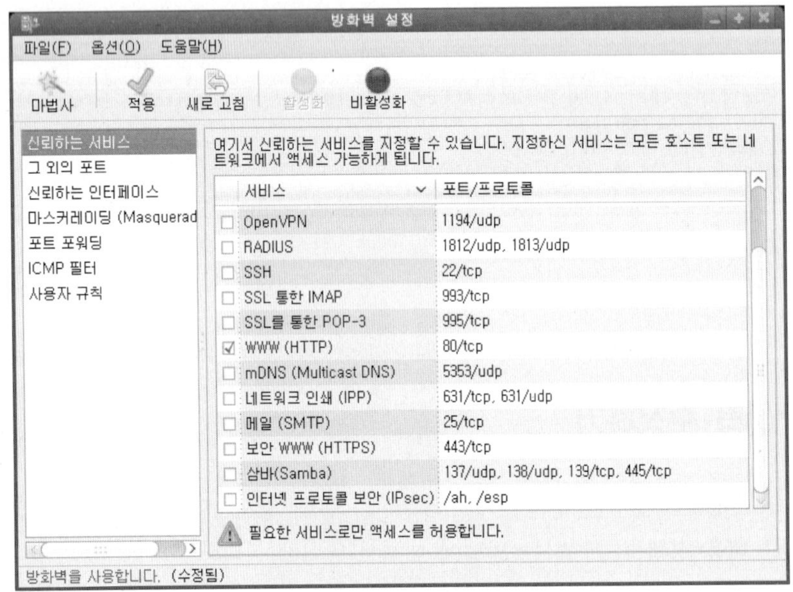

51 퍼미션 조절하기   R

리눅스에서는 파일 구조 상태를 조절하는 것이 매우 중요합니다. 파일 퍼미션에 대해서는 "Part 3 4장 파일시스템 관리"편에서 자세히 다루게 되는데, 여기서는 퍼미션을 어떻게 설정하는 것인지를 예제를 통하여 간단히 익히도록 합니다. 먼저 /bin/uname 파일을 ls 명령으로 파일 구조 상태를 확인해 봅니다.

```
[fedora@localhost ~]$ ls -l /bin/uname
-rwxr-xr-x 1 root root 32132 2008-04-08 05:25 /bin/uname
[fedora@localhost ~]$ uname -r
2.6.25.11-97.fc9.i686
[fedora@localhost ~]$ su -c 'chmod 644 /bin/uname'
암 호 :
[fedora@localhost ~]$ uname -r
bash: /bin/uname: 허가 거부
[fedora@localhost ~]$ su -c 'chmod 755 /bin/uname'
암 호 :
[fedora@localhost ~]$ uname -r
2.6.25.11-97.fc9.i686
[fedora@localhost ~]$
```

파일 구조에 대해서 여러분은 이해할 수 없더라도 /bin/uname 파일은 rwxr-xr-x 구조를 가지고 있음을 볼 수 있을 것입니다. 이것은 파일이 실행 가능한 상태임을 나타내는 것입니다. uname -r 명령은 커널 버전을 확인하는 명령이라는 것을 앞서 따라하기에서 살펴 보았는데, 이 명령의 결과를 보여 줍니다. chmod 명령으로 파일 퍼미션을 644로 변경하면 uname -r의 명령은 화면에서 보듯이 '허가 거부됨'이라는 메시지를 나타나는데 이것은 파일 상태가 읽기 모드로 권한이 부여된 상태임을 의미합니다. 다시 chmod 755 /bin/uname을 실행한 후 uname -r를 실행하면 이 명령의 결과가 나타납니다. 이 예제를 통하여 chmod 명령은 파일 퍼미션을 변경할 때 사용한다는 것을 기억하도록 합니다.

따라하기

52 파일 마지막 내용 보기 tail

로그 파일 내용을 볼 때 cat 명령을 많이 사용하게 됩니다. 그러나 로그 파일 내용이 많아서 마지막 부분 내용을 보고자 할 때는 불편한 점이 많습니다. 이럴 때는 tail 명령을 사용하면 파일 마지막 부분의 내용을 볼 수 있습니다. 그러면 /var/log/messages 파일에서 마지막 줄에서 5번째 줄의 내용이 출력되도록 하는 명령을 다음과 같이 따라해 봅니다.

```
fedora@localhost:~
파일(F)  편집(E)  보기(V)  터미널(T)  탭(B)  도움말(H)
[fedora@localhost ~]$ su -c 'tail -5 /var/log/messages'
암호:
Aug  2 21:50:52 localhost avahi-daemon[2436]: Registering new address record for
 192.168.0.3 on eth0.IPv4.
Aug  2 21:50:52 localhost NET[18326]: /sbin/dhclient-script : updated /etc/resol
v.conf
Aug  2 21:50:52 localhost dhclient: bound to 192.168.0.3 -- renewal in 408209 se
conds.
Aug  2 21:57:13 localhost kernel: ip_tables: (C) 2000-2006 Netfilter Core Team
Aug  2 21:57:27 localhost kernel: ip_tables: (C) 2000-2006 Netfilter Core Team
[fedora@localhost ~]$ 
```

따라하기

53 ftp 사용

리눅스 콘솔이나 터미널 창에서 ftp로 ftp 서버에 접속하는 방법은 다음과 같습니다.

```
fedora@localhost:~
파일(F)  편집(E)  보기(V)  터미널(T)  탭(B)  도움말(H)
[fedora@localhost ~]$ ftp ftp.kreonet.re.kr        FTP서버 주소 입력
Connected to ftp.kreonet.re.kr (134.75.7.22).
220 (vsFTPd 2.0.5)
Name (ftp.kreonet.re.kr:fedora): anonymous        익명 접속
331 Please specify the password.
Password:                                         이메일 주소 입력
230 Login successful.
Remote system type is UNIX.
Using binary mode to transfer files.
ftp> 
```

'ftp 서버주소'를 입력하여 FTP 서버에 접속한 후 계정과 패스워드를 입력하여 로그인하면 됩니다. 익명 FTP 서버의 경우는 anonymous를 name:에 입력하고, 패스워드에는 사용자의 이메일주소를 입력합니다.

따라하기

54 ssh 접속

원격 서버 쉘에 접속할 때 전에는 telnet이 많이 이용되었지만, 텔넷은 보안에 취약점이 있어서 요즘에는 SSH를 권장 사용합니다. ssh로 서버에 접속하고자 할 때는 다음과 같이 접속하고자 하는 서버와 사용자를 지정해 주면 됩니다.

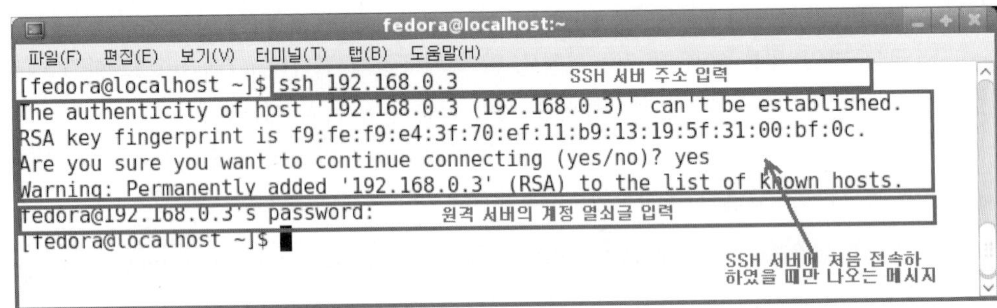

SSH 서버에 처음 접속한 후 Are you sure you want to contine connection? 메시지가 나오면 yes를 입력합니다. 그런 후 다음 ssh 서버의 계정 패스워드를 입력하여 로그인을 하면 됩니다.

따라하기

55 sftp를 이용한 FTP 서버 접속

FTP서버를 ftp가 아닌 sftp를 이용하여 접속하는 방법을 연습해 봅니다. sftp는 ssh에서 제공하는 secure FTP 유틸리티입니다. sftp를 이용하여 FTP 서버 접속은 다음 화면과 같이 "계정@FTP서버명"을 지정하여 접속합니다.

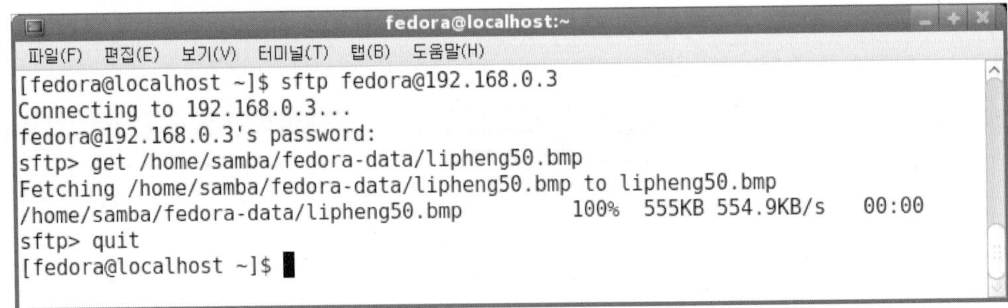

다운로드할 때는 'get 파일명'을 사용하고 업로드시에는 'put' 명령을 사용합니다.

76 네이트온 패키지 설치

```
$ wget http://kldp.net/frs/download.php/4737/nateon-1.0-20080617rev178.i386.rpm
$ su -c 'yum install -y nateon-1.0-20080617rev178.i386.rpm'
```


77 KDE 오픈 데스크탑 패키지 설치

```
$ su -c 'yum groupinstall kde'
```


78 PlayOnLinux (윈도우용 게임 설치 및 실행)

윈도우용 게임을 리눅스에서 할 수 있도록 에뮬레이팅해 주는 프로그램인 PlayOnLinux 패키지는 다음
과 같이 설치합니다.

```
$ su -c 'rpm --import http://mulx.free.fr/rpm/rpm.gpg'
$ wget http://mulx.free.fr/rpm/fedora
```

다음과 같이 의존성 패키지를 먼저 설치한 후 playonlinux 패키지를 설치합니다.

```
$ su -c 'yum -y install lzma wxPython'
$ su -c 'rpm -ivh playonlinux-3.0.7-fedora0.noarch.rpm'
```

x
end
help

PART 2

Explore Linux

Chapter
01. 엑스 윈도우 시스템 설정

우리는 앞서 1부에서 엑스 윈도우에 대한 기본적인 개념과 사용법에 대해서 살펴본 적이 있습니다. 이 장에서는 엑스 윈도우에 대한 기본적인 개념을 다시 알아보고, 엑스 윈도우를 어떻게 설정하고, 어떠한 원리에 의해서 작동되는지와 콘솔에서 엑스 윈도우를 실행하는 방법 등에 대해서 살펴봅니다.

학습 주제

▶ 엑스 윈도우 역사
▶ X 특징
▶ 엑스 윈도우 설정
▶ 엑스 윈도우 실행
▶ 엑스 윈도우 작동 과정
▶ Multi-Head 및 Xinerama 설정
▶ X 폰트 설정

1. 엑스 윈도우 시스템(X window) 역사

엑스 윈도우[13]는 원래 플랫폼과 독립적으로 작동하는 그래픽 시스템 개발을 위해 IBM과 MIT, DEC 공동의 아데나 프로젝트(Athena project)를 통해서 Bob Scheifler와 Jim Gettys에 의해서 1984년에 처음 개발되어 그 후 지속적인 개발을 통해서 1987년에 X11 버전이 개발되었습니다. 1986년에 Bob Scheifler에 의해서 누구나 자유롭게 엑스를 사용하고 배포할 수 있도록 오픈 소스 프로젝트 디자인이 만들어지고, 1987년에 이러한 오픈 소스 프로젝트 하에 X11이 발표됩니다. 1988년에 수많은 컴퓨터 제조업체로 이뤄진 X 컨소시움(비영리 제조업체그룹)이 조직되고, X 컨소시움에 의해서 X11 버전이 처음으로 개정되어 X11R2이 발표되고, 1996년에는 최종 개정판인 X11R6 버전을 내놓게 되고, X11R6.3 버전을 끝으로 X 컨소시움은 해체됩니다.

오픈 소프트웨어 재단(OSF)와 X/Open으로 형성된 오픈그룹(OpenGroup)에 의해서 1998년에 X11R6.4 버전이 발표되지만, 오픈그룹은 기존 공개 배포 라이선스 정책을 무시한 채, XFree86와 같은 수많은 프로젝트나 일부 상용 제조업체들의 참여를 가로막는 새로운 라이선스로 인한 잡음으로 결국에는 그 해 가을 기존 배포 라이선스 정책에 따라 X11R6.4 버전을 다시 배포하게 됩니다. 1999년 오픈그룹은 X.org를 만들고, X.org에 의해서 X11R6.5.1이 나오게 됩니다.

2004년에는 X.org 재단이 만들어지고, XFree86 4.4RC2과 X11R6.6을 기반으로 한 X11R6.7버전이 개발됩니다. 2004년 9월에는 X11R6.8 버전을 발표하였는데, 이 버전은 투명 윈도우 지원, 체계적인 시각 효과 및 해상도 변경 기능, 3D 가상현실 디스플레이 장치 도구 지원, 썸네일 기능 등 다양한 시각적인 기능과 효과를 지원합니다.

---

13) 엑스 윈도우는 X11 또는 짧게는 X라고도 부릅니다.

2. X 윈도우의 특징

엑스 윈도우가 GUI 환경으로써 다른 GUI 시스템과 다른 점은 네트워크 프로토콜(X 프로토콜)을 기반한 클라이언트와 서버 모델의 네트워크 지향 그래픽 시스템이라는 점입니다. 엑스 응용 프로그램은 자신이 클라이언트로써 네트워크로 엑스 서버에 접속하여 엑스 서버에게 명령 서비스(예를 들면, '화면에 리눅스 펭귄을 그려 달라고 요청하든지' 아니면 '굴림 글꼴을 출력해 달라는 요청' 또는 '마우스 포인트를 여기로 옮겨라' 등등)을 요청하면, 엑스 서버는 이러한 명령 요청을 받아 화면에 펭귄을 그려 주거나 글꼴 서버를 통해서 굴림 글꼴을 보여 주거나 응용 프로그램에서 마우스 위치를 이동시켜 줍니다. 이와 같이 엑스 클라이언트는 엑스 서버에서 동작하면서 서버에게 명령을 전달하고, 엑스 서버는 클라이언트에게 명령 요청의 결과를 화면에 출력해 주거나 키보드나 마우스, 터치 스크린 등과 같은 사용자의 입력을 클라이언트에게 제공해 주는 역할을 합니다.

엑스의 클라이언트/서버의 네트워크 지향 시스템 구조는 로컬상의 엑스 서버에서 다른 시스템의 엑스 클라이언트의 요청을 받아들일 수 있는 또 다른 특징을 제공해 줍니다. 이것은 다른 시스템에 있는 응용 프로그램을 로컬상의 엑스에서 실행시킬 수 있음을 의미하는 것입니다. 예를 들어, 로컬상의 엑스 시스템에서는 모질라 파이어폭스 웹브라우저가 설치되어 있지 않더라도 다른 원격 시스템에 모질라 파이어폭스가 설치되어 있다면, 원격 시스템에 텔넷이나 ssh로 접속하여 로그인한 후 파이어폭스를 실행하면 로컬 엑스 서버에서 제공하는 화면 출력을 이용하여 원격 시스템의 파이어폭스 프로그램을 사용할 수 있는 것입니다. 이 때 원격 시스템에서는 엑스 서버라든지 모니터와 같은 디스플레이 장치가 없더라도 상관이 없습니다. 그 이유는 엑스 응용 프로그램의 디스플레이는 로컬 엑스 서버에서 처리되기 때문입니다. 이에 대해서는 이 장의 "10. 원격으로 X 서버 엑스 응용 프로그램 사용"에서 자세히 살펴보게 됩니다.

3. X 설정

엑스의 꾸준한 발전과 수많은 비디오 그래픽 카드와 모니터 드라이버 개발과 지원 덕분에 요즘에는 엑스를 설정하는 것은 어려운 일은 아닙니다. 페도라 리눅스에서는 system-config-display 도구로 통해서 엑스와 호환성이 있는 그래픽 카드와 모니터에 대해서 쉽게 엑스를 설정할 수 있습니다. 그러나 그래픽 카드가 엑스와 호환성을 갖지만, 호환되지 않는 모니터를 사용하는 경우 엑스 설정에 상당한 어려움을 겪을 수 있습니다. 엑스를 설정하는데 있어서 가장 중요한 것은 그래픽 카드 호환성보다는 모니터의 주파수 설정에 있고, 모니터의 주파수 설정으로 인하여 엑스 설정하는데 애를 먹곤 합니다.

엑스를 올바르게 설정하여 엑스를 구동하였는데도 엑스는 구동되질 못하고, 모니터에서 주파수 초과 범위라는 메시지가 나타난다면 엑스에서 모니터 주파수 범위를 인식할 수 없는 경우에 발생하는 것입니다. 따라서 엑스를 구성하는데 있어서 그래픽 카드의 호환성도 중요한 문제이지만, 무엇보다도 모니터의 정확한 주파수 범위 설정이 중요하므로, 모니터 매뉴얼을 참고로 하여 모니터의 정확한 주파수를 파악하는 일도 중요합니다.

페도라 리눅스에서는 쉽고 간편한 엑스 설정을 위해서 system-config-display 도구를 지원하지만, 이 도구를 통해서 엑스를 설정되지 않는다면 /etc/X11/xorg.conf 파일을 에디터를 이용하여 직접 설정해 주어야 합니다. 이 절에서는 system-config-display를 이용하여 엑스를 설정하는 방법과 /etc/X11/xorg.conf 파일을 만들고 수정하는 방법에 대해서 알아봅니다.

3.1 system-config-display를 이용한 X 설정

system-config-display도구는 호환성이 있는 모니터와 그래픽 카드를 자동으로 인식하여 엑스 윈도우를 사용할 수 있도록 엑스를 설정해 주는 도구입니다. 이미 설정되어 있는 엑스의 해상도를 변경할 수 있으며, 콘솔에서도 텍스트 인터페이스 환경으로 엑스를 설정할 수 있도록 지원합니다. 그러면 system-config-display로 엑스를 설정하는 방법에 대해서 알아봅니다.

Step1 콘솔이나 엑스 터미널에서 또는 Alt + F2 키를 눌러 명령 실행 창에 system-config-display 명령을 입력하여 실행합니다.

```
[root@mandoli ~]# system-config-display          <-콘솔과 터미널에서의 명령
```

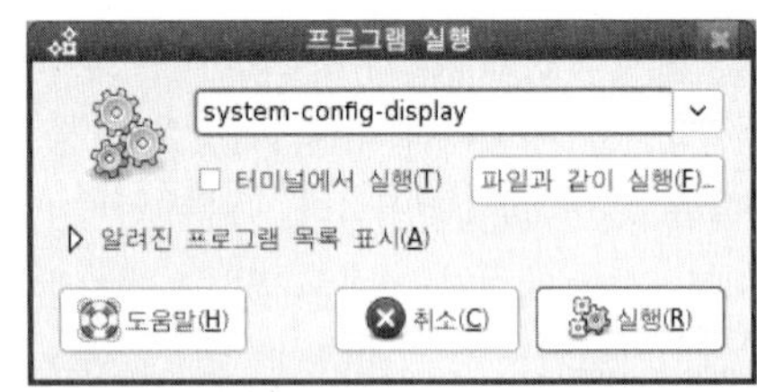

Step2 루트 열쇠글을 입력합니다.

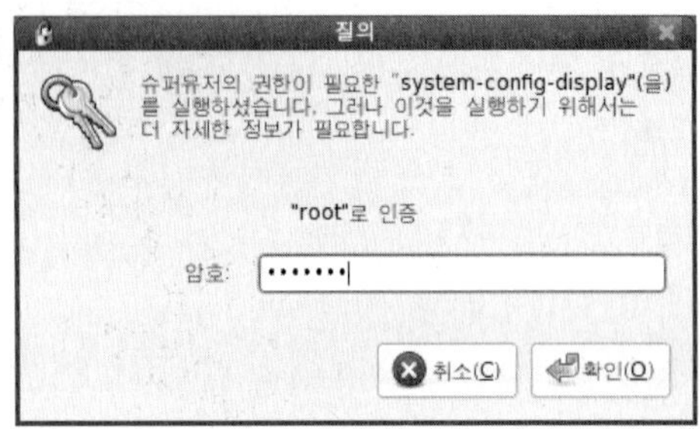

Step3 [설정] 탭에서 해상도와 색상수를 설정합니다.

Step4 [하드웨어] 탭을 클릭하여 모니터와 비디오 카드를 설정하거나 변경합니다.

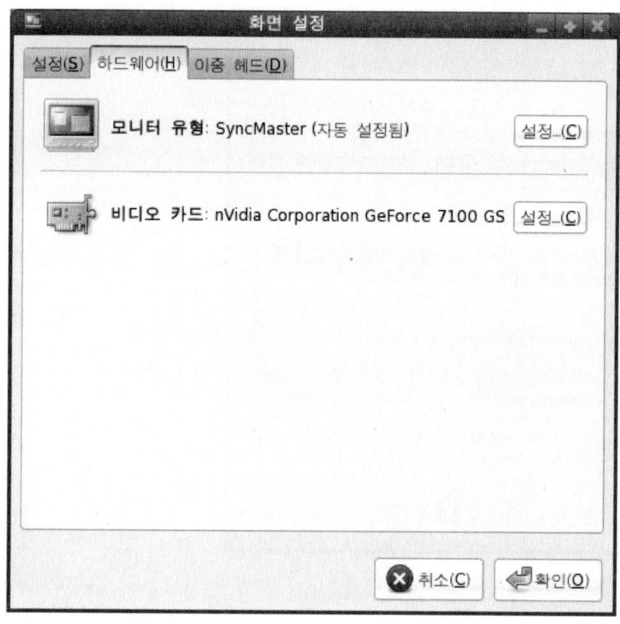

▶ 모니터 모델 선택

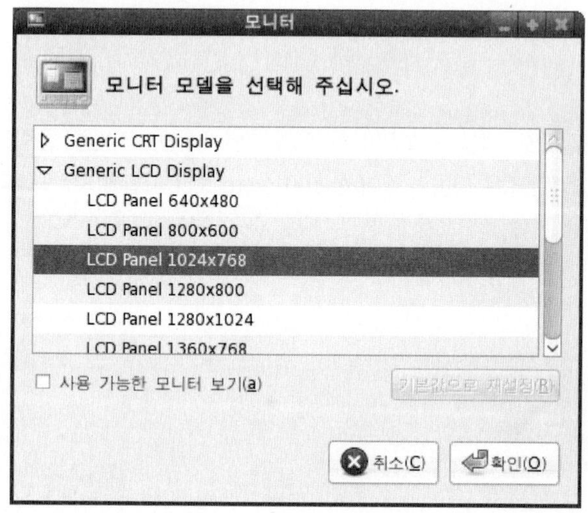

모니터는 모니터가 지원하는 해상도에 맞는 모델을 선택하거나 엑스에서 지원하는 모니터 목록에서 일치하는 모델로 직접 선택할 수 있습니다. 엑스 호환 모니터 모델을 직접 선택하지 않고, 해상도에 따른 일반적인 모니터를 선택한 경우 일부 모니터에서는 주파수 초과 범위로 인하여 엑스가 구동되지 못하는 문제가 있을 수 있으므로, 이러한 모니터에서는 앞으로 살펴보게 될 /etc/X11/xorg.conf 파일에서 주파수 범위를 직접 설정해 주는 것이 좋습니다.

▶ 비디오 카드 모델 선택

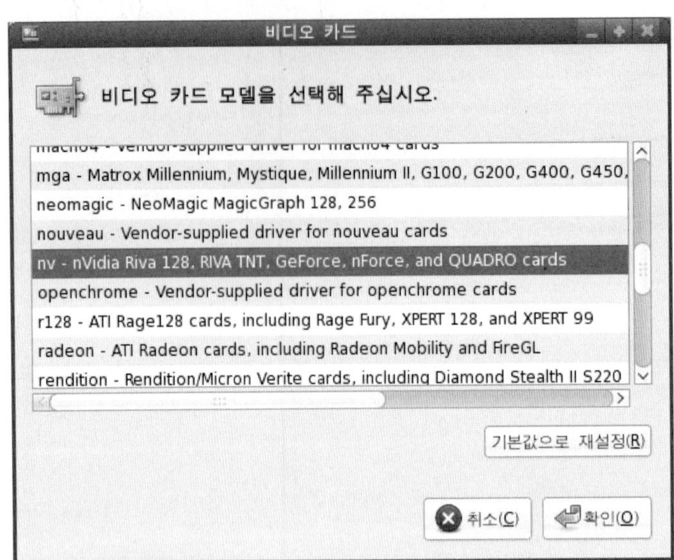

대부분의 비디오 카드는 검색되어 자동 선택되어집니다. 그러나 만일 자동으로 검색되지 않거나 잘못 인식된 비디오 카드일 경우에는 지원하는 비디오 카드 모델에서 올바른 카드로 선택합니다. 그러나 리스트에 해당하는 모델이 없다면 [vesa]로 선택하고, 비디오 그래픽 카드 제조업체에서 리눅스용 드라이버를 제공하는지를 확인하여 제공한다면 추가로 설치하여 선택합니다.

Step5 모니터와 비디오 카드 설정과 해상도및 색상수 설정이 완료되었다면 [확인] 버튼을 클릭하여 설정을 종료합니다. system-config-display에 의해서 설정된 값은 다음과 같이 /etc/X11/xorg.conf 파일에 저장됩니다.

```
# Xorg configuration created by system-config-display

Section "ServerLayout"
	Identifier     "single head configuration"
	Screen      0  "Screen0" 0
	InputDevice    "Keyboard0" "CoreKeyboard"
EndSection

Section "Module"
	Load  "dbe"
	Load  "extmod"
	Load  "fbdevhw"
	Load  "glx"
	Load  "record"
	Load  "freetype"
	Load  "type1"
```

```
        Load  "dri"
EndSection
Section "InputDevice"
      Identifier  "Keyboard0"
      Driver       "kbd"
      Option        "XkbModel" "pc105"
      Option        "XkbLayout" "us"
EndSection
Section "InputDevice"
      Identifier  "Mouse0"
      Driver       "mouse"
      Option        "Protocol" "IMPS/2"
      Option        "Device" "/dev/input/mice"
      Option        "ZAxisMapping" "4 5"
      Option        "Emulate3Buttons" "yes"
EndSection
Section "Monitor"
      Identifier  "Monitor0"
      VendorName   "Monitor Vendor"
      ModelName    "LCD Panel 1280x1024"
      HorizSync    31.5 - 67.0
      VertRefresh  50.0 - 75.0
      Option        "dpms"
EndSection

Section "Device"
      Identifier  "Videocard0"
      Driver       "radeon"
      VendorName   "Videocard vendor"
      BoardName    "ATI Radeon 9200SE"
EndSection

Section "Screen"
      Identifier  "Screen0"
      Device       "Videocard0"
      Monitor      "Monitor0"
      DefaultDepth  24
      SubSection "Display"
             Viewport   0 0
```

```
            Depth     24
            Modes     "1280x1024" "1024x768" "800x600" "640x480"


     EndSubSection
EndSection


Section "DRI"
     Group       0
     Mode        0666
EndSection
```

3.2 /etc/X11/xorg.conf 파일 설정

/etc/X11/xorg.conf 파일의 설정은 여러 개의 섹션(Section)으로 구분되어 설정됩니다. 각각의 섹션은 다음과 같은 형식을 취하게 됩니다.

```
Section "섹션명"
설정옵션       "옵션값"
EndSection
```

그러면 각 섹션의 설정은 어떻게 이뤄져 있고, 어떻게 설정하는지를 살펴봅니다.

▶ Section "ServerLayout"

```
Section "ServerLayout"
        Identifier       "single head configuration"
        Screen     0   "Screen0" 0 0
        InputDevice      "Mouse0" "CorePointer"
        InputDevice      "Keyboard0" "CoreKeyboard"
EndSection
```

ServerLayout 섹션 설정은 하나의 화면에 키보드와 마우스 등의 입력 장치를 어떻게 할당할 것인가를 설정하는 부분입니다.

Identifier 옵션은 ServerLayout에 대한 명칭을 설정해 줍니다. Screen는 xorg.conf 파일에서 설정되는 Screen 섹션의 명칭을 실정해 주는 부분으로, Screen0은 Screen 섹션 이름이며, 왼쪽의 숫자 0은 비디오 카드의 헤드(모니터 연결 단자)가 Screen 섹션에서 명시된 Screen0 식별자를 이용함을 의미하며 오른쪽에 있는 두 개의 숫자 0은 모니터의 위치를 나타나는 것입니다. 이에 대해서는 xinerama 설정에 다시 살펴보게 됩니다.

InputDevice는 InputDevice 섹션에서 사용된 명칭을 명시하는 부분으로, 마우스와 키보드 입력 장치 명이 그 뒤에 각각 따르고, 이들 각각의 입력 장치 뒤에는 마우스의 경우 CorePointer 옵션이, 키보드에는

CoreKeyboard 옵션을 사용하게 됩니다.

▶ Section "Module"

```
Section  "Module"
        Load  "dbe"
        Load  "extmod"
        Load  "fbdevhw"
        Load  "glx"
        Load  "record"
        Load  "freetype"
        Load  "type1"
        Load  "dri"
EndSection
```

Module 섹션은 /usr/lib/xorg/modules 디렉토리에 있는 엑스 서버에 적재할 모듈을 설정합니다. X에서 지원하지 않은 모듈을 엑스 서버에서 사용하고자 한다면 /usr/lib/xorg/modules 디렉토리에 해당 모듈을 복사한 후에 Module 섹션에서 해당 모듈의 설정을 추가하면 됩니다. 또한 엑스 서버에 지원되는 모듈이면서 이 섹션 설정에서 빠져 작동하지 않을 경우에도 이 섹션에 추가해 주면 됩니다. system-config-display 로 설정된 파일에서 이 섹션이 제외됩니다.

▶ Section "InputDevice"

```
Section "InputDevice"
        Identifier      "Mouse0"
        Driver          "mouse"
        Option          "Protocol"  "IMPS/2"
        Option          "Device" "/dev/input/mice"
        Option          "ZAxisMapping"  "4 5"
        Option          "Emulate3Buttons" "no"
EndSection
```

InputDevice 섹션 설정은 마우스와 키보드등과 같은 입력 디바이스를 설정하는 부분입니다.

Identifier(식별자)는 입력 장치의 명칭으로 ServerLayout에서도 동일하게 사용됩니다.

Driver는 해당 입력 장치의 디바이스 드라이버 이름을 설정합니다. 키보드의 경우는 "Keyboard" 드라이버명을 사용하고, 마우스의 경우는 "mouse" 드라이버명을 사용합니다.

Option에서는 입력 장치에 필요한 옵션을 추가로 설정합니다. 마우스의 경우 프로토콜을 일반적으로 PS/2를 지원합니다. 그러나 휠마우스 기능을 사용하기 위해서는 예제와 같이 "IMPS/2"의 옵션값과 ZAxisMapping 옵션값을 반드시 추가해 줍니다. Device는 해당 입력 장치가 사용할 디바이스명을 말합니다.

마우스의 경우는 /dev/input/mice, /dev/mouse, /dev/psaux 디바이스를 사용할 수 있습니다. 마우스의 옵션 중에 Emulate3Buttons은 2 버튼 마우스 사용시 양쪽 두 버튼을 동시에 누름으로써 3 버튼 마우스의 중간 버튼을 사용하는 효과를 내고자 할 때 사용합니다. 엑스 서버는 3버튼 마우스를 기준으로 작동하므로 2 버튼 마우스에 유용한 옵션일 수 있습니다. system-config-display에 의해서는 이 섹션이 설정되지 않습니다.

105키 자판의 경우는 일반적인 InputDevice 섹션 설정은 다음과 같습니다.

```
Section "InputDevice"
        Identifier        "Keyboard0"
        Driver         "kbd"
        Option         "XkbRules" "xfree86"
        Option         "XkbModel"    "pc105"
        Option         "XkbLayout" "us"
EndSection
```

▶ Section "Monitor"

```
Section "Monitor"
        Identifier        "Monitor0"
        VendorName      "Samsung Elec. Ltd"
        ModelName       "Samsung 15 TFT-LCD CA155S
        HorizSync       30.0 - 60.0
        VertRefresh     56.0 - 75.0
EndSection
```

Monitor 섹션에서는 모니터 사양을 설정해 주는 부분으로, 엑스 서버 설정에 있어서 가장 중요한 부분입니다. 주파수 설정을 잘못하면 주파수 초과 범위 메시지를 보여주면서 엑스 구동이 실패될 수 있으며, 과도한 주파수 범위 초과 설정은 모니터의 고장을 유발할 수도 있으므로 주의해야 합니다. 따라서 모니터 매뉴얼을 참고로 하여 설정하는 것이 좋습니다.

Identifier에는 모니터의 식별 이름을 넣어 주고, VendorName에는 모니터의 제조업체명을 설정해 줍니다. ModelName는 모니터의 모델명을 넣어줍니다.

HorizSync와 VertRefresh에는 모니터의 정확한 수평 및 수직 주파수의 범위를 설정합니다.

3.2.6. Section "Device"

```
Section "Device"
        Identifier        "Videocard0"
        Driver         "nvidia"
        Option          "dpms"
```

```
EndSection
```

Device 섹션은 비디오 카드의 드라이버를 설정합니다.

Identifier는 비디오 카드를 인식할 수 있는 식별 이름을 넣어 주고, Driver는 해당 비디오 카드의 드라이버명을 설정합니다. 비디오 카드가 어떤 드라이버를 사용하는지는 다음 사이트나 /usr/share/hwdata/videodrivers 파일을 참고하여 올바른 드라이버를 설정해 주면 됩니다.

```
http://wiki.x.org/wiki/VideoDrivers?highlight=%28driver%29
/usr/share/hwdata/videodrivers
```

VendorName에는 비디오 카드의 제조업체를 넣어주고, BoardName에는 비디오 카드의 제품명을 설정하면 됩니다. VideoRam은 비디오 카드가 지원하는 램 크기를 바이트 단위로 설정해 주면 되고, Option에는 모니터에 지원하는 옵션을 넣어 주면 되는데, dpms(Display Power Management Signaling)는 모니터 고급 절전 기능에 대한 옵션으로 요즘의 모니터들은 이 기능을 지원하므로 옵션에 넣어 주는 것이 좋습니다. BusID는 비디오 카드의 BUS ID를 설정해 주는 것으로 나중에 Xinerama 설정에서 살펴보게 될 것입니다.

▶ Section "Screen"

```
Section "Screen"
        Identifier      "Screen0"
        Device          "Videocard0"
        Monitor         "Monitor0"
        DefaultDepth    24
        Subsection      "Display"
                Depth   24
                Modes   "1280x1024" "1024x768" "800x600"
        EndSubsection
EndSection
```

Screen 섹션 설정은 이제까지 살펴본 Device 섹션과 Monitor 섹션의 식별자를 통하여 엑스 서버에서 사용할 해상도를 설정합니다. Identifier는 스크린을 식별할 수 있는 이름을 지정해 주고, Device와 Monitor 설정은 Device 섹션과 Monitor섹션의 각 식별자와 동일하게 설정해 줍니다. DefaultDepth는 사용할 기본 컬러 비트수를 설정합니다. 이것은 Subsection에서 여러 개의 컬러 비트를 설정하였을 때 그 중 엑스 서버가 실행될 때 사용할 컬러 비트수를 말합니다.

Subsection에서는 여러 컬러 비트수에 맞게 해상도를 설정할 수 있습니다. 이 때의 서브 섹션값으로는 'Display'를 사용합니다. 컬러 비트수를 24비트와 16비트로 설정해 놓은 상태에서 DefaultDepth값을 해당 컬러 비트수로 설정하므로써 엑스가 실행될 때 원하는 컬러 비트수로 작동될 수 있도록 할 수 있으며, 해당 비트에 먼저 설정된 해상도대로 작동되도록 할 수 있습니다.

Modes로 설정되는 해상도는 제일 먼저 있는 것이 처음에 작동하며, 엑스가 실행중에서 `Ctrl` + `Alt` + `+` 조합키로 해상도를 차례대로 변경하여 원하는 해상도로 엑스를 사용할 수 있습니다.

▶ Section "DRI"

```
Section "DRI"
        Group    0
        Mode     0666
EndSection
```

DRI 섹션은 3D 그래픽 가속 기능을 지원하는 비디오 카드를 엑스 서버의 3D 가속 소프트웨어에서 3D 가속 기능을 사용할 수 있도록 하고자 할 때 설정하는 부분입니다. DRI(Direct Rendering Infrastructure)은 XFree86 4.x 버전에서 2D 및 3D 가속 기능을 지원해 주는 인터페이스로, 3D를 지원하는 프로그램에서 3D를 사용할 수 있도록 하려면 xorg.conf의 Modules 섹션에 dri 모듈을 추가한 후 DRI 섹션 설정을 통해서 가능해집니다.

4. 그래픽 카드 드라이버 설치

ATI와 NVIDIA는 페도라에서 지원하지 않는 모델이 많기 때문에 이들 제조업체에서 제공된 드라이버를 설치해야 합니다. 그러면 이들 카드의 드라이버를 설치하는 방법을 알아봅니다. 먼저 [프로그램 메뉴 〉〉 시스템 도구 〉〉 터미널]을 클릭하여 터미널을 열어 다음 명령을 실행합니다.

```
$ su -
password: 루트 열쇠글을 입력합니다.
# rpm --import http://rpm.livna.org/RPM-LIVNA-GPG-KEY
# rpm -ivh http://rpm.livna.org/livna-release-9.rpm
```

4.1 nvidia

```
# yum -y install kmod-nvidia xorg-x11-drv-nvidia-libs-32bit
```

4.2 nvidia (96xx 버전 이상)

```
# yum -y install kmod-nvidia-96xx
```

4.3 ati

```
# yum -y install kmod-fglrx xorg-x11-drv-fglrx-libs-32bit
```

드라이버를 설치한 후에는 시스템을 재시작하면 새로 설치한 드라이버가 동작하게 됩니다. 새로운 드라이버가 동작하질 않을 때는 system-config-display 명령으로 드라이버를 설정해 주면 됩니다.

5. X 실행

엑스의 실행은 콘솔에서 startx 명령으로 실행하는 방법과 /etc/inittab 파일에서 실행 레벨을 5로 지정하여 부팅시 자동으로 엑스가 동작하도록 하는 방법이 있습니다.

5.1 콘솔에서 엑스 실행

부팅시 콘솔로 부팅된 상태에선 startx 명령으로 엑스를 실행할 수 있습니다.

```
$ startx
```

또는 루트 권한으로 실행 레벨 5값을 telinit로 init 프로세스에 전달해 주므로써 엑스를 실행할 수도 있습니다.

```
# telinit 5
```

startx 명령으로 엑스가 구동되면 /etc/sysconfig/desktop 파일에서 명시된 데스크탑이 엑스에서 동작하게 됩니다.

5.2 부팅시 엑스 실행

/etc/inittab 파일에서 실행 레벨 값을 변경해 주어 부팅시 바로 엑스가 동작할 수 있도록 설정할 수 있습니다. 엑스 윈도우로 부팅되도록 하려면 이 파일 설정 가운데 다음 부분을 다음과 같이 수정해 주면 됩니다.

```
id:5:initdefault:
```

이 설정에서 5는 엑스 윈도우 모드를 말하며, 3은 콘솔 모드를 말합니다. 콘솔로 부팅될 때는 이 값이 3으로 설정되어 있으며, 이 값을 5로 변경해 놓으면 엑스 윈도우로 부팅이 이뤄지게 됩니다.

6. 엑스 윈도우 매니저(X Window Manager)

엑스 서버는 클라이언트(응용 프로그램)의 윈도우를 원하는 위치로 이동시킨다든지, 윈도우 크기를 조절한다든지, 윈도우를 멋지게 꾸민다든지 이러한 일에는 전혀 관여하지 않기 때문에 엑스 서버에서 실행되는 응용 프로그램의 윈도우를 꾸미고 관리할 수 있는 다른 엑스 클라이언트 프로그램이 필요로 하는데, 이러한 역할을 담당하는 프로그램이 윈도우 매니저입니다. 윈도우 매니저는 엑스 윈도우를 보다 편리하게 사용할 수 있도록 윈도우에 아이콘, 메뉴, 버튼 바, 도구 바, 윈도우 경계선, 가상 데스크탑 화면 등을 제공해 주어 윈도우를 보다 멋있게 꾸밀 수 있도록 해 주는 역할을 합니다.

리눅스에서는 fvwm, dtwm, afterstep, swafish, blackbox, windowmaker, enlightenment, icewm, fluxbox, metacity 등 다양한 형태의 윈도우 매니저를 제공하고 있어서 사용자가 좋아하는 스타일의 윈도우 매니저를 선택하여 엑스 윈도우환경을 멋있고, 미려하게 장식할 수 있다는 것이 가장 큰 매력일 것입니다. 페도라의 그놈에서는 기본 윈도우 매니저로 metacity를 채택하고 있습니다. 윈도우 매니저에 대한 자세한 정보는 다음 사이트를 참고하기로 합니다.

```
http://xwinman.org/
```

7. 3D 데스크탑 환경 설정

3D 데스크탑 효과는 AIGLX(Accelerated Indirect GLX) 프로젝트에 의해서 리눅스 배포판 처음으로 페도라 코어5에 적용되었습니다. 3D 가속 데스크탑 환경은 엑스 서버를 교체하지 않고서도 간단한 엑스 서버 업데이트와 OpenGL인 Mesa, compiz 윈도우 매니저 설치만으로 쉽게 구현할 수 있습니다. 페도라 설치 시 3D 데스크탑 효과를 사용할 수 있도록 3D 데스크탑에 관련된 패키지가 자동으로 설치됩니다. 엑스 윈도우에 3D 데스크탑 효과를 적용하면 입체적인 창 이동, 축소, 확대, 창 투명 기능, 입방체의 입체적인 데스크탑 전환 및 회전, 창 흔들기와 젤라틴과 같은 창 떨림과 울렁거림 등의 다양한 입체적인 효과를 즐길 수 있습니다. AIGLX 3D 데스크탑 효과에 대해 좀 더 자세한 정보를 원한다면 다음 사이트를 참고하면 됩니다.

```
http://fedoraproject.org/wiki/RenderingProject/aiglx
```

7.1 3D 데스크탑 관련 패키지

```
compiz (composite 윈도우 매니저)
mesa-libGL, mesa-libGLU (openGL)
xorg-x11-server-utils xorg-x11-server-Xorg
xorg-x11-drv-비디오카드칩셋명
```

7.2 3D 데스크탑 지원 비디오 카드

3D 그래픽 가속 기능을 지원하는 인터페이스인 DRI(Direct rendering infrastructure)를 지원하는 비디오 카드는 AIGLX 3D 데스크탑 효과를 적용할 수 있습니다. 인텔 칩셋이 탑재된 비디오 카드는 별도의 드라이버 설치없이 3D 데스크탑 효과를 적용할 수 있지만, ATI 칩셋이나 NVIDIA 칩셋 비디오 카드는 페도라에서 지원하는 모듈(드라이버) 대신에 비디오 카드 제조업체에서 제공하는 리눅스용 드라이버를 추가로 설치해야 사용 가능하므로 앞 절에서 이들 카드의 드라이버를 설치하지 않은 독자들은 앞 절로 돌아가 각 드라이버를 설치해 주기 바랍니다.

7.3 3D 데스크탑 효과 적용

Step1 [시스템 메뉴 〉 모양새 〉 데스크탑 효과]를 실행합니다.

Step2 [데스크탑 효과 활성화] 버튼을 클릭합니다.

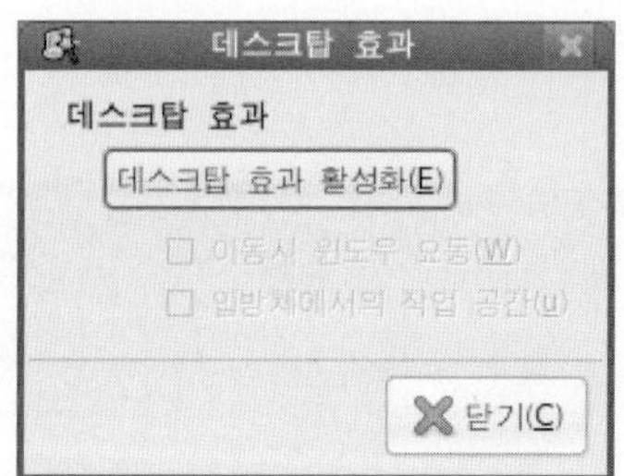

Step3 [설정 유지] 버튼을 클릭합니다.

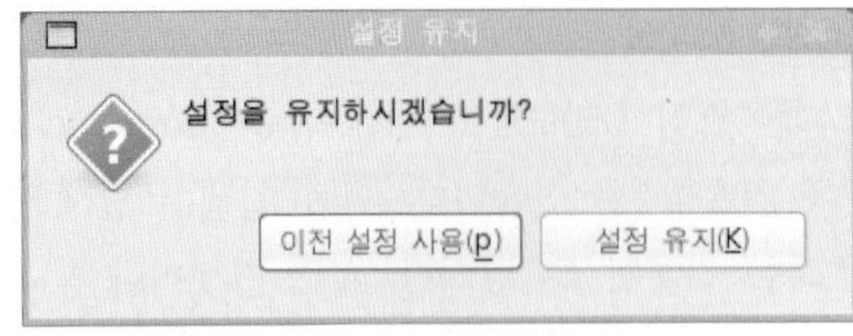

Step4 두 개의 옵션을 체크하여 [닫기] 버튼을 클릭합니다.

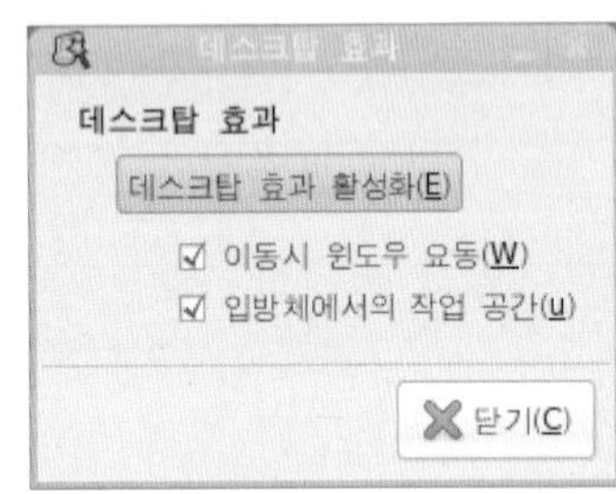

Step5 터미널 프로그램[프로그램〉〉 시스템 도구〉〉 터미널]을 실행하여 터미널 창 틀을 왼쪽 마우스 버튼을 한번 누른 상태에서 마우스를 움직여 보기 바랍니다. 창이 젤라틴처럼 흔들리는 효과를 확인할 수 있습니다.

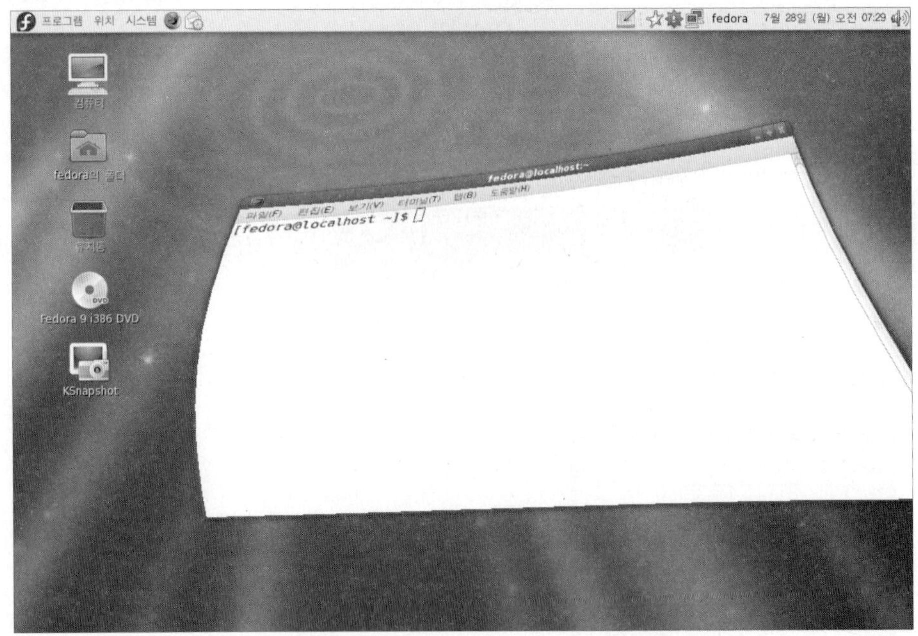

4. 3D 데스크탑 효과 사용법 (단축키 및 마우스 사용)

3D 효과	단축키/ 마우스 사용법
데스크탑 좌우 전환	Ctrl + Alt + 좌우방향키
데스크탑 중앙 정렬 후 좌우로 데스크탑 이동	Ctrl + Alt + 하 방향키를 누르고, Ctrl + Alt 키를 떼지 않은 상태에서 좌우 방향키 사용
왼쪽 마우스로 창을 찍어 다른 작업 공간으로 이동	왼쪽 마우스 + 창
활성 창을 그대로 두고 작업 공간을 이동	Ctrl + Shift + Alt + 좌우방향키
작업 공간으로 마우스로 움직여 입방체 회전	Ctrl + Alt + 왼쪽 마우스
창 줌 In & Out	Ctrl + 마우스 휠 up/down
창 투명 효과	Alt + 마우스 휠 up/down
작업 공간에 모든 창 정렬	마우스를 오른쪽 상단 모퉁이에 갖다댐
창 흔들기 (젤라틴처럼)	왼쪽 마우스로 창을 찍어 마우스를 흔듬

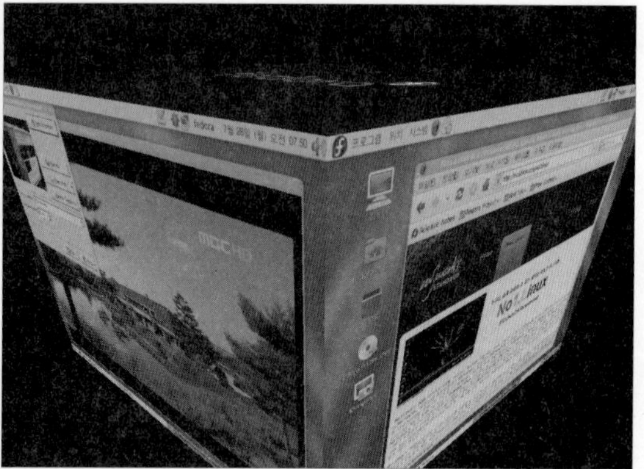

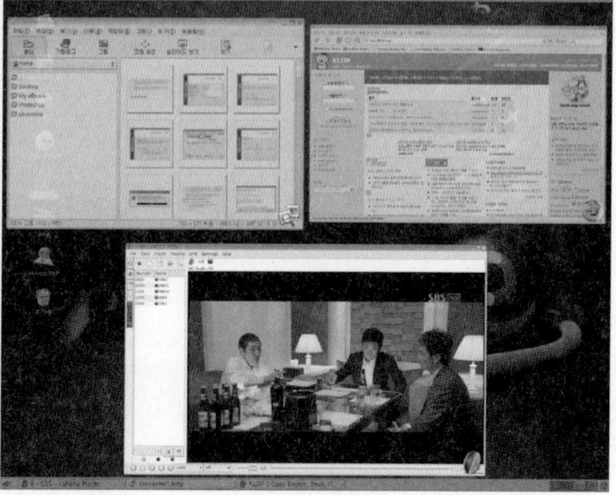

8. Multihead(다중 모니터 디스플레이) 설정

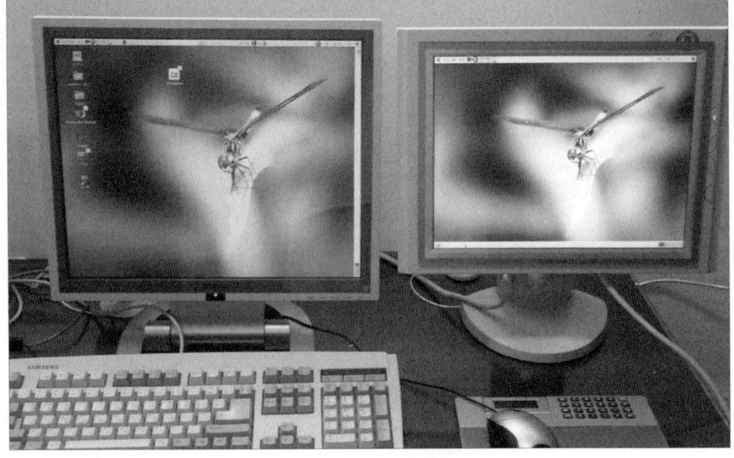

엑스 윈도우 시스템에서 두 개 이상의 다중 모니터를 지원하는 다중 헤드 기능(두 대의 모니터에서 독립된 오픈 데스크탑 실행)과 xinerama(하나의 오픈 데스크탑 환경이 두 대의 모니터에 디스플레이되는 기능)을 지원합니다. 이는 MS 윈도우 운영체제의 다중 모니터 지원 기능과 비슷한 기능으로 엑스 윈도우상에서 엑스 윈도우 화면을 보다 넓게 사용할 수 있으며, 한쪽 모니터에서는 고정적으로 TV 또는 DVD 영화를 감상하면서 다른 한쪽의 모니터에서는 웹서핑이나 문서 작업 등과 같은 다른 시스템 작업을 동시에 할 수 있는 효과를 주게 됩니다.

다중 헤드 기능을 사용하기 위해서는 듀얼 헤드를 지원하는 비디오 카드나 AGP와 PCI 두 개의 비디오 카드와 두 개의 모니터를 준비해야 합니다. 비디오 카드는 엑스 서버에서 지원하는 카드를 사용해야 하며, 모니터는 같은 종류의 모니터를 사용해야 하지만, 다른 종류의 모니터를 사용해도 상관이 없습니다. 한 개의 비디오 카드로 다중 헤드를 사용하려면 요즘에 나오는 RGB 단자와 DVI 단자가 함께 있는 비디오 카드를 이용하면 됩니다.

8.1 다중 헤드 설정

system-config-display 도구를 이용하여 다중 헤드를 설정합니다. 이 도구를 실행하여 [이중 헤드] 탭을 클릭하여 [이중 헤드 사용]를 체크하고, 두 번째 모니터와 두 번째 비디오 카드를 설정합니다.

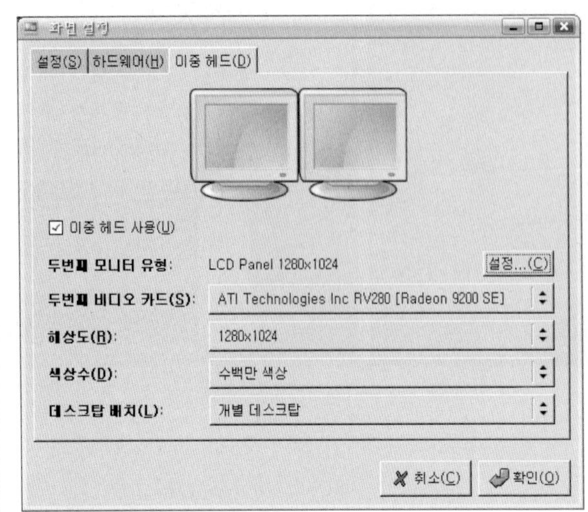

[이중 헤드] 탭 설정에서 데스크탑 배치 옵션을 통하여 데스크탑 환경을 각 모니터마다 독립적으로 작동하도록 할 것인가(개별 데스크탑-이중 헤드 기능) 아니면 하나의 데스크탑 환경을 확장해서 사용할 것인가(신장 데스크탑-xinerama 기능)를 선택할 수 있습니다. 같은 크기의 모니터가 아니라면 신장 데스크탑(xinerama 기능)은 작업하는데 불편할 수 있으므로, 개별 데스크탑(이중 헤드 기능)으로 선택하여 사용하는 것이 좋습니다.

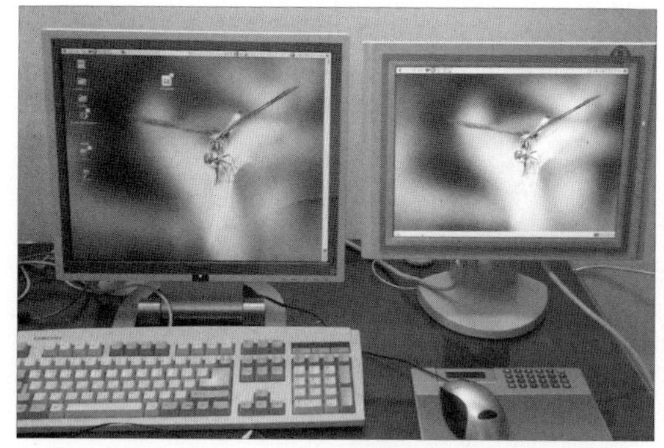
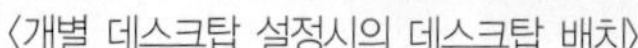

〈개별 데스크탑 설정시의 데스크탑 배치〉

〈신장 데스크탑 설정시의 데스크탑 배치〉

8.2 xinerama 실행

콘솔상에서 startx -- +xinerma 명령을 실행하거나 부팅시 엑스 윈도우로 부팅되도록 하여 로그인하게 되면 xinerama를 사용할 수 있습니다.

```
$ startx -- +xinerama
```

xinerama가 실행되면 상기 그림에서 보는 바와 같이 그놈 데스크탑 화면이 양쪽 모니터 화면에 연결되어 나타나게 됩니다.

8.3 다중 헤드 실행

xinerama 기능을 끄고, 다중 헤드로 엑스가 동작하도록 설정하여 엑스 로그인 화면에서 로그인하여 오픈 데스크탑 환경이 실행되기 전까지는 이웃 모니터의 화면은 아무 것도 나타나질 않습니다. 그러나 오픈 데스크탑 환경이 실행되면 아웃 모니터 화면에서도 메인 모니터에서 동작하는 동일한 오픈 데스크탑 환경이 나타납니다.

다중 헤드 기능은 데스크탑 화면을 이웃 모니터 화면으로 확장할 수 있게 해 주는 xinerama와는 달리 독립적으로 두 대의 모니터에서 각각의 데스크탑 환경으로 독립적으로 작업을 할 수 있기 때문에 두 대의 시스템에서 동시에 작업하는 효과를 가지게 됩니다.

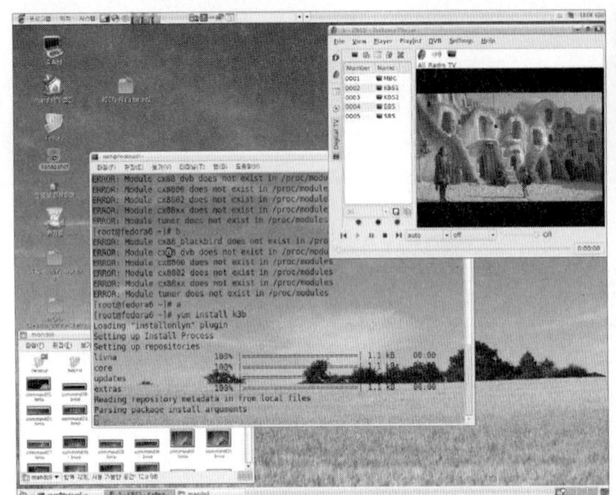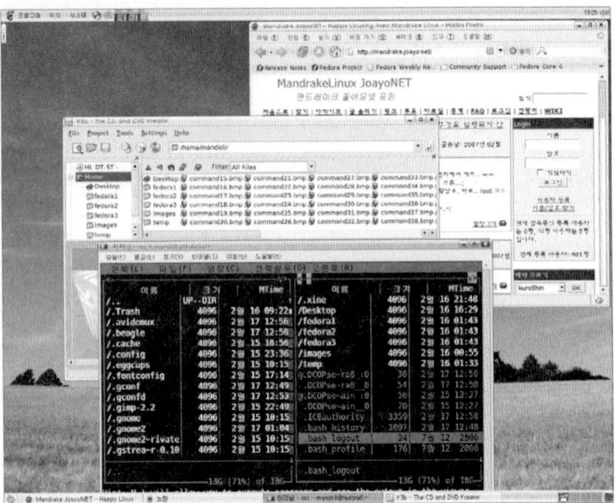

〈다중 헤드로 엑스 구동시 독립된 각 모니터의 화면〉

9. Fontconfig 글꼴 관리

Fontconfig 폰트 시스템은 QT3/4 또는 GTK+2 그래픽 툴킷으로 개발된 응용 프로그램들에서 폰트를 직접을 액세스하여 사용할 수 있도록 해 주는 새로운 폰트 관리 시스템입니다. 기존에는 엑스 글꼴 시스템으로 xfs 폰트 시스템을 지원하였으나, 요즘의 배포판에서는 fontconfig을 기본 글꼴 시스템으로 채택하고 있습니다. Fontconfig는 xml 파일 형식으로 이뤄진 /etc/fonts/fonts.conf 파일을 사용합니다. 그러면 공개용 네이버 사전체와 은글꼴을 설치하는 방법을 알아봅니다.

9.1 공개용 글꼴 구하기

공개 글꼴	다운로드
네이버 사전체	http://cndic.naver.com/font.nhn
은글꼴	http://kldp.net/frs/?group_id=300&release_id=2607

9.2 공개 글꼴 설치

Step1 터미널을 실행한 후 su - 명령을 실행하여 루트 권한을 가집니다.

```
$ su -
password: 루트 열쇠글을 입력합니다.
#
```

Step2 '/home/계정명/다운로드' 경로로 이동합니다.

```
# cd /home/fedora/다운로드
```

Step3 /usr/share/fonts/korean 디렉토리에 네이버 사전체 디렉토리를 생성합니다.

```
# mkdir /usr/share/fonts/korean/naverdic
```

Step4 다운로드한 두 글꼴 파일의 압축을 다음과 같이 풉니다.

```
# tar xvfz naverdic.tgz -C /usr/share/fonts/korean/naverdic/
# tar xvfz un-fonts-core-1.0.2-080608.tar.gz -C /usr/share/fonts/korean
```

Step5 fc-cache -fv 명령으로 폰트 캐시를 재생성합니다.

```
# fc-cache -fv
```

9.3 공개 글꼴 적용

Step1 [시스템 메뉴 >> 기본설정 >> 모양새 >> 모양새]를 클릭합니다.

Step2 [글꼴] 탭을 클릭합니다.

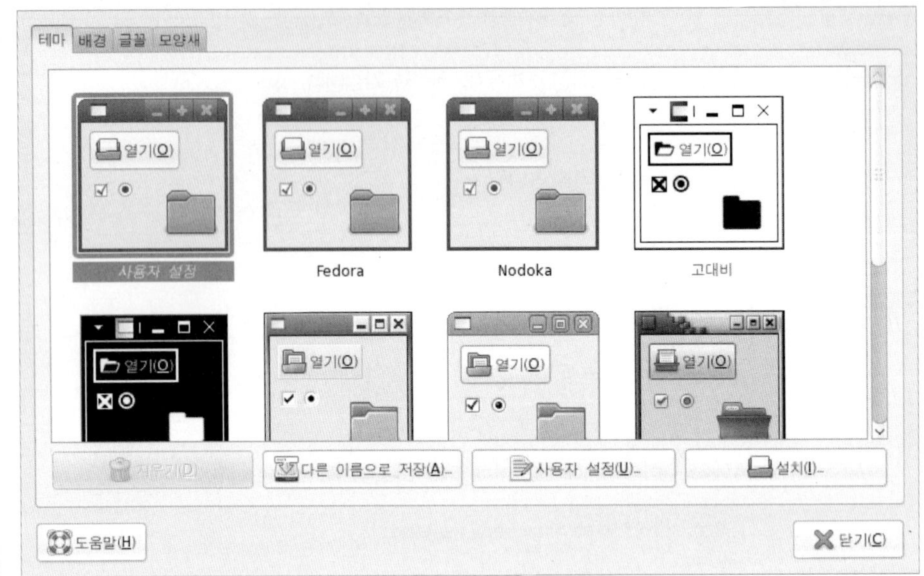

Step3 [응용프로그램 글꼴]에 있는 [Sans]를 클릭하여 네이버 사전 글꼴로 변경합니다.

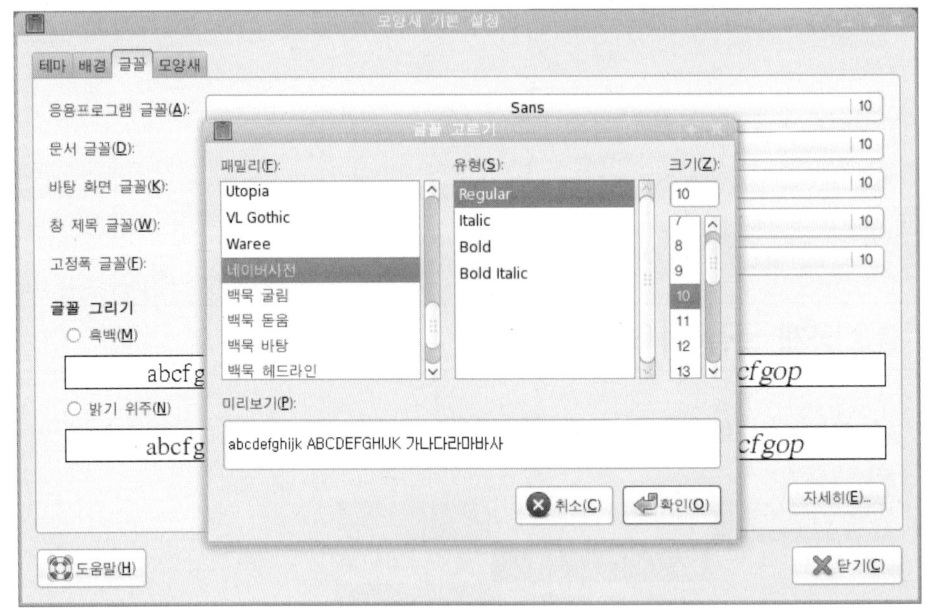

Step4 폰트를 변경하면 바로 적용됨을 확인할 수 있습니다. 그러나 몇 가지 글꼴 항목들은 엑스를 재실행해야 적용되므로 `Ctrl` + `Alt` +Backspace 키를 눌러 엑스를 재실행하여 글꼴 적용 여부를 확인해 봅니다.

02. 그놈 데스크탑 환경 기본 설정

Gnome 데스크탑 환경에 대한 일부 설정을 이미 앞서 살펴 본 적이 있었는데, 이 장에서는 그놈 데스크탑 환경의 기본 설정을 통해서 그놈 환경을 설정하는 방법을 살펴봅니다.

학습 주제

1. 개인 설정 [시스템 메뉴 -〉 기본설정 -〉 개인]

1.1 기본 프로그램

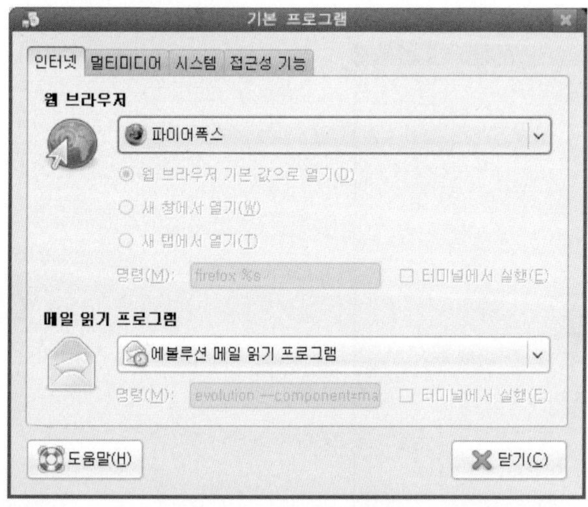

그놈의 인터넷, 이메일, 멀티미디어, 시스템, 접근성에서 사용될 기본 프로그램을 설정하거나 변경합니다. [멀티미디어] 탭을 클릭하여 멀티미디어 연주기로 [토템 영화 연주기]로 선택해서 사용합니다.

1.2 내 정보

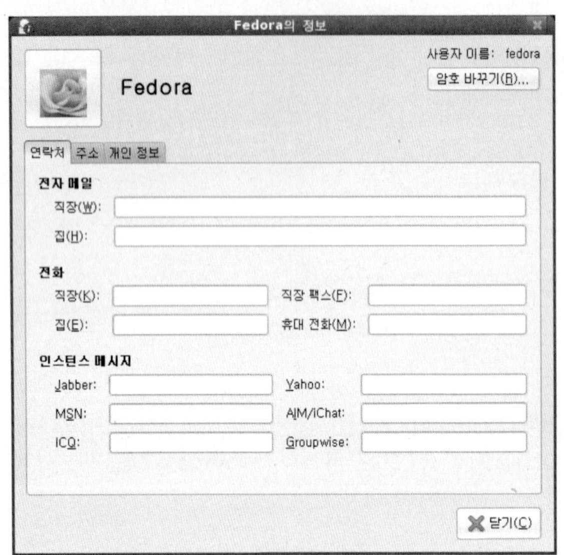

그놈 사용자의 개인 정보를 저장할 수 있습니다. 이 메뉴에서도 사용자 계정의 열쇠글을 변경 가능합니다.

1.3 보조 기술

보조 기술을 통하여 해당 프로그램이 기본적으로 동작할 수 있도록 설정할 수 있으며, 키보드 대신에 마우스를 이용하여 응용 프로그램을 실행할 수 있습니다. 터치 스크린을 사용하는 경우 유용하게 사용할 수 있는 기능입니다.

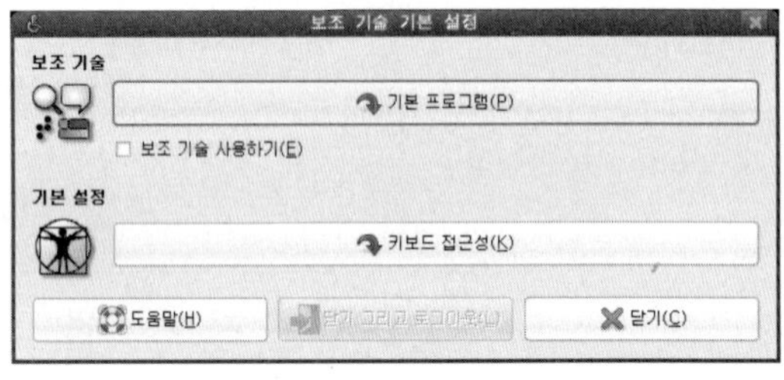

▶ 키보드 접근성

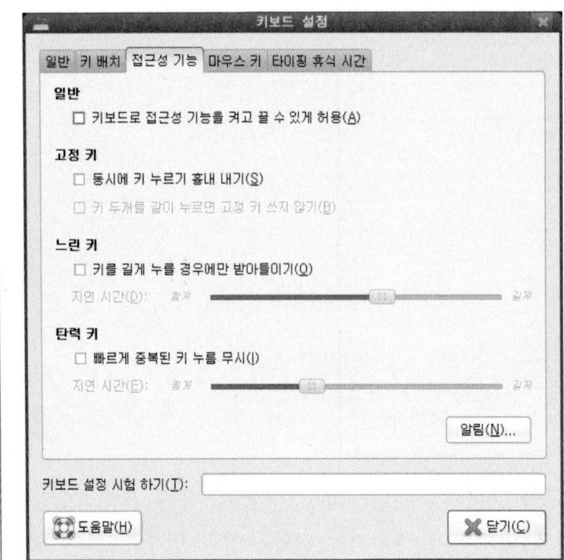

2.6 화면 보호기

장시간 키보드 입력이 없을 때 화면을 보호하기 위한 보호기를 설정하는 것이 좋습니다. 시스템 보안 유지 차원에서도 화면 보호기를 활성화하는 것이 좋습니다.

3. 인터넷과 네트워크 설정 [시스템 메뉴 -> 기본 설정 -> 인터넷과 네트워크]

3.1 Bluetooth

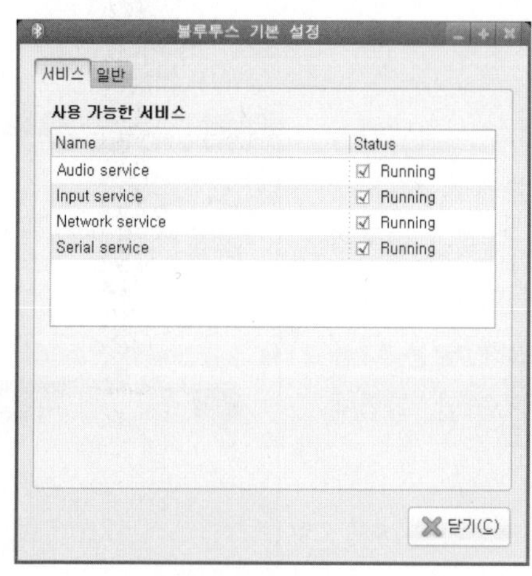

블루투쓰 장치가 있는 경우에 해당 서비스가 동작하도록 설정합니다.

3.2 Personal File Sharing

네트워크상으로 파일을 공유할 때 공유 열쇠글을 설정합니다.

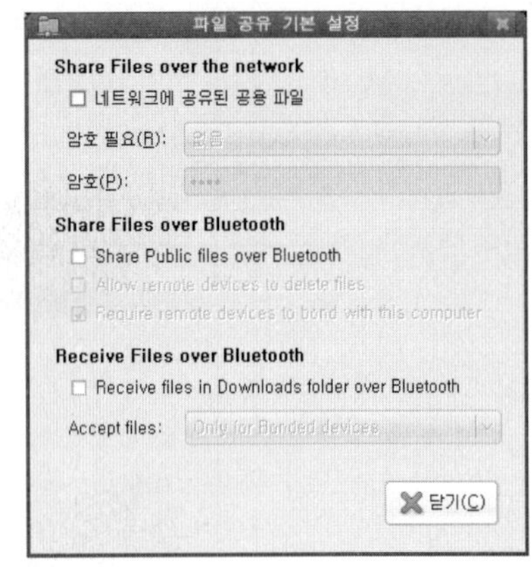

3.3 네트워크 프록시

프록시를 이용하여 인터넷을 사용하는 경우에 프록시 서버 주소를 설정할 수 있습니다.

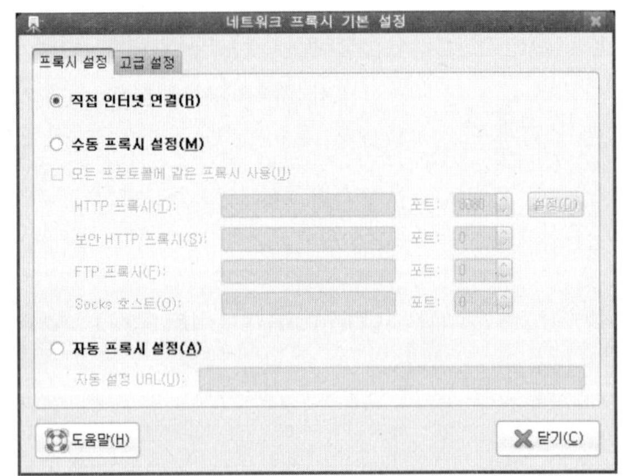

3.4 원격 데스크탑

vncviewer로 로컬 데스크탑 화면에 아웃 엑스 시스템에서 접속하도록 설정할 수 있습니다. 다른 시스템에서 로컬 데스크탑 화면에 접속을 허용하고자 한다면 [공유] 항목의 두 옵션들을 모두 체크해 놓고, [보안] 항목에서 [사용자가 이 열쇠글을 입력하여야 합니다.]를 체크해 놓은 다음 열쇠글을 입력하여 인증을 거쳐서 로컬 데스크탑 화면에 접속되도록 합니다.

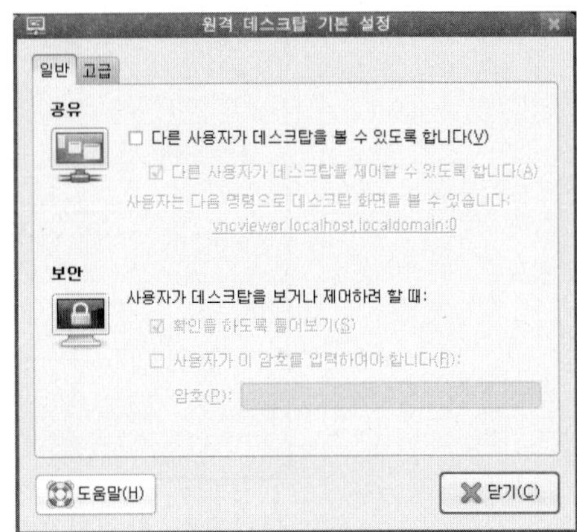

4. 하드웨어 설정 [시스템 메뉴 -〉 기본 설정 -〉 하드웨어]

4.1 PalmOS 장치

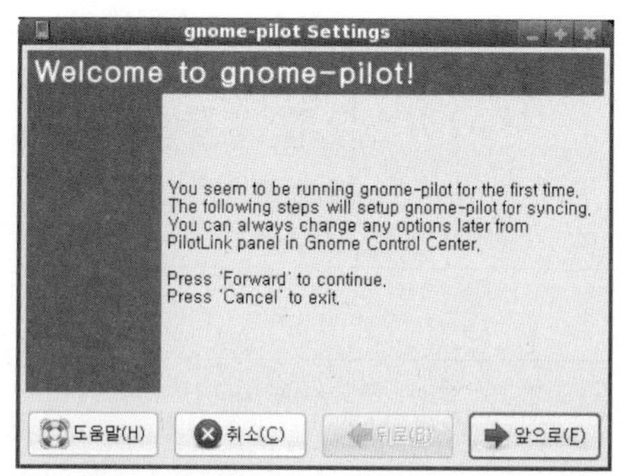

PDA 장치를 연결하고자 할 때 설정합니다. gnome-pilot 프로그램은 PalmOS 장치와의 연결을 도와드릴 것입니다.

4.2 기본 프린터

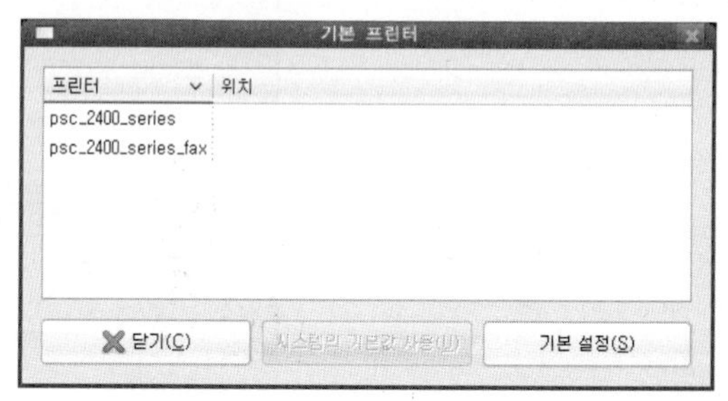

여러 대의 프린터 장치가 설치되어 있을 때 기본 프린터로 사용할 프린터를 선택할 수 있습니다. 이 메뉴를 이용하기 위해선 [시스템 메뉴 -〉 관리 -〉 인쇄]를 통해 프린터 설정이 되어 있어야 합니다.

4.3 마우스

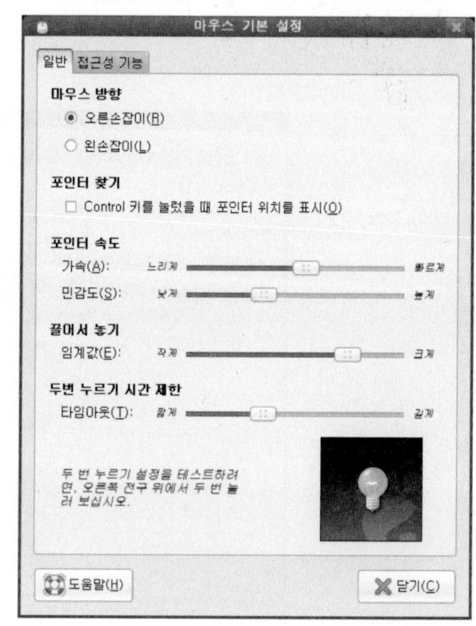

[단추]탭에서 오른손잡이용의 마우스 설정을 왼손잡이 마우스로 변경할 수 있으며, 더블 클릭 타임아웃 설정으로 더블 클릭 속도를 조절할 수 있습니다. [커서] 탭에서는 커서 크기를 변경할 수 있으며, [움직임] 탭에서는 마우스의 커서 속도와 민감도를 조절할 수 있습니다.

4.4 볼륨 조정

사운드 카드의 음량을 조절합니다. 사운드 카드의 음량 조절은 상단 패널의 오른쪽 모서리에 있는 스피커 아 이콘을 클릭하여 조절할 수 있습니다.

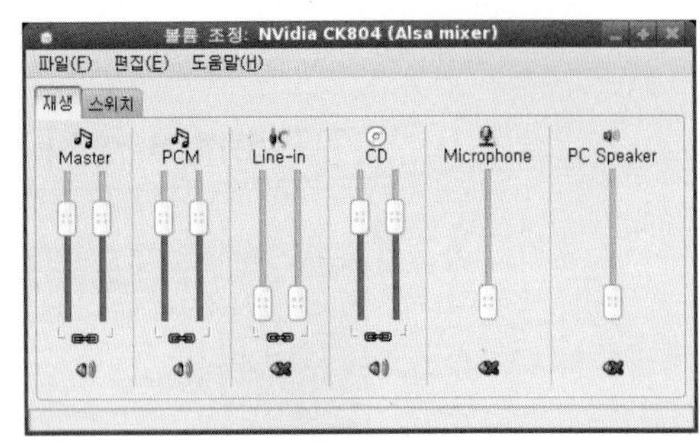

4.5 소리

경고메시지, 로그아웃과 로그인, 에러 메시지, 배터리 상태, 새 메일, 메뉴 항목 선택, 명령 단추 클릭 시 상황에 따라 사운드를 적용할 수 있습니다. 사운드를 각 상황에 맞게 적 용하려면 사운드 카드가 설정되어 있어야 합니다.

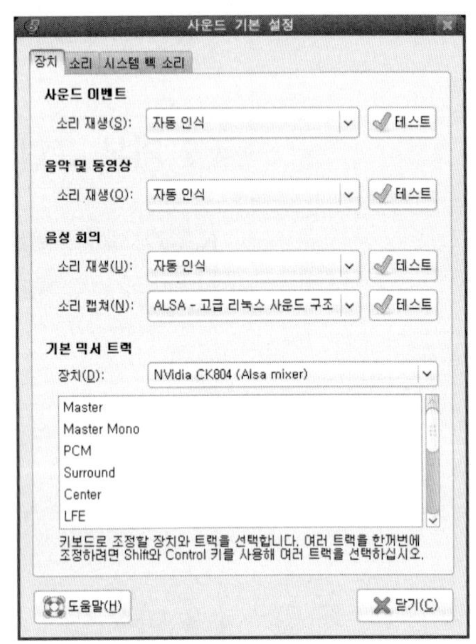

4.6 키보드

키보드 반복 속도와 입력 속도 그리고 키보드 모델 설 정, 토글키(toggle key)에 대한 설정과 마우스 방향 위 치 조절 및 마우스 커서 크기와 속도를 조절할 수 있 습니다.

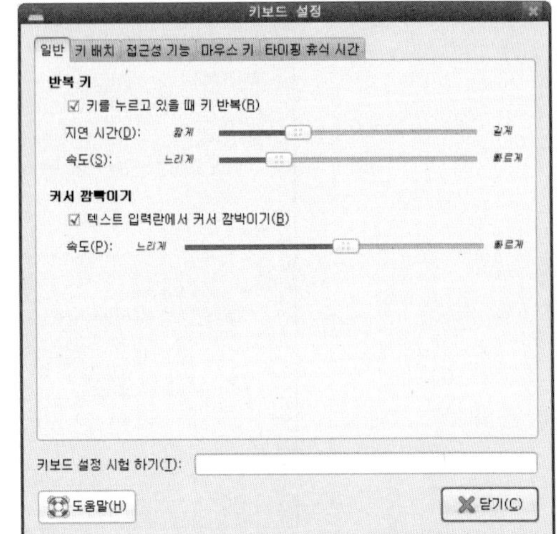

4.7 화면 해상도

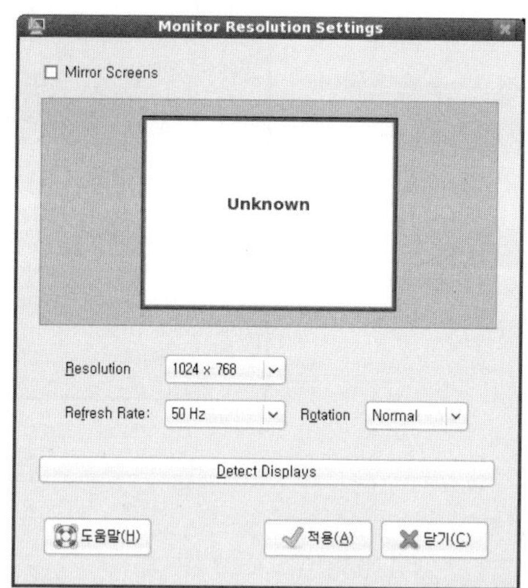

현재의 해상도를 변경하고자 할 때 사용합니다. 원하는 해상도와 모니터의 화면 주사율을 설정합니다.

5. 시스템 설정 [시스템 메뉴 -> 기본 설정 -> 시스템 설정]

5.1 Authorizations

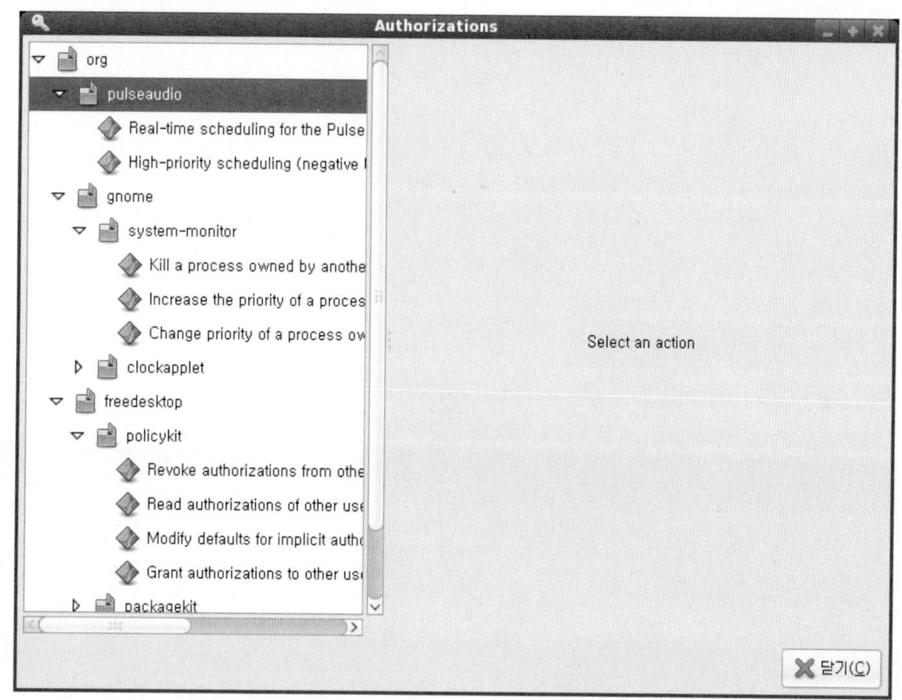

각종 인증을 설정합니다.

5.2 Software Updates

Packagekit Update Applet으로 패키지 업데이트할 때 업데이트 옵션을 설정합니다. 자세한 것은 소프트웨어 관리편에서 살펴보게 됩니다.

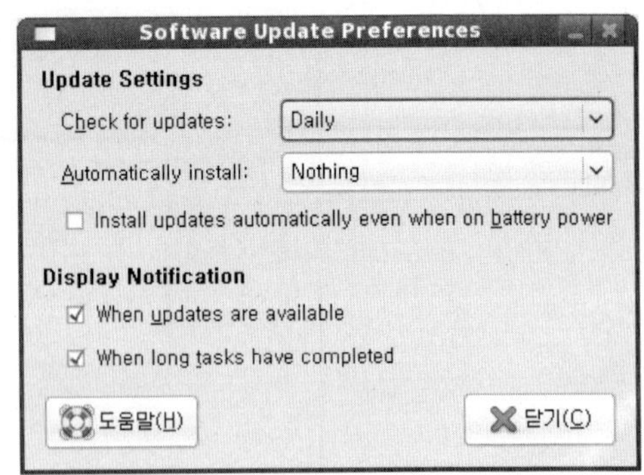

5.3 전원 관리

컴퓨터의 절전 기능을 설정합니다. 노트북에는 매우 유용한 기능입니다.

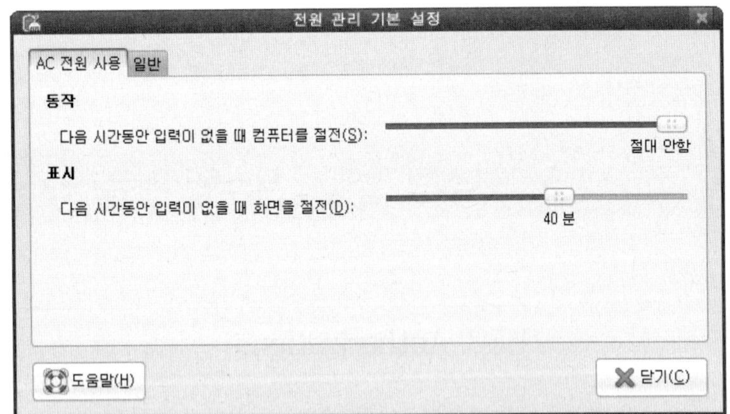

Chapter
03. 그놈 데스크탑 환경 시스템 관리

이 장에서는 소프트웨어 설치 및 제거, 시스템 업데이트, 날짜 및 시간 설정, 네트워크 설정정, 사용자 및 그룹 관리, 프린터 설정 등 그놈 데스크탑 환경의 시스템 관리에 대해서 살펴봅니다.

학습 주제

1. 소프트웨어 설치 및 제거 (Add/Remove Software)

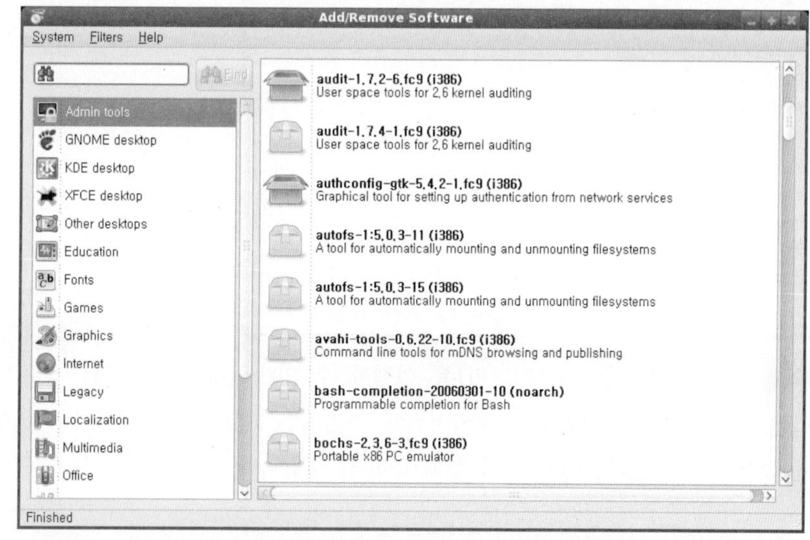

페도라 그놈에서 지원하는 packagekit 도구로 소프트웨어 설치/제거 도구로 패키지를 손쉽게 설치하거나 제거할 수 있습니다. 이에 대해서는 소프트웨어 관리 편에서 살펴보게 될 것입니다.

2. SELinux Management

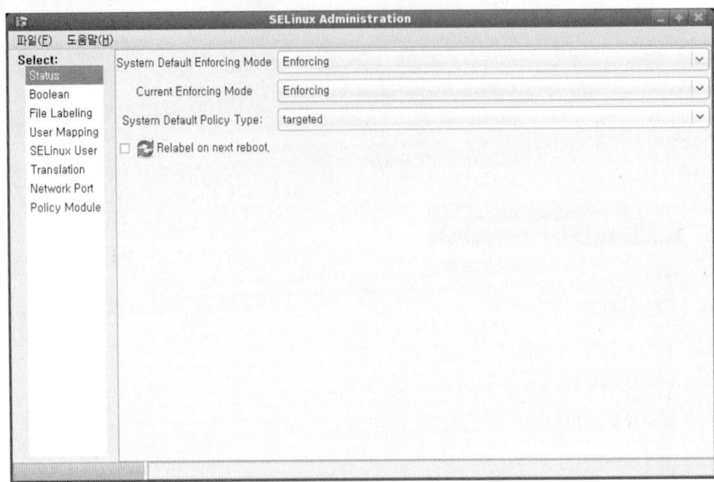

SELinux는 미국의 NSA(National Security Agency)에서 개발된 보안 프로그램으로, 기존의 리눅스 환경에서 외부의 침입자가 루트 권한을 갖는 경우 모든 시스템이 크랙될 수 있는 위험성을 보완하기 위해서 만들어졌습니다. 서버 운영 시에 필요한 보안 도구이지만, 일반적으로 데스크탑으로 사용하는데 있어서는 다소 불편한 점이 없지 않습니다.

3. Software Sources

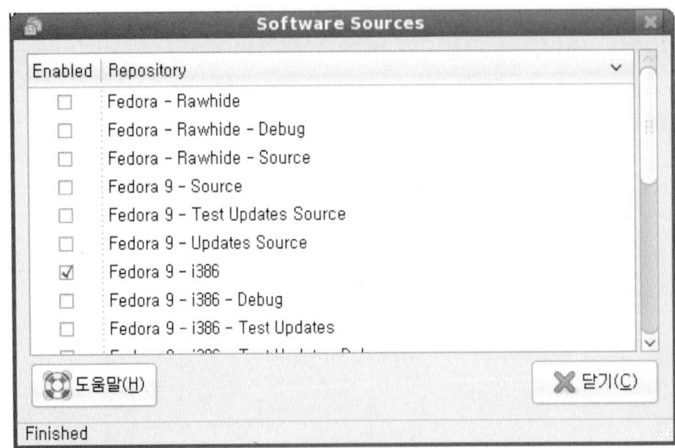

소프트웨어를 설치할 저장소(리포지토리)를 설정할 수 있습니다. 여러 개의 리포지토리를 선택해 놓으면 페도라에서 기본적으로 지원하는 패키지외에 추가적인 패키지를 설치할 수 있습니다. 리포지토리에 관한 것은 소프트웨어 관리편에서 다시 살펴보게 될 것입니다.

4. Update System

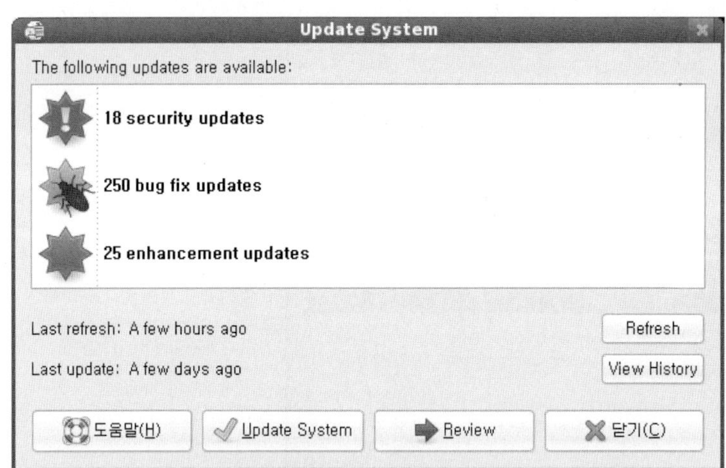

packagekit 도구는 시스템을 업데이트해 줍니다. 업데이트할 수 있는 정보를 보여주며, [Update System]
를 클릭하면 시스템이 업데이트됩니다.

5. 날짜와 시간

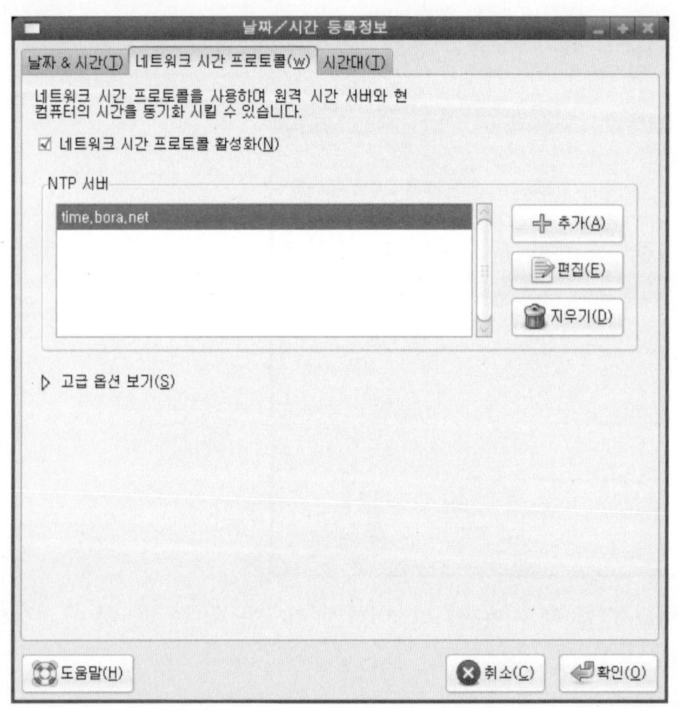

시스템의 정확한 날짜와 시간을 설정할 수 있습니다. [네트워크 시간 프로토콜] 탭을 선택하여 [네트워크
시간 프로토콜 활성화] 옵션을 체크한 후 NTP 서버 항목란에 [+추가] 버튼을 클릭하여 time.bora.net를
입력하면 시스템이 표준시간으로 맞춰지게 됩니다. 서버 운영 시에는 필요한 설정입니다.

6. 네트워크

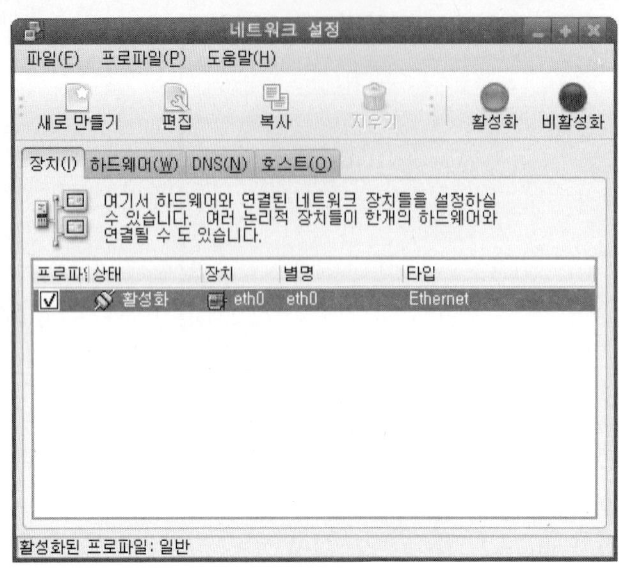

네트워크 장치 및 구성을 쉽게 설정해 주는 도구로 초고속 인터넷 전용선 서비스를 이 도구로 쉽게 설정할 수 있습니다. 인터넷 설정과 응용 프로그램 편에서 다시 살펴보게 됩니다.

7. 네트워크 장치 제어

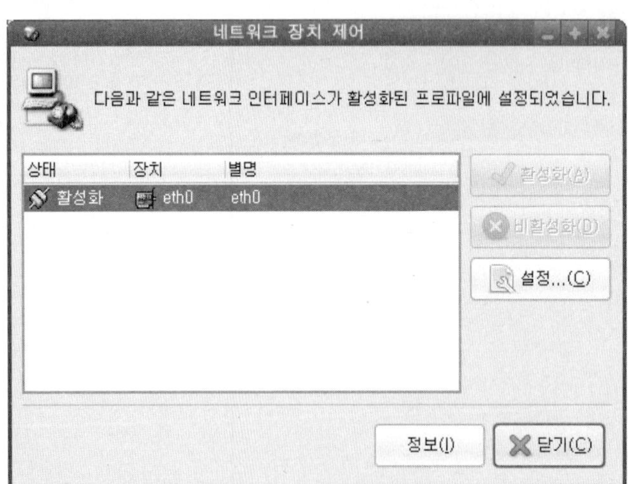

이더넷 장치를 관리하고자 할 때 사용합니다. 이더넷 카드를 처음 장착하여 설정하거나 새로운 카드를 추가하여 활성화시키고자 할 때 사용합니다.

8. 방화벽

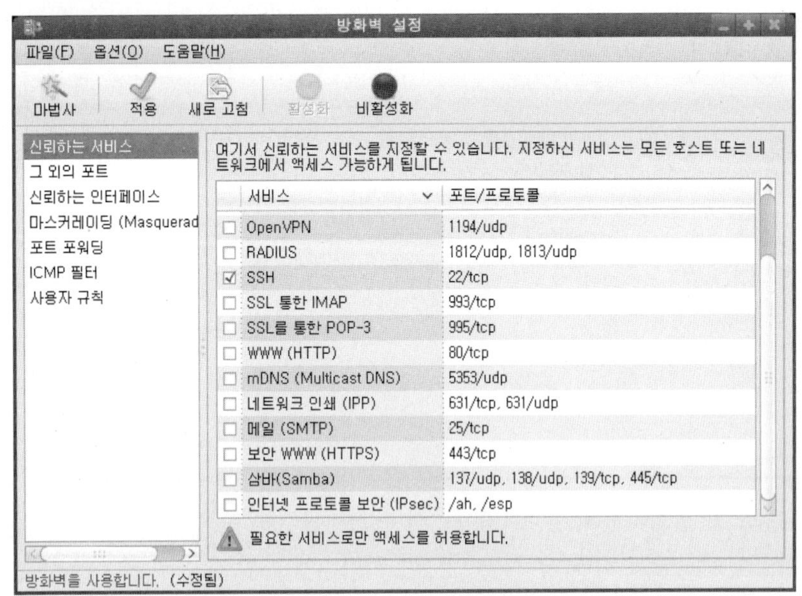

방화벽을 설정해 주는 도구입니다. [신뢰하는 서비스] 항목을 클릭하여 서비스하고자 하는 것을 선택해 주면 외부로부터의 접속을 허용할 수 있습니다. 체크되지 않은 서비스는 기본적으로 외부로부터 접속할 수 없습니다. 예를 들어 ssh 서비스를 허용하려면 SSH 서비스 항목을 체크하여 [적용] 버튼을 클릭하면 됩니다.

9. 사용자와 그룹

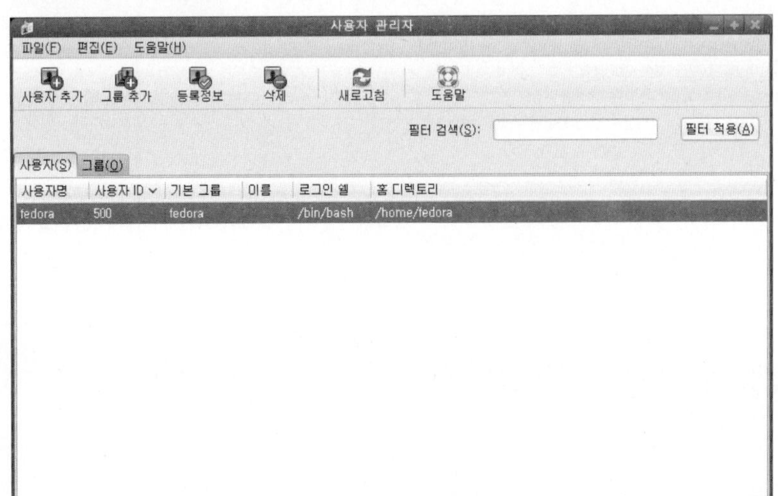

새로운 사용자와 그룹을 추가하거나 삭제할 수 있습니다. 새 사용자를 추가하려면 [사용자 추가] 도구 아이콘을 클릭하여 사용자명과 암호를 지정해 주어 생성해 주면 됩니다. 사용자 삭제는 해당 사용자를 선택하여 [삭제] 도구 아이콘을 클릭하면 됩니다.

10. 서비스

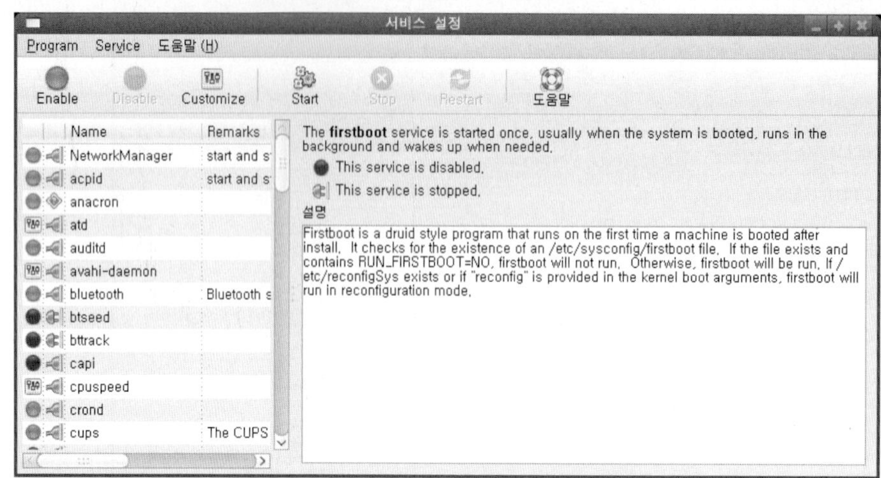

부팅 시 자동으로 실행되도록 할 init 부트 서비스를 관리해 주는 도구로 ntsysv 도구와 같이 실행 레벨에 따른 서비스 데몬을 관리해 줄 뿐만 아니라 서비스에 대한 설명을 제공해 주는 그래픽 도구입니다.

초록색 불은 해당 서비스가 활성화된 상태를 의미하고, 빨간 불은 비활성화된 상태를 의미합니다. 활성화되지 않은 서비스가 부팅 시 동작하도록 하려면 해당 서비스를 클릭하여 [Enable] 도구 아이콘을 클릭하면 됩니다. 서비스 설정에 관한 것은 "데몬과 프로세스 관리"편을 참고하기로 합니다.

11. 인쇄

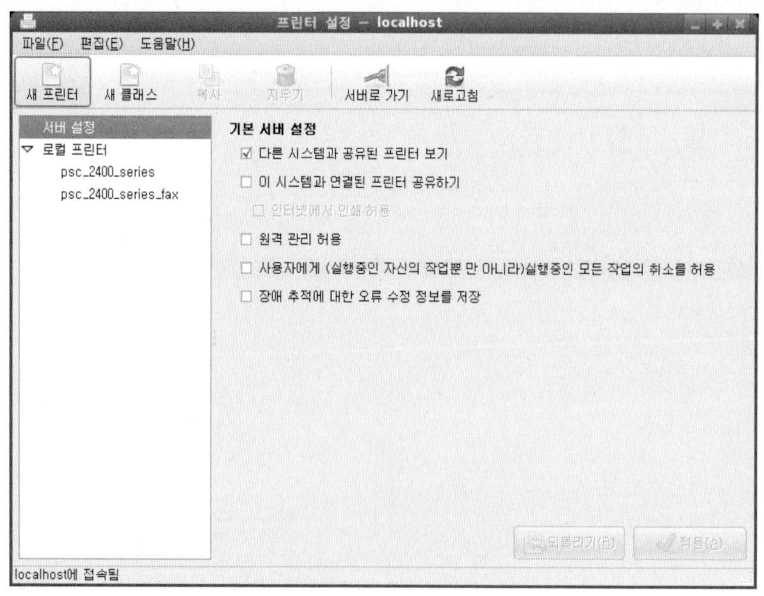

프린터를 설정합니다. [새 프린터] 도구 아이콘을 클릭하여 새로운 프린터를 설정할 수 있습니다. 자세한 것은 프린터 설정에서 살펴보게 됩니다.

12. 인증

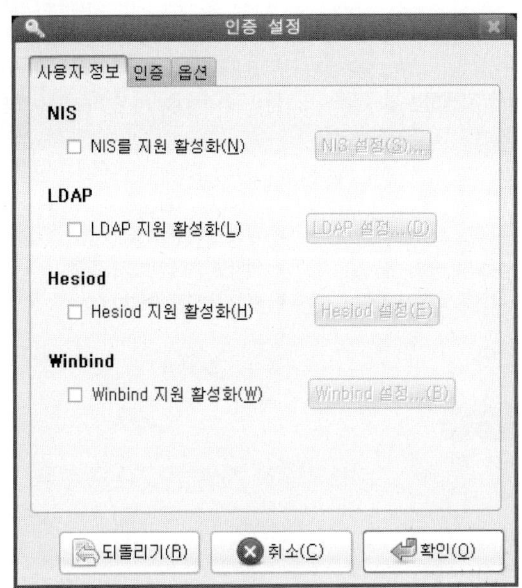

NIS, LDAP, SAMBA 등의 네트워크 서비스의 사용자와 인증을 설정합니다. 인증 서버가 준비되어 있어야 가능한 설정입니다.

13. 화면 표시

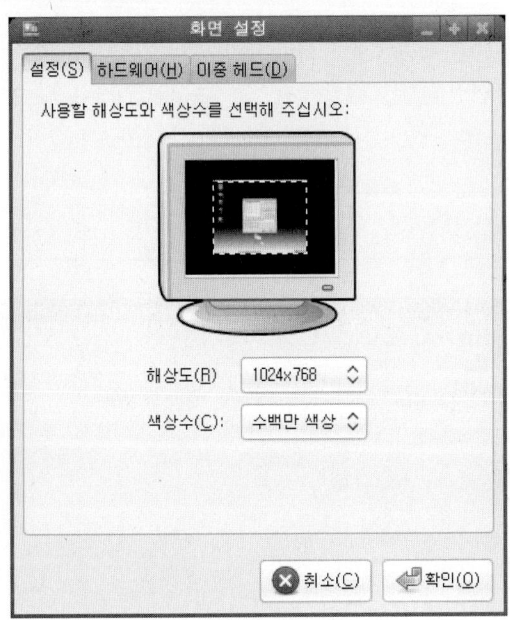

엑스 윈도우의 해상도와 색상수 그리고 이중 헤드 기능을 설정해 주는 도구입니다. 이 도구로 설정된 값은 /etc/X11/xorg.conf 파일에 저장됩니다.

Chapter
04. 시스템 도구 및 파일 브라우저

디스크 관리, 시스템 감시, 시스템 로그, 압축 관리자, 네트워크 장치 제어, 인터넷 설정 마법사, 터미널, 플로피 포맷, 하드웨어 탐색기 등의 시스템 도구를 페도라 리눅스에서 지원하는데, 이들 시스템 도구에 대해서 살펴보고, 그놈의 파일 관리자인 노틸러스(natilus)에 대해서 살펴봅니다.

학습 주제

- ▶ 디스크 관리 도구 사용법
- ▶ 터미널 실행
- ▶ 하드웨어 탐색기 사용법
- ▶ 파일 브라우저 사용법

- ▶ 시스템 감시와 로그
- ▶ 플로피 포맷
- ▶ 네트워크 장치 제어

- ▶ 압축 관리자 사용법
- ▶ 인터넷 설정 마법사 실행
- ▶ 설정 편집기 사용법

1. 시스템 도구

1.1 디스크 사용량 분석

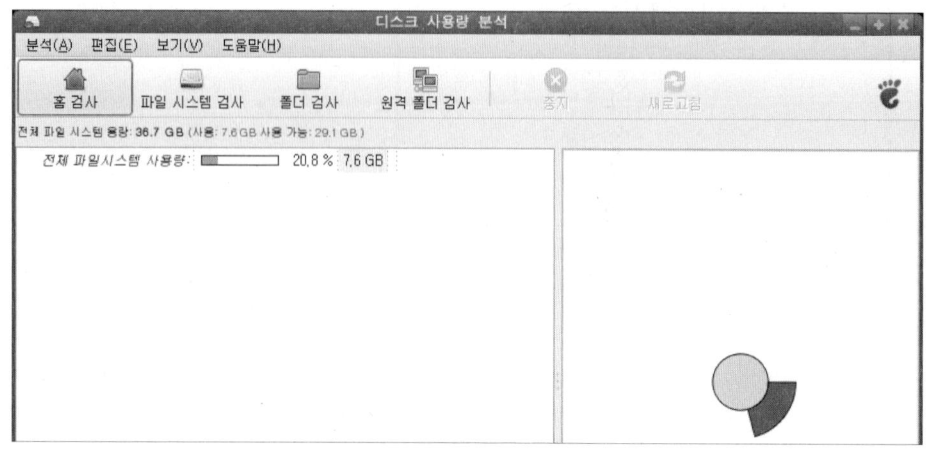

디스크 사용량을 분석해 주는 유용한 도구입니다. 시스템내의 파일시스템 뿐만 아니라 ssh, ftp, webdav 등 네트워크상의 파일시스템에 대해서도 분석해 주는 기능을 제공합니다.

1.1.1 홈 검사

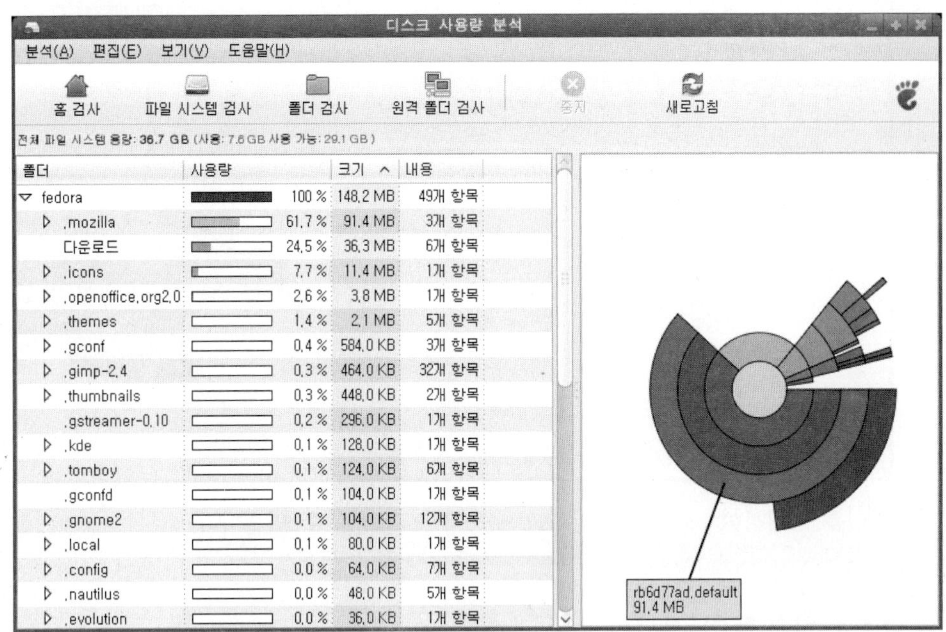

[홈 검사] 도구 아이콘을 클릭하면 사용자의 홈 폴더를 검사할 수 있습니다. 검사 결과는 오른쪽 창에 원층형 그래픽으로 보여주며, 각 층마다 사용된 용량을 보여줍니다.

1.1.2 파일시스템 검사

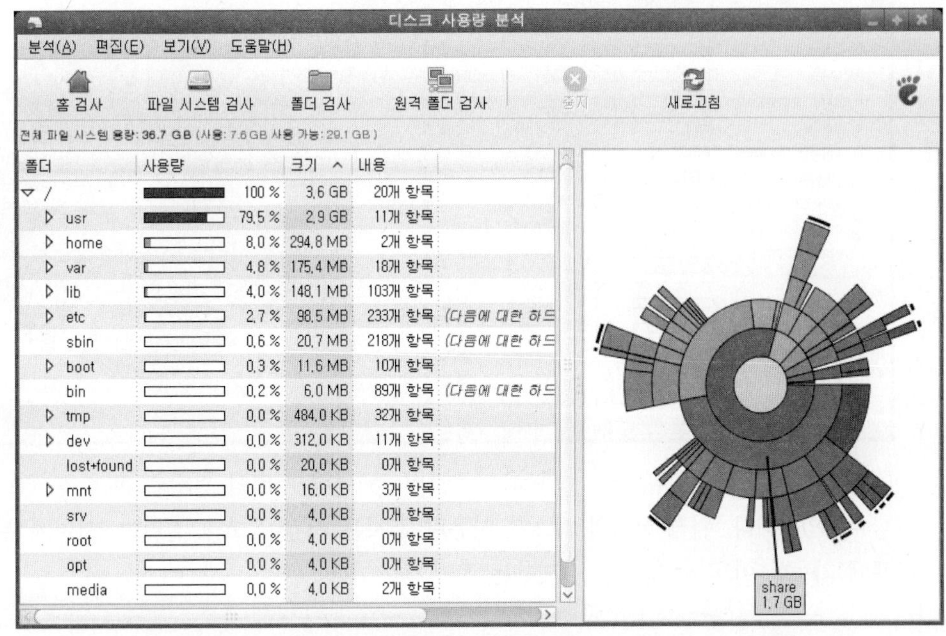

[파일시스템 검사]는 각 디렉토리에 대한 사용 용량을 체계적으로 보여줍니다.

1.1.3 폴더 검사

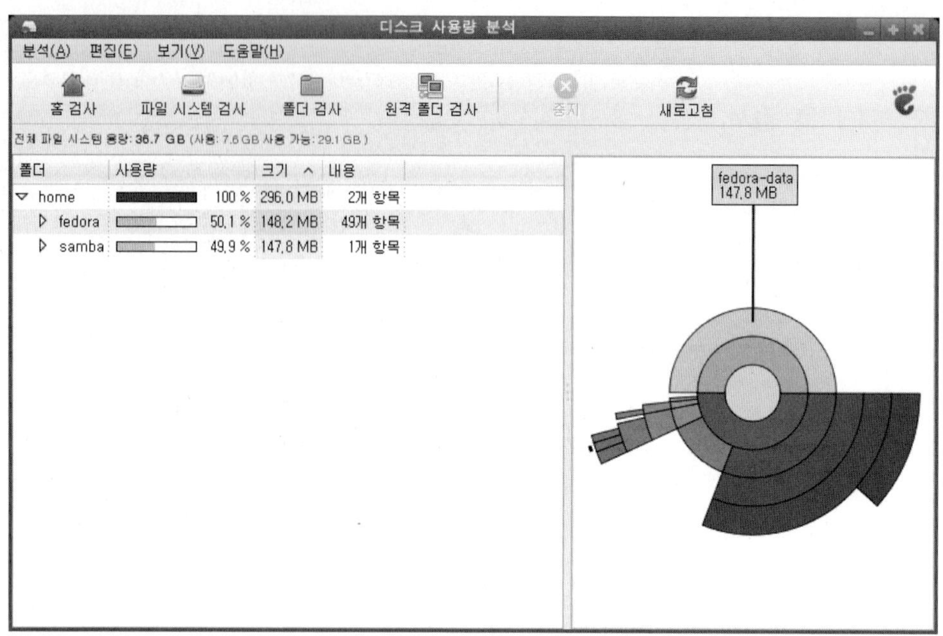

폴더를 지정하여 그 폴더의 디스크 사용량을 확인할 수 있습니다.

1.1.4 원격 폴더 검사

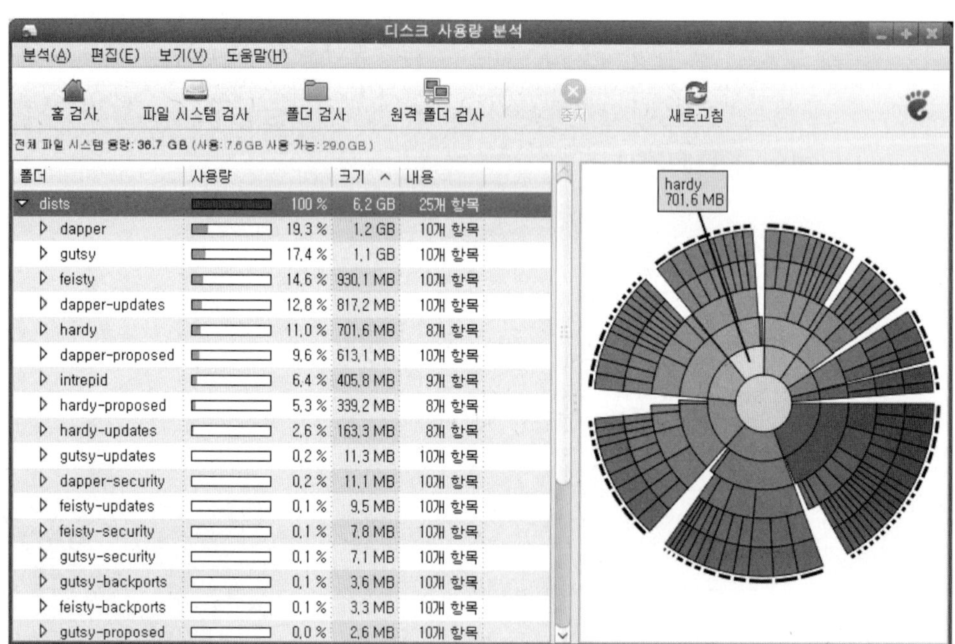

FTP 서버, 윈도우 공유 서버, WebDAV 서버 등 원격 서버의 전체 또는 특정 디스크의 사용량을 확인할 수 있습니다. 원격 서버의 디스크 사용량 검사는 시간이 오래 걸리며, 서버에 부하를 줄 수 있기 때문에 가능한 이 검사 방법을 자제하는 것이 좋습니다.

1.2 시스템 로그

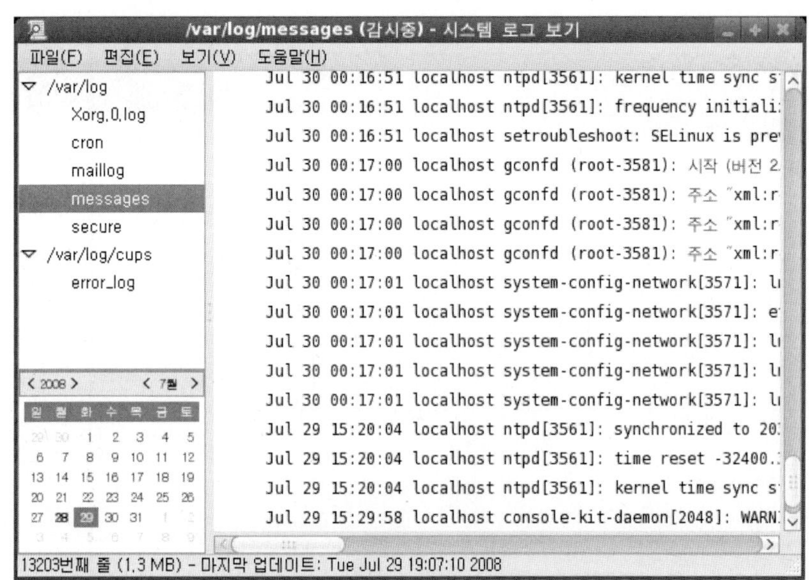

시스템에서 발생하는 각종 로그들을 그래픽 인터페이스 환경으로 볼 수 있도록 지원합니다. /var/log 디렉토리에 쌓이는 메시지들을 이 도구를 통해서 쉽게 모니터링할 수 있습니다.

1.3 시스템 정보

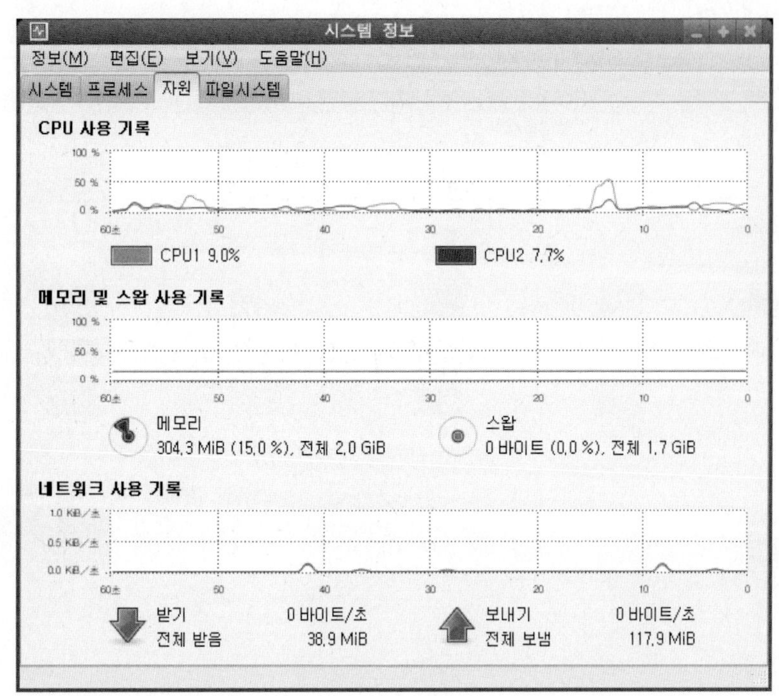

프로세스 종류와 CPU 메모리,스왑 네트워크 사용 상태, 파일시스템 상태 등 시스템 정보를 자세히 볼 수 있습니다.

1.4 전원 통계

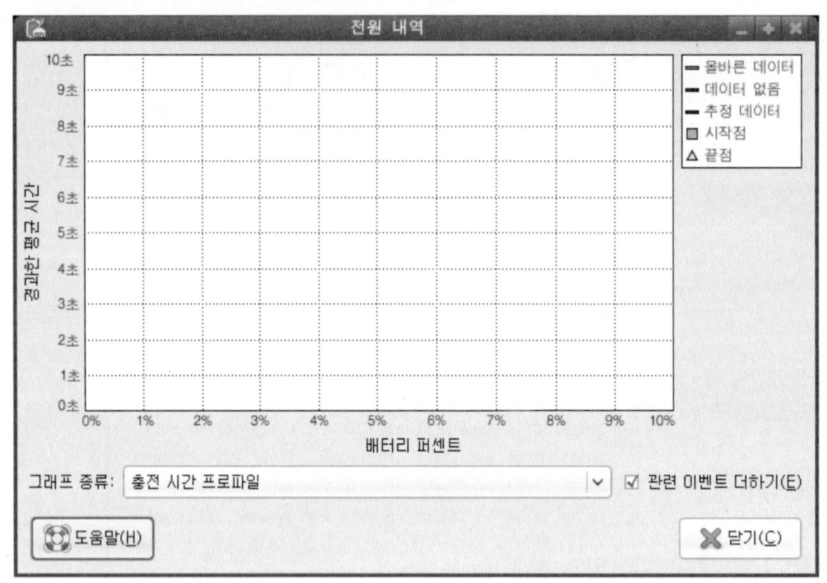

노트북과 같은 랩톱 하드웨어의 상태를 그래픽으로 볼 수 있게 끔 해 줍니다. 노트북에는 유용한 기능
이지만, 일반 데스크탑 컴퓨터에선 적용되지 않는 기능입니다.

2. 파일 브라우저, 노틸러스(Nautilus)

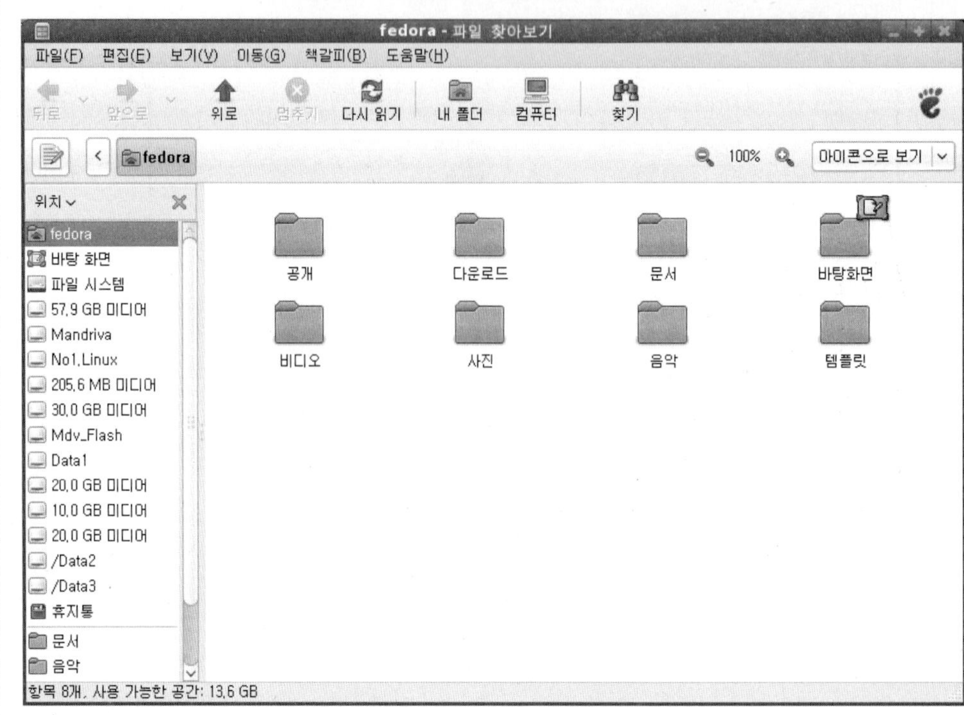

엑스 윈도우에서 파일 브라우저는 데스크탑 환경에 따라 두 가지가 존재합니다. 그놈 데스크탑 환경에서는 노틸러스(Nautilus)를 파일 관리자로 지원하며, KDE에서는 웹브라우저 기능을 가지고 있는 컹커러(Konqueror)를 지원합니다. 파일 브라우저는 그래픽 이미지 포맷 파일(jpeg, png,bmp)과 tar 아카이브 압축 파일, rpm 패키지, 동영상(divx)및 사운드 포맷 파일을 통합적으로 지원하므로, 엑스 상에서 손쉽게 파일을 관리하려면 노틸러스나 컹커러와 같은 파일 관리자를 사용하면 됩니다.

그놈 데스크탑 환경의 바탕 화면에 있는 폴더나 [프로그램 메뉴]의 [파일 브라우저]를 선택하면 노틸러스 파일 관리자가 실행됩니다. 노틸러스 파일 관리자를 다루는 방법에 대해서 알아봅니다.

2.1 노틸러스 다루기

2.1.1 폴더 및 파일 다루기

[파일] 메뉴에서 [폴더 만들기]를 클릭하거나 Shift + Ctrl + N 키를 사용하여 새로운 폴더를 생성할 수 있습니다. 새로 생성한 폴더로 파일 또는 디렉토리를 이동시키려면 노틸러스 파일 관리자를 하나 열어서 해당 자료를 마우스로 선택하여 새로운 폴더로 드래그하면 됩니다. 파일을 복사하고자 할 때는 해당 파일을 마우스로 원클릭한 다음 오른쪽 마우스 버튼을 클릭하여 [파일 복사]를 선택하여 파일 복사한 후 새로운 폴더로 마우스 커서를 움직여 오른쪽 마우스 버튼을 클릭하여 [파일붙여 넣기]를 선택하므로써 파일을 복사할 수 있습니다. 또는 복사하고자 하는 파일을 마우스로 선택한 후 Ctrl 키를 누른 상태에서 새로운 폴더로 드래그하면 쉽게 파일이 복사됩니다. Ctrl + X (잘라내기), Ctrl + C (파일 복사)와 Ctrl + V (붙여 넣기)의 단축키를 사용하여 파일 복사도 가능합니다. 파일 삭제는 오른쪽 마우스 버튼을 클릭하여 [휴지통에 버리기]를 선택하면 됩니다.

2.1.2 휴지통 비우기

노틸러스에서 삭제한 파일들은 사용자 홈 디렉토리의 .Trash 디렉토리에 쌓이게 됩니다. 효율적인 디스크 용량 관리를 위해서는 가끔씩 휴지통을 비워 주어야 합니다. 휴지통을 비워주는 방법은 [파일] 메뉴에서 [휴지통 비우기]를 선택해 주면 됩니다.

2.1.3 파일 실행

노틸러스에서는 파일 형식에 따른 실행 프로그램이 자동으로 연결 설정되어 있으므로, 실행 프로그램이 연결되어 있는 파일을 마우스로 더블클릭하면 해당 파일을 실행할 수 있습니다. 만일 여러 개의 응용 프로그램이 설치되어 있는 경우에는 우선권이 있는 응용 프로그램이 실행되며, 연결된 응용 프로그램이 외의 다른 응용 프로그램으로 실행하고자 한다면 [팝업 메뉴]의 [다른 프로그램으로 열기]를 선택하여 지원하는 프로그램 중 하나를 선택해 주면 됩니다.

다음 그림과 같이 BMP 형식의 이미지 파일을 클릭하면 기본적으로 연결된 eog(그놈의 눈) 그래픽 프로그램이 실행되어 이미지 파일을 보여줍니다.

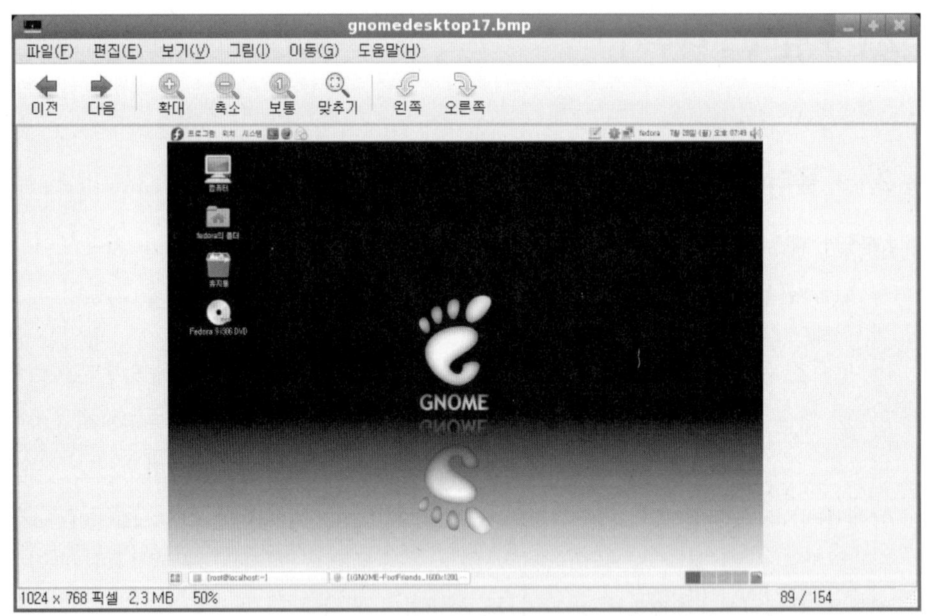

연결 프로그램이 지정되지 않은 파일에 대해서 연결 프로그램을 지정하려면 해당 파일의 팝업 메뉴에서 [다른 프로그램으로 열기(A)]를 선택하여 실행 프로그램의 실행 바이너리 파일을 지정해 주면 됩니다. 그러면 hwp 파일에 한글 2008 워드를 연결해 봅니다. 한글과컴퓨터의 오피스 2008 체험판 설치에 관한 것은 다음 장 "오피스와 보조 프로그램" 편에서 다뤄져 있으므로 이를 먼저 참고하여 한글 2008를 설치하기 바랍니다.

Step1 hwp 파일을 선택하여 마우스 오른쪽 버튼을 클릭하여 팝업 메뉴에 있는 [다른 프로그램으로 열기]를 클릭합니다. 참고로, 오피스 2008 체험판을 설치하면 자동으로 연결될 수 있도록 노틸러스에 열기 메뉴가 추가되므로, 이것을 선택하여 바로 열 수 있습니다.

Step2 연결 프로그램으로 [한글과컴퓨터 한글2008]를 선택하여 [열기] 버튼을 클릭합니다.

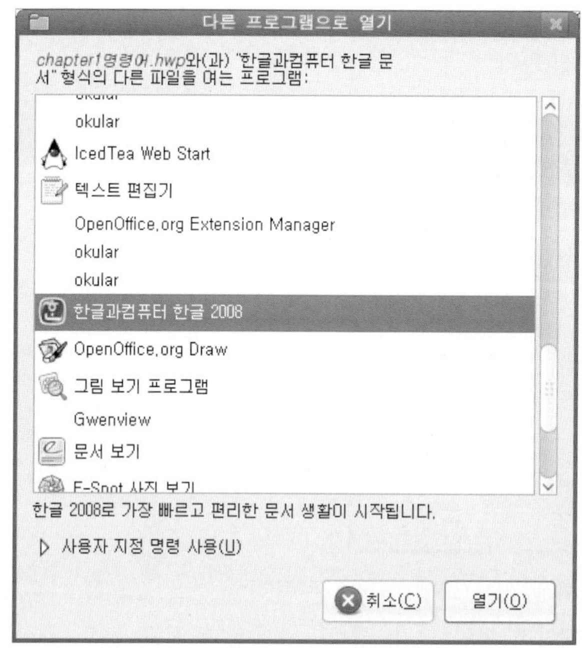

Step3 이제 hwp 파일을 노틸러스에서 더블 클릭하면 자동으로 한글2008 워드가 실행되어 한글 문서 작업을 할 수 있게 됩니다.

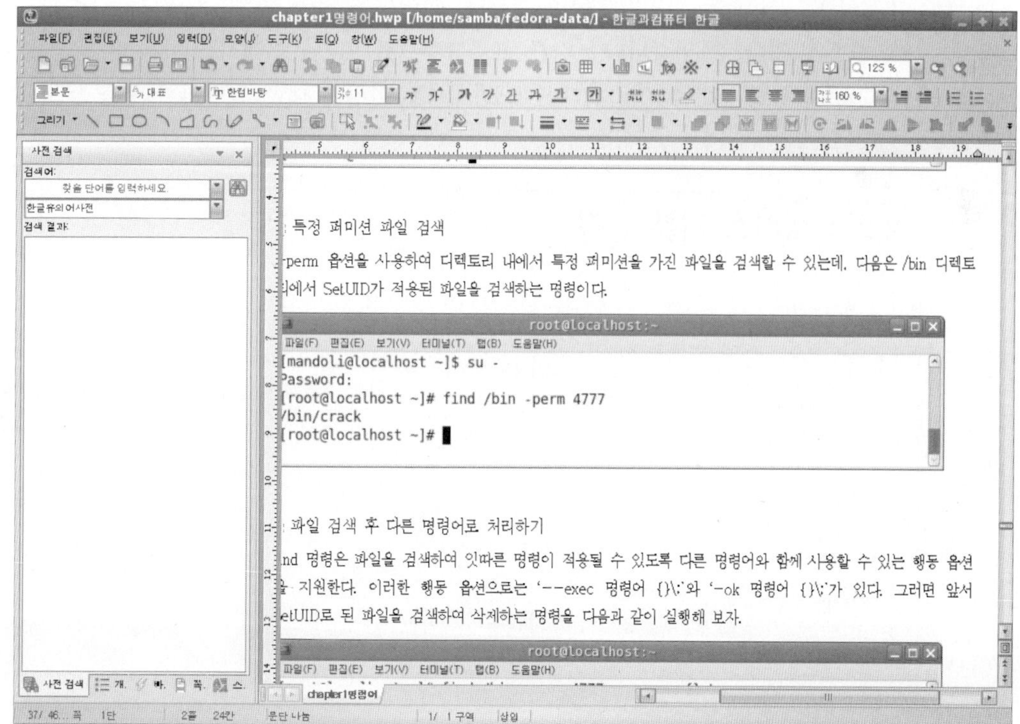

2.1.4 파일 등록 정보

마우스로 노틸러스 파일 관리자에 있는 파일 아이콘을 클릭한 다음 오른쪽 마우스 버튼을 클릭하여 팝업 메뉴에서 [속성(P)]를 선택하면 파일 크기, 형식 , 소유권과 접근 권한, 연결 프로그램 지정 등 자세한 정보를 볼 수 있습니다.

[기본] 탭에서는 파일에 대한 형식, 크기, 날짜 등의 정보를 보여 주며, 파일명을 변경할 수 있습니다. [꼬리표] 탭에서는 파일의 형식에 따라서 아이콘을 달아 줄 수 있습니다. [권한] 탭에서는 파일의 접근 권한을 수정할 수 있습니다. [다른 프로그램으로 열기] 탭에서는 해당 파일을 열기할 다른 프로그램을 추가하거나 삭제할 수 있습니다. [메모]에서는 파일에 대한 간단한 메모를 남길 수 있습니다.

2.2 노틸러스 기본 설정

[편집] 메뉴에서 [기본 설정]을 클릭하여 노틸러스의 기본 환경을 설정해 봅니다.

2.2.1 [보기] 탭 설정

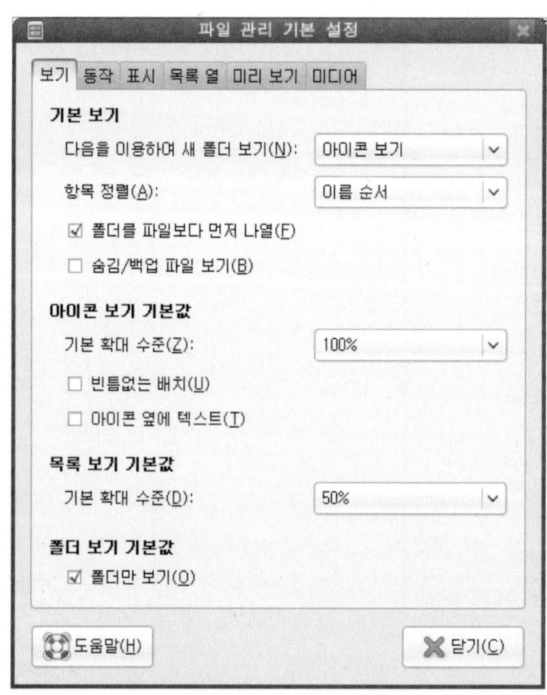

새로운 폴더에 대해서 파일을 아이콘 형식으로 나열할 것인지, 목록 형식으로 나열되도록 할 것인지를
선택할 수 있습니다.

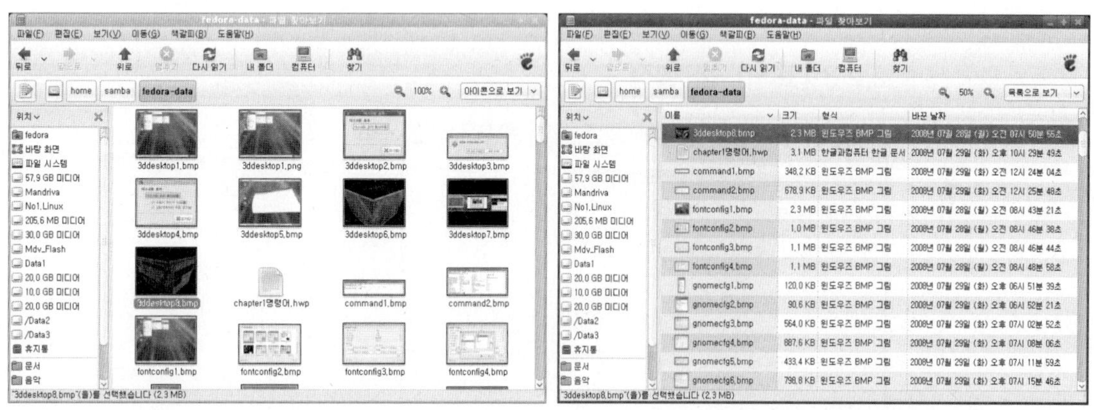

〈아이콘 형식으로 나열하기〉 　　　　　　　　〈목록 형식으로 나열하기〉

항목 정렬에서 폴더와 파일의 나열 순서를 이름순, 크기순, 형식순, 날짜순, 꼬리표순으로 설정할 수 있
고, 숨김(hidden)과 백업 파일이 나타나도록 하거나 보이질 않도록 설정할 수 있습니다. 그 외 아이콘
과 목록 크기의 기본 확대 수준을 변경할 수 있습니다.

2.2.2 [동작] 탭 설정

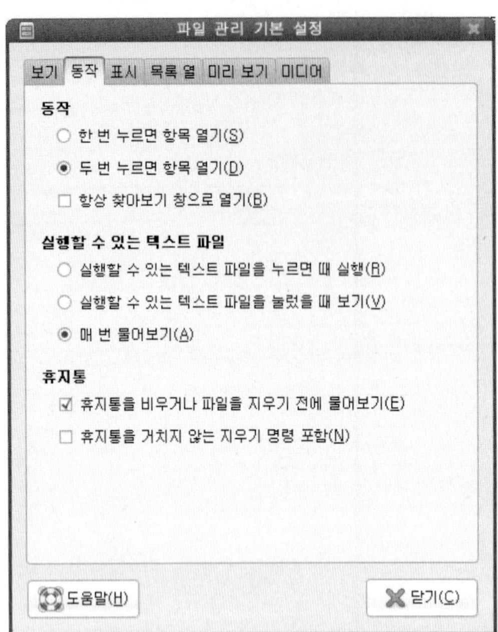

항목을 활성화할 때 마우스를 원클릭으로 할 것인지, 더블 클릭으로 할 것인지를 설정할 수 있으며, 텍스트 파일을 클릭하였을 때 동작 상태를 설정할 수 있으며, 파일 삭제나 휴지통을 비울 때 확인하도록 하거나 휴지통에 넘지 않고 바로 파일을 삭제하도록 설정할 수 있습니다.

2.2.3 [표시] 탭 설정

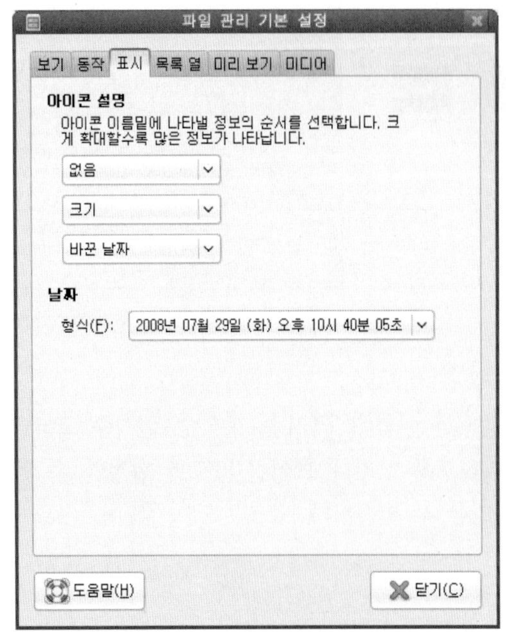

아이콘 밑에 보여줄 정보 순서를 선택해 줄 수 있습니다.

2.2.4 [목록 열] 탭 설정

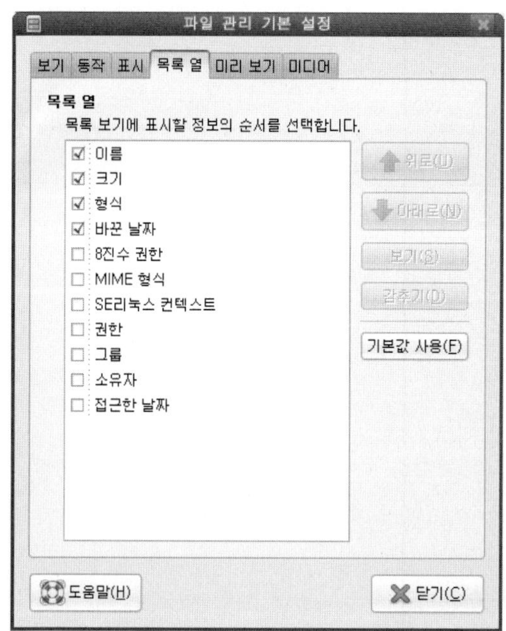

목록 보기에서 표시해 줄 정보의 순서를 선택해 줄 수 있습니다.

2.2.5 [미리보기] 탭 설정

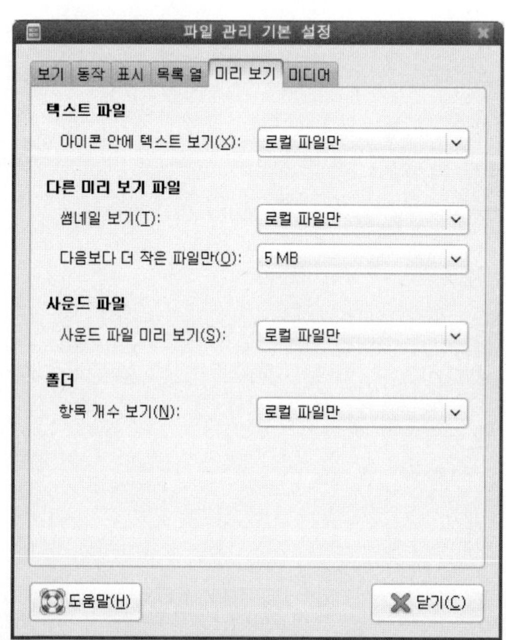

텍스트 파일, 소리 파일, 폴더 그리고 그 외 파일에 대해서 미리 보기를 설정해 줄 수 있습니다.

2.2.6 [미디어] 탭 설정

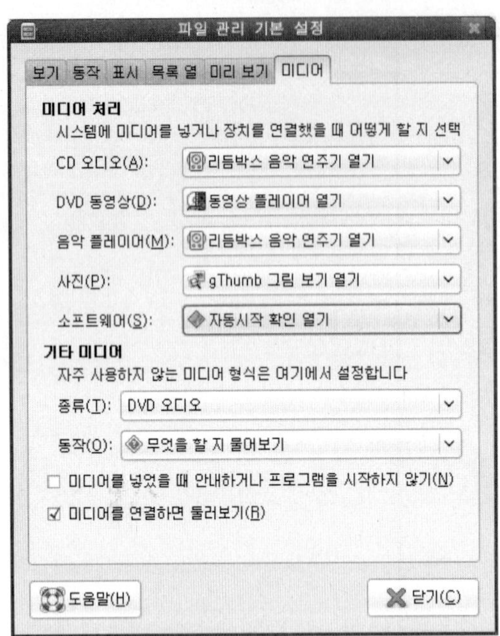

CD/DVD 미디어를 넣을 때 어떻게 할 것인지를 선택할 수 있습니다. 미디어를 인식하였을 때 원하는
프로그램으로 자동 실행되도록 하려면 이 탭에서 설정해 놓으면 됩니다.

Chapter
05. 오피스

이 장에서는 오피스와 보조 프로그램 카테고리 메뉴에 있는 프로그램을 살펴봅니다. 리눅스에서 사용 가능한 오피스 제품군으로는 어떤 것이 있으며, 한글과컴퓨터 오피스 2008 리눅스 버전 60일 체험판을 설치하는 방법을 살펴봅니다.

학습 주제

▶ OpenOffice 둘러보기
▶ 한글과컴퓨터 오피스 2008 체험판 설치
▶ 보조 프로그램

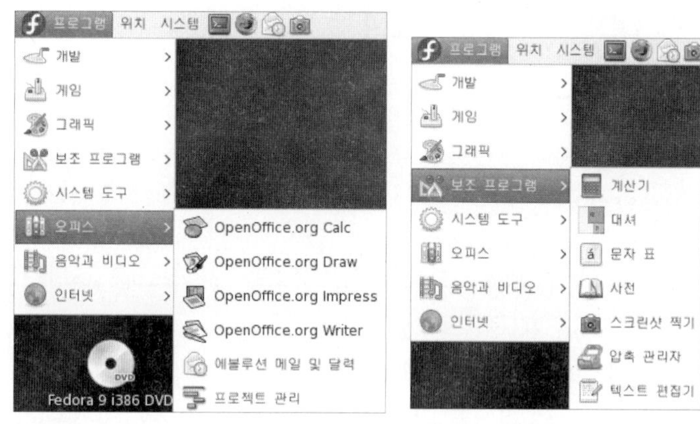

1. 리눅스용 Office 제품군

1.1 오픈오피스(OpenOffice)

오픈오피스는 썬 마이크로시스템 사에서 리눅스, 유닉스, 윈도우 운영체제에서 사용할 수 있도록 개발된 스타오피스(StarOffice) 제품을 오픈 소스 프로젝트로 개발된 오피스 프로그램입니다. 오픈오피스는 MS 오피스와 호환성을 유지하고 있어서 이제 여러분의 시스템을 리눅스 데스크탑 환경으로 교체하더라도 별 문제없이 오피스 문서 작업이 가능합니다.

오픈오피스에 관한 자세한 정보는 http://www.openoffice.org에서 구할 수 있습니다.

▶ 오픈오피스 워드(OpenOffice.org Writer)

실행 : [프로그램 메뉴 〉 오피스 〉 OpenOffice.org Writer]

마이크로소프트 워드 97/2000/2003/XP의 doc 파일을 지원하는 워드 작성 프로그램으로, 기본 문서 확장자는 odt이며, 스타 오피스의 sdw 파일, 텍스트 txt 파일, html 파일, Rich Text Format(rtf) 등을 지원합니다. 오픈오피스에서 작성한 문서를 PDF 문서로 만드는 기능도 지원합니다.

▶ 오픈오피스 스프레드시트(OpenOffice.org Calc)

실행: [프로그램 메뉴 〉 오피스 〉 OpenOffice.org Calc]

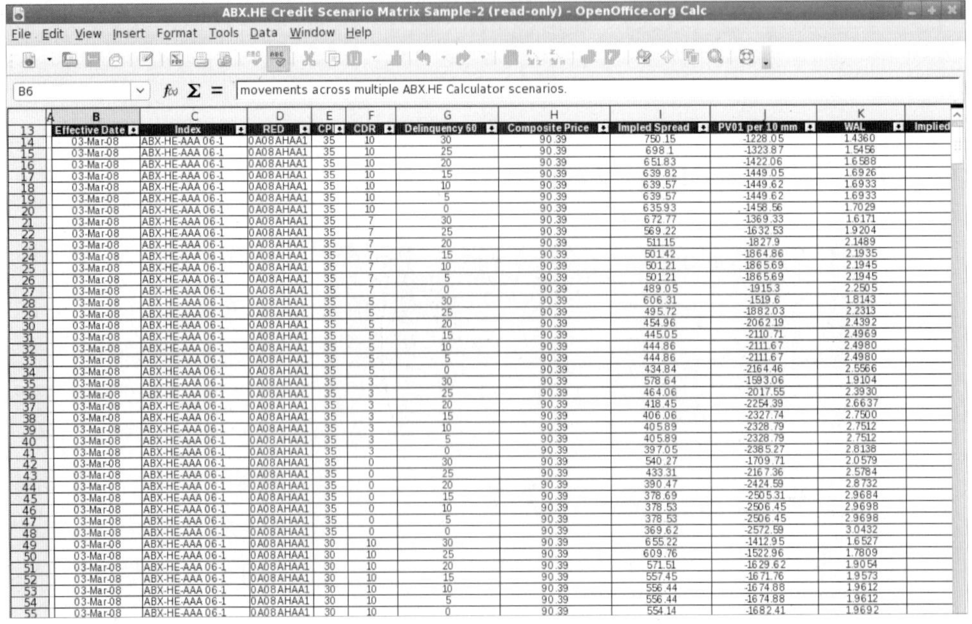

	Effective Date	Index	RED	CPI	CDR	Delinquency 60	Composite Price	Impled Spread	PV01 per 10 mm	WAL	Implied
14	03-Mar-08	ABX-HE-AAA 06-1	0A08AHAA1	35	10	30	90.39	750.15	-1228.05	1.4360	
15	03-Mar-08	ABX-HE-AAA 06-1	0A08AHAA1	35	10	25	90.39	698.1	-1323.87	1.5456	
16	03-Mar-08	ABX-HE-AAA 06-1	0A08AHAA1	35	10	20	90.39	651.83	-1422.06	1.6588	
17	03-Mar-08	ABX-HE-AAA 06-1	0A08AHAA1	35	10	15	90.39	639.82	-1449.05	1.6926	
18	03-Mar-08	ABX-HE-AAA 06-1	0A08AHAA1	35	10	10	90.39	639.57	-1449.62	1.6933	
19	03-Mar-08	ABX-HE-AAA 06-1	0A08AHAA1	35	10	5	90.39	639.57	-1449.62	1.6933	
20	03-Mar-08	ABX-HE-AAA 06-1	0A08AHAA1	35	10	0	90.39	635.93	-1458.56	1.7029	
21	03-Mar-08	ABX-HE-AAA 06-1	0A08AHAA1	35	7	30	90.39	672.77	-1369.33	1.6171	
22	03-Mar-08	ABX-HE-AAA 06-1	0A08AHAA1	35	7	25	90.39	569.22	-1632.53	1.9204	
23	03-Mar-08	ABX-HE-AAA 06-1	0A08AHAA1	35	7	20	90.39	511.15	-1827.9	2.1489	
24	03-Mar-08	ABX-HE-AAA 06-1	0A08AHAA1	35	7	15	90.39	501.42	-1864.86	2.1935	
25	03-Mar-08	ABX-HE-AAA 06-1	0A08AHAA1	35	7	10	90.39	501.21	-1865.69	2.1945	
26	03-Mar-08	ABX-HE-AAA 06-1	0A08AHAA1	35	7	5	90.39	501.21	-1865.69	2.1945	
27	03-Mar-08	ABX-HE-AAA 06-1	0A08AHAA1	35	7	0	90.39	489.05	-1915.3	2.2505	
28	03-Mar-08	ABX-HE-AAA 06-1	0A08AHAA1	35	5	30	90.39	606.31	-1519.6	1.8143	
29	03-Mar-08	ABX-HE-AAA 06-1	0A08AHAA1	35	5	25	90.39	495.72	-1882.03	2.2313	
30	03-Mar-08	ABX-HE-AAA 06-1	0A08AHAA1	35	5	20	90.39	454.96	-2062.19	2.4392	
31	03-Mar-08	ABX-HE-AAA 06-1	0A08AHAA1	35	5	15	90.39	445.05	-2110.71	2.4969	
32	03-Mar-08	ABX-HE-AAA 06-1	0A08AHAA1	35	5	10	90.39	444.86	-2111.67	2.4980	
33	03-Mar-08	ABX-HE-AAA 06-1	0A08AHAA1	35	5	5	90.39	444.86	-2111.67	2.4980	
34	03-Mar-08	ABX-HE-AAA 06-1	0A08AHAA1	35	5	0	90.39	434.84	-2164.46	2.5566	
35	03-Mar-08	ABX-HE-AAA 06-1	0A08AHAA1	35	3	30	90.39	578.64	-1593.06	1.9104	
36	03-Mar-08	ABX-HE-AAA 06-1	0A08AHAA1	35	3	25	90.39	464.06	-2017.55	2.3930	
37	03-Mar-08	ABX-HE-AAA 06-1	0A08AHAA1	35	3	20	90.39	418.45	-2254.39	2.6637	
38	03-Mar-08	ABX-HE-AAA 06-1	0A08AHAA1	35	3	15	90.39	406.06	-2327.74	2.7500	
39	03-Mar-08	ABX-HE-AAA 06-1	0A08AHAA1	35	3	10	90.39	405.89	-2328.79	2.7512	
40	03-Mar-08	ABX-HE-AAA 06-1	0A08AHAA1	35	3	5	90.39	405.89	-2328.79	2.7512	
41	03-Mar-08	ABX-HE-AAA 06-1	0A08AHAA1	35	3	0	90.39	397.05	-2385.27	2.8138	
42	03-Mar-08	ABX-HE-AAA 06-1	0A08AHAA1	35	0	30	90.39	540.27	-1709.71	2.0579	
43	03-Mar-08	ABX-HE-AAA 06-1	0A08AHAA1	35	0	25	90.39	433.31	-2167.36	2.5784	
44	03-Mar-08	ABX-HE-AAA 06-1	0A08AHAA1	35	0	20	90.39	390.47	-2424.59	2.8732	
45	03-Mar-08	ABX-HE-AAA 06-1	0A08AHAA1	35	0	15	90.39	378.69	-2505.31	2.9684	
46	03-Mar-08	ABX-HE-AAA 06-1	0A08AHAA1	35	0	10	90.39	378.53	-2506.45	2.9698	
47	03-Mar-08	ABX-HE-AAA 06-1	0A08AHAA1	35	0	5	90.39	378.53	-2506.45	2.9698	
48	03-Mar-08	ABX-HE-AAA 06-1	0A08AHAA1	35	0	0	90.39	369.62	-2572.59	3.0432	
49	03-Mar-08	ABX-HE-AAA 06-1	0A08AHAA1	30	10	30	90.39	655.22	-1412.95	1.6527	
50	03-Mar-08	ABX-HE-AAA 06-1	0A08AHAA1	30	10	25	90.39	609.76	-1522.96	1.7809	
51	03-Mar-08	ABX-HE-AAA 06-1	0A08AHAA1	30	10	20	90.39	571.51	-1629.62	1.9054	
52	03-Mar-08	ABX-HE-AAA 06-1	0A08AHAA1	30	10	15	90.39	557.45	-1671.76	1.9573	
53	03-Mar-08	ABX-HE-AAA 06-1	0A08AHAA1	30	10	10	90.39	556.44	-1674.88	1.9612	
54	03-Mar-08	ABX-HE-AAA 06-1	0A08AHAA1	30	10	5	90.39	556.44	-1674.88	1.9612	
55	03-Mar-08	ABX-HE-AAA 06-1	0A08AHAA1	30	10	0	90.39	554.14	-1682.41	1.9692	

마이크로소프트의 엑셀과 같은 스프레드시트 프로그램으로, 엑셀(Microsoft Office Excel Program), StarCalc 5.0, dBase(.dbf)와 호환성을 제공합니다. MS Office 2003까지 호환을 이룹니다.

▶ OpenOffice.org Impress

실행: [프로그램 메뉴 〉 오피스 〉 OpenOffice.org Impress]

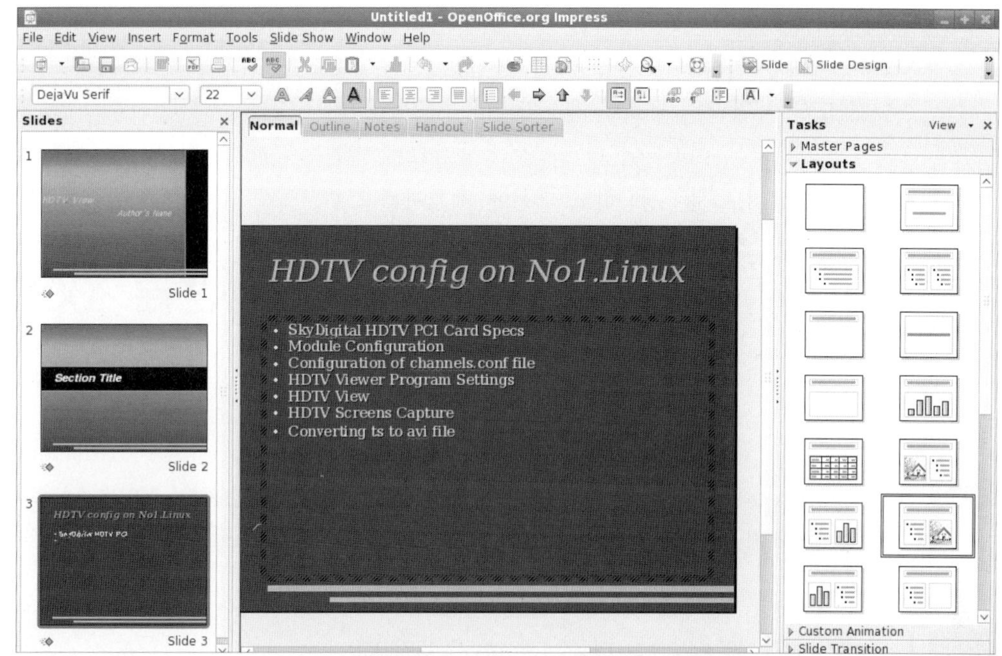

마이크로소프트의 파워포인트에 해당되는 프리젠테이션 프로그램으로 작성된 프리젠테이션 문서는 PDF, HTML, SWF, 슬라이드 등으로 보낼 수 있으며, 마이크로소프트 파워포인트(Microsoft Office Powerpoint Program) 파일로 저장할 수 있습니다.

▶ OpenOffice.org Draw

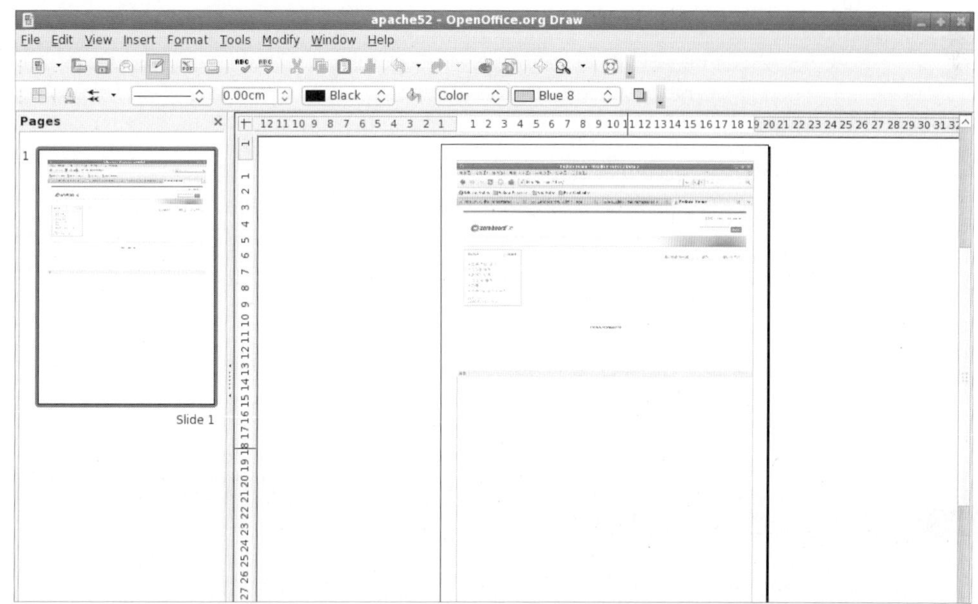

차트 그리기, 3D 이미지 생성, 그래픽 포맷 파일 삽입, PDF 문서 작성, 벡터 그래픽 생성, 슬라이드 생성 등 여러 기능을 지원하는 그리기 프로그램입니다. 작성한 문서는 PDF 파일로 보낼 수 있으며, 또한 전자메일로 보낼 수 있고, HTML이나 플래시 파일 또는 그래픽 이미지 파일로 보낼 수 있습니다.

1.2 한글과컴퓨터 오피스 2008 리눅스

한글과컴퓨터에서 윈도우 버전과 기능이 동일한 오피스 2008 리눅스 버전을 60일 동안 사용할 수 있도록 체험판을 무료로 제공합니다. 그러면 흔글에 대해서는 여러분이 더 잘 알고 있으므로, 프로그램 살펴보기는 생략하고 대신에 체험판을 다운로드하여 설치하는 방법을 알아봅니다.

Step1 http://www.haansoft.com/hnc/down/experienceDown.jsp 사이트에 접속하여 페이지 하단쪽에 있는 [체험판 다운로드 받기]를 클릭하여 다운로드합니다.

Step2 src라는 디렉토리를 생성한 후 다운로드한 파일을 옮깁니다.

```
$ mkdir src
$ mv 다운로드/HOffice2008_trial_32_080616.tar.gz src/
```

Step3 src 디렉토리로 이동한 후 압축을 다운과 같이 풉니다.

```
$ cd src
$ tar xfvz HOffice2008_trial_32_080616.tar.gz
```

Step4 su 명령을 사용하여 root 사용자로 전환합니다.

```
$ su -
password: root 열쇠글 입력
```

Step5 오피스 2008 리눅스가 있는 경로로 이동합니다.

```
# cd /home/fedora/src
```

Step6 다음과 같이 qt3 rpm 패키지를 설치합니다.

```
# yum install -y qt3
```

Step7 오피스 2008 리눅스 설치 파일을 실행합니다.

```
# ./haansoft-office7-installer
```

Step8 오피스 2008 리눅스 체험판을 설치합니다. [다음]을 클릭합니다.

Step9 [사용권 계약서의 내용에 동의함]을 체크하여 [다음]을 클릭합니다.

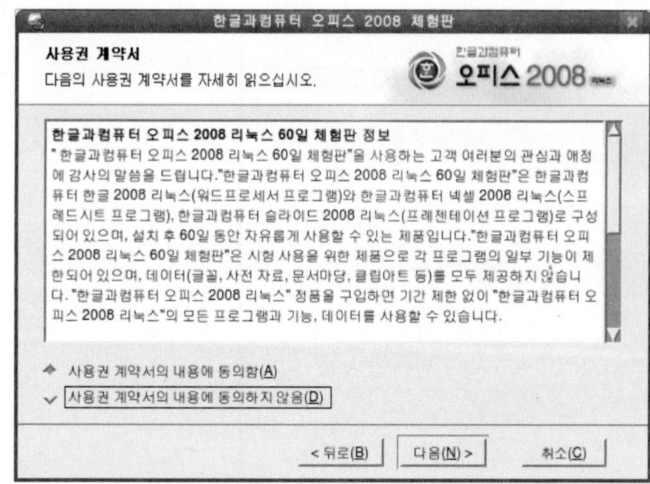

Step10 사용자 정보를 입력한 후 [다음]을 클릭합니다.

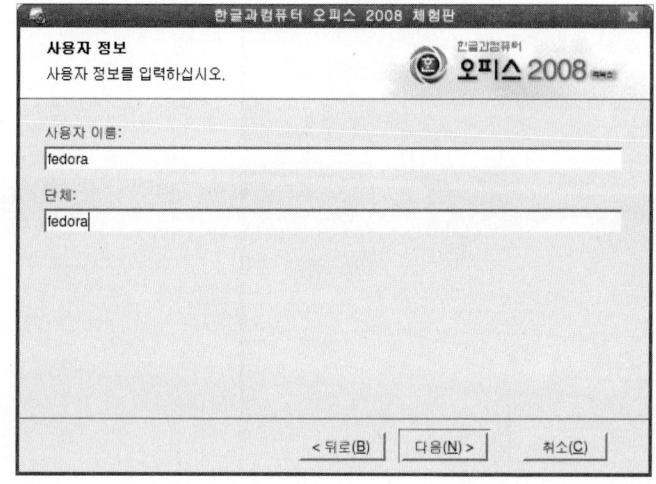

Step11 한글과컴퓨터 한글 2008를 선택하여 설치합니다. 오피스 전체를 설치하려면 〈전부 설치〉를 선택하여 설치합니다.

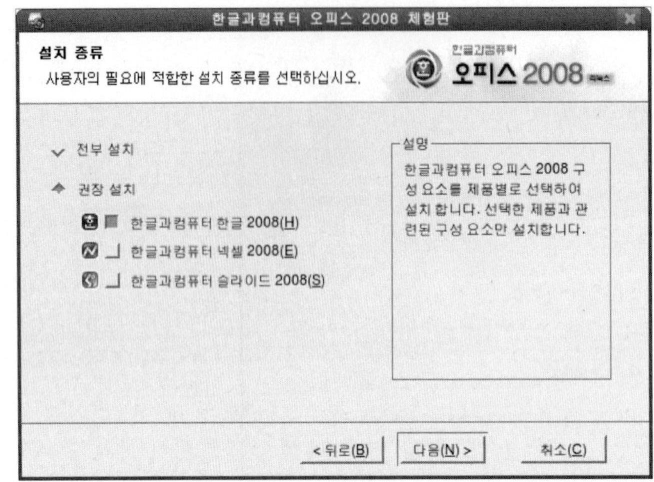

Step12 [설치] 버튼을 클릭합니다.

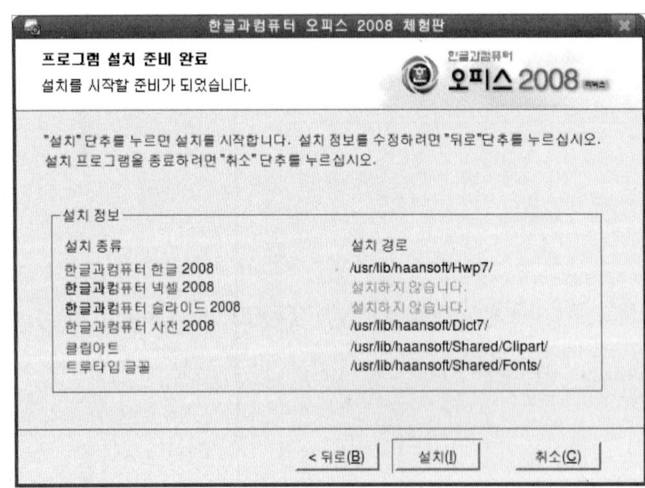

Step13 [확인] 버튼을 클릭합니다.

Step14 오피스 20080이 설치된 후 오피스 2008를 바로 실행하면 동작하질 않으므로 터미널창에서 다음과 같이 실행합니다. (루트 권한으로 실행합니다.)

Step15 오피스 2008 리눅스는 [프로그램 메뉴 >> 오피스 >> 한글과컴퓨터 한글2008]를 클릭하여 실행합니다. 터미널에서의 명령어는 hwp7입니다.

Step16 [확인]를 클릭합니다.

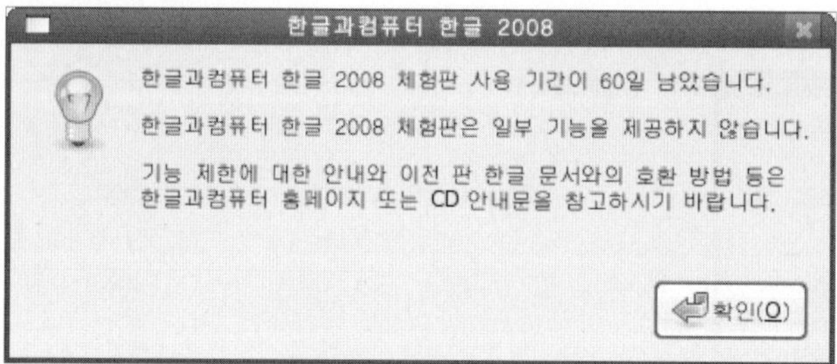

Step17 이제 한글 2008를 60일간 사용할 수 있습니다.

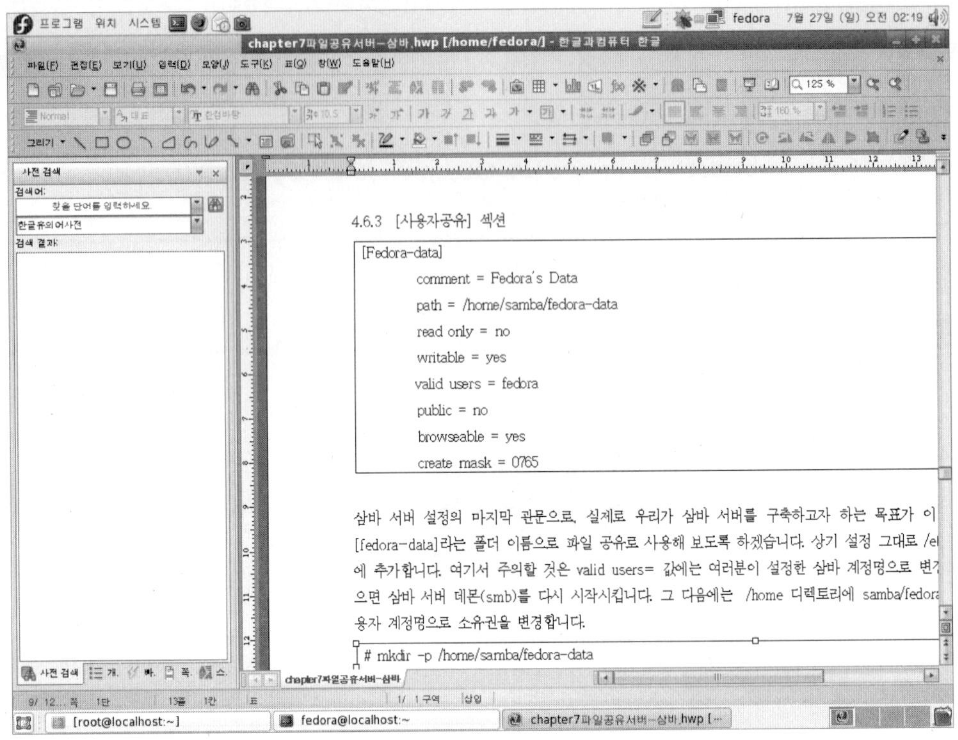

2. 보조 프로그램 [프로그램 메뉴 >> 보조 프로그램]

2.1 계산기

표준 계산 기능뿐만 아니라 재무 및 공학용 계산 모드를 지원합니다.

2.2 대셔(Dasher)

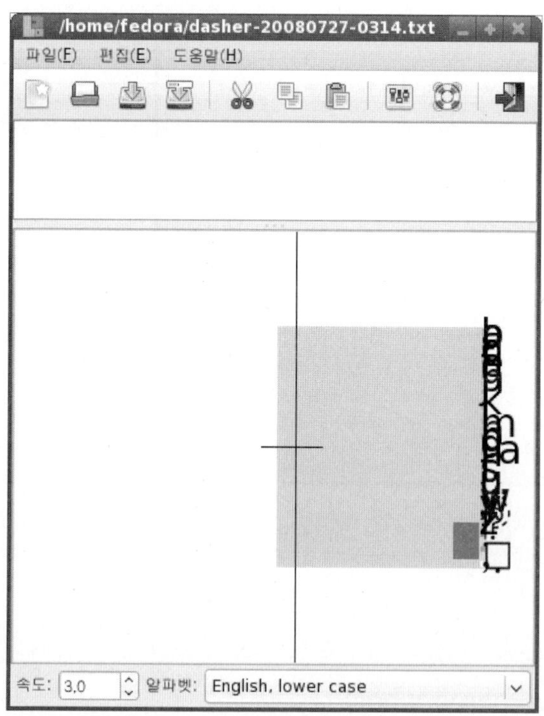

대셔는 손가락을 이용하지 않고 안구의 움직임으로 컴퓨터에 텍스트를 입력해 주는 프로그램입니다. 손, 팔 움직임이 자유롭지 않은 장애인이나 기존 키보드나 펜을 이용한 타이핑 시스템 사용에 불편함을 없애기 위해서 개발된 시스템입니다.

2.3 문자표 (Unicode Character Map)

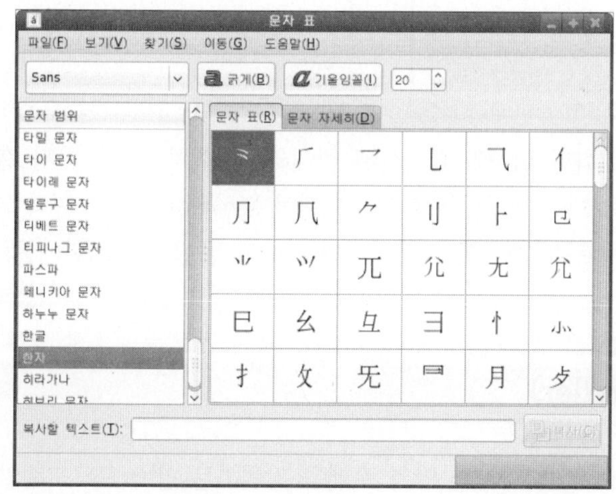

글자표는 유니코드 문자 맵 및 글꼴 보기 프로그램으로 원하는 형태의 문자를 복사하여 응용 프로그램에 붙여 넣기를 할 수 있습니다.

2.4 사전 (gnome-dictionary)

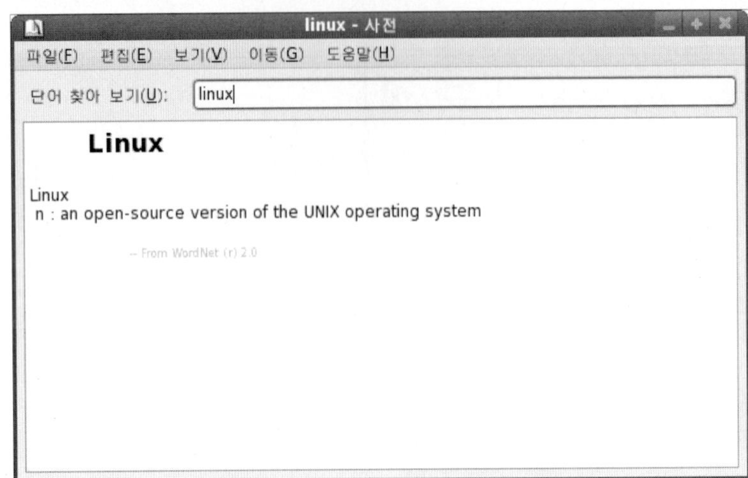

[단어 찾아 보기]에 찾고자 하는 사전 단어를 입력하면 단어의 정의를 보여 줍니다. 한글 검색은 지원하지 않고, 영어 단어만 검색이 가능합니다.

2.5 스크린샷 찍기 (gnome-screenshot)

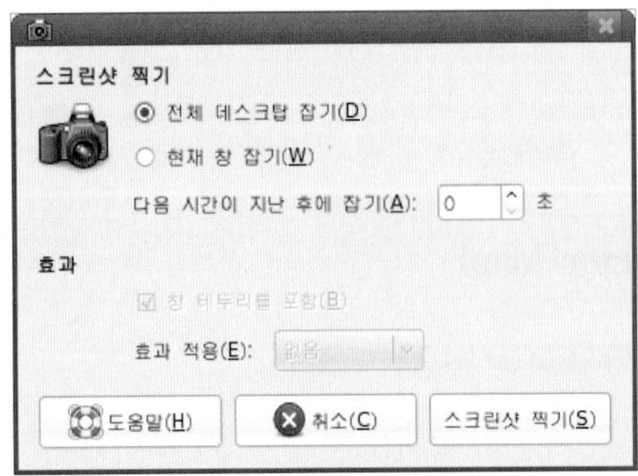

화면 캡쳐 프로그램으로 전체 화면 캡쳐와 활성화된 현재의 창 캡쳐 등 두 가지 캡쳐 기능을 제공합니다. 화면 캡쳐는 이 프로그램보다는 KDE 응용 프로그램인 ksnapshot이 더 편리합니다. 캡쳐한 스크린샷에 창 테두리나 그림자 넣기 등의 효과를 사용하려면 [현재 창 잡기]에서만 가능합니다.

2.6 압축 관리자 (file roller)

tar, tar.gz, tar.bz2, zip, arj, rar 등의 다양한 압축 포맷을 지원하는 압축 프로그램입니다. [새로 만들기] 도구 아이콘을 클릭하여 원하는 디렉토리나 파일을 선택하여 압축 파일을 생성할 수 있으며, 압축 해제는 압축 파일을 [열기] 버튼을 눌러 불러와서 [풀기]버튼을 클릭하여 압축을 풀면 됩니다.

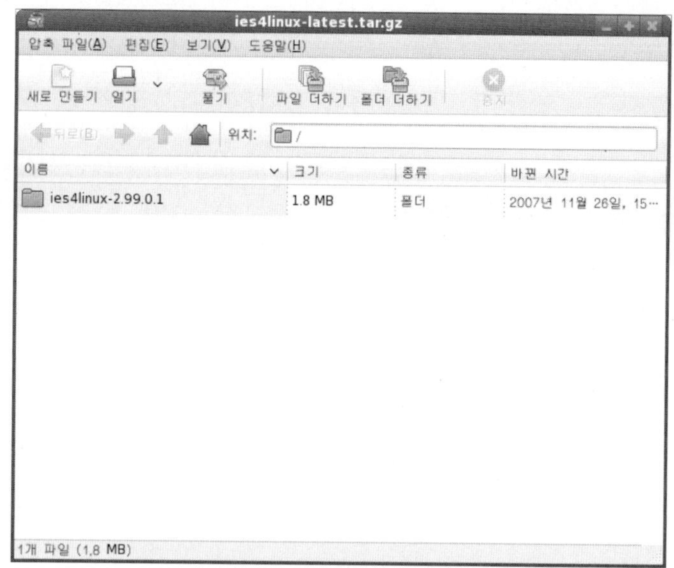

2.7 텍스트 편집기 (gedit)

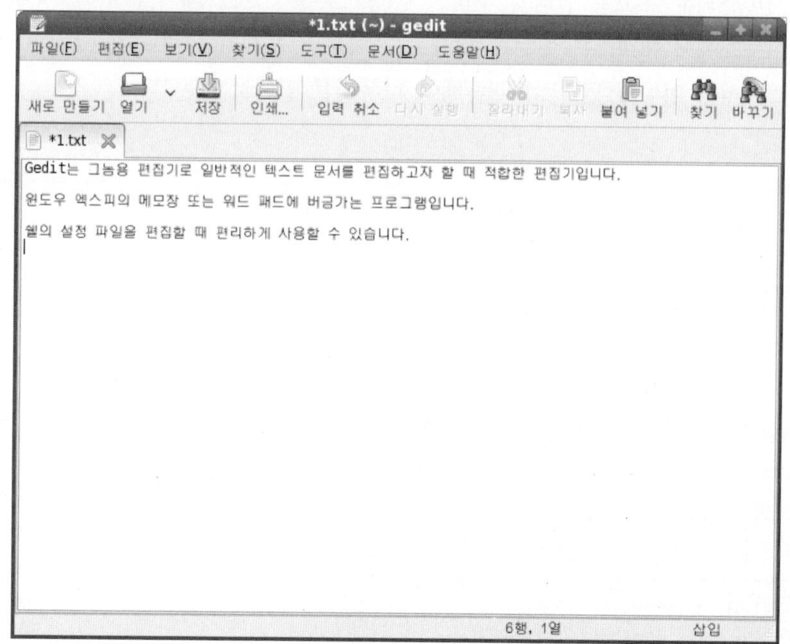

Gedit는 그놈용 편집기로 일반적인 텍스트 문서를 편집하고자 할 때 적합한 편집기입니다. 윈도우 엑스피의 메모장 또는 워드 패드에 버금가는 프로그램입니다.

Chapter
06. 인터넷 설정과 응용 프로그램

이 장에서 국내에서 서비스되고 있는 초고속 인터넷 서비스를 연결하는 방법을 알아보고, 리눅스에서는 웹 서핑, FTP 접속, 온라인 채팅, 이메일은 어떤 프로그램으로 어떻게 하는지를 알아봅니다.

학습 주제

▶ ADSL 인터넷 전용선 접속 설정 및 연결
▶ VDSL 및 케이블 모뎀 전용선 접속 설정 및 연결
▶ 모질라, 파이어폭스, 컹커러 웹브라우저 사용하기
▶ 전자 메일 사용하기 (Evolution, Thunderbird, Squirrelmail)
▶ 메신저 및 인터넷 채팅

1. 인터넷 연결 설정

국내에서 서비스되는 초고속 인터넷 서비스 유형으로는 xDSL, 케이블 모뎀, 광랜 등이 있습니다. 이들 서비스는 리눅스에서 서비스를 받는데 현재로썬 아무런 문제가 없습니다. 그러면 인터넷 초고속 서비스마다 리눅스에서는 어떻게 연결 설정을 해야 하는지를 알아보겠습니다.

1.1 ADSL 초고속 인터넷 서비스 설정

Step1 [시스템 메뉴 > 관리 > 네트워크]를 클릭하여 실행합니다.

Step2 네트워크 설정 창의 도구 아이콘바에 있는 [새로 만들기] 버튼을 클릭합니다.

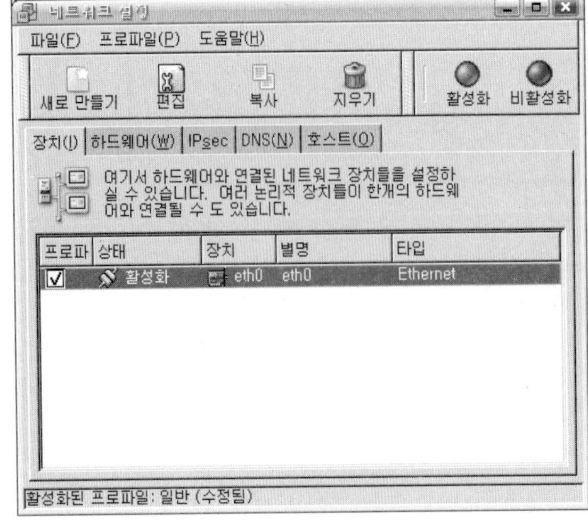

Step3 [장치 타입 선택]창에서 [xDSL 연결]을 선택합니다.

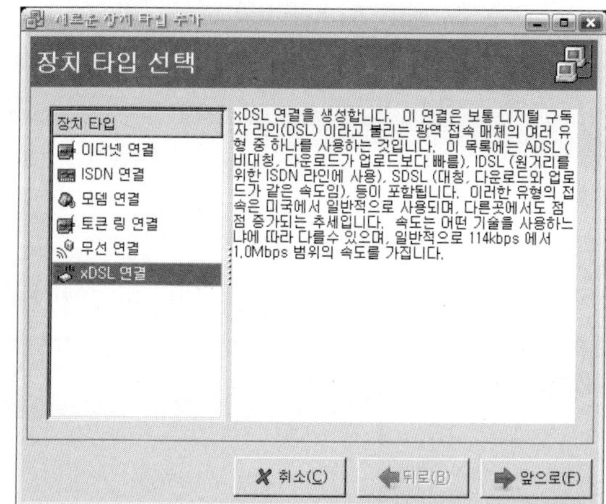

Step4 xDSL 모뎀에 연결된 이더넷 장치를 선택하고, 인터넷 서비스 업체명을 인터넷 회사명에 입력해 주고, ADSL 접속 아이디 와 열쇠글을 로그인 이름과 암호란에 각각 입력하여 [앞으로] 버튼을 클릭합니다.

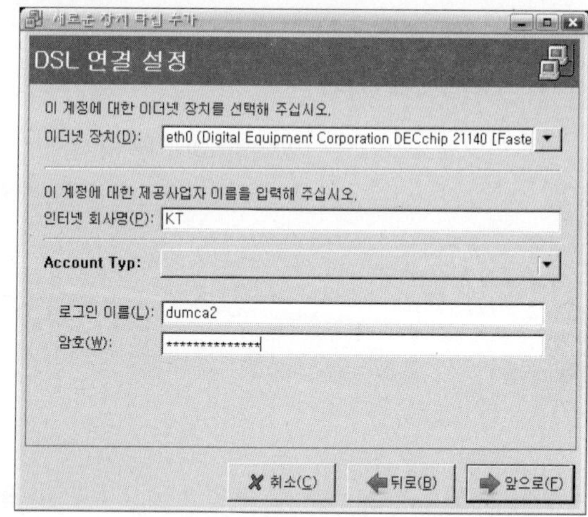

Step5 DSL 연결 설정이 올바르게 되었으면 [적용] 버튼을 눌러 설정을 종료합니다.

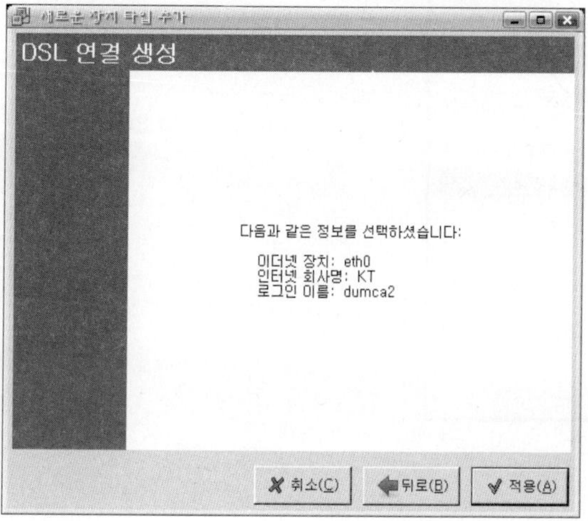

Step6 DSL 연결 설정이 완료되면 [네트워크 설정]창에 ppp0 인터페이스가 추가되지만, 연결은 비활성화 상태로 되어 있습니다. ADSL이 연결되도록 하려면 DSL 설정 부분을 마우스로 선택하여 도구 아이콘바의 [활성화] 버튼을 누르면 됩니다. ADSL 접속이 성공적으로 이뤄지면 다음 그림에서 보는 바와 같이 ppp0 장치 상태가 활성화로 바뀌게 됩니다.

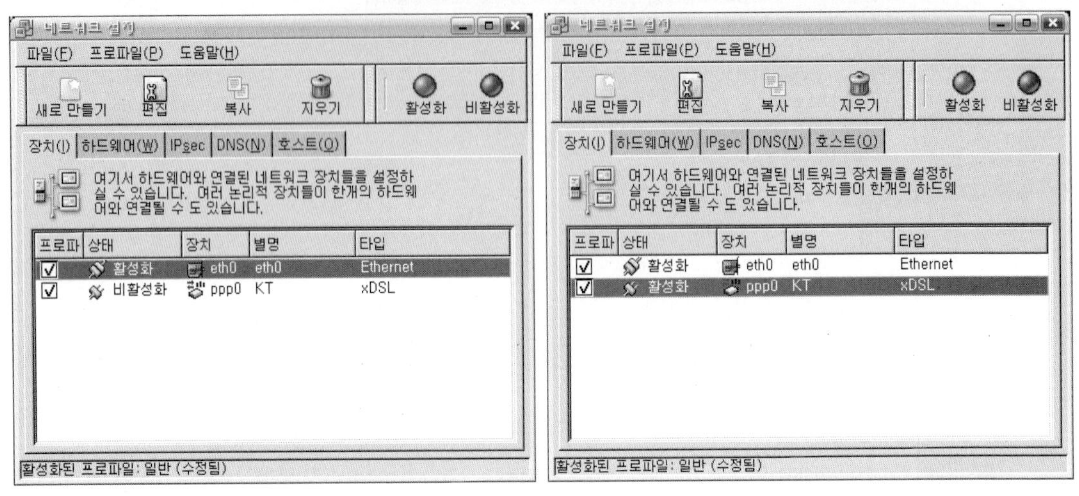

1.2 케이블 모뎀, VDSL 및 광랜 서비스 설정

케이블 모뎀과 VDSL 및 광랜 초고속 인터넷 서비스는 이더넷 DHCP 방식으로 서비스되므로 간단한 DHCP 설정을 통해서 손쉽게 설정할 수 있습니다. 그러면 이들 서비스를 리눅스에서 설정하는 방법에 대해서 알아봅니다.

Step1 [시스템 메뉴 〉 관리 〉 네트워크]를 실행합니다.

Step2 eth0 장치 설정을 선택하여 도구 아이콘 바의 [편집] 버튼을 누릅니다. 만일 처음 이더넷 장치를 사용하는 경우라면 [새로 만들기] 버튼을 눌러 이더넷 연결을 선택하면 됩니다.

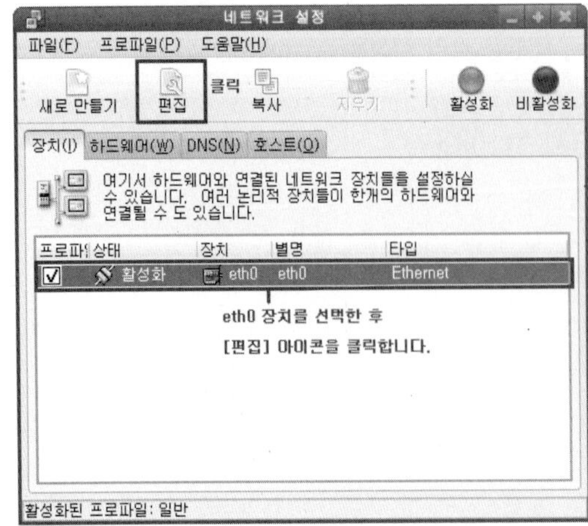

Step3 별명에는 모뎀과 연결된 이더넷 카드의 인터페이스명(eth0)을 입력하고, [IP 주소 설정을 자동으로 얻기]를 체크하고 그 옆의 프로토콜을 dhcp로 선택합니다. 그 다음에는 [확인] 버튼을 눌러 설정을 종료합니다.

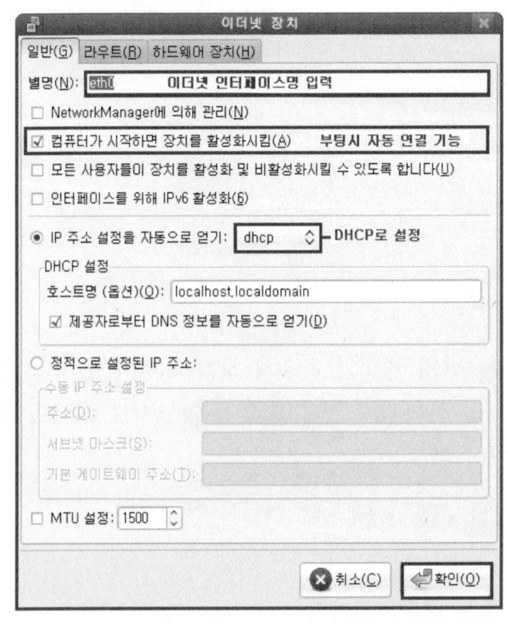

Step4 도구 아이콘 바의 [활성화] 버튼을 누르게 되면 DHCP 연결이 이뤄지고, 이더넷 장치(eth0)의 상태는 비활성화에서 활성화로 바뀌게 됩니다.

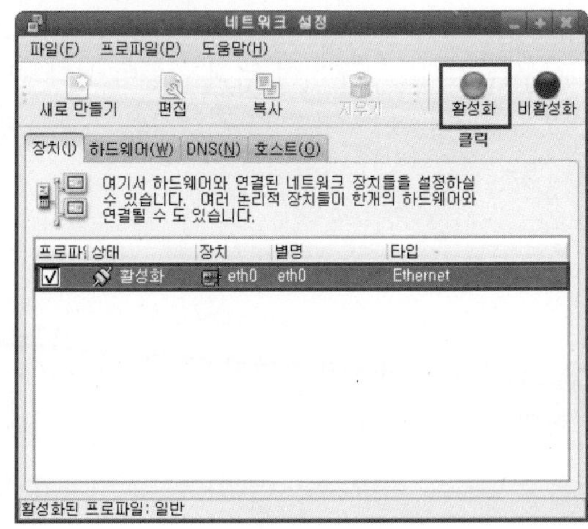

2. 웹 브라우저 (Firefox)

파이어폭스는 팝업창 차단, 하나의 브라우징에서 탭으로 여러 사이트를 볼 수 있는 탭 브라우징 기능, 개인 정보 보호및 보안 향상, 스마트 검색, 강력한 다운로드 기능, 사용자 취향에 부합하도록 개인 설정 가능 등 그 외 수많은 기능을 가지면서도 빠르고 안정하게 작동하는 모질라 그룹의 새로운 브라우저로 요즘에는 익스플로러보다 각광을 받고 있는 브라우저이며, 페도라에서는 기본 브라우저로 지원합니다.

2.1 모질라 불여우 특징

2.1.1 팝업 차단

인터넷 서핑 시 가장 귀찮고 불편하였던 광고 팝업창이나 스파이웨이로 인한 팝업창의 고민을 해결해 줍니다.

2.1.2 탭 브라우징

여러 개의 사이트를 접속하기 위해서는 여러 개의 브라우저 창을 띄어야 했지만, 불여우에는 각 사이트마다 탭 브라우징을 지원하여 여러 개의 브라우저 창을 띄우지 않고서도 하나의 브라우저에서 탭을 클릭하므로써 다른 웹 사이트를 쉽게 열어 볼 수 있습니다.

2.1.3 개인 정보 보호 및 손쉬운 보안 설정

스파이웨이나 악의적인 액티브엑스(ActiveX)가 설치되는 것을 원천적으로 차단해 주어 개인 정보를 보호해 주며, 암호 및 보안 관리자 항목을 통해서 손쉽게 보안을 설정할 수 있습니다.

2.1.4 스마트 검색

브라우저의 도구 모음에서 자체적으로 구글 검색을 지원하여 검색 기능이 보다 편리해졌으며, 사용자가 직접 검색 엔진을 선택하여 검색할 수 있습니다. 또한 사전 단어 형식의 스마트 검색 기능도 추가되었습니다.

2.1.5 편리한 브라우저 기능

북마크 기능이 강력해지고, 새로운 테마와 테마 관리자가 추가되었으며, 방문 기록, 전체 화면, 화면 축소 등 편리한 브라우저 기능을 제공하며, 사용자가 원하는 테마로 보다 멋진 브라우저 화면을 구성할 수 있습니다.

2.1.6 빠른 설치 프로그램 지원

다운로드와 설치가 매우 쉽고, 인터넷 익스플로러와 연동되어 익스플로러에 기록된 북마크등을 그대로 파이어폭스에서도 사용할 수 있으며, 버전 업그레이드시 이전의 프로필을 바로 적용하여 사용할 수 있습니다.

2.2 파이어폭스 정보

파이어폭스는 모질라 사이트에서 자세한 정보와 최신 버전을 구할 수 있습니다.

```
http://www.mozilla.com or http://www.mozilla.org
```

2.3 파이어폭스 설치

파이어폭스 패키지는 yum 패키지 설치 도구로 쉽게 설치할 수 있습니다.

```
$ su -c 'yum install -y firefox'
```

파이어폭스 rpm 패키지는 '/usr/lib/firefox-버전명' 디렉토리에 설치됩니다.

2.4 파이어폭스 환경 설정

파이어폭스의 [편집] 메뉴에서 [환경설정]을 클릭하여 환경설정을 합니다.

2.4.1 한글 글꼴 설정

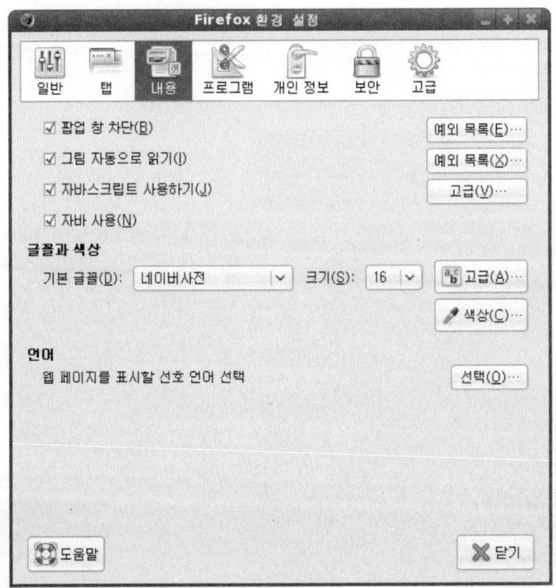

[내용] 탭을 클릭하여 글꼴 설정합니다. 글꼴과 색상에서 기본 글꼴을 여러분이 선호하는 글꼴로 선택합니다. 윈도우처럼 굴림폰트가 적용되도록 하려면 [네이버사전]로 설정합니다.

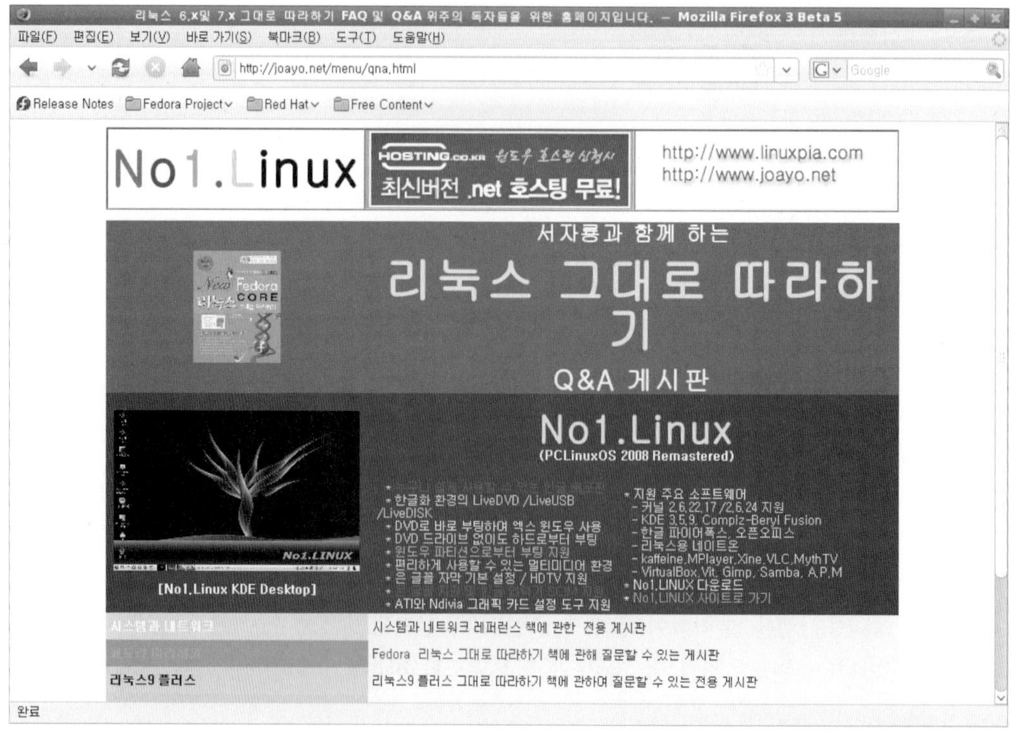

[고급] 버튼을 눌러 글꼴을 세밀하게 설정합니다. 글꼴 양식은 [한국어]로 선택합니다.

글자 모양(Proportional)은 명조체(Serif) 또는 고딕체(Sans Serif)중 하나를 선택합니다. 명조체와 고딕체는 웹 브라우저 전체의 글꼴에 적용되며, 고정폭 글꼴(Monospace)는 게시판 본문 내용에 적용되는 글꼴입니다. 이 때 명조체로 선택하였을 경우에는 명조체(S): 설정에서 사용할 글꼴을 설정해 주고, 고딕체로 선택하였다면 고딕체(N):에서 사용할 글꼴을 선택해 주면 됩니다.

네이버사전 글꼴을 사용하는 경우에는 고딕체(N):에 굴림 글꼴로 선택하고, 최소 글꼴 크기를 10 내지 11로 설정해 놓으면 홈페이지를 보는 적당한 글꼴 크기가 될 것입니다.

글꼴을 설정한 후 [OK] 버튼을 누르고 나서, 글꼴이 제대로 적용되는지를 확인하기 위해서 필자의 홈페이지 http://joayo.net과 http://www.no1linux.org에 접속해 봅니다.

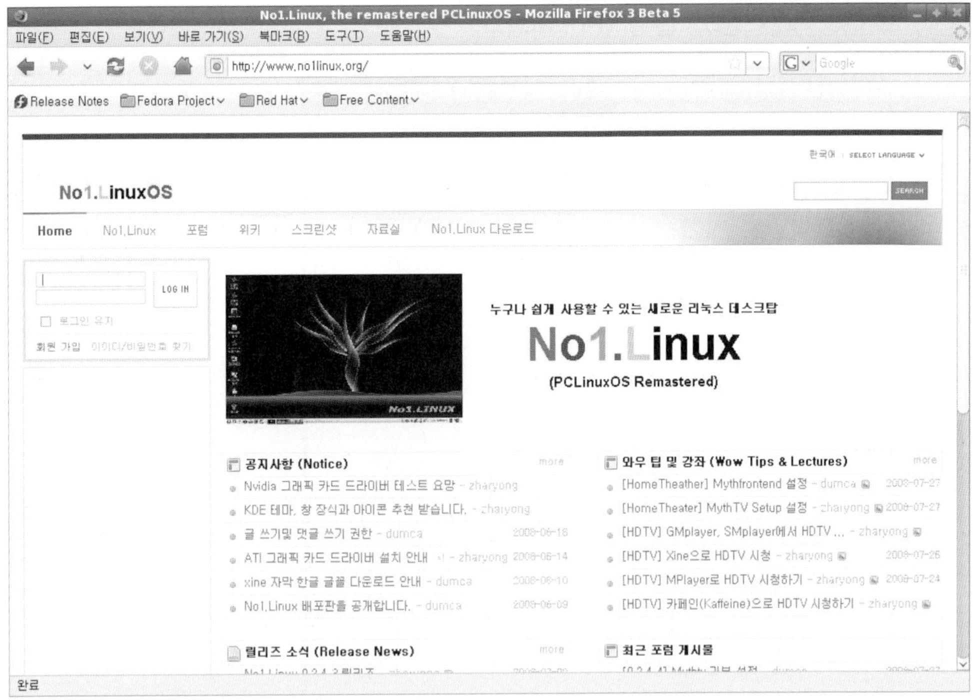

2.4.2 한글 인코딩 설정

웹브라우저에서 한글 글꼴을 설정하였더라도 국내 사이트에 접속하였을 때 한글이 깨져 보이는 현상이 가끔씩 발생합니다. 이것은 문자 인코딩이 한글로 선택되지 않았을 때 발생하는 것으로, 한글이 제대로 출력되도록 하기 위해서는 인코딩을 올바르게 설정해 주어야 합니다.

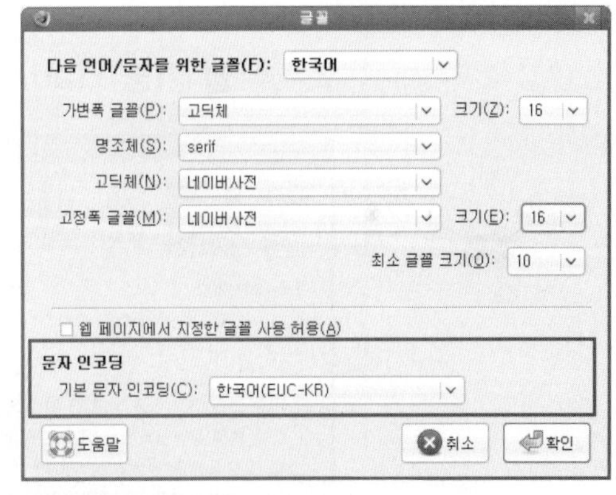

[글꼴] 설정 창에서 문자 인코딩의 기본 문자 인코딩을 [한국어(EUC-KR)]로 설정해 놓으면 됩니다. 웹브라우저에서 페이지가 열릴 때마다 인코딩을 변경하려면 [보기] 탭을 클릭하여 [문자 인코딩]을 선택한 후 [자동 선택(A)] 옵션에서 [한국어]를 선택해 주면 됩니다.

2.4.3 개인 정보 설정 (Privacy)

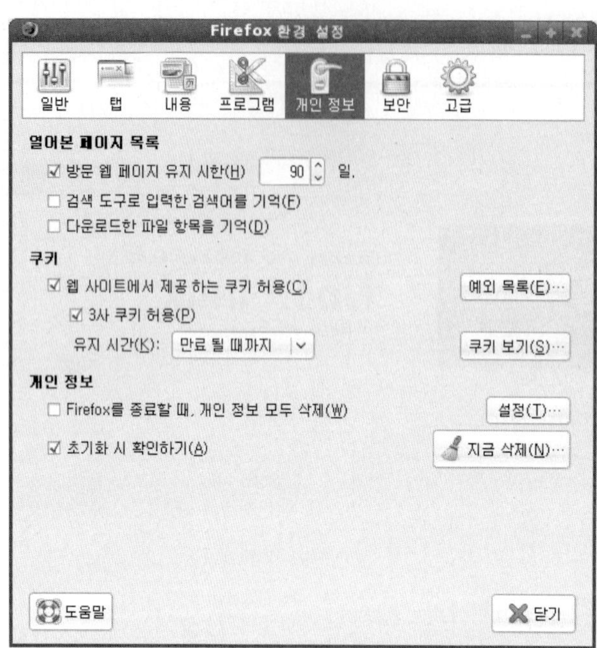

Privacy 설정에서는 사이트 방문 기억, 방문 사이트 열쇠글 저장, 내려받기 관리자에서 내려받기 정보 제거 여부, 쿠키, 캐시 등을 설정할 수 있습니다.

2.4.4 탭 기능 (Tab)

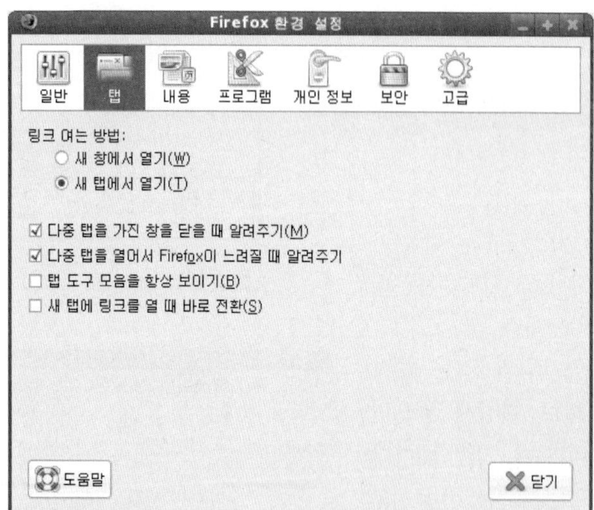

새로운 브라우저 창이 뜰 때 파이어폭스는 기본적으로 탭 기능을 지원하며, 새 탭으로 브라우저가 열리게 됩니다. 탭을 사용하지 않고 새로운 창이 뜨게 끔 하려면 [새 창]를 체크해 놓으면 됩니다. 그 외 탭에 관련된 설정을 할 수 있습니다.

2.4.5 내려받기 (Downloads)

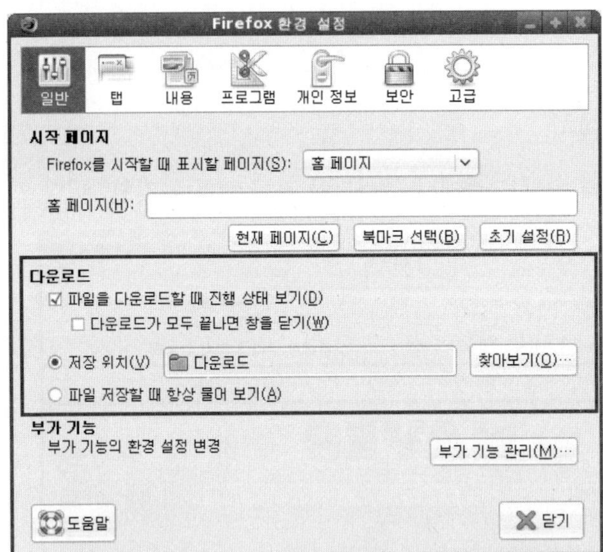

내려받기는 '사용-자계정/다운로드'에 저장되는데, 이 경로를 변경하려면 이 설정에서 변경해 줄 수 있습니다. 내려받기가 끝난 후 내려받기 창을 닫기하려면 [다운로드가 모두 끝나면 창을 닫기] 항목을 체크하면 됩니다.

2.4.6 고급 설정 (Advanced)

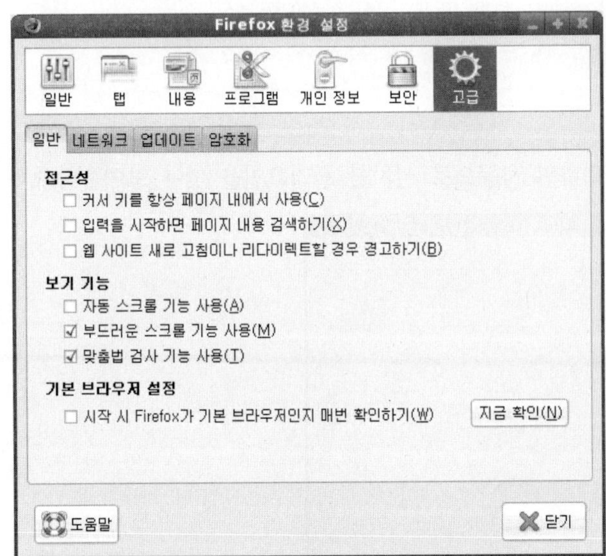

입력 순간 검색 시작 여부, 브라우저 창에 맞게 이미지 크기 재설정 여부, 자동 스크롤링 여부, 탭 브라우징 설정 여부, 보안 및 인증서, 프록시 등의 설정을 할 수 있습니다.

프록시로 인터넷이 되는 환경에서 프록시를 설정하려면 [네트워크] 탭을 클릭하여 [설정] 버튼을 클릭하고, [프록시 수동 설정]을 체크하여 프록시를 설정하면 됩니다.

2.5 플러그인 설치

2.5.1 플래시 플러그인 설치

파이어폭스는 매크로미디어의 쇽웨브 플래시 플러그인 자동 설치를 지원합니다.

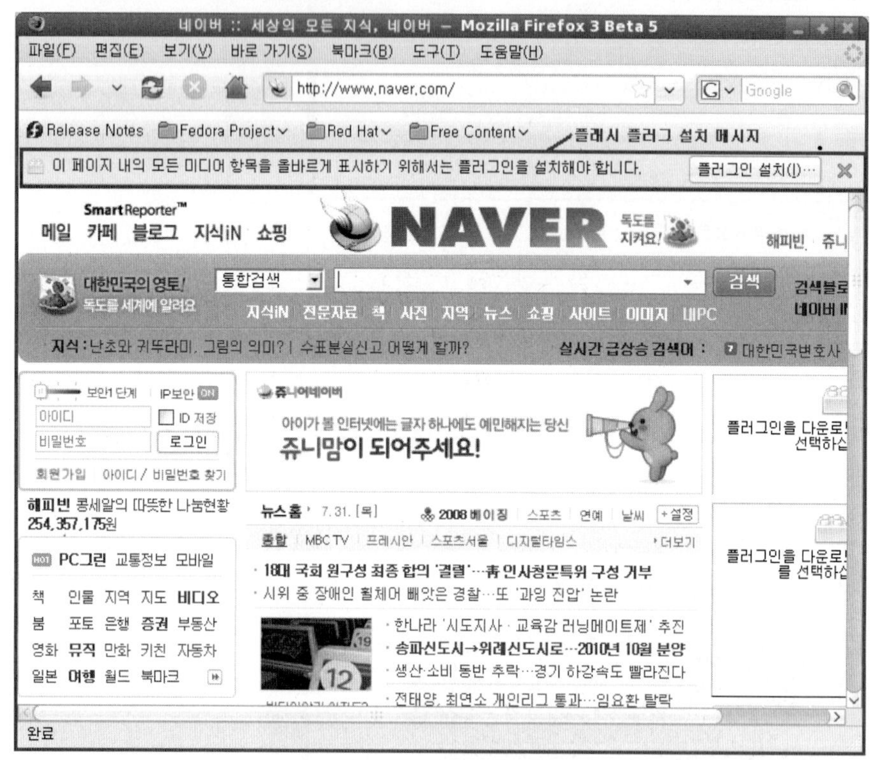

[플러그인 설치] 버튼을 클릭하면 자동으로 설치할 플러그인을 찾아 보여줍니다.

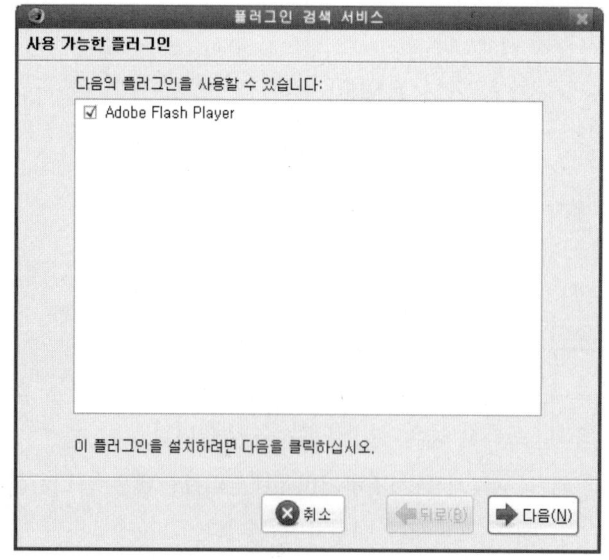

[다음] 버튼을 클릭하여, 소프트웨어 사용 라이선스에 동의하게 되면 플래시 플러그인을 다운로드하여
사용자 계정의 ~/.mozilla/plugins 디렉토리에 플래시 플러그인을 자동 설치해 줍니다.

2.5.2 플러그인 관리

[파이어폭스 도구 〉부가 기능]을 클릭하여 파이어폭스의 플러그인을 관리할 수 있습니다. [플러그인] 도구 아이콘을 클릭하면 현재 파이어폭스에 설치되어 있는 플러그 종류를 확인할 수 있으며 해당 플러그인을 클릭하여 [사용 안함]을 선택하면 플러그인이 적용되지 않습니다.

① 동영상 플러그인 설치

파이어폭스에서 동영상 및 사운드 파일을 볼 수 있는 플러그인으로 mozplugger 플러그인을 기본적으로 지원합니다. 이 플러그인은 웹 브라우저상에서 mpeg, avi, mov, wmv 등 다양한 동영상 파일을 볼 수 있도록 지원할 뿐만 아니라 mp3, ogg, wav 등 사운드 파일도 사운드 플레이어 없이도 웹 상에서 직접 감상할 수 있도록 도와줍니다. 이 플러그인은 기본적으로 설치되어 있으나, 다시 설치할 경우에는 yum 패키지 설치 도구로 다음과 같이 설치합니다.

```
$ su -c 'yum -y install mozplugger'
```

② 아크로벳 PDF 플러그인 설치

Acrobat PDF 문서를 웹 브라우저에서 지원되도록 하려면 PDF 플러그인을 설치되어 있어야 하지만, 모질라 파이어폭스에서는 PDF 플러그인을 기본적으로 지원하지 않습니다. 따라서 PDF 문서를 보기 위해서는 PDF 문서를 내려받기하여 PDF 뷰어인 xpdf를 이용하거나 웹 브라우저용 PDF 플러그인을 설치해야 합니다. 리눅스용 PDF 플러그인은 다음과 같은 과정으로 설치합니다.

▶ mozplugger 플러그인

mozplugger 플러그인은 동영상 뿐만 아니라 PDF 플러그인 기능을 제공합니다. 이 플러그인으로 PDF 문서를 지원되도록 하려면 다음과 같이 evince PDF 문서 보기 프로그램과 같이 설치해 주면 됩니다.

```
$ su -c 'yum install -y mozplugger evince'
```

▶ PDF 다운로드

PDF 플러그인을 설치한 후 PDF 플러그인에 의해서 브라우저 창에 PDF 문서가 열리지 않고 내려받기만 하고자 할 때가 있습니다. PDF 플러그인이 설치되어 있더라도 PDF 문서가 열리지 않고 다운로드 하게 끔 해 주는 PDF 다운로드라는 파이어폭스 애드온(Add-ons)를 설치하면 됩니다. PDF 다운로드 애드온은 다음 사이트에서 구할 수 있습니다.

```
# https://addons.mozilla.org/firefox/636/
```

상기 사이트에 접속하여 [Firefox에 추가]를 클릭하여 설치합니다.

2.5.3 테마 설치

[도구] 메뉴에서 [부가 기능]을 클릭하여 [테마]탭을 선택합니다. [테마 찾아 보기]를 클릭하면 모질라 업데이트 사이트로 이동되며, 이곳에서 불여우의 테마를 설치할 수 있습니다. 테마를 고른 후 [Install now]를 클릭하면 설치 확인을 묻게 되는데, [OK] 버튼을 클릭하면 자동으로 테마 경로로 내려받기가 이뤄지고, 테마 창에 내려받기한 테마가 추가됩니다. 테마를 추가한 후 [테마 사용]을 클릭하면 자동으로 테마가 적용됩니다. 다음 그림은 Aluminium Kai2 테마를 적용하였을 때의 불여우 브라우저 스크린 샷입니다.

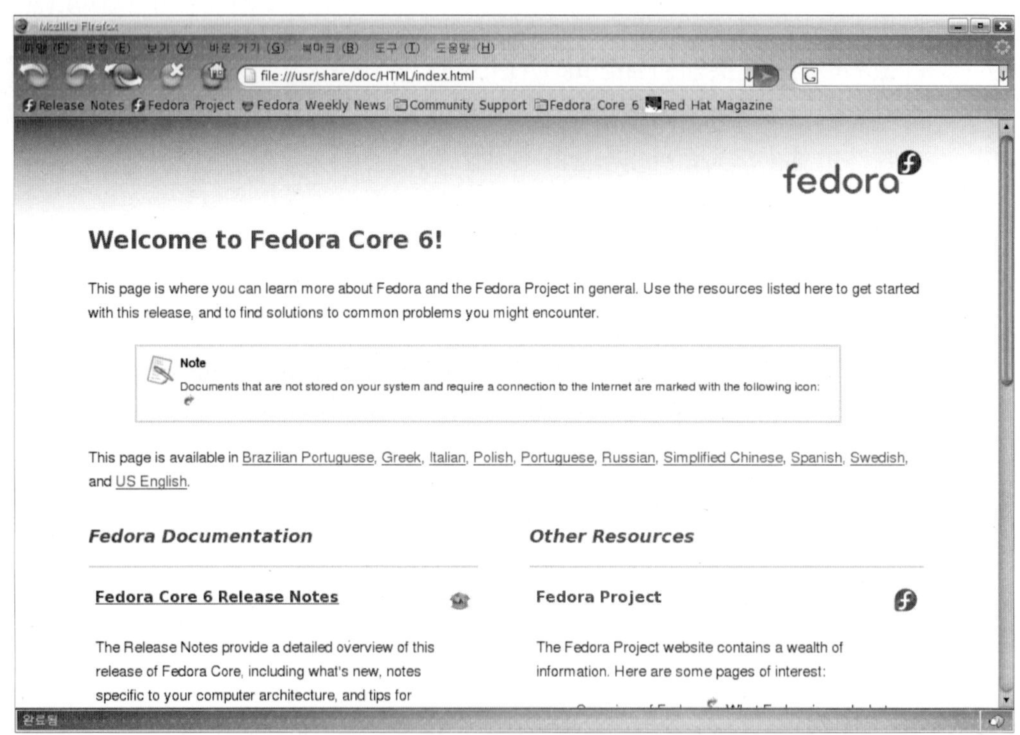

3. 이메일 사용하기

페도라에서 지원하는 이메일 프로그램으로 모질라 썬더버드(Thunderbird), 에볼류션 등이 있고, 그 외 Kmail, Balsa, 있는데, 모질라 썬더버드와 에볼류션 설정 방법에 대해서 알아봅니다.

3.1 모질라 썬더버드

썬더버드는 고성능의 스팸 필터링 및 고급 메시지 필터링 기능과 철자 검사 기능, MAP/POP 지원, 빠른 검색및 편리한 주소록 지원, HTML 메일 완벽 지원 등 다양한 기능을 갖추었고, 고급 수준의 보안을 지원하는 뛰어난 메일 프로그램입니다.

3.1.1 모질라 썬더버드 설치

모질라 썬더버드는 yum 패키지 설치 도구로 쉽게 설치합니다.

```
$ su -c 'yum install thunderbird'
```

3.1.2 메일 계정 설정

그놈 패널의 [프로그램 메뉴 〉 인터넷 〉 Thunderbird Email]를 클릭하여 썬더버드를 실행하여 새 메일 계정을 설정하는 방법을 알아봅니다.

Step1   설정할 계정의 종류로 [메일 계정]을 체크한 후 [다음] 버튼을 클릭합니다.

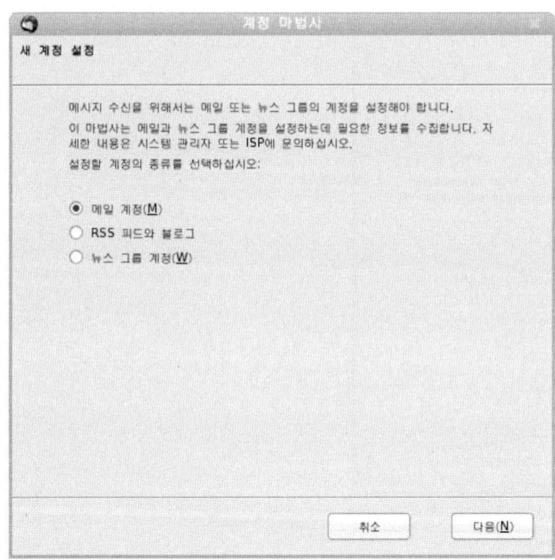

Step2   메일 계정 사용자 이름과 이메일 주소를 입력합니다.

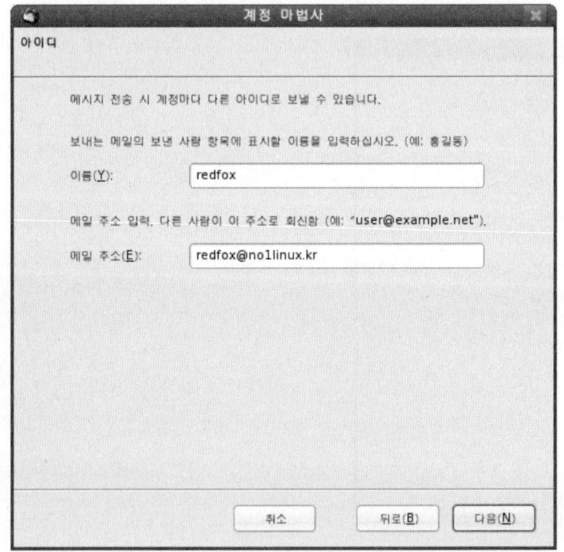

`Step3` 메일 서버 설정

서버 정보 설정에서는 받는 메일 서버(Incoming server)와 보내는 메일 서버(Outgoing server)를 각각 설정합니다. 받는 서버란 메일 서버에 도착한 메일을 사용자가 가져 갈 수 있도록 해 주는 서버로, POP 과 IMAP 서버 등 두 종류의 받는 메일 서버가 있습니다. 여러분이 사용하고 있는 받는 메일 서버의 유형을 POP 또는 IMAP 둘 중에 하나를 선택하여 체크합니다. 일반적으로 받는 메일 서버로는 POP 서버가 가장 많이 이용되나, 여러분들이 사용하는 받는 메일 서버의 유형과 주소에 대해서는 ISP 업체의 관리자나 메일 서버 관리자에게 문의하여 설정해야 합니다. 보내는 서버란 여러분의 메일을 다른 사용자에게 보내 주는 메일 서버를 말하며, 이러한 서버를 흔히 SMTP 서버라고 부릅니다. SMTP 메일 서버 주소는 여러분들이 사용하고 있는 ISP 업체의 관리자나 메일 서버 관리자에게 문의하여 설정합니다.

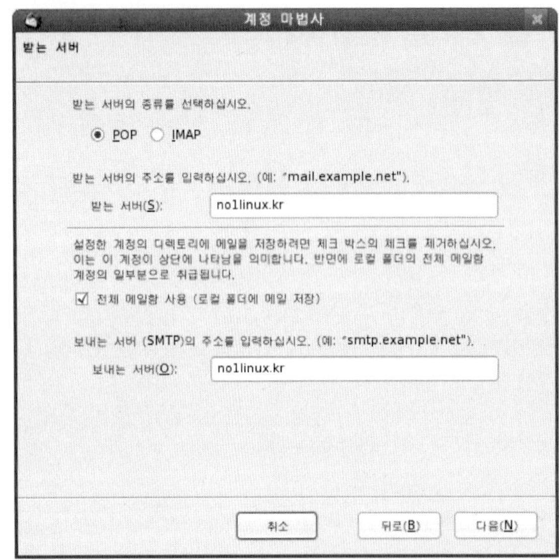

`Step4` 사용자 이름 설정

사용자 이름 설정은 받는 메일 서버의 사용자 계정을 말합니다. 이메일 주소 골뱅이(@)앞에 있는 계정명을 기입합니다.

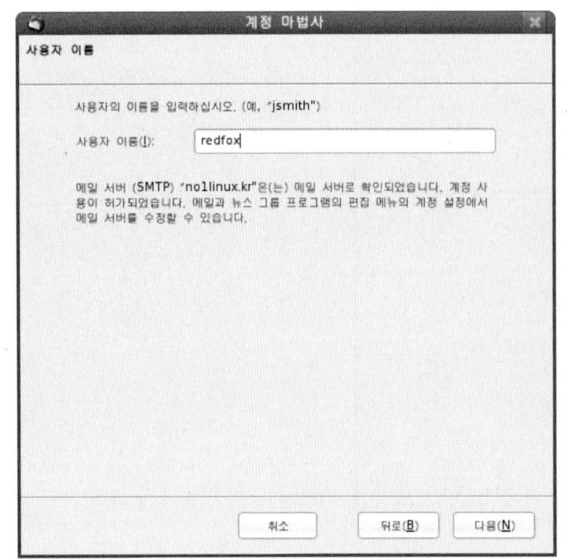

Step5 설정 완료

이제까지 설정한 정보가 올바른지 확인한 후에 [완료] 버튼을 누릅니다.

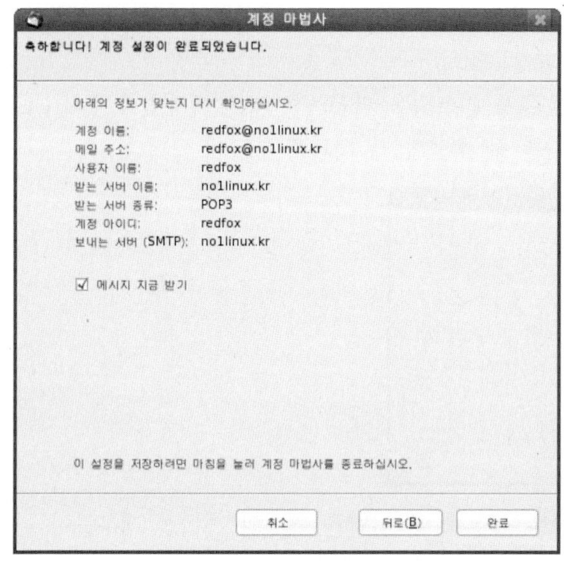

Step7 [Finish] 버튼을 누르게 되면 지금까지 설정한 메일 계정에 대해서 열쇠글을 묻게 됩니다. 메일 계정에 대한 열쇠글을 입력한 후 열쇠글 기억 체크상자를 체크한 후 [OK] 버튼을 누릅니다.

3.1.3 메일 수신 및 메일 보내기

메일 서버에 도착한 메일을 가져오려면 썬더버드 프로그램에서 [받기] 아이콘을 누르면 됩니다. 이 때 메일 서버로부터 받는 메일들은 개인 폴더의 [받은 편지함]에 저장되므로, 수신된 메일을 확인하려면 이 폴더를 열면 됩니다.

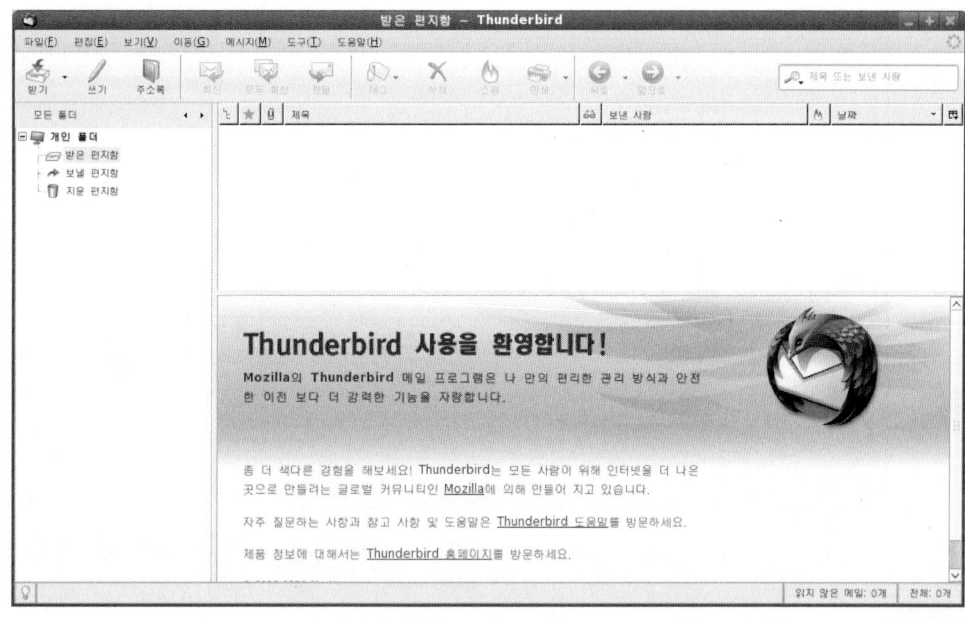

받는 메일 서버로부터 받은 메일 가운데 제목이 모두 깨어지는 경우를 종종 보게 될 것입니다. 이것은 한글 인코딩이 올바르게 설정되어 있지 않아 한글이 깨져 보이는 것이므로, 왼쪽 창에 있는 메일 폴더의 [받은 편지함]에 커서를 두고, 오른쪽 마우스 버튼을 눌러 [속성]을 선택합니다.

[일반 정보] 탭 창에 있는 기본 문자 인코딩을 다음 화면과 같이 [한국어 (EUC-KR)]로 변경하고, 그 아래 체크하는 부분에 체크 표시를 한 후 [확인] 버튼을 누르게 됩니다.

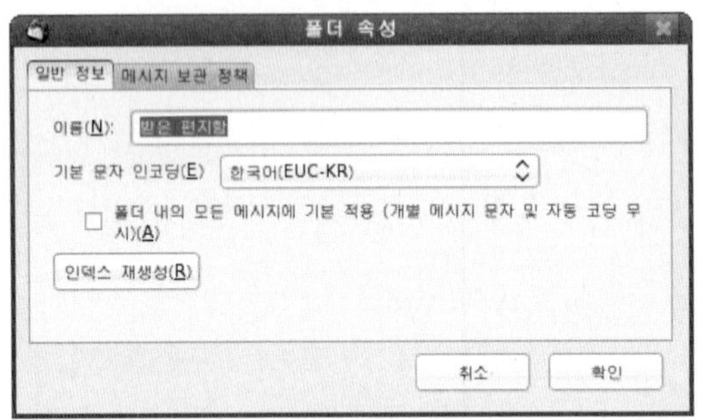

받은 편지함의 인코딩을 한국어로 설정해 주면 받은 메일의 깨어진 제목들이 한글로 올바르게 보여지게 될 것입니다. 메일을 보내고자 할 때는 [작성하기] 도구 아이콘을 눌러 메일을 작성한 후에 [보내기] 버튼을 누르면 됩니다.

3.1.4 메일 계정 정보 수정하기

설정한 메일 계정 정보를 변경하고자 할 경우에는 [편집] 메뉴를 클릭하여 [계정]을 클릭합니다.

계정을 변경하고자 한다면 [서버 설정] 항목을 클릭하여 메일 서버 주소와 사용자 계정을 변경하면 됩니다.

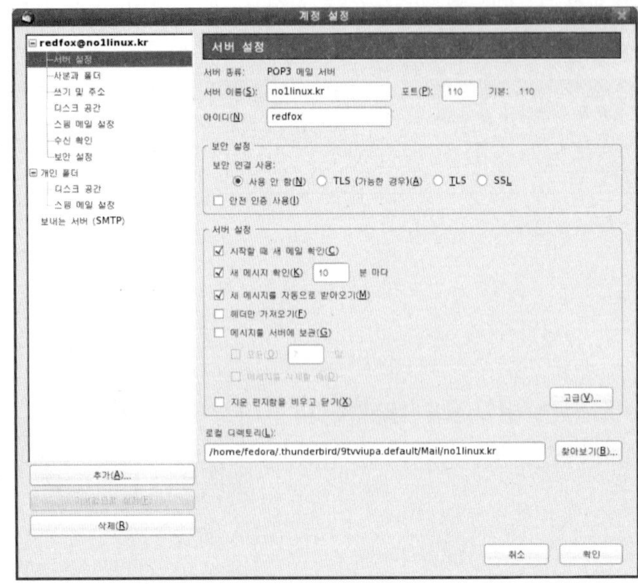

보내는 메일 서버(SMTP server)의 정보를 변경하려면 [보내는 서버(SMTP)] 항목을 선택하여 변경해 주면 됩니다. 새로운 메일 계정을 추가하고자 할 때는 [계정 추가(A)] 버튼을 눌러 앞서 살펴본 과정대로 설정하면 됩니다.

3.2 에볼루션 (Evolution)

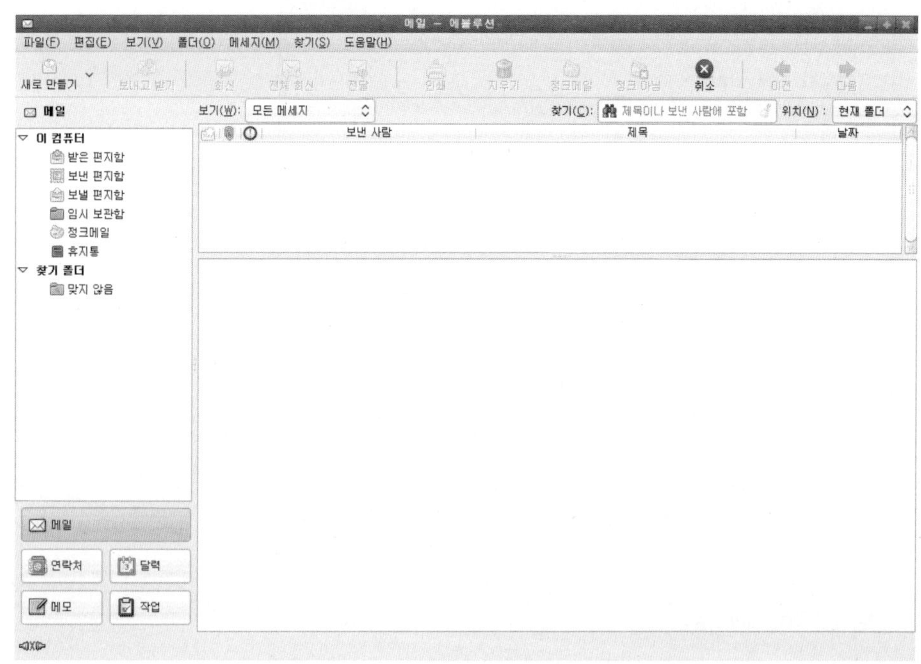

페도라 리눅스의 그놈에서 지원하는 기본 메일 프로그램으로 강력한 이메일 기능을 지원할 뿐만 아니라 관리 일정 프로그램이기도 합니다. 에볼루션이 설치되어 있지 않은 경우에는 yum 도구를 이용하여 설치할 수 있습니다.

```
$ su -c 'yum install evolution'
```

Step1 [프로그램 시작 메뉴 〉오피스 〉 에볼루션 메일 및 달력]을 클릭하여 에볼루션을 실행합니다. 에볼루션을 실행하여 환영 창이 나오면 [앞으로] 버튼을 클릭합니다.

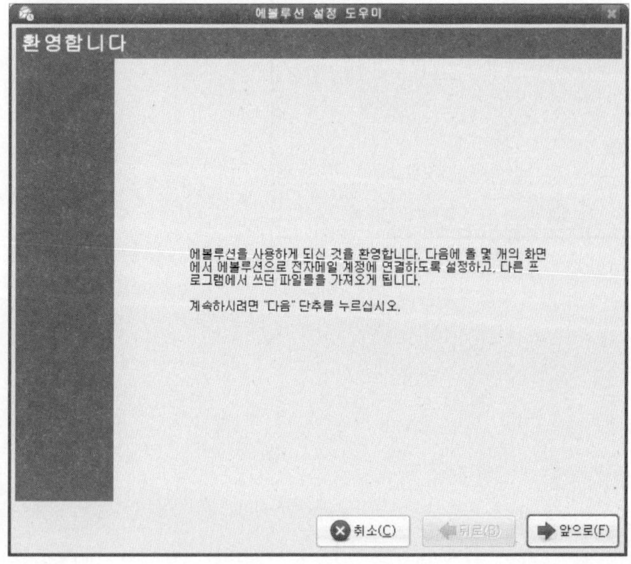

Step2 [앞으로] 버튼을 클릭합니다.

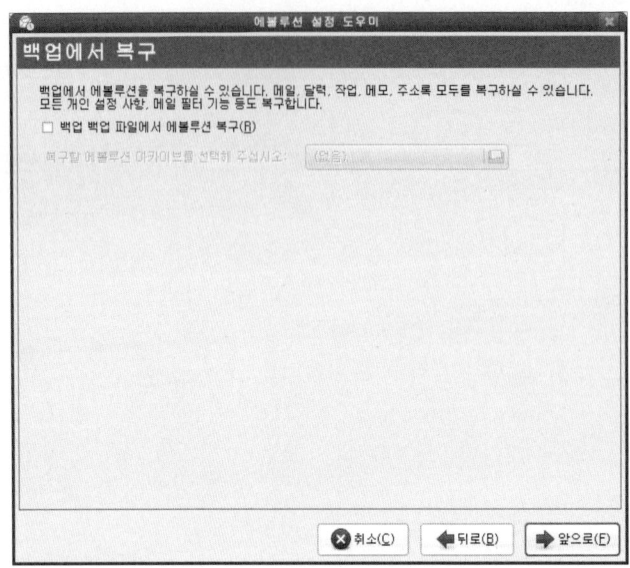

Step3 신상 정보(Identity) 설정

사용자의 정보와 전자 우편 주소와 선택 사항 정보를 설정합니다.

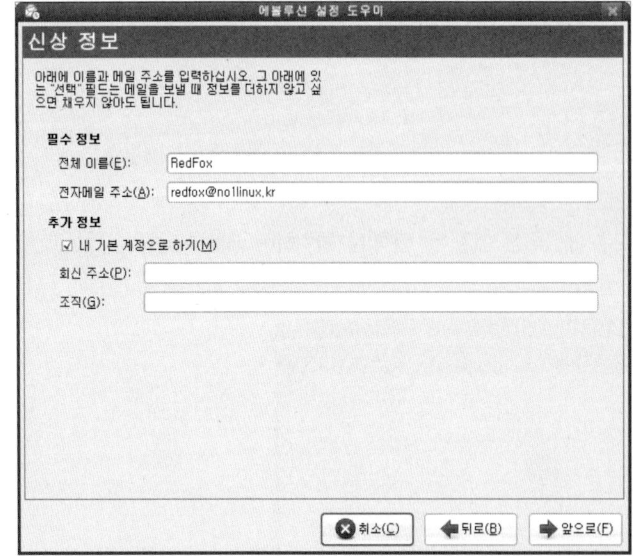

Step4 메일받기 설정

받는 메일 서버의 종류를 내림 버튼을 눌러 POP 또는 IMAP로 선택합니다. 받는 메일 서버의 주소와
계정을 입력합니다. 보안 연결은 POP서버에서 SSL를 지원한다면 TLS 암호화 또는 SSL 암호화 중
하나를 선택합니다. 인증 방법은 열쇠글(암호 인증)으로 선택합니다.

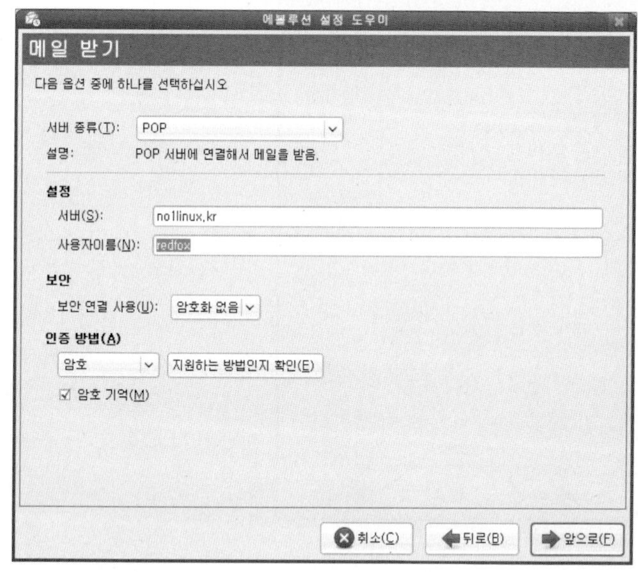

Step5 메일 받기 옵션 설정

읽은 메일을 서버에 저장하도록 하려면 [서버에 메시지 남기기] 옵션을 체크합니다. 다만 이 옵션을 체
크할 경우 메일 계정 용량 제한에 걸리지 않도록 불필요한 메일을 자주 삭제해 주어야 합니다.

Step6 보내는 메일 서버 설정

보내는 메일 서버의 종류를 SMTP로 설정합니다. SMTP 서버의 주소를 입력하고, 서버에 인증을 요구하는 경우에는 [서버에 인증이 필요] 옵션을 체크합니다. 인증 방법은 [로그인]으로 설정합니다.

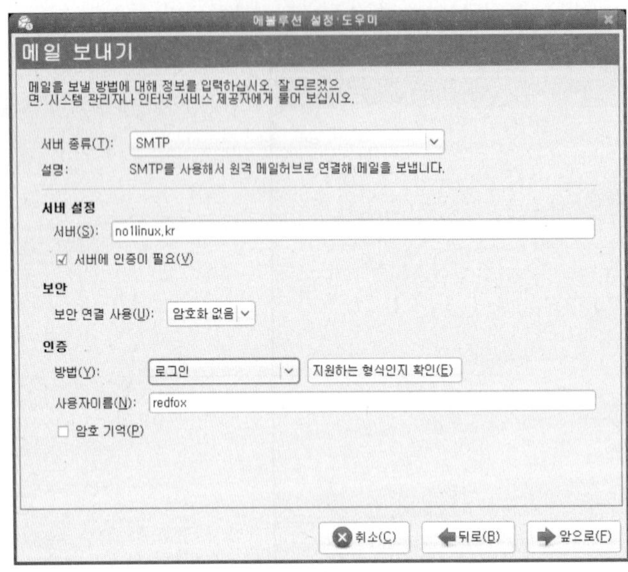

Step7 계정 관리

계정 정보가 올바른지 확인한 후에 [앞으로]를 누릅니다.

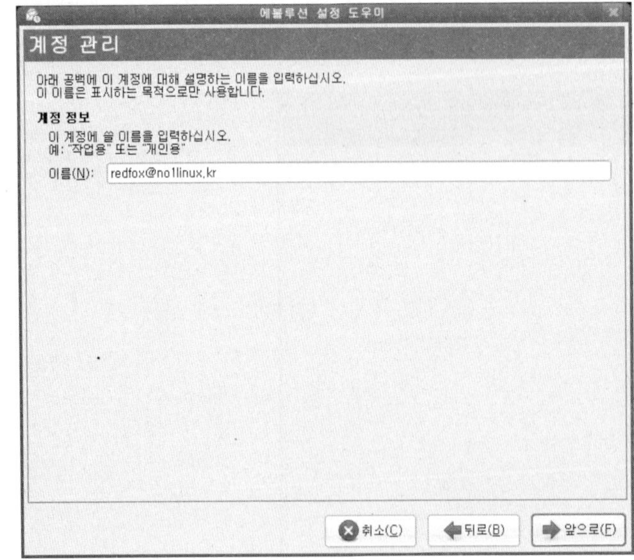

Step8 시간대 설정

시간대 설정하는 부분에서 [아시아/서울]로 선택합니다.

Step9 설정 완료

[적용] 버튼을 눌러 에볼루션 설정을 완료합니다.

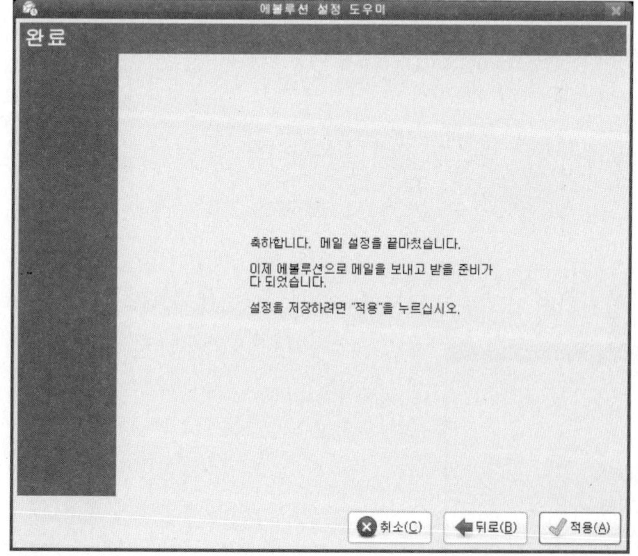

4. 메신저 프로그램

4.1 네이트온

네이트온은 윈도우 뿐만 아니라 리눅스용도 지원하기 때문에 리눅스에서도 이제 네이트온으로 채팅이나 메시지, 파일 전송이 가능합니다. 페도라용 네이트온 패키지는 http://kldp.net에서 구할 수 있으며, 이 사이트에서 페도라8 버전용 패키지를 다운로드해서 사용하면 됩니다.

```
$ wget http://kldp.net/frs/download.php/4737/nateon-1.0-20080617rev178.i386.rpm
```

다운로드한 네이트온 rpm 패키지를 다음과 같이 설치합니다.

```
$ su -c 'yum install -y nateon-1.0-20080617rev178.i386.rpm'
```

네이트온 rpm 패키지가 설치되면 [그놈 프로그램 메뉴 〉 인터넷 〉 네이트온]을 클릭하여 실행합니다.

4.2 가임(Gaim)

리눅스의 대표적인 메신저 프로그램으로 가임(Gaim)이 있습니다. 가임은 MSN, 야후, ICQ, 냅스터(Napter) 등의 다양한 메신저 프로토콜을 지원합니다. 가임은 yum 설치 도구를 이용하여 설치할 수 있습니다.

5. 원격 데스크탑 접속

원격 데스크탑 접속(Remote Desktop Connection)은 VNC(Virtual Networking Computing)[14] 서버가 작동하고 있는 이웃 머신의 데스크탑에 접속하여 상대방의 그놈 데스크탑 환경을 자신의 시스템에서 사용할 수 있게 해 주는 원격 접속 프로그램으로, 페도라 에서는 krdc와 tslclient를 원격 접속 프로그램으로 지원합니다.

5.1 서버 설정

Step1 그놈의 [프로그램 시작 메뉴 〉 기본 설정 〉 인터넷과 네트워크 〉 원격 데스크탑]를 선택하여 다음 화면과 같이 공유와 보안 옵션을 체크한 후 열쇠글을 지정합니다. 열쇠글은 클라이언트가 접속할 때 인증에 사용할 열쇠글입니다.

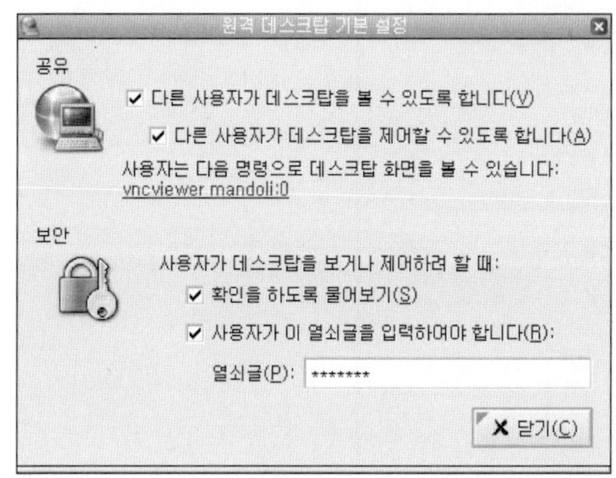

14) VNC는 TCP/IP 프로토콜을 이용하여 엑스 서버의 화면 출력을 클라이언트에게 전달해 주는 프로그램으로 AT&T 연구소에 개발되었습니다. 이 프로그램은 X 서버와 클라이언트 기능을 이용하여 만들어진 프로그램으로 엑스 윈도우상에서 자신의 엑스 서버 또는 다른 VNC 서버에 접속하여 서버의 데스크탑 환경을 사용할 수 있습니다. 자세한 것은 http://www.realvnc.com를 참고하기 바랍니다.

Step2 방화벽은 클라이언트의 VNC 서버 접속을 막고 있으므로, /etc/sysconfig/iptables 파일에 다음 라인을 추가합니다. 라인 추가는 REJECT로 설정된 부분 위에 위치하여야 합니다.

```
-A INPUT -m state --state NEW -m tcp -p tcp --dport 5900 -j ACCEPT
```

Step3 방화벽을 재실행합니다.

```
$ su -c '/etc/init.d/iptables restart'
```

5.2 서버 접속(tsclient)

Terminal Server Clients (tsclient)를 이용하여 VNC 서버의 데스크탑 환경에 접속하여 서버의 데스크탑 환경을 클라이언트에서 사용할 수 있습니다. 이 프로그램은 VNC 서버뿐만 아니라 XDMCP가 동작하는 서버도 접속할 수 있습니다. 이 프로그램을 사용하기 위해서는 yum를 이용하여 다음과 같이 설치합니다.

```
#yum install tsclient
```

tsclients를 이용하여 원격 서버의 데스크탑에 접속하는 방법을 알아봅니다.

Step1 [그놈 프로그램 메뉴 〉 인터넷 〉 Terminal Server Client]를 실행합니다.

Step2 Computer에 원격 서버의 주소를 입력하고, Protocol로는 VNC를 선택한 다음, [Connect] 버튼을 클릭하여 서버에 접속합니다.

Step3 원격 서버에서 지정한 열쇠글을 입력하여 Enter 키를 칩니다.

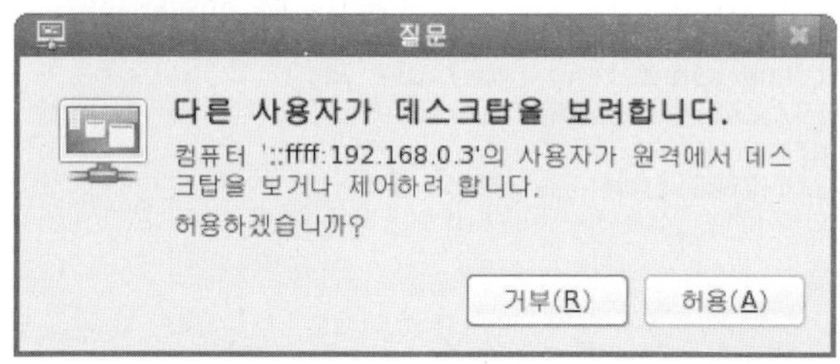

Step4 검정 바탕의 VNC 터미널 창이 뜨는데, 이 때 원격 서버에선 클라이언트의 접속을 허용해 주어야 하므로, 원격 서버에서 [허용] 버튼을 클릭해 줍니다.

Step5 서버에서 클라이언트 접속을 허용해 주는 순간 검정 바탕의 VNC 터미널창엔 서버의 데스크탑 환경이 나타나게 됩니다.

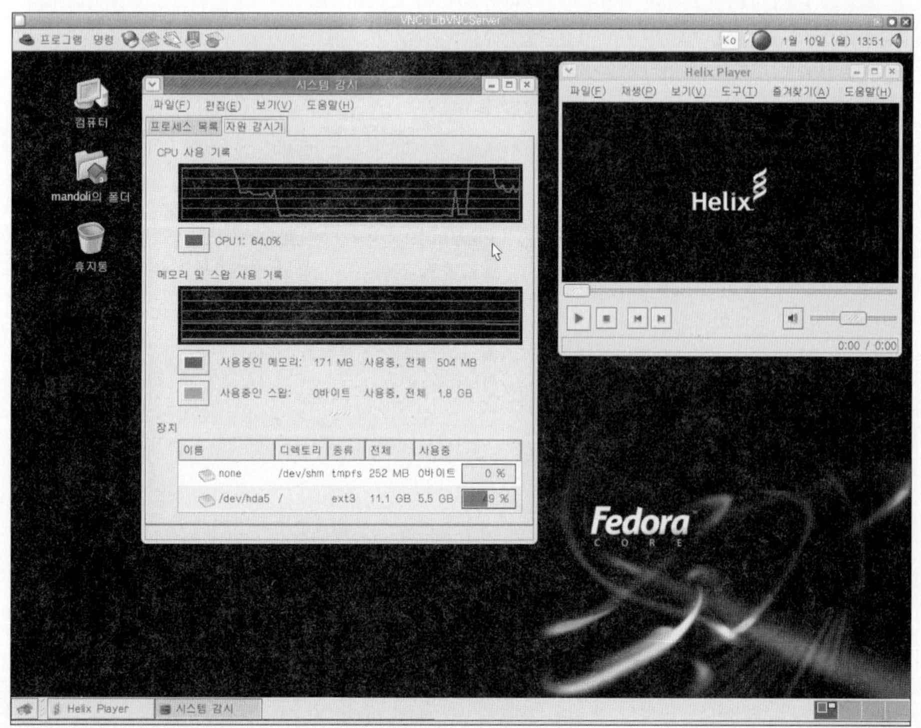

6. 원격 서버 쉘 접속

리눅스 원격 서버 쉘에 접속할 때는 ssh 프로그램을 이용합니다. ssh는 페도라에서 기본적으로 지원하는 소프트웨어이므로 별도로 설치하지 않아도 됩니다. 원격 ssh 서버에 접속하려면 다음과 같이 'ssh 서버주소 -l 사용자명' 명령으로 접속합니다.

그러면 터미널을 열어 192.168.0.5 서버의 fedora 계정으로 쉘 접속을 하는 방법은 다음과 같습니다.

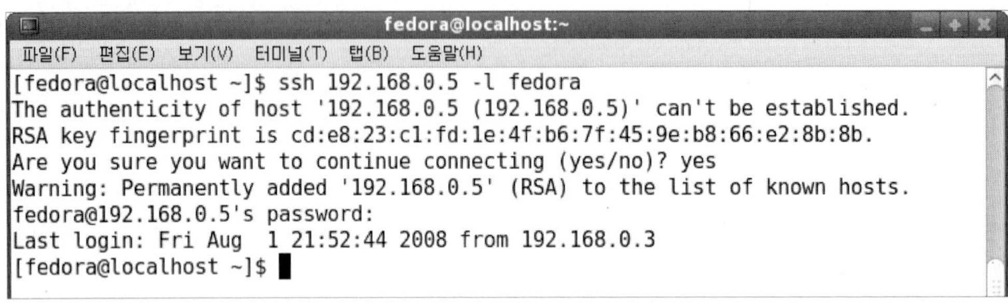

7. FTP 클라이언트 프로그램(gFTP)

gFTP는 엑스 윈도우에서 FTP 서버를 접속해 주는 FTP 클라이언트 프로그램입니다. gFTP는 윈도우 운영체제의 LeapFTP나 WsFTP와 유사한 형태의 FTP 클라이언트로, 두 개의 화면으로 구성되어 있는데, 왼쪽 화면은 로컬 디렉토리와 파일을 보여 주고, 오른쪽 화면은 FTP 서버의 디렉토리와 파일을 보여 줍니다. FTP 서버에 접속하는 방법은 호스트 입력폼에 FTP서버 주소를 입력하고, 포트, 사용자, 비밀번호 입력폼에 각각 FTP 서버 포트, 계정과 열쇠글을 입력하여 Enter 키를 치면 됩니다. gFTP는 기본적으로 수동 모드로 연결되므로, 만일 능동 모드로 연결해야 한다면 [FTP] 메뉴에서 [옵션]를 클릭하여 [FTP]탭에 있는 [수동 파일 전송] 옵션을 비활성화해 주면 됩니다.

07. 게임 프로그램

리눅스가 개인 데스크탑 시스템으로써 대접을 받지 못하는 이유 중의 하나가 윈도우 운영체제 환경과 같은 게임 환경과 소프트웨어가 부족하다는 사실에 있을 것입니다. 현재 리눅스의 게임 시장은 매우 협소하고, 리눅스 지원 게임들이 윈도우에 비해 현격히 부족한 것은 사실이지만, 윈도우 게임을 리눅스에서 할 수 있는 에뮬레이터 프로그램들이 소개되고 있어서 일부 윈도우 게임을 리눅스에서 사용할 수 있는 기회가 점차 늘어나고 있습니다. 이 장에서 리눅스 게임에 관련된 사이트를 알아보고, 윈도우게임을 리눅스에서 즐길 수 있는 방법을 알아봅니다.

학습 주제

▶ 리눅스용 게임 사이트 알아보기
▶ 리눅서가 좋아하는 30가지 공개 게임
▶ 윈도우 게임 즐기기

1. 리눅스용 게임 사이트

1.1 The Linux Game Tome

오랜 전통의 대표적인 리눅스 게임 사이트로 1980년대 유행했던 전자 오락실의 고전 게임들을 비롯하여 최근에 개발되고 있는 게임들을 게임 분류, 등급, 게임 설명, 평가 등으로 리눅스 게임에 관한 유익한 정보를 제공합니다. 게임을 좋아하는 사용자에게 권장될만한 사이트 중의 하나라고 할 수 있습니다. 이 사이트의 주소는 다음과 같습니다.

```
http://happypenguin.org
```

1.2 Linux Games

Linux Games 사이트는 게임에 관련된 최신 정보와 자료를 제공합니다. 리눅스에서 구동되는 게임들에 대한 리뷰와 포럼이 개설되어 있으며, FTP 서버에서는 각종 게임들을 다운로드할 수 있습니다. 이 사이트 역시 게임을 즐기는 게이머들에게는 알찬 사이트가 될 것입니다.

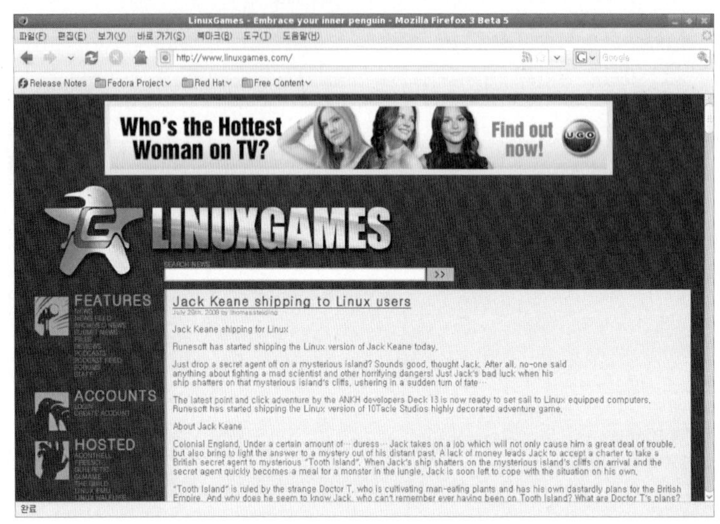

1.3 Tux Games

Tux Games는 리눅스 게임 온라인 쇼핑몰 사이트로 리눅스 게임 소식과 함께 저렴한 가격으로 게임을 판매 서비스하고 있으며, 일부 게임에 대해서 데모 버전을 제공합니다. 이 사이트의 주소는 다음과 같습니다.

```
http://www.tuxgames.com
```

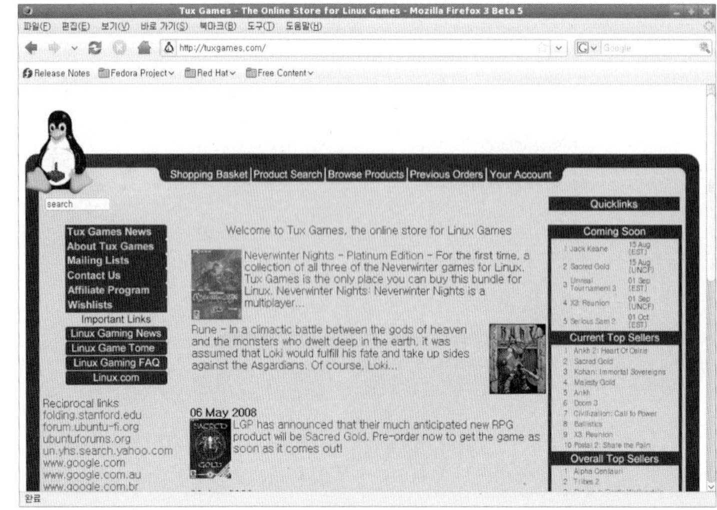

1.4 Linux Game Publishing

Linux Game Publishing 사이트는 윈도우 운영체제의 게임을 리눅스로 포팅하거나 새로운 게임을 개발하여 리셀러 채널을 통해서 수준 높은 게임들을 제공하는 역할을 합니다. 이 사이트를 통해서 많은 게임들이 소개되고 있으며, 자세한 정보는 다음 주소에서 구할 수 있습니다.

```
http://www.linuxgamepublishing.com
```

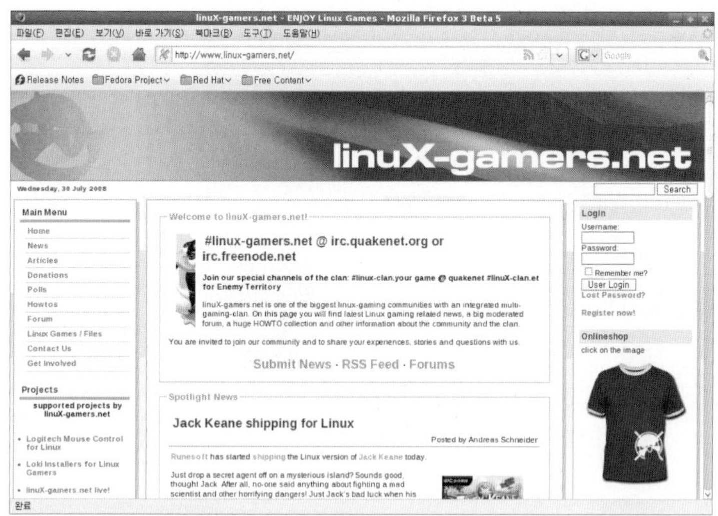

1.5 Linux Gamers NET

리눅스 게이머들을 위한 사이트로 최신 게임에 대한 각종 정보와 게임 노하우를 제공합니다. Wine이나 Cedega를 이용하여 윈도우 게임을 리눅스에서 즐길 수 있는 환경과 사용법을 제공하고 있으며, Wolfenstein 3D, Quake 3 Arena, Unreal Tournament 2003, Warsow, Neverwinter Nights 등의 리눅스용 게임을 즐기는 방법과 아울러 현재는 서비스되고 있지 않은 Loki Entertainment사의 게임을 즐기는 방법까지도 자세하게 제공합니다. 그 외 300여종의 게임과 100여개의 유틸리티도 제공하여 리눅스 게이머들에게는 더할 나위없는 환상적인 리눅스 게임 사이트일 것입니다. 이 사이트의 주소는 다음과 같습니다.

```
http://www.linux-gamers.net
```

1.6 LGames

SDL(Simple DirectMedia Layer)라는 그래픽 프레임바와 오디오 디바이스에 빠르게 액세스할 수 있도록 해 주는 멀티 라이브러리를 기반으로 만들어진 게임들을 모아 제공하는 사이트입니다.

LGames는 Linux Games를 의미합니다. 이 사이트에서 제공하는 게임들은 The Linux Game Tome에서도 제공됩니다.

```
http://lgames.sourceforge.net
```

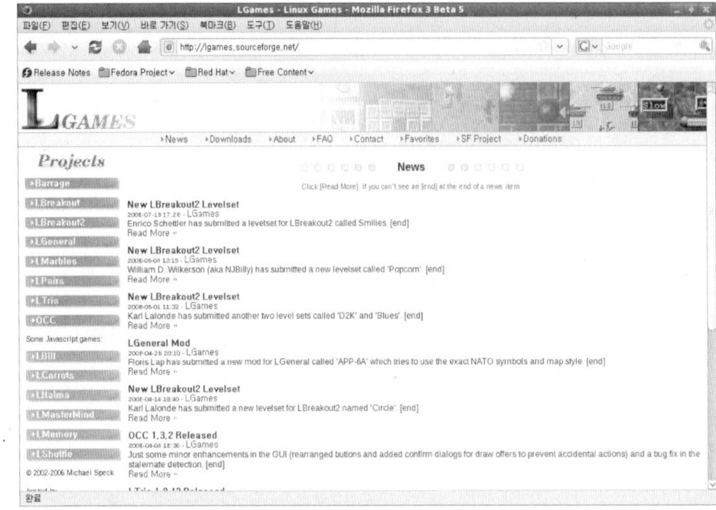

Chapter
08. 멀티미디어 프로그램

이 장에서는 리눅스의 꽃이라 할 수 있는 멀티미디어 환경 구축에 관하여 알아봅니다. 이 장을 통해 여러분은 리눅스가 윈도우에 비해 얼마나 뛰어나고 편리한 멀티미디어 환경을 제공하고 있는지를 놀라게 될 것입니다. 이 장에서는 사운드 카드 설정을 시작으로 하여 MP3/OGG 음악 파일을 감상하는 방법과 Divx 동영상 파일과 DVD로 영화를 보는 방법과 아날로그 뿐만 아니라 HDTV 수신 카드로 TV를 보는 방법을 알아보고, 마지막으로 시디 레코딩하는 방법을 알아보고 궁극적으로 홈 씨어터를 구축하는 방법을 알아볼 것입니다.

학습 주제

- ▶ 사운드 카드 설정
- ▶ MP3 플레이어
- ▶ Dvix 동영상 플레이어
- ▶ DVD 플레이어
- ▶ TV 수신 설정및 수신 프로그램
- ▶ CD 레코딩 프로그램
- ▶ MythTV를 이용한 홈씨어터 구축

1. 사운드 카드 설정

페도라9 버전에서는 udev와 HAL[15] 기술로 자동으로 사운드 카드를 완벽하게 탐지하여 설정해 주기 때문에 기존 버전에서 지원하던 사운드 카드 설정 도구인 system-config-sound는 지원하지 않습니다. 그만큼 사운드 하드웨어의 지원성이 유연해져 사운드 카드는 별도로 설정할 이유가 없어졌습니다. 만일 소유하고 있는 사운드카드가 페도라9에서 자동 인식되지 않는다면 페도라 프로젝트 팀에게 사운드 카드에 대한 버그로 보고하기 바랍니다.

2. 사운드 볼륨 조절

상단 패널 오른쪽에 있는 스피커 아이콘을 더블 클릭하여 볼륨을 조절할 수 있습니다.

1.1 gnome-sound-properties

[그놈 시스템 메뉴 -> 하드웨어 -> 소리]를 실행하면 페도라에서 인식한 사운드 카드의 정보를 [기본 믹서 트랙의 장치]에서 확인할 수 있습니다.

---

15) HAL(hardware abstraction layer, 하드웨어 추상화 레이어)은 단순히 새 장치 지원을 추가할 수 있게 하는 인터페이스이면서 장치를 사용하는 모든 응용프로그램을 수정하지 않고 컴퓨터에 장치를 연결하는 새로운 방식을 말합니다.

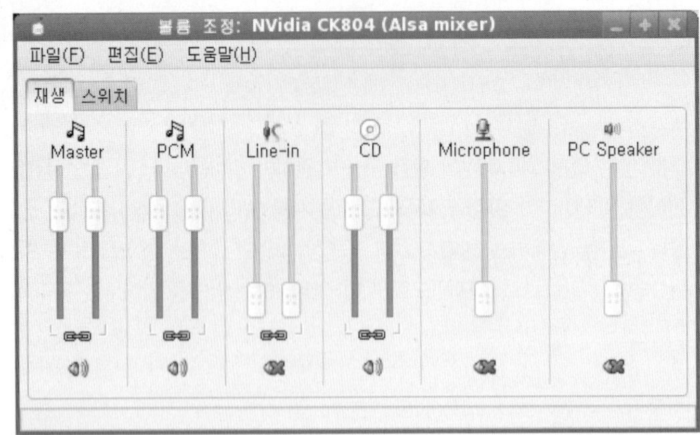

그놈에서 [시스템 메뉴 -> 기본 설정 -> 하드웨어 ->불륨 조정]을 클릭하거나 상단 패널 오른쪽에 있는 스피커 아이콘을 더블 클릭하면 Gnome-volume-control 사운드 믹서 프로그램이 실행됩니다. Gnome-volume-control 프로그램을 이용하여 사운드 카드의 음량을 조절할 수 있습니다.

불륨 조정 창 하단에 있는 스피커 모양은 소리가 켜져 있는지 꺼져 있는지는 빨간색 X 표시로 보여 줍니다. X가 없는 것은 소리가 정상적으로 나오는 것이며, X 표시는 소리가 꺼져 있는 상태를 의미합니다. 스피커 아이콘 바로 위에 사슬이 연결되어 있는 것과 떨어져 있는 것이 있는데, 사슬을 클릭하여 사슬이 연결되면 양쪽 스피커의 음량을 동일하게 조절할 수 있고, 오른쪽과 왼쪽을 따로 조절하라면 사슬이 끊어진 상태에서 미끄럼 버튼을 이용하여 조절하면 됩니다.

3. MP3/OGG 플레이어 프로그램

3.1 동영상 플레이어 [프로그램 메뉴 -> 음악과비디오 -> 동영상 플레이어]

Totem 미디어 재생기는 동영상 프로그램을 살펴볼 때 자세히 알아보겠지만, 동영상 파일과 각종 사운드 파일을 재생해 주는 뛰어난 프로그램으로 Xine 엔진을 기반으로 개발되었습니다. Totem에 대한 자세한 정보는 다음 사이트를 참고하면 됩니다.

```
http://www.gnome.org/projects/totem
```

Totem를 실행하려면 [프로그램 메뉴 〉 음악과 비디오 〉 동영상 플레이어]를 클릭합니다. MP3, OGG 등 음악 파일을 감상하려면 [동영상 메뉴 〉 열기]를 클릭하여 음악 파일을 선택하고, [추가] 버튼을 클릭하면 되고, 스트리밍 방송을 듣고자 하는 경우에는 [동영상 메뉴 〉 위치열기]를 클릭하여 스트리밍 서버의 주소를 입력해 주면 됩니다.

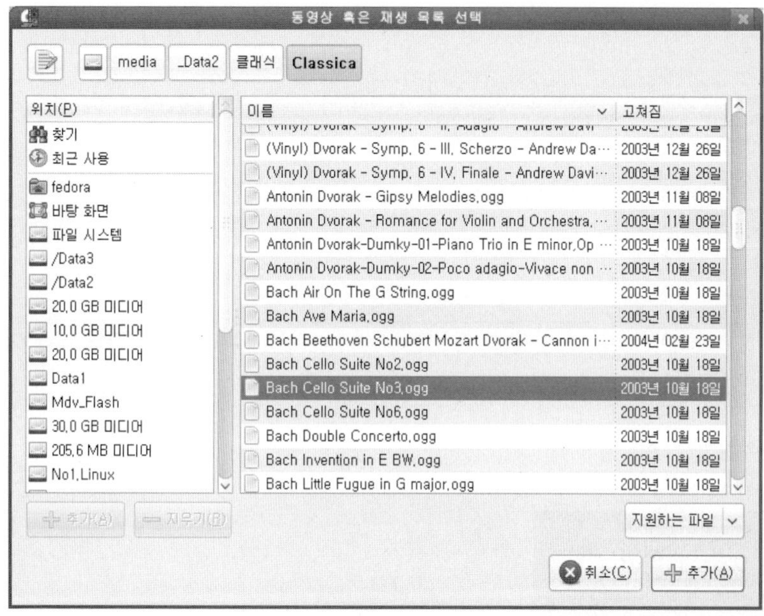

3.2 리듬박스 음악 연주기(Rhythmbox)

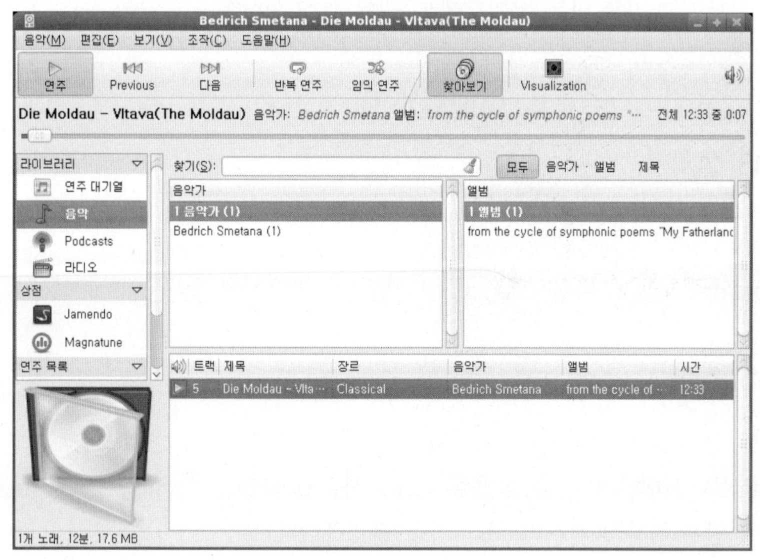

리듬박스 음악 연주기는 mp3, ogg 등의 음악 파일을 지원할 뿐만 아니라 인터넷 라디오 스트리밍 방송을 지원합니다. 음악 파일을 감상하려면 [음악 메뉴 〉 파일에서 가져오기]를 클릭하여 음악 파일을 선택하거나 [폴더에서 가져오기]를 클릭하여 음악 파일이 있는 폴더를 지정하여 [연주] 아이콘을 클릭하여 감상할 수 있습니다. 연주중인 곡을 정지시키려면 [연주] 도구 아이콘을 클릭해 주면 됩니다. mp3 파일은 라이선스 문제로 코덱이 설치되어 있지 않아 mp3 파일을 선곡하였을 경우 메시지 창이 뜨게 되는데, 코덱 설치 창에서 Fluendo MP3 Audio Decorder를 설치해 주면 문제없이 mp3 파일도 감상할 수 있습니다.

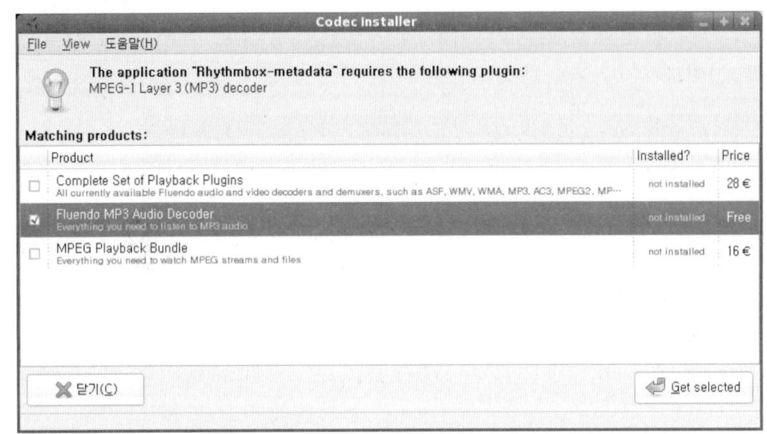

3.3 XMMS

xmms는 윈도우의 사운드 파일 재생기인 winamp와 모양이나 사용법이 유사한 형태의 프로그램으로 원앰프를 자주 사용하는 사용자들에게는 친숙한 사운드 플레이어 프로그램일 것입니다. xmms에 관한 최신 정보와 자료와 스킨을 다음 사이트에서 구할 수 있습니다.

```
http://www.xmms.org
```

3.3.1 XMMS 설치

xmms는 yum 도구를 이용하여 다음과 같이 설치합니다.

```
yum install xmms xmms-gtk-playlist xmms-mp3 xmms-musepack xmms-skins
```

3.3.2 XMMS 실행

[프로그램 메뉴 〉 음악과 비디오 〉 오디오 재생기]를 선택하거나 Alt + F2 키를 눌러 xmms를 입력 실행하여 xmms를 실행합니다. MP3 또는 OGG 사운드 파일을 읽어 들이려면 xmms 재생기의 PL 버튼을 클릭하여 연주 목록(플레이리스트) 창을 불러옵니다.

창 왼쪽 아래의 [Add] 버튼을 눌러 File을 선택하면 파일 읽기창이 열리고, Dir를 누르면 디렉토리 창이 열리므로, MP3 파일이나 디렉토리를 지정하여 MP3 파일을 불러오면 됩니다.

3.3.3 사운드 입력 플러그인 설치

flac, mpc, aac와 같은 형식의 사운드 파일을 xmms에서 들으려면 각각의 입력 플러그인을 설치해야 합니다. yum 도구를 내려받기할 수 있는 플러그인명은 다음과 같습니다.

사운드 포맷/코덱 파일	플러그인 설치 방법
flac (Free Lossless Audio Codec)	yum install xmms-flac
mpc	yum install xmms-musepack
aac	yum install xmms-faad2

4. 동영상 재생기

4.1 Totem

Totem Player는 mp3,ogg 사운드 파일 뿐만 아니라 Divx 동영상및 오디오 CD, VDD, DVD를 지원하는 플레이어 프로그램으로, xine 라이브러리 엔진이나 gstreamer 엔진을 사용합니다. 페도라에서는 gstreamer 엔진을 기반으로 한 totem을 지원하는데, gstreamer 엔진을 이용한 totem를 보는 방법을 알아봅니다.

4.1.1 Totem 설치

Totem은 yum 패키지 설치 도구를 이용하여 다음과 같이 설치합니다.

```
$ su -c 'rpm -ivh http://rpm.livna.org/livna-release-9.rpm'
$ su -c  'yum -y install gstreamer-ffmpeg gstreamer-plugins-ugly gstreamer-plugins-
  bad gstreamer-plugins-bad-extras'
```

4.1.2 한글 자막 설정

Step1   [편집 〉 기본 설정]을 클릭합니다.

Step2   글꼴을 [은돋음], 크기는 32로 설정합니다.

Step3   인코딩은 한국어(EUC-KR)로 설정합니다.

4.1.3 Totem 실행

[프로그램 메뉴〉 음악과 비디오〉 동영상 플레이어]를 선택하여 실행하거나 Alt + F2 키를 눌러 totem 를 입력하여 실행할 수 있습니다. 또는 [파일]메뉴에서 [열기]를 선택하여 동영상 파일을 선택하거나 다음과 같이 터미널 창에서 동영상 파일을 지정하여 실행하여 동영상 파일을 볼 수 있습니다.

```
totem 동영상파일명
```

4.2 MPlayer

MPlayer는 VCD, DVD, Divx, Mpeg1/Mpeg2, AVI, ASF 등 각종 동영상 파일을 재생해 주는 강력한 동영상 플레이어입니다. MPlayer는 X11, Xv, DGA, OpenGL, SVGAlib, fbdev, SDL 등 광범위한 출력 드라이버를 지원하며, smi 자막을 완벽하게 지원합니다. MPlayer에 대해서 보다 자세한 정보를 구하고 자 한다면 다음 사이트를 참고합니다.

```
http://www.mplayerhq.hu/homepage/design7/news.html
```

4.2.1 MPlayer 설치

MPlayer 프로그램을 실행하기 위해서는 다음 자료들을 설치해야 합니다.

구비 자료	구하기
MPlayer	yum install mplayer mplayer-gui
Codecs	http://www.mplayerhq.hu/MPlayer/releases/codecs/all-20061022.tar.bz2

4.2.2 코덱 설치

MPlayer 코덱을 다음과 같이 다운로드하여 /usr/lib 디렉토리로 설치합니다. 그리고 나서 /usr/lib/ all-20061022 디렉토리를 /usr/lib/win32 디렉토리로 심볼릭 링크합니다.

```
# su -c 'wget -O- http://www.mplayerhq.hu/MPlayer/releases/codecs/all-20061022.tar.bz2
| tar xvfj - -C /usr/lib'
# su -c 'ln -s /usr/lib/all-20061022 /usr/lib/win32'
```

* 첫 번째 명령어는 한 줄로 된 명령어이므로 명령 실행시 주의해 주세요

4.2.3 MPlayer 설치

MPlayer 패키지를 yum으로 설치합니다.

```
$ su -c 'yum install -y mplayer mplayer-gui'
```

4.2.4 MPlayer 실행

[프로그램 메뉴 〉 음악과 비디오 〉 MPlayer]를 실행합니다.

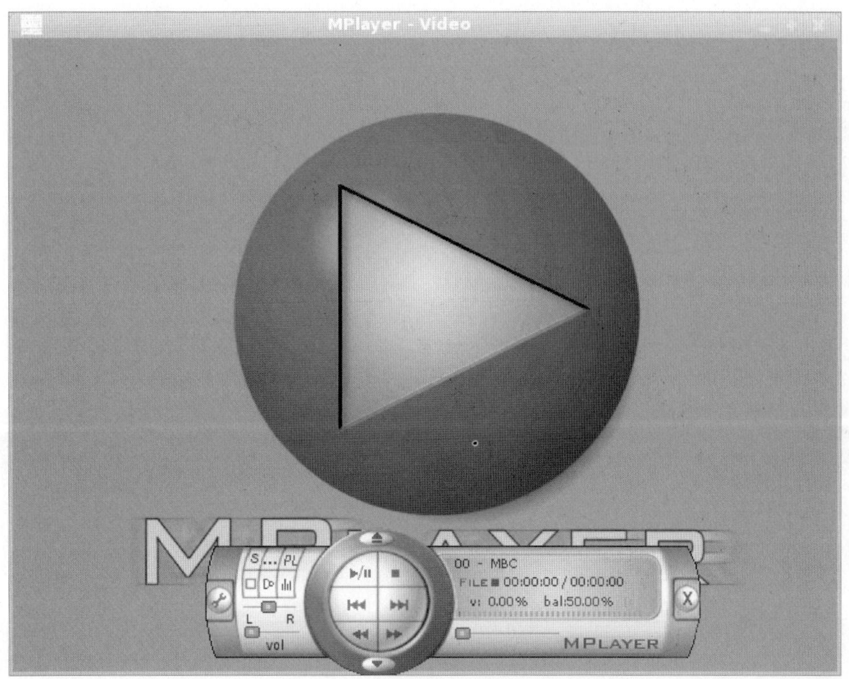

4.2.5 MPlayer 환경 설정

Step1   MPlayer 제어기의 왼쪽에 있는 스패너 모양의 아이콘을 클릭합니다.

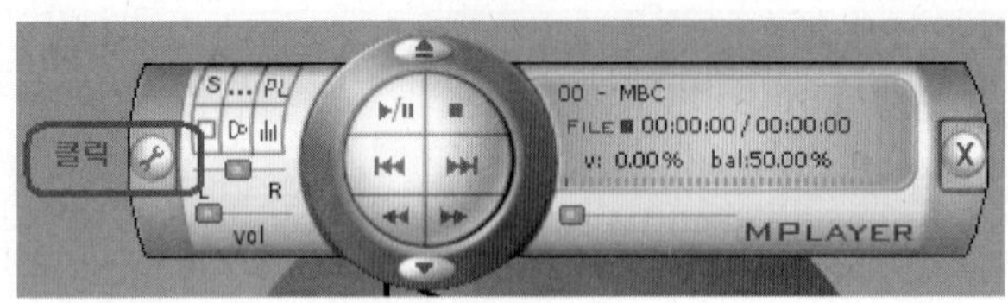

Step2   [Subtitles & OSD] 탭에서 Encoding 값을 Korean charset(CP949)로 설정하고, 그 아래 세 번째 옵션인 [Unicode subtitle]를 체크합니다.

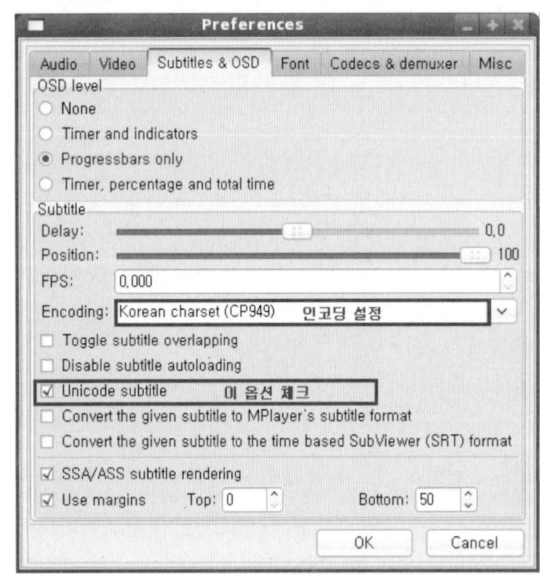

Step3   [Font] 탭을 클릭하여 글꼴을 UnDotum으로 설정합니다. Encoding은 Unicode로 그대로 둡니다.

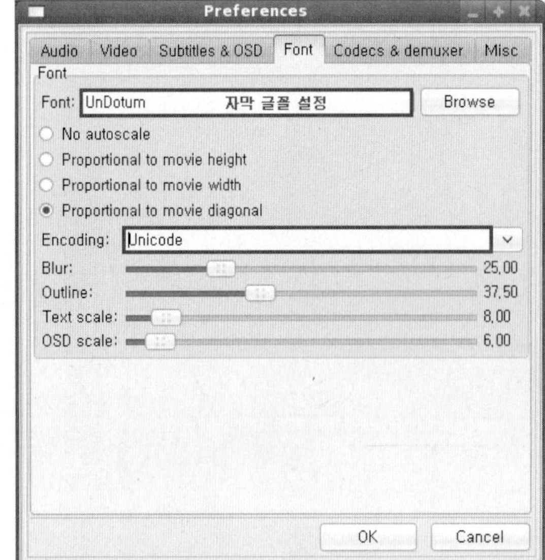

4.2.5 MPlayer 실행 및 영화 보기

Divx 또는 MPEG 동영상 파일을 MPlayer로 실행하는 방법은 다음과 같습니다.

```
gmplayer 동영상파일명
```

만일 그래픽 환경으로 MPlayer를 실행하고자 한다면 [Alt] + [F2] 키를 눌러 gmplayer를 입력하여 실행하거나 [프로그램 메뉴 〉 음악과 비디오 〉 MPlayer]를 선택하여 실행하면 됩니다.

4.2.6 MPlayer Skin 설치

MPlayer 스킨은 MPlayer 사이트로부터 다운로드하여 /usr/share/mplayer/Skin 디렉토리로 압축을 풀어 놓습니다. 그리고나서 사용자 홈 계정 ~/.mplayer/config 파일에 다음 라인을 추가합니다.

```
skin = 스킨명
```

스킨을 추가하고 설정한 후 gmplayer 명령을 실행하여 MPlayer를 실행하여 스킨이 적용되었는지를 확인합니다.

5. DVD 재생 프로그램(Xine)

리눅스에서 지원하는 DVD 재생기로는 Xine, Ogle, MPlayer, VLC, Totem, Kaffeine 등이 있습니다. 이 중에서 Xine으로 DVD를 보는 방법을 알아봅니다.

5.1 Xine

Xine은 GPL 라이센스의 DVD 및 VCD, CD 재생 프로그램으로, AVI, MOV, WMV 그리고 MP3의 다양한 멀티미디어 파일 포맷과 다양한 스킨을 지원하며, 인터넷상의 스트리밍 서비스 뿐만 아니라 HDTV 수신도 지원합니다.

5.2 Xine 정보

Xine에 대한 자세한 정보와 최신 버전은 다음 사이트에서 구할 수 있습니다.

```
http://xinehq.de
```

5.3 Xine 설치

Xine DVD 재생기 프로그램을 yum 도구를 이용하여 설치합니다.

```
yum install xine libdvdcss libdvdread libdvdnav
```

5.4 Xine 실행

xine 프로그램을 실행하기 앞서 DVD-ROM 드라이브를 /dev/dvd 디바이스로 심볼릭 링크 처리합니다. /dev/hdc에 DVD-ROM 드라이브가 연결되어 있다면 다음과 같이 심볼릭 링크를 합니다.

```
ln -s /dev/hdc /dev/dvd
```

Xine 실행은 [프로그램 메뉴 〉 음악과 비디오 〉 Xine Multimedia Player]를 선택하여 실행하거나 Alt + F2 키나 터미널 창에서 xine를 입력하여 실행하면 됩니다.

xine 실행하는 다른 방법

xine /경로/vob파일명	예) xine /dvd/vts_01_1.vob	(DVD VOB 파일 감상시)
xine vcd://트랙번호	예) xine vcd://3	(VCD 타이틀 감상시)
xine dvd:/vob파일명	예) xine dvd://vts_01_1.vob	(DVD 타이틀 감상시)
xine /경로/파일명	예) xine /data/Oceans_11-2.avi	(MPG,DIVX 동영상 감상시)

DVD를 보기 위해서는 LCD 창에 있는 DVD 버튼을 누른 후에 [Play] 버튼을 누르면 됩니다. 플레이어의 [subs]의 ⊞ ⊟ 버튼을 한번씩 누르면 한글 자막을 볼 수 있습니다.

5.5 키보드 단축키

단축키	역할	단축키	역할
Enter 키	시작, 플레이 버튼	Space Bar	정지
F	전체 화면	Page up	이전 플레이 리스트 엔트리로 가기
Q	종료	Page down	다음 플레이 리스트 엔트리로 가기
'0	현재 스트림으로 시작	A	화면 비율 변경(자동/16:9/4:3/DVB)
1 ~ '9	10~90% 앞 스트림으로 빨리 이동하기	Ctrl	마우스 커서 보이기/감추기

6. TV/HDTV 수신

리눅스에서 TV를 시청하려면 먼저 리눅스 커널에서 완벽하게 지원하는 TV 카드 칩셋을 탑재한 TV 수신 카드를 선택합니다. 현재 리눅스 커널에서 지원하고 있는 아날로그 칩셋은 bt878 칩셋과 saa713x 칩셋, Conexant 2388x칩셋이며, HDTV 칩셋은 Conexant 2388x, Cypress FX2LP 등이 있습니다.

6.1 리눅스 지원 TV 수신 카드

제조업체	제품명	아날로그 방송	HDTV 방송
시그마컴(주)	Sigma TV II (FM)	○	×
	Sigma HDTV K1	○	×
	Sigma HDTV X1	○	○
스카이디지털(주)	Sky HDTV	○	○
디비코(주)	Fusion HDTV5 Lite	○	○
	Fusion HDTV5 Gold	○	○
	Fusion HDTV5 USB	×	○

* 시그마컴(주)의 Sigma HDTV X1 Star 제품은 리눅스에서는 지원하지 않습니다.

6.2 아날로그 TV 수신 카드 설정

6.2.1 bttv 모듈 띄우기

bttv 모듈은 modprobe 도구로 수동으로 직접 띄울 수 있으며, /etc/modprobe.conf 파일에 모듈 정보를 추가해 주므로써 부팅시 자동으로 모듈이 동작되도록 할 수 있습니다.

```
alias char-major-81 bt878
alias char-major-81-0 bttv
options bttv card=44 tuner=9
options msp3400 mixer=1
```

6.2.2 bttv 모듈 수동으로 띄우기

bttv 모듈을 modprobe로 다음과 같은 형식으로 커널에 띄울 수 있습니다.

```
modprobe bttv card=카드번호 tuner=튜너번호
```

커널 2.6에서 지원하는 bttv 칩셋의 카드와 튜너 종류는 커널 소스 디렉토리의 Documentation/video4linux/

CARDLIST.bttv 파일과 CARDLIST.tuner 파일에서 확인할 수 있습니다. 시그마 II 수신 카드 경우, 카드 번호 44번을 가지며, 튜너 타입이 9번인 ALPS TSB1형 튜너를 사용하고 있으므로, 이 카드에 대한 모듈은 다음과 같이 띄어주면 됩니다.

```
modprobe bttv card=44 tuner=9
```

TV 수신 카드의 카드 타입 및 튜너 타입

TV 카드명	시그마 TV II	시그마 TV II-FM	온에어
Card Type	44	20	20
Tuner Type	9	2	2

6.3 HDTV 수신 카드 설정

HDTV 수신 카드는 Conexant CX23880/1/2/3 칩셋을 사용하고 있는 스카이디지털 PCI HDTV를 기준으로 설명합니다.

6.3.1 칩셋 확인

HDTV 카드의 Conexant 칩셋이 어떤 것인지를 lspci -v 명령으로 확인할 수 있습니다. 다음은 스카이디지털 PCI 정보입니다.

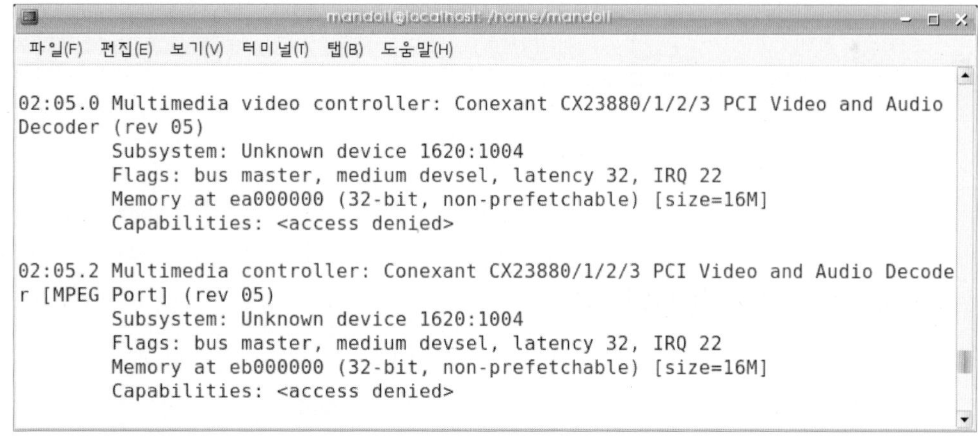

6.3.2 모듈 띄우기 (/etc/modprobe.conf)

/etc/modprobe.conf 파일에 다음 설정을 추가합니다.

```
options cx88xx card=31 tuner=64
```

그리고나서 시스템을 재시작합니다.

6.3.3 모듈 동작 확인

시스템을 재시작한 후 dmesg 명령을 실행하면 다음과 같은 메시지가 나오는 경우 정상적으로 DVB 모듈이 동작하고 있는 것입니다.

```
cx2388x dvb driver version 0.0.5 loaded
CORE cx88[0]: subsystem: 19b8:0462, board: Dvico Fusion HDTV [card=31,insmod option]
TV tuner 64 at 0x1fe, Radio tuner -1 at 0x1fe
ACPI: PCI Interrupt 0000:02:06.2[A] -> GSI 22 (level, low) -> IRQ 21
cx88[0]/2: found at 0000:02:06.2, rev: 5, irq: 21, latency: 32, mmio: 0xf3000000
cx88[0]/2: cx2388x based dvb card
DVB: registering new adapter (cx88[0]).
DVB: registering frontend 0 (LG Electronics LGDT3303 VSB/QAM Frontend)...
```

6.3.4 HDTV 디바이스 확인

HDTV(DVB) 모듈이 올라가면 /dev 디렉토리에 다음과 같은 디바이스가 자동으로 생성됩니다. 모듈을 내리면 자동으로 디바이스가 제거됩니다.

```
# ls /dev/dvb/adapter0/*
/dev/dvb/adapter0/demux0
/dev/dvb/adapter0/dvr0
/dev/dvb/adapter0/frontend0
/dev/dvb/adapter0/net0
```

6.3.5 채널 설정 도구 설치

다음과 같이 HDTV 채널을 선국하는 패키지를 설치합니다.

```
# yum install dvb-apps
```

6.3.6 채널 설정 파일 생성

HDTV 수신 프로그램으로 HDTV 방송을 시청하기 위해선 HDTV 채널 선국 파일인 channels.conf 파일을 만들어야 합니다. scandvb 도구를 이용하여 channels.conf 파일을 다음과 같이 만듭니다.

```
$ scandvb /usr/share/dvb-apps/atsc/us-Cable-Standard-center-frequencies-QAM256 >
channels.conf  <= 케이블티비 사용자
$ scandvb /usr/share/dvb-apps/atsc/us-ATSC-center-frequencies-8VSB > channels.conf
<= 안테나 사용자
```

다음은 수도권 지역의 HDTV 방송 채널이므로, 해당 지역의 송출 범위에 있는 사용자는 그대로 내용을 삽입하여 채널 설정 파일을 만들어 사용하면 됩니다.

송출소	channels.conf 설정 내용
남산	MBC:755028615:8VSB:17:20:1 KBS1:761028615:8VSB:33:36:1 KBS2:767028615:8VSB:33:36:1 EBS:773028615:8VSB:33:36:1 SBS:797028615:8VSB:17:20:1
관악산	MBC:473028615:8VSB:17:20:1 KBS1:479028615:8VSB:33:36:1 KBS2:485028615:8VSB:17:20:1 EBS:491028615:8VSB:33:36:1 SBS:497028615:8VSB:33:36:1

6.4 TV 시청

리눅스에서 사용할 수 있는 TV 시청 프로그램으로는 다음의 것이 있습니다.

프로그램	아날로그방송	HDTV 방송	관련 사이트
TVtime	○	×	http://tvtime.sourceforge.net
Xawtv	○	×	http://bytesex.org/xawtv
Kaffeine	×	○	http://kaffeine.sourceforge.net
Xine	×	○	http://xinehq.de
MPlayer	○	○	http:// http://www.mplayerhq.hu/homepage/design7/news.html
VLC	×	○	http://www.videolan.org/vlc
Klear	×	○	http://www.klear.org

상기 TV 시청 프로그램 가운데 몇 가지만 살펴봅니다.

6.4.1 tvtime (아날로그 방송 시청)

tvtime 아날로그 방송 프로그램은 OSD(On Screen Display)과 고품질의 화상을 지원하며, 1.85:1, 2.35:1, 4:3, 16:9 비율의 다양한 화면 기능과 자동 채널 선국 기능, 채널 미세 조정 기능, 현재 시각 표시 기능 등을 지원합니다.

6.4.1.1 tvtime 설치

tvtime 프로그램을 yum 도구로 다음과 같이 설치합니다.

```
$ su -c 'yum install tvtime'
```

tvtime에서 OSD 글꼴을 다음과 같이 변경합니다.

```
$     su    -c    'ln    -sf    /usr/share/fonts/korean/un-fonts/UnDotum.ttf
/usr/share/tvtime/tvtimeSansBold.ttf'
```

6.4.1.2 tvtime 실행 및 환경 설정

tvtime 프로그램은 [프로그램 〉 음악과 비디오 〉 TVtime Television Viewer]를 클릭하거나 `Alt` + `F2` 키를 눌러 명령 실행 창 또는 터미널 창에 tvtime를 입력하여 실행합니다.

tvtime을 실행하여 오른쪽 마우스 버튼을 클릭하면 tvtime 셋업 설정을 할 수 있습니다. [채널 관리]를 클릭하여 [NTSC 케이블로 전환]를 마우스 왼쪽 버튼을 클릭하여 [일반적인 NTSC 케이블 주파수 사용]으로 설정합니다. [주파수 테이블 변경]을 클릭하여 케이블 방송을 수신한다면 케이블로, 공중파 방송을 수신한다면 공중파를 선택합니다. [뒤로] 버튼을 클릭하여 초기 메인 메뉴로 되돌아와서 [입력 설정] 메뉴를 클릭하여 [비디오 소스 변경]에서 Television으로 설정하고, [TV 표준]에서 NTSC로 설정한 후 초기 메뉴 화면으로 되돌아와 [메뉴 나가기]를 클릭하여 설정을 종료합니다.

채널 이동은 마우스 휠을 돌려 채널을 빠르게 돌릴 수 있으며, 휠 버튼을 누르면 소리 *끄기*(mute)가 되며, 다시 휠 버튼을 클릭하면 소리 켜기가 됩니다. 마우스 왼쪽 버튼으로 OSD를 껐다 켰을 수 있으며, 마우스 오른쪽 버튼을 클릭하면 tvtime 셋업 메뉴가 실행됩니다. 좌우 방향키를 이용하여 음량을 조절할 수 있으며, 상하 방향키는 채널을 선국할 때 사용합니다.

6.4.2 HDTV 방송 보기 (Xine)

6.4.2.1 Xine 패키지 설치

```
$ su -c 'yum -y install xine xine-lib-extras xine-lib-extras-nofree
```

6.4.2.2 채널 파일

~/.xine/xine-ui__old__playlist 파일을 다음과 같은 형식으로 만듭니다.

```
entry {
      identifier = SBS;
      mrl = dvb://SBS;
};


entry {
      identifier = KBS2;
```

```
        mrl = dvb://KBS2;
};

entry {
        identifier = KBS1;
        mrl = dvb://KBS1;
};

entry {
        identifier = EBS;
        mrl = dvb://EBS;
};

entry {
        identifier = MBC;
        mrl = dvb://MBC;
};
# END
```

~/.xine 디렉토리 안에 앞서 생성해 놓은 channels.conf 파일을 복사해 넣습니다.

6.4.2.3 HDTV 보기

[프로그램 메뉴 〉 음악과 비디오 〉 Xine]를 클릭하여 xine 프로그램을 실행합니다. Xine 제어기의 왼쪽 상단에 있는 [playlist]를 클릭하여 [Load]를 클릭합니다.

xine를 실행한 상태에서 DVB를 보는 방법은 [playlist]를 클릭하여 [Load]를 클릭합니다.

xine-ui__old__playlist 파일을 불러옵니다. 그러면 플레이리스트 창에 HDTV 채널들이 보이게 됩니다.

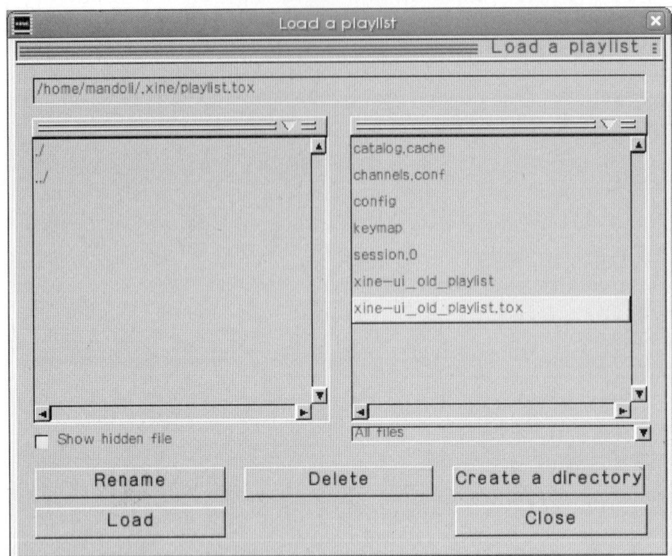

각 채널을 마우스로 클릭하면 HDTV 방송을 볼 수 있습니다.

7. CD/DVD 굽기 프로그램(CD/DVD Recording)

리눅스에서 지원하는 CD 굽기 프로그램으로는 콘솔용으로는 cdrecord가 있으며, 이 도구를 기반으로 개발된 엑스 윈도우용으로는 K3B, X-CD-Roast, 노틸러스 CD 굽기, Burn-it, KOnCD, gcombust 등이 있습니다. 이 절에서는 노틸러스 CD 굽기 프로그램을 다루는 방법에 대해서 알아봅니다.

노틸러스 CD 굽기 프로그램은 이미지 파일이나 데이터 파일을 폴더 안으로 드래그하여 [내용을 CD에 쓰기]를 클릭하면 다른 설정이나 다른 작업없이 바로 CD/DVD 굽기 작업을 할 수 있으므로 리눅스 초보자일지라도 누구나 쉽게 CD/DVD 굽기 작업을 할 수 있습니다.

Step1 노틸러스는 바탕 화면에 있는 사용자의 폴더를 클릭하거나 [프로그램 메뉴〉시스템 도구〉 파일 브라우저]를 선택하여 실행시킬 수 있습니다. 노틸러스 파일 관리자가 실행되면 [이동] 메뉴에서 [CD 만들기]를 선택합니다.

Step2 CD/DVD 만들기 창 안으로 굽기할 디렉토리나 파일 데이터를 드래그해 놓습니다.

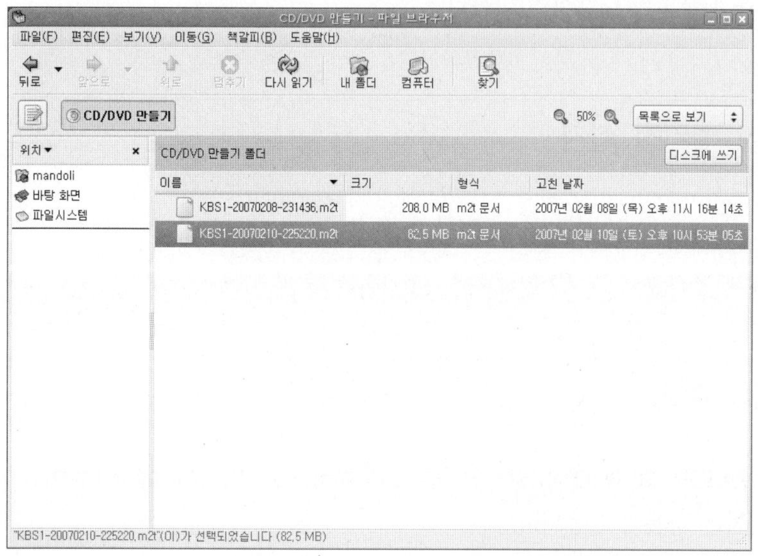

Step3 도구 모음에 있는 [디스크에 쓰기]를 클릭하거나 왼쪽 정보칸에 있는 [내용을 CD에 쓰기]를 클릭하면 [디스크에 쓰기 창]이 뜨는데, [쓰기] 버튼을 클릭합니다.

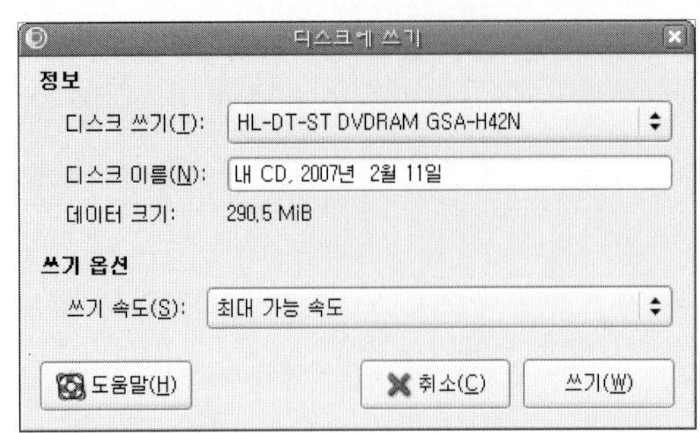

Step4 CD 이미지 파일을 만든 후 자동으로 CD로 굽게 되므로, CD 이미지 파일이 만들어지기 전에 CD/DVD 레코더 드라이브 안에 공CD/DVD를 넣어 두도록 합니다. CD 굽기 작업이 완료되면 CD가 자동으로 배출됩니다. [닫기] 버튼을 클릭하면 모든 굽기 작업을 마칩니다.

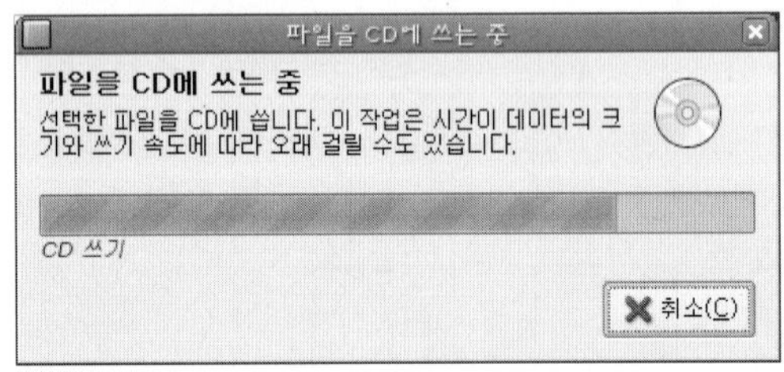

8. 홈 씨어터 구축 (Home Theater)

이 절에서는 HDTV 수신 카드와 MPlayer, mythtv 프로그램을 이용하여 홈 씨어터를 구축하는 방법을 알아봅니다. HDTV 수신 카드와 MPlayer 프로그램 설정에 대해서는 이미 살펴 보았으므로, mythtv 프로그램 설치와 사용법에 대해서 알아봅니다.

8.1 mythtv 패키지 설치

yum 패키지 설치 도구를 이용하여 다음과 같이 mythtv 패키지를 설치합니다.

```
$ su -c 'yum install -y mythtv'
```

8.2 MySQL 설정

mythTV는 MySQL 데이터베이스와 연동하여 동작하므로, MySQL에서 mythTV DB를 생성해 주어야 하는데 그 절차는 다음과 같습니다.

Step1 터미널을 열어서 mysql 데몬을 다음과 같이 띄웁니다.

```
$ su -c '/etc/init.d/mysqld restart'
```

Step2 mysql mysql 명령을 실행합니다.

```
$ su -c 'mysql mysql'
```

Step3 mysql〉 프롬프트에 다음 명령을 입력하여 실행합니다.

```
mysql> create database mythconverg;   Enter
```

Step4 mythtv 계정을 다음과 같이 생성합니다.

```
mysql> insert into user (host,user,password) values   Enter
    -> ('localhost','mythtv',password('mythtv'));
```

Step5 mythtv DB를 다음과 같이 등록합니다.

```
mysql> insert into db values   Enter
    -                                                      >
('%','mythconverg','mythtv','Y','Y','Y','Y','Y','Y','Y','Y','Y','Y','Y','Y','Y','Y'
,'Y','Y','Y');
```

'Y'의 개수는 17개이므로 주의해서 입력하기 바랍니다.

Step6 mysql〉 프롬프트에서 exit 명령을 쳐서 mysql를 종료합니다.

```
mysql> exit
```

Step7 mysql 데몬을 재시작합니다.

```
$ su -c '/etc/init.d/mysqld restart'
```

8.3 mythTV setup

[프로그램 메뉴 〉 음악과 비디오 〉 mythTV setup]를 클릭합니다.

한국어는 지원하지 않으므로, 언어 선택에서 English(US)로 선택합니다.

8.3.1 General 설정

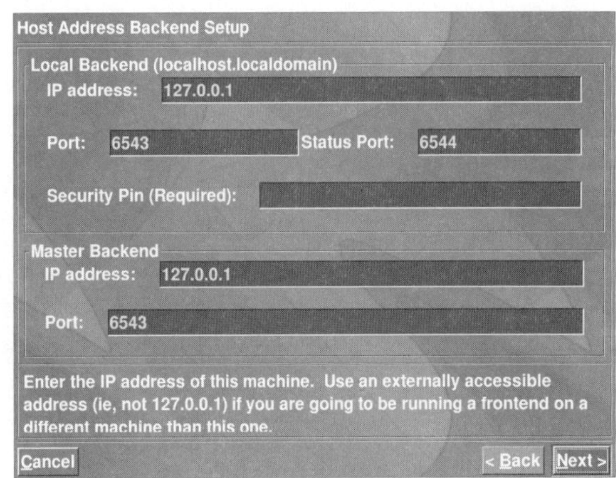

Step1 `Enter` 키를 누릅니다.

Step2 방향키를 사용하여 TV format를 [NTSC]로 설정하고, channel frequency table은 us-cable 또는 us-bcast로 설정합니다.

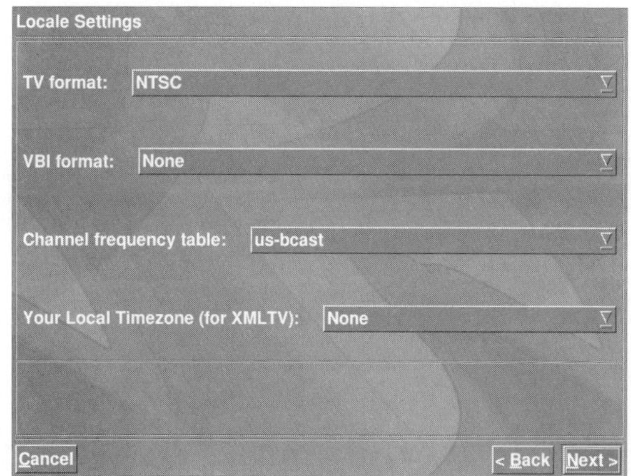

Step3 이 이후의 단계는 모두 Enter 키를 쳐서 설정을 완료합니다.

8.3.2 Capture 설정

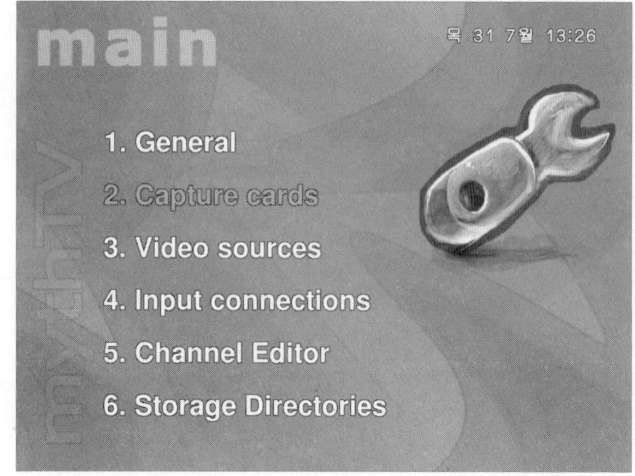

Step1 [New capture cards]를 클릭합니다.

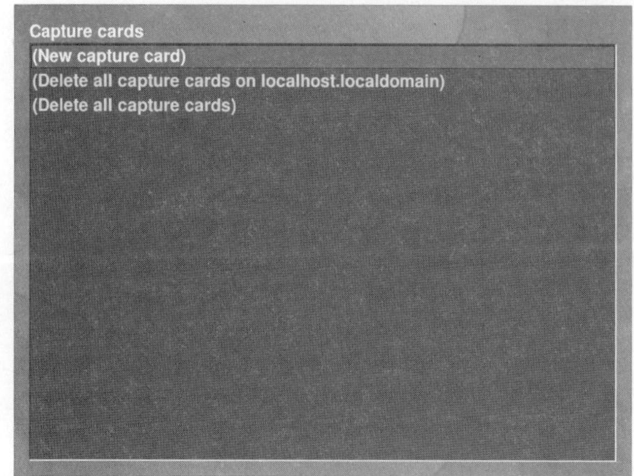

Step2 Card type를 [DVB DTV capture card (v3.x)]로 설정하고 [Finish]를 누릅니다.

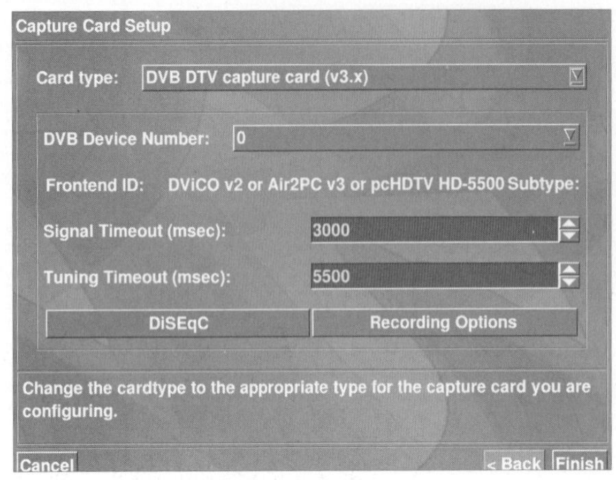

Step3 [DVB:0] 카드가 추가되었습니다. Esc 키를 눌러 상위 메뉴로 돌아갑니다.

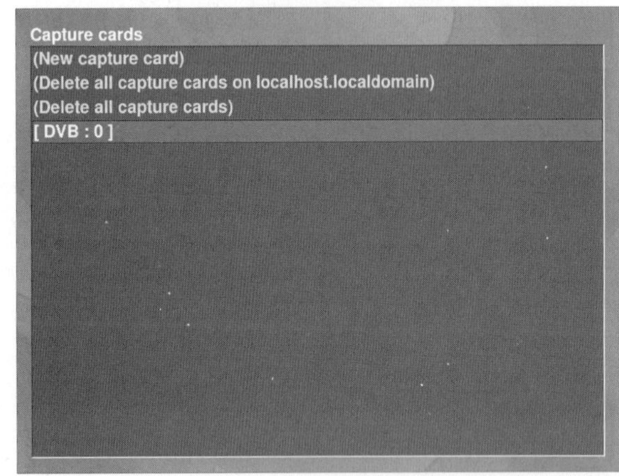

8.3.3 Video Sources 설정

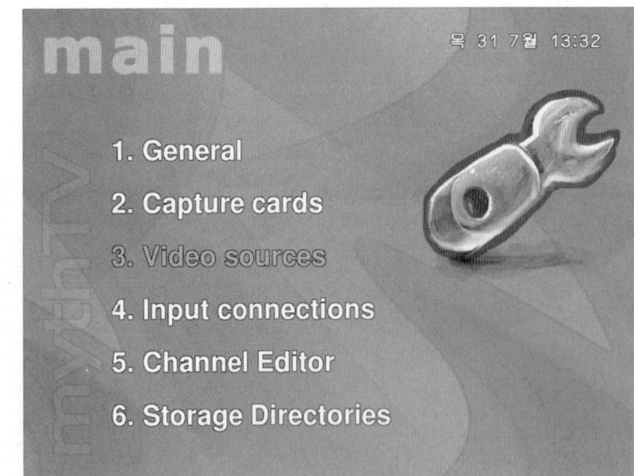

Step1 [New video source]를 누릅니다.

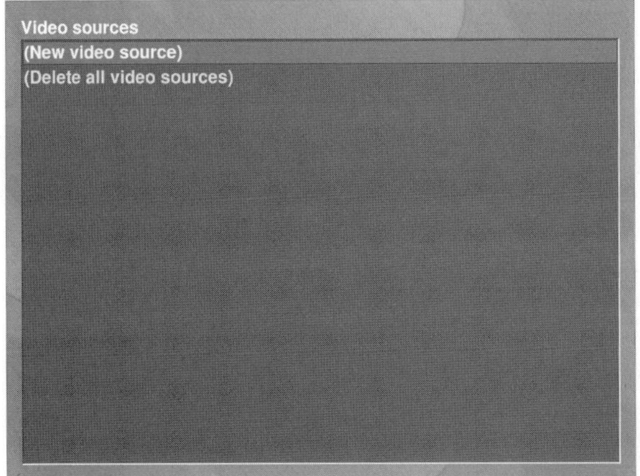

Step2 Video Source Name에는 HDTV로 입력하고, Listings grabber는 Transmitted guide only (EIT)로 선택합니다. 그리고 Channel frequency table:은 us-cable 또는 us-bcast로 설정합니다.

Step3 HDTV 비디오 소스가 추가됩니다. Esc 키를 눌러 상위메뉴로 돌아갑니다.

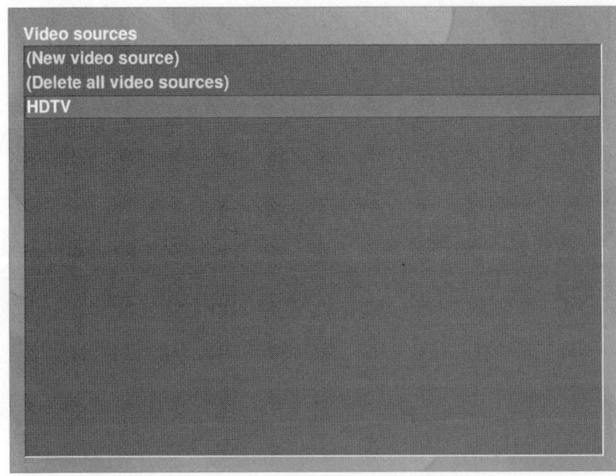

8.3.4 Input Connections 설정

Step1   Enter 키를 누릅니다.

Step2   Display Name에는 여러분 HDTV 카드에 맞게 입력해 줍니다. Video Source에는 HDTV로 설정하고 [Next]를 누릅니다.

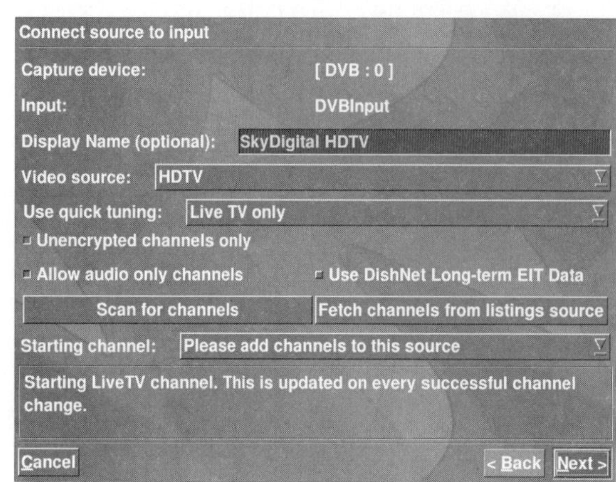

Step3　Enter 키를 칩니다.

Step4　Esc 키를 눌러 상위 메뉴로 갑니다.

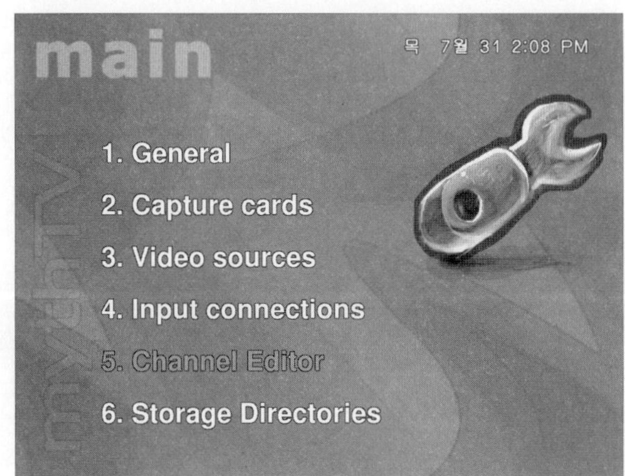

8.3.5 Channel Editor 설정

Step1 [Channel Scanner]를 누릅니다.

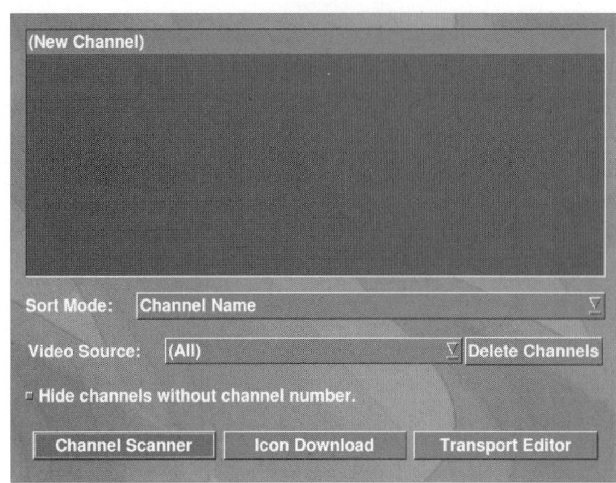

Step2 Scan Type은 Full Scan으로 선택하고, Frequency Table은 공중파 설정은 Bcast로 케이블 방송 설정은 Cable 또는 Cable High로 맞춥니다. ATSC Modulations은 공중파는 Terrestrial(8-VSB)로 설정하고, 케이블 방송은 Cable (QAM 256)으로 설정합니다.

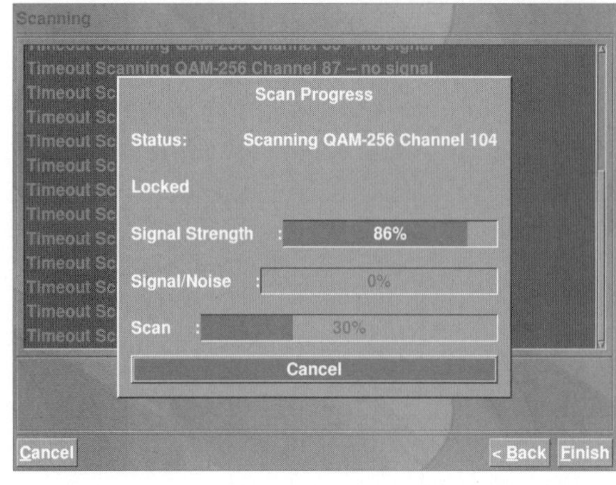

채널이 스캔됩니다.

Step3 채널 선국이 완료되면 셋업 프로그램이 종료됩니다.

8.4 mythTV 데이터베이스 업데이트

mythfilldatabase 명령을 실행하여 mythTV 디비를 업데이트합니다.

```
$ mythfilldatabase
```

8.5 mythtv 실행

Step1

루트 권한으로 mythtv 데몬을 띄웁니다.

```
$ su -c '/etc/init.d/mythbackend restart'
```

Step2

[그놈 프로그램 메뉴 〉 음악과 비디오 〉 mythTV frontend]를 클릭합니다. 또는 터미날에서 'mythfrontend' 명령을 실행합니다.

Step3

[Watch TV]를 선택하면 HDTV 시청을 할 수 있습니다. 채널 선국은 방향키를 이용합니다.

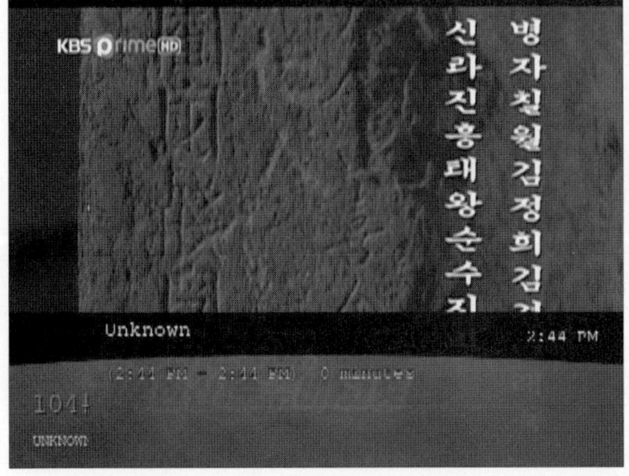

8.6 Utilities/ Setup 설정

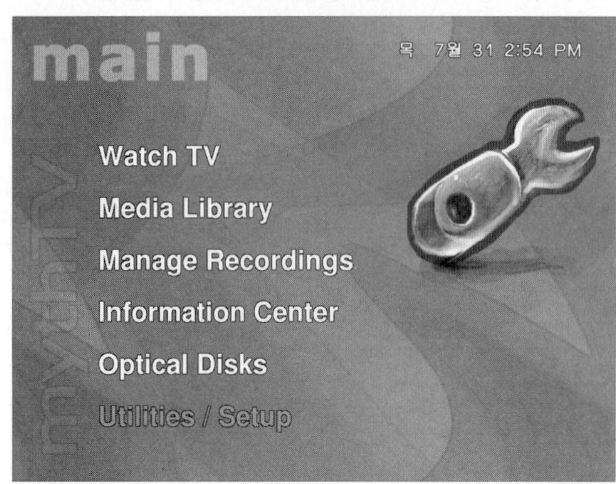

동영상 파일과 음악 파일이 mythTV에서 재생될 수 있도록 하려면 이들 파일이 있는 경로를 지정해 주어야 하므로 [Utilities/Setup]를 통해서 설정해 보도록 하겠습니다.

8.6.1 멀티미디어 파일 경로 지정

① 음악 파일 경로 설정

[Utilities/Setup 〉 Setup 〉 Media Settings 〉 Music Settings 〉 General Settings]에서 [Directory to hold Music]의 값을 음악 파일이 있는 디렉토리명으로 입력합니다. 기본 경로는 /var/lib/mythmusic입니다.

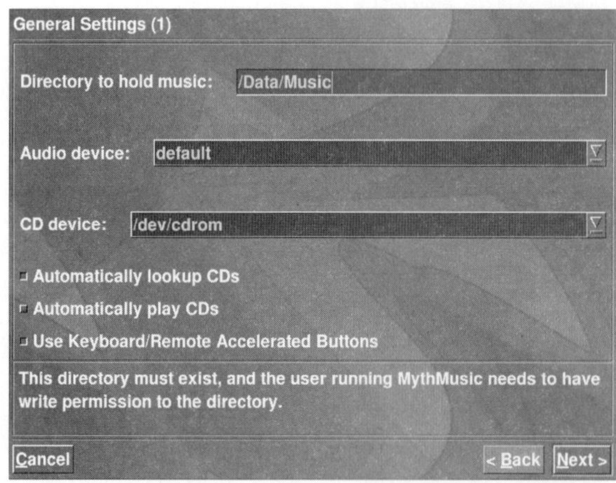

② 동영상 파일 경로 설정

[Utilities/Setup 〉 Setup 〉 Media Settings 〉 Videos Settings 〉 General Settings]에서 [Directory that hold videos]에 동영상 파일의 디렉토리를 지정합니다. 기본 경로는 /share/Movies/dvd입니다.

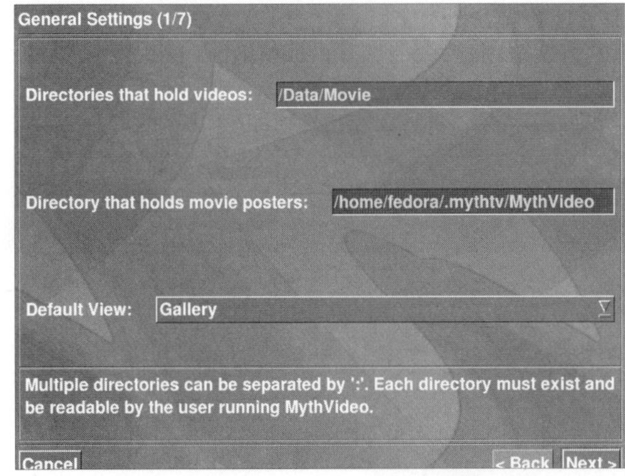

③ 이미지 파일 경로 설정

[Utilities/Setup 〉 Setup 〉 Media Settings 〉 Images Settings 〉 General Settings 〉 Directory that holds images]에 이미지 파일의 경로를 지정합니다. 기본 경로는 /var/lib/pictures입니다.

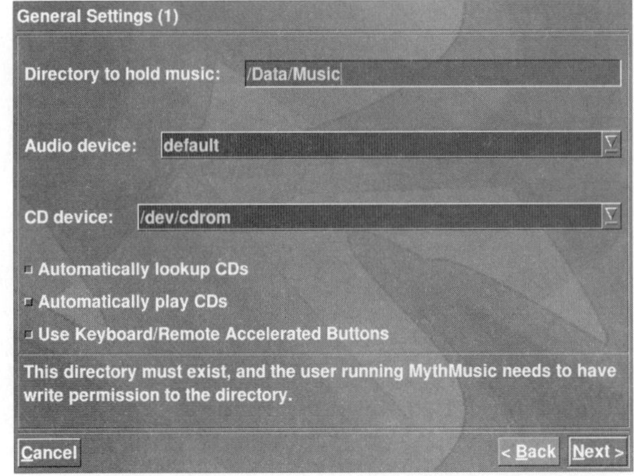

8.6.2 멀티미디어 파일 데이터베이스 갱신

[Utilities/Setup 〉 Music Tools]과 [Utilities/Setup 〉 Video Manager]를 각각 눌러 데이터베이스에 멀티미디어 파일을 등록합니다. 그런 후 ESC키를 눌러 상위 메뉴로 나옵니다.

8.6.3 멀티미디어 보기

미디어 파일 경로 설정이 완료되면 초기 메뉴에서 [Media Library]를 선택하여 동영상, 음악, 이미지 파일들이 실행되는지를 확인하여 홈 씨어터 구성을 완료합니다.

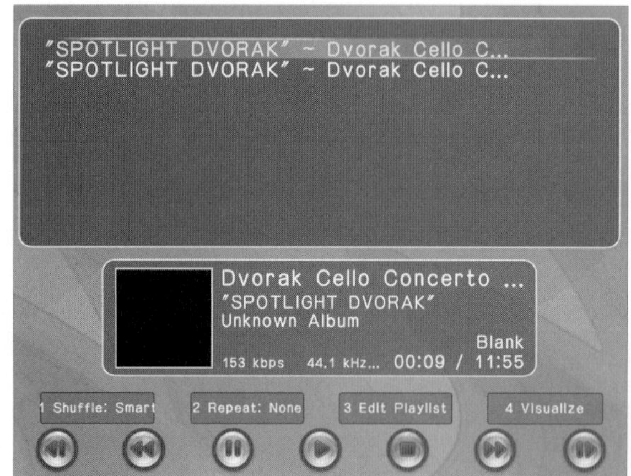

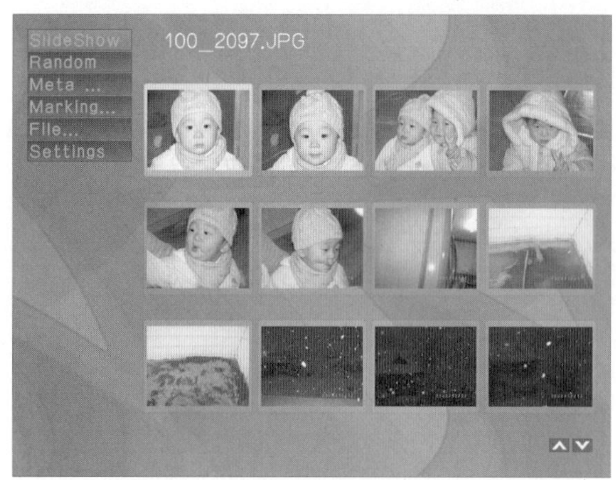

Chapter
09. 그래픽 응용 프로그램

학습 주제

이 장에서는 엑스 윈도우상에서 사용할 수 있는 그래픽 응용 프로그램으로는 어떤 것들이 있는지 간략하게 살펴보기로 합니다. MS 윈도우 환경에서 동작하는 그래픽 응용 프로그램은 무수히 많습니다만, 그러한 그래픽 응용 프로그램들은 리눅스를 지원하지 않는 상태라서 리눅스에서 직접적으로 사용할 수는 없습니다. 그러면 포토샵이나 페인트 브러쉬 같은 프로그램을 리눅스에서 사용할 수 없다면 리눅스에서는 어떤 프로그램으로 그래픽 이미지 작업을 할 수 있을까 매우 궁금할 것입니다. 리눅스용 포토샵이 없는 대신에 포토샵에 견줄만한 훌륭한 그래픽 응용 프로그램이 있는데, 바로 김프(gimp)라는 것입니다. 김프 그래픽 응용 프로그램은 간단한 이미지 작업 뿐만 아니라 다양한 필터와 그래픽 기능을 가지고 있어서 왠만한 그래픽 작업을 충분히 소화해 낼 수 있습니다. 그래픽 보기(뷰어) 프로그램으로는 윈도우에 못지않은 많은 프로그램들이 공개되어 있는데, 페도라 리눅스에서 지원하는 대표적인 것으로는 퀵쇼(Kuickshow), 이미지 매직(Image Magick), 그놈의 눈(Eye of Gnome) 등이 있습니다.

이 장에서는 김프 그래픽 응용 프로그램을 비롯하여 그래픽 보기 프로그램, 그래픽 캡쳐 프로그램, 디지털 카메라 이미지 관리 프로그램, 스캐너 프로그램 등에 대해서 살펴봅니다.

- ▶ Gimp 그래픽 편집 프로그램
- ▶ 그래픽 뷰어 프로그램
- ▶ 그래픽 캡쳐 프로그램
- ▶ 디지털 카메라 프로그램
- ▶ 스캐닝 및 OCR 프로그램

1. 김프(Gimp)

김프는 리눅스와 유닉스 환경에서 사용할 수 있는 그래픽 이미지 편집 도구로 누구나 자유롭게 사용할 수 있는 오픈 소스이면서 포토샵에 못지않은 이미지 편집 기능을 갖추고 있어서 상당히 매력적인 이미지 프로그램이라 할 수 있습니다. 김프는 간단한 이미지 제작 기능뿐만 아니라 이미지 렌더링, 그래픽 이미지 편집, 화면 캡쳐, 이미지 크기 조절, 다양한 필러링 기능, 이미지 파일 포맷 변형 등 다양한 기능을 지원합니다. 김프에 관한 자세한 정보는 http://www.gimp.org 사이트에서 구할 수 있습니다.

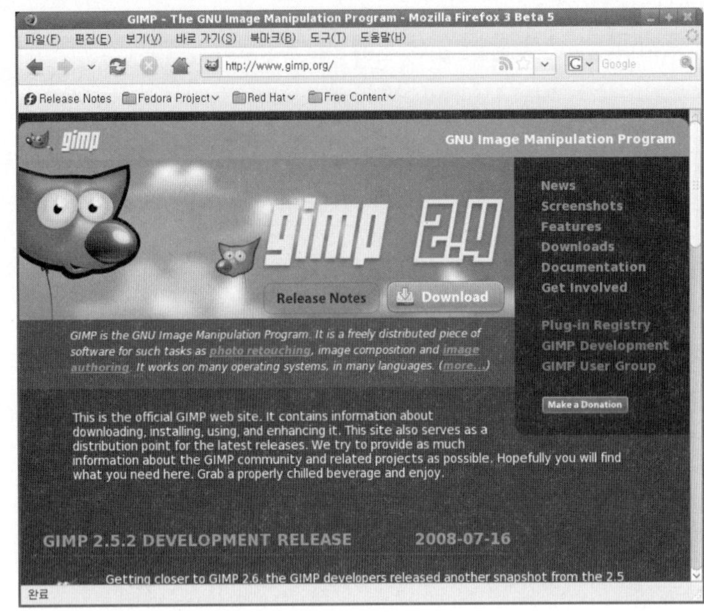

1.1 캡쳐 기능 [파일 메뉴 -> 가져오기 -> 스크린샷

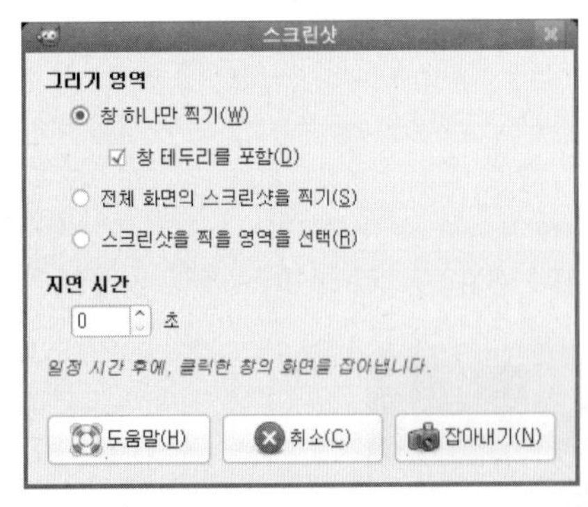

김프의 스크린샷은 전체 화면, 활성화된 윈도우, 영역 선택 등 3가지 유형의 캡쳐 방식을 지원합니다. 또한 캡쳐 지연 시간 기능을 지원하여 일정 시간 후에 화면을 캡쳐할 수도 있습니다.

1.2 이미지 크기 조절 [이미지 메뉴-이미지 배율 조정]

〈2448x1632 크기의 이미지〉

〈800x533 크기의 축소한 이미지〉

1.3 이미지 변형 [이미지 팝업메뉴 -변형 - 가로로 뒤집기]]

〈원래 이미지〉

〈가로로 뒤집기한 이미지〉

1.4 필터 기능

〈유리잔 효과 – 렌즈 적용〉

〈조명효과 – FlareFX + GFlare〉

〈흐릿하게–Gaussian Blue(RLE)〉

〈경계선 검출 – Edge〉

〈강화 – Sharpen〉   〈일반 –Dilate〉

〈왜곡 – Polar Coords〉   〈맵 – Illusion〉

2. 그래픽 보기 프로그램(Graphic Viewer)

2.1 그놈의 눈 [실행 명령 : eog]

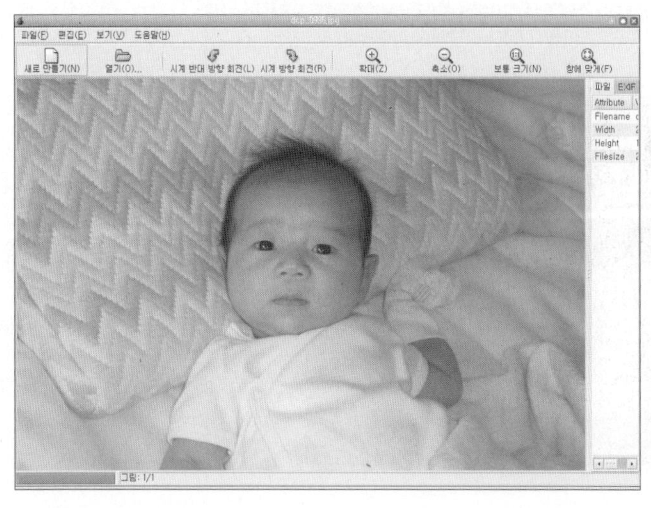

그놈의 눈(Eye of Gnome)는 bmp, gif, ico, jpeg, png, pnm, ras, svg, tga, tiff, xbmp, xpm 등의 이미지 포맷을 지원하며, 이미지 확대/축소및 전체 화면 보기 기능을 지원하며, 다른 그놈 응용 프로그램에서 이미지 보기를 포함할 수 있게 하는 보노보 기술을 지원합니다.

2.2 이미지 매직 [실행 명령 : display]

이미지 매직(Image Magick)는 tiff, jpeg, png, pdf, photoCD, gif 등의 이미지 포맷을 지원하는 그래픽 보기 프로그램입니다. 이미지 크기 조절 기능, 회전 기능, 이미지 선명도 기능, 색상 감소, 이미지 특수 효과 등의 기능, 이미지 편집, 이미지 썸네일(thumbnail) 기능, 투명 이미지 생성, GIF 애니메이션 기능, 여러 개의 이미지를 하나로 통합할 수 있는 기능, 이미지에 모양이나 글자 그리기 기능, 경계선 또는 프레임으로 이미지 장식 등 다양한 기능을 제공하는 프로그램입니다. mc의 기본 그래픽 보기 프로그램으로 연동되어 있으며, 이미지 위에서 왼쪽 마우스 버튼은 팝업 메뉴를, 오른쪽 마우스 버튼은 이미지 불러오기나 이전/다음 이미지 보기 등의 팝업 메뉴를 보여 줍니다.

2.3 gThumb

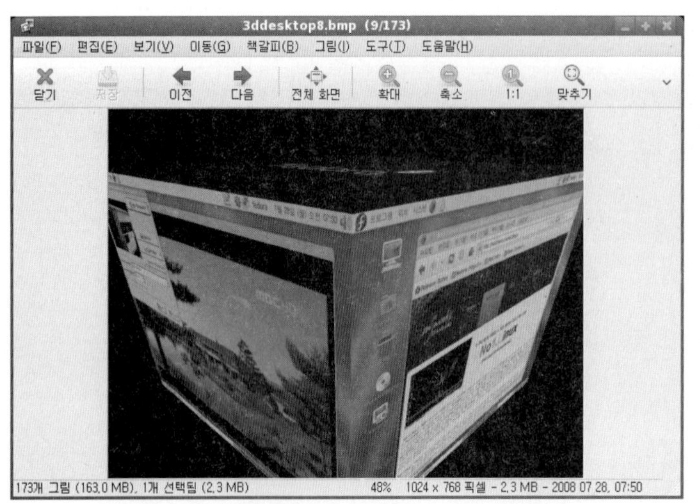

gThumb는 JPEG, GIF, PNG, GIF 애니메이션을 지원하는 그놈의 이미지 보기 프로그램입니다. gThumb는 썸네일로 이미지로 볼 수 있으며, 이미지에 코멘트를 넣을 수 있고, 이미지 정렬 기능을 지원하며, 이미지 인쇄와 슬라이드 쇼 기능도 지원하고, 디카로부터 디카 이미지를 가져오기 기능도 지원합니다. 그 외 일부 이미지 편집(크기 조절, 변환 등) 기능도 지원합니다.

3. 캡쳐 프로그램

3.1 Gnome-screenshot

그놈-스크린샷은 그놈 데스크탑 환경에서 PrtSc 키를 이용하여 화면을 캡쳐할 때 사용되는 화면 잡기 프로그램입니다. 캡쳐한 화면을 데스크탑 바탕 화면에 저장할 수 있는 기능을 제공합니다.

4. 디지털 카메라 이미지 프로그램

4.1 gThumb(Photo Tool)

앞서 살펴보았던 이미지 보기 프로그램으로 디지털 카메라를 지원한다고 알아본 프로그램입니다. USB 포트에 연결된 디지털 카메라를 자동 인식하여 디지털 카메라의 플래시 메모리 카드에 있는 이미지 파일을 자동으로 불러옵니다. 디지털 카메라의 메모리 카드에 있는 이미지를 지정한 폴더에 저장되도록 하려면 [가져오기] 버튼을 클릭하면 됩니다. 디지털 카메라로부터 사진을 다 가져오면 브라우저 창에 가져온 사진들을 보여 줍니다. [도구] 메뉴에 있는 [웹 앨범 만들기]를 선택하면 테마를 지원하는 웹 앨범을 만들 수 있는데, 이 메뉴를 선택하기 위해서는 웹 앨범을 만들 사진 이미지들을 선택해 주어야 합니다.

4.2 F-spot 사진 관리자

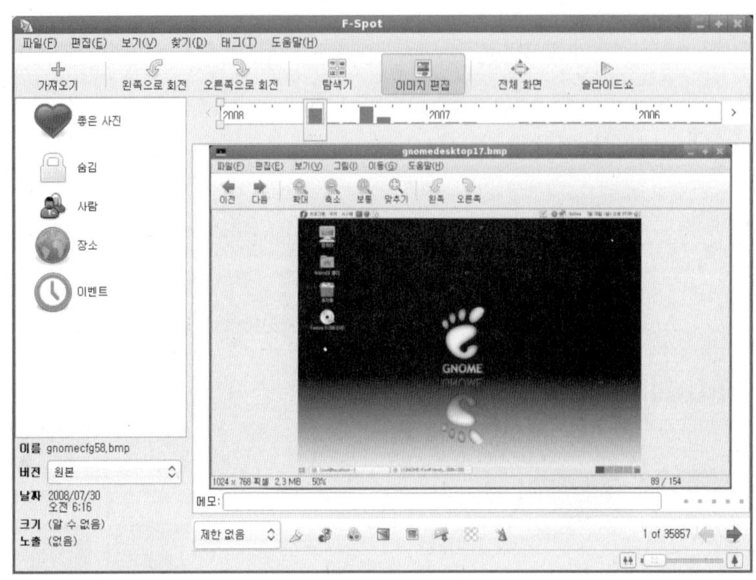

F-spot는 디지털 카메라를 지원하는 그놈의 개인용 포트 관리자 프로그램으로, 이미지 편집, 슬라이드 쇼, 이미지 회전, 색상 조정 기능을 지원합니다.

5. 스캐닝 프로그램(Xsane)

xsane는 스캐너를 자동으로 검사하여 검사된 스캐너로 프로그램이 구동됩니다. 만일 스캐너가 장착되어 있지 않을 경우에는 이 프로그램은 동작하질 않습니다. 또한 스카이디지털HDTV와 같은 PCI 장치가 있는 경우 이를 스캐너로 인식하여 이 장치로 프로그램이 구동되는 경우도 있습니다. 이 프로그램이 실행되면 다소 복잡하게 여러 개의 창이 동작하지만, 실제로 제어하는 창은 메뉴가 있는 창입니다.

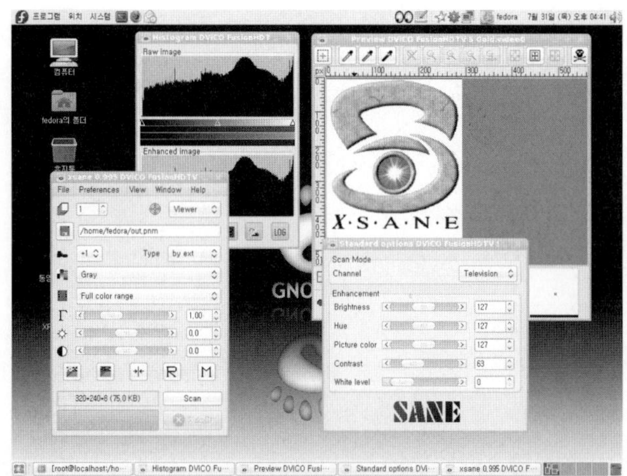

Xsane으로 스캐닝하는 방법은 다음과 같습니다.

① type 설정에서 스캔 이미지 파일 형식을 지정합니다.

② 스캔 컬러 형태(컬러/흑백)를 설정합니다.

③ [스캔] 버튼을 클릭하여 스캔합니다.

Chapter

10. 윈도우 응용 프로그램 사용

이 장에서는 리눅스에서 윈도우 응용 프로그램을 사용할 수 있는 방법을 알아봅니다. 리눅스에서 윈도우 응용 프로그램을 사용하는 방법으로는 윈도우 응용 프로그램을 리눅스상에서 구동될 수 있도록 에뮬레이트해 주는 프로그램을 이용합니다. 이러한 대표적인 에뮬레이트 프로그램으로는 Wine이 있고, Wine를 기반으로 CrossOver, PlayOnLinux, Cedega 등 여러 프로그램이 개발되고 있습니다. 또한 윈도우 응용 프로그램을 사용하는 다른 방법으로는 Virtualbox, Qemu라는 가상 머신 프로그램을 이용하는 것입니다. Virtualbox와 Qemu는 오픈소스로 리눅스에서 다른 운영체제를 설치할 수 있게 해주는 가상 머신 프로그램입니다.

이 장에서는 Wine를 설치하여 익스플로러 6.0과 다이렉트엑스 9.0C를 설치하는 방법을 살펴보고, 가상 머신에 MS 윈도우 운영체제를 설치하는 방법을 살펴보겠습니다.

학습 주제

▶ Wine를 이용한 인터넷 익스플로러와 다이렉트엑스 설치하기
▶ 가상 머신을 이용한 윈도우 응용 프로그램 실행

1. 윈도우 응용 프로그램 에뮬레이터

1.1 Wine

Wine은 윈도우 API를 오픈 소스 모델로 구현한 소프트웨어로, 윈도우 프로그램을 리눅스상에서 실행시켜 주는 프로그램입니다. 정확히 Wine를 표현하자면 Wine Is Not an Emulator의 재귀 약자로 개발자들은 윈도우 에뮬레이터라 하기 보다는 리눅스에서 윈도우에서 제작된 바이너리 프로그램을 해독하는 호환 레이어라 Wine를 강조하고 있습니다. Wine으로 모든 윈도우 응용 프로그램을 실행시킬 수 있는 것은 아니지만, 우리가 관심이 있는 많은 응용 프로그램과 게임 일부를 실행시킬 수 있습니다.

자세한 Wine에 대한 정보는 다음 사이트를 참고하기 바랍니다.

```
http://www.winehq.orq
```

1.1.1 Wine 패키지 설치

터미널을 열어 다음과 같이 실행하여 Wine 패키지를 설치합니다.

```
$ su -c 'yum -y install wine'
암호: root 열쇠글 입력합니다.
```

1.1.2 Wine 설정

Step1 [그놈 프로그램 메뉴 ―〉 Wine ―〉Wine Configuration]를 실행합니다.

Step2 [프로그램] 탭에서 윈도우 버전을 Windows XP로 설정합니다.

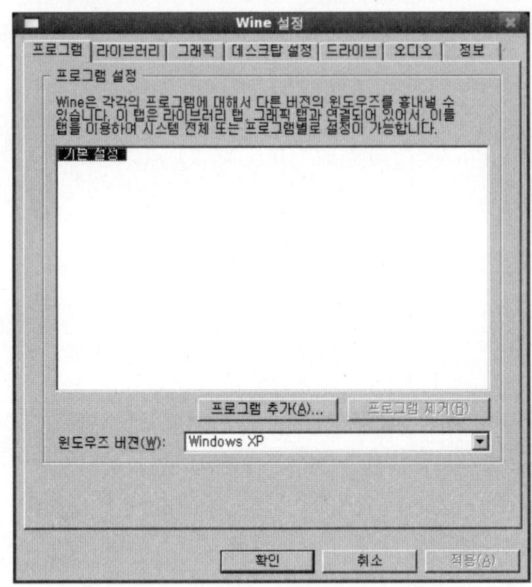

Step3 Wine 설정 창을 종료한 후 사용자계정/.wine/user.reg 파일을 에디터로 열어 다음 마지막 줄에 추가합니다.

```
[Software\\Wine\\DllOverrides] 1206264929
"d3d8"="builtin"
"d3d9"="builtin"
"d3dim"="native"
"d3drm"="native"
"d3dx8"="native"
"d3dx9_24"="native"
"d3dx9_25"="native"
"d3dx9_26"="native"
"d3dx9_27"="native"
```

```
"d3dx9_28"="native"
"d3dx9_29"="native"
"d3dx9_30"="native"
"d3dx9_31"="native"
"d3dx9_32"="native"
"d3dx9_33"="native"
"d3dx9_34"="native"
"d3dx9_35"="native"
"d3dx9_36"="native"
"d3dxof"="native"
"dciman32"="native"
"ddrawex"="native"
"devenum"="native"
"dinput"="builtin"
"dinput8"="builtin"
"dmband"="native"
"dmcompos"="native"
"dmime"="native"
"dmloader"="native"
"dmscript"="native"
"dmstyle"="native"
"dmsynth"="native"
"dmusic"="native"
"dmusic32"="native"
"dnsapi"="native"
"dplay"="native"
"dplayx"="native"
"dpnaddr"="native"
"dpnet"="native"
"dpnhpast"="native"
"dpnlobby"="native"
"dsound"="builtin"
"dswave"="native"
"dxdiagn"="native"
"mscoree"="native"
"msdmo"="native"
"qcap"="native"
"quartz"="native"
"streamci"="native"
```

일일이 타이핑하기엔 너무 힘드므로, http://www.no1linux.org 사이트의 [와우팁 및 강좌]란에 있으므로 복사하여 다음과 같이 실행하면 됩니다.

```
$ cd ~/.wine
$ cat >> user.reg
```

Shift + Insert 키를 누릅니다.

붙여넣기가 완료되면

Ctrl + D 키를 눌러 종료합니다.

```
$
```

Wine 설정 창을 실행하여 [라이브러리] 탭을 클릭하여 다음 그림과 같이 [현재 오버라이드 목록]에 라이브러리들이 보이는지를 확인합니다. 만일 라이브러리가 존재하지 않는다면 상기 작업을 다시 진행해야 합니다.

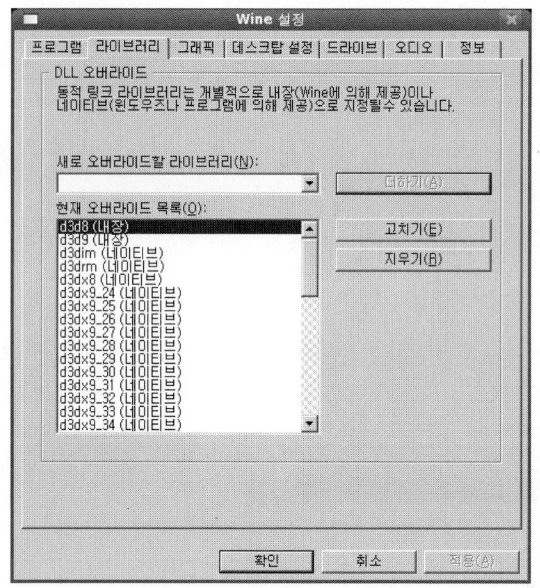

Step4 Wine 설정을 종료합니다. 그 외의 설정은 http://www.no1linux.org 팁 게시판을 참고하기 바랍니다.

1.1.3. 인터넷 익스플로러 설치하기

Step1 cabextract 패키지를 설치합니다.

```
$ su -c 'yum -y install cabextract'
암호: root 열쇠글을 입력합니다.
```

Step2 인터넷 익스플로러 소스를 다운로드합니다.

```
$ wget http://www.tatanka.com.br/ies4linux/downloads/ies4linux-latest.tar.gz
```

Step3 다운로드한 타볼 소스의 압축을 풉니다.

```
$ tar xvfz ies4linux-latest.tar.gz
```

Step4 ies4linux-버전명 디렉토리로 이동한 후 ies4linux 스크립트를 실행합니다.

```
$ cd ies4linux-*
$ ./ies4linux
```

Step5 [확인] 버튼을 클릭합니다.

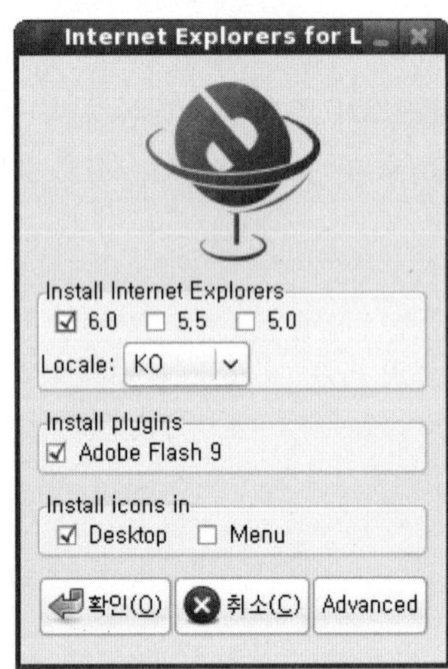

Step6 다음 그림과 같이 설치가 진행됩니다.

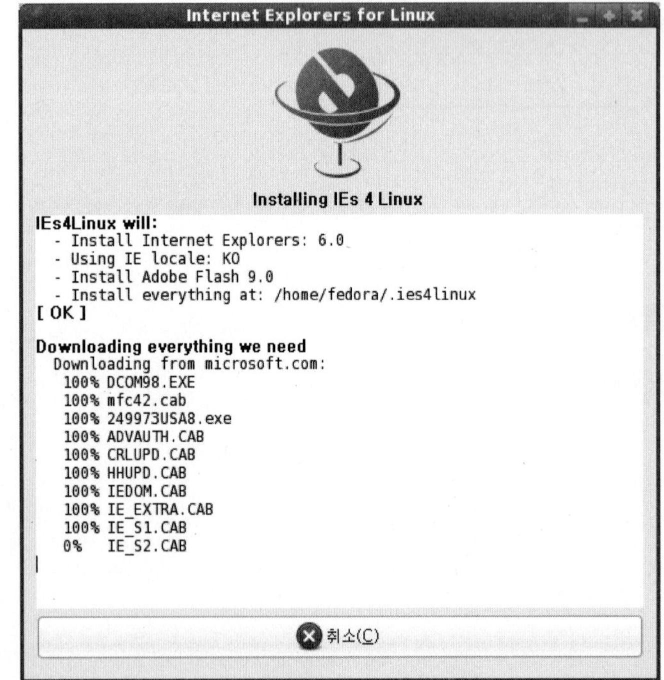

Step7 설치가 완료되면 [close] 버튼을 클릭합니다. 그런 후 터미널 창에 ie6 명령으로 익스플로러를 실행합니다.

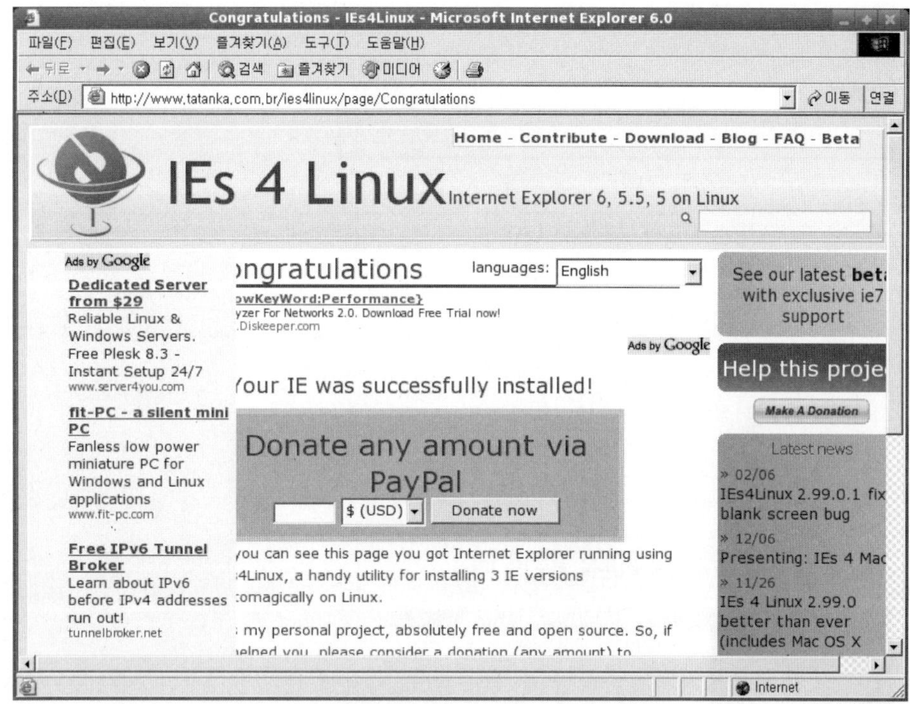

1.1.4. 다이렉트엑스(DirectX) 9.0C 설치

Step1 다음 사이트에서 최신 버전의 DirectX 9.0c를 다운로드합니다. 2008년 7월 21일 현재 June 08 버전이 최신 버전입니다.

```
http://filehippo.com/download_directx/
```

Step2 [그놈 프로그램 메뉴 -> Wine -> Wine Configuration]를 실행합니다.

Step3 [프로그램] 탭에서 윈도우즈 버전을 반드시 [Windows 2000]으로 선택합니다.

Step4 Wine 설정을 적용하여 종료한 다음 다운로드한 다이렉트 X 9.0C가 있는 경로에서 다음과 같이 명령을 실행합니다.

```
$ wine directx_jun2008_redist.exe
```

Step5 [yes] 버튼을 클릭합니다.

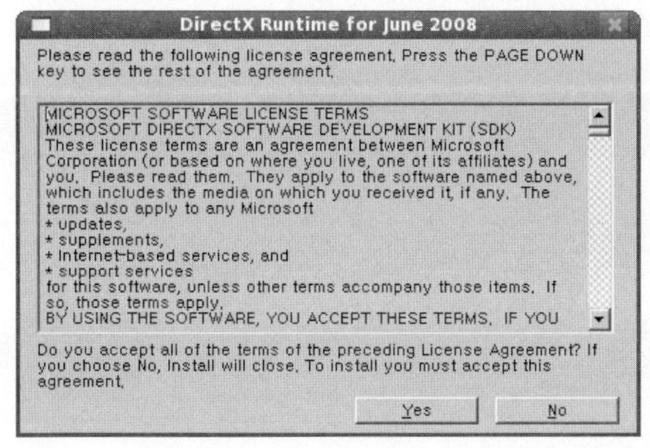

Step6 c:\a를 입력합니다.

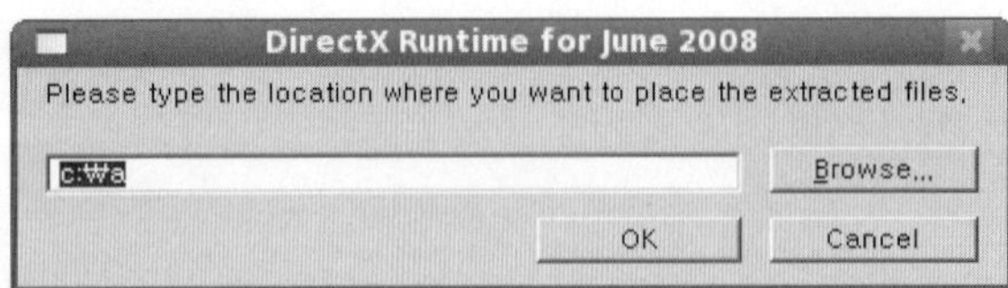

Step7 사용자계정/.wine/drive_c/a 경로로 이동합니다.

```
$ cd ~/.wine/drive_c/a
```

Step8 다이렉트 9.0c를 설치합니다.

```
$ wine DXSETUP.exe
```

Step9 [동의함]을 클릭하고 [다음] 버튼을 클릭합니다.

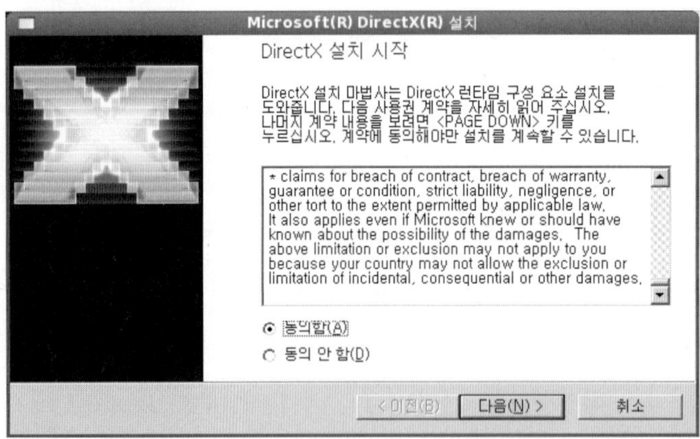

Step10 [다음] 버튼을 클릭합니다.

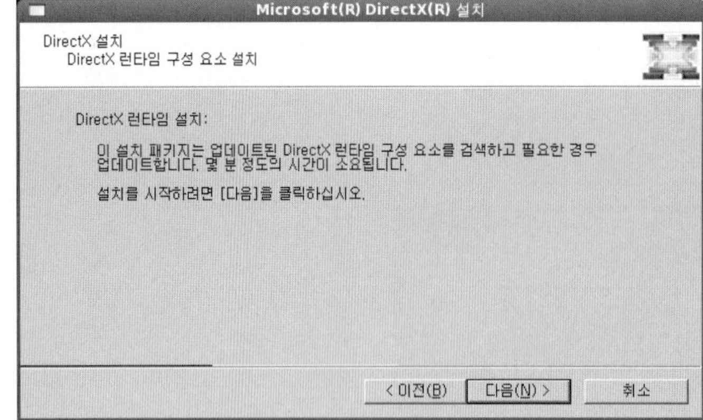

Step11 DirectX가 설치됩니다.

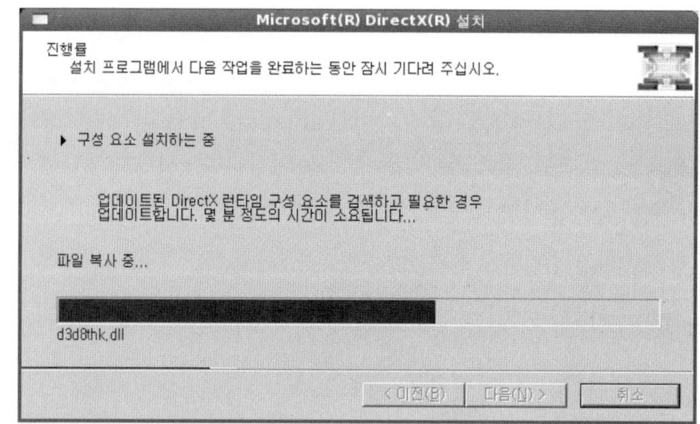

Step12 [종료] 버튼을 클릭합니다.

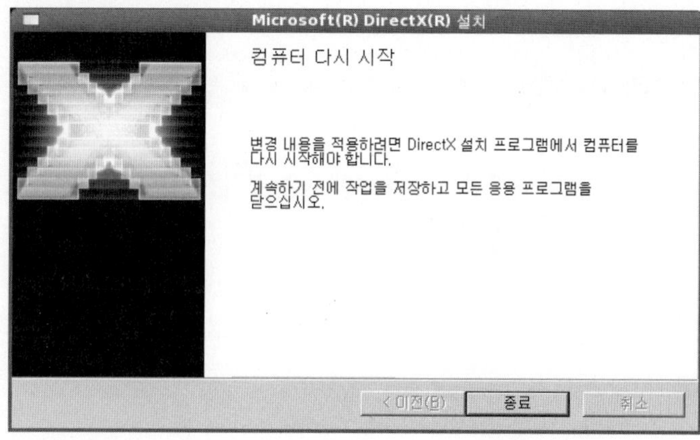

Step13 다이렉트X가 제대로 설치되었는지를 '사용자계정/.wine/drive_c/windows/system32/dxdiag.exe' 명령을 실행하여 확인
합니다.

```
$ wine ~/.wine/drive_c/windows/system32/dxdiag.exe
```

Step14 각 탭을 클릭하여 다이렉트 동작에 대해서 테스트해 보시기 바랍니다. 이로써 다이렉트 X를 필요로 하는 프로그램 작동
을 위한 준비가 완료되었습니다.

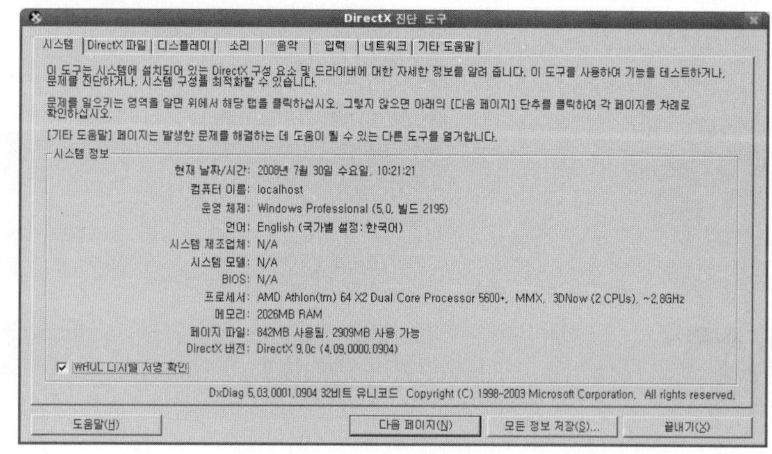

1.2. PlayOnLinux

PlayOnLinux는 윈도우 응용 프로그램과 게임을 리눅스에서 쉽게 설치하여 사용할 수 있게 해 주는 오픈 소스의 소프트웨어로 Wine를 기반으로 동작합니다. PlayOnLinux를 이용하면 윈도우 게임들을 즐길 수 있으며, 윈도우 응용 프로그램의 설치와 사용이 가능해집니다. 그러면 PlayOnLinux를 설치하여 윈도우 게임을 즐기는 방법을 알아봅니다.

1.2.1 PlayOnLinux 패키지 설치

페도라에서는 PlayOnLinux 패키지를 지원하지 않으므로, 다음과 같은 과정으로 패키지를 내려받기를 합니다.

```
$ su -c 'rpm --import http://mulx.free.fr/rpm/rpm.gpg'
암호: root 열쇠글 입력
$ wget http://mulx.free.fr/rpm/fedora
```

다음과 같이 의존성 패키지를 먼저 설치한 후 playonlinux 패키지를 설치합니다.

```
$ su -c 'yum -y install lzma wxPython'
암호: root 열쇠글 입력
$ su -c 'rpm -ivh playonlinux-3.0.7-fedora0.noarch.rpm'
암호: root 열쇠글 입력
$
```

1.2.2 PlayOnLinux 처음 실행(마법사 실행)

Step1 [프로그램 메뉴 –⟩ 게임 –⟩ PlayOnLinux]를 클릭하여 실행합니다.

Step2 [앞으로] 버튼을 클릭합니다.

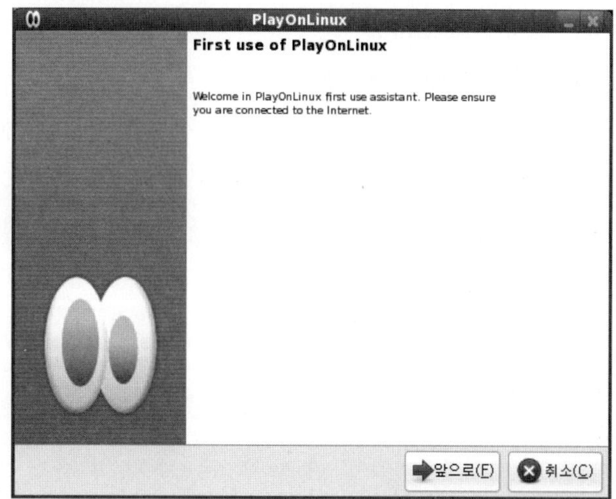

Step3 playonlinux 응용 프로그램 목록이 업데이트됩니다.

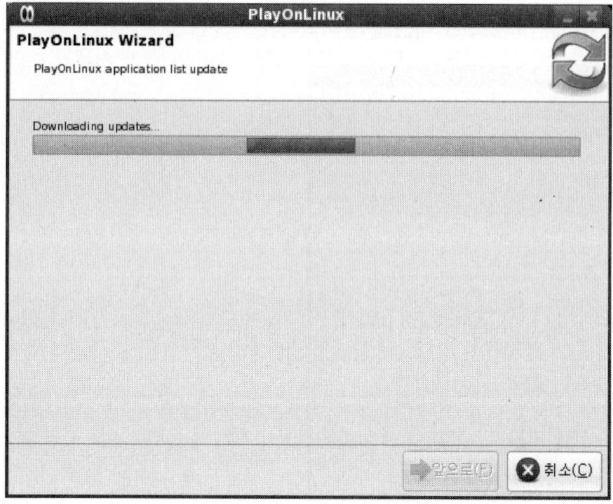

Step4 [앞으로] 버튼을 클릭합니다.

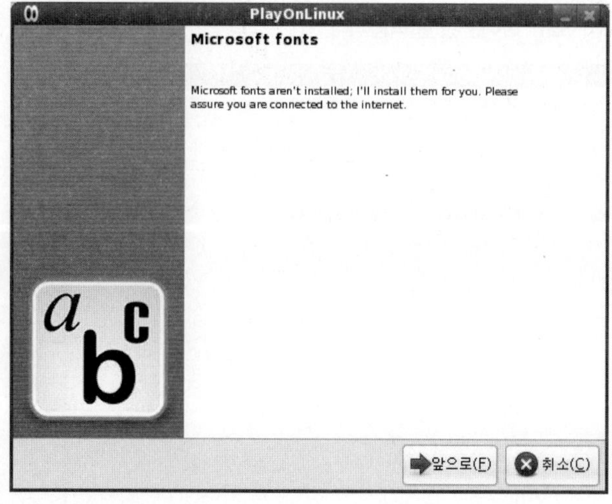

Step5 [I Agree] 항목을 체크하여 [앞으로] 버튼을 클릭합니다.

Step6 MS 글꼴이 설치됩니다. 설치가 완료되면 [앞으로] 버튼을 클릭합니다.

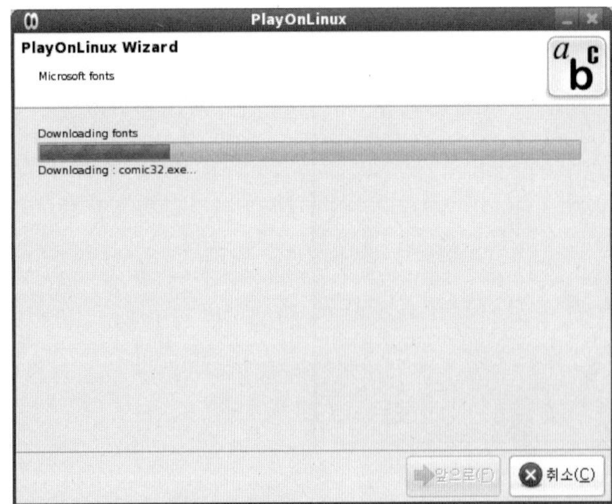

Step7 PlayOnLinux 실행창에서 [+Install] 도구 아이콘을 클릭합니다.

Step8 [Games]를 클릭합니다.

Step9 오른쪽 창에서 설치하고자 하는 게임을 선택합니다. Jazz Jackrabbit2를 선택하였습니다. 디아블로 같은 게임들은 설치 원본 시디롬을 가지고 있어야 합니다.

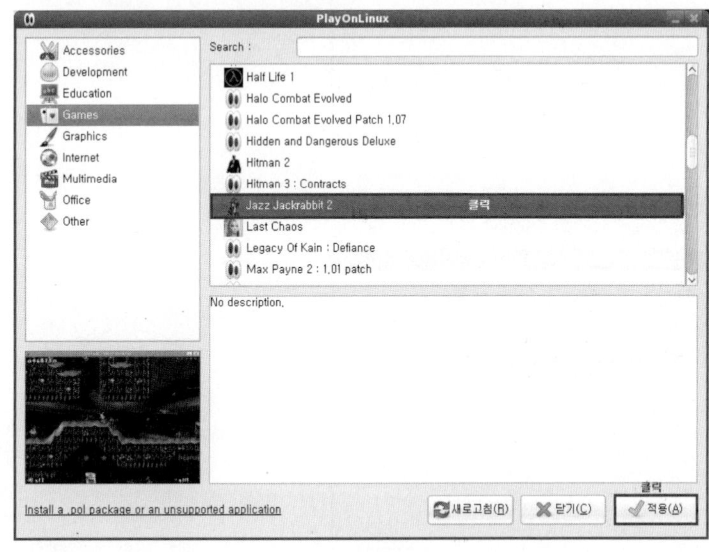

Step10 [Install] 버튼을 클릭합니다.

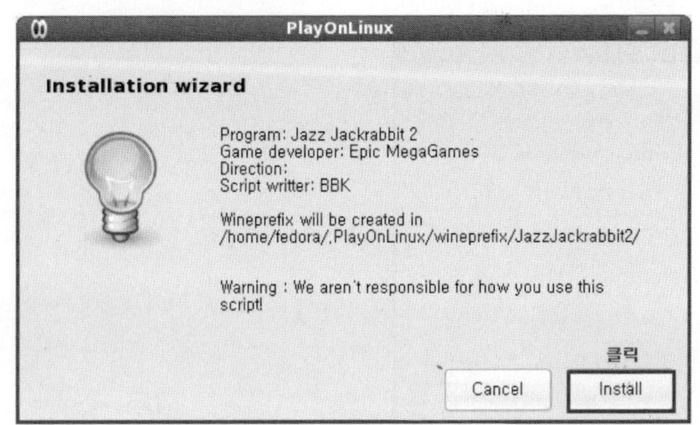

Step11 [Next] 버튼을 클릭합니다.

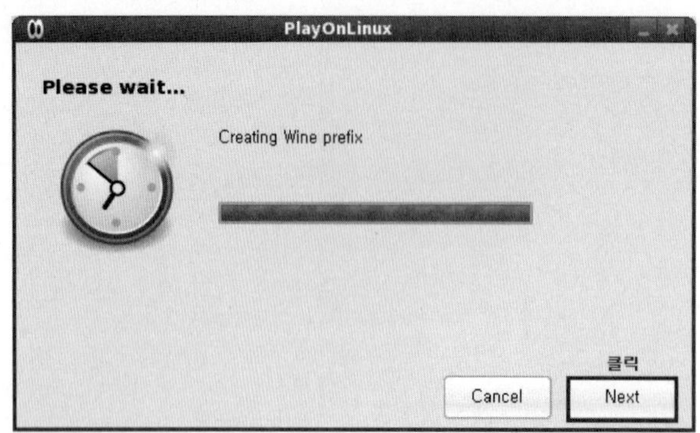

Step12 [Please wait while down] 버튼을 클릭합니다.

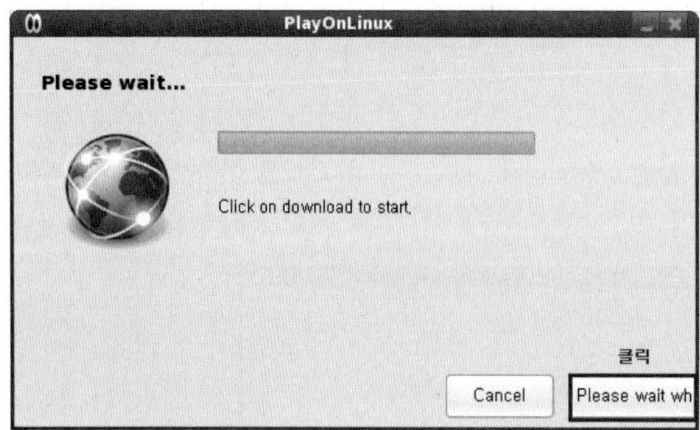

Step13 [Next] 버튼을 클릭합니다.

Step14 바탕화면에 바로가기 아이콘을 생성합니다.

Step15 메뉴에 바로가기 메뉴를 생성합니다.

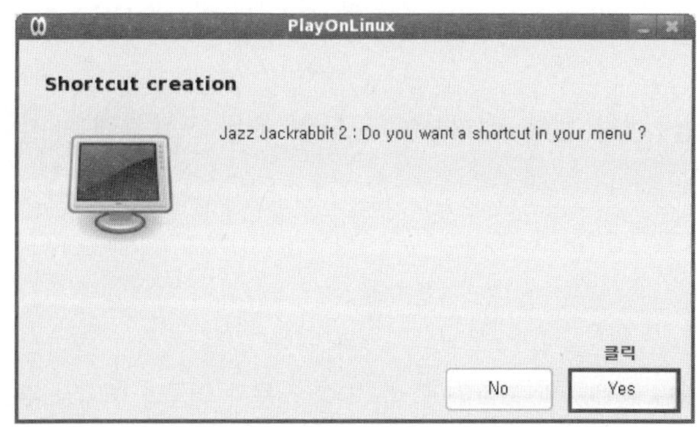

Step16 게임이 추가됩니다. 게임을 클릭하여 [Run] 도구 아이콘을 클릭하여 게임을 실행합니다.

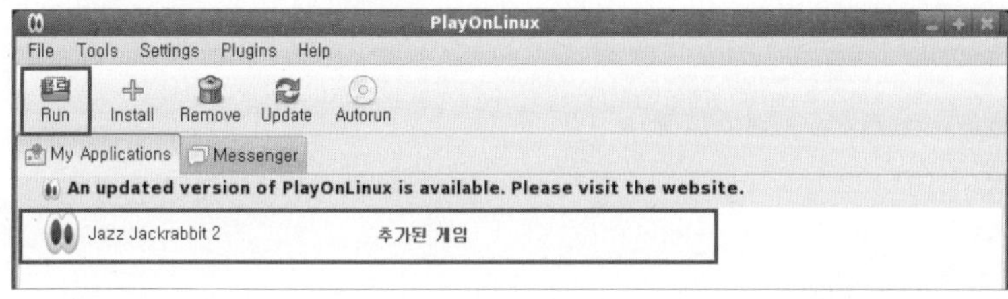

Step17 게임을 즐깁니다.

1.3 CrossOver

CrossOver는 윈도우 응용 프로그램을 리눅스에서 실행할 수 있도록 에뮬레이팅해 주는 wine을 기반으로 codeweavers사에서 개발된 프로그램으로, 윈도우 운영체제를 설치하지 않고서도 리눅스에서 윈도우 응용 프로그램을 설치하여 구동할 수 있게 해 주는 프로그램입니다. CrossOver는 MS 오피스 제품군과 어도비 포토샵, 로터스 노츠, 퀵타임, 윈도우 미디어 플레이어, 인터넷 익스플로러 등 다양한 윈도우 응용 프로그램을 지원합니다. 현재 스탠다드과 프로페셔널 상용 버전이 출시되어 있는데, 판매가는 각각 39.95불과 69.95불이며, 30일간 누구나 체험할 수 있는 평가판도 있습니다. 자세한 것은 http://www.codeweavers.com 사이트에서 참고할 수 있습니다.

그러면 CrossOver 데모 버전을 내려 받아 설치하여 윈도우 응용 프로그램을 실행하는 방법에 대해서 알아봅니다.

1.3.1 CrossOver 설치

Step1 http://www.codeweavers.com/products/download_trial에 접속하여 사용자 이름과 이메일 주소를 입력한 후 [Request CrossOver Linux Evaluation]를 클릭합니다.

1. We ask for a valid email address. Fair's fair. We're going to use that address to A) email you download links and other useful info on the trial version, and B) to politely follow up with you in 30 days to see if you liked the software. That's it; no spam, no hassles, no selling your name to the government.

2. Nothing lasts forever, and neither does your trial version. It will work for 30 days, and please be aware, too, that during that time it will politely remind you that it is a demonstration copy. Thereafter, if you like it and want to keep using it, you need to square up with us and buy a copy. Again, fair's fair.

Name:

Email:

Request CrossOver Linux Evaluation

Step2 다운로드 링크를 클릭하여 다운로드합니다.

Download CrossOver Linux Standard Trial 7.0.2

Download from our HTTP high speed dedicated download service.

We have detected your Linux system as a **Red Hat** based distro. Your preferred download is shown below.

crossover-standard-demo-7.0.2-1.i386.rpm   클릭하여 다운로드합니다.

You can also download one of the following alternate Linux installers:

crossover-standard-demo_7.0.2-1_i386.deb   32 bit Debian / Ubuntu

ia32-crossover-standard-demo_7.0.2-1_amd64.deb   64 bit Debian / Ubuntu

crossover-standard-demo-7.0.2-1.i386.rpm   32 bit Red Hat (Fedora, SuSE, Mandriva)

Step3 [열기]를 체크하고, [확인] 버튼을 클릭합니다.

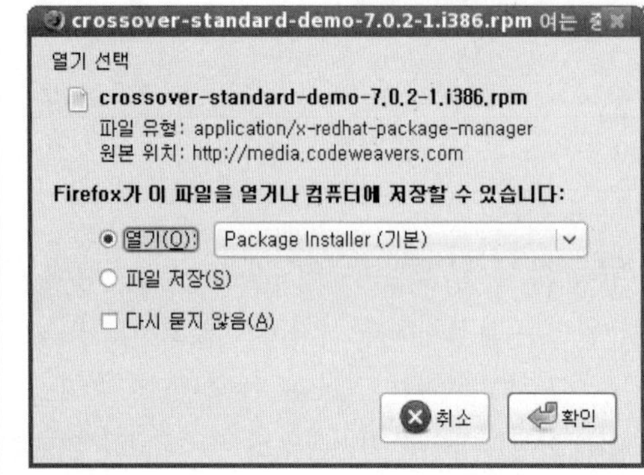

Step4 root 열쇠글을 입력한 후 [Authenticate]를 클릭합니다.

Step5 설치가 완료되면 [닫기]를 클릭합니다.

1.3.2 윈도우 응용 프로그램 설치 및 실행

Step1 [프로그램 –〉 CrossOver –〉 Configuration]를 클릭합니다.

Step2 [Install Software]를 클릭합니다.

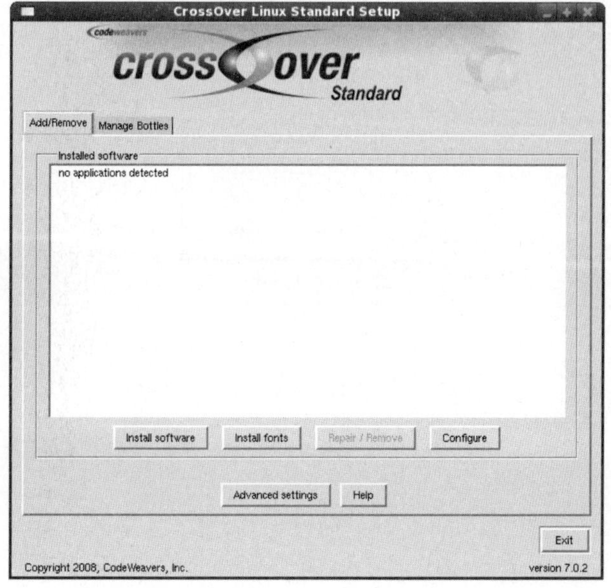

Step3 CrossOver에서 지원하는 윈도우 응용 프로그램 목록 가운데 설치하고자 하는 프로그램을 선택합니다. Adobe Photoshop 7 버전을 설치해 보도록 하겠습니다. 만일 리스트에 포함되지 않은 응용 프로그램을 설치하고자 하는 경우에는 Install unsupported software를 체크하여 [Next] 버튼을 클릭하면 됩니다.

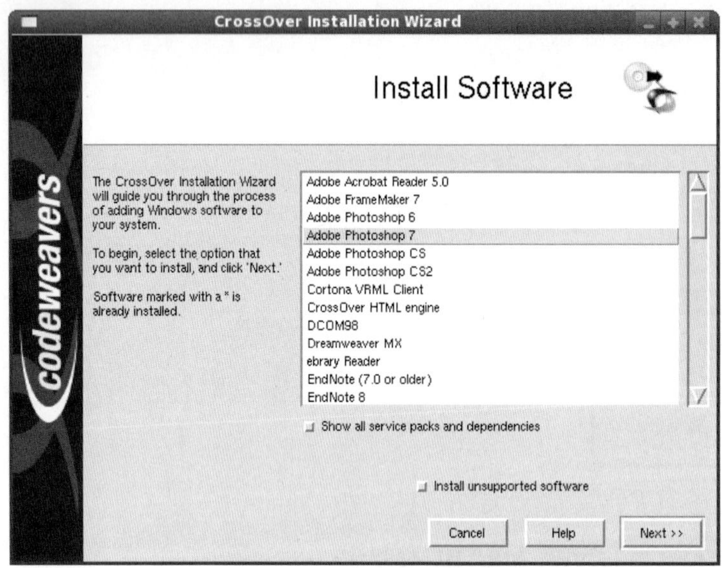

Step4 CD–ROM 드라이브에 포토샵7 설치 시디를 삽입하여 자동 마운트되도록 하여 Other *.exe file 입력상자에 setup.exe 파일이 있는 곳을 탐색하여 지정한 후 [Next] 버튼을 클릭합니다.

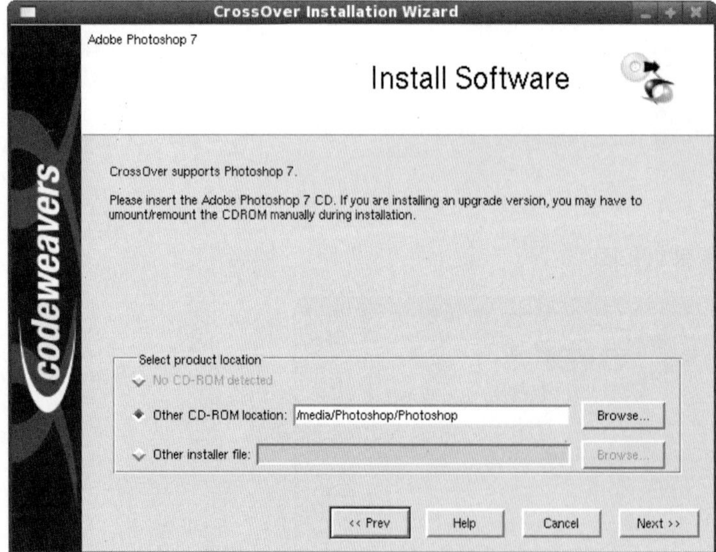

Step5 CrossOver 30일 체험판 창이 뜨는데 [Register Later] 버튼을 클릭합니다.

Step6 윈도우 운영체제에서의 포토샵 7.0 설치 과정과 동일하게 포토샵을 설치합니다. 이 이후의 포토샵 7.0 설치 과정은 생략
합니다.

Step7 crossover에서의 포토샵의 모든 설치가 완료됩니다. [Finish] 버튼을 클릭하여 crossover에서의 응용 프로그램 설치를
끝마칩니다.

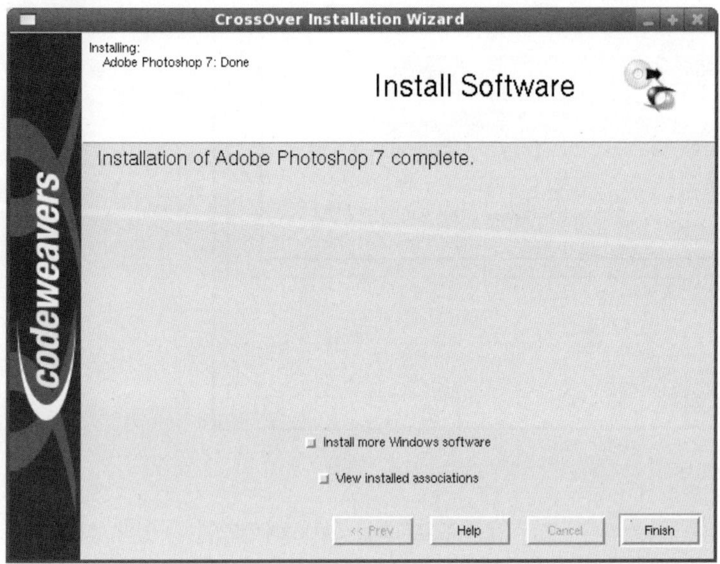

Step8 그놈의 [프로그램 메뉴 –〉 CrossOver –〉 Configuration]를 클릭합니다. Crossover 메인 설정 창의 [Installed Software] 창에 윈도우. 응용 프로그램이 추가됩니다. 만일 설치한 응용 프로그램이 추가되지 않았다면 Crossover를 종료한 후 [프로그램 시작 –〉 CrossOver]에서 [Reset CrossOver Office]를 클릭하여 Crossover를 재시작시킨 후에 Office Setup를 클릭하여 Crossover를 실행하면 됩니다.

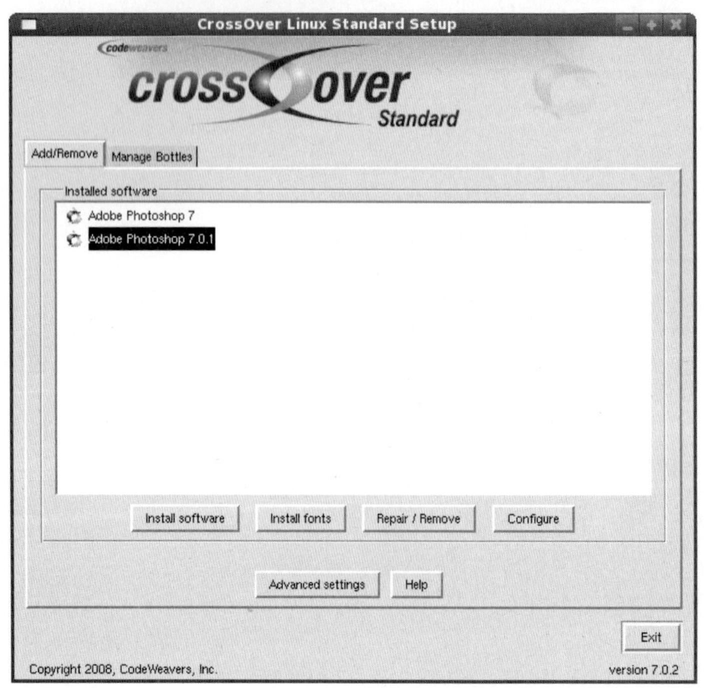

Step9 [Configure] 버튼을 클릭합니다. 그런 다음 [Menus] 탭을 클릭하여 실행하고자 하는 응용 프로그램의 아이콘을 원클릭하므로써 윈도우 응용 프로그램을 실행할 수 있습니다.

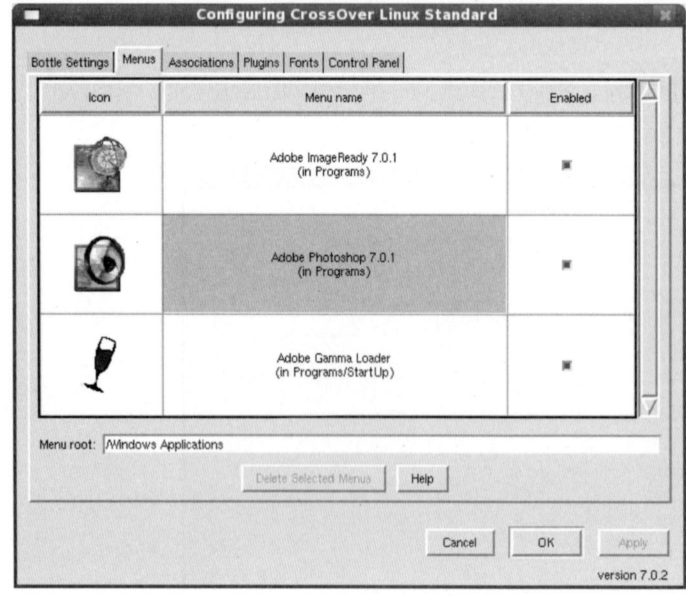

Step10 지금까지의 동일한 방법으로 다른 윈도우 응용 프로그램을 설치하여 실행할 수 있습니다.

2. 가상머신

리눅스상에서 윈도우 운영체제를 설치할 수 있게 해 주는 가상 머신 프로그램을 소개합니다. 가상 머신은 리눅스상에서 부팅 과정없이 하나의 응용 프로그램처럼 다른 운영체제를 사용할 수 있게 해 주는 프로그램으로, 리눅스 배포판에서는 오픈 소스로 VirtualBox, Qemu를 지원하며, 상용 프로그램으로는 Vmware가 있습니다.

2.1 VirtualBox

VirtualBox는 리눅스, 윈도우, 맥켄토시, 오픈솔라리스 등을 설치할 수 있게 해 주는 오픈소스의 가상머신입니다. VirtualBox에 윈도우 운영체제를 설치하므로써 윈도우 응용 프로그램을 사용할 수 있습니다. 그러면 페도라9에서 VirtualBox를 설치하는 방법을 알아봅니다.

2.1.1 VirtualBox 설치

Step1

http://virtualbox.org/wiki/Downloads 사이트에 접속하여 Binaries 링크를 클릭합니다.

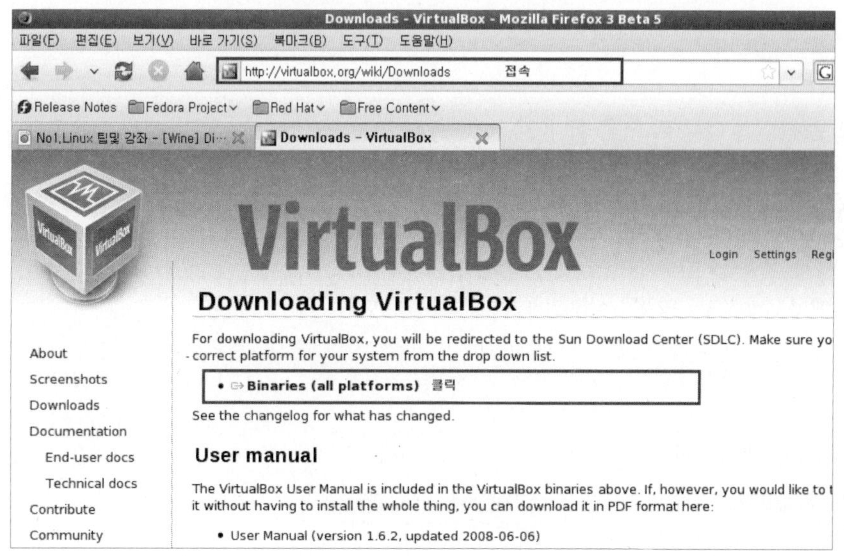

Step2

Platform에 Fedora9(i386) 또는 (AMD64)로 선택하고 [I agree ~] 항목을 체크한 후 [Continue]를 클릭합니다.

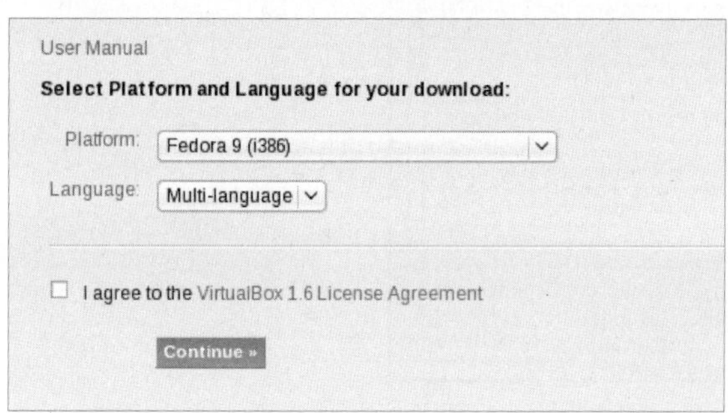

Step3 [Sun xVM VirtualBox 1.6]를 클릭한 후 그 아래 다운로드 파일을 클릭하여 다운로드합니다.

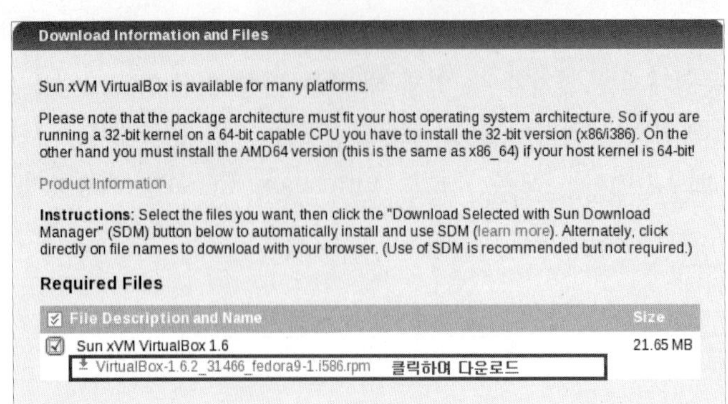

Step4 다운로드한 경로로 이동하여 파일을 설치합니다.

```
$ cd 다운로드
$ su -c 'rpm -ivh VirtualBox-1.6.2_31466_fedora9-1.i586.rpm
암호: root 열쇠글 입력
```

Step5 /etc/group 파일에서 vboxusers 그룹에 여러분 계정을 추가합니다. 예를 들어 fedora 계정이라면 다음과 같이 추가합니다.

```
vboxusers:x:501:fedora
```

Step6 로그아웃하였다가 다시 로그인을 합니다.

2.1.2 VirtualBox 실행

Step1 터미널에서 VirtualBox 명령을 실행합니다.

```
$ VirtualBox
```

Step2 [동의합니다] 버튼을 클릭합니다.

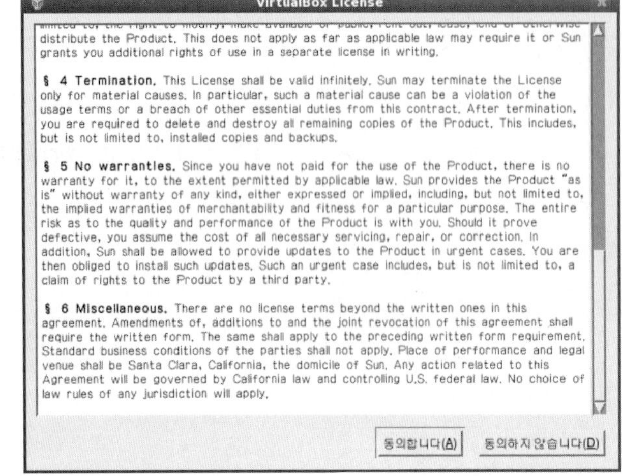

Step3 이름과 전자우편주소를 입력하여 [확인] 버튼을 클릭합니다.

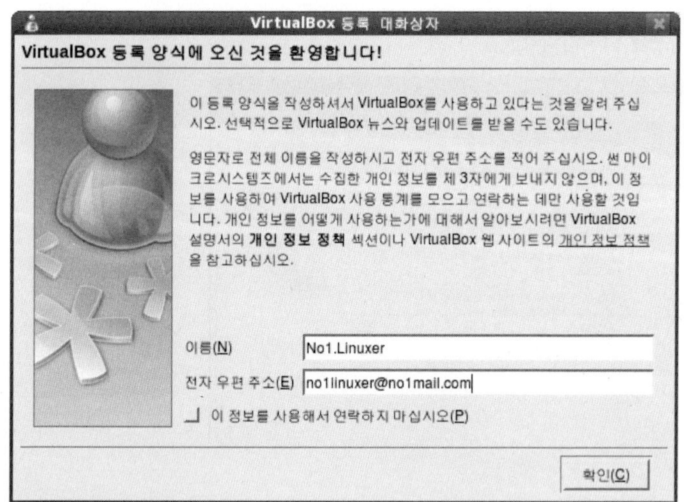

Step4 [확인]을 클릭합니다.

Step5 VirtualBox가 실행됩니다.

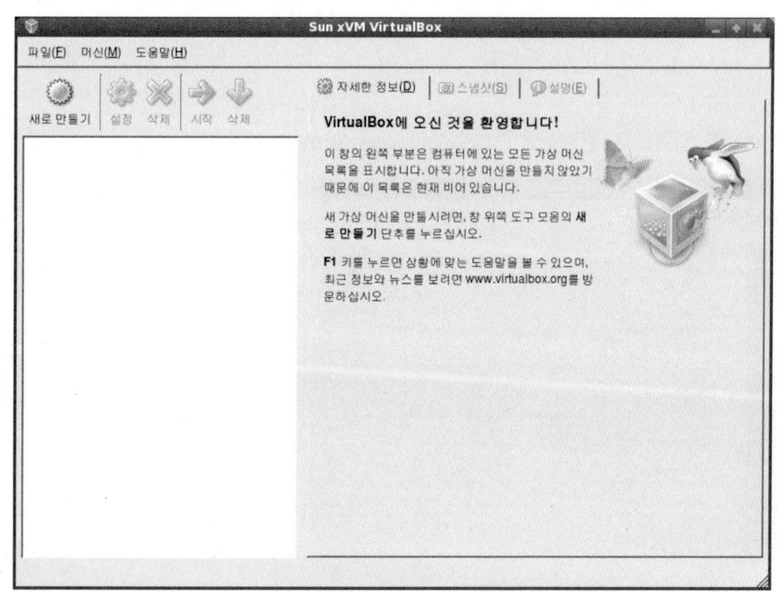

2.1.3 윈도우 엑스피 설치 환경 준비

Step1 [새로 만들기] 도구 아이콘을 클릭합니다.

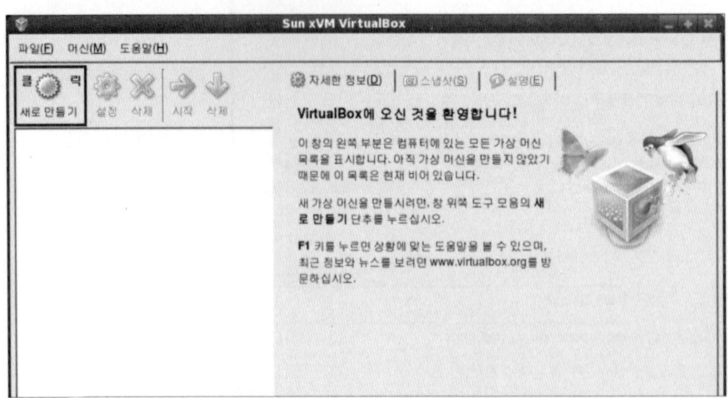

Step2 [앞으로] 버튼을 클릭합니다.

Step3 이름에는 windows를 입력하고, 운영체제 종류로 Windows XP로 선택합니다.

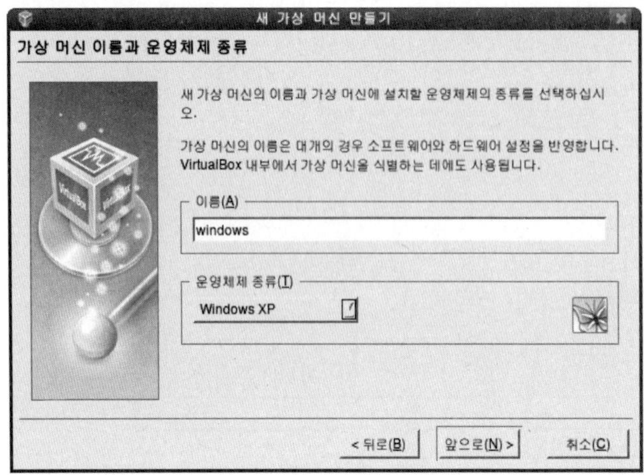

Step4 메모리를 설정합니다. 가능하다면 권장 메모리로 선택하고, 메모리 용량이 충분하다면 권장 메모리보다 더 많이 잡아줍니다.

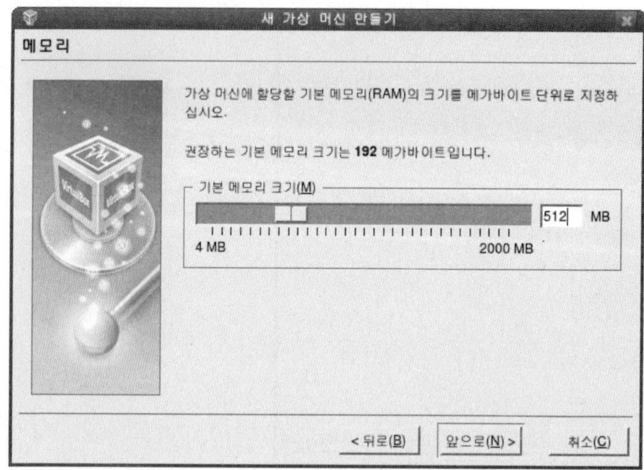

Step5 [새로 만들기]를 클릭합니다.

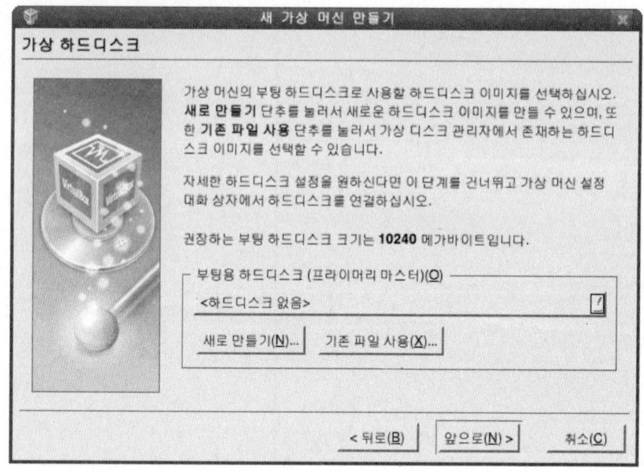

Step6 [앞으로] 버튼을 클릭합니다.

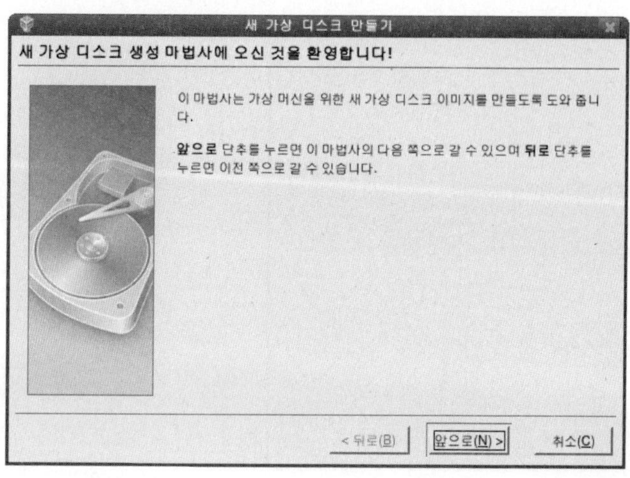

Step7 이미지 종류로 [동적 크기 이미지]를 선택합니다.

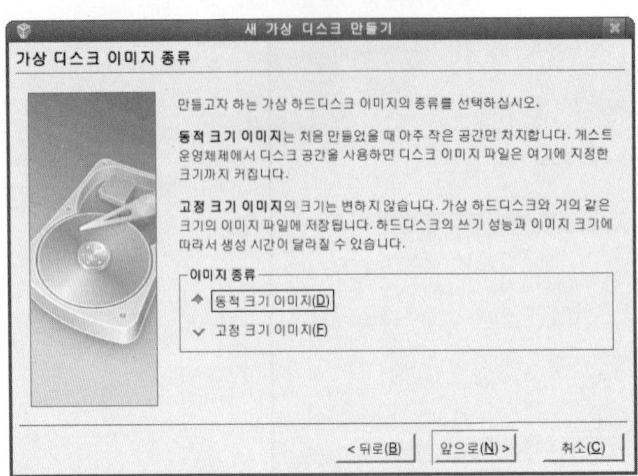

Step8 [앞으로] 버튼을 클릭합니다.

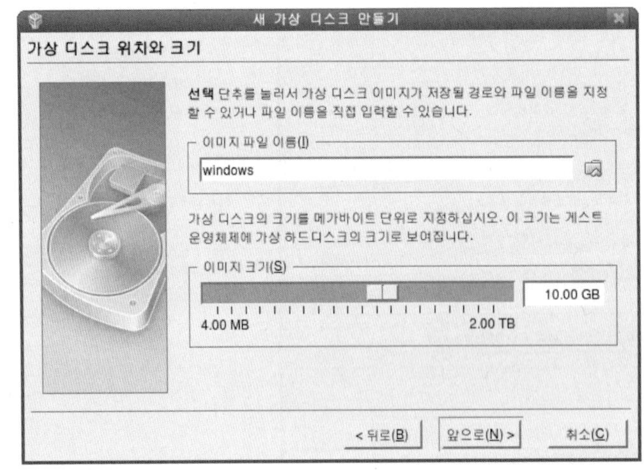

Step9 [마침] 버튼을 클릭합니다.

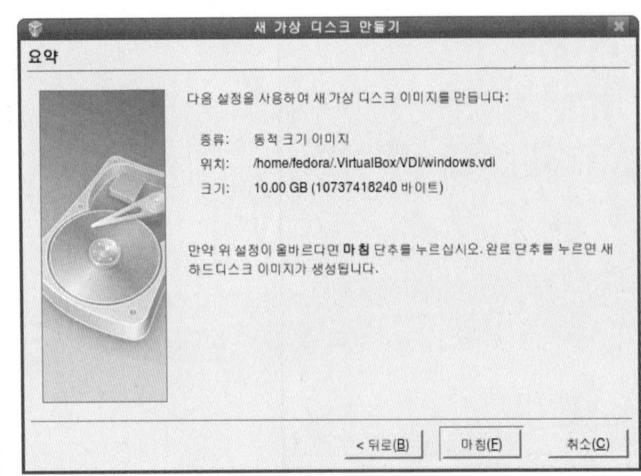

Step10 [앞으로] 버튼을 클릭합니다.

Step11 [마침]을 클릭합니다.

Step12 VirtualBox 창에 윈도우 설정이 추가되었습니다.

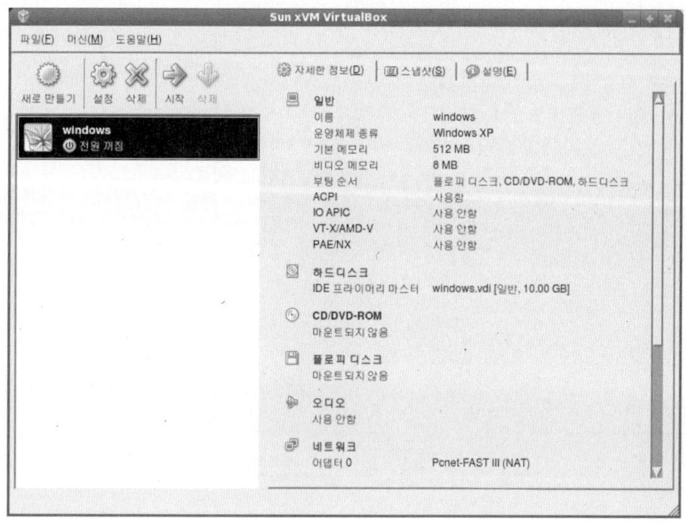

2.1.4 윈도우 엑스피 설치

Step1 시디롬 드라이브에 윈도우 엑스피 설치 시디를 삽입한 후 [시작] 버튼을 클릭합니다.

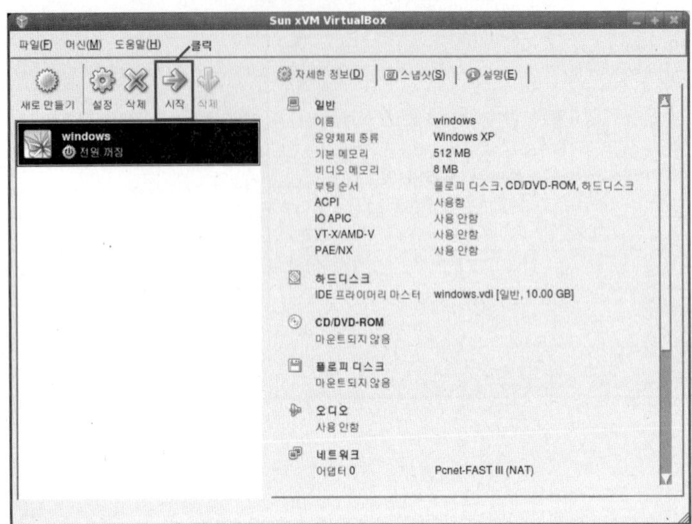

Step2 [이 메시지를 다시 표시하지 않기]를 체크하여 [확인]을 클릭합니다.

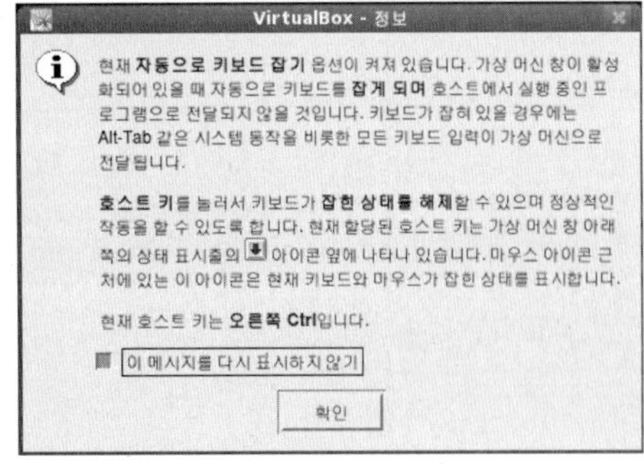

Step3 [앞으로] 버튼을 클릭합니다.

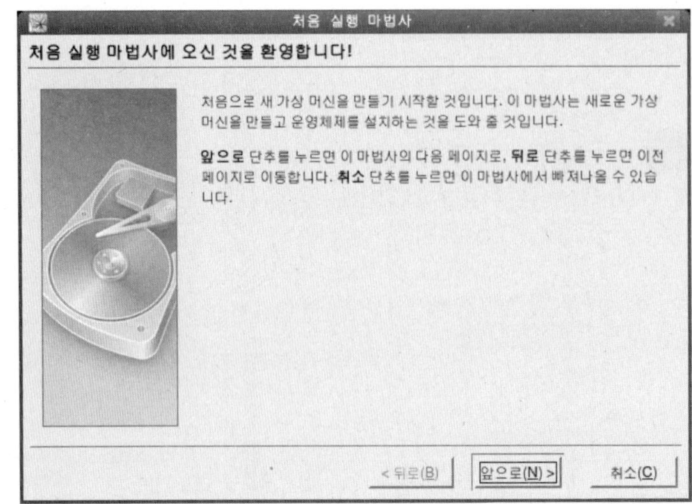

Step4 [앞으로]를 클릭합니다.

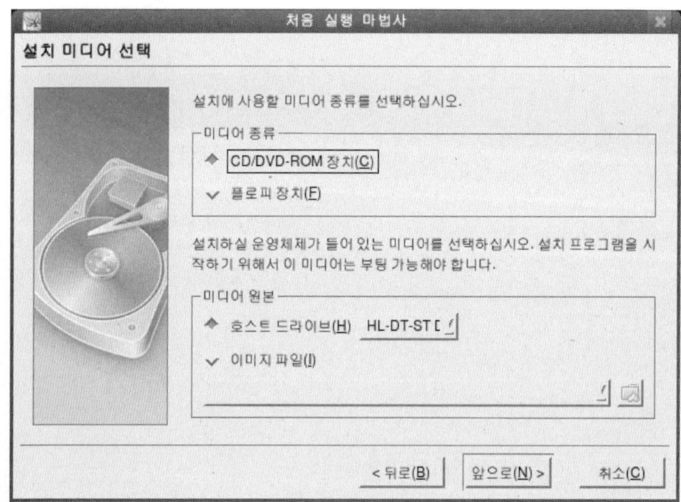

Step5 [마침]을 클릭합니다.

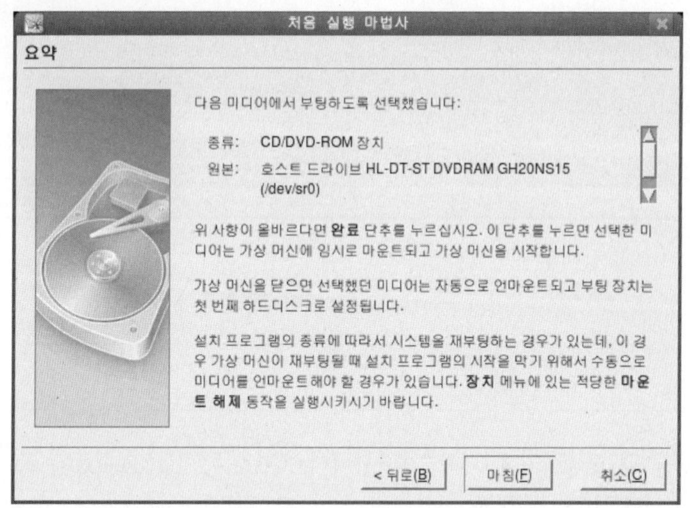

Step6 윈도우 설치 화면이 나옵니다. 윈도우를 설치합니다.

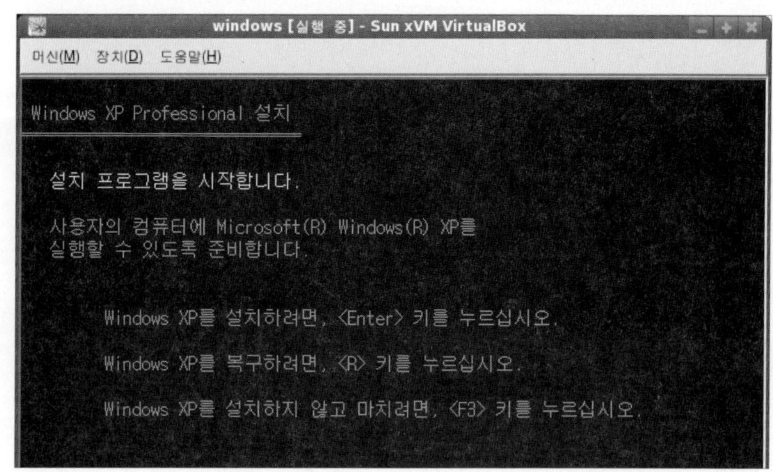

Step7 윈도우 엑스피 설치가 완료되면 VirtualBox를 통해서 윈도우 운영체제와 그 응용 프로그램을 사용할 수 있게 됩니다.

2.2 Qemu

또 다른 가상 머신인 Qemu 설치에 대해 알아봅니다. Qemu는 VirtualBox는 좀 가벼운 가상머신으로 주로 ISO 파일이나 USB 또는 하드에 설치되어 있는 운영체제를 테스트할 때 적당합니다. VirtualBox 에 비해 설정도 간단하고, 다른 운영체제를 설치하는 과정이 매우 간단하고 쉽습니다. Qemu에 대한 자 세한 정보는 다음 사이트를 참고하면 됩니다.

```
http://bellard.org/qemu/
```

Step1 Qemu 패키지를 설치합니다.

```
$ su -c 'yum install -y qemu'
```

Step2 윈도우가 설치될 하드 디스크 이미지를 다음과 같이 생성합니다.

```
$ qemu-img create windows.img 4G
```

Step3 시디롬 드라이브에 윈도우 설치 시디롬을 넣고 마운트시킨 후에 다음 명령을 실행하여 윈도우를 설치합니다.

```
$ qemu -cdrom /dev/sr0 -m 512 -boot d windows.img
```

-cdrom에는 시디롬 드라이브 디바이스명을 지정하고, -m은 메모리양을 설정합니다.

Step4 윈도우를 설치한 후 다시 실행하는 방법은 다음과 같습니다.

```
$ qemu -hda windows.img -m 512 -std-vga
```

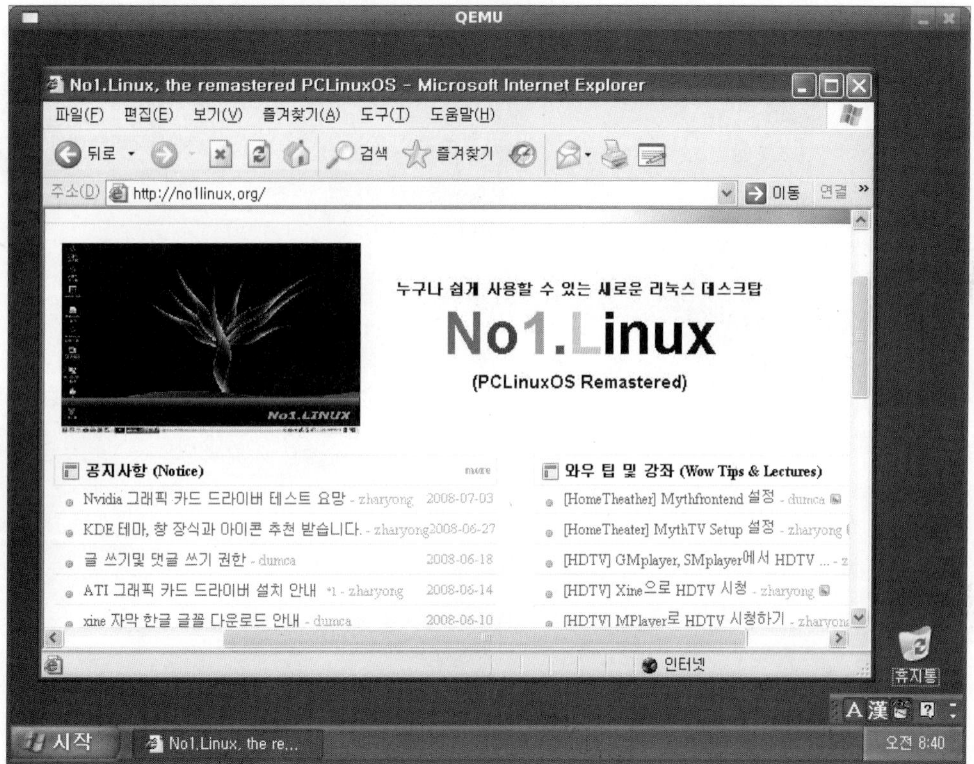

end

help

x

PART 3

Expert Linux

Chapter 01. 리눅스 부팅의 이해

이 장에선 리눅스를 설치한 후 시스템을 재시작하였을 때 바이오스 부팅부터 시스템 로그인 과정까지 어떠한 과정들이 진행되는지를 간략하게 살펴보겠습니다. 리눅스 부팅 과정은 커널(kernel), 파일시스템(Filesystem), 마운트(mount), 시스템 초기화(init) 등 리눅스 시스템 전반을 이해할 수 있는 중요한 부분으로 이러한 부분을 세세히 살펴보면 좋겠지만, 리눅스를 처음 접하는 여러분에게는 어려운 부분이 아닐까 싶어 리눅스 시스템의 부팅은 어떻게 진행되는지 그 흐름에 대해서만 이해하는 정도로 설명합니다. 이에 대해 보다 자세한 것은 필자의 다른 저서 "리눅스 시스템 및 네트워크 관리를 위한 레퍼런스 가이드"를 참고하면 많은 도움이 될 것입니다.

학습 주제

▶ 시스템 부팅 과정의 간단한 이해
▶ 커널 부팅 과정
▶ 시스템 초기화 프로세스, init
▶ 실행 레벨(Runlevel)

1. 시스템 부팅 과정의 이해

Power On
⇩
ROM BIOS에서 지정된 부트 드라이브로 부팅 시작
⇩
부트 드라이브의 첫 번째 섹터인 부트 섹터 읽어 들임
⇩
부트 섹터의 부팅 프로그램인 부트로더(GRUB) 작동
⇩
커널 이미지(/boot/vmlinuz) 적재
⇩
루트 파일 시스템(root filesystem) 마운트
⇩
시스템 초기화 프로그램(init) 작동
⇩
Login: 프롬프트 또는 엑스 윈도우 로그인 화면

2. GRUB 설정

2.1 /boot/grub/menu.lst (/boot/grub/grub.conf, /etc/grub.conf)

GRUB의 설정 파일은 /boot/grub/menu.lst 이지만, 페도라 리눅스에서는 편의상 menu.lst 파일을 grub.conf 파일로 심볼릭 링크를 하여 사용합니다. 그러면 menu.lst 설정 파일 내용에 대해서 살펴볼까요?

```
❶ timeout 5
❷ default 0
❸ splashimage=(hd0,0)/boot/grub/splash.xpm.gz
❹ hidemenu
❺ title Fedora Core
        root (hd0,0)
        kernel /boot/vmlinuz-2.6.25-14.fc9.i686 ro root=/dev/sda1 rhgb quiet
        initrd /boot/initrd-2.6.25-14.fc9.i686.img
❻ title Other
        rootnoverify (hd1,0)
        makeactive
        chainloader +1
```

❶ timeout 5

상기 GRUB 부트 화면에서 보는 바와 같이 부트 화면에서 부트 메뉴 화면으로 들어가기 위한 키보드 입력을 기다리는 시간으로, 일정 시간(기본값 5초) 동안 키보드 입력이 없으면 기본 부팅 엔트리(페도 라 리눅스)로 부팅이 이뤄지게 되고, 5초 이내에 아무 키보드를 누르면 GRUB 부트 메뉴 화면으로 들

어갈 수 있습니다. 부팅 시 윈도우 엑스피로 부팅하고자 한다면 5초 이내에 아무 키보드를 재빨리 눌러
부트 메뉴 화면에서 윈도우 엑스피 부트 엔트리를 선택하면 됩니다.

❷ default 0

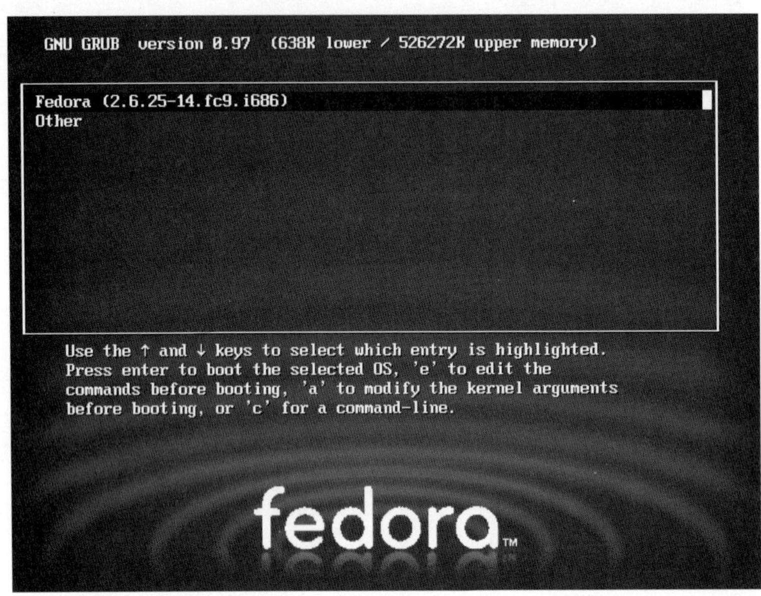

상기 화면과 같이 Fedora와 Other의 두 개의 부트 엔트리가 존재할 때 기본적으로 부팅될 부트 엔트리
를 설정해 주는 옵션입니다. 부트 엔트리는 title 옵션으로 지정된 부팅 이름을 말하는 것이며, 부트 엔
트리 순서는 1부터 시작하지 않고 0부터 시작됨을 주의하도록 합니다. default 0은 맨 처음 설정되어
있는 부트 엔트리로 부팅되라는 의미입니다.

❸ splashimage

XPM형태의 그림 이미지를 압축한 xpm.gz 파일을 GRUB 메뉴 화면의 배경 이미지로 사용할 수 있습
니다. splashimage 이미지 설정 방법은 다음과 같은 형식으로 지정합니다.

```
splashimage=(hd0,0)/boot/grub/splash.xpm.gz
```

(hd0,0)은 하드디스크의 /dev/sda1 파티션을 의미합니다.

❹ hiddenmenu

페도라 리눅스의 GRUB은 기본적으로 리눅스로 부팅되도록 설정되어 있는데, GRUB 부트 메뉴를 보여
주지 않고, 바로 리눅스 커널로 부팅될 수 있도록 하는 hiddenmenu 옵션을 지원합니다. 이 옵션에 의
해서 부팅 시 다음과 같은 화면이 작동하게 됩니다.

이 과정없이 바로 GRUB 부트 메뉴 화면이 나타나도록 하려면 이 옵션을 제거해 주면 됩니다.

❺ 리눅스 부트 엔트리 설정

부트 엔트리 설정 영역은 title로 시작되며, 설치되어 있는 운영체제의 위치와 커널 이미지 그리고 initrd 등이 다음과 같은 형태로 설정됩니다.

```
title 부트엔트리설명
    root (하드디스크디바이스명, 부트파티션명)
    kernel 커널이미지경로/커널명 root=루트디바이스명 부트파라미터
    initrd  initrd이미지경로/initrd명
```

▶ title

title옵션 뒤에는 부팅 엔트리의 이름을 임의로 지정합니다. 이 때 부트 엔트리명이 긴 경우 단어 간 띄어쓰기도 가능합니다.

```
title Fedora (kernel 2.6.25-14.fc9.i686)
```

▶ root

그 다음 줄에는 하드디스크의 디바이스명과 /boot/grub를 포함하는 부트 파티션이 있는 디바이스명을 root 옵션으로 (hd0,0)와 같은 식으로 지정합니다.

```
root (hd0,0)
```

'root'는 GRUB의 루트 디바이스를 설정하는 옵션으로, /boot 디렉토리를 포함하는 파티션을 말합니다. 즉, root (hd0,0)는 프라이머리 하드디스크의 첫 번째 파티션(/dev/sda1)이 GRUB의 루트 파티션이라는 것을 의미합니다. 만일 root (hd0,4)는 /dev/sda5 파티션을 GRUB의 루트 파티션을 의미합니다.

▶ kernel

그 다음 줄에는 kernel 명령 라인에 커널 이미지 경로와 파일명, 그리고 root 파티션의 디바이스명 그리고 부트 파라미터를 설정합니다. root 파티션의 디바이스명이 /dev/sda1이라고 할 때 다음과 같이 설정하면 됩니다.

```
kernel /boot/vmlinuz-2.6.25-14.fc9.i686 ro root=/dev/sda1 rhgb quiet
```

root 파티션 디바이스는 /dev/sda1 형태가 아닌 UUID=4ec93664-34d8-481e-8116-1a708884ebf7과 같은 복잡한 형태로도 표시될 수 있는데, 이것은 리눅스 설치 시 하드 디스크 파티션을 나눈 후 포맷될 때마다 해당 파티션의 디바이스에 부여되는 고유의 번호입니다. /dev/sda1 대신에 UUID 값으로 지정해 주려면 /lib/udev/vol_id 명령을 이용하여 해당 파티션의 UUID를 확인해야 합니다. 그러면 이해를 돕고자 vol_id /dev/sda1 명령을 실행해 봅니다.[17]

```
                                    root@localhost:~                         _ + x
파일(F)  편집(E)  보기(V)  터미널(T)  탭(B)  도움말(H)
[fedora9@localhost ~]$ su -
Password:
[root@localhost ~]# /lib/udev/vol_id /dev/sda1
ID_FS_USAGE=filesystem
ID_FS_TYPE=ext3
ID_FS_VERSION=1.0
ID_FS_UUID=4ec93664-34d8-481e-8116-1a708884ebf7
ID_FS_UUID_ENC=4ec93664-34d8-481e-8116-1a708884ebf7
ID_FS_LABEL=Fedora9
ID_FS_LABEL_ENC=Fedora9
ID_FS_LABEL_SAFE=Fedora9
[root@localhost ~]#
```

상기 화면에서 /dev/sda1 파티션의 UUID 값이 4ec93664-34d8-481e-8116-1a708884ebf7임을 알 수 있습니다. UUID 값을 확인하였다면 다음과 같은 형식으로 root 파티션의 디바이스를 UUID 값으로 표시할 수 있습니다.

```
kernel                          /boot/vmlinuz-2.6.25-14.fc9.i686                          ro
root=UUID=4ec93664-34d8-481e-8116-1a708884ebf7 rhgb quiet
```

또한 vol_id 명령으로 확인한 LABEL 값으로도 root 파티션의 디바이스명을 대체할 수 있습니다.[18]

```
kernel /boot/vmlinuz-2.6.25-14.fc9.i686 ro root=LABEL=fedora9 rhgb quiet
```

▶ initrd

그 다음 줄에는 initrd 이미지를 지정해 주어야 하는데, initrd 이미지가 있는 경로와 파일명을 정확하게 지정해 주면 됩니다.

```
initrd /boot/initrd-2.6.25-0.121.rc5.img
```

여기서 GRUB의 디바이스 명칭에 대해서 이해하고 넘어갈까요? 리눅스의 파티션 디바이스명과 다소 차이가 있다는 사실을 주의해야 합니다. 리눅스에서 일반적인 하드디스크의 디바이스명을 sda,sdb 등의 형태로 사용하지만, GRUB에서는 이들 디바이스를 표시할 때는 hd0, hd1, hd2, hd3과 같이 알파벳 대신에 숫자를 사용한다는 점에 차이가 있습니다. GRUB에서 디바이스를 표기할 때는 디바이스명을 가로로 묶어 (hd0,0)과 같은 식으로 표시하는데, hd는 hard disk를 의미하며, hd 뒤의 숫자 0은 프라이머리 마스터의 하드디스크를 의미하고, 두 번째 숫자0은 파티션 위치를 가르키는 것으로, 첫 번째 파티션을 나타냅니다. 파티션 위치 번호는 1부터가 아닌 0부터 시작됨을 주의해야 합니다. (hd0,0)은 프라이머리

---

17) /lib/udev/vol_id 명령이 없다면 # yum install udev 명령을 실행하여 udev 패키지를 설치해 주면 됩니다. UUID에 대해서는 /etc/fstab 파일을 다룰 때 다시 설명합니다.
18) /etc/fstab 파일 설정을 다룰 때 하드 디스크 디바이스에 대해서 레벨을 지정하는 방법을 살펴보게 될 것입니다.

하드디스크의 /dev/hda1 또는 /dev/sda1 파티션을 의미합니다.

(hd0,2)	Primary HDD의 /dev/sda3
(hd0,4)	Primary HDD의 /dev/sda5
(hd1,1)	Secondary HDD /dev/sdb2
(fd0)	Floppy Disk

▶ 커널 파라미터

커널 설정 라인에서 마지막으로 rhgb, quiet, vga, runlevel 파라미터에 대해서 간단히 알아봅니다.

rhgb는 RedHat Graphical Boot를 의미하며, quiet는 커널 메시지를 화면상에 출력되지 않도록 하는 옵션입니다. vga 옵션을 사용하면 원하는 해상도를 커널에 적용할 수 있으며, 고해상도를 적용할 경우에는 넓은 화면을 사용할 수 있는 이점이 있습니다. 커널에 적용할 수 있는 vga 값으로는 다음과 같습니다. 만일 24비트 1024x768 해상도를 사용하려면 vga=792로 설정해 주면 됩니다.

Color	640x480	800x600	1024x768	1280x1024	1600x1200
8bit	769	771	773	775	797
16bit	785	788	791	794	798
24bit	786	789	792	795	799

그 외 실행레벨을 지정할 수 있는데, single 또는 1를 입력하면 시스템 응급 시 루트쉘로 부팅할 수 있으며, 3과 5는 각각 콘솔 또는 엑스 윈도우로 바로 부팅되도록 할 때 사용합니다.

❻ 윈도우 엑스피 운영체제 부트 엔트리 설정

리눅스와 윈도우 엑스피 운영체제를 함께 사용하는 경우 멀티 부팅이 되도록 하기 위해서는 다음과 같이 설정하면 됩니다.

```
title Windows XP
    rootnoverify (hd1,0)
    makeactive
    chainloader +1
```

여기서 (hd1,0)는 윈도우 엑스피가 설치되어 있는 하드디스크 디바이스명과 파티션명을 명시하는 것으로 세컨더리 하드디스크의 /dev/sdb1 파티션에 윈도우 엑스피가 설치되어 있음을 의미합니다. 만일 첫 번째 파티션에 설치되어 있다면 (hd0,0)으로 설정하면 됩니다.

3. GRUB 부트 메뉴 다루기

시스템을 재시작한 후 상기 부트 화면이 나올 때 5초가 경과되기 전에 아무 키보드를 누르면 GRUB 부트 메뉴 화면으로 들어갈 수 있습니다.

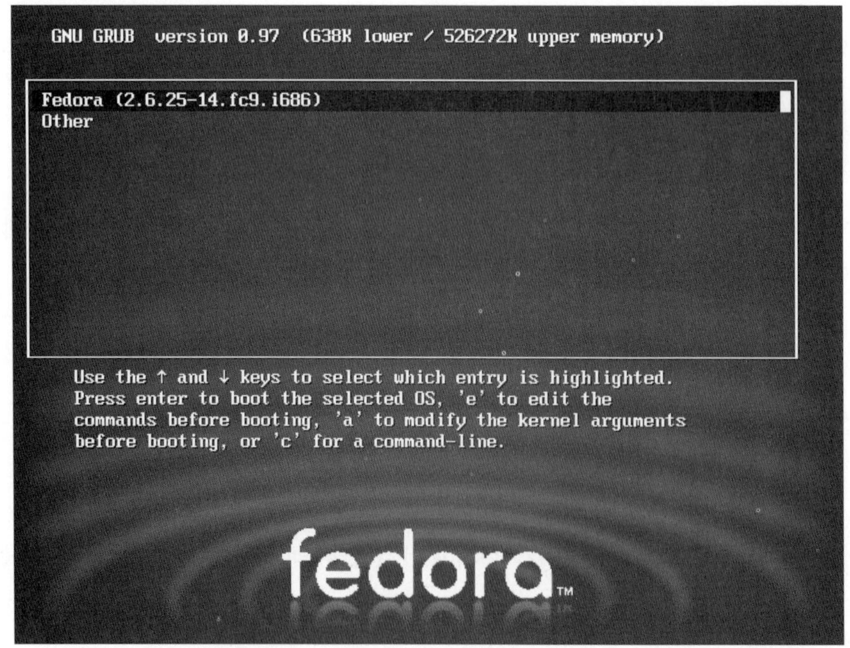

상기 부트 메뉴 화면에서 상·하 방향키로 원하는 부트 엔트리를 선택하여 Enter 키를 누르면 해당 부트 엔트리로 부팅할 수 있습니다. 부트 엔트리의 설정이 잘못되어 있어서 부팅이 이뤄지지 않을 경우 또는 부트 엔트리에 원하는 운영체제의 설정이 포함되어 있지 않은 경우 올바르게 부팅되도록 부트 메뉴를 수동으로 조작하는 방법을 알아보도록 합니다.

3.1 부트로더 명령 라인에 직접 부트 정보 추가하여 부팅하는 방법

Linux 부팅

Step1 GRUB 부트 메뉴 화면에서 C 키를 눌러 GRUB 명령 라인으로 들어갑니다.

```
    GNU GRUB   version 0.97   (638K lower / 526272K upper memory)

[ Minimal BASH-like line editing is supported.  For the first word, TAB
  lists possible command completions.   Anywhere else TAB lists the possible
  completions of a device/filename.   ESC at any time exits.]

grub> █
```

Step2 GRUB의 root 디바이스를 지정합니다. 이 때 root 디바이스는 /boot 디렉토리가 있는 파티션의 디바이스명을 말합니다. 예를 들어 /dev/sda1 파티션에 /boot 디렉토리가 위치하고 있다면 root (hd0,0)를 입력합니다.

```
grub> root (hd0,0)
 Filesystem type is ext2fs, partition type 0x83

grub> █
```

Step3 kernel 명령 라인에는 커널 위치 경로와 파일명을 정확히 지정하고, root 옵션으로 루트 파티션의 디바이스명을 지정해 주고, 그 외의 부트 파라미터(rhgb, quiet,vga, runlevel)를 추가하여 Enter 키를 누르면 됩니다.

```
 grub>  kernel  /boot/vmlinuz-2.6.25-14.fc9.i686  ro  root=루트디바이스명  rhgb  queit
 vga=791
```

```
grub> kernel /boot/vmlinuz-2.6.25-14.fc9.i686 ro root=/dev/sda1 rhgb
   [Linux-bzImage, setup=0x3000, size=0x1fab60]

grub> █
```

Step4 다음과 같은 형태로 initrd 이미지를 정확히 지정합니다.

```
 grub> initrd /boot/initrd-2.6.25-14.fc9.i686.img
```

```
grub> initrd /boot/initrd-2.6.25-14.fc9.i686.img
   [Linux-initrd @ 0x20050000, 0x28f321 bytes]

grub> █
```

Step5 마지막으로 boot 명령을 실행하여 리눅스로 부팅되는지 확인합니다.

```
grub> boot█
```

부팅 후에는 /boot/grub/grub.conf 또는 /boot/grub/menu.lst 파일을 올바르게 수정하여 다음 부팅 시에는 올바른 GRUB 부트로더 설정 내용으로 동작하게 끔 하면 됩니다.

Windows XP (98/ME/2000) 부팅하기

```
grub> rootnoverify (hd0,0)
grub> makeactive
grub> chainloader +1
```

Step1 GRUB 메뉴에서 C 키를 눌러 GRUB 프롬프트로 들어갑니다.

Step2 rootnoverify (hd0,0)를 실행합니다. (hd0,0)은 /dev/sda1 파티션에 윈도우 운영체제가 설치되어 있다는 가정입니다. 윈도우 엑스피가 다른 파티션에 설치되어 있다면 그에 맞게 수정하여 실행해야 합니다.

Step3 makeactive를 실행합니다.

Step4 chainloader +1를 실행합니다.

Step5 마지막으로 boot 명령을 실행하면 XP로 부팅이 이뤄지게 됨을 볼 수 있습니다.

3.2 GRUB 부트로더 부트 정보 편집

이번에는 GRUB 부트 메뉴 화면에서 /boot/grub/menu.lst(grub.conf) 파일에서 잘못된 설정 부분을 올바르게 고쳐서 부팅하는 방법에 대해서 알아봅니다. 이 방법은 자동으로 /boot/grub/menu.lst 파일을 수정되는 것이 아니라, 정상적으로 부팅이 완료된 후 설정 파일의 내용을 변경해 주어야 부팅 시에 변경된 내용이 적용됨을 주의하기 바랍니다.

Step1 수정하고자 하는 부트 엔트리를 선택 막대를 놓고 E 키를 누릅니다.

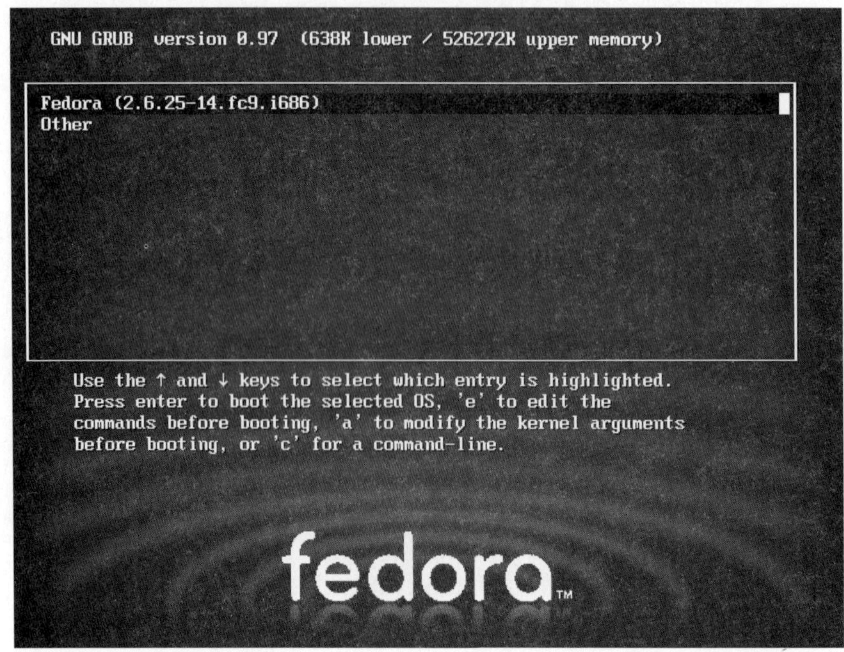

Step2 부트 엔트리 설정 내용을 보여주게 됩니다. 수정하고자 하는 설정 부분을 선택하여 E 키를 누릅니다.

```
 GNU GRUB  version 0.97  (638K lower / 526272K upper memory)

┌────────────────────────────────────────────────────────────────────────┐
│root (hd0,0)                                                              │
│kernel /boot/vmlinuz-2.6.25-14.fc9.i686 ro root=UUID=04406184-a341-42→    │
│initrd /boot/initrd-2.6.25-14.fc9.i686.img                               │
│                                                                          │
│                                                                          │
│                                                                          │
│                                                                          │
└────────────────────────────────────────────────────────────────────────┘
```

Step3 방향키와 백스페이스 키를 이용하여 잘못된 부분을 수정하거나 커널 파라미터를 추가합니다. 여러분이 싱글 실행레벨 또는 콘솔로 부팅하길 원한다면 마지막 라인에 이것을 의미하는 1 또는 3을 추가로 입력해 주면 됩니다.

```
[ Minimal BASH-like line editing is supported.  For the first word, TAB
  lists possible command completions.  Anywhere else TAB lists the possible
  completions of a device/filename.  ESC at any time cancels.  ENTER
  at any time accepts your changes.]

grub edit> kernel /boot/vmlinuz-2.6.25-14.fc9.i686 ro root=/dev/sda1 3
```

Step4 B 키를 쳐서 정상적으로 부팅이 이뤄지는지를 확인합니다.

4. 부트로더 활용 팁

4.1. 윈도우 엑스피 부트로더를 이용하여 리눅스 부팅하기

리눅스의 부트로더를 이용하지 않고 윈도우 엑스피 부트로더를 이용하여 리눅스로 부팅하는 원하는 독자가 있을 듯 싶어 윈도우 엑스피 부트로더를 이용하여 멀티 부팅하는 방법을 알아봅니다. 앞으로 살펴볼 방법은 바이오스상에서 USB 부트 기능을 지원하지 않는 시스템에서 부트 가능한 USB 메모리 스틱을 부팅하고자 할 때 유용하게 적용할 수도 있습니다. 먼저 윈도우 엑스피의 부트로더에서 GRUB를 사용할 수 있게 해 주는 grub4dos라는 오픈 소스 프로그램을 준비해야 합니다. 이 프로그램은 다음 사이트에서 구할 수 있습니다.

```
http://download.gna.org/grub4dos
```

Step1 윈도우 엑스피로 부팅하여 상기 사이트로부터 최신 버전의 grub4dos를 내려받아 압축 파일을 풉니다.

Step2 압축을 푼 디렉토리로 이동하여 grldr 파일을 c:₩로 복사합니다.

Step3 도스 명령창을 열고 다음과 같이 실행합니다.

```
c:\> attrib -s -h -r c:\boot.ini
c:\> echo c:\grldr="Fedora9 Linux" >> c:\boot.ini
c:\> attrib +s +h c:\boot.ini
```

Step4 c:₩menu.lst 파일을 에디터(워드패드)를 이용하여 다음 내용이 있도록 만듭니다.

```
color black/cyan yellow/cyan
timeout 0
default/default


title Fedora9
find --set-root /linuxboot/initrd.img
kernel /linuxboot/vmlinuz root=/dev/sda1 rhgb quiet
initrd /linuxboot/initrd.img
```

Step5 페도라 리눅스로 부팅하여 터미널 창을 열어 다음과 같이 윈도우 엑스피 파티션을 마운트시킵니다.

```
# mkdir /media/windows
# ntfs-3g /dev/sda1 /media/windows
```

Step5 마운트시킨 디렉토리에 /linuxboot 디렉토리를 만들고, /boot 디렉토리에 있는 페도라 커널(kernel)과 램초기화 이미지 (initrd.img)를 복사합니다.

```
# cp /boot/kernel-2.6.25-14.fc9.i686 /media/windows/linuxboot/kernel
# cp /boot/initrd-2.6.25-14.fc9.i686.img /media/windows/linuxboot/initrd.img
```

Step6 윈도우 엑스피로 다시 부팅하면 윈도우 부트로더가 동작하게 되며, 부트로더 메뉴에 Fedora9 Linux라는 항목이 추가되어 있음을 볼 수 있습니다. 이 부트 엔트리 항목을 선택하여 부팅하면 페도라9로 부팅할 수 있게 됩니다.

4.2 GRUB 열쇠글 보안 설정

시스템의 물리적인 보안을 유지하는 차원에서 GRUB에 열쇠글을 걸어 두는 것은 바람직합니다. GRUB
에 열쇠글을 부여하여 GRUB 메뉴를 이용하지 못하도록 하기 위해서는 우선 콘솔상에서 grub 명령을
실행하여 명령라인에서 md5crypt 명령을 실행하여 암호화된 열쇠글을 생성합니다. 이렇게 만들어진 열
쇠글 코드를 /boot/grub/grub.conf 파일 안에 설정해 주면 됩니다. 그러면 GRUB 설정 파일에 보안 열
쇠글을 추가하는 방법을 알아봅니다.

콘솔 또는 터미널을 실행하여 grub 명령을 입력하여 실행합니다.

```
# grub
```

Step2 다음 화면과 같이 grub〉 프롬프트상에서 md5crypt 명령을 실행하면 열쇠글을 묻게 되는데, 여러분이 사용할 열쇠글을
입력합니다. 열쇠글을 입력하면 md5 포맷으로 된 암호화된 코드가 생성됩니다.

```
grub> md5crypt
md5crypt
Password: fedora$
fedora$
Encrypted: $1$0xJZY$bJCf6.54GLEXrr01GJ.Br.
grub>
```

Step3 열쇠글 코드를 복사하여 /boot/grub/menu.lst(또는 grub.conf) 파일 안에 다음과 같은 형태로 md5 뒤에 코드값을 넣어
한 줄을 추가합니다.

```
password --md5 $1$0xJZY$bJCf6.54GLEXrr01GJ.Br.
```

Step4 quit 명령으로 GRUB 쉘을 닫고 shutdown 명령으로 시스템을 재시작합니다. 부팅시 GRUB 메뉴 화면으로 들어가기 위해
서는 P 키를 반드시 누른 후에 Password: 에 열쇠글을 입력해야 합니다.

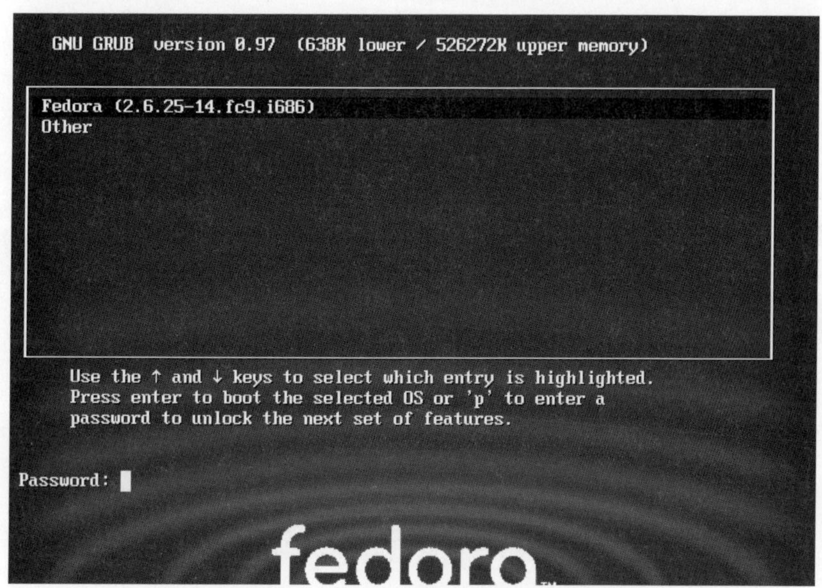

만일 열쇠글이 올바르게 입력되질 않았을 때 GRUB 부트 메뉴로 들어가질 못하므로 GRUB 부트 설정을 임의로 변경할 수 없게 되어 보안을 유지할 수 있게 됩니다.

4.3 윈도우 엑스피 설치후 GRUB이 없어졌을 때의 대처 방법

리눅스를 설치한 후에 윈도우를 설치하면 윈도우가 MBR에 있는 리눅스의 부트로더를 제거하기 때문에 GRUB이 사라져 리눅스로 부팅할 수 없는 일이 발생됩니다. 이러한 경우 GRUB를 복구하는 가장 쉬운 방법은 플로피 부팅 디스크로 부팅하여 GRUB를 다시 설치하는 것입니다.

```
grub-install /dev/sda
```

만일 부팅 디스크가 없는 상태라면 리눅스 설치 부팅 CD로 부팅하여 boot: 프롬프트상에서 다음과 같이 리눅스가 설치되어 있는 파티션명을 지정하여 부팅합니다.

```
boot: vmlinuz root=/dev/sda1 (리눅스가 설치된 파티션이 /dev/sda1일 경우)
```

리눅스로 부팅이 이뤄지면 grub-install 명령을 실행하여 GRUB를 복구하면 됩니다.

GRUB 재 설치 시 오류가 발생되는 경우

윈도우를 설치하여 부트로더가 사라진 경우 다시 GRUB 부트로더를 되살리기 위해서 grub-install 명령을 실행하였을 때 다음과 같은 오류가 발생되는 경우가 있습니다.

```
The file /boot/grub/stage1 not read correctly.
```

상기 오류는 /etc/fstab 파일시스템에서 fdisk 파티션 테이블 정보와 일치하지 않기 때문에 발생하는 것이다. fdisk 명령으로 파티션 상태를 파악한 후 /etc/fstab 파일에서 마운트될 파티션의 정보를 올바르게 수정해야 주어야 합니다.

Chapter
03. 사용자 관리

리눅스 설치 시에 기본적으로 루트(root) 계정 하나만 존재하고, 리눅스 설치 후 셋업 에이전트를 통해서 사용자 계정 하나를 생성할 수 있습니다. 리눅스는 멀티 태스킹과 멀티 유저 환경을 지원하는 시스템이기 때문에 한 대의 시스템에서 여러 개의 계정을 사용할 수 있습니다. 여러 개의 계정을 사용할 수 있도록 하려면 시스템 관리자 계정인 루트로 사용자 계정을 생성해 주어야 합니다. 이 장에서는 사용자 계정을 추가하고 추가된 사용자 계정의 열쇠글을 관리하는 방법에 대해서 살펴보고, 가능한 시스템 관리는 루트 계정을 이용하기 보다는 루트 권한을 사용자가 획득하여 행사할 수 있도록 하는 방법이 중요한데, 이 장에서는 일반 사용자가 루트 권한을 갖도록 설정하는 방법과 권한 획득하는 방법에 대해서도 알아봅니다.

학습 주제

▶ 계정에 관한 간단한 이해
▶ 사용자 계정 추가/삭제
▶ 새도우 패스워드 시스템
▶ chage를 이용한 계정 열쇠글 관리
▶ 루트 권한 및 다른 사용자 권한 획득하기
▶ PAM 모듈을 이용한 사용자 로그인 제한하기
▶ system-config-users 도구 사용법
▶ 그룹 관리

1. 사용자 계정 이해

사용자 계정이라는 용어를 쉽게 이해하기 위해서 5층짜리의 오피스텔 하나를 그려봅니다. 오피스텔은 이제 리눅스를 뜻하며, 여러분은 오피스텔의 주인이자 관리자로 리눅스에서는 "루트(root)"를 의미합니다. 이 오피스텔은 외부인의 출입 제한과 보안을 위하여 전자 출입 제한 시스템이 설치되어 있는데, 이 시스템의 제어는 오직 주인(root)만이 가능합니다. 이때 주인이 오피스텔 안으로 들어가기 위해서는 주인이라는 신원 조회가 이뤄질 것입니다. 주인이 가지고 있는 열쇠글을 정확히 입력해야만 들어갈 수 있는데, 이러한 과정을 리눅스에서 "로그인(login)"이라 합니다. 주인은 대형의 오피스텔을 혼자서 쓰기에는 너무 아깝고, 비경제적 운영이라 판단하여 나머지 오피스텔에 대해서 분양 또는 임대를 고려하게 됩니다. 김철수와 임대차 계약을 맺고 101호를 임대합니다. 그리고 김철수에게는 101호를 임대해 주면서 101호실을 사용할 수 있도록 출입문에 대한 열쇠글을 부여해 주었다. 리눅스에서 이러한 과정을 계정 생성(adduser)이라고 합니다.

101호는 오직 김철수 자신만이 사용할 수 있는 공간이며 그의 고유한 주소로, 리눅스에서는 /home/101 디렉토리에 해당하는 주소(위치)를 갖게 됩니다. 오피스텔 건물주는 이번에는 김영희에게 102호실을 분양하고 /home/102에 대한 소유권을 이전합니다. 이러한 과정을 리눅스에서는 소유권(ownership)을 부여한다고 말합니다.

김철수는 101호실을 비즈니스 사무실로 사용하므로, 누구나 들어 올 수 있도록 문을 열어 두고 사무를 봅니다. 리눅스에서는 퍼미션(permission, 허가권)이라는 용어를 사용하는데 자신이 아닌 다른 사용자들에게도 사용 권리를 부여해 주는 것으로, 이러한 과정을 퍼미션을 풀어 준다고 흔히 표현합니다. 그러나 김영희 102호실은 개인 혼자서 사용하는 주거용이므로 어느 누구도 들어 올 수 없도록 문을 닫아 놓고 삽니다. 이렇게 문을 꽁꽁 닫는 것을 리눅스에서는 퍼미션이 막혀 있다고 흔히 말합니다.

김영희의 102호실은 사생활이 보장될 만큼 철저히 외부에게 공개되어 있지 않습니다. 그런데 어느날 갑자기 102호실에 도둑이 들어서 김영희가 애지중지하던 귀중품을 훔쳐 간 사건이 발생합니다. 이러한 사건을 "크래킹(craking)"이라 하고, 도둑을 "크래커(cracker)"라 부릅니다. 이런 일이 발생하고 나서 김영희는 보안을 강화하기 위해서 사용하던 전자키의 열쇠글을 변경한다. 김영희는 passwd라는 열쇠글 변경 도구를 사용하여 상당히 긴 열쇠글로 변경합니다. 이러한 과정을 리눅스에서는 열쇠글 변경이라 하며, passwd 명령을 사용합니다.

지금까지 재미없는 얘기로 계정을 오피스텔에 비유하여 설명하였는데, 앞으로 살펴보게 될 시스템 관리 용어들에 대해서도 비유해 보았습니다. 그러면 사용자 계정 생성 및 삭제, 열쇠글 변경 등 사용자 계정을 관리하는 방법에 대해서 자세히 알아보도록 합니다.

2. 사용자 계정 생성

앞서 오피스텔에 비유하여 계정에 대한 이해를 도모하였습니다. 오피스텔 사무실을 하나하나 분양하는 것은 리눅스에서 계정을 추가한다는 의미와 동일합니다. 또한 계정은 분양된 독립적인 공간을 뜻하기도 합니다. 김철수가 오피스텔 사무실을 임대하여 사업을 할 수 있는 것처럼, 일반 사용자에게 일정 영역을 할당해 주어야 그 안에서 리눅스 작업을 할 수 있을 것입니다. 이것은 단일 운영체제와 다른 점으로 리눅스가 멀티태스킹의 강점을 가지고 있다는 것을 보여주는 일례라고 할 수 있습니다. 리눅스에서 사용자 계정을 생성할 때는 adduser 또는 useradd 명령어를 사용합니다.

2.1 adduser 사용법

새로운 사용자 계정을 생성하는 방법은 "adduser 계정명" 또는 "useradd 계정명"을 실행하기만 하면 됩니다. 그러면 다음 화면과 같이 whitefox이라는 계정을 생성해 보도록 하겠습니다. 사용자 계정 생성은 루트 권한으로 행사해야 하므로, 일반 사용자가 루트 권한을 갖는 방법은 "su -" 명령을 먼저 실행하고, 루트의 열쇠글을 입력하면 됩니다. 다음 예제에서는 이 부분은 생략하였습니다.[19]

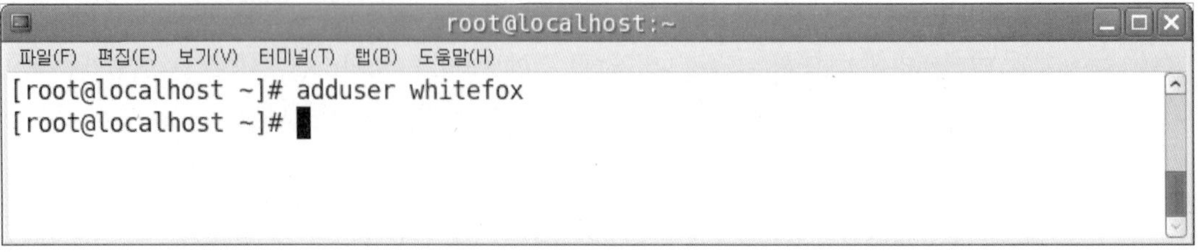

---

19) 일반 사용자가 루트 권한을 가질 때는 # su - 명령을 실행해야 하는데, 이에 대해서는 이 장의 후반부에서 설명됩니다.

이렇게 추가된 계정은 /etc/passwd 파일 안에 다음과 같은 형식으로 저장되며 /home/whitefox 디렉토리를 홈 디렉토리로 갖게 됩니다. 다음 화면 예제는 cat 명령으로 /etc/passwd 파일에서 whitefox 키워드와 일치하는 라인이 출력되도록 하는 과정입니다.

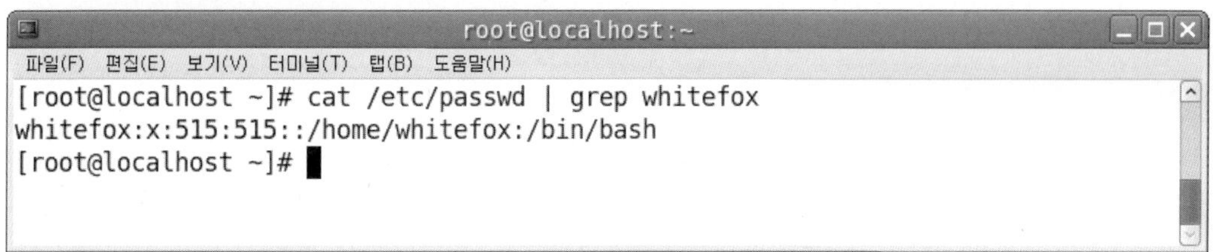

2.2 adduser 옵션

useradd 명령에서 사용할 수 있는 adduser의 옵션은 아래 표와 같습니다.

옵션	기　능
-c 설명	패스워드 파일에 새로운 사용자 설명 추가
-d 디렉토리	새 계정에 대한 디렉토리 위치 지정
-e 유효기간	지정된 날짜에 사용자의 계정 삭제
-f 비활성일수	패스워드가 만기된 후 계정이 영구히 말소될 때까지의 기간
-u uid	사용자의 ID에 대한 값
-s shell	사용자의 로그인 쉘을 지정
-n	사용자 계정 추가 기본 모드를 지정하지 않을 때
-G [그룹, ...]	사용자가 기본 그룹 이외의 다른 그룹에 추가하고자 할 때

① -c 옵션

-c 〈설명〉 옵션은 열쇠글 필드에 사용자에 관한 정보를 추가하는 옵션으로 사용자의 전화번호나 간단한 설명을 붙이고자 할 때 다음과 같이 따옴표로 묶어서 사용합니다.

```
# adduser whitefox -c "WhiteFox's Tel #123-4567"
```

② -d 옵션

. -d 〈디렉토리〉 옵션은 사용자의 홈 디렉토리를 지정하는 옵션으로, 기본 경로(/home)가 아닌 다른 경로로 지정하고자 할 때 유용합니다. whitefox2 계정의 위치를 /home이 아닌 /users 디렉토리로 갖도록 하려면 다음과 같이 실행해 주면 됩니다.

③ -u 옵션

사용자 계정이 추가될 때 사용자 고유의 번호가 부여되는데, 이것을 사용자 ID 또는 UID라고 합니다. 새로운 사용자 계정을 추가할 때 사용자의 ID 값은 일반적으로 500부터 시작하여 1만큼 추가되면서 새 사용자의 UID 값이 부여됩니다. whitefox라는 계정을 처음 생성하였다면 UID 값은 500을 갖게 되는데, 관리자가 사용자의 UID를 특별한 값으로 지정하고 싶을 경우, 계정 생성시 -u 〈UID〉 옵션을 사용하여 변경할 수 있습니다. 만일 사용자의 UID 값을 505로 하고 싶다면 다음과 같이 하면 실행하면 됩니다.

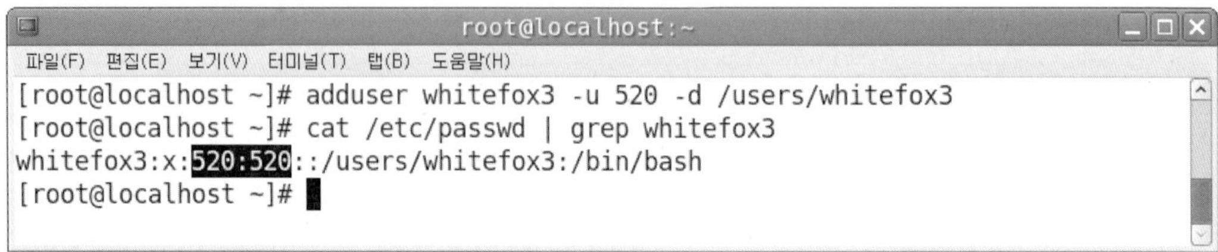

④ -s 옵션

-s 〈shell〉 옵션으로 사용자의 쉘(shell) 종류를 지정해 줄 수 있습니다. 기본 쉘은 bash 쉘입니다. 사용자가 원하는 쉘을 지정해 주기 위해서는 이 옵션을 지정하여 다음과 같이 계정을 추가하면 됩니다.

3. 사용자 생성 과정

adduser 명령으로 사용자 계정이 생성될 때의 과정에 대해서 간략히 이해해 보도록 하겠습니다.

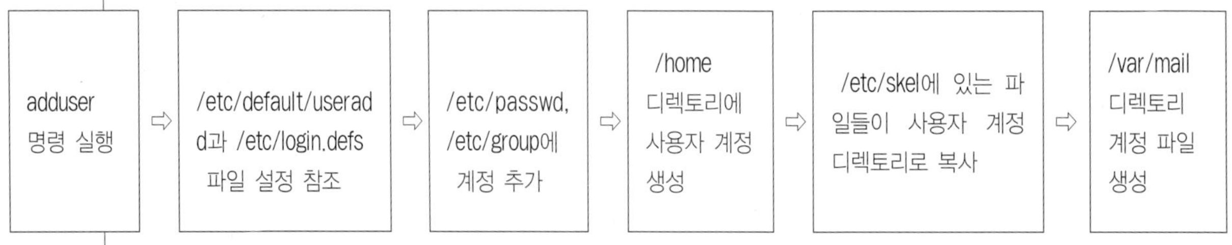

adduser 명령으로 사용자 계정이 추가하게 되면 /etc/default/useradd 와 /etc/login.defs 파일의 설정을 기준으로 하여 사용자 계정이 만들어지게 됩니다.

/etc/default/useradd 설정 내용	/etc/login.defs 설정 내용
GROUP = 100 HOME = /home INACTIVE = -1 EXPIRE = SHELL = /bin/bash SKEL = /etc/skel CREATE_MAIL_SPOOL = yes	MAIL_DIR /var/spool/mail PASS_MAX_DAYS 99999 PASS_MIN_DAYS 0 PASS_MIN_LEN 5 PASS_WARN_AGE 7 UID_MIN 5000 UID_MAX 60000 GID_MIN 500 GID_MAX 60000 CREATE_HOME yes UMASK 077 USERGROUPS_ENAB yes MD5_CRYPT_ENAB no

/etc/default/useradd 파일을 참고하여 사용자 계정은 /home 디렉토리에 생성되며, 이 디렉토리로 /etc/skel에 있는 파일들이 복사됩니다. 만일 사용자 계정을 추가할 때 일률적으로 모든 사용자에게 welcome.msg라는 환영 메시지 파일이 복사되도록 하고자 한다면 /etc/skel 디렉토리안에 welcom.msg 파일을 만들어 놓으면 됩니다. /etc/login.defs 파일에 의해서 사용자 계정이 추가될 때 UID와 GID값을 500부터 갖게 됩니다.

3.1 adduser 명령 기본 설정값 변경

이번에는 useradd 명령어의 기본 설정 값을 변경하는 것에 관하여 알아봅니다. 기본적으로 설정되어 있는 useradd의 설정값 변경은 -D 옵션을 사용하며, -D 옵션에는 또 다른 옵션들이 있는데 다음 표와 같습니다.

옵 션	기 능
-b 기본 홈	사용자의 기본 홈 디렉토리 위치 변경
-e 기본 만료일[2]	사용자의 계정이 말소되는 만료일
-f 기본 비 작동일[3]	패스워드가 만료되고, 계정이 말소되기 전까지의 기간
-g 기본 그룹	사용자의 그룹 변경
-s 기본 쉘	사용자의 로그인 쉘을 변경
-m -k skel 디렉토리	/etc/skel 대신 다른 경로의 skeletion를 이용하고자 할 때
-M	사용자 계정 경로 없이 계정 생성

---

2) -e 옵션으로 지정해 주는 날짜는 연도-월-일 형식입니다. 예) 2007-12-15

useradd -D 옵션을 이용하여 사용자 생성 명령어의 기본 설정값을 확인해 봅니다. 조금 전에 살펴보았던 /etc/default/useradd 파일의 내용과 동일함을 알 수 있습니다. 기본 설정 값을 변경하려면 이 파일을 직접 수정해도 되고, -D 옵션으로 변경해도 됩니다.

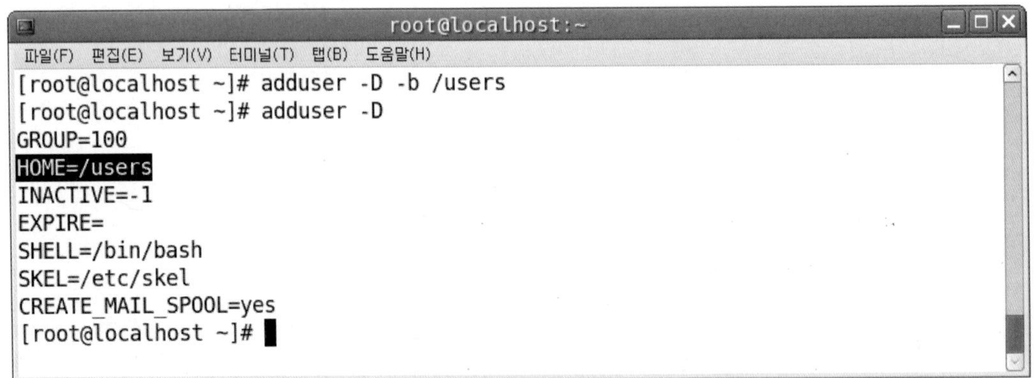

사용자의 기본 홈 디렉토리를 /home에서 /users로 기본 경로를 갖도록 하려면 다음과 같이 실행하면 됩니다.

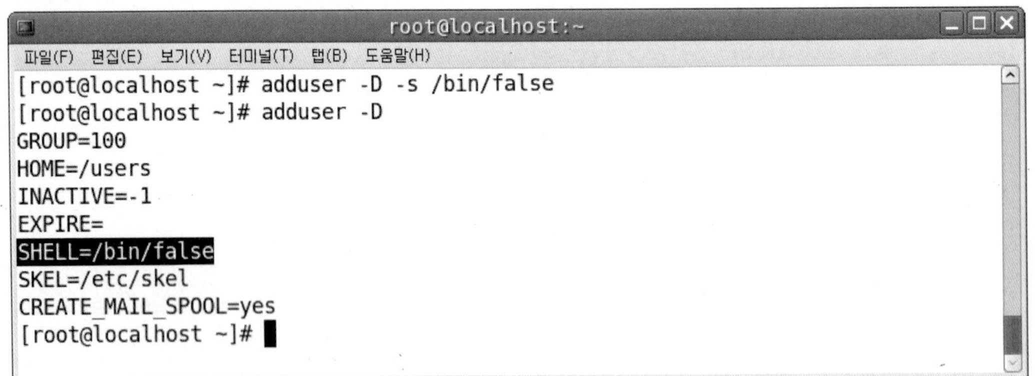

이번에는 쉘 종류를 /bin/bash에서 /bin/false로 변경해 볼까요?

```
root@localhost:~
파일(F)  편집(E)  보기(V)  터미널(T)  탭(B)  도움말(H)
[root@localhost ~]# adduser -D -s /bin/false
[root@localhost ~]# adduser -D
GROUP=100
HOME=/users
INACTIVE=-1
EXPIRE=
SHELL=/bin/false
SKEL=/etc/skel
CREATE_MAIL_SPOOL=yes
[root@localhost ~]#
```

이후로부터 생성되는 계정은 /users 디렉토리에 생성되고, 로그인할 수 없는 /bin/false를 쉘로 갖게 됨을 알 수 있습니다.

---

3) -f 옵션은 패스워드의 유효기간이 경과하여 계정이 비활성화될 때까지의 일 수를 말하는 것으로, 기본값은 -1로 되어 있어서 비활성화 기능이 꺼져 있습니다. 0으로 지정해 주면 패스워드 유효기간이 끝나면 바로 계정을 사용하지 못하도록 하는 것이며, 숫자만큼 지정해 주면 그 숫자일 수 만큼 지나면 계정이 비활성화됩니다.

사용자 계정 경로가 생성되지 않도록 계정 생성하기

이메일 계정을 부여하기 위해서 쉘 계정을 주지 않고 계정을 만들어 줄 때가 있다. 이러한 경우 "adduser -M 계정명"으로 계정을 생성해 주면 사용자 홈 디렉토리는 생성되지 않고, 단지 /etc/passwd에 사용자 계정만 추가됩니다.

4. 사용자 계정 삭제

사용자 계정 삭제는 userdel 명령을 사용합니다. 그러면 이미 생성한 blackfox 계정을 userdel 명령으로 다음과 같이 삭제해 봅니다.

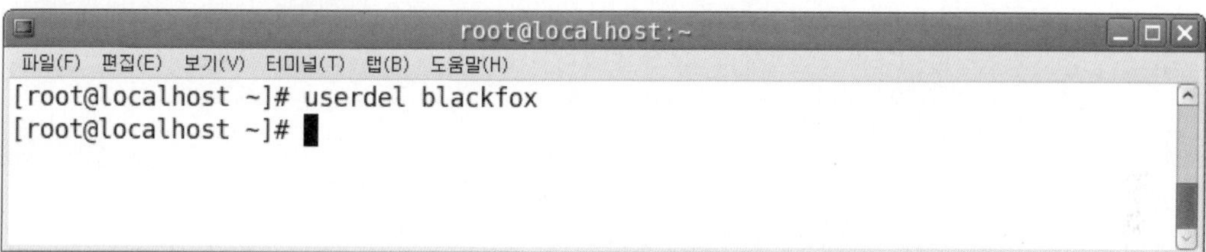

상기 예제는 간단하게 계정을 삭제하는 방법입니다. 그런데 이렇게 계정을 삭제하였을 때 어떤 결과가 있을까요? /etc/passwd 파일내에서는 blackfox 계정의 정보가 완전히 삭제됩니다. 그러나 /users/blackfox 디렉토리는 삭제되지 않고 그대로 남아 있습니다.

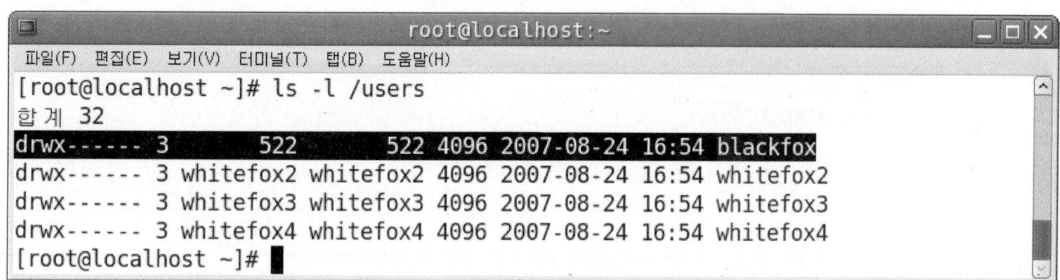

이런 경우에는 계정을 삭제할 때 -r 옵션을 사용하면 이러한 문제는 쉽게 해결될 수 있습니다. 그러면 blackfox 계정을 adduser -r blackfox를 실행하여 제거한 후 /users/blackfox 디렉토리까지 제거되었는지를 확인해 봅니다.

-r 옵션을 사용하여 계정을 삭제하면 /etc/passwd에서는 물론 계정 디렉토리 및 파일 모두가 삭제됨을 확인할 수 있습니다.

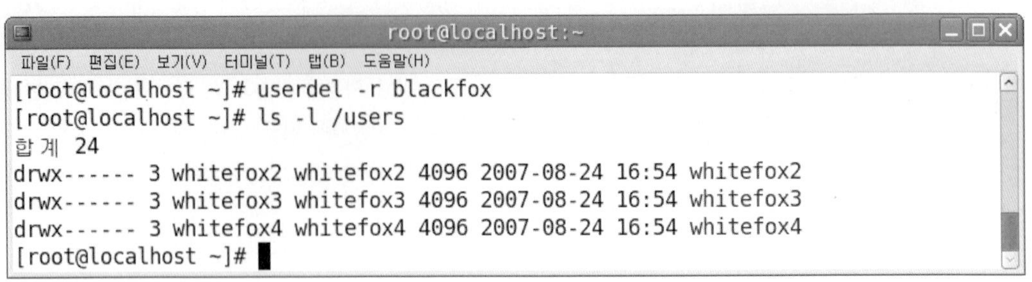

실계정을 발급하되 로그인은 불가능하도록...

사용자에게 실제 계정을 발급해 주어야 하지만 로그인이 불가능하도록 할 수 있습니다. 이럴 경우에는 사용자의 쉘을 false또는 nologin으로 변경해 주면 로그인을 할 수 없게 됩니다. 즉 /etc/passwd 파일에서 /bin/bash 부분을 /bin/false로 변경하면 됩니다. 이러한 경우 보안 측면에서 자주 로그인하지 않는 계정들에 대해서는 이와 같이 처리하여 불필요하게 로그인을 허용하지 않도록 할 경우에 사용합니다.

5. 계정 열쇠글 지정 및 변경

5.1 /etc/passwd 구조

새로운 사용자 계정의 추가 정보는 /etc/passwd 파일에 기록됩니다. /etc/passwd 파일에 저장되는 사용자의 열쇠글 구조는 다음과 같이 [계정명:열쇠글:UID:GID:설명:/계정위치:/쉘] 형태로 구성되어 있습니다.

열쇠글구조	whitefox	x	500	500	TEL123-1234	/home/whitefox	/bin/bash
의미	계정명	열쇠글	UID	GID	설명	계정위치	쉘

이렇게 /etc/passwd는 7가지의 필드로 구성되어 있으며 각 필드는 콜론(:)에 의해서 구분됩니다. 사용자의 열쇠글 필드에는 암호화된 열쇠글 대신에 x 문자로 표시되어 있습니다. 이것은 쉐도우(shadow) 열쇠글 시스템에 의해서 다른 파일(/etc/shadow)에 암호화된 형태로 안전하게 저장되어 있음을 의미합니다.

5.2 시스템 관리자에 의한 사용자 계정 열쇠글 변경

시스템 관리자(root)가 생성해 준 계정의 열쇠글 변경은 다음과 같이 passwd 뒤에 계정 이름을 붙여서 실행하여 변경해 주면 됩니다. 만약 계정 이름을 주지 않고 실행하면 root의 열쇠글이 변경되므로 이

점을 주의해야 합니다. 열쇠글을 두 번 입력하여 일치하면 변경 작업이 성공적으로 완료되었다는 메시지가 나옵니다. 이 때 열쇠글을 생성할 때 사전적인 단어를 입력할 경우 다음과 같이 "It is based on a dictionary word" 메시지가 나오는데 잠시 후에 열쇠글 생성 방법에 대해서 살펴보게 되겠지만, 영문자와 숫자를 조합한 상태로 만들어 주는 것이 좋습니다.

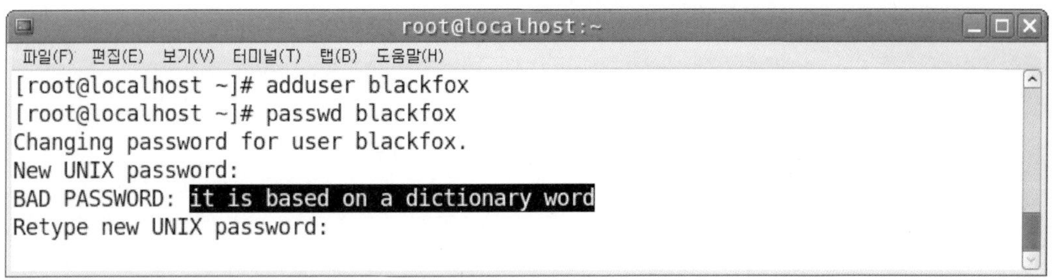

5.3 사용자가 직접 열쇠글 변경하는 방법

이번에는 blackfox 계정의 열쇠글을 blackfox 사용자가 직접 변경하고자 하는 경우 시스템 관리자가 변경해 주는 것과 어떤 차이가 있는지 알아봅니다.

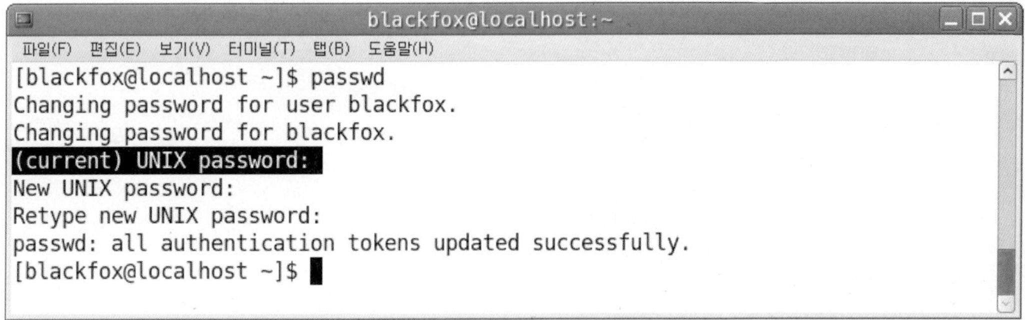

사용자가 열쇠글을 직접 변경하는 경우와 시스템 관리자인 루트가 사용자 열쇠글을 변경해 줄 경우와의 차이점이 있다면 열쇠글을 변경하기 전에 반드시 사용자의 현재 열쇠글을 입력해야 새로운 열쇠글을 변경할 수 있다는 점이며, 아울러 변경되는 열쇠글은 사전적인 단어로는 변경이 가능하다는 점입니다. 사용자가 직접 자신의 열쇠글을 변경하는 경우는 다음 사항을 참고해야 합니다.

사용자가 열쇠글을 변경 시 유의할 사항

1. 열쇠글은 숫자로만 지정해서는 안 된다.
2. 열쇠글은 사전적인 쉬운 단어로 지정해서는 안 된다.
3. 열쇠글은 6자 이상이어야 하는데 이는 /etc/login.def 파일에 명시되어 있다.
4. 열쇠글은 이전에 사용하였던 열쇠글과 동일해서는 안된다.
5. 열쇠글은 여러 문자와 숫자를 조합하여 사용하는 것이 가장 좋다.

6. 새도우 열쇠글 시스템(Shadow Password System)

/etc/passwd 파일은 일반 사용자들도 접근하여 파일 내용을 볼 수 있어서 열쇠글 필드가 암호화되어 있더라도 안심할 수 없습니다. 리눅스 시스템은 열쇠글 필드를 어떤 사용자라도 볼 수 없도록 새도우 열쇠글 시스템(shadow password system)를 지원하여 /etc/passwd 파일내의 열쇠글 필드를 암호 대신에 x로 표시하고, 그 대신에 /etc/shadow 파일에 암호화하여 저장하여 열쇠글 보안을 유지하는 시스템을 기본적으로 지원합니다.

6.1 /etc/shadow 구조

/etc/shadow 파일은 다음과 같은 구조로 이뤄져 있습니다.

```
root@localhost:~
파일(F)  편집(E)  보기(V)  터미널(T)  탭(B)  도움말(H)
[root@localhost ~]# cat /etc/shadow | more
root:$1$QIsLdLa9$CC3idsGiScS6bvjF/yZrl0:13750:0:99999:7:::
bin:*:13750:0:99999:7:::
daemon:*:13750:0:99999:7:::
adm:*:13750:0:99999:7:::
lp:*:13750:0:99999:7:::
sync:*:13750:0:99999:7:::
shutdown:*:13750:0:99999:7:::
halt:*:13750:0:99999:7:::
mail:*:13750:0:99999:7:::
news:*:13750:0:99999:7:::
uucp:*:13750:0:99999:7:::
operator:*:13750:0:99999:7:::
games:*:13750:0:99999:7:::
gopher:*:13750:0:99999:7:::
ftp:*:13750:0:99999:7:::
nobody:*:13750:0:99999:7:::
rpm:!!:13750:0:99999:7:::
nscd:!!:13750:0:99999:7:::
vcsa:!!:13750:0:99999:7:::
--More--
```

/etc/shadow 파일은 9개의 필드로 콜론(:)에 의해서 구분되어 구성됩니다.

❶ 계정명	❷ 암호화된 열쇠글	❸ 최종 열쇠글 변경일
❹ 열쇠글 변경 최소 일수	❺ 열쇠글 변경 유예기간	❻ 열쇠글 변경 경고 일수
❼ 계정 사용 불가 날짜	❽ 계정 만료일	❾ 예약

/etc/shadow파일에서 열쇠글 유효기간이나 변경일, 계정 만기일 등은 모두 날짜 대신 정수로 표시되어 있어서 열쇠글 기간을 알아보기 어렵습니다. 그러나 새도우 패키지에는 chage라는 유틸리티를 제공되어 있어 이 도구를 통해서 열쇠글 변경일과 유효 기간, 계정 유효 기간 등을 열람하고 수정할 수 있습니다. 그러면 chage 도구를 이용하여 사용자 계정의 열쇠글을 관리하는 방법에 대해서 알아옵니다.

6.2 chage를 이용한 계정 열쇠글 관리

chage는 시스템 관리자가 사용자의 열쇠글을 편리하게 관리할 수 있게 해 주는 도구로 사용법은 다음과 같습니다.

```
chage [-l] [-m 최소유효일] [-M 최대유효일] [-W 경고일수] [-I 비활성일수] [-E 만료일] [-d 변경 최종일] 사용자계정
```

chage 명령의 옵션은 다음 표와 같습니다.

옵션	설명
-l	chage 설정 내용 확인
-m	새 열쇠글 변경할 수 있는 최소 일 수 0값은 아무때나 열쇠글을 변경할 수 있음
-M	유효한 열쇠글의 최대 일 수.
-W	사용자가 열쇠글을 바꿀 때까지 경고할 일 수
-I	열쇠글 유효기간이 경과된 후 사용자의 계정이 비활성화될 일 수
-E	사용자가 계정을 사용할 수 있는 유효기간 [연도/월/일]로 표기
-d	사용자가 열쇠글을 변경한 마지막 일자

blackfox 사용자에게 열쇠글을 변경할 수 있는 일수를 15일로 제한하고, 열쇠글 만기일 7일전부터 열쇠글 변경을 요구하고, 계정 사용을 2008년 8월 15일로 제한하도록 설정하고자 한다면 -M과 -E 옵션을 사용하여 다음과 같이 실행해 주면 됩니다.

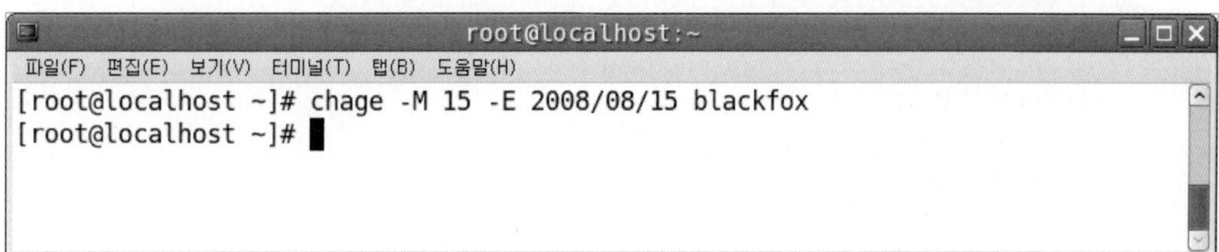

자, 그러면 -l 옵션으로 blackfox 사용자의 열쇠글 유효기간 설정 상태에 대해서 확인해 봅니다.

blackfox 계정 사용자의 열쇠글 유효기간은 마지막으로 열쇠글을 변경한 2008년 8월 25일로부터 15일 (Maximum)이 되는 2008년 9월 9일(Password Expires)까지이며, 유효 만기일로부터 7일(Warning) 전인 2008년 9월 2일부터 열쇠글 유효일이 몇 일 남았다는 메시지를 로그인할 때마다 다음 화면과 같이 보여주게 됩니다.

```
Fedora login: blackfox
Password:
Warning: your password will expire in 5 days
[blackfox@Fedora ~]$
```

blackfox 사용자는 2008년 9월 9일 전까지 열쇠글을 변경하지 않으면 열쇠글을 변경하라는 경고 메시지를 로그인할 때마다 보여주게 됩니다. 만일 9월 9일까지 열쇠글을 변경하지 않게 되면 그 이후로는 열쇠글이 유효하지 않게 되어 로그인을 할 수 없게 되므로 주의해야 합니다.

7. 계정 사용자 정보 변경

생성한 사용자의 계정 정보를 변경할 때에는 usermod 명령을 이용하면 됩니다. 그러면 다음 화면과 같이 blackfox 계정의 쉘 종류를 bash쉘에서 tcsh쉘로 변경해 봅니다.

'cat /etc/passwd | grep blackfox' 또는 grep '\bblackfox\b' /etc/passwd 명령을 실행해 보면 쉘이 /bin/tcsh로 변경되었음을 확인할 수 있습니다. usermod의 옵션은 다음 표에 정리하였습니다.

옵 션	기 능
-c 내용	사용자 설명 필드의 내용, 즉 전화번호나 이름 변경
-d 홈 디렉토리	사용자의 홈 디렉토리 변경
-e 만료일	열쇠글의 만료 일자 변경
-G 그룹	사용자의 그룹 변경
-s 기본 쉘	사용자의 로그인 쉘 변경
-u UID	사용자의 UID 변경
-l 사용자명	사용자의 계정명 변경

8. 프롬프트 기호

로그인 프롬프트에 대해서 우리는 이미 앞서 배운 적이 있습니다. 여기서 복습하는 차원에서 일반 사용자의 로그인과 루트의 로그인 시의 어떤 차이가 있는지 살펴봅니다.

우선 첫 번째로 루트로 로그인했을 때와 다른 점은 쉘의 프롬프트가 다른 모양의 기호로 표시됩니다.

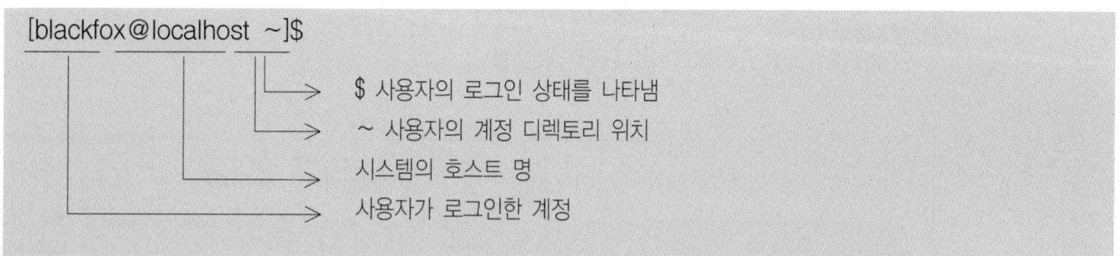

사용자가 로그인을 하면 사용자의 홈 디렉토리는 '~'로 표시되는데, 이는 /etc/passwd에서 명시된 사용자의 홈 경로인 /users/blackfox 또는 /home/blackfox 디렉토리와 같습니다. 컴퓨터 호스트 이름은 루트로 로그인하였을 때와 동일하며, 사용자 로그인 계정 표시는 blackfox으로 표시되고, 이것을 통해서 어떤 사용자가 로그인하였는지 구별할 수 있습니다. 또한 프롬프트 대기 상태의 앞 기호를 통해서 루트 계정인지 사용자 계정인지 구분할 수 있습니다. 루트 계정인 경우에는 '#' 표시로, 사용자 계정 로그인일 때는 '$'로 표시됩니다.

9. 사용자 계정 전환 (su)

일반 사용자가 시스템 관리를 위해서 루트 권한을 필요로 하는 때가 있습니다. 일반 사용자가 루트의 권한을 갖고자 할 때 또는 다른 사용자로 계정을 변경하고자 할 때 유용하게 사용되는 명령이 su 명령어입니다. su는 substitute user의 약자로, 로그아웃하지 않고서도 로그인된 상태에서 다른 사용자 계정 권한을 가질 수 있도록 해 주는 명령어입니다. 페도라 리눅스에서 생성된 계정에 대해서는 다른 사용자들이 접근할 수 없도록 퍼미션(permission)이 설정되어 있습니다. 다른 계정의 작업을 하기 위해서는 해당 계정의 권한이 필요합니다. 이 때 su를 이용하면 해당 사용자로 전환하여 그 사용자의 권한으로 작업을 할 수 있게 됩니다. 그러면 사용자 계정 상태에서 su 명령을 실행한 후 열쇠글에 루트의 열쇠글을 입력해 봅니다.

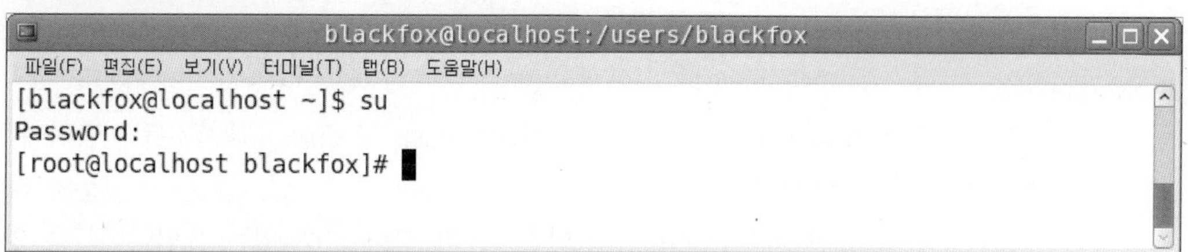

su 명령을 실행할 때의 프롬프트 기호는 일반 사용자를 의미하는 '$'이었지만, su 명령으로 루트 열쇠 글을 입력한 후에는 루트 사용자를 의미하는 '#'로 바뀌었습니다. 이는 su 명령 뒤에 아무런 사용자 계 정을 지정하지 않고 실행하면 이는 루트 사용자로 전환한다는 것을 의미하는 것입니다. 이번에는 su 명 령 뒤에 다른 사용자 계정(whitefox)을 지정하여 실행해 봅니다. 이 계정이 없다면 생성한 후에 연습하 기 바랍니다.

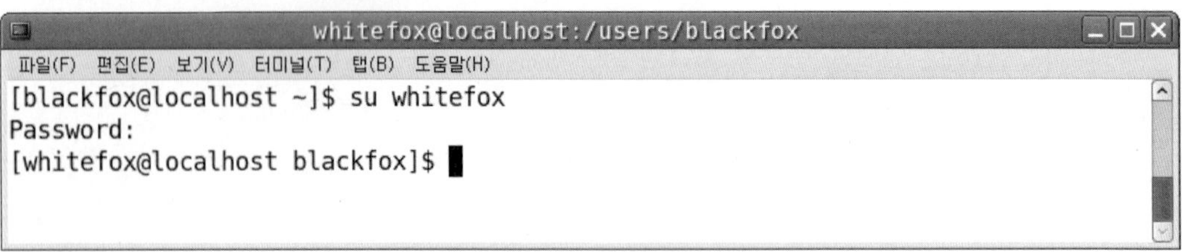

원래의 사용자로 되돌아가려면 exit 명령을 실행해 주면 됩니다.

su 명령으로 일반 사용자가 루트 권한을 획득하였음에도 불구하고 루트 권한의 실행 파일을 실행할 경 우 알 수없는 명령이라는 메시지를 보여주면서 실행 파일이 실행되지 않을 때가 있습니다. 이것은 실행 파일이 있는 경로에 대해서 경로 변수가 지정되어 있지 않아서 발생하는 문제로 일반 사용자가 루트 권한을 획득할 때는 su 명령 뒤에 '-' 또는 "-l" 옵션을 사용하면 쉽게 해결됩니다.

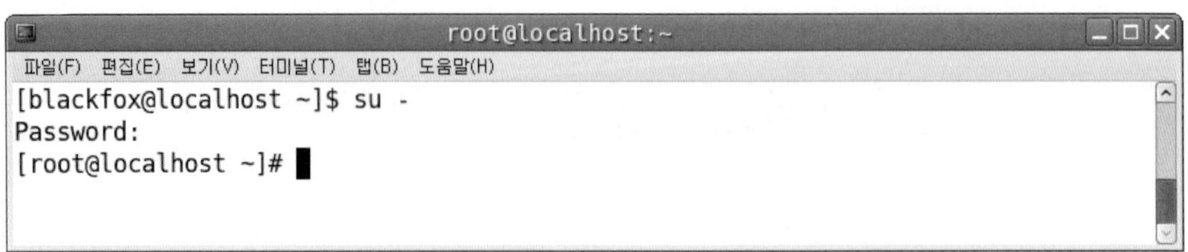

로그인 셸로 변경하여 주는 "-l" 옵션을 사용하게 되면 변경되는 계정으로 로그인한 것과 같은 효과를 가지게 됩니다.

10. 로그인 관리

장착식 인증 모듈(PAM, Pluggable Authentication Modules) 패키지를 이용하여 사용자의 로그인을 제 어하는 방법에 대해서 알아봅니다. PAM를 이용하는 시스템 관리는 여러분의 리눅스 실력을 눈부시게 향상시켜 줄 뿐만 아니라 시스템 보안을 좀 더 강화할 수 있는 요인이 될 수 있습니다. PAM에 대한 자세한 설명은 다음 사이트를 참고하면 됩니다.

```
http://www.kernel.org/pub/linux/libs/pam
```

10.1 특정 계정 로그인 허용 및 불허 정책

특정 계정의 로그인을 불허하는 가장 쉬운 방법으로는 /etc/passwd 파일에서 쉘 종류를 /bin/bash에서 /bin/false 또는 /sbin/nologin로 변경하는 것입니다. 그러나 /etc/passwd 파일에서 쉘 종류를 변경하지 않고 PAM 모듈을 이용하면 특정 계정의 로그인을 쉽게 제어할 수 있습니다. 그러면 PAM 모듈을 설정하는 방법을 알아봅니다.

/etc/pam.d/login 수정

/etc/pam.d/login 파일의 첫 줄에 다음 한 줄을 추가합니다.

```
auth       required      pam_listfile.so   item=user   sense=allow   file=/etc/loginuser
onerr=succeed
```

/etc/loginuser 파일 생성 및 로그인 가능한 계정 추가

/etc/loginuser 파일을 만들고 이 파일 안에 로그인을 허용할 계정을 한 줄씩 입력해 주면 이 파일에 리스트된 계정만이 로그인이 가능하게 됩니다. 이 파일에 루트 계정을 명시해 주지 않으면 루트일지라도 로그인이 불가능합니다.

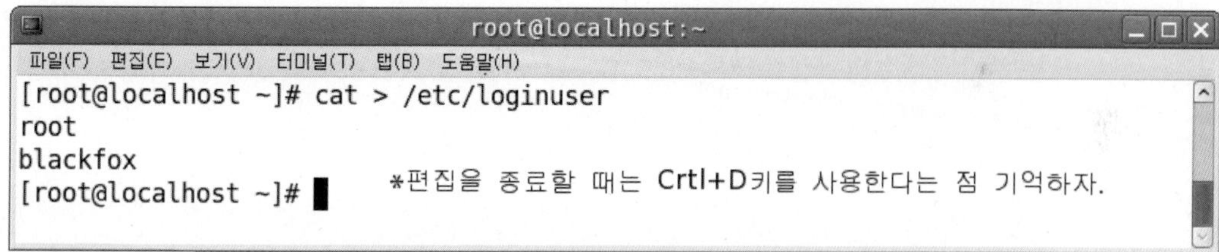

반대로 특정 계정만 로그인을 불허하고자 하는 경우에는 sense=allow 대신에 sense=deny로 변경해 주고, file=/etc/loginuser 대신에 file=/etc/nologinuser로 변경하면 됩니다.

```
auth       required      pam_listfile.so   item=user   sense=deny   file=/etc/nologinuser
onerr=succeed
```

그리고 나서, /etc/nologinuser 파일을 생성한 후에 로그인을 거부할 계정을 추가해 주면 해당 계정은 로그인이 불가능해집니다.

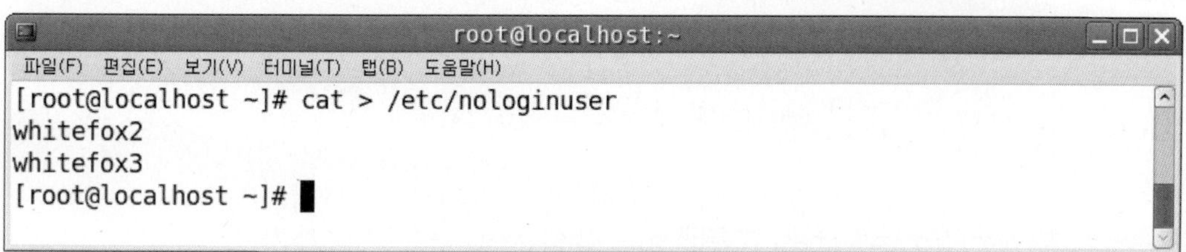

▶ 연습

그러면 특정 계정만 로그인하도록 설정하여, 사용자마다 로그인 여부를 확인해 봅니다. /etc/pam.d/login
파일 설정에서 특정 계정만 로그인이 되도록 설정되어 있는지 확인한 후에 /etc/loginuser 파일에 로그인
이 가능한 계정을 넣어 줍니다.

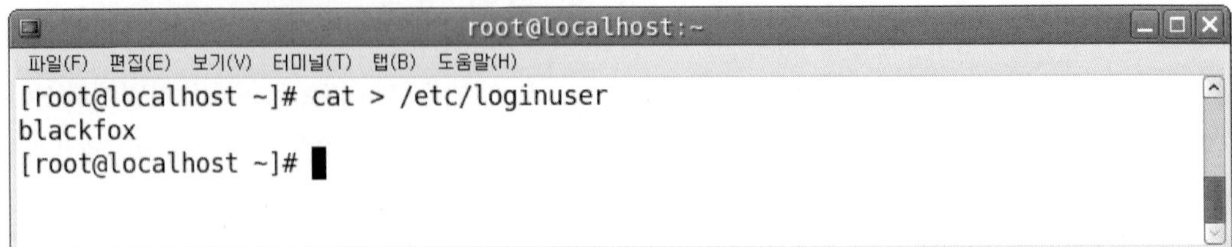

그리고 나서 가상 콘솔을 열어 root로 로그인을 시도해 봅니다. root는 /etc/loginuser 파일에 등록되지
않은 사용자이므로 비록 슈퍼 유저일지라도 로그인이 불가능합니다.

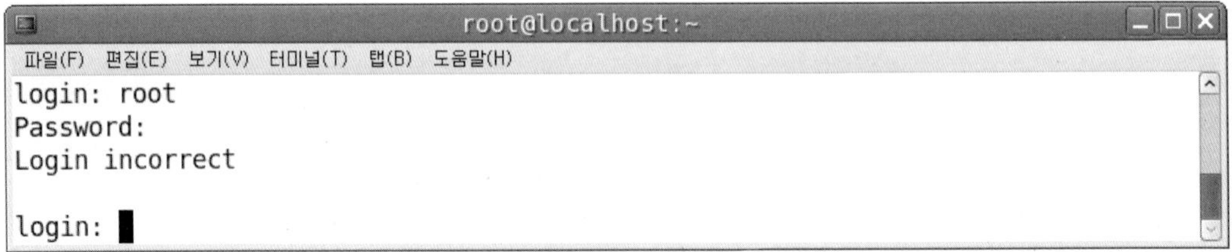

이제는 blackfox 계정으로 로그인해 본다. blackfox 계정은 잘 로그인됨을 알 수 있습니다.

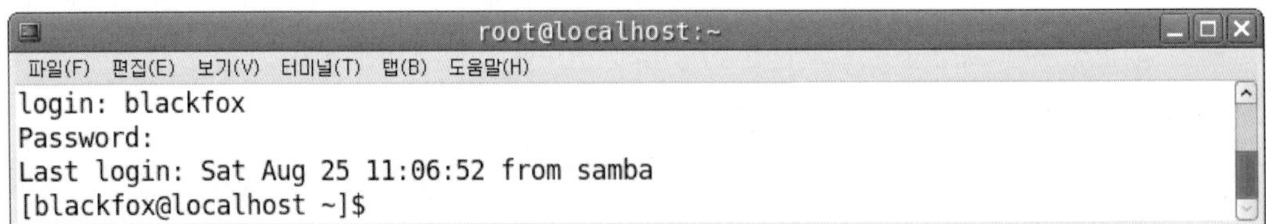

특정 계정의 로그인 제어

앞서 살펴 본 PAM에 의한 특정 계정의 로그인 허용과 불허 방법은 콘솔 뿐만 아니라 텔넷, FTP, SSH에서 모두 적
용할 수 있습니다.

---

su - 명령 사용자 제한

su 명령을 사용할 수 있는 사용자를 PAM 모듈로 제한하는 방법에 대해서 알아봅니다.

/etc/pam.d/su 파일 수정

/etc/pam.d/su 파일에서 6번째 줄에 있는 설정의 주석(#)를 제거합니다.

```
auth         required              pam_wheel.so use_uid
```

/etc/group의 wheel 그룹에 su - 명령 사용가능한 계정 추가

/etc/group 파일의 wheel 그룹에 su - 명령을 사용 가능한 각 계정을 쉼표(,)로 구분하여 추가합니다.

```
wheel:x:10:root,blackfox
```

▶ 연습

루트에서 whitefox 계정으로 사용자 전환을 한 다음에 su - 명령을 실행하여 루트의 열쇠글을 입력해 봅니다. 그러면 whitefox는 wheel 그룹에 포함되어 있지 않아 루트의 열쇠글을 정확히 입력하더라도 루트 권한을 가질 수 없게 됩니다.

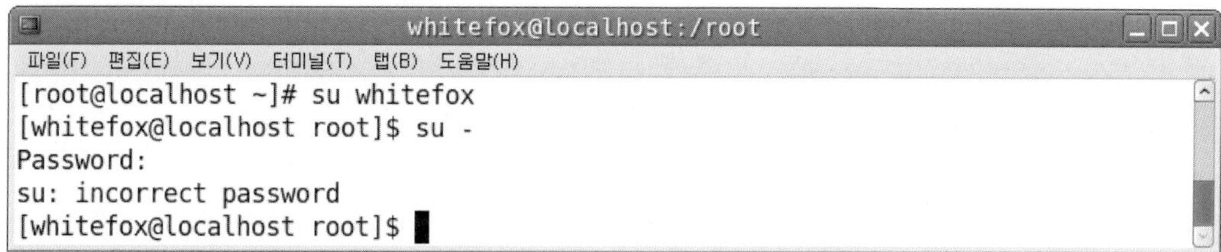

이번에는 blackfox으로 사용자 전환한 후 su - 명령을 실행하여 루트 열쇠글을 입력하였을 때 루트 권한을 갖는지 확인해 봅니다.

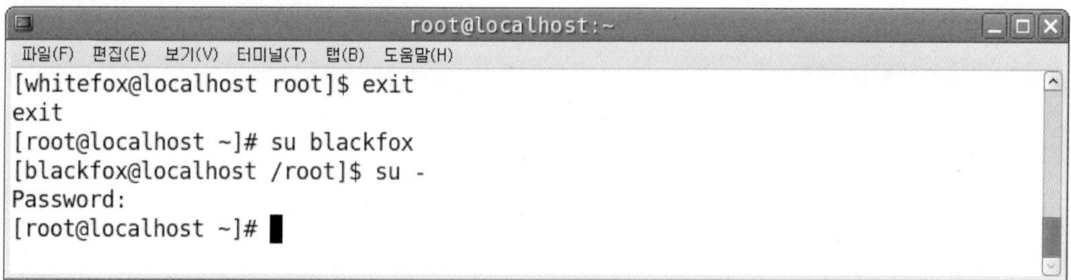

blackfox 사용자는 su - 명령으로 상기 화면과 같이 루트 권한을 획득함을 볼 수 있습니다.

11. 일반 사용자가 루트 권한 행사하기 (sudo)

앞서 일반 사용자가 루트 권한을 획득하는 방법으로 su 명령을 사용한다는 것을 알아보았습니다. 일반 사용자와 루트 사용자가 동일인이 아닌 다른 일반 사용자가 완전한 루트 권한을 갖는 것은 시스템 보안상 매우 위험할 수 있습니다. 루트 사용자와 동일인이 아닌 일반 사용자에게 일부 루트 권한을 부여해 주는 방법으로 sudo라는 기능을 리눅스에선 지원합니다. sudo로 특정 사용자에게 특정 명령에 대해서 루트 권한을 갖도록 하는 방법에 대해서 알아봅니다.

11.1 /etc/sudoers

일반 사용자가 sudo 명령으로 루트 권한을 행사하기 위해서는 /etc/sudoers 파일에 일반 사용자에 대한 권한 설정이 포함되어 있어야 합니다.

/etc/sudoers 설정 파일은 vi 편집기를 이용하여 편집할 수 있으며, visudo 명령으로 편집할 수 있습니다.

/etc/sudoers 파일의 설정 형식은 다음과 같습니다.

```
사용자            호스트              명령어
```

blackfox라는 사용자에게 시스템 종료 명령어인 shutdown과 adduser에 대해서 루트 권한을 부여하려면 다음과 같이 설정합니다. 명령어를 지정할 때는 절대 경로를 사용해야 한다는 점을 명심해야 합니다. 두 개 이상의 명령어를 지정할 때는 콤마(,)로 명령어를 구분하면 됩니다.

```
blackfox                ALL=/sbin/shutdown, /usr/sbin/adduser
```

11.2 sudo 사용법

sudo 명령으로 루트 권한의 명령어를 사용할 수 있는 사용자는 /etc/sudoers에 명시되어야 합니다. /etc/sudoers 파일에서 명시해 주는 사용자가 루트 권한의 명령어를 사용하려면 다음과 같은 형식으로 사용합니다.

```
sudo 명령어
```

그러면 redfox 사용자로 로그인하여 shutdown 명령어로 시스템을 종료해 봅니다.

```
$ sudo shutdown -r now
Password:
```

상기 명령을 실행하면 루트 열쇠글을 묻게 됩니다. 루트 열쇠글을 정확하게 입력하게 되면 시스템이 재시작되는 것을 확인할 수 있습니다. 만일 /etc/sudoers 파일에서 명시해 주지 않은 사용자가 sudo 명령을 사용하였을 때는 다음과 같은 메시지를 보여 주면서 루트 권한이 행사되질 않습니다.

```
$ sudo shutdown -r now
Password:
fedora is not in the sudoers file. This incident will be reported.
```

12. 그룹 관리

그룹(Group)이란 여러 사용자를 동일한 작업 권한을 가질 수 있는 하나의 그룹으로 묶는 것을 말합니다. 어느 한 디렉토리를 일부 사용자들에게 읽고, 쓰고, 실행할 수 있는 권한을 각각 부여하기는 불가능합니다.

그렇기 때문에 해당 디렉토리에 대한 권한을 일부 사용자들에게 부여하기 위해서는 그룹이 필요하며, 이러한 그룹으로 소유권을 부여하게 되면 그룹에 소속된 사용자들은 해당 디렉토리에 대한 사용 권한을 가질 수 있게 되는 것입니다.

12.1 그룹 생성

```
groupadd [-g gid [-o]] [-r] [-f] group
```

옵 션	기 능
-g	그룹의 고유 ID
-o	그룹의 고유 ID를 500 이하의 값으로 지정하는 경우 사용
-r	그룹의 ID를 500 이하의 값으로 자동 지정
-f	강제로 그룹을 추가하는 옵션

계정의 사용자 모두는 그룹의 구성원입니다. 자신이 소속된 그룹을 확인하고자 할 때는 groups 명령을 주면 됩니다. 그룹에 대한 정보는 /etc/group 파일에 저장되어 있습니다. /etc/group 파일은 그룹 이름: 열쇠글:그룹ID:구성원 등 4개의 필드로 구성되어 있으며, 보통 새로운 그룹을 추가하면 기본적으로 구성원 없이 3개의 필드로 구성되어 있습니다.

그룹 계정을 추가하려면 groupadd 명령어를 이용하거나, /etc/group 파일을 직접 편집하면 됩니다. fedoramembers라는 새로운 그룹을 만들고자 한다면 다음과 같이 명령을 입력하면 됩니다.

```
# groupadd fedoramembers
```

12.2 그룹 삭제

그룹을 삭제하고자 할 때는 groupdel 명령을 이용하거나 /etc/group 파일을 편집하면 됩니다. fedoramembers2 그룹을 삭제하기 위해서는 다음과 같이 입력합니다.

```
# groupdel fedoramembers2
```

04. 파일 시스템 관리

이 장에서는 리눅스 파일 시스템에 관련된 지식과 관리 방법에 대해서 학습하도록 합니다. 리눅스를 처음 접하는 분들에게는 다소 생소하고 이해하기 어려운 부분에 해당되겠지만, 리눅스 시스템을 능숙하게 다루기 위해서는 어렵더라도 여러 번의 학습 반복을 통해서 이해하기 바랍니다. 가능한 비전공자의 관점에서 파일시스템에 관련된 지식을 학습할 수 있도록 쉽게 설명하도록 하겠습니다. 리눅스를 접하면서 파일시스템이라는 것을 많이 접하게 되는데, 이 장에서는 파일시스템이란 무엇이고, 리눅스에선 어떤 종류의 파일시스템을 지원하는지를 알아보고, 리눅스 디렉토리와 파일 구조에 대해서도 알아봅니다. 또한 파일 허가권과 소유권에 대해서 자세히 살펴보고, 마운트라는 개념과 파일시스템에 따른 마운트 방법을 자세히 알아봅니다.

학습 주제

▶ 리눅스 시스템 디렉토리 구조
▶ 파일구조
▶ 파일링크 (하드 링크및 심볼릭 링크)
▶ 파일 허가권과 소유권
▶ 파일 시스템 마운트
▶ ext3 파일시스템 이해

1. 리눅스 시스템 디렉토리 구조

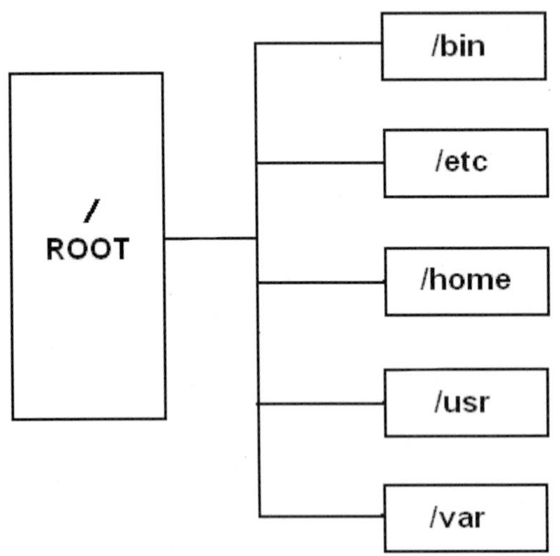

리눅스 시스템은 최상위 루트(/) 디렉토리를 근간으로 하여 여러 개의 디렉토리가 복잡하고 체계적인 트리 구조로 되어 있습니다. 리눅스 시스템의 디렉토리 구조를 이해한다는 것은 리눅스의 각 디렉토리가 어떠한 역할을 하며, 그 안의 파일 또한 어떤 기능을 하는가를 이해하는데 있어서 중요합니다. 그러면 루트 최상위 디렉토리 아래로 연결된 디렉토리는 어떤 역할을 하는지를 알아봅니다.

▶ 루트 최상위 디렉토리(/)

루트(root) 최상위 디렉토리는 리눅스 파일시스템으로 마운트된 최상위 디렉토리로, 파일 시스템의 근간을 이루는 중요한 디렉토리입니다. 루트 최상위 디렉토리(/)와 /root 디렉토리와는 차이가 있음을 주의해야 합니다. 루트(/) 디렉토리는 최상위 디렉토리를 의미하며, /root 디렉토리는 시스템 관리자의 홈 디렉토리를 의미합니다.

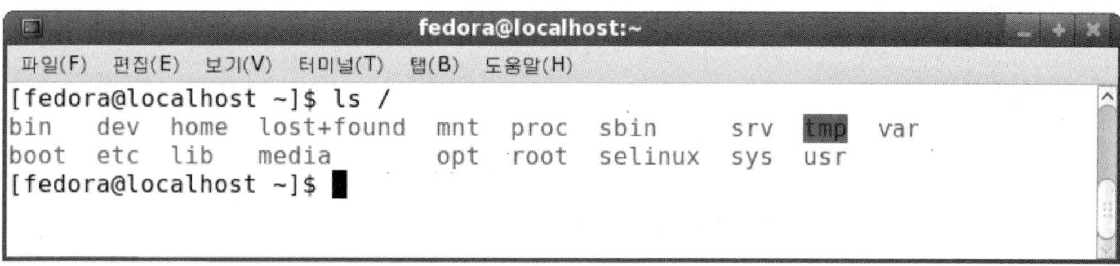

▶ 부트 디렉토리(/boot)

커널 및 initrd 이미지와 GRUB 부트로더 관련 파일들이 존재하는 디렉토리로, 시스템 부팅에 밀접한 관계를 가지고 있는 매우 중요한 디렉토리입니다.

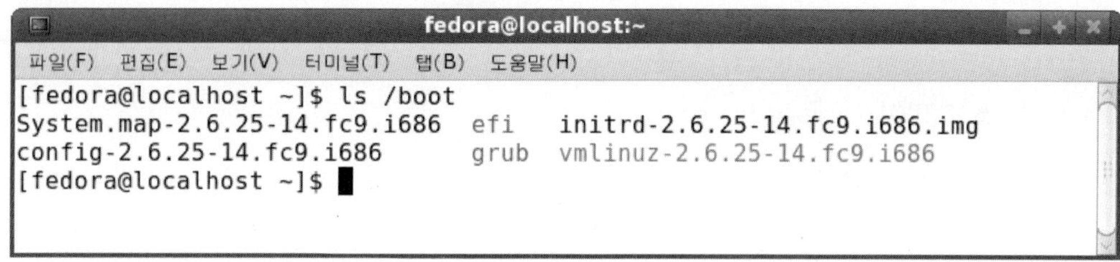

▶ 시스템 설정 파일 디렉토리(/etc)

리눅스 시스템에서 각종 중요한 설정 파일과 시스템 초기화 파일을 담고 있는 디렉토리입니다. TCP/IP 네트워크 설정 파일, 메일 서버, 웹 서버, FTP 서버, 삼바 서버, DHCP 서버 등 네트워크 설정에 관련된 파일이 위치하며, 사용자 계정 정보 및 암호 정보를 가지고 있는 passwd 및 group, shadow 파일, 파일 시스템 테이블 fstab 파일, 그리고 보안 파일, 시스템 초기화 파일 등 시스템에 매우 중요한 설정 파일을 담고 있습니다.

▶ 기본 실행 파일이 있는 바이너리 디렉토리(/bin)

시스템에 조작에 관련된 기본적인 명령어가 들어 있는 디렉토리입니다. 이 디렉토리에 존재하는 바이너리 실행 파일들은 리눅스 시스템을 다루는데 있어서 매우 기본적인 것이므로, 이 책에서 설명되지 않은 그 외의 명령어들은 man 페이지를 이용하여 명령어의 쓰임새를 익혀 두는 것이 좋습니다.

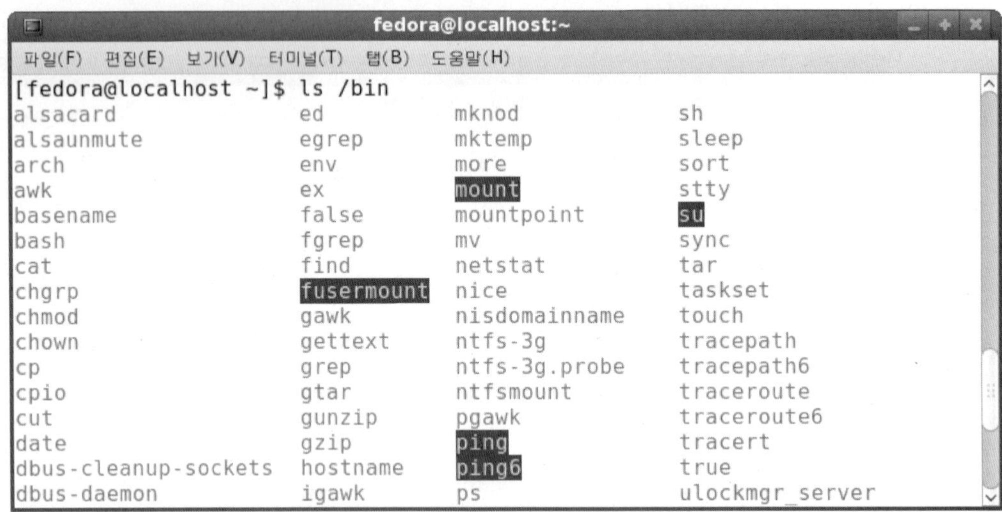

▶ 디바이스 디렉토리 (/dev)

리눅스 시스템에 필요한 블록과 문자 디바이스 파일들이 위치합니다. 이 디렉토리에 존재하지 않는 디바이스는 mknod 명령어로 생성해 줄 수 있습니다.

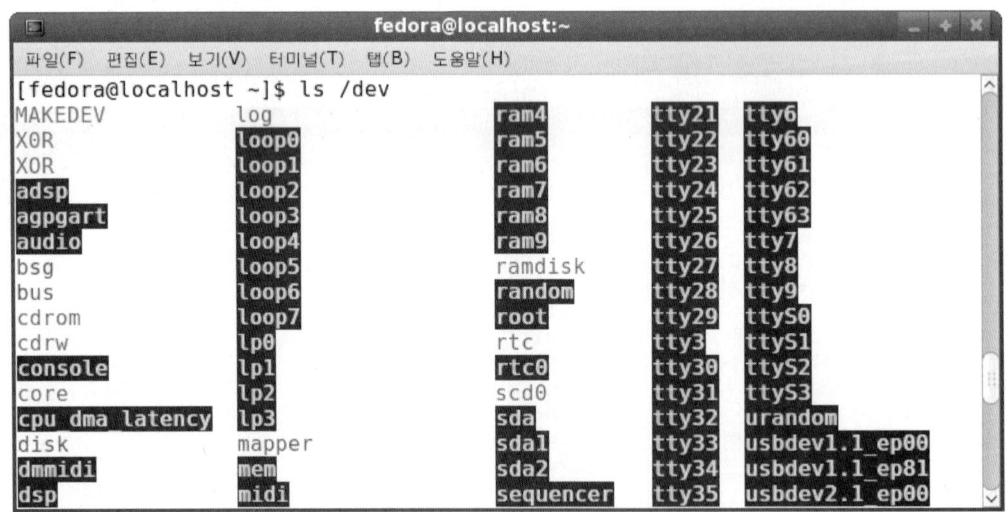

▶ 사용자 계정 디렉토리(/home)

/home 디렉토리에는 사용자 계정이 생성되는 위치로, 이곳에 생성되는 계정 홈 디렉토리는 /etc/skel 디렉토리에 있는 디렉토리및 파일들로 복사됨을 앞 장에서 살펴본 적이 있습니다. /home 디렉토리는 시스템 관리자에 의해서 생성되는 사용자들만이 이용할 수 있는 독립적인 공간으로, FTP 서비스나 웹 서비스를 제공할 때 이 디렉토리를 기본적으로 사용하게 됩니다.

▶ 공유 라이브러리 디렉토리(/lib)

 /lib 디렉토리에는 프로그램들이 의존하고 있는 라이브러리 파일들이 담겨져 있는 중요한 디렉토리로 libc, libm 등의 라이브러리를 포함하고 있습니다. /lib 디렉토리내에는 modules이라는 하위 디렉토리를 포함하고 있는데 이곳에는 커널 모듈 파일들이 포함되어 있습니다.

```
                          fedora@localhost:~
파일(F)   편집(E)   보기(V)   터미널(T)   탭(B)   도움말(H)
[fedora@localhost ~]$ ls /lib
bdevid                      libm.so.6
cpp                         libncurses.so.5
dbus-1                      libncurses.so.5.6
firmware                    libncursesw.so.5
i686                        libncursesw.so.5.6
iptables                    libnsl-2.8.so
kbd                         libnsl.so.1
ld-2.8.so                   libnspr4.so
ld-linux.so.2               libnss3.so
ld-lsb.so.3                 libnss_compat-2.8.so
libBrokenLocale-2.8.so      libnss_compat.so.2
libBrokenLocale.so.1        libnss_db-2.2.so
libSegFault.so              libnss_db.so.2
libacl.so                   libnss_dns-2.8.so
libacl.so.1                 libnss_dns.so.2
```

▶ 시스템 정보 디렉토리(/proc)

/proc는 커널에 대한 정보를 가지고 있는 가상 파일 시스템으로 커널의 어떤 기능을 제어할 수 있는 역할을 가지고 있습니다. 대부분 읽기 전용이나, 일부 파일 중에는 쓰기가 가능한 파일이 존재하는데 이러한 파일들에 특정 값을 지정하면 커널 기능이 변하게 됩니다. 이 디렉토리에 있는 파일을 통하여 시스템 정보를 알아보려면 cat 명령을 이용합니다. 예를 들어 시스템의 인터럽트 정보를 확인하고자 한다면 "cat /proc/interrupts" 명령을 실행해 보면 됩니다. 자세한 것은 이 장 후반부에서 살펴보게 됩니다.

```
                          fedora@localhost:~
파일(F)   편집(E)   보기(V)   터미널(T)   탭(B)   도움말(H)
[fedora@localhost ~]$ ls /proc
1     173   1891  2263  2353  706    irq           sched_debug
1190  1734  1902  2266  2392  904    kallsyms      schedstat
1202  1739  1912  2270  2394  acpi   kcore         scsi
123   174   1914  2279  2395  asound key-users     self
125   1742  1917  2282  2512  buddyinfo keys       slabinfo
130   175   1918  2286  3     bus    kmsg          stat
133   1756  1919  2297  366   cgroups kpagecount   swaps
1477  1777  1920  2303  4     cmdline kpageflags   sys
1479  1784  1921  2309  404   cpuinfo latency_stats sysrq-trigger
1492  1787  1996  2310  411   crypto loadavg       sysvipc
1500  1793  1997  2313  465   devices locks        timer_list
1518  1803  2     2314  5     diskstats mdstat     timer_stats
1537  1811  2016  2315  578   dma    meminfo       tty
1563  1835  2092  2326  579   driver misc          uptime
1571  1837  2144  2328  59    execdomains modules   version
```

▶ 시스템 관리에 관련된 바이너리 파일이 있는 디렉토리(/sbin)

리눅스에서 실행 파일이 있는 디렉토리는 한 곳이 아닌 여러 곳으로 분리되어 있습니다. 이는 각 디렉토리의 성격에 따라 분리되어 있는데 /bin의 경우는 시스템을 운영하는데 기본적인 명령어가 들어 있는 반면에 /sbin 디렉토리에는 시스템 점검 및 복구 명령, 네트워크 인터페이스 설정 명령, 시스템 초기 및 종료 명령, 커널 모듈 등 시스템 관리에 관련된 바이너리 실행 파일들을 포함하고 있습니다.

```
                                    fedora@localhost:~
파일(F)  편집(E)  보기(V)  터미널(T)  탭(B)  도움말(H)
[fedora@localhost ~]$ ls /sbin
MAKEDEV              iptables-xml          ppp-watch
accton              iptunnel              pppoe
addpart             isdnctrl              pppoe-connect
agetty              isdnlog               pppoe-relay
alsactl             iwconfig              pppoe-server
arp                 iwevent               pppoe-setup
arping              iwgetid               pppoe-sniff
audispd             iwlist                pppoe-start
auditctl            iwpriv                pppoe-status
auditd              iwspy                 pppoe-stop
aureport            killall5              pvchange
ausearch            kpartx                pvck
autrace             kpartx.static         pvcreate
avmcapictrl         ldconfig              pvdisplay
badblocks           logd                  pvmove
```

▶ 가변 자료 저장 디렉토리(/var)

/var 디렉토리는 시스템 운영중에 시스템 자료 데이터가 변경될 때 변경된 자료들이 저장되는 디렉토리
입니다. 주로 시스템 작동 로그들이 저장되며, 네트워크에 관련된 기록 파일들을 저장하고 보안 기록을
남겨 두며 메일 서버로 운영하는 경우 전송된 메일을 받아 저장하고 있는 임시 디렉토리로 작용됩니다.

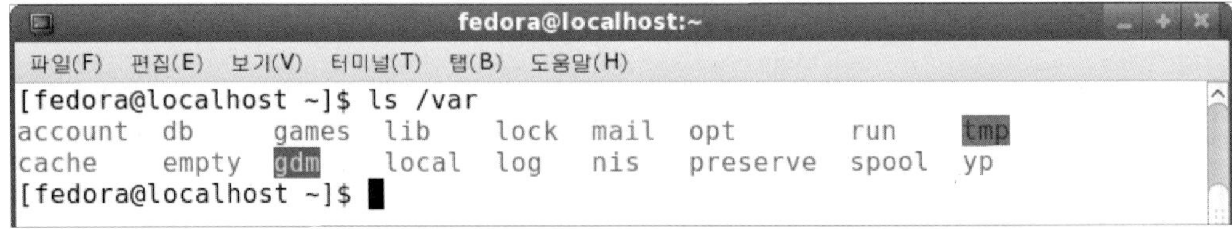

```
                                    fedora@localhost:~
파일(F)  편집(E)  보기(V)  터미널(T)  탭(B)  도움말(H)
[fedora@localhost ~]$ ls /var
account  db       games  lib    lock  mail  opt       run    tmp
cache    empty    gdm    local  log   nis   preserve  spool  yp
[fedora@localhost ~]$
```

▶ 사용자 디렉토리(/usr)

이 디렉토리는 뭔가 특별하고, 필요한 기능들을 가지고 있는 파일들로 구성되어 있습니다. /usr/bin는
압축 파일과 네트워크 실행 파일, 자료 전송 파일 등 실행 파일들이 존재합니다. /usr/sbin은 주로 네트
워크에 관련된 파일과 데몬들을 많이 포함하고 있습니다. /usr/X11R6는 X-Window 시스템에 관련된
파일들이 존재합니다. /usr/include 디렉토리에는 기본 C 라이브러리 헤더 파일과 각종 라이브러리 헤
더 파일들이 들어 있습니다. /usr/lib는 /lib와 마찬가지로, /usr/bin과 /usr/sbin에 있는 실행 바이너리
를 실행하기 위한 라이브러리들이 존재하며, /usr/src/에는 주로 커널이나 rpm 패키지 소스가 설치되는
디렉토리입니다.

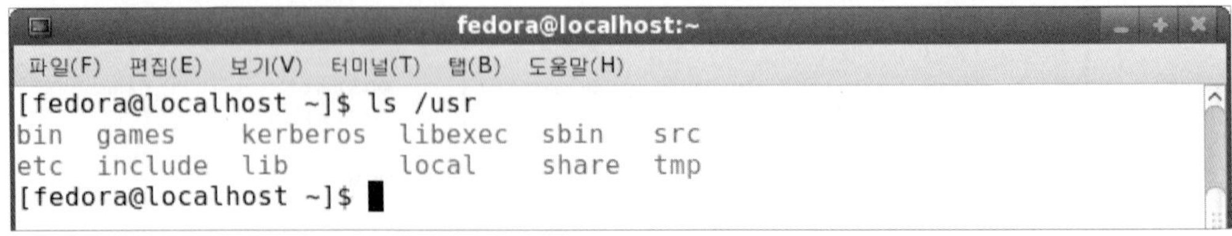

```
                                    fedora@localhost:~
파일(F)  편집(E)  보기(V)  터미널(T)  탭(B)  도움말(H)
[fedora@localhost ~]$ ls /usr
bin   games    kerberos   libexec   sbin    src
etc   include  lib        local     share   tmp
[fedora@localhost ~]$
```

▶ 파일 시스템 복구시 문제 파일이 생성되는 곳(/lost+found)

이 디렉토리는 어떤 파일도 갖지 않고 항상 비어져 있는 디렉토리입니다. 파일 시스템 점검 유틸리티에
의해서 파일 시스템 이상 유무를 체크하여 잘못된 디렉토리나 파일을 복구하지 못하였을 때 이 디렉토
리 내에 저장하게 됩니다. 파일 시스템에 이상이 없다면 이 디렉토리는 항상 비어져 있습니다.

▶ 마운트 디렉토리(/media)

하드 디스크 또는 CD-ROM/DVD-ROM 드라이브나 플로피 디스크를 마운트할 때 이용되는 디렉토리로 일반적으로 /mnt 디렉토리를 사용하나, 페도라 코어 리눅스에서는 /mnt 대신에 /media 디렉토리를 사용합니다.

▶ 임시 디렉토리(/tmp)

/tmp 디렉토리는 시스템에서 일어나는 작업들에 대해서 임시로 저장되는 디렉토리입니다.

2. 리눅스 파일 구조

이번에는 리눅스 파일 구조에 대해서 알아봅니다. 그러면 먼저 ls 명령어로 파일 리스트를 출력할 때 보여주는 파일 구조에 대해서 살펴보도록 합니다.

−	rwxr−xr−x	1	root	root	262184	Mar 22	14:17	ifconfig
파일유형	파일허가	링크수	소유자명	그룹명	파일크기	변경된 날짜	변경된 시간	파일명

리눅스의 파일 구조는 파일 유형, 파일 사용 허가 정보와 링크 수, 파일 소유자, 사용자의 소속 그룹명, 파일 크기(바이트 단위), 갱신된 날짜와 시간, 파일명 등으로 복잡하게 구성되어 있습니다. 리눅스에서는 일반 파일뿐만 아니라 디렉토리 그리고 장치 드라이버인 디바이스도 파일로 간주하기 때문에 어떤 것이 일반 파일이고 디렉토리인지 디바이스인지는 ls 명령을 실행하였을 때 파일 유형에 따라서 구별해야 하고, 일반 파일 중 어떤 것이 실행 가능한 파일인지는 파일 사용 허가 정보에 따라서 구별해야 합니다. 그러면 파일 유형에 따라서 어떤 것이 일반 파일이며, 디렉토리인지, 또한 디바이스 파일인지를 살펴봅니다.

3. 리눅스 파일 종류 구분

ls -l 명령을 실행하였을 때 보여주는 파일 유형 필드의 문자 상태를 통해서 그 파일이 어떤 속성을 갖는 파일인지를 구별할 수 있습니다.

문자	파일 종류
−	일반 파일
d	디렉토리
b	블록 디바이스(/dev/hda, /dev/sda, /dev/fd0)
c	문자 디바이스(입출력 장치)
l	링크

3.1 일반 파일

일반 파일은 파일 유형에 마이너스(-) 기호로 표시되어 있습니다. 그러면 /bin 디렉토리에 존재하는 more와 ps 파일과 /etc 디렉토리에 있는 hosts, passwd 파일에 대해서 ls -l 명령을 실행하여 파일 유형이 어떻게 표시되어 있는지를 확인해 봅니다.

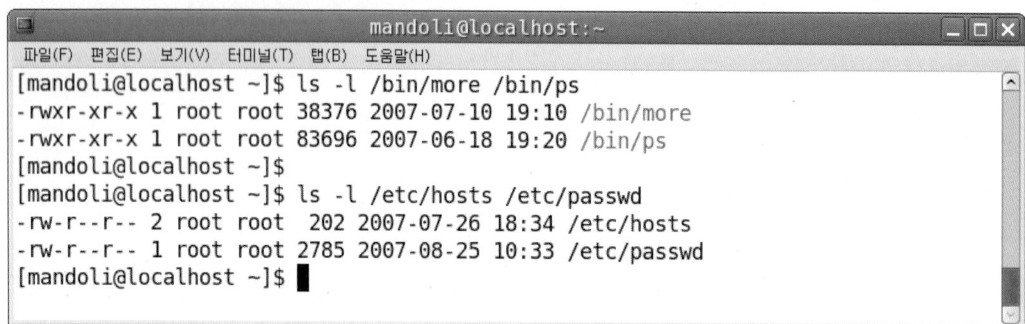

모두 마이너스로 표시되어 있으므로 일반 파일에 해당됩니다. 리눅스에서 일반 파일에는 실행 파일, 스크립트, 이미지 파일, 텍스트 파일, 설정 파일, 아카이브 파일, 압축 파일들이 포함되며, 파일의 실행 여부는 잠시 후에 살펴보게 될 허가권을 통해서 판단할 수 있게 됩니다.

3.2 디렉토리

이번에는 루트 최상위 디렉토리에 대해서 ls -l 명령을 실행해 봅니다.

```
[mandoli@localhost /]$ ls -l /
합 계 138
drwxr-xr-x   2 root root  4096   3월  14 03:30 bin
drwxr-xr-x   4 root root  1024   3월  14 03:29 boot
drwxr-xr-x  12 root root  4060   3월  15 13:11 dev
drwxr-xr-x  95 root root 12288   3월  15 13:11 etc
drwxr-xr-x   3 root root  4096   3월  14 23:56 home
drwxr-xr-x  14 root root  4096   3월  14 03:30 lib
drwx------   2 root root 16384   3월  14 03:20 lost+found
drwxr-xr-x   3 root root  4096   3월  15 13:11 media
drwxr-xr-x   2 root root     0   3월  15 13:11 misc
drwxr-xr-x   2 root root  4096  10월  11 07:06 mnt
drwxr-xr-x   2 root root     0   3월  15 13:11 net
drwxr-xr-x   2 root root  4096  10월  11 07:06 opt
dr-xr-xr-x 130 root root     0   3월  15 13:09 proc
drwxr-x---  18 root root  4096   3월  14 23:55 root
drwxr-xr-x   2 root root 12288   3월  14 03:36 sbin
drwxr-xr-x   4 root root     0   3월  15 13:09 selinux
drwxr-xr-x   2 root root  4096  10월  11 07:06 srv
drwxr-xr-x  11 root root     0   3월  15 13:09 sys
drwxrwxrwt  14 root root  4096   3월  15 13:12 tmp
drwxr-xr-x  14 root root  4096   3월  14 03:25 usr
```

최상위 디렉토리에 존재하는 파일들의 파일 유형은 directory를 의미하는 d 문자로 모두 표시되어 있는데, 이는 파일이 아니라 모두 디렉토리임을 알 수 있습니다.

3.3 링크 파일

이번에는 /etc/rc.d/rc5.d 디렉토리에 대해서 ls -l 명령을 실행해 봅니다.

```
root@localhost:/
파일(F)  편집(E)  보기(V)  터미널(T)  탭(B)  도움말(H)
[root@localhost /]# ls -l /etc/rc.d/rc5.d
합계 312
lrwxrwxrwx 1 root root 24 2007-07-20 10:29 K02NetworkManager -> ../init.d/Networ
kManager
lrwxrwxrwx 1 root root 34 2007-07-20 10:29 K02NetworkManagerDispatcher -> ../ini
t.d/NetworkManagerDispatcher
lrwxrwxrwx 1 root root 24 2007-07-20 10:25 K02avahi-dnsconfd -> ../init.d/avahi-
dnsconfd
lrwxrwxrwx 1 root root 19 2007-07-20 10:23 K05saslauthd -> ../init.d/saslauthd
lrwxrwxrwx 1 root root 16 2007-07-20 10:24 K10psacct -> ../init.d/psacct
lrwxrwxrwx 1 root root 15 2007-08-27 09:27 K10zvbid -> ../init.d/zvbid
lrwxrwxrwx 1 root root 17 2007-07-25 18:30 K12mailman -> ../init.d/mailman
lrwxrwxrwx 1 root root 13 2007-07-20 10:21 K15gpm -> ../init.d/gpm
lrwxrwxrwx 1 root root 13 2007-07-20 10:26 K20nfs -> ../init.d/nfs
lrwxrwxrwx 1 root root 14 2007-07-20 10:24 K24irda -> ../init.d/irda
lrwxrwxrwx 1 root root 15 2007-07-20 20:59 K25squid -> ../init.d/squid
lrwxrwxrwx 1 root root 22 2007-07-20 10:28 K30spamassassin -> ../init.d/spamassa
```

/etc/rc.d/rc5.d 디렉토리에 존재하는 파일들은 화살표를 통해서 ../init.d 디렉토리에 있는 파일로 연결
되어 있음을 볼 수 있습니다. 이는 /etc/rc.d/rc5.d 디렉토리에 있는 파일들은 실제로는 ../init.d(실제 경
로는 /etc/rc.d/init.d)에 있음을 의미하는 것입니다. 즉, K01xfs 스크립트 파일이 실행되면, 실제로는
/etc/rc.d/init.d/xfs 파일이 동작하게 되는 것입니다. 이렇게 연결되어 있는 것을 링크(link)라는 용어를
사용하는데 링크에 대해서는 잠시 후에 자세히 알아보게 될 것입니다.

3.4 디바이스

디바이스 파일은 블록 디바이스(Block device)와 문자 디바이스(Character device)가 있습니다. 하드 디
스크 디바이스나 플로피 디스크 디바이스와 같은 블록 디바이스는 b 문자로 시작되며, 터미널 디바이스
(tty또는 pts)와 사운드 카드, 마우스 , 프린터 등의 문자 디바이스는 c 문자로 시작됩니다. 이러한 디
바이스 파일은 대부분은 /dev 디렉토리에 존재하며, 리눅스 배포판에서는 기본적인 디바이스들은 생성
되어 있으나, 생성되어 있지 않은 특정 디바이스는 mknod 명령어를 통해서 생성할 수 있습니다. 그러
면 /dev 디렉토리에 있는 하드 디스크 디바이스 sda 와 램 디바이스 ram0, 사운드 디바이스 audio, 프
린터 디바이스 lp0 등을 ls 명령으로 실행하여 각각 어떤 문자로 실행되는지를 확인해 봅니다.

```
root@localhost:/
파일(F)  편집(E)  보기(V)  터미널(T)  탭(B)  도움말(H)
[root@localhost /]# ls -l /dev/sda /dev/ram0
brw-r----- 1 root disk 1, 0 2007-08-28 05:13 /dev/ram0
brw-r----- 1 root disk 8, 0 2007-08-28 05:13 /dev/sda
[root@localhost /]#
[root@localhost /]# ls -l /dev/audio /dev/lp0
crw-rw----+ 1 mandoli root 14, 4 2007-08-27 20:13 /dev/audio
crw-rw----  1 root     lp    6, 0 2007-08-27 20:13 /dev/lp0
[root@localhost /]#
```

3.5 파일 링크(ln)

리눅스에서는 링크(link)를 많이 사용하게 되는데, 링크는 하나의 파일 또는 디렉토리를 다른 이름으로
연결하는 것을 말합니다. 파일이나 디렉토리를 다른 이름으로 링크하는 목적은 파일명이나 디렉토리 명
이 길어서 이를 단축시키고자 하거나, 파일의 위치가 바이너리 디렉토리가 아닌 비실행 경로에 있을 때
바이너리 디렉토리에서 실행되게끔 하고자 할 때와 파일의 위치가 깊은 하위 디렉토리에 있을 경우 단
번에 해당 디렉토리로 이동하고자 할 때 등 링크를 많이 사용하게 됩니다. 파일 링크에는 하드 링크와
심볼릭 링크 두 가지 방법이 있습니다.

하드 링크 (Hard Link)

하드 링크는 원래의 파일을 다른 파일명으로 똑같은 형태로 링크시킬 때 사용합니다. 하드 링크의 방법
은 다음과 같습니다.

```
ln [옵션] 링크대상파일명 링크파일명
```

그러면 다음 예제 화면을 보고 하드 링크에 대해서 이해해 보도록 합니다.

```
[fedora@localhost ~]$ su -
암호:
[root@localhost ~]# mkdir /tmp/link
[root@localhost ~]# cp /boot/vmlinuz-2.6.25-14.fc9.i686 /tmp/link/
[root@localhost ~]# ls -l /tmp/link/
합계 2044
-rwxr-xr-x 1 root root 2088288 2008-06-17 10:10 vmlinuz-2.6.25-14.fc9.i686
[root@localhost ~]#
[root@localhost ~]# ln /tmp/link/vmlinuz-2.6.25-14.fc9.i686 /tmp/link/vmlinuz
[root@localhost ~]# ls -l /tmp/link/
합계 4088
-rwxr-xr-x 2 root root 2088288 2008-06-17 10:10 vmlinuz
-rwxr-xr-x 2 root root 2088288 2008-06-17 10:10 vmlinuz-2.6.25-14.fc9.i686
[root@localhost ~]#
```

루트 권한을 획득한 후 /tmp/link 디렉토리를 만들고 /boot 디렉토리에 있는 커널 이미지 파일을 복사
해 넣고, ls -l 명령으로 파일 상태를 체크해 봅니다. 그리고 복사한 커널 이미지를 'ln' 명령을 이용하여
vmlinuz 파일로 하드 링크시켜 봅니다. 그런 다음 다시 ls -l 명령을 실행하여 하드 링크한 vmlinuz 파
일과 원래의 파일을 비교해 보면, 파일 구조에서 링크 수가 모두 2로 동일하고, 파일 소유권이나 파일
크기 모두 동일하고, 단지 파일 이름만 다를 뿐 차이점가 없습니다. 이번에는 ls 명령에 -i 옵션을 추
가하여 실행해 보도록 합니다.

```
[root@localhost ~]# ls -li /tmp/link/
합계 4088
205691 -rwxr-xr-x 2 root root 2088288 2008-06-17 10:10 vmlinuz
205691 -rwxr-xr-x 2 root root 2088288 2008-06-17 10:10 vmlinuz-2.6.25-14.fc9.
i686
[root@localhost ~]#
```

상기 예제 화면에서 파일 구조 앞에 205691로 된 숫자가 보이는데 이 숫자는 inode 번호를 의미합니다. inode 번호란 시스템이 임의의 파일을 인식하기 위하여 사용되는 고유 번호로, 리눅스의 모든 파일들은 파일마다 독립적인 inode를 가지고 있습니다. 예제 화면에서 보듯이 두 파일들은 모두 같은 inode 번호를 가짐을 알 수 있습니다. 이와 같이 대상 파일을 다른 파일로 단순하게 링크하였을 때 같은 inode 번호를 갖는 링크 방식을 하드 링크(hard link)라 합니다.

심볼릭 링크(Symbolic Link)

리눅스에서 가장 많이 사용되는 심볼릭 링크하는 방법에 대해서 알아봅니다. 심볼릭 링크 방법은 ln 명령에 -s 옵션을 사용하면 됩니다.

```
ln -s <대상 파일명> <링크 파일명>
```

/tmp/link/vmlinuz-2.6.25-14.fc9.i686 파일을 가지고 심볼릭 링크를 해 보도록 합니다.

```
root@localhost:/tmp/link
파일(F)  편집(E)  보기(V)  터미널(T)  탭(B)  도움말(H)
[root@localhost ~]# cd /tmp/link/
[root@localhost link]# rm -f vmlinuz
[root@localhost link]# ln -s vmlinuz-2.6.25-14.fc9.i686 vmlinuz
[root@localhost link]# ls -l
합계 2044
lrwxrwxrwx 1 root root         26 2008-06-17 10:13 vmlinuz -> vmlinuz-2.6.25-14.
fc9.i686
-rwxr-xr-x 1 root root 2088288 2008-06-17 10:10 vmlinuz-2.6.25-14.fc9.i686
[root@localhost link]#
```

vmlinuz-2.6.25-14.fc9.i686 파일을 vmlinuz로 심볼릭 링크하면 파일 유형이나 파일 허가 구조 그리고 파일 크기가 다름을 확인할 수 있습니다. 또한 vmlinuz 파일은 화살표로 vmlinuz-2.6.25-14.fc9.i686 파일로 연결되어 있음을 볼 수 있는데, 이것은 vmlinuz 파일의 원래 파일이 vmlinuz-2.6.25-14.fc9.i686 파일임을 가르켜 주는 것입니다.

이번에는 심볼릭 링크한 원래의 파일을 삭제해 보도록 합니다.

```
root@localhost:/tmp/link
파일(F)  편집(E)  보기(V)  터미널(T)  탭(B)  도움말(H)
[root@localhost link]# rm -f vmlinuz-2.6.25-14.fc9.i686
[root@localhost link]# ls -l
합계 0
lrwxrwxrwx 1 root root 26 2008-06-17 10:13 vmlinuz -> vmlinuz-2.6.25-14.fc9.i
686
[root@localhost link]#
```

심볼릭 링크된 파일의 원본 파일을 삭제하게 되면 심볼릭 링크된 파일은 링크가 깨어진 상태로 존재하고, 페도라 리눅스의 경우에서는 빨간색 역상으로 깨어진 링크 상태를 보여줍니다. 그러면 다시 /boot 디렉토리에서 원본 파일을 복사해 놓았을 때는 어떤 결과가 있는지를 확인해 보도록 합니다.

```
                        root@localhost:/tmp/link
파일(F)  편집(E)  보기(V)  터미널(T)  탭(B)  도움말(H)
[root@localhost link]# cp /boot/vmlinuz-2.6.25-14.fc9.i686 /tmp/link/
[root@localhost link]# ls -l
합계 2044
lrwxrwxrwx 1 root root        26 2008-06-17 10:13 vmlinuz -> vmlinuz-2.6.25-14.
fc9.i686
-rwxr-xr-x 1 root root 2088288 2008-06-17 10:15 vmlinuz-2.6.25-14.fc9.i686
[root@localhost link]#
```

원본 파일을 복사해 놓으면 빨간 역상되어 있던 vmlinuz 파일의 링크가 원본 파일로 정상적으로 연결되어 있음을 볼 수 있습니다. 여기서 심볼릭 링크는 원본 파일에 따라서 직접적인 영향을 받으며, 원본 파일이 제거되면 심볼릭 링크는 깨어지고, 다시 원본 파일을 복구해 놓으면 심볼릭 링크는 다시 연결됨을 알 수 있습니다.

4. 퍼미션(permission)과 소유권(ownership)

리눅스 시스템에 있는 모든 파일과 디렉토리에는 그것을 액세스할 수 있는 소유자와 그룹에 대한 소유권(ownership)이 있고, 그러한 파일과 디렉토리에 액세스할 수 있도록 해주는 퍼미션 또는 허가권(permission)가 있습니다. 소유권은 그 파일과 디렉토리를 생성한 사용자와 그룹의 소유 권한을 말하며, 보통은 계정과 그룹명으로 표기되나 어떤 경우에는 UID와 GID 값으로 표기된다. 퍼미션은 파일의 소유권을 가진 자신만이 파일에 액세스할 수 있게 하고, 지정된 그룹 내의 사용자에게도 액세스를 허용할 수 있으며, 리눅스 시스템 사용자 어느 누구에게도 액세스가 가능하도록 할 수 있습니다.

4.1 퍼미션(허가권, Permission)

파일의 퍼미션은 다음과 같은 형식으로 구성되어 있습니다.

-	r	w	x	r	w	x	r	w	x
파일유형	사용자(user)			그룹(group)			3자(other)		

파일 퍼미션에는 파일과 디렉토리에 액세스할 수 있는 사용자(user), 그룹(group), 다른 사용자(other) 등 세 가지의 사용자 범주가 있으며, 각각의 범주들에게는 읽기(Read), 쓰기(Write), 실행 허가(eXecute)의 세 가지의 권한이 부여됩니다.

읽기 퍼미션(r)	파일 내용을 읽을 수 있는지 여부 결정
쓰기 퍼미션(w)	일을 쓰거나 지울 수 있는지, 덮어쓸 것인가를 결정
실행 퍼미션(x)	바이너리 파일들에 대해서 실행 권한을 부여할 것인가를 결정

/bin/date 파일을 가지고 퍼미션에 대해서 이해해 보도록 합니다.

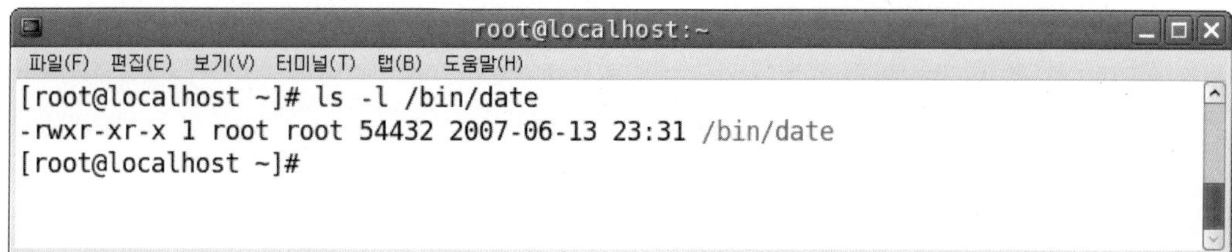

```
[root@localhost ~]# ls -l /bin/date
-rwxr-xr-x 1 root root 54432 2007-06-13 23:31 /bin/date
[root@localhost ~]#
```

/bin/date 파일은 -rwxr-xr-x의 퍼미션을 갖는데, 이것은 사용자(root)가 읽기(r), 쓰기(w), 실행(x)의 모든 권한(rwx)을 가지며, 그룹(root)과 다른 사용자는 각각 읽기와 실행 권한만(r-x)을 갖는다는 것을 의미하는 것입니다. 그룹과 다른 사용자 범주의 권한에서 마이너스(-)로 표시되는 것은 쓰기(w) 권한이 없음을 의미하는 것입니다. 일반적으로 파일에 허가권이 부여하는 경우 예제와 같이 대부분 사용자 범주에게는 읽기, 쓰기, 실행 허가권 모두를 부여하고, 그룹과 타인 범주에게는 읽기와 실행 허가권만 부여합니다.

4.2 소유권 변경(chown)

다른 리눅스 시스템에서 복사한 파일의 소유권이 자신의 것과 일치하지 않으면, 그 파일의 소유권을 자신의 소유권으로 바꿔야 할 때가 있습니다. 이렇게 소유권을 변경할 때 사용하는 명령어가 chown입니다. chown 명령은 쉘 명령 라인에서 소유자를 지정하는 순서에 따라서 소유권이 변경됩니다. 그러면 다음 화면과 같이 blackfox 사용자만 지정해 주었을 때 root로 되어 있는 /bin/date의 소유권이 어떻게 변경되는지를 살펴봅니다.

```
[root@localhost ~]# chown blackfox /bin/date
[root@localhost ~]# ls -l /bin/date
-rwxr-xr-x 1 blackfox root 54432 2007-06-13 23:31 /bin/date
[root@localhost ~]#
```

/bin/date 파일의 사용자가 root에서 blackfox로 바뀌었지만, 그룹은 여전히 root로 남아 있습니다. 그러면 다음과 같이 사용자와 그룹 사이에 점(.) 또는 콜론(:)을 사용하여 소유권이 어떻게 변하였는지 확인해 봅니다.

```
[root@localhost ~]# chown blackfox.blackfox /bin/date
[root@localhost ~]# ls -l /bin/date
-rwxr-xr-x 1 blackfox blackfox 54432 2007-06-13 23:31 /bin/date
[root@localhost ~]#
```

사용자와 그룹 모두 blackfox로 변경되었습니다. 이번에는 점(.) 또는 콜론(:)으로 그룹(root)을 지정해 주면 소유권이 어떻게 변하는지 확인해 봅니다.

사용자 소유권은 그대로 있으면서 단지 그룹 소유권이 blackfox에서 root로 변경되었습니다. 이와 같이 소유권은 chown 명령을 이용하여 사용자와 그룹의 소유권을 변경할 수 있으며, 사용자와 그룹의 구분은 점이나 콜론을 사용하면 됩니다. 그러면 /bin/date의 소유권을 원 상태인 root로 여러분 스스로 변경해 보기 바랍니다.

3 퍼미션 변경(chmod)

퍼미션을 변경할 때는 chmod 명령어를 사용하는데 기호 모드(symbolic method)이나 절대 모드(absolute method)가 사용됩니다. 기호 모드는 앞서 살펴본 대로 읽기, 쓰기, 실행 허가권에 대해서 r, w, x 문자를 사용하는 방법입니다. 퍼미션을 부여 또는 추가할 때는 플러스 기호(+)를 사용하며 반대로 허가권을 제거하고자 할 때는 마이너스(-) 기호를 사용하고, 그대로 둘 때는 '=' 기호를 사용합니다.

4.3.1 기호 모드(Symbolic Method)

다음은 기호 모드에 쓰이는 기호에 대한 정리한 표입니다.

기호	의미	기호	의미
+	허가 권한 부여	u	사용자(소유자) 권한
-	허가 권한 제거	g	그룹 권한
=	허가 권한 유지	o	3자 권한
s	소유자 또는 그룹만 실행	a	소유자, 그룹, 3자 모두 권한

각 사용자 범주들도 기호(u,g,o)로 각각 표시할 수 있으며, 해당 사용자 범주에 대한 허가 권한 부여나 제거 역시 기호(+,-)로도 표시할 수 있습니다. 다음 표는 사용자 범주에 기호 모드로 권한을 부여하는 방법에 대한 예제를 나타낸 것입니다. 일부 예제는 이해를 돕고자 가상으로 제시한 예제들도 있으므로, 이러한 것을 실제로 시스템에 적용해서는 안 됨을 유의하기 바랍니다.

| 예 제 | 허가권(Permissions) | | | |
	소유자 (user)	그룹 (group)	타 인 (other)	설 명
허가 기호	rwx	rwx	rwx	r = 읽기, w= 쓰기, x= 실행
원래의 허가 기호 상태	rwx	r-x	r-x	/bin/date의 파일 구조
chmod g+w /bin/date	rwx	rwx	r-x	그룹에 쓰기 권한 부여
chmod g-wx+r /bin/date	rwx	r--	r-x	그룹에 쓰기 및 실행 권한 제거, 오직 읽기 권한만 가능

chmod o-rwx /bin/date	rwx	r--	---	타인의 읽기, 쓰기, 실행 권한 모두 제거
chmod o+rw /bin/date	rwx	r--	rw-	타인의 읽기, 쓰기 권한만 부여
chmod a-w /bin/date	r-x	r--	r--	사용자, 그룹, 타인 모두 쓰기 권한 제거
chmod u-x /bin/date	r--	r--	r--	사용자의 실행 권한 제거
chmod u+wx,g+x,o+x /bin/date	rwx	r-x	r-x	사용자에 쓰기 및 실행 권한 추가, 그룹과 타인에겐 실행 권한 추가
chmod a-x /bin/date	rw-	r--	r--	소유자, 그룹, 타인의 실행 권한 제거

퍼미션을 부여할 때 복잡한 기호 모드를 사용하는 것보단 앞으로 살펴보게 될 절대 모드로 사용하는 것이 편리할 것입니다.

4.3.2 절대(숫자) 모드(Absolute Method)

절대 모드는 복잡한 기호 모드를 사용하는 것이 아니라 3자리의 8진수 숫자 표기법을 사용합니다. 완전한 표기법은 4자리의 8진수이나, 일반적으로 3자리를 많이 사용합니다. 8진수를 이용하는 방법은 4, 2, 1 숫자를 더한 값을 100단위에는 사용자, 10단위에는 그룹, 1단위에는 3자에게 지정하여 사용합니다. 그러면 이해를 도모하고자 기호 모드와 절대 모드를 표로 나타내면 다음과 같습니다.

사용자 범주	허가	기호 모드	절대 모드
사용자	읽기	r	400
	쓰기	w	200
	실행	x	100
그 룹	읽기	r	40
	쓰기	w	20
	실행	x	10
타 인	읽기	r	4
	쓰기	w	2
	실행	x	1

절대 모드로 표시하는 법은 해당하는 부분의 숫자들을 더하여 허가를 변경하는 것입니다. 예를 들어 사용자 범주에서 읽기와 쓰기 그리고 실행 권한을 허용하고자 한다면 400+200+100=700 이고, 그룹 모드에서 읽기와 실행만 허용하면 40+10=50, 마지막으로 3자 모드에서도 역시 읽기와 실행만 허용하면 4+1=5가 됩니다. 이를 모두 더하게 되면 700+50+5=755가 됩니다. 이것이 복잡하다고 생각된다면 다음과 같이 쉽게 계산할 수 있습니다.

사용자(user)			그룹(group)			타인(other)		
r	w	x	r	-	x	r	-	x
4	2	1	4	0	1	4	0	1
7			5			5		
755								

그러면 보다 이해를 쉽게 하기 위해서 기호 모드에서 사용했던 표를 절대 모드와 비교하여 다음과 같은 표로 정리하였습니다(참고로, 다음 예제에는 실제 쉘 관리 상 불필요한 예제도 포함되어 있음을 유념하기 바랍니다).

| 예 제 | 허가권(Permissions) | | | | | | |
| | 기호 방법 | | | 절대 방법 | | | |
	사용자	그 룹	타 인	사용자	그룹	타인	모드값
허가 기호	rwx	rwx	rwx	7(4+2+1)	7(4+2+1)	7(4+2+1)	777
원래의 허가 기호 상태	rwx	r-x	r-x	7	5	5	755
chmod g+w /bin/date	rwx	rwx	r-x	7	7	5	775
chmod g-wx+r /bin/date	rwx	r--	r-x	7	4	5	745
chmod o-rwx /bin/date	rwx	r--	---	7	4	0	740
chmod o+rw /bin/date	rwx	r--	rw-	7	4	6	746
chmod a-w /bin/date	r-x	r--	r--	5	4	4	544
chmod u-x /bin/date	r--	r--	r--	4	4	4	444
chmod u+wx,g+x,o+x /bin/date	rwx	r-x	r-x	7	5	5	755
chmod a-x /bin/date	rw-	r--	r--	6	4	4	644

5. 시스템 마운트 및 언마운트(mount & umount)

리눅스 시스템은 하드 드라이브, CD-ROM 드라이브, 플로피 드라이브 등 물리적인 장치도 파일시스템으로 인식시켜야 사용할 수 있습니다. 이러한 물리적인 장치에 있는 파일에 액세스하기 위해서는 파일시스템으로 어느 특정한 위치에 연결해 주어야 합니다. 이러한 과정을 "마운트(mount)"라고 합니다. 그러면 리눅스 시스템에 있는 물리적인 장치들을 마운트하는 방법에 대해서 알아봅니다.

5.1 마운트 사용법

5.1.1 마운트 명령어 사용법

```
mount -t [파일시스템] -o [옵션] [디바이스명] [마운트위치]
```

5.1.2 마운트 옵션

다음 표는 마운트 명령에 사용되는 마운트 옵션입니다.

옵션	설명
async	파일시스템에서 비동기 I/O 사용
auto	/etc/fstab에 있는 모든 파일시스템을 부팅시 자동으로 마운트함.
defaults	rw, suid, dev, auto, exec, nouser, async를 기본 옵션으로 함
dev	파일시스템 상의 문자 또는 블록 디바이스를 해석함
exec	파일시스템에 포함된 바이너리 파일을 실행가능하도록 함
noauto	자동 마운트 안 되게끔 함
nodev	파일시스템 상의 문자, 블록 디바이스의 해석을 하지 않음
noexec	파일시스템에 실행 권한을 주지 않음
nosuid	SetUID, SetGID를 제한시킴
nouser	일반 사용자의 마운트 금지
remount	이미 마운트된 파일시스템의 재마운트
ro	파일시스템을 읽기 모드로 마운트
rw	파일시스템을 읽기/쓰기 모드로 마운트
suid	SetUID, SetGID 허용
vsync	파일시스템에서 동기 입출력 사용
user	일반 사용자의 마운트 허용
users	모든 사용자의 마운트 허용
noatime	파일시스템 접근 기록하지 않음

5.1.3 파일시스템 종류

파일시스템	설명
ext2	기존 리눅스 표준 파일시스템
ext3	현재 리눅스 표준 파일시스템
iso9660	CD/DVD 장치
msdos	MS-DOS 파일시스템
vfat	MS Windows 파일시스템
ntfs	Windows XP, Windows 2003 파일시스템
squashfs	LiveCD4)에 적용된 파일시스템
xfs	대용량 파일을 지원하는 리눅스 파일시스템

4) LiveCD는 CD에 리눅스가 미리 설치되어 있어서 CD로 부팅해서 리눅스를 사용할 수 있게 해 주는 리눅스 배포판으로 필자의 no 1. Linux(Pclinuxos 리마스터)가 있습니다.

5.2 장치에 따른 마운트 방법[5]

물리 장치를 마운트하는 방법을 다음 예제표로 정리하였으므로 해당 장치를 마운트할 때 표를 참고로 하여 마운트해 보면 됩니다.

물리 장치(파일시스템)	마운트 예제	참고사항
플로피디스크	# mount /dev/fd0 /media/floppy	하단 설명 참고
CD/DVD-ROM	# mount -t iso9660 /dev/sdc /media/CDROM	하단 설명 참고
Windows98	# mount -t vfa /dev/sda1 /media/windows98	
Windows XP, 2003	# ntfs-3g /dev/sda1 /media/winXP	하단 설명 참고
ext2 파티션	# mount -t ext2 /dev/sda3 /media/ext2	
ext3 파티션	# mount -t ext3 /dev/sda3 /media/ext3	
xfs 파티션	# mount -t xfs /dev/sda5 /media/xfs	
iso 이미지	# mount -o loop fedora9.iso /media/iso	

5.2.1 플로피 디스크 마운트

마운트되는 플로피 디스크는 특정한 디스크를 파일 시스템으로 마운트시킨 것이므로, 플로피 디스크를 제거하고 다른 플로피 디스크를 넣을 수 없다는 점을 주의해야 합니다. 디스크를 교체하고자 할 때는, 먼저 마운트된 플로피 디스크를 언마운트[6]시킨 후 새로운 디스크를 넣고 마운트시켜야 새로운 디스크에 액세스가 가능해집니다.

5.2.2 CD-ROM/DVD-ROM 마운트[7]

CD/DVD-ROM를 마운트한 후 주의할 점은 플로피 디스크와 마찬가지로 특정 디바이스를 마운트한 것이기 때문에 언마운트하기 전까지는 CD/DVD-ROM 드라이브 문이 열리지 않으므로, CD/DVD-ROM 드라이브를 교체하려면 반드시 언마운트시켜 주어야 합니다. CD/DVD-ROM 언마운트는 umount /dev/hdc 대신에 eject 명령으로도 가능한데, eject 명령은 언마운트 기능외에 시디롬 배출 기능도 지원합니다.

---

5) 물리 장치를 마운트시킬 때 마운트되는 경로가 반드시 존재하고 있어야 합니다. 만일 존재하지 않는다면 미리 만들어 주어야 합니다.
6) umount를 언마운트라 부르는데, 철자가 unmount가 아니라 umount라는 것을 주의해야 합니다.
7) 그놈에서는 시디롬 또는 DVD롬을 넣으면 자동 마운트가 이뤄지며 /media 디렉토리 내에 시디롬/DVD롬의 라벨명으로 마운트가 이뤄집니다.

```
root@fedora:~
파일(F)  편집(E)  보기(V)  터미널(T)  탭(B)  도움말(H)
[root@fedora  ~]# umount /media/DVDROM/
[root@fedora  ~]# eject
[root@fedora  ~]#
```

5.2.3 윈도우 200x(Windows XP) 마운트

페도라에서는 윈도 NT 계열의 파일시스템인 NTFS 모듈을 지원하지 않기 때문에 NTFS 파일시스템을 갖는 윈도우 파티션을 마운트하기 위해서는 NTFS 모듈을 설치해야 합니다. 그러면 다음과 같이 ntfs-3g[8] 패키지를 설치하면 됩니다.

```
# yum install ntfs-3g
```

5.2.4 파일시스템을 모르는 경우의 마운트[9]

특정 파티션의 파일시스템 종류를 알 수 없는 경우에는 -t auto 옵션을 사용하면 매우 효과적입니다. CD/DVD-ROM과 특정 파티션을 -t auto 옵션을 사용하면 마운트해 보고, 어떤 파일시스템으로 마운트 되었는지는 df -T 명령으로 확인할 수 있습니다.

```
root@fedora:~
파일(F)  편집(E)  보기(V)  터미널(T)  탭(B)  도움말(H)
[root@fedora  ~]# mount -t auto /dev/hdc /media/DVDROM/
mount: block device /dev/hdc is write-protected, mounting read-only
[root@fedora  ~]# mkdir /media/unknown
[root@fedora  ~]# mount -t auto /dev/sda5 /media/unknown/
[root@fedora  ~]# df -T
Filesystem      Type      1K-blocks       Used  Available Use% Mounted on
/dev/sda2       ext3       18930940   11447380    6506408  64% /
tmpfs           tmpfs        517484          0     517484   0% /dev/shm
/dev/hdc        iso9660     3442574    3442574          0 100% /media/DVDROM
/dev/sda5       ext3      200917768  139473144   51238532  74% /media/unknown
[root@fedora  ~]#
```

6. 파일시스템 자동 마운트(/etc/fstab)

/etc/fstab 파일은 파일시스템 마운트 테이블이 기록되어 있는 파일로 시스템이 부팅되면서 이 파일에 기록된 마운트 정보대로 파일시스템이 자동으로 마운트가 이뤄집니다. 부팅 시 자동으로 마운트되도록 할 파티션이나 장치가 있다면 이 파일에 파티션 정보를 기록하면 됩니다. /etc/fstab 파일은 디바이스 명, 마운트 디렉토리, 파일시스템, 옵션, 덤프(dump), 파일 시스템 점검 여부 등으로 구성되어 있다.

---

8) ntfs-3g는 NT 파티션을 읽기/쓰기 모두 가능합니다. 예전에는 커널에서 지원하는 ntfs 모듈은 읽기만 가능했지만, 이 모듈을 사용하게 되면 윈도우 엑스피 파티션에 직접 파일을 저장할 수 있습니다.
9) 커널에서 지원되는 파일시스템일 경우에는 파일시스템 옵션을 사용하지 않아도 마운트가 가능합니다.

디바이스	마운트위치	파일시스템	옵션	덤프	fsck
LABEL=Fedora9	/	ext3	defaults	1	1

6.1 디바이스 (Device) 필드

디바이스 필드에는 마운트가 될 파티션 디바이스(장치) 명으로 지정해 줍니다. 디바이스 명은 고전적인 디바이스 명(/dev/sda1와 같은 형태)와 라벨 명 그리고 UUID 값으로 표시해 줄 수 있습니다.

6.1.1. 라벨명으로 디바이스 표시하기

파티션 디바이스 명 대신에 라벨명으로 표시하려면 e2fsprogs[10] 패키지가 설치되어 있어야 합니다. 디스크의 라벨명은 e2label 도구로 다음과 같이 라벨명을 명명할 수 있는데, 이 때의 라벨명은 최대 16자를 넘을 수 없습니다.

```
e2label 디바이스명 새라벨명    예) e2label /dev/hda1 Fedora9
```

e2label 명령으로 새롭게 지정한 라벨명은 /etc/fstab 파일에 하드 디스크의 디바이스명 대신에 "LABEL=라벨명"과 같은 형식으로 교체할 수 있으며, 이렇게 수정한 다음 시스템이 재 시작되면 루트 파티션에 대해서 디바이스명 대신에 라벨명으로 마운트됩니다.

```
LABEL=Fedora9              /              ext        defaults   1   1
```

디바이스 대신 라벨명의 사용 장점은 하드 디스크의 위치가 변경될 때(sda1 -> sdb1) 파티션 디바이스명이 달라지더라도 /etc/fstab 파일에서 마운트 정보를 수정하지 않아도 라벨명으로도 정상적으로 부팅될 수 있다는 점입니다. 라벨명이 어떤 디바이스 명을 갖는지는 "findfs LABEL=/라벨명" 명령으로 확인할 수 있습니다.

6.1.2 UUID으로 디바이스 표시하기

라벨명과 같이 하드 디스크의 위치가 변경되더라도 마운트 정보를 수정하지 않고서도 부팅되도록 하는 방법이 UUID를 사용하는 방법입니다. 페도라9에서는 기본적으로 UUID를 지원하는데, UUID는 생성된 파티션 장치를 포맷할 때마다 자동으로 부여되는 고유의 번호로, findfs 명령어로 어떤 파티션 디바이스

---

10) e2fsprogs 패키지가 설치되어 있지 않다면 yum install e2fsprogs 명령으로 설치할 수 있습니다. 만일 이 명령으로 패키지가 설치되지 않는다면 소프트웨어 설치 관리 부분을 참고해야 합니다.

명을 갖는지를 확인할 수 있습니다. 그러면 /etc/fstab에 명시되어 있는 UUID 값을 가지고 이것이 어떤 디바이스 명에 해당되는지를 확인해 보도록 합니다.

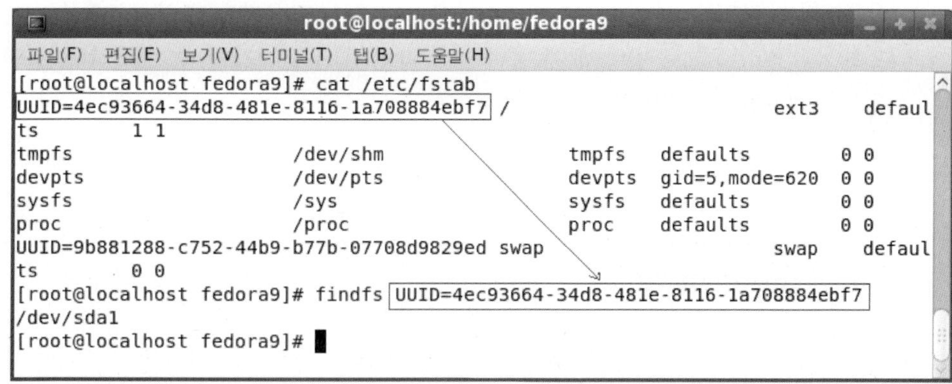

상기 화면의 경우 /dev/sda1의 디바이스 명을 가짐을 알 수 있습니다. 거꾸로 /dev/sda1 파티션 장치가 어떤 UUID 값을 갖는지를 확인해 보려면 /lib/uudev/vod_id 명령을 실행해 보면 됩니다. 이 명령으로 UUID 값뿐만 아니라 LABEL명도 확인할 수 있습니다.

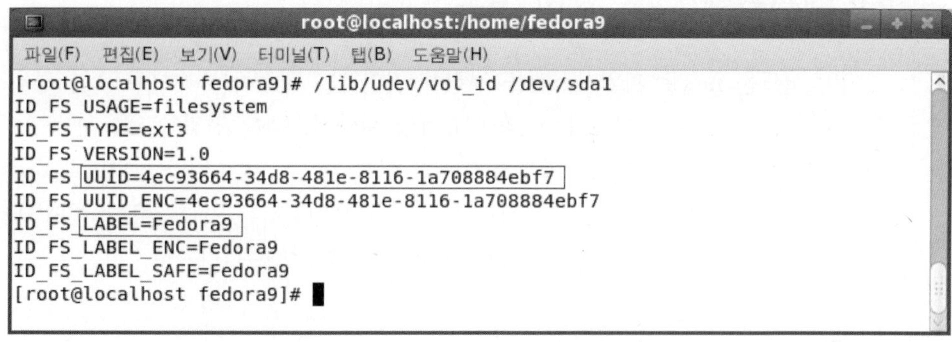

6.2 마운트 위치(mount point) 필드

파티션 또는 파일시스템이 마운트되어질 위치를 지정합니다. 스왑 파티션은 swap으로 지정합니다.

6.3 파일시스템 종류(filesystem) 필드

해당 파티션이 갖고 있는 파일시스템의 종류를 지정합니다. 지원하는 리눅스 파일시스템으로는 ext2, ext3, reiserfs, jfs, xfs 등이 있으며, 그 외 다른 파일시스템으로는 msdos, vfat, ntfs, iso9660, nfs, udf 등이 있으며, 어떤 파일시스템을 갖는지를 모를 때는 auto로 지정해 주면 자동으로 파일시스템을 인식하게 됩니다.

6.4 옵션(options) 필드

파일시스템 마운트에 대한 옵션을 부여할 수 있습니다. defaults 옵션은 기본 옵션을 사용하여 마운트되도록 하는 것으로, 일반 사용자가 마운트할 수 없게 하는 옵션인 nouser와 프로그램 실행(exec), 읽기

(ro), 쓰기(rw), 비동기(async), 그리고 블록(block) 등의 옵션을 포함합니다. 플로피 디스크나 CD/DVD-ROM의 경우에는 noauto,user 옵션이 사용되는데, noauto는 부팅시 자동으로 마운트되도록 마운트되지 않도록 하는 옵션이며, user 옵션은 일반 사용자도 파일시스템을 마운트할 수 있도록 하는 옵션입니다. defaults 명령 뒤에 콤마(,)로 다른 옵션을 지정할 수 있습니다. 만일 디스크 쿼터에 관한 옵션을 지정하고자 한다면 다음과 같은 형식으로 지정해 줄 수 있습니다.

```
LABEL=Fedora9          /              ext        defaults,usrquota  1   1
```

6.5 덤프(dump) 필드

덤프 필드는 dump 명령으로 파일 시스템을 덤프할 것인가를 결정하는 것이며, 1의 값은 리눅스 파일 시스템일 때 사용하고, 그 외의 경우에는 0을 사용합니다.

6.6 fsck(파일시스템 점검) 필드

마지막 필드는 fsck로 파일시스템을 점검할 것인가를 설정하는 것으로, 1인 경우는 루트 파일시스템에 대해서 적용하며, 부팅 시 fsck에 의해서 해당 파일시스템을 점검하도록 하는 것이며, 0인 경우에는 부팅 시 파일시스템을 점검하지 않도록 합니다. 2인 경우는 병렬로 처리되도록 하는 것입니다. 루트 파일시스템에 대해서는 1를 적용하고 나머지 파티션에 대해서는 2로 적용합니다. 부팅 후 /etc/fstab에 의해서 자동으로 마운트되는 정보는 /etc/mtab 파일에 저장됩니다.

7. 파일시스템

7.1 파일시스템이란?

파일시스템이란 저장이나 검색을 위해서 파일들을 어디에 위치시켜야 하는지를 나타내는 시스템을 말합니다. 우리는 앞서 리눅스의 시스템이 최상위 디렉토리를 기준으로 하여 계층적인 구조를 갖는다고 살펴본 적이 있는데, 이러한 계층적인 구조로 파일들이 위치하는 시스템을 파일시스템이라 합니다. 리눅스에서는 ext2와 ext3, reisefs, xfs 등 저널링 파일시스템을 지원하는데, 오래 동안 ext2 파일시스템을 안정적이고 뛰어난 성능으로 표준 파일시스템으로 채택되어 왔지만, ext2 파일시스템은 몇 가지 문제점이 안고 있었습니다. ext2 파일시스템은 정전이나 시스템 장애로 인한 비정상적인 시스템 종료나, 파일시스템이 언마운트되지 않았을 때, 그리고 최대 마운트(Maximal mount) 상태에 도달하였을 때는 데이터 손실 방지와 데이터 구조 일치성을 위해서 반드시 fsck에 의해서 다음 부팅 시 파일시스템을 점검하도록 되어 있는데, 파일시스템이 비교적 작은 경우에는 파일시스템 점검이 무의미할뿐더러 파일시스템이 큰 경우에는 오랜 시간이 걸리는 문제가 있었습니다. 그래서 부팅할 때 시간을 단축하면서 비정

상적인 시스템 종료 시 파일 시스템을 체크하지 않고 인덱스(index)에 대한 로그를 기록하여 문제 발생 시 이를 복구할 수 있는 대체 파일 시스템이 요구되어 등장한 것이 저널링 파일 시스템으로 리눅스에서 지원하는 대표적인 저널링 파일시스템으로 ext3, reiserfs, XFS 등이 있습니다. ext3 파일시스템은 ext2 파일시스템과 호환성을 유지하기 때문에 요즘의 커널에서는 기본 표준 파일시스템으로 채택하고 있습니다.

7.2 ext3 저널링 파일시스템

7.2.1 ext3 파일시스템의 이점

① ext3 파일시스템의 가용성과 데이터 무결성(Data Integrity)

앞서 언급한 대로 ext2 파일시스템은 예기치 못한 정전이나 시스템 충돌로 인하여 시스템이 비정상 종료되었을 때 다음 부팅시 파일 일치성을 fsck(e2fsck) 프로그램에 의해서 점검하게 됩니다. ext2 파일시스템에서는 파일 데이터를 바로 동기화 시키지 않기 때문에 이러한 비상사태가 일어나게 되면 데이터 일치성이 맞질 않기 때문에 부팅 시 이를 점검하게 됩니다. 데이터 일치성 점검은 파일 시스템 크기에 따라서 걸리는 시간이 달라질 수 있습니다. 수십/수백 기가(giga) 바이트의 파일시스템을 갖고 있는 경우라면 파일시스템을 체크하는데 있어서 상당한 오래 걸리며, 이 시간 동안에 시스템을 사용할 수 없는 단점이 있습니다. 그러나 ext3 파일시스템은 변경되는 파일 데이터를 바로 동기화시키기 때문에 시스템이 급작스럽게 정지되더라도 다음 부팅 시에는 파일시스템을 체크하지 않고서도, 구조 일치성을 체크하는데 불과 몇 초 밖에 걸리지 않기 때문에 부팅 속도가 빨라지는 이점이 있습니다. 항상 파일시스템의 일치성을 유지하고 있어서 데이터 무결성을 보장해 주는 이점이 있습니다.

② ext2 파일시스템에서 ext3 파일시스템으로 변환 용이

리눅스에서 저널링 파일시스템으로 사용 및 기능성에서 뛰어난 reiserfs 파일시스템 대신에 ext3를 채택하게 된 것은 기존의 ext2 파일시스템과의 호환성과 변환이 쉽기 때문이었습니다. tune2fs 프로그램으로 사용하면 ext2 파일시스템에 저널(journal)을 추가하여 ext3로 변환할 수 있으며(이때 'tune2fs -j 파티션명'으로 저널링을 추가해 줄 수 있습니다), 페도라 리눅스에서는 e2fsprogs 패키지를 지원하고 있어서 ext3 파일시스템을 거꾸로 ext2 파일시스템으로 사용할 수 있게 해 줍니다(tune2fs -O ^has_journal 파티션명). 이와 같이 ext3 파일시스템은 ext2 파일시스템에서 쉽게 상호 변환할 수 있는 이점을 제공해 줍니다.

③ 속도

ext3 파일시스템은 하드디스크의 헤더 동작을 최적화시켜 주기 때문에 동일한 데이터를 여러 차례 반복 저장하더라도 ext2 파일시스템에 비해 빠른 속도를 제공합니다. ext3파일시스템에서는 데이터 일치성 속도를 최적화할 수 있는 data=writeback, data=ordered, data=journal 등 세 가지 저널링 모드를 제공하는데, /etc/fstab 파일에서 마운트 옵션으로 저널링 모드값을 'data=모드값' 형태로 지정해 주어 사용할 수 있습니다. 페도라 리눅스에서는 기본 저널링 모드값으로 data=ordered를 지원하며, 이 모드는 블록이 순서대로 디스크에 저장되면서 완전한 데이터 일치성을 갖도록 해 줍니다.

7.2.2 ext2 파일 시스템을 ext3 파일시스템으로 변환하기

tune2fs 프로그램을 이용하여 기존 ext2 파일시스템을 ext3 파일시스템으로 쉽게 변환할 수 있습니다. 이 프로그램의 사용법은 다음과 같습니다.

```
tune2fs -j 파티션명
```

ext2 파일시스템을 가지고 있는 /dev/sda10 파티션을 ext3 파일시스템으로 다음과 같이 만들 수 있습니다.

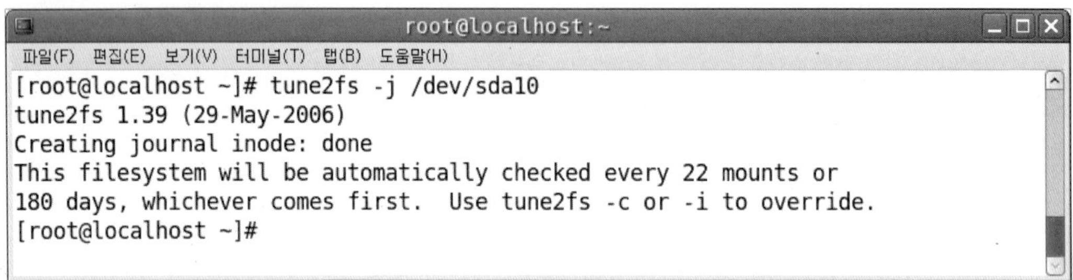

만일 거꾸로 ext3에서 ext2로 변환하려면 다음과 같이 실행하면 됩니다.

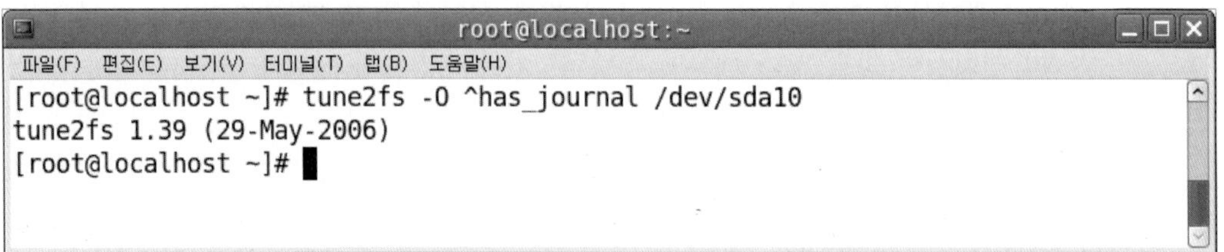

/dev/sda10 파티션은 이제 ext3 파일시스템을 가지므로 마운트할 때는 ext3 파일시스템으로 마운트 가능해집니다. df -T 명령으로 확인해 보면 ext3 파일시스템으로 마운트되었음을 알 수 있습니다.

7.2.3 자동 파일시스템 점검

ext2 파일시스템에서는 비정상적인 시스템 종료가 아닌 경우에도 파일시스템을 자동으로 점검하는 경우가 있습니다. 이는 일정한 마운트 회수에 도달하거나 일정 기간 시스템을 계속 사용할 경우 커널 버그나 기타 하드웨어적인 문제로 파일시스템이 파괴되는 것을 막기 위해서 자동으로 파일시스템을 점검하게 됩니다. 그러나 저널(journal)를 사용하고 있는 ext3 파일시스템에서 자동으로 파일시스템을 점검하지 않는데, 파일시스템에 심각한 결함이 발생되었을 때는 저널링 파일시스템을 이를 복구해 주지 못할 수 있습니다. 저널링 파일시스템을 사용하고 있더라도 시스템 안전을 위해서는 가끔 파일시스템을 점검해 주는 것이 좋습니다. 그렇기 때문에 ext2 파일시스템을 ext3 파일시스템으로 변환하거나 새로운 파티션을 ext3 파일시스템으로 포맷하였을 때도 명시된 최대 마운트 회수에 도달하거나 일정 기간(180

일)이 지나면 자동으로 파일시스템을 점검하게 됩니다. 예를 들어 ext2 파일시스템을 tune2fs 프로그램으로 ext3 파일시스템으로 변환하는 경우 최대 마운트 회수 22회 또는 180일 후에는 자동으로 파일시스템을 체크해 준다는 메시지를 보여주게 됩니다.

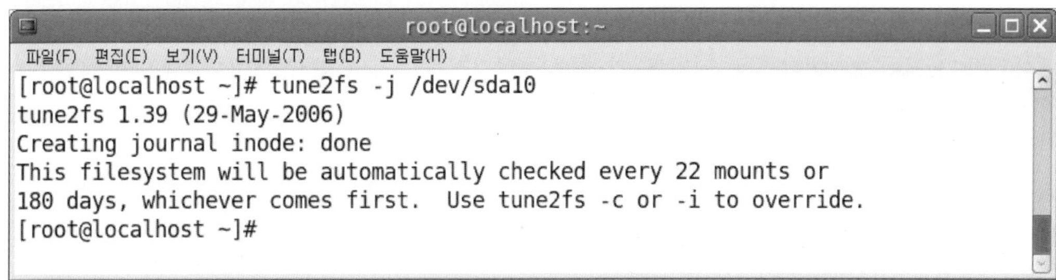

이러한 메시지는 하드 디스크를 추가하여 ext3 파일시스템으로 포맷하였을 때도 마찬가지로 보여주게 됩니다. 다음번 자동 파일시스템 점검 예약을 변경하려면 tune2fs 프로그램에 -c 옵션(최대 마운트 회수)과 -i 옵션(점검 간격일)을 사용하여 변경해 줄 수 있습니다. 최대 마운트 회수를 50회로 설정하고, 파일시스템 간격일수를 30일로 설정하고자 할 경우 다음과 같이 설정하면 됩니다.

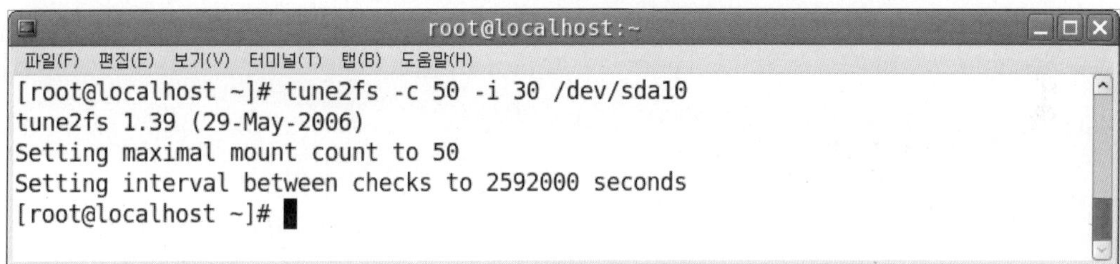

그러면 다음 예제 화면에서 /dev/sda5 파티션의 파일시스템 정보 가운데에서 최대 마운트 회수와 다음 자동 점검일은 언제인지를 확인해 보도록 합니다. 이 때 이를 확인하는 방법은 tune2fs에 -l 옵션을 사용합니다.

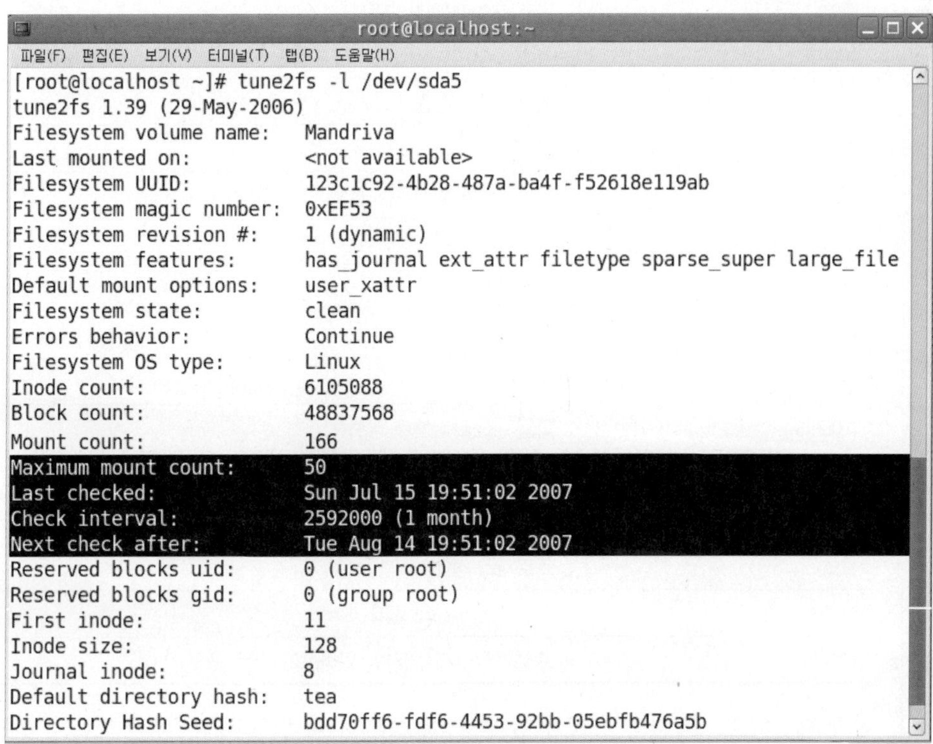

상기 화면에서 /dev/sda5 파티션의 최대 마운트 회수는 50회이고, 점검 간격일은 30일(2592000초)로 설정되어 있으며, 다음 점검예정일이 2007년 8월 14일임을 볼 수 있습니다. 최대 마운트 회수가 50회를 넘거나 최대 마운트 회수가 50회를 넘지 않았더라도 시스템은 2007년 8월 14일에는 자동으로 파일시스템 점검이 이뤄지게 됩니다.

페도라 리눅스에서 자동 파일시스템 점검이 이뤄지지 않더라도 시스템 관리자가 한 년에 한 두 차례 정도는 수동으로 파일시스템 점검을 통하여 파일시스템이 파괴되어 시스템이 정지하는 사태는 미연에 방지하는 데 도움이 될 것입니다.

7.3 proc 파일시스템

proc 파일시스템은 리눅스 시스템이 부팅될 때 커널에 의해서 생성되는 가상 파일시스템입니다. /proc 디렉토리리에는 숫자로 된 디렉토리(프로세스 디렉토리)와 많은 종류의 파일을 담고 있는데, 이 파일에는 각종 시스템과 네트워크에 관련된 정보를 포함하고 있습니다. proc 파일시스템의 파일내의 정보는 cat 명령으로 확인할 수 있습니다.

7.3.1 프로세스 정보

숫자로 이뤄진 디렉토리들은 현재 동작중인 프로세스에 대한 정보를 가지고 있는 디렉토리로 프로세스 PID(PPID)의 값이 디렉토리로 저장됩니다. 디렉토리내에는 다음과 같은 파일들이 존재하는데, 이들 파일의 기능은 표로 정리하였습니다.

파일	기능
cmdl	명령행(commadn line)
cpuset	작업 CPU
cwd	작업디렉토리 링크
environ	환경변수
exe	프로세스를 실행시킨 명령어의 심볼릭 링크
maps	실행어와 라이브러리파일의 메모리 맵
io	입출력 정보
lognuid	로그인사용자의 uid
mem	이 프로세스에 의해서 사용되는 메모리
mounts	파일시스템 마운트 정보
mountstats	자세한 파일시스템 마운트 정보
root	이 프로세스의 루트 디렉토리
stat	프로세스 상태
statm	프로세스 메모리 상태
status	프로세스 상태(인간이 알아보기 쉬운 포맷)

삼바 데몬의 PPID 값이 3132라 한다면 /proc/3132 디렉토리내에 상기 파일들이 존재합니다.

```
root@localhost:~
파일(F)  편집(E)  보기(V)  터미널(T)  탭(B)  도움말(H)
[root@localhost ~]# ps ax | grep smb
 3132 ?        Ss     0:00 /usr/local/samba/sbin/smbd
 3135 ?        S      0:00 /usr/local/samba/sbin/smbd
 3143 pts/0    S+     0:00 grep smb
[root@localhost ~]# ls /proc/3132/
attr       cpuset   fd        maps       numa_maps   schedstat   status
auxv       cwd      fdinfo    mem        oom_adj     smaps       task
clear_refs environ  io        mounts     oom_score   stat        wchan
cmdline    exe      loginuid  mountstats root        statm
[root@localhost ~]#
```

7.3.2 시스템 정보

시스템이 부팅하면서 커널에 의해 각종 정보들이 /proc 파일시스템에 저장됩니다. 시스템 하드웨어 정보나 파일시스템 정보, 마운트 정보, 스왑 상태, 인터럽트, 메모리, 파티션 등 다양한 정보를 얻을 수 있습니다.

파일	기능
cmdline	부트로더에서 커널에 전달된 인자값
cpuinfo	CPU 정보
devices	문자 장치와 블록 장치에 대한 정보
diskstats	하드 디스크의 상태
fb	프레임버퍼의 종류
filesystems	파일시스템 종류
interrupts	인터럽트 정보
iomem	입출력 메모리 상태
ioports	입출력(I/O) 주소
kcore	커널 코어 이미지
kmsg	커널 메시지
meminfo	메모리 정보
mdstat	RAID 구성 상태
modules	사용중인 모듈 상태
mounts	파일시스템 마운트 정보
net	네트워크에 관련된 정보를 가진 파일들의 디렉토리
partitions	디스크 파티션 정보
swaps	스왑 상태
tty	tty 드라이버 정보
uptime	시스템 가동 시간
version	커널 버전

몇 가지 시스템 정보를 알아봅니다. 그 외는 여러분이 직접 cat 명령을 실행하여 확인해 보기 바랍니다.

① CPU 정보 (/proc/cpuinfo)

/proc/cpuinfo 파일에는 CPU에 관련된 정보를 제공해줍니다. 다음 예제는 필자가 사용하고 있는 AMD 윈저 5600+ CPU의 정보입니다.

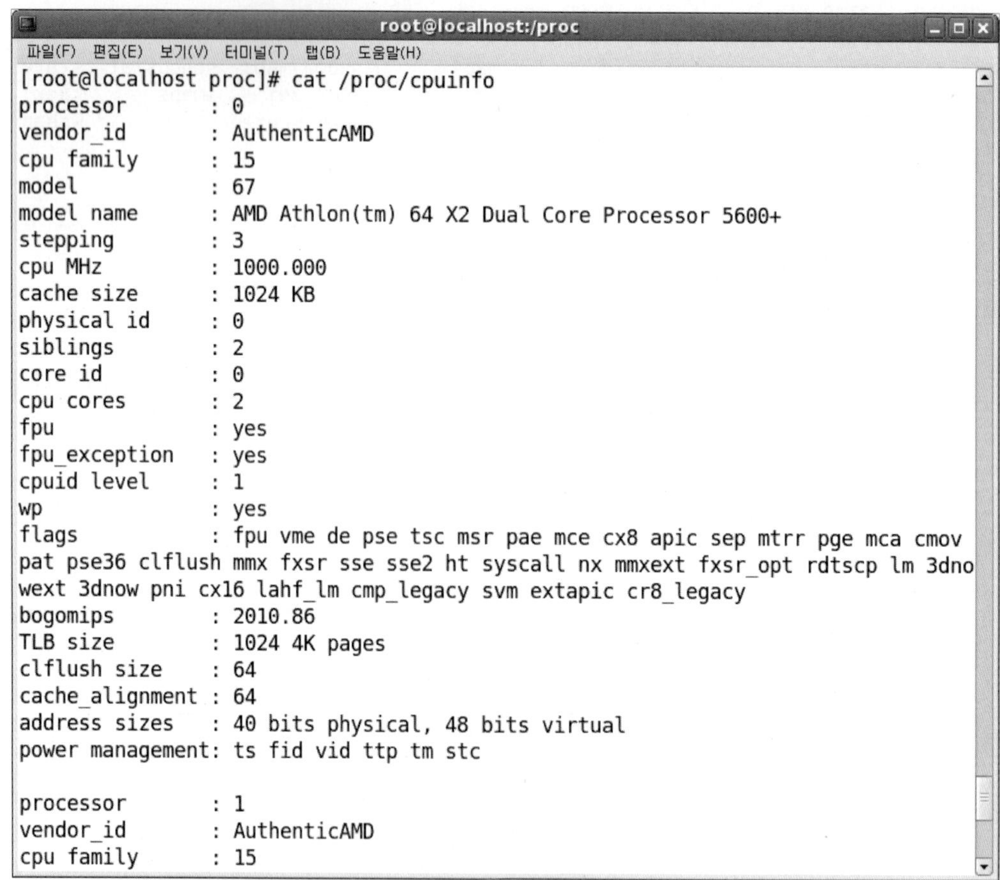

```
root@localhost:/proc
파일(F)  편집(E)  보기(V)  터미널(T)  탭(B)  도움말(H)
[root@localhost proc]# cat /proc/cpuinfo
processor       : 0
vendor_id       : AuthenticAMD
cpu family      : 15
model           : 67
model name      : AMD Athlon(tm) 64 X2 Dual Core Processor 5600+
stepping        : 3
cpu MHz         : 1000.000
cache size      : 1024 KB
physical id     : 0
siblings        : 2
core id         : 0
cpu cores       : 2
fpu             : yes
fpu_exception   : yes
cpuid level     : 1
wp              : yes
flags           : fpu vme de pse tsc msr pae mce cx8 apic sep mtrr pge mca cmov
pat pse36 clflush mmx fxsr sse sse2 ht syscall nx mmxext fxsr_opt rdtscp lm 3dno
wext 3dnow pni cx16 lahf_lm cmp_legacy svm extapic cr8_legacy
bogomips        : 2010.86
TLB size        : 1024 4K pages
clflush size    : 64
cache_alignment : 64
address sizes   : 40 bits physical, 48 bits virtual
power management: ts fid vid ttp tm stc

processor       : 1
vendor_id       : AuthenticAMD
cpu family      : 15
```

② 드라이버 보기 (/proc/drivers)

/proc/drivers 디렉토리내에서 커널에서 지원하는 그래픽 카드의 정보를 확인할 수 있습니다. 다음은 필자가 사용하고 있는 Nvidia Geforce 그래픽 카드에 대한 정보를 확인한 것입니다.

```
root@localhost:/proc
파일(F)  편집(E)  보기(V)  터미널(T)  탭(B)  도움말(H)
[root@localhost proc]# cat /proc/driver/nvidia/cards/0
Model:          GeForce 7100 GS
IRQ:            18
Video BIOS:     05.44.02.67.01
Card Type:      PCI-E
DMA Size:       39 bits
DMA Mask:       0x7fffffffff
Bus Location:   05.00.0
[root@localhost proc]# 
```

③ 인터럽트 상태 (/proc/interrupts)

/proc/interrupts 파일로 시스템 인터럽트 상태를 확인할 수 있습니다.

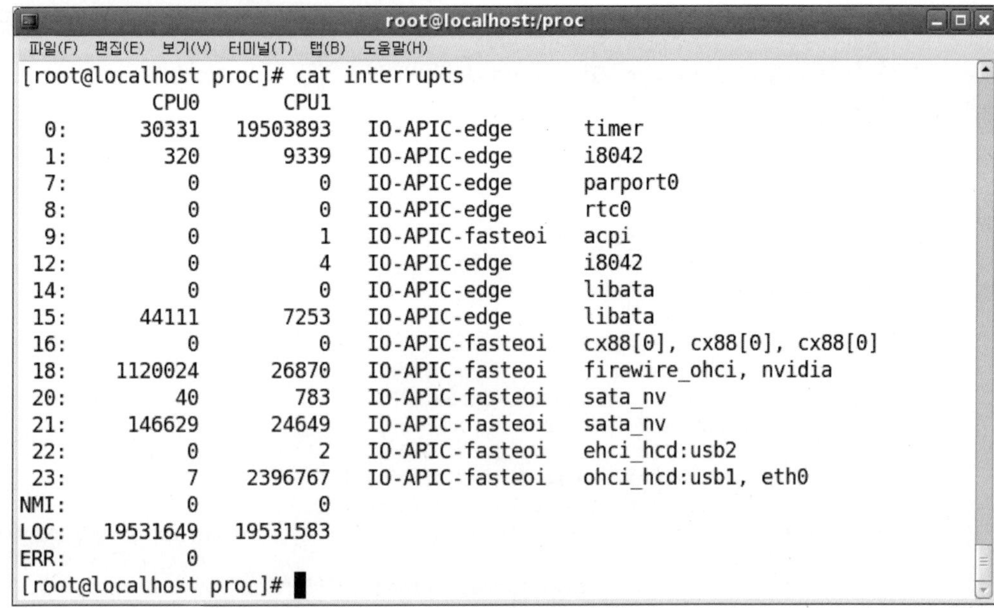

④ RAID 구성 상태보기 (/proc/mdstat)

RAID를 구축하였을 때 RAID 구성 상태를 확인해 볼 수 있습니다.

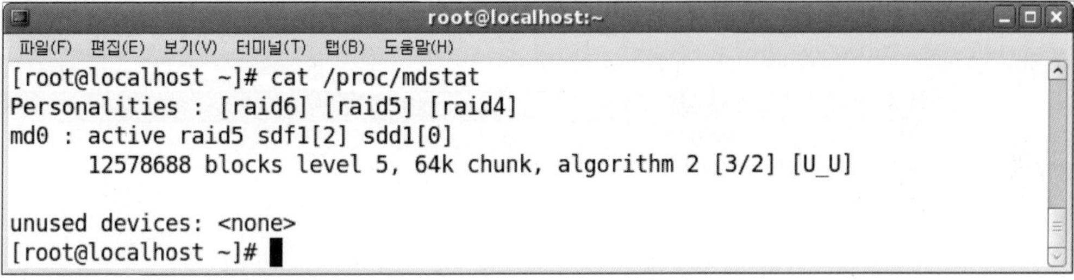

⑤ 메모리 정보 (/proc/meminfo)

메모리에 관련된 정보를 담고 있습니다.

```
[root@localhost proc]# cat /proc/meminfo | more
MemTotal:      2062928 kB
MemFree:         24308 kB
Buffers:        169624 kB
Cached:        1290652 kB
SwapCached:          0 kB
Active:         878508 kB
Inactive:       823572 kB
SwapTotal:     1767140 kB
SwapFree:      1767140 kB
Dirty:              56 kB
Writeback:           0 kB
AnonPages:      241372 kB
Mapped:          64356 kB
--More--
```

⑥ 마운트 정보 (/proc/mounts)

/proc/mounts 파일엔 마운트에 관련된 자세한 정보를 포함하고 있습니다.

```
[root@localhost proc]# cat /proc/mounts
rootfs / rootfs rw 0 0
/dev/root / ext3 rw,data=ordered 0 0
/dev /dev tmpfs rw 0 0
/proc /proc proc rw 0 0
/sys /sys sysfs rw 0 0
none /selinux selinuxfs rw 0 0
/proc/bus/usb /proc/bus/usb usbfs rw 0 0
devpts /dev/pts devpts rw 0 0
tmpfs /dev/shm tmpfs rw 0 0
/dev/sda9 /mnt/fedora ext3 rw,data=ordered 0 0
/dev/sda5 /mnt/Mandriva ext3 rw,data=ordered 0 0
/dev/sda11 /Data1 ext3 rw,data=ordered 0 0
/dev/sdb1 /Data2 ext3 rw,data=ordered 0 0
/dev/sdc1 /Data3 ext3 rw,data=ordered 0 0
none /proc/sys/fs/binfmt_misc binfmt_misc rw 0 0
sunrpc /var/lib/nfs/rpc_pipefs rpc_pipefs rw 0 0
/etc/auto.misc /misc autofs rw,fd=6,pgrp=2415,timeout=300,minproto=5,maxproto=5,
indirect 0 0
-hosts /net autofs rw,fd=11,pgrp=2415,timeout=300,minproto=5,maxproto=5,indirect
 0 0
/dev/scd0 /media/Fedora\0407\040x86_64\040DVD iso9660 ro,nosuid,nodev 0 0
[root@localhost proc]#
```

⑦ 파티션 정보 (/proc/partitions)

/etc/partitions 파일로 파티션 상태를 확인할 수 있습니다.

```
[root@localhost proc]# cat /proc/partitions
major minor  #blocks   name

   8     0  244197527 sda
   8     1   29302528 sda1
   8     2     200812 sda2
   8     3    1767150 sda3
   8     4          1 sda4
   8     5   48837568 sda5
   8     6   19543041 sda6
   8     7   19543041 sda7
   8     8   19543041 sda8
   8     9    9775521 sda9
   8    10    9775521 sda10
   8    11   85907556 sda11
   8    16  312571224 sdb
   8    17  312568641 sdb1
   8    32  312571224 sdc
   8    33  312568641 sdc1
   8    48  117219767 sdd
   8    49     987966 sdd1
   8    50     987997 sdd2
   8    51     987997 sdd3
[root@localhost proc]#
```

Chapter 05. 시스템 디스크 관리

앞 장 후반부에 파일시스템에 대해서 학습을 하였습니다. 이 장에서는 하드 디스크를 추가하거나 파티션을 다시 재조정하였을 때 리눅스 파일시스템은 어떻게 만들어야 하는지, 디스크를 포맷하는 방법에 대해서 알아보고, 시스템에 예기치 않은 사태로 인하여 디스크의 파일시스템이 손상되었을 때 이를 어떻게 복구하는지를 살펴봅니다. 웹 서비스나 메일 서비스를 위해서 시스템 사용자 계정마다 용량을 제한해야 하는 경우를 위해서 디스크 쿼터 설정에 대해서 알아보고, 여러 개의 파티션을 하나로 통합하여 관리할 수 있는 시스템 관리 방법을 알아봅니다.

학습 주제

▶ 파일시스템 만들기
▶ 파일시스템 점검
▶ 새 하드 추가하기
▶ 디스크 쿼터
▶ LVM(Logical Volume Manager)

1. 시스템 디스크 관리

1.1 파일시스템 만들기

도스의 포맷 도구인 fdisk.exe에 해당되는 리눅스의 파일 포맷 명령어로는 mkfs 또는 mkfs.ext3를 사용합니다. 이들 도구의 사용법은 다음과 같습니다.

```
mkfs -t [파일시스템종류] 파티션명       예) mkfs -t ext3 /dev/hda1
mkfs.ext3 파티션명                     예) mkfs.ext3 /dev/hda5
```

만일 /dev/sdd4 파티션에 대해서 ext3 파일시스템으로 포맷하려면 mkfs.ext3 명령으로 다음과 같이 실행해 주면 됩니다.

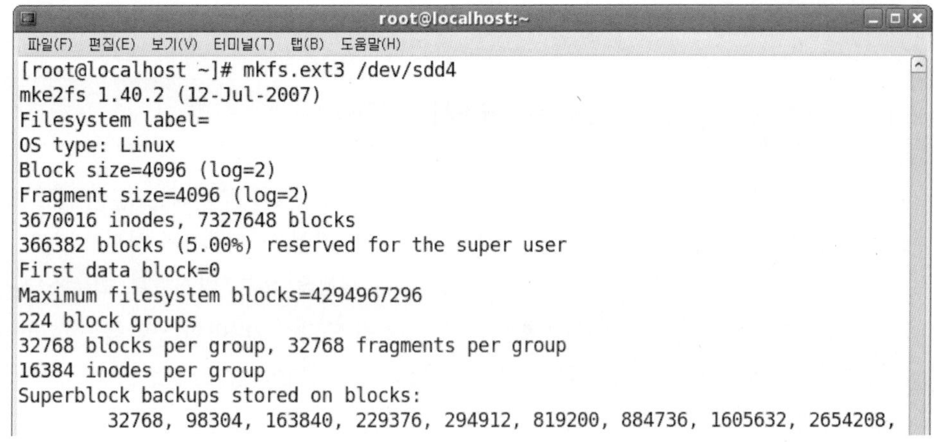

```
root@localhost:~
파일(F)  편집(E)  보기(V)  터미널(T)  탭(B)  도움말(H)
[root@localhost ~]# mkfs.ext3 /dev/sdd4
mke2fs 1.40.2 (12-Jul-2007)
Filesystem label=
OS type: Linux
Block size=4096 (log=2)
Fragment size=4096 (log=2)
3670016 inodes, 7327648 blocks
366382 blocks (5.00%) reserved for the super user
First data block=0
Maximum filesystem blocks=4294967296
224 block groups
32768 blocks per group, 32768 fragments per group
16384 inodes per group
Superblock backups stored on blocks:
        32768, 98304, 163840, 229376, 294912, 819200, 884736, 1605632, 2654208,
```

```
      4096000
Writing inode tables: done
Creating journal (32768 blocks): done
Writing superblocks and filesystem accounting information: done

This filesystem will be automatically checked every 26 mounts or
180 days, whichever comes first.  Use tune2fs -c or -i to override.
[root@localhost ~]#
```

1.2 파일 시스템 점검(fsck, fsck.ext3)

파일시스템 점검에 대한 내용은 이미 앞 장에서 살펴보았습니다. 부팅 시 데이터 구조 일치성이 맞질 않는 파일시스템은 부팅 시 자동으로 파일시스템 점검에 의해서 복구가 이뤄지지만, 그렇지 않는 경우에는 다음과 같은 메시지를 보여 주면서 수동으로 파일시스템을 복구하기를 요구하게 됩니다.

```
/dev/sda1: UNEXPECTED INCONSISTENCY; RIN fsck MANUALLY.
    (i.e., without -a or -p options)


**** An error occurred during the file system check.
**** Dropping you to a shell; the system will reboot
**** when you leave the shell.
Give root passwd for maintenance
(or type Control-D for normal startup):
```

상기 화면과 같은 일이 발생되었을 때는 먼저 Give root passwd for maintenance 부분에 루트의 열쇠글을 입력하여 쉘로 들어가야 합니다. 그런 다음 fsck.ext3 도구로 문제의 파티션에 대해서 복구해 주면 됩니다. 만일 /dev/sda1 파티션의 파일시스템에 문제가 있는 경우라면 다음과 같이 실행하여 파일시스템을 복구할 수 있습니다.

```
(Repar filesystem)1# fsck.ext3 /dev/sda1
```

상기 명령을 실행하였을 때 Y/N를 묻는 질문에 모두 Y로 답하여 깨어진 파일시스템을 복구한 후 시스템을 재 시작하면 됩니다.

1.3. 새로운 하드 디스크 추가하기

기존 하드 디스크의 용량이 부족하여 새로운 하드 디스크를 추가하는 일은 매우 간단합니다. 먼저 시스템 전원을 끈 후에 새로운 하드 디스크를 장착하고 바이오스 셋업에 하드 디스크 검색으로 하드 디스크를 인식시킨 후 리눅스로 부팅합니다. 부팅 후에 새로운 하드 디스크를 리눅스 파일 시스템으로 포맷하기 위해서는 파티션을 설정해야 합니다. 〈fdisk 하드디스크디바이스명〉를 실행하여 파티션을 나누는데, 이 때 스왑 디스크는 이미 기존의 하드 디스크에 생성되어 있으므로, 또 다시 스왑 파티션은 만들어 줄 필요가 없으며, 단지 리눅스 네이티브 파티션만 잡아 주면 됩니다. fdisk로 파티션을 나눈 후에 앞서 살

펴 본 mkfs.ext3명령을 이용하여 리눅스 파일시스템으로 포맷하고, 세컨더리 하드 디스크를 특정 디렉토리로 마운트시키면 사용할 수 있게 됩니다. 부팅 시 자동으로 마운트되도록 하기 위해서는 /etc/fstab 파일 안에 다음과 같이 마운트 정보를 추가해 주면 됩니다. 다음의 예제는 /dev/sdb1으로 파티션을 만들어 주었을 때의 /data 디렉토리로 마운트되는 설정입니다.

```
/dev/sdb1              /data              ext3         defaults  1  1
```

1.4 스왑 파티션 만들기

스왑(swap) 파티션은 리눅스 시스템에서 물리적 메모리(RAM)가 꽉 채여 더 이상 처리중인 데이터를 저장할 공간이 없을 때 사용되는데, 임시 메모리를 말합니다. 아무리 스왑 파티션이 동적으로 RAM으로 이용된다고 하더라도 스왑 파티션이 많이 이용될 정도라 한다면 시스템의 물리적인 메모리를 더 증설하는 것이 바람직합니다. 이러한 스왑 파티션을 재생성하거나 스왑 파티션을 추가하고자 할 경우에는 mkswap 명령으로 만들어 줄 수 있습니다.

```
mkswap -c 디바이스명     예) mkswap -c /dev/sda2
```

스왑 파티션을 활성화하려면 다음과 같은 명령을 사용합니다.

```
swapon 디바이스명
```

/etc/fstab에 스왑 파티션 마운트 정보는 다음과 같이 추가하면 됩니다.

```
스왑파티션디바이스            swap           swap      defaults    0  0
```

2. 디스크 쿼터(Disk Quota) 활용

디스크 쿼터(Disk Quota)는 사용자의 계정 용량을 제한하는 유용한 기능으로, 웹 호스팅 서비스 또는 계정 서비스로 사용자에게 일정한 계정 공간을 할당하고자 할 때 많이 사용됩니다. 사용자에게 쉘 계정 용량을 제한할 수 있도록 커널에서는 쿼터 옵션을 지원하고 있으므로 커널을 손대지 않고, 간단하게 디스크 쿼터를 설정하여 적용할 수 있습니다.

2.1 디스크 쿼터 설정

2.1.1 /etc/fstab 파일의 옵션 필드에 쿼터 옵션 추가

디스크 쿼터는 루트 파티션 전체에서 사용자 또는 그룹에 대해서 용량을 제한할 수 있으며, 어느 특정 파티션에 대해서 사용자 또는 그룹의 용량을 제한할 수 있습니다. /etc/fstab 파일에서 쿼터를 설정하고자 하는 파티션의 마운트 옵션 필드에 usrquota 또는 grpquota를 추가하여 설정합니다. usrquota 옵션
은 사용자에게 쿼터를 부여하고자 할 때 사용하며, grpquota 옵션은 그룹에 대해서 쿼터를 부여하고자
할 때 사용합니다. 루트 파티션에 대해서 쿼터를 적용하고자 한다면 다음과 같이 루트 파티션의 마운트
옵션 필드 defaults 뒤에 콤마(,)를 찍고 usrquota 옵션을 추가하면 됩니다.

```
root@localhost:~
파일(F)  편집(E)  보기(V)  터미널(T)  탭(B)  도움말(H)
LABEL=/12                /                    ext3     defaults,usrquota 1 1
tmpfs                    /dev/shm             tmpfs    defaults          0 0
devpts                   /dev/pts             devpts   gid=5,mode=620    0 0
sysfs                    /sys                 sysfs    defaults          0 0
proc                     /proc                proc     defaults          0 0
/dev/sda5                /Mandriva            ext3     defaults          1 2
/dev/sda11               /Data1               ext3     defaults          1 2
/dev/sdb1                /Data2               ext3     defaults          1 2
/dev/sdc1                /Data3               ext3     defaults          1 2
/dev/sda3                swap                 swap     defaults          0 0
~
~
~
~
~
~
~
~
```

2.1.2 쿼터 파티션 재 마운트

/etc/fstab 파일에서 쿼터를 부여하고자 하는 파티션에 usrquota 옵션을 추가한 후 시스템을 재 시작합
니다. 만일 시스템을 재시작하지 않고 쿼터를 적용하려면 다음과 같이 마운트를 다시 해 주면 됩니다.

```
root@localhost:~
파일(F)  편집(E)  보기(V)  터미널(T)  탭(B)  도움말(H)
[root@localhost ~]# mount -o remount /
[root@localhost ~]#
```

루트 최상위 파티션을 재 마운트시킨 후 mount 명령을 실행하여 마운트 옵션에 usrquota 옵션이 추가
되었는지를 확인해 봅니다.

```
root@localhost:~
파일(F)  편집(E)  보기(V)  터미널(T)  탭(B)  도움말(H)
[root@localhost ~]# mount
/dev/sda9 on / type ext3 (rw,usrquota)
proc on /proc type proc (rw)
sysfs on /sys type sysfs (rw)
devpts on /dev/pts type devpts (rw,gid=5,mode=620)
tmpfs on /dev/shm type tmpfs (rw)
/dev/sda5 on /Mandriva type ext3 (rw)
/dev/sda11 on /Data1 type ext3 (rw)
/dev/sdb1 on /Data2 type ext3 (rw)
/dev/sdc1 on /Data3 type ext3 (rw)
none on /proc/sys/fs/binfmt_misc type binfmt_misc (rw)
sunrpc on /var/lib/nfs/rpc_pipefs type rpc_pipefs (rw)
[root@localhost ~]#
```

2.1.3 쿼터 데이터베이스 파일 (aquota.user)

사용자의 쿼터 정보를 저장하는 데이터베이스 파일인 aquota.user 파일을 touch 명령으로 만든 후 다른 사용자들이 열어 볼 수 없도록 600의 퍼미션을 부여합니다.

```
[root@localhost ~]# touch /aquota.user
[root@localhost ~]# chmod 600 /aquota.user
[root@localhost ~]#
```

2.1.4 쿼터 상태 체크

quotacheck 명령을 이용하여 쿼터 상태를 체크하여 /aquota.user 데이터베이스 파일에 저장되도록 합니다.

```
[root@localhost ~]# quotacheck -avugm
quotacheck: WARNING -  Quotafile //aquota.user was probably truncated. Cannot sa
ve quota settings...
quotacheck: Scanning /dev/sda9 [/] done
quotacheck: Old group file not found. Usage will not be substracted.
quotacheck: Checked 23569 directories and 217876 files
[root@localhost ~]#
```

2.1.5 쿼터 활성화

이제 모든 쿼터 설치가 완료되었으므로, 모든 계정에 대해서 쿼터를 설정하기 위해서는 쿼터가 작동되도록 활성화시켜야 합니다. 쿼터를 켜는 방법은 다음과 같이 쿼터 디렉토리에 대해서 quotaon 명령을 적용하면 됩니다.

```
[root@localhost ~]# quotaon /
[root@localhost ~]#
```

2.2 계정 용량 제한하기

edquota 명령을 이용하여 시스템 내에 존재하는 계정 사용자에 대해서 쿼터를 설정합니다. edquota의 사용법은 이 명령 뒤에 쿼터를 적용할 사용자의 계정을 지정하여 Enter 키를 치면 됩니다. 예를 들어 redfox 사용자의 계정 용량을 제한하려면 edquota redfox를 실행하면 됩니다.

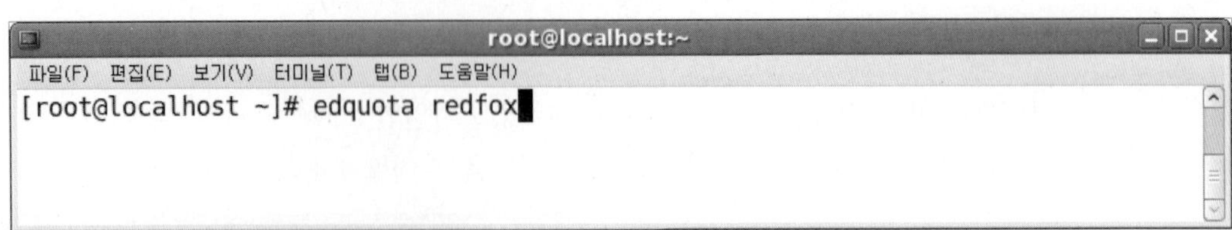

edquota redfox를 실행하면 vi 편집기 형식으로 redfox 계정 사용자의 쿼터 설정 내역을 볼 수 있습니다.

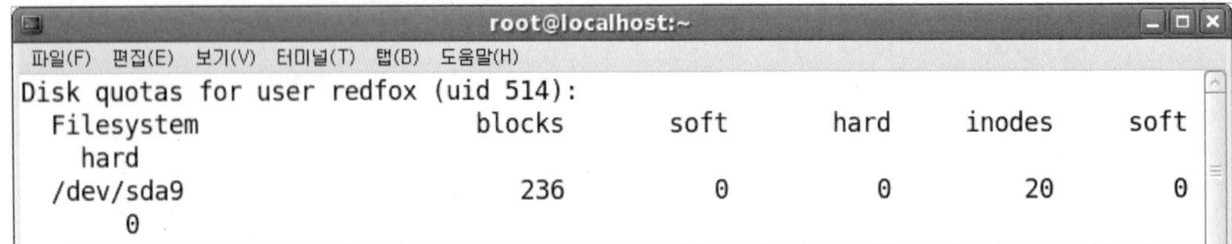

계정 용량 제한은 블록수(용량)과 inode(파일 수)에 대해서 soft와 hard값을 구분하여 설정해 주면 됩니다.

① blocks (soft = 0 , hard = 0)

blocks는 사용자가 현재 사용 중인 총 블록(용량) 수를 자동으로 표시해 주므로, 이 값은 수정할 수 없음을 주의하도록 합니다. blocks에서 soft는 사용자가 사용할 수 있는 실제 계정 용량으로, 여기서 할당한 용량에 도달하게 되면 경고 메시지를 전달해 주고, 유예 기간(grace period) 동안에는 hard으로 할당한 용량 범위 내까지 soft의 설정 용량을 초과하더라도 사용할 수 있게 됩니다. 반면에 hard는 사용자가 사용할 수 있는 절대 용량으로 이 용량을 초과하면 더 이상 계정 용량을 사용할 수 없게 됩니다.

② inodes (soft = 0, hard = 0)

inodes는 사용자가 현재까지 사용하고 있는 파일의 총 개수를 의미하며, 이것도 자동으로 사용 중인 총 파일 개수를 표시해 줍니다. soft는 사용자가 사용할 수 있는 파일의 개수를 지정하고, hard는 사용할 수 있는 절대 파일 개수를 지정합니다. 그러면 redfox 사용자의 계정 용량을 500메가(soft)로 제한하고, 이 용량이 넘었을 때는 일정 기간 최대 550메가(hard)까지 사용할 수 있도록 하고, 사용할 수 있는 총 파일 개수를 1500개로 제한하는 쿼터 설정은 다음과 같습니다.

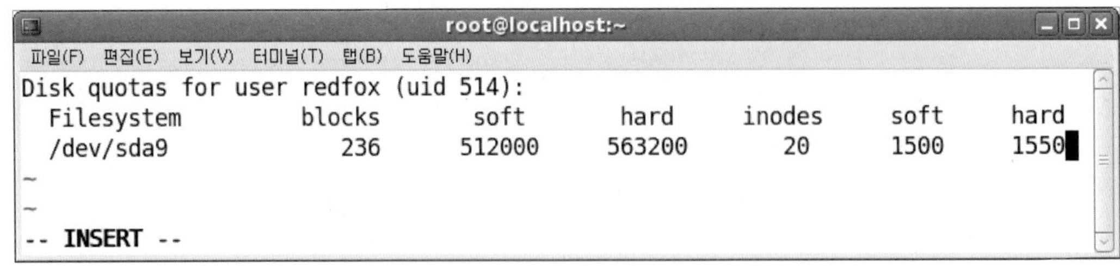

2.3 유예 기간(grace period)

유예 기간은 사용자의 계정 사용량이 soft limit로 지정한 용량에 도달하였을 때부터 hard limit 범위 내에서 계정 용량을 초과하여 사용할 수 있도록 한시적으로 적용되는 기간입니다. 이 기간이 경과되면 계정 용량은 soft limit 이상의 용량을 초과하여 계정을 사용할 수 없게 됩니다. 유예 기간 정보는 edquota 명령에 -t 옵션을 지정하여 확인할 수 있습니다. 기본 값은 1주일로 설정되어 있습니다.

```
                              root@localhost:~
 파일(F)  편집(E)  보기(V)  터미널(T)  탭(B)  도움말(H)
Grace period before enforcing soft limits for users:
Time units may be: days, hours, minutes, or seconds
  Filesystem                 Block grace period      Inode grace period
  /dev/sda9                          7days                   7days
~
~
~
"/tmp//EdP.aySxCPO" 4L, 233C
```

유예 기간을 변경하고자 한다면 sec(초), min(분), hour(시), day(일), month(달) 단위로 상기 화면의
내용을 수정하면 됩니다. 그러면 유예 기간을 3일로 수정해 보도록 합니다.

```
                              root@localhost:~
 파일(F)  편집(E)  보기(V)  터미널(T)  탭(B)  도움말(H)
Grace period before enforcing soft limits for users:
Time units may be: days, hours, minutes, or seconds
  Filesystem                 Block grace period      Inode grace period
  /dev/sda9                          3days                   3days
~
~
~
-- INSERT --
```

2.4 쿼터 설정 상태 확인(repquota -a)

지금까지 설정한 쿼터 상태를 확인하려면 repquota -a 명령을 사용하면 됩니다.

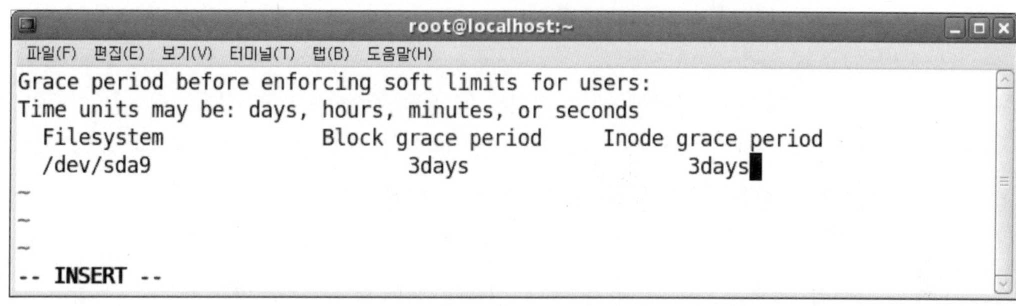

```
                              root@localhost:~
 파일(F)  편집(E)  보기(V)  터미널(T)  탭(B)  도움말(H)
[root@localhost ~]# repquota -a
*** Report for user quotas on device /dev/sda9
Block grace time: 3days; Inode grace time: 3days
                        Block limits            File limits
User            used    soft   hard   grace    used   soft   hard   grace
----------------------------------------------------------------------------
root        -- 6220996     0      0            207644     0      0
bin         --     668      0      0                 8     0      0
daemon      --      24      0      0                 3     0      0
lp          --      16      0      0                 2     0      0
games       --     348      0      0                87     0      0
ftp         --   45868      0      0                 1     0      0
rpm         --   83132      0      0               115     0      0
vcsa        --      16      0      0                 1     0      0
smmsp       --    1132      0      0                51     0      0
apache      --      56      0      0                 7     0      0
rpc         --      24      0      0                 3     0      0
ntp         --       8      0      0                 1     0      0
avahi       --      20      0      0                 3     0      0
hsqldb      --      20      0      0                 2     0      0
torrent     --      16      0      0                 2     0      0
rpcuser     --      32      0      0                 4     0      0
haldaemon   --      16      0      0                 2     0      0
xfs         --       4      0      0                 1     0      0
gdm         --     232      0      0                 9     0      0
```

2.5 사용자 자신 쿼터 용량 확인

사용자 자신의 계정 쿼터 용량 상태를 알아보려면 quota 명령을 실행해 보면 됩니다. 그러면 quota 명령으로 redfox 계정의 쿼터 용량 상태를 체크해 봅니다.

```
redfox@localhost:/root
파일(F)  편집(E)  보기(V)  터미널(T)  탭(B)  도움말(H)
[root@localhost ~]# su redfox
[redfox@localhost root]$ quota
Disk quotas for user redfox (uid 514):
     Filesystem  blocks   quota   limit   grace   files   quota   limit   grace
       /dev/sda9    236  512000  563200              20    1500    1550
[redfox@localhost root]$
```

redfox 사용자의 용량에 대한 쿼터는 512000(500메가)으로 설정되어 있고, 파일 수는 1500개로 제한되어 있는데, 현재 사용된 블록 수는 236 블럭이며, 파일은 20개를 사용 중에 있음을 보여줍니다. redfox 사용자는 사용 용량이 512000을 초과하게 되면, 이 때부터 사용하는 용량이 초과할 때마다 경고 메시지를 받으면서, 3일 유예기간 동안은 최대 563200(550메가)까지는 사용할 수 있게 됩니다.

그러면 예제를 통하여 쿼터 상태 적용을 이해해 봅니다. 현재 redfox 계정이 사용한 용량을 알아보기 위해서 du 명령을 실행합니다.

```
redfox@localhost:~
파일(F)  편집(E)  보기(V)  터미널(T)  탭(B)  도움말(H)
[redfox@localhost root]$ cd
[redfox@localhost ~]$ du
16      ./.kde/Autostart
24      ./.kde
8       ./temp
32      ./.mc
204     .
[redfox@localhost ~]$
```

redfox 계정은 /home/redfox 디렉토리내에서 204K를 사용 중에 있는데, 쿼터 제한 용량까지는 50996K이 남아 있습니다. 이러한 상태에서 대략 510메가가 넘는 크기의 파일 하나를 복사해 봅니다. 이 파일을 복사하게 되면 soft limit(512000)값을 초과되므로 다음과 같은 경고 메시지를 보여 주지만, 유예 기간을 적용받고 있기 때문에 복사하고자 하는 파일은 정상적으로 복사되었음을 볼 수 있습니다.

```
redfox@localhost:~
파일(F)  편집(E)  보기(V)  터미널(T)  탭(B)  도움말(H)
[redfox@localhost ~]$ cp /Data2/test.avi .
sda9: warning, user block quota exceeded.              쿼터 초과 경고 메시지
[redfox@localhost ~]$ ls -l test.avi
-rw-rw-r-- 1 redfox redfox 543720540 2007-09-05 11:39 test.avi
[redfox@localhost ~]$
```

유예 기간 2일 이후에는 어떻게 쿼터가 적용되는지를 알아보기 위하여 dateconfig로 2일후의 날짜로 변경해 놓고 복사해 놓았던 파일(test.avi)를 다른 이름으로 변경해 놓고, 다시 복사해 봅니다. 유예 기간이 지나면 다음 예제 화면에서 보듯이 hard limit로 설정된 블록수를 넘지 않아도 soft limit를 초과된 상태이기 때문에 디스크 할당량이 초과됨이라는 메시지를 보여 주면서 더 이상 용량을 사용할 수 없게 됩니다.

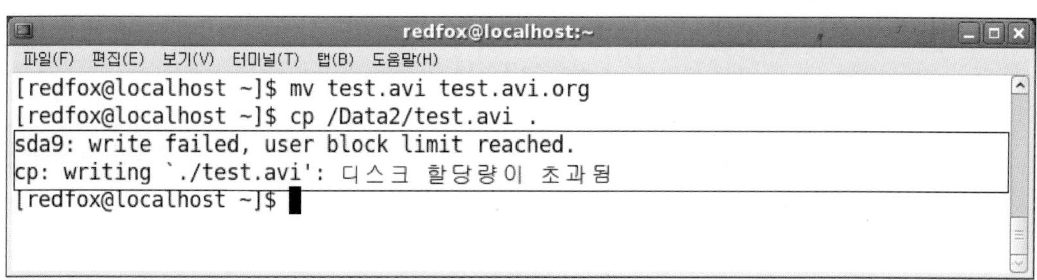

이 상태에서의 redfox 계정 쿼터 상태는 다음과 같습니다.

이 경우 redfox 사용자가 계정 용량을 계속 사용하기 위해서는 설치되어 있는 파일들을 쿼터 용량에 걸리지 않도록 삭제하여 사용 공간 용량을 확보해야 합니다.

3. LVM(Local Volume Manager)

/home 파티션의 용량이 꽉 차였을 때 /home 파티션의 용량을 늘리기 위해서 일반적으로 /home 파티션보다 용량이 큰 파티션으로 대체하거나 새로운 하드 디스크를 장착하여 마운트시켜 사용하게 됩니다. 만일 /home 파티션보다 큰 용량의 파티션이 없거나 새로운 하드 디스크가 없을 경우에는 파티션을 다시 나누고 리눅스를 재 설치해야 하는데 어려움에 직면하게 됩니다. LVM은 이러한 배경에서 개발된 유연한 파티션 관리 도구라 할 수 있는데, 다른 파티션과 합쳐서 한 개의 볼륨 그룹을 만들어 파티션 용량을 늘릴 수 있게 해 줍니다. 그러므로 LVM를 이용하게 되면 파티션 용량이 부족해 질 때 다른 파티션이나 새 하드 디스크의 파티션으로 연장할 수 있으므로, 하드 디스크의 용량을 매우 유연하게 조절할 수 있습니다. LVM은 IBM에 의해서 개발된 것으로, Heinz Mauelshagen에 의해 리눅스용으로 개발되었고, 현재는 Device mapper라 불리우는 LVM2 버전까지 나와 있으며, 이 책에서는 LVM2를 기준으로 설명합니다. LVM에 대한 자세한 정보와 문서는 다음 사이트에서 구할 수 있습니다.

```
http://www.sistina.com/products_lvm.htm
```

3.1 LVM 용어 이해

LVM에서 사용되는 용어들에 대해서 알아봅니다. 기존의 하드 디스크 디바이스의 개념과 다소 차이가 있기 때문에 처음 접하는 사용자들에게는 다소 혼동될 수 있도록 용어의 정확한 의미를 이해하기 바랍니다.

LVM 용어	설명
PV (Physical Volume)	/dev/sdd1, /dev/hdb1과 같은 하드 디스크의 파티션을 말함
VG (Volume Group)	PV에 대한 그룹. 두 개의 PV를 redfox 그룹으로 묶을 수 있슴.
LV (Logical Volume)	VG를 파티션 나누었을 때 생성되는 파티션
PE (Physical Extent)	PV는 일정한 블록의 PE를 갖음.
LE (Logical Extent)	LV도 일정한 블록의 LE로 분리될 수 있슴.
Filesystem	저널링 파일시스템을 모두 지원

생소한 용어는 자주 접하지 않으면 쉽게 이해되지 않으므로, 다음과 같은 그림을 통해서 이해해 보도록
합니다.

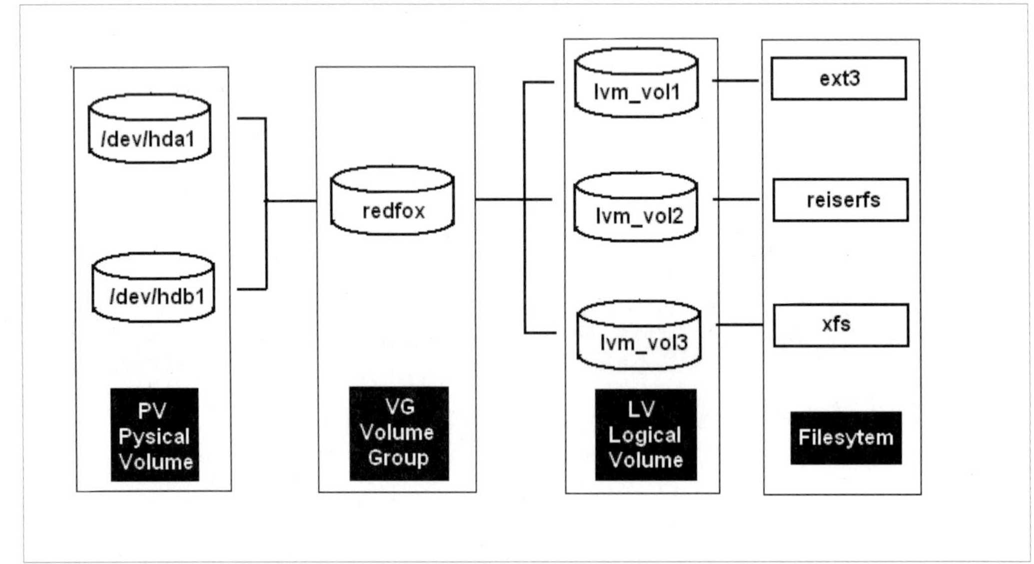

3.2 LVM 파티션 계획

파티션 디바이스	용량	LVM
/dev/sdd1	60G	120G (/home)
/dev/sdd2	60G	

/home 파티션의 용량이 부족하여 60GB의 용량을 갖는 두 개의 파티션을 하나의 LVM 파티션으로 통
합하여 이를 /home 파티션으로 대체하고자 하는 계획입니다.

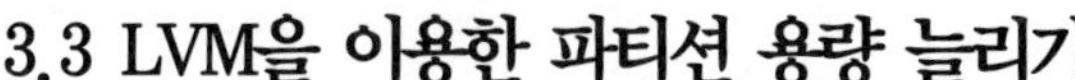

3.3 LVM을 이용한 파티션 용량 늘리기

3.3.1 Physical Volume (PV, 물리적 볼륨) 준비

'fdisk 하드디스크디바이스명'(예: fdisk /dev/sdd)를 실행하여 /dev/sdd1과 /dev/sdd2 등 두 개의 파티션으로 나눕니다. 이미 생성된 파티션이 있다면 다음 단계로 진행합니다.

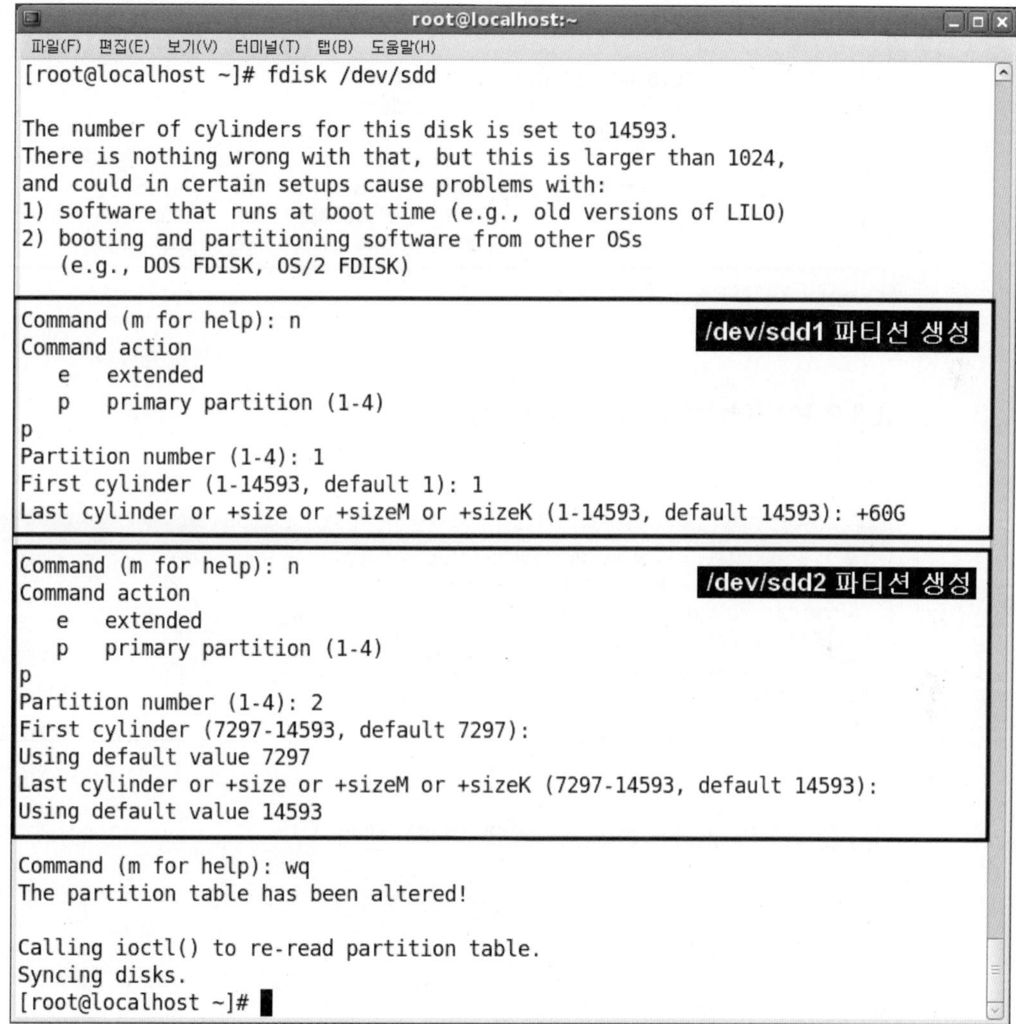


```
[root@localhost ~]# fdisk /dev/sdd

The number of cylinders for this disk is set to 14593.
There is nothing wrong with that, but this is larger than 1024,
and could in certain setups cause problems with:
1) software that runs at boot time (e.g., old versions of LILO)
2) booting and partitioning software from other OSs
   (e.g., DOS FDISK, OS/2 FDISK)

Command (m for help): n
Command action
   e   extended
   p   primary partition (1-4)
p
Partition number (1-4): 1
First cylinder (1-14593, default 1): 1
Last cylinder or +size or +sizeM or +sizeK (1-14593, default 14593): +60G

Command (m for help): n
Command action
   e   extended
   p   primary partition (1-4)
p
Partition number (1-4): 2
First cylinder (7297-14593, default 7297):
Using default value 7297
Last cylinder or +size or +sizeM or +sizeK (7297-14593, default 14593):
Using default value 14593

Command (m for help): wq
The partition table has been altered!

Calling ioctl() to re-read partition table.
Syncing disks.
[root@localhost ~]#
```

그리고 나서 각 파티션의 파일시스템 종류를 Linux native(83)에서 Linux LVM(8e)로 변경합니다.

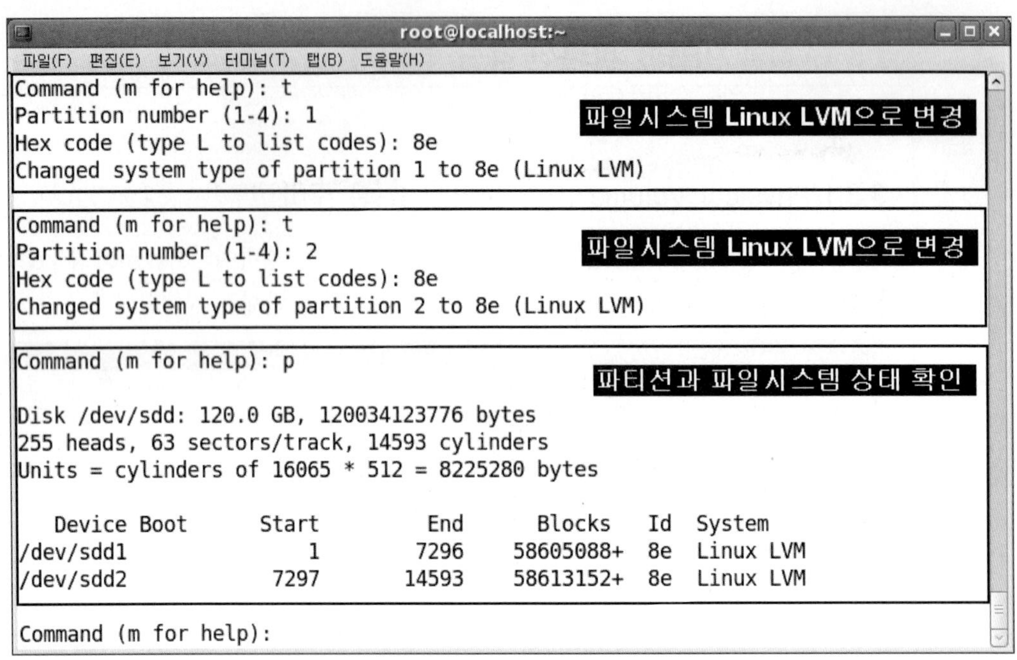

3.3.2 PV (Physical Volume) 생성

pvcreate 명령으로 각 파티션에 대해서 PV를 다음과 같이 생성합니다.

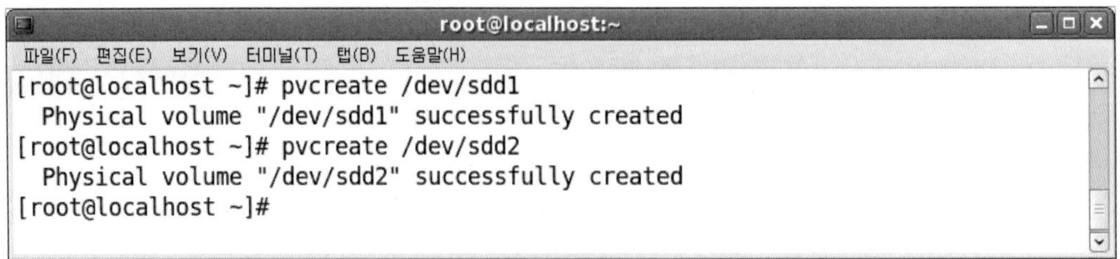

3.3.3 VG (Volume Group, 볼륨 그룹) 생성

vgcreate 명령을 이용하여 앞서 생성한 두 PV를 한 개의 그룹으로 생성합니다. VG 생성하는 방법은 다음과 같습니다.

```
vgcreate VG그룹명 PV1 PV2 ....
```

그러면 다음과 같이 redfox라는 그룹명으로 VG를 생성합니다.

3.3.4 VG 활성화

vgcreate 명령으로 생성된 redfox 볼륨 그룹(VG)을 다음 화면과 같이 활성화시킵니다.

```
[root@localhost ~]# vgchange -a y redfox
  0 logical volume(s) in volume group "redfox" now active
[root@localhost ~]#
```

redfox 볼륨 그룹은 /dev/redfox 디렉토리에 생성되고, 활성화됩니다. 만일 볼륨 그룹을 잘못 생성하여 제거해야 할 경우에는 vgchange 명령으로 볼륨 그룹을 비활성화시켜 준 후 vgremove 명령으로 볼륨 그룹을 제거해 주면 됩니다.

[참고] VG 비활성화, 제거

```
vgchange -a n VG그룹명       (Deactivation)      예) vgchange -a n redfox
vgremove VG그룹명            (Removal)           예) vgchange redfox
```

3.3.5 볼륨 그룹(VG) 정보 확인

"vgdisplay -v 볼륨그룹명"을 실행하여 볼륨 그룹 상태를 확인해 봅니다.

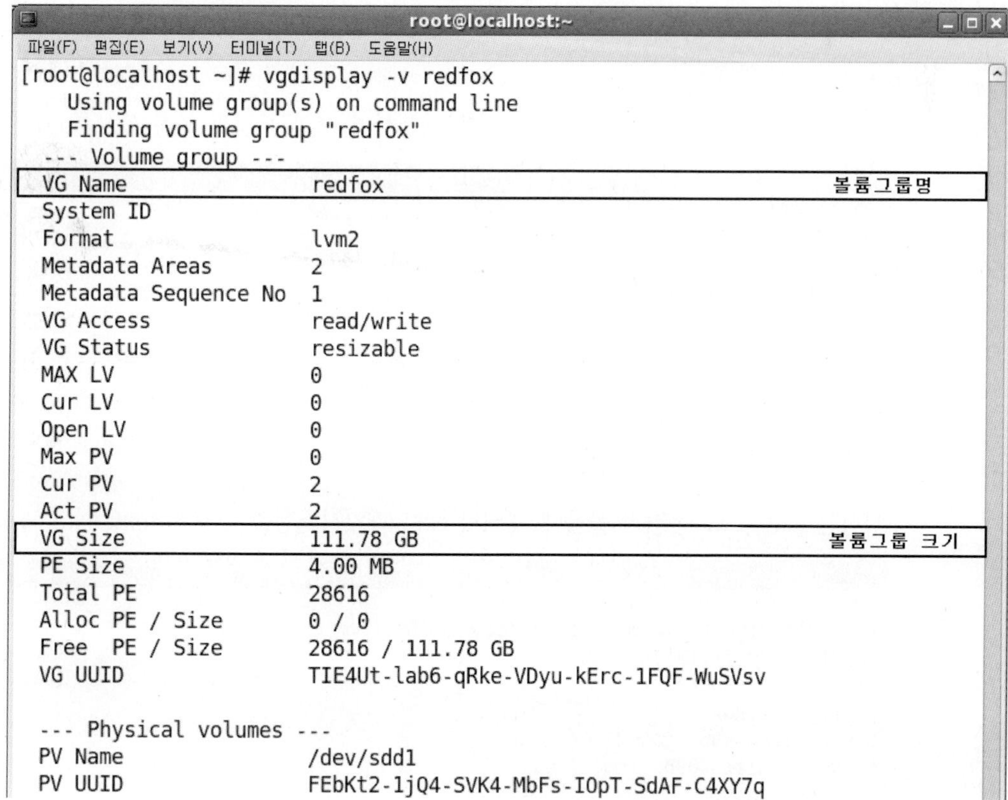

```
[root@localhost ~]# vgdisplay -v redfox
    Using volume group(s) on command line
    Finding volume group "redfox"
  --- Volume group ---
  VG Name               redfox                                          볼륨그룹명
  System ID
  Format                lvm2
  Metadata Areas        2
  Metadata Sequence No  1
  VG Access             read/write
  VG Status             resizable
  MAX LV                0
  Cur LV                0
  Open LV               0
  Max PV                0
  Cur PV                2
  Act PV                2
  VG Size               111.78 GB                                       볼륨그룹 크기
  PE Size               4.00 MB
  Total PE              28616
  Alloc PE / Size       0 / 0
  Free  PE / Size       28616 / 111.78 GB
  VG UUID               TIE4Ut-lab6-qRke-VDyu-kErc-1FQF-WuSVsv

  --- Physical volumes ---
  PV Name               /dev/sdd1
  PV UUID               FEbKt2-1jQ4-SVK4-MbFs-IOpT-SdAF-C4XY7q
```

```
  PV Status              allocatable
  Total PE / Free PE     14307 / 14307

  PV Name                /dev/sdd2
  PV UUID                B5znbw-i1KJ-yjCP-wU7y-9C0k-csof-tfOU7a
  PV Status              allocatable
  Total PE / Free PE     14309 / 14309

[root@localhost ~]#
```

3.3.6 Logical Volume(LV, 논리 볼륨) 생성

lvcreate 명령으로 논리 볼륨(LV)을 생성합니다. 논리 볼륨은 lvm에서 생성되는 파티션이므로, 단일 파티션 또는 다중 파티션으로 나눌 수 있는데, 이 때 논리 볼륨을 생성하는 방법은 용량 단위로 생성할 수 있고, 또한 PE수를 통해서 생성해 줄 수 있습니다.

```
lvcreate -l PE수 볼륨그룹명 -n 논리볼륨명
```

그러면 lvm__vol1이라는 논리 볼륨을 PE수를 지정하여 생성해 봅니다. 이 때 PE는 "vgdisplay -v 볼륨그룹 | grep PE"를 실행하여 알아낼 수 있습니다.

```
[root@localhost ~]# lvcreate -l 28616 redfox -n lvm_vol1
  Logical volume "lvm_vol1" created
[root@localhost ~]#
```

논리 볼륨이 생성되었다면 lvscan 명령을 실행하여 생성된 논리 볼륨 정보를 확인합니다.

```
[root@localhost ~]# lvscan
  ACTIVE              '/dev/redfox/lvm_vol1' [111.78 GB] inherit
[root@localhost ~]#
```

3.3.7 논리적 볼륨의 파일시스템 생성

생성된 lvm__vol1 논리적 볼륨에 대해서 ext3 파일시스템을 갖도록 mkfs.ext3 명령으로 포맷합니다.

```
[root@localhost ~]# mkfs.ext3 /dev/redfox/lvm_vol1
mke2fs 1.40.2 (12-Jul-2007)
Filesystem label=
OS type: Linux
Block size=4096 (log=2)
Fragment size=4096 (log=2)
14663680 inodes, 29302784 blocks
```

```
1465139 blocks (5.00%) reserved for the super user
First data block=0
Maximum filesystem blocks=4294967296
895 block groups
32768 blocks per group, 32768 fragments per group
16384 inodes per group
Superblock backups stored on blocks:
        32768, 98304, 163840, 229376, 294912, 819200, 884736, 1605632, 2654208,
        4096000, 7962624, 11239424, 20480000, 23887872

Writing inode tables: done
Creating journal (32768 blocks): done
Writing superblocks and filesystem accounting information: done

This filesystem will be automatically checked every 27 mounts or
180 days, whichever comes first.  Use tune2fs -c or -i to override.
[root@localhost ~]#
```

3.3.8 볼륨 그룹(VG) 상태 점검

vgdisplay 명령으로 redfox 볼륨 그룹 정보를 확인하여 논리적 볼륨의 정보가 갱신되었는지 점검합니다.

```
[root@localhost ~]# vgdisplay -v redfox
    Using volume group(s) on command line
    Finding volume group "redfox"
  --- Volume group ---
  VG Name               redfox
  System ID
  Format                lvm2
  Metadata Areas        2
  Metadata Sequence No  2
  VG Access             read/write
  VG Status             resizable
  MAX LV                0
  Cur LV                1
  Open LV               0
  Max PV                0
  Cur PV                2
  Act PV                2
  VG Size               111.78 GB
  PE Size               4.00 MB
  Total PE              28616
  Alloc PE / Size       28616 / 111.78 GB
  Free  PE / Size       0 / 0
  VG UUID               TIE4Ut-lab6-qRke-VDyu-kErc-1FQF-WuSVsv

  --- Logical volume ---
  LV Name               /dev/redfox/lvm_vol1
  VG Name               redfox
  LV UUID               jZ6aHB-Hh51-nrMN-vSPi-rSIR-42Ho-2iiTay
  LV Write Access       read/write
  LV Status             available
  # open                0
  LV Size               111.78 GB
  Current LE            28616
  Segments              2
  Allocation            inherit
  Read ahead sectors    0
  Block device          253:0

  --- Physical volumes ---
  PV Name               /dev/sdd1
```

3.3.9 논리 볼륨(LV) 마운트

/dev/redfox/lvm_vol1 파티션을 /home 디렉토리로 마운트하여 사용하기로 계획하였으므로, 먼저 기존 /home 디렉토리를 /home.old 디렉토리로 변경하고, /home 디렉토리를 새로 생성한 후 이 디렉토리로 /dev/redfox/lvm_vol1 LV를 마운트시킵니다.

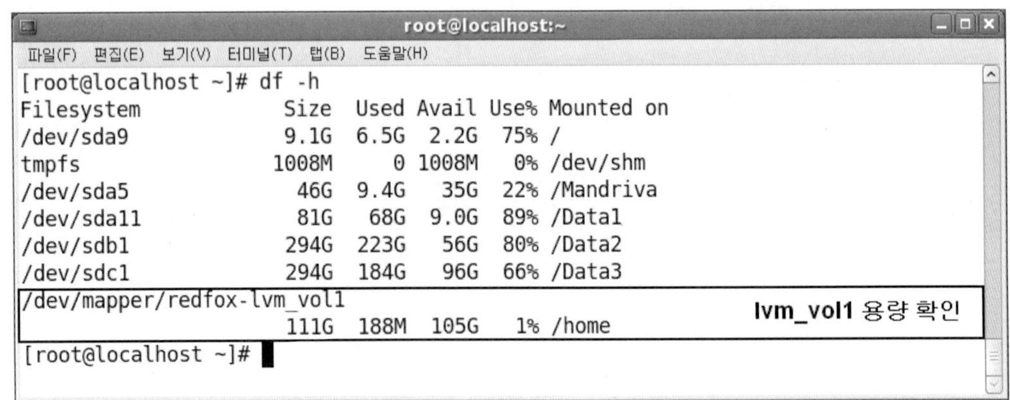

/home 디렉토리로 마운트된 /dev/redfox/lvm_vol1 LV의 용량을 체크해 봅니다.

```
[root@localhost ~]# df -h
Filesystem            Size  Used Avail Use% Mounted on
/dev/sda9             9.1G  6.5G  2.2G  75% /
tmpfs                1008M     0 1008M   0% /dev/shm
/dev/sda5              46G  9.4G   35G  22% /Mandriva
/dev/sda11            81G   68G  9.0G  89% /Data1
/dev/sdb1            294G  223G   56G  80% /Data2
/dev/sdc1           294G  184G   96G  66% /Data3
/dev/mapper/redfox-lvm_vol1
                     111G  188M  105G   1% /home
[root@localhost ~]#
```

lvm_vol1 용량 확인

/dev/refox/lvm_vol1(/dev/mapper/redfox-lvm_vol1) 파티션은 두 개의 물리 볼륨(PV)이 합쳐서 111 기가바이트로 통합되었음을 확인할 수 있습니다. 자, 이제, /home.old에 있는 데이터를 /home으로 옮기면 모든 작업은 순조롭게 완료됩니다.

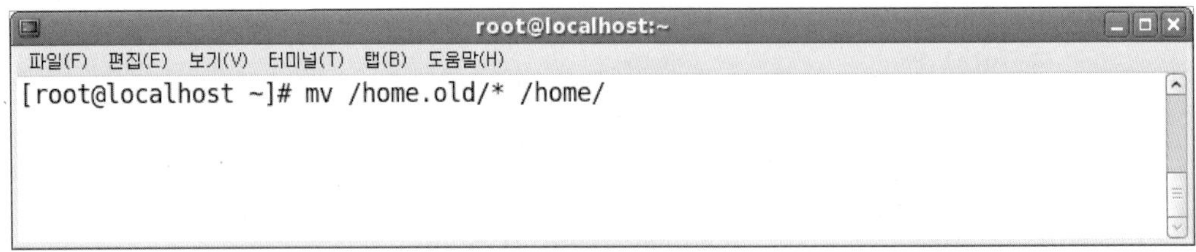

3.3.10 부팅 시 자동 마운트

부팅될 때 /dev/redfox/lvm_vol1이 /home 디렉토리로 자동으로 마운트되도록 하려면 /etc/fstab 안에 다음과 같은 형식으로 마운트 정보를 추가하면 됩니다.

```
/dev/redfox/lvm_vol1   /home     ext3      defaults  1 1
```

프로세스란 시스템에서 실행되는 모든 프로그램을 말합니다. 프로세스는 리눅스 시스템 리소스(자원)를 차지하기 때문에 시스템의 안정성과 향상성을 위해서는 프로세스의 관리가 매우 중요하다고 할 수 있습니다. 리눅스 시스템에서는 여러 개의 프로세스들이 항상 동작하고 있으므로 이들 프로세스들이 안정적으로 동작할 수 있도록 관리하고, 문제가 발생된 프로세스를 제거하고, 많은 프로세스 동작으로 인하여 시스템이 느려지거나 다운되는 현상을 없도록 세심한 관리가 요구됩니다. 프로세스 관리는 시스템 관리자에게는 시스템이 안정적으로 운용될 수 있도록 하는데 있어서 가장 기본적인 임무이기 때문에 프로세스와 데몬을 어떻게 관리해야 하는지에 대해서는 이 장을 통해서 살펴보게 될 것입니다.

학습 주제

▶ 데몬 정의와 종류
▶ 수퍼데몬 xinetd
▶ 프로세스 관리
▶ 데몬 스케줄

1. 데몬(Daemon)이란?

데몬(daemon)이란 커널 상에서 백그라운 모드로 작동하여 비활성화 상태에서 요청이 있을 때만 동작하는 프로세스를 말합니다. 부팅 과정에서 커널에 적재되는 데몬들은 백그라운드 모드로 실행되어 클라이언트의 요청이 없을 때는 활동을 하지 않는 휴면 상태에 있다가 클라이언트의 요청이 있을 때 반응하여 작동합니다. 데몬이 커널상의 백그라운드 모드로 실행되어 작동하지 않고 있을 때는 CPU에 부하를 주지 않지만, 시스템 자원(메모리)을 차지하므로, 데몬이 커널 상에 많이 존재하게 되면 시스템 자원을 많이 차지하게 됩니다. 따라서 시스템 자원이 부족한 시스템에서는 상당한 시스템 부하로 인하여 시스템이 느려지거나 다운될 수 있기 때문에 시스템 관리 차원에서 데몬을 관리한다는 것은 의미가 있는 일이라 할 수 있습니다. 또한 커널 상에서 데몬이 작동하고 있지 않게 되면 [네트워크 실무]편에서 살펴보게 될 서버의 운영이 불가능하게 될 수 있으므로 데몬이 제대로 떠 있도록 관리하는 것이 중요합니다.

2. 데몬의 종류

리눅스 시스템에서 실행되는 주요 데몬들을 다음 표에 간략히 정리하였습니다.

데몬명	간략한 기능 설명
amd	요청이 있을 때 장치와 NFS 호스트를 마운트시켜 주는 자동 마운트 데몬.
apmd	Advanced Power Management 데몬으로 주로 랩톱 컴퓨터나 배터리를 필요로 하는 장치에 사용되는 데몬으로 랩톱이 아닌 컴퓨터에서는 이 기능을 사용하지 않음.

apmd	Advanced Power Management 데몬으로 주로 랩톱 컴퓨터나 배터리를 필요로 하는 장치에 사용되는 데몬으로 랩톱이 아닌 컴퓨터에서는 이 기능을 사용하지 않음.
atd	특정 시간에 지정된 명령을 실행하거나 시스템 부하가 적을 때 배치 명령을 실행
crond	사용자가 지정한 프로그램을 특정 시간에 주기적으로 실행할 수 있도록 스케쥴 데몬
dhcpd	동적 호스트 통제 프로토콜에 접근할 수 있도록 해 주는 데몬
gated	라우팅 데몬을 시작하거나 종료시키는 데몬
gpm	마우스를 지원해 주는 데몬으로 시스템을 셧다운하는 옵션 제공
httpd	아파치 데몬으로 웹 서버를 운영하고자 할 때 반드시 선택
identd	상대방의 identd 프로세스에게 질의하여 그 응답을 받게 하는 데몬
kerneld	커널 모듈을 동적으로 적재하는 것을 관리하는 데몬
kudzu	부팅 시 새로운 하드웨어를 탐색하여 설정해 주는 데몬으로 매우 유용함.
lpd	프린터 서비스 데몬
named	호스트 이름을 IP로 변환시켜 주는 DNS 데몬
netfs	삼바, NFS, NCP 등을 마운트하거나 언마운트할 때 필요한 데몬
network	설정된 네트워크 인터페이스가 부팅 시 작동될 수 있도록 해 주는 스크립트
nfs	NFS 서버로 작동할 수 있게 해 주는 데몬
nfslock	rpc.lockd와 rpc.statd를 실행해 주는 데몬
portmap	RPC(Remote Procedure Call) 연결에 관여하는 데몬
random	시스템에 필요한 난수 발생 및 저장 스크립트
routed	자동 IP 라우터 테이블 가능하도록 함.
sendmail	메일 서버를 설정하기 위해서는 반드시 설정해야 함.
smb	삼바 서버가 활성화되도록 해 주는 데몬
sound	부팅과 종료 시 사운드 믹서 설정을 저장하고 복원해 주는 데몬
syslog	시스템에서 발생된 각종 사건을 기록해 주는 서버로 /var/log에 기록
xfs	폰트 랜더링 및 트루타입 폰트를 위한 X 폰트 서버를 위한 데몬
xinetd	수퍼데몬

이들 데몬이 커널상에서 작동되고 있는지 확인하기 위해서는 ps 명령을 사용합니다. 다음과 같은 명령을 실행하여 커널상에서 동작하는 데몬들을 살펴볼 수 있습니다.

```
# ps acx
```

프로세스 관리 방법에 대해서는 수퍼 데몬을 살펴 본 후에 알아보도록 합니다.

3. 수퍼 데몬 Xinetd

3.1 Xinetd 수퍼데몬이란?

리눅스 시스템이 부팅될 때 적재되는 서비스 데몬들을 관장하는 데몬을 xinetd 데몬이라 하며, xinetd 데몬은 기존의 수퍼데몬인 inetd의 비효율적인 리소스 관리와 보안성 문제를 극복하기 위해서 나온 대체 수퍼데몬입니다. xinetd 데몬은 TCP wrapper의 기능을 흡수하고 있어 보안이 강화된 데몬으로 주로 서버 운영할 때만 쓰이며, 데스크탑 환경을 사용할 때 거의 사용되지 않으므로, 데스크탑 환경 차원으로 리눅스를 학습한다면 이 부분을 생략해도 무방합니다.

3.2 Xinetd 소스 구하기

Xinetd 데몬에 관련된 공식 사이트는 다음과 같으며 다음 사이트에서 최신 소스 파일을 구할 수 있습니다.

```
http://www.xinetd.org
```

xinetd 수퍼 데몬에 버그가 있을 경우 시스템에 치명적인 위험성이 있을 수 있으므로, 항상 xinetd.org 사이트를 체크하여 버그 패치된 버전이 나와 있는지 확인하여 최신 버전으로 업그레이드하는 것이 바람직합니다.

3.3 Xinetd 설치

rpm -q xinetd 명령을 실행하여 xinetd 패키지 정보가 보이질 않는다면 다음과 같이 yum 도구로 xinetd 패키지를 설치합니다.

```
# yum install xinetd
```

3.4 /etc/xinetd.conf 파일 설정

이 파일의 설정 형식이 다소 이해하기 복잡하기 때문에 간단한 예를 가지고 쉽게 설명을 진행합니다. 보다 자세한 내용을 이해하고자 한다면 필자의 다른 서적인 "서자롱의 리눅스 시스템과 네트워크 관리를 위한 레퍼런스 가이드" 또는 xinetd 하우투 매뉴얼을 참고하시면 됩니다. 다음의 예는 요즘에는 권장하지 않은 원격 쉘 접속 프로그램인 텔넷(telnet)인데, xinetd 데몬을 설명하는데 적절한 예라 판단하여 이를 예제로 하였습니다.

```
root@localhost:~
파일(F)  편집(E)  보기(V)  터미널(T)  탭(B)  도움말(H)
[root@localhost ~]# cat /etc/xinetd.d/telnet
# default: on
# description: The telnet server serves telnet sessions; it uses \
#       unencrypted username/password pairs for authentication.
service telnet
{
        flags           = REUSE
        socket_type     = stream
        wait            = no
        user            = root
        server          = /usr/sbin/in.telnetd
        log_on_failure  += USERID
        disable         = no
}

[root@localhost ~]#
```

xinetd 데몬으로 서비스하고자 하는 데몬명을 service 옵션으로 명시합니다. 만일 ftp를 서비스하고자 한다면 ftp로 명시해 주면 되겠죠. 그다음에는 { } 가로 안에 속성과 그 값을 넣어주면 됩니다. 그럼 몇 가지 속성에 대해서 알아보도록 하죠.

① disable = yes

disable 속성은 해당 서비스를 중지하고자 할 때 사용합니다. 해당 서비스를 띄우지 않거나 proftp나 httpd 데몬과 같이 standalone 상태[11]로 데몬이 작동하는 경우에 disable 속성 값을 yes로 지정하고, 텔 넷이나 POP-3과 같이 항상 서비스가 작동하도록 하기 위해서는 이 값을 no로 설정해 주어야 합니다.

② flags = REUSE

flags 속성에는 다음과 같은 속성들이 있고, 이들을 조합하여 사용할 수 있습니다.

flags 종류	설 명
REUSE	서비스 소켓에 SO_REUSEADDR 플래그를 설정
INTERCEPT	패킷이나 허용된 접속을 가로채어 허가된 위치에서 접속하는지 인증하고자 할 때 사용
NORETRY	프로세스가 새롭게 생기지 못할 경우 재시도하지 못하도록 함
IDONLY	원격 호스트가 원격 사용자를 인증할 때만 접속을 허용함
NAMEINARGS	서버가 작동될 때 서버 내에 지정한 것과 같이 server_args내의 첫 번째 인수가 argv[0]이 되도록 하는 플래그
NODELAY	TCP 서비스에 이 플래그를 설정하면 TCP_NODELAY 플래그가 소켓에 설정됨
DISABLE	서비스가 실행되지 않게 함
KEEPALIVE	TCP 서비스에 이 플래그가 설정되면 SO_KEEPALIVE 소켓 플래그가 소켓에 설정됨

---

11) xinetd 데몬에 의존하지 않고 데몬 스스로 직접 동작하는 것을 말합니다. 이 때 데몬은 백그라운드 모드로 동작합니다.

③ protocol = tcp

서비스가 사용할 프로토콜을 설정합니다. 프로토콜은 /etc/protocols내에 있어야 하며, 이 속성을 지정하지 않으면 서비스가 사용하는 기본 프로토콜을 사용하게 됩니다.

④ socket_type = stream

이 속성에는 stream, dgram, raw, seqpacket 등 4가지 값을 지정할 수 있습니다.

속성 값	설 명
stream	stream 기반의 서비스
dgram	datagram 기반의 서비스
raw	아이피에 직접 접근을 요하는 서비스
seqpacket	신뢰성있는 연속적인 데이터그램 전송을 요구하는 서비스

⑤ wait = no

wait 속성은 서비스가 단일 스레드(single thread)인지 다중 스레드(multi-thread)를 결정하는 플래그로 yes인 경우는 단일 스레드로 실행되어 오직 하나의 서비스만 작동하게 하며, no인 경우는 다중 스레드로 서버가 새로운 서비스 요청을 받아들이게 됩니다.

⑥ user = root

서버 프로세스를 실행할 수 있는 사용자의 ID를 나타내는 것으로 수퍼 유저일 경우에만 효과를 낼 수 있습니다.

⑦ server = /usr/sbin/in.telnetd

해당 서비스를 실행할 데몬 프로그램을 지정합니다.

⑧ access time = 01:00–07:00

access time 속성은 지정된 시간에서만 서비스를 이용할 수 있게 해 줍니다. 즉 상기 설정은 오전 1시부터 7시 사이에서만 해당 서비스에 접근할 수 있도록 하는 것으로, 시간은 시:분-시:분 형식으로 설정합니다. 시(hour)는 0에서 23사이의 범위, 분(minute)은 0에서 59사이의 범위를 가집니다.

⑨ port = 8080

서비스 포트 번호를 명시합니다. 여기서의 포트는 /etc/services 파일 목록 내의 서비스 포트와 일치해야 합니다.

3.5 xinetd 실행하기

xinetd 수퍼데몬 시작과 중지는 /etc/rc.d/init.d/xinetd 스크립트를 사용합니다. 다음과 같이 명령을 실행하여 xinetd 수퍼데몬을 시작시킵니다.

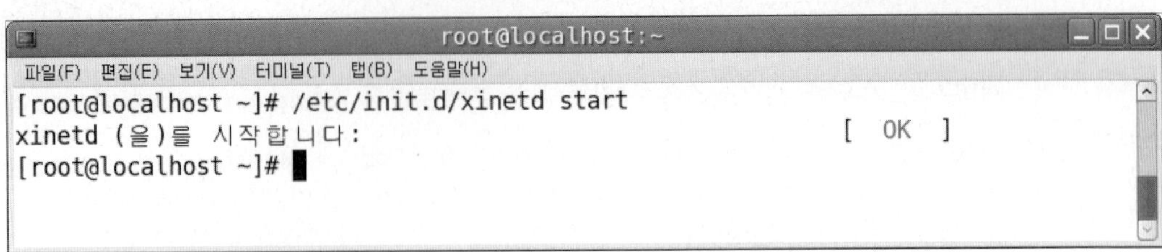

수퍼데몬의 재실행은 다음과 같이 스크립트 뒤에 restart를 사용합니다.

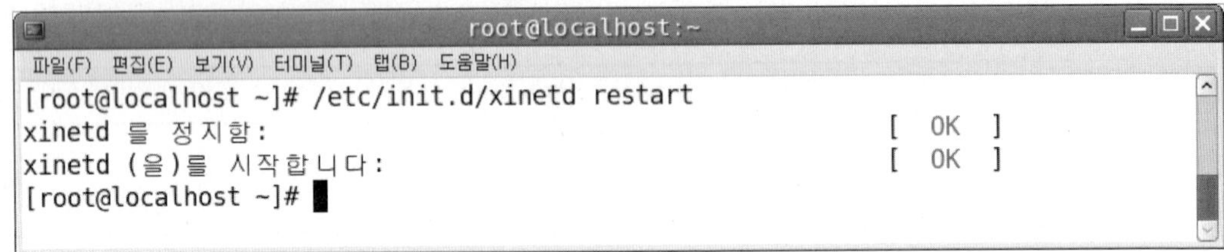

xinetd 설정 파일 보안 유지하기

보안상 xinetd 설정 파일을 일반 사용자들이 읽을 수 없도록 퍼미션을 걸어 두어야 합니다. 따라서 xinetd.conf 파일에 다음과 같은 퍼미션을 부여합니다.

xinetd 수퍼데몬에 대한 유용한 문서

이 책에서 부족하게 다룬 내용이나 좀 더 전문적인 지식을 쌓고자 하는 사용자는 다음 사이트의 문서로 보충하면 도움이 될 것입니다.

http://www.macsecurity.org/resources/xinetd/tutorial.shtml

4. 데몬과 프로세스 관리

4.1 프로세스(Process)

멀티태스킹 시스템인 리눅스 운영체제에서는 수많은 프로세스들이 동시에 작동하여 CPU 자원을 공유하기 때문에 시스템 자원의 지나친 소모로 인하여 시스템이 불안정해지거나 다운되는 현상이 일어나지

않도록 프로세스를 관리하는 작업은 시스템 안정성을 위한 관리자의 중요한 작업이 될 수 있습니다. 프로세스란 리눅스 커널 상에서 동작하고 있는 모든 프로그램을 말합니다. 리눅스 커널은 프로세스가 동작할 때 각 프로세스마다 고유 ID을 증가시키면서 부여하는데, 이를 PID(Process ID)라고 합니다. 커널에서 동작하는 모든 프로세스는 각자의 고유한 ID를 가지며, PID값은 1부터 시작되며, 1번 PID를 갖는 프로세스는 시스템 초기화시키는 init이며, PID값이 어느 최대값에 도달하게 되면 다시 낮은 번호로 새롭게 동작하는 프로세스에 부여하게 됩니다. 현재 작동중인 프로세스 상태는 ps 명령어로 확인할 수 있습니다.

4.2 프로세스 작동 상황 알아보기

리눅스에서 동작중인 프로세스 정보를 확인할 때 ps 명령어를 사용하게 되는데, ps 명령의 옵션에 따라서 자세한 프로세스 정보를 알아볼 수 있습니다. 아무런 옵션없이 ps 명령만 단순히 실행하면 현재 터미널에서 실행되고 있는 프로세스에 대한 간단한 정보(PID, TTY, TIME, CMD)를 보여줍니다.

```
root@localhost:~
파일(F)  편집(E)  보기(V)  터미널(T)  탭(B)  도움말(H)
[root@localhost ~]# ps
  PID TTY          TIME CMD
 3475 pts/0    00:00:00 su
 3478 pts/0    00:00:00 bash
 3730 pts/0    00:00:00 ps
[root@localhost ~]#
```

-ef 옵션을 지정하여 ps 명령을 실행하면 앞서 실행했던 명령의 결과보다도 좀 더 자세한 프로세스 정보(UID, PID, PPID, C, STIME, TTY, TIME, CMD)를 보여주게 됩니다.

```
root@localhost:~
파일(F)  편집(E)  보기(V)  터미널(T)  탭(B)  도움말(H)
[root@localhost ~]# ps -ef
UID        PID  PPID  C STIME TTY          TIME CMD
root         1     0  0 09:12 ?        00:00:00 init [5]
root         2     0  0 09:12 ?        00:00:00 [kthreadd]
root         3     2  0 09:12 ?        00:00:00 [migration/0]
root         4     2  0 09:12 ?        00:00:00 [ksoftirqd/0]
root         5     2  0 09:12 ?        00:00:00 [watchdog/0]
root         6     2  0 09:12 ?        00:00:00 [migration/1]
root         7     2  0 09:12 ?        00:00:00 [ksoftirqd/1]
root         8     2  0 09:12 ?        00:00:00 [watchdog/1]
root         9     2  0 09:12 ?        00:00:00 [events/0]
root        10     2  0 09:12 ?        00:00:00 [events/1]
root        11     2  0 09:12 ?        00:00:00 [khelper]
root        50     2  0 09:12 ?        00:00:00 [kblockd/0]
root        51     2  0 09:12 ?        00:00:00 [kblockd/1]
root        52     2  0 09:12 ?        00:00:00 [kacpid]
root        53     2  0 09:12 ?        00:00:00 [kacpi_notify]
root       183     2  0 09:12 ?        00:00:00 [cqueue/0]
root       184     2  0 09:12 ?        00:00:00 [cqueue/1]
root       185     2  0 09:12 ?        00:00:00 [ksuspend_usbd]
root       188     2  0 09:12 ?        00:00:00 [khubd]
root       190     2  0 09:12 ?        00:00:00 [kseriod]
```

이번에는 ps axj 명령을 실행해보면 PPID, PID, PGID, SID, TTY, TPGID, STAT, UID, TIME, COMMAND 등 프로세스에 대한 보다 상세한 정보를 얻을 수 있습니다.

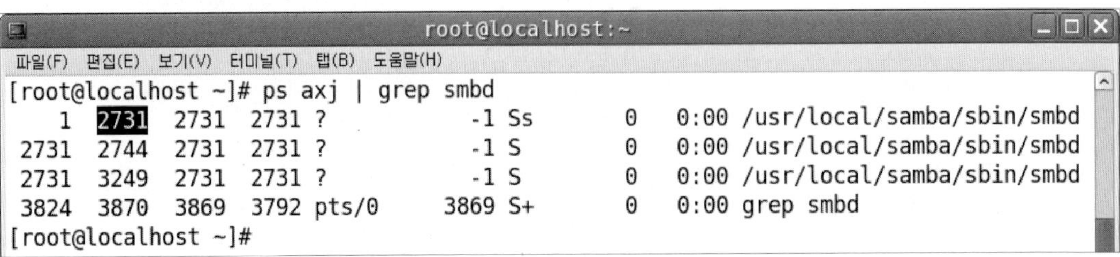

```
[root@localhost ~]# ps axj
 PPID    PID   PGID    SID TTY      TPGID STAT    UID    TIME COMMAND
    0      1      1      1 ?           -1 Ss        0    0:00 init [5]
    0      2      0      0 ?           -1 S<        0    0:00 [kthreadd]
    2      3      0      0 ?           -1 S<        0    0:00 [migration/0]
    2      4      0      0 ?           -1 S<        0    0:00 [ksoftirqd/0]
    2      5      0      0 ?           -1 S<        0    0:00 [watchdog/0]
    2      6      0      0 ?           -1 S<        0    0:00 [migration/1]
    2      7      0      0 ?           -1 S<        0    0:00 [ksoftirqd/1]
    2      8      0      0 ?           -1 S<        0    0:00 [watchdog/1]
    2      9      0      0 ?           -1 S<        0    0:00 [events/0]
    2     10      0      0 ?           -1 S<        0    0:00 [events/1]
    2     11      0      0 ?           -1 S<        0    0:00 [khelper]
    2     50      0      0 ?           -1 S<        0    0:00 [kblockd/0]
    2     51      0      0 ?           -1 S<        0    0:00 [kblockd/1]
    2     52      0      0 ?           -1 S<        0    0:00 [kacpid]
    2     53      0      0 ?           -1 S<        0    0:00 [kacpi_notify]
    2    183      0      0 ?           -1 S<        0    0:00 [cqueue/0]
    2    184      0      0 ?           -1 S<        0    0:00 [cqueue/1]
    2    185      0      0 ?           -1 S<        0    0:00 [ksuspend_usbd]
    2    188      0      0 ?           -1 S<        0    0:00 [khubd]
    2    190      0      0 ?           -1 S<        0    0:00 [kseriod]
```

그러면 ps 명령으로 보여주는 프로세스 각 정보에 대해서 알아볼까요?

4.2.1. UID, PID, PPID, PGID, SID 컬럼

프로세스를 실행한 시스템 사용자를 보여 줍니다. ps aux 명령이나 ps -ef 명령을 사용하면 해당 프로세스를 실행시킨 사용자를 확인할 수 있습니다. PPID는 부모 PID를 가리키는 것으로, 이것은 부모 프로세스로부터 분기(fork)된 프로세스의 PID라는 것을 의미합니다. init 프로세스와 같이 0번 PPID값을 갖는 프로세스는 부모 프로세스가 없음을 의미하는데, 1번 PPID 값을 갖는 프로세스는 그 자신이 부모 프로세스를 의미합니다. PPID값이 부모 프로세스의 PID와 동일한 프로세스는 자식 프로세스를 의미합니다.

```
[root@localhost ~]# ps axj | grep smbd
    1   2731   2731   2731 ?           -1 Ss        0    0:00 /usr/local/samba/sbin/smbd
 2731   2744   2731   2731 ?           -1 S         0    0:00 /usr/local/samba/sbin/smbd
 2731   3249   2731   2731 ?           -1 S         0    0:00 /usr/local/samba/sbin/smbd
 3824   3870   3869   3792 pts/0     3869 S+        0    0:00 grep smbd
[root@localhost ~]#
```

예를 들어 상기 화면에서 smbd 프로세스는 세 개의 프로세스가 동작하고 있는 상태인데, 첫 번째 smbd 프로세스의 PPID가 1번이라는 것을 보면 부모 프로세스라는 것을 알 수 있으며, 이 부모 프로세스는 2731번의 PID를 가지고 있으므로, 자식 프로세스 또한 2731번의 PPID를 갖게 될 것입니다. 두 번째 smbd 프로세스의 PPID를 확인해 보면 역시 2731번의 PPID를 가지므로, 이 프로세스는 자식 프로세스라는 것을 알 수 있습니다.

PGID는 프로세스의 그룹 ID값을 말하며, SID는 프로세스의 세션 ID값을 말합니다.

4.2.2. 접속 터미널 TTY 컬럼

TTY는 프로세스를 제어하는 터미널 모드를 가르킵니다. 로컬 로그인시에는 'tty+가상터미널수' 즉 tty1과 같은 식으로 표시되며, 엑스 터미널이나 원격 로그인시에는 'pts/번호' 즉 pts/0과 같은 형태로 표시됩니다. TTY 필드에서 물음표(?) 기호로 표시되어 있는 것은 프로세스가 tty와는 무관하게 작동하는 것을 말합니다.

4.2.3. 프로세스 상태 STAT 컬럼

STAT 코드는 세 개의 필드로 구성되어 프로세스 상태를 보여준다. 첫 번째 필드는 D,R,S,T,X,Z 코드가 위치하는데 이들 코드의 의미는 다음과 같습니다.

코드분류	의 미
D	IO와 같이 중지(interrupt)시킬 수 없는 잠자고 있는(휴지) 프로세스 상태
R	현재 동작중이거나 동작할 수 있는 상태
S	잠자고 있지만, 중지시킬 수 있는 상태
T	작업 제어 시그널로 정지되었거나 추적중에 있는 프로세스 상태
X	완전히 죽어 있는 프로세스
Z	죽어 있는 좀비 프로세스

두 번째와 세 번째 필드는 다음 코드들이 위치합니다.

코드분류	의 미
〈	프로세스의 우선 순위가 높은 상태
N	프로세스의 우선 순위가 낮은 상태
L	실시간이나 기존 IO를 위해 메모리 안에 잠겨진 페이지를 가진 상태
s	세션 리더(주도 프로세스)
l	멀티 쓰레드
+	포어그라운드 상태로 동작하는 프로세스

STAT 필드에서 Z로 되어 있는 프로세스(좀비 프로세스)는 프로세스 작동이 잘못되어 죽어있는 상태로, 시스템 관리자는 이러한 불필요한 프로세스를 발견할 때마다 제거해 줄 필요가 있습니다. 왜냐하면 이러한 죽어 있는 상태에 있는 불필요한 프로세스들이 시스템 자원을 고갈할 수 있으므로 시스템에 좋지 않은 영향을 줄 수 있기 때문입니다.

4.2.4. STIME, TIME 컬럼

STIME은 프로세스를 실행한 시간을 말하며, TIME은 프로세스가 소비한 CPU 총시간을 의미합니다.

4.2.5. CMD 컬럼

CMD는 프로세스의 명령(Command)을 의미합니다.

4.3 프로세스 죽이기

프로세스를 제어할 때는 kill 명령을 사용하는데 kill 명령은 지정한 프로세스에 지정한 시그널(signal)을 보내어 그 시그널에 의해서 프로세스를 종료시키는 것입니다. 그러면 kill 명령이 가지고 있는 시그널 종류를 먼저 kill -l(소문자 엘)을 입력하여 살펴봅니다.

```
[root@localhost ~]# kill -l
 1) SIGHUP       2) SIGINT       3) SIGQUIT      4) SIGILL
 5) SIGTRAP      6) SIGABRT      7) SIGBUS       8) SIGFPE
 9) SIGKILL     10) SIGUSR1     11) SIGSEGV     12) SIGUSR2
13) SIGPIPE     14) SIGALRM     15) SIGTERM     16) SIGSTKFLT
17) SIGCHLD     18) SIGCONT     19) SIGSTOP     20) SIGTSTP
21) SIGTTIN     22) SIGTTOU     23) SIGURG      24) SIGXCPU
25) SIGXFSZ     26) SIGVTALRM   27) SIGPROF     28) SIGWINCH
29) SIGIO       30) SIGPWR      31) SIGSYS      34) SIGRTMIN
35) SIGRTMIN+1  36) SIGRTMIN+2  37) SIGRTMIN+3  38) SIGRTMIN+4
39) SIGRTMIN+5  40) SIGRTMIN+6  41) SIGRTMIN+7  42) SIGRTMIN+8
43) SIGRTMIN+9  44) SIGRTMIN+10 45) SIGRTMIN+11 46) SIGRTMIN+12
47) SIGRTMIN+13 48) SIGRTMIN+14 49) SIGRTMIN+15 50) SIGRTMAX-14
51) SIGRTMAX-13 52) SIGRTMAX-12 53) SIGRTMAX-11 54) SIGRTMAX-10
55) SIGRTMAX-9  56) SIGRTMAX-8  57) SIGRTMAX-7  58) SIGRTMAX-6
59) SIGRTMAX-5  60) SIGRTMAX-4  61) SIGRTMAX-3  62) SIGRTMAX-2
63) SIGRTMAX-1  64) SIGRTMAX
[root@localhost ~]#
```

kill 명령으로 프로세스를 종료시키기 위해서는 다음과 같이 하면 됩니다.

```
kill [-시그널번호 또는 시그널 ] PID
```

프로세스 정보에서 STAT가 D로 표시된 프로세스를 종료시키고자 한다면 다음과 같이 합니다.

```
# kill -SIGKILL 973
```

또는 해당 프로세스의 PID값이 973이라 한다면 다음과 같이 종료시킵니다.

```
# kill -9 973
```

프로세스를 멈추지 않고서 재실행토록 하기 위해선 -SIGHUP 시그널 또는 -1을 사용합니다. 주로 이러한 경우는 시스템 환경을 바꾸고 나서 데몬을 다시 띄워야 할 상황에서 시스템을 재시작하지 않고 데몬만 재시작해주는 경우 매우 유용한 방법이다. 예를 들면 네임 서버 정보를 변경한 후에 변경된 네임 서버가 돌아가기 위해선 네임 서버 데몬이 재시작 되어야 하는데, 이를 부팅하지 않고 간단히 kill 명령으로 -SIGHUP 시그널을 부여하여 다시 시작시킬 수 있습니다.

```
kill -SIGHUP pid 또는 kill -1 pid
```

grep이라는 명령어는 지정된 프로세스에 대해서 일치하는 라인을 출력해주는 기능을 합니다. 이 명령은 ps 명령과 함께 사용하여 어느 데몬의 PID값을 알아보는데 사용됩니다. 예를 들면 syslog 데몬에 대한 PID값을 확인하고자 할 때는 다음 화면과 같이 실행하면 됩니다.

```
[root@localhost ~]# ps ax | grep syslogd
 2072 ?        Ss     0:00 syslogd -m 0
 3948 pts/0    S+     0:00 grep syslogd
[root@localhost ~]#
```

상기 화면에서 syslogd 프로세스 PID가 2072이므로, 이 프로세스를 다시 띄우고자 할 때는 kill 명령에 -SIGHUP 또는 -1를 사용하면 됩니다.

```
[root@localhost ~]# kill -SIGHUP 2072
[root@localhost ~]# kill -1 2072
[root@localhost ~]#
```

4.4. 백그라운드(Background) 작업과 포어그라운드(Foreground) 작업

리눅스는 멀티태스킹 시스템이므로 명령 실행을 간단히 포어그라운드(Foreground)에서 할 수 있으며, 명령행 뒤에 '&' 기호를 넣어 백그라운드(Background) 방식으로 명령을 실행할 수 있습니다. 우리가 프롬프트에서 명령을 입력하면 그 명령이 실행되는 상태는 포어그라운드로 실행되는 것입니다. 그 명령 뒤에 백그라운드 실행을 의미하는 기호 앰퍼센드 '&'를 붙이면 작업 번호와 PID를 디스플레이하고 바로 프롬프트가 떨어지며, 명령은 백그라운드에서 실행됩니다.

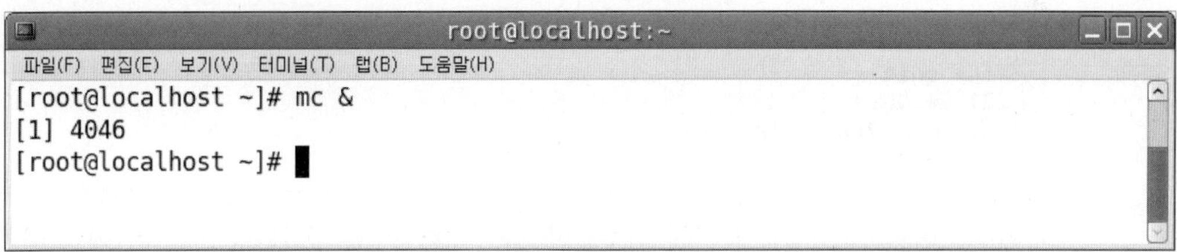

```
[root@localhost ~]# mc &
[1] 4046
[root@localhost ~]#
```

백그라운드에서 작업이 실행되고 있는지 확인하기 위해서는 jobs 명령을 사용합니다.

```
[root@localhost ~]# jobs
[1]+  Stopped                 . /usr/share/mc/bin/mc-wrapper.sh
[root@localhost ~]#
```

jobs 명령이 주어졌을 때 나오는 작업 목록에서 [+], [-] 기호가 있는데 [+]는 현재 작업이 실행중임을 나타내며, [-]는 실행될 작업을 의미합니다.

백그라운드로 실행되고 있는 명령을 포어그라운드로 전환하는 방법을 알아봅니다. 이 때 사용되는 명령은 fg와 bg 명령입니다.

fg 명령을 사용하게 되면 백그라운드의 작업을 포어그라운드로 전환할 수 있으며, 반대로 bg 명령은 포어그라운드에서 백그라운드 상태로 전환시켜 줍니다. 이들 명령의 사용 방법은 명령 뒤에 퍼센트(%) 표시를 하고, 이어서 작업 번호를 붙여 주면 됩니다.

```
fg %작업 번호          bg %작업 번호
```

현재 포어그라운드에서 실행중인 작업을 바로 백그라운드로 전환할 수 없는데 이럴 때에는 작업을 일시 중단시키는 인터럽션(interruption) 명령(Ctrl + Z 키)을 사용하여 일시 중단시킨 후에 bg 명령으로 다시 백그라운드에서 실행시킬 수 있습니다. 다음은 ftp를 포어그라운드에서 실행하여 백그라운드로 전환시키고 자료가 전송되었을 때 완료 메시지가 나오게 하는 예입니다.

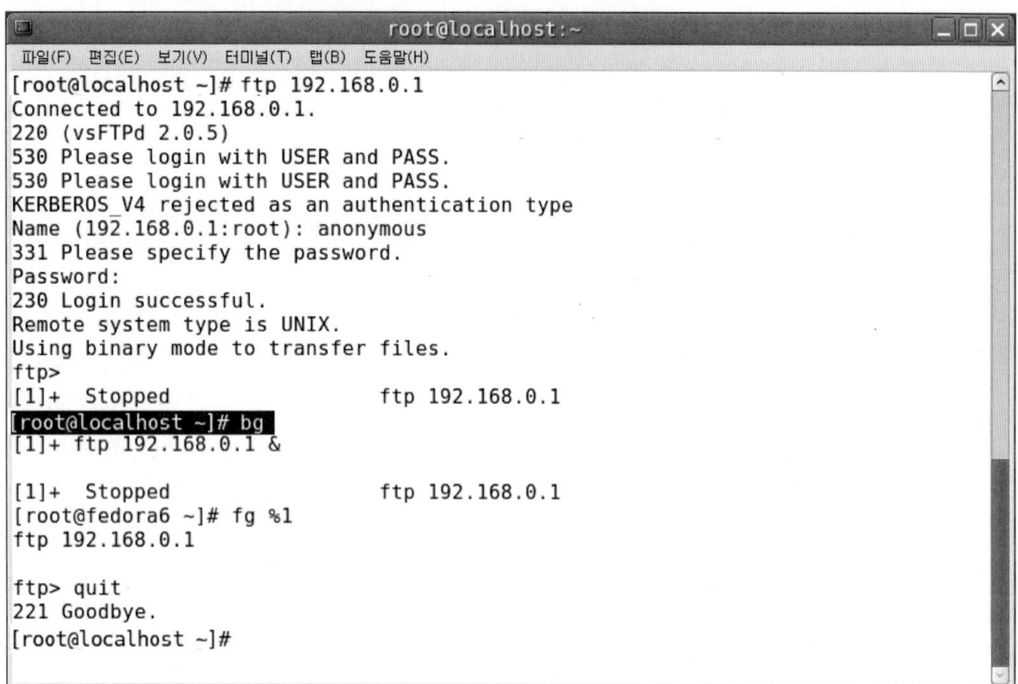

ftp를 이용하여 FTP 서버에 접속되면 Ctrl + Z 키를 누릅니다. 그러면 쉘로 빠져 나오는데 bg 명령을 실행하여 ftp를 백그라운드 모드로 돌립니다. 그런 다음 fg %1 명령을 실행하여 백그라운드로 동작하는 ftp를 포어그라운드로 불러냅니다. ftp 작업을 수행한 후 quit를 입력하여 ftp를 종료시킵니다.

프로세스 인터럽트(Interrupt)

Ctrl + Z 키는 실행중인 프로세스를 일시적으로 정지시켜서 멈추게 할 뿐이지, 그 명령 실행을 완전히 종료시킨 상태는 아닙니다. Ctrl + Z 키 명령으로 어느 프로세스를 일시로 정지했을 때 그 프로세스가 완전히 종료되었다고 착각할 수 있으나, 아직 그 명령은 유효한 상태이며 언제든지 재실행이 가능한 상태라는 것을 잊으면 안 됩니다.

만일 vi 또는 다른 편집기로 프로그램이나 쉘 스크립트 작성 시 Ctrl + Z 키에 의해서 일시적으로 멈추고, 저장하지 않은 상태에서 셧다운하면 파일이 지워질 수 있으므로 특히 조심해야 할 것입니다.

백그라운드에서 실행중인 작업이 완료되었거나 실행중인 작업을 종료시킬 경우에는 Ctrl + C 키 명령으로는 작업을 끝낼 수 없습니다. 만일 포어그라운드 상태라면 Ctrl + C 키 명령으로 작업을 중단시킬 수 있지만, 백그라운드에서는 이 키 명령이 적용되지 않으므로, kill 명령을 사용하여 종료시켜야 합니다. kill 명령으로 작업을 끝내는 방법은 두 가지 방법이 있습니다. 첫 번째는 jobs 명령으로 실행중인 작업의 번호를 알아내어 "kill %작업번호" 명령으로 종료시킵니다.

```
root@localhost:~
파일(F)  편집(E)  보기(V)  터미널(T)  탭(B)  도움말(H)
[root@localhost ~]#
[1]+  Stopped                 ftp 192.168.0.1
[root@localhost ~]# kill %1
[1]+  종 료 됨                ftp 192.168.0.1
[root@localhost ~]# jobs
[root@localhost ~]#
```

두 번째는 kill -9 PID 명령을 이용하여 강제적으로 프로세스를 죽이는 방법입니다. ps ax 명령을 실행하면 죽이고자 하는 프로세스의 PID 값을 알아내어 종료시킬 수 있습니다.

```
root@localhost:~
파일(F)  편집(E)  보기(V)  터미널(T)  탭(B)  도움말(H)
[root@localhost ~]# ps ax | grep ftp
 4698 ?          Ss     0:00 /usr/sbin/vsftpd /etc/vsftpd/vsftpd.conf
 4700 pts/0      T      0:00 ftp 192.168.0.1
 4701 ?          Ss     0:00 /usr/sbin/vsftpd /etc/vsftpd/vsftpd.conf
 4702 ?          S      0:00 /usr/sbin/vsftpd /etc/vsftpd/vsftpd.conf
 4706 pts/0      S+     0:00 grep ftp
[root@localhost ~]# kill -9 4700
```

4.5 프로세스 상태 살펴보기

▶ pstree

pstree는 실행중인 프로세스 상태를 트리 구조로 보여주는 명령으로 이 명령 뒤에 사용자 계정을 지정하면 그 사용자가 실행한 프로세스들을 트리 구조로 점검할 수 있습니다. 만일 사용자 계정을 지정하지 않으면 루트 사용자에 의해서 실행된 프로세스들이 보여집니다.

```
root@localhost:~
파일(F)  편집(E)  보기(V)  터미널(T)  탭(B)  도움말(H)
[root@localhost ~]# pstree
init─┬─/usr/bin/sealer
     ├─NetworkManager───{NetworkManager}
     ├─acpid
     ├─atd
     ├─auditd─┬─audispd───{audispd}
     │        └─{auditd}
     ├─avahi-daemon───avahi-daemon
     ├─bonobo-activati───{bonobo-activati}
     ├─clock-applet
     ├─console-kit-dae───62*[{console-kit-dae}]
     ├─crond
     ├─cupsd
     ├─2*[dbus-daemon───{dbus-daemon}]
     ├─2*[dbus-launch]
     ├─dhclient
     ├─gconfd-2
     ├─gdm-binary───gdm-simple-slav─┬─Xorg
     │                              └─gdm-session-wor───gnome-session─┬─gnom+
     │                                                               ├─gpk-+
     │                                                               ├─kern+
     │                                                               ├─meta+
     │                                                               └─nm-a+
```

사용 형식은 다음과 같습니다.

```
pstree [-옵션] [pid | usr ]
```

pstree에 사용되는 옵션들을 다음 표와 같습니다.

옵 션	설 명
-a	명령 라인 인수를 보여 줌
-c	동일한 하위 트리를 축약하지 않음
-h	현재 작동중인 자식 프로세스와 부모 프로세스를 하이라이트시킴
-n	PID 순서로 프로세스를 정렬함
-p	PID를 함께 트리 구조에 보여 줌

▶ top

top 명령은 시스템을 관리하는 데 상당히 유용한 유틸리티로 CPU를 많이 점유하는 프로세스들을 실시간으로 점검할 수 있습니다.

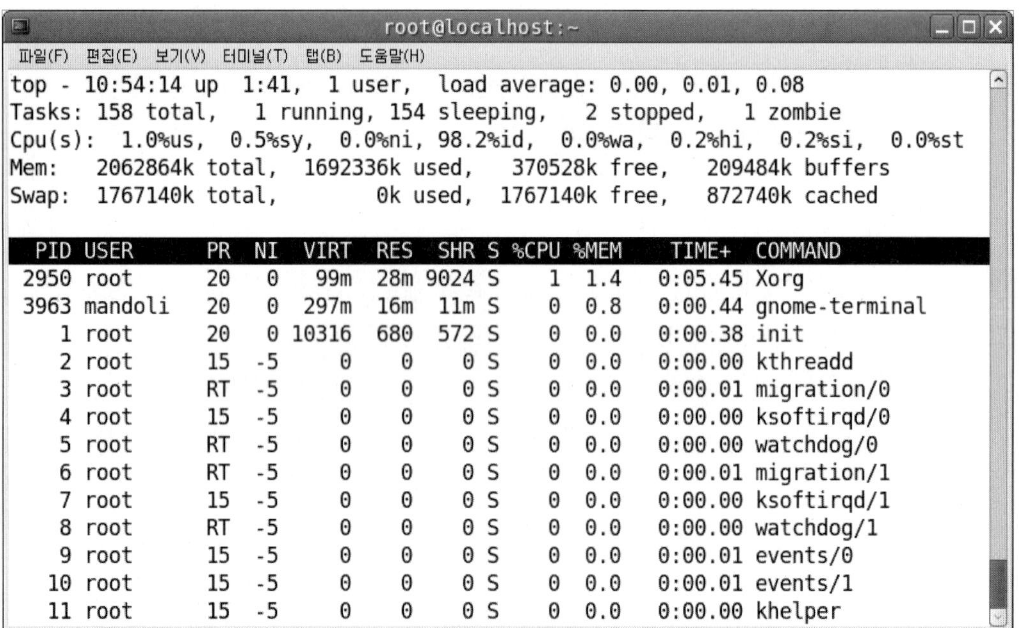

top 명령의 사용 방법은 다음과 같습니다.

```
top [-] [d delay] [p pid] [q] [c] [C] [S] [s] [i] [b]0
```

사용할 수 있는 옵션들에 대해서는 표로 정리하였습니다.

옵 션	설 명
d	스크린을 갱신할 때의 지연 시간
p	주어진 pid에 대한 프로세스만 모니터링
q	지연 시간 없이 스크린 갱신

s	보안 모드로 top 실행
i	idle 및 zombie 프로세스는 무시함
c	명령 라인 모두 보여 줌

top 명령을 실행하면 시스템과 프로세스 상태를 두 부분으로 나눠 보여 주는데 시스템 정보에는 top을 실행한 시간, 시스템 시작한 후 경과 시간, 현재 로그인되어 있는 사용자 수 그리고 평균 로드 값을 첫 줄에 보여 주고, 다음 줄에는 프로세스의 개수와 프로세스의 상태를 보여 줍니다. 그 다음 줄에는 시스템 총 메모리, 사용된 메모리, 사용 가능한 메모리, 버퍼 메모리, 공유 메모리, 스왑 메모리 등 메모리에 대한 정보를 보여 줍니다. 이러한 정보를 통해 시스템의 자원 현황을 시간마다 체크할 수 있습니다. 그 다음 부분은 ps 명령을 실행하였을 때 나오는 화면과 유사하게 프로세스에 대한 각종 정보를 출력해 주는데 처음 보는 필드 값들만 간략하게 알아봅니다.

필드	설명
PRI	해당 프로세스의 우선권(priority).
NI	해당 프로세스의 nice 값
SHARE	공유 메모리 양

▶ nohup

nohup 명령은 부모 프로세스가 죽거나 종료되었더라도 자식 프로세스는 계속 작동할 수 있도록 백그라운드 모드에서 프로세스가 실행되도록 하는 명령입니다[12]. 일반적으로 부모 프로세스가 종료되면 자식 프로세스도 종료되는데 이 명령을 실행하면 사용자 로그아웃을 하더라도 자식 프로세스는 죽지 않고 계속 실행되며, 이에 대한 정보는 nohup.out 파일에 기록됩니다. nohup 명령은 실행하고자 하는 명령 앞에 넣고 실행합니다.

```
nohup 명령 &
```

▶ 프로세스 실행 우선 순위 예약(nice)

프로세스들을 실행하는 데 있어서 프로세스에게 실행 우선권을 부여할 수 있습니다. 일반적으로 프로세스들은 설정된 우선권 순위대로 실행되는데, nice 명령을 사용하게 되면 프로세스의 실행 우선권을 바꿀 수 있습니다.

nice의 사용법은 다음과 같습니다.

```
nice -n 명령
```

우선권 순위(n)는 -20에서 19까지 범위를 가집니다. nice 값이 적어질수록 그 우선권 순위는 높아지게 되므로 최고의 우선권 순위는 -20이며, 최저 순위는 19, 기본 값은 10입니다. 그러면 예제를 통하여 nice 사용 방법에 대해서 알아볼까요?

---

12) 서버 데몬의 경우는 부모 프로세스가 죽더라도 동작중인 자식 프로세스는 작업이 완료되기 전까지는 종료되질 않습니다.

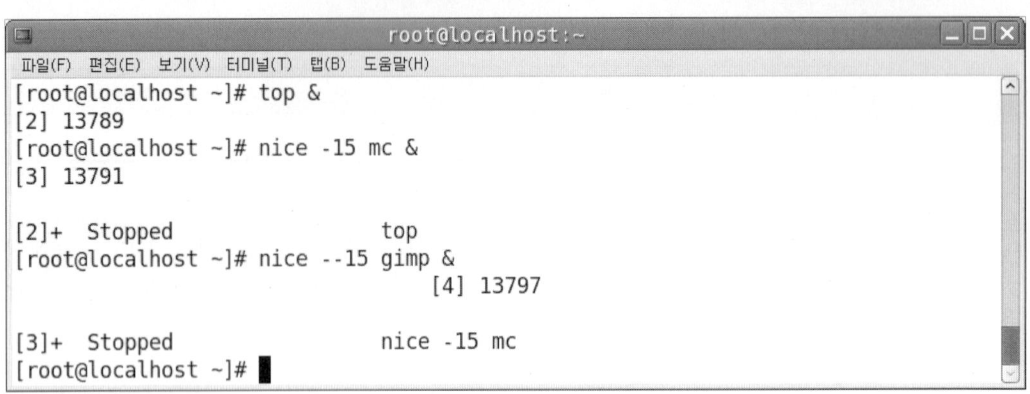

상기 예제와 같이 먼저 top를 nice없이 백그라운드 모드로 실행한 후에 두 번째로 mc에 nice -15를 지정하여 역시 백그라운드 모드로 실행하고, 마지막으로 gimp에 nice --15를 지정하여 실행합니다. nice 값이 낮은 음수 값을 가질수록 우선순위가 높아지므로, 이들 세 개의 작업 가운데 gimp 프로세스가 가장 높은 우선 순위를 가지게 될 것이며, 그 다음은 top, mc 순서가 될 것입니다. 그러면 이들 순위가 올바른지 ps -l 명령을 실행하여 우선 순위권을 비교해 봅니다.

예상대로 nice -15 값을 갖는 gimp 프로세스가 가장 빠른 65의 순위(PRI)를 가지며, 그 다음은 top이 80의 순서를, 마지막으로 mc가 95의 순서를 가지고 있음을 확인할 수 있습니다. 이와 같이 nice를 사용하면 예약된 프로세스 작업들의 순서를 조절할 수 있습니다.

4.6 데몬 관리

부팅 시 자동적으로 데몬이 적재될 수 있도록 선택하려면 /usr/sbin/ntsysv 또는 /usr /sbin/chkconfig 를 실행하면 됩니다. 엑스 윈도우 상태에서는 system-config-services 도구를 이용하여 데몬을 관리할 수 있습니다.

▶ ntsysv

ntsysv는 부트 스크립트를 관리해 주는 도구로, 부트 시 init 스크립트의 자동 실행 여부를 쉽게 설정해 주거나 해제할 수 있도록 해 주는 콘솔상의 그래픽 도구입니다. 이것은 실행 레벨에 맞게끔 부트 스크립트의 심볼릭 링크를 쉽게 제어해 주는 기능을 갖습니다.

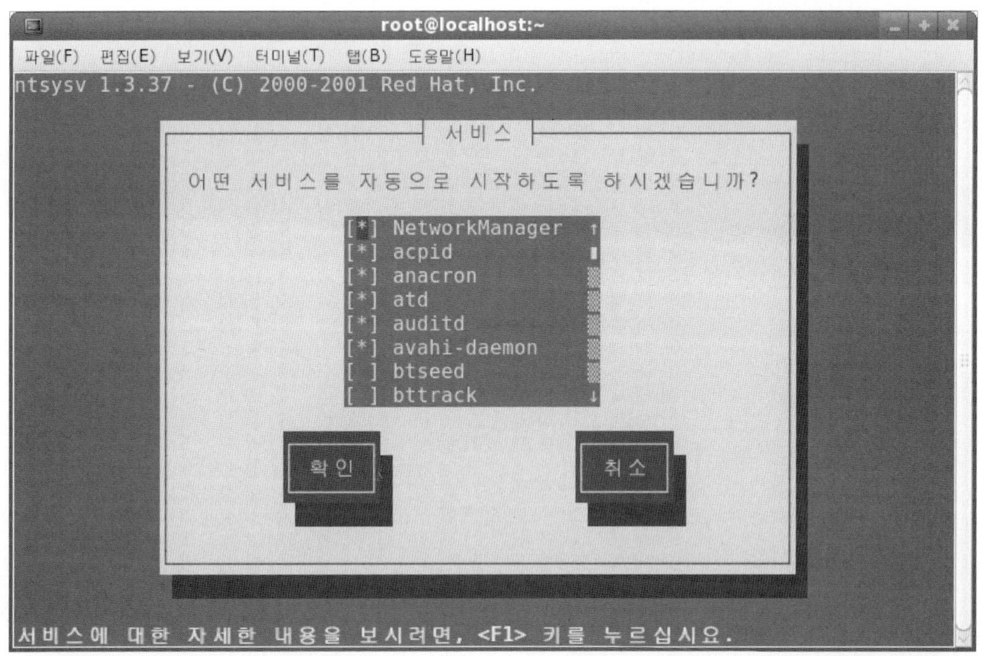

ntsysv에서 체크할 수 있는 파일들은 /etc/rc.d/init.d 디렉토리에 스크립트 형태로 존재하고 있어야 하며, 스크립트 파일에서는 다음 두 줄의 형식을 갖추어야 ntsysv의 체크 목록에 추가될 수 있습니다.

```
# chkconfig: 345 91 35
# description: 스크립트 설명
```

345는 실행 레벨을 의미하며, 91은 S(Start) 순위 번호를 의미하며, 35는 K(Kill)에 대한 순위 번호를 의미합니다.

▶ chkconfig

chkconfig는 서비스 데몬의 실행 레벨 정보를 관리해 주는 프로그램입니다. chkconfig의 사용방법은 다음과 같습니다.

```
chkconfig --list [name]
chkconfig --add name
chkconfig --del name
chkconfig [--level levels] name <on|off|reset>
chkconfig [--level levels] name
```

--list를 옵션을 사용하여 현재 커널에서 작동하는 데몬들을 확인해 봅니다.

```
[root@localhost ~]# chkconfig --list
NetworkManager  0:해제   1:해제   2:활성   3:활성   4:활성   5:활성   6:해제
acpid           0:해제   1:해제   2:활성   3:활성   4:활성   5:활성   6:해제
anacron         0:해제   1:해제   2:활성   3:활성   4:활성   5:활성   6:해제
atd             0:해제   1:해제   2:해제   3:활성   4:활성   5:활성   6:해제
auditd          0:해제   1:해제   2:활성   3:활성   4:활성   5:활성   6:해제
avahi-daemon    0:해제   1:해제   2:해제   3:활성   4:활성   5:활성   6:해제
btseed          0:해제   1:해제   2:해제   3:해제   4:해제   5:해제   6:해제
bttrack         0:해제   1:해제   2:해제   3:해제   4:해제   5:해제   6:해제
capi            0:해제   1:해제   2:해제   3:해제   4:해제   5:해제   6:해제
cpuspeed        0:해제   1:활성   2:활성   3:활성   4:활성   5:활성   6:해제
crond           0:해제   1:해제   2:활성   3:활성   4:활성   5:활성   6:해제
cups            0:해제   1:해제   2:활성   3:활성   4:활성   5:활성   6:해제
firstboot       0:해제   1:해제   2:해제   3:해제   4:해제   5:해제   6:해제
fuse            0:해제   1:해제   2:해제   3:활성   4:활성   5:활성   6:해제
gpm             0:해제   1:해제   2:활성   3:활성   4:활성   5:해제   6:해제
haldaemon       0:해제   1:해제   2:해제   3:활성   4:활성   5:활성   6:해제
ip6tables       0:해제   1:해제   2:활성   3:활성   4:활성   5:활성   6:해제
iptables        0:해제   1:해제   2:활성   3:활성   4:활성   5:활성   6:해제
irda            0:해제   1:해제   2:해제   3:해제   4:해제   5:해제   6:해제
irqbalance      0:해제   1:해제   2:해제   3:활성   4:활성   5:활성   6:해제
isdn            0:해제   1:해제   2:활성   3:활성   4:활성   5:활성   6:해제
kerneloops      0:해제   1:해제   2:해제   3:활성   4:활성   5:활성   6:해제
lm_sensors      0:해제   1:해제   2:해제   3:해제   4:해제   5:해제   6:해제
```

0부터 6까지의 숫자가 뜻하는 것은 실행 레벨(run level)을 의미합니다. on(활성)과 off(해제)는 해당 실행 레벨에서 켬(on)과 꺼짐(off)을 나타냅니다.

```
[root@localhost ~]# chkconfig --list | grep iptables
iptables        0:해제   1:해제   2:활성   3:활성   4:활성   5:활성   6:해제
[root@localhost ~]#
```

예를 들어 상기 화면의 경우 iptables는 부팅 시 실행 레벨 2,3,4,5에서 작동하게 됩니다. 그러면 ssh 스크립트가 실행 레벨 2,4,5에서는 실행되지 않도록 하려면 다음과 같이 처리하면 됩니다.

```
[root@localhost ~]# chkconfig --level 2 iptables off
[root@localhost ~]# chkconfig --level 4 iptables off
[root@localhost ~]# chkconfig --level 5 iptables off
[root@localhost ~]# chkconfig --list | grep iptables
iptables        0:해제   1:해제   2:해제   3:활성   4:해제   5:해제   6:해제
[root@localhost ~]#
```

▶ system-config-services

페도라 리눅스에서는 부트 서비스를 효율적으로 관리할 수 있도록 system-config-services 도구를 지원합니다. Alt + F2 키를 눌러 system-config-services 명령을 입력하여 실행시키면 앞서 살펴본 ntsysv와 같이 실행 레벨에 따른 서비스 데몬을 관리할 수 있는 그래픽 환경의 도구가 뜨게 됩니다.

```
fedora@localhost:~/tar
파일(F)  편집(E)  보기(V)  터미널(T)  탭(B)  도움말(H)
[fedora@localhost ~]$ mkdir tar
[fedora@localhost ~]$ mv test.tar tar/
[fedora@localhost ~]$ cd tar/
[fedora@localhost tar]$ tar xf test.tar
[fedora@localhost tar]$
```

2.2.4 r 옵션

새로운 디렉토리와 파일을 추가할 때는 'r' 옵션을 사용합니다. 그러면 test.tar 아카이브 파일에 /usr/bin/top 파일을 다음과 같이 추가해 볼까요?

```
fedora@localhost:~/tar
파일(F)  편집(E)  보기(V)  터미널(T)  탭(B)  도움말(H)
[fedora@localhost tar]$ tar rvf test.tar /usr/bin/top
tar: Removing leading `/' from member names
/usr/bin/top
[fedora@localhost tar]$
```

상기 화면에서 /usr/bin/top 파일을 추가하였을 때 Removiung leading '/' from member names라는 메시지는 아카이브로 묶어질 경로가 tar 명령을 내리는 위치에 대해서 상대적인 경로를 갖게 되어, '/' 빼고 아카이브가 이뤄진다는 의미입니다. 이 메시지가 나타나지 않도록 하려면 --absolute-names 옵션을 사용합니다.

2.2.5 u 와 t 옵션

파일을 업데이트해 주는 'u' 옵션은 아카이브된 파일과 새로운 디렉토리 내의 파일과 비교하여 최근 파일을 아카이브에 추가하며, 't' 옵션은 아카이브된 파일 내용을 볼 수 있게 해 주는 옵션입니다. 그러면 't' 옵션으로 아카이브 파일내의 파일을 체크해 봅니다.

```
fedora@localhost:~/tar
파일(F)  편집(E)  보기(V)  터미널(T)  탭(B)  도움말(H)
[fedora@localhost tar]$ tar tvf test.tar
drwxr-xr-x fedora/fedora       0 2008-07-04 18:15 공개/
drwxr-xr-x fedora/fedora       0 2008-07-04 18:15 다운로드/
drwxr-xr-x fedora/fedora       0 2008-07-04 18:15 문서/
drwxr-xr-x fedora/fedora       0 2008-07-08 18:37 바탕화면/
drwxr-xr-x fedora/fedora       0 2008-07-04 18:15 비디오/
drwxr-xr-x fedora/fedora       0 2008-07-04 18:15 사진/
drwxr-xr-x fedora/fedora       0 2008-07-04 18:15 음악/
drwxr-xr-x fedora/fedora       0 2008-07-04 18:15 템플릿/
-rwxr-xr-x root/root       67416 2008-02-12 16:54 usr/bin/top
[fedora@localhost tar]$
```

test.tar 파일내에 있는 usr/bin/top 파일이 변경되었다면 'u' 옵션을 사용하여 변경된 파일을 추가할 수 있습니다. 그러면 다음과 같이 따라 연습해 봅니다.

```
fedora@localhost:~/tar
파일(F)  편집(E)  보기(V)  터미널(T)  탭(B)  도움말(H)
[fedora@localhost tar]$ mkdir -p usr/bin
[fedora@localhost tar]$ cp /bin/dmesg usr/bin/top
[fedora@localhost tar]$ tar uvf test.tar usr/bin/top
usr/bin/top
[fedora@localhost tar]$ tar tvf test.tar
drwxr-xr-x fedora/fedora      0 2008-07-04 18:15 공개/
drwxr-xr-x fedora/fedora      0 2008-07-04 18:15 다운로드/
drwxr-xr-x fedora/fedora      0 2008-07-04 18:15 문서/
drwxr-xr-x fedora/fedora      0 2008-07-08 18:37 바탕화면/
drwxr-xr-x fedora/fedora      0 2008-07-04 18:15 비디오/
drwxr-xr-x fedora/fedora      0 2008-07-04 18:15 사진/
drwxr-xr-x fedora/fedora      0 2008-07-04 18:15 음악/
drwxr-xr-x fedora/fedora      0 2008-07-04 18:15 템플릿/
-rwxr-xr-x root/root      67416 2008-02-12 16:54 usr/bin/top
-rwxr-xr-x fedora/fedora   9872 2008-07-08 18:40 usr/bin/top
[fedora@localhost tar]$ ▌
```

원래의 usr/bin/top 크기는 67416바이트였는데, 이 파일이 9872 바이트의 크기로 변경되었습니다. 이 때 u 옵션을 사용하여 아카이브를 재생성하면 기존 정보 그대로 변경된 /usr/bin/top 파일이 추가됩니다. 여기서 주목할 점은 아카이브내에는 두 개의 top 파일이 존재하지만, 압축을 풀 때는 업데이트된 top로 풀어진다는 점입니다.

2.2.6 –C 옵션

tar 아카이브를 작업 현 위치가 아닌 다른 경로에 풀고자 할 때 사용되는 옵션이 '-C'입니다.

```
tar xvf tar아카이브명 -C <풀경로>
```

```
fedora@localhost:~/tar
파일(F)  편집(E)  보기(V)  터미널(T)  탭(B)  도움말(H)
[fedora@localhost tar]$ mkdir tar2
[fedora@localhost tar]$ tar xvf test.tar -C tar2/
공개/
다운로드/
문서/
바탕화면/
비디오/
사진/
음악/
템플릿/
usr/bin/top
usr/bin/top
[fedora@localhost tar]$ ▌
```

2.2.7 z, j 옵션(압축)

tar는 단지 파일과 디렉토리만 묶는 기능만 한다고 살펴보았습니다. tar는 압축 기능이 없을까요? 이번에는 압축할 수 있는 옵션에 대해서 알아봅니다. tar는 두 가지 압축 옵션을 제공하는데, 'z' 옵션과 'j' 옵션이 있습니다. 'z' 옵션은 gzip 압축 도구에 의해서 압축되도록 하는 것이며, 'j' 옵션은 bzip2 압축도구에 의해서 압축되도록 하는 옵션입니다. 그러면 test.tar 아카이브 파일에 대해서 z와 j 옵션을 각기 부여해서 압축해 볼까요?

```
fedora@localhost:~/tar/tar2
파일(F)  편집(E)  보기(V)  터미널(T)  탭(B)  도움말(H)
[fedora@localhost tar]$ cd tar2
[fedora@localhost tar2]$ tar cfz test2.tar *
[fedora@localhost tar2]$ tar cfj test3.tar *
[fedora@localhost tar2]$ ls -l test*
-rw-rw-r-- 1 fedora fedora 3456 2008-07-08 18:46 test2.tar
-rw-rw-r-- 1 fedora fedora 7705 2008-07-08 18:47 test3.tar
[fedora@localhost tar2]$
[fedora@localhost tar2]$
```

이렇게 생성된 아카이브 파일을 풀 때는 반드시 z 옵션 또는 j 옵션을 부여하여 풀어야 합니다.[13] 그런데 test.tar 파일명으로 볼 때 이 파일이 z 또는 j 옵션이 부여되어 압축되어 있는지 알 수 없기 때문에 압축 옵션을 사용하여 아카이브 파일을 생성할 때 압축 옵션에 따라서 파일 확장자에 .gz 또는 .bz2를 붙여야 합니다. tar 아카이브 파일을 gzip으로 압축할 때는 .tar.gz 파일명을 사용하고, 또한 j 옵션을 사용하여 bzip2로 압축시켰을 때는 tar.bz2 파일명을 사용합니다. 그러면 파일 확장자가 .tar.gz이면 tar 아카이브가 gzip에 의해서 압축된 것이고, tar.bz2이면 tar 아카이브가 bzip2로 압축된 파일이라는 것을 쉽게 알 수 있으므로, 아카이브를 풀 때 파일 확장자에 따라 압축 옵션을 부여할 수 있을 것입니다.

2.2.8 v 옵션 (자세한 정보 보기)

아카이브 생성 과정을 좀 더 자세히 출력하기 원하는 경우에는 v 옵션을 다시 한번 지정하여 사용할 수 있습니다. 대부분 v 옵션을 두 번 이용하는 경우는 드물지만, v 옵션을 다시 사용하면 파일 구조, 소유권 및 허가권 정보 등을 아카이브 생성 과정에서 볼 수 있습니다.

```
fedora@localhost:~/tar/tar2
파일(F)  편집(E)  보기(V)  터미널(T)  탭(B)  도움말(H)
[fedora@localhost tar2]$ tar cvfvz test2.tar.gz *
-rw-rw-r-- fedora/fedora  3456 2008-07-08 18:46 test2.tar
-rw-rw-r-- fedora/fedora  7705 2008-07-08 18:47 test3.tar
drwxrwxr-x fedora/fedora     0 2008-07-08 18:44 usr/
drwxrwxr-x fedora/fedora     0 2008-07-08 18:44 usr/bin/
-rwxr-xr-x fedora/fedora  9872 2008-07-08 18:40 usr/bin/top
drwxr-xr-x fedora/fedora     0 2008-07-04 18:15 공개/
drwxr-xr-x fedora/fedora     0 2008-07-04 18:15 다운로드/
drwxr-xr-x fedora/fedora     0 2008-07-04 18:15 문서/
drwxr-xr-x fedora/fedora     0 2008-07-08 18:37 바탕화면/
drwxr-xr-x fedora/fedora     0 2008-07-04 18:15 비디오/
drwxr-xr-x fedora/fedora     0 2008-07-04 18:15 사진/
drwxr-xr-x fedora/fedora     0 2008-07-04 18:15 음악/
drwxr-xr-x fedora/fedora     0 2008-07-04 18:15 템플릿/
[fedora@localhost tar2]$
```

13) 일반적으로 tar는 z 또는 j 옵션으로 압축한 파일을 해제할 때는 z 또는 j 옵션을 사용해야 하지만, 페도라 코어6이상에서는 두 옵션을 기본적으로 자동 인식하여 이들 옵션을 붙이지 않고서도 압축을 해제할 수 있습니다.

2.3 gzip과 gunzip

gzip과 gunzip는 리눅스에서 파일을 압축하고 푸는데 가장 많이 사용되는 압축 도구입니다. gzip 도구는 파일을 압축하거나 푸는 데 사용되는 GNU 압축 유틸리티로, 이것에 의해서 압축되는 파일들은 .gz 확장자를 갖게 됩니다.

2.3.1 gzip 압축

test.tar파일을 gzip으로 압축해 보고, test.tar 파일과 크기를 비교 연습해 봅니다.

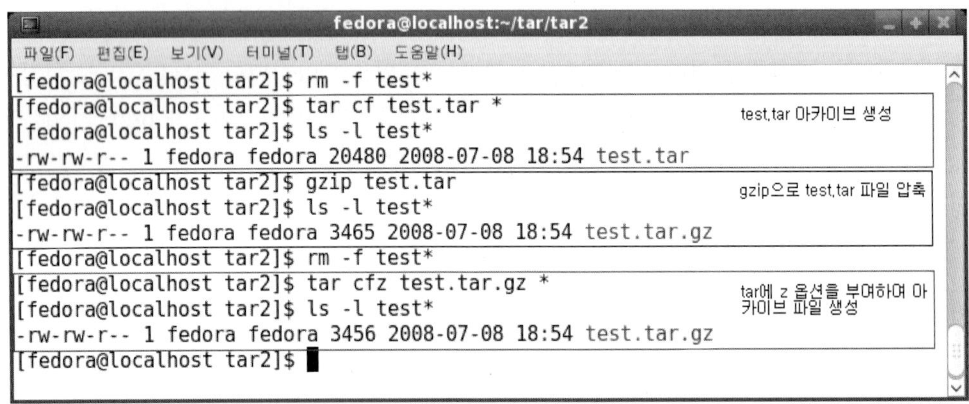

gzip의 사용법은 매우 간단합니다. 이 명령 뒤에 압축하고자 하는 tar 아카이브 파일만 명시해 주면 됩니다. 이 도구로 압축해서 생성된 파일(test.tar.gz)나 tar에 'z'옵션을 부여하여 생성된 아카이브 파일이나 거의 압축 크기는 비슷함을 확인할 수 있습니다.

2.3.2 압축 풀기(gunzip)

압축을 해제하려면 '-d' 옵션을 사용하거나 gunzip 유틸리티를 사용합니다.

gunzip으로 압축을 해제하려면 다음과 같이 간단히 tar 파일을 지정해 주면 됩니다.

```
fedora@localhost:~/tar/tar2
파일(F)  편집(E)  보기(V)  터미널(T)  탭(B)  도움말(H)
[fedora@localhost tar2]$ gzip test.tar
[fedora@localhost tar2]$ gunzip test.tar.gz
[fedora@localhost tar2]$ ls -l test*
-rw-rw-r-- 1 fedora fedora 20480 2008-07-08 18:54 test.tar
[fedora@localhost tar2]$
```

또한 tar.gz 파일을 풀 때는 gunzip 도구를 이용하는 것보다는 tar에 z 옵션을 사용하여 한꺼번에 압축과 아카이브를 푸는 것이 편리합니다.

```
fedora@localhost:~/tar/tar2
파일(F)  편집(E)  보기(V)  터미널(T)  탭(B)  도움말(H)
[fedora@localhost tar2]$ gzip test.tar
[fedora@localhost tar2]$ tar xfz test.tar.gz
[fedora@localhost tar2]$ ls -l test*
-rw-rw-r-- 1 fedora fedora 3465 2008-07-08 18:54 test.tar.gz
[fedora@localhost tar2]$
```

2.4 bzip2와 bunzip2

bzip2로 tar 아카이브 파일을 압축하게 되면 기존 tar 아카이브 파일확장자 대신에 .bz2 확장자가 붙으며 gzip에 비해서 상당히 높은 압축률을 보이지만, 압축 해제 속도는 상당히 느린 단점이 있기도 합니다.

bzip2의 사용법은 다음과 같습니다.

```
bzip2 압축파일명 tar아카이브파일명
```

그러면 test.tar.gz 파일을 test.tar 파일로 풀어 bzip2로 다음과 같이 압축해 봅니다.

```
fedora@localhost:~/tar/tar2
파일(F)  편집(E)  보기(V)  터미널(T)  탭(B)  도움말(H)
[fedora@localhost tar2]$ ls -l
합계 32
-rw-rw-r-- 1 fedora fedora 32730 2008-07-08 18:43 test.tar.gz
[fedora@localhost tar2]$ gzip -d test.tar.gz
[fedora@localhost tar2]$ ls -l
합계 96
-rw-rw-r-- 1 fedora fedora 92160 2008-07-08 18:43 test.tar
[fedora@localhost tar2]$ bzip2 test.tar
[fedora@localhost tar2]$ ls -l
합계 36
-rw-rw-r-- 1 fedora fedora 32915 2008-07-08 18:43 test.tar.bz2
[fedora@localhost tar2]$
```

압축을 풀 때 -d 옵션을 이용하거나 bunzip2를 이용하면 됩니다. bunzip2는 옵션없이 bz2 압축 파일만 명시해 주면 됩니다.

```
fedora@localhost:~/tar/tar2
파일(F)  편집(E)  보기(V)  터미널(T)  탭(B)  도움말(H)
[fedora@localhost tar2]$ bzip2 -d test.tar.bz2
[fedora@localhost tar2]$ ls -l
합 계 96
-rw-rw-r-- 1 fedora fedora 92160 2008-07-08 18:43 test.tar
[fedora@localhost tar2]$
```

```
fedora@localhost:~/tar/tar2
파일(F)  편집(E)  보기(V)  터미널(T)  탭(B)  도움말(H)
[fedora@localhost tar2]$ bunzip2 test.tar.bz2
[fedora@localhost tar2]$ ls -l
합 계 96
-rw-rw-r-- 1 fedora fedora 92160 2008-07-08 18:43 test.tar
[fedora@localhost tar2]$
```

3. RPM 패키지 관리

RPM(Redhat Package Manager)은 레드햇 사에서 만들어진 바이너리 파일 관리 도구로, tar 소스 파일에 비해 RPM 패키지는 소스 자체를 미리 컴파일하여 만들어진 바이너리 파일을 묶어 놓고, 파일들이 설치될 경로에 쉽게 설치되도록 하는 편리한 도구입니다. RPM은 파일 배포를 매우 편리하게 해 주며, tar 도구나 소스 컴파일에 익숙하지 않은 사용자에게 매우 편리하고 강력한 설치 기능을 제공해 주지만, 설치 시 의존성 문제로 인하여 설치하기 어려운 것이 단점이기도 합니다.

3.1 RPM 패키지 구조

RPM 패키지 파일은 다음과 같은 형식으로 구성되어 있습니다.

```
kernel-2.6.25-14.fc9.x86__64.rpm
-----  ----  --  ---  ----  ---
 ①     ②    ③  ④    ⑤     ⑥
```

① RPM 패키지의 이름을 나타냅니다.

② 해당 프로그램의 버전을 의미합니다.

③ 릴리즈(Release) 표시로 몇 번째로 만들어진 패키지인가를 나타냅니다. 14는 14번에 걸쳐 같은 패키지를 패키징 작업을 했다는 의미입니다. 일반적으로 패치(Patch) 버전을 말하는데 번호가 높을수록 최신 파일이고, 전 버전보다 향상되었음을 의미합니다.

④ rpm 패키지가 페도라9 버전이라는 것을 의미합니다.

⑤ 사용되는 시스템의 아키텍처를 의미입니다. 예제의 x86_64는 64비트의 CPU 환경을 의미하며, 32비트 CPU에서는 i586 또는 i686 형태로 표기합니다.

⑥ .rpm 확장자는 RPM으로 만들어진 패키지임을 의미합니다.

> **[참고] .src.rpm 확장자를 가진 패키지**
>
> RPM 패키지 가운데 .src.rpm로 된 패키지가 있는데, 이 패키지는 source RPM 패키지를 의미하는 것으로, 타볼 소스(tar.gz)와 바이너리 패키지 제작을 위한 명세 파일들이 들어 있습니다. 타볼 소스는 원래의 배포 소스를 약간 변형한 경우도 있기 때문에 타볼 소스로 배포되는 파일과는 다를 수도 있습니다. SRPM 패키지는 /usr/src/redhat/SOURCES 디렉토리에 대부분 설치됩니다.

3.2 RPM 명령

rpm 명령어의 사용법은 다음 표로 정리하였습니다.

RPM 명령 사용법	
설치 방법	rpm -i 옵션 패키지 명
업그레이드 방법	rpm -U 옵션 패키지 명
제거 방법	rpm -e 옵션 패키지 명
질의 방법	rpm -q 옵션 패키지 목록
검점 방법	rpm -V 옵션 또는 -y 패키지 목록
패키지 만드는 방법	rpm -b 패키지 명

3.3 RPM 패키지 관리

먼저 rpm 패키지를 설치하는 방법보다는 삭제하는 방법을 살펴보도록 하겠습니다.

3.3.1 RPM 패키지 제거

설치된 RPM 패키지를 삭제하려면 다음과 같이 -e 옵션을 사용합니다.

```
rpm -e 패키지
```

그러면 여러분 시스템에 이미 설치되어 bittorrent라는 패키지를 다음과 같이 제거해 봅니다.

```
[fedora@localhost ~]$ su -
암호:
[root@localhost ~]# rpm -e bittorrent
[root@localhost ~]#
```

3.3.2 RPM 패키지 설치

3.3.2.1 -i 옵션

페도라 리눅스 설치 DVD를 DVD-ROM 드라이브에 넣고 자동 마운트되면 Packages 디렉토리로 이동하여 앞서 삭제한 bittorrent 패키지를 다음과 같이 설치해 봅니다.[14]

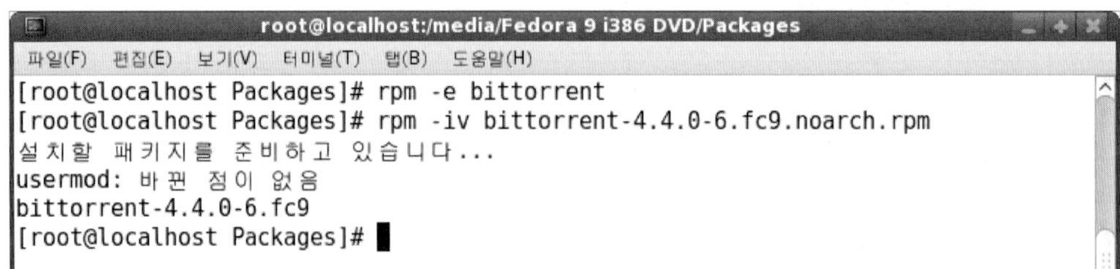

rpm 패키지를 설치할 때는 'i' 옵션을 사용합니다. 그러나 설치되어 있는지를 화면상에선 볼 수가 없는데, 다음 살펴볼 옵션에 설치 과정이 나타날 수 있도록 할 수 있습니다.

3.3.2.2 -v 옵션

-i 옵션과 함께 -v 옵션을 사용하면 아래 화면과 같이 설치되는 패키지 메시지 상태를 봅니다. 그러면 앞서 설치한 bittorrent 패키지를 제거한 후에 -iv 옵션을 사용하여 다시 설치해 보도록 합니다.

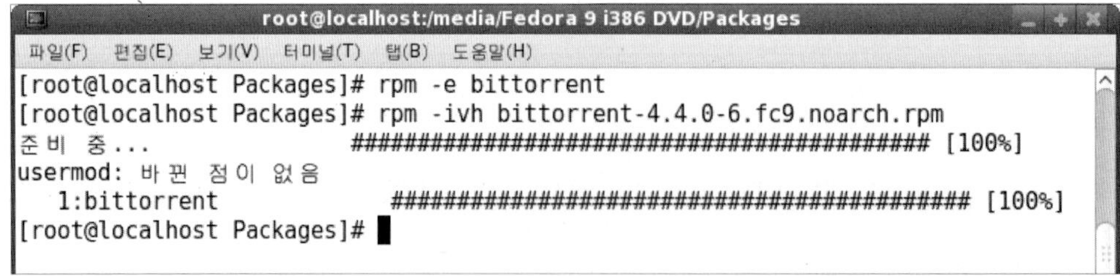

3.3.2.3 -h 옵션

RPM 패키지를 설치할 때 -h 옵션을 함께 사용하면 단순한 설치 메시지보다 연속적인 해쉬(#) 문자로 설치되는 과정을 보여주기 때문에 RPM 패키지 설치 시 -ivh 옵션이 흔히 사용되게 됩니다.

연속적인 해쉬 문자로 설치되는 과정을 볼 수 있으므로 단일 옵션을 사용하는 것보다 훨씬 편하다는 것을 알 수 있습니다. 일반적으로 RPM 패키지를 처음 설치할 때는 ivh 옵션을 사용한다는 것을 기억하세요.

```
rpm -ivh 패키지명
```

---

14) 마운트된 페도라 코어 DVD 경로를 이동할 때 cd /media/F까지 입력한 후에 ⊞(Tab)키를 사용하면 나머지 경로가 자동으로 입력됩니다.

설치하고자 하는 RPM 패키지가 이미 설치되어 있는 상태에서 RPM 패키지를 -ivh 옵션을 사용하여 설치하면 이미 설치되어 있는 패키지라는 에러 메시지를 보여 주게 됩니다. 이미 설치되어 있는 패키지를 제거하지 않고 RPM 패키지를 설치할 수 있는 하위 옵션들에 대해서 알아봅니다.

3.3.2.4 ─replacepkgs 옵션

이 옵션은 이미 설치된 패키지에 이상이 다시 설치해야 할 경우 주로 사용됩니다.

```
root@localhost:/media/Fedora 9 i386 DVD/Packages
파일(F)  편집(E)  보기(V)  터미널(T)  탭(B)  도움말(H)
[root@localhost Packages]# rpm -ivh --replacepkgs bittorrent-4.4.0-6.fc9.noarch.
rpm
준비 중...                      ####################################### [100%]
usermod: 바뀐 점이 없음
   1:bittorrent                 ####################################### [100%]
[root@localhost Packages]#
```

3.3.2.5 ─replacefiles 옵션

RPM 패키지 설치 시 이미 설치되어 있는 패키지와 새로 설치할 패키지간의 버전이 서로 달라 패키지 충돌로 인하여 RPM 패키지가 설치되지 않는 경우가 있는데, --preplacefiles 옵션은 이러한 경우에 사용됩니다. 그러면 다음과 같이 새로 업데이트된 파일(tar)을 다운로드합니다.

```
root@localhost:~
파일(F)  편집(E)  보기(V)  터미널(T)  탭(B)  도움말(H)
[root@localhost ~]# wget ftp://ftp.kaist.ac.kr/pub/fedora/linux/updates/9/i386/t
ar-1.19-4.fc9.i386.rpm
```

tar rpm 패키지를 -ivh 옵션을 적용하여 설치해 보면 설치가 안 될뿐더러 의존성 실패라는 메시지가 뜸을 볼 수 있습니다. --replacefiles 옵션을 적용하기 앞서 의존성 문제를 해결하는 방법에 대해서 짚고 넘어가도록 합니다. 의존성(dependency)이라는 것은 한 패키지가 설치되는데 있어서 필요로 하는 타 패키지의 요구를 의미합니다. 따라서 tar 패키지를 설치하기 위해선 오류에서 보여주는 libacl라는 패키지를 설치해 주어야 합니다. 그러면 이 패키지를 설치하기 위하여 이미 마운트되어 있는 DVD로 이동하여 다음과 같이 실행합니다.

```
root@localhost:/media/Fedora 9 i386 DVD/Packages
파일(F)  편집(E)  보기(V)  터미널(T)  탭(B)  도움말(H)
[root@localhost ~]# cd /media/Fedora\ 9\ i386\ DVD/
[root@localhost Fedora 9 i386 DVD]# cd Packages/
[root@localhost Packages]# rpm -ivh libacl-2.2.47-1.fc9.i386.rpm libattr-2.4.41-
1.fc9.i386.rpm
준비 중...                      ####################################### [100%]
   1:libattr                    ####################################### [ 50%]
   2:libacl                     ####################################### [100%]
[root@localhost Packages]#
```

상기 과정을 눈여겨 본 독자들은 이상함을 느낄 겁니다. 왜 libacl 패키지를 설치하는데, libattr 패키지도 설치해야 하는지를. 왜 그럴까요? libacl 패키지 역시 libattr 패키지와 의존성을 갖기 때문입니다.

자, 이제 --replacefiles 옵션을 적용하여 tar 패키지를 설치해 보도록 하죠. tar를 다운로드한 경로로 다시 이동하여 설치합니다. 현재 작업을 root 사용자로 하고 있는 상태에서 다운로드하였으므로 /root로 이동해야 합니다. 만일 root가 아닌 일반 계정에서 다운로드하였다면 그 계정으로 이동하면 됩니다.

```
[root@localhost Packages]# cd
[root@localhost ~]# rpm -ivh --replacefiles tar-1.19-4.fc9.i386.rpm
준 비 중...                  ######################################## [100%]
   1:tar                    ######################################## [100%]
[root@localhost ~]#
```

이제 tar 패키지가 정상적으로 설치됨을 볼 수 있습니다. 이렇게 버전이 다른 동일한 패키지를 설치하고자 할 때는 --replacefiles 옵션을 사용하면 됨을 이해할 수 있습니다. 하지만 주의할 점은 버전이 다른 패키지를 이 옵션을 이용하여 설치한 경우 기존 버전의 정보가 그대로 존재하기 때문에 최종 버전을 다시 설치할 때 문제가 발생될 수 있다는 점입니다.

```
[root@localhost ~]# rpm -ivh tar-1.19-4.fc9.i386.rpm
준 비 중...                  ######################################## [100%]
        tar-1.19-4.fc9.i386 패키지는 이미 설치되어 있습니다
        tar-1.19-4.fc9.i386에서 설치되는 /usr/share/info/tar.info-1.gz 파일은 ta
r-1.19-3.fc9.x86_64 패키지의 파일과 충돌합니다
        tar-1.19-4.fc9.i386에서 설치되는 /usr/share/info/tar.info-2.gz 파일은 ta
r-1.19-3.fc9.x86_64 패키지의 파일과 충돌합니다
        tar-1.19-4.fc9.i386에서 설치되는 /usr/share/info/tar.info.gz 파일은 tar-
1.19-3.fc9.x86_64 패키지의 파일과 충돌합니다
[root@localhost ~]#
```

이 경우 기존 버전을 제거해 주는 것이 좋습니다. 그러면 기존 버전(1.19-3.fc9)을 제거해 봅니다.

```
[root@localhost ~]# rpm -e tar-1.19-3.fc9
[root@localhost ~]#
```

최신 RPM 패키지는 어디에서 구할 수 있을까?

RPM 패키지는 다음 사이트에서 검색을 통하여 원하는 패키지를 구할 수 있습니다.

http://rpmfind.net

http://freshrpms.net

http://rpm.pbone.net

http://atrpms.net

http://rpm.livna.org

3.3.2.6 —force 옵션

--force 옵션을 사용하면 패키지가 이미 설치되어 있더라도 기존 패키지를 무시하고 강제적으로 설치하라는 명령이 됩니다. --force 옵션은 앞서 살펴 본 --replacepkgs와 --replacefiles 두 옵션을 모두 포함하고 있어 이미 설치되어 있는 패키지 버전이 달라도 설치된 RPM 패키지를 제거하지 않고서도 패키지를 다시 설치할 수 있습니다.

```
                                  root@localhost:~
 파일(F)   편집(E)   보기(V)   터미널(T)   탭(B)   도움말(H)
[root@localhost ~]# rpm -ivh --force tar-1.19-4.fc9.i386.rpm
준 비  중...                    ####################################### [100%]
   1:tar                        ####################################### [100%]
[root@localhost ~]#
```

그러나 --force 옵션을 사용했는데도 불구하고 의존성 에러 메시지를 보여 주면서 더 이상 설치되지 않는 경우가 있다. 이럴 경우에는 바로 설명할 --nodeps 옵션을 사용해야 합니다.

3.3.2.7 —nodeps 옵션

이 옵션은 앞서 살펴보았던 의존성 문제를 무시하고 패키지를 설치 또는 제거하도록 하는 옵션입니다. 이 옵션을 적용하여 rpm 패키지를 설치할 경우 의존성 패키지가 설치되어 있지 않더라도 설치하고자 하는 rpm 패키지는 설치되더라도 해당 패키지의 파일을 실행하는데 있어서는 의존성 문제가 해결되어 있지 않기 때문에 오류가 발생되므로, 이 옵션은 의존성 패키지를 해결되지 않는 상태에서 적용하는 것은 조심해야 합니다. 그러면 앞서 설치하였던 tar 패키지를 의존성을 무시한 채 제거하는 것으로 이 옵션을 연습해 보도록 합니다.

```
                                  root@localhost:~
 파일(F)   편집(E)   보기(V)   터미널(T)   탭(B)   도움말(H)
[root@localhost ~]# rpm -e tar-1.19-4.fc9
오류: Failed dependencies:
        tar is needed by (installed) mkinitrd-6.0.52-2.fc9.x86_64
        /bin/tar is needed by (installed) redhat-lsb-3.1-19.fc8.x86_64
[root@localhost ~]# rpm -e --nodeps tar-1.19-4.fc9
[root@localhost ~]#
```

RPM 의존성 문제를 쉽게 해결하려면

RPM 패키지의 의존성 문제를 해결하기란 리눅스 입문자들에게는 그리 쉬운 일은 아닙니다. 많은 리눅스 사용자들이 rpm 사용을 꺼리하는 이유 중의 하나가 의존성 문제에 있습니다. 요즘엔 이러한 문제점을 해결하기 위해서 앞으로 살펴보게 될 yum를 지원하는데, 이들 도구를 이용하면 의존성 문제를 스스로 알아서 관련된 패키지를 함께 설치해 주기 때문에 앞으로는 rpm 도구보다는 yum를 많이 사용하게 됩니다.

RPM 패키지 설치 진행 과정을 퍼센트(%)로 보기

--percent 옵션을 사용하면 RPM 패키지 설치 과정을 퍼센트 단위로 볼 수 있습니다.

3.3.3 RPM 업그레이드

RPM 패키지를 업그레이드할 때는 -i 옵션 대신에 -U 옵션을 사용합니다. 그러면 tar 패키지를 앞서 제거하여 설치되어 있지 않은 상태이므로, 페도라9 DVD로 tar 패키지를 설치한 후 다운로드한 업그레이드 버전으로 '-U 옵션'을 적용하여 설치해 보도록 합니다.

```
root@localhost:~
파일(F)  편집(E)  보기(V)  터미널(T)  탭(B)  도움말(H)
[root@localhost ~]# cd /media/Fedora\ 9\ i386\ DVD/
[root@localhost Fedora 9 i386 DVD]# cd Packages/
[root@localhost Packages]# rpm -ivh tar-1.19-3.fc9.i386.rpm
준비 중...                 ################################### [100%]
   1:tar                   ################################### [100%]
[root@localhost Packages]# cd
[root@localhost ~]# rpm -Uvh tar-1.19-4.fc9.i386.rpm
준비 중...                 ################################### [100%]
   1:tar                   ################################### [100%]
[root@localhost ~]#
```

'rpm -qv tar' 명령을 실행하여 tar 패키지가 1.19-4.fc9 버전으로 업그레이드되었는지를 확인합니다.

```
root@localhost:~
파일(F)  편집(E)  보기(V)  터미널(T)  탭(B)  도움말(H)
[root@localhost ~]# rpm -qv tar
tar-1.19-4.fc9.i386
[root@localhost ~]#
```

3.3.4 패키지 정보 알아보기

RPM 패키지의 각종 정보를 확인해 보고자 할 때 '-q' 옵션을 사용합니다.

```
rpm -q [옵션] [패키지목록]
```

패키지 정보에 대한 질의 옵션에는 두 가지 옵션이 있습니다. 하나는 패키지 스펙 옵션이라는 것으로 어느 패키지 정보를 알아낼 것인가를 질의하는 옵션이며, 다른 하나는 대상 패키지에 대해 어떤 정보를 볼 것인가를 결정하는 정보 선택 옵션 등이 있습니다.

1. 패키지 스펙 옵션(Package Specification Options)	
-a	설치되어 있는 모든 패키지의 정보
-f ⟨file⟩	⟨파일⟩을 포함하고 있는 패키지의 정보
-p ⟨package⟩	지정한 패키지에 대한 정보 파악

2. 정보 선택 옵션(Information Selection Options)	
-i	패키지의 이름, 짧은 설명, 버전, 날짜, 제작자 등 정보를 원하고자 할 때
-l	패키지의 모든 파일의 목록을 보고자 할 때
-s	패키지의 모든 파일의 상태를 보고자 할 때
-d	패키지 파일 목록 가운데 문서 파일만 보고자 할 때
-c	패키지 파일 목록 가운데 환경 설정 파일을 보고자 할 때

3.3.4.1 설치된 모든 패키지 검색

시스템에 설치된 모든 RPM 패키지들을 확인하고자 할 때는 '-a' 옵션을 사용합니다.

```
[root@localhost ~]# rpm -q -a
iso-codes-2.0-1.fc9.noarch
tzdata-2008b-1.fc9.noarch
ql2400-firmware-4.00.27-1.fc8.1.noarch
ql2200-firmware-2.02.08-1.fc8.1.noarch
libgcc-4.3.0-8.i386
libSM-1.0.2-5.fc9.x86_64
libpng-1.2.24-1.fc9.x86_64
db4-4.6.21-5.fc9.x86_64
elfutils-libelf-0.133-3.fc9.x86_64
pcre-7.3-3.fc9.x86_64
flac-1.2.1-4.fc9.x86_64
libdhcp4client-4.0.0-14.fc9.x86_64
libmusicbrainz-2.1.5-6.fc9.x86_64
upstart-0.3.9-19.fc9.x86_64
libggz-0.0.14.1-1.fc9.x86_64
libshout-2.2.2-3.fc9.x86_64
```

페도라 리눅스의 RPM 패키지 찾기

페도라의 시스템 구성 요소 패키지들은 1400여 개나 되는데, -a 옵션으로 모든 패키지를 한 페이지이후에 하나하나씩 살펴보고자 한다면, 그림과 같이 옵션에 뒤에 파이프 기호를 붙이고 more 명령을 사용하여 설치된 구성 요소 패키지들을 하나하나 검색할 수 있습니다. 만일 특정 패키지들을 검색할 경우에는 grep 명령으로 다음과 같은 형식으로 사용하면 됩니다.

```
rpm -qa | grep 패키지명
```

3.3.4.2 해당 파일을 포함하는 패키지 알아보기

여러분이 실행하는 명령어나 어떠한 파일이 어떠한 패키지 속에 포함되어 있는지 파악해야 할 때가 있는데, 특히 해당 파일을 업데이트하기 위해서는 그 파일을 담고 있는 패키지가 무엇인지 알아야 됩니다. 이러한 목적으로 해당 파일을 포함하는 패키지를 출력하고자 할 때는 '-f' 옵션을 사용합니다. 그러면 소스 코드 컴파일러인 make 파일에 대해서 살펴봅니다. 먼저 make 파일이 소속되어 있는 패키지명을 확인해 봅니다.

```
[root@localhost ~]# rpm -qf `which make`
make-3.81-12.fc9.x86_64
[root@localhost ~]# rpm -q make
make-3.81-12.fc9.x86_64
[root@localhost ~]#
```

페도라의 /usr/bin/make 파일을 포함하고 있는 패키지는 make-3.81-12.fc9 패키지임을 보여 줍니다.

> ### 상기 예제에서 주의할 점
>
> rpm -qf `which make`는 rpm -qf /usr/bin/make와 같은 의미입니다. 이때 '표시는 작은 따옴표(')가 아닌 1 숫자 키 왼쪽에 위치한 ▣ 키를 눌러야 함을 주의해야 합니다.

3.3.4.3 패키지 정보 요약 보기

'-q' 옵션에 '-i' 선택 옵션을 지정하면 해당 파일을 포함하는 패키지에 대한 자세한 설명을 볼 수 있습니다. 그러면 다음과 같이 실행하여 /usr/bin/make에 대한 패키지 정보를 살펴봅니다.

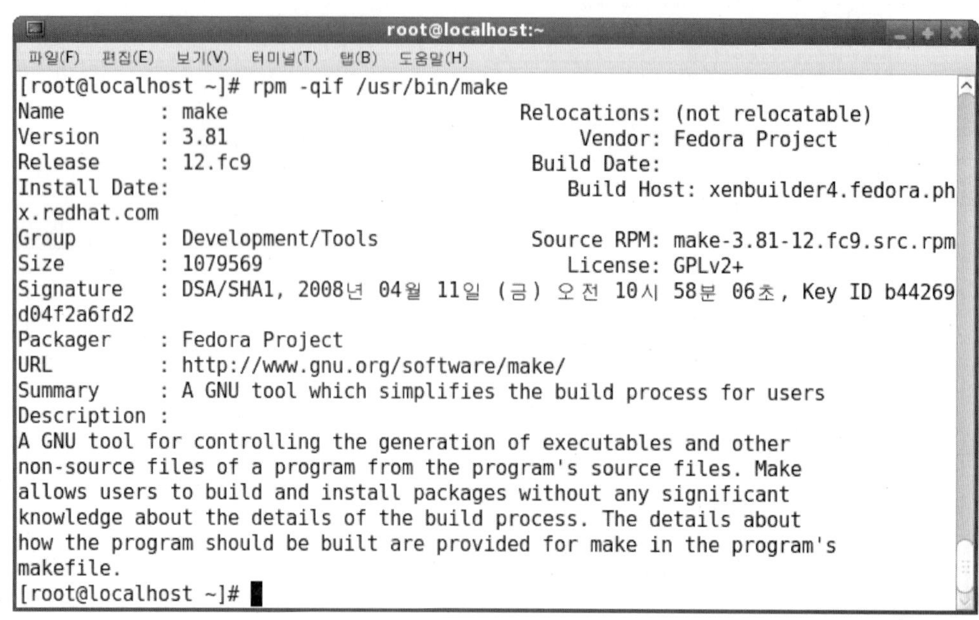

```
[root@localhost ~]# rpm -qif /usr/bin/make
Name        : make                         Relocations: (not relocatable)
Version     : 3.81                               Vendor: Fedora Project
Release     : 12.fc9                         Build Date:
Install Date:                                 Build Host: xenbuilder4.fedora.ph
x.redhat.com
Group       : Development/Tools            Source RPM: make-3.81-12.fc9.src.rpm
Size        : 1079569                         License: GPLv2+
Signature   : DSA/SHA1, 2008년 04월 11일 (금) 오전 10시 58분 06초, Key ID b44269
d04f2a6fd2
Packager    : Fedora Project
URL         : http://www.gnu.org/software/make/
Summary     : A GNU tool which simplifies the build process for users
Description :
A GNU tool for controlling the generation of executables and other
non-source files of a program from the program's source files. Make
allows users to build and install packages without any significant
knowledge about the details of the build process. The details about
how the program should be built are provided for make in the program's
makefile.
[root@localhost ~]#
```

make 파일에 대한 패키지 정보로부터 제작자, 제작일자, 파일 크기, 파일 설명에 이르기까지 상세한 정보를 보여 줍니다.

3.3.4.4 패키지 정보

페도라 리눅스에서 배포되는 RPM 패키지에 대해서 그것들이 어떤 용도로 사용되는지 일일이 파악하기는 어렵습니다. 이럴 때 패키지들에 대한 정보를 알아볼 수 있는 옵션인 '-p' 옵션을 사용하면 어떠한 용도로 패키지가 사용되는지 알 수 있습니다. '-p' 옵션은 '-i' 옵션과 함께 사용해야 합니다. 그러면 페도라 리눅스 설치 DVD에 있는 make 패키지에 대한 정보를 확인해 봅니다.

```
[root@localhost ~]# cd /media/Fedora\ 9\ i386\ DVD/
[root@localhost Fedora 9 i386 DVD]# cd Packages/
[root@localhost Packages]# rpm -qip make-3.81-12.fc9.i386.rpm
Name        : make                         Relocations: (not relocatable)
Version     : 3.81                               Vendor: Fedora Project
Release     : 12.fc9                         Build Date:
Install Date: (not installed)               Build Host: hammer2.fedora.redhat.co
m
Group       : Development/Tools            Source RPM: make-3.81-12.fc9.src.rpm
Size        : 1070537                         License: GPLv2+
Signature   : DSA/SHA1, 2008년 04월 11일 (금) 오전 10시 58분 06초, Key ID b44269
d04f2a6fd2
Packager    : Fedora Project
```

```
URL          : http://www.gnu.org/software/make/
Summary      : A GNU tool which simplifies the build process for users
Description :
A GNU tool for controlling the generation of executables and other
non-source files of a program from the program's source files. Make
allows users to build and install packages without any significant
knowledge about the details of the build process. The details about
how the program should be built are provided for make in the program's
makefile.
[root@localhost Packages]#
```

'-qif' 옵션을 사용했을 때와 똑같은 결과가 나옴을 확인할 수 있습니다. 그러므로 '-i' 옵션을 병행하여 사용하면 패키지 또는 파일에 대해서 자세한 정보를 구할 수 있습니다.

3.3.4.5 설치된 패키지 파일 목록 보기

설치된 패키지에는 어떠한 파일들이 포함되어 있는지 알아보려면 '-l' 옵션을 사용합니다. 그러면 설치되어 있는 make를 포함하는 패키지에는 어떠한 파일들이 들어 있는지 확인해봅니다.

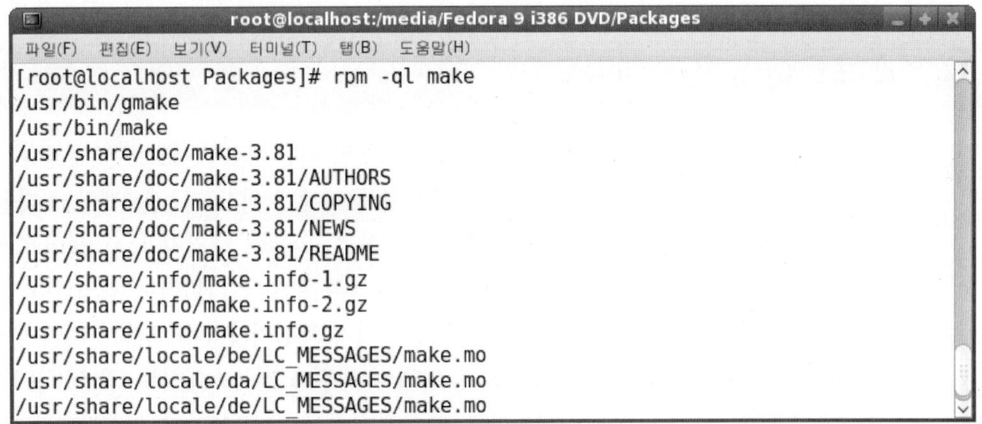

```
[root@localhost Packages]# rpm -ql make
/usr/bin/gmake
/usr/bin/make
/usr/share/doc/make-3.81
/usr/share/doc/make-3.81/AUTHORS
/usr/share/doc/make-3.81/COPYING
/usr/share/doc/make-3.81/NEWS
/usr/share/doc/make-3.81/README
/usr/share/info/make.info-1.gz
/usr/share/info/make.info-2.gz
/usr/share/info/make.info.gz
/usr/share/locale/be/LC_MESSAGES/make.mo
/usr/share/locale/da/LC_MESSAGES/make.mo
/usr/share/locale/de/LC_MESSAGES/make.mo
```

'-l' 옵션과 '-p' 옵션을 함께 사용하면 어떠한 결과가 나올까요? 결과는 동일하게 나오지만 '-l' 옵션만을 사용할 때는 설치된 패키지에 대한 정보를 보여 주며, '-p' 옵션을 함께 사용하면 해당 패키지내에 있는 정보를 보여줍니다. 따라서 설치되어 있는 패키지와는 무관하게 RPM 패키지내에서 어떠한 파일들이 있는지 확인할 경우에는 '-pl' 옵션을 함께 사용하면 됩니다.

3.3.4.6 의존성 여부 알아보기

패키지를 설치할 때 패키지 내의 파일들이 다른 파일들과 의존성을 갖는다고 앞서 살펴보았는데 구체적으로 어떠한 파일들과 의존성을 갖는지 알아보기 위해서는 '-R' 옵션을 사용합니다. 페도라 설치 DVD에 있는 yum 패키지의 의존성 여부를 확인해 봅니다.

패키지 중복 설치시 제거 방법

'rpm -qa | grep 패키지명'을 실행하였을 때 똑같은 패키지가 중복되어 설치되어 있는 경우가 있습니다. 이런 경우 패키지를 제거하고자 할 때 다중 패키지라는 메시지와 함께 패키지가 삭제되지 않는 문제점이 발생할 수 있습니다. 이럴 때는 --allmatches 옵션을 추가해서 삭제하면 중복된 패키지가 한 번에 제거됩니다.

```
root@localhost:/media/Fedora 9 i386 DVD/Packages
파일(F)  편집(E)  보기(V)  터미널(T)  탭(B)  도움말(H)

[root@localhost Packages]# rpm -qRp yum-3.2.14-10.fc9.noarch.rpm
/usr/bin/python
config(yum) = 3.2.14-10.fc9
pygpgme
python >= 2.4
python(abi) = 2.5
python-iniparse
python-sqlite
rpm >= 0:4.4.2
rpm-python
rpmlib(CompressedFileNames) <= 3.0.4-1
rpmlib(PartialHardlinkSets) <= 4.0.4-1
rpmlib(PayloadFilesHavePrefix) <= 4.0-1
urlgrabber
yum-metadata-parser >= 1.1.0
[root@localhost Packages]#
```

4. 소프트웨어 업그레이드

RPM은 패키지를 설치하는데 상당히 편리한 도구입니다. 하지만, RPM은 다른 패키지와의 의존성 문제로 인하여 의존성 패키지를 선행적으로 설치해 주어야 설치가 가능한 제약이 따릅니다. 문제는 의존성 패키지도 요구하는 버전의 패키지를 설치해야 하고, 의존성 패키지가 한 둘이 아니고, 그 이상일 경우 의존성 패키지를 일일이 구해서 설치한다는 것도 쉬운 일이 아니라는 점입니다. 또한 의존성 패키지를 어디서 구해야 할 지 모르는 경우에는 RPM 패키지를 설치하기 어렵다는 것이 RPM의 큰 약점이라 할 수 있습니다. 이러한 문제점을 해결하기 위해서 페도라 리눅스에서는 YUM(Yellow Update Manager) 도구를 지원합니다. 이 도구를 이용하면 의존성 문제를 고민하지 않고 패키지를 네트워크상으로 손쉽게 설치할 수 있습니다.

4.1 YUM를 이용한 패키지 업데이트

4.1.1 YUM(Yellowdog Updater,Modified)란?

YUM은 네트워크상으로 rpm 패키지의 의존성 문제를 해결해 주면서 손쉽게 rpm 패키지를 설치하거나 제거해 주는 패키지 관리 도구입니다. YUM 도구는 rpm 패키지가 저장된 서버(리포지토리, repository)로부터 설치하고자 하는 패키지와 의존성이 있는 패키지들도 함께 다운로드하여 설치해 주는 편리한 도구입니다.

4.1.1.1 YUM 설정 (/etc/yum.conf)

클라이언트의 yum 설정 파일 /etc/yum.conf는 [main]영역과 [서버]영역으로 구분되어 설정되지만, 주 영역 설정은 기본 값 그대로 사용해도 무방하고, 추가해 줄 yum 저장소의 서버는 다음과 같은 형식으로 추가해 줍니다.

```
[ServerID]
name=yum서버 이름
baseurl=url://서버주소/저장소경로
```

다음은 ATRPMS yum 서버 설정입니다.

```
[atrpms]
name=Fedora Core $releasever - $basearch - ATrpms
baseurl=http://dl.atrpms.net/fc$releaserver-$basearch/atrpms/stable
gpgkey=http://ATrpms.net/RPM-GPG-KEY.atrpms
gpgcheck=1
```

4.1.1.2 FC9용 yum 저장소(repository) 추가

yum으로 rpm 패키지를 설치하기 위해서는 yum 저장소(리포지토리)를 추가해야 합니다. 다음과 같은
방식으로 yum 저장소를 추가합니다.

```
Livna.org 저장소
rpm --import http://rpm.livna.org/RPM-LIVNA-GPG-KEY
rpm -ivh http://rpm.livna.org/livna-release-9.rpm
```

4.1.1.3 yum 사용법

▶ 설치된 패키지와 업데이트 가능한 패키지 보기

```
# yum list
```

yum list 명령을 실행하면 시스템에 설치되어 있는 rpm 패키지 목록을 확인해 볼 수 있으며, 또한 업
그레이드 가능한 패키지들을 확인해 볼 수 있습니다.

```
root@localhost:~
파일(F)  편집(E)  보기(V)  터미널(T)  탭(B)  도움말(H)
[root@localhost ~]# yum list | more
Loaded plugins: refresh-packagekit
Installed Packages
ConsoleKit.x86_64                    0.2.10-3.fc9              installed
ConsoleKit-libs.x86_64               0.2.10-3.fc9              installed
ConsoleKit-x11.x86_64                0.2.10-3.fc9              installed
GConf2.x86_64                        2.22.0-1.fc9             installed
GConf2-gtk.x86_64                    2.22.0-1.fc9             installed
ImageMagick.x86_64                   6.3.8.1-4.fc9            installed
MAKEDEV.x86_64                       3.23-4                   installed
Nessus.i386                          3.2.1-fc9                installed
NessusClient.i386                    3.2.1-fc9                installed
NetworkManager.x86_64                1:0.7.0-0.9.3.svn3623.   installed
NetworkManager-glib.x86_64           1:0.7.0-0.9.3.svn3623.   installed
NetworkManager-gnome.x86_64          1:0.7.0-0.9.3.svn3623.   installed
ORBit2.x86_64                        2.14.12-3.fc9            installed
PackageKit.x86_64                    0.1.12-10.20080505.fc9   installed
PackageKit-libs.x86_64               0.1.12-10.20080505.fc9   installed
PolicyKit.x86_64                     0.8-2.fc9                installed
PolicyKit-gnome.x86_64               0.8-4.fc9                installed
PolicyKit-gnome-libs.x86_64          0.8-4.fc9                installed
PyOpenGL.noarch                      3.0.0-0.5.b1.fc9         installed
VLGothic-fonts.noarch                20071215-2.fc9           installed
```

특정 패키지가 설치되어 있는지는 "yum list installed 〈패키지명〉" 명령으로 확인합니다. 가령 mc 패키지가 설치되어 있는지를 확인하려면 다음과 같이 실행합니다.

▶ 업데이트 가능한 패키지 보기

```
# yum check-update
```

yum check-update 명령은 시스템에 설치되어 있는 패키지들을 업데이트할 수 있는 패키지 목록을 확인할 때 사용합니다. yum check-update 명령과 동일한 다른 명령으로는 yum list updates가 있습니다.

▶ 패키지 설치

```
# yum install <패키지명>
```

yum 저장소에 있는 패키지를 설치하고자 할 때는 "yum install 〈패키지명〉" 명령을 사용합니다. 패키지 설치 시에는 의존성 패키지까지 함께 설치되기 때문에 패키지 의존성 문제는 자동으로 해결됩니다. 그러면 thunderbird라는 패키지를 설치해 봅니다.

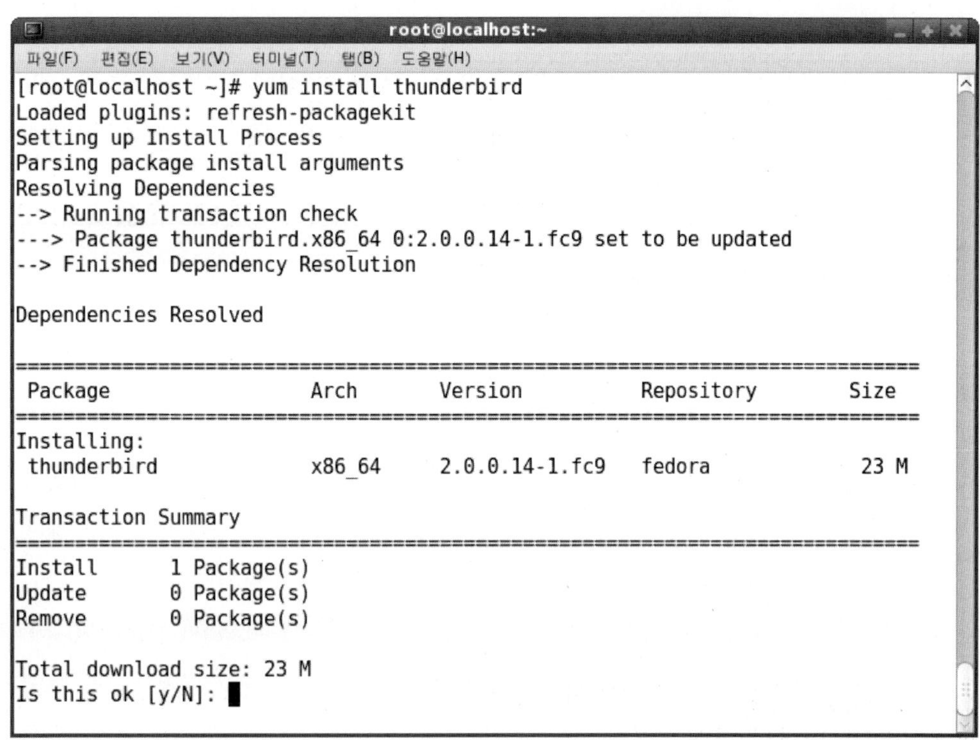

'y'를 입력하고 Enter 키를 누르면 thunderbird 패키지가 설치됩니다. 만일 설치 물음없이 바로 설치되도록 하려면 '-y' 옵션을 사용하면 됩니다.

```
# yum install -y thunderbird
```

▶ 패키지 업데이트

```
# yum update
```

yum update 명령은 시스템내에 설치되어 있는 업데이트 가능한 모든 패키지를 업데이트시킬 수 있습니다. 특정한 패키지만 선택하여 업데이트하고자 하는 경우에는 "yum update 〈패키지명〉"를 실행해 주면 됩니다.

```
---> Package libraw1394.x86_64 0:1.3.0-7.fc9 set to be updated
---> Package gnome-python2-gtkhtml2.x86_64 0:2.19.1-16.fc9 set to be updated
---> Package pcre.x86_64 0:7.3-4.fc9 set to be updated
---> Package gdm.x86_64 1:2.22.0-8.fc9 set to be updated
---> Package yum-packagekit.x86_64 0:0.1.12-13.20080522.fc9 set to be updated
---> Package yum.noarch 0:3.2.16-2.fc9 set to be updated
---> Package hyphen.x86_64 0:2.3.1-2.fc9 set to be updated
---> Package system-config-network.noarch 0:1.5.10-1.fc9 set to be updated
```

▶ 패키지 제거

```
yum remove <패키지명>
```

설치된 rpm 패키지는 rpm 도구로 삭제할 수 있지만, yum으로 제거하면 의존성 문제없이 쉽게 제거할 수 있는 이점이 있습니다. yum으로 패키지를 제거하려면 remove 명령으로 해당 패키지를 지정하여 실행하면 됩니다. thunderbird 패키지를 다음과 같이 제거해 봅니다.

```
[root@localhost ~]# yum remove thunderbird
Loaded plugins: refresh-packagekit
Setting up Remove Process
fedora                                            | 2.4 kB      00:00
livna                                             | 2.1 kB      00:00
updates                                           | 2.3 kB      00:00
Resolving Dependencies
--> Running transaction check
---> Package thunderbird.i386 0:2.0.0.14-1.fc9 set to be erased
--> Finished Dependency Resolution

Dependencies Resolved

================================================================================
 Package           Arch        Version            Repository          Size
================================================================================
Removing:
 thunderbird       i386        2.0.0.14-1.fc9     installed           42 M

Transaction Summary
================================================================================
Install       0 Package(s)
Update        0 Package(s)
Remove        1 Package(s)

Is this ok [y/N]: y
```

▶ 패키지 검색

```
# yum search <검색어>
```

search 명령으로 검색 패키지의 일부 또는 전체명을 검색어로 입력하여 실행하면 설치 또는 업데이트하고자 하는 패키지를 찾아 볼 수 있습니다. 만일 thunderbird라는 패키지를 찾아보려면 yum search thunder 또는 yum search thunderbird를 입력하면 됩니다.

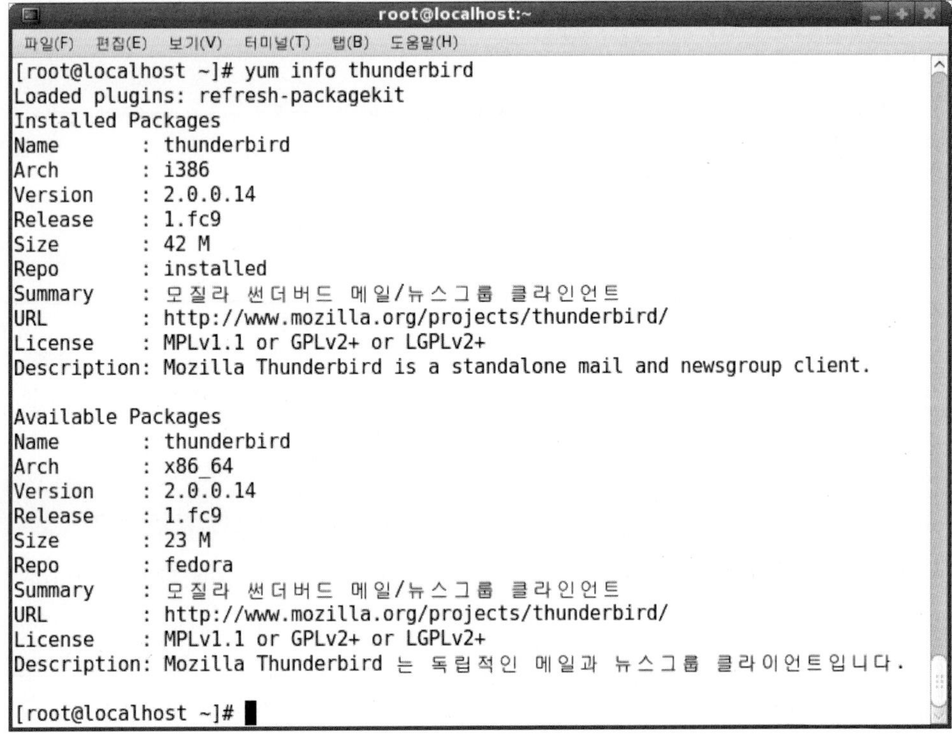

▶ 패키지 정보 알아보기

```
# yum info <패키지명>
```

패키지에 대한 자세한 정보를 확인하고자 할 때는 info 옵션을 사용합니다. 그러면 thunderbird 패키지에 대한 정보를 다음과 같이 확인해 봅니다.

▶ 하드 디스크에 있는 패키지 설치

```
# yum localinstall <패키지명>
```

하드 디스크 또는 시디롬 디스크에 있는 rpm 패키지는 localinstall 명령을 사용하여 설치할 수 있습니다.

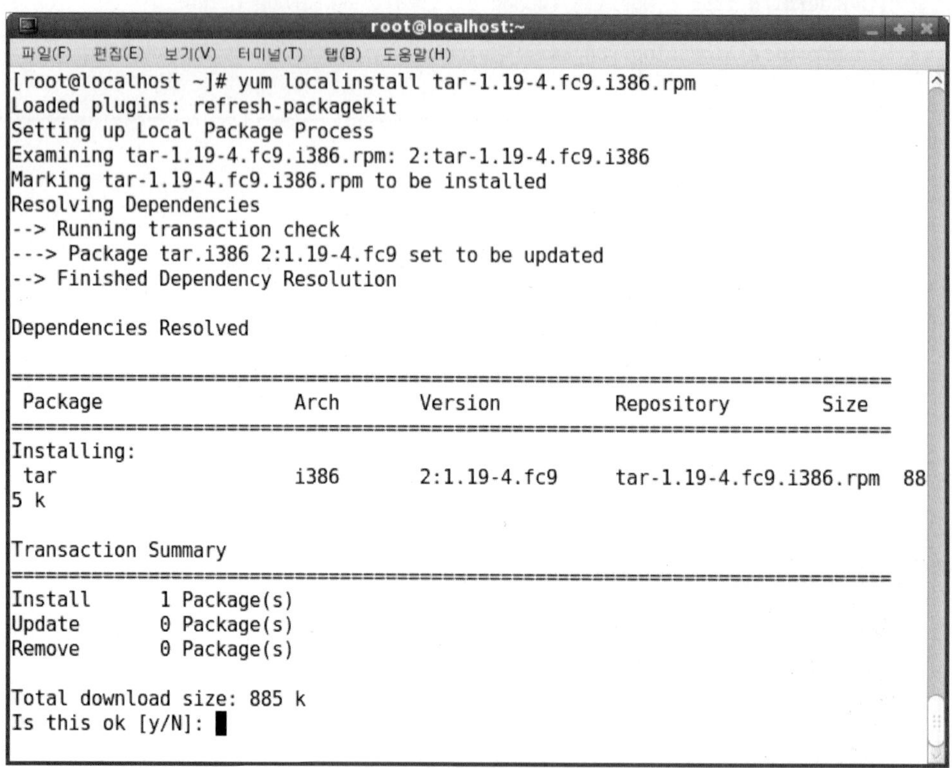

5. YUM 그래픽 도구

페도라에서 지원하는 yum 그래픽 도구로는 yumex와 packagekit 등이 있습니다.

5.1 yumex

yumex는 기본적으로 설치되지 않으므로 다음과 같이 설치합니다.

```
# yum install -y yumex
```

yumex 패키지를 설치한 후 터미널창이나 `Alt` + `F2` 키를 눌러 명령입력창에 yumex를 입력하여 yumex
를 실행합니다.

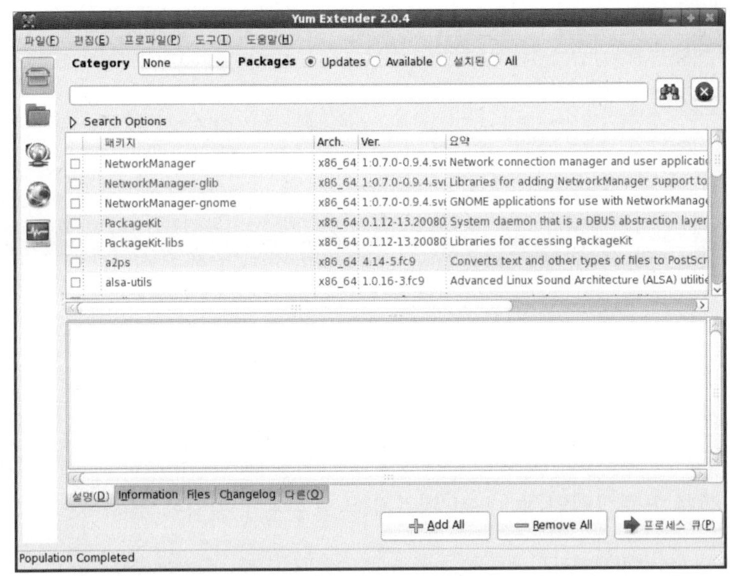

5.1.1 패키지 설치

yumex에서 패키지 설치하는 방법은 간단한데, 몇 가지 설치하는 방법을 살펴봅니다.

먼저 [Category]에서 [None]으로 그대로 두고, [Packages]에서 [Available]로 체크하여 설치할 수 있는 패키지 가운데 패키지를 설치해 봅니다. 그 아래 검색 입력폼에 설치하고자 하는 패키지명(naim)을 입력하여 오른쪽에 있는 쌍안경 모양의 아이콘을 클릭하여 패키지명을 검색합니다. 그러면 패키지창에 검색된 패키지가 나타납니다. 검색된 패키지 앞에 있는 체크 박스를 체크한 후 하단에 있는 [프로세스 큐]를 클릭하면 패키지를 설치할 수 있습니다.

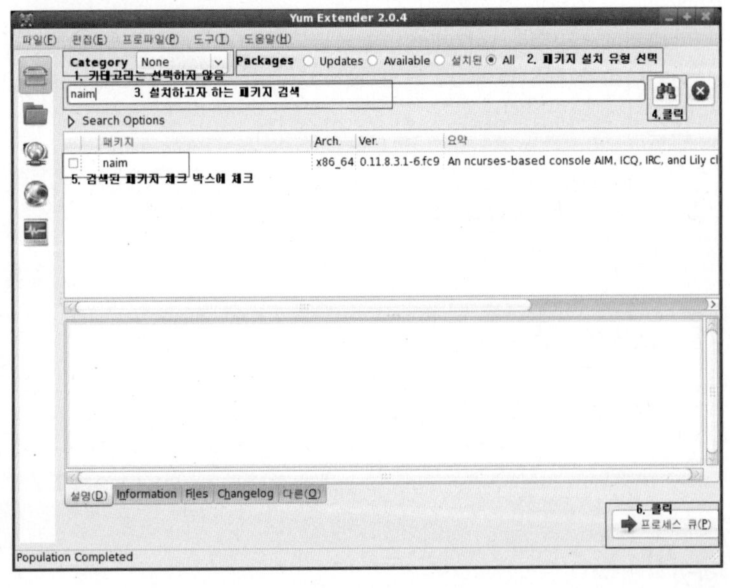

이번에는 RPM 그룹별로 각 그룹을 클릭하여 패키지를 설치해 봅니다. [Category]를 [RPM Groups]로 맞춰 놓고, [Packages]는 [Available]로 체크하고, RPM 그룹 항목에서 [Applications -> Editors -> gedit]를 선택하여 [프로세스 큐]를 클릭하면 gedit 패키지를 설치할 수 있게 됩니다.

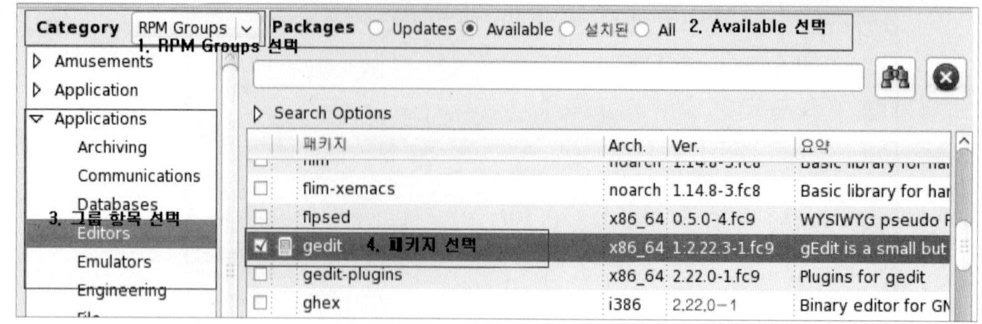

이번에는 저장소로부터 패키지를 선택하여 설치해 볼까요? [Category]에서 [Repositories]를 선택하고, [Packages]에선 [Available]로 선택하고, 저장소는 [livna]를 선택하고, 오른쪽 패키지 목록 창에선 엑스 화면 동영상 캡쳐 프로그램인 xvidcap 패키지를 선택해서 설치해 봅니다.

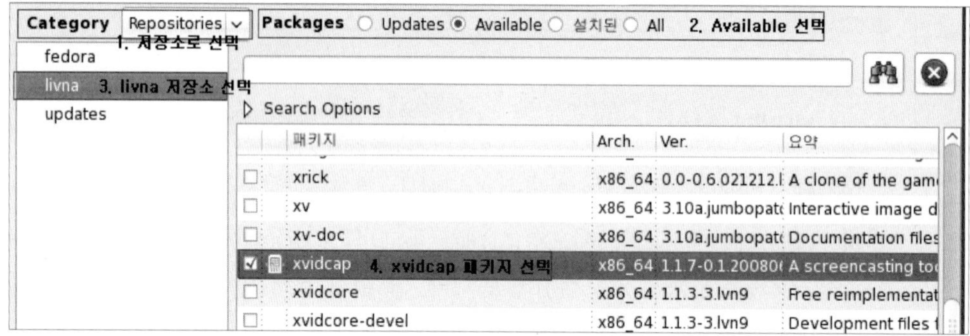

5.1.2 패키지 업데이트

패키지 업데이트는 [Packages]에서 [updates] 항목을 체크하여 검색입력폼에 아무런 데이터없이 쌍원경 아이콘을 클릭하게 되면 업데이트할 수 있는 패키지가 보여지는데, 원하는 패키지를 선택하여 [프로세스 큐]를 클릭하므로써 패키지를 업데이트할 수 있습니다.

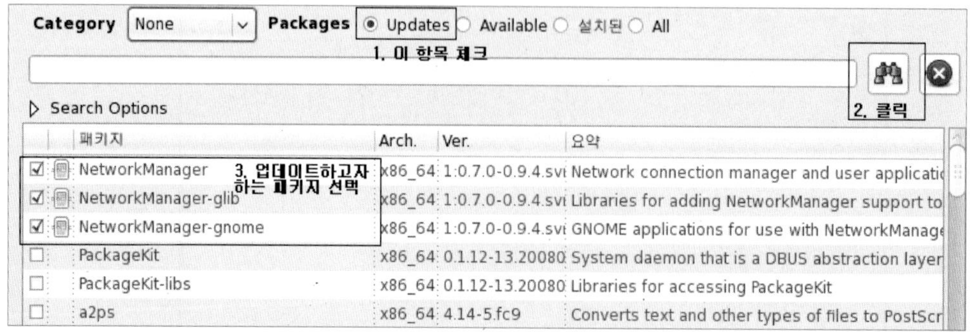

5.1.3 패키지 제거

설치된 패키지를 제거하는 방법을 알아봅니다. [Packages]에서 [설치된] 유형을 체크하여 패키지 목록 창에서 체크를 풀게 되면 쓰레기통 아이콘이 나타납니다. 이것은 해당 패키지의 삭제를 의미합니다. 이런 식으로 제거하고자 하는 패키지를 선택하여 [프로세스 큐]를 클릭하면 해당 패키지들이 삭제됩니다.

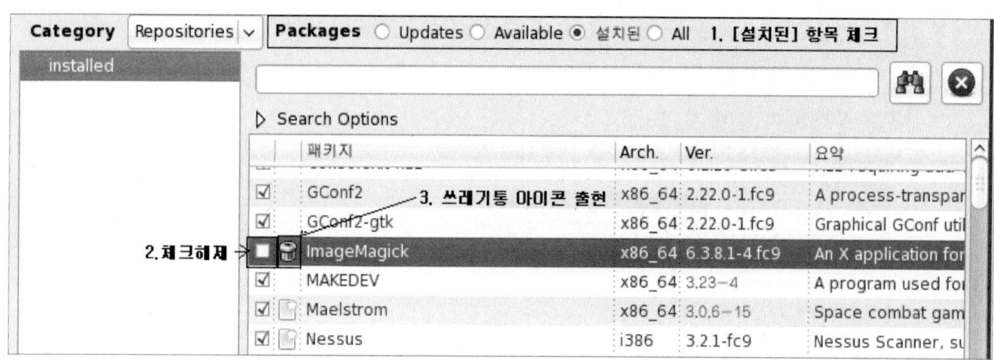

5.1.4 저장소 선택

yumex의 왼쪽 도구 아이콘 가운데 네 번째 지구본 모양의 아이콘을 클릭하면 rpm 저장소를 변경할 수 있습니다. rpm 저장소 설정은 /etc/yum.repos.d 디렉토리에 저장소 설정이 있는 repo 파일을 생성해 주면 됩니다.

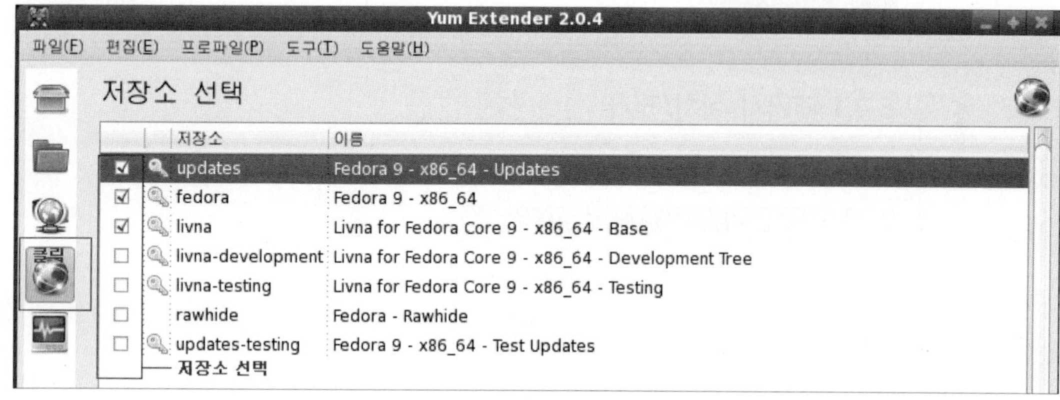

5.2 Packagekit

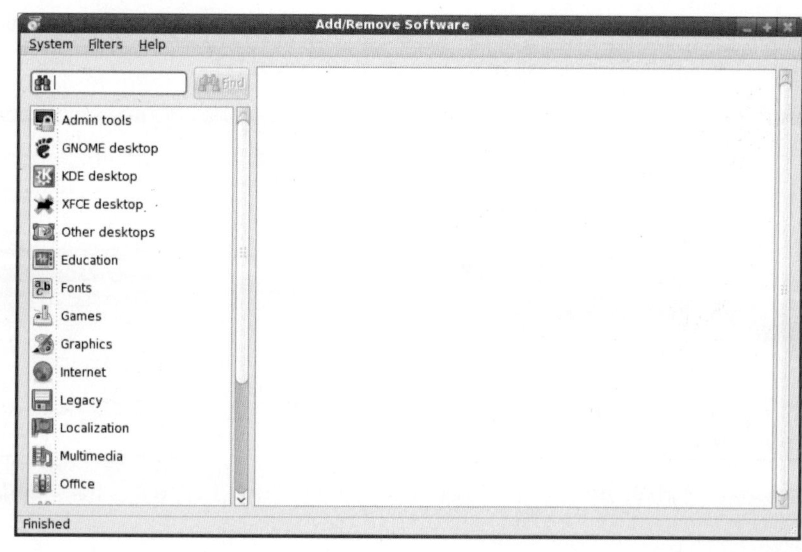

Packagekit는 페도라 그놈에서 지원하는 소프트웨어 설치/제거 도구로 패키지를 손쉽게 설치하거나 제거하는데 유용한 그래픽 도구입니다. 이 프로그램은 [시스템 메뉴 -> 관리 -> Add/Remove Software]를 선택하여 실행시킵니다.

5.2.1 패키지 설치/제거

① [Filters 메뉴 -> Installed > No filter] 선택

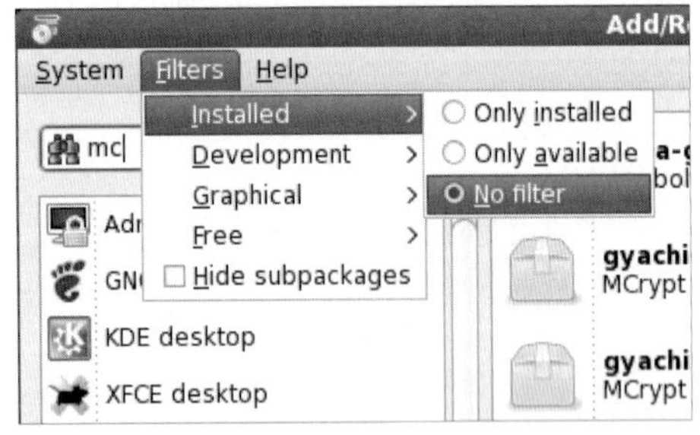

② 쌍안경 아이콘이 있는 입력폼에 설치 또는 제거할 패키지명을 입력하여 [Find] 버튼을 클릭하여 패키지를 설치하거나 제거할 수 있으며, 패키지 그룹을 클릭하여 오른쪽 창에 있는 패키지 목록에서 원하는 패키지를 선택하여 설치 또는 제거를 손쉽게 할 수 있습니다.

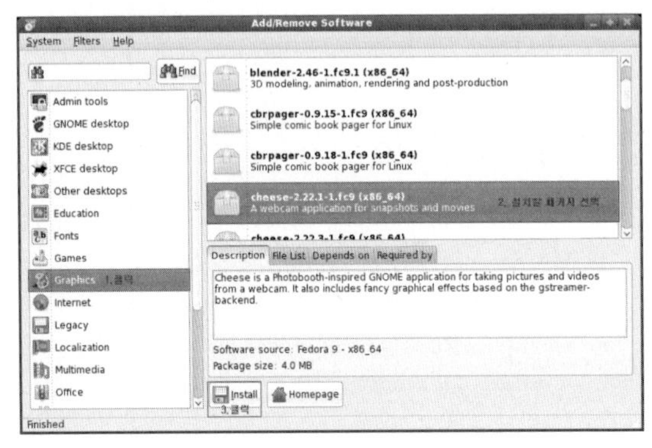

[패키지 설치]

[패키지 제거]

5.2.2 Packagekit Update Applet를 이용한 패키지 업데이트

① [시스템 메뉴 -> 관리 -> Update System]를 선택하여 패키지 업데이트 애플릿을 실행합니다.

② 환경 설정

상단 오른쪽 패널에 있는 별 모양의 아이콘에 마우스 포인터를 두고 오른쪽 마우스 버튼을 클릭하여
패키지 업데이트 환경을 설정합니다.

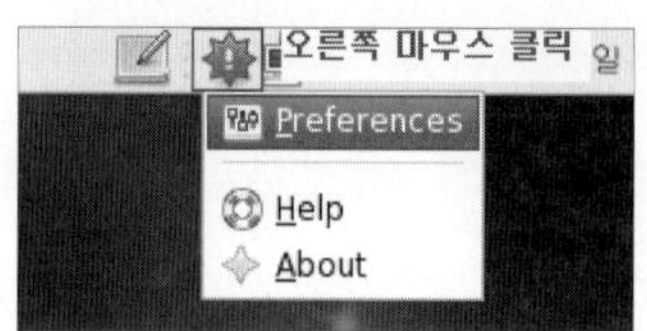

[Check for updates]에서 업데이트 주기를 매시간, 매일, 매주, 하지 않음 중 하나를 선택합니다.

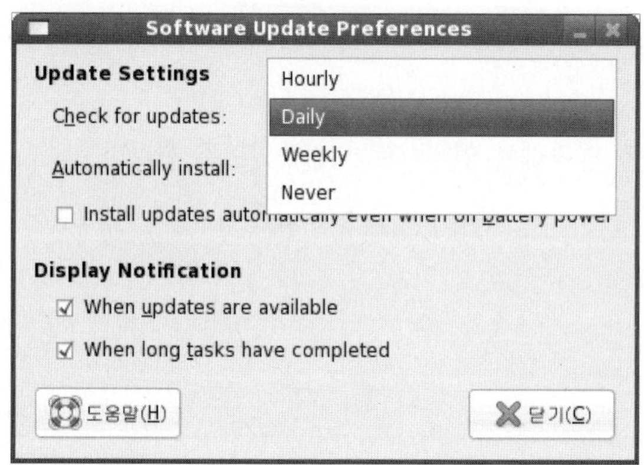

[Automatically install]에서 자동 업데이트될 항목을 선택합니다.

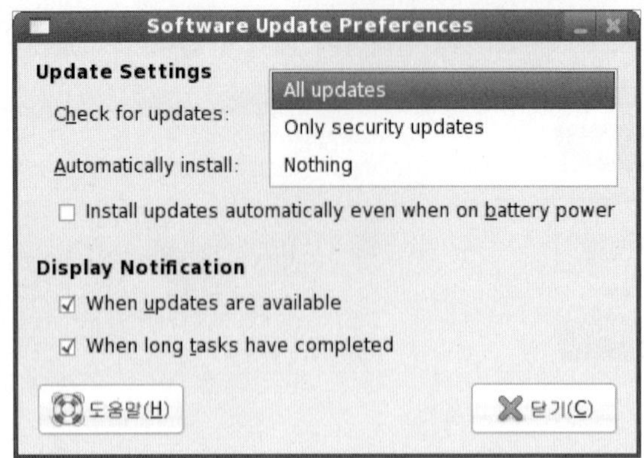

③ 패키지 업데이트

[Update system] 버튼을 클릭하여 업데이트 가능한 패키지들을 업데이트합니다.

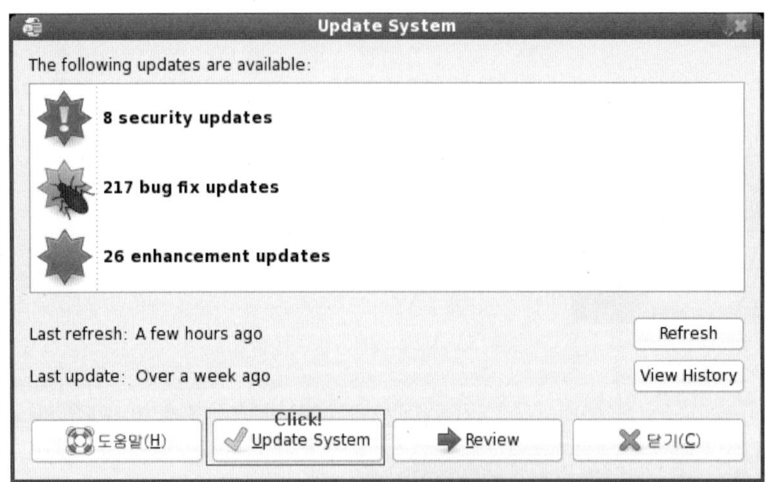

인증창이 나오면 루트의 열쇠글을 입력하여 업데이트가 진행되도록 합니다.

Chapter 08. 쉘 관리

도스의 command.com이 하는 역할처럼 로그인 이후부터 여러분의 명령어를 기계어로 번역해주는 명령 해석기(command interpreter)를 쉘(shell)이라 합니다. 쉘은 사용자와 운영체제 간에 상호 작용을 할 수 있는 기본적인 인터페이스를 제공해 줍니다. 여러분이 명령행에서 명령(command)을 입력하면, 명령은 쉘에 의해서 해석되어 해석된 명령(instruction)을 운영체제로 전달하는 것입니다. 쉽게 말하자면 쉘은 여러분의 명령어를 받아들이고, 그것을 실행하도록 하기 위한 프로그램이라 생각하면 됩니다. 이 장에서는 쉘 종류와 프롬프트를 변경하는 방법에 대해서 알아보고 간단한 쉘 스크립트를 만드는 방법과 쉘을 자유자재로 다룰 수 있는 도구인 MC에 대해서 살펴봅니다.

학습 주제

▶ 쉘 종류
▶ 프롬프트 꾸미기
▶ MC(Midnight Commander) 사용법

1. 쉘 종류

현재 널리 사용되고 있는 쉘(shell)은 본 쉘(Bourne shell), C 쉘, Tcsh 쉘, 콘 쉘(Korn shell) 등이 있습니다. 리눅스는 본 쉘의 변종이라 할 수 있는 bash(bourne again shell) 쉘을 기본 쉘로 사용합니다. /etc/passwd 파일을 열어보면 계정 경로 뒤에 쉘이 따라오는데 대부분 /bin/bash로 bash 쉘이 기본 쉘로 지정되어 있음을 알 수 있습니다.

C 쉘은 버클리 캘리포니아 대학에서 개발된 프로그래머들에게 적합한 쉘이고, Korn 쉘은 본 쉘에서 발전한 것으로 C 쉘의 모든 기능을 가지고 있으면서 본 쉘의 구문을 사용하는 쉘입니다. 이들 쉘들이 갖는 프롬프트 기호를 살펴보면, 본 쉘과 콘 쉘의 프롬프트는 "$" 기호를 사용하고 C 쉘의 프롬프트는 "%" 기호를 사용합니다.

2. 쉘 선택

여러분이 로그인하였을 때 결정되는 쉘은 /etc/passwd 파일에서 정해진 쉘에 의해서 선택됩니다. 리눅스의 쉘은 기본으로 bash 쉘을 가지게 됩니다. 다른 쉘을 기본으로 사용하고자 한다면 /etc/passwd 파일내의 쉘을 원하는 쉘로 변경해 줄 수 있습니다. 그러면 /etc/passwd에 있는 blackfox 사용자를 검색하여 이 사용자의 쉘을 다음과 같이 변경해 봅니다.

현재 로그인한 사용자가 어떠한 셸을 사용하고 있는지 알아보려면 다음과 같이 echo $SHELL 명령을 사용합니다.

사용자의 셸을 변경하고자 할 때는 chsh 명령을 사용합니다. 이 명령을 실행하여 사용자의 열쇠글을 입력하고 나서 변경하고자 하는 셸 종류를 지정해 주면 됩니다.

3. 프롬프트 꾸미기

리눅스의 기본 bash 프롬프트 상태는 [사용자@호스트이름 ~]# 과 같은 형태입니다. 도스나 윈도우 환경에 익숙해 진 사용자에게는 이러한 프롬프트 상태가 사용하기 불편하고 어색한 점이 있으리라 생각되는데, 이 절에서는 사용자가 사용하기 편리한 프롬프트 상태로 리눅스의 bash 프롬프트를 변경하는 방법에 대해 알아봅니다.

배쉬 프롬프트 상태는 PS1 셸 변수로 제어됩니다. 따라서 프롬프트 상태를 바꾸기 위해서는 PS1 변수를 변경해 주면 됩니다. 주의할 점은 프롬프트 현 상태에서 PS1 변수를 변경하면 프롬프트가 바로 바뀌기 때문에 원 상태의 프롬프트로 변환하기 위해서는 다른 변수에 현 상태의 프롬프트를 저장해야 한다는 점입니다. 그러면 리눅스의 배쉬 프롬프트를 다음과 같이 저장해 봅니다. .

```
                                         root@localhost:~
파일(F)  편집(E)  보기(V)  터미널(T)  탭(B)  도움말(H)
[blackfox@localhost ~]$ su -
Password:
[root@localhost ~]# SAVE=$PS1
[root@localhost ~]#
```

프롬프트를 변경한 후에 다시 원 상태로 되돌아오려면 다음과 같이 명령을 주면 됩니다.

```
                                         root@localhost:~
파일(F)  편집(E)  보기(V)  터미널(T)  탭(B)  도움말(H)
[root@localhost ~]# SAVE=$PS1
[root@localhost ~]# PS1=$SAVE
[root@localhost ~]#
```

자, 그러면 현재의 프롬프트를 도스와 같은 형태의 프롬프트 상태로 바꿔 봅니다.

```
                                         root@localhost:~
파일(F)  편집(E)  보기(V)  터미널(T)  탭(B)  도움말(H)
[root@localhost ~]# PS1="\u@\h \W>"
root@localhost ~>
```

다음은 프롬프트에서 사용할 수 있는 이스케이프 문자들을 정리하였습니다.

\a	ASCII 종소리 문자(07)
\d	"요일 달 날짜" 형식의 날짜 표시 (예 : "Tue May 26")
\e	ASCII의 escape 문자 (033)
\h	첫 번째 "." 까지의 hostname
\H	hostname
\n	새로운 줄(줄 바꾸기)
\r	carrage return
\s	쉘의 이름, $0 의 basename (마지막 slash의 다음에 따라오는 부분)
\t	24-시간으로 현재 시각, HH:MM:SS(시:분:초) 형식
\T	12-시간으로 현재 시각, HH:MM:SS(시:분:초) 형식
\@	12-시간으로 현재 시각, 오전/오후 형식
\u	현재 사용자의 username
\v	bash의 버전(예: 2.00)
\V	bash의 배포, 버전 + 패치수준 (예 : 2.00.0)
\w	현재 작업 디렉토리
\W	현재 작업 디렉토리의 basename

\!	현재 명령어의 history 번호
\#	현재 명령어의 command 번호
\$	유효한 UID가 0 이면 # 를, 그렇지 않으면 $ 을 표시
\nnn	8 진수 nnn에 해당하는 문자
\\	backslash
\[	터미널 조정 sequence를 프롬프트에 끼워 넣기 위해 사용될 수 있는 non-printing 문자의 시작
\]	non-printing 문자의 끝

이러한 이스케이프 문자를 이용하여 프롬프트 바꾸기를 다음과 같이 연습해 봅니다.

3.1 프롬프트 상태에서 날짜를 표시하기

```
[blackfox@localhost ~]$ SAVE=$PS1
[blackfox@localhost ~]$ PS1="[\u@\h \w][\d]$"
[blackfox@localhost ~][금  8월 31]$
```

3.2 시간 표시하기

```
[blackfox@localhost ~]$ SAVE=$PS1
[blackfox@localhost ~]$ PS1="[\T][\u@\h \W]#"
[07:33:28][blackfox@localhost ~]#
```

3.3 작업 절대 경로 보여 주기

```
[blackfox@localhost ~]$ SAVE=$PS1
[blackfox@localhost ~]$ PS1="[\u@\h \w]$ "
[blackfox@localhost ~]$ cd /usr/src
[blackfox@localhost /usr/src]$
```

4. 쉘 환경변수

쉘의 환경 변수는 쉘 프로그래밍을 할 경우와 사용자 환경을 설정하는 경우에 사용됩니다. 여러분의 환경이 어떻게 설정되어 있는지는 .bashrc_profile 파일을 참조하면 되지만 쉘 명령라인 상태에서 set, printenv 명령어를 주어도 환경 설정이 화면에 출력됩니다. 다음의 표는 bash 쉘에서의 환경 변수 목록입니다.

Shell 환경 변수	기 능
BASH	사용되고 있는 bash 쉘의 경로
BASH_VERSION	bash 쉘의 버전
COLUMNS	터미널의 행수(일반적으로 80colums의 값을 갖는다.)
ENV	환경 지정 파일의 위치(쉘 환경 파일 .bashrc_profile이 있는 경로)
HISTFILE	히스토리 파일의 경로
HISTFILESIZE	히스토리 파일의 사이즈
HISTSIZE	히스토리 개수
HOME	기본 작업 영역
HOSTNAME	호스트의 이름
LINES	터미널의 라인 수
LOGNAME	로그인 이름(사용자 이름)
LS_COLORS	ls 명령어를 사용하였을 경우에 파일의 종류별로 색상을 지정하는 옵션
MAIL	메일을 보관하는 경로
MAILCHECK	메일 확인 시간(단위 초)
MANPATH	매뉴얼이 있는 경로
OSTYPE	운영체제 타입
PATH	실행 파일의 검색 경로
PWD	현재 위치(절대적 경로)
SHELL	쉘의 경로
SHLVL	쉘의 레벨
TERM	터미널 종류
UID	사용자 UID
USER	사용자
USERNAME	사용자 이름

4.1 쉘 환경 변수 설정

쉘의 환경 변수를 설정하는 것은 사용자가 로그인 시에 자동으로 실행되어 사용자의 환경을 설정해 주는 .bash_profile 파일에서 설정할 수 있습니다. cat 명령이나 vi 에디터 등으로 이 파일의 내용을 보게 되면 다음과 같이 "#User specific environment and startup programs" 항목 다음 줄에서부터 사용자의 환경을 설정하도록 되어 있습니다. 여기에 특별히 지정하고 싶은 환경이 있다면 [환경 변수명]=[값]의 형태로 추가를 하면 다음 로그인부터 적용이 됩니다.

```
# .bash_profile

# Get the aliases and functions

if [ -f ~/.bashrc ]; then

        . ~/.bashrc

fi

# User specific environment and startup programs

PATH=$PATH:$HOME/bin

ENV=$HOME/.bashrc

USERNAME="root"

if [ "$WINDOWID" = "" ]; then

  export TERM=linux

        if [ ! $(tty |grep -c 'tty[0-9]') -eq 1 ]; then

            TERM=xterm-color

        fi

else

  export TERM=vt100

fi


export USERNAME ENV PATH TERM

mesg n
```

예를 들어서 터미널 라인 수의 변수인 LINES를 24가 아닌 100으로 지정하는 것을 설정하려면 .bash_profile 파일에 "LINES=100"의 내용을 추가해 주면 됩니다.

4.2 쉘 환경 변수 변경

쉘의 환경 변수는 사용자의 특정한 프로그램이나 환경을 재설정하는 것을 말합니다. 이것은 export 명령을 사용하여 변경할 수 있으며 다음과 같습니다.

```
export [변수명]=[값]
ex) PATH=$PATH:$HOME/bin;/home/root
```

5. 쉘 관리 도구, MC(Midnight Commander)

쉘에서 명령으로 작업하는 것보다는 도구를 이용하는 것이 보다 편리할 것입니다. 리눅스에서는 쉘을 관리할 수 있는 훌륭한 도구를 지원하는데, 미드나잇 커맨더(Midnight Commander, mc)입니다. 이 도구를 이용하여 어떻게 쉘을 손쉽게 관리할 수 있는지를 살펴 보도록 하겠습니다.

5.1 MC의 특징

① 리눅스 콘솔상의 최고 파일 관리자

② 막강한 압축 해제 및 업그레이드 기능(rpm, tar, zip 지원)

③ 막강한 FTP 기능 지원/SFTP 접속 지원

④ Graphic Viewer 기능(bmp, gif, jpg, png 지원)

⑤ 자체 에디터 탑재

⑦ 한글 지원

5.2 MC 구하기

최신 mc 소스와 정보는 다음 사이트로부터 구할 수 있다.

```
http://www.ibiblio.org/mc
```

5.3 MC 설치

페도라에서는 기본적으로 mc 패키지가 설치되지 않으므로 다음과 같이 실행하여 mc 패키지를 설치합니다.

```
# yum install mc
```

5.4 MC 실행

mc의 실행은 옵션없이 mc 명령으로 실행합니다.

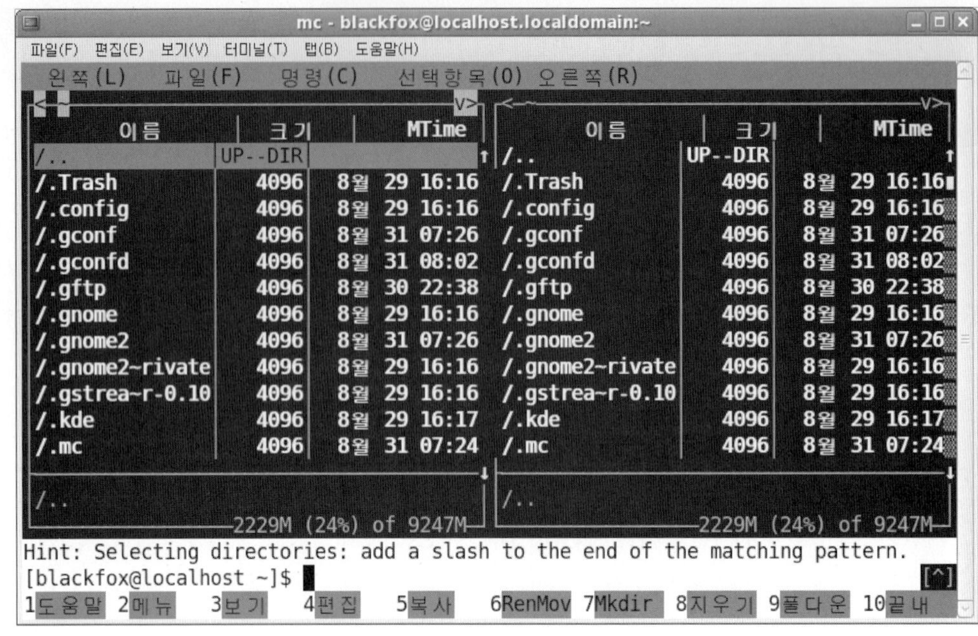

mc가 실행되면 화면이 두 개로 구분되는데 두 개의 화면 창에는 현재 작업 위치의 경로와 파일들이 디스플레이됩니다. 왼쪽 화면과 오른쪽 화면으로 이동할 때는 Tab 키를 사용합니다. Tab 키를 누르면 반전 표시 막대가 왼쪽에서 오른쪽 또는 오른쪽에서 왼쪽으로 이동함을 볼 수 있습니다. F9 기능 키를 누르면 mc 화면 상단 메뉴들을 선택할 수 있습니다.

5.5 MC 펑션키(function key)

mc에서 사용 가능한 펑션키 F1 ~ F10 키까지이다. F10 펑션키는 mc를 종료할 때 사용하고, F9 키는 메뉴를 선택하고자 할 때 사용됩니다. F8 키는 선택할 파일을 삭제할 때 사용하며, F7 키는 디렉토리를 만들 때, 편집 모드에서는 단어 검색할 때 사용되며, F3, F4 키들은 문서를 보거나 편집할 때 사용합니다.

MC 펑션키와 단축 키	
F1	mc에 대한 도움말 제공
F2	mc 자체 편집기 내용을 저장할 때 사용
F3	문서에 적용할 경우 보기 기능 제공하며, 편집기 내에서는 블록 지정함
F4	문서 내용을 편집하고자 할 때 사용
F5	파일 복사
F6	파일 이동 또는 파일 이름 변경
F7	새로운 디렉토리 생성, 편집기 내에서는 단어 검색 기능
F8	파일 삭제 또는 문서에서는 커서가 있는 라인 또는 지정된 블록 삭제

F9	메뉴 선택
F10	종료
−	선택한 모든 파일을 해제하고자 할 때
+	파일 복사, 삭제, 이동을 위해 모든 파일들을 선택하고자 할 때
*	+ 키와 같은 기능
Insert	파일 하나씩 선택하고자 할 때
Home	화면 맨 위쪽으로 커서를 바로 이동
End	화면 맨 아래쪽 마지막 파일 위치로 커서 바로 이동
Page Up	한 화면씩 위로 이동
Page Down	한 화면씩 아래로 이동

5.6 MC 종료

mc를 종료하는 방법은 F10 펑션키를 누르면 됩니다. 문서 편집 시에 바로 mc를 종료할 때도 F10 키를 두 번 누르면 종료됩니다.

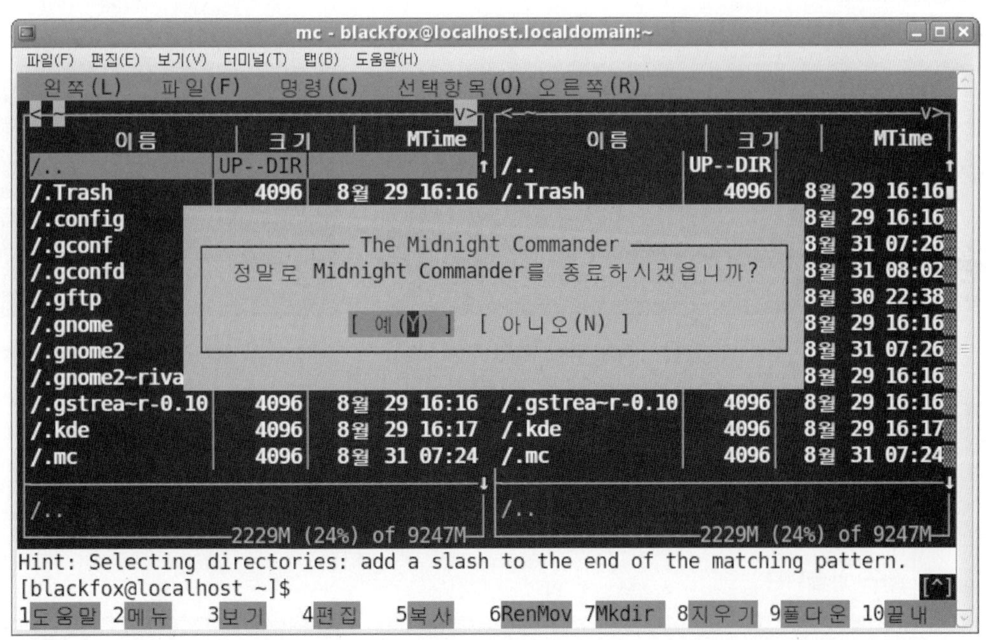

5.7 MC 기본 사용 방법

mc의 기본적인 사용 방법에 대해서 알아봅니다.

5.7.1 파일 목록 보기 설정(L)

F9 키를 눌러 화면 오른쪽 또는 왼쪽 상단에 있는 오른쪽(왼쪽) 메뉴에서 [파일 목록 보기 설정(L)]을 선택하여 디렉토리와 파일들의 출력 방식을 설정할 수 있습니다. mc가 실행되면 기본적으로 디렉토리와 파일들은 이름, 크기, 변경시간 순서대로 출력됩니다. 디렉토리와 파일 이름으로만 출력되도록 하기 위해서는 다음과 같이 [간단히 보여 주기(B)]를 선택합니다. 선택은 표시 막대를 갖다 놓고 Space Bar 키로 선택하면 됩니다.

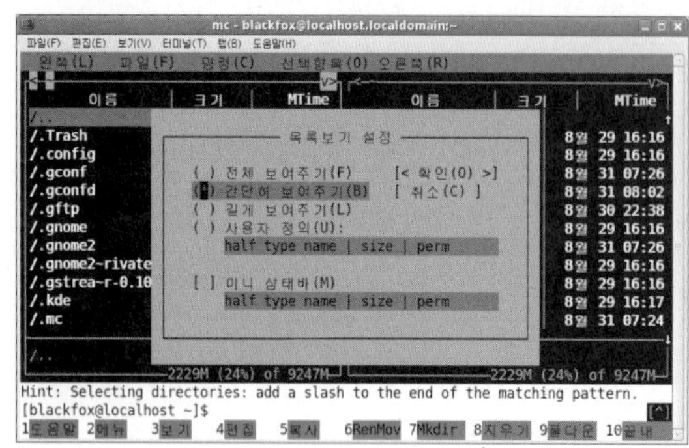
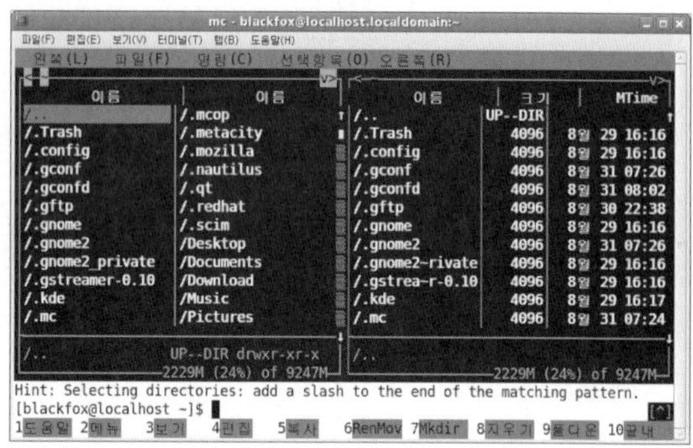

길게 보여 주기(L)는 다음 화면에서 보는 바와 같이 mc 화면 전체에 디렉토리와 파일에 대해서 퍼미션, 링크 수, 소유자, 그룹, 크기, 시간, 이름 등 "ls -l" 명령을 사용하는 것과 같이 자세히 출력되도록 해 줍니다.

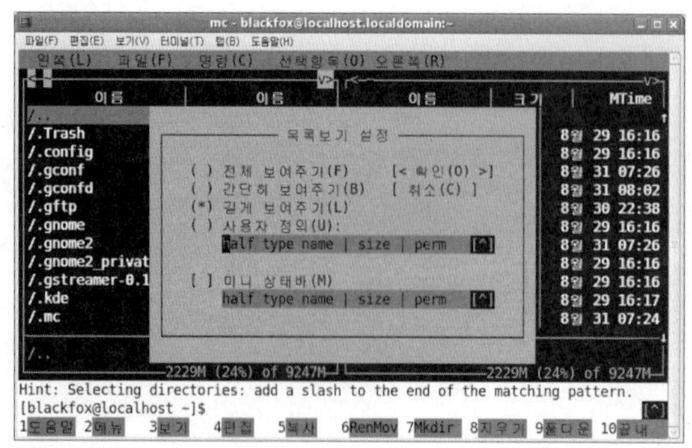
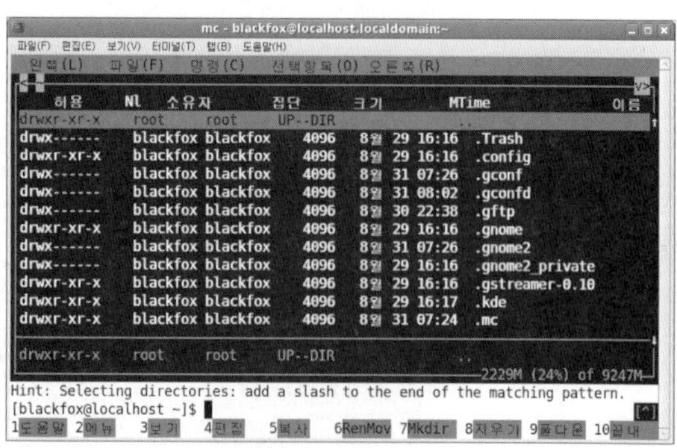

사용자 정의(U)는 출력하고자 하는 파일 구조를 사용자가 지정합니다. 지정하는 형식은 "화면 구조 파일명 크기 퍼미션"과 같이 원하는 파일 구조 사이에 스페이스를 넣어 구분해 줍니다. 예를 들어 전체보기 설정과 같게 설정한다면 "half type name size perm"으로 설정한다. 스페이스 대신에 "|"를 사용할 수 있습니다.

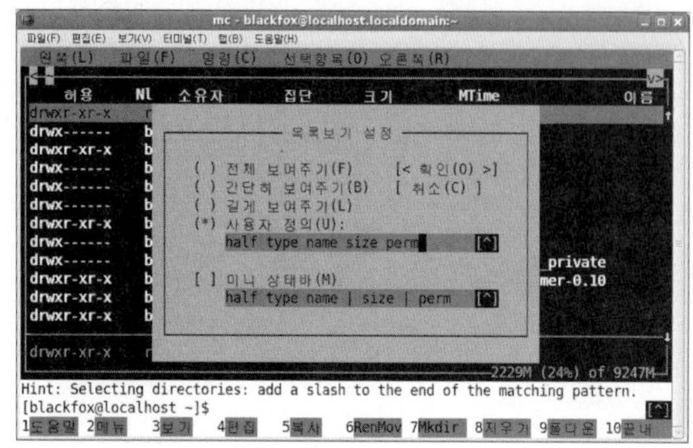
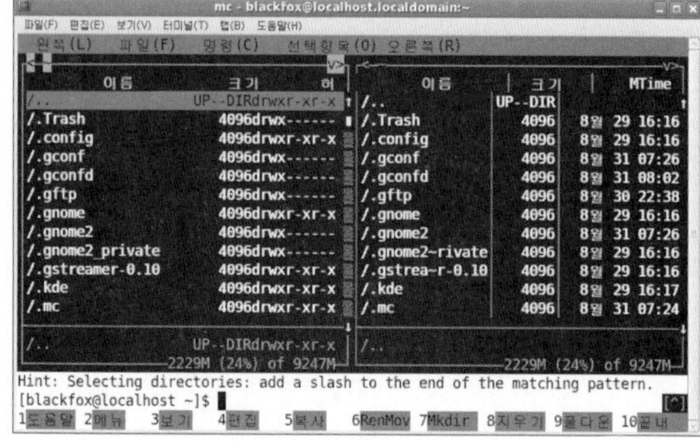

Step2 언어 선택 창에서 English를 선택하여 [OK]를 누릅니다.

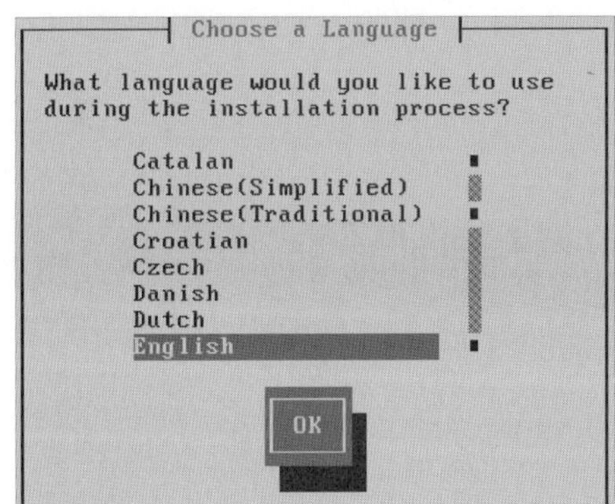

Step3 키보드 유형은 us로 선택하고, [OK]를 누릅니다.

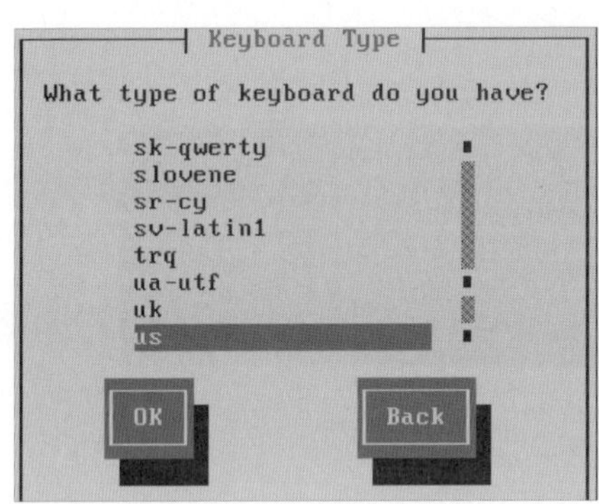

Step4 네트워크 설정에서는 [No]를 누르고 다음 단계로 진행합니다.

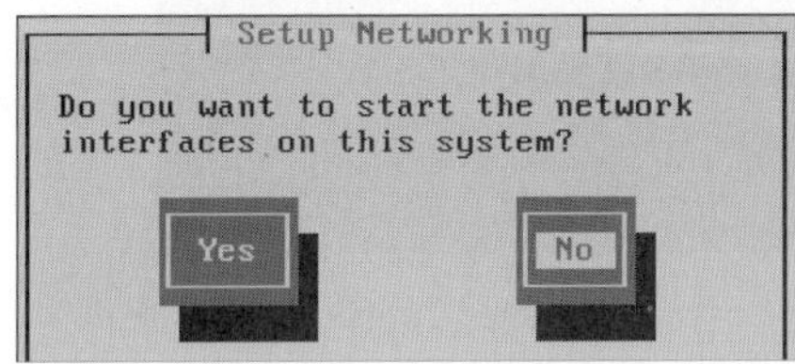

Step5 복구에 관한 메시지를 보여 주는 창이 나타납니다. [Continue] 버튼을 누릅니다.

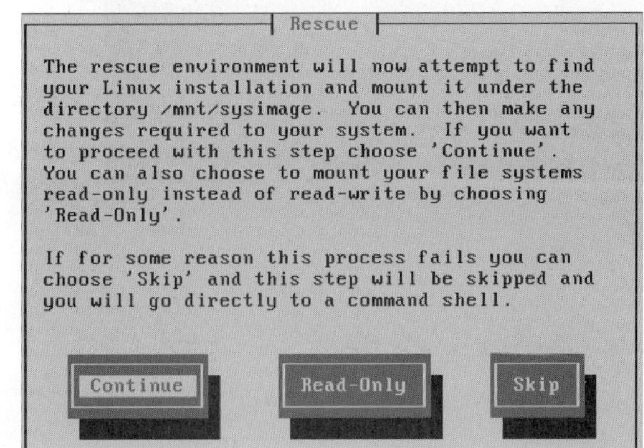

Step6 리눅스 시스템이 /mnt/sysimage 디렉토리로 마운트되었다는 것을 보여주고, 이 디렉토리를 루트 파티션으로 만들기 위해서는 chroot 명령을 사용하라는 메시지 창이 나타납니다. 이 화면에서 [OK] 버튼을 누릅니다.

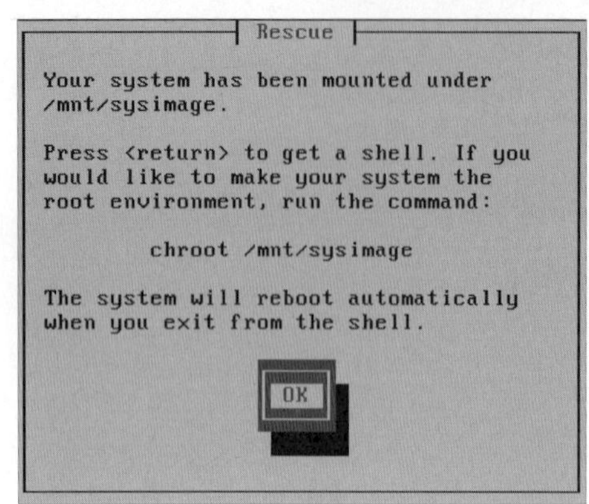

Step7 쉘 프롬프트가 뜹니다.

```
Your system is mounted under the /mnt/sysimage directory.
When finished please exit from the shell and your system will reboot.

sh-3.2#
```

Step8 쉘 프롬프트 상태에서 마운트 상태를 알아보기 위해서 df 명령을 실행합니다.

```
sh-3.2# df
Filesystem        1k-blocks        Used  Available  Use% Mounted on
/dev               254776            0     254776     0% /dev
/tmp/loop0          97024        97024          0   100% /mnt/runtime
/dev/sda2         3174524      2179316     831348    73% /mnt/sysimage
/dev               254776            0     254776     0% /mnt/sysimage/dev
sh-3.2#
```

Step9 chroot 명령을 사용하여 /mnt/sysimage를 루트 최상위 디렉토리로 변경하고, df 명령을 실행하여 /mnt/sysimage 디렉토리가 루트 최상위 디렉토리로 마운트되었는지 확인합니다.

```
sh-3.2# chroot /mnt/sysimage/
sh-3.2# df
Filesystem        1k-blocks        Used  Available  Use% Mounted on
/dev/sda2         3174524      2179316     831348    73% /
sh-3.2#
```

Step10 vi 편집기를 이용하여 /etc/fstab 파일에서 잘못 설정되어 있는 userquota를 usrquota로 하거나, 이 옵션을 제거합니다.

```
LABEL=/12               /                   ext3    defaults,userquota 1 1
tmpfs                   /dev/shm            tmpfs   defaults           0 0
devpts                  /dev/pts            devpts  gid=5,mode=620     0 0
sysfs                   /sys                sysfs   defaults           0 0
proc                    /proc               proc    defaults           0 0
/dev/sda5               /Mandriva           ext3    defaults           1 2
/dev/sda11              /Data1              ext3    defaults           1 2
/dev/sdb1               /Data2              ext3    defaults           1 2
/dev/sdc1               /Data3              ext3    defaults           1 2
/dev/sda3               swap                swap    defaults           0 0
#/dev/md0                /raid5              ext3    defaults           1 2
~
~
-- INSERT --
```

설정을 올바르게 마쳤으면 Ctrl + Alt + Del 키를 눌러 시스템을 재 시작시킵니다. DVD-ROM 드라이브에서 설치 DVD를 제거하고 부팅되도록 하여 시스템이 정상적으로 부팅이 이뤄지고 있는지 확인합니다.

3. 수동 응급 복구

페도라 설치 DVD로 시스템을 응급 복구할 때 자동으로 리눅스 시스템 파티션을 /mnt/sysimage로 마운트해 주었기 때문에 chroot 명령으로 루트 디렉토리로 변경하여 문제의 파일을 복구하였습니다. 그러나, 페도라 설치 DVD로 리눅스 파티션이 자동으로 마운트되지 못하는 경우에는 사용자가 스스로 해당 파티션을 마운트시켜 시스템을 복구할 수 있어야 합니다. 그러면 수작업을 통하여 리눅스 파티션을 마운트시키고 리눅스 시스템을 복구하는 방법에 대해서 알아봅니다.

Step1 페도라 리눅스 설치 DVD로 부팅하여 boot:에 linux rescue를 입력합니다.

Step2 앞서 살펴 본 과정대로 언어와 키보드를 선택합니다.

Step3 rescue창에서 [Continue] 버튼이 아닌 [Skip] 버튼을 눌러 쉘로 빠져 나갑니다.

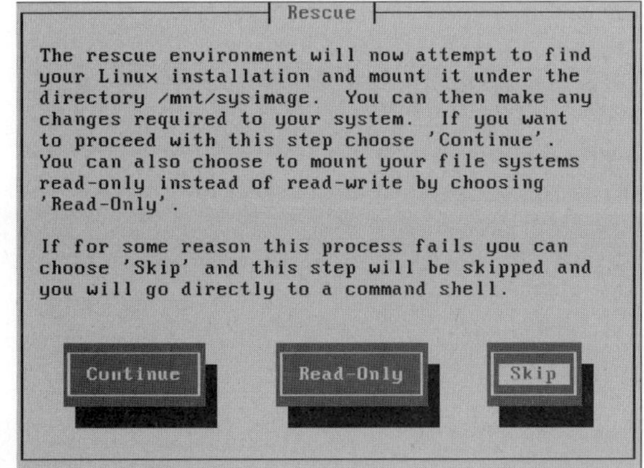

Step4 쉘 프롬프트에서 df 명령으로 확인해 보면 리눅스 파티션이 마운트되어 있지 않은 상태입니다.

```
sh-3.2# df
Filesystem          1k-blocks        Used  Available  Use% Mounted on
/dev                   254776           0     254776    0% /dev
/tmp/loop0              97024       97024          0  100% /mnt/runtime
sh-3.2#
```

Step5 /mnt/sysimage 디렉토리를 먼저 생성한 후에 이 디렉토리로 리눅스 파티션(/dev/sda2)를 마운트시킵니다.

```
sh-3.2# mkdir /mnt/sysimage
sh-3.2# mount -t ext3 /dev/sda2 /mnt/sysimage/
sh-3.2# df
Filesystem          1k-blocks        Used  Available  Use% Mounted on
/dev                   254776           0     254776    0% /dev
/tmp/loop0              97024       97024          0  100% /mnt/runtime
/dev/sda2             3174524     2179316     831348   73% /mnt/sysimage
sh-3.2#
```

Step6 chroot 명령으로 /mnt/sysimage를 루트 최상위 디렉토리로 변경합니다. df 명령으로 보면 리눅스 파티션이 / 디렉토리로 마운트되어 있습니다.

```
sh-3.2# chroot /mnt/sysimage/
sh-3.2# df
Filesystem          1k-blocks        Used  Available  Use% Mounted on
/dev/sda2            3174524      2179316     831348   73% /
sysfs               3174524      2179316     831348   73% /sys
sh-3.2#
```

Step7 루트 파티션이 쓰기가 가능한 모드로 마운트되어 있으므로, 문제의 /etc/fstab 파일을 올바르게 수정한 후에 sync 명령을 실행하고 부팅하면 시스템이 정상화됩니다.

Chapter
10. vi 편집기

이 장에서는 리눅스에서 제일 많이 사용되는 편집기인 vi (visual editor)에 대해서 살펴봅니다. 쉘 관리에서 mc 내장 에디터의 사용법에 대해서도 살펴보았는데, 필자는 이 장에서 살펴볼 vi 보다는 mc 내장 에디터를 선호하는 편입니다. 간단한 문서나 설정 파일들은 mc 내장 에디터를 이용하는 것이 좋지만, 여러 편집 기능을 적용하고자 한다면 vi 에디터를 사용하는 것이 좋습니다.

vi 편집기는 여러 종류의 클론(clone)이 존재하는데, 페도라 리눅스 버전에서 제공되는 vi의 클론은 VIM(Vi IMpromved)입니다. 여러 종류의 클론이 존재하더라도 편집기 기본 사용법은 모두 동일하므로, 이 장에서 다루는 vi편집기는 기본 사용법 위주로 설명됩니다.

학습 주제

▶ vi 편집기

1. vi 편집기 실행과 종료

1.1 vi 편집기 실행

vi 편집기를 실행하는 방법은 터미널 창을 실행하여 터미널창에서 다음과 같은 형태로 실행합니다.

```
vi Enter
vi 파일명 Enter
```

vi 편집기 실행은 vi 명령을 단순히 실행하거나 또는 뒤에 파일명을 지정하여 실행하면 됩니다. 예를 들어 loveme라는 텍스트 파일을 만들고자 한다면 vi loveme를 실행하면 됩니다.

```
▮
~
~
~
~
"loveme" [New File]
```

화면에는 오직 커서 하나와 그 아래로 틸드(~) 문자만 존재합니다. 자세한 사용법은 나중에 살펴보기로 하고, vi 편집기를 종료하는 방법에 대해서 알아봅니다.

1.2 vi 편집기 종료

vi 편집기를 종료하고자 할 때는 먼저 `Esc` 키를 누른 후에 다음 표에 나열된 키 명령을 사용하면 됩니다.

vi 편집기 종료 마치기 명령	
:q	그대로 종료하기
:q!	변경된 내용을 저장하지 않고 강제로 종료하기
:wq	변경된 내용을 저장하고 종료하기
:x	:wq와 동일한 명령
ZZ	:wq와 동일한 명령

vi loveme를 실행한 후에 vi 편집기를 종료하고자 한다면 아무런 내용이 없으므로 `Esc` 키를 누른 후 :q 키를 누르면 됩니다. 만일 loveme 파일에 문자를 입력한 상태에서 `Esc` 키를 누른 후에 :q를 입력하게 되면 버퍼 안에 입력한 문자가 남아 있어 화면 맨 아래와 같은 메시지가 나타나게 됩니다.

```
E37: No write since last change (add ! to override)
```

자, 여러분이 실제로 해 보도록 합니다. vi loveme로 편집기를 실행한 상태에서 문자 입력 명령인 a 또는 i를 입력하면 새로운 문자를 입력할 수 있는 상태가 됩니다. 아무렇게 글을 쓰고 나서 `Esc` 키를 누르고 :q를 누릅니다. 상기 화면과 같은 메시지를 접하게 될 것입니다. 여기서 다른 명령을 추가하면 두 가지 방법으로 편집기를 종료할 수 있습니다.

한 가지 방법은 저장하지 않고 종료하는 방법과 저장 후 종료하는 방법입니다. 저장하지 않고 마치고자 한다면 :q 뒤에 ! 키를 사용하면 됩니다. !키는 강제로 그 명령을 수행하라는 뜻입니다. 만일 저장하고 종료하려면 저장 명령인 w를 사용하면 됩니다.

w와 q를 조합하여 :wq를 사용하면 문서 내용을 loveme 파일에 저장하고 종료됩니다. :x 또는 ZZ 명령 역시 :wq와 동일한 기능을 가집니다. 저장하는 파일명을 지정하고자 할 경우에는 vi 파일명 형식으로 저장하면 됩니다.

2. vi 명령표

① 삽입 명령			
a	커서 뒤에 입력	A	라인 끝에 입력
i	커서 앞에 입력	I	라인 시작 부분에 입력
o	커서 있는 라인 밑에 입력	O	커서가 있는 라인 위에 입력

② 커서 이동 명령

h	왼쪽으로 커서 한칸 이동	H	화면의 처음으로 이동
l	오른쪽으로 한칸 이동	L	화면 끝으로 이동
e	다음 단어의 마지막으로 이동	E	커서를 공백으로 구분된 다음 단어 끝으로 이동
b	한 단어 뒤로 이동	B	커서를 공백으로 구분된 이전 단어로 이동
w	커서를 한 단어 뒤로 이동	W	커서를 공백으로 구분된 다음 단어로 이동
k	커서를 한 라인 위로 이동	j	커서를 한 라인 아래로 이동
0	커서를 라인의 시작으로 이동	$	커서를 라인의 끝으로 이동
Enter	커서를 다음 라인 시작으로 이동	-	커서를 전 라인의 시작으로 이동
Ctrl + F	다음 화면으로 이동	Ctrl + D	화면의 반만 앞으로 이동
Ctrl + B	전 화면으로 이동	Ctrl + U	화면의 반만 뒤로 이동
G	커서를 텍스트의 마지막 라인으로 이동	숫자G	커서를 숫자 라인만큼 이동
M	커서를 화면 중간 라인으로 이동	''	커서를 전 위치로 이동
(	문장의 시작으로 이동	{	문단의 시작 위치로 이동
)	문장 끝으로 이동하여 다음 단어의 시작으로 커서 이동	}	문단 끝으로 이동

③ 삭제 명령

x	커서가 있는 문자 삭제	X	커서가 있는 문자 앞의 문자 삭제
dw	커서가 있는 단어 삭제	db	커서 앞에 있는 단어 삭제
dW	공백으로 구분된 뒷 단어 삭제	dB	공백으로 구분된 앞 단어 삭제
dd	커서가 있는 라인 삭제	D	커서가 있는 라인의 나머지 삭제
d)	문장의 나머지 삭제	d}	문단의 나머지 삭제
dG	파일의 나머지 삭제	dH	화면의 시작까지 삭제
dL	화면의 나머지 삭제	J	커서와 다음 단어의 공백을 모두 삭제

④ 바꾸기 명령

r	커서에 있는 문자 대치	R	입력 모드로 한 문자씩 덮어씀
s	커서가 있는 문자 삭제 후 입력 모드로 전환	S	커서가 있는 줄을 삭제한 후 입력 모드로 전환
cb	커서가 있는 앞 문자 삭제 후 입력 모드	cW	공백으로 구분된 뒷 단어를 삭제한 후에 입력 모드
cB	공백으로 구분된 앞 단어 삭제 후 입력 모드	cc	커서가 있는 라인을 삭제하고 입력 모드
C	커서가 있는 라인의 나머지를 삭제하고 입력 모드로 전환	c0	커서에서부터 라인의 시작까지 텍스트 바꾸기
c	특정 텍스트 바꾸기	c)	문장의 나머지 바꾸기
c}	문단의 나머지 바꾸기	cG	파일의 나머지 바꾸기
cm	표시까지 모든 것 바꾸기	cL	화면의 나머지 바꾸기
cH	화면의 시작까지 바꾸기		

⑤ 이동

p	삭제나 복사된 텍스트를 커서가 있는 문자나 라인 뒤에 삽입	P	삭제나 복사된 텍스트를 커서가 있는 문자나 라인 앞에 삽입
dw p	커서가 있는 단어를 삭제한 후 이를 변경한 커서 있는 것 뒤에 삽입	dw P	커서가 있는 단어를 삭제한 후 이를 변경한 커서 있는 곳 앞으로 삽입
d p	지정한 다음 텍스트로 삭제한 후 커서가 가리키는 곳으로 이동	d) P	문장의 나머지로 이동
d} P	문단의 나머지로 이동	dG P	파일의 나머지로 이동
dH P	화면 시작 부분으로 이동	dL P	화면의 나머지를 이동

⑥ 복사

yw	커서가 있는 단어를 복사	yb	커서가 있는 앞 단어를 복사
yW	공백으로 구분된 뒷 단어 복사	yB	공백으로 구분된 앞 단어를 복사
y	특정한 다음 텍스트 복사	yy	커서가 있는 라인을 복사, 커서가 가리키는 곳으로 라인을 이동
y)	문자의 나머지 복사	y}	문단의 나머지 복사
yG	파일의 나머지 복사	yH	화면 시작까지 복사
yL	화면의 나머지 복사		

⑦ 검색

/pattern	텍스트에서 앞으로 패턴 검색	>pattern	텍스트에서 뒤로 패턴 검색
n	앞 또는 뒤로 이전 검색 반복	N	반대 방향으로 이전 검색 반복
dW	공백으로 구분된 뒷 단어 삭제	dB	공백으로 구분된 앞 단어 삭제
/	전 검색을 앞으로 반복	?	전 검색을 뒤로 반복
dd	커서가 있는 라인 삭제	D	커서가 있는 라인의 나머지 삭제
d)	문장의 나머지 삭제	d}	문단의 나머지 삭제
dG	파일의 나머지 삭제	dH	화면의 시작까지 삭제
dL	화면의 나머지 삭제	J	커서와 다음 단어의 공백을 모두 삭제

3. vi 동작 모드

vi 편집기는 명령 모드(Command)와 입력 모드(Input) 그리고 라인 편집 모드(Edit) 등 세 가지 모드로 작동합니다. 명령 모드는 명령을 실행하는 모드이며, 입력 모드는 실제적으로 글을 입력하는 모드입니다. 라인 편집 모드는 라인에서 동작하는 모드로 Esc 키를 누른 후 콜론 프롬프트에서 편집할 수 있도록 하는 모드입니다.

명령 모드에서는 여러분의 키보드 입력 글을 삽입하는 것이 아닌 모든 명령으로 해석하게 됩니다. 따라서 명령 모드에서 명령이 아닌 키보드 입력은 모두 에러 처리가 되며, 리눅스에서는 삑하는 비프음으로, 잘못된 입력이라는 것을 알려주게 됩니다. 입력 모드는 입력 명령 a 또는 i를 사용하여 새로운 문자를 입력할 수 있습니다.

대부분의 워드 프로세서는 바로 입력 모드에서 키보드 입력을 받지만, vi 편집기는 명령 모드에서 입력 모드로 바꿔야 새로운 문자의 입력이 가능하게 됩니다. 따라서 글쓰기를 할 때는 반드시 a 또는 i 키를 눌러 입력 모드로 바꾸어야 하며, 명령 모드로 되돌아오기 위해선 Esc 키를 꼭 눌러 줘야 합니다.

라인 편집 모드는 Esc 키를 누르고 콜론(:)을 입력한 상태에서 해당 명령 입력을 받습니다. vi 편집기에서는 일반 워드 프로세서처럼 자동 저장하는 기능이 없기 때문에 자주 저장해야 하므로 입력 모드에서 Esc 키를 눌러 명령 모드를 바꾼 후에 콜론(:) 키를 누르고 저장 명령인 w를 치므로 명령이 수행됩니다. vi 편집기는 이와 같이 세 가지 모드로 작동된다는 점을 기억합니다.

vi 편집기 동작 모드

명령 모드
입력 모드
편집 모드

4. vi 편집기 입력 명령

vi 편집기를 실행한 후에 새로운 문자를 입력하기 위해서는 아래와 같은 입력 명령을 사용합니다.

삽입 명령

a	커서 뒤에 입력	A	라인 끝에 입력
i	커서 앞에 입력	I	라인 시작 부분에 입력
o	커서가 있는 라인 밑에 입력	O	커서가 있는 라인 위에 입력

그러면 vi loveme 입력해서 편집기를 실행한 후에 이들 명령을 하나씩 테스트해 봅니다. a와 i 명령은 커서가 위치하고 있는 문자를 기준으로 하여 삽입되는 위치가 다릅니다.

a 명령은 커서가 있는 문자 뒤로 새로운 문자가 입력되고, i 명령은 커서가 있는 문자 앞에서 새로운 문자가 입력됩니다. 그러나 편집기를 처음 실행할 때는 입력된 문자가 없기 때문에 a와 i 명령은 차이가 없습니다. 그러면 다음 예제와 같이 입력된 문자가 있을 때 어떠한 차이가 있는지 확인해 봅니다. 커서는 linuxpia의 a에 위치하고 있습니다.

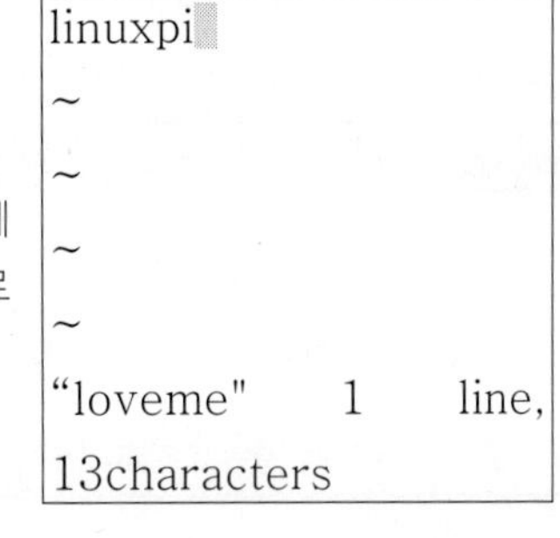

a 명령은 커서가 있는 a 문자 뒤에 커서가 입력 모드로 대기합니다.

i 명령은 커서가 있는 a 문자에서 커서를 입력 모드로 대기합니다.

A 명령은 커서가 있는 줄의 마지막 단어의 뒤쪽 칸에 새로운 문자가 입력됩니다. 반대로 I 명령은 커서가 있는 줄의 처음 칸에서 새로운 문자를 입력받게 됩니다.

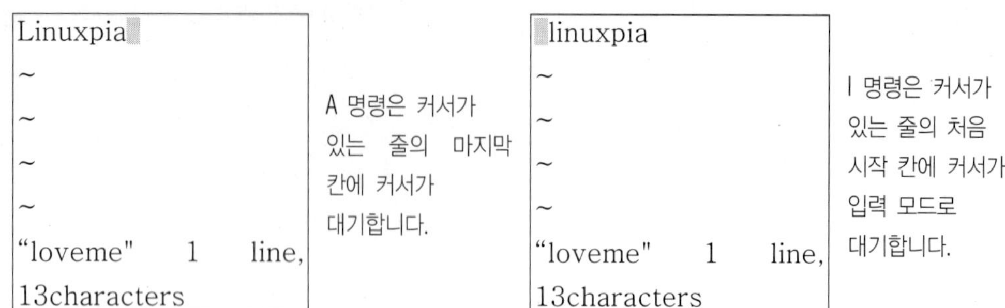

o 명령은 커서가 위치하고 있는 줄의 아래 줄 처음 칸에서 입력 모드로 커서가 존재하며, O 명령은 커서가 있는 줄의 위쪽 첫 칸에서 입력 모드로 커서가 위치하게 됩니다.

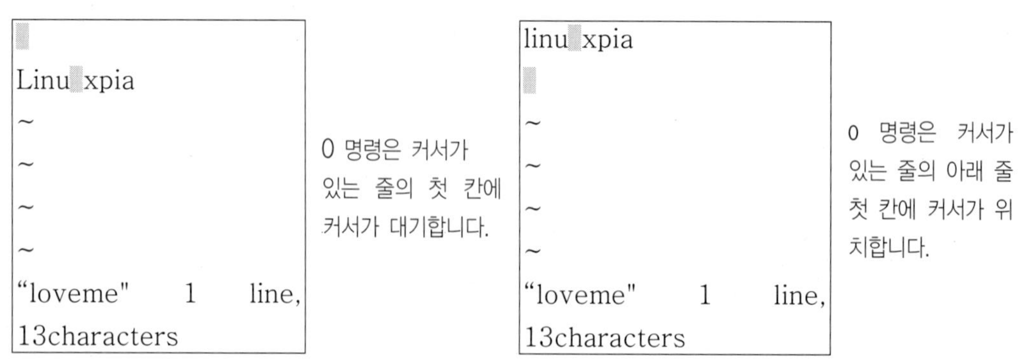

5. 커서 이동 명령

5.1 방향키를 이용한 커서 이동

방향키를 이용한 커서 이동 명령			
←, Delete	왼쪽으로 커서 한 칸 이동	Page Up	화면 위로 이동
→, Space Bar	오른쪽으로 한 칸 이동	Page Down	화면 아래로 이동
↑	윗 줄로 커서 이동	Enter	다음 줄 첫 칸으로 이동
↓	아래 줄로 커서 이동	End	줄 마지막 칸으로 이동
Home	줄 처음 칸으로 이동		

편집기 내부에서 문서를 편집하는 경우 커서 위치를 이동하고자 할 때 방향키를 사용할 수 있습니다. 먼저 왼쪽으로 커서를 이동하고자 할 때, ← 키 또는 Delete 키를 이용합니다. 오른쪽으로 이동하고자 할 때는 → 키 또는 Space Bar 키를 사용합니다. 위 아래로 이동할 때는 각각 ↑, ↓ 키를 사용합니다. 또한 Page up 키와 Page down 키를 사용하면 화면을 위 아래로 각각 이동하게 합니다.

커서를 줄 마지막 칸에 이동하거나 줄 처음 칸으로 이동하려면 End 키와 Home 키를 각각 사용하면 됩니다. Enter 키는 커서를 다음 줄의 첫 칸으로 이동하고자 할 때 사용합니다. 그런데 이들 키들은 모든 터미널에서 작동하는 것이 아니기 때문에 접속하는 원격 터미널에 따라서 작동이 안될 수 있습니다.

5.2 다른 키를 이용한 커서 이동

다른 키를 이용한 커서 이동 명령			
h	왼쪽으로 커서 한 칸 이동	k	윗쪽으로 커서 이동
l	오른쪽으로 한 칸 이동	j	아래쪽으로 커서 이동
e	다음 단어의 마지막 칸으로 이동	E	공백으로 구분된 뒷 단어의 마지막 칸으로 이동
b	앞 단어의 앞 칸으로 이동	B	공백으로 구분된 앞 단어의 앞 칸으로 이동
w	다음 단어의 앞 칸으로 이동	W	공백으로 구분된 뒷 단어의 앞 칸으로 이동

왼쪽, 오른쪽, 위쪽, 아래쪽으로 이동할 때 방향키를 사용할 수 있지만, 다른 키로도 가능합니다. 각각 h, l, k, j 키를 사용하면 됩니다. e, E, b, B, w, W 키는 단어 간격으로 이동할 때 사용하는데, 소문자와 대문자 키의 차이는 소문자 키를 사용할 때는 한 단어마다 이동하며, 대문자는 단어들이 스페이스로 구분되어 있지 않을 때 스페이스로 구분되는 단어까지 한 번에 이동하게 됩니다.

이들 명령은 앞 숫자를 붙여 숫자만큼의 뒷 단어로 이동할 수 있습니다. 예를 들면 Linuxpia is the brand of NeToPia라는 문장에 Linuxpia의 L 문자에 커서가 있을 경우 3, w를 입력하면 커서는 세 번째 단어인 brand의 b에 커서가 존재하게 됩니다. 이 상태에서 2, b를 누르면 두 번째 앞 단어로 커서가 이동하는데 is의 i에 커서가 위치합니다. 여기 또 5, e를 입력하면 NeToPia 단어의 a에 커서가 이동됩니다.

5.3 그외의 키를 이용한 커서 이동

그 외의 키를 이용한 커서 이동 명령			
Ctrl + F	다음 화면으로 이동	Ctrl + D	반 화면 위로 이동
Ctrl + B	전(앞) 화면으로 이동	Ctrl + L	반 화면 아래로 이동
0	줄이 시작되는 첫 칸으로 이동	-	이전 줄의 시작 부분으로 이동
$	줄이 끝나는 마지막 칸으로 이동	+	다음 줄의 시작 부분으로 이동

(	문장의 시작으로 이동	{	문단의 시작으로 이동
)	문장 끝으로 이동하여 다음 단어의 시작 첫 칸으로 커서 이동	}	문단 끝으로 이동
G	문서의 마지막 줄로 이동	''	이전의 커서 위치로 이동
nG	n 번째 줄로 이동	M	화면 중간 줄에 커서 이동

다음 화면 한 페이지로 이동하기 위해서는 Ctrl + F 키를 누르면 되는데 이는 Page Down 키를 사용하는 것과 같습니다. 반대로 앞 화면으로 이동하기 위해서는 Ctrl + B 키 또는 Page Up 키를 사용하면 됩니다. Ctrl + D 키와 Ctrl + L 키는 화면 반만 위 아래로 이동할 때 사용합니다.

문장의 시작과 끝으로 이동하기 위해서는 (와) 키를 사용하며, 문단의 시작과 끝에는 { 과 }를 각각 사용합니다. 빠르게 화면을 이동할 때는 G 명령을 사용하는데 G 명령은 그 문서의 마지막 줄에 커서를 이동시켜 줍니다. 마지막 줄에서 앞에 있는 특정한 줄로 이동하고자 할 때는 이 명령 앞에 이동하고자 하는 줄 번호를 붙여주면 됩니다. 예를 들면 맨 처음 줄로 이동하고자 한다면 1, G를 입력하면 됩니다. 100, G를 입력하면 첫 줄로부터 100번째 줄로 커서가 이동하게 될 것입니다. 여기서 :set nu 명령을 사용하면 행라인 번호가 나타날 수 있도록 할 수 있으므로, 이 명령을 잘 알아 두는 것이 향후에 많은 도움이 됩니다.

6. 삭제 명령

파일의 내용을 편집할 때 vi 편집기에서는 어떠한 명령으로 글을 삭제하는지 알아봅니다.

삭제 명령			
x	커서가 있는 문자 삭제	X	커서가 있는 문자 앞에 있는 문자 삭제
dw	커서가 있는 단어 삭제	db	커서 앞에 있는 단어 삭제
dW	공백으로 구분된 뒷 단어 삭제	dB	공백으로 구분된 앞 단어 삭제
dd	커서가 있는 라인 삭제	D	커서가 있는 라인의 나머지 삭제
d)	문장의 나머지 삭제	d}	문단의 나머지 삭제
dG	파일의 나머지 삭제	dH	화면의 시작까지 삭제
dL	화면의 나머지 삭제	J	커서와 다음 단어 사이의 모든 공백 삭제

글을 삭제할 때는 입력 모드로 되어 있어서는 안 됩니다. 반드시 입력 모드에서 Esc 키를 눌러 명령 모드에서 상기 표에 있는 삭제 명령을 수행해야 합니다. 삭제하는 데 있어서 가장 단순한 삭제 방법은 한 문자나 한 줄을 삭제하는 것입니다. x 명령은 커서가 위치하고 있는 문자를 삭제하는 데 이 명령 앞에 숫자를 넣으면 해당 숫자만큼 문자를 삭제할 수 있으며, 다른 삭제 명령과 함께 여러 단어들을 삭제할 수 있습니다. 예를 들면 5, x 키는 현재 커서 위치에서 5글자를 삭제하라는 명령이고, 10, d, w는 10 단어를 삭제하라는 명령입니다.

줄 단위로 삭제할 때는 d, d 명령을 사용합니다. d, d 명령과 D 명령과는 약간의 차이가 있는데, 두 명령 모두 한 줄을 삭제하는 데 사용되지만, d, d 명령은 한 줄을 삭제하면 한 줄 자체가 사라지고 그 줄은 다음 줄이 위치하게 되며, D 명령은 한 줄을 모두 삭제하면, 삭제한 줄은 빈 줄로 남아 있게 됩니다. 이들 명령의 차이를 확인하기 위해서는 앞서 살펴본 대로 명령 모드에서 :set number를 입력하면 쉽게 알 수 있습니다.

현재 보고 있는 화면상의 글을 삭제하려면 dL 명령을 사용하고, 커서가 있는 줄을 포함하여 나머지 글들을 모두 삭제하려면 dG를 사용하면 됩니다. J 명령은 커서와 다음 단어 사이의 공백을 삭제함으로써 여러 줄의 내용을 한 줄로 연결하고자 할 때 상당히 편리한 명령입니다.

7. 바꾸기 또는 대치 명령

바꾸기 명령은 편집할 때 삭제와 더불어 많이 사용되는 명령입니다. 편집할 때 바꾸기 명령은 r과 R 명령을 주로 사용하는데, r 명령은 커서가 위치하는 문자 오직 하나만을 다른 문자로 교체하는 명령이며, R 명령은 입력 모드로 커서가 있는 문자부터 새로운 문자를 Esc 키를 누를 때까지 계속 덮어쓰는 식으로 추가합니다.

바꾸기 명령을 사용할 때는 r인지 R 명령인지 정확히 확인한 후에 사용해야 합니다. 왜냐하면 r 명령 대신 R 명령을 사용한 경우 덮어 씌우기로 글이 작성되어 애써 작성한 문서를 다 날려 버릴 수 있기 때문입니다. 만일 이런 일이 발생한다면 Esc 키를 눌러 명령 모드로 전환한 후에 u 명령을 사용하여 변경한 내용을 취소하면 됩니다.

바꾸기 명령			
r	커서에 있는 문자 대치	R	입력 모드로 한 문자씩 덮어 씀
s	커서가 있는 문자 삭제 후 입력 모드로 전환	S	커서가 있는 줄을 삭제한 후 입력 모드로 전환
cb	커서가 있는 앞 문자 삭제 후 입력 모드로 전환	cW	공백으로 구분된 뒷 단어를 삭제한 후에 입력 모드로 전환
cB	공백으로 구분된 앞 단어 삭제 후 입력 모드로 전환	cc	커서가 있는 라인을 삭제하고 입력 모드로 전환
C	커서가 있는 라인의 나머지를 삭제하고 입력 모드로 전환	c0	커서에서부터 라인의 시작까지 텍스트 바꾸기
c	특정 텍스트 바꾸기	c)	문장의 나머지 바꾸기
c}	문단의 나머지 바꾸기	cG	파일의 나머지 바꾸기
cH	화면의 시작까지 바꾸기	cL	화면의 나머지 바꾸기

8. 이동

여기서 말하는 이동은 앞서 살펴 본 커서의 이동이 아니라 텍스트의 이동을 의미합니다. 텍스트 내용을 다른 위치로 이동하기 p 또는 P 명령을 사용합니다.

텍스트 이동

p	삭제나 복사된 텍스트를 커서가 있는 문자나 라인 뒤에 삽입	P	삭제나 복사된 텍스트를 커서가 있는 문자나 라인 앞에 삽입
dw p	커서가 있는 단어를 삭제한 후 이를 원하는 곳 커서 뒤로 삽입	dw P	커서가 있는 단어를 삭제한 후 이를 변경한 커서가 있는 곳 앞으로 삽입
d p	지정한 다음 텍스트로 삭제한 후 커서가 가리키는 곳으로 이동	d) P	문장의 나머지로 이동
d} P	문단의 나머지로 이동	dG P	파일의 나머지로 이동
dH P	화면 시작 부분으로 이동	dL P	화면의 나머지를 이동

삭제 명령으로 삭제된 줄이나 문자들은 임시 버퍼에 저장하게 되는데, 이들을 커서가 위치하고 있는 자리에 p 명령을 이용하여 붙일 수가 있습니다. p 명령은 삭제된 문자들을 커서가 있는 문자 뒤로 삽입하고, P 명령은 커서가 있는 문자 앞에 삽입합니다.

9. 복사

앞에서 삭제한 부분을 특정한 부위에 갖다 붙이는 방법에 대해서 알아보았습니다. 이번에는 복사한 부분을 임시 버퍼에 저장하여 원하는 특정 부위로 복사하는 방법을 알아봅니다. 이에 사용되는 명령은 y 명령입니다.

복 사

yw	커서가 있는 단어를 복사	yb	커서가 있는 앞 단어를 복사
yW	공백으로 구분된 뒷 단어 복사	yB	공백으로 구분된 앞 단어를 복사
y	특정한 다음 텍스트 복사	yy	커서가 있는 라인을 복사, 커서가 가리키는 곳으로 라인을 이동
y)	문자의 나머지 복사	y}	문단의 나머지 복사
yG	파일의 나머지 복사	yH	화면 시작까지 복사
yL	화면의 나머지 복사		

y 명령은 w 명령이나 y 명령 등을 붙여 사용합니다. 커서가 있는 한 줄을 복사하고자 한다면 커서가 있는 줄에서 y, y 키를 누른 후에 붙이고자 하는 위치에 커서를 갖다 놓고 p 키를 누르면 커서가 있는 줄로 복사됩니다. 만일 5줄을 복사하여 다른 곳에 복사하고자 한다면 5 y, y를 눌러 복사한 후에 다른 곳에 p를 눌러 복사하면 됩니다.

10. 검색 명령

vi 편집기는 주어진 패턴에 따라서 파일의 앞뒤로 검색하는 기능을 제공합니다. 슬래시(/) 키는 패턴 검색을 위한 명령입니다. 슬래시 명령을 입력하면 화면 하단에 슬래시가 표시되는데 이 뒤에 여러분이 원하는 검색 단어를 입력해 주면 커서가 있는 곳부터 시작하여 검색 패턴을 찾아 주게 됩니다. 검색 명령을 한 번 수행하여 검색을 시작한 후 같은 텍스트를 계속 검색하고자 할 때는 n과 N 명령을 사용합니다.

검색			
/pattern	텍스트에서 앞으로 패턴 검색	⟩pattern	텍스트에서 뒤로 패턴 검색
n	앞 또는 뒤로 이전 검색 반복	N	반대 방향으로 이전 검색 반복
/	전 검색을 앞으로 반복	?	전 검색을 뒤로 반복

11. vi 환경 설정

11.1 set 옵션

현재 시스템에 설정된 옵션을 확인하기 위해서는 명령 모드에서 :set을 실행하면 현재 설정된 옵션들이 화면에 출력됩니다. 시스템에서 사용 가능한 옵션과 설정 목록을 알아보기 위해서는 :set all을 입력하면 됩니다. 몇 가지 유용한 옵션을 간략히 설명합니다.

옵션	옵션 약어	기능
autoindent	ai	들여 쓰기 가능, 탭으로 들여 쓰기 범위 지정
autoprint	ap	줄이 바뀔 때 현재 줄을 화면상에 출력
errorbells	eb	명령 에러가 발생 시 삑 소리가 나게 함
number	nu	줄 번호를 나타나게 함
report	report	편집 시 메시지를 보낼 편집 변화 크기 지정
showmatch	sm	가로 닫기 괄호를 사용할 때 일치하는 가로 열기 괄호를 보여줌
warn	warn	저장하고 않고 vi를 종료할 때 경고 메시지를 뿌려 줌
ignorecase	ic	검색 패턴에 사용되는 대/소문자를 구별하지 않음
tabstop=n	ts=n	탭 공백을 n 수만큼 지정
wrapmargin=n	wm=n	텍스트 오른쪽 여백을 n 수만큼 지정
syntax on		컬러 터미널의 경우 컬러로 디스플레이

11.2 vi 초기화 파일 .exrc

set 옵션들을 vi 편집기를 실행하여 명령 모드에서 수행하거나 아니면 여러분들의 계정 홈 디렉토리에서 .exrc 파일 안에 옵션들을 지정하여 수행할 수 있습니다. 또는 EXINIT 쉘 변수를 사용하여 옵션들을 설정할 수 있습니다.

11.2.1 EXINIT 변수 사용

vi가 실행될 때마다 EXINIT에 저장된 set 옵션들이 자동적으로 실행되므로, 다음과 같은 형식으로 set 옵션을 지정합니다.

```
EXINIT='set nu ic'
```

상기 화면은 줄 번호를 나타나게 하고, 검색 명령에서 검색 패턴에 사용되는 문자를 대/소문자 구별을 무시하도록 설정하는 것입니다. EXINIT 변수는 부팅 시 매번 지정해야 하므로 이를 여러분들의 계정 홈 디렉토리에 있는 .bash_profile 안에 넣어 주면 로그인 할 때마다 EXINIT 변수에 자동적으로 set 명령이 대입됨으로써 일일이 타이핑하는 불편함을 덜 수 있습니다.

11.2.2 exrc 파일 사용

vi 편집기가 실행될 때 쉘은 먼저 여러분 홈 디렉토리에서 .exrc 파일을 찾고 이 파일이 존재할 경우에는 이 파일에 저장된 set 옵션들을 실행하게 됩니다. 따라서 .exrc 파일을 만들어 여러분이 필요한 set 옵션을 저장해 넣고 vi 편집기를 사용하면 매우 편리할 것입니다.

붙여넣기 시 tab 생성 방지

vi에서 붙여 넣기할 때 tab이 생기지 않도록 하려면 vi에서 붙여넣기를 할 경우 tab이 각 줄마다 하나씩 추가되는데, 이를 방지하려면 vi 편집기의 명령 모드에서 se noai를 입력해 주면 됩니다.

도스 문서의 행 끝에 ^M이 표시될 경우

vi 편집기 명령 라인에서 다음과 같이 실행해 주면 됩니다.

```
:1,$s/^M//g`
```

vi 편집기를 실행하여 : 키를 누르고 1,$s/ 까지 입력한 후에 Ctrl + V 키를 누르고, Ctrl + M 키를 눌러 ^M이 표시되도록 합니다. 그 다음에는 //g를 입력하고 Enter 를 누르게 되면 ^M 표시가 모두 제거됩니다.

Chapter 11. 프린터 설정

이 장에서는 프린터를 설정하는 방법에 대해서 알아봅니다. 리눅스 커널에서는 대부분의 프린터 기종을 지원하기 때문에 윈도우와는 달리 프린터 드라이버를 설치하지 않아도 사용할 수 있습니다. 호환되지 않는 프린터의 경우에는 호환성 모델로 설정하여 사용할 수 있습니다. 그러면 리눅스와 호환성이 있는 프린터를 설치하는 방법을 살펴보도록 하겠습니다.

학습 주제

▶ 프린터 도구 패키지 설치
▶ 로컬 프린터 설정
▶ 프린터 공유 설정
▶ 윈도우 네트워크 프린터 설정

1. 프린터 도구 패키지 설치

페도라9를 설치할 때 기본적으로 프린터 관리 도구인 system-config-printer 패키지가 설치됩니다. 다음과 같이 이 패키지가 설치되어 있는지를 확인해 봅니다.

```
root@localhost:~
파일(F)  편집(E)  보기(V)  터미널(T)  탭(B)  도움말(H)
[fedora@localhost ~]$ su -
암 호 :
[root@localhost ~]# rpm -qa | grep system-config-printer
system-config-printer-0.7.82.2-4.fc9.x86_64
system-config-printer-libs-0.7.82.2-4.fc9.x86_64
[root@localhost ~]#
```

프린터 관리 도구 패키지 정보가 나타나질 않거나 다시 이 패키지를 설치하고자 하는 경우에는 다음과 같이 yum 패키지 설치 도구를 이용하여 설치합니다.

```
# yum install system-config-printer*
```

2. 프린터 관리 도구 실행

Step1   [시스템 메뉴 –〉 관리 –〉 인쇄]를 선택하여 system–config–printer를 실행합니다.

Step2   root의 열쇠글을 입력합니다.

Step3   컴퓨터와 연결된 프린터를 설정합니다.

3. 로컬 프린터 설정

Step1 프린터 설정 제어판에서 [새 프린터] 도구 아이콘을 클릭합니다.

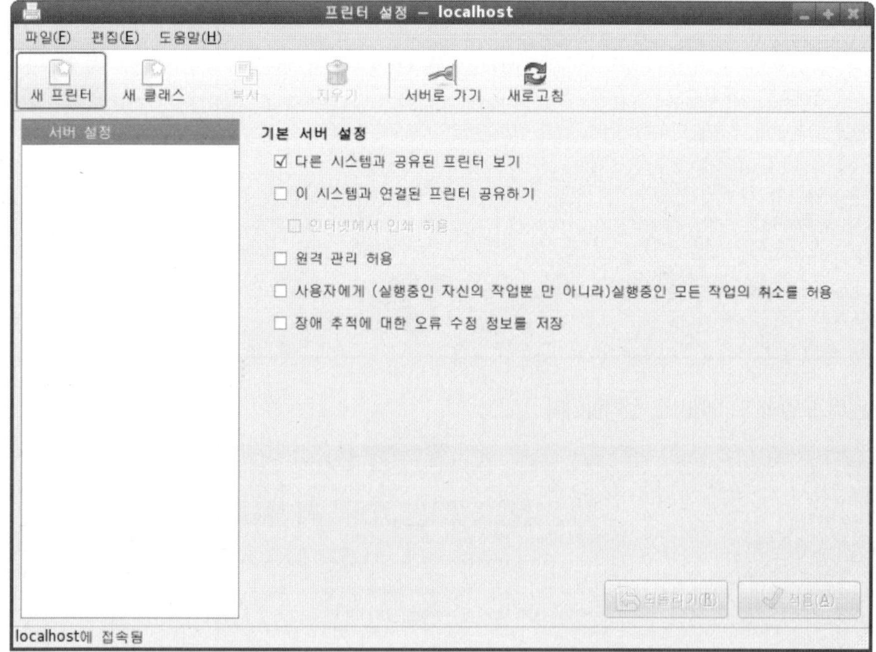

Step2 연결 장치 선택

어떤 장치에 프린터가 연결되어 있는지를 선택합니다.

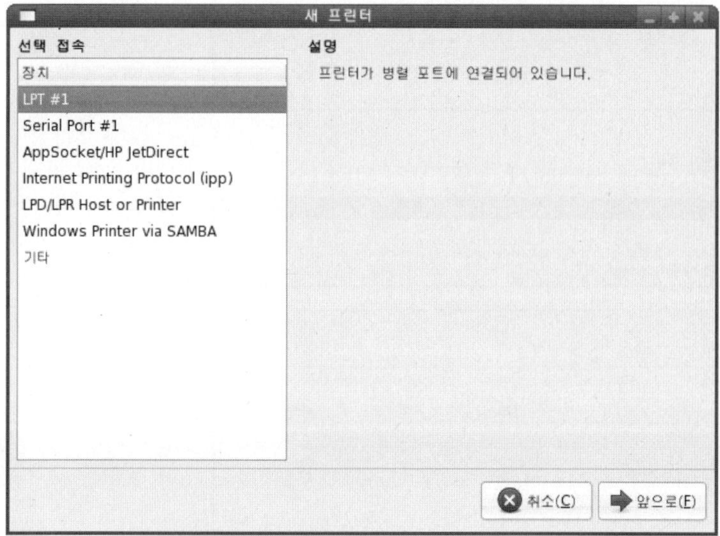

Step3 데이터베이스에서 설정하고자 하는 프린터의 제조업체를 선택합니다.

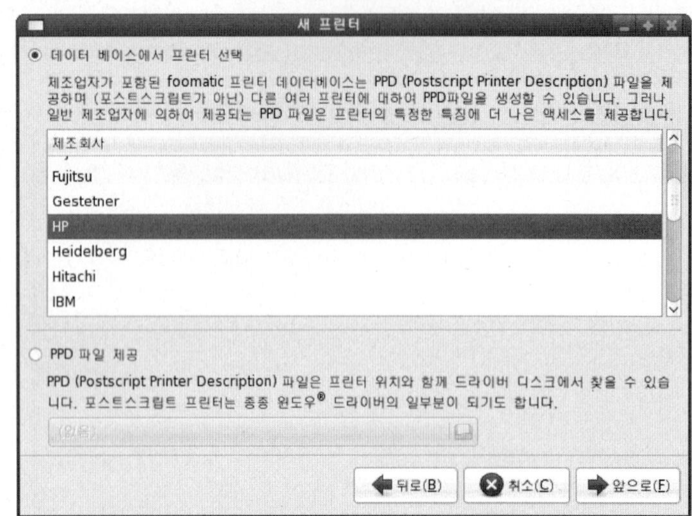

Step4 프린터 모델과 드라이버를 선택합니다.

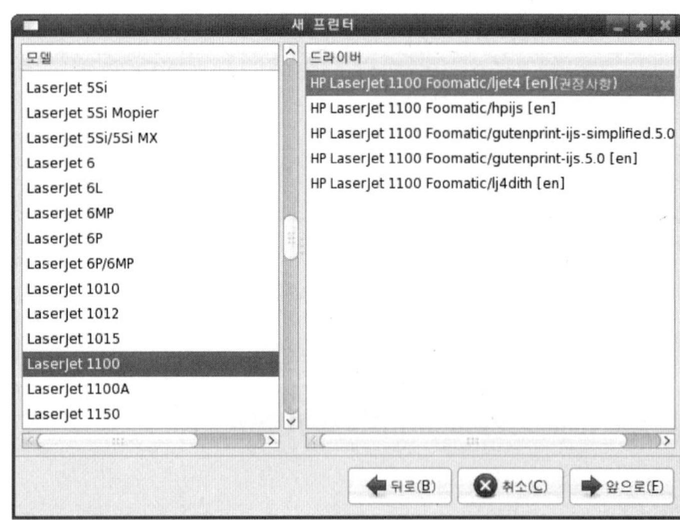

Step5 [적용] 버튼을 클릭합니다.

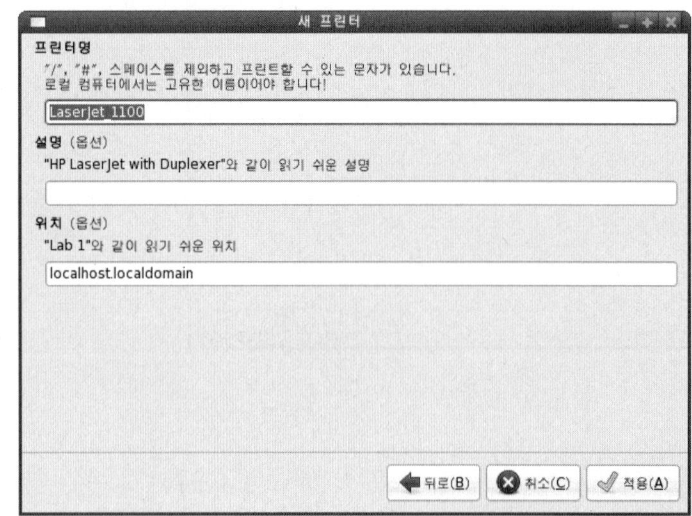

Step6 추가된 프린터를 선택하여 [테스트 페이지 인쇄]를 눌러 인쇄가 올바르게 되는지를 테스트합니다.

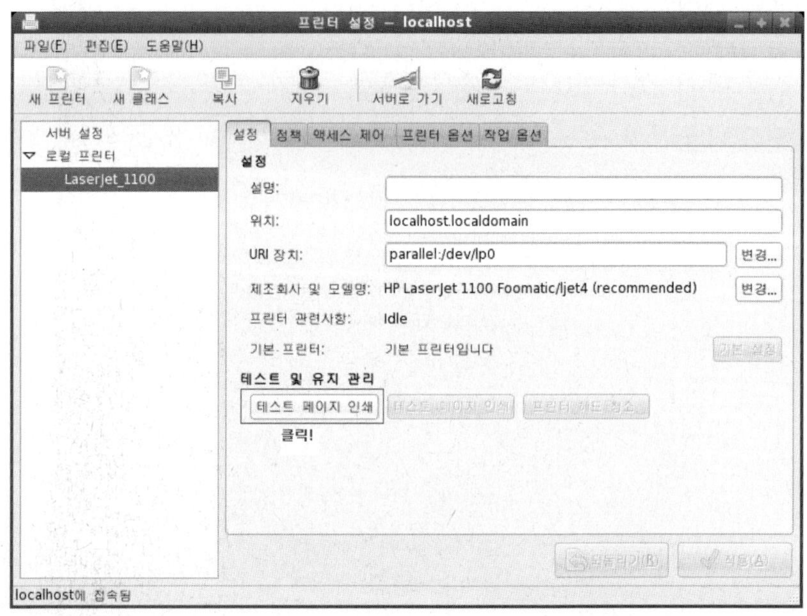

4. 프린터 공유 설정

다른 컴퓨터에서 네트워크상으로 프린터를 공유할 수 있도록 프린터 공유 서버를 설정하는 방법을 알아봅니다.

Step1 [서버 설정]을 클릭합니다.

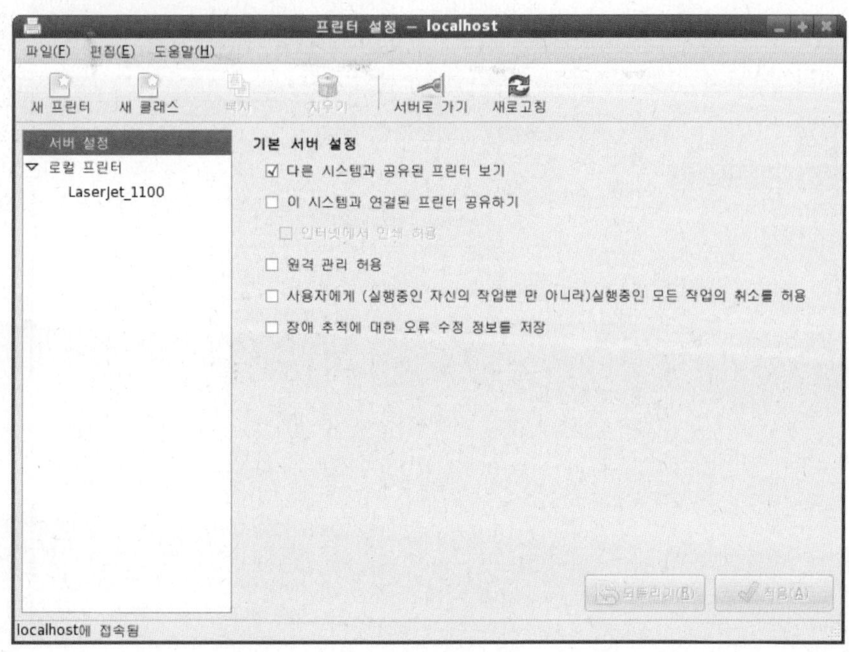

Step2 [기본 서버 설정]에서 [이 시스템과 연결된 프린터 공유하기]를 체크하여 [적용] 버튼을 클릭합니다.

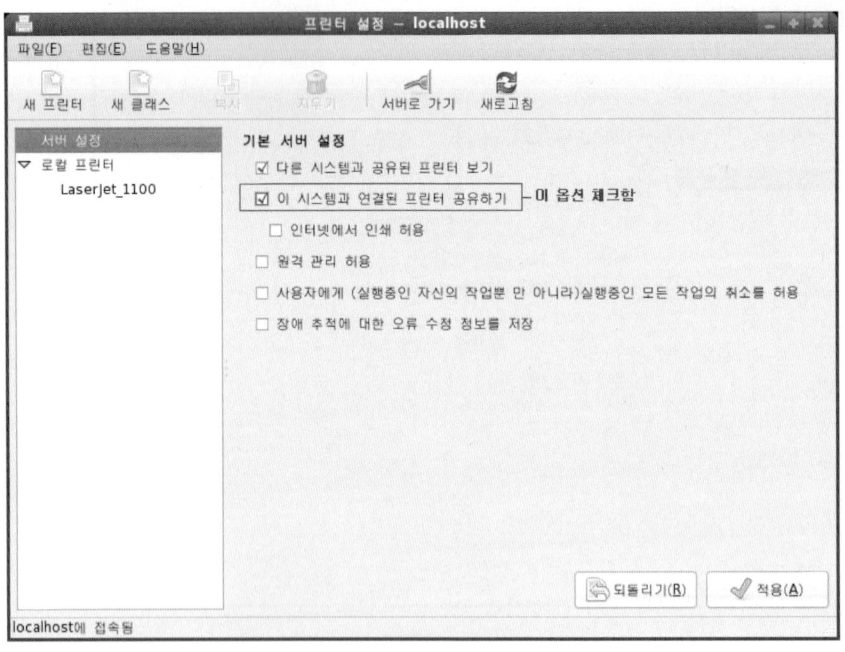

5. 윈도우 네트워크 프린터 설정

윈도우 시스템에 연결되어 있는 프린터를 리눅스 클라이언트에서 프린터 설정하는 방법을 알아봅니다.

Step1 [새 프린터] 도구 아이콘을 클릭합니다.

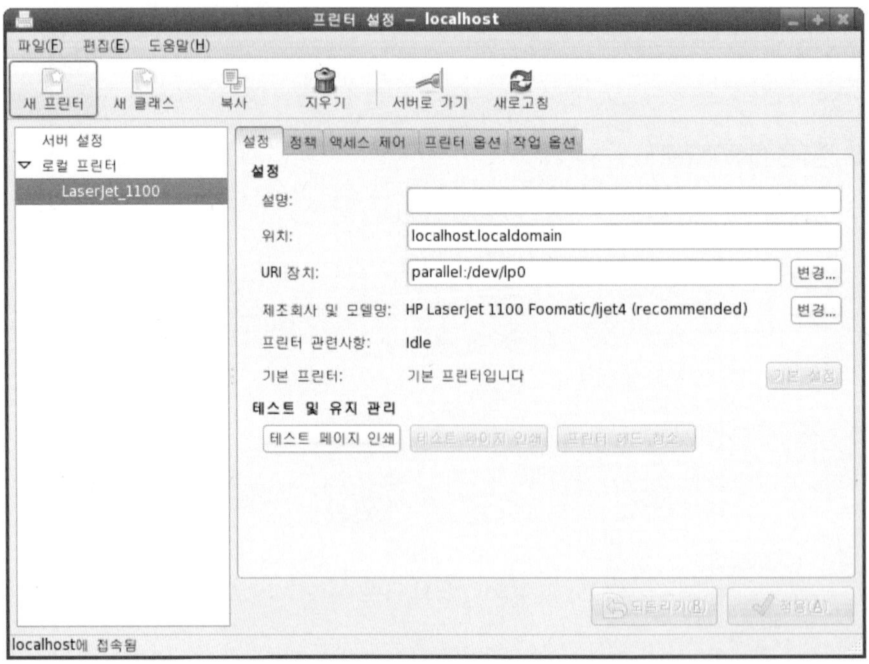

Step2

[Windows Printer via SAMBA]를 선택하여 오른쪽 smb:// 주소 입력폼에 윈도우 서버의 이름과 프린터명을 입력을 입력합니다. 윈도우 서버 이름은 [내 컴퓨터 >> 속성 >> 컴퓨터 이름 >> 전체 컴퓨터 이름]에서 확인할 수 있습니다. 윈도우 컴퓨터의 이름이 June-xp이고, 프린터 공유명이 psc2410이라면 다음 그림처럼 설정하고 [앞으로] 버튼을 클릭합니다.

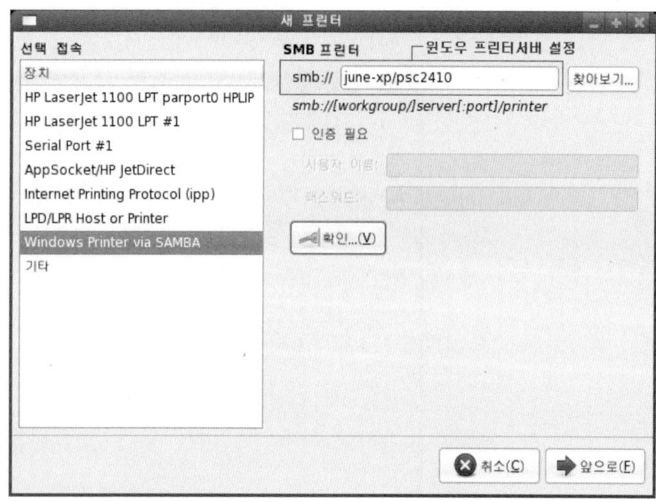

Step3

데이터베이스에서 윈도우 프린터 서버의 프린터를 선택합니다.

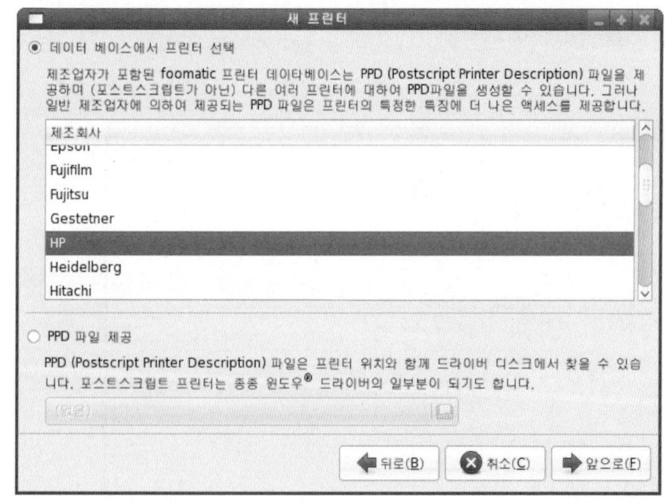

Step4

프린터 모델을 선택합니다.

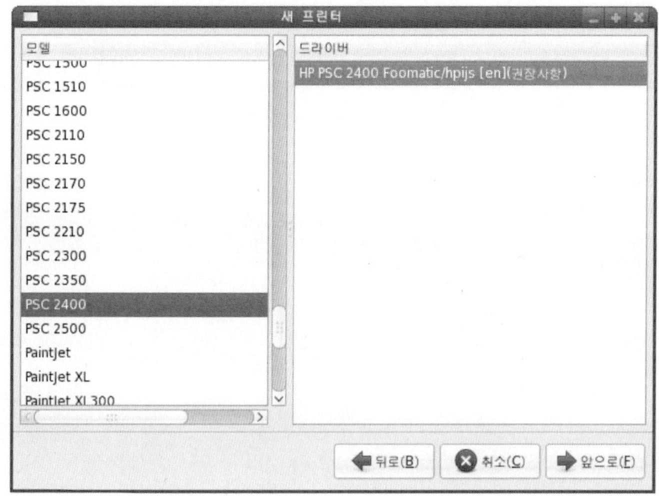

Step5 [적용] 버튼을 클릭합니다.

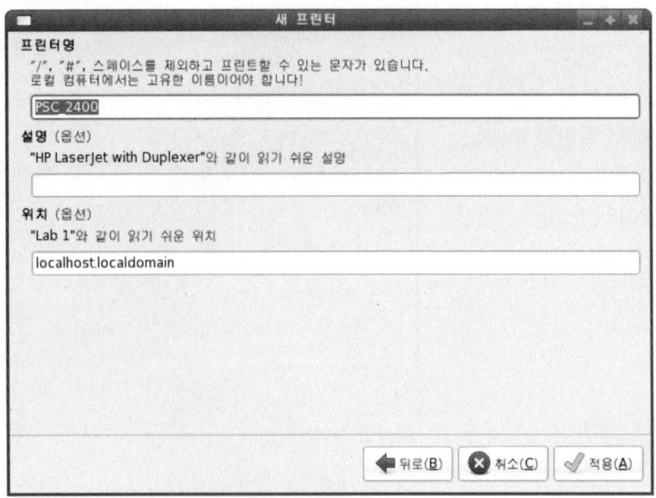

Step6 추가된 프린터를 선택하고 오른쪽에서 [테스트 페이지 인쇄]를 눌러 테스트 페이지가 인쇄되는지를 확인하고 설정을 종료합니다.

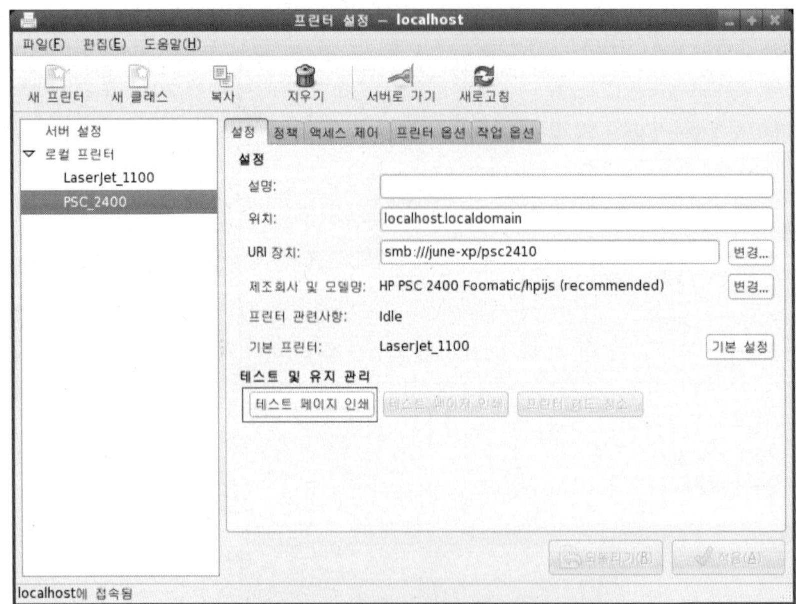

Chapter
12. 커널(Kernel)

이 장에서는 리눅스 운영체제의 핵심인 커널이라는 것을 알아봅니다. 커널은 리누스 토발즈에 의해서 최초로 개발되었는데, 커널(Kernel)은 프로세스와 시스템 메모리를 관리하고, 수많은 하드웨어 드라이버들을 제공하는 등 리눅스 상의 모든 동작을 제어하는 실제적인 핵심 소프트웨어로, 인체에 비유하자면 두뇌에 해당될 만큼 리눅스 운영체제에 있어서 핵(core)을 이루는 중요한 부분이라 할 수 있습니다.

이 장에서는 커널 최신 2.6.25 버전을 기준으로 하여 커널 설치 방법과 커널 컴파일 방법, 그리고 커널 패치 방법에 대해서 살펴봅니다.

학습 주제

▶ 커널 소스 구하기
▶ 커널 컴파일 방법
▶ 부트로더에 새로운 커널 이미지 정보 추가하기
▶ 커널 패치

1. 커널 소스 구하기

리눅스 커널은 리눅스의 창시자인 리누스 토발즈와 앨랜 콕스(Alan Cox)에 의해서 개발되어 배포되고 있는데, 토발즈의 커널은 두 가지 형태로 배포됩니다. 하나는 베타 테스트를 걸쳐 안정성이 입증된 안정 버전과 다른 하나는 테스트중인 개발 버전이 있습니다. 이들 두 버전의 구분은 커널 버전에서 주 버전 다음에 있는 숫자가 홀수일 경우를 "개발 버전"이라고 부르며, 짝수일 경우에는 "안정 버전"이라고 하는데 안정 버전은 주로 리눅스 배포판에 포함되는 커널 버전입니다. 앨랜 콕스의 커널은 토발즈 커널보다 새로운 기능의 커널을 패치 형태로 제공하는데, 커널에서 제공하는 새로운 기능을 탐구해 보고자 한다면 토발즈 커널에 앨랜 콕스의 커널을 패치하여 사용하면 됩니다.

리누스 토발즈와 앨랜 콕스의 커널은 다음 사이트에서 구할 수 있습니다.

```
ftp://ftp.kernel.org
```

리눅스 커널 소스외에 커널 패치 파일이라는 것이 있는데 이는 현재의 커널 버전을 상위 버전으로 업그레이드할 수 있도록 해 주거나 현재 커널 버전의 문제점들과 기능이 보완된 수정 파일을 말합니다.

최신 커널 버전 쉽게 알아보기

`finger` 명령을 이용하여 최근에 릴리즈된 커널 버전을 알아 볼 수 있습니다. `finger@finger.kernel.org` 명령을 실행하면 다음과 같은 커널 정보를 보여 주므로써 최근의 커널을 언제든지 알아볼 수 있습니다.

```
                              fedora@localhost:~                        _  +  x
 파일(F)  편집(E)  보기(V)  터미널(T)  탭(B)  도움말(H)
[fedora@localhost ~]$ finger @finger.kernel.org
The latest stable version of the Linux kernel is:          2.6.25.10
The latest prepatch for the stable Linux kernel tree is:   2.6.26-rc9
The latest snapshot for the stable Linux kernel tree is:   2.6.26-rc9-git6
The latest 2.4 version of the Linux kernel is:             2.4.36.6
The latest 2.2 version of the Linux kernel is:             2.2.26
The latest prepatch for the 2.2 Linux kernel tree is:      2.2.27-rc2
The latest -mm patch to the stable Linux kernels is:       2.6.26-rc8-mm1
[fedora@localhost ~]$
```

2. 커널 소스 설치

커널 소스는 일반적으로 /usr/src/linux 디렉토리에 위치하는데, 커널 버전에 따라서 이 디렉토리와 심볼릭 링크를 할 수 있습니다. 커널 소스는 ftp.kernel.org 사이트의 타볼 소스를 구하여 설치하거나 리눅스 배포판에 있는 RPM 패키지로 설치할 수 있습니다. 그러면 배포판에 있는 RPM 소스와 커널 타볼 (tar.gz) 소스를 설치하는 방법에 대해서 알아봅니다.

2.1 RPM 패키지 설치

페도라 리눅스에서는 커널 소스 RPM 패키지를 제공하지 않으므로 페도라9용 커널 2.6.25-14.fc9 버전을 설치하려면 다음과 같이 kernel 소스 패키지를 다운로드합니다.

```
                              root@localhost:~                          _  +  x
 파일(F)  편집(E)  보기(V)  터미널(T)  탭(B)  도움말(H)
[root@localhost ~]# wget ftp://ftp.kaist.ac.kr/pub/fedora/linux/releases/9/Fedor
a/source/SRPMS/kernel-2.6.25-14.fc9.src.rpm
--2008-07-11 09:20:10--  ftp://ftp.kaist.ac.kr/pub/fedora/linux/releases/9/Fedor
a/source/SRPMS/kernel-2.6.25-14.fc9.src.rpm
           => `kernel-2.6.25-14.fc9.src.rpm'
Resolving ftp.kaist.ac.kr... 143.248.234.110
Connecting to ftp.kaist.ac.kr|143.248.234.110|:21... connected.
Logging in as anonymous ... Logged in!
==> SYST ... done.      ==> PWD ... done.
==> TYPE I ... done.    ==> CWD /pub/fedora/linux/releases/9/Fedora/source/SRPMS .
.. done.
==> SIZE kernel-2.6.25-14.fc9.src.rpm ... 50156016
==> PASV ... done.      ==> RETR kernel-2.6.25-14.fc9.src.rpm ... done.
Length: 50156016 (48M)

45% [================>                       ] 22,982,656  1.66M/s  eta 16s
```

/usr/src/redhat 경로를 생성한 후 다운로드한 rpm 패키지를 설치합니다.

```
root@localhost:~
파일(F)  편집(E)  보기(V)  터미널(T)  탭(B)  도움말(H)
[root@localhost ~]# mkdir /usr/src/redhat
[root@localhost ~]# rpm -ivh kernel-2.6.25-14.fc9.src.rpm
   1:kernel                ########################################### [100%]
[root@localhost ~]# rm -f kernel-2.6.25-14.fc9.src.rpm
[root@localhost ~]#
```

다음과 같이 rpmbuild 명령을 실행합니다[15].

```
root@localhost:~
파일(F)  편집(E)  보기(V)  터미널(T)  탭(B)  도움말(H)
[root@localhost ~]# rpmbuild -bp --target=$(uname -m) /usr/src/redhat/SPECS/kern
el.spec
```

/usr/src/redhat/BUILD/kernel-2.6.25/linux-2.6.25.x86__64[16] 디렉토리를 /usr/src 디렉토리로 옮기고 심볼릭 링크를 걸어 놓습니다.

```
root@localhost:~
파일(F)  편집(E)  보기(V)  터미널(T)  탭(B)  도움말(H)
[root@localhost ~]# mv /usr/src/redhat/BUILD/kernel-2.6.25/linux-2.6.25.x86_64/
/usr/src/
[root@localhost ~]# ln -s /usr/src/linux-2.6.25.x86_64/ /usr/src/linux
[root@localhost ~]#
```

2.2 업데이트된 페도라코어 커널 소스 설치

업데이트된 커널 소스 패키지를 설치하려면 다음과 같이 설치하면 됩니다.

```
# yum install yum-utils

# yumdownloader --source kernel --enablerepo updates-source
```

2.3 커널 소스 설치 (linux-2.6.25.tar.bz2)

다음과 같이 최신 커널 소스를 다운로드합니다.

```
# wget ftp://ftp.kernel.org/pub/linux/kernel/v2.6/linux-2.6.25.tar.bz2
```

---

15) rpmbuild는 yum install rpm-build 명령으로 설치할 수 있으며, rpmbuild 명령 실행 시 빌드 의존성 오류가 발생하는 경우에는 해당 패키지들(gcc, glibc, sparse, redhat-rpm-config)을 모두 설치해 주어야 합니다.

16) 32비트 CPU 환경의 사용자는 linux-2.6.21.i686(또는 i386)입니다.

다운로드한 커널 소스를 /usr/src 디렉토리로 압축을 풉니다.

```
# tar xvfj linux-2.6.25.tar.bz2 -C /usr/src
```

2.4 커널 소스 심볼릭 링크

커널 소스를 이용하여 컴파일된 일부 소스에서는 커널 소스를 /usr/src/linux로 인식하는 경우가 있으므로, 이를 위해서 설치한 커널 소스를 다음과 같이 심볼릭 링크를 해 놓습니다.

```
ln -sf /usr/src/linux-2.6.25.x86_64 /usr/src/linux        # RPM 커널 설치시
ln -sf /usr/src/linux-2.6.25 /usr/src/linux               # 커널 소스 설치시
```

3. 커널 패치(Kernel Patch)

커널 패치는 FTP 사이트에서 자주 업데이트되므로 새로운 기능을 테스트하고자 한다면 ftp.kernel.org 에서 최신 패치 버전을 받아 패치를 적용하여 사용할 수 있습니다. 커널 패치 작업이라는 것은 기존의 커널 버전을 상위 버전으로 업그레이드하는 작업을 말합니다. 커널 패치는 커널 버전을 업그레이드하는 것 이외에 커널에서 지원하지 않는 기능을 커널에 추가하고자 할 때나 일부 향상된 기능을 적용하고자 할 때 사용됩니다.

커널소스 패치는 낮은 버전에서 높은 버전으로 패치할 때 패치 버전을 순차적으로 적용해야 합니다. 즉, 커널 버전이 2.6.20에서 2.6.25 버전으로 패치하기 위해서는 그 중간 단계에 있는 모든 패치 버전들을 단계적으로 일일이 적용해야 합니다. 이렇게 버전 차이가 많이 나는 경우에는 커널 패치보다는 이미 패치되어 있는 최신 풀 버전을 받아 컴파일하는 것이 오히려 편리합니다. 커널 패치하는 방법은 패치 파일 형태에 따라서 패치 방법이 달라집니다. 먼저 확장자를 .gz를 갖는 패치 파일의 경우는 다음과 같이 실행하여 패치를 적용합니다.

```
gzip -cd patch-커널패치버전.gz | patch -p0
```

.gz 확장자가 없는 patch-커널패치버전명 형태의 파일은 다음과 같이 적용합니다.

```
patch -p0 < patch-커널패치버전
```

이들 명령을 실행하는 위치는 모두 /usr/src입니다. 상기 두 화면에서 보는 바와 같이 패치를 적용하는 데 있어서 옵션 -p#(#는 숫자)을 사용하는데 -p0을 사용할 때도 있고 -p1을 사용할 때도 있습니다. 이들의 차이점에 대해서 간단하게 알아봅니다.

패치를 적용할 디렉토리 안에서 패치를 하고자 할 때는 -p1 옵션을 사용하고 디렉토리 밖에서 패치할 경우에는 -p0 옵션을 사용합니다. 예를 들면 /usr/src 디렉토리에서 linux 디렉토리를 패치할 경우에는 -p0 옵션을 사용하고, linux 디렉토리에 들어가서 패치 파일을 적용할 때는 -p1을 사용합니다. 커널 패

치가 성공적으로 완료되면 패치된 원래의 파일에는 .orig 확장자가 가진 파일이 생기지만, 커널 버전이
일치하지 않거나 커널 헤더가 패치를 제대로 지원하는 못해 패치 과정이 실패한 경우에는 .rej 확장자
를 가진 파일이 생기게 됩니다. 커널 패치가 성공적으로 끝났다면 다음 명령을 실행하여 패치 후 생성
된 원래의 파일들을 삭제합니다.

```
# find /usr/src/linux/ -name "*.orig" -exec rm -f {} \;
```

4. 커널 컴파일 시스템 환경

커널 컴파일이란 커널 소스에서 제공하는 설정 요소들 가운데 시스템에 맞는 설정 요소들을 설정하여
컴파일러를 통하여 새로운 커널 이미지와 모듈을 생성하는 과정을 말합니다. 커널 컴파일을 하기 위해
서는 커널 소스가 설치되어 있어야 하며, 다음과 같은 컴파일 환경에 필요한 패키지들이 설치되어 있어
야 합니다. 특히 페도라 리눅스를 설치할 때 커널 컴파일에 필요한 패키지들이 설치되지 않으므로, 커
널 컴파일 시 오류가 발생한다면 다음 패키지들이 설치되어 있는지를 점검해야 합니다. 자세한 패키지
설명은 /usr/src/linux/Documentation/Changes를 참고로 하고, 커널 컴파일에 필요한 기본 패키지로는
다음과 같습니다.

패키지명	권장 버전	버전체크방법	RPM 패키지 버전
gcc 컴파일러	4.1 이상	gcc --version	gcc-4.3.0
make	3.81 이상	make --version	nake-3.81-12.fc9
binutils	2.12 이상	ld -v	binutils-2.18.50.0.6-2
module-init-tools	0.9.10	depmod -V	module-init-tools-3.4-13.fc9
util-linux	2.10	fdformat --version	util-linux-ng-2.13.1-6.fc9
e2fsprogs	1.29	tune2fs	e2fsprogs-1.40.8-3.fc9
procps	3.2.0	ps --version	procps-3.2.7-20.fc9

5. 커널 컴파일 순서

일반적인 커널 컴파일의 순서는 다음과 같습니다.

make menuconfig

⇩

make

⇩

make modules_install

5.1 커널 메뉴 설정(make menuconfig)

make menuconfig, make xconfig, make gconfig 등 다양한 방법으로 커널 메뉴 설정을 할 수 있습니다. make xconfig와 gconfig는 각각 QT 라이브러리와 GTK+2 라이브러리를 이용하여 그래픽 환경으로 커널 메뉴를 설정할 수 있게 해 주지만, 커널 메뉴 설정은 그래픽 환경으로 설정하는 것보다는 make menuconfig를 이용하여 텍스트 환경으로 설정하는 것이 더 간편합니다. make help 명령을 실행하면 커널 메뉴 설정 명령에 대한 자세한 도움말을 구할 수 있습니다.

커널 설정		
방법	실행 장소	특징
make oldconfig	콘솔, 엑스 윈도우	텍스트로 각 커널 옵션 일일이 선택
make menuconfig	콘솔, 엑스 윈도우	텍스트 환경으로 각 커널 메뉴 선택
make xconfig	엑스 윈도우 전용	QT 기반의 그래픽 커널 메뉴 설정 환경
make gconfig	엑스 윈도우 전용	GTK+2 기반의 그래픽 커널 메뉴 설정 환경
make defconfig	콘솔, 엑스 윈도우	모든 옵션을 기본값으로 적용하여 설정
make allmodconfig	콘솔, 엑스 윈도우	모든 옵션을 가능한 모듈로 선택하여 설정
make allyesconfig	콘솔, 엑스 윈도우	모든 옵션을 yes로 설정, 비바람직한 설정
make allnoconfig	콘솔, 엑스 윈도우	모든 옵션을 최소 상태로 설정, 비바람직

5.2 커널 메뉴 설정 규칙

커널 메뉴 및 요소를 설정하는 규칙으로는 'y' 또는 '*'와 'M', 'N'이 있습니다.

커널 메뉴 설정 규칙	
Enter	커널 메뉴 선택
Y 또는 *	커널에 적재(Built-in)되도록 메뉴 또는 요소 선택
M	모듈로 컴파일되도록 메뉴 또는 요소 선택
N	선택하지 않음, N은 표시되지 않고, 어떠한 체크도 하지 않음

커널 메뉴를 설정할 때 기본적으로 표시된 것외에 추가로 선택하고자 할 때는 불필요한 기능들이 커널에 적재되지 않도록 [M]으로 선택해 주는 것이 좋습니다. [M]은 모듈을 의미하며, 이것으로 선택되어 컴파일된 모듈은 /etc/modprobe.conf 파일에 등록시켜 동작하게 됩니다.

make menuconfig의 설정 인터페이스에서 각 메뉴는 방향키를 사용하여 이동하고, 메뉴의 선택은 Enter 키를 사용하며, 커널 옵션 선택은 Space Bar 키를 사용하여 커널 포함(*), 모듈 선택(M), 선택하지 않음 (N)을 결정합니다. 커널 메뉴의 각 항목들은 하드웨어및 네트워크에 관련된 전문적인 지식이 없으면 일일이 설정하기 어려우므로, 각 항목의 도움말을 참조하여 가능한 모듈 형태로 설정하도록 합니다.

make menuconfig 명령을 실행하였을 때 ncurses 라이브러리에 관련된 메시지가 나온다면 다음과 같이 이 라이브러리 패키지를 설치한 후 make menuconfig 명령을 다시 실행합니다.

```
# yum install ncurses-devel
```

커널 메뉴 설정

커널 2.6 버전에서는 커널이 업데이트되면 될수록 설정 메뉴가 복잡, 다양화되어가고 있어서 처음 커널을 접하는 사용자에게 있어서는 커널 항목 하나하나를 설정하는 것이 매우 어렵습니다. 이런 경우 커널에서 기본적으로 필요로 하는 항목은 그대로 두고, 생소한 설정들은 도움말을 참고로 하여 모두 모듈[M]로 선택하는 것이 바람직합니다.

5.3 커널 옵션 설정

No.	커널 설정 옵션 카테고리	간단한 설명
1	Code maturity level options	개발중의 코드 및 드라이버 선택 유무
2	General setup	커널에 대한 일반적인 설정
3	Loadable module support	모듈 적재에 관한 설정
4	Block layer	블록 장치에 활성 및 해제에 관한 설정
5	Processor type and features	씨피유 및 메모리 기능에 관한 설정
6	Power management options	절전 기능에 관한 설정
7	Bus options	메인보드의 PCI, EISA, PCMCIA 지원 설정
8	Executable file formats	커널 지원 가능한 바이너리 형태 설정
9	Networking	네트워크 기능 지원에 관한 설정
10	Device Drivers	HDD, SCSI, 네트워크, 멀티미디어장치 드라이버 설정
11	File systems	커널 지원 파일 시스템 설정
12	Instrumentation Support	커널 프로필 지원 설정
13	Kernel hacking	커널 해킹 설정
14	Security options	SELINUX 커널 보안 옵션 설정
15	Cryptographic options	암호화 및 인증에 관련된 알고리즘 모듈 설정
16	Library routines	외부 모듈의 라이브러리 함수 사용 여부

각 옵션의 카테고리에는 수많은 종류의 옵션을 포함하고 있는데, 이러한 수많은 옵션들을 제한된 지면 내에서 다루는데 한계가 있으며, 여러분들에게 도움이 되는 옵션과 그렇지 않은 옵션들이 있기 때문에 각 카테고리안에 있는 옵션들에 대한 설명은 이 책에서 배제하였습니다. 일부 중요한 필자에 대해선 필자가 운영하고 있는 사이트(http://www.linuxpia.com)의 페도라 게시판 정오표에 pdf 파일로 올려져 있으므로 이를 참고하기 바랍니다. 그 외 자세한 것은 각 옵션에 대한 도움말을 참고하거나 커널에 관련된 다른 서적을 참고하는 것이 좋습니다.

6. 커널 컴파일 (make)

커널 메뉴 옵션을 한 후에는 make 명령으로 커널을 컴파일할 수 있습니다. make 명령은 커널 이미지 (bzImage)를 생성할 뿐만 아니라 커널 모듈까지 함께 컴파일합니다.

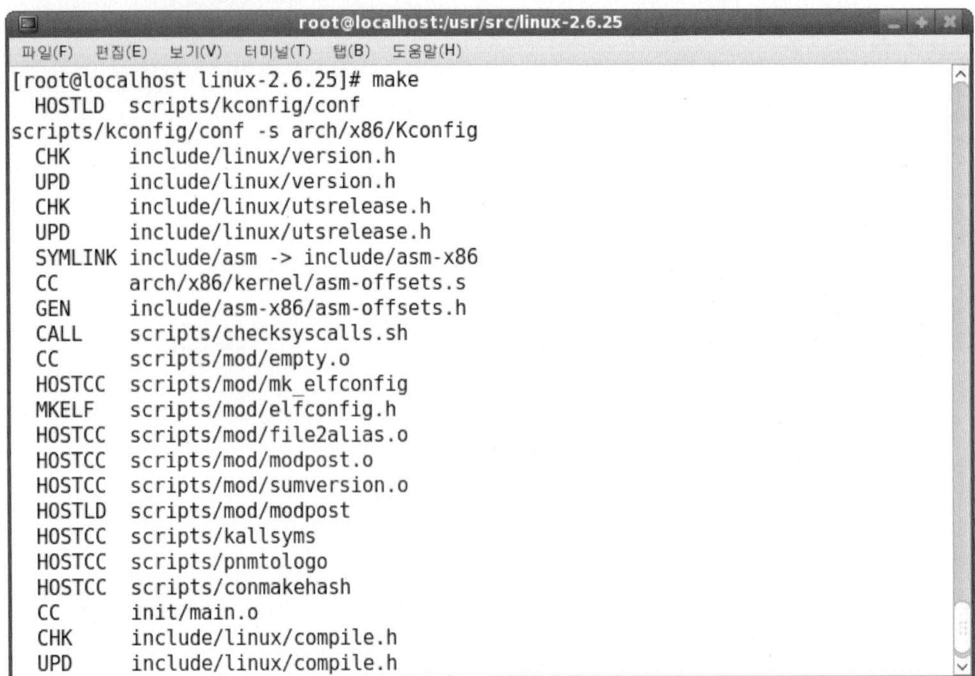

이 때 생성되는 커널 이미지는 CPU 아키텍쳐에 따라서 arch/i386/boot 또는 /arch/x86__64/boot 디렉 토리에 위치합니다.

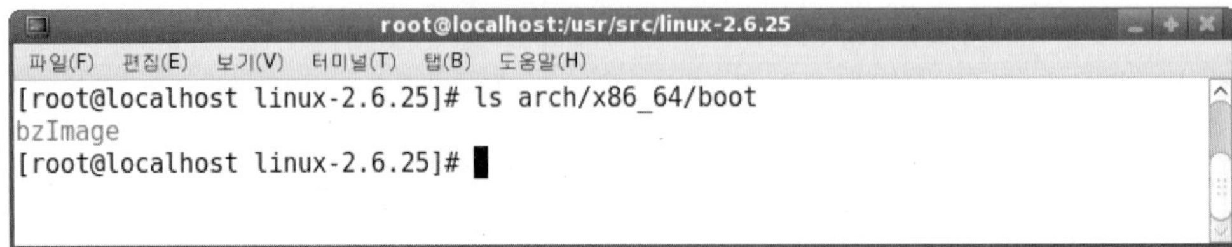

7. 커널 모듈 설치(make modules_install)

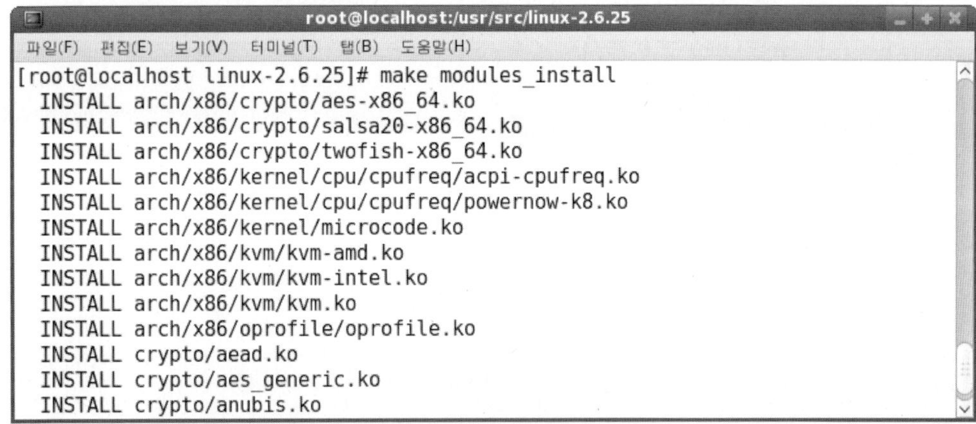

커널 모듈은 '/lib/modules/커널버전/kernel' 디렉토리에 위치하게 되는데, make 명령에 의해 컴파일된 모듈은 이 디렉토리로 설치됩니다. 이 때 커널 버전에 맞는 모듈 디렉토리로 설치될 수 있도록 해 주는 명령이 make modules_install입니다. make modules_install 명령을 실행하면 새로 컴파일된 모듈은 /lib/modules/커널버전/kernel 디렉토리로 설치됩니다.

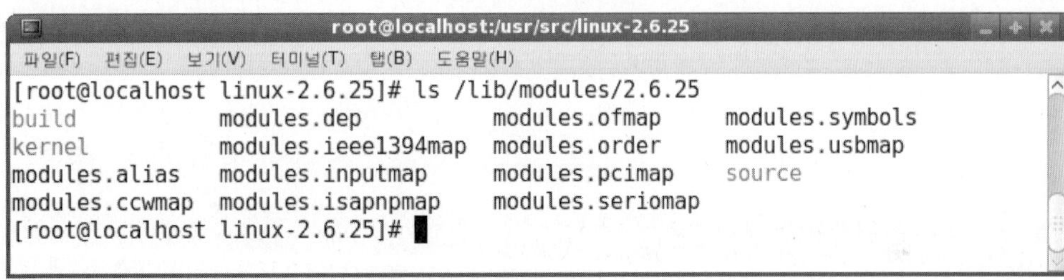

8. 커널 이미지 복사 및 initrd 이미지 생성

컴파일된 커널 이미지를 /boot 디렉토리로 복사합니다. 그러면 다음과 같이 arch/i386/boot (32비트 CPU 사용자) 또는 arch/x86__64/boot(64비트 CPU 사용자) 디렉토리에 생성된 bzImage를 /boot 디렉토리로 복사한 다음 mkinitrd 도구를 이용하여 램 초기 디스크 이미지를 생성합니다.

```
[root@localhost linux-2.6.25]# cp arch/x86_64/boot/bzImage /boot/kernel-2.6.25
[root@localhost linux-2.6.25]# mkinitrd /boot/initrd-2.6.25.img 2.6.25
resolveDevice: device spec expected
[root@localhost linux-2.6.25]#
```

상기 과정은 make install 명령으로 한 번 실행시킬 수 있습니다.

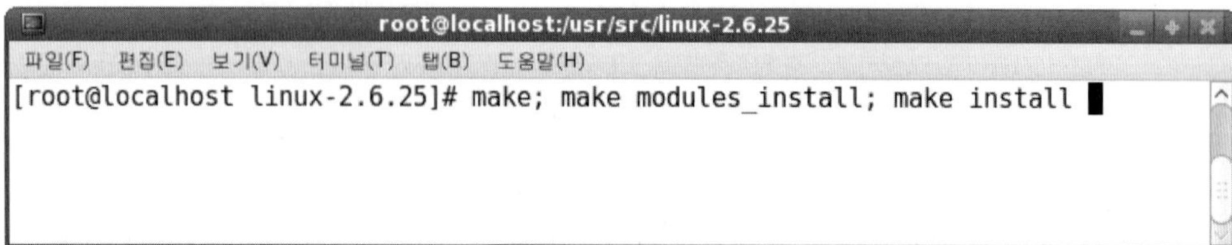

9. 커널 컴파일 한 번에 실행하기

지금까지의 커널 컴파일은 다음과 한 줄의 명령으로 모든 과정을 진행시킬 수 있습니다.

10. 부트로더에 새 커널 이미지 추가하기

컴파일한 커널 이미지를 사용하기 위해서는 부트로더에 새 커널 이미지를 등록해 주어야 하므로,
/boot/grub/grub.conf 파일을 에디트하여 새로운 커널에 대한 부트 정보를 다음과 같은 형식으로 추가
합니다.

```
title Kernel 2.6.25 New Kernel
    root (hd0,0)
    kernel /boot/vmlinuz-2.6.25 ro root=/dev/sda1
```

예를 들어 원래의 /boot/grub/grub.conf 파일 내용이 다음과 같았다면

```
default=1
timeout=10
splashimage=(hd0,0)/boot/grub/splash.xpm.gz

title Fedora (2.6.25-14.fc9.x86_64)
    root (hd0,5)
    kernel /boot/vmlinuz-2.6.25-14.fc9.x86_64 ro root=/dev/hda6  rhgb quiet
```

2. TCP/IP 네트워크 주소

TCP/IP 네트워크상에서, 각 컴퓨터들은 서로 간에 인식할 수 있는 ID라 할 수 있는 "IP(Internet Protocol)"라는 유일한 주소를 가지게 되는데 이를 IP 주소라 합니다. IP 주소(address)는 간단히 말해 외부의 컴퓨터들에게 자신의 네트워크상의 위치를 알려주기 위해 숫자화하여 나타낸 프로토콜이라 할 수 있습니다.

IP 주소는 다음 화면과 같이 마침표(·)로 각각 구분되어 각각의 필드마다 1byte(8bit)의 크기를 갖는 4byte의 32bit 숫자로 구성되어 있으며, 이들 숫자는 각각 0부터 255 사이의 값을 가지고 있습니다.

```
192.168.1.123
168.126.63.1
127.0.0.1
```

2.1 IP 주소

IP 주소 가운데 일부는 네트워크 주소로 사용되고 다른 부분은 그 네트워크 안에서 특정 호스트를 식별하기 위해 사용됩니다. 즉 IP 주소는 아래 표와 같이 네트워크 주소와 브로드캐스트 주소, 그리고 호스트 주소로 구성됩니다.

IP 주소			
192.	168.	1.	73
Network 부분			호스트 부분

	0	네트워크 주소 (0)	
192.168.1.	1 2 · · · 254	호스트 주소(1~254)	IP 주소
	255	브로드캐스트 주소(255)	

2.2 네트워크 주소

네트워크 주소는 넷마스크를 기준으로 하여 제일 먼저 시작되는 아이피 주소를 말합니다. 일반적으로 C 클래스 네트워크에서는 앞의 표에서 보는 바와 같이 192.168.1.0이 네트워크 주소가 됩니다. 그러나 네트워크를 쪼개 서브 네트워크가 있을 때는 넷마스크값에 따라서 네트워크의 주소는 달라지게 됩니다.

네트워크를 두 개의 서브 네트워크로 쪼갠 경우에는 192.168.1.0과 192.168.1.128 등 두 개의 네트워크 주소가 존재하게 됩니다. 네트워크 주소는 넷마스크 부분을 살펴볼 때 다시 알아보도록 하겠습니다.

2.3 브로드캐스트(Broadcast) 주소

브로드캐스트 주소는 마지막의 호스트 주소를 나타내는 것으로, 같은 네트워크상의 모든 호스트들에게 호스트들이 원하는 자료가 있을 때 데이터를 전송하는데 사용되는 주소입니다. 브로드캐스트 주소는 그 네트워크가 끝나는 주소를 가지므로, 서브넷에 따라서 그 주소는 각기 다릅니다. 예를 들어 C 클래스인 경우에는 끝자리 주소가 255가 되지만, 두 개로 서브넷으로 쪼갠 경우에는 두 개의 네트워크 주소가 존재하므로 127과 255의 브로드캐스트 주소가 존재하게 됩니다.

2.4 게이트웨이(Gateway) 주소

게이트웨이 주소란 네트워크에서 한 호스트가 다른 호스트로 연결될 수 있도록 해 주는 출입구 역할을 하는 호스트 주소입니다. 따라서 하나의 네트워크와 다른 네트워크와의 연결은 반드시 이러한 게이트웨이 주소를 통하여 이루어질 수 있습니다. 게이트웨이의 주소는 네트워크 구성에 따라 달라지므로, 네트워크 관리자 또는 인터넷 서비스 업체를 통하여 그 주소 값을 알아내어 정확히 설정해 주어야 네트워크를 연결하는데 있어서 문제가 발생하지 않습니다.

2.5 호스트(host) 주소

호스트 주소는 네트워크에서 특정 컴퓨터에 할당된 IP 주소를 말합니다. 일반적으로 IP 주소와 호스트 주소는 같다고 생각해도 됩니다. 왜냐하면 호스트 주소는 네트워크 부분 뒤에 붙여주는 주소로 IP 주소와 동일하게 표시되기 때문입니다. 만일 192.168.1.75라는 IP가 있다고 할 때 호스트 주소는 75이지만, 실제로 네트워크에서 75라는 값만 단독으로 사용하지 않고 네트워크 주소를 포함한 주소를 호스트 주소로 사용하므로 IP 주소와 같다고 생각하면 됩니다.

2.6 넷마스크(Netmask)

넷마스크는 네트워크가 서브넷으로 쪼개져 있는지를 알 수 있는 중요한 주소값입니다. 또한 넷마스크를 통하여 호스트가 속해 있는 네트워크 주소와 브로드캐스트 주소를 파악하는데 있어서 결정적인 역할을 합니다. 넷마스크 결정은 여러분의 호스트 주소를 템플릿(template)으로 하여 이뤄지는데, 일반적으로 여러분의 호스트 주소에서 네트워크 부분을 255로 설정하고, 호스트 부분을 0으로 설정하면 됩니다. 예를 들면 192.168.1.55라는 호스트의 넷마스크는 255.255.255.0이 됩니다. 반대로 넷마스크가 255.255.255.0 이라는 것은 네트워크 주소가 xxx.xxx.xxx.0을 가지며, 이 네트워크에 속한 호스트는 1~254 사이에 위치한다는 것을 의미합니다.

넷마스크는 네트워크 부분을 255로 설정한 후에 호스트 부분을 설정해 주므로, 이 부분을 주로 이진법으로 표기한 후 십진수로 변환하여 계산하는데, 이진수 상태에서 제일 앞쪽의 한 비트를 1로 설정하면 2개의 서브넷으로 사용할 수 있습니다. 따라서 IP 256개를 쪼개지 않을 때는 넷마스크 뒤 부분이 "0"값을 가지게 되고, 이를 2개의 서브넷으로 나눌 경우에 맨 앞 비트를 1로 처리하면 1000000을 갖게 되므로 이를 십진수로 변환해 보면 2의 7제곱이므로 128값을 가지게 됩니다. 즉, 256개의 IP를 2개의 서브넷으로 나누면 넷마스크는 각각 255.255.255.128을 갖게 되는 것입니다. 한 개의 네트워크를 서브넷 2개로 나누면 네트워크 주소는 192.168.1.0과 192.168.1.128 두 개를 가지게 됩니다.

그러면 4개로 쪼갤 때는 어떻게 될까요? 앞 두 비트를 1로 설정해 주면 11000000이 되므로 십진수로는 192(2⁷+2⁶)가 됩니다. 넷마스크는 따라서 255.255.255.192가 됩니다. 네트워크 주소는 4개로 분리시켰음으로, 4개의 네트워크 주소가 존재할 것입니다.

네트워크 관리자가 어떠한 IP 주소를 할당해 주느냐에 따라서 네트워크 주소는 달라집니다. 만일 여기서 두 번째 서브넷을 할당하여 192.168.1.66의 호스트를 가지고 있다면 두 번째 네트워크 주소 64를 가지므로 이 호스트의 네트워크 주소는 192.168.1.64가 될 것입니다.

서브넷	넷마스크	넷마스크 이진수	네트워크 주소	호스트 수
0	255.255.255.0	11111111.11111111.11111111.00000000	0	254
2	255.255.255.128	11111111.11111111.11111111.10000000	0, 128	126
4	255.255.255.192	11111111.11111111.11111111.11000000	0, 64, 128, 192	62
8	255.255.255.224	11111111.11111111.11111111.11100000	0, 32, 64, 96, 128, 160, 192, 224	30
16	255.255.255.240	11111111.11111111.11111111.11110000	0, 16, 32, 48, 64, 80, 96, 112, 128, 144, 160, 176, 192, 208, 224, 240	14

3. IP 주소 종류 (Class)

네트워크 클래스	공인 네트워크		예약 사설 네트워크	
	넷마스크	네트워크 주소	넷마스크	네트워크 주소
A	255.0.0.0	0.0.0.0-127.255.255.255	255.0.0.0	10.0.0.0-10.255.255.255
B	255.255.0.0	128.0.0.0-191.255.255.255	255.255.0.0	172.16.0.0-172.31.255.255
C	255.255.255.0	192.0.0.0-223.255.255.255	255.255.255.0	192.168.0.0-192.168.255.255
Multicast	240.0.0.0	224.0.0.0-239.255.255.255		

인터넷 네트워크에서 IP는 보통 3개의 클래스로 구성되는데 위 표와 같이 크기에 따라서 A, B, C 클래스로 구분됩니다.

3.1 Class A

A 클래스 주소는 네트워크 주소가 0.0.0.0에서 127.0.0.0까지 범위 내의 주소를 말합니다. 8개의 비트로 구성되어 있는 맨 처음 바이트에서 한 개의 비트는 A 클래스 주소를 나타내고, 나머지 7개의 비트는 네트워크 주소를 나타냅니다. A 클래스 주소를 나타내는 비트와 네트워크 주소를 가리키는 7개의 비트를 제외한 나머지 24비트는 호스트 부분으로 대략 2의 24승 개의 호스트 즉, 1,670만 개의 호스트를 가질 수 있습니다.

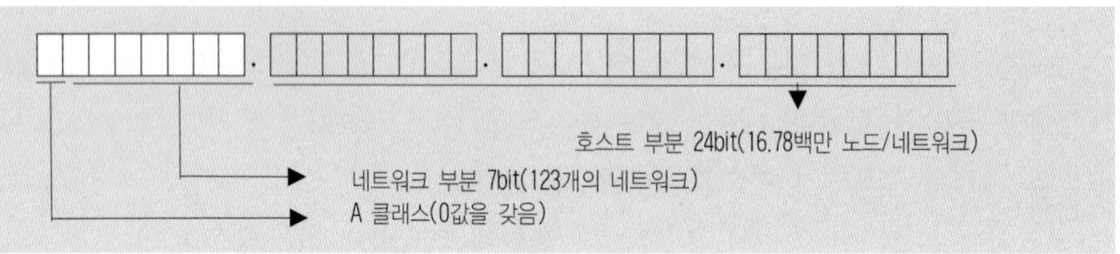

3.2 Class B

B 클래스 주소는 네트워크 주소가 128.0.0.0에서 191.255.0.0까지 범위 내의 주소를 말합니다. IP 주소의 첫 번째 바이트에 있는 첫 번째 비트와 두번째 비트가 각각 1과 0을 가질 때 B 클래스 주소라 하고 그 다음의 14개의 비트는 네트워크 주소이므로 대략 2의 14승 개의 네트워크 즉, 16,384개의 네트워크를 구성할 수 있습니다. 그리고 나머지 16개의 비트는 호스트 부분에 해당되므로 2의 16승 호스트 즉, 65,536개의 호스트가 존재합니다.

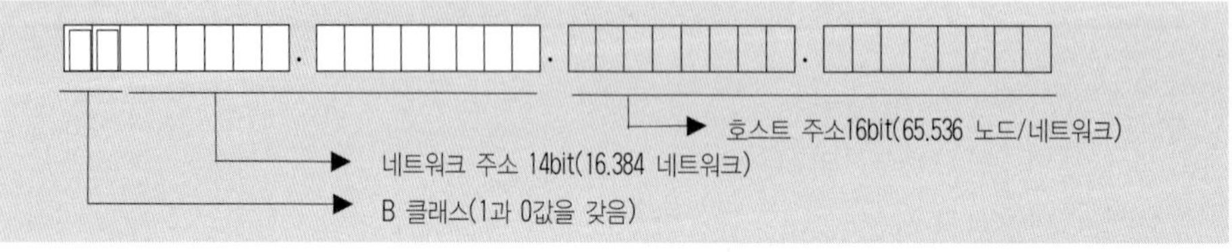

3.3 Class C

C 클래스 주소는 네트워크 주소가 192.0.0.0에서 223.255.255.0까지 범위 내의 주소를 말합니다. 첫 번째 바이트 가운데 세 개의 비트가 1 1 0을 가질 때 C 클래스 주소라 합니다. 그 다음 21개 비트는 네트워크 주소를 이루고 있으므로, 2의 21승인 대략 200만개의 네트워크를 구성할 수 있고, 나머지 8비트가 호스트 부분을 이루고 있어 256개의 호스트를 구성할 수 있습니다.

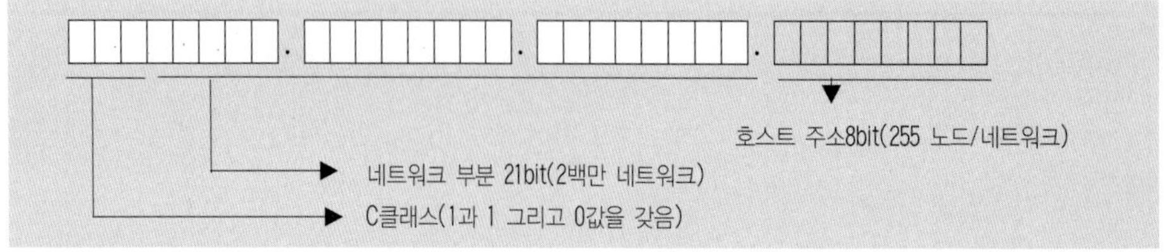

3.4 Class D와 사설 네트워크

멀티캐스트(multicast)라는 특정 범위의 주소를 가지고 있는 D 클래스는 224.0.0.0에서 239.0.0.0까지의 범위 내에 있는 주소로 예약된 특별한 용도로 사용하는 주소 값이기 때문에 IP 클래스를 분류할 때 D 클래스를 범주에 포함하지 않는 경우가 있습니다. 이러한 용도 외에 사용하지 않는 주소가 있는데 네트워크 주소 가운데 사용하지 않은 주소를 사설 네트워크(Private network)라 하며 시스템과 내부 사설 네트워크를 형성할 때 쓰이는 주소입니다. 이러한 대표적인 숫자로는 0, 127, 192가 있습니다. 0은 기본 라우트(default route) 네트워크에 해당하고, 127은 로컬(Local) 호스트로 사용하는 루프백(Loopback) 네트워크를 뜻하며, 192는 사설 네트워크 주소입니다. IP가 부족한 상태에서 내부 네트워크를 구축하고자 할 때 쓰이는 네트워크 주소가 192.168.0.0 네트워크입니다.

4. 네트워크 장치 설정

네트워크를 구축하는 데 가장 기본적인 것은 랜카드라 불리우는 이더넷 카드를 리눅스에서 설치하는 일입니다. 윈도우에서는 네트워크 장치에 대한 드라이버를 제공하기 때문에 사용하는데 큰 문제가 없지만, 리눅스용 드라이버를 제공하는 하드웨어는 그리 많지 않기 때문에 리눅스에서 네트워크 장치를 사용하려면 커널에서 해당 장치를 지원하는지 여부를 파악하는 것이 좋습니다. 대부분이 많이 알려져 있는 장치들에 대해선 커널에서 완벽하게 지원하고 있지만, 그리 알려져 있지 않은 장치들은 리눅스에서 사용하기 어려울 수 있으므로, 네트워크 서버를 구입하기 전에 네트워크 장치가 리눅스 커널에서 지원되는 것으로 구입하는 것이 좋습니다. 리눅스에서 여러분이 가지고 있는 장치가 지원되는지 여부는 구글 검색을 통해서 여러분이 가지고 있는 장치 모델명을 입력하여 알아보는 것이 가장 효과적입니다. 커널 컴파일을 통해서 확인하는 방법도 있겠지만, 필자의 사견으로는 구글 검색이 가장 좋으며, 리눅스 커널에서 지원하지 않더라도 사용한 가능한 방법이 있을지 모르므로 구글 검색을 권합니다. 그러면 리눅스에서 지원하는 이더넷 네트워크 장치와 무선랜 네트워크 장치를 리눅스에서 설정하는 방법을 살펴봅니다.

4.1 이더넷 네트워크 카드 설정

4.1.1 modprobe으로 이더넷 모듈 띄우기

커널에서 지원하는 이더넷 카드의 모듈을 수동으로 띄우려면 modprobe 명령으로 다음과 같이 해당 이더넷 카드 모듈을 지정하여 실행합니다.

```
modprobe 모듈명
```

이더넷 모듈을 띄울 때는 .ko 확장자는 붙이지 않고, 모듈명만 지정하여 띄웁니다. 이더넷 모듈은

/lib/modules/커널버전/kernel/drivers/net 디렉토리에 위치하므로, 이곳 디렉토리로 이동하여 자신이 가지고 있는 이더넷 카드의 모듈이 존재하는지 확인할 수 있습니다. 주로 많이 사용되고 있는 주요 이더넷 카드들의 모듈명을 다음 표로 정리하였습니다.

이더넷 카드	모듈명
국내산 및 대만산 100M PCI (리얼텍8139)	8139too
Intel Express Pro100	e100
Marvell Yukon 88E8055	forcedeth
Realtek 8169 (1000M PCI)	r8169
Intel 3945ABG Wireless PCI	ipw3945
Intel 2200BG Wireless PCI	ipw2200
Intel 2100NC Wireless	ipw2100

다음 예제는 Marvell Yukon 88E8055 1G 이더넷 카드의 모듈을 띄우는 방법입니다.

```
# modprobe forcedeth
```

부팅시 자동으로 이더넷 모듈이 적재되도록 하는 가장 간단한 방법으로 /etc/rc.d/rc.local 파일에 다음과 같이 이더넷 모듈을 띄우는 명령을 삽입하는 것입니다.

```
# cat >> /etc/rc.d/rc.local
modprobe forcedeth
#
```

또 다른 방법으로는 /etc/modprobe.conf 파일에 모듈 정보를 설정하여 부팅 시 자동으로 작동하도록 하는 것입니다.

4.1.2 /etc/modprobe.conf에 이더넷 정보 등록하기

커널 모듈을 /etc/modprobe.conf 파일에 설정해 놓으면 부팅 시 자동으로 모듈이 커널에 적재됩니다. 따라서 이더넷 모듈도 이 파일에 설정해 놓으면 부팅 시 자동으로 로딩될 수 있도록 할 수 있습니다. 이 파일에 커널 모듈은 다음과 같은 형식으로 지정해 줄 수 있습니다.

```
alias 디바이스명 모듈명
options 모듈명 옵션
```

다음은 각 카드별 모듈 설정 예제입니다.

이더넷 카드	모듈 설정
Realtek 8139	modprobe eth0 8139too
Intel Pro 100	modprobe eth0 e100
Marvell Yukon 88E8055	modprobe eth0 forcedeth

4.1.3 이더넷 모듈 동작 여부 확인

커널에 이더넷 모듈이 올라와 있는지 여부는 dmesg 또는 lsmod 명령으로 확인할 수 있습니다. dmesg 명령으로 실행해 보면 다음 예제 화면과 같이 커널 메시지에 나타난 이더넷 모듈 정보를 통해서 적재 여부를 판단할 수 있습니다.

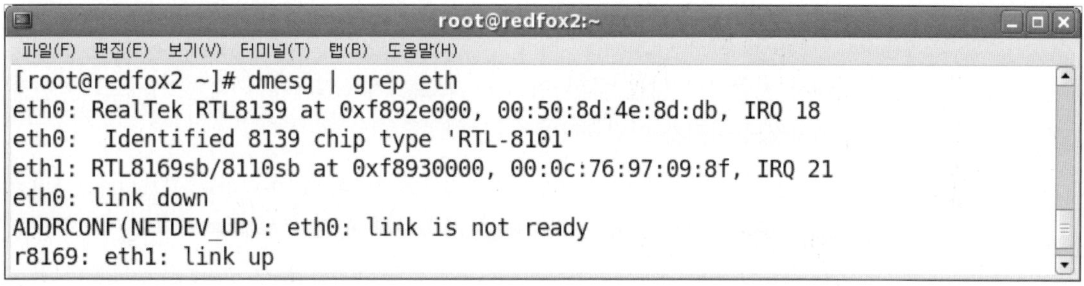

또는 다음과 같이 'lsmod | grep 모듈명'을 실행하여 이더넷 모듈 존재 여부로 확인해 볼 수도 있습니다.

커널에 적재되어 있는 모듈을 제거하고자 할 때는 rmmod 명령을 다음과 같은 방법으로 사용합니다.

```
rmmod 모듈명
```

가령 Realtek 8169 이더넷 모듈을 제거하려면 다음과 같이 실행합니다.

4.2 무선 이더넷(Wireles Ethernet) 설정

유선 이더넷 장치와는 달리 리눅스 커널에서 지원하는 무선 이더넷 장치는 비교적 적은 편이기 때문에 여러분이 고생을 하지 않고 무선 이더넷 장치를 리눅스에서 사용하려면 커널에서 지원하는 무선 이더넷 장치를 구입하거나 이 단원에서 살펴보게 될 ndiswrapper로 사용할 수 있는 무선 이더넷 장치를 구입해야 합니다. 향후에는 커널에서 폭넓게 무선 이더넷 장치를 지원하겠지만, 현재로써는 무선랜을 리눅스에서 사용하는 것이 상당히 제한적이므로, 무선 이더넷을 구입 시 이러한 점을 감안하는 것이 좋습니다.

또한 PCI 제품과 USB 방식의 무선 이더넷 장치가 있는데 이것 또한 USB 보다는 PCI 제품군을 선택하는 것이 USB 제품 설정보다도 수월합니다.

4.2.1 무선 이더넷 드라이버

커널에서 지원하지 않는 무선 이더넷 카드는 제조업체에서 리눅스용 드라이버를 제공하지 않는 한 리눅스에서 사용하기가 어렵습니다.

인텔 무선 이더넷의 경우는 http://iwp2100.sf.net과 http://ipw2200.sf.net 그리고 http://ipw3945.sf.net 사이트를 통해서 리눅스용 드라이버를 제공하고 있으나, 대부분의 무선 이더넷 카드 제조업체에서는 리눅스용 드라이버를 제공하지 않기 때문에 리눅스에서 무선 이더넷 카드를 사용하려면 윈도엑스 드라이버를 리눅스에서 동작할 수 있도록 해 주는 프로그램인 Ndiswrapper를 이용해야 합니다. Ndiswrapper에 관한 자세한 것은 다음 사이트를 참고하도록 합니다.

```
http://ndiswrapper.sourceforge.net
```

Ndiswrapper 드라이버가 지원하는 무선 이더넷으로는 무엇인지 있는지를 확인하기 위해서는 먼저 무선 이더넷 카드에 내장된 무선 이더넷 칩셋 명을 정확히 파악해야 하므로, 제조업체로 문의하여 정확한 칩셋 명을 알아내는 것이 무엇보다도 중요합니다. 칩셋 명을 파악하였다면 리눅스에서 지원되는 것인지를 다음 사이트를 참고로 하여 확인합니다.

```
http://www.hpl.hp.com/personal/Jean_Tourrilhes/Linux/Linux.Wireless.drivers.html
```

Ndiswrapper 드라이버로 사용할 수 있는 칩셋으로는 TI ACX111(TNET1130,1140), Intel Centrino 2100 3B, 2200BG, Broadcom 4301/4309/94306, Realtek 8180L, Atheros AR5004/AR5211/AR5212, Cisco Aironet 80211b, SMC2802W V2 등이 있습니다.

Ndiswrapper 드라이버는 Ndis(windows network driver API) 드라이버를 로딩해 주는 커널 모듈이기 때문에 반드시 무선 이더넷을 띄우기 위해서는 윈도우 엑스피 드라이버를 필요로 하므로, 무선 이더넷 엑스피 드라이버를 준비해 놓아야 합니다. 그러면 Ndiswrapper을 이용하여 PCI 방식의 무선 이더넷 카드를 설정하는 방법에 대해서 알아봅니다.

4.2.2 Ndiswrapper를 이용한 PCI 무선 이더넷 장치 설치

Step1   yum install ndiswrapper 명령을 실행하여 커널 소스 설치와 커널 업데이트 그리고 ndiswrapper 바이너리를 함께 설치합니다.

```
# yum install -y ndiswrapper
```

Step2   새롭게 업데이트된 커널(vmlinuz-2.6.25.9-76.fc9)로 시스템을 재시작합니다.

Step3   /usr/lib/hotplug/wireless 디렉토리를 만들고(mkdir -p /usr/lib/hotplug/wireless) 이곳으로 윈도우 엑스피용 무선 이더넷 드라이버를 복사합니다.

Step4   엑스피 무선이더넷 드라이버를 ndiswrapper가 사용할 수 있도록 다음과 같이 INF 파일을 띄웁니다.

```
# ndiswrapper -i /usr/lib/hotplug/wireless/TNET1130.INF
Installing tnet1130
#
```

Step5   ndiswrapper -l 명령을 실행하여 Ndis 드라이버가 설치되었는지 확인합니다.

```
# ndiswrapper -l
Installed ndis drivers:
tnet1130 : driver installed
        device (104C:9066) present
#
```

Step6   ndiswrapper 모듈을 modprobe를 이용하여 띄웁니다.

```
# modprobe ndiswrapper
```

Step7   wireless_tool 패키지에 있는 iwconfig 명령을 실행하여 wlan0에 대한 정보가 나오지를 확인합니다.

```
[root@mandoli ~]# iwconfig wlan0
wlan0     IEEE 802.11b  ESSID:off/any
          Mode:Managed  Channel:0  Access Point: 00:00:00:00:00:00
          Bit Rate:1Mb/s   Tx-Power:0 dBm   Sensitivity=0/3
          RTS thr:4096 B   Fragment thr:4096 B
          Encryption key:off
          Power Management:off
          Link Quality:100/100  Signal level:-100 dBm  Noise level:-256 dBm
          Rx invalid nwid:0  Rx invalid crypt:0  Rx invalid frag:0
          Tx excessive retries:0  Invalid misc:0   Missed beacon:0

[root@mandoli ~]#
```

Step8 iwconfig 명령으로 무선 이더넷 연결 모드(mode)와 essid 그리고 채널(주파수)를 설정합니다. AP(Access Point)를 사용하는 경우에는 mode 값을 managed로 설정하고, AP 없이 무선 이더넷끼리 연결하는 경우에는 mode 값을 Ad-hoc으로 설정합니다. iwconfig 명령으로 무선 이더넷을 구성하는 방법은 다음과 같습니다.

```
iwconfig <인터페이스> mode <managed/Ad-hoc> essid <essid> channel <channel>
```

```
# iwconfig wlan0 mode Managed essid mandoli                  # AP 사용시
# iwconfig wlan0 mode Ad-hoc essid mandoli channel 5         # 무선랜끼리 사용시
```

Step9 iwconfig 명령으로 wlan0 무선 이더넷 인터페이스의 정보가 변경되었는지를 확인합니다.

```
[root@mandoli ~]# iwconfig wlan0
wlan0     IEEE 802.11b  ESSID:"mandoli"
          Mode:Ad-Hoc  Frequency:2.437GHz  Cell: C2:F9:86:1D:1D:F6
          Bit Rate:54Mb/s   Tx-Power:0 dBm   Sensitivity=0/3
          RTS thr:4096 B   Fragment thr:4096 B
          Encryption key:off
          Power Management:off
          Link Quality:100/100  Signal level:-100 dBm  Noise level:-256 dBm
          Rx invalid nwid:0  Rx invalid crypt:0  Rx invalid frag:0
          Tx excessive retries:0  Invalid misc:0   Missed beacon:0

[root@mandoli ~]#
```

Step10 자, 이제 무선 이더넷은 성공적으로 설정되었으므로, ifconfig 명령으로 wlan0 인터페이스에 아이피를 다음과 같이 할당하여 AP 또는 다른 무선 이더넷 네트워크끼리 핑을 테스트하여 정상적으로 네트워크가 연결되었는지를 확인합니다.

```
# ifconfig wlan0 192.168.2.1
```

클라이언트 무선 이더넷 환경에서는 게이트웨이 라우팅 작업을 추가로 실행합니다.

4.2.3 인텔 센트리노 무선 이더넷

인텔 센트리노 IEEE 802.11b를 지원하는 무선 이더넷 드라이버와 자세한 정보는 http://ipw2100.sf.net 에서 구할 수 있으며, IEEE 802.11g를 지원하는 무선 이더넷 드라이버와 자세한 정보는 http://ipw2200.sf.net 와 http://ipw3945.sf.net 에서 구할 수 있습니다.

페도라의 기본 커널에서는 이들 드라이버를 제공하므로 최신의 커널로 업데이트하여 인텔 센트리노 무선 이더넷을 사용합니다. 커널을 업데이트한 후 펌웨어 패키지를 yum RPM 설치 도구로 설치한 후 시스템을 재시작하게 되면 하드웨어 자동 검색기인 kuzdu에 의해서 인텔 무선 이더넷칩이 인식되어 무선 이더넷 네트워크를 설정할 수 있습니다.

Step1 드라이버 설치

```
yum install ipw2100    # Intel Pro/Wireless 2100 네트워크 어댑터 드라이버 설치
yum install ipw2200    # Intel Pro/Wireless 2200 네트워크 어댑터 드라이버 설치
yum install ipw3945    # Intel Pro/Wireless 3945 네트워크 어댑터 드라이버 설치
```

Step2 펌웨어 설치

```
yum install ipw2100-firmware  # Intel Pro/Wireless 2100 네트워크 어댑터 펌웨어
yum install ipw2200-firmware  # Intel Pro/Wireless 2200 네트워크 어댑터 펌웨어
yum install ipw3945-firmware  # Intel Pro/Wireless 3945 네트워크 어댑터 펌웨어
```

yum으로 드라이버 설치 시 펌웨어가 함께 설치되는 경우 이 과정은 생략할 수 있습니다.

Step3 모듈 띄우기 및 무선 이더넷 카드 설정

만일 수동으로 무선 이더넷 모듈을 띄우고자 한다면 다음과 같이 modprobe 명령으로 해당 모듈을 띄어 주면 됩니다.

```
modprobe ipw2100    #IEEE802.11b 지원 무선랜 (2100NC)
modprobe ipw2200    #IEEE802.11g 지원 무선랜 (2200BG)
modprobe ipw3945    #IEEE802.11g 지원 무선랜 (3945ABG)
```

그런 다음 iwconfig 도구를 사용하여 무선 이더넷 연결 모드와 essid, 채널을 설정해 주면 됩니다. 참고로 인텔 무선 이더넷 인터페이스인 eth 인터페이스를 사용하므로, 유선 이더넷 인터페이스가 사용하지 않는 인터페이스를 사용하게 됩니다.

```
iwconfig eth1 mode Ad-hoc essid mandoli channel 6   # 무선랜끼리 Peer-to-Peer
iwconfig eth1 mode Managed                          # AP 장치와 연결시
```

iwconfig 명령을 실행하여 mode와 essid값이 올바르게 할당되어 있는지 확인한 후 ifconfig 명령으로 무선 이더넷 인터페이스에 아이피 주소를 할당함으로써 인터넷을 사용하면 됩니다.

Chapter
02. TCP/IP 설정

이더넷 카드의 인터페이스를 통하여 TCP/IP 네트워크를 설정하고 관리하는 방법에 대해서 알아봅니다.

학습 주제

1. 호스트 이름 설정

1.1 로컬 호스트 이름 설정(/etc/sysconfig/network)

로컬 호스트 이름은 /etc/sysconfig/network 파일에 HOSTNAME＝으로 부여합니다. 리눅스 설치 과정에서 네트워크 설정 단계에서 호스트 이름을 지정하지 않았다면 이 파일은 현재 다음과 같은 상태로 되어 있습니다.

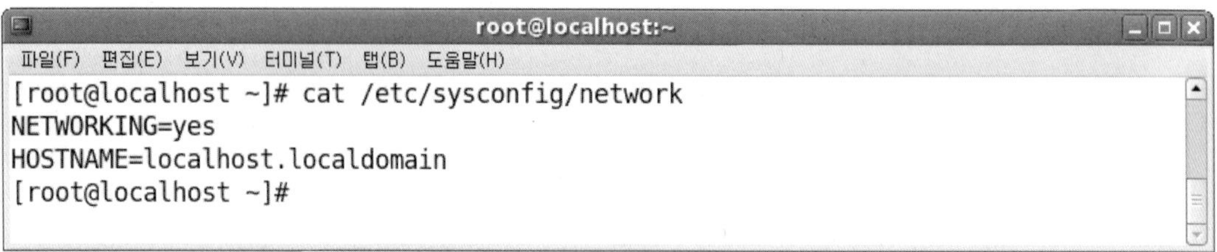

로컬 호스트는 사용자가 로그인하였을 때 셸 프롬프트 구조에 표시됩니다.

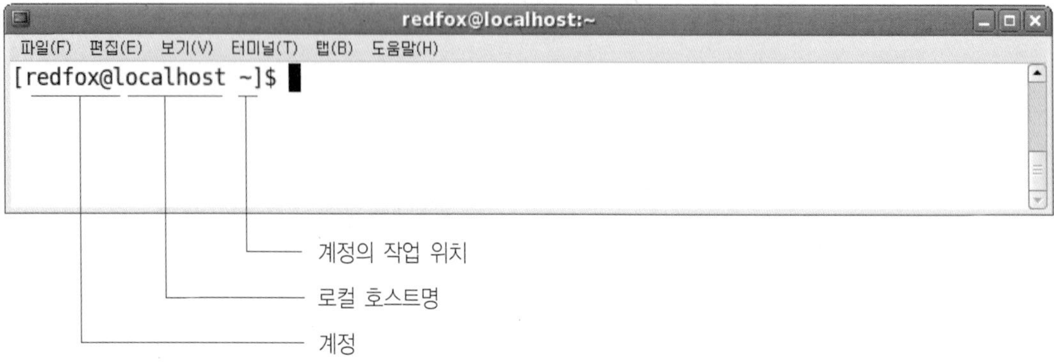

다른 호스트 이름으로 변경하고자 하려면 /etc/sysconfig/network 파일에서 HOSTNAME 값을 여러분이 사용하고자 하는 이름으로 변경해 주면 됩니다.

```
[root@localhost ~]# cat /etc/sysconfig/network
NETWORKING=yes
HOSTNAME=redfox.joayo.net
[root@localhost ~]#
```

1.2 /etc/hosts

/etc/hosts 파일은 호스트 주소에 호스트 이름을 지정해 주는 파일입니다. 먼저 이 파일의 형식에 대해서 살펴봅니다.

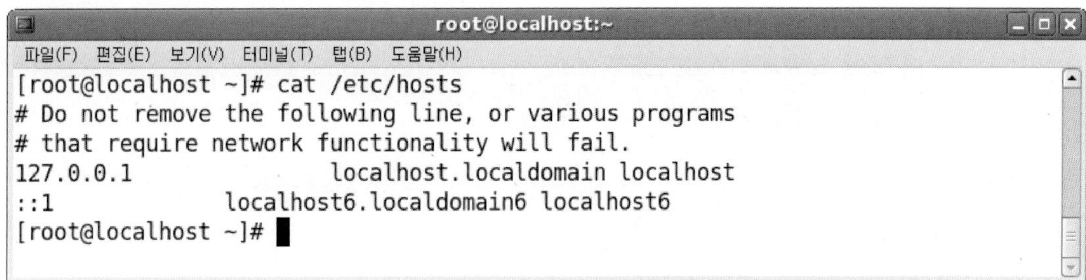

```
[root@localhost ~]# cat /etc/hosts
# Do not remove the following line, or various programs
# that require network functionality will fail.
127.0.0.1               localhost.localdomain localhost
::1               localhost6.localdomain6 localhost6
[root@localhost ~]#
```

/etc/hosts 파일은 IP 주소, 호스트이름, 별명(Alias)으로 구성됩니다.

IP주소	호스트이름(hostname)	별칭(Alias)
127.0.0.1	localhost.localdomain	localhost

1.2.1 아이피 주소

127.0.0.1는 로컬 호스트의 아이피 주소인 동시에, 루프백(loopback) 주소로 lo 인터페이스에 할당되어 있는 주소입니다. ifconfig 명령을 실행해 보면 lo 인터페이스의 inet addr에 127.0.0.1 아이피 주소가 할당되어 있음을 발견할 수 있습니다.

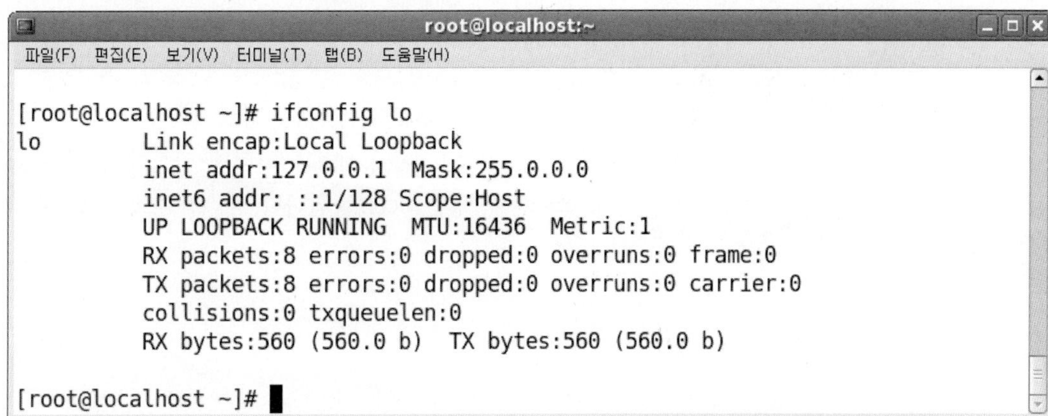

```
[root@localhost ~]# ifconfig lo
lo        Link encap:Local Loopback
          inet addr:127.0.0.1  Mask:255.0.0.0
          inet6 addr: ::1/128 Scope:Host
          UP LOOPBACK RUNNING  MTU:16436  Metric:1
          RX packets:8 errors:0 dropped:0 overruns:0 frame:0
          TX packets:8 errors:0 dropped:0 overruns:0 carrier:0
          collisions:0 txqueuelen:0
          RX bytes:560 (560.0 b)  TX bytes:560 (560.0 b)

[root@localhost ~]#
```

1.2.2 호스트이름

localhost.localdomain는 127.0.0.1 아이피 주소가 갖는 호스트 이름으로, FQDN(Fully Qualified Domain Name)으로 표시합니다. FQDN는 서브 호스트명을 포함한 완전한 도메인명을 말합니다. localhost는 localdomain의 호스트명이며, localhost.localdomain과 같이 호스트명+도메인명 형태의 도메인 표시 방법을 FQDN이라고 합니다.

127.0.0.1 아이피 주소 대신에 문자로 된 호스트 이름(localhost.localdomain)으로 네트워크상에서 사용할 수 있습니다. 예를 들어 로컬 호스트로 ssh로 접속할 때 ssh 127.0.0.1과 ssh localhost.localdomain 또는 ssh localhost는 다음 두 화면에서 보는 바와 같이 동일한 결과를 가져옵니다.

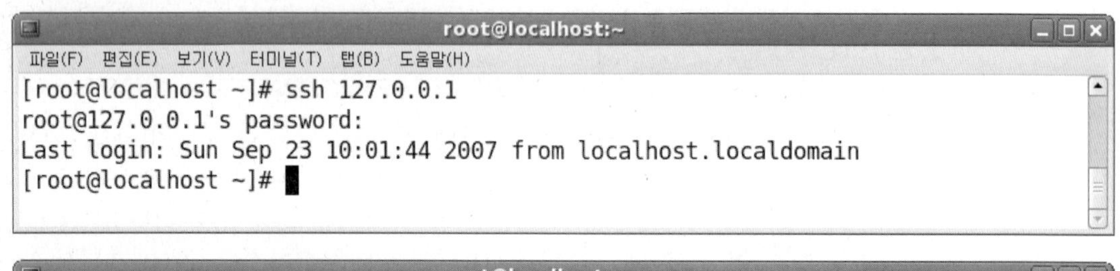

1.2.3 별칭(Alias)

/etc/hosts 파일에서 마지막에 있는 localhost는 NICKNAMES(별명)을 의미합니다.

이것은 localhost.localdomain 대신에 localhost로도 대신 사용할 수 있음을 의미합니다. 예를 들어 호스트 이름이 redfox.joayo.net일 경우 이 호스트이름에 대한 별명으로 redfox로 알리어스(지정)해 주었다면 redfox.joayo.net 호스트에 접속할 때 redfox.joayo.net 대신 redfox로 사용할 수 있습니다.

2. 인터페이스(Interface) 설정

리눅스 네트워크의 인터페이스에는 여러 종류가 있지만, 가장 많이 사용되는 것은 lo, eth 등 두 인터페이스로, lo는 루프백에 쓰이는 인터페이스이며, eth은 이더넷 카드에 쓰이는 인터페이스입니다. 이러한 인터페이스를 설정할 때 쓰이는 명령은 ifconfig입니다. 이 명령으로 네트워크 구성 상태를 체크해 봅니다.

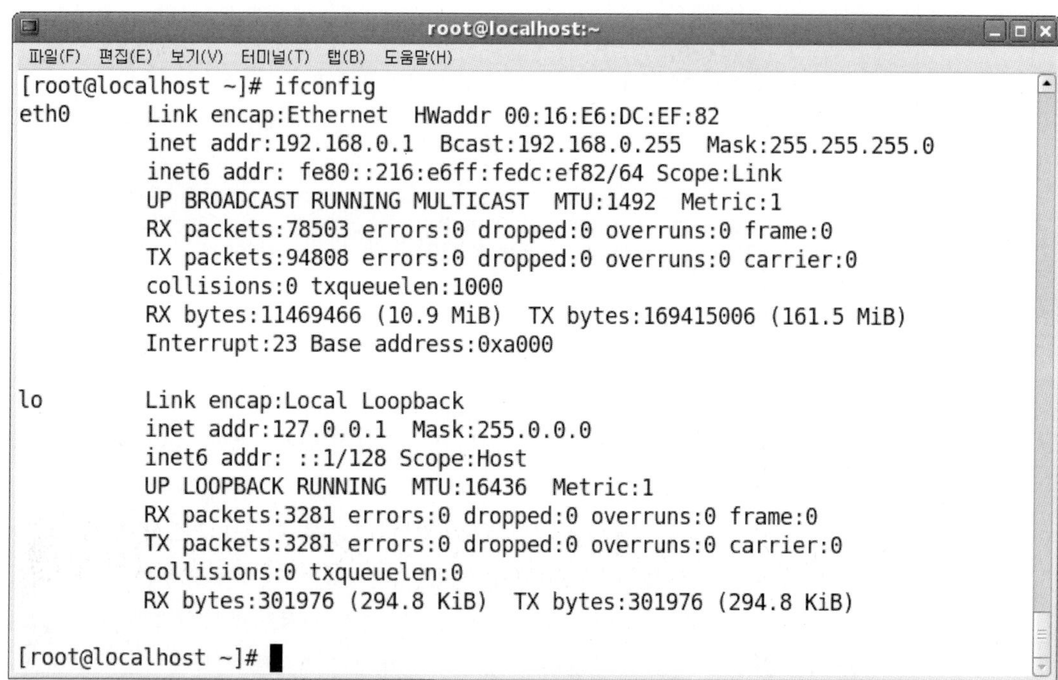

```
[root@localhost ~]# ifconfig
eth0      Link encap:Ethernet  HWaddr 00:16:E6:DC:EF:82
          inet addr:192.168.0.1  Bcast:192.168.0.255  Mask:255.255.255.0
          inet6 addr: fe80::216:e6ff:fedc:ef82/64 Scope:Link
          UP BROADCAST RUNNING MULTICAST  MTU:1492  Metric:1
          RX packets:78503 errors:0 dropped:0 overruns:0 frame:0
          TX packets:94808 errors:0 dropped:0 overruns:0 carrier:0
          collisions:0 txqueuelen:1000
          RX bytes:11469466 (10.9 MiB)  TX bytes:169415006 (161.5 MiB)
          Interrupt:23 Base address:0xa000

lo        Link encap:Local Loopback
          inet addr:127.0.0.1  Mask:255.0.0.0
          inet6 addr: ::1/128 Scope:Host
          UP LOOPBACK RUNNING  MTU:16436  Metric:1
          RX packets:3281 errors:0 dropped:0 overruns:0 frame:0
          TX packets:3281 errors:0 dropped:0 overruns:0 carrier:0
          collisions:0 txqueuelen:0
          RX bytes:301976 (294.8 KiB)  TX bytes:301976 (294.8 KiB)

[root@localhost ~]#
```

ifconfig 명령으로 네트워크 인터페이스를 확인해 보면 이더넷 인터페이스(eth0)와 루프백 인터페이스 (lo) 등 2개의 인터페이스가 활성되어 있음을 볼 수 있습니다. 그러면 이러한 네트워크 인터페이스는 어떻게 설정되는지를 살펴봅니다.

2.1 ifconfig

ifconfig 명령의 사용법은 다음과 같습니다.

```
ifconfig <인터페이스> <IP> [Netmask 넷마스크주소] [Broadcast 브로드캐스트주소] [up/down]
```

먼저 ifconfig 명령으로 이더넷 인터페이스를 띄우는 방법을 알아볼까요? 이더넷 인터페이스를 활성화 시키기 위해서는 커널에서 해당 이더넷 카드의 모듈이 정상적으로 작동하고 있어야 합니다. 그러면 eth0 인터페이스에 192.168.0.1 아이피 주소를 다음과 같이 할당해 봅니다.

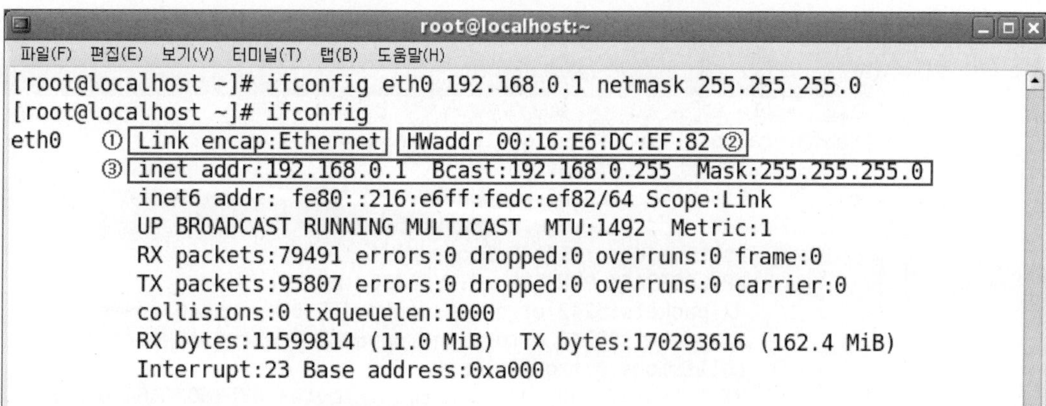

```
[root@localhost ~]# ifconfig eth0 192.168.0.1 netmask 255.255.255.0
[root@localhost ~]# ifconfig
eth0   ① Link encap:Ethernet  HWaddr 00:16:E6:DC:EF:82 ②
       ③ inet addr:192.168.0.1  Bcast:192.168.0.255  Mask:255.255.255.0
          inet6 addr: fe80::216:e6ff:fedc:ef82/64 Scope:Link
          UP BROADCAST RUNNING MULTICAST  MTU:1492  Metric:1
          RX packets:79491 errors:0 dropped:0 overruns:0 frame:0
          TX packets:95807 errors:0 dropped:0 overruns:0 carrier:0
          collisions:0 txqueuelen:1000
          RX bytes:11599814 (11.0 MiB)  TX bytes:170293616 (162.4 MiB)
          Interrupt:23 Base address:0xa000
```

```
lo          Link encap:Local Loopback
            inet addr:127.0.0.1  Mask:255.0.0.0
            inet6 addr: ::1/128 Scope:Host
            UP LOOPBACK RUNNING  MTU:16436  Metric:1
            RX packets:4045 errors:0 dropped:0 overruns:0 frame:0
            TX packets:4045 errors:0 dropped:0 overruns:0 carrier:0
            collisions:0 txqueuelen:0
            RX bytes:369080 (360.4 KiB)  TX bytes:369080 (360.4 KiB)

[root@localhost ~]#
```

상기 예제 화면처럼 ifconfig 명령을 내리면 eth0 인터페이스에 주어진 아이피 주소가 할당됨을 볼 수 있습니다. 여기서 ifconfig 명령이 출력되는 일부 내용을 알아봅니다. ①은 이더넷 연결을 의미하며, lo 인터페이스에선 Local Loopback으로 표시됩니다. ②은 이더넷 카드의 MAC 주소를 말하며, 흔히 이더넷 카드의 하드웨어 주소라고도 하며, 이더넷 카드들이 가지는 고유한 주소입니다. ③ inet addr는 이더넷 인터페이스에 할당된 아이피 주소이고, Bcast는 브로드캐스트 주소이고, Mask는 넷마스크 값을 의미합니다. inet6은 앞으로 사용하게 될 IPV6 체계의 주소를 나타냅니다. 그 아래 부분은 데이터의 송수신에 대한 정보를 보여줍니다.

192.168.0.1 아이피 주소가 서브넷이 분리되지 않은 C 클래스 네트워크상의 아이피 주소일 경우에는 netmask와 broadcast 주소를 생략할 수 있습니다. 그러나 서브넷이 쪼개어진 환경이라면 반드시 넷마스크와 브로드캐스트의 주소를 지정해 주어야 합니다.

```
root@localhost:~
파일(F)  편집(E)  보기(V)  터미널(T)  탭(B)  도움말(H)
[root@localhost ~]# ifconfig eth0 192.168.0.1 netmask 255.255.255.128 broadcast
192.168.1.127 up
[root@localhost ~]#
```

up 옵션은 이더넷 인터페이스를 활성화시킨다는 의미이며, 반대로 인터페이스를 비활성화시키고자 할 때는 down 옵션을 사용하는데, 인터페이스 비활성화시에는 아이피 주소, 넷마스크와 브로드캐스트 주소는 생략하고, 해당 인터페이스를 지정하여 down 옵션을 사용하면 됩니다. eth0 인터페이스를 비활성화하려면 다음과 같이 실행합니다.

```
root@localhost:~
파일(F)  편집(E)  보기(V)  터미널(T)  탭(B)  도움말(H)
[root@localhost ~]# ifconfig eth0 down
[root@localhost ~]# ifconfig
lo          Link encap:Local Loopback
            inet addr:127.0.0.1  Mask:255.0.0.0
            inet6 addr: ::1/128 Scope:Host
            UP LOOPBACK RUNNING  MTU:16436  Metric:1
            RX packets:5242 errors:0 dropped:0 overruns:0 frame:0
            TX packets:5242 errors:0 dropped:0 overruns:0 carrier:0
            collisions:0 txqueuelen:0
            RX bytes:475180 (464.0 KiB)  TX bytes:475180 (464.0 KiB)

[root@localhost ~]#
```

2.2 /etc/sysconfig/network-scripts/ifcfg-eth0

ifconfig 명령은 시스템을 재시작하게 되면 설정값이 없어지므로, 이더넷 인터페이스를 다시 구성해 주어야 합니다. 부팅 시 자동으로 이더넷 인터페이스가 활성화될 수 있도록 하려면 /etc/sysconfig/network-scripts/ifcfg-eth# 파일에 이더넷 정보를 설정해 두면 됩니다. 여기서 #는 이더넷 인터페이스 번호를 의미합니다. ifcfg-eth0 파일 형식은 다음과 같습니다.

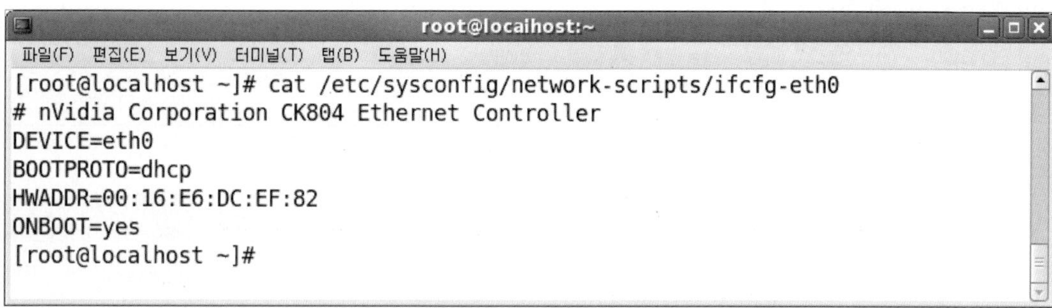

이 파일에 사용되는 옵션으로는 다음 표와 같습니다.

옵션	기능
DEVICE	이더넷 인터페이스 종류 (eth0)
BOOTPROTO	IP 할당 방식, static(고정)/dhcp(동적)/bootp/none
BROADCAST	할당 IP 주소가 속하는 브로드캐스트 주소 설정
IPADDR	할당 IP 주소
NETMASK	할당 IP 주소가 속하는 넷마스크 값
NETWORK	할당 IP 주소가 속하는 네트워크 주소
ONBOOT	부팅시 자동 활성 여부 yes/no
PEERDNS	DHCP 서버의 DNS 정보를 /etc/resolv.conf 저장 여부
HWADDR	이더넷 카드의 하드웨어 주소, ifconfig으로 확인

xDSL 초고속 인터넷 전용선이나 케이블 모뎀과 같은 DHCP 환경의 이더넷 설정은 다음과 같습니다.

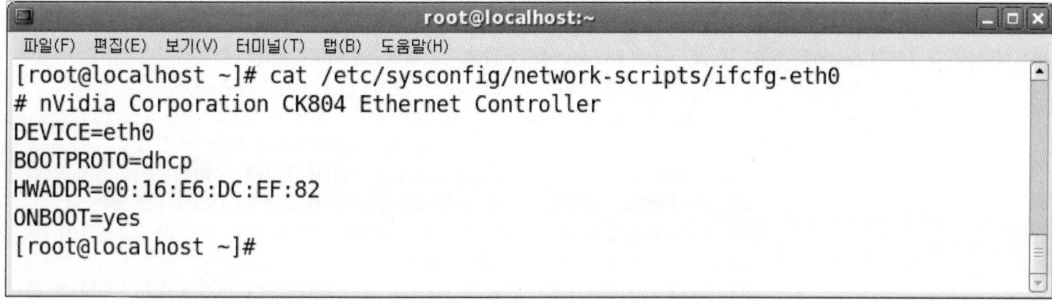

다음은 고정 아이피를 할당하였을 때의 이더넷 설정입니다.

```
root@localhost:~
파일(F)  편집(E)  보기(V)  터미널(T)  탭(B)  도움말(H)
[root@localhost ~]# cat /etc/sysconfig/network-scripts/ifcfg-eth0
# nVidia Corporation CK804 Ethernet Controller
DEVICE=eth0
BOOTPROTO=static
HWADDR=00:16:E6:DC:EF:82
ONBOOT=yes
IPADDR=192.168.0.1
NETMASK=255.255.255.0
GATEWAY=192.168.0.254
[root@localhost ~]#
```

/etc/sysconfig/network-scripts/ifcfg-eth0 옵션

이 파일에서 사용할 수 있는 자세한 옵션은 /usr/share/doc/initscripts-8.76 디렉토리의 sysconfig.txt 파일을 참고하면 됩니다.

2.3 ifup/ifdown

ifup과 ifdown 명령은 /etc/sysconfig/network-scripts디렉토리에 존재하는 ifcfg-eth0 파일이 활성화시키 거나 비활성화시키는 명령으로 부팅 시 /etc/init.d/network INIT 스크립트에 의해서 동작되어 이더넷 이 자동으로 활성화되도록 하는데 사용됩니다. 이들 명령어의 사용법은 다음과 같습니다.

```
ifup <인터페이스>              # 이더넷 인터페이스 활성화
ifdown <인터페이스>            # 이더넷 인터페이스 비활성화
```

/etc/sysconfig/network-scripts/ifcfg-eth0 설정 파일이 존재하였을 경우 다음과 같이 실행하면 eth0 이 더넷 인터페이스가 활성화됩니다.

```
root@localhost:~
파일(F)  편집(E)  보기(V)  터미널(T)  탭(B)  도움말(H)
[root@localhost ~]# ifup eth0

eth0에 관한 IP 정보를 얻고 있습니다... 완료.
[root@localhost ~]# ifconfig eth0
eth0      Link encap:Ethernet  HWaddr 00:16:E6:DC:EF:82
          inet addr:192.168.0.1  Bcast:192.168.0.255  Mask:255.255.255.0
          inet6 addr: fe80::216:e6ff:fedc:ef82/64 Scope:Link
          UP BROADCAST RUNNING MULTICAST  MTU:1492  Metric:1
          RX packets:88608 errors:0 dropped:0 overruns:0 frame:0
          TX packets:105260 errors:0 dropped:0 overruns:0 carrier:0
          collisions:0 txqueuelen:1000
          RX bytes:13530365 (12.9 MiB)  TX bytes:179259311 (170.9 MiB)
          Interrupt:23 Base address:0xa000

[root@localhost ~]#
```

이더넷 인터페이스를 비활성화하려면 다음과 같이 실행하면 됩니다.

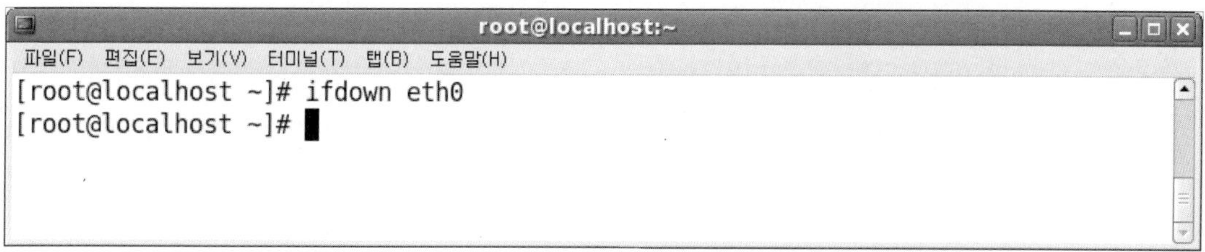

2.4 dhclient

dhclient 는 DHCP 서버에 연결하여 자동으로 아이피를 할당받도록 할 때 사용하는 네트워크 명령어입니다. 앞서 살펴본 ifup 대신에 dhclient로도 DHCP 네트워크 환경에서 네트워크를 연결하는데 사용될 수 있습니다. 이 명령어의 사용법은 다음과 같습니다.

```
dhclient <인터페이스>
```

그러면 ifdown 명령으로 앞서 연결한 네트워크를 끊고 dhclient 명령으로 DHCP 서버로부터 아이피를 할당받도록 다음과 같이 실행해 봅니다.

```
root@localhost:~
파일(F)  편집(E)  보기(V)  터미널(T)  탭(B)  도움말(H)
[root@localhost ~]# ifdown eth0
[root@localhost ~]# dhclient eth0
[root@localhost ~]# ifconfig eth0
eth0      Link encap:Ethernet  HWaddr 00:16:E6:DC:EF:82
          inet addr:192.168.0.1  Bcast:192.168.0.255  Mask:255.255.255.0
          inet6 addr: fe80::216:e6ff:fedc:ef82/64 Scope:Link
          UP BROADCAST RUNNING MULTICAST  MTU:1492  Metric:1
          RX packets:89671 errors:0 dropped:0 overruns:0 frame:0
          TX packets:106482 errors:0 dropped:0 overruns:0 carrier:0
          collisions:0 txqueuelen:1000
          RX bytes:13645661 (13.0 MiB)  TX bytes:181133330 (172.7 MiB)
          Interrupt:23 Base address:0xa000

[root@localhost ~]#
```

3. 라우팅(Routing) 설정

리눅스 네트워크에서 라우팅(Routing)이라 것은 패킷(packet)를 목적지까지 갈 수 있도록 경로를 올바르게 설정해 주는 작업으로, 앞으로 살펴보게 될 게이트웨이 주소를 네트워크가 마비되지 않도록 올바른 톨게이트 역할을 할 수 있도록 설정해 주는 작업을 말합니다.

라우팅 설정은 route 명령을 사용합니다. ifconfig eth0 down 또는 ifdown eth0 명령을 실행하여 이더넷 네트워크를 죽인 후에 route 명령을 실행해 봅니다.

이더넷 네트워크가 활성화되지 않았거나 xDSL 전용선으로 접속이 되어 있지 않을 경우에는 네트워크가 존재하지 않으므로, route 명령을 실행하면 아무런 네트워크 정보도 보이질 않습니다. 리눅스 시스템에 따라서 루프백(lo)에 대한 정보는 나타날 수 있습니다.

route 명령이 수행되었을 때 보여 주는 테이블을 라우팅 테이블(Routing Table)이라 합니다. 라우팅 테이블을 구성하고 있는 필드를 표로 정리하였습니다.

라우팅 테이블의 필드		
Destination	대상 네트워크 또는 대상 호스트 주소	
Gateway	외부 네트워크와 연결해 주는 톨게이트 역할을 하는 호스트 주소	
Genmask	대상 네트워크 또는 대상 호스트의 Netmask	
	255.255.255.255	단일 대상 호스트의 Netmask
	0.0.0.0	기본 라우트(default route)
Flags	U	라우트 동작 상태(Route up)
	H	타켓 호스트(target host)
	G	게이트웨이로 사용
	R	동적 라우팅에 대한 라우트 재생성
	D	데몬 또는 리다이렉트에 의해 동적으로 설치된 상태
	M	라우팅 데몬 또는 리다이렉트로 변경된 상태
	!	라우트 거부
Metric	타겟까지의 거리로 홉(hop) 단위로 계산, 최근 커널에선 사용하지 않으나 라우팅 데몬에 의해서 사용	
Ref	현재 라우트에 대한 레퍼런스 수, 리눅스 커널에서는 사용되지 않음	
Use	라우트 탐색 수	
Iface	패킷이 전달되는 인터페이스	

라우트 테이블은 route 명령으로 호스트나 네트워크를 추가하거나 제거할 수 있습니다. 그러면 eth0 인터페이스에 192.168.0.1 아이피 주소를 다음과 같이 할당한 후 route 명령으로 라우팅 테이블을 확인해 봅니다.

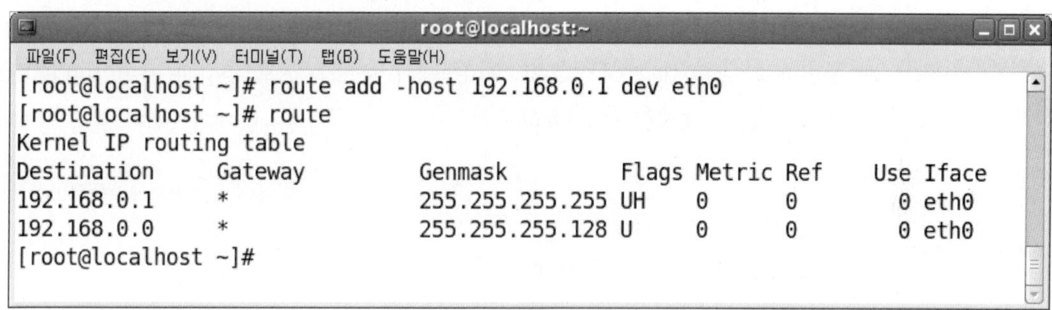

라우팅을 추가할 때의 사용법은 다음과 같습니다.

```
route add -host IP주소 dev 이더넷인터페이스명
```

그러면 192.168.0.1를 라우팅 테이블에 추가해봅니다.

라우팅 정보가 잘못되었거나 라우팅을 삭제하고자 할 때는 route del 명령을 사용합니다.

```
route del IP주소 dev 이더넷인터페이스명
route del 네트워크주소 dev 이더넷인터페이스명
```

그러면 조금 전에 추가하였던 192.168.0.1 단일 호스트를 라우팅 테이블에서 다음 화면과 같이 제거해봅니다.

네트워크 주소를 라우팅 테이블에서 삭제하려면 route del 명령을 사용하지 않고, ifconfig 명령으로 해당 인터페이스를 비활성화시켜 주어야 합니다. 그러면 192.168.0.0 네트워크를 라우팅 테이블에서 제거하기 위해서 다음과 같이 실행해봅니다.

```
[root@localhost ~]# route
Kernel IP routing table
Destination     Gateway         Genmask         Flags Metric Ref    Use Iface
192.168.0.0     *               255.255.255.128 U     0      0        0 eth0
[root@localhost ~]# ifdown eth0
[root@localhost ~]# route
Kernel IP routing table
Destination     Gateway         Genmask         Flags Metric Ref    Use Iface
[root@localhost ~]#
```

4. 게이트웨이(Gateway) 설정

게이트웨이 주소를 설정하지 않거나 잘못 설정하게 되면 외부 네트워크와 연결이 되지 않는 심각한 문제에 직면할 수 있기 때문에 정확한 게이트웨이 설정은 매우 중요한 작업입니다. 기본 게이트웨이 설정은 라우팅 테이블을 조작할 때 사용한 route 명령을 이용하는데, 게이트웨이 설정 방법은 다음과 같습니다.

```
route add default gw <게이트웨이주소> dev <인터페이스명>
```

게이트웨이를 재구성하고자 할 때 기존의 게이트웨이를 제거하는 방법은 다음과 같습니다.

```
route del default gw 게이트웨이주소
```

그러면 192.168.0.1에 대한 게이트웨이 주소가 192.168.0.254라 한다면 다음과 같이 게이트웨이를 설정합니다. 단일 이더넷 인터페이스 환경이라면 마지막에 dev eth0은 생략합니다.

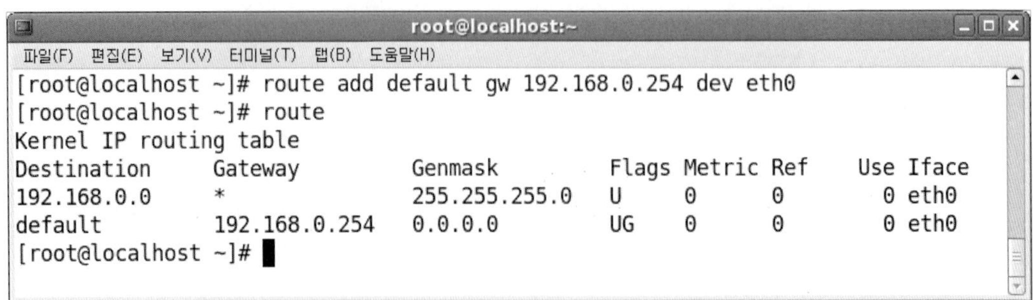

```
[root@localhost ~]# route add default gw 192.168.0.254 dev eth0
[root@localhost ~]# route
Kernel IP routing table
Destination     Gateway         Genmask         Flags Metric Ref    Use Iface
192.168.0.0     *               255.255.255.0   U     0      0        0 eth0
default         192.168.0.254   0.0.0.0         UG    0      0        0 eth0
[root@localhost ~]#
```

게이트웨이를 제거하려면 다음과 같이 실행합니다.

```
[root@localhost ~]# route del default gw 192.168.0.254
[root@localhost ~]# route
Kernel IP routing table
Destination     Gateway         Genmask         Flags Metric Ref    Use Iface
192.168.0.0     *               255.255.255.0   U     0      0        0 eth0
[root@localhost ~]#
```

5. DNS 설정(/etc/resolv.conf)

이 파일은 로컬상에서 인터넷을 하는데 있어서 매우 중요한 파일입니다. 이 파일에는 네임서버 주소 정보가 포함되어 있는데, 이 파일에 이용할 네임서버가 지정되어 있지 않거나 이 파일이 존재하지 않게 되면 리눅스상에서 웹 서핑이 불가능하게 됩니다.

그러면 이 파일을 제거하거나 리네임시킨 후 웹브라우저로 필자의 사이트(http://www.linuxpia.com)로 접속해 봅니다.

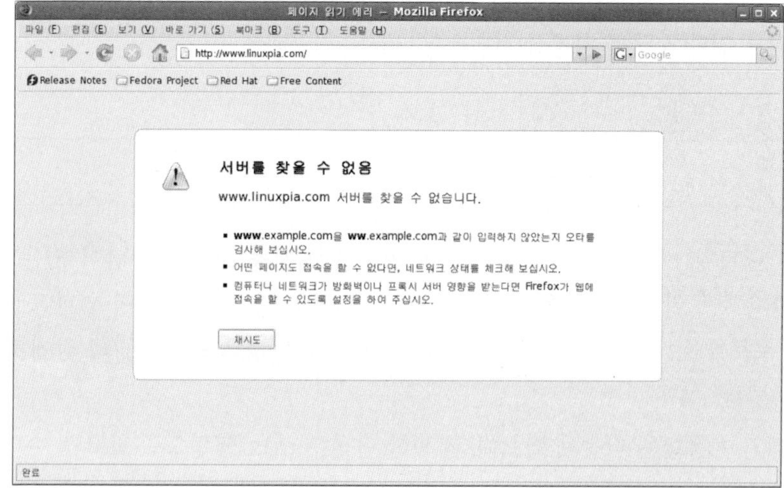

www.linuxpia.com 도메인 주소를 아이피 주소로 변환해 주는 네임서버가 지정되어 있지 않기 때문에 접속이 되지 않음을 이해할 수 있습니다. 그러면 /etc/resolv.conf 파일을 설정하는 방법에 대해서 살펴 보도록 합니다.

/etc/resolv.conf 파일에서 네임서버를 지정하는 형식은 다음과 같으며, 제일 먼저 설정한 네임서버로부터 차례대로 도메인 해석이 이뤄지게 됩니다.

```
nameserver 네임서버주소
예) nameserver 168.126.63.1        (코넷 네임서버)
    nameserver  210.94.0.7          (하나넷 네임서버)
    nameserver  164.124.101.2       (보라넷 네임서버)
```

그러면 코넷 네임서버 주소를 다음과 같이 /etc/resolv.conf 파일에 추가해 봅니다.

```
[root@redfox ~]# cat > /etc/resolv.conf

nameserver 168.126.63.1
nameserver 210.94.0.7

[root@redfox ~]#
```

네임서버 주소 지정은 보통 2개 정도로 설정해 주는데, 첫 번째 네임서버가 동작하지 않을 때 두 번째 네임서버로부터 도메인 해석이 이뤄집니다.

6. 네트워크 진단 및 명령어

TCP/IP 네트워크 구성이 완료되었습니다. 이제, 구축된 네트워크가 제대로 작동되는지 확인해야 합니다. 앞서 설정한 인터페이스와 라우팅 테이블이 제대로 설정되었는지 체크하기 위해서 ping, netstat이라는 네트워크 진단 도구를 사용합니다.

6.1 ping

핑(ping)은 네트워크의 어느 특정 호스트에 일정한 패킷을 보내어 응답이 있는지 체크하는 도구입니다. 핑은 단지 네트워크가 정상인지를 체크할 때 사용하며, 핑의 응답이 없다고 하더라도 방화벽에 의해서 핑 프로토콜을 막아 놓아서 발생될 수 있으므로, 이것으로 네트워크 장애를 정확히 진단할 수는 없습니다.

핑의 일반적인 사용법은 다음과 같으며, 자세한 옵션은 man 명령으로 참고할 수 있습니다.

```
ping [-c 회수] [-s 패킷크기] 호스트주소
```

다음은 케이블 모뎀 전용선을 이용하여 코넷 네임서버로 핑 테스트한 결과입니다.

```
root@redfox:~
파일(F)  편집(E)  보기(V)  터미널(T)  탭(B)  도움말(H)
[root@redfox ~]# ping 168.126.63.1
PING 168.126.63.1 (168.126.63.1) 56(84) bytes of data.
64 bytes from 168.126.63.1: icmp_seq=1 ttl=56 time=34.1 ms
64 bytes from 168.126.63.1: icmp_seq=2 ttl=56 time=23.1 ms
64 bytes from 168.126.63.1: icmp_seq=3 ttl=56 time=19.5 ms
64 bytes from 168.126.63.1: icmp_seq=4 ttl=56 time=18.5 ms

--- 168.126.63.1 ping statistics ---
4 packets transmitted, 4 received, 0% packet loss, time 2999ms
rtt min/avg/max/mdev = 18.527/23.833/34.145/6.195 ms
[root@redfox ~]#
```

핑 테스트 중단은 Ctrl + C 키를 누릅니다. TTL(Time To Live)과 time 시간이 끊김없이 보여진다면 그 네트워크는 정상적으로 작동하고 있음을 의미합니다.

다음은 네트워크 연결에 이상이 있을 때의 핑 결과입니다. 이더넷 케이블이 빠져 있거나 이더넷 카드가 활성화되지 않았거나 라우팅이 잘못되어 있는 경우라 볼 수 있습니다.

```
[root@redfox ~]# ping 168.126.63.1
PING 168.126.63.1 (168.126.63.1) 56(84) bytes of data.
From 192.168.0.1 icmp_seq=2 Destination Host Unreachable
From 192.168.0.1 icmp_seq=3 Destination Host Unreachable
From 192.168.0.1 icmp_seq=4 Destination Host Unreachable

--- 168.126.63.1 ping statistics ---
5 packets transmitted, 0 received, +3 errors, 100% packet loss, time 3999ms
```

6.2 traceroute

traceroute는 패킷이 목적 호스트까지 전달되는 경로를 화면상으로 출력해 주는 명령입니다. traceroute를 이용하여 패킷이 어느 경로에서 유실되는지 확인할 수 있으며, 어느 네트워크에서 트래픽이 발생되는지 점검할 수 있습니다. traceroute 일반적인 사용법은 다음과 같습니다.

```
traceroute 호스트주소
```

다음은 케이블 모뎀 전용선을 이용하여 다음넷 사이트까지 패킷이 전달되는 경로를 추적한 결과입니다. 케이블 ISP에서 다음넷까지 여러 경로를 걸쳐 패킷이 전달됨을 알 수 있습니다.

```
[root@redfox ~]# traceroute www.daum.net
traceroute to www.daum.net (211.32.117.30), 30 hops max, 40 byte packets
 1  10.180.192.1 (10.180.192.1)  10.471 ms  10.393 ms  10.349 ms
 2  203.100.160.1 (203.100.160.1)  11.057 ms  11.016 ms  10.972 ms
 3  203.171.160.89 (203.171.160.89)  10.925 ms  11.690 ms  11.646 ms
 4  203.171.160.65 (203.171.160.65)  16.127 ms  16.077 ms  16.026 ms
 5  172.18.129.53 (172.18.129.53)  12.840 ms  12.809 ms  12.763 ms
 6  211.56.190.89 (211.56.190.89)  12.714 ms  10.573 ms  10.527 ms
 7  211.242.0.249 (211.242.0.249)  10.502 ms  10.419 ms  10.347 ms
 8  211.242.0.101 (211.242.0.101)  8.926 ms  8.906 ms  15.055 ms
 9  211.242.0.46 (211.242.0.46)  15.011 ms  14.970 ms  14.928 ms
10  210.107.53.61 (210.107.53.61)  14.886 ms  14.850 ms  14.802 ms
11  211.233.95.201 (211.233.95.201)  15.804 ms  16.856 ms  10.831 ms
12  211.233.95.202 (211.233.95.202)  10.738 ms  10.667 ms  15.976 ms
13  211.233.86.226 (211.233.86.226)  15.905 ms 211.233.86.238 (211.233.86.238)
15.865 ms  15.827 ms
14  192.168.200.34 (192.168.200.34)  16.824 ms 192.168.200.18 (192.168.200.18)
15.732 ms 192.168.200.34 (192.168.200.34)  18.243 ms
15  211.32.117.30 (211.32.117.30)  15.380 ms  15.362 ms  15.323 ms
[root@redfox ~]#
```

6.3 netstat

netstat는 route 명령보다 좀 더 자세한 라우팅 테이블 정보와 네트워크 상태를 체크할 수 있는 도구입니다. 앞으로 라우팅 테이블을 확인할 때는 route 명령보다는 netstat 명령을 많이 사용합니다. netstat 명령의 일반적인 사용법은 다음과 같습니다.

```
netstat -nr
```

route 대신에 netstat 명령을 사용하면 어떠한 화면이 나오는지를 확인해 봅니다.

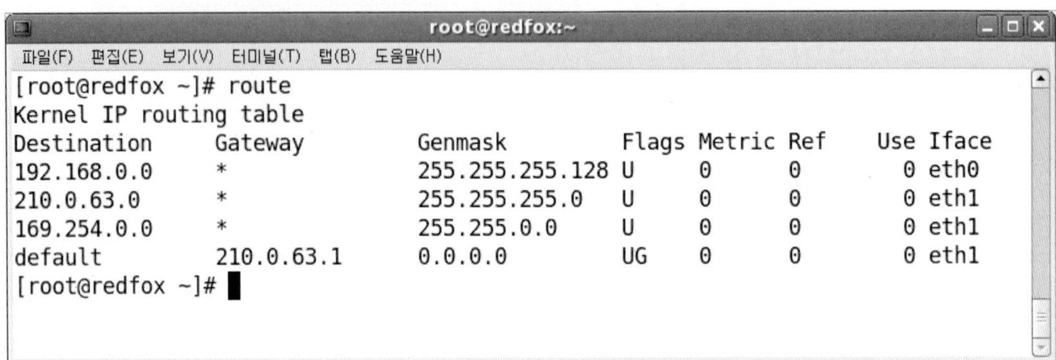

〈route 명령 실행 시의 결과〉

〈netstat -nr 명령 실행 시의 결과〉

netstat 필드의 일부는 route 필드와 중복되므로, route에 없던 필드만을 간략히 설명하면 MSS는 Maximum Segment Size 약자로 패킷 조각의 최대 크기를 나타낸다. irtt는 패킷 윈도우 크기를 나타냅니다.

netstat 명령을 단독적으로 실행하면 다음과 같은 화면이 출력됩니다.

```
root@redfox:~
파일(F) 편집(E) 보기(V) 터미널(T) 탭(B) 도움말(H)
[root@redfox ~]# netstat
Active Internet connections (w/o servers)
Proto Recv-Q Send-Q Local Address              Foreign Address            Stat
e
tcp        0      0 192.168.0.1:microsoft-ds   192.168.0.5:neod1          ESTA
BLISHED
Active UNIX domain sockets (w/o servers)
Proto RefCnt Flags       Type       State         I-Node Path
unix  18     [ ]         DGRAM                    8498   /dev/log
unix  2      [ ]         DGRAM                    2087   @/org/kernel/udev/udevd
unix  3      [ ]         STREAM     CONNECTED     14975  /tmp/ksocket-redfox/ksn
apshot6HSj1a.slave-socket
unix  3      [ ]         STREAM     CONNECTED     14974
unix  2      [ ]         DGRAM                    14489
unix  2      [ ]         DGRAM                    14348
unix  3      [ ]         STREAM     CONNECTED     14199  /tmp/scim-bridge-0.3.0.
socket-504@localhost:0.0
unix  3      [ ]         STREAM     CONNECTED     14198
unix  3      [ ]         STREAM     CONNECTED     14196  /tmp/orbit-redfox/linc-
dc4-0-7effd42aa8da
unix  3      [ ]         STREAM     CONNECTED     14195
```

네트워크의 인터넷 접속 상태와 소켓 상태를 보여 주는데, 인터넷 네트워크 상태만 체크하려면 -t 옵션을 주면 됩니다.

```
root@redfox:~
파일(F) 편집(E) 보기(V) 터미널(T) 탭(B) 도움말(H)
[root@redfox ~]# netstat -t
Active Internet connections (w/o servers)
Proto Recv-Q Send-Q Local Address              Foreign Address            Stat
e
tcp        0      0 192.168.0.1:microsoft-ds   192.168.0.5:neod1          ESTA
BLISHED
[root@redfox ~]#
```

netstat 명령으로 네트워크의 패킷 전송 상태를 체크할 수 있는데 다음과 같이 -i 옵션을 지정하면 새로운 커널 라우팅 테이블 화면을 출력합니다.

```
root@redfox:~
파일(F) 편집(E) 보기(V) 터미널(T) 탭(B) 도움말(H)
[root@redfox ~]# netstat -i
Kernel Interface table
Iface       MTU Met    RX-OK RX-ERR RX-DRP RX-OVR    TX-OK TX-ERR TX-DRP TX-OVR
Flg
eth0       1500   0    10254      0      0      0     6504      0      0      0
BMRU
eth1       1500   0     7845      0      0      0      584      0      0      0
BMRU
lo        16436   0       62      0      0      0       62      0      0      0
LRU
[root@redfox ~]#
```

상기 화면에서 나오는 필드는 다음 표에 정리하였습니다.

MTU	Maximum Transmission Unit 최대 전송 단위
Met	Metric값
RX	전송 받은 패킷
TX	전송 보내는 패킷
DRP	버려진 패킷
OVR	과다 넘침으로 인한 유실된 패킷

[참고] 귀 기울이고 있는 포트와 접속중인 포트 확인하기

`netstat -antpeol`를 실행하면 열려져 있는 서비스 포트 종류와 현재 사용중인 서비스 포트를 확인할 수 있습니다.

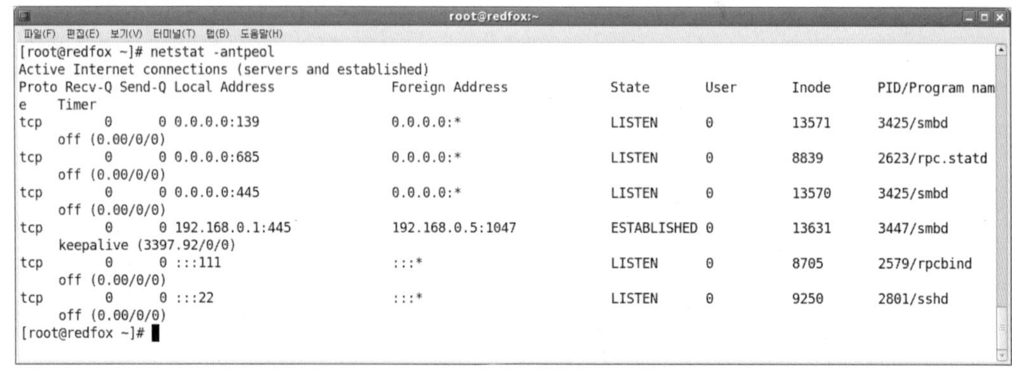

6.4 nslookup

네임서버를 통하여 도메인을 검색하거나 IP 정보를 확인하는 명령입니다. nslookup의 일반적인 사용법은 'nslookup 도메인명'입니다.

6.5 host

도메인을 검색할 때 사용하는 명령어입니다. 일반적인 사용 방법은 host [옵션] 도메인 명입니다.

옵 션	
-w	응답이 있을 때까지 무작정 기다림
-r	요청이 있을 때 다른 서버에 정보를 요구하지 않음
-a	모든 정보를 보여줌 "-v -t any" 옵션과 동일
-l	AXFR를 이용한 도메인내의 모든 호스트를 출력
-d	디버깅 출력을 켬
-c	비 인터넷 데이터를 검색하고자 하는 클래스

다음은 nslookup을 대용할 수 있는 host 명령의 실행 예제입니다.

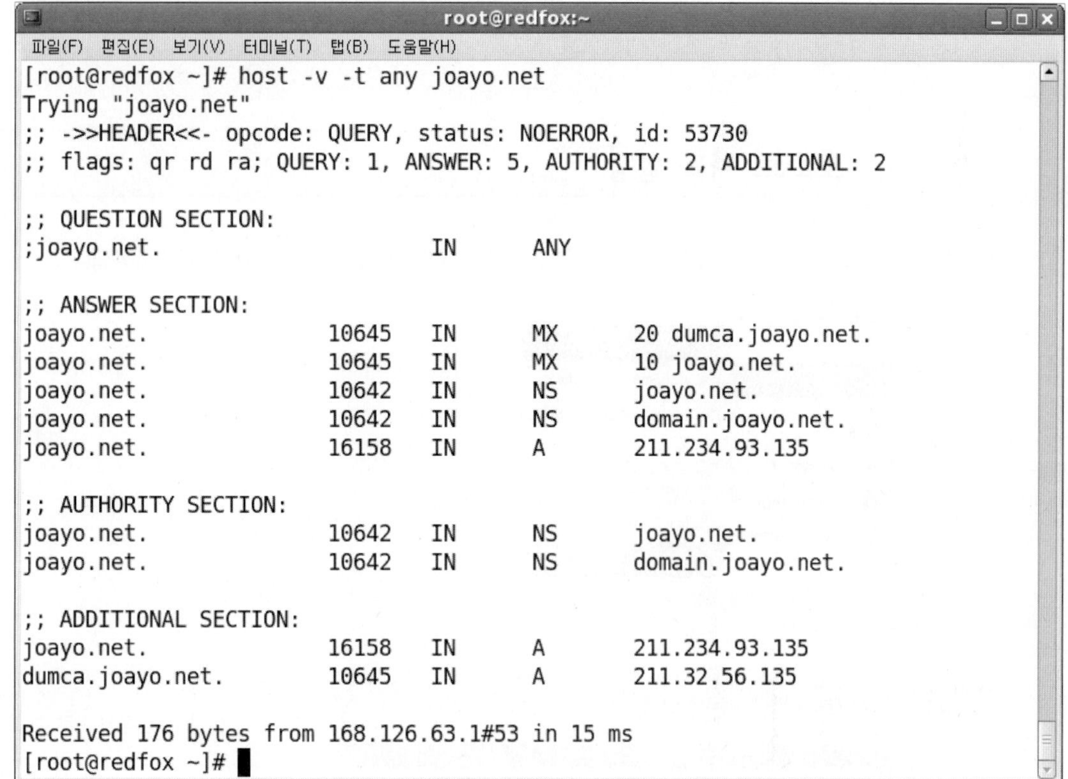

6.6 ARP

ARP(Address Resolution Protocol)는 IP 주소와 이더넷 고유 주소를 기억하는 프로토콜로 데이터 전송은 IP 주소로만 전달되는 것이 아니라 ARP에 의해서 48비트의 하드웨어 주소인 MAC 주소로도 전송이 이뤄집니다. ARP의 일반적인 사용 방법은 ARP 명령을 실행하는 것입니다.

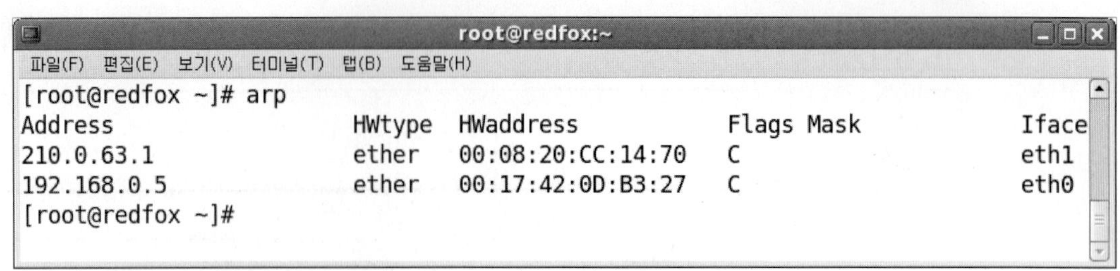

-vn 옵션을 붙이게 되면 IP 주소를 숫자로 볼 수 있습니다. 커널 서비스에서 arpwatch를 선택하면 메일을 이더넷 주소로 전송하는 호스트들에 대한 정보를 볼 수 있습니다.

7. 페도라 네트워크 설정 도구 (system-config-network)

페도라에서 지원하는 system-config-network 네트워크 설정 도구를 이용하여 네트워크를 보다 손쉽게 설정하는 방법에 대해서 알아봅니다.

7.1 호스트 이름 설정

Step1 [시스템 메뉴 >> 관리 >> 네트워크]를 선택하여 system-config-network 도구를 실행합니다.

Step2 [호스트(O)]탭을 클릭합니다.

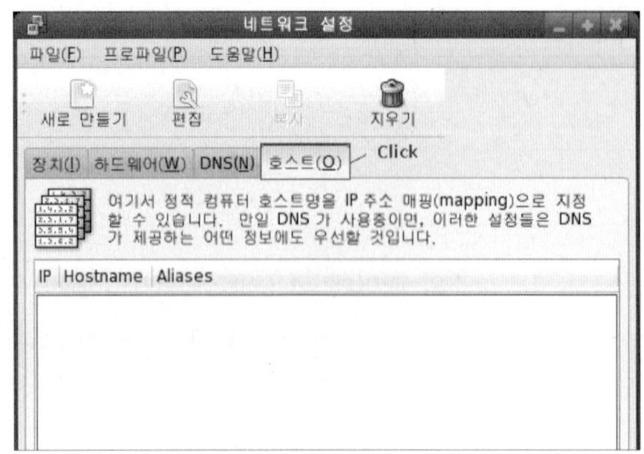

```
http://domain.nida.or.kr/
```

그러면 hosting.co.kr라는 도메인 등록 대행 업체에서 도메인을 등록하는 방법을 예제로 알아보겠습니다.

Step1 도메인 검색

자신이 등록하고자 하는 도메인이 등록되어 있는지를 검색합니다.

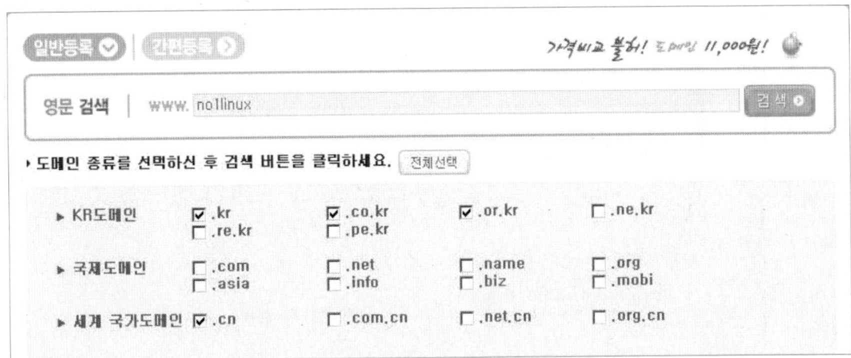

Step2 검색된 도메인 가운데 등록되지 않은 도메인을 선택하여 도메인을 등록합니다.

도메인 검색 결과			Home > 도메인

전체	번호	도메인	검색 결과
☑	1	no1linux.kr **EVENT** KR도메인 신규등록 8,800원	등록가능
☐	2	no1linux.co.kr **EVENT** KR도메인 신규등록 8,800원	등록가능
☐	3	no1linux.or.kr	등록가능
☐	4	no1linux.cn **NEW** .cn 중국 도메인 1년 42,900원	등록가능

도메인 등록   위시리스트   장바구니

Step3 도메인 등록 신청서를 작성합니다.

도메인 등록 신청서	Home > 도메인 > 신규 등록 > 일반 등록

1 도메인 검색 》》 2 등록 신청서 》》 3 결제하기 》》 4 등록완료

번호	도메인	기간/등록 비용 1년▼
1	no1linux.kr	1년 / 8,800원 ▼ 삭제
	총 1개	비용 : 8,800원

▥ 소유자 정보   ☐ 회원정보와 같음

소유자명 (한글)	서자룡	소유자명 (영문)	dumca suh
등록증 종류	주민등록증 ▼	등록증 번호	___ - ___
E-Mail		휴대폰 번호	선택▼ - ___ - ___

도메인 등록 신청서 하단의 네임서버 정보에서는 도메인 등록 업체의 네임서버로 지정해서 도메인을 등록합니다. 네임서버 구축을 위한 네임 서버 호스트 지정은 별도로 해야 하므로, 이 부분에서는 일단 업체의 네임서버로 등록하는 것으로 합니다.

Step4 도메인 등록 결제

도메인 등록 신청 정보를 확인한 후 등록 비용에 대한 결제를 합니다.

도메인 등록비용 결제	☆ Home > 도메인 > 신규 등록 > 일반 등록

1 도메인 검색 ≫ 2 등록 신청서 ≫ 3 결제하기 ≫ 4 등록완료

■ 도메인 신청내용 확인

도메인	no1linux.kr (1년) 8,800원
소유자	
관리자	
네임서버	호스트명 : ns1.hosting.co.kr | IP 주소 : 121.254.170.11 호스트명 : ns2.hosting.co.kr | IP 주소 : 121.254.170.12

Step5 등록 완료 확인 버튼을 눌러 도메인 등록을 완료합니다.

도메인 등록 완료	☆ Home > 도메인 > 신규 등록 > 일반 등록

1 도메인 검색 ≫ 2 등록 신청서 ≫ 3 결제하기 ≫ 4 등록완료

■ 도메인 등록 완료

도메인	no1linux.kr(1년) 8,800원
소유자	
관리자	
네임서버	호스트명 : ns1.hosting.co.kr | IP 주소 : 121.254.170.11 호스트명 : ns2.hosting.co.kr | IP 주소 : 121.254.170.12
결제 정보	신용카드
결제 금액	8,800원

Step6 네임서버 구축을 위한 호스트를 등록합니다. 이를 위해서는 도메인 정보 변경을 클릭하여 호스트 관리에서 등록한 도메인에 대한 정보를 수정합니다.

Step7 호스트명은 서브 도메인 형태로 등록자 임의로 지정할 수 있습니다만, 일반적으로 ns1.no1linux.kr와 같은 형태로 ns1 또는 ns2를 사용합니다. 네임서버로 사용될 호스트의 아이피 주소는 유동아이피와 사설 아이피 주소로 신청해서는 절대로 안되며, 반드시 고정 아이피 주소를 사용해야 합니다.

Step8 호스트 등록을 완료합니다. 한국 인터넷 정보 센터에서 호스트 등록은 1일 정도 소요될 수 있으므로, whois 검색을 통해서 확인해 보기 바랍니다.

Step9 네임서버 구축을 위한 호스트 등록이 완료되었으므로, 도메인 등록 시 네임서버 정보를 도메인 등록 업체의 것에서 조금 전에 등록했던 호스트로 변경해야 합니다. 자, [정보변경] 메뉴에서 [네임서버 정보 변경]을 선택하여 다음과 같은 형태로 네임서버 정보를 변경합니다.

네임서버 변경

도메인	no1linux.kr		전체 도메인에 동일한 네임서버 사용

네임서버 정보	구분	네임서버	네임서버 IP
	1차	ns1.no1linux.kr	211.234.xxx.xxx
	2차	ns2.hosting.co.kr	121.254.170.12
	3차		
	4차		
	5차		

입력 예: ns.maxion.co.kr

호스팅케이알 네임서버 사용	☐ 호스팅케이알 네임서버 사용 무료 포워딩, 무료 파킹 등 호스팅케이알의 부가서비스를 이용하시는 경우 호스팅케이알 네임서버로 반드시 체크하세요.

Step10 네임서버 변경을 완료합니다. 자, 이제 네임서버 구축을 위한 준비는 모두 마쳤습니다. 이제 한국 인터넷 정보 센터에서 네임서버가 변경되길 기다렸다가 변경이 완료되면 네임서버를 구축합니다.

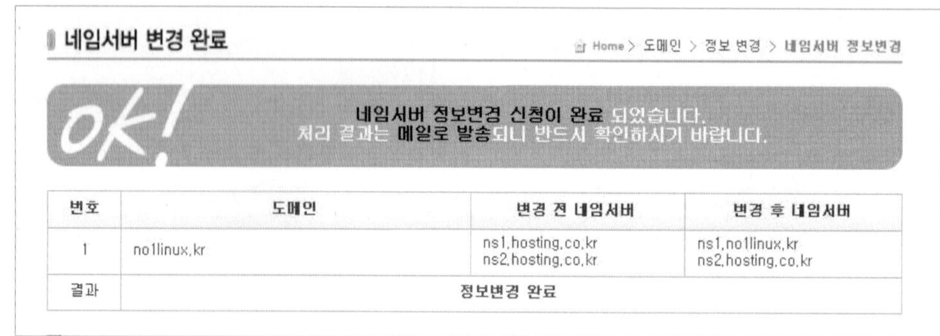

네임서버 변경 완료

번호	도메인	변경 전 네임서버	변경 후 네임서버
1	no1linux.kr	ns1.hosting.co.kr ns2.hosting.co.kr	ns1.no1linux.kr ns2.hosting.co.kr
결과	정보변경 완료		

6.2 네임서버 구축

Step1 네임서버 파일 설정

/etc/named.conf 파일 안에 다음 내용을 추가합니다.

설정 형식	예제 : no1linux.kr

zone "도메인명" {
    type master;
    file "도메인명.zone";
};
	zone "no1linux.kr" {
	    type master;
	    file "no1linux.zone";
	    allow-update { none; };
	};

Step2 zone 파일 생성

/var/named/chroot/var/named 디렉토리에 다음 내용을 가진 〈도메인명.zone 파일〉(예: no1linux.zone)
을 만듭니다. 이 때 ns1.도메인명.에 호스트로 등록한 호스트명으로 바꾸고, '메일아이디.도메인주소'는
no1linuxer@no1linuxer.kr. 형태가 아니라 골뱅이를 뺀 'no1linuxer.no1linux.kr.' 형태로 변경해야 하는 점
을 주의하고, '내 IP 주소' 대신에 호스트 등록 시의 아이피 주소로 변경해 주어야 합니다.

```
$TTL 3600
@    IN      SOA     ns1.도메인명.    메일아이디.도메인주소.  (

                     1                  ; serial
                     43200              ; Refresh
                     3600               ; Retry
                     43200              ; Expire
                     3600  )            ; TTL


     IN      NS      ns1.도메인명.


@    IN      A       내 IP 주소
www  IN      A       내 IP 주소
```

예를 들어, no1linux.kr의 경우 호스트명과 아이피 주소가 ns1.nolinux.kr과 192.168.0.111이라면 다음과
같이 설정합니다. 여기서 192.168.0.111는 가상 아이피로 예제로 제시한 것일뿐 실제로는 실제 아이피가
사용된다는 점 혼동이 없길 바랍니다.

```
$TTL 3600
@    IN      SOA     ns1.no1linux.kr.   no1linuxer.no1linux.kr. (

                     1                  ; serial
                     43200              ; Refresh
                     3600               ; Retry
                     43200              ; Expire
                     3600  )            ; TTL


     IN      NS      ns1.no1linux.kr.


@    IN      A       192.168.0.111
www  IN      A       192.168.0.112
```

Step3 /etc/resolv.conf 파일에 타사의 네임서버로 지정합니다. 자신의 네임서버로 지정해도 되지만, 네임서버 구축 시에는 다
른 네임서버로 지정하면 자신의 네임서버가 정상적으로 동작하는지를 확인하는데 좋습니다.

```
nameserver ISP네임서버주소              예) nameserver 168.126.63.1
```

Step4 다음과 같은 명령으로 네임서버 데몬을 실행합니다.

```
# /etc/init.d/named start    * 이미 동작중이라면 /etc/init.d/named restart로 실행
```

Step5 다음과 같이 실행하여 임시로 방화벽을 해제합니다.

```
# /etc/init.d/iptables stop
```

[참고] /etc/sysconfig/iptables 파일에 네임서버 포트 접근 허용 정책

리눅스 시스템 부팅시 방화벽에서 네임서버 서비스 포트에 접근할 수 있도록 허용하려면 /etc/sysconfig/iptables 파일에 다음 설정을 반드시 거부 정책보다 선행되도록 하여 추가해줍니다.

```
-A RH-Firewall-1-INPUT -m state --state NEW -m udp -p udp --dport 53 -j ACCEPT
```

Step6 'host www.no1linux.kr' 명령을 실행하여 여러분 서버의 아이피 주소가 나오는지를 테스트합니다.

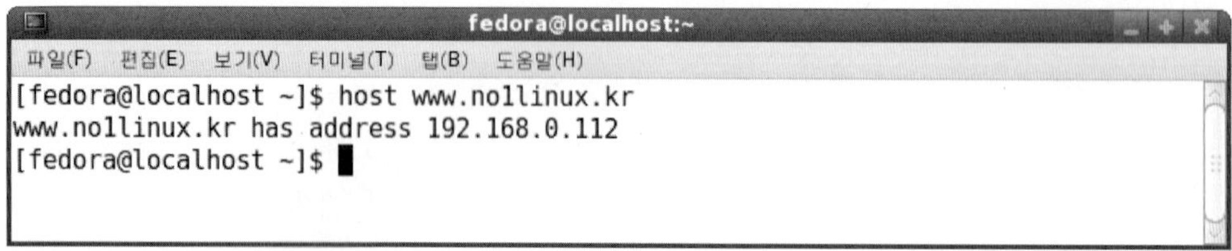

여러분의 도메인과 아이피 주소가 매칭된 결과를 보여 준다면 여러분이 설정한 네임서버는 정상적으로 작동되고 있는 것입니다.

Step7 /var/named/chroot/var/named 디렉토리의 '도메인명.zone' 파일 안에 다음 라인을 추가합니다. 다음 라인을 추가한 후에 반드시 SOA 필드의 serial 값을 +1만큼 증가시켜 주어야 합니다.

```
mail          IN        A        내IP주소
```

네임서버를 재실행하고 나서, host 명령으로 'mail.도메인명'으로 도메인을 검색하여 아이피 주소가 제대로 변환되어 나오는지를 확인합니다. 아이피 주소가 제대로 나온다면 네임서버는 완벽하게 동작하고 있는 것입니다.

자, 지금까지 네임서버를 구축하는 과정에 대해서 알아보았습니다. 이제는 네임서버 존 설정 파일을 구체적으로 설정하는 방법에 대해서 알아보도록 하겠습니다.

7. 네임서버 설정

7.1 포워드 존 파일 설정(/var/named/chroot/var/named/도메인.zone)

```
root@localhost:/var/named/chroot/var/named
파일(F)  편집(E)  보기(V)  터미널(T)  탭(B)  도움말(H)
$TTL 86400
@       IN      SOA     ns1.nollinux.kr.          redfox.joayo.net. (

                        1               ; serial
                        43200           ; Refresh
                        3600            ; Retry
                        43200           ; Expire
                        86400           ; TTL

                IN      NS      ns1.nollinux.kr.

@               IN      A       192.168.0.111

                IN      MX 10   joayo.net.

ns1             IN      A       192.168.0.111
www             IN      A       192.168.0.112
mail            IN      A       192.168.0.113
~
"nollinuxkr.zone" 18L, 292C
```

▶ TTL(Time To Live)

존 설정 파일의 맨 첫 줄에 위치하는 값으로 다른 서버에서 자신의 정보를 가져갔을 때 그쪽 서버의 캐시에 그 정보가 얼마나 오랫동안 머물 것인지(캐시 활성화 시간)를 결정하는 설정입니다. 이에 대해서는 SOA 레코드에서 자세히 살펴보게 됩니다.

▶ 리소스 레코드(Resource Records, RR)

포워드 존 파일은 SOA, NS, MX, A, CNAME 등 크게 5개의 Resource Records(RR)로 구성됩니다.

Zone 파일의 Resource Records	
SOA	Start Of Authority(권한 시작)
NS	네임서버 리소스 레코드
A	도메인에 IP 주소를 부여해 주는 레코드
MX	메일 익스체인저로 메일서버를 설정하는 데 매우 중요한 역할
CNAME	하나의 IP에 여러 개의 별칭을 가질 수 있게 해 주는 레코드

▶ SOA 레코드

SOA 레코드는 해당 도메인에 대해 네임서버가 모든 리소스 레코드 권리를 가지고 있음을 알려 주는 레코드입니다. 모든 존 파일은 $TTL 다음 줄에 항상 SOA 레코드로 시작되며, 다음과 같은 구조를 취합니다.

	①	②	③	④	⑤	⑥
형식	도메인명(@)	클래스명	권한시작	1차네임서버	관리자메일주소	(
예제	@	IN	SOA	ns1.no1linux.kr.	redfox.joayo.net.	(

① "@"

"@" 표시는 Origin 도메인을 뜻하는 것으로, 앞서 살펴 본 /etc/named.conf 파일의 포워드 존 영역에서 설정된 도메인을 가리키며, 예제의 경우 no1linux.kr.입니다. 따라서 @ 표시 대신에 no1linux.kr.로 표시할 수 있습니다. 이 때 도메인명 뒤에 반드시 마침표를 사용해야 합니다는 점을 주의해야 합니다. 만일 도메인 뒤에 마침표를 사용하지 않게 되면 이는 호스트로 인식하기 때문에 실제적으로 no1linux.kr.no1linux.kr로 인식하게 됩니다. 따라서 완전한 도메인(redfox.joayo.net)이라는 것을 명시하기 위해서는 반드시 no1linux.kr.과 같이 마침표를 사용해야 합니다.

② 클래스(IN)

IN(Internet)은 네트워킹 어드레스 클래스를 의미하는 것으로 항상 레코드 리소스(RR)를 지정할 때 사용합니다.

③ SOA(Start of Authority)

해당 도메인에 대해 네임서버가 모든 리소스 레코드 권한을 가진다는 것을 선언합니다.

④ 1차 네임서버 주소

네임서버를 구축할 때 제일 많이 혼동되는 것이 이 부분의 설정입니다. SOA 다음에 1차 네임서버 주소를 명시하게 끔 되어 있는데, 왜 자신의 도메인 주소가 아닌 네임서버 주소로 명시해 주어야 하는지 네임서버를 처음 구축하는 사용자들이 흔히 갖는 의문점입니다. 그러나 이 부분에서는 상위 네임서버에 등록된 1차 네임서버 주소를 지정해 주어야 하며, 네임서버 주소를 표시할 때는 항상 마침표를 달아야 한다는 것을 조심해야 합니다. 자신의 도메인 주소는 이미 @로 앞서 선언하였음을 주지하기 바랍니다.

⑤ 관리자 이메일주소

관리자 이메일 주소를 표기하는 방법이 좀 독특하기 때문에 설정하는데 혼동하기 쉬운 부분입니다. 관리자 이메일 주소를 표기할 때 골뱅이를 사용하는지 않은 이유는 앞서 Origin 도메인을 "@"로 나타낸 관계로, Origin 도메인과 이메일 주소를 구분하기 위함입니다. 따라서 이메일 주소를 나타낼 때는 도메인 주소와 같은 형태로 redfox.joayo.net.으로 사용해야 한다는 점을 혼동하지 않길 바랍니다.

아울러 도메인 주소 마지막에는 마침표를 찍어야 한다는 점 다시 한번 주의하기 바랍니다. 관리자 이메일 주소 다음에 위치하는 ( )안에는 다음과 같은 SOA 필드값들이 존재합니다.

```
        (
        1           ;Serial
        43200       ;Refresh
        3600        ;Retry
        604800      ;Expire
        86400   )   ;Minimum (TTL)
```

- Serial

네임서버의 데이터 버전을 나타내는 것으로, 네임서버 설정이 변경될 때마다 이 시리얼 번호에 따라서 갱신되는 중요한 필드입니다. 여러분이 네임서버 파일의 설정을 매번 변경한다면, 시리얼 번호를 항상 +1만큼 증가시켜 주어야 합니다. 일반적으로 시리얼 번호는 연월일 식으로 편의상 많이 사용하지만, 관리자 임의대로 설정할 수 있습니다.

- Refresh

Secondary 네임서버가 Primary 네임서버에게 새롭게 업데이트된 정보가 있는지 요청할 때까지의 시간을 지정합니다. 보통 21600(6시간) 내지 43200(12시간)으로 설정하는데 정보가 자주 바뀌는 상황이라면 10800(3시간)으로 설정하는 것이 좋습니다.

- Retry

Secondary가 Primary와 연결이 되지 않을 경우 재연결할 때까지의 대기 시간으로 보통 1800(30분) 내지 3600(1시간)으로 설정합니다.

- Expire

Secondary가 일정 시간 동안 Primary에 접속하지 못했을 경우 이전의 정보가 의미가 없는 것으로 간주하여 이를 파기할 시간을 정합니다. 너무 시간을 짧게 잡는 것은 그리 바람직하지 못합니다. 일반적으로 1주(604800) ~ 2주(1209600)로 설정합니다.

- Minimum(TTL, Time to Live)

존 설정 파일의 맨 첫 줄에 위치하는 값으로 다른 서버에서 자신의 정보를 가져갔을 때 그쪽 서버의 캐시에 그 정보가 얼마나 오랫동안 머물 것인지(캐시 활성화 시간)를 결정합니다. TTL을 3600초로 정하였다면 자신의 정보를 가져 간 다른 서버에서 그 정보가 3600초 후에 삭제된다는 것을 의미합니다.

일반적으로 86400(1일) 정도로 지정하며, 유효한 TTL 값의 범위는 0 ~ 2147483647입니다. 처음 네임서버를 설정하여 테스트하는 경우에는 테스트 값을 자주 변경해야 하므로 캐시 정보를 사용하지 않도록 0으로 설정한 후에 네임서버가 제대로 작동하는 것을 확인한 후에 정상적인 값으로 변경해 주는 것이 좋습니다.

▶ NS 레코드

NS(NameServer) 레코드는 설정하고자 하는 도메인에 대한 네임서버를 지정하는 레코드로 다음과 같이 표시합니다.

```
IN   NS        ns1.no1linux.kr.
IN   NS        ns2.no1linux.kr.
```

상기 예제에서 보듯이 IN 클래스 앞에 도메인이나 어떠한 호스트명이 지정되어 있지 않으나, 생략되어 있을 경우에는 orgin 도메인이 있는 것으로 간주합니다. 따라서 no1linux.kr 도메인을 관리하는 네임서버가 ns1.no1linux.kr과 ns2.no1linux.kr임을 의미합니다.

▶ A 레코드

A(Address) 레코드는 호스트 이름에 IP를 부여하여 도메인 검색 시 어떠한 IP 주소로 맵핑되는지를 설정하는 중요한 레코드입니다. www.no1linux.kr 도메인을 검색하였을 때 192.168.0.112 아이피 주소임을 알려 주는 레코드가 A 레코드입니다.

```
www          IN      A        192.168.0.112
```

▶ MX 레코드

Mail Exchanger를 뜻하는 이 레코드는 해당 도메인으로 오는 메일을 처리할 메일 서버를 지정할 때 사용하는 레코드입니다. 메일 서버로 사용하고자 하는 도메인에 대하여 MX 레코드로 지정합니다. 주의할 점은 이 레코드 뒤에 메일서버를 IP 주소로 지정할 수 없다는 점입니다.

```
IN      MX      10      mail.no1linux.kr.
IN      MX      20      no1mail.com.
```

no1linux.kr로 오는 메일은 MX 순위도에 따라서 mail.no1linux.kr 또는 no1mail.com으로 전달하게 됩니다. 여기서 메일이 지정한 호스트로 갈 때는 MX 순위에 따라 결정되는데 가장 낮은 MX가 제일 먼저 메일을 받게 되고, 이것이 실패하게 되면 그 다음 높은 MX 값으로 지정된 호스트가 메일을 받게 됩니다.

▶ CNAME 레코드

CNAME(Canonical NAME) 레코드는 설정하고자 하는 호스트에 대해 아이피 주소 대신에 이미 설정된 호스트이름으로 설정해 주는 해 주는 레코드입니다. 즉, 호스트 또는 도메인이름에 대해서 알리어스를 해 주는 레코드입니다. 따라서 CNAME으로 호스트명이나 완전한 도메인명을 따르게 되며, 아이피 주소로 설정돼서는 안 됩니다.

```
www          IN      A          192.168.0.112
ftp          IN      CNAME      www
```

상기 예제는 CNAME 레코드를 사용하여 ftp 호스트가 www 호스트와 같음을 의미하며, www 호스트가 192.168.0.112 아이피 주소를 가지므로 ftp 호스트도 192.168.0.112 아이피 주소를 가진다는 것을 의미합니다.

▶ HINFO 레코드

HINFO(Host INFOrmation) 레코드는 호스트 정보를 나타내는 것으로, 두 가지 부분으로 구성되어 있습니다. 한 가지는 하드웨어 또는 CPU 정보와 다른 한 가지는 호스트의 운영체제 정보입니다.

```
    IN          A           192.168.0.111
    HINFO                   "AMD 5600+" "Fedora"
```

상기 예제는 192.168.0.111 아이피 주소를 가지는 amd 호스트는 AMD 5600+ CPU를 사용하고 있으며 운영체제로 페도라 코어 리눅스 버전을 사용하고 있음을 명시하는 것입니다.

7.2 리버스 존(Reverse Zone) 설정

이제까지는 도메인을 IP 주소로 맵핑시켜주는 포워드 존 설정에 대해서 살펴보았습니다. 지금부터는 반대로 IP 주소를 도메인으로 맵핑시키는 과정에 대해서 살펴보겠습니다. 리버스 존 파일은 실전에 있어서 아이피 대역이 C 클래스 하나가 아닌 단일 아이피로 보유하고 있는 상태에서는 무의미함을 참고하기 바랍니다.

먼저 /etc/named.conf 파일에 다음과 같은 형식으로 리버스 데이터베이스를 추가합니다.

```
zone "0.168.192.in-addr.arpa IN {
        type master;
        file "no1linux.rev";
};
```

이때 설정하는 리버스 데이터베이스는 단일 IP 주소가 아닌 네트워크 주소를 거꾸로 차례대로 표시합니다. 예를 들어 192.168.0.111 IP 주소에 대해서 호스트 주소를 뺀 네트워크 주소인 192.168.0를 거꾸로 뒤집어 0.168.192을 in-addr.arpa를 붙여 사용합니다.

```
 zone "0.168.192.in-addr.arpa" IN {
```

리버스 존에서는 IP 주소에 대해서 도메인으로 맵핑시켜 주는 역할을 하므로 이러한 역할을 하는 레코드가 리버스 존에서 존재하게 될 것입니다. 리버스 존에서는 PTR이라는 레코드를 사용하며 IP 주소를 도메인명으로 나올 수 있도록 해 주는 레코드입니다.

```
root@localhost:/var/named/chroot/var/named
파일(F)  편집(E)  보기(V)  터미널(T)  탭(B)  도움말(H)
$TTL 86400
@       IN      SOA     ns1.nollinux.kr.          redfox.joayo.net. (

                        1               ; serial
                        43200           ; Refresh
                        3600            ; Retry
                        43200           ; Expire
                        86400           ; TTL

                IN      NS      ns1.nollinux.kr.

111             IN      PTR     nollinux.kr.
112             IN      PTR     www.nollinux.kr.
113             IN      PTR     mail.nollinux.kr.
~
~
~
"nollinuxkr.zone" 14L, 256C
```

리버스 존 설정에서 @는 /etc/named.conf에서 지정한 도메인 데이터베이스가 아니라 0.168.192.in-addr.arpa 데이터베이스임을 유념합니다. 리버스 존 파일은 포워드 존 파일 형식과 비슷하므로 이를 복사하여 수정하는 것이 편리합니다.

▶ PTR 레코드

PTR(Pointer) 레코드는 IP 주소에 대해 도메인 이름으로 맵핑(mapping)해 주는 인버스(Inverse) 기능을 가지며, 리버스 존 파일에서 사용되는 레코드로 다음과 같은 형식으로 설정합니다.

```
111        IN    PTR    nollinux.kr..

112        IN    PTR    www.nollinux.kr..

113        IN    PTR    mail.nollinux.kr.
```

PTR 레코드 다음에는 완전한 도메인(FQDN)으로 변환될 도메인 이름으로 설정합니다.

8. 네임서버 데몬 실행

네임서버 데몬을 실행하는 방법은 named init 스크립트를 이용합니다.

```
/etc/init.d/named start          * 네임서버 데몬 시작
/etc/init.d/named stop           * 네임서버 데몬 정지
/etc/init.d/named restart         * 네임서버 데몬 재시작
```

9. 오류 진단 및 대책

네임서버를 구축하였을 때 흔히 발생되는 문제점들을 짚어 보고, 이러한 문제점들을 점검하는 방법과 그 대책을 알아봅니다.

9.1 DNS 진단 유틸리티

9.1.1 nslookup

nslookup은 사용자가 여러 호스트들에 대한 정보를 네임서버에게 질의하거나 도메인 내의 호스트 목록을 출력하도록 해 주는 대화형 모드와 호스트, 또는 도메인에 대해 요청한 정보를 바로 출력해 주는 비대화형 모드로 작동합니다. 대화형 모드(Interactive mode)는 인자(argument)가 주어지지 않을 때와 첫 아그먼트에 하이픈(-)을 사용하고, 두 번째 인자가 호스트 이름 또는 네임서버의 인터넷 주소일 경우에 작동됩니다.

비대화형 모드(Non-interactive mode)는 검색하고자 하는 호스트의 이름 또는 인터넷 주소(IP)를 첫 인자로 주어질 때 작동되며, 선택적으로 두 번째 인자는 네임서버의 주소 또는 호스트 이름을 지정할 수 있습니다. 네임서버를 지정하지 않은 경우 /etc/resolv.conf에서 지정한 첫 번째 네임서버를 기본으로 사용하게 됩니다. 비대화형 모드의 예는 다음과 같습니다.

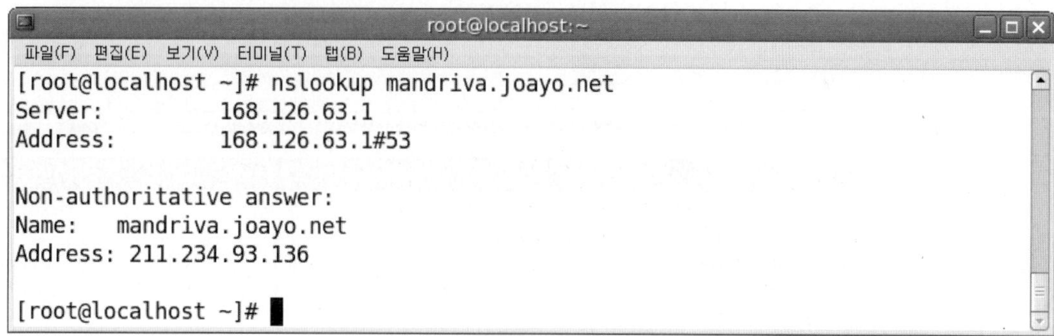

```
[root@localhost ~]# nslookup mandriva.joayo.net
Server:         168.126.63.1
Address:        168.126.63.1#53

Non-authoritative answer:
Name:   mandriva.joayo.net
Address: 211.234.93.136

[root@localhost ~]#
```

nslookup의 일반적인 사용법은 다음과 같습니다.

```
nslookup [-option ..] [검색할 호스트] | -[네임서버]
```

대화형 모드는 nslookup 명령을 실행한 후 나오는 대화형 프롬프트 상태에서 검색하고자 하는 도메인을 질의하는 형식입니다.

/etc/resolv.conf에서 지정한 첫 번째 네임서버를 찾고자 하는 도메인에 대해 질의하는 것입니다. 먼저 nslookup 명령을 실행해 봅니다.

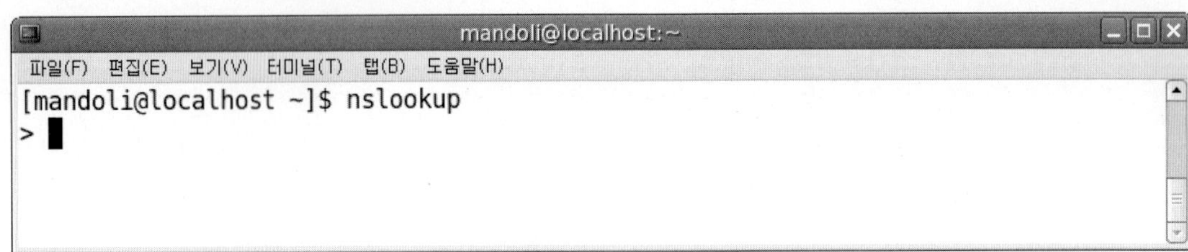

nslookup를 대화형으로 시작하게 되면 명령을 대기하는 프롬프트가 나옵니다. 종료하는 방법은 exit를 입력하고 Enter 키를 치면 됩니다. 그러면 여기에 비대화형 모드에서 검색한 mandriva.joayo.net 도메인을 검색해 봅니다.

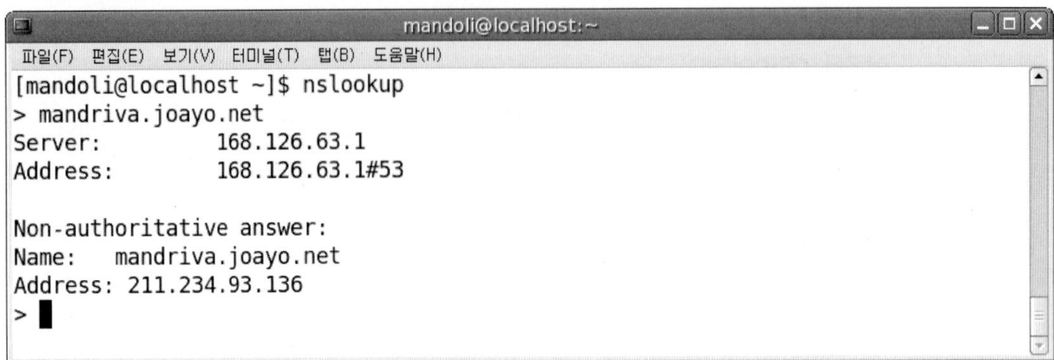

mandriva.joayo.net에 대한 IP 주소를 보여 주는데, Non-authoritative answer라는 것이 나타납니다. 여기서 non-authoritative answer(비신뢰적인, 비권한적인 답변)은 캐시에 의한 응답을 말하고, mandriva.joayo.net 도메인을 관장하는 네임서버에서 직접 질의에 대한 응답을 가져오는 경우 이를 authoritative answer(신뢰적인, 권한적인 답변)라 합니다.

자, 이번에는 joayo.net 도메인을 관장하는 네임서버는 어떻게 되는지 알아봅니다.

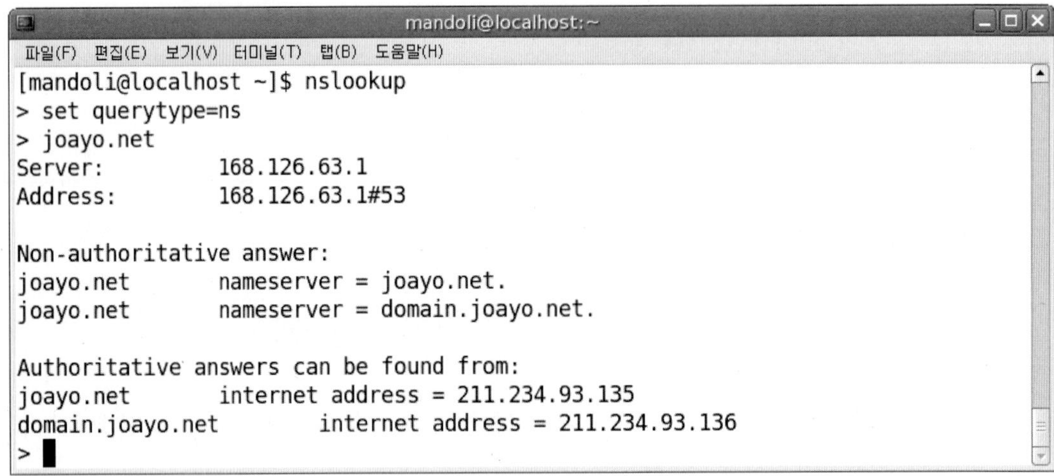

도메인의 리소스 레코드를 지정할 때는 상기 예제와 같이 set 명령으로 "set querytype=레코드"를 사용합니다. 또는 "type= 레코드 값"으로도 지정할 수 있습니다. 그러면 메일 익스체인저 레코드에 대해서 살펴봅니다.

```
                              mandoli@localhost:~                          _ □ ✕
파일(F)  편집(E)  보기(V)  터미널(T)  탭(B)  도움말(H)
[mandoli@localhost ~]$ nslookup
> set type=mx
> joayo.net
Server:              168.126.63.1
Address:             168.126.63.1#53

Non-authoritative answer:
joayo.net           mail exchanger = 10 joayo.net.
joayo.net           mail exchanger = 20 dumca.joayo.net.

Authoritative answers can be found from:
joayo.net           nameserver = domain.joayo.net.
joayo.net           nameserver = joayo.net.
joayo.net           internet address = 211.234.93.135
dumca.joayo.net internet address = 211.32.56.135
domain.joayo.net         internet address = 211.234.93.136
>
```

이번에는 nslookup 명령으로 도메인 질의에 대한 오류 메시지에 대해서 살펴보겠습니다.

- Timed out(시간 초과)

    서버가 일정 시간과 재시도 회수 후 요청에 대해 응답을 하지 못하는 경우입니다. 질의 요청 시간과
    회수는 각각 set timeout=시간, set retry=회수로 조정할 수 있습니다.

- No response from server(서버로부터 응답이 없습니다)

    네임서버가 서버 머신에서 작동하지 않을 경우입니다. 서버가 올바르게 동작하는지 점검해야 합니다.

- No records(리소스 레코드가 존재하지 않는다)

    호스트 이름이 유효할지라도 질의한 쿼리 타입에 해당하는 리소스 레코드가 존재하지 않을 경우입
    니다. 리소스 레코드를 지정해 주면 됩니다.

- Non-existent domain(존재하지 않은 도메인입니다)

    호스트 또는 도메인이 존재하지 않은 경우에 나타나는 메시지입니다. server 명령으로 초기 네임서
    버 상태로 돌아가지 못할 때 이러한 메시지가 나오며, 네임서버가 비정상적으로 작동할 때 나옵니
    다. 또한 네임서버가 리버스 맵핑에 실패했을 때도 나오게 됩니다.

- Network is unreachable(네트워크 연결이 되지 않는다)

    네임서버의 연결이 이루어지지 않을 때 나타나는 오류 메시지입니다. 네임서버와 네트워크가 제대로
    연결되어 있는지 점검해야 합니다.

- Server Failure(서버 실패)

    네임서버가 데이터베이스 내에서 내부적으로 불일치하는 부분을 발견하게 되어 유효한 답변을 되돌
    려 주지 못할 때 발생하는 메시지입니다. 데이터베이스를 다시 점검해 주어야 합니다.

- Refused(요청 거부)

  네임서버가 클라이언트의 요청에 대해 거부하는 경우입니다.

9.1.2 host

호스트는 인터넷 호스트 정보를 검색할 때 사용하는 유틸리티로 호스트 이름을 인터넷 주소(IP)로 변환해 주는 기능을 가지고 있습니다. 단순히 호스트 이름을 인터넷 주소로 맵핑해 주거나, 여러 옵션들을 이용하면 도메인 서버에서 관리되고 있는 호스트들의 모든 정보들을 nslookup과 유사하게 검색할 수 있습니다.

host 명령의 사용법은 다음과 같습니다.

```
host [-l] [-v] [-w] [-r] [-d] [-t querytype] [-a] host [server]
```

옵션을 지정하지 않은 상태에서 joayo.net을 검색해 봅니다.

```
mandoli@localhost:~
파일(F)  편집(E)  보기(V)  터미널(T)  탭(B)  도움말(H)
[mandoli@localhost ~]$ host joayo.net
joayo.net has address 211.234.93.135
joayo.net mail is handled by 10 joayo.net.
joayo.net mail is handled by 20 dumca.joayo.net.
[mandoli@localhost ~]$
```

다음 그림과 같이 일반적으로 도메인 검색을 할 때 [host 도메인명]을 많이 사용합니다. 좀 더 자세한 도메인 정보를 확인하고자 할 때는 다음과 같은 옵션들을 지정하여 사용합니다.

```
mandoli@localhost:~
파일(F)  편집(E)  보기(V)  터미널(T)  탭(B)  도움말(H)
[mandoli@localhost ~]$ host -v -t any no1mail.com
Trying "no1mail.com"
;; ->>HEADER<<- opcode: QUERY, status: NOERROR, id: 7321
;; flags: qr rd ra; QUERY: 1, ANSWER: 2, AUTHORITY: 1, ADDITIONAL: 1

;; QUESTION SECTION:
;no1mail.com.                    IN      ANY

;; ANSWER SECTION:
no1mail.com.            133193  IN      NS      domain.joayo.net.
no1mail.com.            53804   IN      A       211.234.93.135

;; AUTHORITY SECTION:
no1mail.com.            133193  IN      NS      domain.joayo.net.

;; ADDITIONAL SECTION:
domain.joayo.net.       106760  IN      A       211.234.93.136

Received 105 bytes from 168.126.63.1#53 in 13 ms
[mandoli@localhost ~]$
```

도메인의 네임서버를 알고자 하는 경우에는 -t querytype 옵션을 사용합니다.

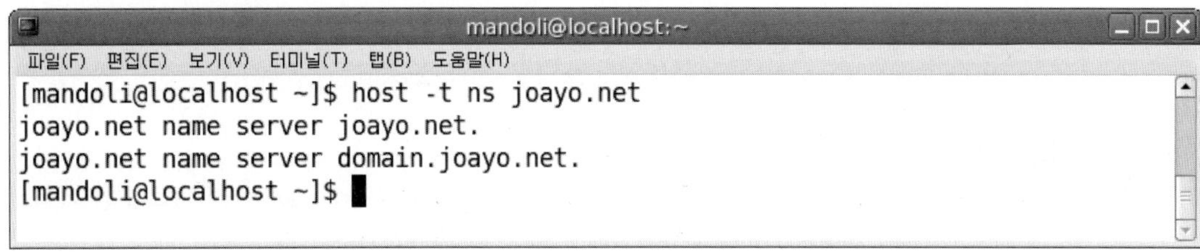

그외 host 명령의 옵션들에 대한 자세한 것은 man을 이용하여 참고합니다.

9.2 Bind syslog 메시지 분석을 통한 오류 체크

/var/log/messages 파일에 네임서버 데몬과 관련된 모든 로그 메시지들을 저장하게 되므로 이 파일을 편집하여 bind 시그널 메시지들을 분석할 수 있습니다. bind 시그널 메시지 가운데 가장 흔히 발생되는 메시지들에 대해서 살펴봅니다.

[참고] /var/log/messages

/var/log/messages는 syslogd 데몬이 실행될 때 자동으로 생성되는 파일이므로, messages 파일 크기가 커서 내용을 볼 수 없을 때는 이 파일을 삭제한 후에 syslogd 데몬을 재실행하여 새로운 messages 파일을 만들어 분석하고자 하는 시그널 메시지들이 저장될 수 있도록 관련된 데몬을 재실행해 주면 됩니다.

```
# mv /var/log/messages /var/log/messages.old
# ps ax | grep syslogd
 648 ?      Ss     0:00  syslogd -m 0
6103 pts/1  S+     0:00  grep syslogd
# kill -1 648
# ls -l /var/log/messages
-rw-------  1   root    root        46  10월 26일 01:35 /var/log/messages
# /etc/init.d/named restart
```

오류 1

```
Dec 21 14:25:57 ns named[13183]: joayo.zone: WARNING SOA expire value is less than 7
days (172800)
```

대책

SOA 레코드 가운데 expire 시간을 기본 값 7일(604800)보다 적게 지정했을 때 나오는 메시지입니다. 일반적으로 expire 값은 1주 내지 2주 정도로 설정합니다.

오류 2

```
Dec  21  14:26:08  ns  named[12184]:  lame  server  on  'search.simmani.com'  (In
'simmani.com'?): [192.168.104.1].53 'NS.simmani.com'
```

대 책

Lame delegation에 대한 것으로, Lame delegation이란 자신의 도메인 관장을 다른 네임서버로 위임을 해 주는 것을 Delegation이라 하며, 도메인 위임 과정에서 제1차 네임서버와 제2차 네임서버에 대한 신뢰성 (Authority)이 설정되어 있지 않은 경우를 Lame delegation이라 합니다. 상기 메시지의 경우 simmani.com 도메인이 ns.sansam.com 네임서버로 위임되어 있으나, 네임서버가 제1차, 제2차 구분이 안되어 발생되는 문제입니다. 따라서 이러한 경우에는 Prmary, Secondary NS를 정확히 구분해 주어야 합니다.

오류 3

```
Dec 21 15:23:25 ns named[13184]: ns_forw: query(mail.linuxpia.co.kr) contains our
address (ns.joayo.net:211.41.76.1)
```

대 책

상기 메시지는 앞서 살펴 본 lame delegation의 문제로 linuxpia.co.kr이 위임된 네임서버는 ns.joayo.net 이라는 것을 알려 주는 메시지입니다. 이러한 경우 네임 스페이스상에 링크가 비정상적으로 이루어진 것이므로 /etc /named.conf에서 type을 정확히 지정해야 합니다.

오류 4

```
Dec 22 17:11:20 ns named[13184]: Err/To getting serial number [ns2.joayo.net]
```

대 책

제2차 네임서버에서 제1차 네임서버의 존 파일을 가져오고자 할 때 SOA 레코드의 serial이 제1차가 제2 차보다 낮아서 가져올 수 없는 경우입니다. 따라서 이러한 경우에는 제1차 네임서버의 시리얼 번호를 제2차 값보다 항상 높게 설정해 주어야 합니다.

오류 5

```
Dec  22  18:12:30  ns  named[13823]:  "dumping  master  file:  s1/tmp-xxx34asA:open:
permission denied"
```

대 책

/var/named의 소유권을 확인합니다. 이 디렉토리의 소유권이 다른 계정으로 설정되어 있다면 퍼미션 거부로 존 파일을 저장할 수 없어서 오류가 발생되기 때문입니다. 이 디렉토리의 소유권은 named로 설 정되어 있어야 합니다.

Chapter 04. 웹 서버 구축

이 장에서는 아파치 웹 서버 프로그램을 이용하여 웹 서버를 구축하는 방법을 알아봅니다. 웹 서버를 운영하기 위한 APM(Apache, PHP, MySQL)를 손쉽게 설치하는 방법과 설정하는 방법을 알아보고, 유동 아이피를 제공하는 초고속 인터넷 전용선을 가지고 웹서버를 구축하는 방법을 알아봅니다. 또한 실제로 홈페이지를 바로 운영할 수 있는 제로보드 XE 게시판과 위키 프로그램인 미디어 위키를 설치하는 방법도 살펴봅니다.

학습 주제

▶ 아파치 웹 작동 과정
▶ APM 설치
▶ 제로보드를 이용한 웹 사이트 운영
▶ 아파치 설정
▶ 가상 호스트 설정
▶ 웹 사용자 인증

1. 아파치 정보 구하기

새로운 버전의 아파치와 정보는 다음 사이트에서 구할 수 있습니다.

사이트 정보	Apache Download Mirrors in Korea
http://www.apache.org http://www.apache.or.kr	http://ftp.apache-kr.org http://mirror.apache.or.kr ftp://byungsoo.net/pub/apache/

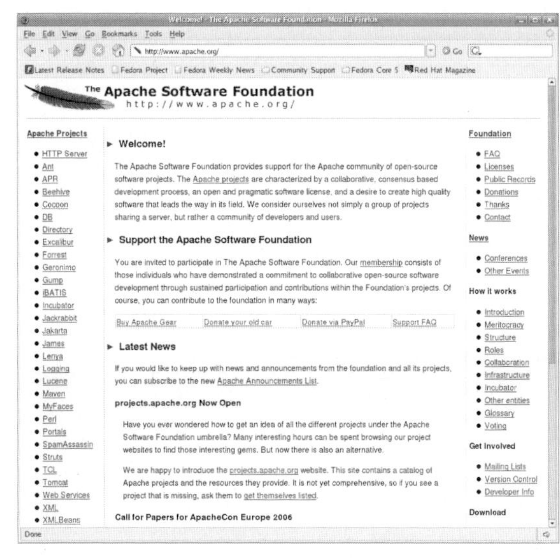

〈Apache 공식 사이트〉

〈Apache 한국 공식 사이트〉

2. 웹 서버 작동 과정

웹 서버를 구축하기 앞서 웹 서버가 동작되는 과정을 간략하게 이해하고 넘어가도록 합니다.

아파치 웹 서버는 HTTP 프로토콜 기반으로 서비스가 이뤄지며, 웹 서비스는 80번 포트를 이용하여 제공됩니다. 그러면 클라이언트의 웹 브라우저에서 redfox.joayo.net 주소를 입력하였을 때 어떠한 과정으로 웹 서버의 웹 페이지가 전달되는지를 알아봅니다.

클라이언트가 redfox.joayo.net 서버에게 HTTP 서비스를 요청하게 되면, 먼저 네임서버에 의해서 redfox.joayo.net 도메인의 주소가 192.168.0.6 아이피로 변환되어 192.168.0.6 서버에 연결됩니다. 서버는 데몬을 독립모드(standalone)로 띄어 놓고 클라이언트의 http 요청이 들어오면 자식 프로세스가 동작하여 80번 포트를 통해서 이에 대한 응답을 보내주게 됩니다. 이 때 서버에서는 index.html 또는 index.php 파일을 클라이언트에게 전달해 주며, 이러한 파일이 존재하지 않을 때는 웹브라우저에서는 페이지를 찾을 수 없다는 메시지를 뿌려줍니다. index.html 또는 index.php 파일을 웹 시작 문서라고 하며, 아파치 서버의 설정 파일(httpd.conf)에서 DocumentRoot로 명시된 경로에 위치합니다. 기본 디렉토리는 /usr/local/apache/htdocs 또는 /var/www/html로 가지며, 웹 호스팅 업체의 계정을 사용한다면 사용자 계정의 홈 디렉토리 아래 public_html 디렉토리가 됩니다. (이것은 앞으로 살펴보게 될 UserDir 지시어에 의해서 지정되는 경로에 따라서 달라집니다.)

3. APM(Apache+PHP+MySQL) 설치

이 절에서는 웹 서버 프로그램인 아파치(apache)와 웹 스크립트 언어인 php 그리고 데이터베이스인 MySQL를 설치하는 방법을 알아봅니다. 아파치, PHP, MySQL 약자를 따서 APM라 부르는데, 어느 곳에서는 LAMP(Linux AMP)라고도 부릅니다.

3.1 아파치 웹 서버 패키지 설치

yum 패키지 설치 도구를 이용하여 apache RPM패키지를 설치합니다.

```
# yum install -y httpd httpd-tools
```

3.2 PHP 설치

```
# yum install -y php php-common php-mbstring php-cli php-mysql php-gd
```

3.3 MySQL 설치

```
# yum install mysql mysql-libs mysql-server
```

4. 아파치 웹 서버 운영

아파치 웹서버를 통해서 웹 사이트를 운영하기 위해서는 도메인과 아이피 주소가 필요합니다. 이 절에서는 여러분이 많이 사용하고 초고속 인터넷 전용선을 이용하여 웹 서버를 구축하는 방법에 대해서 알아보도록 하겠습니다. 서버를 운영하기 위해선 고정 아이피를 가지고 있어야 하지만, 광랜이나, xDSL이나 케이블 인터넷 전용선은 유동 아이피를 할당해 주기 때문에 서버 운영하는데 제약이 있습니다. 이 절에서는 유동 아이피에 대해서 무료 도메인을 등록해 주는 곳으로부터 도메인을 등록하여 웹 서버를 운영하는 방법을 살펴보겠습니다.

4.1 DDNS(Dynamic DNS)로부터 도메인 얻기

유동 아이피는 시스템이 재시작될 때마다 매번 바뀌게 되어 클라이언트들이 변경된 아이피 주소를 알 수 없기 때문에 서버 운영이 불가능합니다. 그러나 유동 아이피에 대해서 도메인을 할당해 주는 dnip.net 이나 dns2go 사이트에 도메인을 등록하게 되면 아이피가 자주 변경되더라도 동일한 도메인으로 서버를 운영할 수 있는데, 이는 dnip.net과 같은 사이트에서는 아이피 주소가 변경되면 자동으로 도메인에 맵핑되는 아이피 주소를 변경해 줍니다. 이러한 서비스를 Dynamic DNS(DDNS)이라고 합니다. DDNS 서비스를 해 주는 곳은 dnip.net이나 dns2go 사이트 말고도 여러 곳이 있으며, 국내에서는 www.codns.com, ddns.co.kr 등의 사이트가 있습니다. 그러면 dnip.net 사이트로부터 무료 도메인을 등록 받아 웹 서버를 구축해 보도록 합니다.

4.1.1 dnip.net 사이트로부터 도메인 등록하기

Step1 http://dnip.net 사이트에 접속하여 [Signup] 메뉴를 클릭합니다.

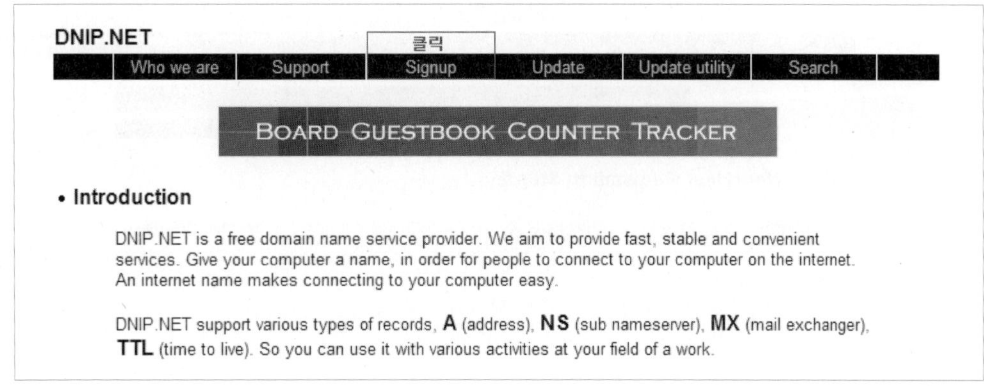

Step2 페이지 하단에 있는 [동의] 버튼을 클릭합니다.

> If the user use this service for immoral or illegal area, the user is sole responsible for that, and in this case the user grants DNIP.NET the rights to terminate the user's account and rights to use this service without any notice. Also DNIP.NET have the right to withdraw any user's domain, because of appropriate reasons.
>
> DNIP.NET reserves the right to modify or discontinue this service with or without any notice to the user. Also DNIP.NET shall not be liable to the user should DNIP.NET exercise its right to modify or discontinue this service.
>
> DNIP.NET will not disclose the user's private informations unless required to do so by law or other rules that accordance with it.
>
> If you agree all of the terms above, click the 'I agree' button below and continue the process to the next step.
>
> Disagree   I agree   클릭

Step3 [UserID/Hostname]에 등록하고자 하는 호스트명을 입력하고, [IP Address]에 웹 서버의 아이피 주소를 입력하고 그 외 다른 정보를 입력한 후 [Register] 버튼을 클릭합니다.

- **DNIP New User Registation**

* is required.

Step4 등록한 이메일 주소로 인증 메일이 전송되었다는 메시지를 보여줍니다.

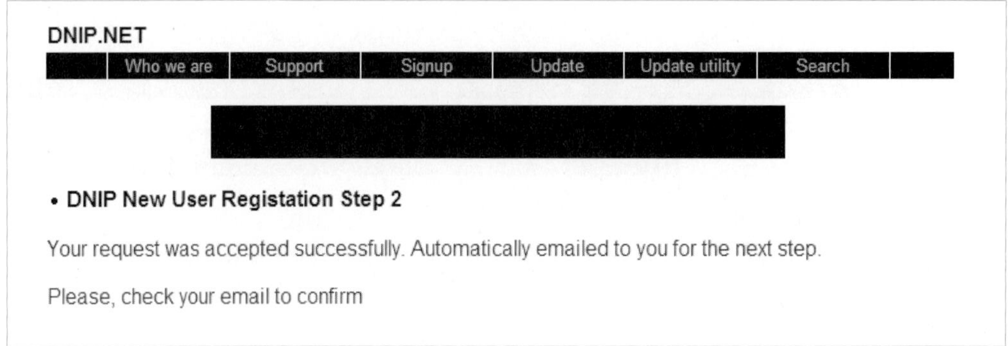

Step5

dnip.net로부터 온 메일을 확인하여 URL 부분을 복사하여 웹브라우저에 붙여넣기하여 접속합니다.

Hello , This is DNIP register manager

Your request has been accepted succesfully. But, it's not the end of registration process.
Please, follow the next step to complete your registration.

1, First of all, you must do activate your account to confirm your registration. To activate your account, just visit
`http://www.dnip.net/register.cgi?id=no1linuxos&code=xxxxxxxxxx&step=3`
└─이 부분을 복사하여 웹브라우저에 붙여넣기하여 접속합니다.
2, If you would got the message "Your account "no1linuxos" successfully actived" and "Define Password" on the webpage.

3, If everything is fine, your registration process is completed. If not, try again carefully from the first step.

Free Dynamic Domain Name Service http://www.dnip.net

Powered by HolyNet

Step6

열쇠글을 지정하고, [register] 버튼을 클릭합니다.

DNIP.NET

| | Who we are | Support | Signup | Update | Update utility | Search | |

- **DNIP New User Registation Step 3**

Please set the password of your account.

Domain "no1linuxos.dnip.net".

Password * ●●●●●●
Password Comfirm* ●●●●●●

Register   Reset

Step7

도메인 등록이 완료됩니다.

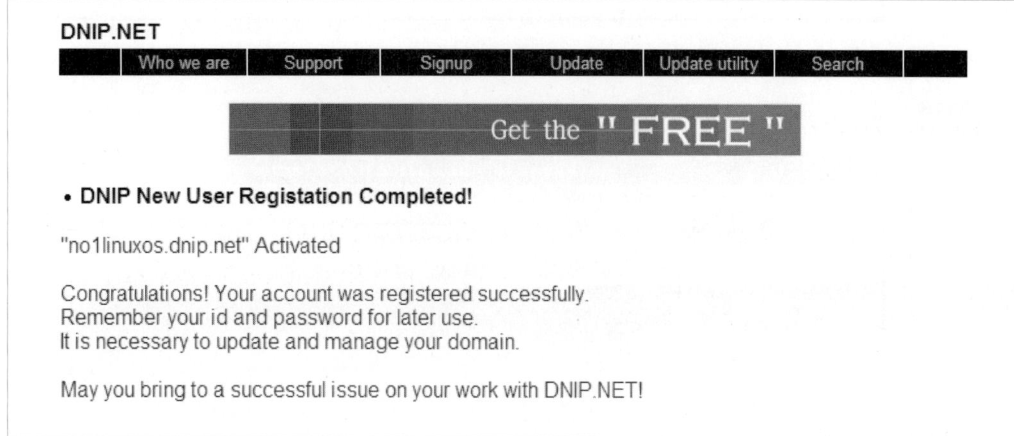

Step8 아이피가 변동될 때마다 [Update] 메뉴를 클릭하여 새로운 아이피로 변경 신청거나 [Update utility] 메뉴를 클릭하여 업데이트 유틸리티를 다운로드하여 이것으로 아이피를 변경하면 됩니다.

4.1.2 웹 서버 설정

dnip.net에서 등록한 도메인은 시간이 어느 정도 지나야 정상적으로 동작하기 때문에 다소 기다려야 하는 점이 불편할 것입니다. dnip.net 도메인이 정상적으로 동작한다는 가정하에서 이 도메인으로 웹 서버를 설정하고 운영하는 과정을 알아봅니다.

Step1 /etc/httpd./conf/httpd.conf 파일을 편집기로 열어 264줄에 있는 설정 앞에 있는 주석을 제거하고 여러분의 도메인으로 다음과 같이 수정합니다.

```
ServerName no1linuxos.dnip.net:80
```

Step2 390줄 설정을 다음과 같이 수정합니다.

```
DirectoryIndex index.html index.php
```

Step3 맨 마지막 줄에 다음 내용을 추가합니다.

```
AddType application/x-httpd-php .php
```

Step4 /etc/init.d/httpd 스크립트를 이용하여 아파치 데몬을 재실행합니다.

Step5 웹브라우저의 주소창에 'http://도메인'을 입력하여 접속합니다.

Step6 Fedora Test Page라는 페이지가 열립니다. 이것은 웹 서버가 정상적으로 동작하고 있음을 의미합니다.

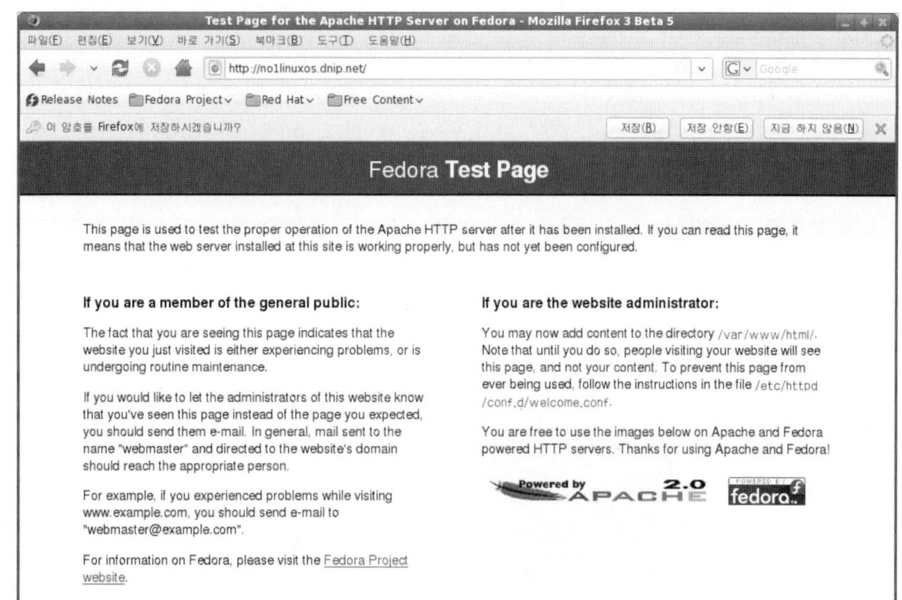

Step7 /var/www/html 디렉토리에 다음과 같이 index.php 파일을 생성합니다.

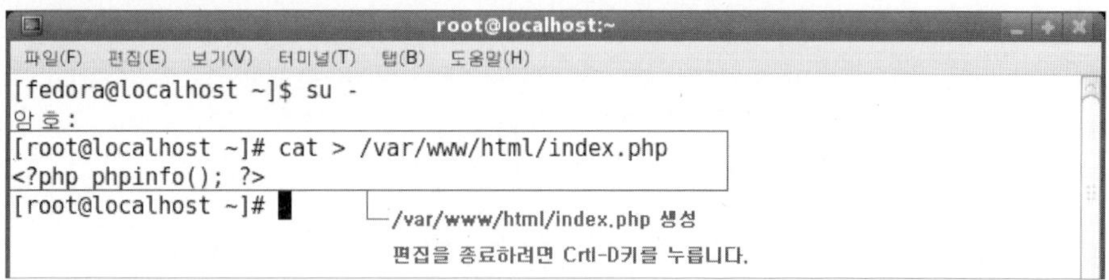

Step8 다시 'http://도메인' 주소로 접속합니다. 그러면 PHP정보가 있는 페이지가 열립니다. 이것은 PHP가 정상적으로 동작하고 있음을 의미합니다.

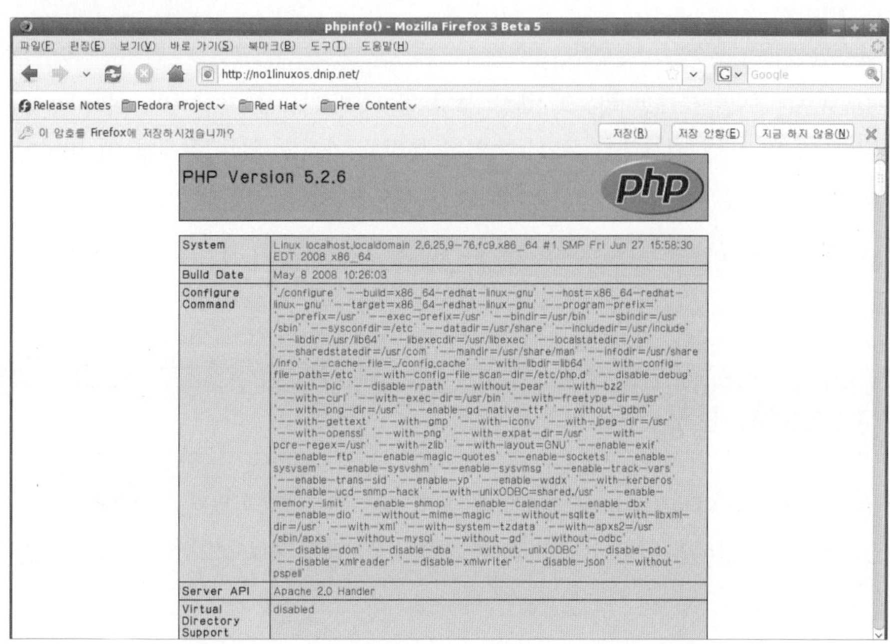

4.1.3 제로보드 XE 설치

웹 서버가 정상적으로 동작하는 것을 확인하였으므로, 이제는 제로보드 XE를 설치하여 제로보드XE를 이용하여 필자가 운영하는 http://no1linux.org와 같은 형태로 간단한 홈페이지를 구축하여 운영하는 방법을 알아보겠습니다.

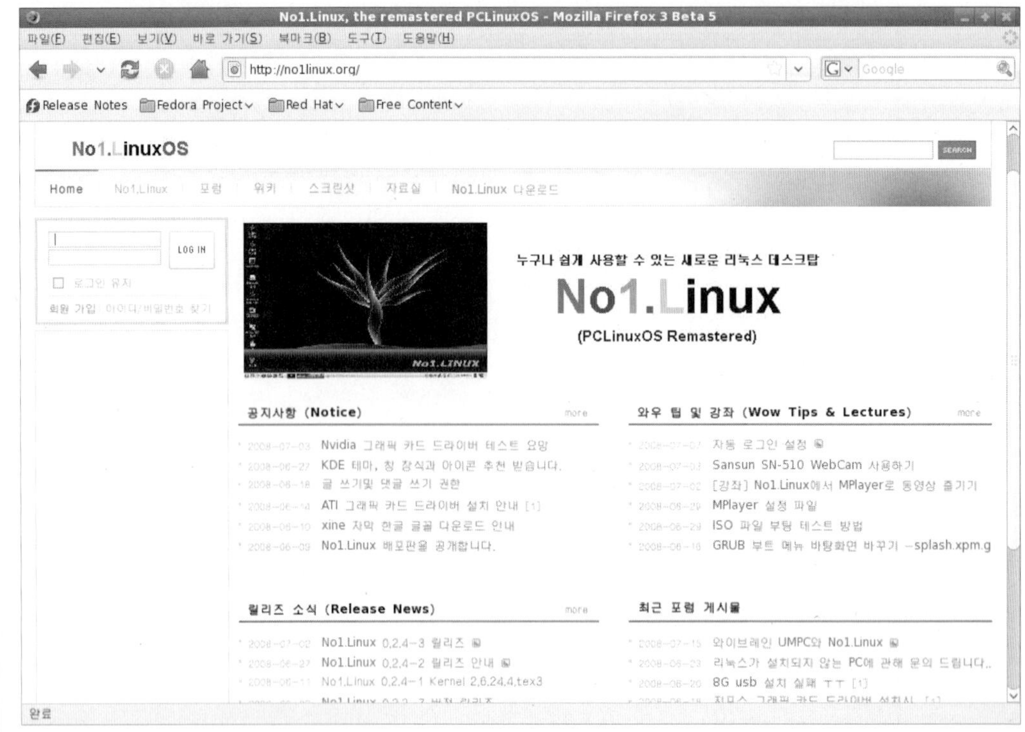

5. 제로보드XE

제로보드는 회원 로그인 기능과 웹상 설치 및 관리 기능을 지원하며, 여러 가지 예쁘고 멋진 스킨들을 지원하여 멋진 웹 게시판을 꾸밀 수 있는 특징을 가지고 있는 공개형 웹 비비에스 게시판으로 PHP와 MySQL를 지원합니다. 제로보드XE에 대한 정보는 다음 사이트를 참고합니다.

```
http://www.zeroboard.com
```

5.1 MySQL 설정

MySQL는 PHP와 MySQL과 연동하여 동작하는 프로그램이므로, MySQL에서 제로보드XE를 위한 계정과 DB를 생성해야 합니다. 그러면 다음 과정을 따라 제로보드XE 계정과 DB를 생성합니다.

Step1 /etc/init.d/mysqld restart 명령으로 MySQL 데몬을 띄웁니다.

```
# /etc/init.d/mysqld restart
```

Step2 mysql mysql 명령으로 MySQL에 접속합니다.

```
# mysql mysql
```

Step3 update 명령으로 MySQL 루트의 열쇠글을 지정합니다.

```
사용법) update user set password=password('열쇠글') where user='root';
사용법) flush privileges;
```

Step4 create 명령으로 데이터베이스를 생성합니다. (DB명: zero)

```
사용법) create database 디비명;
```

Step5 사용자 계정을 생성합니다. (계정명: fedora 열쇠글: sksmschlrh)

```
사용법) insert into user (host,user.password) values (엔터키)
      -> ('localhost','lipheng',password('열쇠글')); (엔터키)
```

Step6 생성한 데이터베이스를 등록합니다.

```
사용법) insert into db values (엔터키)
       ->('%','디비명','계정','Y','Y','Y','Y','Y','Y','Y','Y','Y','Y','Y','Y','Y','Y','Y','Y');
```

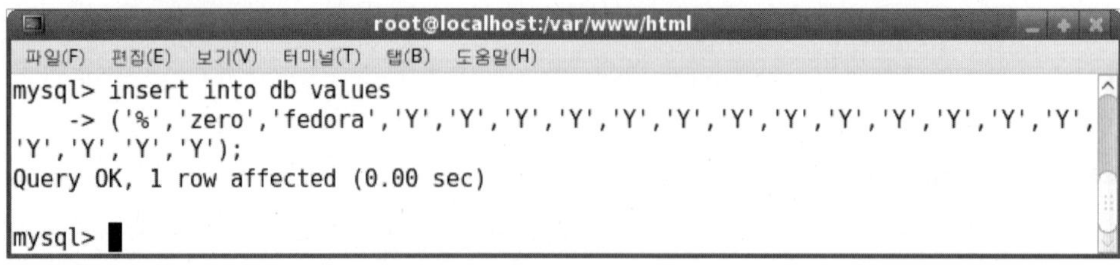

Y는 17개이므로 Y 갯수를 주의해서 입력합니다.

Step7 exit를 입력하여 MySQL DB 접속을 종료한 후 mysqladmin –p reload 명령을 실행하고, 열쇠글은 mysql db root의 열쇠글을 입력합니다.

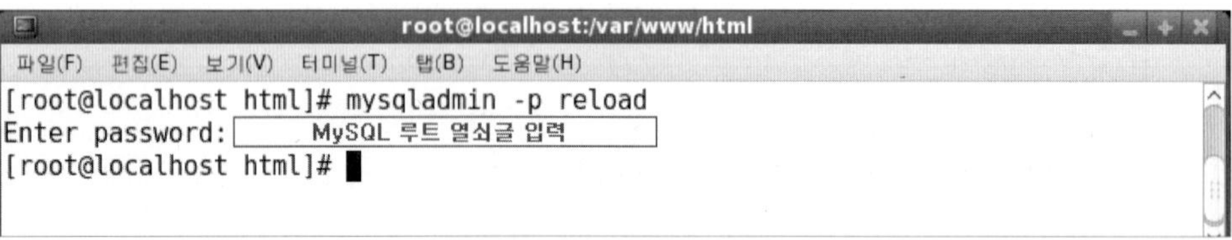

5.2 제로보드XE 설치

Step1 다음 사이트에서 제로보드XE를 다운로드합니다.

```
http://www.zeroboard.com/zbxe_download/17059749
```

Step2 다운로드한 제로보드XE의 압축을 /var/www/html로 풉니다.

```
# tar xvfz zbxe.1.0.5.tgz -C /var/www/html
```

Step3 /var/www/html 디렉토리의 퍼미션을 다음과 같이 변경합니다.

```
# chmod 070 /var/www/html/zbxe
```

Step4 http://localhost/zbxe 또는 http://도메인명/zbxe로 접속합니다.

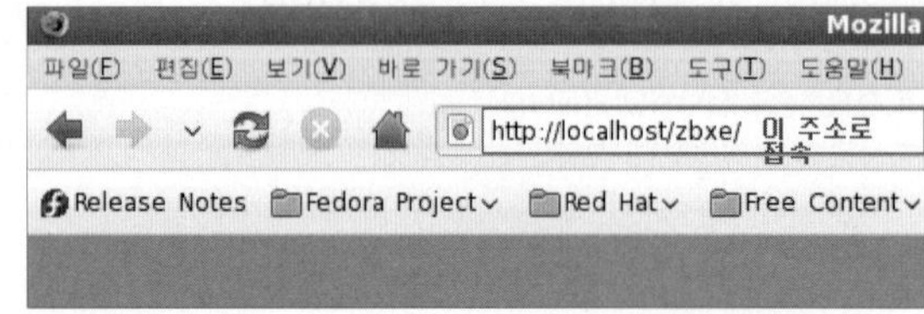

Step5 [라이센스에 동의합니다.] 버튼을 클릭합니다.

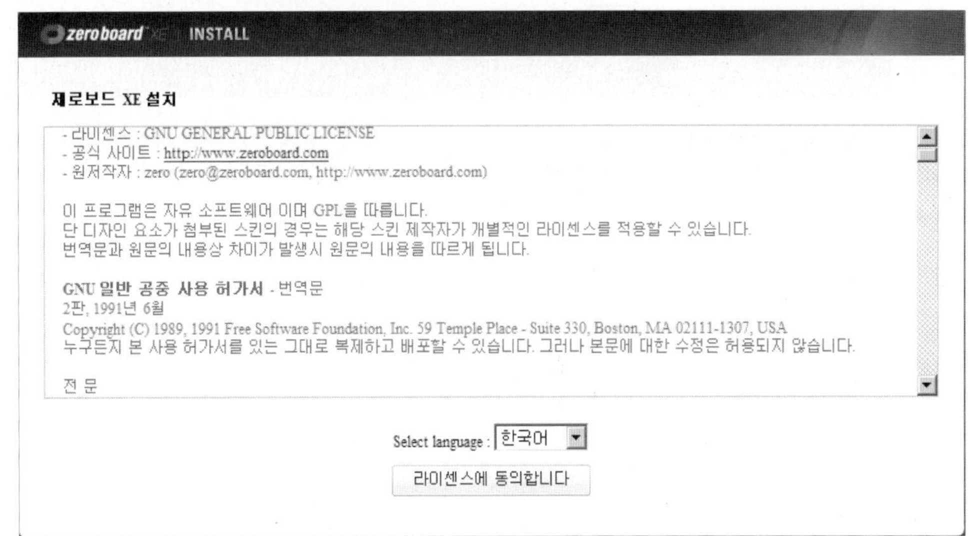

Step6 [설치를 진행합니다.] 버튼을 클릭합니다.

Step7 MySQL DB를 선택하여 [설치를 진행합니다]를 클릭합니다.

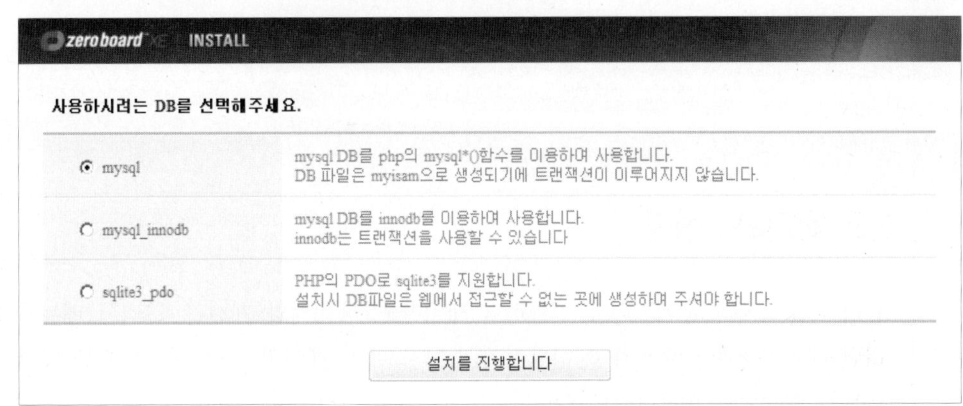

Step8 앞서 생성해 놓았던 MySQL DB아이디와 열쇠글, 데이터베이스명을 입력하고, 관리자 정보를 입력한 후 [등록] 버튼을 클릭합니다.

환경설정에서 [rewrite mod] 사용 옵션을 해제합니다.

Step9 설치 완료 확인 버튼을 클릭하여 설치를 완료합니다.

Step10 관리자 아이디로 로그인을 합니다.

5.3 제로보드 설정

관리자 모드에서 홈페이지를 만들려면 레이아웃, 페이지와 게시판, 그리고 메뉴를 생성해야 합니다. 그러면 레이아웃과 페이지를 생성하여 홈페이지 메인 페이지를 꾸미는 방법을 알아보고, 자세한 것은 제로보드 매뉴얼을 참고하기로 합니다.

5.3.5 웹 메인 페이지의 레이아웃 꾸미기

Step1 'http://도메인주소/zbxe' 또는 'http://localhost/zbxe'로 접속합니다.

Step2 페이지에 메뉴가 없는데, 메뉴를 추가하기 위해서 왼쪽 로그인 정보에서 [레이아웃 설정]을 클릭합니다.

Step3 [상단 메뉴]를 앞서 생성해 놓았던 메뉴인 fedora로 선택합니다.

Step4 [저장] 버튼을 클릭하면 레이아웃 상단에 메뉴가 추가됩니다.

Step5 페이지 오른쪽에 있는 [설정] 버튼을 클릭합니다.

Step6 페이지 관리 설정 하단에 있는 [페이지 수정]을 클릭합니다.

Step7 내림펼침 버튼을 클릭하여 [최근 문서 출력] 선택하여 [추가] 버튼을 클릭합니다.

Step8 최근 문서 출력을 위한 코드를 생성합니다.

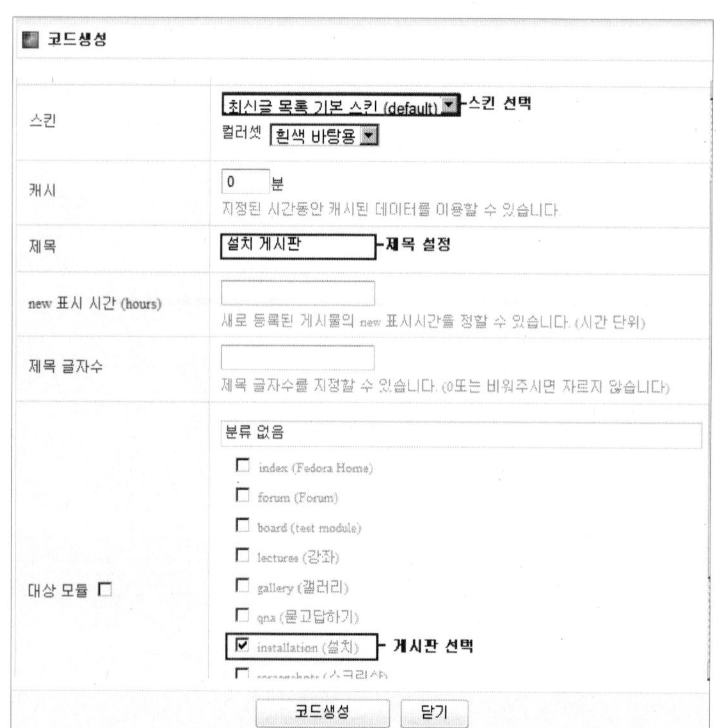

Step9 최근 문서 출력 위젯이 추가됩니다. 추가된 위젯 오른쪽 상단에 있는 아이콘 가운데 아래 화살표로 된 것을 클릭하여 편집합니다.

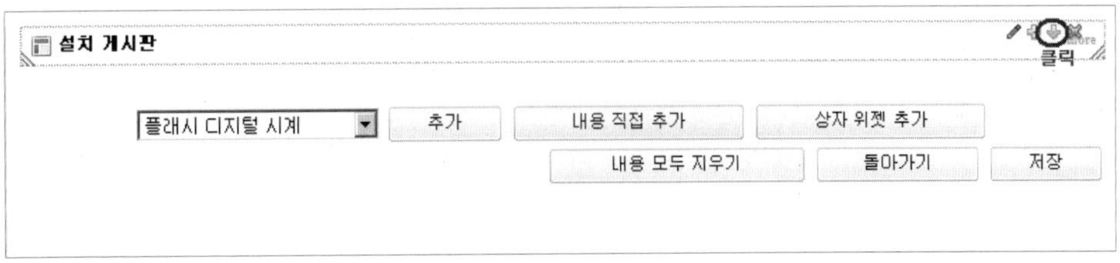

Step10 위젯 정렬은 왼쪽으로 설정하고, 위젯 크기는 45%로 설정합니다. 그리고 외부 여백은 그대로 두거나 아래 여백을 5픽셀로 설정하고 [저장]을 클릭합니다.

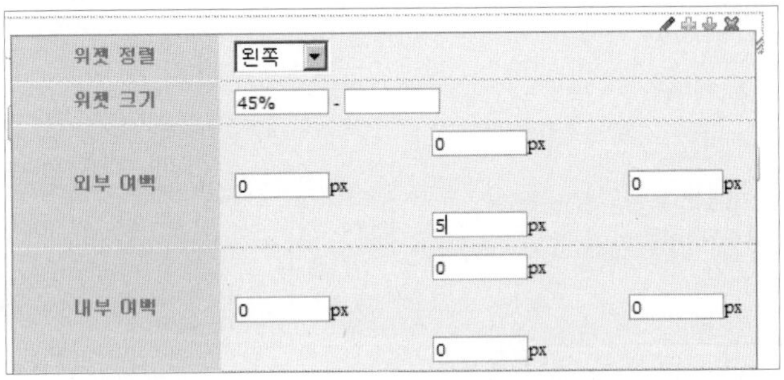

Step11 설치 게시판 위젯이 수정되었습니다.

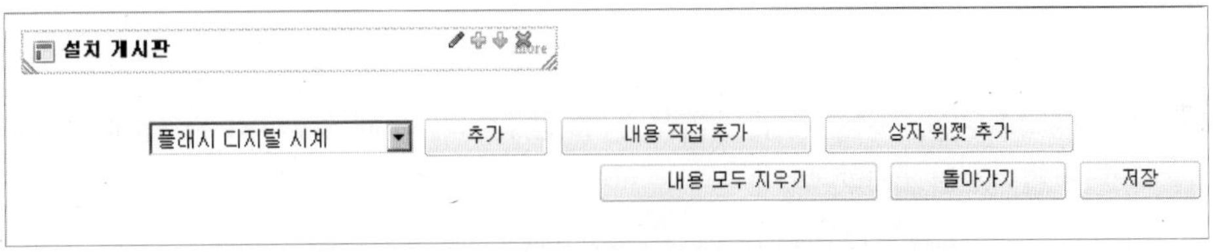

Step12 위젯 아이콘 가운데 [+] 아이콘을 클릭하면 새로운 위젯이 추가됩니다.

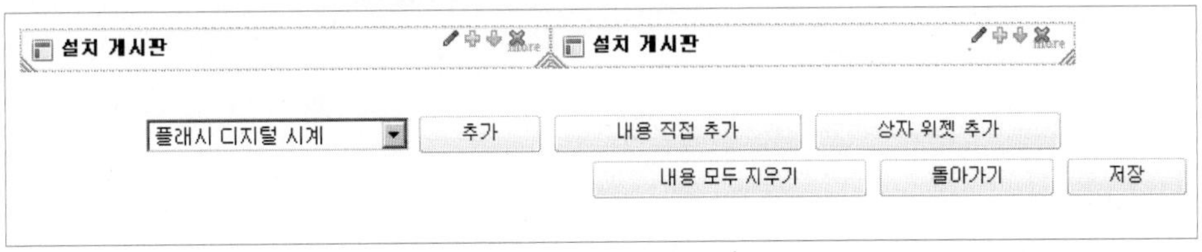

Step13 추가된 위젯에서 화살표 아래 방향 아이콘을 클릭하여 외부 여백에서 왼쪽 위젯과 구분되도록 20픽셀로 설정하여 [저장] 버튼을 클릭합니다.

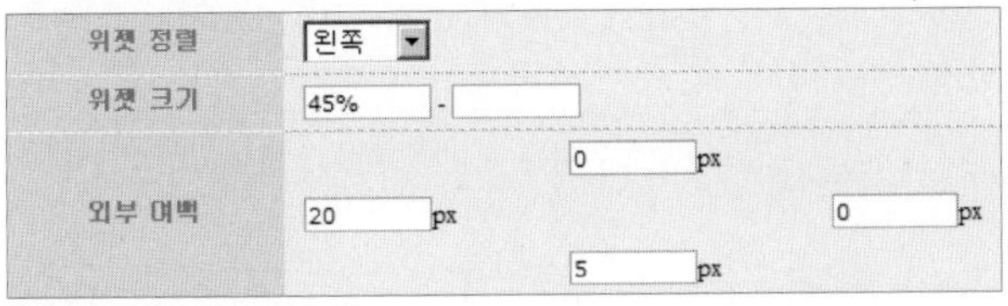

Step14 추가된 위젯에서 연필 아이콘을 클릭하여 위젯 제목을 [묻고답하기 게시판]으로 수정하고, 대상 모듈을 [qna 묻고 답하기]로 변경합니다.

Step15 같은 방식으로 강좌, 자료실 게시판 위젯을 추가하면 됩니다. 이 때 외부 여백 위치를 설정합니다. 위젯 추가로 완료되었으면 [저장] 버튼을 클릭합니다.

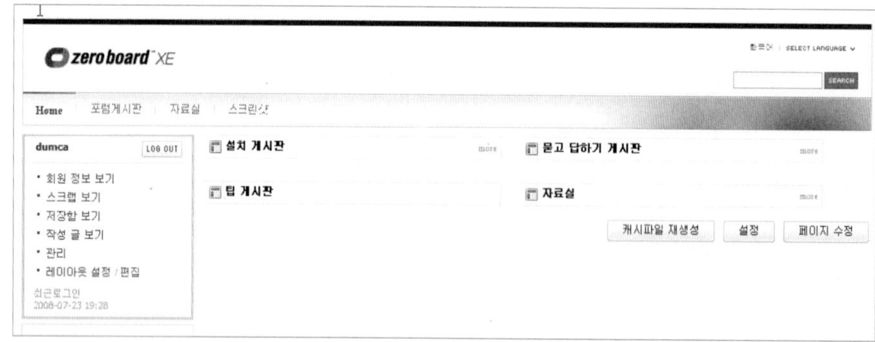

Step17 이제, 홈페이지를 운영할 준비가 되었습니다. [포럼 게시판] 메뉴를 클릭하여 각 게시판에 글을 올려 다음과 같이 메인 페이지가 꾸며지는지 확인해 보세요. 그 외 자세한 설정과 꾸미기는 제로보드 매뉴얼을 참고하기 바랍니다.

6. 아파치 설정 파일(/etc/httpd/conf/httpd.conf) 설정

이제까지 아파치와 제로보드 XE로 웹 서버를 운영하는 방법에 대해서 알아보았습니다. 이번에는 까다롭고 재미없는 설정 파일을 설정하는 것에 대해서 알아보겠습니다. 아파치 설정 파일에는 수많은 지시어를 포함하고 있는데, 이 가운데에서 여러분이 꼭 이해해야 할 지시어와 중요한 지시어 몇 가지에 대해서만 알아보겠습니다. 그 외 자세한 지시어의 쓰임에 대해서는 다음 사이트를 참고하기 바랍니다.

```
http://httpd.apache.org/docs/2.2/
```

6.1 전역 설정 (Global Environment)

▶ 서버 루트 디렉토리(ServerRoot)

```
ServerRoot "/etc/httpd"
```

ServerRoot는 웹 서버 설정 파일, 로그 파일, 바이너리 파일, 모듈들이 존재하는 디렉토리 위치를 지정하는 지시어입니다. 여기서 주의할 점은 디렉토리를 지정할 때 디렉토리 마지막에 슬래시(/)를 붙여서는 절대 안 된다는 점입니다. 이 지시어를 설정하지 않고서도 아파치 데몬을 실행할 때 -d 옵션으로 서버 루트 디렉토리를 지정해 줄 수 있습니다.

▶ 타임아웃(Timeout)

```
Timeout         300
```

클라이언트가 접속한 후 GET 요청을 받을 때까지 기다리는 시간으로 이 시간을 초과하게 되면 클라이언트 접속을 끊어 버립니다. 설정 시간 단위는 초(sec)로 기본값은 300초(5분)로 설정되어 있는데, 이 값을 60초(1분)로 설정하는 것이 좋습니다.

▶ 지속적인 접속 허용(KeepAlive)

```
KeepAlive On
```

지속적인 접속 즉 한번 연결에 대하여 한번 이상의 요청을 허용할 것인가 아닌가 여부를 결정합니다. 연결이 되어 있는 상태에서 여러 개의 요청을 한 번에 받아 처리하게 되면 속도가 향상되기 때문에 이 설정 값은 On으로 설정하는 것이 좋습니다.

▶ 최대 접속 허용 회수(MaxKeepAliveRequests)

```
MaxKeepAliveRequests 100
```

지속적인 접속 동안에 허용할 최대 요청 회수를 지정합니다. "0"으로 이 값을 설정하면 제한을 두지 않지만 많은 사용으로 서버에 무리를 줄 수 있습니다. 최대의 성능을 위하여 이 값을 높게 설정하는 것이 좋습니다.

▶ 다음 요청에 대한 대기 시간(KeepAliveTimeout)

```
KeepAliveTimeout 15
```

똑같은 클라이언트가 같은 접속 방법(지속적인 접속)으로 다음 요청을 했을 때 기다리는 시간을 설정합니다. 15초 동안 다음 요청을 클라이언트가 서버에 전달하지 않으면 접속이 끊어지게 됩니다.

▶ 서버 프로세스 수(Server-pool Size)

MPM(Multi_Processing Modules)에 관한 설정입니다.

① perfork MPM

```
#prefork MPM
<IfModule prefork.c>
        StartServers          5
        MinSpareServers       5
        MaxSpareServers       10
        MaxClients            150
        MaxRequestPerChild    0
<IfModule>
```

perfork MPM는 응답 프로세스를 미리 띄어 놓고, 클라이언트의 요청이 있을 때 자식 프로세스가 반응할 수 있도록 설정하는 방식입니다.

- StartServers : 몇 개의 자식 프로세스를 미리 띄어 놓을 것인가를 설정합니다.

- MinSpareServers, MaxSpareServers : 아파치 서버는 얼마나 많은 프로스세들이 요청을 기다리고 있는지를 주기적으로 점검하는데, 이 때 MinSpareServers 값보다 작으면 프로세스를 이 값으로 설정한 만큼 다시 만들어내고, MaxSpareSevers보다 많아지게 되면 이 값으로 설정된 값 이상의 프로세스 가운데 일부 프로세스를 종료시키게 됩니다.

- MaxClients : 클라이언트들이 동시에 최대로 접속했을 때 실행 가능한 최대 프로세스의 수를 지정합니다.

- MaxRequestsPerChild : 자식 프로세스가 죽기 전에 처리할 수 있는 요청 개수를 지정합니다.

② worker MPM

```
# worker MPM
 <IfModule worker.c>
      StartServers               2
      MaxClients                 150
      MinSpareThreads            25
      MaxSpareThreads            75
      ThreadsPerChild            25
      MaxRequestsPerChild        0
 </IfModule>
```

Worker MPM는 프로세스 기반의 서버인 prefork MPM와 스레드로 클라이언트 요청에 응답하는 혼합된 멀티 스레드(Hybrid Multi-Processing Multi-thread) 서버입니다. 지정된 만큼의 프로세스와 각 프로세스마다 스레드를 준비하여 많은 클라이언트의 요청을 받아들일 수 있게 하여 prefork MPM에 비해 시스템 자원을 덜 소모시킵니다.

- StarSevers : 처음에 실행될 프로세스의 개수를 설정합니다.

- MinSpareThreads, MaxSpareThreads : Prefork MPM의 MinSpareServers와 MaxSpareServers지시어와 기능과 같이 지시어의 설정된 값만큼 스레드를 생성하거나 죽입니다.

- ThreadsPerChild : 각 자식 프로세스는 이 지시어에 의해서 설정된 값만큼의 고정된 스레드를 생성합니다.

- MaxClients : 최대 동시에 클라이언트가 접속 가능한 스레드 수를 설정합니다. ServerLimit와 ThreadsPerChild를 곱한 값이 MaxClients값과 같거나 커야 합니다.

- ServerLimit : 개시될 프로세스의 최대 개수

▶ 서비스 포트 설정 (Listen)

```
Listen 80
```

Listen 지시어로 아파치 웹서버의 서비스 포트를 설정합니다.

▶ 동적 공유 객체 지원(Dynamic Shared Object, DSO)

```
LoadModule access_module modules/mod_access.so
LoadModule userdir_module modules/mod_userdir.so
LoadModule alias_module modules/mod_alias.so
LoadModule rewrite_module modules/mod_rewrite.so
LoadModule php5_module         modules/libphp5.so
```

PHP나 아파치에서 지원하는 표준 모듈을 DSO 방식으로 적재하여 사용할 때 설정합니다. 특별한 경우가 아니라면 DSO 지시어의 설정은 그대로 둡니다.

▶ 사용자 및 그룹 소유권 설정

```
User daemon
Group daemon
```

웹 서버를 실행할 때 소유권을 갖게 되는 사용자와 그룹명을 지정합니다. 사용자 소유권을 root로 하게 되면 보안상 위험하기 때문에 nobody로 설정합니다. 하지만 일반적으로 apache 계정을 생성하여 이 계정과 그룹으로 지정하여 사용합니다.

6.2 메인 서버 설정 (Main Server Configuration)

▶ 서버 관리자 메일 주소(ServerAdmin)

```
ServerAdmin mandoli@joayo.net
```

웹 서버 시스템에 문제가 발생되었을 때, 시스템 관리자에게 Email을 보낼 수 있도록 시스템 관리자의 Email 주소를 지정합니다.

▶ 서버이름(ServerName)

```
ServerName localhost:80
```

클라이언트에게 여러분의 서버이름을 호스트이름 이외의 다른 이름으로 되돌려 주고자 할 때 설정합니다. 가령 호스트명이 linuxpia.com이라 한다면 클라이언트에게는 www.linuxpia.com이라는 다른 이름을 돌려주고자 할 때 사용됩니다.

▶ 웹문서 루트 디렉토리(DocumentRoot)

```
DocumentRoot "/var/www/html"
```

웹 서비스를 위한 웹 문서들이 있는 디렉토리 위치를 명시합니다. 즉 웹 시작 문서인 index.html 문서

가 위치하는 디렉토리를 말하며, 클라이언트가 "http://서버주소" 로 접속하였을 때 이 때 열리는 웹 시작 문서(index.html)의 위치를 말합니다.

▶ 아파치 접근 디렉토리 기본 유형(Default Directory)

```
<Directory />
    Options FollowSymLinks
    AllowOverride None
</Directory>
```

아파치 서버가 접근하는 각 디렉토리에 어떠한 서비스와 기능들을 허용하고 또는 삭제할 것인가를 설정하는 부분입니다. 최상위 디렉토리(/)는 불필요한 권한을 부여함으로써 발생되는 보안 문제를 막기 위하여 "기본 값"으로 매우 제한적인 상태로 설정합니다.

▶ 웹 문서 디렉토리 설정(/var/www/html)

```
<Directory "/var/www/html">
    Options Indexes FollowSymLinks
    AllowOverride None
    Order allow,deny
    Allow from all
</Direcoty>
```

웹문서 디렉토리에 대한 설정은 〈Directory 경로〉 지시어로 시작하여 〈/Directory〉 지시어로 끝마치고, 그 안에 CGI 또는 SSI 허용 여부를 설정하고, 해당 디렉토리에 대한 접근 방법을 설정합니다.

옵션	설명
None	아무 옵션을 사용하지 않습니다.
All	모든 옵션을 사용합니다.
Indexes	웹사이트를 접속했을 때 index.html이 없는 경우 웹 서버 스스로 그 디렉토리의 파일들을 보여 줄 것인가를 결정. 보안상 사용하지 않는 것이 좋습니다. 웹상에서 FTP 자료 목록을 보여 줄 때 사용할 수 있습니다.
FollowSymLinks	서버가 디렉토리 안의 심볼릭 링크를 따를 것인지를 결정
Includes	서버측의 SSI를 허용할 것인지 결정
ExecCGI	디렉토리 이하에 있는 CGI 스크립트 실행 허가
IncludesNOEXEC	SSI 허용하지만, #exec 명령과 CGI 스크립트 #include 불허
SymLinksIfOwnerMatch	대상 파일 또는 디렉토리가 심볼릭 링크 소유권자와 같은 소유권을 보유할 때 심볼릭 링크를 따르도록 지정
MultiViews	클라이언트 브라우저 능력에 따라 내용을 다르게 보내는 기능

Options은 해당 경로에 대해서 어떤 옵션들을 부여할 것인가를 설정해 주는 것으로 사용할 수 있는 옵션으로는 위의 표와 같습니다. AllowOverride는 웹문서 디렉토리에서 접근 제한 설정 파일인 .htaccess

파일을 작동시킬 것인지 여부를 결정한합니다. None으로 설정하면 .htaccess 파일을 읽지 않게 됩니다. Order는 서버의 접근 정책을 설정하는 것으로 Order allow, deny는 먼저 허용해 주고 나서 거부 순서로 작동하게 끔 합니다. Allow from all은 모든 호스트로부터의 요청을 허가한다는 의미입니다.

▶ 사용자 디렉토리(UserDir)

```
UserDir public_html
```

사용자의 웹 문서 기본 디렉토리를 지정하는 지시어입니다. mandoli라는 계정을 추가하였다면 /home/mandoli 디렉토리가 생성되며 사용자의 웹 서버 디렉토리는 /home/mandoli/public__html이 되고, 이곳에 웹 문서들이 위치하게 됩니다.

▶ 사용자 웹 문서 기본 디렉토리 유형(/*/public_html)

```
<Directory /home/*/public_html>
    AllowOverride FileInfo AuthConfig Limit
    Options MultiViews Indexes SymLinksIfOwnerMatch IncludesNoExec
    <Limit GET POST OPTIONS>
        Order allow,deny
        Allow from all
    </Limit>
    <LimitExcept GET POST OPTIONS>
        Order deny,allow
        Deny from all
    </Limit>
</Directory>
```

계정 사용자의 웹 문서 기본 디렉토리에 대해서 〈directory 경로〉 지시어와 〈/Directory〉 지시어를 사용하여 접근 권한을 설정합니다. 계정 사용자의 웹페이지가 동작하도록 하려면 각 지시어와 옵션 값 앞에 있는 주석(#)를 모두 제거합니다.

▶ 디렉토리 인덱스(DirectoryIndex)

```
DirectoryIndex index.html index.php index.htm
```

이 지시어는 웹 서버에 접속하였을 때 기본적으로 동작할 웹 문서를 지정합니다. 상기 설정은 기본적으로 index.html 문서가 동작하며, 이 문서가 없을 땐 index.php 파일이 동작합니다.

▶ 스크립트 알리어스(ScriptAlias)

```
ScriptAlias /cgi-bin/ "/var/www/cgi-bin/"
<Directory "/var/www/cgi-bin":>
    AllowOverride     None
```

```
    Options          ExecCGI
    Order            allow,deny
    Allow from all
</Directory>
```

ScriptAlias는 알리어스 명령과 같은 기능을 하지만, CGI 스크립트 파일이 있는 경로를 지정해 줄 때 사용하는 지시어입니다. http://joayo.net/cgi-bin/test.cgi로 웹브라우저로 클라이언트가 요청하게 되면 /etc/httpd/cgi-bin/test.cgi 파일이 실행하게 됩니다.

▶ 리다이렉트(Redirect)

```
Redirect permanent /foo http://www.example.com/bar
```

리다이렉트 지시어는 클라어언트가 /foo에 접속하였을 때 http://www.example.com/bar로 연결되도록 해 줍니다.

▶ 웹문서 언어 지정(DefaultLanguage, AddLanguage)

```
DefaultLanguage ko
AddLanguage en .en
AddLanguage ko .ko
```

HTML 문서의 언어를 명시할 수 있도록 설정합니다.

▶ 언어 우선권(LanguagePriority)

```
LanguagePriority ko en
```

내용 협상 과정에서 같은 순위를 가질 때 어떠한 언어에 우선권을 부여할 것인가를 설정합니다. 먼저 지정한 것이 우선권을 갖게 됩니다.

▶ 문자셋 설정(AddDefaultCharset, AddCharset)

```
AddDefaultCharset UTF-8
AddCharset UTF-8      .utf-8
```

문자셋을 설정합니다. 페도라코어에서는 UTF-8 문자셋을 지원하므로, 한글 문자셋을 지원하도록 하려면 상기 같이 설정합니다.

▶ 알리어스 기능(Alias)

```
Alias /icons/ "/var/www/icons"
<Directory "/var/www/icons">
```

```
    Options Indexes Multiviews
    AllowIverride None
    Order allow,deny
    Allow from all
</Directory>
```

알리어스는 웹 문서 루트 디렉토리(DocumentRoot dir)외의 다른 디렉토리에서도 문서를 저장할 수 있도록 해 주는 기능입니다.

7. 가상 호스트 설정 (Virtual Host)

한 대의 웹 서버에서 여러 개의 홈페이지를 운영하는 방법인 가상 호스트 설정을 알아봅니다.

7.1 버추얼 호스팅(Virtual Hosting)

버추얼 호스트 설정은 제일 먼저 ServerName 지시어의 쓰임으로부터 시작되는데, 이 지시어의 값으로 메인 호스트의 도메인명을 명시해 주어야 하고, 이 때 아파치 전역 설정에 있는 ServerName 지시어와 중복되게 설정해서는 안 됩니다. 그 다음에는 NameVirtualHost로 버추얼 호스트로 사용할 아이피 주소를 명시해 준 후에 〈VirtualHost〉와 〈/VirtualHost〉를 통해서 버추얼 호스트에 대한 설정이 이뤄집니다. 여기서 주목해야 할 부분은 메인 호스트에 대해서도 버추얼 호스트로 다시 한 번 설정해 주어야 한다는 것입니다. 그리고 나서 가상 호스트들에 대해서 버추얼 호스트 설정이 따릅니다. 여러분이 네임서버를 운영하고 있다면 단일 아이피를 이용하여 버추얼 호스팅을 설정해 볼 수 있습니다. 또는 앞서 살펴본 대로 http://www.dnip.net으로부터 여러 개의 도메인을 등록 받아서 버추얼 호스팅을 테스트해 볼 수 있습니다.

자, 그러면 예제를 통하여 버추얼 호스트를 설정하는 방법에 대해서 이해해 볼까요?

예제 1

웹 서버의 IP 주소는 192.168.5.135이며, 이 IP 주소에 money.joayo.net, charm.joayo.net, linuxga.joayo.net, mandoli.joayo.net의 도메인이 설정되어 있다. mandoli.joayo.net은 메인 호스트라 하고, 이 때 나머지 3개의 도메인을 버추얼 호스트로 설정한다.

Step1 네임서버에서 이들 도메인에 대해 CNAME이 아닌 A 레코드로 똑같은 아이피 주소를 할당합니다. 물론 A 레코드 대신에 CNAME를 사용할 수도 있습니다.

A 레코드 사용 시				CNAME 레코드 사용 시			
mandoli	IN	A	192.168.5.135	mandoli	IN	A	192.168.5.135
money	IN	A	192.168.5.135	money	IN	CNAME	mandoli
charm	IN	A	192.168.5.135	charm	IN	CNAME	mandoli
linuxga	IN	A	192.168.5.135	linuxga	IN	CNAME	mandoli

Step2 httpd.conf 파일에서 다음과 같이 버추얼 호스트 설정을 합니다.

```
## Section 3: Virtual Hosts
ServerName mandoli.joayo.net:80
NameVirtualHost 192.168.5.135:80

<VirtualHost 192.168.5.135:80>
    ServerName mandoli.joayo.net:80
</VirtualHost>

<VirtualHost 192.168.5.135:80>
    ServerAdmin master@linuxga.joayo.net
    DocumentRoot /home/linuxga/public_html
    ServerName linuxga.joayo.net:80
    ErrorLog logs/linuxga-error.log
    CustomLog logs/linuxga-access_log common
</VirtualHost>

<VirtualHost 192.168.5.135:80>
    ServerAdmin master@charm.joayo.net
    DocumentRoot /home/charm/public_html
    ServerName charm.joayo.net:80
    ErrorLog logs/charm-error.log
    CustomLog logs/charm-access_log common
</VirtualHost>

<VirtualHost 192.168.5.135:80>
    ServerAdmin master@money.joayo.net
    DocumentRoot /home/money/public_html
    ServerName money.joayo.net:80
    ErrorLog logs/money-error.log
    CustomLog logs/money-access_log common
</VirtualHost>
```

단일 IP 주소로 여러 개의 가상 호스트를 설정할 때의 주의할 점은 가상 호스트를 위한 설정일지라도 NameVirtualHost 지시어 다음에 반드시 메인 서버에 대한 버추얼 호스트 지정을 먼저 선언해 주어야 합니다. 만일 메인 서버에 대한 버추얼 호스트 설정을 생략되면 메인 서버의 도메인으로 접속할 때 메인 서버로 접속이 이뤄지지 않고, 버추얼 호스트로 접속이 이뤄지는 문제점이 발생합니다. 예를 들어 메인 서버가 mandoli.joayo.net 주소를 갖는 경우 가상 호스트 설정에서 메인 서버에 대한 버추얼 호스트 설정이 생략된다면 이 주소로 접속하였을 때, mandoli.joayo.net이 아닌 linuxga.joayo.net의 웹 페이지가 열리게 됩니다.

[참고] ServerName 지시자의 중복 주의

VirtualHost 설정 윗줄에 있는 ServerName mandoli.joayo.net는 메인 서버 설정에서 ServerName 지시어를 활성화시켜야 함을 의미합니다. 즉 메인서버 설정에서 ServerName 지시어의 주석이 풀어져 있다면 이를 이중으로 설정할 필요는 없습니다.

그리고 나서 각각의 가상 호스트에 대해서 <VirtualHost>와 </VirtualHost> 지시어로 구분하여 다음 설명하는 부분들을 삽입하여 설정합니다.

- ServerAdmin 뒤에 서버 관리자의 이메일 주소를 설정합니다.

- DocumentRoot의 위치는 상당히 중요합니다. 웹 문서 디렉토리를 잘못 지정해 주면 클라이언트 요청 시에 응답하지 못하기 때문에 정확히 사용자의 계정 디렉토리 위치를 기입합니다.

- ServerName은 가상 호스트의 도메인명을 기입합니다.

- ErrorLog와 CustomLog에는 사용자의 호스트 도메인으로 에러 로그와 액세스 로그 파일을 지정합니다.

`Step3` 버추얼 호스트 테스트

- mandoli.joayo.net 웹 메인 서버 접속

    mandoli.joayo.net 도메인으로 메인 웹서버가 작동할 때의 초기 웹페이지 화면은 다음과 같습니다.

- 각 버추얼 호스트 접속

http://linuxga.joayo.net 가상 호스트 접속 화면

http://charm.joayo.net 가상 호스트 접속 화면

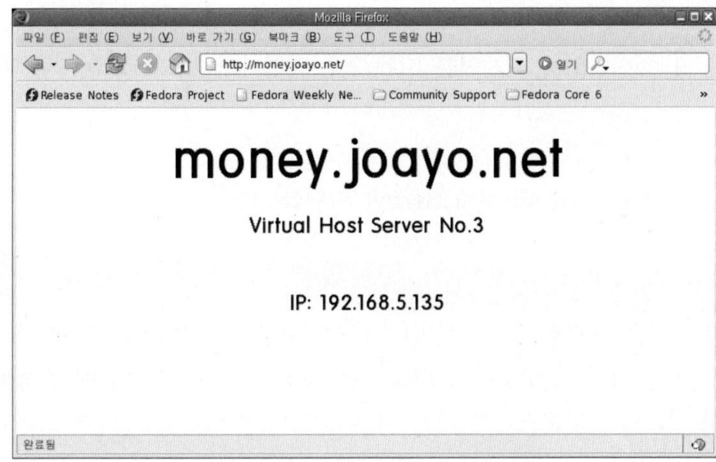

http://money.joayo.net 가상 호스트 접속 화면

8. 사용자 인증(User Authentication)

특정 디렉토리에 클라이언트가 접근할 때 인증을 적용하는 방법에 대해서 알아봅니다.

아파치에서 사용자 인증은 웹 서버 접근에 대한 인증 방법과 어느 특정 디렉토리 접근에 대한 인증 방법 두 가지로 적용할 수 있습니다.

8.1 웹서버 접근을 제한하는 사용자 인증 방법

Step1   httpd.conf 파일에서 인증을 부여하고자 하는 디렉토리에 대해서 다음과 같이 사용자 인증을 설정합니다.

```
<Directory "/var/www/html">


Options FollowSymLinks
AllowOverride None


AuthType Basic
AuthName "Authentication Login Field"
AuthUserFile /etc/httpd/conf/.htpasswd
AuthGroupFile /etc/httpd/conf/.htgroup
require valid-user admin mandoli
require group admin
Order allow,deny
Allow from all
</Directory>
```

이 방법은 .htaccess 파일을 사용하지 않고 httpd.conf 파일을 수정하여 웹 서버 전체 접근을 제한하도록 하는 것입니다. AllowOverride 지시어를 None으로 지정하여 .htaccess 파일을 읽지 않도록 합니다.

▶ AuthType

인증 타입은 Basic, Digest가 있는데 현재 Basic만 지원합니다.

▶ AuthName

인증 영역에 대한 이름을 지정하는 지시어입니다. 이 부분은 클라이언트의 웹 브라우저에 전달되어 유저 인증 윈도우 내의 영역에 표시되며 주의할 점은 영역 이름을 기입할 때 스페이스가 들어가서는 안 됩니다. 만일 영역 이름에 스페이스가 들어갈 때는 반드시 큰 따옴표(" ")로 묶어 주어야 합니다.

▶ AuthUserFile

인증 사용자와 패스워드를 가진 패스워드 파일을 지정하는 지시어입니다.

▶ AuthGroupFile

인증 사용자들의 그룹 파일을 지정하는 지시어입니다.

▶ require user

지정한 유저만 디렉토리 접근을 허용합니다.

▶ require valid-user

패스워드 인증이 올바르게 된 사용자들만 접근을 허용합니다.

▶ require group

지정한 그룹에 있는 유저들만 디렉토리 접근을 허용합니다.

Step2 .htpasswd 파일 설정

사용자 인증 열쇠글은 htpasswd 명령으로 다음과 같은 형식으로 실행하여 생성합니다.

```
htpasswd [-c] htpasswd경로 유저명
```

mandoli라는 인증 사용자를 설정하는 과정은 다음과 같습니다.

```
# htpasswd -c /etc/httpd/conf/.htpasswd mandoli
New password:
Re-type new password:
Adding password for user mandoli
```

[참고] htpasswd의 -c 옵션 사용

htpasswd의 "-c" 옵션은 사용자를 처음 등록할 때만 사용합니다.

Step3 .htgroup 파일 설정

편집기(vi)를 이용하여 .htgroup 파일을 다음과 같이 작성합니다.

```
admin : mandoli webmaster
```

Step4 인증 테스트

http://localhost 주소로 접속하면 다음과 같이 인증 창이 나타납니다.

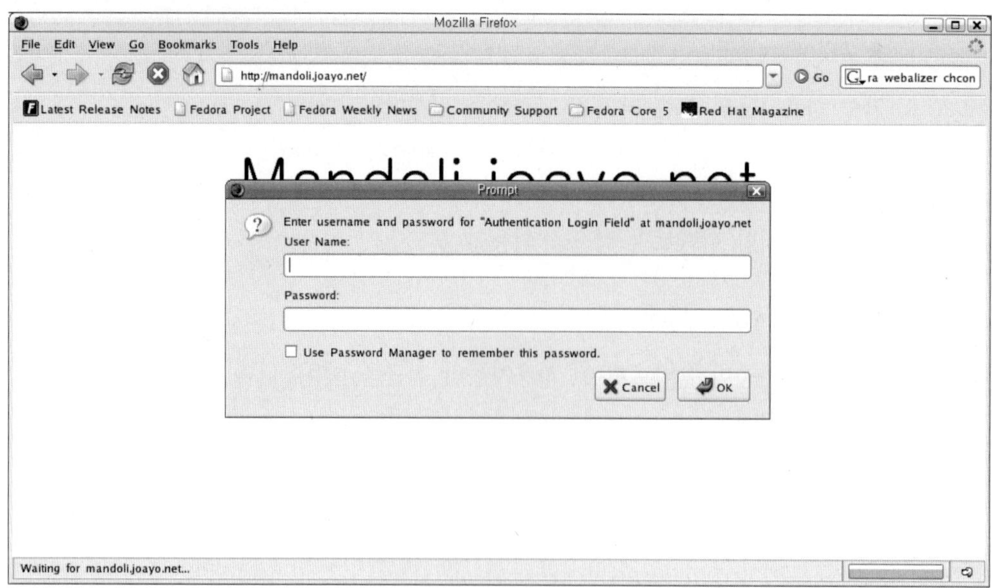

인증에 성공하는 경우에는 웹페이지 문서가 열리게 되지만, 인증이 실패할 경우에는 다음과 같은 화면
이 뜨게 됩니다.

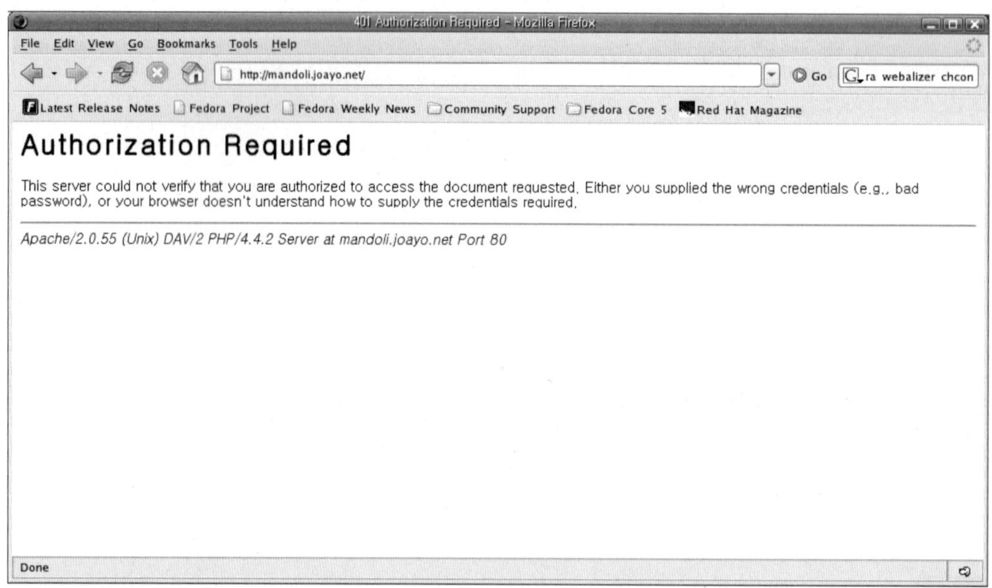

8.2 특정 디렉토리 접근을 위한 인증

사용자가 특정 디렉토리 접근을 제한하고자 하는 경우에는 .htaccess 파일을 해당 디렉토리에 삽입하여 사용자가 해당 디렉토리에 접근하였을 때 .htaccess 파일에 의해 인증 절차가 이뤄지게 하는 방법입니다. 그러면 /etc/httpd/htdocs/members 디렉토리 접근을 제한하는 방법을 알아봅니다.

Step1 .htaccess 파일 설정

사용자의 접근을 제한하고자 하는 디렉토리(/etc/httpd/htdocs/members)에 다음 인증 내용이 들어 .htaccess 파일을 생성해 놓습니다.

```
AuthType        Basic
AuthName        "Access Denied. Please Login"
AuthUserFile    /etc/httpd/conf/.htpasswd
AuthGroupFile   /etc/httpd/conf/.htgroup
<Limit GET POST>
require valid-user
require group admin
</Limit>
```

Step2 .htpasswd 파일 설정

이미 살펴보았으므로 이 파일로 사용자와 열쇠글을 생성하는 것은 생략합니다.

Step3 httpd.conf 인증 파일 설정

.htaccess 파일에 의해서 특정 디렉토리에 접근을 제한하는 경우에는 httpd.conf 파일에서 다음 지시어의 설정이 있어야 합니다.

```
AllowOverride Authconfig
AccessFileName .htaccess
<Files ~"^\.ht">
Order allow,deny
Deny from all
</Files>
```

특정 디렉토리에 .htaccess 파일로 접근을 제한할 때 특정 디렉토리의 상위 디렉토리에 대한 Directory 지시어 설정에서 AllowOverride None를 반드시 AllowOverride AuthConfig 또는 AllowOverride All로 설정해 주어야 인증창이 뜨게 됨을 주의합니다.

Step4 인증 테스트

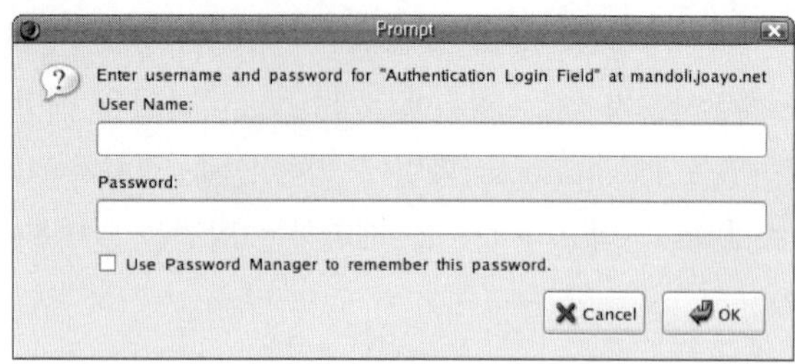

아파치 데몬을 다시 활성화한 후에 http://localhost/members에 접속하게 되면 상기 그림과 같은 사용자 인증 창이 나타납니다.

9. 미디어 위키 (mediawiki) 설치

이 장의 마지막 활용으로 미디어 위키를 설치해 보겠습니다. 위키 프로그램은 웹상에서 누구나 문서를 자유롭게 추가/편집하여 올바른 정보와 지식을 공유할 수 있게 해 주는 웹 프로그램입니다. 모니위키, 노스모키, Twiki, Mediawiki 등 다양한 위키 프로그램들이 공개되어 있는데, 이 절에서는 위키백과 (http://ko.wikipedia.org)에서 사용되고 있는 미디어위키를 설치하는 방법에 대해서만 다루고, 자세한 사용법에 관한 것은 미디어위키 사이트에서 자세한 정보를 제공하고 있으므로, 이를 참고하기로 합니다. 미디어위키에 대한 자세한 정보는 http://www.mediawiki.org 사이트에서 구할 수 있으며, 위키 백과를 통해서도 정보를 구할 수 있습니다.

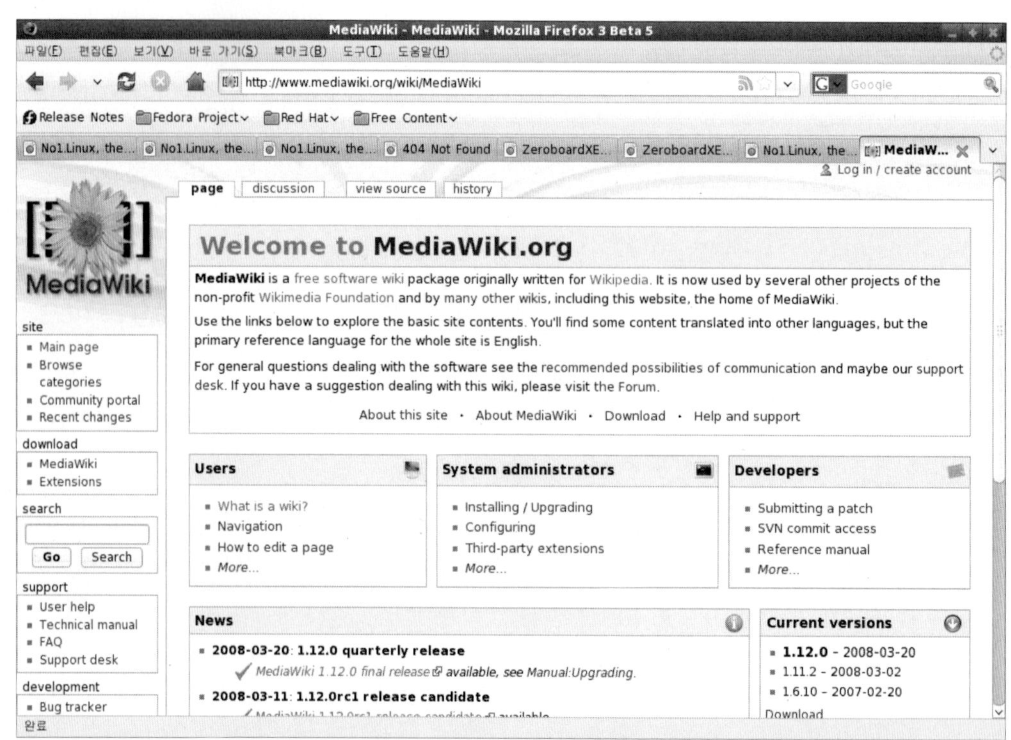

표적인 MTA로는 센드메일(sendmail)과 큐메일(qmail), Exim, PostFix 등이 있습니다.

1.2 메일 송수신 과정

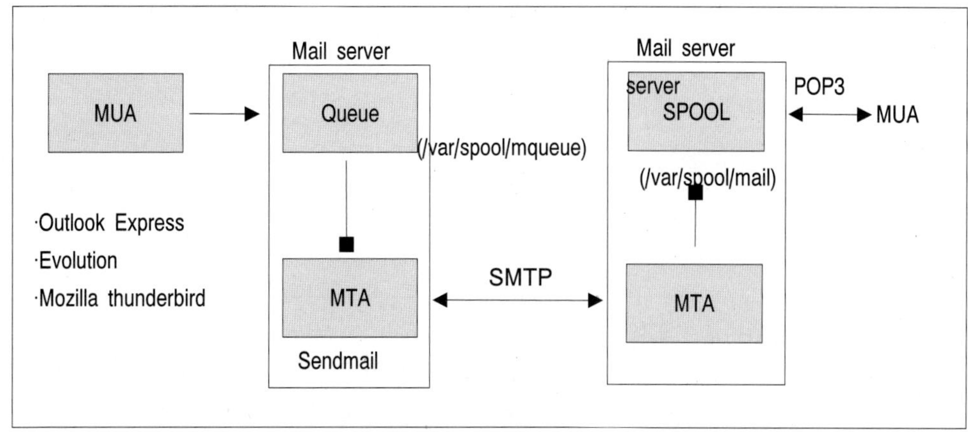

lipheng@linuxpia.com 사용자가 mandoli@no1mail.com 사용자에게 메일을 보냈을 때 메일 전송이 어떻게 이뤄지는 그 과정에 대해서 간략히 이해해 봅니다.

① linuxpia.com 메일 서버에 lipheng 사용자의 메일이 전송

② linuxpia.com 메일 서버의 /var/spool/mqueue(메일 서버의 프로그램에 따라 경로는 달라질 수 있음)에 스풀링(임시 저장 대기 상태)됨

③ linuxpia.com 메일 서버에서는 no1mail.com 서버로 메일 전송(이 때 no1mail.com 주소 확인 절차가 성공적으로 이뤄질 때, 네임서버(MX 레코드)와 직결되어 있음)

④ no1mail.com 메일 서버에서 mandoli 계정이 존재하는지를 /etc/passwd에서 체크함

⑤ mandoli 계정이 존재하면 no1mail.com 메일 서버의 메일 박스(/var/mail)에 저장

⑥ 메일 프로그램으로 mandoli 사용자는 도착한 메일을 가져 감

2. 센드메일 서버 구축

2.1 Sendmail 구하기

리눅스 배포판에서 기본적으로 지원하고 있는 메일 서버 프로그램인 센드메일은 다음 사이트에서 소스와 자세한 정보를 구할 수 있습니다.

```
http://www.sendmail.org
```

2.2 Sendmail 설치

센드메일 RPM 패키지는 yum 패키지 설치 도구를 이용하여 간단하게 설치할 수 있습니다. 그러면 이들 도구를 이용하여 다음 패키지들을 설치합니다.

```
yum install sendmail sendmail-cf sendmail-devel sendmail-doc
```

2.3 Sendmail 설정

2.3.1 Sendmail 설정 파일

Sendmail 설정에 관련된 파일과 그 경로명은 다음 표와 같습니다.

Sendmail 설정과 관련된 파일 정보		
sendmail	Sendmail 데몬 실행 파일	/usr/sbin
sendmail.cf	Sendmail 주 설정 파일	/etc/mail
sendmail.mc	Sendmail 매크로 설정 파일	/etc/mail
access	Sendmail 중계 기능 설정 파일	/etc/mail
access.db	Sendmail 중계 기능 설정 DB 파일	/etc/mail
mailertable	Sendmail 특정 도메인 메일러 라우팅 설정 파일	/etc/mail
mailertable.db	Sendmail mailer DB 파일	/etc/mail
domaintable	Sendmail domain mapping 설정 파일	/etc/mail
domaintable.db	Sendmail domain mapping 설정 DB 파일	/etc/mail
virtusertable	Sendmail 가상메일 설정 파일	/etc/mail
virtusertable.db	Sendmail 가상메일 설정 DB 파일	/etc/mail
aliases	Sendmail 알리어스 파일	/etc/mail
local-host-names	다중 메일 서버를 위한 도메인 기록 파일	/etc/mail
sendmail	Sendmail 큐 시간 설정	/etc/sysconfig

2.3.2 sendmail 설정 파일(/etc/mail/sendmail.cf) 설정

센드메일로 메일서버를 운영하는데 있어서 기본적이고 중요한 몇 가지 옵션에 대해서만 살펴봅니다. 센드메일 서버의 sendmail.cf 설정 파일은 매우 까다롭고 복잡하게 설정되어 있으므로, 여러분이 메일서버를 보다 손쉽게 운영할 수 있는 기본적인 몇 가지 옵션들을 살펴보도록 하겠습니다. 메일 서버 운영 시 중요한 설정 부분에 대해서는 별표시를 하였으므로 별표시된 부분은 잘 이해하도록 합니다.

▶ 메일 호스트 지정(Cw,Fw)   ★★★★

```
###########################
#      local info          #
###########################
Cwlocalhost
```

센드메일 서버를 설정하는 데 있어서 가장 중요한 부분으로, 메일 서버로 사용될 도메인명을 지정하는 곳으로, 기본값은 localhost로 설정되어 있습니다. Cw 명령은 w라는 클래스에 값을 하나씩 대입하라는 명령으로, w뒤에 메일 서버로 사용하고자 하는 도메인을 지정해 주면 됩니다. 여러 개의 메일서버 도메인을 설정하고자 한다면 다음과 같이 설정합니다.

```
Cwjoayo.net
Cwredfox.joayo.net
Cwlinuxpia.com
Cwno1mail.com
```

메일서버로 사용될 도메인이 많은 경우에는 Cw로 일일이 도메인을 명시해 주는 것보다는 별도의 파일(local-host-names 파일)에 설정하는 것이 편리합니다.

```
Fw/etc/mail/local-host-names
```

이 파일에는 Cw로 지정한 메일 서버의 주 도메인이외의 다른 도메인을 아무런 클래스 지정 없이 한 줄로 설정해 줍니다. 예를 들어 no1linux.com, mail.joayo.net에 대해서 메일 서버로 작동되도록 하고자 한다면 /etc/mail/local-host-names 파일 안에 다음과 같이 설정합니다.

```
no1linux.com
mail.joayo.net
```

▶ 메일 호스트 지정(Dj)   ★★

```
#Dj$w.Foo.COM
```

Dj 명령은 내부 매크로 변수 j 뒤에 특정 값을 지정하게 되면 그 특정 값을 메일 호스트로 인식할 수 있도록 하게 합니다. 이것은 센드메일이 자신의 호스트명을 알아내지 못하는 실수가 있을 때 Dj로 명시한 도메인으로 메일 호스트명으로 작동되도록 해 주는 것입니다. $w는 로컬 호스트명을 가르키며, 이는 /etc/sysconfig/network 파일에서 HOSTNAME으로 지정된 호스트명이 표시됩니다. 호스트명이 localhost일 경우 Dj$w.Foo.com은 센드메일 호스트명이 localhost.Foo.com임을 의미합니다. 여러 개의 메일 호스트가 존재할 때 특정한 호스트명을 메일 호스트명으로 사용하고자 할 때 이 명령의 쓰임이 유용합니다. 그러면 이 명령 값을 Djsmtp.redfox.joayo.net으로 변경한 후 센드메일 데몬을 다시 띄운 후에 25번 포트로 텔넷 접속을 해 보면 다음과 같이 센드메일의 호스트 정보에 smtp.redfox.joayo.net이 표시됨을 확인할 수 있습니다.

```
파일(F)  편집(E)  보기(V)  터미널(T)  탭(B)  도움말(H)
[root@localhost ~]# telnet localhost 25
Trying 127.0.0.1...
Connected to localhost.
Escape character is '^]'.
220 smtp.redfox.joayo.net ESMTP Sendmail 8.14.2/8.14.2; Fri, 18 Jul 2008 10:13:1
4 +0900
```

▶ 메일 포워딩(forwarding)　★★★★★

```
# Forward file research path
O ForwardPath=$z/.forward.$w:$z/.forward
```

O ForwardPath는 다른 이메일 주소로 메일이 전달(포워딩)되도록 해 주는 옵션입니다. 이 옵션이 활성화된 상태에서 mandoli 사용자 홈 디렉토리에 webmaster@redfox.joayo.net 내용을 담은 .forward 파일을 만들어 놓게 되면

```
webmaster@redfox.joayo.net
```

mandoli@redfox.joayo.net 앞으로 오는 메일들은 모두 webmaster@redfox.joayo.net로 전달됩니다. 이러한 기능은 E-mail 주소가 여러 개 존재할 때 하나의 E-mail 주소로 모든 E-mail을 받고자 할 때 유용한 기능입니다.

▶ 가상 유저 사용(Virtual User Table)　★★★★

```
Kvirtuser hash -o /etc/mail/virtusertable
```

동일한 메일 서버에서 여러 개의 도메인으로 메일서버를 운영하는 경우 각기 다른 도메인에 대해서 동일한 계정이 필요할 때가 있습니다. 예를 들면 joayo.net 호스트와 linuxpia.com 호스트가 이메일 주소로 똑같은 계정(webmaster)을 필요로 하는 경우가 있습니다. 그러나 두 호스트가 webmaster라는 한 계정을 같이 사용할 순 없습니다. Virtusertable는 이러한 목적으로 동일한 계정을 여러 개의 호스트들이 공유할 수 있게 해 주는 기능을 제공합니다. 이 기능을 사용하기 위해서는 /etc/mail/virtusertable 안에 다음과 같이 입력한 후 데이터베이스 파일을 추가해 주면 됩니다.

```
webmaster@redfox.joayo.net        mandoli@redfox.joayo.net
webmaster@linuxpia.com            mandoli2@redfox.joayo.net
```

```
webmaster@no1mail.com            support@redfox.joayo.net
```

그런 다음, 다음과 같이 실행하여 /etc/mail/virtusertable.db 데이터베이스 파일로 데이터베이스화 처리
합니다.

```
# makemap hash /etc/mail/virtusertable < /etc/mail/virtusertable
```

▶ 메일 릴레이 기능(Access list database)　　★★★

```
Kaccess hash -o /etc/mail/access
```

이 부분은 스팸메일을 차단하기 위하여 디폴트로 설정되는 값으로, /etc/mail/access로 모든 네트워크에
대해 메일 릴레이 기능을 선택적으로 제어할 수 있습니다. 자세한 것은 "메일 릴레이 기능
(/etc/mail/access)"을 참고하기로 합니다.

▶ 메일 알리어스(Mail Alias) ★★★

```
O AliasFile=/etc/mail/aliases
```

이 기능은 알리어스(alias)로 지정된 이메일 주소로 해당 메일이 전송될 수 있도록 하는 기능입니다. 자
세한 것은 "메일 알리어스(/etc/mail/aliases)"을 참고합니다.

▶ 8비트 데이터 처리　　★★

```
O SevenBitInput=False
O EightBitMode=pass8
```

8비트 데이터를 처리할 수 있도록 설정합니다. 한글은 8비트로 처리되므로 SevenBitInput는 false로 설
정하고, EightBitMode는 pass8로 설정합니다.

▶ 센드메일 로그 설정(Log Level)　　★★★

```
O LogLevel=9
```

센드메일이 작동하게 되면 /var/maillog 파일에 메일 전송에 대한 로그를 기록하게 됩니다. 이 파일에
기록되는 로그 수준을 loglevel로 지정해 줄 수 있습니다. loglevel 값은 다음 표에 정리하였습니다.

레 벨	설　　　　명
0	센드메일 작동에 관하여 최소 정보만 기록
1	심각한 에러 또는 보안 정보를 기록
2	네트워크 에러 또는 접근 실패들을 기록
3	잘못된 주소, forward 에러, 시간 경과에 따른 접속 실패 등 기록

3	잘못된 주소, forward 에러, 시간 경과에 따른 접속 실패 등 기록
4	tcp 랩퍼에 의해 거부된 접속 기록
5	수신 메일의 레코드를 기록
6	vrfy 명령에 의한 사용자 정보 파악 시도 기록
7	메일 수신 실패 기록
8	메일 수신 성공 기록
9	시스템 자원 부족에 의한 수신 실패 기록
10	데이터베이스에서 탐색되는 키 값 기록
11	NIS 에러, 프로세스 종료 기록
12	SMTP 접속 기록
13	비사용자 쉘, 디렉토리 퍼미션 설정 등 기록
14	접속 거부에 대한 기록
15	모든 SMTP 접속 기록

로그 레벨 9값은 0~9에 해당되는 기록들을 모두 기록하게 되므로, 센드메일에 대한 모든 로그들을 기록하고자 한다면 레벨 15로 설정해 두면 됩니다.

▶ 메일 용량 제한하기(Maximum message size) ★★★★

```
O MaxMessageSize=1000000
```

이것은 메일을 전송할 때 메일 텍스트 내용과 첨부 파일을 포함한 메일 전체 크기를 1메가 바이트로 제한하는 것입니다. 1메가 바이트이상의 메일 사이즈를 허용해 주기 위해서는 이 값을 원하는 크기만큼 설정해 줍니다. 만일 전송하는 메일 크기 제한이 아닌 메일 공간 용량을 제한하려면 Mlocal 설정 부분에 있는 M 옵션으로 제한하고자 하는 메일 공간 용량을 설정해 주어야 합니다. 예를 들어 메일 공간을 10메가로 제한하고자 한다면 다음과 같이 설정해 주면 됩니다. 참고로 1메가는 1024000바이트이므로 10메가는 10x1024000=10240000입니다.

```
Mlocal,        P=/usr/bin/procmail, F=lsDFMAw5:/|@qSPfhn9, S=EnvFromL/HdrFromL,
               R=EnvToL/HdrToL, T=DNS/RFC822/X-Unix, A=procmail -t -Y -a $h -d $u, M=10240000
```

▶ 전달 모드(Delivery mode) ★★★

```
O DeliveryMode=background
```

메일 전달 형태를 4가지의 레벨 가운데 하나를 지정하여 사용할 수 있습니다.

레 벨	설 명
interactively	Mqueue에 있는 메일들을 동기화 모드로 작동시켜 메일을 전송함.
backgroud	Mqueue에 있는 메일들을 비동기화 모드로 작동시켜 전송함. 기본값
queue	메일을 수신하여 Queue에 저장하도록 함.
defer	메일을 수신하여 최대한 빨리 Queue에 저장함.

▶ 메일 저장 큐 디렉토리(Queue Directory)　★★★★

```
O QueueDirectory=/var/spool/mqueue
```

메일을 전송할 때 임시로 저장되는 디렉토리를 지정합니다. 외부로 메일이 전송될 때 사용자가 보낸 메일은 /var/spool/mqueue 디렉토리에 저장되었다가 메일이 전송됩니다.

▶ 타임아웃 시간 조절

```
O timeout.queuereturn=5d
O timeout.queuewarn=4h
```

timeout.queuereturn는 메일을 보낸 사용자에게 반송 메일을 보낼 최대의 시간을 의미합니다. 기본값은 5일로 설정되어 있는데, 메일을 보낸 후 상대방 주소로 메일 서버는 메일을 전달하고자 5일 동안 계속 시도하지만, 상대방 메일 서버에서 수신을 하지 못하는 경우 5일후에 반송 메일을 송신자에게 반송하게 됩니다. timeout.queuewarn은 메일이 전송되지 못하였을 때 송신자에게 다음과 같은 경고 메일을 전달해 줄 시간을 설정합니다.

▶ 메일 저장 큐 값 설정　★★★

```
O QueueLA=8
O RefuseLA=12
O MaxDaemonChildren=12
O MinQueueAge=30m
O MaxQueueRunSize=10000
```

메일을 전송할 때 해당 메일 서버의 메일 큐 디렉토리에서 저장되는데 이때 큐에 관련된 설정 값을 조절할 수 있습니다. QueueLA=8은 메일 프로세스 평균 로드(Load average)가 8개 이상이 되면 큐에 저장하라는 의미입니다. 큐에 저장하지 않고 메일 발송을 처리할 수 있도록 지시하려면 이 값을 64정도의 값으로 높게 설정해 주면 됩니다. RefuseLA=12는 반대로 메일 프로세스 평균 로드가 12개 이상이면 메일 발송을 처리 중단하라는 의미입니다. 많은 양의 메일을 처리할 때 평균 로드 값이 적으면 메일 발송 처리에 문제가 있으므로 128값 정도로 설정해 줍니다. MaxDaemonChildren=12는 하나의 데몬에 대한 자식 데몬 수를 지정해 주는 것으로 이 값보다는 높게 지정해 주는 것이 좋습니다.

MinQueueAge=30m은 메일 발송 처리가 실패하는 경우 큐에 저장되어 있는 것을 지정해 주는 시간 만큼 이후에 즉 30분 이후에 다시 메일을 처리하도록 지시하는 것입니다. 메일 처리 용량이 많은 서버들은 1시간 ~ 2시간 정도로 설정해 주면 될 것입니다. MaxQueue-RunSize=10000은 큐에서 처리할 수 있는 작업의 수를 지정합니다.

▶ SMTP 접속 메시지

```
O SmtpGreetingMessage=$j Sendmail $v/$Z: $b
```

메일 서버 25포트에 텔넷 접속하였을 때 보여주는 센드메일 SMTP 정보를 설정하는 옵션입니다.

```
root@localhost:~
파일(F)  편집(E)  보기(V)  터미널(T)  탭(B)  도움말(H)
[root@localhost ~]# telnet localhost 25
Trying 127.0.0.1...
Connected to localhost.
Escape character is '^]'.
220 smtp.redfox.joayo.net ESMTP Sendmail 8.14.2/8.14.2; Fri, 18 Jul 2008 10:13:1
4 +0900
```

$j는 Dj 명령으로 설정된 호스트명을 표시해 주는 것으로, Dj로 설정된 호스트명이 없을 경우에는 로컬 호스트명이 대신 표시됩니다. $v는 센드메일 소스의 version.c에 있는 센드메일의 버전으로 표시되므로, 센드메일의 버전을 달리 표시되도록 하려면 소스를 수정해 주어야 합니다. $Z는 DZ로 설정된 센드메일의 버전으로 표시됩니다. $b는 접속하였을 때의 시간을 표시합니다. 그러면 이해를 돕기 위하여 /etc/mail/sendmail.cf 파일에서 Dj,DZ 값을 다음과 같이 변경합니다.

```
Djsmtp-information

DZFedoraMail
```

센드메일 데몬을 다시 띄운 후 로컬 호스트의 25번 포트로 접속하였을 때 다음과 같이 SMTP 정보가 변경되었음을 확인할 수 있습니다.

```
root@localhost:/etc/mail
파일(F)  편집(E)  보기(V)  터미널(T)  탭(B)  도움말(H)
[root@localhost mail]# telnet localhost 25
Trying 127.0.0.1...
Connected to localhost.
Escape character is '^]'.
220 smtp-information ESMTP Sendmail 8.14.2/FedoraMail; Fri, 18 Jul 2008 10:33:55
 +0900
```

센드메일 보안상 이 옵션 값을 다음과 같이 변경하는 것이 유리할 것입니다.

```
O SmtpGreetingMessage=$Z; $b
```

▶ SMTP Daemon Options

```
O DaemonPortOptions=Port=smtp,Addr=127.0.0.1, Name=MTA
```

페도라 리눅스에서 패키징되어 있는 센드메일은 기본적으로 로컬 호스트(127.0.0.1)에서만 작동되도록 되어 있습니다. 그렇기 때문에 센드메일 데몬이 정상적으로 작동하더라도 외부에서는 접근이 불가능한 상태가 되기 때문에 이 옵션값 중 Addr=127.0.0.1를 삭제해 주어야 외부로부터 메일을 받을 수 있게 됩니다. 센드메일 데몬이 떠 있음에도 불구하고 외부로부터 메일 서버에 접속할 수 없다는 메시지가 나온다면 이 부분을 점검해야 합니다.

```
O DaemonPortOptions=Port=smtp, Name=MTA
```

센드메일에서 STARTTLS를 지원하여 465번 포트(smtps 프로토콜)로 메일 전송되도록 하려면 다음과 같이 설정해 주어야 합니다. 이에 대해서는 나중에 다시 살펴보게 될 것입니다.

```
O DaemonPortOptions=NAME=MTA
O DaemonPortOptions=Port=smtps, Name=TLSMTA, M=s
```

2.3.3 메일 호스트 도메인 지정 파일(local-host-names)

Cw로 지정해 준 메일 서버 도메인 외 다른 도메인에 대해서도 메일 서버로 이용하고자 할 때 해당 도메인을 이 파일에 명시해 주면 됩니다. Cw 클래스로는 대표적인 메일 서버 도메인을 지정해 주고 나머지 도메인들도 이 클래스로 모두 지정해 줄 수 있으나, 편의상 local-host-names에 넣어 관리하는 것이 좋습니다. 메일서버로 이용될 도메인들을 다음과 같이 한 줄씩 지정해 주면 됩니다.

```
no1mail.com
no1linux.com
```

2.3.4 메일 알리어스(/etc/mail/aliases)

메일 알리어스 기능이란, 어느 계정으로 메일을 보냈을 때 그 계정으로 메일이 도착하지 않고, 대신에 알리어스 파일에 지정된 다른 계정으로 메일이 전송될 수 있게 하는 기능입니다.

```
# Basic system aliases -- these MUST be present.
'mailer-daemon:                 postmaster
postmaster:          root
# General redirections for pseudo accounts.
bin:                 root
daemon:              root
nobody:              root
# mailman aliases
webmaster              root
info               postmaster
support               postmaster
#trap decode to catch security attacks
decode:                  root
# Person who should get root's mail
#root:                marc
```

```
name: name1, name2, name3, ....파일의 설정 형식은 다음과 같습니다.
```

콜론(:) 문자로 왼쪽 필드와 오른쪽 필드를 구분합니다. 왼쪽 name에게 메일을 보내면 오른쪽에 지정한 name1, name2, name3에게 같은 메일이 전달됩니다. 예를 들어 다음과 같이 설정해 놓으면 mandoli
에게 보내는 메일은 charm, linuxga 두 계정이 동시에 각각 받을 수 있습니다.

```
mandoli: charm, linuxga
```

다음과 같이 설정한 경우에는 classica라는 계정으로 메일을 보내면, skyblue@redfox.joayo.net,
mandoli@no1mail.com, linuxpia계정으로 메일이 전달되고, 로컬 호스트에 있는 linuxpia 계정으로 오는
메일은 다시 sysop@redfox.joayo.net과 webmaster@redfox.joayo.net 계정으로 메일을 전달하게 됩니다.

```
classica: skyblue@redfox.joayo.net, mandoli@no1mail.com, linuxpia
linuxpia : sysop@redfox.joayo.net, webmaster@joayo.net
```

/etc/mail/aliases 파일을 설정한 후에 반드시 newaliases 명령을 실행하여 /etc/mail/aliases 파일을
/etc/mail/aliases.db 파일로 데이터베이스화하여야 합니다.

```
# newaliases
/etc/mail/aliases: 78 aliases, longest 10 bytes, 802 bytes total
#
```

2.3.5 메일 릴레이 기능(/etc/mail/access)

센드메일은 메일 릴레이(mail relay) 기능으로 메일 서버와 다른 네트워크에서 메일 서버를 이용하여
메일을 전송하지 못하도록 설정되어 있습니다. 메일 릴레이는 신뢰된 네트워크의 호스트나 인증을 통한
신뢰된 사용자만이 메일을 보낼 수 있게 끔 해 주는 기능입니다. 이것은 네트워크가 다른 곳에서 아무
사용자가 스팸메일을 보내지 못하도록 하기 위해서 추가된 고급 기능입니다.

그러면, 센드메일에서 제공하는 메일 릴레이 기능을 설정하는 방법에 대해서 알아봅니다.
/etc/mail/access v알의 설정 형식은 다음과 같습니다.

```
호스트 또는 네트워크 주소            릴레이허용여부
```

기본적으로 로컬 호스트와 로컬 네트워크에서는 외부로 메일을 보낼 수 있도록 허용해야 하므로 다음
과 같이 설정해 주어야 합니다. 메일 릴레이 허용은 해당 도메인 또는 호스트 주소 또는 아이피 주소에
대해서 RELAY나 OK로 설정해 주면 됩니다.

```
localhost.localdomain           RELAY
localhost                       RELAY
127.0.0.1                       RELAY
```

다른 네트워크에서 여러분의 메일 서버를 이용하여 메일을 전송할 수 있도록 릴레이를 허용하고자 한
다면 다음과 같은 식으로 설정해 주면 됩니다.

```
redfox.joayo.net                RELAY
```

```
linuxpia.com                    RELAY
192.168.1.0                     RELAY
```

만일 해당 네트워크로부터의 메일 릴레이를 거부하거나 메일 수신을 거부하려면 다음과 같이 설정하면 됩니다.

```
baboo2.net                      REJECT
```

스팸 메일 주소에 대해서는 해당 이메일 주소 또는 호스트 주소 또는 아이피 주소를 기입한 후 REJECT나 DISCARD로 거부 처리할 수 있습니다. REJECT 거부 정책은 상대방에게 거부 메시지를 친절하게(?) 전달해 주는 반면에, DISCARD는 상대방에게 어떠한 거부 메시지 없이 메일을 거부합니다.

/etc/mail/access 파일을 설정한 후에는 반드시 DB화한 후 센드메일 데몬을 재시작하여야 메일 릴레이 기능이 적용될 수 있습니다. 그러므로 다음과 같이 /etc/mail/access.db 파일로 DB화한 후 센드메일 데몬을 재시작합니다.

```
# makemap hash /etc/mail/access < /etc/mail/access
# /etc/init.d/sendmail restart
```

[참고] /etc/mail/access 예제

```
webmaster@joayo.net      550 Send to mandoli@joayo.net instead of webmaster@joayo.net
192.168.1.1             RELAY
210.150.181.162         550 Our Smart Linux System say You Spammer! Don't Spam.
brown@joayo.net         550 Sorry!. His account was expired.
@hotmail.com            550 Don't send me any Spam.
skyblue@                REJECT
```

[참고] 메일 릴레이 테스트

메일 릴레이가 잘못 설정되어 있는 경우 자신의 메일 서버가 스팸 메일러로 악용될 수 있는 위험한 소지가 있으므로, 메일 서버를 구축한 후 SMTP 릴레이에 대해서 테스트해 보는 것이 바람직합니다. 자신의 메일 서버가 메일을 릴레이하고 있는지 여부는 콘솔이나 터미널에서 다음과 같이 입력하여 테스트해 볼 수 있습니다.

```
telnet rt.njabl.org 2501
```

웹상에서 테스트해 보려면 다음 사이트를 이용하면 됩니다.

```
http://www.abuse.net/relay.html
http://ordb.org/submit/
```

2.3.6 /etc/sysconfig/sendmail

센드메일 데몬을 띄울 때는 센드메일 데몬은 변수값을 취하게 되는데, /etc/sysconfig/sendmail 파일은 센드메일 데몬 동작에 필요한 변수를 설정해 주는 파일이며, 센드메일 스크립트(/etc/init.d/sendmail)로 센드메일 데몬을 띄울 때 사용됩니다. 이 파일에는 다음과 같이 DAEMON과 QUEUE 두 변수만 설정해 주면 됩니다.

```
DAEMON=yes
QUEUE=1h
```

2.4 네임서버 MX 레코드 설정

메일 서버를 구축하는데 있어서 가장 중요한 부분은 네임서버에서 메일 서버에 대한 MX 레코드 설정입니다. 메일은 도메인으로 송수신으로 이뤄지기 때문에 메일서버끼리 메일을 전달하기 위해서는 네임서버에서 해당 도메인에 대한 MX 레코드가 설정되어 있어야 합니다. 네임서버에서 MX 레코드가 설정되지 않으면 메일 서버 로컬에서는 외부로는 메일을 보낼 수 있겠지만, 반대로 외부에서 들어오는 메일을 처리할 수 없게 됩니다. 따라서 메일 서버를 구축하기 위해서는 네임서버에서 메일서버에 도메인에 대해서 다음과 같은 형태로 MX 레코드로 설정되어 있어야 합니다.

```
IN      MX 10 redfox.joayo.net.
IN      MX 20 mail.joayo.net.
```

네임서버를 직접 운영한다면 네임서버 파일 설정에서 메일서버에 대해 MX 레코드를 설정할 수 있으나, 네임서버를 직접 운영하지 않고, 다른 업체의 네임서버에 위임하여 사용하는 곳에서는 위임한 업체의 관리자에게 메일서버로 사용할 도메인에 대해서 MX 레코드를 설정해 달라고 요청해야 메일서버를 정상적으로 운영할 수 있습니다.

2.5 센드메일 데몬 관리

/etc/init.d/sendmail 스크립트를 이용하여 센드메일 데몬을 관리합니다.

```
# /etc/init.d/sendmail star         * 센드메일 시작
# /etc/init.d/sendmail stop          * 센드메일 종료
# /etc/init.d/sendmail restart       * 센드메일 재시작
```

```
MAILDIR=$HOME/Maildir/
DEFAULT=$MAILDIR
```

```
locks_nethod = fcntl
```

메일박스를 mbox로 사용하는 경우 /var/mail/계정 파일을 보호하기 위해서 계정.lock와 같은 형태로 잠금 기능이 이뤄지는데, 이러한 도트 잠금 기능은 다소 문제가 있기 때문에 dovecot에서는 fcntl, flock, lockf 등의 새로운 잠금 기능을 지원합니다. 보통 fcntl값으로 설정합니다.

▶ 인증 옵션

```
auth_mechanisms = plain
```

IMAP 프로토콜 인증 방법을 설정합니다. plain은 평문 상태로 열쇠글을 사용합니다.

```
auth_userdb = passwd
```

사용자 인증의 디비로 /etc/passwd를 사용합니다.

```
auth_passwd = pam
```

사용자 인증 시 pam 모듈 인증을 사용하도록 설정합니다.

3.4 dovecot 데몬 띄우기

/etc/init.d/dovecot 스크립트를 이용하여 dovecot 데몬을 띄웁니다.

```
# /etc/init.d/dovecot start
```

dovecot에 의해서 POP3서버와 IMAP 서버가 제대로 동작하는지 여부는 각각의 서비스 포트로 텔넷 접속을 시도하여 dovecot ready라는 메시지가 보이는지를 확인해 보면 알 수 있습니다.

```
[root@localhost ~]# telnet localhost 110
Trying 127.0.0.1...
Connected to localhost.
Escape character is '^]'.
+OK Dovecot ready.
```

SSL이 지원되는 POP3S와 IMAPS 서비스 포트로 텔넷 접속을 시도해 보면 110번 포트나 143번 포트와는 달리 dovecot에 대한 정보는 나타나지 않고, 단지 이스케이프 문자만 나타납니다.

```
root@localhost:~
파일(F)  편집(E)  보기(V)  터미널(T)  탭(B)  도움말(H)
[root@localhost ~]# telnet localhost 995
Trying 127.0.0.1...
Connected to localhost.
Escape character is '^]'.
```

3.5 인증서 및 개인키 생성하기

보안 목적으로 TLS/SSL를 사용하고자 한다면 인증서와 개인키를 생성해야 합니다. dovecot의 인증서와 개인키는 /usr/libexec/dovecot 디렉토리에 있는 mkcert.sh 스크립트를 이용하면 쉽게 생성할 수 있습니다.

Step1 이 스크립트를 실행하기 앞서 /etc/pki/dovecot 디렉토리에 있는 dovecot-openssl.cnf 파일에서 [red_dn] 설정 값을 여러분 환경에 맞게 변경합니다.

```
[req_dn]
C=KR
ST=Gyonggi
L=Kimpo
O=Linuxpia
OU=JoayoNET
CN=mandoli
emailAddress=mandoli@redfox.joayo.net
```

Step2 /etc/pki/dovecot/private/dovecot.pem과 /etc/pki/dovecot/certs/dovecot.pem 파일을 삭제합니다.

```
# rm -f /etc/pki/dovecot/private/dovecot.pem
# rm -f /etc/pki/dovecot/certs/dovecot.pem
```

Step3 /usr/libexec/dovecot/mkcert.sh 스크립트를 실행하여 인증서와 개인키를 생성합니다.

```
# /usr/libexec/dovecot/mkcert.sh
```

Step4 생성된 인증서와 개인키에 보안을 위한 퍼미션을 부여합니다.

```
# chmod 600 /etc/pki/dovecot/certs/dovecot.pem
# chmod 600 /etc/pki/dovecot/private/dovecot.pem
```

Step5 /etc/dovecot.conf 파일 설정 중 [SSL] 섹션의 설정을 다음과 같이 수정합니다.

```
ssl_disable = no
ssl_cert_file = /etc/pki/dovecot/certs/dovecot.pem
ssl_key_file = /etc/pki/dovecot/private/dovecot.pem
```

Step6 /etc/init.d/dovecot 스크립트로 dovecot 데몬을 재실행합니다.

```
# /etc/init.d/dovecot restart
```

3.6 메일 클라이언트 SSL 설정

▶ 모질라 썬더버드 설정

[편집 > 계정 > 서버 설정]을 선택하여 [보안 설정]에서 〈SSL〉를 체크합니다. SSL를 체크하면 서비스 포트는 POP3 서버인 경우에는 995, IMAP 서버인 경우에는 993으로 자동 변경됩니다.

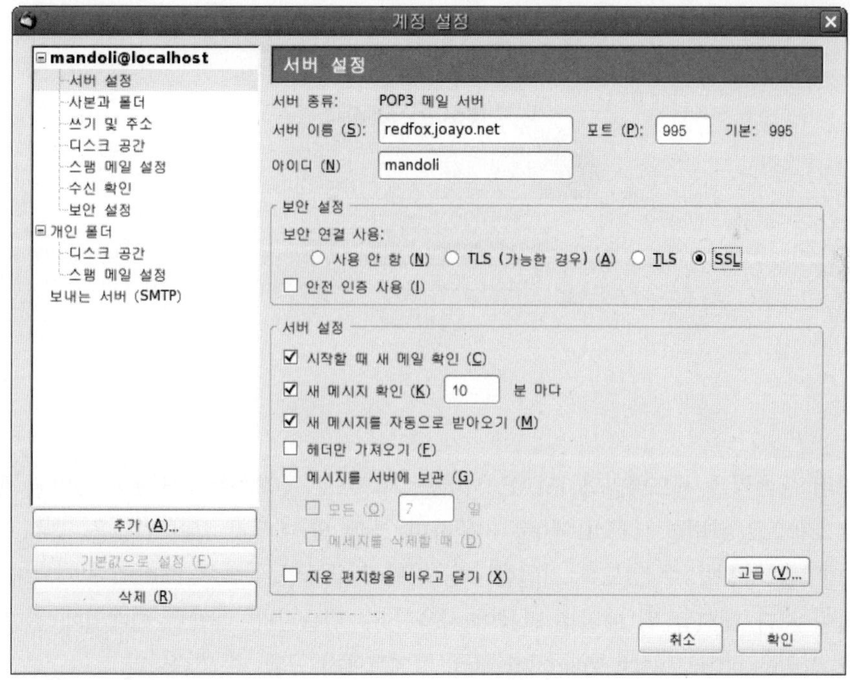

▶ 아웃룩 익스프레스

계정 등록 정보에서 [고급] 탭을 클릭하여 [받는 메일] 설정에서 [보안 연결(SSL) 필요] 항목을 선택해 주면 됩니다.

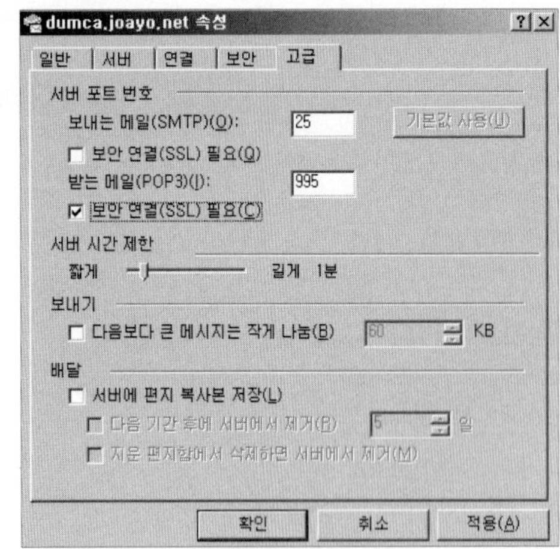

4. 다람쥐 웹메일(Squirrelmail)

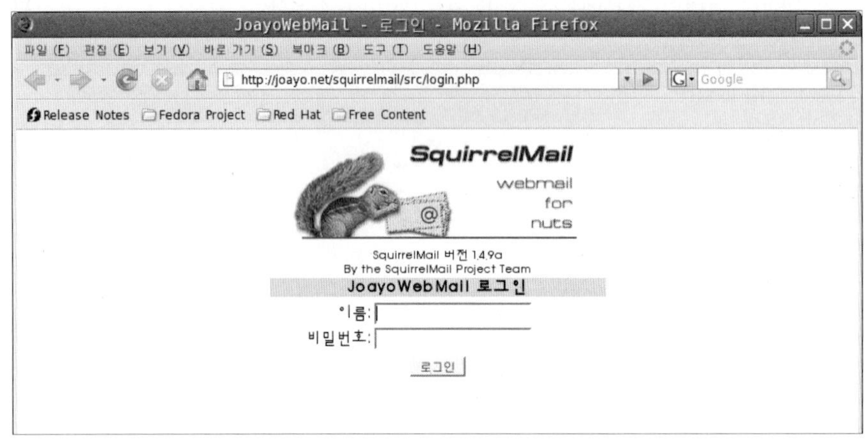

다람쥐 웹메일은 센드메일과 IMAP 서버를 기반으로 동작하는 PHP4로 개발된 클라이언트용 웹 메일 프로그램으로 완벽한 HTML 4.0를 지원하며, 스팸 및 메시지 필터 기능을 갖추고 있고, 사용자가 원하는 테마를 사용할 수 있도록 지원합니다. 다람쥐 웹메일은 오픈 소스로 공개되어 있으므로, 소스를 이용하여 보다 개선된 웹 메일을 만들어 사용할 수 있습니다. 다람쥐 웹메일에 관한 자세한 정보와 최신 소스 파일은 http://www.squirrelmail.org 사이트에서 구할 수 있습니다.

4.1 다람쥐 웹메일 설치

다람쥐 웹메일은 페도라 리눅스에서도 기본적으로 지원하고 있으므로, yum 패키지 설치 도구를 이용하여 RPM 패키지를 설치할 수 있습니다.

```
#yum install squirrelmail
```

4.2 다람쥐 웹메일 설정

4.2.1 소유권 조정

아파치 설정 파일(httpd.conf)에서 지정한 사용자와 그룹명으로 다람쥐 웹메일의 data 디렉토리에 대해서 다음과 같이 소유권을 변경합니다.

```
# chown apache.apache -R /usr/share/squirrelmail
# chown apache.apache /etc/squirrelmail/config.php
# chown apache.apache -R /var/lib/squirrelmail/
# chown apache.apache -R /var/spool/squirrelmail
```

4.2.2 다람쥐 웹메일 설정

다람쥐 웹메일 설정은 /usr/share/squirrelmail/config/conf.pl 파일로 쉽게 설정할 수 있습니다. 그러면 이 실행 파일을 실행합니다.

```
# /usr/share/squirrelmail/config/conf.pl
```

conf.pl 파일을 실행하면 다음과 같은 설정 메뉴 화면이 나타나는데, 다람쥐 웹메일 설치 유형에 따라서 설정 메뉴에 차이가 있습니다. 다음은 소스 설치 시 기준의 설정 메뉴입니다.

메뉴 이동은 번호, 상위 메뉴 이동은 R, 저장은 S입니다.

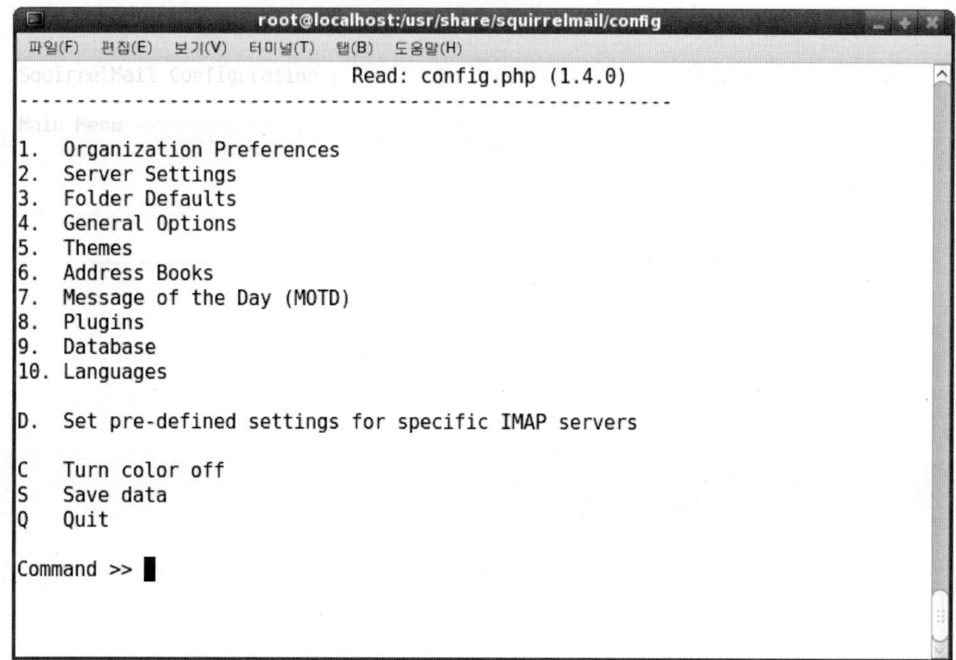

1. Organization Preferences 설정

특별히 변경할만한 설정은 없으므로 기본 값 그대로 사용합니다.

2. Sever Settings

옵션	설 명	설정값
1. Domain	메일서버 도메인명 설정	redfox.joayo.net
3. Sendmail or SMTP	메일 서버 프로그램 설정	SMTP
A. Update IMAP Settings		
5. IMAP Port	IMAP 포트 지정	143
6. Authentication type	인증 방법 선택	login
7. Secure IMAP (TLS)	STARTTLS 사용 여부	false
8. Server software	IMAP 서버 종류를 지정합니다.	dovecot
B. Update SMTP Settings		
5. SMTP Port	SMTP 포트 지정	25
7. SMTP Authentication	SMTP 인증 방법 선택	plain or login
8. Secure SMTP (TLS)	STARTTLS 사용 여부	false

4. General Options

옵션	설정값
1. Data Directory	/var/lib/squirrelmail/prefs/
2. Attachment Directory	var/spool/squirrelmail/attach/

10. Language settings

옵션	설정값
1. Default Language	ko__KR
2. Default Charset	UTF-8

S을 클릭하여 설정을 저장하고, Q를 눌러 설정을 마칩니다. 이렇게 설정한 값들은 config.php 파일에 저장되므로, 옵션값을 변경하고자 한다면 config.php 파일을 직접 수정하면 됩니다.

4.2.3 다람쥐 웹메일 테스트

http://localhost/webmail/configtest.php에 접속하여 다람쥐 웹메일 설정 상태를 체크해 봅니다.

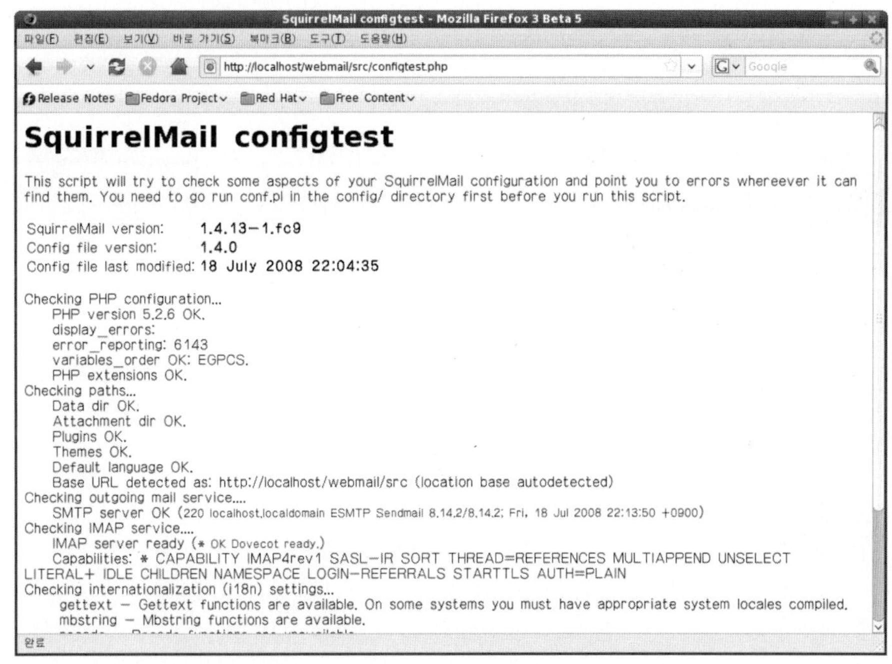

오류가 발생된다면 config.php 파일에서 IMAP와 SMTP 설정 부분을 점검합니다.

4.2.4 다람쥐 웹메일 실행

다람쥐 웹메일은 http://localhost/webmail/ 주소로 접속합니다.

존재하는 계정으로 로그인을 해 봅니다. 정상적으로 로그인되면 다음과 같은 웹메일 인터페이스를 보여
줍니다.

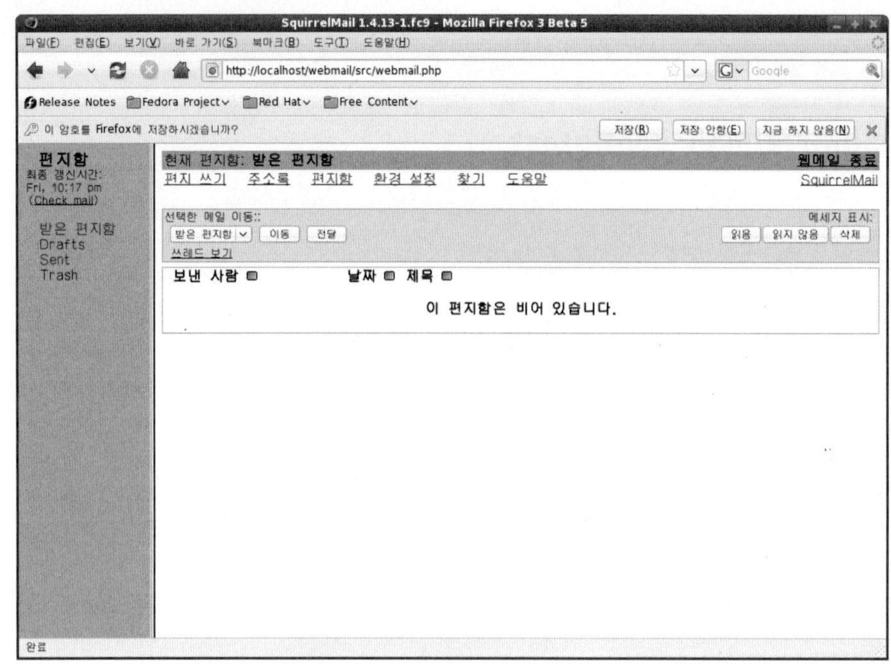

다람쥐 메일 상단에 있는 [환경 설정] 메뉴를 클릭하여 여러분 환경에 맞게끔 다람쥐 웹메일 환경을
설정할 수 있습니다. [화면 설정]에서 특정 테마를 선택해 주므로써 다람쥐 웹메일의 인터페이스를 교
체할 수 있고, [기본으로 HTML로 보기]를 선택하면 HTML 형식의 메일이 html코드를 보여주지 않
고 제대로 출력될 수 있습니다. 환경 설정이 완료되면 [편지 쓰기]를 클릭하여 외부로 메일이 제대로
발송되는지를 테스트해 보기 바랍니다.

Chapter
06. 파일 전송 서버(FTP)

서버 계정 사용자들이 웹서버의 계정에 홈페이지 데이터를 올릴 때나 개인 간에 파일을 서로 교환하고자 할 때 주로 FTP을 많이 사용합니다. FTP(FTP Transfer Protocol)는 네트워크상에서 컴퓨터간에 파일을 전송할 때 사용되는 프로토콜을 말합니다. 우리는 윈도우의 Leapftp, ALFTP, CuteFTP나, 리눅스의 ncftp, gftp 등으로 웹서버 또는 FTP서버에 파일을 업/다운로드하는데, 이러한 클라이언트 FTP 프로그램으로 파일을 전송할 때 사용되는 프로토콜이 FTP이며, 클라이언트에게 파일을 전송할 수 있도록 해주는 서버를 FTP 서버라 부르며, FTP 서버를 구축하는데 이용되는 대표적인 서버 프로그램으로는 vsftpd, proftpd 등이 있습니다. 이 장에서는 페도라 리눅스에서는 vsftpd를 지원하므로 이를 이용하여 FTP 서버를 구축하는 방법에 대해서 살펴봅니다.

학습 주제

1. vsFTPD란?

Cris Evans에 의해서 개발된 vsftpd는 Linux/Unix 운영체제에서 작동하는 GPL 기반의 FTP 서버 프로그램으로 안정적이고, 빠르고, 강력한 보안을 제공하는 프로그램으로 vsftp는 very secure ftpd의 약자입니다.

vsftpd는 버퍼 오버플로우나 SITE EXEC, globbing vulnerablility와 같은 FTP 시스템 취약점을 통하여 시스템을 공격할 수 없도록 설계되어 다른 ftpd 프로그램에 비해 강력한 보안을 제공하고 있으며, 레드햇 FTP 사이트를 비롯한 GNU FTP 사이트, 수세 리눅스 FTP 사이트, RPMFIND.NET FTP, KDE FTP 사이트, 그놈 FTP 등 유명한 리눅스 FTP 사이트 등에서 많이 사용되고 있는 FTP 서버 프로그램입니다.

2. vsFTPD의 특징

☞ 가상 유저 설정을 통하여 계정의 쉘 로그인을 방지하여 안전한 FTP 서버 운영 가능

☞ Standalone 또는 inetd 모드로 vsftpd 데몬 효율적인 관리 지원

☞ 보다 나은 사이트 제어를 위한 대역폭 조절 기능 지원 (전송량 제한)

☞ SCP(Secure Copy)를 이용하여 평문 상태의 계정 패스워드를 암호화하여 보안 유지

☞ 가상 호스트 기능 지원으로 아이피마다 독립적인 FTP 서버 운영 가능

☞ TCP 랩퍼(wrapper)를 통합하여 아이피 접근 제어 설정 가능

☞ 익명 FTP 서버와 실명 FTP 서버를 단독 또는 혼합 형태로 운영 가능

☞ 파일 소유자의 UID와 GID를 ftp 계정으로 속여 익명 서버 서비스시 강력한 보안 제공

☞ 하위 디렉토리의 모든 파일들을 출력하는 ls -R 명령을 불허로 DoS 공격 방지

☞ 아스키(ASCII) 모드로 파일이 전송되는 것을 금지하여 DoS 공격 방지

> ☞ One Process Model 지원으로 익명 서버의 성능 향상
> ☞ 사용자의 계정에 chroot 기능을 지원하여 상위 디렉토리로 이동 방지하여 보안 유지

그외 vsftpd에 대한 자세한 정보는 다음 사이트를 참고하기 바랍니다.

```
http://vsftpd.beasts.org
```

3. vsFTPD 설치

yum 패키지 설치 도구를 이용하여 vsFTP 패키지를 다음과 같이 설치합니다.

```
# yum install vsftpd
```

4. vsFTPD 서버 실행

vsftpd 데몬은 xinetd 데몬에 의해서 작동하는 inetd 모드 방식 또는 xinetd 데몬에 의존하지 않고 독립적으로 작동하는 독립 모드(standalone mode)로 작동시킬 수 있습니다. 그러면 각각의 모드에 따라서 vsftpd 데몬을 띄우는 방법에 대해서 알아봅니다.

4.1 inetd 모드로 데몬 띄우기

Step1 /etc/xinetd.d/vsftpd 파일을 생성합니다. disable 값이 yes로 설정되어 있으면 xinetd 데몬에 의해서 작동되지 않음을 의미하므로, 반드시 no 값으로 설정되어 있어야 합니다.

```
service ftp
{
        socket__type            = stream
        wait                    =  no
        user                    = root
        server                  = /usr/local/sbin/vsftpd
        nice                    = 10
        disable                 = no
}
```

Step2 /etc/vsftpd/vsftpd.conf 파일 설정 중 LISTEN = YES 설정에 주석처리(#)를 해 놓습니다.

```
# LISTEN = YES
```

Step3 xinetd 데몬을 재실행하여 xinetd 데몬에 의해서 vsftpd 데몬을 띄웁니다.

```
# /etc/init.d/xinetd restart
```

4.2 Standalone 모드로 데몬 띄우기

Step1 /usr/share/doc/vsftpd-2.0.6/EXAMPLE/INTERNET_SITE_NOINETD 디렉토리에 있는 vsftpd.conf 파일을 /etc 디렉토리로 복사합니다.

```
# cd /usr/share/doc/vsftpd-2.0.6
# cp EXAMPLE/INTERNET_SITE_NOINETD/vsftpd.conf  /etc/vsftpd
```

Step2 /etc/init.d/vsftpd 스크립트를 이용하여 vsftpd 데몬을 띄웁니다. 여기서 주의할 것은 inetd 모드로 vsftpd데몬을 띄었다면 /etc/xinetd.d/vsftpd 파일의 disable=값을 yes로 변경하여 xinetd 데몬을 재시작한 후 vsftpd 데몬을 띄어야 오류가 발생되지 않습니다.

```
# /etc/init.d/vsftpd start        * 데몬 시작
# /etc/init.d/vsftpd stop         * 데몬 종료
# /etc/init.d/vsftpd restart       * 데몬 재시작
```

> **주의**
>
> inetd 모드로 vsftpd 데몬을 띄운 상태에서 standalone 모드로 데몬을 다시 띄우게 되면 오류가 발생됨을 다시 한번 주의하도록 합니다.

4.3 vsFTPD 서버 작동 유무 체크하기

vsftpd 서버가 정상적으로 작동하고 있는지는 FTP 서비스 포트인 21번 포트로 간단히 텔넷 접속을 하여 그 결과를 통해서 쉽게 알 수 있습니다. vsftp 서버가 정상적으로 작동하고 있을 때 21번 포트로 텔넷 접속을 하게 되면 이스케이프 문자가 나온 후에 접속 응답 코드인 220번으로 vsftpd 서버의 버전이나 배너 메시지를 보여줍니다. 그러면 다음과 같이 21번 포트로 텔넷 접속을 시도하여 vsftpd 서버가 정상적으로 작동하고 있는지를 점검해 봅니다.

```
# telnet localhost 21
Trying 127.0.0.1....
```

```
Connected to localhost.localdomain ( 127.0.0.1)
Escape character is '^]'.
220 (vsFTPd 2.0.5)
```

상기 화면에서 보는 바와 같이 접속 응답 코드 220번으로 vsftpd 서버의 데몬 버전이 2.0.5 버전임을
보여 주며, 그 다음 줄은 FTP 명령을 받아들일 수 있는 상태임을 보여줍니다. 이 상태에서 user 명령
과 pass 명령으로 vsftpd 서버에 로그인되는지도 함께 점검해 볼 수 있습니다. 그러면 user와 pass 명령
을 사용하여 vstfpd 서버에 익명(anonymous) 로그인을 테스트해 봅니다.

```
# telnet localhost 21
Trying 127.0.0.1....
Connected to localhost.localdomain ( 127.0.0.1)
Escape character is '^]'.
220 (vsFTPd 2.0.5)
user ftp
331 Please specify the password
pass ftp@localhost.com
230 Login successful.
```

21번 포트로 텔넷접속을 시도하는 것은 단순히 ftp서버가 정상적으로 작동하고 있는지와 해당 계정의
로그인이 성공적으로 이뤄지는지를 간단히 테스트하고자 할 때만 사용되는 것임을 주의하기 바랍니다.
FTP 서버가 정상적으로 작동하는 것을 확인하였다면 알ftp, gftp 등과 같은 클라이언트 FTP 프로그램
으로 FTP 서버에 접속하여 파일 업로드및 다운로드를 테스트해 보기 바랍니다.

vsftpd 서버의 작동 여부를 확인하는 다른 방법으로는 netstat 명령을 이용하면 됩니다. 그러면 다음 화
면과 같이 netstat -a | grep ftp 명령을 실행해 보면 ftp 서비스가 클라이언트의 접속 요청에 귀를 기
울이고 있는지(LISTEN)를 확인할 수 있습니다.

```
# netstat -a | grep ftp
tcp            0            0            *:ftp            *.*            LISTEN
```

5. vsftpd 서버 설정

앞서 vsftpd 서버의 데몬을 띄우는 방법과 데몬이 정상적으로 작동하고 있는지 체크해 보는 방법을 살
펴보았습니다. 그러면 이제부터 vsftpd.conf 파일에서 사용되는 옵션을 자세히 살펴보도록 합니다. 먼저
각 옵션들을 살펴본 후에 각 옵션들을 이용하여 여러 가지 실무적인 vsftpd 서버를 만드는 예제를 살
펴보도록 하겠습니다.

옵션 2. `max_clients = 100`

vsftpd 서버에 접속할 수 있는 클라이언트의 최대 수를 제한하는 옵션입니다.

옵션 3. `max_per_ip = 0`

호스트당 접속할 때 최대 접속수를 지정하는 옵션으로 기본값은 무제한을 의미하는 0입니다.

옵션 4. `local_max_rate = 0`

로컬 사용자가 파일을 전송할 수 있는 최대 속도를 제한하는 옵션으로 기본값은 무제한입니다.

옵션 5. `idle_session_timeout = 300`

FTP 명령을 실행한 이후 일정 시간 동안 다른 명령을 입력하지 않으면 접속 섹션을 끊어 버리게 되는데, 이 때의 일정 시간을 설정하는 옵션이다. 시간 단위는 초로 기본값은 300초입니다. FTP 접속 후이 옵션으로 지정한 시간내에 FTP 명령이 전달되지 않으면 클라이언트의 접속은 끊어지게 됩니다.

옵션 6. `ftpd_banner = Welcome to VSFTPD Server.`

사용자가 FTP서버에 접속하였을 때 보여줄 배너 메시지를 설정해 주는 옵션입니다. ftp_banner = Welcome to vsftpd server로 지정해 주었다면 클라이언트가 vsftpd 서버에 접속하였을 때 vsftpd 서버 버전 정보대신에 Welcome to vsftpd server라는 메시지를 보여 주게 됩니다.

옵션 7. `tcp_wrappers`

TCP 랩퍼에 의해서 vsftpd 접속을 제어하도록 할 것인가를 설정하는 옵션으로, /etc/allow와 /etc/deny 파일에서 vsftpd 서버에 접근할 수 있는 아이피 주소와 접속을 거부할 아이피 주소를 명시하여 접속을 제어할 수 있게 됩니다. 이 옵션이 적용되기 위해서는 vsftpd 소스중 builddefs.h 파일에서 다음 설정을 변경하여 컴파일해야 합니다.

```
#undef VSF_BUILD_TCPWRAPPERS      (변경전)
#define VSF_BUILD_TCPWRAPPERS     (변경후)
```

옵션 8. `accept_timeout = 60`

수동 모드로 클라이언트가 서버의 데이터 포트에 연결될때의 타임 아웃 시간을 설정합니다. 기본값은 60초입니다.

▶ 보안 관련 설정

옵션 1.　`chroot_local_user = NO`

로컬 시스템에 존재하는 사용자들이 자신의 디렉토리에 대해서 chroot를 가질 것인가를 설정하는 옵션입니다. 사용자들이 자신의 디렉토리 이외의 상위 디렉토리로 접근하지 못하도록 이 옵션을 켜 놓는 것은 바람직합니다. 기본값은 NO로 설정됩니다.

옵션 2.　`chroot_list_enable = NO`

사용자가 로그인시 자신의 디렉토리에 대해서 chroot를 갖도록 할 것인가를 설정하는 옵션으로, 이 옵션을 켜 놓으면 chroot_list_file 옵션으로 명시되는 파일(/etc/vsftpd/chroot-list)에 있는 사용자는 자신의 디렉토리를 루트 디렉토리로 갖게 되어 자신의 디렉토리 이외의 상위 디렉토리로는 접근이 불가능해집니다. 기본값은 NO입니다.

옵션 3.　`chroot_list_file = /etc/vsftpd.chroot-list`

사용자 홈 디렉토리에 대해서 chroot를 적용하고자 하는 사용자 계정을 담고 있는 파일명을 지정하는 옵션으로, 이 옵션은 chroot_list_enable 옵션이 켜져 있어야 하고, chroot_local_user옵션은 꺼져 있어야 적용됩니다. 기본값은 /etc/vsftpd/chroot-list입니다.

옵션 4.　`chown_uploads = NO`

익명으로 업로드된 파일에 대해서 chown_username 옵션으로 명시된 사용자의 소유권으로 변경되도록 할 것인가를 설정하는 옵션입니다. 기본값은 NO로 설정되어 있으나, 이 옵션은 파일 보안 및 관리상에 도움이 될 수 있을 것입니다.

옵션 5.　`chown_username = root`

chown_uploads 옵션과 함께 적용되는 옵션으로, 익명의 업로드 파일에 대한 소유권을 갖는 사용자 계정을 담고 있는 파일입니다. 기본값은 root입니다.

옵션 6.　`nopriv_user = nobody`

vsftpd 데몬을 루트 권한이 아닌 시스템에 존재하는 일반 사용자의 비특권 권한으로 작동되도록 하고자 할 때 사용하는 옵션으로, 기본값으로는 nobody로 설정됩니다.

옵션 7.　`async_abor_enable = NO`

async ABOR 명령을 가능하도록 하는 옵션으로, 기본값은 NO입니다. 이 옵션은 보안 그리 좋지 못한 옵션이긴 하지만, 일부 FTP 클라이언트 프로그램에서 파일 전송을 취소하였을 때 취소되지 않은 상태로 있는 경우가 생기곤 하는데 이러한 목적을 위해서 사용될 수도 있습니다.

옵션 8.　`ascii__download__enable/ ascii_upload_enable = NO`

파일 전송을 아스키 모드(ASCII)로 작동하게 끔 할 것인가를 설정하는 옵션으로 기본값은 NO입니다. 이 옵션은 악의적인 사용자에 의해서 시스템 I/O 자원이 고갈될 수 있는 위험성이 있으므로 주의해서 사용해야 합니다.

옵션 9.　`ls_recurse_enable = NO`

ls -R 명령을 허용할 것인가를 설정하는 옵션으로 기본값은 NO로 되어 있는데, 수많은 하위 디렉토리와 파일을 가지고 있는 상위 디렉토리에서 이 옵션을 허용하게 되면 시스템 자원이 많이 소모되기 때문에, 크래커들에게 DoS(서비스 거부) 공격을 받을 위험성이 있으므로, 조심스럽게 사용해야 합니다.

옵션 10.　`hide__ids = NO`

디렉토리 목록에서 사용자의 ID와 그룹의 ID를 보여주지 않고, 모두 ftp로 표시할 것인가를 설정하는 옵션입니다. 이 옵션을 YES로 하면 모든 파일의 소유권은 ftp로 표시된다. 기본값은 NO이다. 보안에 도움을 줄 수 있는 옵션이 될 수 있습니다.

옵션 11.　`chmod__enable = YES`

SITE, CHMOD와 같은 FTP 명령 사용 가능 여부를 설정하는 옵션으로 실명 접속에만 허용되며, 익명 접속에서는 허용되질 않습니다. 기본값은 YES입니다.

옵션 12.　`pam__service_name = ftp`

PAM(장착식 모듈)을 이용하여 사용자 인증을 하고자 할 때 인증 파일을 지정하는 옵션으로는 기본값은 ftp 파일입니다.

옵션 13.　`check__shell = YES`

사용자 로그인시 사용자의 유효 쉘을 /etc/shell 파일에서 체크해 볼 것인가를 설정하는 옵션으로 PAM 모듈이 작동하지 않는 vsFTPD 서버에서 효과적일 수 있습니다.

▶ 데이터 연결 관련 설정

옵션 1.　`pasv_enable = YES`

수동 데이터 연결 모드(Passive mode)로 지원할 것인지를 설정하는 옵션으로 기본값은 YES입니다.

| 옵션 2. | `pasv_promiscuous = YES` |

제어 연결에서 사용된 동일한 아이피 주소에서 이뤄지는 데이터 연결을 보장해 주는 수동 보안 체크 기능을 사용할 것인가를 설정하는 옵션으로 YES로 설정하면 수동 보안 체크 기능을 꺼지게 됩니다.

| 옵션 3. | `pasv_max_port / pasv_min_port` |

수동 모드로 데이터 연결시 할당될 최대 및 최소 포트를 설정하는 옵션으로, 기본값은 모두 0(포트제한 없음)입니다. 수동 모드로 연결될 때의 포트는 일반적으로 50000 ~ 60000 포트 사이로 지정합니다.

| 옵션 4. | `ftp_data_port = 20` |

포트 형식의 데이터 연결 시 사용할 포트를 지정하는 옵션으로 기본값은 포트 20번입니다.

| 옵션 5. | `data_connection_timeout = 300` |

FTP 서버로부터 데이터를 다운로드하거나 업로드한 후에 다시 파일을 전송하지 않으면 끊어질 시간을 설정하는 옵션입니다. 이 옵션으로 지정된 시간 동안에 데이터 전송이 없으면 클라이언트의 접속은 끊어지게 됩니다. 시간 단위는 초이며, 기본값은 300초입니다.

| 옵션 6. | `connect_from_port_20 = NO` |

FTP 서버는 포트 21번으로 클라이언트 접속을 받아들이고, 데이터는 포트 20번을 이용하여 전송합니다. 이 때 데이터 전송 포트를 포트 20번으로 사용할 것인가를 설정하는 옵션으로 서버를 능동 모드로 운영하고자 한다면 이 옵션을 활성화해야 합니다. 이 옵션의 기본값은 NO로 되어 있는데, 이 옵션이 꺼져 있으면 vsftpd 서버는 1024번 포트 이상의 임의의 포트를 데이터 포트로 사용하게 됩니다(수동모드). FTP 서버의 포트를 변경해야 하는 경우에는 이 값을 NO로 설정합니다.

| 옵션 7. | `port_enable = YES` |

PORT 명령으로 서버와 클라이언트간의 데이터 포트 연결되는 방식을 허용할 것인지 아닌지를 설정하는 옵션으로 데이터 전송을 위해서는 이 옵션은 YES로 설정해야 합니다. 기본값은 YES입니다.

| 옵션 8. | `connect_timeout = 60` |

클라이언트가 서버의 제어포트에 연결되었을 때의 타임 아웃 시간을 설정하는 옵션으로 기본값은 60초입니다. 타임아웃 시간이 초과하게 되면 접속은 끊어지게 됩니다.

▶ 로그 관련 설정

옵션 1.　`xferlog_enable = NO`

파일 송수신 결과를 xferlog_file 옵션으로 지정된 로그 파일(/var/log/vsftpd.log) 파일에 저장할 것인가를 설정하는 옵션이며 기본값은 NO입니다.

옵션 2.　`xferlog_file = /var/log/vsftpd.log`

xferlog_enable 옵션이 켜져 있을 때 파일 송수신 과정을 기록할 로그 파일을 지정하는 옵션으로, 기본값은 /var/log/vsftpd.log 파일로 설정됩니다.

옵션 3.　`xferlog_std_format = NO`

파일 송수신 로그를 표준 xferlog 포맷으로 저장되도록 할 것인가를 설정하는 옵션으로 기본값은 NO입니다.

옵션 4.　`log_tp_protocol = NO`

xferlog_std_format 옵션이 선택되지 않았을 때 모든 FTP 요청및 응답에 관련된 메시지를 기록할 것인지 여부를 설정하는 옵션으로 오류 분석하는데 유용합니다. 기본값은 NO입니다.

옵션 5.　`syslog_enable = NO`

FTP에 관련된 로그가 /var/log/vsftpd.log에 저장되지 않는 대신에 시스템 로그 파일(/var/log/syslog)에 저장되도록 할 것인가를 설정하는 옵션으로 FTP데몬의 메시지 종류(Facility)에 따라 로그가 기록됩니다. 기본값은 NO입니다.

옵션 6.　`dual_log_enable = NO`

/var/log/xferlog 파일과 /var/log/vsftpd.log 파일 모두에 FTP 파일 전송 기록이 저장되도록 하는 옵션으로 기본값은 NO입니다.

옵션 7.　`vsftpd_log_file = /var/log/vsftpd.log`

vsftpd 데몬에 의한 로그 메시지를 기록할 파일명을 지정하는 옵션입니다. 기본값인 /var/log/vsftpd.log 파일에 로그가 기록되도록 하기 위해서는 xferlog_enable 옵션이 작동하고 있어야 하며, xferlog_std_format 옵션은 꺼 있어야 합니다.

5.3 /etc/vsftpd/ftpusers

/etc/vsftpd/ftpusers는 vsftpd 서버에서 로그인할 수 없는 사용자 목록을 담고 있는 파일로 /etc/pam.d 디렉토리에 있는 vsftpd PAM모듈에 의해서 이 파일에 열거된 사용자들의 로그인을 거부하게 됩니다. 그러므로, 로그인을 제한하고자 하는 사용자가 있다면 그 계정을 이 파일에 한 줄씩 넣어 주면 됩니다.

5.4 /etc/pam.d/vsftpd

PAM(Pluggable Authentication Modules, 장착식 인증 모듈)에 의해서 사용자의 로그인을 제어하고자 할 때 사용되는 모듈 파일입니다. 이 파일은 vsftpd.conf 파일에 pam_service_name=vsftpd 옵션을 추가해 주어야 실명 접속 시 vsftpd PAM 모듈에 의해서 사용자의 로그인에 대해서 인증 기능을 사용할 수 있습니다.

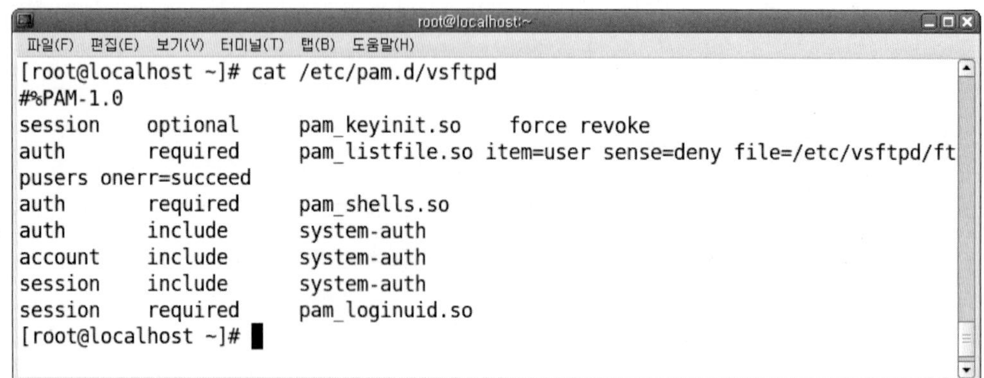

이 파일의 두 번째 줄 설정은 /etc/vsftpd/ftpusers 파일에 있는 계정들에 대해서는 로그인을 불허함을 의미합니다. /etc/vsftpd.ftpusers 파일에 vsftpd 서버에 접속하지 못하도록 할 계정을 넣어 주면 로그인을 제한할 수 있습니다. 만일 /etc/vsftpd/ftpusers에 있는 사용자만 로그인이 가능하도록 하려면 sense=deny를 sense=allow로 수정해 주면 됩니다.

5.5 /etc/vsftpd/user_list

vsftpd.conf 파일에서 userlist_deny값이 NO로 설정되어 있으면 이 파일안에 있는 사용자들은 로그인은 가능하지만, 반대로 YES로 설정되어 있으면 로그인이 불가능해집니다.

6. vsftpd.conf 실전 예제

vsFTPD이 지원하는 기능을 이용하여 여러분 환경에 적합한 강력한 vsFTPD 서버를 구축하는 실전 예제를 살펴 보겠습니다. 여기서 살펴보는 예제들은 /usr/share/doc/vsftpd-2.0.6/EXAMPLE 디렉토리에서 찾아 볼 수 있습니다.

6.1 익명 FTP 서버

vsftpd.conf 설정 파일은 기본적으로 익명 FTP 접속을 위한 설정으로 구성되어 있으므로, vsftpd 데몬을 시작하게 되면 기본적으로 anonymous FTP로 작동하게 됩니다. 예제에서 다뤄질 설정은 standalone 모드로 vsftpd 데몬을 띄울 때의 환경 설정 파일 예제임을 주목합니다. 만일 inetd 모드로 vsftpd 데몬을 띄울 때는 맨 마지막에 있는 listen 옵션과 listen_port 옵션을 제거해 주면 됩니다.

Step1 익명 접속시 기본 경로인 /var/ftp/pub 디렉토리를 생성해 줍니다. 만일 이 디렉토리가 생성되어 있다면 이 과정을 생략합니다.

```
[root@localhost ~]# mkdir -p /var/ftp/pub
[root@localhost ~]#
```

익명 FTP 접속시 기본 경로는 어딜까?

익명 접속시 ftp 또는 anonymous의 기본 경로는 /etc/passwd에서 지정된 ftp의 계정 경로로 결정됩니다. 대부분의 /etc/passwd에서 ftp 계정은 /var/ftp 경로로 지정되어 있으므로, 익명 계정으로 접속할 때 접속되는 경로는 /var/ftp입니다.

Step2 익명 접속을 위한 vsftpd.conf 파일을 다음과 같은 내용으로 만들거나 수정합니다.

```
# 익명 서버 설정 옵션
anonymous_enable=YES                          # 익명 접속 허용
local_enable=NO                               # 로컬 사용자 접속 불허
write_enable=NO                               # 보안을 위해서 쓰기 금지
anon_umask=077                                # 익명 사용자의 파일 생성 umask값을 077로 지정
anon_mkdir_write_enable=NO                    # 디렉토리 생성 금지
anon_upload_enable=NO                         # 업로드 금지
anon_other_write_enable=NO                    # 업로드 및 경로생성외 삭제, 이름변경 등 다른 쓰기 금지
anon_world_readable_only=YES                  # ftp 계정 소유의 읽기 모드로 된 파일만 다운로드 가능
```

```
# 접속 제한 설정
 max_clients=50                              # 접속 최대 인원 50명으로 제한
 max_per_ip=2                                # 한 호스트 2회 이상 접속 불허
one_process_model=YES                        # 1회 접속마다 하나씩 프로세스 작동
 idle_session_timeout=120                    # 2분 동안 FTP 명령이 없으면 접속 종료
 data_connection_timeout=300                 # 5분 동안 데이터 전송이 없으면 접속 종료
 connect_timeout=60                          # 1분 동안 접속이 이뤄지지 않으면 접속 종료
 anon_max_rate=100000                        # 최대 전송률을 100kbyte로 제한
 ftpd_banner=Welcome to VSFTPD               # vsftpd 서버 접속시 보여줄 메시지 설정
# 보안 설정
 hide_ids=YES                                # 다른 계정의 소유권을 ftp로 모두 가장함.
 no_anon_password=NO                         # 익명 사용자의 패스워드를 물음
 ls_recurse_enable=NO                        # ls -R 명령 실행 금지
 connect_from_port_20=YES                    # 데이터 연결을 20번 포트로 이용하도록 함
 xferlog_enable=YES                          # 파일 전송 로그를 로그 파일에 기록하도록 함
 xferlog_file=/var/log/vsftpd.log            # 파일 전송 로그 파일 명시
 ascii_download_enable=NO                    # 아스키 형태로 다운로드 금지
 async_abor_enable=NO                        # async ABOR 명령 금지
# 독립 모드(Standalone) 설정
 listen=YES                                  # vsftpd 데몬을 독립 모드로 띄움
 listen_port=21                              # 클라이언트의 접속 요청에 경청할 ftp포트 명시
```

Step3   vsftpd 데몬을 띄웁니다.

```
# /etc/init.d/vsftpd restart
```

Step4   익명 접속 테스트를 위해서 /var/ftp/pub 디렉토리에 /etc/issue 파일을 복사한 후 chmod 644의 퍼미션을 부여합니다.
그리고 나서 업로드 테스트를 위한 test 파일을 다음과 같이 만듭니다.

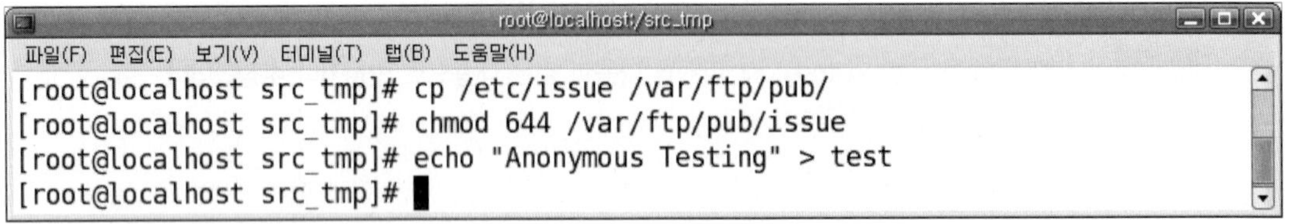

Step5   ncftp 프로그램을 이용하여 localhost의 vsftpd 서버에 접속한 후 step4에서 복사한 issue 파일을 다운로드해 보고, test
파일을 업로드하여 익명 접속 상태를 점검합니다.

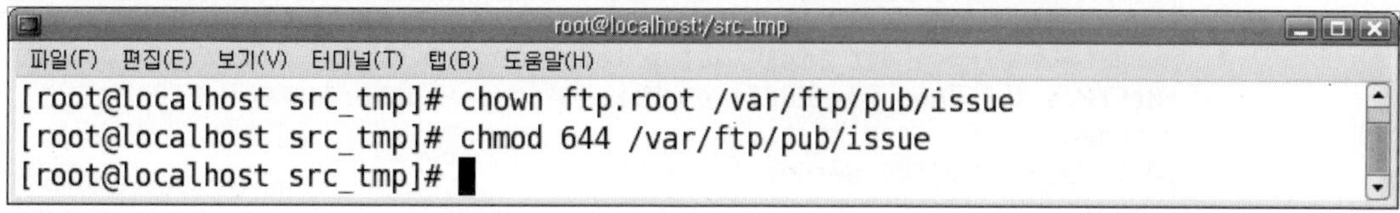

```
[root@localhost src_tmp]# ncftp localhost
NcFTP 3.2.0 (Aug 05, 2006) by Mike Gleason (http://www.NcFTP.com/contact/).
Connecting to localhost...
Welcome to VSFTPD Server
Logging in...
Login successful.
Logged in to localhost.
ncftp / > ls -l
drwxr-xr-x    2 ftp       ftp           4096    9월 21 01:28    pub
ncftp / > cd pub
Directory successfully changed.
ncftp /pub > ls -l
-rw-r--r--    1 ftp       ftp             53    9월 21 01:28    issue
ncftp /pub > get issue
issue:                                          53.00 B   40.69 kB/s
ncftp /pub > put test
put test: server said: Permission denied.
ncftp /pub > quit
[root@localhost src_tmp]#
```

vsftpd 서버에 접속한 후 /pub 디렉토리로 이동하여 ls -l 명령으로 파일 구조를 확인해 보면 소유권이 root가 아닌 ftp로 변경되어 있는데, 이는 hide_ids 옵션에 의해서 root의 ID를 감추고, ftp 소유권으로 가장하였을 뿐 실제의 소유권은 root로 되어 있는 것입니다. vsftpd.conf 설정에서 익명 접속 시 쓰기 기능을 막아 놓은 상태이기 때문에 put 명령으로 파일이 업로드되지 않음을 볼 수 있습니다. 그러나 issue 파일은 누구에게나 읽기 모드를 허용하므로 다운로드될 수 있음을 볼 수 있습니다.

여기서 anon_world_readable_only 옵션과 관련하여 생각 볼 문제가 있습니다. root 소유로 지정된 issue 파일을 다운로드할 때는 이 옵션이 적용되질 않습니다. 그러나 파일의 소유권이 ftp로 되어 있을 때는 달라집니다. 만일 파일의 소유권이 ftp이고, 퍼미션이 644일 때는 ftp 계정이 자신의 파일에 대해서 읽을 수 권한이 있기 때문에 다운로드가 가능하지만, 퍼미션이 640일 때는 이 옵션이 적용되어 다운로드가 되질 않습니다. 이 옵션을 꺼 놓게 되면 ftp 계정은 자신의 파일을 다운로드할 수 있게 됩니다. 그러면 이해를 돕기 위해서는 테스트해 봅니다. 먼저 /var/ftp/pub/issue 파일에 대해서 소유권을 ftp로 변경하고, 퍼미션을 chmod 644를 부여합니다.

```
[root@localhost src_tmp]# chown ftp.root /var/ftp/pub/issue
[root@localhost src_tmp]# chmod 644 /var/ftp/pub/issue
[root@localhost src_tmp]#
```

/etc/vsftpd.conf 파일에서 anon_world_readable_only=YES로 설정되어 있는지 확인한 후 vsftpd 데몬을 다시 띄우고 나서 vsftpd 서버에 접속합니다. /pub 디렉토리로 이동하여 issue 파일을 다운로드해 봅니다. 정상적으로 다운로드 되는 것을 볼 수 있을 것입니다.

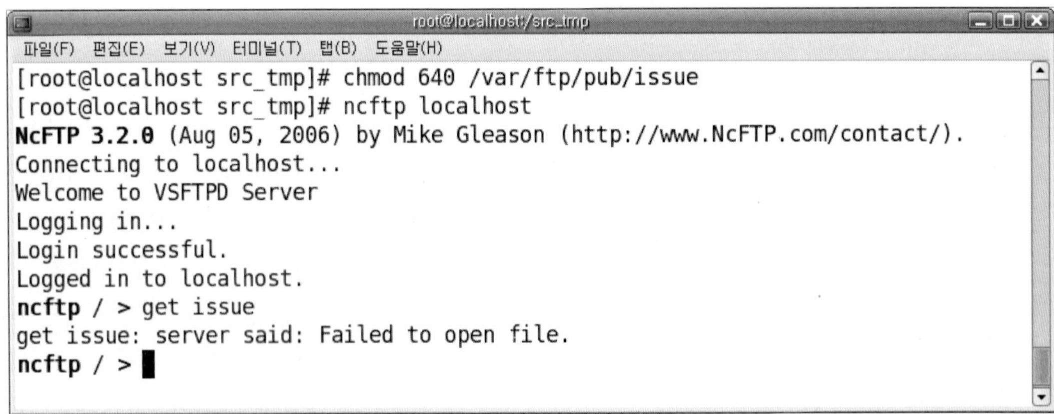

이번에는 /var/ftp/pub/issue 파일에 대해서 퍼미션을 640으로 변경한 후에 vsftpd 서버에 접속하여 다운로드해 봅니다. issue 파일은 다운로드가 불가능할 것입니다.

이번에는 vsftpd.conf 파일에서 anon_world_readable_only 옵션값으로 NO로 변경하고 vsftpd 데몬을 다시 띄웁니다. 그리고 나서 vsftpd 서버에 접속하여 issue 파일을 다운로드합니다. 정상적으로 다운로드될 것입니다.

만일 업로드 서비스를 제공하고자 할 때는 어떻게 설정해야 할까? 업로드가 가능하도록 하려면 write_enable=YES로 설정하고, anon_upload_enable=YES 옵션을 추가해 주면 됩니다. 익명 서버에서 ftp

계정으로 파일을 업로드하게 끔 할 때는 반드시 umask=077과 anon_world_readable_ony=YES로 설정하여 ftp 계정이 올린 파일을 다운로드하지 못하도록 하여 보안을 유지하는 것이 좋습니다.

6.2 실명 FTP 서버 설정

이번에는 익명 접속이 아닌 /etc/passwd 파일에 존재하는 계정으로 vsftpd 서버에 접속할 수 있도록 설정하는 방법에 대해서 알아봅니다

```
# 실명 접속 설정 옵션
anonymous_enable=NO                       # 익명 접속 불허
local_enable=YES                          # 로컬 사용자 접속 허용
write_enable=YES                          # 쓰기 허용
umask=022                                 # 파일 생성 umask값을 022로 지정


# 접속 제한 설정
max_clients=50                            # 접속 최대 인원 50명으로 제한
max_per_ip=2                              # 한 호스트 2회 이상 접속 불허
one_process_model=NO                      # one_process_model 사용하지 않음
idle_session_timeout=120                  # 2분 동안 FTP 명령이 없으면 접속 종료
data_connection_timeout=300               # 5분 동안 데이터 전송이 없으면 접속 종료
connect_timeout=60                        # 1분 동안 접속이 이뤄지지 않으면 접속 종료
local_max_rate=0                          # 최대 전송률을 제한하지 않음
ftpd_banner=Welcome to VSFTPD             # vsftpd 서버 접속시 보여줄 메시지 설정
# 보안 설정
chroot_local_user=YES                     # 로컬 사용자의 홈 디렉토리에 chroot 적용
hide_ids=NO                               # 다른 계정의 소유권을 ftp로 표시되지 않도록 함.
ls_recurse_enable=NO                      # ls -R 명령 실행 금지
connect_from_port_20=YES                  # 데이터 연결을 20번 포트로 이용하도록 함
xferlog_enable=YES                        # 파일 전송 로그를 로그 파일에 기록하도록 함
xferlog_file=/var/log/vsftpd.log          # 파일 전송 로그 파일 명시
ascii_download_enable=NO                  # 아스키 형태로 다운로드 금지
async_abor_enable=NO                      # async ABOR 명령 금지
# 독립 모드(Standalone) 설정
listen=YES                                # vsftpd 데몬을 독립 모드로 띄움
listen_port=21                            # 21번 서비스 포트에 경청하도록 함
pam_service_name=vsftpd                   # PAM 인증 모듈 파일 명시
```

실명 FTP 접속 설정시 중요한 옵션으로는 local_enable과 write_enable 옵션입니다. 이들 두 옵션의 값을 YES로 설정합니다. 그리고, anonymous_enable 옵션은 NO로 설정하여 익명 접속을 허용하지 않

도록 해야 합니다.

보안 설정을 위해서 각 사용자의 홈 디렉토리를 루트 디렉토리로 가지도록 chroot_local_user=YES 설정을 추가하고, hide_ids 옵션은 NO로 설정합니다. 또한 pam_service_name=vsftpd 옵션을 추가하여 vsftpd PAM 모듈에 의해서 계정의 로그인을 인증할 수 있도록 합니다. 만일 PAM 모듈 파일을 ftp로 사용한다면 pam_service_name=ftp로 수정합니다.

Step1 /etc/pam.d/vsftpd 파일이 있는지 확인하고, 파일이 존재하지 않는다면 다음 내용이 들어간 vsftpd 파일을 만들어야 합니다.

```
[root@localhost ~]# cat /etc/pam.d/vsftpd
#%PAM-1.0
session    optional      pam_keyinit.so    force revoke
auth       required      pam_listfile.so item=user sense=deny file=/etc/vsftpd/ft
pusers onerr=succeed
auth       required      pam_shells.so
auth       include       system-auth
account    include       system-auth
session    include       system-auth
session    required      pam_loginuid.so
[root@localhost ~]#
```

Step2 vsftpd 데몬을 실행합니다.

```
# /etc/init.d/vsftp restart
```

Step3 21번 포트로 텔넷 접속을 통하여 user와 pass 명령으로 실명 접속이 되는지를 간단하게 점검해 봅니다.

```
[root@localhost src_tmp]# telnet localhost 21
Trying 127.0.0.1...
Connected to localhost.localdomain (127.0.0.1).
Escape character is '^]'.
220 Welcome to JOAYO.NET VSFTPD Server.
user baboo
331 Please specify the password.
pass Rhfenrl
230 Login successful.
```

6.3 익명과 실명 동시 허용 설정

이번에는 앞서 살펴 본 익명과 실명 접속을 동시에 가능하도록 서버를 꾸미는 예제를 살펴봅니다. 공개 FTP 사이트를 운영하면서 쉘 계정 사용자들에게는 실명 접속을 허용하고자 하는 사이트에서 필요한 설정일 것입니다.

Step1 다음과 같이 vsftpd.conf 파일을 생성하거나 수정합니다.

```
# 실명 및 익명 동시 접속 설정 옵션
anonymous_enable=YES                        # 익명 접속 허용
local_enable=YES                            # 로컬 사용자 접속 허용
write_enable=YES                            # 쓰기 허용
umask=022                                   # 파일 생성 umask값을 022로 지정
anon_umask=077                              # 익명 사용자의 파일 생성 umask값을 077로 지정
anon_mkdir_write_enable=YES                 # 디렉토리 생성 허용
anon_upload_enable=NO                       # 업로드 허용
anon_other_write_enable=NO                  # 업로드 및 경로생성외 삭제, 이름변경 등 다른 쓰기 금지
anon_world_readable_only=YES                # ftp 계정 소유의 읽기 모드로 된 파일만 다운로드 허용
# 접속 제한 설정
max_clients=50                              # 접속 최대 인원 50명으로 제한
max_per_ip=2                                # 한 호스트 2회 이상 접속 불허
one_process_model=NO                        # one_process_model 사용하지 않음
idle_session_timeout=120                     # 2분 동안 FTP 명령이 없으면 접속 종료
data_connection_timeout=300                 # 5분 동안 데이터 전송이 없으면 접속 종료
connect_timeout=60                          # 1분 동안 접속이 이뤄지지 않으면 접속 종료
local_max_rate=0                            # 최대 전송률을 제한하지 않음
ftpd_banner=Welcome to VSFTPD               # vsftpd 서버 접속시 보여줄 메시지 설정
# 보안 설정
chroot_local_user=YES                       # 로컬 사용자의 홈 디렉토리에 chroot 적용
hide_ids=NO                                 # 다른 계정의 소유권을 ftp로 표시되지 않도록 함.
ls_recurse_enable=NO                        # ls -R 명령 실행 금지
connect_from_port_20=YES                    # 데이터 연결을 20번 포트로 이용하도록 함
xferlog_enable=YES                          # 파일 전송 로그를 로그 파일에 기록하도록 함
xferlog_file=/var/log/vsftpd.log            # 파일 전송 로그 파일 명시
ascii_download_enable=NO                     # 아스키 형태로 다운로드 금지
async_abor_enable=NO                        # async ABOR 명령 금지
# 독립 모드(Standalone) 설정
listen=YES                                  # vsftpd 데몬을 독립 모드로 띄움
listen_port=21                              # 21번 서비스 포트에 경청하도록 함
pam_service_name=vsftpd                     # PAM 인증 모듈 파일 명시
```

Step2 vsftpd 데몬을 다시 띄웁니다.

Step3 텔넷으로 21번 포트로 접속하여 user와 pass 명령으로 익명과 실명 접속이 각각 이뤄지는지를 확인합니다.

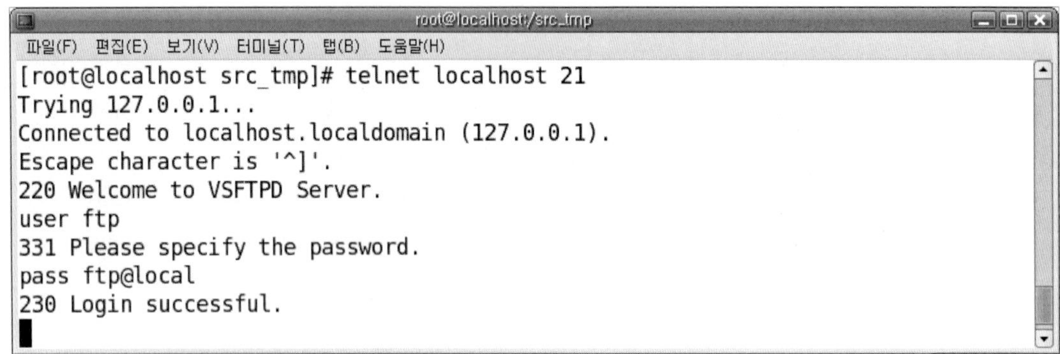

〈실명 접속 확인〉

〈익명 접속 확인〉

7. vsFTPD 오류 분석 및 대책

오류 1 21번 FTP 포트로 텔넷 접속을 하였을 때 다음과 같이 연결되지 않는다.

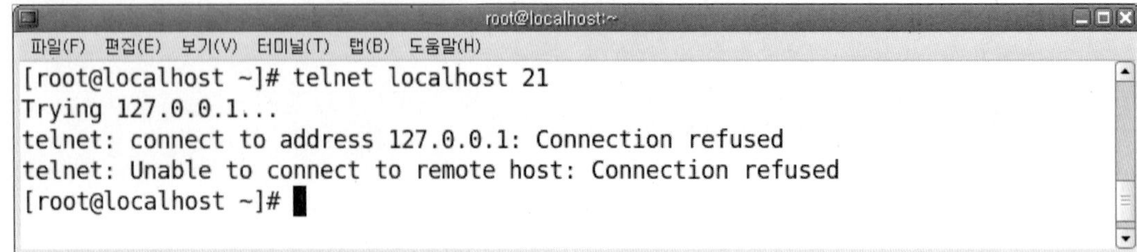

대 책

이것은 vsftpd 데몬이 정상적으로 작동하고 있지 않아 발생하는 것으로 다음 사항을 점검하여 올바르게 대처해야 합니다.

① inetd 모드로 vsftpd데몬 작동시 /etc/xinetd.d/vsftpd이 있는지 확인하고, 또한 이 파일에서 disable =no로 설정되어 있는지를 확인합니다.

② 독립 모드로 vsftpd 데몬이 작동되도록 하였을 경우 ps ax | grep vsftpd를 실행하여 vsftpd데몬이 정상적으로 떠 있는지 확인합니다.

③ vsftpd.conf 파일의 설정이 올바른지 다시 한번 점검합니다.

오류 2 실명으로 로그인하면 익명 접속이라는 메시지가 나와 실명 로그인이 불가능하다.

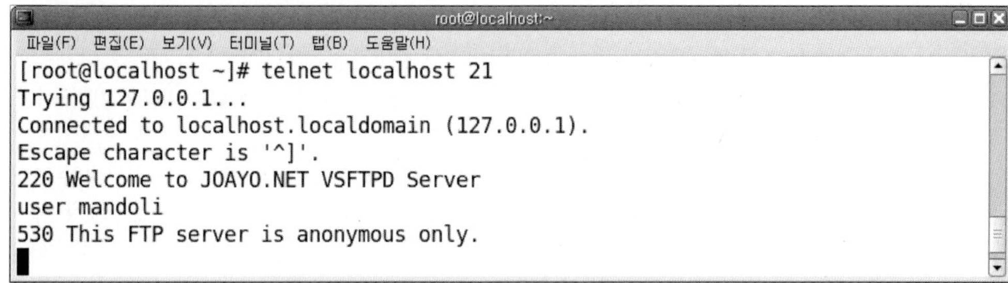

대 책

vsftpd.conf 파일에서 익명 설정이 활성화되어 있을 경우에 발생하는 문제입니다. 따라서 vsftpd.conf 파일에서 anonymous_enable 옵션값이 NO로 설정되어 있는지와 local_enable값이 YES로 설정되어 있는지 확인해 봅니다. 그외 anonymous 설정 옵션들을 삭제하거나 주석처리하여 비활성화시키면 됩니다.

오류 3 가상 사용자 접속 설정을 한 후 가상 계정으로는 로그인되지 않는다.

대 책

① vsftpd.conf 파일에서 local_enable = YES, anonymous_enable = NO 설정이 있는지 확인합니다.

② pam_service_name 옵션으로 명시된 파일(ftp)이 /etc/pam.d 디렉토리에 있는지 확인합니다.

③ vsftpd.conf 설정 파일에 pam_service_name 옵션값으로 ftp로 설정되어 있는지 확인합니다.

④ vsftpd_login.db 파일이 올바르게 생성되지 않아 발생할 수 있으므로, logins.txt 파일을 다시 만들어 이를 DB화하여 vsftpd 데몬을 다시 띄운 후에 점검해 봅니다.

오류 4 | 실명 접속 설정시 실계정으로는 로그인이 되지 않는다.

대 책

① 실계정의 패스워드가 올바른지 확인합니다.

② /etc/pam.d/vsftpd PAM 인증 모듈 파일이 존재하는지 확인합니다. 이 때 가상 사용자 접속 설정시 사용되는 ftp 인증 모듈 내용과 달라야 합니다.

③ vsftpd.conf 파일에서 pam_service_name 옵션으로 PAM 모듈 파일명이 명시되어 있는지 확인합니다.

오류 5 | /etc/init.d/vsftpd 스크립트를 실행하였는데 vsftpd 데몬이 뜨질 않는다.

대 책

① vsftpd.conf 파일에서 listen=YES과 listen_prt=21 설정이 있는지를 확인합니다..

② vsftpd.conf 파일이 /etc/init.d/vsftpd 스크립트에서 인식하는 디렉토리(/etc/vsftpd)에 존재하는지 확인합니다.

③ 소스 컴파일을 하여 vsftpd 서버를 설치한 경우 이 스크립트에서 vsftpd 바이너리 위치가 다르므로, 이 스크립트에서 /usr/sbin 디렉토리를 /usr/local/sbin 디렉토리로 복사하거나 /usr/local/sbin/vsftpd 파일을 /usr/sbin/vsftpd로 심볼릭 링크를 해 주어야 합니다.

④ xinetd 데몬에 의해서 vsftpd 데몬이 작동하고 있는지를 확인합니다.

오류 6 | 21번 서비스 포트로 접속하면 vsftpd 데몬이 떠 있음에도 불구하고 one_process_model 오류가 나오면서 vsftpd 서버 접속이 안된다.

대 책

오류 메시지에서 보여 주는 바와 같이 one_process_model 옵션은 익명 접속 설정시에만 적용되기 때문에 실명 접속 설정에서는 이 옵션의 값을 NO로 설정해야 합니다. vsftpd.conf 파일에서 이 옵션 값을 변경한 후에 다시 vsftpd 데몬을 띄어 주면 해당 메시지없이 로그인이 가능해질 것입니다.

오류 7 | vsftpd 데몬을 백그라운드 모드로 실행하면 다음과 같은 오류가 나온다.

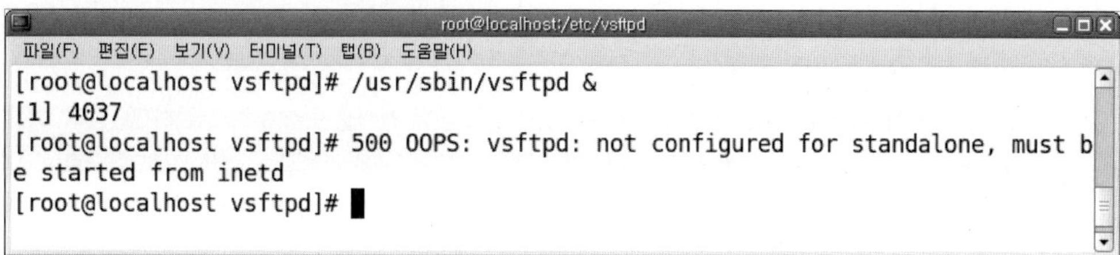

대 책

① xinetd 데몬에 의해서 vsftpd 서비스가 작동중인 상태에서 vsftpd 데몬을 standalone 모드로 띄우고 자 할 때 발생하는 메시지이다. 그러므로 /etc/xinetd.d/vsftpd 파일에서 disable=no를 disable=yes 로 수정한 후 xinetd 데몬을 다시 띄워 준다. 그리고나서 vsftpd 데몬을 백그라운드 모드로 실행하면 문제없이 작동할 것입니다.

② vsftpd.conf 파일에 listen=YES과 listen_port=21 설정이 존재하는지를 점검합니다. 이 옵션들이 누 락되어 있으면 vsftpd.conf 파일은 inetd 모드로 작동되도록 설정되어 있기 때문에 standalone 모드 로 vsftpd 데몬을 띄울 때 상기와 같은 오류가 나올 수 있다. 그러므로 이들 옵션이 없다면 추가해 주도록 합니다.

③ vsftpd.conf 파일이 vsftpd 데몬이 읽어 들이는 경로에 있는지 확인해 보자. 소스 설치시에는 /etc 디 렉토리에 있는 vsftpd.conf 파일을 읽어 들이므로, /etc에 설정 파일이 존재하는지 확인한다. 만일 다 른 경로에 vsftpd.conf 파일이 존재한다면 vsftpd 데몬을 띄울 때 다음과 같이 설정 파일을 지정해서 띄어 주면 됩니다.

```
/usr/local/sbin/vsftpd /etc/vsftpd/vsftpd.conf &
```

오류 8 | FTP 서버가 정상적으로 동작하고 있는데 실명 계정으로 하면 자신의 계정 디렉토리에 접근하지 못한다. 퍼미션이 올바른 상태임에도 불구하고 자신의 계정으로 들어갈 수 없다.

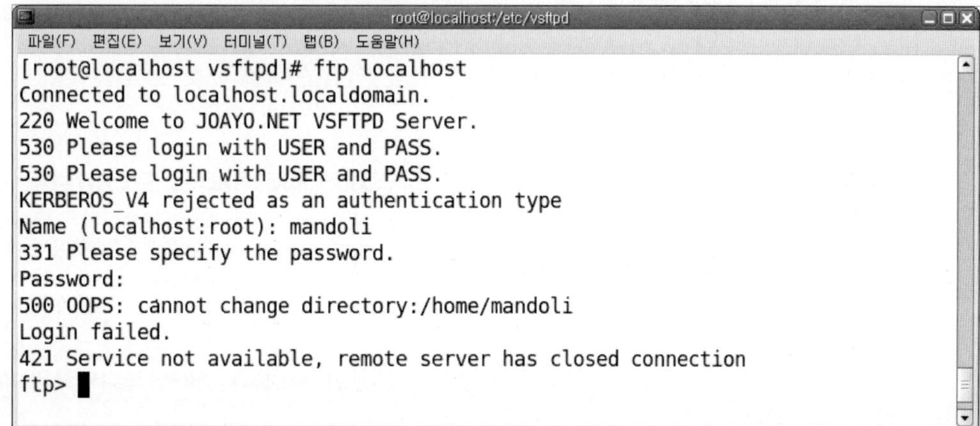

대 책

SELinux에 의해서 계정 디렉토리 접근이 차단된 상태입니다. 그놈 메뉴에서 [시스템->관리->SELinx 관 리]를 선택하고 [Boolean]를 클릭합니다.

필터 입력폼에 ftp를 넣어 모듈을 찾아 ftp_home_dir,allow_ftpd_full_access를 체크하고나서 다시 FTP 서버에 접속하면 됩니다.

Chapter

07. 파일 공유 서버 구축(삼바 서버)

이 장에서 파일을 네트워크상으로 저장할 수 있는 파일 공유 서버를 구축해 보도록 하겠습니다. 이를 위해서는 서버와 클라이언트 등 두 대의 시스템을 준비해야 합니다. 파일 공유 서버 구축에 사용되는 서버 프로그램으로는 삼바(Samba)와 NFS 파일 서버가 있습니다. 삼바 서버는 리눅스 서버와 윈도우 클라이언트간의 파일 공유를 위한 것이며, NFS 서버는 리눅스와 리눅스간의 파일 공유를 위한 것입니다. 이 장에서는 삼바를 이용하여 파일 공유 서버 시스템을 구축하는 방법을 알아봅니다.

학습 주제

1. 삼바(Samba)란?

삼바란 리눅스를 비롯한 유닉스 플랫폼 환경에서 파일과 하드웨어(CD/DVD-ROM, Printer)를 서로 공유할 수 있게 해 주는 프로토콜로, 주로 윈도우 운영체제와 리눅스 간에 자료 및 프린터를 공유하고자 할 때 주로 이용됩니다.

2. 삼바(Samba)의 이점

리눅스에서 삼바 서버를 설치함으로써 얻어지는 이점은 다음의 것이 있습니다.

▶ 리눅스 서버의 디렉토리를 윈도우 운영체제에서 하나의 드라이브로 이용

리눅스 삼바 서버를 이용하여 윈도우 운영체제 환경에서 리눅스 서버의 특정 디렉토리를 특정 드라이브로 연결하여 리눅스 서버 또는 윈도우 클라이언트의 자료들을 서로 공유하거나 저장할 수 있다. 예를 들면 리눅스의 삼바 서버에 있는 계정을 윈도우 운영체제에서 D: 드라이브로 지정하여 D: 드라이브에서 리눅스 서버의 디렉토리를 윈도우 운영체제의 한 디렉토리 또는 드라이브와 같이 자유롭게 사용할 수 있습니다.

▶ 프린터 공유 가능

리눅스 서버에 연결되어 있는 삼바 프린터를 네트워크 프린터로 이용하여 윈도우 운영체제에서도 프린터를 공유할 수 있습니다.

▶ 리눅스 서버 FTP 접속 대치

리눅스 서버에 자료를 업로드하거나 다운로드할 때 FTP 접속을 하지 않더라도 삼바를 이용하면 윈도우 폴더에 자료를 드래그함으로써 쉽게 자료를 업로드하거나 다운로드할 수 있습니다.

▶ CD-ROM 데이터 공유

삼바를 이용하여 이미 마운트되어 있는 리눅스의 CD-ROM 드라이브를 사용할 수 있으므로 마치 버추얼 CD-ROM 드라이브를 사용하듯이 이용할 수 있습니다.

▶ 백업 시스템 활용

삼바를 이용하여 리눅스와 윈도우 간에 자료를 공유할 수 있으므로, 윈도우의 자료들을 리눅스 서버에 저장하여 삼바 서버를 백업 시스템으로도 사용할 수 있습니다.

3. 삼바 설치

삼바 서버 패키지는 yum 패치키 설치 도구를 이용하여 다음과 같이 설치합니다.

```
# yum install -y samba
```

4. 삼바 환경 설정(/etc/samba/smb.conf)

삼바 서버 구축을 위한 삼버 서버 설정 파일은 /etc/samba 디렉토리에 smb.conf 파일로 위치합니다. 이 파일을 에디터로 열어 보면 상당히 복잡하고 수많은 옵션들이 존재하는데, 이러한 옵션을 처음부터 이해한다는 것은 그리 쉬운 일이 아니므로, 어떤 옵션을 수정해야 바로 원하는 삼바 서비스를 할 수 있는지를 기본 설정으로 알아본 후에 나머지 주요 옵션은 기타 설정으로 설명하도록 하겠습니다.

4.1 기본 설정

옵션	값
workgroup	Fedora
hosts allow	윈도우 클라이언트의 아이피 주소 입력 예) hosts allow = 192.168.0.5
security	share
netbios name	Fedora.samba

① workgroup = Fedora

Workgroup은 리눅스 삼바 서버와 윈도우 클라이언트가 네트워크상에서 상호 인식하고 연결되는데 있어서 가장 중요한 옵션입니다. 따라서 리눅스 삼바 서버와 윈도우 운영체제의 작업 그룹은 반드시 동일하게 설정되어야 합니다.

② host allow = 127. 192.168.0. 192.168.1.

hosts allow는 삼바 서버에 접속할 수 있는 클라이언트의 아이피 주소를 지정하는 옵션입니다. 이 옵션으로 명시해 줄 클라이언트의 주소는 IP 주소 또는 호스트명 형태이며, 또한 네트워크/넷마스크 형태로도 지정할 수 있습니다. 그러면 몇 가지 예를 들어 봅니다.

예제	설명
hosts allow = 192.168.1. 127.	192.168.1.0 네트워크에 속한 모두 호스트와 로컬 시스템의 접속 허용
hosts allow = 192.168.1.0/255.255.255.0	192.168.1.0 네트워크에 속한 모든 호스트들의 접속 허용
hosts allow = mandoli, linuxpia	mandoli와 linuxpia라는 호스트의 접속 허용

③ security = share

 삼바 서버에 접근할 때 인증 절차없이 접속할 수 있도록 합니다. 만일 인증을 부여하여 신뢰된 사용자만 공유 폴더에 접근하도록 하려면 share 대신에 user로 수정해야 합니다. 이 옵션은 기타 설정에서 다시 살펴보게 됩니다.

④ netbios name = Fedora.name

삼바 서버의 넷바이스 이름을 지정하는 옵션입니다. 네트워크 호스트 이름과는 무관하게 아무렇게 지정해 주어도 상관이 없습니다.

4.2 삼바 데몬 실행

자, 이제 삼바 서버 데몬을 다음과 같이 실행합니다.

```
# /etc/init.d/smb restart
# /etc/init.d/nmb restart
```

4.3 윈도우 클라이언트 접속 설정 및 접속

4.3.1 접속 설정

먼저, 윈도우 클라이언트가 삼바 서버에 접속하기 위해서는 작업그룹을 삼바 서버와 일치하도록 설정해 주어야 합니다. 그러면 [제어판 〉 시스템] 아이콘을 클릭하여 시스템 등록 정보 창에서 [시스템 이

름] 탭을 클릭합니다. 그런 다음 [시스템 이름] 탭에서 [변경] 버튼을 클릭하여 작업 그룹명을 fedora로 변경합니다. 그리고 나서 [확인]을 누릅니다. 시스템 재시작을 알리는 창이 뜨면 시스템을 재시작해도 되고, 취소해도 됩니다.

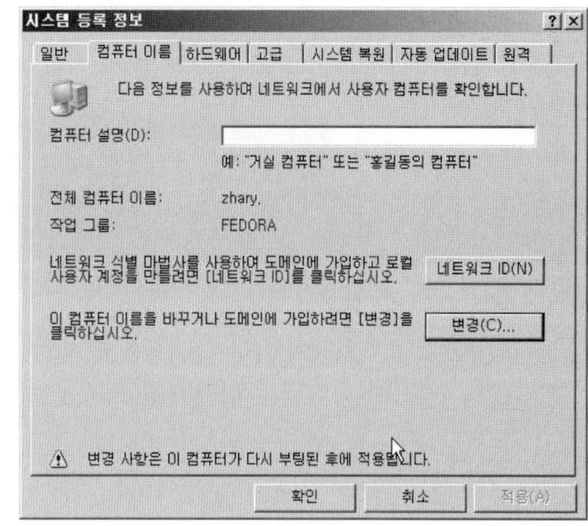

4.3.2 접속

[시작 메뉴 〉 검색 〉 컴퓨터 또는 사람 〉 네트워크에 있는 컴퓨터]를 클릭한 다음 컴퓨터 이름 입력폼에 *를 입력하여 [검색] 버튼을 클릭합니다.

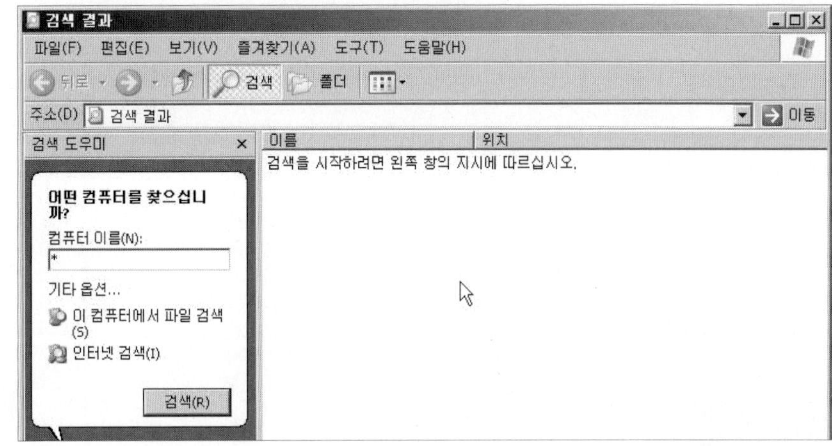

그러면 오른쪽 창에 리눅스 삼바 서버가 보여질 것입니다.

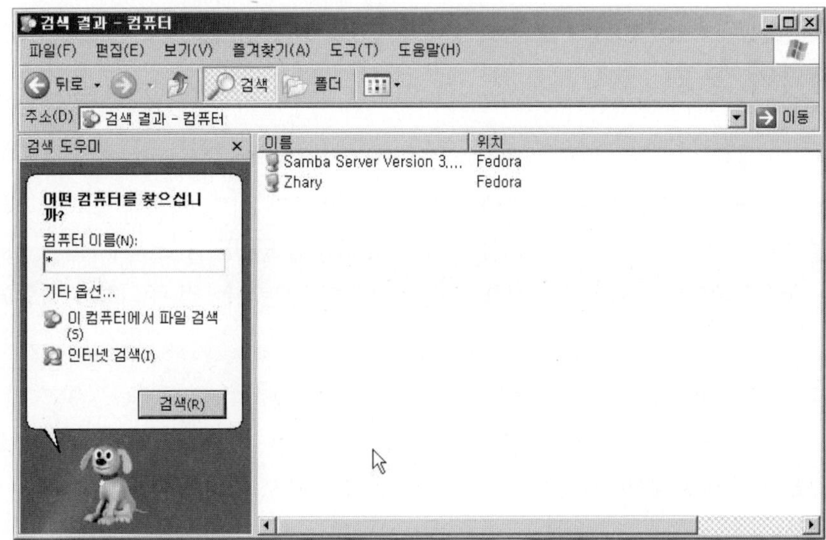

오른쪽 창에 나타난 Samba Server를 클릭해 봅니다. 그러면 불행하게도 삼바 서버에 들어가질 못하고 다음과 같은 오류창이 뜨게 됩니다.

이것은 방화벽에 의해서 클라이언트의 접속이 차단되어 발생하는 것이므로, 삼바 서버에서 방화벽을 해제하기 위해서 다음과 같은 명령을 실행합니다.

```
# iptables -F
```

그리고 나서 다시 접속해 보면 삼바 서버 안으로 들어가게 되고, 그 안에 프린트 공유 아이콘이 있음을 발견할 수 있습니다.

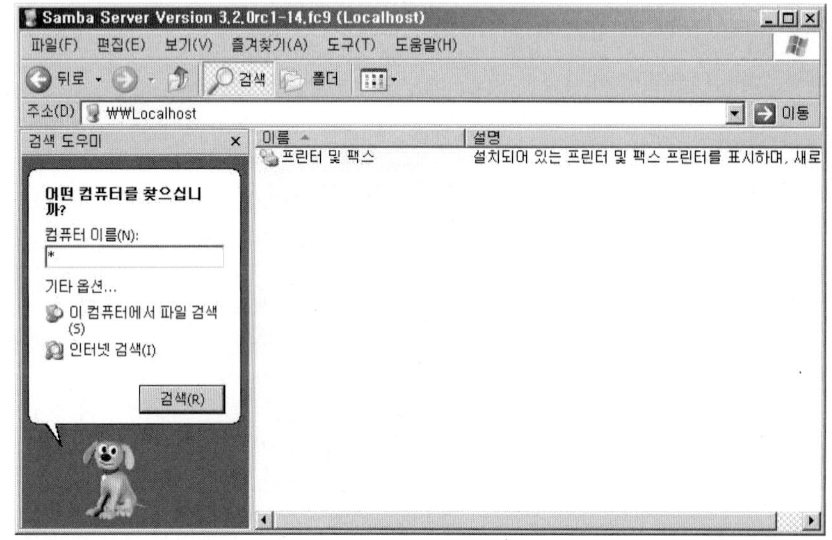

4.4 방화벽 설정

방화벽에 의해서 삼바 클라이언트가 삼바 서버에 접속하는 것을 차단하고 있으므로, /etc/sysconfig/iptables 파일에 다음의 설정을 추가해 주어 클라이언트가 삼바 서버에 접속할 수 있게 끔 해 줍니다. 다음 설정을 추가해 줄 때 주의할 점은 "-A INPUT -j REJECT"로 시작되는 설정 라인 위에 추가해 주어야 합니다. 이 라인 밑으로 추가해 주면 적용되질 않는다는 점 주의하기 바랍니다.

```
-A INPUT -m state --state NEW -m tcp -p tcp --dport 137:139 -j ACCEPT
-A INPUT -m state --state NEW -m udp -p udp --dport 137:139 -j ACCEPT
```

그런 다음 방화벽을 재실행합니다.

```
# /etc/init.d/iptables restart
```

자, 삼바 서버가 정상적으로 동작하는 것을 확인하였습니다. 이제 우리가 필요한 것은 삼바 서버에 데이터 공유할 수 있는 폴더를 만드는 것입니다. [기타 설정]에 관련된 옵션을 참고한 후에 데이터 공유 설정을 살펴보도록 하겠습니다.

4.5 기타 설정

① server string = Fedora Samba Server

Server string은 MS 윈도우의 네트워크 환경에서 리눅스 삼바 서버의 등록 정보를 검색했을 때 보여주는 리눅스 삼바 서버에 대한 설명을 부여하는 설정으로 그리 중요하지 않은 옵션입니다.

② load printers = yes

삼바 서버의 printcap에 정의된 모든 프린터 목록이 자동적으로 로딩되게 할 것인가 하는 옵션입니다. 네트워크 프린터를 삼바 서버에 연결하여 사용하고자 한다면 이 옵션을 선택합니다.

③ printing = cups

삼바를 통해서 프린터 공유 서비스할 때 프린터 지원 방식을 cups로 사용합니다.

④ guest account = nobody

손님으로 사용할 사용자명을 명시합니다. 이 때 명시해 주는 사용자명은 /etc/passwd 파일에 존재해야 하며, 일반적으로 nobody로 사용합니다. 이 옵션이 적용될 때 앞으로 살펴보게 될 security= 옵션의 값을 share로 설정해 주어야 합니다. 만일 security 값을 user로 설정하게 되면 클라이언트가 삼바 서버에 접속할 때 IPC 암호를 묻게 되어 접속을 할 수 없게 됩니다.

⑤ log file = /usr/local/samba/var/log.%m

log file 옵션은 삼바 서버에 접속하는 호스트의 접속 로그에 대한 기록을 저장하는 파일로 지정하는 것으로, %m 변수는 컴퓨터의 넷바이스 이름을 의미합니다.

⑥ security = user

클라이언트가 삼바 서버의 공유 디렉토리에 접속할 때 반드시 로그인 인증을 거치게 됩니다. 이 옵션이 적용되면 삼바 서버에 클라이언트가 사용할 삼바 계정을 생성해 주어야 합니다. 만일 인증 절차 없이 삼바 서버의 공유 디렉토리에 접근하도록 하려면 share 값을부여해 주면 됩니다.

⑦ encrypt passwords = yes

클라이언트가 삼바 서버에서 접속하여 인증을 거칠 때 이 때 암호화된 열쇠글을 이용하도록 하는 옵션입니다. 보안상 이 옵션은 매우 중요합니다.

⑧ smb passwd file = /etc/samba/smbpasswd

이 옵션은 encrypt passwords 옵션과 같이 사용되는 것으로 암호화된 삼바 사용자의 아이디와 열쇠글을 저장하는 파일입니다. 이 옵션을 적용하였을 때는 smbpasswd 명령으로 사용자의 열쇠글을 지정해 줄 수 있습니다.

⑨ interfaces = 192.168.12.2/24 192.168.13.2/24

interfaces 옵션은 삼바에 연결될 로컬 네트워크 인터페이스를 설정하는 것으로, 인터페이스는 IP/netmask 조합으로 지정할 수 있습니다. 단일 아이피로 설정된 시스템에서는 필요없는 옵션입니다. 상기 예제는 넷마스크가 255.255.255.0를 갖는 192.168.12.2 호스트와 192.168.13.2 호스트에 대해 연결을 허용한다는 의미입니다.

4.6 공유 설정

다시 삼바 서버로 돌아와서 파일 공유를 위한 공유 설정을 해 보도록 합니다. 이 부분에 대한 설정은 /etc/smb.conf 파일에서 [Share Definitions] 영역에 해당됩니다. 공유 정의(Share Definitions) 섹션은 삼바 서버에 접속할 수 있는 사용자의 홈 디렉토리를 설정해 주는 부분으로 실제적으로 윈도우에서 공유할 디렉토리를 설정해 주는 섹션입니다. 공유 정의는 [homes] 항목을 설정해 준 후에 클라이언트에게 서비스하고자 하는 사용자 홈 디렉토리를 여러분들이 임의적으로 설정해 주면 됩니다.

4.6.1 [homes] 섹션

```
[homes]
        common = 사용자 홈 디렉토리
        browseable = no
        writable = yes
        create mode = 0750
```

이 항목은 리눅스 계정 사용자의 홈 디렉토리를 윈도우 클라이언트에서 사용할 수 있도록 해 주는 설정 영역입니다. 이 기능을 사용하려면 security= 옵션 값을 share에서 user로 수정해야 합니다. 그러면 security=user로 수정하고 삼바 서버 데몬을 다시 띄운 후에 삼바 서버에 접속해 볼까요?

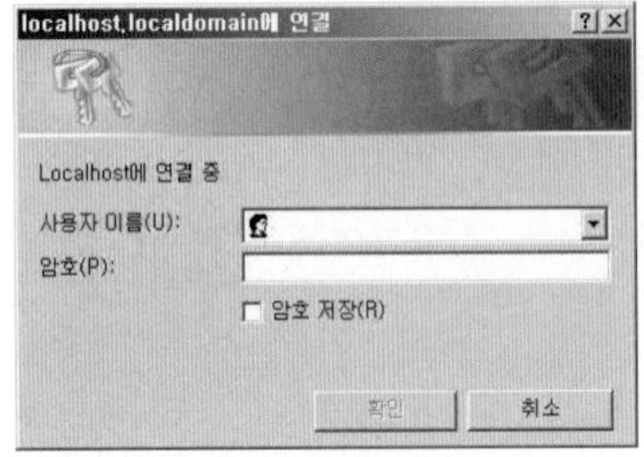

인증 창이 뜸을 볼 수 있습니다. 여기에 여러분이 생성해 놓은 계정을 입력하여 로그인을 해 보도록 합니다. 리눅스 계정을 입력해도 계속 인증창이 뜸을 확인할 수 있습니다. 그러면 삼바 서버에서 리눅스

계정과 동일한 삼바 계정을 smbpasswd 명령을 이용하여 생성합니다. 필자는 fedora라는 쉘 계정이 있고, 삼바 계정 역시 이 계정으로 생성하였습니다. 이 때 삼바 계정의 열쇠글은 쉘 계정이 열쇠글과 일치하지 않아도 됩니다.

```
# smbpasswd -a fedora
```

삼바 계정이 생성되었다면 이제 다시 로그인을 해 볼까요? 정상적으로 로그인되면서 [fedora]라는 아이콘이 추가되었음을 볼 수 있습니다.

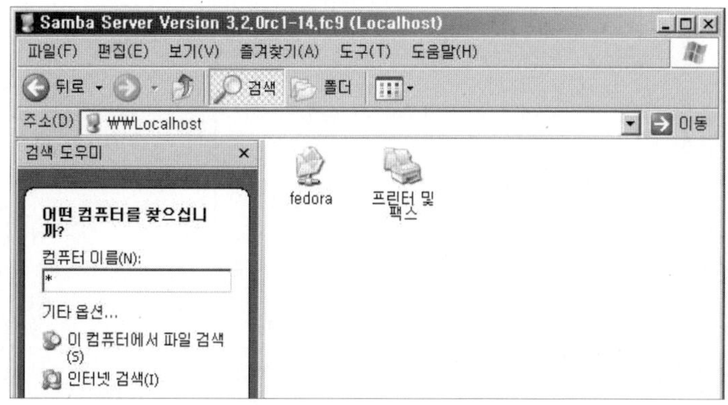

그러면 자신의 계정에 대한 아이콘을 클릭하여 안으로 들어갈 볼까요? 그런데 또 불행하게도 오류가 발생하는군요. 슬슬 짜증나기 시작할 것 같은데요, 조금만 참으면 목적지에 도달할 수 있습니다.

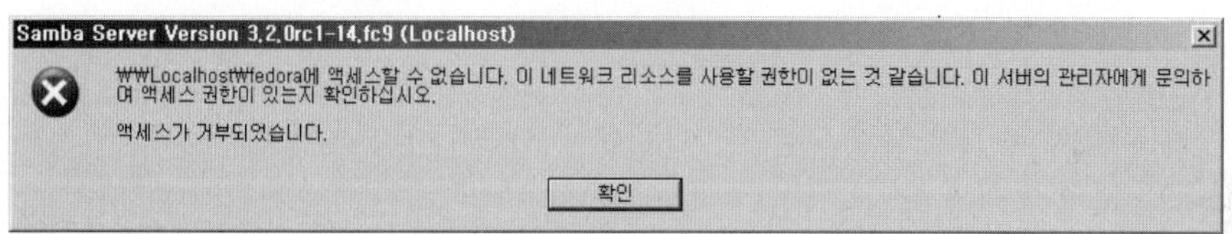

이것은 SELinux라는 커널 보안 프로그램으로 보안상 계정 홈 디렉토리의 접근을 막고 있어서 발생하는 문제입니다. 그러면 계정 디렉토리에 접근할 수 있도록 다음과 같은 명령을 실행합니다.

```
# setsebool -P samba_enable_home_dirs on
```

윈도우 클라이언트로 돌아와서 다시 계정 아이콘을 클릭하면 그 안으로 들어감을 확인할 수 있습니다.

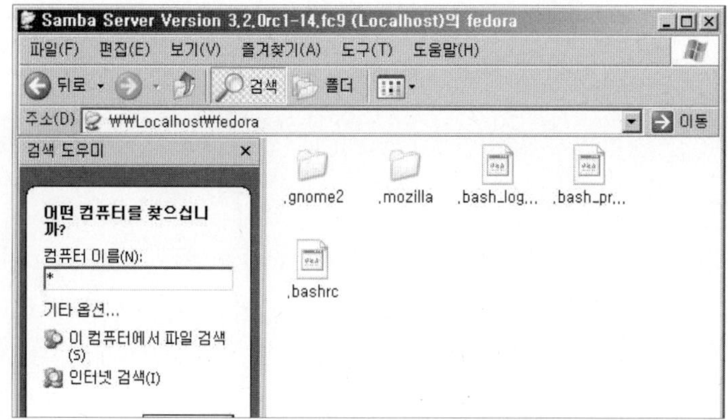

마지막으로 계정 공유 디렉토리 안으로 파일을 저장해 볼까요? 준비된 파일을 드래그해서 옮겨 보도록 합니다. 필자는 no1linux2.jpg 파일을 저장해 보았습니다. 디렉토리 생성도 문제가 없는지 여러분이 스스로 해 보시기 바랍니다.

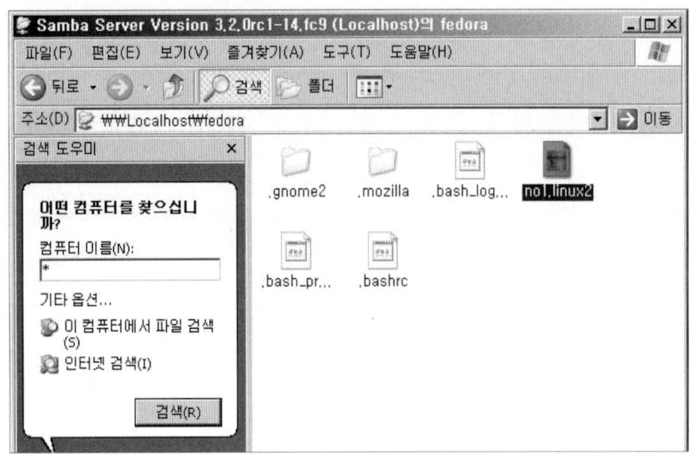

4.6.2 [Printers] 섹션

```
[printers]
    comment = All Printers
    path = /var/spool/samba
    browseable = no
    guest ok = no
    writable = no
    printable = yes
```

삼바 서버에 프린터를 장착하여 네트워크 공유 프런터로 사용하고자 할 때 설정합니다. 만일 삼바 서버에 프린터를 연결하지 않는다면 이 섹션의 설정은 의미가 없습니다.

4.6.3 [사용자공유] 섹션

```
[Fedora-data]
    comment = Fedora's Data
    path = /home/samba/fedora-data
    read only = no
    writable = yes
       valid users = fedora
    public = no
             browseable = yes
    create mask = 0765
```

삼바 서버 설정의 마지막 관문으로, 실제로 우리가 삼바 서버를 구축하고자 하는 목표가 이 섹션 설정에 있습니다. 자, 그러면 [fedora-data]라는 폴더 이름으로 파일 공유로 사용해 보도록 하겠습니다. 상기 설정 그대로 /etc/samba/smb.conf 파일 마지막 라인에 추가합니다. 여기서 주의할 것은 valid users= 값에는 여러분이 설정한 삼바 계정명으로 변경해 주어야 합니다. 설정이 완료되었으면 삼바 서버 데몬(smb)를 다시 시작시킵니다. 그 다음에는 /home 디렉토리에 samba/fedora-data라는 디렉토리를 생성하고, 사용자 계정명으로 소유권을 변경합니다.

```
# mkdir -p /home/samba/fedora-data
# chown fedora.fedora -R /home/samba
```

윈도우 클라이언트로 돌아가서 삼바 서버에 다시 접속해 보도록 합니다. 그러면 다음과 같이 [Fedora-data] 폴더가 보입니다.

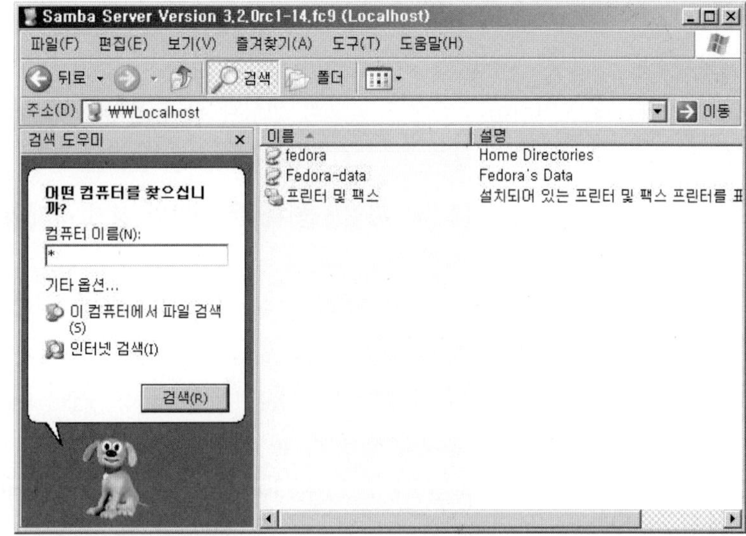

[Fedora-data] 폴더를 클릭해 보면 SELinux에 의해서 새로 생성한 디렉토리에 대한 접근을 거부하게 됩니다.

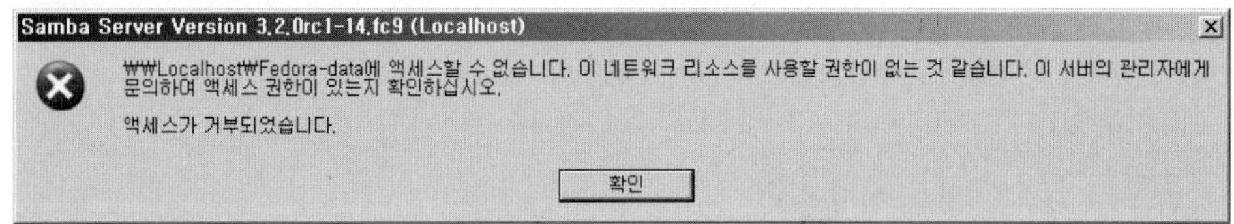

이를 위해서는 다음과 같이 처리해 주면 됩니다. /home 아래에 새로운 디렉토리를 생성한 후 삼바 클라이언트의 접근이 안될 때는 다음과 같이 처리해 주면 됩니다.

```
# chcon -t samba_share_t /home/samba/fedora-data/
```

자, 이제 클라이언트에서 다시 새로운 공유 폴더를 클릭하여 그 안으로 들어가는지를 확인해 봅니다.

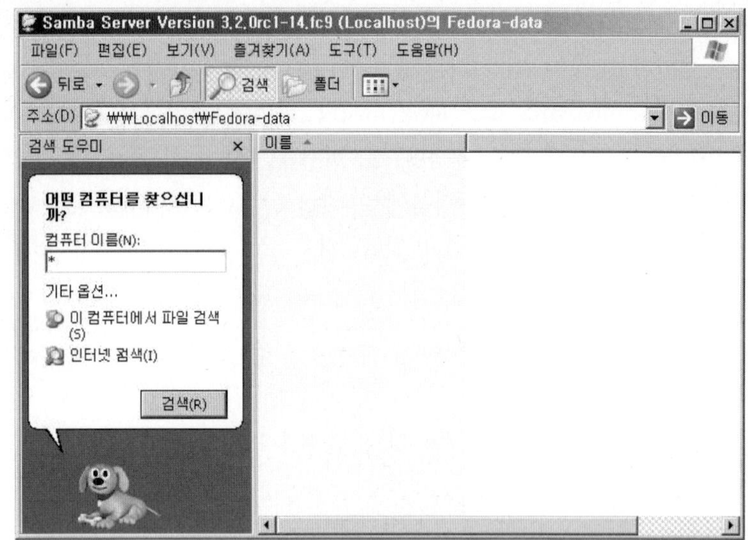

정상적으로 접근이 이뤄진다면 여러분 스스로 디렉토리 생성과 파일 복사를 해 보기 바랍니다.

이제 삼바 서버의 공유 서비스 기능이 제대로 되었음을 확인하였다면 상기 예제의 옵션이 무엇을 의미하는지를 살펴보도록 합니다.

comment 옵션은 공유 디렉토리에 대해 간략한 설명에 부여해 줍니다. path 옵션은 공유 디렉토리의 경로를 지정합니다. read only = no 옵션은 writable = yes, write ok = yes와 같은 옵션으로 쓰이며, 서비스 디렉토리에 파일을 생성하거나 삭제할 수 있음을 의미합니다. valid users 옵션은 서비스 디렉토리에 로그인을 할 수 있는 삼바 사용자를 말하며, 이 옵션이 생략되면 모든 사용자들이 로그인을 할 수 있게 됩니다. public 옵션은 guest ok와 같은 동의어로 no로 설정하면 다른 사용자들은 이용할 수 없고, 개인 사용자만 사용할 수 있게 됩니다. browseable은 이용 가능한 공유 리스트들을 보여 줄 것인가를 지정하는 것으로 no로 지정하면 리스트를 보여 주지 않습니다. create mask는 create mode와 같은 동의어로 파일을 생성할 때 사용되는 모드를 의미합니다.

5. 삼바 사용자 관리

앞서 삼바 계정 사용자를 생성하는 방법을 살펴보았는데, 다시 정리하기로 합니다. 삼바 서버에서 보안 레벨을 user 모드로 설정한 경우 클라이언트가 공유 디렉토리에 접근할 수 있도록 삼바 사용자를 생성해 주어야 하는데, 이를 위해서 smbpasswd를 사용합니다. 이 도구를 이용하여 다음과 같은 형식으로 새로운 삼바 사용자를 생성해 줄 수 있습니다.

```
smbpasswd -a <사용자>
```

Chapter
10. SSH 서버

이 장에서는 원격 리눅스 서버의 쉘에 SSH 프로토콜을 이용하여 원격 접속하는 방법을 알아봅니다. SSH가 나오기전까지는 평문 상태로 원격 서버에 원격 접속하여 로그인하는 텔넷(telnet)이 많이 사용되었지만, 텔넷은 로그인할 때 암호화되지 않은 평문 상태로 열쇠글이 전달되어 보안상 취약점을 가지고 있었지만, SSH(Secure SHell)은 강력한 개인 열쇠 암호 기법(Private Key Cryptography)을 사용하여 네트워크상에 있는 원격 서버에 로그인할 수 있게 해 주어 요즘에는 원격 쉘 접속 프로그램으로 텔넷 대신에 많이 사용됩니다.

학습 주제

1. SSH 자료 구하기

1.1 OpenSSH

OpenSSH는 OpenBSD에 의해서 개발되어 리눅스 배포판에 기본적으로 포함되어 있으며, SSH 프로토콜 1.3, 1.5 그리고 2.0 버전을 지원합니다. 아울러 OpenSSH에는 rlogin이나 텔넷을 대체하는 ssh 원격 접속 프로그램과 rcp(원격 복사)를 대체하는 scp, ftp를 대체하는 sftp 프로그램도 지원합니다.

OpenSSH에 관한 자세한 정보와 자료에 관한 것은 다음 사이트에서 참고할 수 있습니다.

```
http://www.openssh.com
```

1.2 SSH2

SSH2는 상용 프로그램이지만, 일부 기능 제약이 있는 무료 배포판을 사용자 등록을 걸쳐 사용해 볼 수 있습니다.

SSH2에 관한 자세한 정보와 자료는 다음 사이트를 통해서 구할 수 있습니다.

```
http://www.ssh.com
```

2. OpenSSH 설치

OpenSSH는 페도라9를 설치하였을 때 기본적으로 설치되어 있습니다만, 재설치하거나 설치되어 있지 않은 경우에는 yum 패키지 설치 도구를 이용하여 설치할 수 있습니다.

```
# yum install -y openssh openssh-clients openssh-server openssh-askpass
```

3. OpenSSH 설정

OpenSSH를 단지 클라이언트로만 사용하는 경우에는 패키지 설치 시의 기본 설정 환경 그대로 사용할 수 있으며, 접속 환경을 변경하려면 /etc/ssh/ssd_config 파일을 수정하면 됩니다. 그러면 클라이언트의 접속 환경에 관련된 설정 몇 가지를 먼저 살펴본 후에 OpenSSH 서버 설정하는 방법을 알아보도록 하겠습니다.

3.1 OpenSSH 클라이언트 설정 (/etc/ssh/ssh_config)

```
Host *
```

모든 원격 SSH 호스트에 접속할 수 있습니다. 특정한 호스트에만 적용하려면 * 대신에 해당 서버의 IP 주소를 입력해 주면 됩니다.

```
ForwardAgent yes
```

인증 에이전트의 포워딩을 가능하도록 설정합니다.

```
ForwardX11 yes
```

엑스 서버에 자동으로 접속이 이뤄지도록 하는 설정입니다. 이 설정을 활성화시키지 않은 상태에서 엑스 서버에 접속하려면 명령 라인에 -X 옵션을 사용해야 합니다.

```
CheckHostIP yes
```

새로운 SSH서버에 접속이 되면 서버의 IP 주소를 known_hosts 파일에 저장하는 설정합니다.

```
User root
```

SSH서버에 접속할 때 특정한 사용자로 접속하고자 할 때 사용하는 옵션입니다.

```
PasswordAuthentication yes
```

SSH 서버에 열쇠글 인증으로 접속하고자 할 때 설정합니다.

```
HostbasedAuthentication yes
```

SSH 서버에 호스트 인증 방식으로 접속하고자 할 때 설정되며, 이 옵션은 EnableSSHKeysign yes 옵션을 함께 사용합니다.

```
IdentityFile ~/.ssh/id_rsa
```

사용하고자 하는 개인키 파일명을 지정할 때 사용하는 옵션입니다.

3.2 OpenSSH 서버 설정 (/etc/ssh/sshd_config)

```
Port 22
```

SSH 서비스 포트는 22번 포트를 사용합니다. 만일 다른 포트로 지정해 주었을 때 클라이언트는 -p 옵션으로 변경된 포트를 명시하거나 클라이언트의 설정 파일 ssh_config에서 port 옵션값을 변경해 주어야 합니다.

```
Protocol 2,1
```

SSH는 프로토콜 버전 1과 버전2가 있는데, SSH1 클라이언트와 SSH2 클라이언트 모두 접속이 가능하도록 하려면 Protocol 2,1로 설정합니다.

```
ListenAddress 0.0.0.0
```

SSH 서버에서 귀 기울일 아이피 주소를 설정합니다. 0.0.0.0은 모든 네트워크를 의미하는 것으로 SSH 서버에 있는 모든 아이피 주소로 클라이언트들이 접속할 수 있음을 나타냅니다.

```
Hostkey /etc/ssh/ssh_host_key
Hostkey /etc/ssh/ssh_host_rsa_key
Hostkey /etc/ssh/ssh_host_dsa_key
```

Hostkey /etc/ssh/ssh_host_key는 SSH 프로토콜 버전1의 호스트키 위치를 지정하고, Hostkey /etc/ssh/ssh_host_rsa_key와 Hostkey /etc/ssh/ssh_host_dsa_key는 SSH 프로토콜 버전2를 위한 호스트 키와 파일을 지정합니다.

```
KeyRegenerationInterval 3600
```

자동으로 생성된 키의 유효 시간을 지정합니다. 0 값은 다시 생성되지 않도록 하는 값이며, 기본값은 3600초입니다. 이것은 다른 사용자가 키의 암호를 훔쳐 사용하거나 해독할 수 없도록 하기 위해서 필요한 옵션입니다.

```
ServerKeyBits 768
```

서버 키의 비트 길이를 설정하는 옵션으로 최소값은 512이며, 기본값은 768입니다.

```
SyslogFacility AUTH
```

syslog 데몬에 의한 로그 facility을 지정합니다. 기본값은 AUTH이며, 그외 설정 가능한 값은 DAEMON,USER, LOCAL0~7등입니다.

```
LogLevel INFO
```

로그 레벨을 지정합니다. 기본값은 INFO이며, 그외 QUIET(기록하지 않음), FATAL(치명적인 오류), ERROR, VERBOSE, DEBUGS등이 있습니다.

```
LoginGraceTime
```

사용자가 로그인할 때 로그인하는 시간을 지정합니다. 기본값은 120초이며, 이 시간 내에 로그인하지 않으면 접속을 끊어 버립니다. 0값은 제한을 두지 않습니다.

```
PermitRootLogin yes
```

root의 로그인을 허용할 것인가 하는 옵션입니다. 기본값은 허용으로 되어 있으나, 특별한 경우가 아니라면 보안상 root 사용자의 로그인을 허용하지 않도록 no로 설정합니다.

```
StrictModes yes
```

로그인을 허용하기 앞서 파일 모드 및 사용자 홈 디렉토리 소유권과 원격 호스트의 파일들을 ssh 데몬이 체크할 수 있도록 할 때 사용합니다.

```
MaxAuthTries 6
```

접속당 최대 인증 시도 회수를 설정합니다. 기본값은 6회이며, 3회 이상 인증에 실패하였을 경우에는 이에 대한 로그가 기록됩니다.

```
RSAAuthentication yes
```

RSA 인증에 관한 옵션입니다. 프로토콜 버전 1에서만 적용되는 옵션입니다.

```
PubkeyAuthentication yes
```

공개키 인증을 설정하는 옵션입니다. 기본값은 허용이며 프로토콜 버전2에 적용됩니다.

```
AuthorizedKeysfile .ssh/authorized_keys
```

인증키를 저장할 파일명을 지정합니다.

```
RhostsRSAAuthentication yes
```

/etc/ssh/ssh_known_hosts 파일에 있는 호스트에 대해서 인증을 허용할 것인가를 설정합니다.

```
HostbasedAuthentication no
```

호스트기반으로 인증할 것인가를 설정합니다. 기본값인 no로 설정합니다.

```
IgnoreUserKnownHosts no
```

 RhostsRSAAuthentication 또는 HostbasesAuthentication 인증 시 ~/.ssh/knownhosts 파일에 있는 호스트들을 제외할 것인가를 설정합니다. 기본값은 no입니다.

```
IgnoreRhosts yes
```

호스트 기반 인증에서 ~/.rhosts와 ~/.shosts 파일들을 사용하지 않을 것인가를 설정하는 옵션입니다.

```
PasswordAuthentication yes
```

열쇠글 인증을 설정합니다. 프로토콜 버전1과 2 모두에 적용됩니다.

```
PermitEmptyPasswords no
```

열쇠글 인증이 허용될 때 서버가 빈 열쇠글 스트링 계정으로 로그인 허용 여부를 설정하는 옵션으로 기본값은 no입니다.

```
ChallengeResponseAuthentication no
```

Challenge-Response 인증을 허용할 것인지 여부를 설정합니다. UsePAM 옵션을 yes로 설정하는 경우 이 옵션은 no로 설정해야 합니다.

```
UsePAM yes
```

ChallengeResponseAuthentication을 이용한 PAM 인증을 허용하는 옵션입니다. 이 옵션을 yes로 설정하는 경우 열쇠글 인증과 동일하게 적용되므로, 열쇠글 인증 또는 ChallengeResponseAuthenticaton 옵션을 꺼 놓아야 합니다.

```
AllowTcpForwarding yes
```

TCP 포워딩을 가능하도록 할 것인가를 설정하는 옵션입니다.

```
GatewayPorts no
```

클라이언트에게 포워드된 포트에 원격 호스트들이 접속할 수 있도록 할 것인가를 설정하는 옵션입니다.

```
X11Forwarding no
```

원격 호스트에서 X11 포워딩을 가능하도록 설정합니다. 이 설정을 활성화시켜 주면 클라이언트에서 X 서버의 프로그램을 실행할 수 있습니다.

```
X11DisplayOffset 10
```

X11 포워딩이 될 때의 디스플레이 번호를 설정합니다.

```
PrintMotd yes
```

ssh 로그인시 /etc/motd 파일의 내용이 출력되도록 할 것인가를 설정하는 옵션입니다.

```
PrintLastLog no
```

로그인시 지난번 로그인 기록을 보여줄 것인가를 설정합니다.

```
TCPKeepalive yes
```

클라이언트의 접속이 끊어졌는지를 체크하기 위해서 서버가 일정시간 메시지를 전달합니다.

```
PermitUserEnvironment no
```

~/.ssh/enviroment와 ~/.ssh/authorized__keys 파일의 environment= 옵션을 sshd 데몬에서 처리되도록 할 것인가를 설정하며 기본값은 no입니다.

```
Compression yes
```

압축을 사용할 것인가를 설정합니다.

```
ClientAliveInterval 0
```

클라이언트로부터 sshd 데몬이 아무런 데이터를 받질 못하게 되면 암호화된 채널을 통해서 메시지를 클라이언트의 요청에 응답하여 보내게 되는데 이 때의 시간 간격을 초단위로 설정해 주는 것입니다. 0값은 클라이언트에게 메시지를 보내지 않는 것을 의미합니다. 이 옵션은 프로토콜 2버전에서 적용됩니다.

```
ClientAliveCountMax 3
```

서버에게 전달되는 클라이언트의 생존 메시지 회수를 지정합니다. 이 옵션으로 지정한 값에 도달하게 되면 sshd 데몬은 클라이언트와의 연결을 끊어 버리고, 접속 세션은 종료됩니다.

```
UseDNS yes
```

클라이언트 호스트 주소를 아이피로 해석되도록 할 것인가를 설정하는 옵션입니다.

```
PidFile /var/run/sshd.pid
```

sshd 데몬의 PID를 저장할 파일을 지정합니다.

```
MaxStartups 10
```

로그인하고 있지 않는 최대 접속 수를 설정합니다. 이 값을 초과하게 되면 인증이 성공적으로 이뤄지지 않는 이상 그 다음의 접속은 이뤄지지 않습니다.

```
Subsystem sftp /usr/libexec/openssh/sftp-server
```

sshd 데몬에서 다른 프로그램을 실행할 수 있도록 설정해 주는 것입니다. ssh에 의해서 sftp 서버를 이용할 수 있도록 설정합니다.

4. SSHD 데몬 실행

SSHD 데몬은 RPM 패키지에서 제공된 INIT 스크립트를 이용하여 시작, 재시작, 정지시킬 수 있습니다. 일반적으로 SSHD 데몬을 다음과 같이 실행합니다.

```
# /etc/init.d/sshd restart
```

sshd 데몬이 정상적으로 동작하고 있는지는 TCP 22번 포트로 텔넷 접속을 해 보거나 ssh 클라이언트로 로컬 호스트로 접속해 보면 됩니다.

테스트 종료는 그냥 Enter 키만 누르면 됩니다.

5. SSH 클라이언트 접속

SSH 서버가 구축되었으므로, SSH 클라이언트에서 SSH 서버에 접속하는 방법을 알아봅니다.

5.1 리눅스 클라이언트 접속

리눅스 클라이언트에서 SSH 서버에 접속하는 방법은 다음과 같이 ssh 다음에 호스트명 또는 아이피를 지정하여 접속하면 됩니다. 이 때 접속하고자 하는 계정명이 서버와 클라이언트와 일치할 경우에는 명시해 주지 않아도 되지만, 서버와 클라이언트의 계정이 다를 경우에는 '-l' 옵션을 사용하여 서버의 계정명을 명시해 주어야 합니다.

```
ssh [-l 계정명] [IP/호스트주소]
```

그러면 다음과 같이 로컬에서 SSH 서버로 접속해 볼까요? 참고로 서버에는 클라이언트와 동일한 계정이 이미 생성되어 있어야 합니다. 만일 그렇질 않은 경우에는 '-l fedora'와 같은 형태로 지정하여 접속해야 합니다.

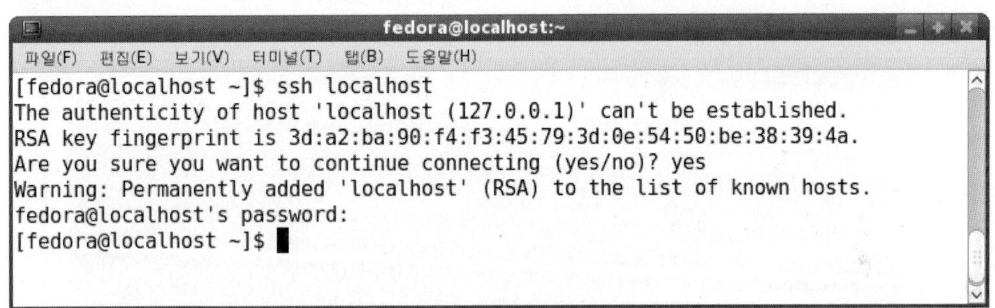

SSH 서버에 처음 접속하는 경우 "Are you sure you want to continue connecting (yes/no)?" 라는 메시지를 묻게 됩니다. 이러한 메시지는 클라이언트가 SSH 서버에 처음 접속하였을 때 나타나며, 서버로부터 공개키를 전달받고, ~/.ssh/known_hosts 파일에 서버의 정보가 저장된 이후부터는 메시지가 나타나질 않게 됩니다. 이 메시지가 나올 때는 "yes"로 입력해 주어야 하며, 열쇠글은 서버의 계정 열쇠글을 입력해 주면 됩니다.

5.2 윈도우 클라이언트 접속

윈도우 엑스피에서 리눅스 SSH 서버에 접속하는 방법으로 가장 많이 사용되는 윈도우용 프로그램으로 putty가 있습니다. putty 프로그램은 다음 사이트로부터 구할 수 있습니다.

```
http://www.chiark.greenend.org.uk/~sgtatham/putty/download.html
```

상기 사이트로부터 윈도우용 putty를 다운로드하여 실행합니다.

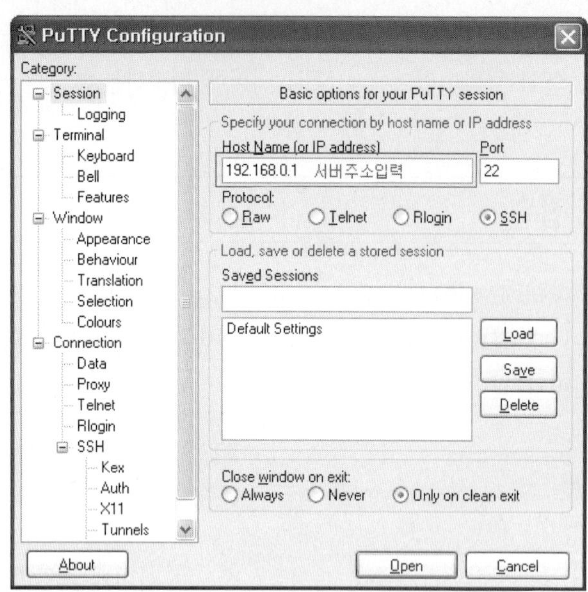

Host Name 입력 폼에 리눅스 SSH 서버 주소를 입력하여 Enter 키를 누르거나 [Open]버튼을 클릭하여
SSH 서버에 접속합니다. SSH 서버에 연결되면 계정과 열쇠글을 입력하여 로그인합니다.

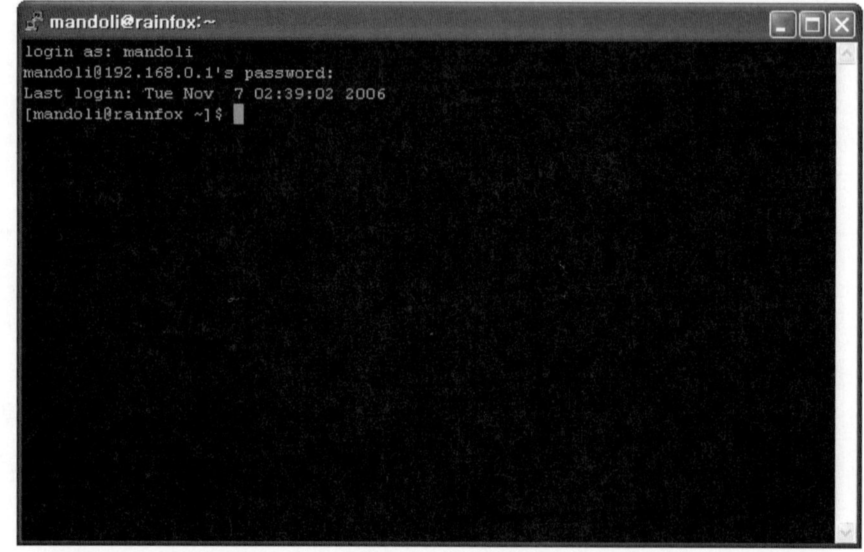

종료할 때는 exit 명령을 실행하거나 창 닫기 버튼을 클릭하면 됩니다.

3. 파일 보안

리눅스는 여러 사용자가 동시에 사용할 수 있는 멀티태스킹의 운영체제이므로 파일 시스템에 따라서 보안에 상당히 많은 영향을 줄 수 있습니다. 파일의 허가권을 777로 설정하게 되면 모든 계정 사용자들이 그 파일을 사용할 수 있게 되므로 사용자들에 의해서 시스템이 파괴될 수 있습니다. 루트 모드로 작동하는 파일을 chmod 777 모드로 설정해 놓았다면 악의를 가진 사용자에게 그 시스템의 데이터는 종말을 고할 수 있습니다. 따라서 파일에 대한 허가권 부여는 신중히 해야 합니다. 자신의 홈 디렉토리에 다른 사용자들이 들어오지 못하도록 퍼미션 모드를 700으로 설정하는 것도 파일 보안이라 할 수 있습니다. 리눅스에서 새로운 계정이 추가될 때 이러한 목적으로 사용자 계정의 기본 퍼미션값은 700를 갖게 됩니다.

요즘에는 그렇지 않겠지만, 예전에는 일부 호스팅 업체의 계정 허가권이 제대로 설정되어 있지 않아 누구나 접근하여 데이터를 보거나 가져갈 수 있는 무방비 상태인 적도 있었습니다. 이런 경우 chmod 0751로 허가권을 부여한 후에 chmod o+x ~를 실행하면 다른 사용자가 자신의 웹 서비스 디렉토리에 접근하더라도 파일 목록을 볼 수 없기 때문에 중요한 파일을 보호할 수 있습니다.

사용자 파일이 생성될 때 기본 umask값에 의해서 이뤄지도록 하여야 합니다. 리눅스는 umask가 기본적으로 022로 설정되어 있는데, umask 기본 값이 설정되어 있지 않게 되면 사용자의 파일이 생성되어질 때 퍼미션 777 모드 값을 가질 수 있게 되어 위험할 수 있습니다. 기본 umask 값에 의해서 사용자의 파일이 생성될 때 777에서 기본 umask 값을 뺀 값으로 퍼미션이 설정됩니다. 기본 값이 022로 설정되어 있으므로 파일 디렉토리 생성 시 755의 값을 갖게 됩니다. 다음과 같은 명령을 실행하여 umask 값이 022로 설정되어 있는지 확인해 봅니다.

```
# umask
0022
```

SUID와 SGID 프로그램 또한 보안상 위험 요소이며, 항상 정기적으로 검사가 요구됩니다. 이들 프로그램들을 사용하는 사용자에게 특별한 권한을 주기 때문에 보안에 위배되는 프로그램들을 시스템에서 가능한 설치하지 않도록 해야 합니다. 크래커들은 대부분 시스템의 파일 버그를 찾아 이들 프로그램들을 통해 침투하므로 페도라 리눅스가 항상 업데이트될 때마다 업그레이드하는 습관을 들여야 할 것입니다. 필자의 경우 레드햇 리눅스 5.0 버전을 사용할 당시(1999년) pop3 패키지인 IMAP에 치명적인 버그가 있었음을 알고서도 이 파일에 대한 패치를 차일피일 미루다가 일본 사이트를 통해 침투한 크래커에 의해서 크랙된 사례가 있었는데, 이와 같이 시스템 관리자가 게으름을 피우다간 큰 코를 다칠 수 있음을 명심해야 합니다. 따라서 보안에 위험성을 주는 파일들은 가능한 신속히 업그레이드하거나 삭제해 주어야 합니다. 여러분 시스템에서 SUID/SGID 프로그램이 있는지 확인하려면 다음과 같은 명령을 실행하면 됩니다.

```
# find / -type f \( -perm -04000 -o -perm -02000 \)
```

크래커가 시스템에 침입하여 루트의 권한을 갖게 되어 시스템 파일이나 월드-라이터블(world-writable) 파일들을 변경하여 개구멍을 만든다면 이는 심각한 사태에 놓이게 될 수 있습니다. 왜냐하면 크래커들을 이러한 파일들을 통하여 시스템을 파괴할 수 있기 때문입니다. 월드-라이터블 파일 모두를 찾으려면 다음 명령을 실행하면 됩니다.

```
# find / -perm -2 -print
```

상기 명령을 실행하여 찾은 파일들이 왜 월드-라이터블(누구나 쓰기 가능)로 되어 있는지 파악해야 합니다. 주의할 것은 크래커의 침입이 없는 정상적인 경우에도, /dev 디렉토리의 장치 파일과, 라이브러리 파일 그리고 심볼릭 링크를 포함한 여러 파일들은 월드-라이터블 형식으로 되어 있으므로 오인하지 않도록 이점을 숙고해야 합니다. 그리고 다음 명령을 실행하여 유저 권한이 없는 파일들을 찾아 제거하도록 합니다.

```
# find / -nouser -o -nogroup -print
```

원격 호스트 파일(.rhost)은 아무런 도움이 되지 않는 파일이며, 원격 호스트 또는 원격 접속 작업을 위해서는 ssh(secure shell)를 사용해야 하므로, .rhost 파일이 검색되었다면 삭제해 주도록 합니다.

```
# find / -name .rhosts -print
```

setuid 파일 생성 이메일로 확인하기

매번 setuid 파일이 있는지 일일이 체크하는 것이 그리 쉬운 일은 아닐 것입니다. 간단한 스크립트를 이용하여 setuid 파일 체크이후에 생성된 setuid 파일이 있는지 메일로 확인할 수 있습니다.

```sh
#!/bin/sh
if [ -f /root/.setfind/setfind.org ]
  then
  find / -type f \( -perm -04000 -o -perm -02000 \) > /root/.setfind/setfind.now
  diff -uNr /root/.setfind/setfind.org /root/.setfind/setfind/now > /root/.setfind/setuidchange.list
  mail -s "Setuid File check Result" 이메일주소 < /root/.setfind/setuidchange.list
  else
  find / -type f \( -perm -04000 -o -perm -02000 \) > /root/.setfind/setfind.org
fi
```

4. 로그인 보안

크래커들은 사용자의 시스템에 접근하였을 때 시스템 내부로 들어가기 위해 하나의 계정을 필요로 합니다. 따라서 크래커들은 열쇠글이 없는 계정을 끊임없이 탐색하여 발견합니다. 시스템 파괴 목적으로 접근한 크래커에게 열쇠글이 없는 계정이 발견되면 그 시스템은 크랙 가능성이 대단히 높으므로, 열쇠글이 없는 계정은 삭제하거나 새로운 암호를 추가해야 합니다. 특히 루트에 대해 열쇠글을 지정하지 않

거나 /etc/securetty 파일에 루트로 로그인을 할 수 있는 터미널을 지정하는 것도 크랙의 가능성을 높여 주는 것입니다.

윈도우 환경에 익숙한 사용자들은 루트의 열쇠글을 입력하여 로그인하는 자체도 불편하게 생각하는 사용자들이 있습니다. 그러나 네트워크가 연결되지 않은 시스템에서는 크게 문제가 없더라도, 상당히 위험합니다. 시스템 보안은 사용자의 편의를 고려합니다면 보안 정책은 쓸모없게 됨을 항상 유념해야 합니다.

계정 열쇠글은 계정과 같게 하면 이것도 또한 크랙 가능성이 높습니다. 요즘에는 ssh 스크립트를 이용하여 서버 접속을 시도하는 크래킹이 자주 일어나는데, 이런 경우 계정과 열쇠글이 동일하게 되면 이러한 공격으로 불행한 사태를 맞이할 수도 있습니다. 열쇠글은 가능한 복합 문자로 어렵게 지정하는 것이 좋습니다. 관리자가 생성한 계정이 아닌 계정이 존재할 때는 크래커 침투 가능성이 있으므로 삭제해주어야 합니다.

사용하지 않는 계정에 대해서는 삭제를 하거나 /etc/passwd 파일의 암호 필드를 '*' 문자로 지정하여 그 계정 사용을 유보시킵니다. 또는 쉘의 종류를 /bin/false 또는 /sbin/nologin으로 해 놓은 것도 좋은 방책입니다. 안정적인 시스템 사용을 위하여 수퍼유저라 불리는 루트(root) 사용은 특별한 경우가 아니라면 일반 사용자 계정으로 사용하고, 루트 권한이 있을 때 su 또는 sudo 명령을 사용하는 것이 좋습니다. 일반 사용자의 로그인 인증은 PAM(Pluggable Authentication Modules)를 이용하여 이뤄지도록 설정해 놓은 것이 좋습니다.

lastlog는 /etc/passwd에 등록되어 있는 사용자들에 대한 최근 로그인 상황을 알려 주는 명령으로 크래커의 잠입 여부를 점검할 수 있습니다. lastlog 명령을 이용하여 사용자의 로그인 상황을 점검하여 자주 사용하지 않은 사용자의 계정이 로그인 되었을 경우 접속해 온 주소가 자신의 네트워크 주소와 다르거나 의심될만한 주소이라고 판단되면 누군가가 침입한 것으로 의심할 수 있습니다.

```
root@localhost:/var/log
파일(F)  편집(E)  보기(V)  터미널(T)  탭(B)  도움말(H)
[root@localhost log]# lastlog
사용자명          포트      ~로부터           최근정보
root             tty1                        월   9월 10 03:03:03 +0900 2007
bin                                          **한번도 로그인한 적이 없습니다**
daemon                                       **한번도 로그인한 적이 없습니다**
adm                                          **한번도 로그인한 적이 없습니다**
lp                                           **한번도 로그인한 적이 없습니다**
sync                                         **한번도 로그인한 적이 없습니다**
shutdown                                     **한번도 로그인한 적이 없습니다**
halt                                         **한번도 로그인한 적이 없습니다**
mail                                         **한번도 로그인한 적이 없습니다**
news                                         **한번도 로그인한 적이 없습니다**
uucp                                         **한번도 로그인한 적이 없습니다**
operator                                     **한번도 로그인한 적이 없습니다**
games                                        **한번도 로그인한 적이 없습니다**
gopher                       의심스러운 로그인  **한번도 로그인한 적이 없습니다**
ftp                                 ↓         **한번도 로그인한 적이 없습니다**
mapher           pts/1    1Cust62.tnt11.ny   월   7월 10 02:02:03 +0900 2007
```

5. 네트워크 보안

5.1 패킷 스니퍼(Packet Sniffer)

크래커들이 흔하게 사용하는 크랙 방법의 하나로 이미 구멍이 뚫린 호스트에 도청 장치와 같은 패킷 스니퍼를 설치하는 것입니다. "스니퍼"는 이더넷 포트를 감시하면서 지나가는 패킷 흐름에서 passwd, login, su와 같은 것이 있으면 그 이후의 내용을 녹음해 두어 이를 통하여 크래커들은 암호화되지 않은 패스워드를 획득하게 되어 이를 해독한 후에 크랙하게 되는 것입니다. 이런 경우 관리자가 제아무리 열쇠글을 변경합니다 하더라도 변경된 열쇠글이 크래커에 전달되기 때문에 그 시스템은 항상 시한폭탄을 안고 있는 것과 마찬가지입니다. 이미 뚫려 있는 시스템에서 크래커들이 설치한 백 도어를 찾아내기란 힘들 뿐더러 몇 개나 백 도어를 파 놓았는지 알 수 없기 때문에 이런 경우에는 시스템 데이터를 백업 한 후에 다시 설치하는 것이 제일 안전하고 현명한 대책입니다.

패킷 스니핑을 하지 못하도록 하기 위해서는 프로그램 버그나 인증 작업을 거치는 파일의 버그들을 발견하여 이를 패치해야 하며, 스니핑을 당했을 때는 반드시 시스템을 다시 설치하여 그에 적절한 보안 조치를 해야 합니다. 크래킹을 사전에 방지할 수 있도록 네트워크를 감시하는 도구가 있는 사이트를 소개합니다. 이들 사이트에서 네트워크 감시 도구를 다운받아 설치하여 네트워크 문제를 진단해 보기 바랍니다.

네트워크 감시 툴	사이트
sniffit	http://reptile.rug.ac.be/~coder/sniffit/sniffit.html
Ethereal	http://www.ethereal.com
Ksniffer	http://www.ksniffer.org/
Ntop	http://www.ntop.org
tcpdump	http://www.tcpdump.org

5.2 DoS(Denial of Service) 보안

DoS는 상대방 호스트의 시스템 자원에 부하를 많이 발생하게 만들어 시스템을 정지시키는 요즘의 크랙 패턴입니다. 가장 많이 사용하는 것이 네트워크 점검에 많이 이용하는 Ping을 악용하여 상대방 호스트를 공격하는 것입니다. 여러분의 호스트 네트워크 속도보다 빠른 네트워크 특히 한 곳이 아니라 여러 곳에서 동시에 엄청난 큰 패킷을 시도 때도 없이 날려 보내면 여러분 네트워크에는 상당한 트래픽이 증가되어 속도가 느려지거나 시스템이 마비되는 결과를 초래하게 됩니다.

이러한 것은 tcpick 명령(apt-get install tcpick 명령으로 설치)을 사용하여 어디에서 패킷이 오는지 알아내거나, 방화벽을 사용하여 ICMP를 막아 놓는 방법으로 대처할 수 있습니다. 또한 SYN flooding을 이용하여 공격할 수 있는데 이런 공격을 받을 때는 여러분의 네트워크가 밖으로 연결될 수 없게 됩니

다. 이는 TCP로 연결된 네트워크의 허점을 이용하는 것으로, 이를 막기 위해서는 커널에서 TCP syncookie support이 지원되도록 설정해 놓아야 합니다. 다른 유형의 DoS 공격으로는 Intel Pentium의 FOOF 버그를 이용한 것으로 일련의 어셈블리 코드를 보내어 컴퓨터를 재시동하도록 하는 공격 방법입니다. 만일 이러한 일이 발생됩니다면 최근의 커널로 업그레이드해야 합니다. 그 외의 DoS 공격은 Ping of Death와 TearDrop 등이 있는데 자세한 것은 Securetty HOWTO 메뉴얼을 참고하기 바랍니다.

5.3 Tripwire

Tripwire는 크래커가 침입하여 여러분 시스템에 개구멍을 만들어 놓거나 설정 파일을 변경해 놓았을 때 이러한 사실을 알 수 있게 분석해 주는 강력한 도구입니다. 트립와이어는 시스템 내의 지정한 중요한 디렉토리와 파일에 대한 데이터베이스를 생성한 후에 트립와이어를 실행할 때 새로 생성된 데이터베이스와 비교하여 그 차이점을 보고해 줌으로써 시스템 관리자가 시스템 내에서 어떠한 변화가 있는지 감지할 수 있게 해 주는 도구입니다. 트립와이어는 무결 상태에서 외부의 침입자가 침입하여 백도어를 설치하였을 때 이러한 사실을 알 수 있게 해 주는 데는 훌륭한 도구이지만, 크래커가 백도어를 설치한 후에 트립와이어의 데이터베이스를 갱신해 버리는 경우에는 크래킹 사실을 알 수 없는 단점이 있습니다.

5.3.1 트립와이어 설치

트립와이어에 대한 자세한 정보와 소스 파일은 http://www.tripwire.com에서 구할 수 있습니다. tripwire RPM 패키지를 yum으로 다음과 같이 설치합니다.

```
# yum install tripwire
```

5.3.2 트립 와이어 설정하기

Step1 /usr/sbin/tripwire-setup-keyfiles를 실행합니다.

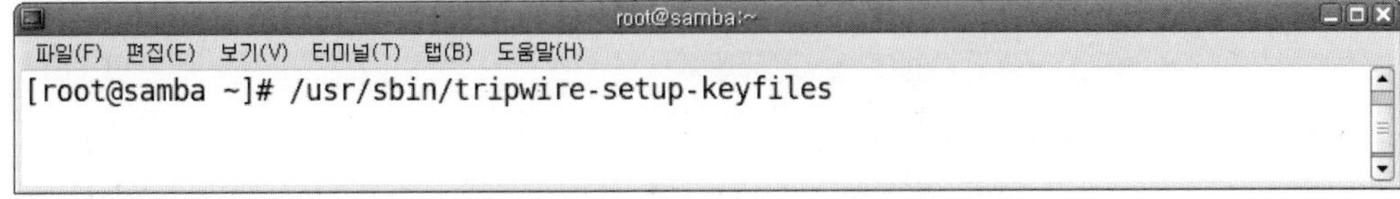

Step2 site keyfile 생성

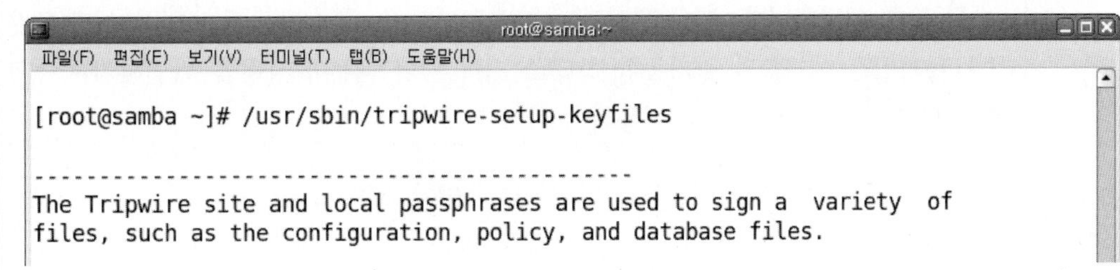

```
Passphrases should be at least 8 characters in length and contain  both
letters and numbers.

See the Tripwire manual for more information.

--------------------------------------------
Creating key files...

(When selecting a passphrase, keep in mind that good passphrases typically
have upper and lower case letters, digits and punctuation marks, and are
at least 8 characters in length.)

Enter the site keyfile passphrase:
Verify the site keyfile passphrase: █
```

트립와이어의 설정 파일 생성 및 트립와이어 데이터베이스를 갱신할 때 필요한 site keyfile 열쇠글을 설정합니다. 이때 열쇠글은 가능한 루트의 열쇠글과는 일치하지 않도록 대·소문자, 숫자 등을 조합하여 최소한 8자 이상으로 설정합니다.(예: 서자룡최고) 두 번 입력한 열쇠글이 일치하면 /etc/tripwire 디렉토리내에 site.key 파일로 열쇠글이 저장됩니다.

Step3 local keyfile

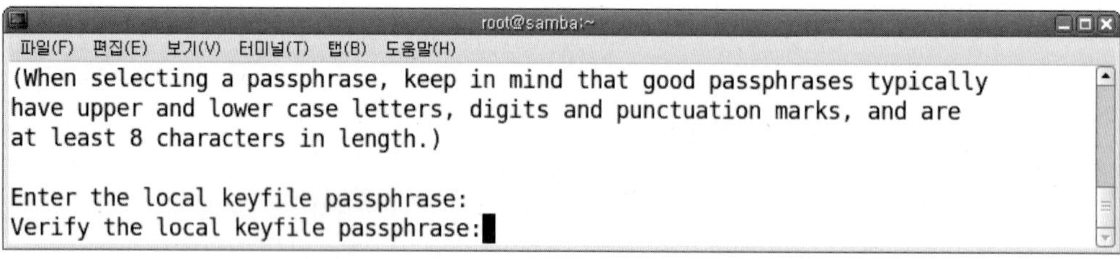

트립와이어의 데이터베이스를 초기화할 때 사용되는 local keyfile의 열쇠글을 생성합니다. 가능합니다면 앞서 설정한 site keyfile과 다른 열쇠글로 설정합니다(예: 페도라좋아요). 여기서 설정한 열쇠글은 /etc/tripwire/호스트명-local.key 파일로 저장됩니다.

Step4 설정 파일(Configuration File) 생성

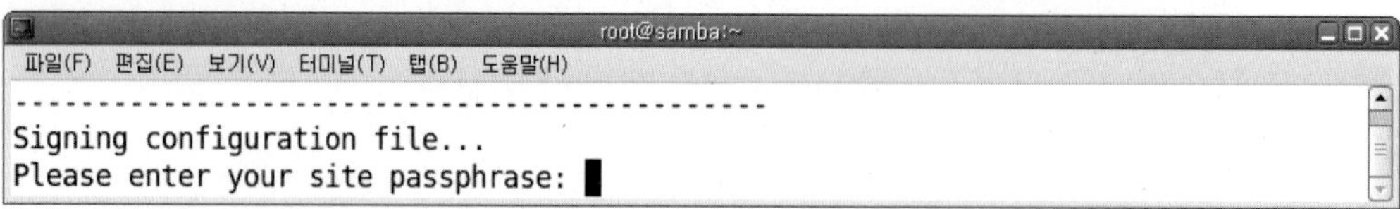

설정 파일(configuration file)을 생성하는데 필요한 열쇠글은 처음에 설정한 site keyfile의 열쇠글(서자룡최고)를 입력합니다. 이때 생성되는 파일은 /etc/tripwire/tw.cfg이며 다음과 같은 내용을 포함합니다. tw.cfg파일은 에디트가 불가능한 상태로 되어 있기 때문에 내용을 확인하거나 설정 내용을 변경하려면 텍스트 파일인 tw.cfg.txt을 이용해야 합니다.

```
root@samba:~
파일(F) 편집(E) 보기(V) 터미널(T) 탭(B) 도움말(H)
[root@samba ~]# cat /etc/tripwire/twcfg.txt
ROOT                      =/usr/sbin
POLFILE                   =/etc/tripwire/tw.pol
DBFILE                    =/var/lib/tripwire/$(HOSTNAME).twd
REPORTFILE                =/var/lib/tripwire/report/$(HOSTNAME)-$(DATE).twr
SITEKEYFILE               =/etc/tripwire/site.key
LOCALKEYFILE              =/etc/tripwire/$(HOSTNAME)-local.key
EDITOR                    =/bin/vi
LATEPROMPTING             =false
LOOSEDIRECTORYCHECKING    =false
MAILNOVIOLATIONS          =true
EMAILREPORTLEVEL          =3
REPORTLEVEL               =3
MAILMETHOD                =SENDMAIL
SYSLOGREPORTING           =false
MAILPROGRAM               =/usr/sbin/sendmail -oi -t
[root@samba ~]#
```

Step5 정책 파일(Policy File) 생성

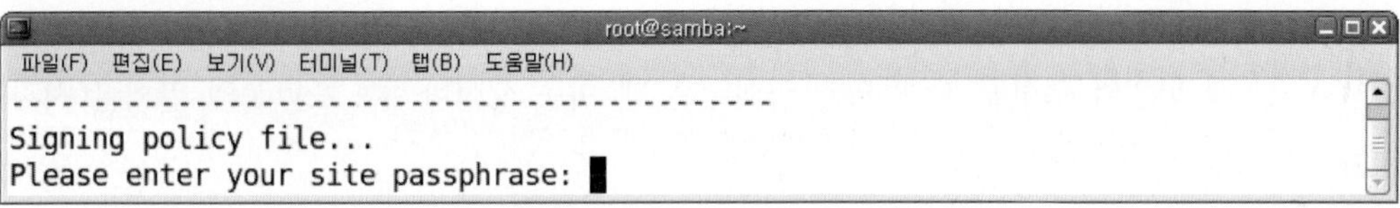

```
root@samba:~
파일(F) 편집(E) 보기(V) 터미널(T) 탭(B) 도움말(H)
-----------------------------------------------
Signing policy file...
Please enter your site passphrase:
```

정책 파일은 감시할 디렉토리 및 파일을 지정하고, 어느 정도의 강도로 감시할 것인가를 다루고 있는 파일로 /etc/tripwire/tw.pol 파일에 저장됩니다. 이 파일 생성을 위해서 처음 설정한 site keyfile의 열쇠글(서자룡최고)를 입력합니다.

Step6 자, tripwire의 설정이 완료되었습니다. /etc/tripwire 디렉토리에 존재하는 twpol.txt 파일로 트립와이어를 설정하는 데는 시간이 오래 걸리므로 간단히 몇 개의 디렉토리를 가지고 트립와이어를 다루는 방법에 대해서 알아보도록 하겠습니다. 트립와이어를 테스트한 후에 백업한 파일을 원상태로 돌려놓고 여러분 환경에 맞게 수정한 후 트립와이어를 작동시킵니다.

/etcd/tripwire/twcfg.txt, twpol.txt 파일의 보안

/etc/tripwire 디렉토리에 존재하는 twcfg.txt 파일과 twpol.txt 파일은 각각 tw.cfg 파일과 tw.pol 파일이 생성되면 다른 사용자가 내용을 볼 수 없도록 플로피 디스크나 다른 시스템으로 옮긴 후에 삭제하는 것이 보안상 좋을 것입니다.

5.3.3 트립와이어 테스트하기

▶ twpol.txt 정책 파일 설정하기

/etc/tripwire/twpol.txt 파일을 /etc/tripwire/twpol.txt.org 파일로 변경해 놓고 다음 내용이 있는 twpol.txt 파일을 생성합니다.

```
root@samba:~
파일(F)  편집(E)  보기(V)  터미널(T)  탭(B)  도움말(H)
[root@samba ~]# mv /etc/tripwire/twpol.txt /etc/tripwire/twpol.txt.org
[root@samba ~]# cat > /etc/tripwire/twpol.txt

/bin                -> $(ReadOnly);
/etc                -> $(IgnoreNone)-SHa;
/var                -> +tpug;

[root@samba ~]#
```

▶ 정책 파일 인식시키기

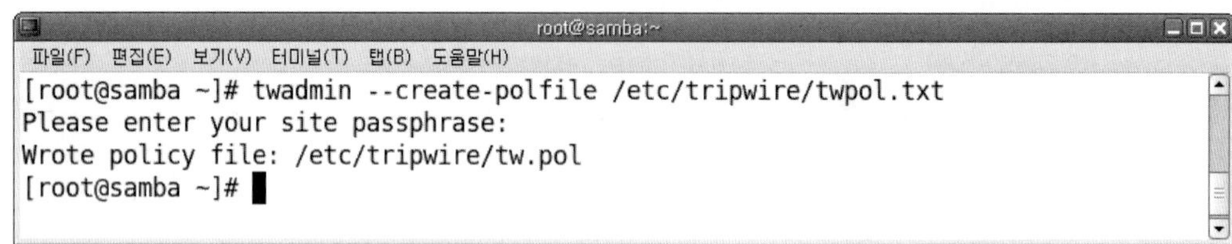

```
root@samba:~
파일(F)  편집(E)  보기(V)  터미널(T)  탭(B)  도움말(H)
[root@samba ~]# twadmin --create-polfile /etc/tripwire/twpol.txt
Please enter your site passphrase:
Wrote policy file: /etc/tripwire/tw.pol
[root@samba ~]#
```

새로운 정책 파일이 생성될 수 있도록 /usr/sbin/twadmin 명령을 상기와 같이 실행합니다. 새로운 정책 파일이 생성될 때 필요한 열쇠글은 맨 처음 생성한 site keyfile의 열쇠글(서자룡최고)를 입력합니다.

▶ 데이터베이스 초기화 및 검사

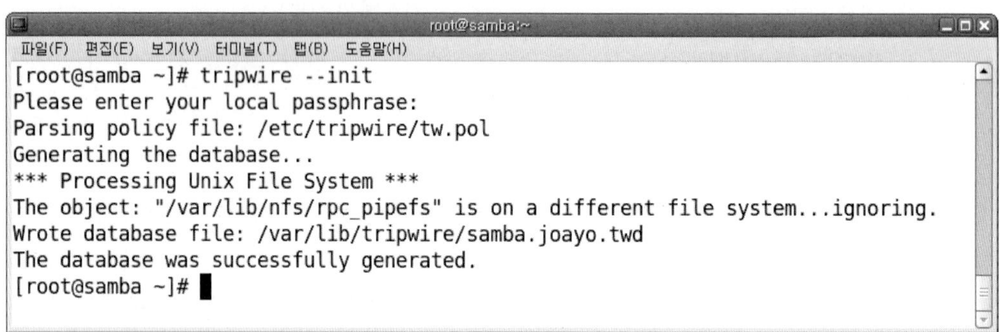

```
root@samba:~
파일(F)  편집(E)  보기(V)  터미널(T)  탭(B)  도움말(H)
[root@samba ~]# tripwire --init
Please enter your local passphrase:
Parsing policy file: /etc/tripwire/tw.pol
Generating the database...
*** Processing Unix File System ***
The object: "/var/lib/nfs/rpc_pipefs" is on a different file system...ignoring.
Wrote database file: /var/lib/tripwire/samba.joayo.twd
The database was successfully generated.
[root@samba ~]#
```

tripwire --init 명령을 실행하여 데이터베이스를 초기화합니다. 이때 입력해야 할 열쇠글은 두번째로 만들어 준 local keyfile의 열쇠글(페도라좋아요)입니다. 초기화된 데이터베이스는 /var/lib/tripwire 디렉토리에 호스트명.twd 파일로 생성됩니다.

```
root@samba:~
파일(F)  편집(E)  보기(V)  터미널(T)  탭(B)  도움말(H)
[root@samba ~]# ls /var/lib/tripwire/
report  samba.joayo.twd
[root@samba ~]#
```

데이터베이스를 초기화시킨 후에 tripwire --check를 실행하여 트립와이어 실행 결과를 확인해 봅니다.

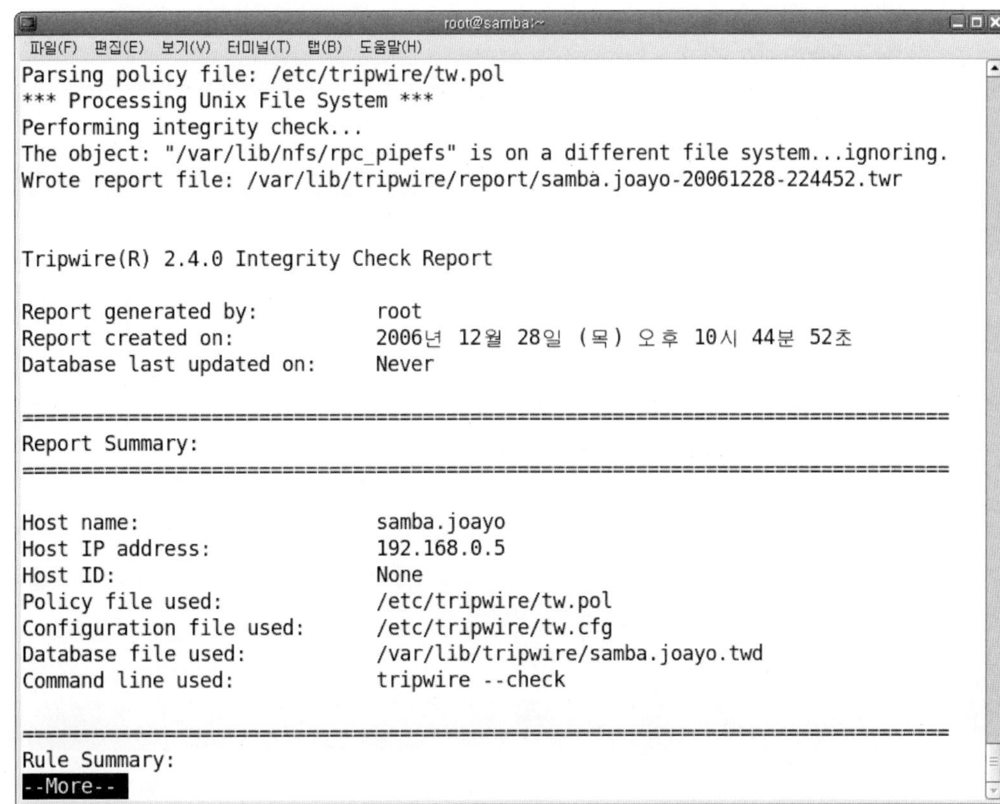

```
Parsing policy file: /etc/tripwire/tw.pol
*** Processing Unix File System ***
Performing integrity check...
The object: "/var/lib/nfs/rpc_pipefs" is on a different file system...ignoring.
Wrote report file: /var/lib/tripwire/report/samba.joayo-20061228-224452.twr


Tripwire(R) 2.4.0 Integrity Check Report

Report generated by:        root
Report created on:          2006년 12월 28일 (목) 오후 10시 44분 52초
Database last updated on:   Never


===================================================================
Report Summary:
===================================================================


Host name:                  samba.joayo
Host IP address:            192.168.0.5
Host ID:                    None
Policy file used:           /etc/tripwire/tw.pol
Configuration file used:    /etc/tripwire/tw.cfg
Database file used:         /var/lib/tripwire/samba.joayo.twd
Command line used:          tripwire --check


===================================================================
Rule Summary:
--More--
```

현재의 상태에서 외부의 침입자가 들어와 백도어를 설치하였을 경우 트립와이어가 어떠한 보고를 해
주는지 체크해 봅니다. 먼저 /bin 디렉토리에 있는 bash 파일을 /var/lib 디렉토리에 backdoor라는 파일
로 복사하고 퍼미션을 chmod 4755를 부여하고 타인의 소유권을 여러분의 계정으로 부여해 줍니다. 이
렇게 하면 여러분 계정으로 backdoor 명령을 실행하게 되면 루트 권한을 가질 수 있는데, 이러한 것은
크래커들이 시스템 버그를 이용하거나 사용자와 루트의 열쇠글을 알아내어 백도어를 만드는 기본적인
수법입니다.

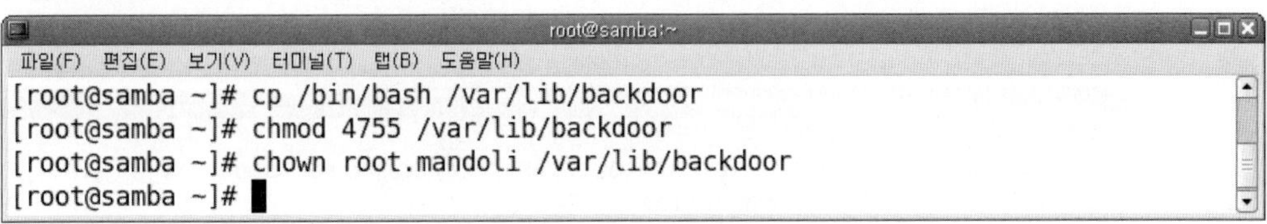

```
[root@samba ~]# cp /bin/bash /var/lib/backdoor
[root@samba ~]# chmod 4755 /var/lib/backdoor
[root@samba ~]# chown root.mandoli /var/lib/backdoor
[root@samba ~]#
```

자, 그러면 트립와이어를 실행하여 이러한 백도어 파일을 찾아 보고해 주는지 확인해 볼까요?

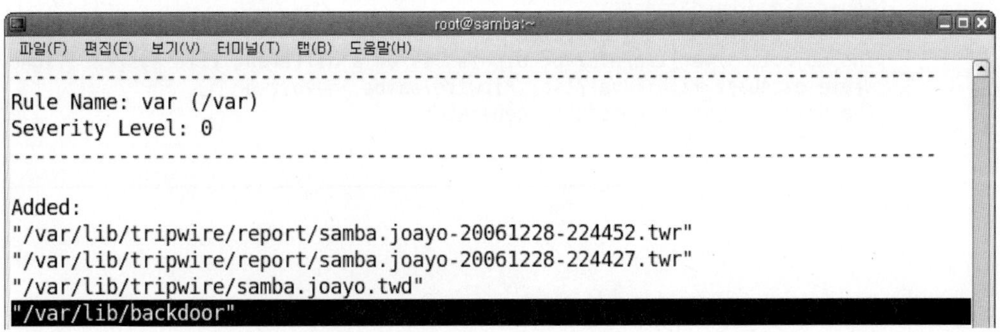

```
-----------------------------------------------------------------
Rule Name: var (/var)
Severity Level: 0
-----------------------------------------------------------------

Added:
"/var/lib/tripwire/report/samba.joayo-20061228-224452.twr"
"/var/lib/tripwire/report/samba.joayo-20061228-224427.twr"
"/var/lib/tripwire/samba.joayo.twd"
"/var/lib/backdoor"
```

```
=================================================================================
Error Report:
=================================================================================

No Errors

---------------------------------------------------------------------------------
*** End of report ***

Tripwire 2.4 Portions copyright 2000 Tripwire, Inc. Tripwire is a registered
trademark of Tripwire, Inc. This software comes with ABSOLUTELY NO WARRANTY;
for details use --version. This is free software which may be redistributed
or modified only under certain conditions; see COPYING for details.
All rights reserved.
Integrity check complete.
[root@samba ~]#
```

화면에서 보듯이 add 부분에 /var/lib/backdoor 파일이 존재함을 보고해 주고 있습니다. 시스템 관리자
는 트립와이어가 보고해 주는 결과로 크래커가 생성한 /var/lib/backdoor 파일을 삭제해 줌으로써 시스
템을 안전하게 유지할 수 있는 것입니다.

/var/lib/backdoor를 삭제하도록 합니다.

예제를 따라 연습용 `/var/lib/backdoor`를 생성한 경우에는 반드시 이 파일을 삭제해야 합니다. 이를 삭제하지 않
아서 향후에 이 파일로 크래킹을 당하는 일이 없도록 조심합니다.

5.3.4 트립와이어 데이터베이스 갱신하기

관리자에 의해 시스템 내에서 설정된 디렉토리와 파일이 변동되었을 때는 기존의 트립와이어 데이터베
이스를 업그레이드해 주어야 하므로 다음번에 트립와이어를 실행할 때 혼동이 없을 것입니다. 이를 위
해서 트립와이어의 데이터베이스를 다음과 같이 갱신해 줍니다. 앞서 정책 파일과 데이터베이스를 초기
화하는 과정과 동일합니다.

```
[root@samba ~]# twadmin --create-polfile /etc/tripwire/twpol.txt
Please enter your site passphrase:
Wrote policy file: /etc/tripwire/tw.pol
[root@samba ~]# tripwire --init
Please enter your local passphrase:
Parsing policy file: /etc/tripwire/tw.pol
Generating the database...
*** Processing Unix File System ***
The object: "/var/lib/nfs/rpc_pipefs" is on a different file system...ignoring.
Wrote database file: /var/lib/tripwire/samba.joayo.twd
The database was successfully generated.
[root@samba ~]#
```

5.3.5 트립와이어의 단점

서두에서도 언급한 바와 같이 뛰어난 크래커가 침입하였을 경우에는 트립와이어의 데이터베이스를 갱신하게 되면 크래킹 사실을 알 수 없게 되므로 항상 /etc/tripwire 디렉토리에 있는 파일들을 백업해야 두어야 합니다. 크래킹이 의심될 때 이 디렉토리에 있는 데이터베이스와 설정 파일을 제거한 후에 백업한 파일로 대치하여 트립와이어를 구동하여 크래킹되었는지를 판단합니다.

5.4. Nmap

크래커들이 크랙 대상을 검색할 때 많이 사용하는 도구 중 하나가 포트 스캔 도구인데, nmap는 작동중인 서비스 포트를 스캔할 때 사용하는 유용한 도구입니다. 이 도구를 통하여 크래킹 목적보다는 자신의 서버에 불필요하게 작동하고 있는 서비스 포트가 있는지를 검색하여 해당 서비스를 제거하고, 서비스 포트에 대해서 방화벽이 제대로 작동하고 있는지를 체크할 수 있습니다.

5.4.1 nmap 구하기

nmap에 대한 자세한 정보와 소스 파일은 다음 사이트에서 구할 수 있습니다.

```
http://www.insecure.org/nmap
```

5.4.2 nmap 설치하기

nmap 도구는 yum으로 설치합니다.

```
# yum install nmap nmap-frontend
```

5.4.3 nmap 사용하기

nmap의 사용법은 다음과 같습니다.

```
nmap [스캔유형] [옵션] <호스트 또는 네트워크 주소>
```

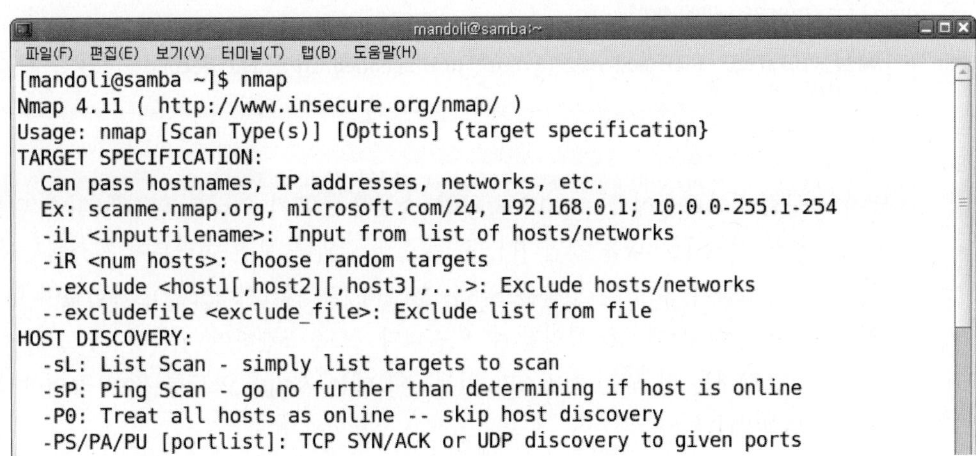

```
[mandoli@samba ~]$ nmap
Nmap 4.11 ( http://www.insecure.org/nmap/ )
Usage: nmap [Scan Type(s)] [Options] {target specification}
TARGET SPECIFICATION:
  Can pass hostnames, IP addresses, networks, etc.
  Ex: scanme.nmap.org, microsoft.com/24, 192.168.0.1; 10.0.0-255.1-254
  -iL <inputfilename>: Input from list of hosts/networks
  -iR <num hosts>: Choose random targets
  --exclude <host1[,host2][,host3],...>: Exclude hosts/networks
  --excludefile <exclude_file>: Exclude list from file
HOST DISCOVERY:
  -sL: List Scan - simply list targets to scan
  -sP: Ping Scan - go no further than determining if host is online
  -P0: Treat all hosts as online -- skip host discovery
  -PS/PA/PU [portlist]: TCP SYN/ACK or UDP discovery to given ports
```

```
 -PE/PP/PM: ICMP echo, timestamp, and netmask request discovery probes
 -n/-R: Never do DNS resolution/Always resolve [default: sometimes]
 --dns-servers <serv1[,serv2],...>: Specify custom DNS servers
 --system-dns: Use OS's DNS resolver
SCAN TECHNIQUES:
 -sS/sT/sA/sW/sM: TCP SYN/Connect()/ACK/Window/Maimon scans
 -sN/sF/sX: TCP Null, FIN, and Xmas scans
 --scanflags <flags>: Customize TCP scan flags
 -sI <zombie host[:probeport]>: Idlescan
 -sO: IP protocol scan
 -b <ftp relay host>: FTP bounce scan
PORT SPECIFICATION AND SCAN ORDER:
 -p <port ranges>: Only scan specified ports
   Ex: -p22; -p1-65535; -p U:53,111,137,T:21-25,80,139,8080
 -F: Fast - Scan only the ports listed in the nmap-services file)
```

"nmap 호스트명" 명령으로 간단하게 해당 호스트의 포트 스캐닝을 할 수 있습니다. 이때 호스트명은 도메인명이나 IP 주소로 지정할 수 있으며, 또한 네트워크 전체를 지정하여 스캔할 수 있습니다. 다음은 이러한 기본적인 사용 예제입니다.

```
nmap mandoljoayo.com
 nmap 192.168.0.150
 nmap 192.168.0.0/24          * 192.168.0.0 네트워크 전체 스캔
 nmap 192.168.0.0/128         * 192.168.0.0~192.168.0.127까지의 호스트 스캔
```

일반적으로 nmap을 실행할 때 -sS 스캔유형을 함께 사용하여 체크합니다. 그러면 자신의 호스트에 대해서 -sS 스캔 유형을 사용하여 포트 스캔을 해 볼까요?

```
root@samba:~
파일(F) 편집(E) 보기(V) 터미널(T) 탭(B) 도움말(H)
[root@samba ~]# nmap -sS localhost

Starting Nmap 4.11 ( http://www.insecure.org/nmap/ ) at 2006-12-29 10:44 KST
Interesting ports on localhost.localdomain (127.0.0.1):
Not shown: 1674 closed ports
PORT     STATE SERVICE
21/tcp   open  ftp
22/tcp   open  ssh
25/tcp   open  smtp
111/tcp  open  rpcbind
631/tcp  open  ipp
717/tcp  open  unknown

Nmap finished: 1 IP address (1 host up) scanned in 0.272 seconds
[root@samba ~]#
```

필자의 로컬 호스트상에서 nmap으로 포트 스캔한 결과가 여러분 환경과 다소 다를 수 있으나, 대체적으로 비슷한 유형대로 나올 것입니다. 포트 스캔 결과를 보면 여러분이 시스템을 운영하는데 있어서 불필요한 서비스들이 많이 떠 있음을 알 수 있으며, 그러한 서비스들이 제한없이 누구나 접속할 수 있도록 오픈되어 있는 상태임을 확인할 수 있습니다. 포트 스캔하여 자신이 잘 모르는 서비스이거나 외부에게는 서비스해서는 안 되는 서비스가 있는 경우에는 서비스 포트를 막아 놓아야 하며, 이것이 포트 스캔하는 목적입니다.

nmap은 엑스 윈도우상에서 GUI 환경으로 포트 스캐닝을 할 수 있도록 프론트엔드(Frontend) 프로그램을 지원합니다. nmapfe 또는 xnmap를 실행하면 GUI 환경의 nmap 프론트엔드가 작동합니다.

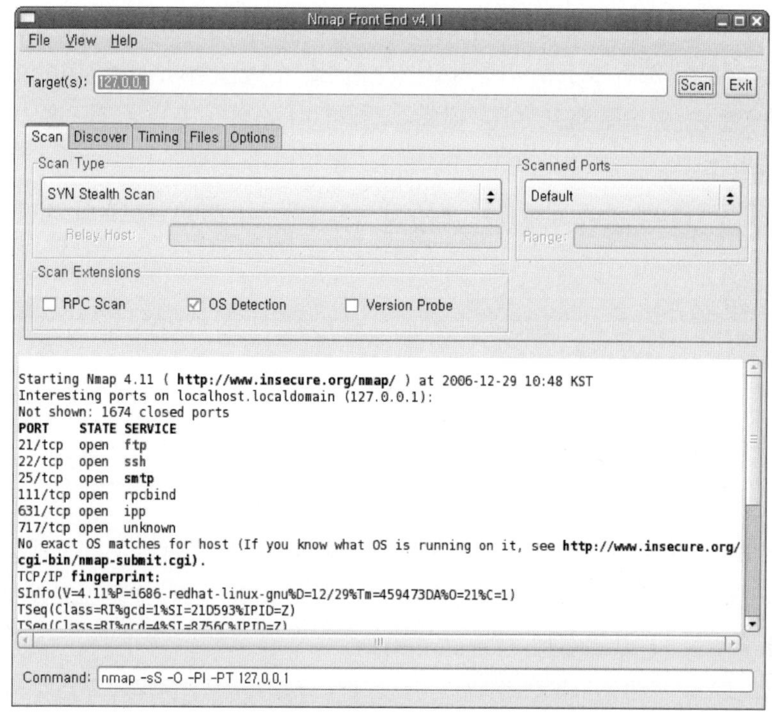

스캐닝하고자 하는 주소와 스캔 옵션과 일반 옵션을 선택한 후에 [Scan] 버튼을 클릭하게 되면 하단 창에 스캔 결과를 보여 주게 됩니다.

5.4.4 서비스 포트 필터링하기

▶ ntsysv 명령으로 불필요한 서비스 제거하기

페도라 리눅스를 설치하였을 때 기본적으로 설정되어 작동되는 데몬 서비스들이 있는데 이들 가운데는 시스템 관리자에게는 필요로 하지 않는 데몬 서비스들이 있습니다. 이러한 서비스들을 ntsysv를 실행하여 꺼 놓고 시스템을 리부팅한 후 nmap으로 실행하였을 때 보여지는 포트 스캔의 결과가 현저히 줄어들게 됩니다. ntsysv로 불필요한 서비스를 제거한 후에 nmap으로 다시 포트 스캔을 해 보자. 다음 예제의 화면에서는 기본적인 서비스 위주로 서비스를 선택한 후에 포트 스캐닝한 결과입니다(사용자마다 약간의 차이는 있을 것입니다).

```
[root@samba ~]# nmap -sS localhost

Starting Nmap 4.11 ( http://www.insecure.org/nmap/ ) at 2006-12-29 10:59 KST
Interesting ports on localhost.localdomain (127.0.0.1):
Not shown: 1678 closed ports
PORT    STATE SERVICE
22/tcp  open  ssh
717/tcp open  unknown

Nmap finished: 1 IP address (1 host up) scanned in 0.234 seconds
[root@samba ~]#
```

▶ 방화벽에 의한 접근 제한 정책 부여하기

nmap으로 스캐닝한 포트에 대해서 iptables를 사용하여 내부 네트워크에서는 해당 서비스 포트를 이용할 수 있게 끔 하면서 외부 네트워크의 접근을 제한하여 보안을 유지하는 것이 중요합니다. 상기 예제 화면에서 ssh 데몬이 22번 포트로 작동하고 있음을 볼 수 있습니다. ssh 서비스에 오직 로컬 네트워크 상에서만 사용할 수 있도록 하고, 다른 네트워크에서 이 서비스 포트로 접근을 막는 정책을 다음과 같이 수립해 봅니다.

로컬 호스트에서 다음과 같이 실행하여 모든 네트워크가 ssh 22번 포트로의 접근을 거부하도록 처리합니다.

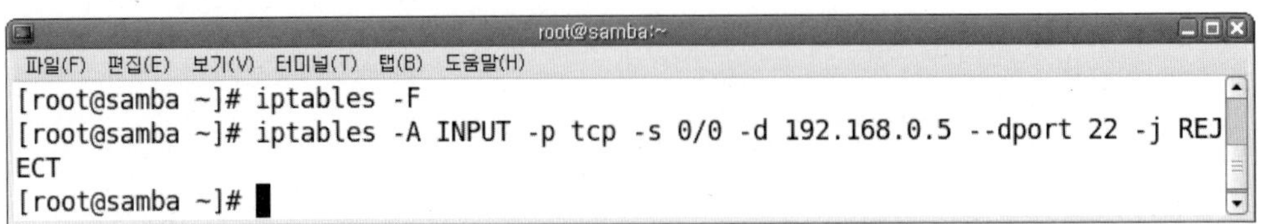

상기 예제는 모든 네트워크에서 192.168.0.5 호스트에 ssh 접속을 거부하는 정책입니다. 로컬 호스트 또는 외부의 네트워크상에서 nmap으로 포트 스캔을 하게 되면 22번 텔넷 포트에 대해서 필터링이 이뤄지고 있음을 확인할 수 있습니다.

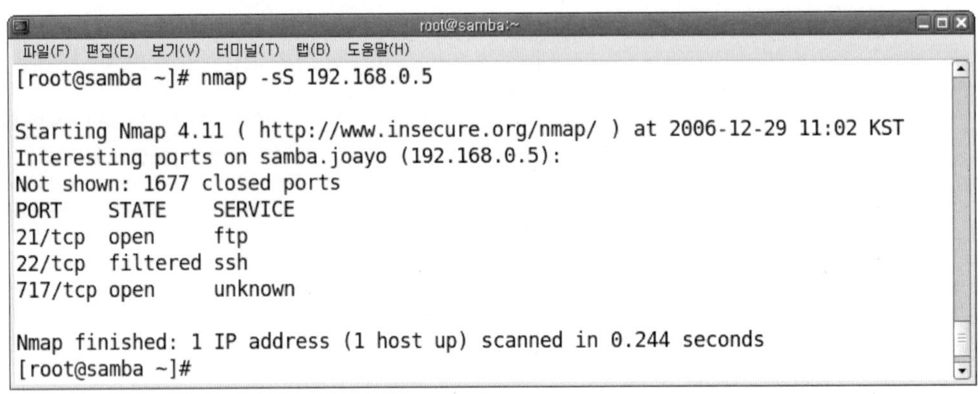

이와 같이 nmap을 이용하여 포트 스캐닝을 하였을 때 불필요한 포트가 열려져 있지만, 방화벽 유틸리티로 불필요한 포트가 외부 네트워크의 호스트들에게 서비스되지 않도록 거부 정책을 부여하여 보안을 유지하는 것이 중요합니다.

5.5. Snort

Snort는 네트워크를 통한 침입에 대한 탐지 및 경고를 시스템 관리자에게 알려주는 네트워크 침입 탐지 시스템(Network Intrusion Detection System, NIDS)으로 패킷 캡처 라이브러리 libcap를 이용하여 네트워크상의 패킷과 설정 파일에서 정의된 룰(rule)에 의해서 침입 및 공격에 대한 경고를 알려 주는 유용한 도구입니다. Snort는 버퍼 오버플로우(buffer overflow), 스텔스 포트 스캔(stealth port scan), NetBios 쿼리, NMAP, 백도어, DDoS 공격 등의 다양한 공격과 스캔들을 탐지하여 경고해 주며, syslog

를 이용하여 로그를 남기거나 mysql과 같은 데이터베이스에 기록할 수 있으며, 탐지 룰에 취약점이 발견되었을 때는 새로운 룰을 지속적으로 업데이트 지원해 줍니다.

Snort는 침입에 관련된 부분을 탐지하여 경고해 주는 훌륭한 도구임에는 틀림없지만, 침입을 막을 수 있는 도구가 아니기 때문에 snort를 설치했다고 해서 시스템이 완벽한 보안을 유지할 수 있는 것은 아니므로 침입을 막을 수 있는 방화벽과 효율적으로 사용하는 것이 중요함을 명심하기 바랍니다. snort에 대한 자세한 매뉴얼은 타볼 소스 파일안에 pdf 파일로 제공되어 있으므로 이를 참고하면 도움이 될 것입니다.

5.5.1 Snort 구하기

snort에 대한 자세한 정보와 자료는 http://www.snort.org 사이트에서 구할 수 있습니다.

```
http://www.snort.org
```

5.5.2 Snort 설치

▶ snort 설치

yum 패키지 설치 도구를 이용하여 snort 패키지를 설치합니다.

```
# yum install snort
```

▶ 룰셋 설치

룰셋은 http://www.snort.org/pub-bin/downloads.cgi 에서 unregistered user release에 링크된 것을 다운로드합니다. 그 외의 버전은 회원으로 등록해야만 구할 수 있습니다.

```
#               wget                -O               -
http://www.snort.org/pub-bin/downloads.cgi/Download/vrt_pr/snortrules-pr-2.4.tar.gz
| tar xvfz - -C /etc/snort
```
* 주의 : 명령은 한 줄로 모두 써서 실행하도록 합니다.

5.5.3 snort.conf 설정

snort.conf 파일은 다음과 같이 6단계로 구성되어 있습니다.

단계	설 명
Step1	침입 탐지할 네트워크 환경 변수 설정
Step2	동적 적재 라이브러리 설정
Step3	Preprocessor 설정
Step4	Output plugins 설정
Step5	런타임 설정 지시자 추가
Step6	룰셋 지정

snort.conf 파일에서 step1 부분만 설정하여 사용해도 동작하는데 큰 무리는 없습니다. 그러므로 snort를 동작시키는데 있어서 알아야 할 몇 가지 부분에 대해서 다루기로 하며, 좀 더 자세한 것은 http://www.snort.org 사이트에서 제공하는 문서를 참고하기로 합니다. 불필요하다고 생각되는 설정에 대해서는 주석처리(#)를 해 놓는 것이 좋습니다.

▶ 네트워크 환경 변수 설정

```
var HOME_NET any
var EXTERNAL_NET any
var DNS_SERVERS $HOME_NET
var SMTP_SERVERS $HOME_NET
var SQL_SERVERS $HOME_NET
var TELNET_SERVERS $HOME_NET
var SNMP_SERVERS $HOME_NET
var AIM_SERVERS $HOME_NET
var RULE_PATH ../rules
```

상기 네트워크 환경 변수 가운데 짚고 가야 할 설정만 알아봅니다.

▶ var HOME_NET any

트래픽을 탐지할 네트워크 주소를 지정합니다. any는 모든 주소를 의미하며, 여러분의 로컬 아이피에 대해서 탐지하도록 하려면 이더넷 인터페이스의 아이피 주소로 지정하거나 또는 $eth0_ADDRESS로 지정해 주면 됩니다. 또는 [네트워크주소/넷마스크] 형태로 지정이 가능합니다.

▶ var EXTERNAL_NET any

침입을 탐지할 외부의 네트워크 주소를 지정해 줍니다. 특정 아이피를 감시하려면 해당 아이피를 지정해 주면 되고, 일반적으로 모든 주소에 대해서 탐지해야 하므로 any로 설정합니다. not를 의미하는 !를 적용하여 다음과 같이 특정 주소를 제외시킬 수 있습니다.

```
var EXTERNAL_NET any ![192.168.0.3]
```

▶ var RULE_PATH ./rules

룰셋이 설치되어 있는 경로를 지정합니다. 룰셋을 /etc/snort/rules 디렉토리에 설치해 놓았으므로 이 경로로 설정합니다.

▶ Dynamic loaded libraries 설정

동적으로 적재되는 라이브러리 파일은 /usr/local/snort/lib 디렉토리에 위치하므로 다음 옵션값을 수정합니다.

```
dynamicpreprocessor directory /usr/local/snort/lib/snort_dynamicpreprocessor/
dynamicengine /usr/local/snort/lib/snort_dynamicengine/libsf_engine.so
```

▶ Preprocessor 설정

상당히 복잡하고 어렵게 느껴질 부분이지만, 기본값 그대로 사용해도 무방합니다.

▶ 출력 플러그인 설정

output plugin은 모두 주석 처리되어 있는데 여러분이 정의하고자 하는 플러그인에 대한 설정의 주석처리를 제거해 주면 됩니다. 이 설정 단계에서는 다음 두 설정만 활성화되도록 설정해 놓으면 됩니다.

```
include classification.config
include reference.config
```

/etc/snort/classification.config 파일은 각 침입 탐지 룰의 클래스 유형과 중요도를 지정하며 /etc/snort/reference.config 파일은 각 취약성에 대한 참조 URL을 정의합니다.

5.5.4 룰셋 설정

새롭게 업데이트되는 룰은 $RULE_PATH로 지정된 디렉토리에 저장하여 include 옵션으로 해당 룰을 지정해 주면 해당 룰을 적용할 수 있습니다. 새롭게 업데이트되는 룰은 http://www.snort.org 사이트에서 다운로드할 수 있습니다. 새롭게 업데이트되는 룰은 일반적으로 oinkmaster라는 자동 업데이트 해 주는 프로그램을 이용하면 편리합니다.

▶ oinkmaster code 받아오기

http://www.snort.org 사이트에 가입하면 이메일로 열쇠글을 보내줍니다. 이메일 주소와 열쇠글을 이용하여 로그인하게 되면 계정 설정 정보 페이지가 열리는데, 이 페이지 하단쪽에 보면 Oinkmaster Download Codes가 있습니다. 여기서 [Get Code] 버튼을 클릭하면 oinkmaster code가 생성됩니다. 이 코드는 잠시 후에 살펴볼 oinkmaster.conf 파일에 넣어 주어야 합니다.

▶ oinkmaster 구하기

oinkmaster는 다음 사이트에서 구할 수 있습니다.

```
http://oinkmaster.sourceforge.net/
```

▶ oinkmaster 설정

oinkmaster를 다운로드하여 압축을 풀면 oinkmaster.pl과 oinkmaster.conf 파일이 존재합니다.

oinkmaster.conf 파일은 /etc/snort 디렉토리로 복사하고, oinkmaster.pl 파일은 /usr/bin 또는 /usr/sbin 디렉토리로 복사합니다. 그런 다음 oinkmaster.conf 파일을 열어 설정을 수정합니다.

```
url = http://www.snort.org/pub-bin/downloads.cgi/<oinkcode삽입>/snortrules-snapshot-2.4.tar.gz
update_files = \.rules$|\.config$|\.conf$|\.txt$|\.map$
skipfile local.rules
skipfile deleted.rules
skipfile snort.conf
```

상기 url 설정에서 www.snort.org 사이트에 등록하여 받은 oink code 번호를 반드시 입력해 주어야 합니다.

oinkmaster.pl 파일을 다음과 같이 실행하여 룰을 업데이트시킬 수 있습니다. 상기 설정 가운데 skipfile 은 업데이트 파일 가운데 업데이트를 생략할 파일을 지정하는 것입니다.

```
oinkmaster.pl -C /etc/snort/oinkmaster.conf -o /etc/snort/rules
```

업데이트된 룰이 있는 경우에 해당 룰을 snort.conf 파일에 추가하라는 메시지를 마지막에 보여줍니다. 매일 매일 업데이트되는 룰을 자동으로 추가되도록 하려면 상기 명령을 스크립트 파일로 만들어 cron 에 넣어 돌리면 됩니다.

5.5.5 snort 실행

/etc/init.d 디렉토리에 있는 snort 스크립트를 이용하여 다음과 같이 실행합니다.

```
# /etc/init.d/snort restart
```

만일 스크립트를 이용하지 않고 명령어로 직접 데몬을 띄우고자 한다면 다음과 같이 하면 됩니다. snort 데몬은 -l 옵션으로 로그 디렉토리를 지정하고, -c 옵션으로 snort.conf 파일을 지정하고, -A 옵션으로 경고 수준을 설정한 후 백그라운드 모드로 작동할 수 있도록 -D 옵션을 사용하여 실행합니다.

```
# /usr/local/snort/bin/snort -vde -l /var/log/snort -c /etc/snort/snort.conf -A full -D
```

5.5.6 침입 탐지 로그

snort 데몬이 백그라운드 모드로 동작하고 있을 때 외부에서 포트 스캔을 하거나 특정 포트로 접근 시도하게 되면 그러한 침입 정보는 /var/log/snort 디렉토리 밑에 alert 파일과 snort.log.1167554584 형태의 파일에 저장됩니다. 두 개의 파일 가운데 편집기를 통해서 로그 내용을 볼 수 있는 파일은 alert 이며, 다음은 192.168.1.136 호스트에서 snort가 설치되어 있는 서버로 포트 스캔하였을 때(nmap -sS 192.168.3.240)의 로그 내용입니다.

```
root@localhost:/var/log/snort
파일(F)  편집(E)  보기(V)  터미널(T)  탭(B)  도움말(H)
[root@localhost snort]# cat alert
[**] [1:469:3] ICMP PING NMAP [**]
[Classification: Attempted Information Leak] [Priority: 2]
01/01-05:58:57.829584 0:7:70:40:3B:E0 -> 0:90:27:BE:8A:88 type:0x800 len:0x3C
192.168.1.136 -> 192.168.3.240 ICMP TTL:36 TOS:0x0 ID:11083 IpLen:20 DgmLen:28
Type:8 Code:0  ID:35447   Seq:56955  ECHO
[Xref => http://www.whitehats.com/info/IDS162]

[root@localhost snort]#
```

침입 탐지에 관한 로그는 일반적으로 /var/log/snort 디렉토리에 alert 파일로 저장되지만, mysql와 ACID를 이용하면 데이터베이스에 저장하여 웹상에서 침입 로그를 분석할 수 있습니다.

5.6 Nessus

Nessus는 네트워크 관리자가 서버의 보안 취약점을 쉽게 탐지할 수 있도록 해 주는 보안 스캐너로 클라이언트와 서버의 네트워크 구조로 작동하여 서버는 물론 클라이언트 호스트에서도 서버의 보안 취약점을 그래픽 모드(gtk)로 관리할 수 있는 편리한 기능을 제공합니다. Nessus는 앞서 살펴 본 snort와 같이 업데이트가 쉽고, 수많은 플러그-인(plug-in)을 제공하여 플러그-인을 업데이트하고, 보안 취약점을 자세히 체크할 수 있습니다.

5.6.1 nessus 구하기

자세한 nessus에 대한 정보와 새로운 plug-in을 구하려면 다음 사이트를 참고합니다.

http://www.nessus.org

5.6.2 nessus 설치하기

Step1 www.nessus.org 사이트에 접속합니다.

Step2 [DOWNLOAD] 메뉴 버튼을 클릭합니다.

Step3 다운로드 펼침 메뉴에서 Nessus 3.2.1 for Linux를 선택합니다.

Step4 라이선스에 동의합니다.

Step5 사용자 등록을 합니다.

Step6 Fedora 9 버전을 다운로드합니다.

Step7 다운로드 메인 페이지로 되돌아가서 펼침 메뉴 중 NessusClient 3.2.1 버전을 선택하여 리눅스 클라이언트 버전을 다운로드합니다.

Step8 다운로드한 패키지를 설치합니다. Nessus 패키지는 /opt/nessus 디렉토리에 설치됩니다.

```
# yum install -y Nessus-3.2.1-fc9.i386.rpm
# yum install -y NessusClient-3.2.1-fc9.i386.rpm
```

yum으로 Nessus를 설치할 때 sign 문제로 설치되지 않는다면 /etc/yum.conf 파일을 열어 gpgcheck=0으로 수정한 후에 다시 설치하면 됩니다.

5.6.3 Nessus 설정하기

▶ Nessusd 계정 생성

/opt/nessus/sbin/nessus-adduser로 nessus 계정을 생성합니다.

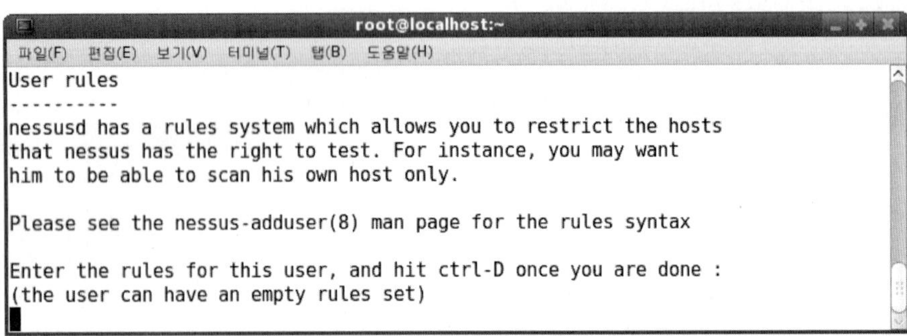

nessus-adduser 명령을 실행하게 되면 〈Add a new nessusd user〉 설정에서 Login：이 나오는데, 여기에 nessus를 실행할 계정 명을 입력합니다. 예로 nessus로 입력합니다. 여기서 추가되는 계정은 쉘의 계정과는 무관합니다. Authentication method (pass/cert) [pass] : 에서는 인증에 대한 암호화 방식을 디폴트 값인 pass로 사용할 것을 권장합니다. 그냥 Enter 키를 칩니다. 그 다음엔 열쇠글을 지정합니다.

▶ 사용자 규칙(User Rules) 설정

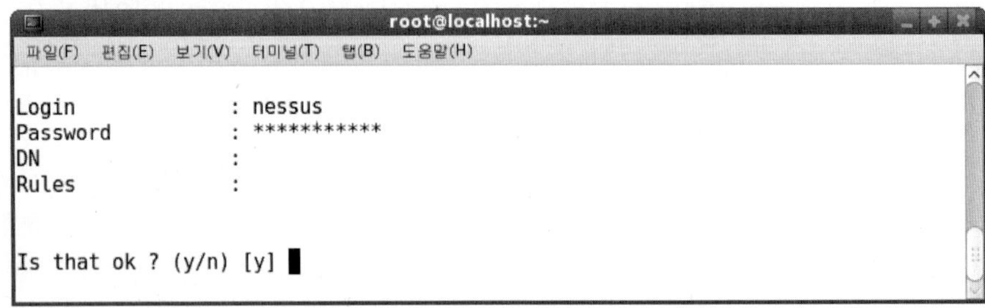

사용자가 특정 호스트를 테스트할 수 있는 권리를 제한하는 룰(rule)을 설정해 줄 수 있습니다. Ctrl + D 키를 눌러 사용자 룰을 지정하지 않고 모든 호스트들을 테스트할 수 있도록 하게 합니다.

▶ 계정 설정 결과

이제까지 설정한 결과를 보여 줍니다. 설정에 이상이 없다면 Y 키를 누르고, 설정 값이 잘못되었다면 N 키를 눌러 다시 설정을 하도록 합니다. Y 키를 누르게 되면 새로운 사용자 계정을 추가하게 됩니다.

▶ Nessus Certificate 생성

Nessus CA 인증서는 /opt/nessus/sbin/nessus-mkcert 명령으로 생성합니다. 그러면 nessus-mkcert로
네서스 인증서를 만듭니다. 인증 설정값은 기본값 그대로 적용하여 인증서를 만듭니다.

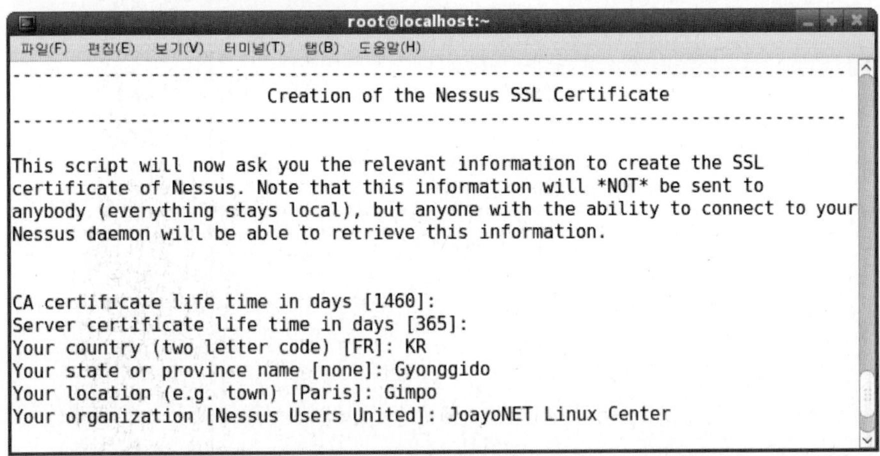

Country, Province name, Location, Organization 설정만 변경해 주도록 합니다.

5.6.4 Nessusd 데몬 띄우기

/opt/nessus/sbin/nessusd -D 명령으로 Nessus 데몬을 띄웁니다. 처음 데몬을 띄울 때는 플러그인을 로
딩하는데 약간의 시간이 걸립니다.

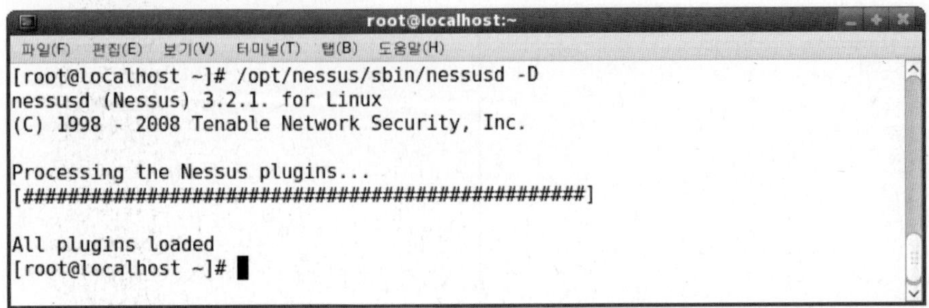

ps ax | grep nessus 명령을 실행하여 nessusd 데몬이 작동하고 있는지를 확인합니다.

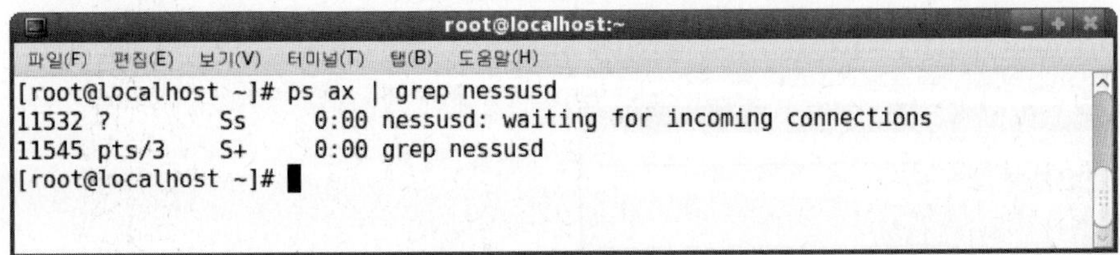

5.6.5 Nessus 실행 및 설정

/opt/nessus/bin/NessusClient 명령을 실행하여 nessus 클라이언트 프로그램을 실행합니다.

```
# /opt/nessus/bin/NessusClient
```

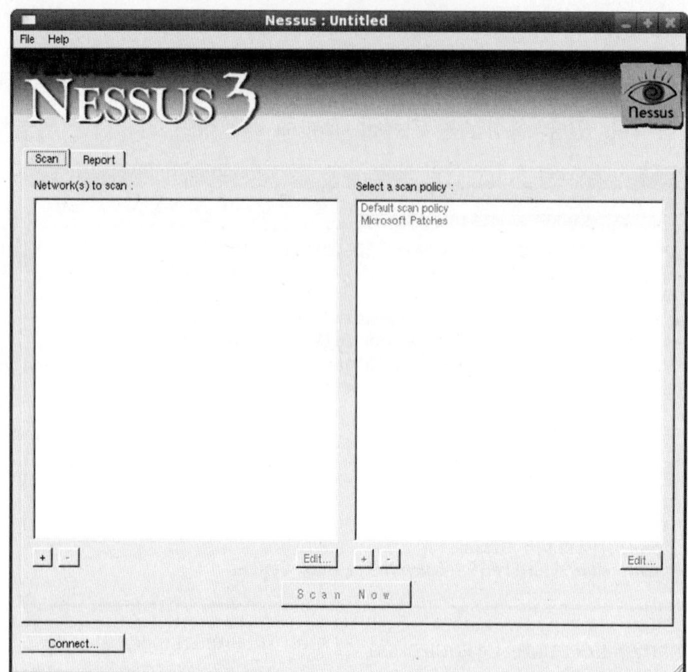

▶ Nessus 접속

Step1 [connect] 버튼을 클릭하여 Nessus Server로 localhost를 선택한 다음 [Edit]버튼을 클릭합니다.

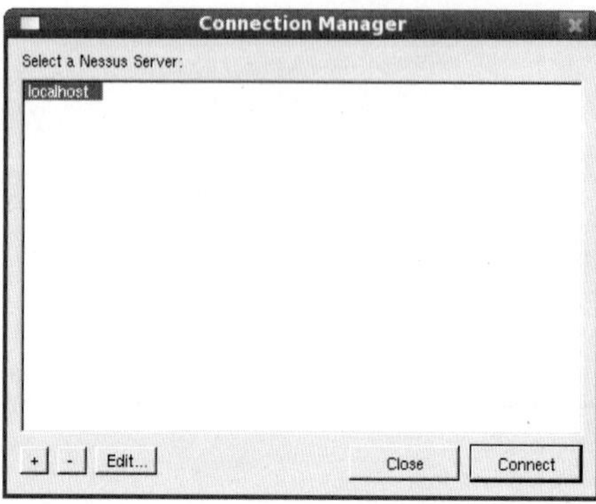

Step2 앞서 생성한 Nessus 계정(nessus)과 열쇠글을 입력하여 [Save] 버튼을 클릭합니다.

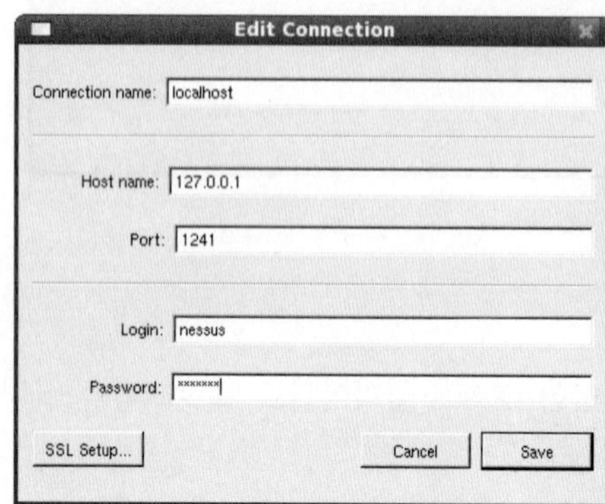

Step3 접속 관리자창에 있는 [connect] 버튼을 클릭합니다. 그러면 Nessus에 접속하게 됩니다.

▶ Nessus 스캔

스캔할 네트워크(Network to scan) 창 아래에 있는 ⊞ 버튼을 클릭하여 스캔할 호스트를 지정합니다.

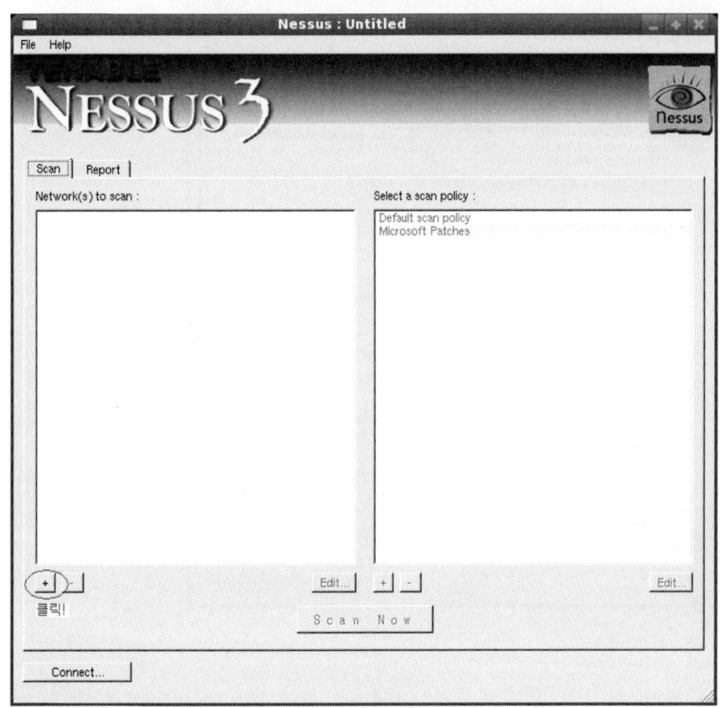

스캔할 수 있는 네트워크 형태로는 단일 호스트, 아이피 범위, 서브넷, 호스트, 파일 경로 등이 있습니다. 단일호스트로 체크하여 여러분의 로컬 서버의 주소를 입력하고, [Save] 버튼을 클릭합니다.

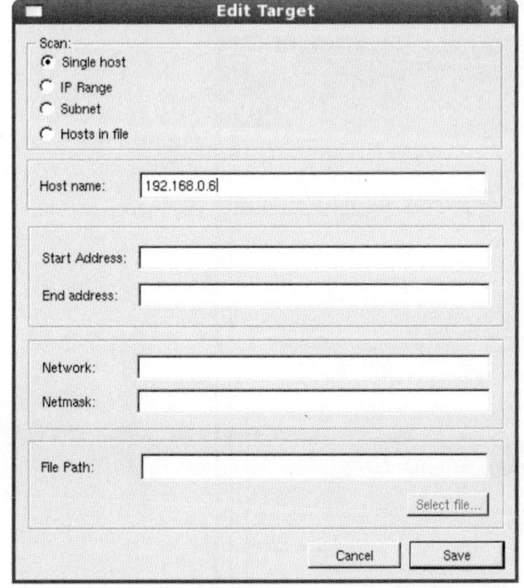

그러면 스캔할 네트워크 창에 명시한 호스트가 추가됩니다. 오른쪽 [Select a scan policy]창에서 [Default scan policy]를 선택하면, [Scan Now] 버튼을 활성화됩니다. 이 버튼을 클릭하여 스캔을 해 보도록 합니다. 잠시 후에 스캔한 결과를 보여줍니다.

Report 창에 호스트 주소가 보이고, 그 앞에 ⊞ 표시가 되어 있습니다. 이것을 클릭하여 스캔한 리포트를 확인할 수 있습니다.

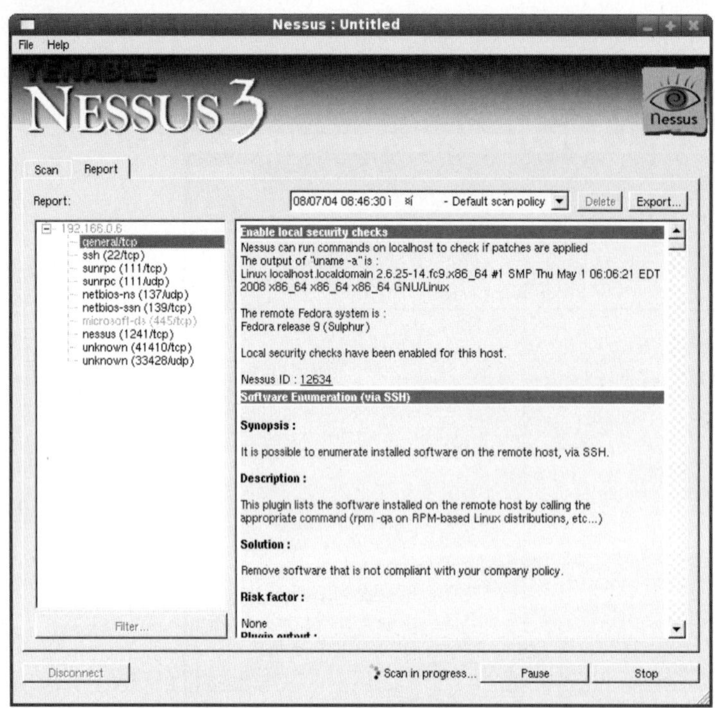

[general/tcp] 항목에서 서버의 운영체제와 인터페이스의 Enumeration에 대한 정보를 자세히 보여줍니다. 현재 서비스중인 [ssh(22/tcp) 항목을 클릭하면 SSH의 위험 요소가 있는지를 진단하여 보여줍니다. 이런 식으로 현재 서비스중인 TCP와 UDP에 대해서 취약점이 있는지를 검사하여 그 결과를 보여주며, 취약점이 발견되었을 때 어떻게 조치를 취해야 할 것인지를 알려줍니다.

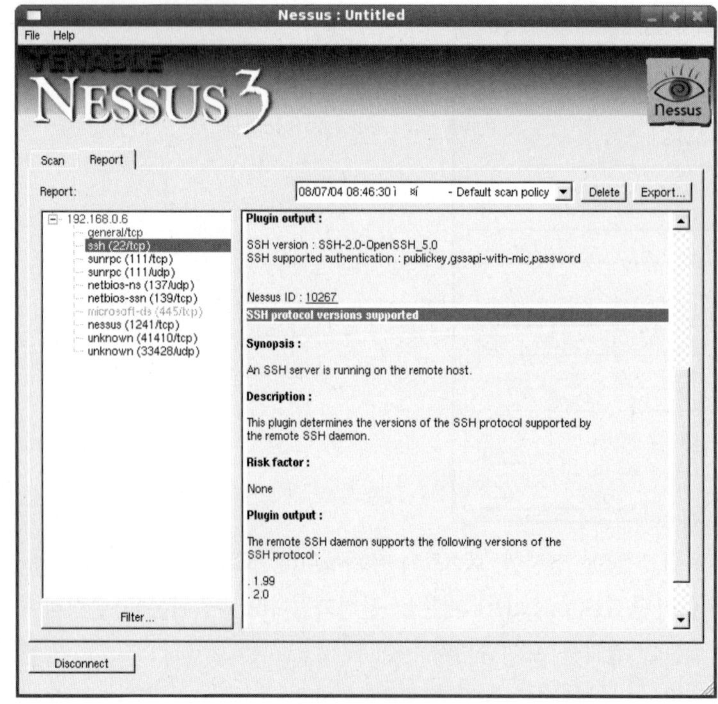

6. iptables 방화벽

리눅스 커널에서는 iptables로 완벽한 방화벽을 구축할 수 있게끔 지원합니다. iptables에 관한 자세한 정보는 다음 사이트를 참고하면 됩니다.

```
http://kldp.org/Translations/html/Packet_Filtering-KLDP/Packet_Filtering-KLDP-7.html
```

또한 방화벽에 대한 자세한 기술적인 정보를 원한다면 다음 추천 서적을 참고하기 바랍니다.

```
저자: Robert L. Ziegler

제목: Linux Firewalls 2nd ed.

출판: New Riders
```

6.1 방화벽의 기본 정책

iptables 방화벽의 시작은 기본 정책부터 수립하는 것입니다. iptables를 이용하여 방화벽을 구성할 경우 두 가지 정책 중 한 가지를 선택하면 됩니다. 일반적으로 모든 패킷에 대해서 무시하는 것이 방화벽의 기본 정책입니다.

방화벽 기본 정책

- 모든 것을 허용한 후 제한할 것을 거부한다.
- 모든 것을 거부한 후 필요한 것만 허용한다.

방화벽 정책은 모든 것을 허용한 후 제한할 것을 거부하는 정책과 모든 것을 거부한 상태에서 필요한 것만 허용해 주는 두 가지 정책이 있는데, 일반적으로 모든 것을 막아버리는 것을 기본 정책으로 합니다. 일반적으로 대부분의 리눅스 배포판은 모든 것을 거부하는 것을 기본 정책으로 채택하고 있습니다. 그러면 기본 정책을 모든 것에 대해서 거부하는 정책하여 다음과 같이 실행하여 기본 보안 정책을 수립합니다.

```
파일(F) 편집(E) 보기(V) 터미널(T) 탭(B) 도움말(H)
[root@localhost ~]# iptables -F
[root@localhost ~]# iptables -X
[root@localhost ~]# iptables -P INPUT DROP
[root@localhost ~]# iptables -P FORWARD DROP
[root@localhost ~]# iptables -P OUTPUT DROP
[root@localhost ~]#
```

iptables -L 명령으로 iptables의 테이블 상태를 점검할 수 있습니다. iptables -L 명령을 실행해 보면 INPUT와 FORWARD, OUTPUT 체인의 정책이 모두 DROP으로 설정되어 있음을 확인할 수 있습니다.

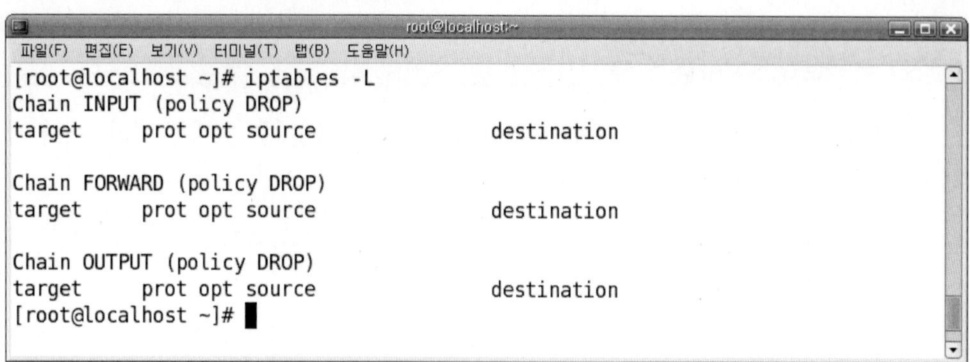

이것은 리눅스 서버로 어떠한 패킷이든 들어오고 나갈 수 없는 상태임을 의미하며, 로컬이든 외부에서 로컬 컴퓨터로는 네트워크가 차단된 것처럼 연결할 수 없게 됩니다. 그러면 ping 127.0.0.1 명령으로 루프백에 핑을 테스트해 봅니다. 루프백으로 핑이 나가질 않음을 알 수 있습니다.

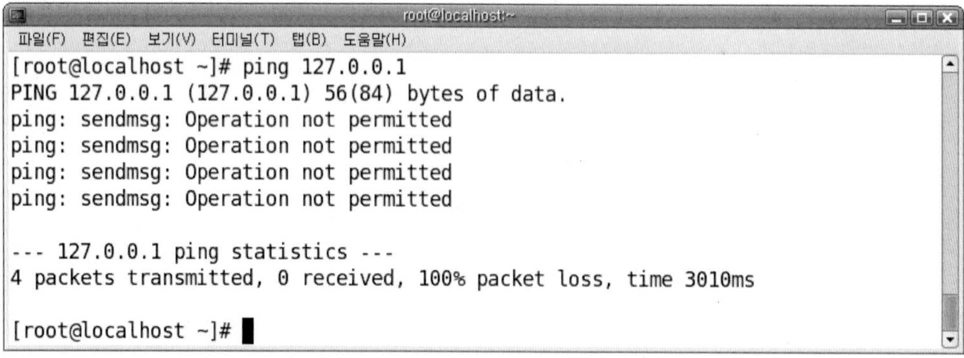

루프백으로 모든 패킷이 자유롭게 들어오고 나갈 수 있도록 다음과 같이 명령을 실행해 봅니다.

iptables 사용법에 대해서 잠시 후에 설명하게 되므로, 일단은 상기 화면과 같이 그대로 명령을 내리고, 루프백 주소로 핑을 날리면 핑이 나감을 확인할 수 있습니다. 핑 뿐만 아니라 로컬에서 제공하는 모든 네트워크 서비스에 접근할 수 있게 됩니다.

지금까지 내용으로 처음에 방화벽을 어떻게 구성해야하는지 감을 잡았을 것입니다.

6.2 iptables 사용법

```
iptables -A 체인명
```

iptables 명령의 사용법은 다음과 같습니다.

파라미터	기능
-N	새로운 체인 생성
-X	비어있는 체인 제거
-P	체인 정책 변경
-L	체인의 규칙 상태 보기
-F	체인내의 모든 규칙 제거 (방화벽 초기화)
-Z	체인내의 모든 규칙의 패킷과 바이트의 카운트를 0으로 초기화

6.3 iptables 체인 종류

iptables -L 명령을 실행하였을 때 iptables에서 지원하는 체인 리스트들을 볼 수 있습니다. iptables에서 지원하는 체인으로는 INPUT, FORWARD, OUTPUT 등 3가지 기본 체인이 있으며, 이러한 체인은 패킷의 목적지가 어디냐에 따라서 구분됩니다.

체인명	기능
INPUT	로컬로 들어오는 패킷(입력 패킷)
FORWARD	INPUT와 OUTPUT 역할, 라우터에 방화벽을 적용할 때 쓰임
OUTPUT	외부로 나가는 패킷 (출력 패킷)

INPUT 체인은 외부에서 로컬로 들어오는 패킷의 필터링을 담당하며, OUTPUT 체인은 반대로 로컬에서 외부로 나가는 패킷의 필터링에 관여하고, FORWARD 체인은 리눅스 서버가 라우터로 사용될 때 INPUT와 OUTPUT 두 체인을 대신해서 사용할 수 있습니다.

INPUT 체인에 사용자 정의로 체인을 추가하여 INPUT 체인 대신에 사용할 수도 있습니다. 3개의 기본 체인(INPUT, OUTPUT, FORWARD)은 수정이나 삭제가 불가능하며, 사용자 정의 체인은 다음과 같은 방법으로 생성해 줄 수 있습니다.

```
[root@localhost ~]# iptables -N mandoli
[root@localhost ~]# iptables -A INPUT -j mandoli
[root@localhost ~]# iptables -L
Chain INPUT (policy DROP)
target     prot opt source               destination
mandoli    all  --  anywhere             anywhere

Chain FORWARD (policy DROP)
target     prot opt source               destination

Chain OUTPUT (policy DROP)
target     prot opt source               destination

Chain mandoli (1 references)
target     prot opt source               destination
[root@localhost ~]#
```

6.4 iptables 다루기

6.4.1 방화벽 정책 초기화

```
# iptables -F
# iptables -X
# iptables -Z
```

6.4.2 기본 정책 설정

```
# iptables -P INPUT DROP
# iptables -P OUTPUT DROP
# iptables -P FORWARD DROP
```

6.4.3 사용자 정의 체인 생성 및 INPUT 체인에 추가

```
# iptables -N fedora
# iptables -A INPUT -j fedora
```

6.4.4 허용 정책 설정

■ 루프백 접속 허용

다른 곳과 네트워크이 연결되어 있지 않더라도 시스템의 기본 네트워크인 로컬 호스트의 인터페이스인 루프백에 대해서는 접속이 이뤄질 수 있더라도 해야 하므로, 다음과 같이 설정해 주면 됩니다.

```
iptables -A INPUT -i lo -j ACCEPT
```

부 록

Chapter
01. GNU 선언문

저작권과 사용 허가에 대한 본 사항이 명시되는 한, 어떠한 정보 매체에 의한 본문의 전제나 발췌도 허용되며 상업적 이용을 포함할 수 있는 지속적인 배포에 따른 사용상의 모든 권리는 문서의 취득자에게 조건 없이 양도된다. 1993년의 개정 이후, GNU 선언문은 영구 보존문으로 남아있게 될 것이며 원문에 대한 어떠한 형태의 수정과 첨삭도 허용되지 않는다.

Original Copy: The GNU Manifesto

Copyright (C) 1985, 1993 Free Software Foundation, Inc., 59 Temple Place – Suite 330, Boston, MA 02111, USA

Korean Translator: Ha Jaewon 하재원

Amendment Translator: 1998 Song Changhun 송창훈 chsong@cyber.co.kr

> **• 개정 본 역자 참고 사항**
>
> 2차 저작권의 포기 여부에 상관없이 선행 작업에 대한 존중의 표시로 원역자를 통해서 문서를 개정하려고 했지만, 상당한 노력에도 불구하고 원역자와 연결될 수 없었기 때문에 다음과 같은 기준에 의해서 문서를 개정한다.
>
> 1) GNU 정신에 입각해서 중복 작업이라는 소모적인 비효율성을 피하고 선행 작업의 노력과 성과를 가능한 그대로 유지하기 위해서 본질적인 내용 전달 상의 오역만을 수정한다.
>
> 2) 1993년 개정문에 대한 내용들을 새롭게 첨가시킨다.

GNU 선언문은 GNU 프로젝트가 시작되었을 당시, 많은 사람들의 참여와 지원을 요청하기 위해서 리차드 스톨만에 의해서 작성되었다. 처음 몇 년 동안은 프로젝트의 발전 상황을 설명하기 위해서 부분적인 개정이 이루어 졌으나 문서가 널리 확산됨에 따라 많은 사람들이 인지하고 있는 내용 그대로를 보존하는 편이 낫다고 판단하게 되었다.

문서에 대한 보존이 결정된 이후로, 우리는 일반적인 오해의 여지가 있는 몇몇 단어에 대한 문제점들을 알게 되었고 1993년에 주석을 첨가하는 것으로 해석상의 난점들을 명확하게 정리하였다.

GNU 소프트웨어에 대한 최신 정보는 GNU의 게시판 (GNU's Bulletin)을 참고하기 바란다. 분량상의 이유로 이 문서에서는 생략하기로 한다.

1. GNU란 무엇인가? GNU는 유닉스가 아니다!

GNU란 'GNU는 유닉스가 아니다(Gnu is Not Unix)'를 의미하는 재귀적 약어다. 이는 유닉스와 완벽하게 호환하는 소프트웨어 시스템이며 사용 가능한 모든 이가 자유롭게 사용할 수 있도록 작성한 것이다. 몇몇 다른 자원자들이 도움을 주고 있으며 많은 시간적, 금전적 지원 및 프로그램과 장비가 절실히 필요한 상태이다.[17]

지금까지 우리는 편집 명령을 작성하기 위한 인공 지능 언어 리스프(Lisp)를 갖춘 Emacs 문서 편집기, 소스 수준의 디버거(debugger), yacc 호환 파서 생성기(parser generator), 링커 등 35개 가량의 유틸리티를 만들어 왔으며, 쉘(shell-명령어 번역기)은 거의 완벽한 수준에 이르렀다. 이식성 있게 최적화된 C 컴파일러가 새로이 제작되었으며 이번 해에 배포될 것이다. 이미 커널(kernel)을 갖고 있기는 하지만 유닉스를 구현하기 위해서는 보다 많은 사양들이 추가되어야 할 것이다. 커널과 컴파일러가 완성되면 프로그램 개발에 적합한 GNU 시스템을 배포할 수 있을 것이다. 우리는 문서 형식기(text formatter)로 TeX를 사용할 것이며, nroff도 여전히 사용될 것이다. 또한, 이식성을 갖춘 공개 소프트웨어인 X 윈도우 시스템도 사용할 것이다. 이런 후에 이식성을 확보한 Common Lisp, 게임 프로그램인 Empire, 스프레드시트(spreadsheet) 등과 수많은 다른 프로그램을 온라인 문서를 포함하여 추가할 것이다. 우리는 결국, 일반적인 유닉스 시스템의 모든 기능을 갖추게 될 것이다.

GNU는 유닉스 프로그램들을 사용할 수 있게 해주지만 유닉스와 동일한 것은 아니다. 우리는 다른 운영 체제에서의 경험을 살려 가능한 사용하기 편리하도록 향상을 꾀했다. 특히, 긴 길이와 복잡한 조합 형태의 파일명을 쓸 수 있게 하고, 파일 버전을 표시하고, 견고한 파일 시스템을 구축하고, 터미널 비의존적인 디스플레이 장치를 지원할 계획이며, 최종적으로 몇 개의 리스프 프로그램과 일반적인 유닉스 프로그램이 한 화면을 나누어 쓸 수 있는 리스프 기반의 윈도우 시스템을 만들 것이다. 시스템 프로그래밍 언어로 C와 리스프 두 가지를 다 사용할 수 있을 것이다. 일대일 네트워크 기능인 UUCP(Unix to Unix Copy Program), MIT Chaosnet, 인터넷 프로토콜을 지원할 것이다.

GNU는 본래 가상 메모리를 가진 모토롤라(motorola)사의 68000/16000 CPU 계열의 컴퓨터를 겨냥하고 제작되었다. 그 까닭은 그 기계들에서 GNU를 가장 쉽게 작동시킬 수 있기 때문이다. 보다 작은 컴퓨터에서 작동시키기 위해서는 사용하고자 하는 사람이 특별한 노력을 기울여야 할 것이다. 심각한 혼동이 야기될 수 있으므로 'GNU'가 소프트웨어 시스템이 아닌 이 프로젝트 자체를 지칭할 때는 'GNU'의 'G'를 반드시 발음해주기 바란다.

---

17) 자유라는 의미를 명확하게 설명하지 못했다. 본래의 의도는 GNU 시스템을 사용하기 위해서 '사용 허가'에 대한 별도의 비용을 지불할 필요가 없다는 뜻이다. 이러한 점을 명확히 하지 않음으로 해서 GNU 프로그램은 항상 무료나 이에 준하는 가격에 의해서만 제공된다는 잘못된 해석이 가능할 수 있었다. GNU 선언문은 이러한 부분에 대해서 이윤 추구를 위한 상업적 배포 업체 또한 충분히 가능할 수 있다는 사실을 뒤에 언급하고 있다. 나는 금전적인 측면의 자유와 구속되지 않는다는 관점에서의 자유를 주의 깊게 구분해서 사용해야 한다는 교훈을 얻게 되었다. 자유 소프트웨어란 사용자가 배포와 수정의 자유를 갖는 소프트웨어를 의미한다. 자유 소프트웨어는 유료 또는 무료로 구입할 수 있으며, 유료 구입에 의한 기금의 확충은 해당 소프트웨어를 보다 우수하게 향상시키는데 기여할 수 있을 것이다. 자유 소프트웨어의 핵심은 소프트웨어의 자유로운 이용을 통해서 사용자 상호간의 협력의 자유를 보장받는다는 데 있다.

2. 왜 GNU를 작성해야만 했는가?

어떤 프로그램을 좋아한다면 당연히 그것을 좋아하는 사람들과 함께 나누는 것이 황금률(대우받고자 하는 대로 대하라-성서)이라고 생각한다. 소프트웨어를 판매하는 사람들은 사용자를 각각 구분하고, 그들 위에 군림하고, 사용자 서로가 프로그램을 공유하는 것을 막고자 한다. 나는 이런 식으로 사용자간의 결속이 깨지는 것을 거부한다. 나는 올바른 양심으로 비공개 협정이나 소프트웨어 라이센스 협약에 서명할 수 없다. 여러 해 동안 인공지능 연구소에서 일하면서 그러한 경향과 다른 박정한 일들에 저항해 보았지만 결국에는 그들의 승리로 끝나고 말았다. 내 의지에 역행하는 그런 일들이 일어나는 연구소에 나는 더이상 머무를 수가 없었다.

 내가 계속해서 명예를 손상시키지 않고 컴퓨터를 사용하기 위해서 나는 사용이 제한되는 소프트웨어들을 더이상 이용하지 않고도 작업을 해 나갈 수 있는 충분한 자유 소프트웨어의 본체를 만들 결심을 했다. 나는 MIT(Massachusetts Institute of Technology) 측이 어떠한 법률적 근거에 의해서도 GNU의 자유로운 배포를 제지하지 못하도록 하기 위해서 연구소를 그만두었다.

3. 유닉스와 호환성을 가지는 이유

유닉스가 이상적인 운영 체제라고 생각하지는 않지만 제법 쓸만하다고 할 수 있다. 유닉스의 골자는 훌륭한 것이며 나는 유닉스의 장점을 해치지 않고도 부족한 점들을 메울 수 있으리라고 생각했다. 그리고 유닉스와 호환성을 가지면 다른 많은 사람들이 적응하기에도 편리할 것이라 생각했다.

4. GNU를 사용하는 방법

GNU는 저작권이 인정되는(not public domain) 소프트웨어다. 누구나 GNU를 개작하고 배포할 수 있지만 어떤 이도 GNU가 보다 널리 배포되는 것을 제한할 수 없다. 즉, 변경한 내용을 독점할 수 없다는 것이다. 나는 모든 버전의 GNU가 공개된 채로 남아 있기를 보장받고 싶은 것이다.

5. 많은 프로그래머들이 동참을 원하는 이유

나는 그 동안, GNU에 흥미를 느끼고 돕고자 하는 많은 프로그래머들을 찾을 수 있었다.

많은 프로그래머들은 시스템 소프트웨어가 상용화된 것을 불쾌하게 생각한다. 이렇게 함으로 해서 보다 더 많은 돈을 벌 수는 있겠지만 일반적으로 이런 상황에서는 프로그래머들이 서로를 동지로 느끼기보

다는 투쟁해야 할 대상으로 느끼게 된다. 프로그래머들 사이의 우정을 나타내는 가장 기본적인 행동은 프로그램을 나누는 것이다. 이제는 전형적인 핵심으로 여기는 마케팅 협정은 프로그래머들이 친구로써 다른 프로그래머를 대하는 것을 금하고 있다. 소프트웨어를 구입한 자는 우정과 준법 중 하나를 선택해야만 한다. 물론 자연적으로 많은 이들이 우정을 보다 중요시한다.

그러나 법의 존재 가치를 인정하는 사람들은 어떤 결정을 내리든 편한 마음을 가질 수 없다. 그들은 냉소적이 되어 프로그래밍은 단지 돈을 버는 수단이라고 생각하게 된다.

그러나 독점적인 프로그램들 대신 GNU를 사용하게 되면, 우리는 모든 이에게 온정을 가질 수 있으며 법도 준수하게 된다. 게다가 GNU는 공유의 표본으로써 다른 이가 우리와 함께 공유에 동참하도록 고무하는 깃발 노릇도 한다. 이는 우리가 상용 프로그램을 쓸 때는 느낄 수 없는 조화로운 느낌을 갖게 한다. 나와 대화한 프로그래머들 중 거의 반정도는 이것은 돈이 대신할 수 없는 중요한 행복이라는데 공감했다.

6. 당신이 기여할 수 있는 방법

나는 제조업자들에게는 기계와 돈을, 개인들에게는 프로그램과 노동을 지원해 줄 것을 요청한다.

컴퓨터를 기증해서 기대할 수 있는 중요한 점은 GNU가 머지않아 그 기계에서 작동 할 것이란 점이다. 기증된 컴퓨터는 완전해 질 것이며 따라서, 시스템을 사용할 준비를 모두 갖추게 되어 능력과 효율을 과대 포장할 필요가 없을 것이다.

나는 GNU를 위해 시간제로 일하기를 갈망하는 많은 프로그래머들을 찾을 수 있었다. 대부분의 프로젝트에서 이러한 시간제로 배치된 작업을 통합하고 조정하는 일은 매우 어려웠다. 독립적으로 쓰여진 부분들은 함께 동작하지 않았다. 그러나 유닉스를 이용할 경우에는 그러한 문제가 생기지 않는다. 완전한 유닉스 시스템은 개별적인 설명이 포함된 백여 개의 유틸리티를 포함한다. 대부분의 인터페이스 사양은 유닉스에 호환되도록 맞추어진다.

만약 각각의 프로그래머가 유닉스 유틸리티 한 개를 유닉스에 호환하도록 재 구현하고 본래의 유닉스 시스템에서 충분히 작동하게 할 수 있으면, 이것들은 함께 묶어 놓아도 올바르게 작동할 것이다. 예기치 못한 문제 발생의 가능성을 고려한다 하더라도 전체적인 구성 요소들을 통합하는 작업은 충분히 가능할 것이다(커널을 만드는 작업은 세밀한 대화가 필요할 것이며, 소수의 호흡이 잘 맞는 집단이 적당할 것이다).

만일 내가 금전적인 지원을 얻는다면 약간의 인원을 전일제나 시간제로 고용할 수 있을 것이다. 일반적인 프로그래머의 수준보다 높은 봉급을 줄 수는 없겠지만 돈을 가지는 것만큼이나 공동체 의식을 정립하는 일도 중요한 의미를 가진다고 생각하는 사람들을 찾아 볼 것이다. 이런 사람들에게 적절한 보수를 제공하는 것은 그들이 생계에 대한 절박감에서 벗어나서 보다 자유롭게 그들의 모든 역량을 GNU에 집중할 수 있도록 할 수 있는 방법이 될 것이다.

7. 모든 컴퓨터 사용자가 이득을 얻게 되는 이유

일단 GNU가 작성되니까, 마치 공기처럼, 모든 사람들이 훌륭한 시스템 소프트웨어를 자유롭게 얻을 수 있게 되었다.[18) 이것은 단지 모든 이에게 유닉스의 사용에 대한 비용을 덜어 주는 것보다 훨씬 더 많은 의미를 가진다. 이는 시스템 프로그래밍에 드는 노력이 불필요하게 중복되는 것을 피할 수 있음을 의미한다. 대신, 절약된 노력은 기술 수준을 향상시키는데 사용될 것이다.

시스템에 대한 모든 소스 코드가 모든 사람에게 제공될 것이다. 결과적으로, 시스템에 변화를 주고자 한다면 언제든지 스스로 자유롭게 수정할 수 있을 것이다. 혹은 적당한 프로그래머나 업체에 의뢰할 수도 있을 것이다. 사용자들은 더 이상 프로그램 소스를 독점적으로 소유하거나 이를 수정할 수 있는 프로그래머나 회사에 의존하지 않아도 될 것이다.

학교는 모든 학생들이 시스템 코드를 배우고 향상시키도록 장려함으로써 보다 나은 교육 환경을 조성할 수 있을 것이다. 하버드 대학의 컴퓨터 연구소에서는 어떤 프로그램이든지 그 소스가 공개되지 않으면 시스템에 설치하지 못하게 하는 정책을 쓰곤 했다. 실제로 어떤 프로그램들을 설치하지 못하게 함으로써 이 정책을 고수했다. 나는 이것에서 커다란 영감을 받게 되었다.

결국에는, 누가 시스템 소프트웨어를 소유하고 있으며 누구에게 사용 자격을 부여할 것인가를 결정하는 문제들이 사라지게 될 것이다.

복사 라이선스를 포함하여 프로그램 사용에 대한 지불을 준비할 때는 언제나 개인이 지불해야 할 돈이 얼마인가를 알아내야 하는 번잡한 과정에 의해서 사회에 많은 비용을 야기 시킨다. 그리고 오직 경찰 당국만이 모든 사람이 그것을 따르게 하도록 힘을 행사할 수 있다. 막대한 비용을 들여 공기를 생산하는 우주 정거장을 생각해 보자.

이런 경우 각각의 개인은 자신이 호흡하는 공기에 대해 리터(liter) 단위로 요금을 지불하는 것이 합당할 것이다. 그렇다고는 해도 호흡하는 공기의 양을 측정하기 위해서 계측기가 달린 방독면을 밤낮으로 쓰고 있어야 한다면 그런 방식은 지불 능력에 관계없이 타당한 것이 아니다. 그리고 TV 카메라는 당신이 마스크를 벗는 불법을 행하는지 어디서나 지켜보아야 할 것이며 따라서, 이것보다는 사람 수에 따라 일정한 세금을 부과하고 마스크를 벗어 던지는 것이 현명하다.

프로그램의 일부 혹은 전체를 복제하는 행위는 프로그래머에게 있어서는 숨을 쉬는 것만큼이나 자연스러운 일이며 생산적이다. 따라서 프로그램은 마땅히 자유롭게 사용될 수 있어야 한다.

8. 몇 가지 GNU의 목표에 대한 반대 의견

"무료라면 아무도 그것을 쓰지 않을 것이다. 왜냐하면 무료라는 것은 어떠한 지원도 기대할 수 없다는 것을 의미하기 때문이다."

---

18) 자유라는 두 가지 다른 의미 중에서 본래의 의도를 명확히 제시하지 못한 것 같다. 자유가 다른 의미를 내포할 수도 있지만 여기서는 가격을 지불하지 않는다는 뜻으로 사용된 것이다. 즉, GNU 소프트웨어는 친구나 네트워크를 통해서 무료로 얻을 수 있다.

"당신은 그 프로그램에 대한 지원과 도움을 제공하는 대가로 이에 관한 비용을 부과해야만 한다."

만약 사람들이 돈을 지불하고서 GNU에 대한 서비스 받기를 희망한다면, GNU를 무료로 얻은 사람들에게 그런 서비스를 제공하는 회사도 이익을 얻을 수 있을 것이다.[19]

우리는 반드시 실제 프로그래밍 작업과 단순 관리 작업을 구별해야 한다. 전자는 때때로 소프트웨어 판매 회사에게 의존할 수가 없다. 만일 당신의 문제가 보편적으로 발생되는 사안이 아니라면, 판매 회사는 그 문제를 끝까지 해결해 주려고 하지 않을 것이다.

만일 당신의 사업이 지원에 대한 의존이 필요하다면, 필요한 모든 소스와 도구를 갖춰야 할 것이다. 그리고, 당신의 문제를 해결해 줄 수 있는 사람을 고용할 수 있을 것이다. 이것이 다른 사람의 자비를 얻는 것은 아니다. 유닉스에서는 이러한 부분에 있어서의 소스의 가격이 고려되어 있지 않지만 GNU의 경우는 이러한 문제를 용이하게 할 수 있을 것이다. 그러나, 유능한 사람을 구할 수 없을 가능성은 여전히 존재하고 이것을 배포에 따른 문제라고 비난할 수는 없다. GNU는 모든 세계의 문제를 제거하는 것은 아니며 단지 그중 하나일 뿐이다.

한편, 컴퓨터에 대해 전혀 모르는 사용자들은 여전히 단순한 관리 서비스를 필요로 한다. 이러한 일은 사용자 스스로 능히 처리할 수 있는 종류의 일이지만 그러한 방법을 모르기 때문이다.

이런 서비스들은 단순한 수작업이나 복구 서비스를 지원하는 회사들이 제공할 수 있다. 사용자들이 제품을 사고 그에 대한 서비스를 받는 방식을 받아들인다면, 제품을 무료로 받고 서비스에 대한 비용을 지불하는 방식에도 기꺼이 동의할 것이다. 서비스를 제공하는 회사들은 가격과 질적인 면에서 모두 완벽을 기할 수 있을 것이며 사용자들은 특정한 업체에 얽매이지 않아도 될 것이다. 또한, 그러한 서비스가 필요하지 않은 사람들은 서비스에 대한 비용을 들이지 않고도 프로그램들을 쓸 수 있을 것이다.

"광고를 하지 않고는 많은 사람들에게 알릴 수 없을 것이며, 그러기 위해서는 필히 프로그램에 가격을 매겨야 한다."

"무료로 제공되는 프로그램을 광고하는 것은 무의미하다."

GNU 같은 프로그램을 많은 컴퓨터 사용자들에게 알릴 수 있는 방법에는 무료 혹은 극히 적은 비용으로 사용할 수 있는 다양한 정보 전파 방식이 있다. 그러나 광고를 하는 것이 보다 많은 컴퓨터 사용자에게 정보를 알릴 수 있는 방법일지도 모른다. 만일 실제로 이런 것이 사실이라면 복제와 배포를 하는데 돈을 받음으로써 능히 광고와 그 외의 부수적인 비용을 감당할 수 있을 것이다. 이런 방식에서는, 광고를 보고 배포본을 구입해서 이익을 얻을 수 있는 사용자가 광고비용을 부담하게 되는 것이다.

반면, 많은 사람들이 GNU를 그 친구들을 통해서 구한다면, 이런 종류의 회사들은 성공할 수 없을 것이다. 이는 GNU를 보급하는데 광고가 필요한 것이 아님을 보여준다.

그렇다고 한다면 무료로 보급되고 있다는 사실이 무료로 알려지는 것을 바라지 않을 만한 이유가 있겠는가?

자유 시장 경제에서는 광고에 의하지 않은 전파 방식 또한 충분히 가능한 것이다.[20]

"나의 회사는 경쟁사들에 대한 우위를 차지하기 위해 독점적인 운영 체제가 필요하다."

---

19) 이러한 종류의 몇몇 회사들이 이미 활동하고 있다.

20) 자유 소프트웨어 재단은 이윤 추구를 목적으로 하지 않음에도 불구하고 대부분의 운영 자금을 배포 본 판매에 따른 수익금에 의해서 충당하고 있다. 아무도 우리로부터 제품을 구입하지 않는다면 우리는 재단을 지탱해 나가기 힘들게 될 것이다. 그러나, 이것이 모든 사용자에게 유료 구입을 강요하는 제한 사항이 될 수는 없다. 제품 구입에 대한 소수의 도움으로도 자유 소프트웨어 재단은 충분히 유지될 수 있으며 우리는 일반 사용자들이 이러한 방식으로 우리에게 지원해 주기를 요청한다.

GNU는 시스템 소프트웨어를 경쟁이라는 범주에서 제외시킬 것이다. 당신의 회사가 우위를 차지할 수 없는 것처럼 당신의 경쟁사들도 그 점에 있어서는 마찬가지일 것이다. 당신과 당신의 경쟁사들 모두 이 분야에서는 별반 이득을 볼 수 없겠지만 다른 분야에서 서로 경쟁하는 것은 가능할 것이다. 당신의 사업이 운영 체제를 판매하는 것이라면 GNU가 마땅치 않게 생각될 것이다. 당신의 사업이 이런 종류가 아니라면 GNU는 시스템 소프트웨어에 관련된 막대한 비용을 절감해줄 것이다.

나는 제작자와 사용자들이 GNU의 발전에 기여해 나감으로써 서로의 비용을 절감할 수 있기를 희망한다.[21]

"프로그래머는 자신의 창의력에 대한 보상을 받을 자격이 있지 않은가?"

보상받을 만한 일이란 사회적 공헌을 말한다. 창의성이란 그 결과물을 사회가 대가 없이 사용할 수 있을 때 사회적 공헌이 되는 것이다. 어떤 혁신적인 프로그램을 제작한 사람이 그에 대해 보상을 받아야만 한다면, 같은 맥락에서 그것을 자유롭게 사용하지 못하게 한다면 그때는 제재를 받아야 할 것이다.

"프로그래머는 그의 창의력에 대한 보상을 요구할 수 없는가?"

유해한 수단을 사용하지 않는다면, 노동에 대한 보수와 자신의 소득이 극대화되기를 바라는 것은 아무 문제가 없다. 그러나 지금까지 소프트웨어 산업에서 보편화된 수단은 유해한 방법이다.

프로그램을 사용하는 것에 제한을 둠으로써 돈을 벌어들이는 행위는 프로그램이 사용되는 범위와 방식을 제한하기 때문에 유해한 것이다. 이는 인간들이 프로그램으로부터 얻을 수 있는 인간적인 풍요로움을 전체적으로 감소시키는 것이다. 프로그램의 자유로운 사용에 대한 제한은 결국, 유해한 파괴 행위라고 할 수 있다.

선량한 시민이라면 자신이 보다 부유해지기 위해 그런 수단을 쓰지 않는다. 그 까닭은, 만일 모든 사람들이 그렇게 한다면 상호간의 유해한 행위로 인해 결과적으로 우리 모두는 보다 빈곤해 질 것이기 때문이다. 이것은 칸트의 윤리학(네 의지의 준칙이 언제나 보편적 입법의 원리로써 타당하게 행동하라-실천 이성 비판)이나 황금률 같은 분명한 것이다. 나는 모든 사람들이 자기만의 정보를 축적해 나가는 것은 바람직하다고 여기지 않기 때문에, 누군가 그런 일을 한다면 그것이 잘못된 일이라고 생각한다. 특히, 한 개인의 창의성을 보장받고자 하는 욕구가 일반적으로 전체의 창의성이나 혹은 그 일부분을 저하시키는 행위를 정당화시키는 것은 아니다.

"프로그래머들의 밥줄이 끊기지 않을까?"

나는 모든 사람이 프로그래머가 될 필요는 없다고 답하고 싶다. 아마 우리들 대부분은 거리에 나가 인상을 써서 간신히 약간의 돈을 벌어 살아갈 수는 없을 것이다. 그러나 결과적으로, 우리는 거리에 나가 인상 써서 돈을 번다고 비난받을 필요도 없고, 또한 빈궁해질 필요도 없을 것이다. 우리는 그와는 다른 일을 할 수 있을 것이다.

그러나 이것은, "프로그래머는 소프트웨어를 소유하지 않으면 단 한 푼도 벌 수 없다."라는 질문하는 사람의 독단적인 가정을 받아 들였다는 점에서 오답이라 할 수 있다. 아마도 이런 생각은 극단적일 것이다.

---

21) 최근 들어 컴퓨터 회사들의 모임 중 하나는 GNU C 컴파일러의 개발을 지원하기 위한 기금을 조성했다.

프로그래머가 생계에 지장을 받지 않을 것에 대한 진정한 이유는 지금과 같은 정도는 아니겠지만 여전히 프로그래밍으로 돈을 벌 방법들이 있기 때문이다.

프로그램의 복제를 제한하는 것이 소프트웨어 사업에 있어서 유일한 이윤 창출 방법은 아니다. 이런 방식이 보편화된 것은 이렇게 함으로써 가장 돈을 많이 벌 수 있기 때문이다. 고객들에 의해 이런 방식이 거부되거나 금지된다고 해도, 소프트웨어 사업은 지금까지 흔하지는 않았던 새로운 방식으로 전환해 나갈 길을 모색할 수 있을 것이다. 사업에 있어서 이윤 창출 방법은 무궁무진한 것이다.

아마 새로운 기반 하에서의 프로그래밍은 지금처럼 수익성이 높은 일은 아닐 것이다. 하지만 이것이 변화의 쟁점은 아니다. 지금의 판매 사원들은 그들의 봉급을 버는 방식이 불합리한 것이라고 생각하지는 않는다. 프로그래머들이 그와 같은 방법으로 소득을 올린다 해도 하등 정당하지 못할 이유가 없다(실제적으로 프로그래머들은 여전히 그들보다 월등히 많은 소득을 올리고 있다).

"창작물의 사용 제한 여부는 창작자 자신이 갖고 있는 권리가 아닐까?"

"특정 창작물에 대한 사용을 통제하는 것"은 결국 다른 사람들의 삶에 대한 통제를 의미한다. 이는 다른 사람들의 삶을 위축시키는 것이기 때문이다.

지적 소유권에 관해 상세하게 공부한 사람들(변호사 등)은 그 자체로서 완벽한 지적 소유물은 없다고 주의 깊게 말한다. 정부가 인정하는 추상적인 지적 소유권들은 특정 목적을 위한 특정 법률 조항으로부터 발생한 것이다.

예를 들어, 특허제도는 발명가가 그의 고안품의 세부 사항을 공개하는 것을 장려하고자 설립된 것이다. 그 목적은 발명한 사람을 돕기보다는 사회를 돕기 위한 것이다. 시간의 측면에서 보면, 특허가 갖는 17년간의 유효기간은 기술이 발전하는 비율과 비교해 볼 때 짧다. 특허권은 생산 업자들 사이의 문제이고 생산을 향상시키는 것과 비교해서 특허권 계약에 드는 비용과 노력은 적다고 보기 때문에 특허권은 일반적으로 그다지 해롭게 작용하지 않는다. 또한, 그것은 대부분의 개인들이 특허 받은 제품을 사용하는 것을 제한하지 않는다.

고대에는 저작권이라는 것이 존재하지 않았으며 그 시대의 작가들은 빈번하게 다른 이의 작품 상당량을 소설 이외의 작품에 복제하기도 했다. 이런 작업들은 유용한 것이었으며 비록, 그 일부분이기는 하지만 많은 사람들의 작품이 계속해서 전수되는(존재해 나가는) 유일한 방법이었다. 저작권 제도는 작가 의식을 고취시키려는 의도로 만들어진 것이다. 이것이 처음 만들어 질 때 주로 염두에 두었던 책의 범주에서 보면 책은 별도의 비용에 의해서 인쇄기를 사용해서만이 복제가 가능하기 때문에 저작권은 그다지 해롭지는 않았다. 또한, 대다수의 사람들이 책을 읽는 것을 제한하지도 않았다.

모든 지적 소유권은 그것들이 어떻든지 그를 허용함으로써 사회 전체에 이득이 된다고 여겨져서 사회가 허용할 때만 정당하게 되는 것이다. 그러나 어떤 특정 상황에서든 우리는 "그런 허가를 내주는 것이 정말로 우리에게 유익한가? 어떤 종류의 허가를 내줄 것인가?" 하는 질문을 해보아야만 한다.

오늘날의 프로그램들의 경우는 백여 년 전 책의 경우와 크게 다르다. 프로그램이 이웃간에 손쉽게 복사될 수 있다는 사실, 소스 코드와 목적 코드로 구분된다는 점, 단순히 읽거나 즐기기 위해서 사용되지는 않는다는 사실들이 묶여져서 저작권을 강요하는 사람들은 사회 전체에 정신적, 물질적으로 해를 끼치는 상황을 만들고 있으며 법적 허용 여부에 상관없이 사용자들의 이용을 제한하고 있는 것이다.

"경쟁함으로써 보다 나은 결과를 얻을 수 있는가?"

경쟁의 기본 원리는 경주(race)이며 승자에게 상을 줌으로써 주자들이 더욱 빨리 달리도록 장려할 수 있는 것이다. 만약 자본주의가 실제로 이런 방식을 따른다면 이는 바람직한 것이다.

그러나 자본주의 옹호론자들은 실제로 항상 이런 방식으로 움직인다고 단정짓는 잘못을 범한다. 만일, 주자들이 상이 주어지는 이유를 망각한 채 승리에만 집착한다면 말할 것도 없이 그들은 다른 주자를 공격한다든지 하는 색다른 전략을 찾게 될 것이다. 주자들이 먼저 싸우기부터 한다면 그들은 결국 모두 늦어질 수밖에 없는 것이다.

독점적이고 비밀에 싸인 소프트웨어는 도덕적으로 먼저 싸우기부터 하는 주자들과 동일하다. 슬픈 일이지만 우리의 유일한 심판은 그다지 공정해 보이지 않으며 "10 야드(yard)마다 한번씩 상대방을 공격할 수 있다."는 규정을 적용하는 정도일 것이다. 싸움에 대한 조짐이 있을 때조차도 벌칙을 주어야 하는데도 말이다.

"금전적인 특혜가 없다면 아무도 프로그래밍을 하지 않을 것이다."

실제적으로, 많은 사람들이 분명한 금전적인 특혜가 없이도 프로그래밍을 할 것이다. 프로그래밍은 어떤 사람들에게는 저항할 수 없는 매력인 것이며 보통 프로그래밍에 능숙한 사람에게 더욱 그렇다. 비록 생활의 기반이 될 가망이 없더라도 꾸준히 계속해 가는 직업적인 음악인들이 많이 있다.

그러나 실제로 이 질문은 비록 일반적으로 많이 제기 되지만 조금은 다른 관점의 문제라고 할 수 있다. 프로그래머들의 소득원이 없어지는 것이 아니라 단지 수입이 줄어드는 것이기 때문이다. 따라서, 올바른 질문은 "금전적인 보상이 줄어들더라도 사람들이 프로그래밍을 하게 될까?"일 것이다. 내 경험에 의하면 그렇게 할 것이라고 생각한다.

십년 이상 동안. 세계 정상급 프로그래머들이 인공 지능 연구소에서 일했었지만 그들이 받은 보수는 다른 어떤 곳에서 기대할 수 있는 것보다 훨씬 적은 것이었다. 그들은 사회적 인정이나 명성과 같은 다양한 종류의 비금전적인 보상을 받았다. 그리고 창의력은 그 자체가 이미 보상과 흥미를 내포하고 있는 것이다.

그 후, 그들 대부분은 이전의 작업처럼 그들이 흥미롭게 생각하는 일의 높은 보수를 받으며 할 수 있는 기회가 주어지자 연구소를 떠났다.

이 사실에서 알 수 있는 것은 사람들은 부유해지기보다는 나름대로의 어떤 까닭을 위해서 프로그래밍을 한다는 것이며 그런 조건 위에 상당한 보수까지 받을 기회가 주어진다면 그를 예상하고 요구하게 되는 것이다. 보수가 낮은 조직은 높은 보수를 받는 조직과의 경쟁에서 뒤지겠지만 만일, 높은 보수를 받는 조직이 허용되지 않는다면 훌륭하게 활동할 수 있을 것이다.

"우리는 프로그래머가 절대적으로 필요하다. 만일 그들이 우리의 이웃을 돕지 말라 하면 우리는 따를 수밖에 없다."

당신들은 결코 그런 종류의 요구에 복종해야 할만큼 절박하지 않다. 명심하라. 열 장정이 도둑 하나를 막지 못하는 법이다.

"프로그래머들도 어떤 식으로든 그들의 생계를 꾸려나가야 하지 않은가?"

요컨대 이것은 진실이다. 그러나 프로그램의 사용에 대한 권리를 파는 것 이외에도 생계를 꾸릴 수 있는 수많은 방법들이 있다. 현재 사용에 대한 권리를 파는 것이 보편적으로 받아들여지는 것은 그런 방식으로 프로그래머나 사업자들이 보다 많은 돈을 벌 수 있기 때문이지 결코 이것이 생계를 유지하는

유일한 방법이기 때문은 아니다. 다른 방법을 찾고자 한다면 얼마든지 가능할 것이다. 여기 여러 가지 예들이 있다.

새로운 컴퓨터를 내놓는 제조업자는 새 기계에 운영 체제를 이식하기 위한 비용을 지불하게 된다.

교육, 단순 관리 작업, 지속적인 서비스들을 제공하는 회사에서도 역시 프로그래머는 필요한 것이다.

 사용자의 마음에 흡족하다면 그에 대한 기부를 지원해 달라고 요구하는 프리웨어(freeware)라는 새로운 아이디어로 프로그램을 배포하는 사람들도 있다. 혹은 단순 관리 서비스를 제공하고 보수를 받는 사람들도 있다. 나는 이미 이런 방식으로 성공한 사람들을 만났다.

도움이 필요한 사용자들은 사용자 그룹을 결성하고 회비를 조성할 수 있을 것이다. 그룹은 프로그래밍 회사와 계약을 맺고 회원들이 원하는 프로그램을 주문 제작할 수 있을 것이다.

모든 종류의 발전에 필요한 기금은 소프트웨어에 대한 세금으로 조성할 수 있을 것이다.

만약, 컴퓨터를 구입하는 모든 사람들이 가격의 몇 퍼센트를 소프트웨어에 대한 세금으로 지불해야 한다면, 정부는 그 돈이 소프트웨어 발전에 쓰여지도록 국립 과학 재단(NSF-National Science Foundation) 같은 단체에 위임할 수 있을 것이다.

여기에는 컴퓨터 구입자가 세금을 납부하는 것 대신에 개별적으로 소프트웨어의 발전을 위해서 특정 부문에 기부하는 형식이 포함될 수 있을 것이다. 그는 스스로 어느 프로젝트에 기부할 것인지를 결정할 수 있을 것이며, 때론 그 결과를 쓸 수 있을 것이란 기대를 품고 결정을 내리게 될 것이다. 얼마를 기부하든 지불해야 할 세금 전액을 대신할 수 있을 것이다.

세금의 전체적인 세율은 납세자들이 투표를 해서 결정할 수 있을 것이며 지불할 액수에 따라 차등 조정될 것이다.

따라서, 결론은 다음과 같다:

컴퓨터 사용자 공동체는 소프트웨어의 발전을 지원한다.

어느 수준의 지원을 할 것인가에 대한 사항을 공동체 모두가 함께 결정한다.

자신의 몫이 어떤 프로젝트에 쓰일 것인가에 관심 있는 사용자들은 이를 스스로 결정할 수 있다.

프로그램을 자유롭게 만든다는 것은 결국, 더 이상 생계를 위해 고되게 일할 필요가 없는 풍요로운 세계로 가는 한 단계인 것이다. 사람들은 법률 제정이나 가정 상담, 로보트 수리, 천체 관측 등의 주당 열 시간 정도의 근무 시간을 마친 후에는 프로그래밍과 같은 자신이 흥미를 가질 수 있는 일에 자신을 몰입할 수 있는 자유를 갖게 될 것이다. 더 이상 프로그래밍을 생계의 수단으로 삼을 필요가 없게 될 것이다.

우리가 이미 풍요로운 사회를 만들기 위해 많은 일들을 했음에도 불구하고 여가 시간이 아직 충분히 보장되지 않고 있는 이유는 자유 경쟁에 반하는 관료 제도와 저항들에 의해서 생산적인 활동에 많은 비생산적 요소들이 개입되기 때문이다. 자유 소프트웨어는 이러한 문제들을 충분히 개선시켜 나갈 수 있을 것이고 그렇게 함으로써 풍요를 위한 우리의 기술적 성과들이 우리들 자신의 노동을 감소시킬 수 있도록 해야 할 것이다.

Chapter 02. 리눅스에 대한 이해

▶ 리눅스 정의, 역사, 특징
▶ 리눅스 배포판
▶ 페도라 리눅스 소개, 특징
▶ 페도라 설치전 하드웨어 조건 파악

학습 주제

서문 : 리눅스 세계에 오신 것을 환영합니다.

경험해 보지 못하였던 새로운 세계에 도전한다는 것은 결코 쉬운 일은 아닙니다. 특히 베일 속에 감춰진 미지의 세계를 탐험하는데 있어서 두려움과 긴장감, 초조감, 정복에 대한 의구심, 자신감 결여 등이 새로운 세계로의 새로운 도전을 힘들게 하는 주범이 되곤 합니다. 리눅스 세계를 탐험하는 일은 어떤 좌절과 실패의 수렁에 빠질 수 있는 위험이 도사릴 수도 있고, 가도 가도 끝이 없는, 이정표 없는 머나먼 여정이 될 수 있으며, 낮에는 살인적인 더위와 한 치의 눈도 뜰 수 없도록 휘몰아치는 모래 혹풍과 싸워야하고, 밤에는 뼈와 살을 에이는 혹한과 홀로 싸우면서 사막을 종단하는 것과 같을 수 있습니다. 그러나, 여러분들이 리눅스의 세계에 탐험과 도전하기로 결심하였다면, 두려움과 긴장감, 초조감과 같은 나약한 감정을 가감히 버려야 하며, 우리는 컴맹이라는 부끄러운 딱지를 뗀 지도 오래이므로, 컴맹들이 처음 컴퓨터에 느끼는 이러한 감정들을 가질 하등의 이유도 없습니다. 리눅스라는 미지의 세계를 탐험하고 정복하는 것은 결코 어려운 일이 아니며, 경험해 보기 전에 "어렵다"는 선입견과 같은 마운드는 오히려 리눅스 세계의 도전을 더욱 더 어렵게 만들며, 중도에서 좌절하는 큰 원인이 됩니다. 중요한 것은 나 자신과의 싸움, 즉 어떤 시련이 닥치더라도 이겨 낼 수 있는 인내와 정복할 수 있다는 굳은 결의와 자신감만 있으면 리눅스에 대한 도전은 가히 헛되거나 실패하는 일은 없을 것입니다. 또한 리눅스 세계에 대한 재미를 얻는 순간 여러분은 리눅스라는 마약에 중독되듯 그 세계의 매력 속으로 조금씩 조금씩 빠져들게 되면 "허허... 나도 리눅스 폐인됐소."라고 할지도 모릅니다. 마치 블랙홀에 빨려 들어가듯이 말이지요.

더군다나 여러분이 지금 보고 있는 이 책은 리눅스 세계를 탐험하고 정복하는데 있어서 확실한 이정표와 지침이 되어줄 것이며, 어떤 문제에 부닥쳤다 하더라도 이를 능히 해결해 나갈 수 있는 등대와 같은 탄탄한 가이드가 되어줄 것이므로, 자신감과 흥미감을 가지고, 초등학교 시절 소풍가는 설레는 맘을 함께 가지고, 리눅스 세계에 첫 발을 과감히 내딛어 봅시다.

리눅스가 태동한지 10여년의 역사가 흐르고 있고, 인터넷이라는 정보 바다 속에서 리눅스에 대한 정보가 끊임없이 쏟아지고 있음에도 불구하고, 또한 인터넷의 혁명적인 발전과 더불어 리눅스에 대한 관심이 고조되고 있더라도, 아직도 리눅스라는 존재에 대해서도 정확히 알지 못하는 컴퓨터 사용자들이 많습니다. 인터넷상이나 필자와 만나는 사람들 가운데에서도 리눅스에 관심을 가지고 있는 소수의 계층을 제외하면 리눅스가 뭐냐고 여전히 묻는 사람들이 많습니다.

이 책을 가지고 리눅스에 입문하는 독자 여러분들도 예외는 아닐 것이라고 생각합니다. 리눅스가 짧다고 할 수 없는 역사를 가지고 있음에도 널리 리눅스가 알려지지 못한 것은 MS 윈도우 운영체제가 개인 운영체제의 역사를 대변하듯이 오랜 동안 독점적으로 대중적이고 보편화된 일반적인 운영체제였는데 반해, 그동안 개인적인 관심이 있는 사용자나 해커들에 의해서 리눅스가 사용되어 왔고, 주로 윈도우에 대항하여 개발된 운영체계가 아닌 유닉스를 대항하여 서버 용도로 주로 개발된 운영체계다보니, 윈도우 그래픽 사용 환경에 익숙해져 사용자를 리눅스로 포섭할 수 있는 그래픽 환경이 그동안 제한적이었으며, 윈도 응용 프로그램 호환성 결여 및 응용 프로그램 부족 등 개인 데스크톱 환경으로써의 열악한 점에 기인할 수 있을 것입니다.

자, 어찌 되었든 간에 지금까지 리눅스에 대해서 잘 모르는 많은 컴퓨터 사용자들이 리눅스에 대해서 어떤 마인드를 가지고 있든 간에 우리는 이 장을 통하여 여러분만큼은 리눅스라는 것이 무엇이고, 여러분이 관심을 갖고 리눅스에 입문하게 된 리눅스의 좋은 점이 무엇인가를 살펴보고, 이 책에서 다룰 페도라 리눅스를 이용하여 리눅스의 활용하는 방법에 대해서 배우고 이해해 보도록 합니다.

1. 리눅스란 무엇인가?

리눅스(Linux)는 MS 윈도우 운영체제[22]와 완전히 무관한, 32비트와 64비트 CPU를 지원하는 운영체계 프로그램으로, 인텔 계열 CPU(인텔 펜티움 I~IV, 아이타니움, AMD, AMD 옵테론)와 알파(Alpha), 스팍(Sparc), PPC 등 다양한 아키텍처에서 잘 작동하는 공개용 운영체계입니다.

리눅스는 유닉스 시스템 계열인 미닉스(Minix)에서 유래된 운영체계(이에 대한 의견이 분분하지만, 미닉스의 영향을 받은 것은 사실이죠)로, 1991년 헬싱키 대학생이었던 리누스 토발즈(Linus Benedict Torvals)[23]에 의해서 개발된 운영체제입니다. 리누스 토발즈는 그 당시 많이 사용되고 있던 미닉스 프로그램을 IBM PC에서도 사용할 목적으로 개발하였는데, 이것이 리눅스 탄생의 시초였으며, 그의 이름을 따서 리눅스라는 이름을 붙인 것입니다. 그 당시 리눅스 토발즈가 개발한 리눅스는 오늘날과 같은 형태의 리눅스 배포판이 아니라 커널이었습니다. 커널(Kernel)이란 프로세스와 시스템 메모리를 관리하고, 수많은 하드웨어 드라이버를 제공하는 등 리눅스의 모든 동작을 제어하는 실질적인 소프트웨어로 이 책의 "3부 12장 커널 관리"에서 다룹니다.. 커널은 리눅스 운영체계의 핵심이기 때문에 좁은 의미에서 커널을 리눅스라고 부르는 것입니다.

---

22) 운영체제 또는 운영체계(Operating System)라는 것은 컴퓨터 하드웨어와 사용자 응용 프로그램 사이에서 하드웨어를 쉽게 사용할 수 있도록 해 주고, 응용 프로그램들이 작동할 수 있도록 사용자의 명령을 수행할 수 있게 해 주는 프로그램을 말합니다.

23) 리누스 토발즈(Linus Torvalds, torvalds@osdl.org)

토발즈는 닐스 토발즈와 안나 토발즈 부모로부터 1969년 12월 28일에 핀란드 헬싱키에서 태어났으며, 화학자인 리누스 폴링(linux pauling) 이름을 빌려 이름을 지었다고 합니다. 현재 미국 캘리포니아 산타 클라라에 그의 아내와 거주하고 있으며, 핀란드 가라테 챔피언자리를 6번이나 차지한 아내와의 사이에 패트리샤 미란다, 다니엘라 욜란다, 셀레스테 아만다 세 딸이 있습니다. 토발즈는 1997년 11월 20일부터 2003년 6월까지 크루소 칩을 개발한 트랜스메타에서 근무했으나, 현재는 OSDL에서 전 시간을 리눅스 커널 개발에 바치고 있습니다.
토발즈에 관련된 홈페이지 주소: 개인 홈페이지 http://www.cs.helsinki.fi/~torvalds
토발즈의 모든것 http://catb.org/~esr/faqs/linus

토발즈는 1991년 10월 5일 comp.os.minix에 리눅스 버전 0.02를 공식으로 발표하여, 전 세계의 유수한 해커들이 리눅스 개발에 동참하게 되였고, 리처드 스톨만(Richard Stallman)[24]이라는 유명한 해커가 설립한 자유소프트웨어 재단(FSF, Free Software Foundation)[25]에서 제창된 GNU(GNU is not Unix) 프로젝트에 의해서 토발즈가 개발한 커널에 C++ 컴파일러인 gcc와 디버거, 다양한 유틸리티들을 포함시켜 하나의 새로운 운영체계로 발전할 수 있는 전기가 되었습니다. 그리고 슬랙웨어, 레드햇, 맨드레이크, 수세, 칼데라와 같은 리눅스 배포판 업체들이 등장함에 따라 커널과 엑스 윈도우 그리고 인터넷 서버 및 클라이언트 프로그램과 그 외 여러 가지 유틸리티들을 안정적으로 작동될 수 있는 리눅스 배포판을 개발, 배포하게 됨에 따라 오늘날 우리는 안정적인 리눅스를 GNU에 입각하여 자유롭게 사용할 수 있게 된 것입니다. 이러한 GNU에 입각한 오픈 소스의 공유와 개발자와 사용자간의 끊임없는 피드백(feedback)은 리눅스 발전의 토대를 형성하여 짧은 시간 속에서 리눅스는 엄청난 발전을 가져오게 되었습니다. 리눅스에 담겨진 정신을 이해하는데 있어서는 우리는 한번쯤은 GNU 선언문을 정독해야 할 필요성이 있습니다. 그러므로 리눅스를 접하는 사용자들은 시간이 나는 대로 이 별책 부록의 앞 장에 있는 GNU 선언문을 꼭 읽어 보기 바랍니다.

2. 리눅스 로고에 관하여

리눅스의 특징을 살펴보기 전에 리눅스 로고에 대해서 한번 짚고 넘어가 볼까요?

리눅스 관련된 사이트들을 돌아다보면 이상하게도 펭귄 이미지를 많이 사용하곤 합니다. 펭귄은 리눅스의 상징물로 간주되고 있는데, 리눅스 마스코트로 펭귄이 사용하게 된 배경을 알아봅니다.

1996년 리눅스 커널 메일링 리스트에서는 리눅스의 마스코트에 대한 논의가 이뤄지고 있었는데, 리눅스 창시자인 토발즈는 그의 개인 마스코트로 사용하던 tux(펭귄 이름)를 로고로 사용할 것을 제안하였습니다.

그가 펭귄을 로고로 내세우는 배경으로는 리눅스와 펭귄이 잘 어울린다는 생각을 가지게 되었던 것입니다. 토발즈는 펭귄 마스코트로는 모든 사람에게 귀엽고 사랑스럽게 느껴져 끌어안고 싶은 만족스러운 얼굴을 하고 있는 펭귄이어야 한다고 말했는데, 청어를 배불리 먹고 포만감에 젖어 편안히 앉아 있는 펭귄의 정다운 모습, 그 모습이라고 묘사했습니다.

또한 토발즈는 어른들도 "와우, 귀여운 펭귄~~!" 하고 사랑스런 목소리로 펭귄을 바라보고, 어린 아이들도 "엄마, 엄마, 저 펭귄 갖고 싶어요!" 라고 다정하게 모습을 그릴 수 있는 그러한 펭귄 모델 상을 제시해 주었죠.[26] 그 이후로 펭귄은 리눅스의 마스코트로 자리잡았고, 펭귄 콘테스트를 통하여 수많

---

24) 리처드 스톨만(Richard Stallman) 자유 소프트웨어 운동의 중심 인물이며, GNU 프로젝트와 자유 소프트웨어 재단의 설립자로, 이 운동을 지원하기 위해 카피레프트의 개념을 만들었으며, 현재 널리 쓰이고 있는 일반 공중 사용 허가서(GPL) 소프트웨어 라이센스의 개념을 도입했습니다. 또한 그는 탁월한 프로그래머로서 텍스트 편집기인 Emacs, GCC 컴파일러, GDB 디버거 등 많은 프로그램을 만들었으며, 이들 모두를 GNU 프로젝트의 일부로 만들었습니다.

25) 자유 소프트웨어 재단 (FSF, Free Software Foundation) 1985년에 자유 소프트웨어의 생산과 보급을 장려하기 위해 리처드 스톨만에 의해서 세웠고, 주로 GNU 프로젝트에 관한 일을 합니다. 이 재단은 그때 그때 사용가능한 소프트웨어의 배포보다는 주로 새로운 소프트웨어 개발에 초점을 맞추고 있습니다. 2002년 11월 25일, 자유 소프트웨어 재단은 자유 소프트웨어 재단 연합 멤버쉽 프로그램을 시작했습니다.

은 펭귄 로고들이 제시되었는데, 그 중에서도 래리 유윙(Larry Ewing)이 그린 펭귄 이미지[27]가 채택되어 오늘날 리눅스 로고로 펭귄 이미지가 사용되고 있는 것입니다.

3. 리눅스의 매력

리눅스가 가지고 있는 특징들로는 무엇이 있는지를 알아볼까요?

① 누구나 자유롭게 사용할 수 있는 운영체제이다.

리눅스는 GNU 프로젝트 하에서 개발되고, 배포되기 때문에 누구나 자유롭게 사용할 수 있는 오픈 소스의 운영체제입니다. 리눅스 운영체제의 소스는 항상 공개되어 있으므로 누구나 소스를 변형 또는 수정하여 재배포할 수 있는 독특한 특징이 있습니다. 리눅스 배포판 내에 치명적인 버그가 발견되더라도 전 세계의 유능한 많은 프로그래머와 해커 그리고 사용자들 간의 적극적인 참여와 피드백을 통하여 빠른 시간내에 정확하게 패치될 수 있기 때문에 리눅스는 그 다른 운영체제에 보다 매우 안정적인 운영체계로 진화될 수 있는 원동력을 가지고 있습니다.

② 여러 사용자 (Multi-user)가 동시에 사용할 수 있는 환경을 제공한다.

리눅스는 단일 사용자 환경을 제공하는 윈도우 운영체제(도스,윈도우)와는 달리 여러 사용자가 동시에 시스템을 사용할 수 있는 다중 사용자(Multi User system)환경을 제공하므로, 한 대의 시스템을 여러 사용자가 동시에 사용할 수 있는 장점이 있습니다. 많은 사용자가 동시에 리눅스 시스템에 접속하더라도 다른 운영체제에 비해 안정적이고 탁월한 성능을 보이기 때문에 리눅스가 뛰어난 서버 운영체제로 각광을 받고 있는 것입니다.

③ 다중 작업(Multi Tasking) 및 가상 터미널(Virtual Terminal) 환경을 지원한다.

MS 운영체제와 또 다른 특징이 있다면 도스 또는 윈도우는 단일 작업 환경을 제공하지만, 리눅스는 여러 가상 작업 공간을 사용자에게 제공함으로써 한 대의 컴퓨터 내에서 여러 개의 다른 화면을 통하여 여러 작업들을 동시에 할 수 있다는 점입니다. MS 윈도우의 경우는 단일 화면에서 여러 창을 띄워 여러 작업을 할 수 있을 뿐 다른 가상 화면에서는 다른 작업을 할 수 없습니다만, 리눅스는 윈도우와 같이 하나의 화면에 여러 개의 창을 띄워 작업을 할 수 있는 기본적인 환경을 지원할 뿐만 아니라, 무엇보다도 단일 화면이 아닌 여러 개의 화면 즉 가상 터미널 화면을 제공하여 고정된 화면이 아닌 여러 화면에서 다중 작업을 할 수 있게 해 주는 특징이 있습니다. 리눅스는 도스와 같은 화면(이를 리눅스에서는 흔히 콘솔[28]이라고 부릅니다.)을 최대 6개까지 지원해 주는데 이는 마치 도스와 같은 환경의 컴

---

26) why a penguin? http://www.linux.org/info/penguin.html에서 자세한 토발즈의 원문을 확인할 수 있습니다.
27) Penguin Logos는 http://www.linux.org/info/logos.html에서 링크된 사이트에서 자세한 내용을 확인하세요.
28) 콘솔(console) 콘솔의 사전적인 의미는 모니터와 키보드가 조합된 장치를 말하며, 다른 말로는 터미널(terminal)이라고도 합니다. 리눅스의 콘솔은 도스와 같이 검정 바탕의 모니터에 키보드 명령을 입력하여 운영체계에 전달하여 그 처리 결과를 보여 주는 텍스트 작업 환경을 말합니다. 쉽게 말해 도스 환경과 비슷하다고 생각하면 됩니다.

퓨터 6대를 사용하는 것과도 같습니다. 리눅스의 엑스 윈도우에서도 단일 화면이 아닌 가상 터미널 화면과 가상 데스크탑을 통하여 여러 개의 화면을 동시에 사용할 수 있는 환경을 제공함으로써 여러 작업을 동시에 처리할 수 있는 이점을 제공합니다.

④ GUI 방식의 엑스 윈도우를 지원한다.

리눅스는 두 가지 작업 환경을 제공해 주는데, 하나는 콘솔(Console)이고 다른 하나는 엑스 윈도우 환경입니다. 콘솔은 도스와 같이 텍스트 사용자 인터페이스(Text User Interface, TUI)로 작동하며, 엑스 윈도우에서는 윈도우와 같이 그래픽 사용자 인터페이스(Graphic User Interface, GUI)를 사용합니다. GUI 방식의 엑스 윈도우 환경은 윈도우 환경과 유사한 인터페이스를 제공하고 있어서 리눅스를 처음 접하는 경우에도 누구나 쉽게 사용할 수 있는 편리성을 제공합니다. 또한 엑스 윈도우는 오픈 데스크탑 환경으로 KDE와 GNOME을 모두 지원하고 있어 사용자의 기호에 따라서 데스크탑 환경을 선택하여 사용할 수 있으며, 수많은 윈도우 매니저를 제공함으로써 미려한 인터페이스 환경을 선택하여 꾸며 사용할 수 있습니다.

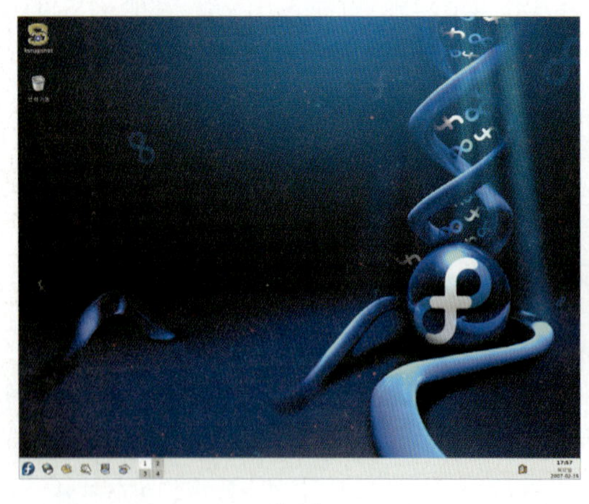

〈KDE〉

〈GNOME〉

⑤ CPU 구애가 없는 운영체계이다.

리눅스는 x86을 기반으로 하는 인텔을 비롯한 AMD, 사이릭스 등 인텔 계열의 모든 CPU를 완벽하게 지원하며, 인텔 486 CPU 이상의 기종에서도 무리 없이 작동할 수 있도록 설계되어 다른 운영체제에 비해서 적은 시스템 자원을 가진 시스템에서도 리눅스를 사용할 수 있는 매력이 있습니다. MS의 NT 계열 운영체계는 486급 시스템에서는 서버로는 거의 활용할 수 없지만, 리눅스는 486급의 시스템에서도 막강하고 안정적인 성능을 보여줍니다. 리눅스는 또한 저사양의 시스템을 인터넷 공유 서버 또는 라우터 서버나 DHCP 서버, 파일 서버, 텔넷 서버, 웹 서버, 메일 서버, 네임 서버 등 소규모의 개인 네트워크 서버에 구축하는데 활용할 수 있어 자원 재활용 측면에서도 큰 경제적인 이점이 있습니다. 또한 인텔 CPU외에도 Intel Itanium, AMD Opteron, ALPHA, Sparc, PowerPC 등 64비트의 CPU도 완벽하게 지원하므로써, 기상 관측, 의료 산업, 영화 산업, 항공 산업, 금융 시장, 생물 과학 등에도 널리 활용되고 있습니다.

⑥ 강력하면서 안정적인 네트워크를 지원하는 운영체계이다.

리눅스의 가장 매력적인 부분은 다른 운영체제에 비해 적은 비용으로 네트워크 서버를 쉽게 구축할 수 있다는 점과 다른 운영체제에 비해 적은 시스템 리소스를 소모하면서도 안정적이고 강력한 네트워크 서버 기능을 지원하다는 점입니다. 리눅스 운영체제는 486급 이상의 시스템에서 다른 비용 없이 리눅스가 지원하는 모든 서버 (웹 서버, 네임 서버, 메일 서버, FTP 서버, 텔넷 서버, PPP 서버, 삼바 서버, 프린터 서버, DHCP 서버, 프록시 서버 등)를 쉽게 구축하여 모두 한 번에 운영할 수 있는 기회가 제공됩니다. 이는 마이크로소프트의 운영체제에 비교한다면 실로 엄청난 경제적인 가치입니다. 기업에서는 값비싼 시스템과 운영체계로 서버를 운영해야만 한다는 전근대적인 마인드는 이제 리눅스로 인해 차츰 변화되고 있습니다.

⑦ 리눅스에서의 하드웨어 드라이버 설정 및 하드웨어 사용이 매우 쉽다.

윈도우에서 하드웨어를 설정할 때 반드시 하드웨어 제조업체에서 제공한 드라이버를 사용하지 않으면 하드웨어 작동이 불안정하거나 동작하지 않는 경우가 많지만, 리눅스에서는 윈도우와는 달리 제조업체의 드라이버를 반드시 사용할 이유는 없습니다. 그 이유는 커널에서 지원하는 칩셋을 내장한 하드웨어는 제조업체를 가릴 것 없이 하나의 드라이버(이러한 드라이버를 리눅스에서는 모듈이라는 용어로 사용합니다.)로 안정적으로 동작할 수 있도록 지원하기 때문입니다. 예를 들면 이더넷 카드는 동일한 칩셋(realtek 8139 100Mbps ethernet)을 사용하고 있더라도 윈도우는 다른 드라이버를 사용할 경우 문제가 발생할 수 있지만, 8139too.ko라는 모듈 하나로 부팅 시 띄어주면 이 칩셋을 사용하는 모든 이더넷 카드를 문제없이 사용할 수 있습니다. 따라서 커널에서 지원하는 하드웨어를 가지고 있다면 드라이버 분실이나 인터넷을 통해서 구해야 하는 번거로움은 이제 해방될 것입니다.

또한 윈도우에서는 TV수신 카드와 같은 하드웨어를 사용하기 위해서는 제조업체에서 제공하는 설정 드라이버와 함께 응용 프로그램을 사용해야 합니다. 그러나 리눅스에서는 제조업체에서 리눅스용 프로그램을 지원하지 않더라도, 오픈소스로 개발되어진 해당 하드웨어 지원 프로그램을 이용하면 문제없이 윈도우처럼 깨끗한 화질로 TV를 볼 수 있는 특징이 있습니다.

이와 같이 리눅스에서는 제조업체가 다른 하드웨어에서도 범용적으로 구동될 수 있는 프로그램들이 전 세계의 뜻있는 오픈소스 프로그래머들에게 의해서 개발되어 제공되고 있습니다.

그러나 새로운 하드웨어 지원은 제조업체에서 리눅스용 드라이버를 제공하지 않으면 윈도우에 비해 하드웨어 드라이버 지원이 매우 느리다는 것이 불편할 수 있겠지만, 해당 하드웨어에 관심이 있는 개발자들이 보이지 않는 곳에서 자발적으로 최선을 다해 드라이버를 개발하고 있으므로, 조만간 해당 드라이버가 공개될 것이라는 희망과 기대감을 가지게 될 것입니다.

⑧ 이식성이 강한 운영체계이다.

리눅스는 유닉스 표준인 POSIX[29] (포직스, Portable Operating System Interface for Computer Environments) 표준에 따라 개발되었기 때문에 유닉스 프로그램들을 리눅스로 쉽게 이식(porting)할 수 있는 특징을 가지고 있어 유닉스 소스를 리눅스에서 컴파일하여 사용할 수 있습니다.

---

29) POSIX (Portable Operating System Interface) 포직스는 유닉스 운영체계에 기반을 두고 있는 일련의 표준 운영체계 인터페이스를 말합니다.

4. 리눅스 배포판(Linux Distributions)

레드햇, 페도라, 맨드리바, 수세, 우분투, 데미안, 슬랙웨어 등을 우리는 리눅스 배포판(Linux distribution)이라 부릅니다. 리눅스 배포판이란 리누스 토발즈가 개발한 커널에 KDE, Gnome 오픈 데스크탑 환경과 윈도우 매니저와 수많은 응용 프로그램, 서버 프로그램을 추가하여 이러한 것이 유기적이고 안정적으로 작동할 수 있도록 만들어져, 누구나 자유롭게 사용할 수 있도록 공개되는 리눅스 운영체계로, 리눅스 배포판을 개발한 업체명을 따서 일반적으로 배포판 이름이 명명됩니다. 예를 들어 레드햇 엔터프라이즈 리눅스는 미국의 레드햇 사에서 만들어진 배포판을 의미하고, 수세 리눅스는 독일의 오픈수세 사에서 만든 배포판을 의미합니다.

리눅스 배포판은 현재 전 세계적으로 100여종 이상이 공개되어 있으며, 배포판에 대한 자세한 정보는 디스트로워치(http://www.distrowatch.com) 사이트에서 구할 수 있습니다. 리눅스 배포판은 크게 CD 또는 DVD로 부팅하여 리눅스를 설치하는 유형과 설치 과정없이 CD 또는 DVD로 부팅하여 바로 리눅스를 사용할 수 라이브 유형으로 구분할 수 있습니다. 설치 유형의 배포판은 CD/DVD로 부팅한 후 설치 도구 프로그램으로 하드 디스크나 외장 저장 장치에 설치할 수 있도록 해 주는 것으로 대표적인 것으로는 페도라, 우분투, 슬랙웨어, 맨드리바, 오픈수세, 데비안 등이 있습니다. 라이브 배포판은 하드 디스크에 리눅스를 설치한 것처럼 CD나 DVD로 부팅하여 리눅스 설치 과정없이 바로 엑스 윈도우와 응용 프로그램을 사용할 수 있게 되어 있는 것입니다. 리눅스를 처음 접하는 사용자에게는 이러한 배포판이 가장 적합할 수 있을 것입니다. 이러한 라이브 형태의 대표적인 배포판은 PCLinuxOS, 크노픽스(knoppix), 퍼피(puppy) 리눅스 그리고 필자의 No1.Linux 등이 있습니다.

리눅스 배포판은 오픈 데스크탑 종류에 따라서 구분할 수 있습니다. 배포판마다 독창적으로 오픈 데스크탑을 채택하고 있는데, 배포판에 적용되고 있는 주요 오픈 데스크탑 환경으로는 KDE, Gnome이 대표적입니다. 윈도우와 유사한 환경을 제공하여 리눅스를 처음 접하는 사용자에게 친근감을 주는 KDE 오픈 데스크탑을 기본 채택하고 있는 주요 배포판으로는 PCLinuxOS, No1.Linux, 쿠분투(Kubuntu), 맨드리바, 오픈수세, 슬랙웨어, 크노픽스 등이 있으며, Gnome를 기본 데스크탑으로 채택하고 있는 주요 배포판으로는 페도라, 우분투, 민트, 데비안 등이 있습니다.

대표적인 리눅스 배포판 사이트 주소		
레드햇 리눅스	RedHat Linux	http://www.redhat.com
페도라 리눅스	Fedora Linux	http://fedora.redhat.com
맨드리바 리눅스	Mandriva Linux	http://www.mandriva.com
오픈수세 리눅스	OpenSuse Linux	http://www.suse.com
젠투 리눅스	Gentoo Linux	http://www.Gentoo.org
데비안 리눅스	Debian Linux	http://www.debian.org

5. 페도라 리눅스(Fedora Linux)

2003년 가을, 레드햇 사에서는 레드햇 브랜드에 대한 중대한 정책 변화를 발표하였습니다. 레드햇 사는 공개와 상용 정책을 엄밀히 구분하는 두 가지 비지니스 모델을 밝혔는데, 그동안 오랜 세월동안 리눅서들에게 공개되어 왔던 레드햇9 리눅스를 끝으로, 상용 전환하는 대신에 페도라 프로젝트(Fedora project)로 공개용 배포판 개발을 지원하여 페도라라는 명칭으로 레드햇9의 명맥을 이어가도록 하는 공개 배포판 지원 정책과 레드햇 브랜드를 완전 상용화하고, 엔터프라이즈 레드햇 리눅스를 서버 운영체제로 상용으로 개발하여 레드햇 브랜드를 완전히 상용하는 정책으로 구분하게 된 것입니다. 엔터프라이즈 레드햇 리눅스는 이러한 정책 변화 전에 이미 상용 제품으로 개발되어 판매되고 있었던 제품이었습니다.

페도라 리눅스는 명맥상 레드햇 리눅스 10 버전에 해당되는 공개용 배포판으로 레드햇이 지원하는 페도라 프로젝트의 의해서 개발되어 2003년 9월 페도라 코어1이 발표되었으며, 2004년 4월에는 페도라 코어2가, 11월에는 페도라 코어3를 발표하였으며, 2007년 페도라 코어6, 2008년 10월 현재 페도라10까지 개발되어 공개되어 있습니다. 이 책에선 페도라9를 기반으로 하여 집필되었습니다.

페도라 리눅스에 대한 자세한 정보는 다음 사이트에서 구할 수 있습니다.

```
http://www.fedoraproject.org
```

5.1 페도라9 버전 특징

☞ 주요 시스템 변화

① 커널 2.6 채택 - 최신 커널 2.6.25 버전을 지원하여 각종 하드웨어 지원이 향상되었으며, 커널을 초보자들이 다루기 쉽게 컴파일 과정이 간소화되었습니다.

② SELinux[30] 지원 -Security Enhanced Linux를 지원하여 보다 페도라 리눅스를 서버로 사용할 경우 시스템 보안을 강화시켜 줍니다. SELinux는 파일과 디렉토리에 대한 사용자와 프로세스 접근을 보안 정책으로 달리하여 시스템 보안을 향상시키는 주는 새로운 보안 프로그램입니다. 이 프로그램 지원으로 시스템 버그를 통한 루트 권한을 외부 침입자가 획득하더라도 루트 권한 사용에 제약이 있어서 시스템 크래킹이 한층 어려지게 되어 보다 안정적인 시스템이 가능해졌습니다.

③ Xorg의 새로운 엑스 서버 채택 - 기존의 XFree86 4.3 버전의 기능을 흡수한 X.org의 새로운 엑스 서버를 채택하여 지원합니다.

---

30) SELinux(Security Enhanced Linux)는 미국의 NSA(National Security Agency)에서 개발한 보안 프로그램으로, 기존의 리눅스 환경에서 외부의 침입자가 루트 권한을 갖는 경우 모든 시스템이 크랙될 수 있는 위험성을 보완하기 위해서 만들어진 것으로, 사용자의 파일과 디렉토리,프로세스에 대한 접근을 달리하여 시스템 데몬의 버그를 통해서 루트 권한을 갖더라도 해당 데몬에서만 루트 권한을 행할 수 있을 뿐 다른 시스템 루트 권한에는 제약을 두어 더 이상의 시스템 크랙이 불가능하게되어 시스템 보안이 그 만큼 향상 유지됩니다.

④ Setup Agent 지원 - 페도라 리눅스 설치 후 엑스 시스템 환경 설정을 위해서 Setup Agent를 지원합니다. 이 에이전트를 통해서 시스템 날짜와 시간, 엑스 해상도, 사용자 계정, 사운드 카드 설정 등을 할 수 있으며, 페도라 설치 과정에서 설치하지 못하였던 패키지를 추가로 설치할 수도 있습니다.

⑤ FTP, HTTP 등 네트워크를 통해서 페도라 리눅스 설치시 그래픽 설치 환경을 지원합니다.

⑥ yum 지원으로 소프트웨어 설치 - 시디롬이나 하드 디스크 또는 인터넷상에서 RPM 패키지 설치가 의존성 패키지 문제를 해결해 주면서 보다 쉽게 설치됩니다. RPM의 최대 단점이었던 패키지 의존성 문제는 해결되었습니다.

⑦ XFce 데스크톱 환경 지원 - 기본적으로 GNOME 2.22를 기본 데스크탑으로 지원하지만, Gnome외에 KDE 뿐만 아니라 새로운 데스크톱 환경인 XFce를 지원하여 보다 편리하고 멋진 엑스 윈도우 환경을지원합니다.

⑧ LiveCD를 지원하므로써 페도라 리눅스를 설치하지 않고서 CD로 부팅하여 페도라 리눅스를 사용할 수 있습니다.

⑨ 페도라 설치 도구인 아나콘다의 기능이 향상되었습니다. 파티션 설정에서 있어서 엑스피 파티션 크기을 재조정할 수 있도록 지원하며, 파일시스템의 암호화를 지원하며 응급 복구 기능도 향상되었습니다.

⑩ rpm 패키지를 손쉽게 설치할 수 있는 그래픽 환경(PackageKit)을 지원하여 패키지 관리가 편리해졌습니다.

⑪ 부팅 가능한 LiveUSB를 지원합니다. ISO 파일을 부팅 가능한 LiveUSB를 만들 수 있는 스크립트를 지원합니다.

⑫ HAL과 dev를 지원하여 사운드 카드와 같은 하드웨어의 지원이 향상되었습니다.

⑬ 향상된 성능과 대용량의 저장 능력을 갖춘 차세대 파일시스템으로 ext4를 지원합니다.

☞ 페도라9 미리보기

① 편리한 그래픽 설치 프로그램 아나콘다(anaconda)지원

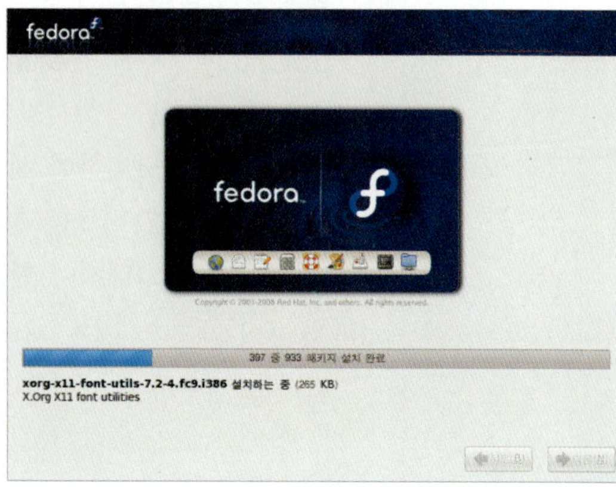

* 보다 쉽고 편리한 설치 환경 제공

* CD-ROM, Hard Disk, NFS image, FTP, HTTP 등 다양한 설치 방법 지원
* VNC 지원으로 네트워크가 연결된 다른 컴퓨터에서 페도라 설치 제어
* 그래픽 파티션 도구 디스크 드루이드(Disk Druid) 지원
* 설치 그래픽 해상도 조절 지원(기본 모드 800x600 -> 1024x768)
* 리눅스 부트로더를 이용한 페도라 설치 커널 이미지 지원
* memtest86지원으로 설치전에 CPU, 메모리 등 시스템 하드웨어 상태 점검 가능

② 멋진 부트 스플래쉬(Boot Splash) 지원

* 커널 메시지 대신에 산뜻한 그래픽 부팅 과정 지원
* Alt + D 키로 부팅 메시지 보기 지원

③ 설정 에이전트 (Setup Agent) 지원

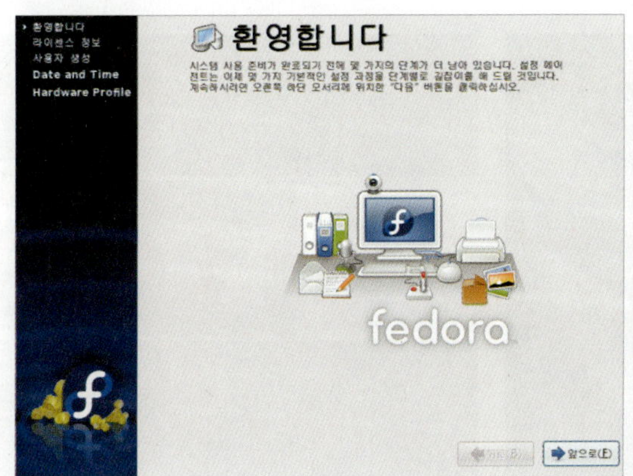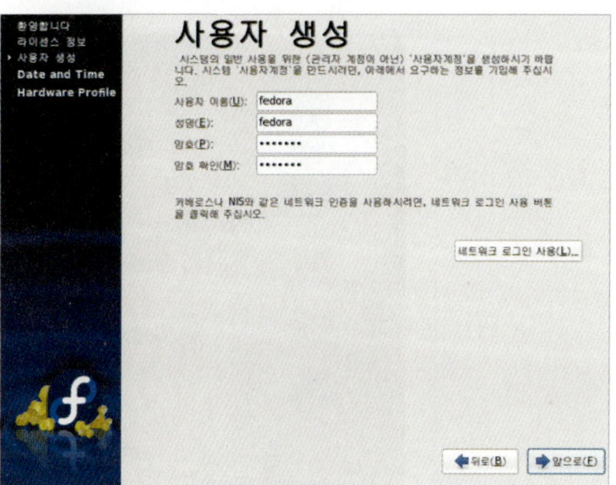

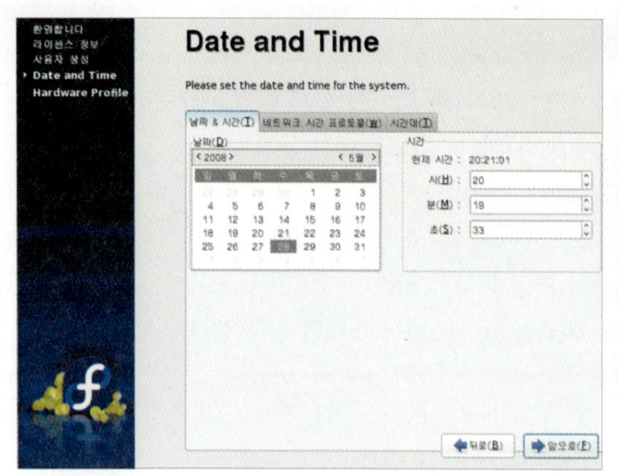 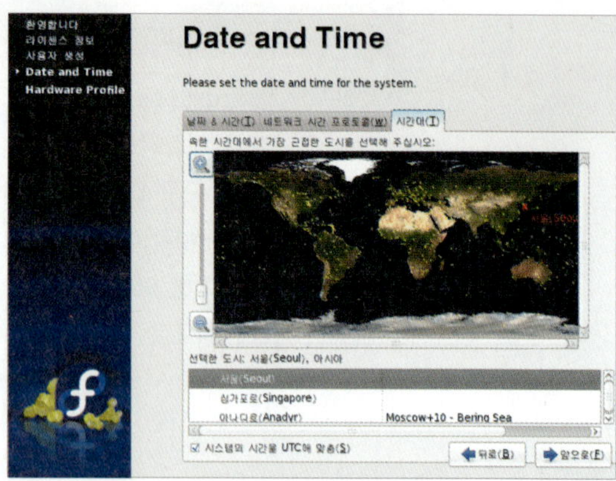

* 페도라 시스템 설정 에이전트 지원

* 시스템 날짜, 시간 설정, 시간서버 설정 지원

* 사용자 계정 설정

④ 통합된 엑스 윈도우 데스크탑 환경

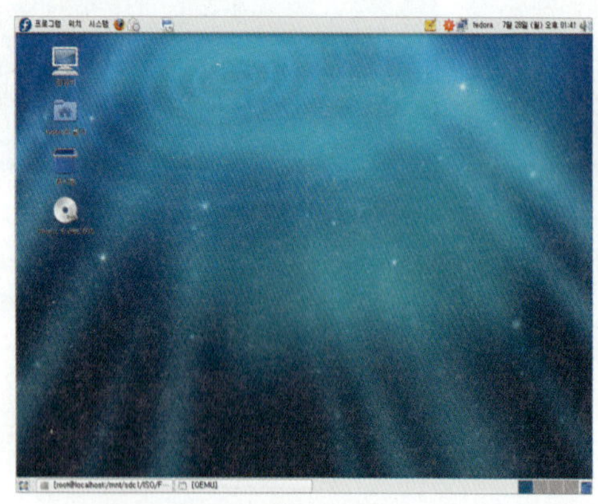 

* Xorg의 새로운 엑스 서버 X11 지원, 설정 파일 /etc/X11/xorg.conf 지원

* KDE와 GNOME 통합 환경을 통한 쉽고 눈에 익은 오픈 데스크톱 환경 지원

* 산뜻하고 넓은 작업 공간 느낌을 주는 새로운 데스크톱 환경 XFce 지원

* 매우 쉬운 폰트 체계 FontConfig 지원

* 매우 간단한 해상도 조절 지원

* KDE 4.0.3, GNOME 2.22 버전 지원

* 자동 마운트된 파티션을 바탕 화면 아이콘 클릭으로 쉽게 접근 지원

⑤ 3D Desktop Effects

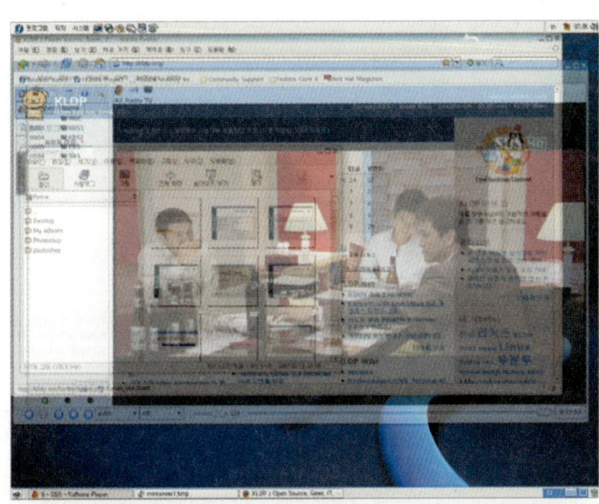
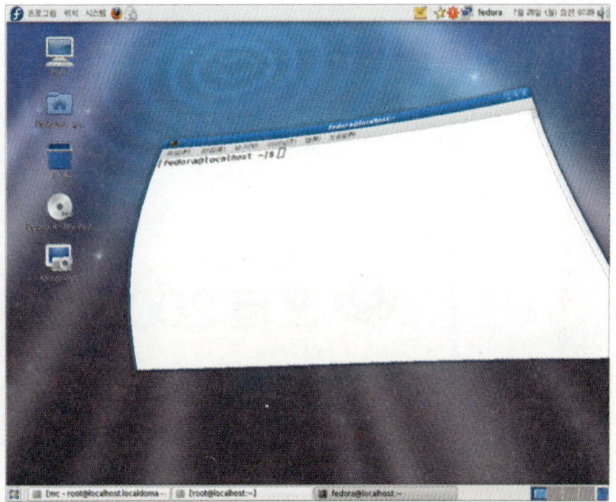

* 3D 데스크탑 효과 지원

* 입체적인 창 이동, 축소, 확대, 창 투명 기능

* 입방체의 입체적인 데스크톱 전환 및 회전, 창 흔들기와 젤라틴과 같은 창 떨림과 울렁거림 등의 다양
한 입체적인 효과 지원

⑥ MS 오피스에 대항할 다양한 오피스군 지원

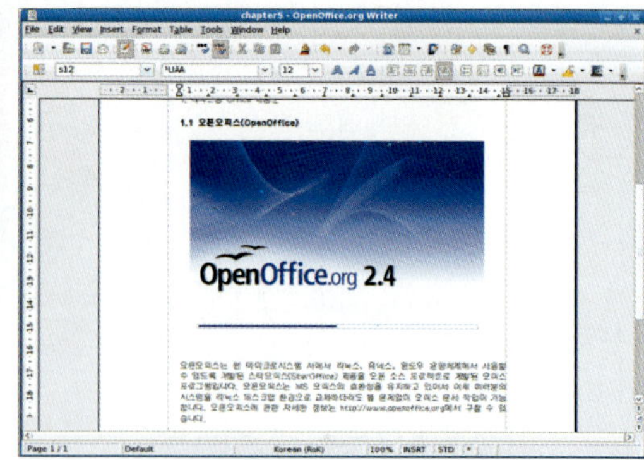

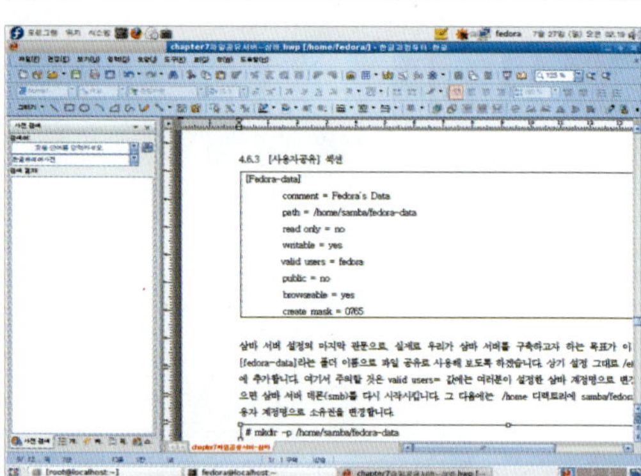

* OpenOfifce 워드프로세서

* OpenOffice Impress 프리젠테이션

* OpenOffice Draw 이미지 툴

* OpenOffice Math 수학기

* OpenOffice Calc 스프레시트, 엑셀 호환 지원

* (주) 한글과 컴퓨터의 리눅스용 한글 오피스 60일 체험판 설치

⑦ 다양한 멀티미디어 및 그래픽 프로그램 지원

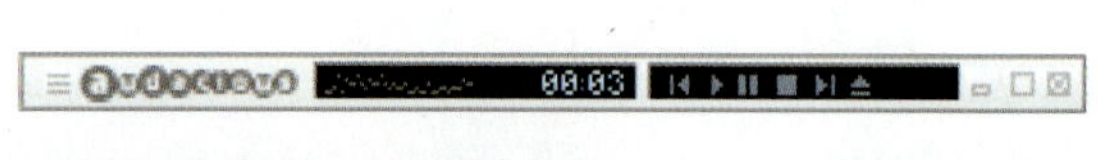

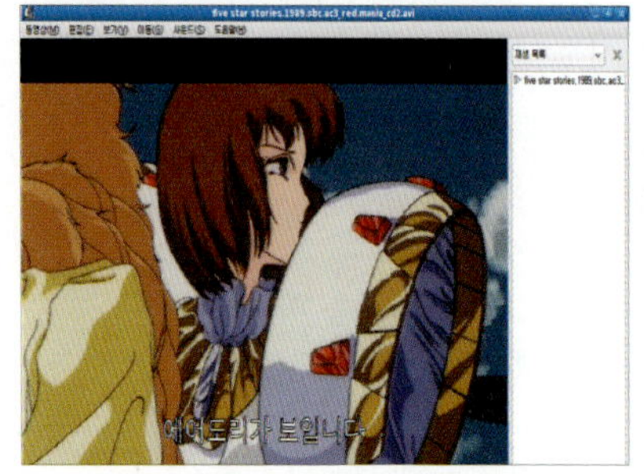

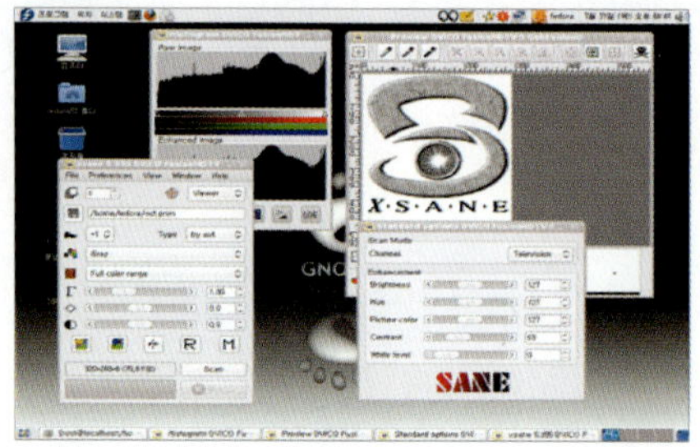

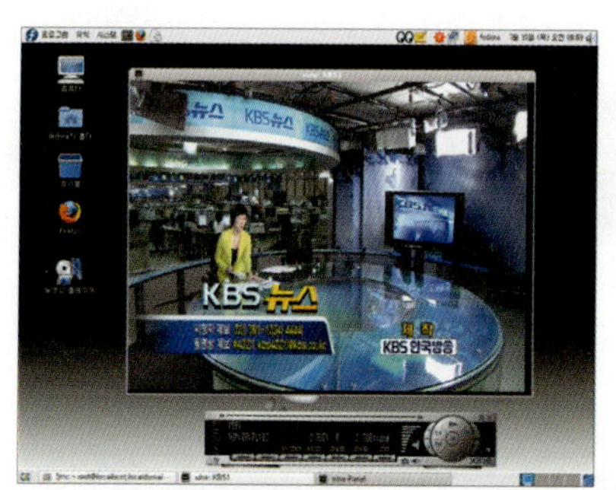

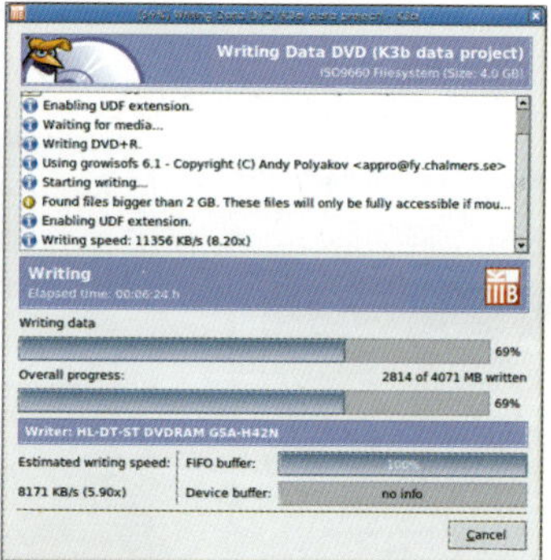

* aumix,kmix 등 사운드 믹서 프로그램 지원

* KsCD, CDPlay, CDP 등 CD 플레이어 프로그램 지원

* XMMS, Helix Media Player 등 MP3,OGG 플레이어 프로그램 지원

* 사운드 파일 변환 도구 sox 지원

* TV 시청을 위한 TvTime 지원

* HDTV 시청을 위한 kaffeine, MPlayer, Xine 지원

* 홈 씨어터 구축을 위한 MythTV 지원

* Divx 및 DVD 동영상 파일을 지원하는 Xine

* 디지털 카메라를 위한 gtkam, gphoto2 지원

* cdrecord, dvd+rw-tools, dvdrecord,gtoaster, k3b등 CD/DVD 레코딩 프로그램 지원

* 포트샵에 버금가는 리눅스의 그래픽 프로그램 Gimp 지원

* PDF Viewer 지원

* Ksnapshot, import 등 시스템 화면 캡쳐 프로그램 지원

* 그래픽 파일 뷰어 Kuickshow, gThumb 그림보기

⑧ 편리한 인터넷 기능

 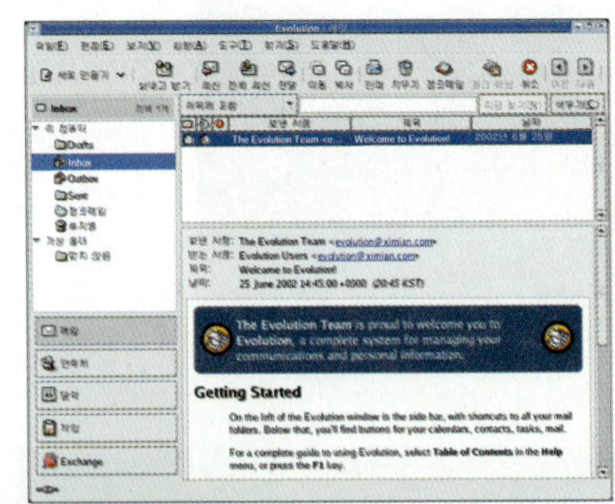

  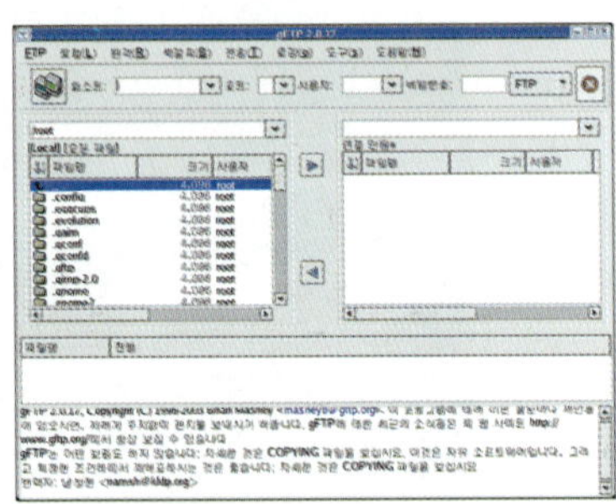

* 다양한 웹브라우저 지원-mozilla, konqueror, firefox, Epiphany 등
* 이메일 클라이언트 프로그램 - mozilla mailer, evolution, Kmail, Balsa,Thunderbird
* 리눅스용 네이트온 설치 가능
* MS 메신저에 해당하는 인스턴트 메시지 프로그램 Gaim 지원
* ncftp,gftp,wget,kget 등 FTP 클라이언트 및 다운로드 프로그램 지원

⑨ 윈도우 응용 프로그램 실행 환경 및 게임

 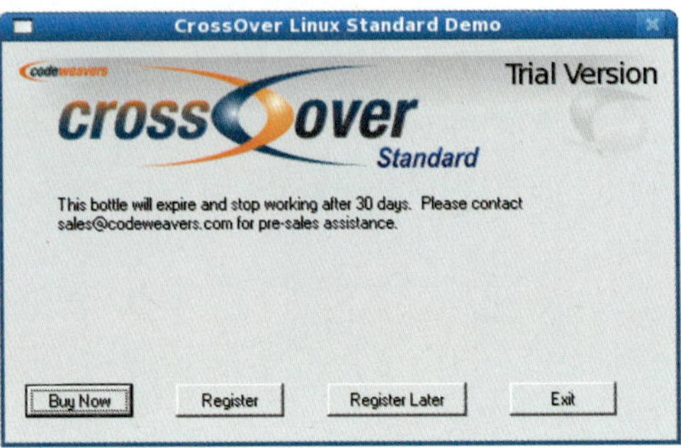

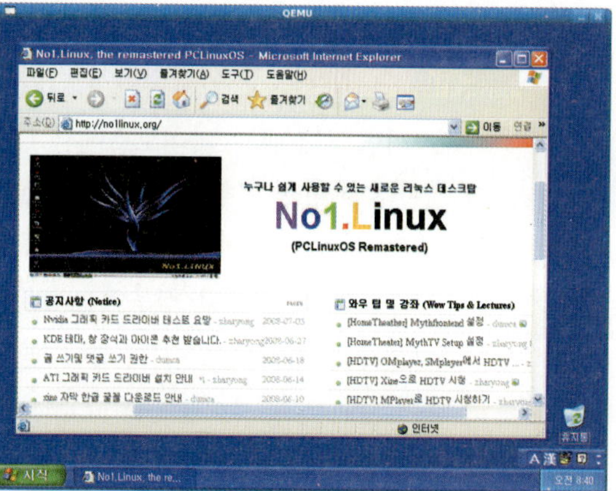

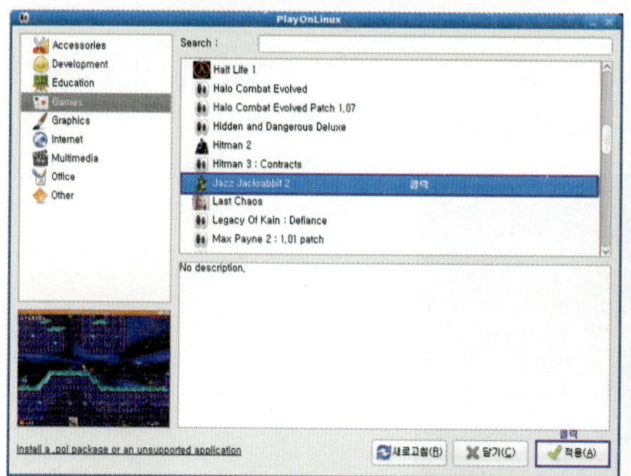

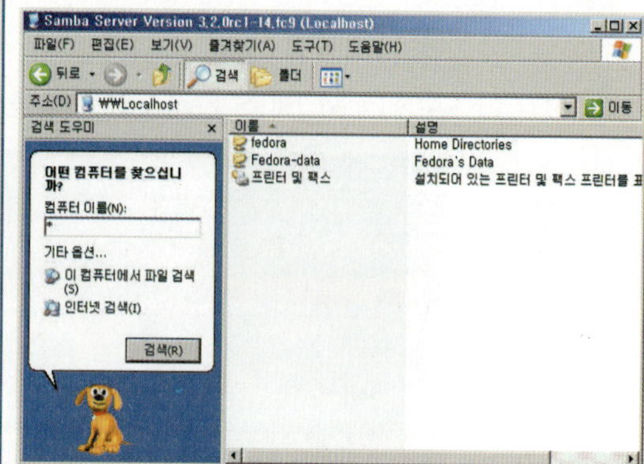

* 윈도우 응용 프로그램 실행을 위한 에뮬레이터 프로그램 지원 (crossover, wine)

* 윈도우 게임 실행을 위한 에뮬레이터 프로그램 (cedega, playonlinux)

* 리눅스와 윈도우 폴더로 각각의 운영체제에서 연결 (삼바 공유)

* 윈도우의 인터넷 익스플로러 설치 사용

* 윈도우 운영체제 구동을 위한 가상 머신 지원 (버추얼 박스)

6. 리눅스 설치 전 준비 사항

6.1 메인 보드의 바이오스에서 시디롬 부팅 지원 확인

페도라 리눅스를 DVD로 부팅하여 설치하기 위해서는 시스템 메인 보드(Main Board)의 CMOS 바이오
스에서 CD-ROM 부팅 기능이 지원되는지 확인하고, 첫 번째 부팅 장치가 CD-ROM으로 설정되어 있
는지를 확인해야 합니다. 펜티엄 II 셀러론급이나 펜티엄 III 이상 기종의 바이오스에서는 대부분
CD-ROM 부팅 기능을 지원하고 있지만, 펜티엄 I 이하 기종에서는 메인 보드의 바이오스에서 지원하

는 것이 있는가 하면 그렇지 않은 것이 있으므로 이러한 시스템을 가진 사용자들은 이 점을 확인해야 합니다. CD-ROM 부팅이 지원되지 않는 데스크탑 시스템이나 랩톱에서는 리눅스 설치가 매우 힘들어 질 수 있다는 점을 참고하기 바랍니다.

그러면 시스템의 바이오스에서 CD-ROM 부팅 기능을 지원하는지를 체크하기 위해서 시스템 전원을 켠 후 바이오스 설정 펑션키(Function key)를 누릅니다. 바이오스마다 사용되는 펑션키 종류가 다른데, 주로 어워드 바이오스(Award Bios)와 아미 바이오스(Ami Bios)의 경우에는 Delete 키를, 피닉스 바이 오스(Phoenix Bios) 경우에는 F2 키를 사용합니다.

국내에서 시판되고 있는 메인 보드의 바이오스로 어워드 바이오스가 많이 사용되고 있으므로, 어워드 바이오스를 중심으로 CD-ROM으로 부팅되도록 설정하는 방법을 알아봅니다. 그외의 다른 바이오스를 보드의 매뉴얼을 참고로 하여 설정하기 바랍니다.

먼저 시스템 전원 스위치를 켠 후 Delete 키를 눌러 아래 그림과 같이 Bios Features Setup 또는 Advanced BIOS Features 항목을 선택하여 Enter 키를 누릅니다.

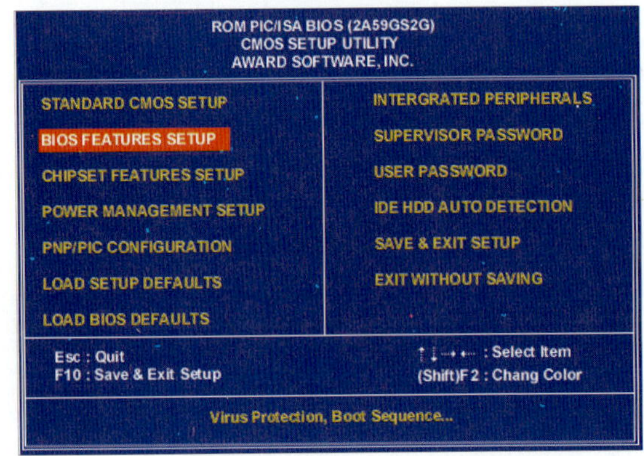

상기 화면에서 Boot Sequence 항목을 선택한 후 +, - 키를 사용하여 부팅 순서를 CDROM, C, A 옵 션이 되도록 설정합니다. Advanced BIOS Features 항목을 지원하는 바이오스에서는 First Boot Device 를 [CDROM]으로 설정해 놓습니다.

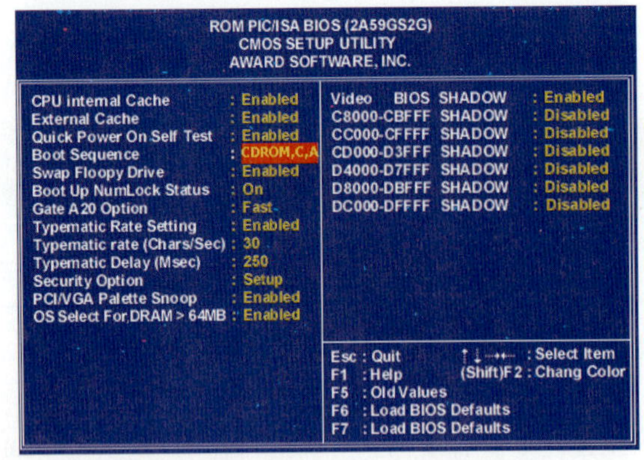

그런 후에 Esc 키를 누르고 F10 키를 이용하여 Bios의 변경 사항을 저장하는 화면에서 Y 키를 입력하 여 CMOS Bios 내용을 저장하고 부팅합니다.

6.2 페도라 설치 하드웨어 요구 사항

CPU

페도라 리눅스는 x86 기반의 인텔 비롯한 사이릭스, AMD 등 인텔 계열의 CPU를 완벽하게 지원합니다. 그러나 페도라 리눅스는 다음과 같은 CPU 환경을 요구합니다.

- 최소 사양 : 펜티엄급
- 권장 사양 : 페도라 리눅스는 펜티엄 I , Pro, 펜티엄 II, III 그리고 인텔 호환 CPU 등을 잘 지원합니다만, 펜티엄 4 CPU에 최적화되어 있습니다. CPU 환경이 낮으면 낮을수록 그만큼 시스템 처리 속도가 느려진다는 점을 참고하기 바랍니다.
- 텍스트 모드(콘솔) 사용시 권장 사양 : 펜티엄 200MHz 이상
- 그래픽 모드(엑스) 사용시 권장 사양 : 펜티엄 II 400Mhz 이상

참고로 페도라 리눅스는 인텔(아이타니움) 및 AMD 64비트(옵테론) CPU도 지원하고 있지만, ALPHA, Sparc, PowerPC 등의 다른 비인텔 계열의 64비트 CPU에 대해서는 지원하질 않습니다.

하드 디스크 용량

패키지 설치 유형에 따라서 요구되는 하드 디스크 용량은 각기 다르므로, 어떤 용도로 리눅스를 사용할 것인가를 결정하여 페도라 리눅스가 설치될 수 있는 충분한 하드 디스크 공간(최소 5기가 정도)을 확보해 두어야 하고, 페도라 리눅스 설치 후 시스템을 운영하기 위해서는 최소한 5% 정도의 여유 공간이 있어야 하므로, 이러한 점을 감안하여 하드 디스크의 용량을 준비하도록 합니다.

메모리 (램) 용량

메모리는 시스템 속도와 성능에 영향을 주기 때문에 일반적으로 메모리 용량이 많으면 많을수록 시스템 성능이 좋아지므로, 좀 더 나은 시스템 성능을 위해서는 보다 많은 메모리를 증설하는 것이 좋습니다. 페도라 리눅스는 사용 환경에 따라 다음과 같은 최소 메모리 용량을 요구합니다.

- 텍스트(콘솔) 환경 사용시 최소 용량 : 64메가
- 그래픽(엑스) 환경 사용시 최소 용량 : 192메가
- 그래픽 환경 사용시 권장 용량 : 256메가

비디오 그래픽 카드 (VGA 카드)

리눅스에서는 어떠한 그래픽 카드라도 사용할 수 있지만, 그래픽 카드가 문제될 수 있는 부분은 엑스 윈도우 환경입니다. 그래픽 환경의 엑스 윈도우를 쓰지 않고, 서버 운영과 같이 도스 환경과 유사한 콘솔(console) 환경으로 리눅스를 사용한다면 그래픽 카드의 종류에는 신경을 쓰지 않아도 됩니다. 그러나 데스크탑 활용 목적으로 리눅스를 사용하는 경우에는 엑스 윈도우가 필수적인데, 엑스 윈도우가 문제없이 구동되도록 하려면 그래픽 카드가 엑스 윈도우에서 지원하는 것이어야 합니다. 비록 엑스 윈도

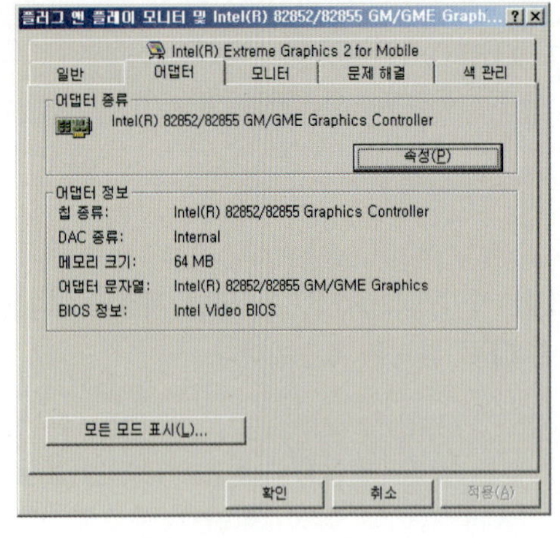

우에서 지원하는 그래픽 카드일지라도 그래픽 카드의 모델명과 칩셋명을 파악해 두는 것이 중요합니다. 그 이유는 엑스 윈도우에서 자동으로 지원하는 카드일 경우에는 문제가 없지만, 그렇지 못할 때는 그래픽 카드를 수동으로 설정해 주어야 하는데, 이 때 그래픽 카드의 정확한 칩셋명을 파악하고 있어야 설정이 가능하기 때문입니다.

그래픽 카드의 칩셋명을 확인하려면 윈도우 운영체제 제어판의 디스플레이 고급 설정에서 확인해 보거나 리눅스 설치시 페도라 설치 프로그램인 아나콘다가 동작할 때 인식한 그래픽 카드의 칩셋명을 통해서 확인할 수 있습니다.

마우스

시리얼, PS/2, USB 형태의 마우스는 모두 페도라 리눅스에서 잘 지원되며, 휠 마우스와 광 마우스 등도 잘 지원되므로 마우스는 문제되지 않습니다. 그러나 시리얼 마우스를 사용하는 경우에는 com1, com2 중 어느 시리얼 포트에 연결되었는지 체크합니다.

네트워크 이더넷 카드

보통 랜카드라 부르는데, 정확한 명칭은 네트워크 인터페이스 카드(Network Interface Card, NIC) 또는 이더넷 어댑터라고 합니다. PCI 타입의 이더넷 카드는 리눅스 커널에서 대부분 지원하고 있어서 이더넷 카드의 정확한 사양을 모르더라도 이더넷 카드를 설정하는데 어려움이 없지만, 리눅스에서 지원하지 않는 이더넷 카드를 사용하기 위해서는 이더넷 카드에 내장된 칩셋명을 정확히 파악하고 있어야 합니다. 이더넷 카드의 칩셋명을 확인하려면 윈도우 제어판의 시스템에서 네트워크 어댑터 항목을 클릭하여 윈도우에서 셋팅된 이더넷 카드의 칩셋명을 확인하면 됩니다. 특히 ISA 타입의 이더넷 카드는 자동적으로 세팅되지 않으므로 I/O 주소와 IRQ 주소를 반드시 확인해 두는 것이 좋습니다.

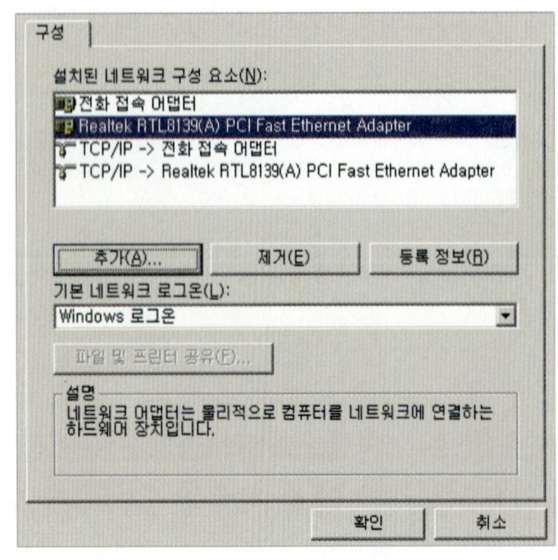

모니터

모니터 역시 그래픽 카드와 더불어 엑스 윈도우 설정시 필요한 장치이므로 콘솔 환경만 사용한다면 어떠한 모니터라도 리눅스에서 사용할 수 있지만, 엑스 윈도우 설정 시에는 반드시 모니터 종류와 주파수 정보를 파악하는 것이 중요합니다. 그래픽 카드를 엑스 윈도우에서 지원하더라도 엑스 윈도우 구동에 문제가 있는 것은 모니터 주파수 설정에 큰 원인이 있습니다. 자동으로 인식되었더라도 주파수 범위가 올바르지 않으면 엑스 윈도우의 작동은 대부분 실패합니다. 엑스 윈도우가 제대로 작동되도록 하기 위해서는 그래픽 카드의 정확한 드라이버를 지정해 주는 것도 중요하지만, 무엇보다도 모니터의 주파수 설정이 가장 중요합니다. 그러므로 모니터 매뉴얼을 참고하여 각 해상도에 맞는 모니터 주파수 범위를 기억하거나 기록해 둡니다.

사운드 카드

커널의 udev와 HAL 기능 지원으로 대부분의 사운드 카드는 자동 검출하여 작동시켜 주기 때문에 사운드 카드의 설정은 어렵지 않습니다. 그러나 사운드 카드 뿐만 아니라 다른 하드웨어도 마찬가지이겠지만, 최근의 출시된 하드웨어들은 리눅스에서 지원하지 않을 가능성이 높으므로, 이러한 하드웨어의 사용에는 제약이 있음을 유념하는 것이 좋을 것 같습니다.

Chapter
03. 리눅스 파티션의 이해

▶ 파티션 정의, 종류에 대한 이해
▶ 하드 디스크의 드라이브명에 대한 리눅스 명칭
▶ 파티션 분할 이점
▶ 파티션 도구
▶ 파티션 분할 연습

학습 주제

이 장에서는 리눅스 설치를 위한 파티션을 생성하는 방법에 대해서 알아봅니다. 윈도우 환경에 익숙한 사용자가 리눅스를 접하면서 제일 어렵게 느끼는 부분 중의 하나가 파티션에 관한 것입니다. 윈도우 설치 시 파티션을 나누지 않아도 단일 파티션에서 파티션을 포맷하고 운영체제가 설치되기 때문에 fdisk 명령어와 사용법에 익숙하지 않은 사용자들이 많습니다. 그러나 리눅스 설치 시에는 자동이든 수동이든 리눅스가 설치되는 공간(네이티브 파티션, native partition)과 스왑(swap partition) 공간을 준비해야 하기 때문에 기초적인 파티션 조작에 대한 이해가 필요합니다. 따라서 페도라 리눅스 설치 과정에서의 파티션 작업을 좀 더 수월하도록 이 장에서는 리눅스에서 제공하는 파티션 도구인 fdisk와 그래픽 환경의 파티션 도구인 디스크 드루이드로 파티션을 생성하는 방법에 대해서 다룹니다.

1. 파티션(partition)이란?

우리는 도스 또는 윈도우에서 한 개의 하드 디스크를 흔히 C드라이브, D드라이브로 나뉜다고(쪼갠다고) 말합니다. 이와 같이 하나의 물리적인 하드 디스크를 여러 개의 논리적인 디스크로 나누는 것을 파티션 (Partition)[31]이라고 합니다.

효율적인 하드 디스크 관리 및 사용 이외에 운영체제 하나만 단독으로 사용하고자 할 때는 하드 디스크의 파티션 나누는 작업에 의미가 없을 수 있으나, 윈도우와 리눅스, NT, OS2 등 여러 개의 운영체제를 동시에 설치하여 사용하고자 할 경우에는 하드 디스크에 설치하고자 하는 운영체제 개수만큼 각각의 설치 공간이 필요합니다. 이때 각각의 운영체제가 설치될 공간은 독립적인 공간이어야 하므로, 이러한 공간을 만들기 위해서 하드 디스크를 여러 개로 쪼개야 하기 때문에 여기서 파티션 나누는 작업에 대한 필요성이 있게 됩니다.

---

31) PC에서 파티션은 하드디스크의 논리적 분할을 만든 것으로서, 같은 하드디스크 내에 다른 운영체계를 설치하거나, 파일 관리, 다중 사용자 관리 및 기타 다른 목적을 위해 별도의 하드디스크 드라이브를 가진 것처럼 보이게 할 수 있습니다. 파티션은 하드디스크를 포맷할 때 만들어지는데, 대개, 파티션이 하나인 하드디스크는 C: 드라이브로 명명되지만, 두 개의 파티션으로 나뉜 하드드라이브는 C: 와 D: 드라이브로 명명됩니다.

단일 파티션에 윈도우 운영체제만 설치되어 있는 시스템에서 리눅스가 설치될 파티션이 없는 상태이므로, 원칙적으로는 윈도우 파티션을 제거한 후 이를 두 개의 파티션으로 쪼갠 후 각각의 파티션에 윈도우와 리눅스를 설치해야 합니다. 또한 리눅스 파티션은 다시 최소한 이를 두 개의 파티션(리눅스 네이티브 파티션[32]과 스왑 파티션[33])으로 나눠야 합니다. 리눅스 네이티브 파티션과 스왑 파티션은 리눅스를 사용하는데 있어서 최소 단위의 파티션입니다. 여러분이 효율적인 하드 디스크 관리와 서버 용도로 리눅스를 사용하고자 한다면 이 단위의 파티션보다 더 많은 파티션으로 나눠 관리할 수 있습니다. 이는 리눅스의 디렉토리 특성상 각각의 파티션으로 만들 수 있기 때문이며, 여러 개의 파티션으로 나눴을 때 관리상의 이점이 있기 때문입니다. 자세한 것은 잠시 후에 살펴보도록 하겠습니다.

2. 파티션 정보

하드 디스크의 파티션 정보는 마스터 부트 레코드(Master Boot Record, MBR)[34]라고 불리우는 하드디스크의 첫 번째 섹터에 저장됩니다. MBR은 컴퓨터가 부팅하여 바이오스에 의해 인식되는 시작 섹터로 이곳에 부팅에 관련된 정보가 들어 있어 매우 중요한 섹터입니다.

도스 또는 윈도우 운영체제의 부팅 정보나 리눅스의 부팅 정보는 바로 이곳 MBR에 위치합니다. 리눅스를 먼저 설치한 후 윈도우를 설치하게 되면 윈도우가 MBR에 있는 리눅스의 부팅 정보를 지우고, 그 대신 윈도우의 부팅 정보를 저장하게 되어 리눅스로 부팅할 수 없는 문제점을 자주 접하게 됩니다. 이는 윈도우가 다른 운영체제와 멀티 부팅이 가능한 부트로더[35]를 지원하지 않기 때문에 리눅스를 처음 접하는 사용자가 흔히 겪을 수 있는 문제로, 부트로더를 잘 이해하고 있다면 이러한 문제는 사용자 스스로 해결할 수 있습니다. 이러한 문제 해결은 본 책의 부트로더 편에서 자세히 설명됩니다.

두 가지 운영체제를 하나의 시스템에서 설치하여 선택적으로 부팅하여 사용하기 위하기 위해서는 멀티 부팅 기능을 지원하는 부트로더를 사용해야 하며, 이러한 부트로더를 지원하는 대표적인 운영체제로는 리눅스이며, 그 외 윈도우2000, 윈도우NT, 윈도우엑스피 등이 있습니다.

리눅스에서는 두 가지 부트로더를 지원하는데, 이러한 것으로는 GRUB과 LILO가 있습니다. 페도라에서는 부트 로더로 GRUB만 지원되며, LILO는 지원하질 않습니다. 리눅스의 부트로더에 관한 것은 본문 3부 2장에서 자세히 살펴보게 됩니다.

---

32) 네이티브 파티션(Native Partition)은 리눅스가 실제적으로 설치되는 파티션으로, 하드 디스크의 파티션 중 프라이머리 파티션이 될 수 있으며, 또한 논리 파티션도 해당될 수 있습니다.

33) 스왑 파티션(Swap Partition)은 리눅스에서 가상 램으로 사용될 하드 디스크 공간입니다. 물리적인 메모리 램이 부족할 때는 시스템 안정성을 위해서 스왑 피티션의 램으로 이용하는데, 리눅스 설치시 일반적으로 물리적인 램에 2배 정도로 파티션을 설정해줍니다.

34) MBR(Master Boot Record)은 운영체제가 어디에, 어떻게 위치해 있는지를 식별하여 컴퓨터의 주기억장치에 적재될 수 있도록 하기 위한 정보로써 하드디스크나 디스켓의 첫 번째 섹터에 저장되어 있다. MBR은 또한 "파티션 섹터" 또는 "마스터 파티션 테이블"이라고도 불리는데, 그 이유는 하드디스크가 포맷될 때 나누어지는 각 파티션의 위치에 관한 정보를 가지고 있기 때문이다. 그외에도, MBR은 메모리에 적재될 운영체계가 저장되어 있는 파티션의 부트 섹터 레코드를 읽을 수 있는 프로그램을 포함하고 있는데, 부트 섹터 레코드에는 다시 운영체계의 나머지 부분들을 메모리에 적재시키는 프로그램을 담고 있다.

35) 부트로더(Boot Loader)는 MBR에 있는 운영체제의 부트 정보를 읽어 부팅할 수 있도록 해 주는 프로그램으로, 리눅스에서는 GRUB과 LILO 두 가지 부트 로더가 있으며, 윈도 계열에서는 윈2000과 NT, XP 등이 부트 로더를 지원합니다.

3. 파티션 종류

하드 디스크의 파티션은 일반적으로 프라이머리 파티션(Primary Partition)과 확장 파티션(Extended Partition) 그리고 논리 파티션(Logical Partition)으로 구분됩니다.

리눅스의 파티션 도구인 fdisk에서 파티션을 나누게 되면 기본적으로 프라이머리 파티션과 확장 파티션 등 두 종류의 파티션으로 나눠집니다. 프라이머리 파티션은 더 이상 쪼갤 수 없는 파티션이며, 확장 파티션은 논리 파티션으로 더 쪼갤 수 있는 파티션을 말합니다. 한 개의 하드 디스크에서 프라이머리 파티션으로 쪼갤 수 있는 최대 파티션 수는 4개입니다. 한 개의 하드 디스크에 4개의 프라이머리 파티션으로 나눠져 있다면 더 이상 파티션을 나눌 수 없게 됩니다. 그러나 더 이상의 파티션으로 나누고자 한다면 프라이머리 파티션 1개를 확장 파티션으로 설정해 놓아야 가능해집니다. 즉, 한 개의 하드 디스크 내에 3개의 프라이머리 파티션과 1개의 확장 파티션이 존재한다면 1개의 확장 파티션은 다시 최대 12개의 논리 파티션으로 나눌 수 있게 됩니다. 따라서 리눅스에서 하나의 하드 디스크에서 쪼갤 수 있는 최대 파티션은 프라이머리 파티션 3개, 확장 파티션 1개 그리고 논리 파티션 12개를 포함하여 16개가 됩니다.

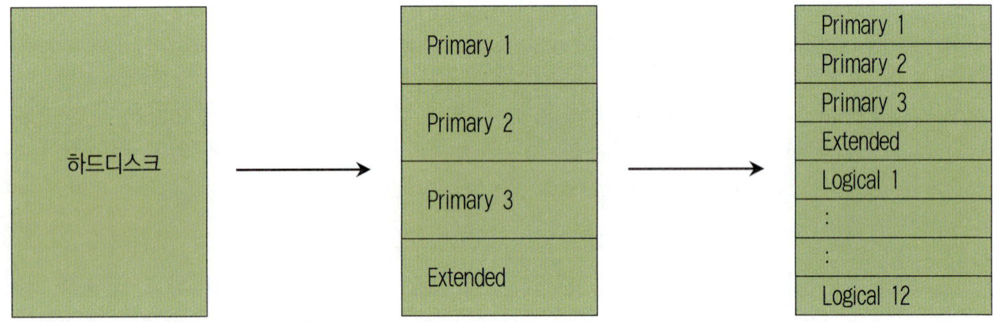

리눅스에서는 리눅스를 사용하기 위해서는 최소 두 개의 파티션이 요구됩니다. 이들 두 개의 파티션으로는 리눅스 네이티브 파티션(Native Partition)과 스왑 파티션(Swap Partition)입니다. 네이티브 파티션은 리눅스가 설치될 파티션이나 리눅스용 파티션을 말하며, 스왑 파티션은 물리적인 램 부족시 가상 램으로 이용되는 하드 디스크 공간을 말합니다. 리눅스 네이티브와 스왑 파티션은 프라이머리 파티션이든, 논리 파티션이든 어떤 위치에 해당되더라도 상관이 없습니다. 즉 네이티브 파티션은 논리 파티션에 위치할 수도 있고, 프라이머리 파티션에 위치할 수도 있으며, 스왑 파티션 역시 프라이머리가 될 수 있고, 논리 파티션도 될 수 있다는 의미입니다. 단지 중요한 것은 이들 파티션이 존재되도록 파티션을 나누어야 한다는 것입니다.

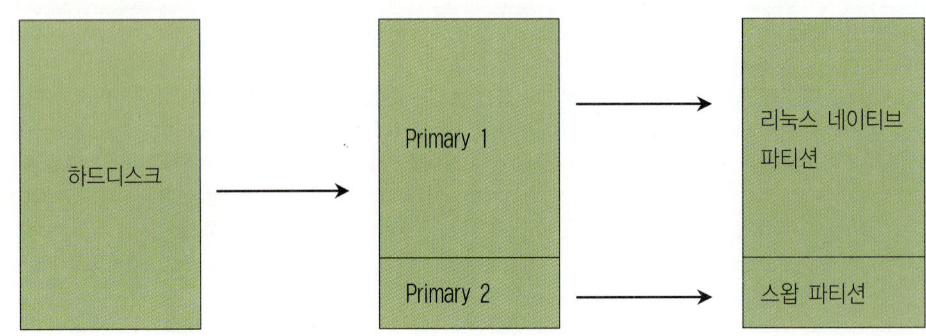

상기 예제 그림에서는 하나의 하드 디스크를 두 개의 파티션으로 나누었을 때 리눅스 운영체제만 설치할 경우로 모두 프라이머리 파티션을 갖습니다. 그러나 확장 파티션이 존재할 때는 논리 파티션에 이들 파티션이 존재할 수 있습니다.

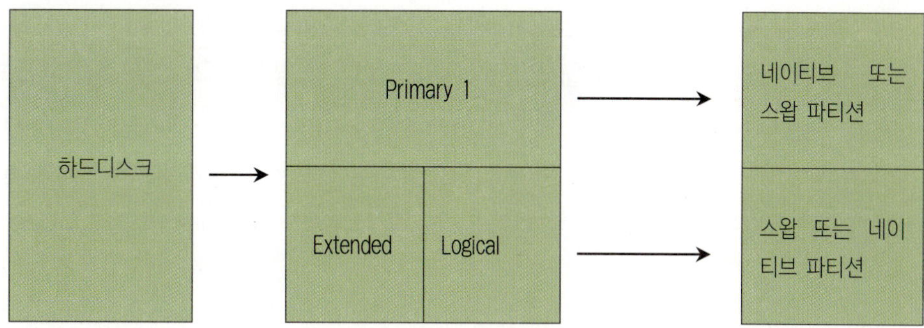

다음의 예제들은 윈도우와 리눅스를 함께 설치하여 사용할 경우 예상될 수 있는 파티션 테이블입니다.

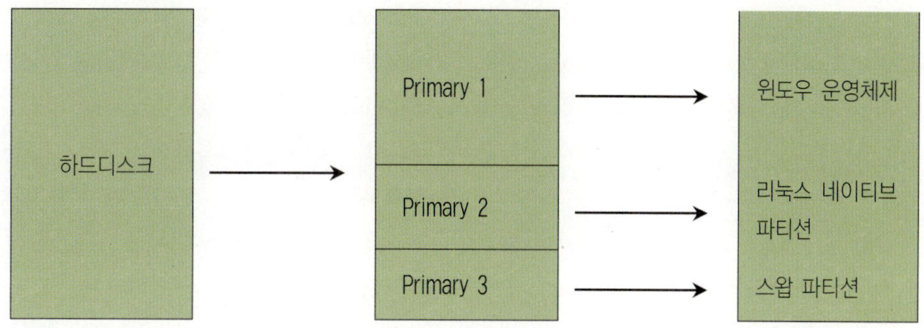

프라이머리 파티션 세 개로 나눠 윈도우와 리눅스를 설치하는 경우입니다.

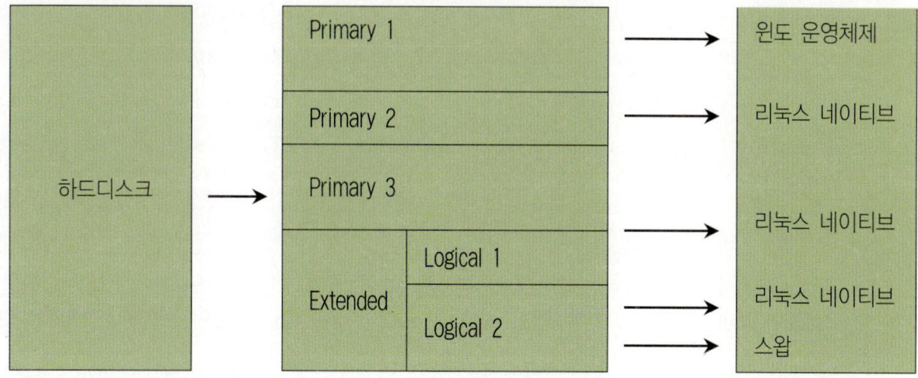

4. 리눅스에서 지원하는 시스템 ID와 종류

리눅스의 fdisk로 파티션을 나눈 후 각 파티션에 대해서 시스템 종류를 지정 또는 변경해 줄 수 있습니다. 일반적으로 리눅스 네이티브 파티션은 시스템 ID를 83번으로 갖으며, 스왑 파티션은 82번을 갖습니다. 윈도우98의 경우는 c번값을, 윈도우NT나 엑스피의 경우는 7번값을 갖습니다. 파티션 도구로 파티션을 나눈 후에는 해당 파티션이 어떤 용도로 사용할 것인가는 시스템 ID으로 결정됩니다.

도스 fdisk에서 나눈 파티션을 리눅스 파티션으로 사용하기 위해서는 리눅스의 fdisk를 이용하여 이를 리눅스 시스템인 83으로 변경해 주야 리눅스에서 이를 포맷하여 리눅스 공간으로 사용할 수 있게 되는 것입니다.

리눅스에서 지원되는 파티션의 시스템 종류는 다음과 같습니다.

```
 0 Empty         17 Hidden HPFS/NTF 5c Priam Edisk     a6 OpenBSD
 1 FAT12         18 AST Windows swa 61 SpeedStor       a7 NeXTSTEP
 2 XENIX root    1b Hidden Win95 FA 63 GNU HURD or Sys b7 BSDI fs
 3 XENIX usr     1c Hidden Win95 FA 64 Novell Netware  b8 BSDI swap
 4 FAT16 <32M    1e Hidden Win95 FA 65 Novell Netware  c1 DRDOS/sec (FAT-
 5 Extended                         24 NEC DOS            70 DiskSecure Mult  c4 DRDOS/sec (FAT-
 6 FAT16         3c PartitionMagic  75 PC/IX  c6 DRDOS/sec (FAT-
 7 HPFS/NTFS                        40 Venix 80286       80 Old Minix        c7 Syrinx
 8 AIX           41 PPC PReP Boot                        81 Minix / old Lin db CP/M / CTOS / .
 9 AIX bootable  42 SFS                                  82 Linux swap       e1 DOS access
 a OS/2 Boot Manag  4d QNX4.x                            83 Linux            e3 DOS R/O
 b Win95 FAT32      4e QNX4.x 2nd part 84 OS/2 hidden C:  e4 SpeedStor
 c Win95 FAT32 (LB  4f QNX4.x 3rd part 85 Linux extended  eb BeOS fs
 e Win95 FAT16 (LB  50 OnTrack DM        86 NTFS volume set f1 SpeedStor
 f Win95 Ext'd (LB  51 OnTrack DM6 Aux 87 NTFS volume set f4 SpeedStor
10 OPUS             52 CP/M              93 Amoeba f2 DOS secondary
11 Hidden FAT12     53 OnTrack DM6 Aux 94 Amoeba BBT      fd Linux raid auto
12 Compaq diagnost  54 OnTrackDM6        a0 IBM Thinkpad hi fe LANstep
14 Hidden FAT16 <3  55 EZ-Drive          a5 BSD/386          ff BBT
16 Hidden FAT16     56 Golden Bowg
```

상기 파티션의 시스템은 리눅스에서 지원하는 파티션 시스템으로, 이러한 것은 파티션 도구인 fdisk에서 지원하는 목록입니다. 따라서 리눅스의 fdisk를 이용하여 파티션을 나눌 때, 나눈 파티션에 대해서 파티션 시스템 종류를 설정해 줄 수 있습니다. 자세한 것은 fdisk에서 살펴보도록 합니다.

5. 하드 디스크 장치명

파티션을 나누기 전에 먼저 리눅스에서 사용하는 하드 디스크의 장치명(device)에 대해서 이해해야 하도록 합니다. 윈도우에서는 파티션이름을 C 드라이브, D 드라이브, E 드라이브 명칭으로 사용하지만, 리눅스에서는 이러한 명칭을 사용하지 않기 때문에 처음 리눅스를 접하는 사용자들이 혼동을 겪게 됩니다.

리눅스에서의 하드 디스크 장치명은 (E)IDE 컨트롤러에 연결된 하드 디스크의 순서에 따라서 /dev/hd라는 명칭을 사용하며, 연결 방식에 따라서 알파벳 a부터 차례대로 붙게 됩니다. 여기서 /dev는 디바이스라는 디렉토리를 의미하여 이 디렉토리에는 각종 하드웨어의 디바이스(장치) 파일들이 존재하여 하드웨어를 사용할 때 이용하게 됩니다. hd는 (E)IDE 방식의 하드 디스크를 의미하며, SCSI 또는 S-ATA 하드 디스크일 경우에는 sd로 표시합니다. 그러나 요즘 페도라에서는 일반적으로 /dev/hd로 표현하지 않고, IDE이든 SATA든 모두 /dev/sd로 통일화하여 사용합니다.

IDE 컨트롤러의 프라이머리 마스터에 연결되어 있는 하드 디스크를 /dev/hda라고 부릅니다. 프라이머리 슬레이브에 연결되어 있는 하드 디스크를 /dev/hdb라고 하고, 세컨더리 마스터의 하드 디스크를 /dev/hdc로, 세컨더리 슬레이브에 있는 하드 디스크를 /dev/hdd라고 합니다. IDE 컨트롤러에는 4개 이상의 하드 디스크를 장착할 수 없으므로, 실제로 하드 디스크의 장치명은 /dev/hda, /dev/hdb, /dev/hdc, /dev/hdd 등 4개만 존재합니다. SATA의 경우는 /dev/sda. /dev/sdb. /dev/sdc. /dev/sdd로 장치명을 갖습니다.

하드 디스크를 쪼개어 생성되는 파티션의 장치명은 하드 디스크의 장치명에 숫자를 붙여 명명됩니다. 예를 들면 하나의 하드 디스크를 네 개의 파티션으로 나누면, 이들 파티션은 순서대로 /dev/hda1, /dev/hda2, /dev/hda3, /dev/hda4의 장치명을 갖게 됩니다. 앞서 파티션을 최대 16개까지 나눌 수 있다고 하였는데, 이 경우 파티션의 장치명은 /dev/hda1부터 시작하여 마지막 파티션은 /dev/hda16 장치명을 갖게 될 것입니다.

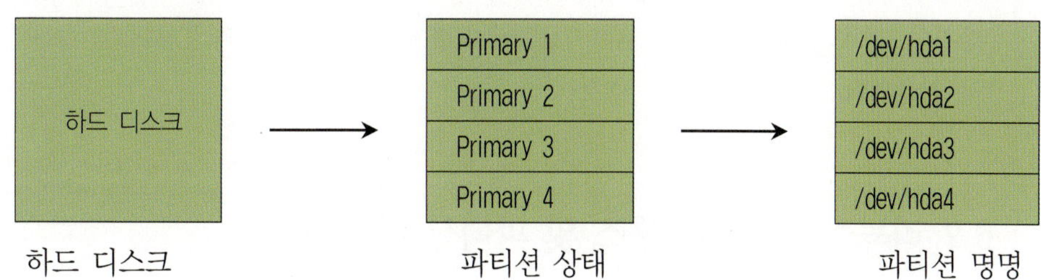

이제까지 살펴 본 리눅스의 EIDE 하드 디스크 장치명을 다음 표로 정리하였습니다.

EIDE HDD 연결 순서	리눅스 하드 디스크 명칭	파티션 종류
Primary Master	/dev/hda 또는 /dev/sda	hda1,hda2,hda3,hda4, ...
Primary Slave	/dev/hdb 또는 /dev/sdb	hdb1,hdb2,hdb3,hdb4, ...
Secondary Master	/dev/hdc 또는 /dev/sdc	hdc1,hdc2,hdc3,hdc4, ...
Secondary Slave	/dev/hdd 또는 /dev/sdd	hdd1,hdd2,hdd3,hdd4, ...

> **플로피 드라이브와 CD-ROM 드라이브의 명칭은?**
>
> 플로피 드라이브의 장치명은 플로피 드라이브(floppy drive)라는 약자를 사용하여 fd로 표시하는데, A 드라이브에 있는 플로피 드라이브를 /dev/fd0로 나타내고, B 드라이브에 있는 드라이브는 /dev/fd1 장치명을 사용합니다. CD-ROM 드라이브는 하드디스크와 같이 IDE 컨트롤러 케이블에 꼽혀 있는 형태에 따라서 /dev/hd로 나타냅니다. 만일 CD-ROM 드라이브가 세컨더리 마스터 장착되어 있다면 /dev/hdc의 장치명을 갖고, 경우에 따라서는 /dev/sr0, /dev/sr1과 같이 스카시 형태로 장치명을 갖습니다. .

6. 리눅스 파티션 분할에 대한 기본 이해

6.1 다중 파티션 분할의 이점

리눅스를 설치하기 전에 하드 디스크를 어떻게 나눠 쓸 것인가를 계획해야 합니다. 리눅스를 처음 접하는 사용자들이 파티션 분할 계획을 세우는 것은 그리 쉬운 일은 아니겠지만, 파워 리눅서가 되기 위해서는 파티션을 능숙하게 다룰 수 있어야 하므로, 이 절을 통하여 파티션을 어떻게 설계해야 하는지를 습득하도록 합니다.

먼저 파티션을 단일 파티션으로 사용하는 것보다는 여러 개의 다중 파티션으로 사용하는 것이 어떤 이점이 있는지를 알아봅니다. 특히 서버 용도로 리눅스를 사용하는데 있어서는 파티션을 여러 파티션으로 나누는 것이 시스템 처리 속도 및 보안 차원에서 이점이 있으므로 앞으로 살펴보게 될 이점을 충분히 이해하여 파티션 분할을 설계하는데 참고하도록 합니다[36].

리눅스에서 여러 개의 파티션으로 나누게 되면 파일 시스템 검사 시간을 줄일 수 있어 부팅 속도가 빨라지며, 자료의 백업이나 업그레이드를 수월하게 할 수 있고, 파일 시스템 보안을 유지할 수 있는 이점이 있습니다.

6.2 리눅스 디렉토리 구조 및 파티션 분할 이해

다중 파티션을 위해서 어떻게 파티션을 나누면 좋을까요? 다중 파티션을 나누기 위해서는 먼저 리눅스의 디렉토리 구조에 대해서 알고 있어야 합니다. 본문 "3부 4장"에서 디렉토리 구조에 대해서 자세히 살펴보게 되겠지만, 다중 파티션 분할 계획을 수립하기 위해서 리눅스의 디렉토리 구조에 대해서 간략하게 살펴봅니다.

리눅스에서는 최상위 루트 디렉토리를 중심으로 복잡하고도 체계적인 트리 구조를 갖는 것이 특징입니다[37]. 최상위 루트 디렉토리는 슬래쉬(/) 하나로만 표시합니다. 단일 파티션에 리눅스를 설치하는 경우

---

36) 하드 디스크의 다중 파티션을 고려하고자 할 때 하드 디스크의 고용량 여부, 서버 운영 용도에 주안점을 두어야 합니다. 처음 리눅스를 배우는데 있어서 다중 파티션은 꼭 필요한 부분은 아닙니다. 처음 리눅스 설치 시 필요한 파티션으로는 리눅스 네이티브 파티션 한 개와 스왑 파티션 한 개가 기본이라는 점을 명심하기 바라며, 저용량 하드 디스크에서 여러 개의 파티션으로 나누는 것은 디스크 용량 낭비될 수 있다는 점도 고려해야 합니다.

최상위 루트 디렉토리를 중심으로 /bin, /boot, /dev, /etc, /home, /lib, /mnt, /proc, /root, /sbin, /tmp, /usr, /var 등과 같은 디렉토리가 생성되고 이 디렉토리 안에 파일들이 저장됩니다.

이들 디렉토리 가운데 다중 파티션을 나누었을 때 독립적으로 할당해 주어야 하는 디렉토리로는 /, /boot, /home, /usr, /usr/local, /var 등이며, 나머지 디렉토리들은 / 디렉토리를 포함하는 루트 파티션 내에 위치해야 하므로, 별도의 파티션을 생성해 주지 않아도 됩니다.

파티션을 여러 개로 나눈다는 것은 이러한 디렉토리들을 독립적인 파티션에 각자의 방으로 따로 분배해 주는 것을 이해하면 될 것입니다. 이렇게 해 주는 이유는 앞서 살펴 본 바와 같이 다중 파티션의 이점 때문이고, 특히 특정 파티션에 대해서 일정한 용량을 할당해 줄 수 있기 때문입니다. /home 디렉토리를 예로 들어 설명하면, 단일 파티션에서는 /home 디렉토리가 루트 파티션(/)내에 포함되어 있기 때문에 /home 디렉토리가 사용할 수 있는 하드 디스크의 용량은 절대적이질 못하고, 상대적으로 다른 디렉토리에서 하드 디스크 용량을 차지하지 않는다고 가정할 때 남아 있는 용량을 모두 사용할 수 있습니다. 만일 하드 디스크가 10기가바이트일 경우 9기가바이트의 하드 용량을 사용하였다면 /home 디렉토리에 저장할 수 있는 공간은 1기가 바이트밖에 되질 않게 됩니다. 이런 경우 다른 디렉토리의 파일들을 제거하지 않는 이상 /home 디렉토리는 1기가 바이트밖에 쓸 수 없게 되지만, 이 때 여러 개의 파티션으로 나눈 후에 5기가 바이트 용량으로 할당한 파티션을 /home 디렉토리로 사용한다면 이 디렉토리는 최대 5기가 바이트 모두를 사용할 수 있게 되는 것입니다.

따라서 어떤 특정한 디렉토리에 원하는 용량을 할당해 주고자 할 때는 파티션을 나눌 수밖에 없으며, 서버로 사용될 때는 사용자의 공간과 데이터베이스 및 파일 저장 공간들이 독립적이어야 하고, 충분한 용량을 할당되어야 하므로, 디렉토리의 성격에 맞게 파티션을 나눠 주어야 하는 것입니다.

그러면 리눅스 설치시 설치되는 디렉토리에 맞게 파티션 계획을 짜 보도록 하겠습니다.

파티션 분할 계획	
/	1.5GB 이상
/boot	80MB
/home	남은 용량 (/data 파티션과 안배)
/usr	최소 3.5GB
/var	최소 2.0GB
/data	남은 용량
swap	256M ~ 1GB

/ (Root Directory 최상위 루트 파티션)

루트 파티션(/)은 바이너리 디렉토리 /bin, /sbin 디렉토리와 시스템 및 네트워크 설정 파일 디렉토리인 /etc와 임시 저장 디렉토리인 /tmp 등 비교적 크기가 작은 파일들이 있는 디렉토리를 포함합니다. 따라서 루트 디렉토리의 공간은 그렇게 많이 설정할 필요가 없습니다. 다만, 루트 디렉토리에 데이터 디렉토리를 설정하여 많은 데이터 파일들을 저장하고자 한다면 파티션의 크기를 좀 더 크게 잡아 주어

---

37) 리눅스 디렉토리는 각각의 파티션을 가질 수 있으며, 최상위 루트 디렉토리와의 연결은 마운트라는 기능을 통하여 최상위 루트 디렉토리 줄기에 연결될 수 있습니다. 리눅스의 디렉토리는 최상위 루트 디렉토리를 기준으로 하여 레고 블록처럼 떼었다 붙여 놓을 수 있기 때문에 독립적인 파티션을 가질 수 있는 것입니다.

야 합니다. 또한 이 파티션을 모든 디렉토리가 포함된 단일 파티션으로 사용하고자 한다면 스왑 파티션을 제외한 나머지 용량을 모두 할당하여 사용합니다.

/boot (커널 부트 이미지 파티션)

시스템이 부팅될 때 부팅 가능한 커널 이미지 파일와 부트 로더인 GRUB을 담고 있는 디렉토리로, 20~80메가 바이트 정도의 용량으로 파티션을 잡아주면 좋을 것입니다(페도라 코어3에서는 75메가 정도를 기본 요구합니다). /boot 파티션은 루트 파티션에 포함하더라도 상관이 없습니다. 다만, 부트 파티션을 1024실린더 밖에 위치되도록 설정할 경우에는 경고 메시지를 보여 주는데, 요즘의 대부분 배포판들에서는 실린더 1024제약이 해결되었기 때문에 경고 메시지를 나오더라도 이를 무시해도 됩니다.

/home (사용자 계정 파티션)

/home 파티션은 일반 사용자 계정이 위치하는 곳으로, 시스템 내 사용자가 많거나 단일 사용자로 시스템을 주로 사용한다면 사용자가 사용할 만큼의 용량을 예상하여 용량을 설정해 줍니다. 만일 웹 호스팅과 같은 계정 서비스를 하는 경우에는 이 파티션의 용량을 비교적 많게 설정해 주어야 할 것입니다. 그러나 일반 사용자의 계정이 많질 않거나 더 추가할 필요가 없다면 이 파티션을 따로 설정하지 않고 루트 파티션에 포함시켜 사용할 수도 있습니다.

/usr (대부분의 프로그램이 설치될 파티션)

/usr 파티션은 리눅스 시스템에 필요한 대부분의 바이너리 파일들과 라이브러리 파일, 커널 소스 그리고 엑스 윈도우 파일들이 설치되는 파티션으로 많은 용량이 요구되는데 보통 3.5기가 내지 5기가 정도면 적합할 것입니다. 만일 MySQL 데이터베이스를 이 파티션내에 위치하도록 설정할 경우에는 MySQL 데이터베이스에 대한 필요한 용량을 고려하여 이 파티션의 용량을 늘려 주어야 하며, 프로그램 소스를 컴파일하여 서버 프로그램을 설치하고자 하는 경우에도 예상되는 프로그램 용량을 감안하여 충분한 용량을 설정해 줍니다. /usr 디렉토리에 존재하게 될 /usr/local 디렉토리는 /usr와 독립적으로 별도의 파티션으로 나눌 수 있으며, 이곳 디렉토리에 MySQL이나 서버 프로그램을 설치한다면 /usr 파티션과 분리하는 것이 좋습니다. 실제로 /usr/ 디렉토리의 용량은 고정적일 수 있지만, /usr/local 디렉토리 용량은 가변적일 수 있기 때문입니다.

/var(로그 파일 파티션)

/var 파티션에는 주로 시스템의 로그 파일들이 위치하며, 아파치 웹 서버의 기본 디렉토리가 위치하는 주 파티션이며, 메일서버에서 수신된 메일들이 저장되는 곳입니다. 따라서 이곳 파티션에는 수많은 로그 파일들과 이메일 파일에 의해서 디스크 공간을 많이 차지하므로, 이 파티션의 용량을 크게 설정해 줌으로써 디스크 용량 부족으로 인하여 시스템이 마비되거나 메일이나 웹 서비스가 다운되는 것을 방지합니다. 서버 목적으로 운영되는 시스템에서 이 파티션의 용량을 너무 많이 잡아 놓으면 디스크 낭비를 초래할 수 있으므로, 서버 운영이 아닌 개인 데스크탑 운영 시에는 용량을 적게 할당하거나 루트 최상위 디렉토리에 포함시켜 놓은 것이 좋을 수 있습니다.

/data(사용자 정의 파티션)

/data 파티션은 시스템을 백업하기 위한 파티션이나 자료를 저장하기 위한 파티션으로 설정하지 않아도 되는 사용자 정의 파티션입니다. 파티션 크기는 이용하고자 하는 데이터 용량을 감안하여 사용자가 임의로 설정합니다.

Swap(스왑 파티션)

스왑 파티션은 가상 메모리로 사용되는 곳으로 실제 물리적인 램이 부족할 때 하드디스크에 설정된 스왑 파티션을 물리적인 램처럼 사용하게 됩니다. 일반적으로 물리적 램 크기의 두 세 배로 설정해 주지만, 보통 스왑 파티션 크기를 128~256메가 바이트로 설정하는데, 기존 리눅스에서는 최대 128메가 바이트까지만 지원되었으나, 요즘의 리눅스에서는 시스템의 아키텍쳐 구조에 따라서 그 이상으로 사용할 수 있습니다. 너무 많이 설정해 주면 하드디스크가 낭비될 수 있으므로 보통 256메가 내지 512메가 정도면 적당하리라 봅니다. 다만, 대형 데이터베이스나 한컴의 워드 6.0과 같은 일부 프로그램에서는 많은 양의 스왑 공간을 요구하는 경우도 있습니다. 필자는 한컴의 워드 6.0를 이용하여 리눅스 그대로 따라하기 문서를 작성하는데, 문서 양이 많으면 많아질수록 시스템 램을 많이 차지하고, 이것이 부족할 때는 스왑 메모리를 이용하는데, 필자의 경우 스왑 메모리가 1기가 바이트임에도 불구하고 워드 문서가 시스템 램과 스왑 메모리 모두 다 소모하여 시스템이 멍텅구리가 되는 경우도 있습니다. 이러한 경우는 시스템 램과 스왑 메모리를 충분히 확보하여 램을 많이 요구하는 프로그램들이 무리없게 작동되도록 해 주는 것이 좋을 것입니다.

이제까지 디렉토리 기준으로 어떻게 파티션을 나누어야 할 것인가를 살펴보았습니다. 일반적으로 파티션 분할을 계획할 때는 다음 사항을 고려해 보아야 할 것입니다.

① 어떠한 파티션을 어느 디렉토리에 할당할 것인가?

② 파티션의 용량은 얼마로 할당할 것인가?

③ 파티션은 모두 프라이머리 파티션으로만 설정할 것인가 아니면 하나의 프라이머리 파티션을 설정하고, 나머지는 확장 파티션을 통하여 논리 파티션으로 사용할 것인가?

④ 스왑 파티션은 프라이머리 파티션으로 선택할 것인가 아니면 논리 파티션으로 할당할 것인가?

6.3 파티션 프로그램 선택

페도라 리눅스에서는 파티션 도구로 fdisk와 디스크 드루이드(Disk Druid)를 지원하는데, fdisk는 도스의 fdisk와 유사한 형태의 파티션 도구로 리눅스에서 많이 사용하는 도구로 사용자가 원하는 형태로 파티션을 나눌 수 있는 이점이 있습니다만, 페도라에서는 설치 과정에서 이 도구를 기본적으로 지원하지 않기 때문에 설치 과정 쉘로 나가서 수동 명령을 통해서 파티션 작업을 해야 하는 불편함이 있습니다.

디스크 드루이드는 페도라 설치 과정에서 기본적으로 지원하는 파티션 도구로 그래픽 인터페이스 환경으로 파티션을 쉽게 나눌 수 있도록 도와줍니다. 리눅스 설치 과정에서 파티션을 나누는 방법을 알기 위해서는 페도라에서 지원하고 있는 디스크 드루이드의 사용법을 잘 익혀 두어야 합니다. fdisk는 설치 과정으로 일반적으로 잘 사용하지 않게 되므로, 간단하게나마 사용법을 알아봅니다.

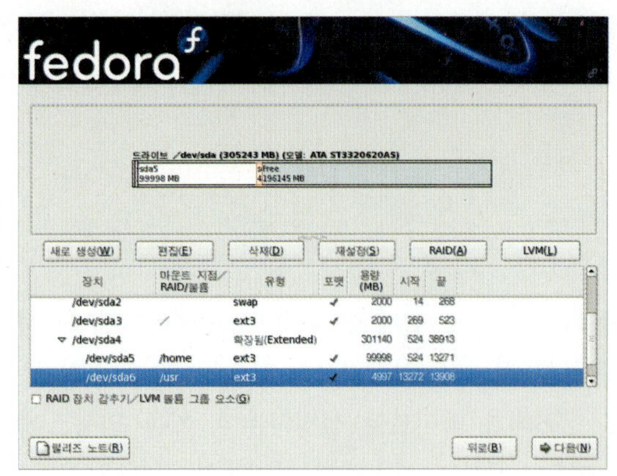

disk druid 파티션 도구

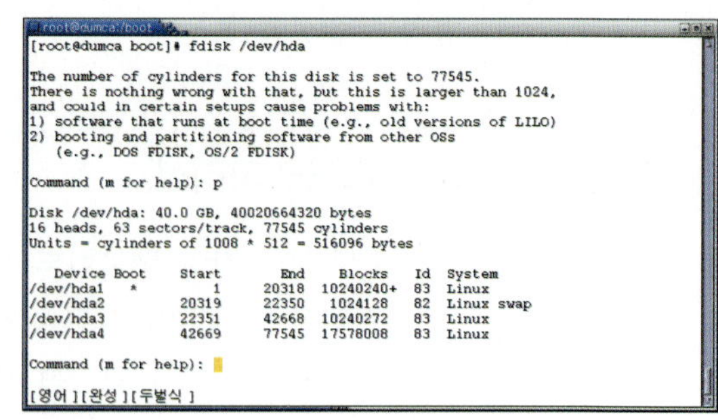

fdisk 파티션 도구

7. Disk Druid 사용법

그래픽 파티션 도구인 디스크 드루이드의 사용법에 대해서 알아봅니다. 디스크 드루이드는 페도라 리눅스에서 하드 디스크 파티션을 좀 더 쉽게 할 수 있도록 지원하는 그래픽 파티션 도구입니다.

7.1 Disk Druid 선택하기

Disk Druid를 사용하려면 페도라 설치 DVD로 부팅하여 페도라 설치 과정 중 디스크 파티션을 설정하는 단계에서 [사용자 레이아웃 만들기]를 선택합니다.

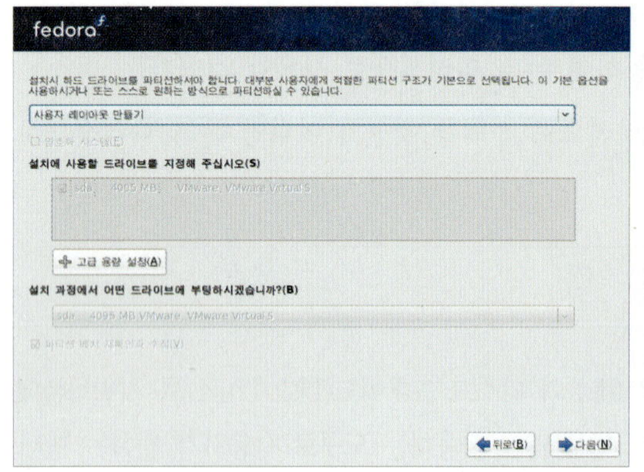

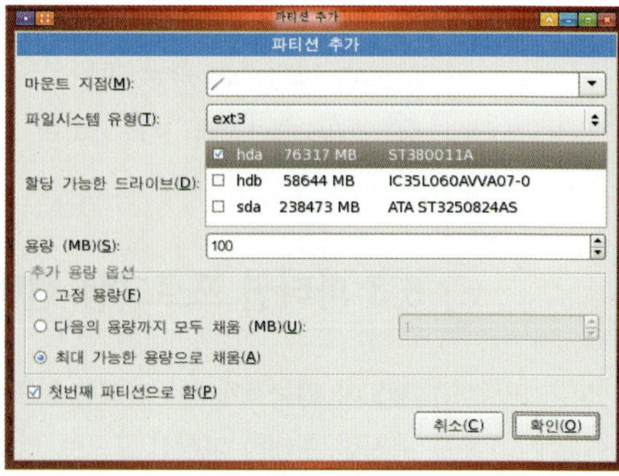

7.2 디스크 드루이드 구성

디스크 드루이드는 하드 드라이브 설정 상태를 그래픽으로 보여주는 창과 메뉴 버튼 그리고, 파티션 상태를 보여 주는 창으로 구성되어 있습니다.

하드 드라이브 설정 그래픽

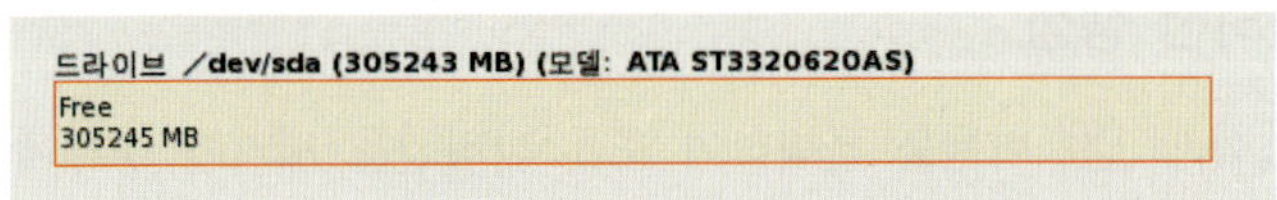

하드 드라이브의 장치명과 지오메트리 정보(실린더/헤더/섹터) 그리고 하드 드라이브의 모델명을 보여 주고, 하드 드라이브의 파티션과 용량 상태를 그래픽을 보여 줍니다. 파티션이 나눠지지 않은 공간은 회색으로 표시되고, 나눌 수 있는 하드 드라이브의 용량을 표시해 줍니다.

메뉴 버튼

디스크 드루이드의 메뉴 버튼은 새로 생성, 편집, 삭제, 재설정, RAID, LVM 설정 버튼으로 구성됩니다. 새로 생성 버튼은 파티션을 추가할 때 사용하며, 편집 버튼은 생성된 파티션을 수정하고자 할 때 사용하고, 삭제는 생성된 파티션을 삭제할 때 사용합니다. 재설정 버튼은 설정한 파티션을 처음 상태로 초기화하고자 할 때 사용하며, RAID 설정 버튼은 RAID를 사용하고자 할 때 사용하는 버튼입니다. 페도라 코어에서는 여러 개의 파티션을 하나의 파티션으로 묶어 사용할 수 있는 LVM(Logical Volume Manager)를 설치 과정에서 지원합니다. LVM에 대한 것은 "3부 5장 시스템 디스크 관리" 편에서 자세히 다루고 있으므로, LVM를 학습한 후에 설치 과정에서 LVM로 설정된 파티션에 리눅스를 설치해 보기 바랍니다.

파티션 정보 창

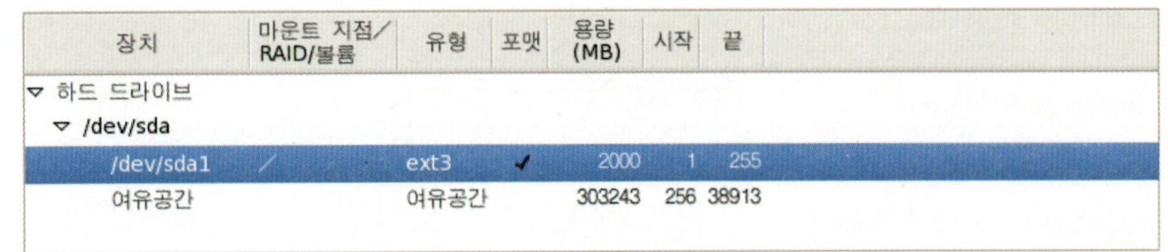

하드 드라이브의 파티션 상태를 자세히 보여 주는 창입니다. 이 창에서는 파티션의 장치명과 용량 그리고 파일 시스템 유형, 마운트 위치와 포맷 여부 등을 보여 줍니다.

7.3 디스크 드루이드 사용법

- 새로 생성 버튼 : 파티션을 추가할 때 사용합니다.

- 편집 버튼 : 생성된 파티션을 수정합니다.

- 삭제 버튼 : 생성된 파티션을 제거합니다.

리눅스 네이티브 파티션 생성

디스크 드루이드에서 [삭제 ⒹD] 버튼을 클릭하여 모든 파티션을 제거한 상태에서 리눅스 네이티브 파티션을 만들어 보도록 합니다.[38)]

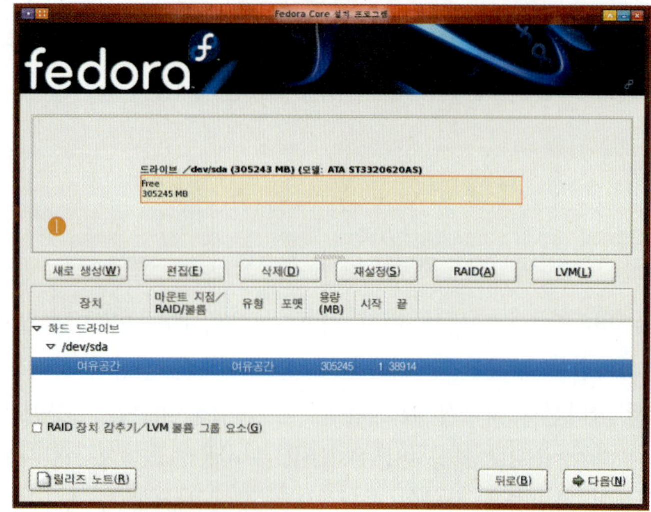

① 새 파티션을 추가하기 위해 [새로 생성 Ⓦ] 버튼을 클릭합니다.

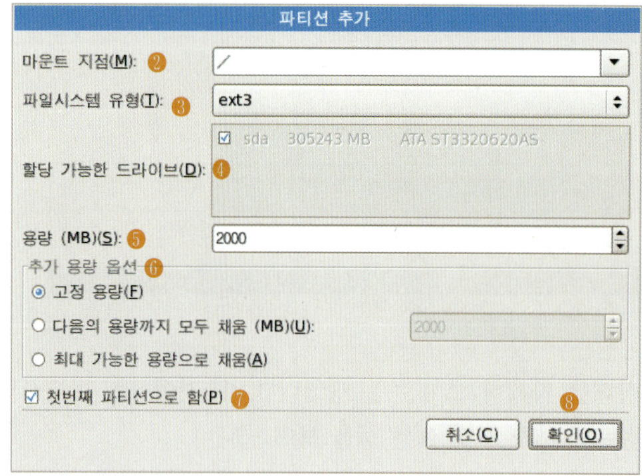

---

38) 디스크 드루이드에서 파티션 작업 테이블을 저장만 하지 않으면 기존 파티션을 그대로 유지한 채로 파티션 작업을 연습해 볼 수 있습니다. 책에서 설명하고 있는 대로 파티션을 연습한 후 시스템을 재시작하면 연습한 파티션은 없어지고, 기존의 파티션 그대로 남아 있으므로 페도라 코어 설치 과정에서의 파티션 작업은 저장만 하질 않는다면 문제가 없으므로 안심하여도 됩니다.

② 파티션 추가 창에서 마운트 지점을 지정합니다. 마운트 지점은 해당 파티션을 어떠한 디렉토리로 마운트하여 사용할 것인가를 설정합니다. 단일 파티션을 리눅스로 사용하기 위해선 루트 디렉토리 (/)로 마운트시켜야 하므로 이 경우에는 /로 선택해 주면 됩니다. 상기 그림과 같이 /boot 디렉토리로 마운트하고자 한다면 /boot로 선택해 주면 됩니다.

③ 파일 시스템 유형은 생성된 파티션 공간이 어떤 파일 시스템으로 사용되어질 것인가를 지정합니다. ext2와 ext3는 리눅스에서 사용하는 대표적인 파일 시스템이며, vfat는 윈도 운영체제의 파일 시스템입니다. 리눅스 파일 시스템은 표준 시스템인 ext2보다는 안정적인 저널링 파일 시스템인 ext3을 리눅스 네이티브 파티션에 파일시스템으로 지정해 줍니다.

④ 할당 가능한 드라이브는 파티션을 분할하고자 하는 하드 디스크를 선택합니다.

⑤ 용량은 사용자가 직접 할당하고자 하는 용량을 기입합니다. 단위는 MB입니다.

⑥ 추가 용량 옵션에서 '고정(Fixed) 용량' 옵션은 [용량] 옵션으로 지정한 용량대로 할당되도록 할 때 선택하고, '다음의 용량까지 모두 채움' 옵션은 지정한 용량을 정확히 사용하고자 할 때 선택하며, '최대 가능한 용량으로 채움' 옵션은 남아 있는 모두 용량을 할당하고자 할 때 선택합니다.

⑦ 첫번째 파티션 사용 옵션은 해당 파티션을 프라이머리 파티션으로 사용할 것인지 아니면 논리 파티션을 사용할 것인지를 선택하는 옵션입니다. 이 옵션을 체크하면 해당 파티션은 프라이머리 파티션에 생성됩니다.

⑧ 파티션 설정이 올바르다면 [확인] 버튼을 누릅니다.

이와 같은 방식으로 파티션을 생성해 주면 되므로, 나머지 /, /home/, /usr, /var ,/data 파티션을 추가하도록 연습해 봅니다.

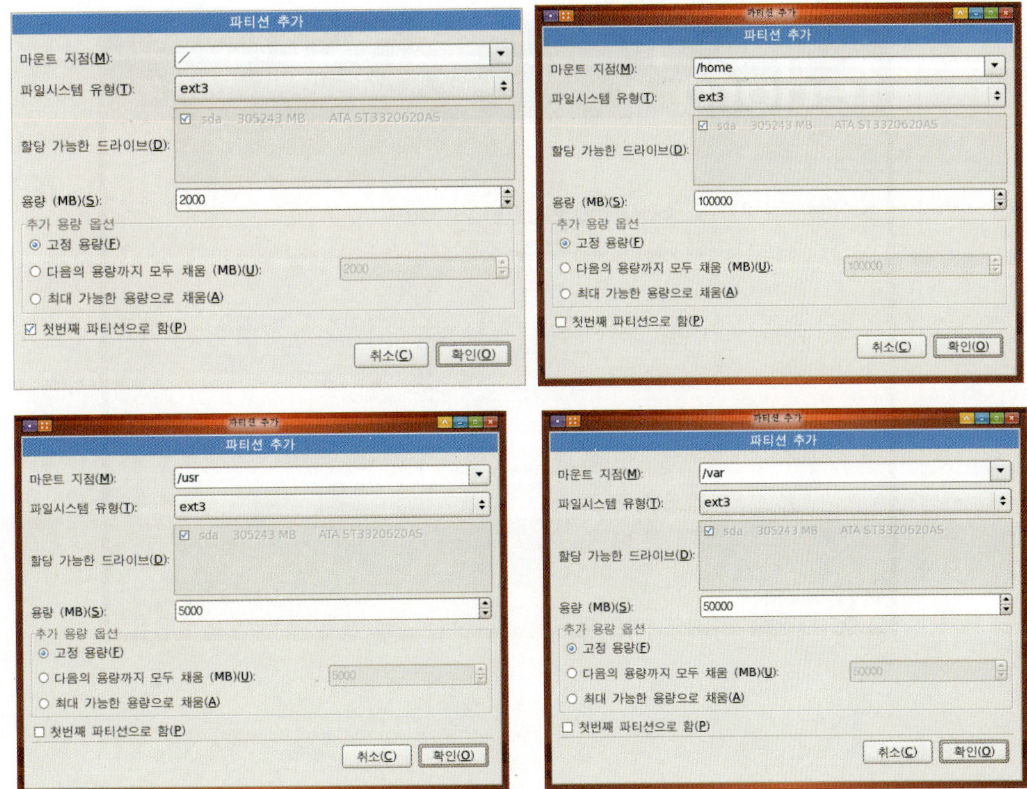

스왑 파티션 생성

마지막으로 스왑 파티션 생성하는 방법에 대해서 알아봅니다.

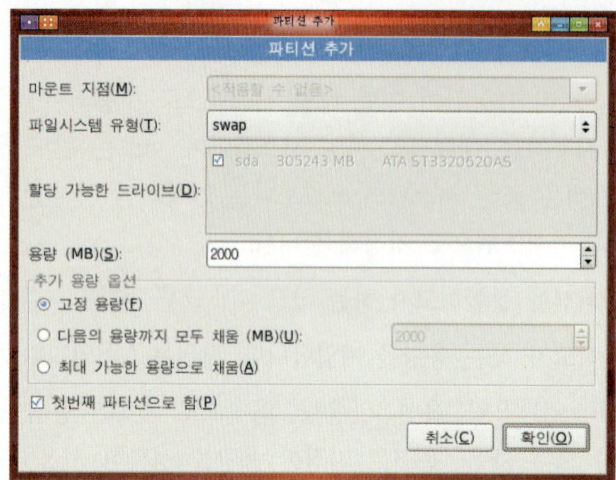

디스크 드루이드 메인 화면에서 [새로 생성] 버튼을 눌러 스왑 파티션을 생성합니다. 스왑 파티션은 디렉토리로 마운트시키지 않으므로, 마운트 지점은 그대로 두고, 파일 시스템 유형에서 swap으로 선택합니다. 그러면 마운트 지점은 그림에서 보는 바와 같이 〈적용할 수 없음〉으로 표시됩니다. 용량은 스왑 파티션을 맨 마지막에 설정하는 경우에는 추가 용량 옵션에서 [최대 가능한 용량으로 채움]으로 선택하여 나머지 용량을 모두 스왑 파티션에 할당되도록 하거나 그렇지 않은 경우에는 스왑 파티션에 필요한 용량을 직접 지정해 줍니다. 그리고 나서 [확인] 버튼을 눌러 스왑 파티션 추가를 완료합니다.

그러면 지금까지 디스크 드루이드로 생성한 파티션의 결과는 그림과 같습니다.

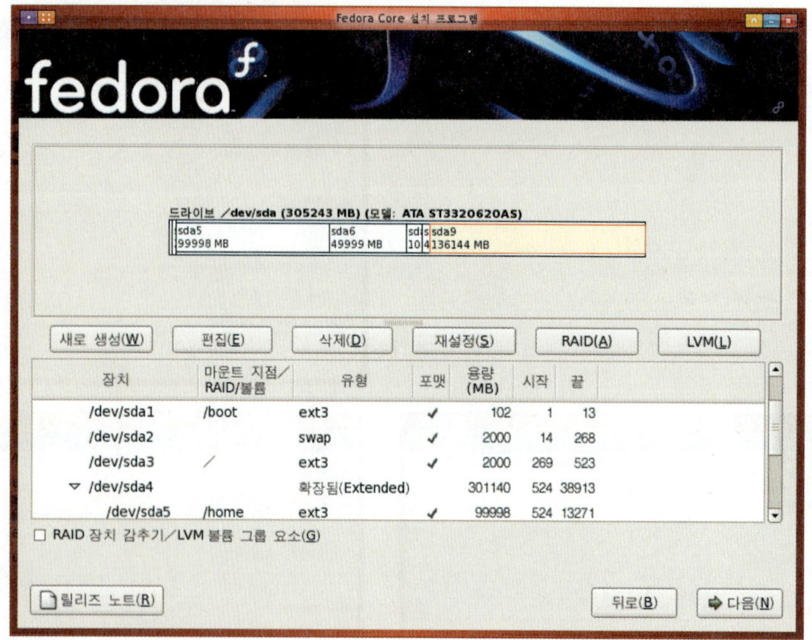

7.4 실전 예제 320기가 하드 디스크 파티션 나누기 연습(서버용)

파티션 분할 계획

파티션 분할 계획(320기가)	기본 할당 용량	비　　고
/	2.0GB	
/boot	100MB	
Swap	>2G	
/home	100GB	
/usr	5GB	/usr 디렉토리로 통합해도 무방
/usr/local	10GB	
/var	50GB	
/data	남은 용량 모두	/home에 대용량을 할당할 경우 생략

- 비고란에는 여러분이 가지고 있는 하드 디스크는 실전 예제의 하드 디스크 용량과 다를 수 있으므로, 320기가 예제에서 할당된 용량을 참고로 하여 여러분의 하드 디스크 용량에 맞게 할당하고자 하는 용량을 입력합니다.
- /data 파티션은 옵션이므로, 이 파티션은 꼭 만들어 주어야 하는 것은 아닙니다. 이 파티션은 /backup 파티션과 같은 다른 명칭의 파티션으로 설계할 수 있으며, 생략할 수도 있습니다.

파티션 나누기

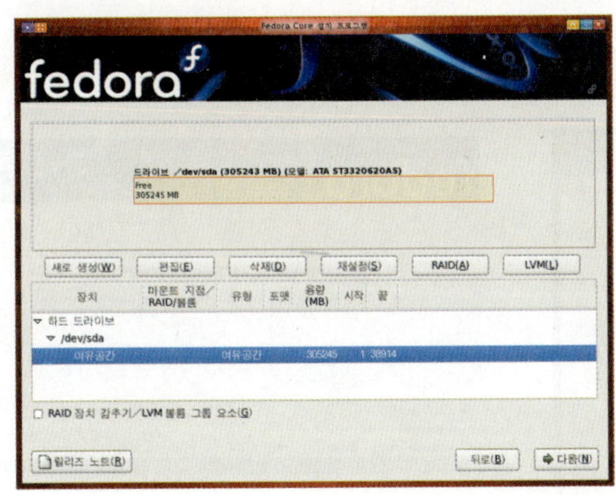

01 / 루트 파티션 생성(2.0기가 바이트)

디스크 드루이드 메뉴버튼 중 [새로 생성] 버튼을 눌러 파티션 추가 창이 뜨면 마운트 지점에는 /로 설정하고, 용량에 메가바이트 단위로 2000를 입력합니다. 추가 용량 옵션에서는 고정 용량으로 체크하고, [첫 번째 파티션으로 함]에 체크합니다. 왼쪽 그림은 파티션을 생성하는 과정이며, 오른쪽 그림은 추가한 파티션이 생성된 결과입니다.

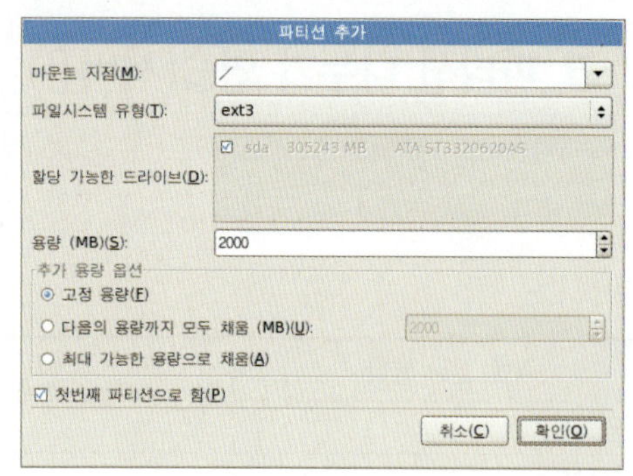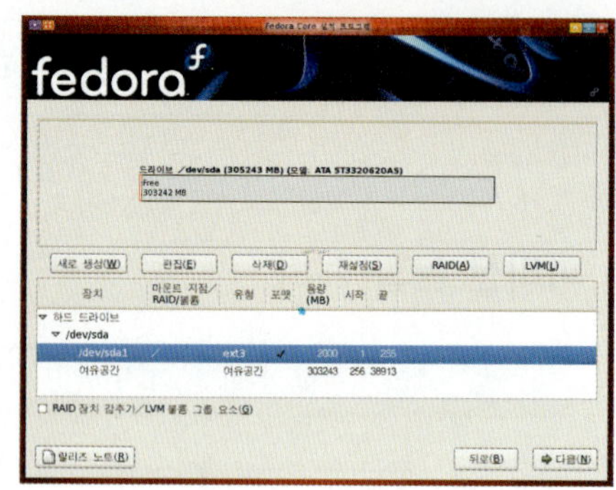

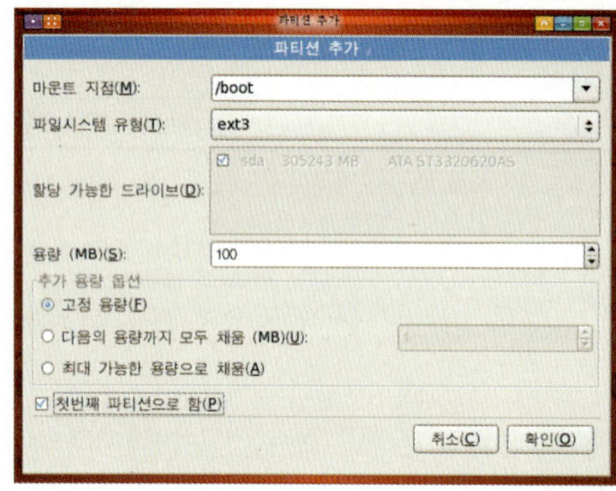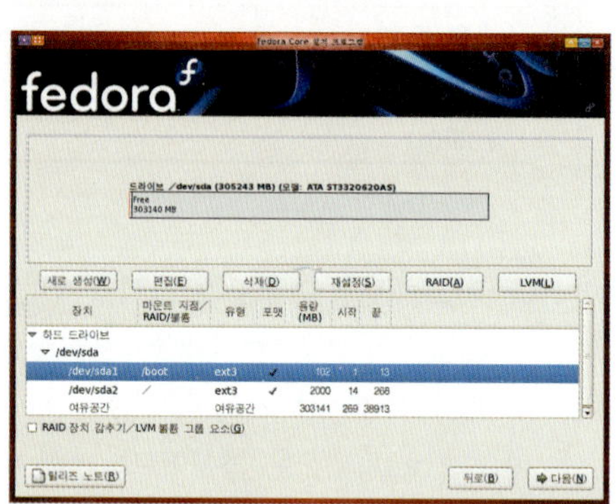

마운트 지점에는 /boot를 입력하고, 파일시스템은 ext3로, 용량에는 32를 입력합니다. 추가용량옵션은
고정용량으로 체크하고, [첫 번째 파티션으로 함]을 체크하여 프라이머리 파티션에 위치되도록 합니다.

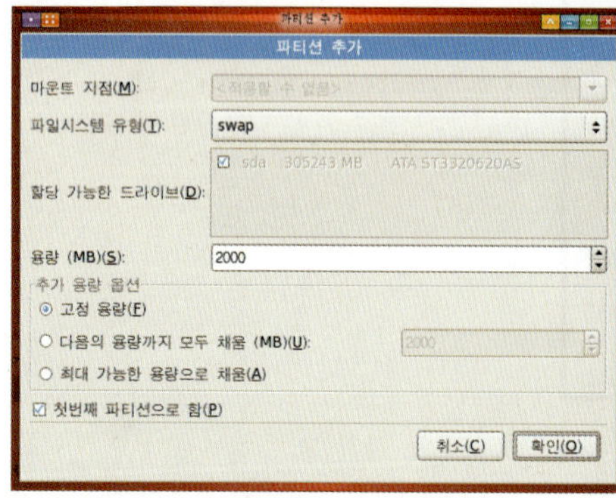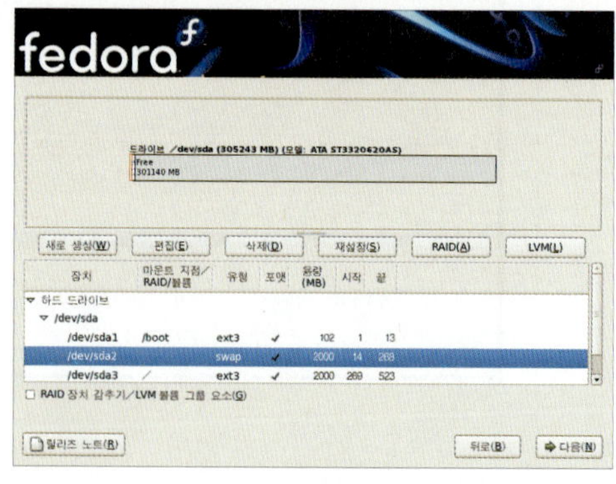

스왑 파티션은 자동으로 마운트되어지기 때문에 마운트 지점을 설정하지 않습니다. 파일시스템으로는
swap으로 선택하고, 용량을 2000로 입력합니다. 추가용량옵션은 고정용량으로 체크하고, 스왑 파티션도
[첫 번째 파티션으로 함]에 체크합니다.

04 /home 파티션 생성(100기가 바이트)

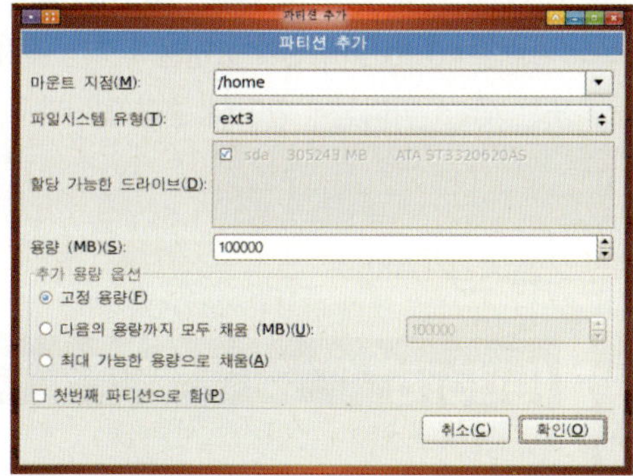 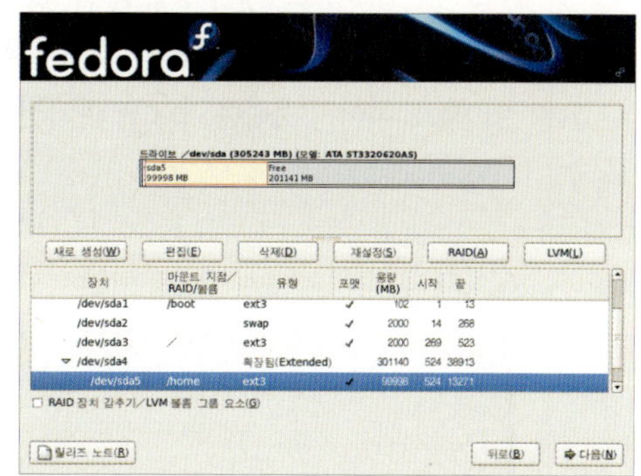

마운트 지점에는 /home를 입력하고, 파일시스템은 ext3로 선택하고, 용량에는 10000를 입력합니다. 추가용량옵션에서는 고정용량으로 체크하고, [첫 번째 파티션으로 함] 옵션은 체크하지 않습니다.

스왑 파티션을 비롯하여 /, /boot 파티션 등으로 3개의 프라이머리 파티션이 이미 생성되어 있으므로 /home 파티션을 프라이머리 파티션으로 설정해 놓으면 확장 파티션이 생성되질 못해 더 이상 파티션이 나눠지질 않습니다. 그러므로, /home 파티션에서는 이 옵션을 체크하지 않아야 오른쪽 그림에서 보는 바와 같이 자동으로 확장 파티션이 생성되면서 /home 파티션이 추가됩니다.

05 /usr 파티션 생성(5기가 바이트)

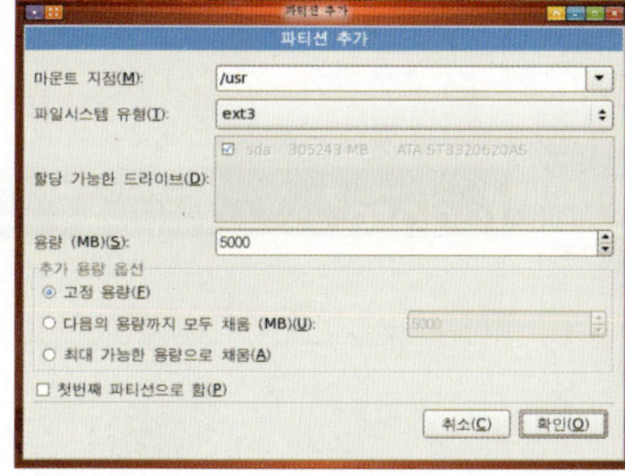 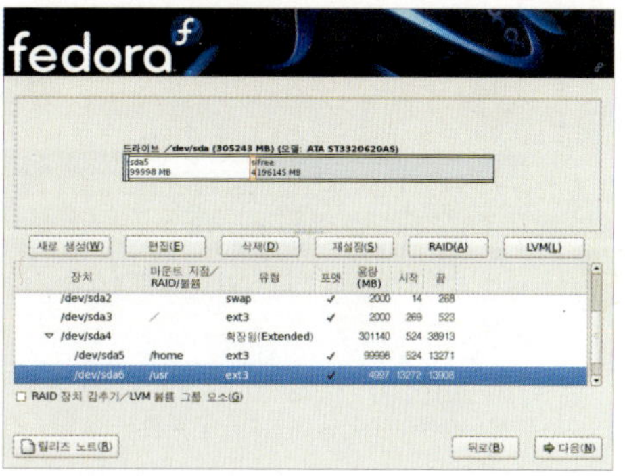

마운트 지점을 /usr로 선택하고, 파일시스템은 ext3로 설정하고, 용량에는 5000를 입력하고, [확인] 버튼을 누릅니다.

06 /usr/local 파티션 생성(10기가 바이트)

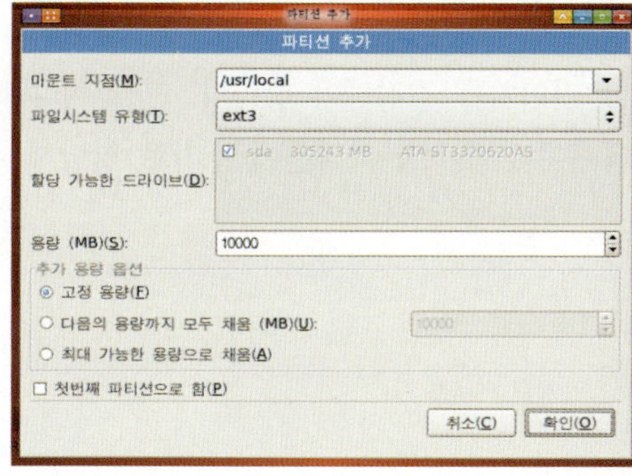 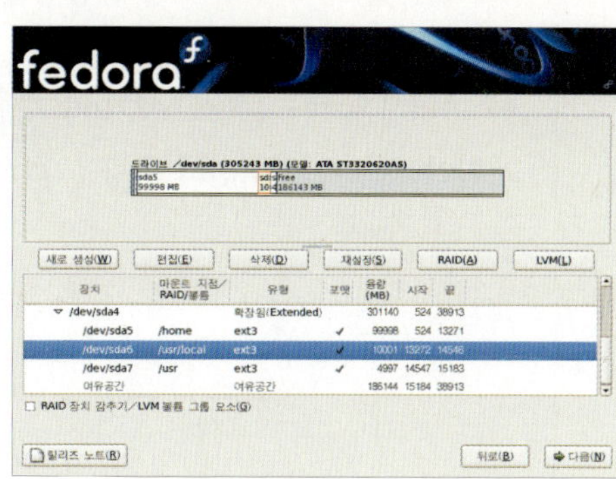

마운트 지점에는 /usr/local를 입력하고, 파일시스템 역시 ext3로 하고, 용량에는 10000를 입력합니다. /usr/local 디렉토리는 MySQL 데이터베이스를 많이 사용하는 것을 전제로 10기가 정도의 용량을 할당해 주었으나, MySQL를 사용하지 않거나 사용 용량이 많지 않을 것으로 예상한다면 이 파티션의 용량을 1기가 내지 2기가 정도로 하는 것이 좋고, 나머지 용량은 /home 파티션이나 /var 또는 /data 파티션에 할당해 주면 됩니다.

07 /var 파티션 생성(50기가 바이트)

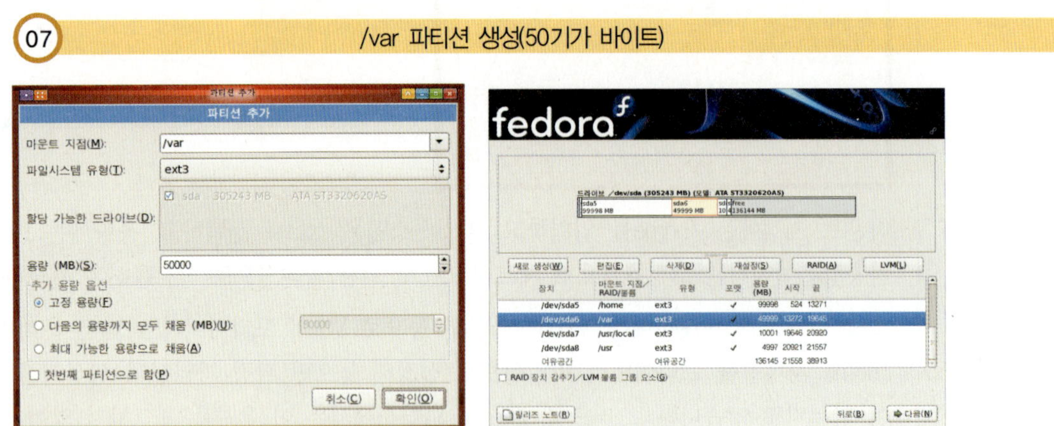

마운트 지점에는 /var를 입력하고, 파일시스템은 ext3로, 용량에는 50000를 입력하고 [확인] 버튼을 누릅니다. /var 파티션은 시스템 로그 파일이 저장되는 곳이면서, 메일 서버의 메일 데이터가 저장되는 곳이기 때문에 파티션 용량을 넉넉히 잡아 주는 것이 좋습니다.

03 /data 파티션 생성(남은 용량 전부)

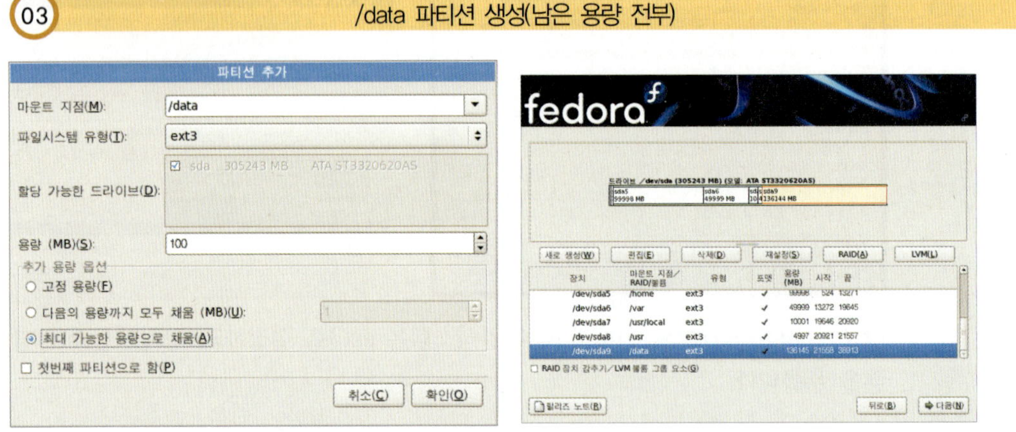

마운트 지점에는 /data를 입력하고, 용량 설정은 그대로 두고, 추가용량 옵션에서 [최대 가능한 용량으로 채움]를 체크하여 나머지 용량을 이 파티션에 모두 할당되도록 하고 나서, [확인] 버튼을 누릅니다. /data 파티션은 꼭 생성해야 하는 파티션은 아니므로, 다른 용도로 이 파티션을 사용할 수 있으므로, 이 파티션은 여러분 스스로 어떻게 사용할 것인가를 결정해야 합니다. 만일 이 파티션을 사용하지 않을 계획이라면 이 파티션의 용량을 /var 파티션이나 /home 파티션에 추가로 할당해 주는 것이 좋습니다.

09　파티션 결과 보기

지금까지 나눈 파티션의 결과는 다음과 같습니다.

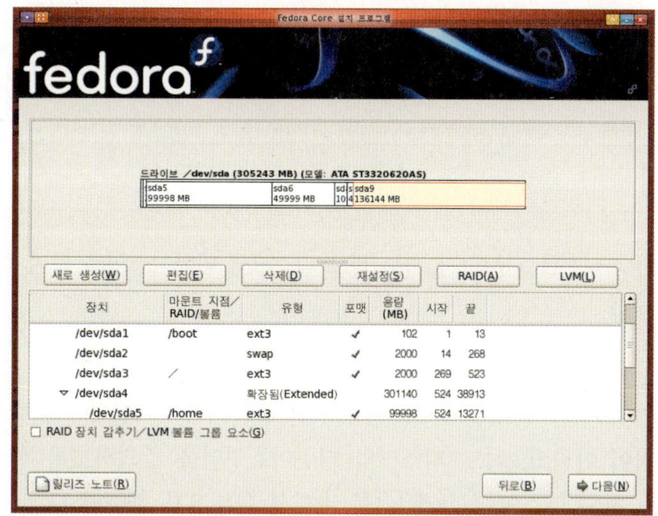

지금까지 생성한 파티션을 수정하려면 해당 파티션을 마우스로 선택한 후에 [편집] 버튼을 눌러 수정하면 되고, 잘못된 파티션을 삭제하려면 역시 마우스로 해당 파티션을 선택한 후에 [삭제] 버튼을 누르면 됩니다. [다음] 버튼을 클릭하면 이제까지 생성된 파티션 테이블 내용이 저장되면서 다음 단계로 진행됩니다.

지금까지 연습으로 파티션 작업을 하였던 분들은 기존의 파티션 그대로 시스템이 부팅되도록 하려면 절대로 [다음] 버튼을 클릭하지 말고, 시스템을 리부팅시켜 주면 됩니다.

8. fdisk로 파티션에 도전하자

fdisk는 수동으로 파티션을 나누어야 하는 불편함이 있지만, 파티션의 블럭을 정확히 설정하여 나눌 수 있고, 여러 종류의 파일시스템에 대한 파티션을 나눌 수 있습니다. 또한 리눅스를 제거하거나 "3부 5장"에서 소개되고 있는 LVM(Logical Volume Manager)를 사용하기 위해서는 fdisk의 사용법을 알고 있어야 합니다.

페도라 설치 과정에서는 fdisk로 파티션 나누는 과정을 지원하지 않으므로, 설치 과정에서 fdisk를 이용하여 파티션을 나누려면 페도라 설치 과정에서 Ctrl + Alt + F2 키를 동시에 눌러 쉘로 나간 후에 파티션을 나누고자 하는 하드 디스크 장치명을 지정하여 fdisk를 실행해 주면 됩니다. 예를 들어 첫 번째 하드 디스크를 파티션 나누려면 실행해 주면 됩니다.

```
-bash-3.0# fdisk /dev/hda
```

수동으로 파티션을 나누는 것에 두려움을 갖는 사용자가 있을런지 모르겠지만, fdisk 사용법에 익숙해 지면 그래픽 인터페이스 환경인 디스크 드루이드보다도 더 편리한 도구이라는 것을 알게 됩니다. 그러므로 여분의 하드 디스크가 있다면 리눅스를 설치한 후에 fdisk를 이용하여 파티션을 나누는 것을 연습해 보도록 합니다. fdisk 역시 파티션 작업 결과를 저장만 하지 않고 그대로 빠져 나오면 기존의 파티션 정보를 그대로 유지할 수 있습니다.

자, 그러면 리눅스 설치 후에 fdisk를 이용하여 파티션을 나누는 방법에 대해서 알아봅니다.

8.1 fdisk 실행하기

fdisk 실행은 다음과 같이 파티션을 나누고자 하는 하드 디스크의 디바이스명을 붙여 Enter 키를 치면 됩니다.

```
fdisk /dev/hda
```

fdisk 뒤에 지정한 디바이스명은 반드시 하드 디스크 전체의 디바이스명이어야 합니다. 이미 나눠져 있는 파티션의 디바이스명이 아니고, 하드 디스크의 디바이스명임을 주의하도록 합니다. 예를 들어 프라이머리 마스터에 연결된 하드 디스크(/dev/hda)를 파티션 나누고자 한다면 다음과 같이 하면 됩니다.

```
[root@dumca root]# fdisk /dev/hda

The number of cylinders for this disk is set to 77545.
There is nothing wrong with that, but this is larger than 1024,
and could in certain setups cause problems with:
1) software that runs at boot time (e.g., old versions of LILO)
2) booting and partitioning software from other OSs
   (e.g., DOS FDISK, OS/2 FDISK)

Command (m for help):

[영어][완성][두벌식 ]
```

8.2 fdisk 사용법

fdisk를 이용하여 파티션을 나누기 전에 fdisk의 사용 방법에 대해서 알아봅니다. 먼저 'm' 명령을 command: 프롬프트 상태에서 입력하여 fdisk 명령에는 무엇이 있는지 알아봅니다.

```
Command (m for help): m
Command action
   a   toggle a bootable flag
   b   edit bsd disklabel
   c   toggle the dos compatibility flag
   d   delete a partition
   l   list known partition types
   m   print this menu
   n   add a new partition
   o   create a new empty DOS partition table
   p   print the partition table
   q   quit without saving changes
   s   create a new empty Sun disklabel
   t   change a partition's system id
   u   change display/entry units
   v   verify the partition table
   w   write table to disk and exit
   x   extra functionality (experts only)

Command (m for help):
[영어][완성][두벌식 ]
```

fdisk 명령 가운데 주로 사용되는 명령은 몇 가지 되질 않는데, 주로 많이 사용되는 명령으로는 d, n, t, w, q, p 등입니다.

fdisk 명령	설명
a	부트 파티션 지정
l	리눅스에서 지원하는 파티션 목록 보기
n	새로운 파티션 생성
t	파티션 시스템 유형 변경
w	파티션 정보 저장
p	파티션 설정 상태 확인
q	종료
wq	파티션 정보 저장 및 종료

8.3 fdisk로 파티션 나누기

그러면 fdisk 도구를 사용하여 파티션 나누는 방법에 대해서 알아봅니다.

먼저 p 명령을 실행하여 파티션 정보를 확인합니다. 다음 그림과 같이 파티션이 이미 나누어져 있는 경우 파티션을 초기화한 후에 처음부터 파티션을 다시 나누어 보도록 합니다. 파티션 제거는 ⒟ 명령으로 삭제하고자 하는 파티션 번호를 각각 입력하여 제거합니다.

```
Command (m for help): p

Disk /dev/hda: 40.0 GB, 40020664320 bytes
16 heads, 63 sectors/track, 77545 cylinders
Units = cylinders of 1008 * 512 = 516096 bytes

   Device Boot      Start         End      Blocks   Id  System
/dev/hda1   *           1       20318    10240240+  83  Linux
/dev/hda2           20319       22350     1024128   82  Linux swap
/dev/hda3           22351       42668    10240272   83  Linux
/dev/hda4           42669       77545    17578008   83  Linux

Command (m for help):
[영어][완성][두벌식]
```

그러면 다음 그림과 같이 기존의 파티션을 제거해 봅니다.

```
Command (m for help): d
Partition number (1-4): 4

Command (m for help): d
Partition number (1-4): 3

Command (m for help): d
Partition number (1-4): 2

Command (m for help): d
Selected partition 1

Command (m for help): p

Disk /dev/hda: 40.0 GB, 40020664320 bytes
16 heads, 63 sectors/track, 77545 cylinders
Units = cylinders of 1008 * 512 = 516096 bytes

   Device Boot      Start         End      Blocks   Id  System

Command (m for help):
[영어][완성][두벌식]
```

파티션을 모두 삭제한 후 ⒫ 명령으로 파티션이 초기화 되었는지 확인합니다.

윈도우 파티션이 있을 때 파티션은 어떻게 해야 할까?

대부분의 사용자가 윈도우를 사용하고 있는 상태에서 리눅스를 설치하고자 할 것입니다. fdisk에서 'p' 명령으로 파티션 상태를 체크해 보면 win95 FAT32(LBA)라는 시스템을 갖는 파티션이 존재하는데 이것은 윈도 또는 윈도미가 설치되어 있음을 의미합니다. 윈도우 2000이나 XP의 경우는 NTFS 시스템으로 되어 있게 됩니다. 리눅스를 설치하기 위해서는 윈도우 파티션 외에 별도의 파티션이 있어야 합니다. 만일 단일 파티션이라 한다면 fips 유틸리티를 이용하여 파티션을 나누거나, 윈도우 데이터를 백업한 후에 윈도우 파티션을 제거한 후에 윈도우 파티션과 리눅스 파티션으로 분리해 주어야 합니다. 윈도우 파티션 외에 삭제해도 되는 파티션이 있다면 이 파티션은 제거해 주면 되고, 윈도우 파티션은 그대로 두면 리눅스를 설치하더라도 윈도우 파티션은 제거되지 않으므로, 리눅스 설치 후에도 윈도우를 계속할 수 있습니다.

자, 이제 리눅스에 필요한 네이티브(native) 파티션과 스왑(swap) 파티션 두 개의 파티션을 생성해 봅니다. 파티션 생성할 때의 명령은 'n'을 사용합니다.

리눅스 네이티브 파티션 만들기

```
root@dumca:~
Command (m for help): n
Command action
   e   extended
   p   primary partition (1-4)
p
Partition number (1-4): 1
First cylinder (1-77545, default 1): 1
Last cylinder or +size or +sizeM or +sizeK (1-77545, default 77545): +39000M

Command (m for help): p

Disk /dev/hda: 40.0 GB, 40020664320 bytes
16 heads, 63 sectors/track, 77545 cylinders
Units = cylinders of 1008 * 512 = 516096 bytes

   Device Boot    Start      End    Blocks   Id  System
/dev/hda1            1    75568  38086240+   83  Linux

Command (m for help):
[영어][완성][두벌식]
```

Step1 N 키를 눌러 새로운 파티션을 추가합니다.

Step2 command action에서는 P 키를 눌러 첫번째 파티션 종류를 primary partition으로 지정합니다.

Step3 partition number에는 1을 입력하고, First cylinder에도 1을 입력합니다.

Step4 첫 번째 파티션의 마지막 실린더 수 지정은 실린더 수를 입력하는 것보다는 메가 바이트로 하드 디스크 용량을 직접 지정해 주는 것이 편리합니다. 따라서 마지막 실린더 수에 +39000M(39기가)와 같이 메가 바이트 단위로 디스크 용량을 할당합니다.

Step5 P 명령으로 첫 번째 파티션이 올바르게 생성되었는지 확인합니다.

스왑 파티션 만들기

이번에는 나머지 하드 디스크 용량을 이용하여 스왑 파티션을 생성합니다.

```
root@dumca:~
Command (m for help): n
Command action
   e   extended
   p   primary partition (1-4)
p
Partition number (1-4): 2
First cylinder (75569-77545, default 75569): 75569
Last cylinder or +size or +sizeM or +sizeK (75569-77545, default 77545): 77545

Command (m for help): p

Disk /dev/hda: 40.0 GB, 40020664320 bytes
16 heads, 63 sectors/track, 77545 cylinders
Units = cylinders of 1008 * 512 = 516096 bytes

   Device Boot      Start         End      Blocks   Id  System
/dev/hda1               1       75568    38086240+  83  Linux
/dev/hda2           75569       77545      996408   83  Linux

Command (m for help): t
Partition number (1-4): 2
Hex code (type L to list codes): 82
Changed system type of partition 2 to 82 (Linux swap)

Command (m for help): p

Disk /dev/hda: 40.0 GB, 40020664320 bytes
16 heads, 63 sectors/track, 77545 cylinders
Units = cylinders of 1008 * 512 = 516096 bytes

   Device Boot      Start         End      Blocks   Id  System
/dev/hda1               1       75568    38086240+  83  Linux
/dev/hda2           75569       77545      996408   82  Linux swap

Command (m for help):
[영어][완성][두벌식]
```

Step1   command 프롬프트에 N 명령을 입력하고 파티션 선택은 Primary partition으로 선택합니다.

Step2   파티션 번호에는 2를 입력하고, 시작 실린더 수에는 디폴트 값(75569)을 직접 입력하거나 Enter 키를 누르고, 마지막 실린더 수에는 마지막 실린더인 77545을 입력하거나 Enter 키를 칩니다.

Step3   P 명령으로 앞서 나눈 파티션을 포함하여 두 개의 파티션이 생성되었는지 확인합니다.

Step4   지금까지 나눈 두 개의 파티션은 모두 id값이 83인 리눅스 네이티브 파일 시스템으로 설정되어 있으므로 두 번째 파티션의 파일 시스템을 스왑 파일 시스템으로 변경해 줍니다. 이를 위해서는 파일 시스템을 변경하는 명령인 T 명령을 입력하여 변경하고자 하는 파티션 번호를 선택하고(2), L 명령으로 파티션 시스템 종류를 확인하여, 그중에서 스왑 파일 시스템 헥사 코드인 82를 입력하면 됩니다.

지금까지 살펴본 바대로 두 개의 파티션이 성공적으로 설정되었다면 wq 명령으로 파티션 정보를 저장하고 fdisk를 종료합니다. 지금까지 리눅스를 설치하는데 있어서 최소한의 파티션인 리눅스 네이티브 파티션과 스왑 파티션을 나누는 방법에 대해서 알아보았습니다.

fdisk에서 나눌 수 있는 프라이머리 파티션 수

fdisk에서 나눌 수 있는 프라이머리 파티션 수는 최대 4개입니다. 그 이상 파티션을 잡기 위해서는 앞의 예제처럼 extended 파티션을 설정해 놓아야 이를 다시 2개 이상의 파티션으로 나눌 수가 있습니다. 따라서, 1~4번 프라이머리 파티션 가운데 하나를 확장 파티션을 설정하여 최대 12개의 논리 파티션을 생성합니다.

Chapter
04. 페도라 설치

학습 주제

▶ 리눅스 설치 방법 종류
▶ 페도라 리눅스 설치

리눅스 입문자들이 리눅스에 대한 선입견으로 리눅스를 설치하는 것이 어렵다고 생각하겠지만, 실제로는 리눅스 설치 과정은 생각만큼 그리 어려운 작업은 아닙니다. 페도라 리눅스의 설치 과정에서 자세한 도움말을 제공하고 있으며, 이 장에서 소개할 페도라 설치 가이드를 통해서 누구나 쉽게 리눅스를 설치할 수 있습니다. 또한 페도라 리눅스는 리눅스 설치에 자신감이 없는 사용자를 위해서 개인 데스크탑 설치 모드와 워크스테이션 설치 모드를 제공하여 보다 쉬운 설치 환경을 제공합니다.

리눅스는 다른 운영체제와는 달리 여러 설치 방법을 지원하는 것이 특징입니다. 일반적으로 DVD-ROM 부팅을 통하여 DVD-ROM으로부터 직접 리눅스를 설치할 수 있으며, 리눅스 배포판 파일인 ISO를 하드 디스크에 저장하여 하드 디스크로부터 리눅스를 설치하거나 FTP, NFS 등 네트워크 서비스를 통하여 네트워크상에서도 직접 리눅스를 설치할 수 있습니다.

1. 페도라 리눅스 설치 방법

페도라 리눅스는 다음과 같은 다양한 설치 방법을 제공합니다.

· 로컬 DVD-ROM 설치
· 하드 디스크 ISO 이미지 설치
· FTP, HTTP 등 네트워크를 통한 설치
· NFS를 통한 설치
· 리눅스 부트로더를 이용한 설치
· PXE를 이용한 설치

페도라는 DVD-ROM 부팅을 통하여 DVD-ROM에서 직접 설치할 수 있으며, 리눅스 파티션에 ISO 파일을 저장하여 하드 디스크로부터 ISO 파일을 선택하여 설치할 수 있고, 또한 배포판 설치 소스를 FTP 또는 HTTP 서버로 만들어 FTP, HTTP 서비스 네트워크를 통하여 설치할 수도 있으며, ISO 이미지 파일을 NFS 서버로 만들어 NFS를 통해서 설치할 수 있습니다. 그 외 리눅스가 설치되어 있는 시스템에서는 리눅스 부트로더를 이용하여 ISO 이미지로부터 설치할 수 있고, PXE를 통해서도 설치할 수 있습니다.

그러면 먼저 DVD-ROM를 통해서 페도라를 설치하는 일반적인 설치 방법을 알아봅니다.

1.1 페도라 리눅스 설치 준비 단계 (DVD-ROM 부팅)

DVD-ROM 부팅시

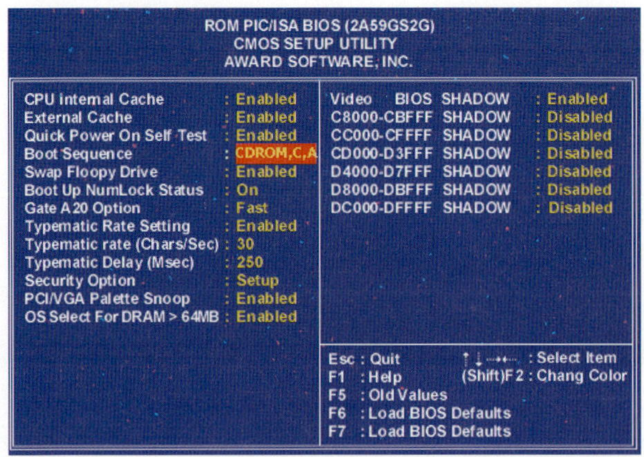

바이오스 설정에서 CD-ROM으로 부팅되도록 설정한 후 DVD-ROM 드라이브에 페도라 리눅스 설치 DVD를 넣고 DVD-ROM으로 부팅합니다.

페도라 설치 부트 화면

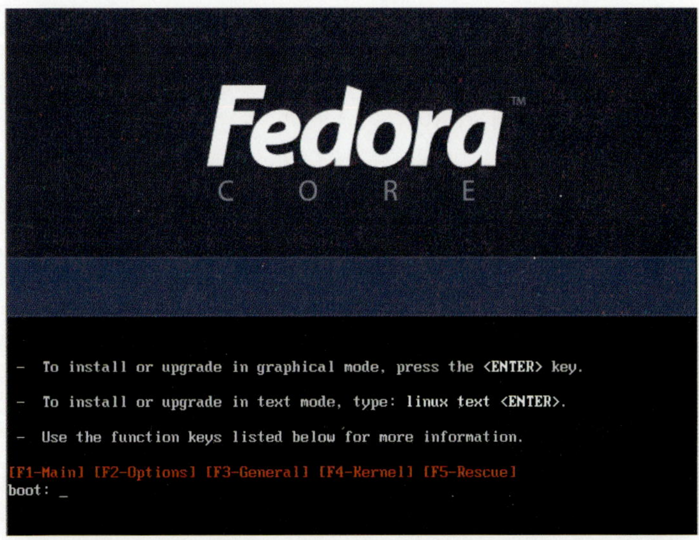

이 화면에서 다음 펑션키(Function key)를 통해서 설치에 대한 도움말을 볼 수 있습니다.

키	기 능
F1-Main	현재의 화면입니다. boot: 프롬프트에 Enter 키를 누르거나 text 또는 askmethod를 입력합니다.
F2-Options	부트 프롬프트에서 사용할 수 있는 부트 옵션의 도움말을 제공합니다.
F3-General	리눅스 설치시 해상도에 관한 도움말을 제공합니다.
F4-Kernel	커널 파라미터에 대한 도움말을 제공합니다. 부트시 커널에 인자를 부여하여 커널에 특정 하드웨어를 인식하게 하거나 정확한 메모리 양을 인식할 수 있게 합니다.
F5-rescue	리눅스 설치 후 부팅이 안되거나 심각한 문제가 있을 경우 이를 복구하기 위한 모드로 부팅하는 방법에 대한 도움말을 제공합니다. 응급 복구 모드는 linux rescue를 입력하면 됩니다.

그러면 페도라 리눅스 설치를 위한 부팅하는 방법에 대해서 알아봅니다. 이 화면 하단에 boot: 프롬프트에서는 부팅에 관련된 옵션을 대기하고 있습니다.

```
boot:
```

이 boot: 프롬프트상에 입력할 수 있는 부팅 옵션은 무엇이 있는지 알아볼까요?

① Enter 키 또는 linux

단지 Enter 키를 누르거나 linux를 입력한 후 Enter 키를 치면 페도라 코어 리눅스가 그래픽 인터페이스 환경(GUI)으로 설치됩니다. boot: 프롬프트에 일정 시간(60초) 동안 키보드 입력이 없게 되면 자동으로 이 모드로 진행됩니다.

② linux text

linux text를 입력하여 Enter 키를 치게 되면 텍스트 인터페이스 환경(TUI)으로 리눅스가 설치됩니다. linux를 입력하여 설치하더라도 비디오 그래픽 카드(VGA)가 페도라에서 지원하지 않을 경우에는 자동으로 텍스트 모드로 설치가 이뤄지게 됩니다.

③ linux mediacheck

페도라 리눅스의 데이터 무결성을 체크하는 기능으로, 설치하기 전에 부록으로 제공된 이상에 있는지 점검하기 위해서는 이 옵션을 사용할 수 있습니다. 이 옵션을 사용하지 않더라도 페도라 리눅스 설치 과정에서 DVD-ROM 데이터 무결성 체크하는 과정이 있으므로 일반적으로 이 옵션은 자주 사용되질 않습니다. 이 옵션은 리눅스 설치 과정에서 DVD 문제로 인한 설치가 중단되는 불상사를 사전에 방지하고자 위함이며, 인터넷상에서 다운로드한 리눅스 배포판 ISO 이미지 파일을 DVD 또는 CD로 제작하였을 때 구운 DVD/CD에 문제가 없는지를 체크할 수 있도록 지원하는 기능입니다.

④ linux dd

네트워크상으로 리눅스를 설치하고자 할 때 기본적으로 지원하지 않는 네트워크 하드웨어를 인식되도록 하기 위해서 드라이버 디스크를 사용하고자 하는 경우와 하드웨어 업체에서 별도로 제공하는 드라이버를 리눅스 설치 시에 사용하고자 할 때 사용하는 옵션입니다. 이 옵션을 사용하고자 할 때는 드라이버 디스크를 준비해야 합니다.

⑤ linux askmethod

CD/DVD-ROM, NFS 이미지, FTP, HTTP, 하드 디스크 ISO 이미지 설치 등 다양한 설치 방법 중 사용자가 원하는 설치 매체를 선택하고자 할 때 사용하는 옵션입니다. 페도라 리눅스를 CD/DVD-ROM 설치 방법이 아닌 다른 특수한 설치 방법으로 설치하고자 한다면 이 옵션을 반드시 선택해 주어야 합니다.

⑥ linux updates

업데이트된 설치 디스크가 있을 경우 이 옵션을 사용합니다.

⑦ linux resoluton=1024x768

리눅스 설치 시 설치 인터페이스 환경의 해상도를 설정할 수 있습니다. 일반적으로 그래픽 설치 환경은 800x640 해상도를 지원하는데, resolution 옵션으로 원하는 해상도를 지정하면 원하는 그래픽 해상도 모드로 페도라 리눅스를 설치할 수 있습니다. 1024x768 해상도로 리눅스를 설치하고자 한다면 resolution=1024x768를 입력하면 됩니다. 만일 저해상도(640x480)로 설치하고자 한다면 linux lowres를 입력하면 됩니다.

resolution 옵션 외에 vga 옵션을 사용할 수 있습니다. vga 옵션을 사용하게 되면 프레임 버퍼(Frame Buffer)라는 기능을 사용할 수 있으며, resolution 옵션과 같이 해상도를 결정할 수 있습니다. 이 옵션의 사용법은 vga="value"이며, value에는 다음 표에서 해당 값을 선택하면 됩니다(단, 비디오 카드가 리눅스에서 지원되는 경우에 한함).

해상도	value	해상도	value	해상도	value
1024x768x8bpp	773	1024x768x16bpp	791	1024x768x24bpp	792
1280x1024x8bpp	775	1280x1024x16pp	794	1280x1024x24bpp	795

⑧ linux rescue

리눅스 설치 후 리눅스 시스템에 심각한 문제가 발생되어 시스템을 복구해야 할 비상 상태일 때 사용하는 응급 복구 옵션입니다. 이 옵션을 이용하여 시스템의 응급을 복구하는 방법에 대해서는 "3부 9장 시스템 백업과 응급 복구"에서 다루고 있으므로 이를 참고하면 됩니다.

⑨ linux vnc password=*****

페도라 리눅스 설치 화면을 vnc를 통하여 클라이언트에게 전달해주어 페도라 설치를 다른 리눅스 또는 윈도우 시스템에서 제어하면서 설치할 수 있습니다. 이 기능을 사용하기 위해서는 두 대의 시스템이 있어야 하며, 모두 네트워크로 연결되어 있어야 하며, 클라이언트 시스템에서는 VNC 유틸리티가 설치되어 있어야 합니다.

⑩ memtest86

페도라 리눅스를 작동시킬 수 있는 시스템 환경이 되는지를 점검해 볼 수 있습니다. boot: 프롬프트에 memtest86를 입력하면 다음과 같은 테스트 화면이 나오며, CPU와 메인보드 캐쉬 그리고 메모리 상태를 점검해 줍니다.

boot: 프롬프트에는 무엇을 입력하여 부팅해야 할까?

boot: 프롬프트에서는 그냥 Enter 키를 치도록 합니다. Enter 키를 치게 되면 비디오 그래픽 카드가 그래픽 설치 프로그램인 아나콘다 지원 여부에 따라서 그래픽 모드와 텍스트 모드를 자동으로 구별하여 설치되기 때문입니다. 그래픽 설치 모드로 설치되지 않는 시스템은 비디오 그래픽 카드가 지원되지 않는 것이므로, 리눅스 설치 후 엑스 윈도우 설정을 통하여 비디오 그래픽 카드를 설정하거나 그래픽 카드 제조업체에서 제공한 별도의 리눅스 드라이버를 설치하여 엑스 윈도우를 설정하여 사용해야 합니다.

가상 콘솔과 메타키

페도라 리눅스 설치 과정에서는 가상 콘솔(Virtual Console)를 지원하고 있어서, 가상 콘솔을 이용하여 콘솔 명령을 사용할 수 있고, 파일시스템 포맷, 패키지 설치 과정 등을 볼 수 있으며, 리눅스에서 인식하는 하드웨어 정보를 확인해 볼 수 있습니다. 리눅스 설치 과정에서 사용할 수 있는 가상 콘솔의 메타키로는 다음과 같습니다.

Virtual Consoles and Keystrokes			
Virtual Console	Keystroke		설 명
	그래픽 설치시	텍스트 설치시	
1	Ctrl + Alt + F1	Alt + F1	리눅스 설치 화면
2	Ctrl + Alt + F2	Alt + F2	쉘 프롬프트
3	Ctrl + Alt + F3	Alt + F3	모듈 작동 메시지
4	Ctrl + Alt + F4	Alt + F4	커널 시스템 메시지
5	Ctrl + Alt + F5	Alt + F6	기타 메시지(패키지설치,포맷등)
6	Ctrl + Alt + F7		X 그래픽 설치 화면으로 되돌아가기

설치 CD/DVD 무결성 검사

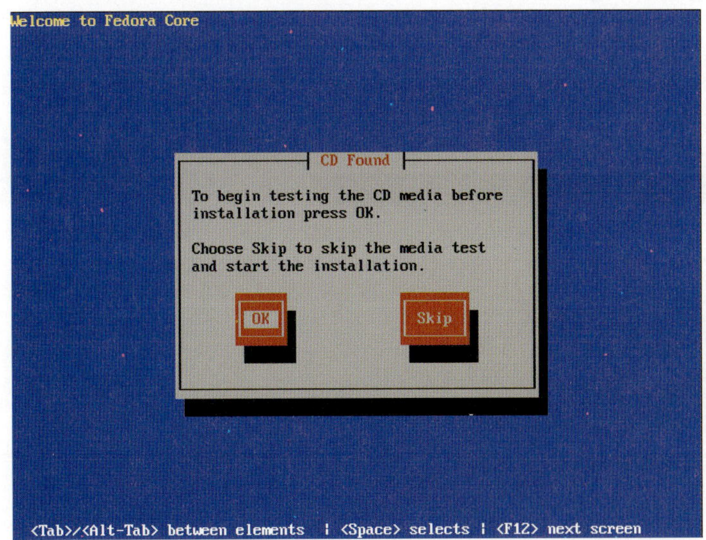

리눅스 설치하기 전에 설치 CD/DVD에 결함이 없는지 무결성 검사를 위해서 md5sum 상태를 체크하는 과정으로, 이는 설치 CD/DVD의 결함으로 인하여 설치가 중단되는 불상사를 사전에 방지하기 위한 기능입니다. 페도라 리눅스 설치 CD/DVD에 문제점이 있는지를 체크해 보려면 CD/DVD-ROM 드라이브에 페도라 리눅스 설치 DVD/CD를 넣고 [OK] 버튼을 누릅니다.

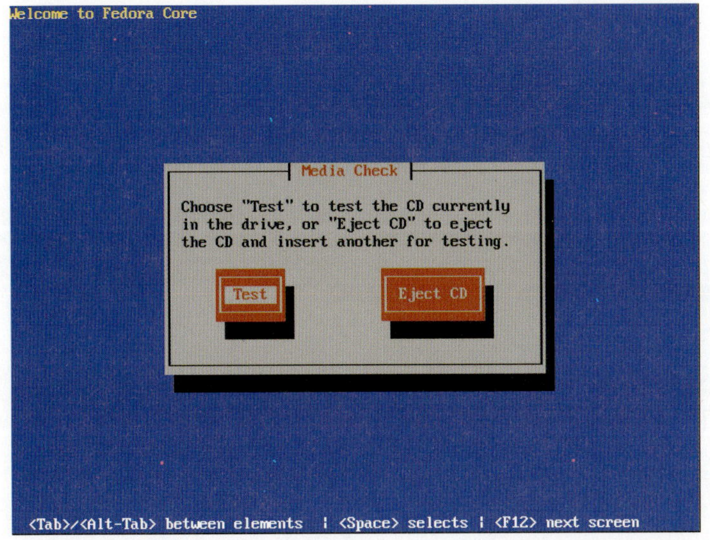

리눅스 설치시 CD/DVD Media Check 검사를 해야 할까?

리눅스 설치시 CD/DVD Media check는 시간이 오래 걸리기 때문에 CD/DVD에 이상이 없다고 판단되면 이 과정을 생략합니다. 설치 과정에서 패키지 오류가 발생되었을 때 CD/DVD 미디어에 문제가 있는지를 점검하기 위해서는 이 과정으로 체크해 보면 됩니다.

1.2 페도라9 설치 과정

설치 첫 화면

[다음] 버튼을 클릭합니다.

언어 선택

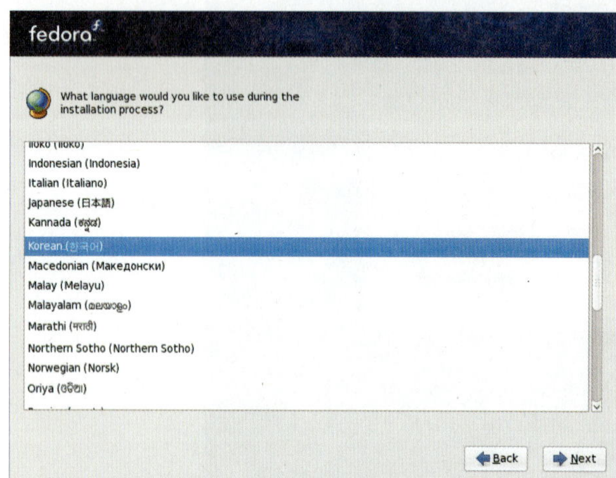

리눅스 설치 과정에서 사용할 언어의 종류를 선택합니다. [korean(한국어)]을 선택하여 한글 환경으로 페도라가 설치되도록 합니다. 이 과정에서 [English]를 선택하면 설치 환경이 영어로 변경됩니다.

`Alt` – 기능 키 조합으로 시스템 쉘 사용 및 정보 보기

리눅스 설치 과정에서 `Alt` + `F2` 키를 눌러 쉘(shell)을 사용할 수 있습니다. 그래픽 모드 설치 과정에서는 `Ctrl` + `Alt` + `F2` 키를 사용해야 합니다. 쉘로 빠져 나가 리눅스의 명령어를 실행할 수 있으며, `Alt` + `F3` ~ `F5` 키를 눌러 모듈 정보와 하드웨어 정보들을 볼 수 있습니다. 리눅스 설치 시 인식되는 PCI 하드웨어를 확인하려면 `Alt` + `F2` 키를 눌러 쉘 상태에서 `cat /proc/pci` 명령을 실행하면 알 수 있습니다. 다시 설치 화면으로 되돌아가려면 텍스트 모드에서는 `Alt` + `F1` 키를 누르면 되고, 그래픽 모드에서는 `Ctrl` + `Alt` + `F7` 키를 누르면 됩니다.

키보드 유형 선택

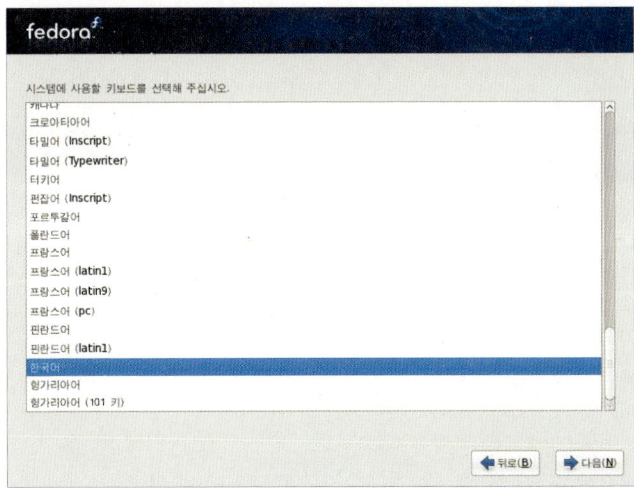

키보드 자판 배판을 선택하는 과정으로 우리는 미국식 자판 배열을 사용하고 있으므로, [U.S.영어] 또는 [한국어]로 선택합니다. 이 과정에서 선택한 키보드 유형은 리눅스 설치 후 콘솔 프롬프트 상태에서 /usr/sbin/kbdconfig 명령이나 system-config-keyboard 명령을 통해서 변경할 수 있습니다.

설치 유형 선택

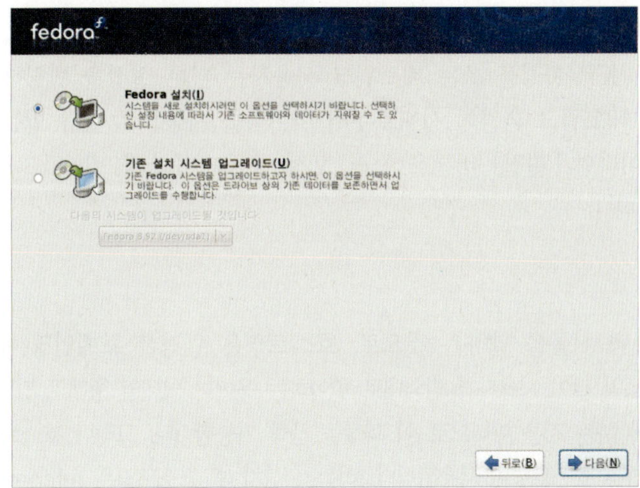

페도라를 처음 설치하는 경우에는 [Fedora 설치]를 선택하고, 페도라 리눅스가 이미 설치되어 있다면 [기존 설치 시스템 업그레이드]를 선택하여 업그레이드 설치를 진행할 수 있습니다.

네트워크 설정

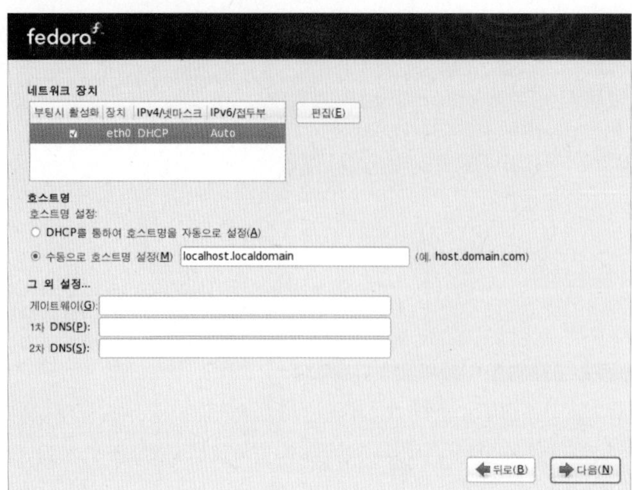

사용자 시스템에 장착된 이더넷 카드(네트워크 인터페이스 카드, NIC)가 있을 때 이를 자동으로 검색하여 네트워크를 구성할 수 있게 해 주는 과정입니다. 만일 네트워크 인터페이스 카드가 장착되어 있질 않거나 자동 검색되지 않는 하드웨어일 경우에는 이 과정이 생략됩니다.

① 네트워크 장치 설정

자동으로 검색된 이더넷 카드는 기본적으로 부팅시 작동될 수 있도록 설정되며, 아이피 할당 방식은 DHCP로 되어 있으며, 이더넷 카드의 인터페이스는 eth0로 설정됩니다. VDSL 초고속 인터넷 사용자나 케이블 모뎀 사용자나 DHCP 환경을 쓰는 네트워크 사용자는 다른 설정을 변경하지 않고 기본값 그대로 사용합니다. 그러나 네트워크 환경이 서버로부터 아이피를 자동으로 할당 받는 DHCP 방식이 아닌, 고정 아이피 할당 방식이라면 [편집] 버튼을 눌러 고정 아이피 주소와 넷마스크를 직접 입력하여 [확인] 버튼을 누르면 됩니다.

② 호스트명 설정

호스트명은 리눅스 시스템 이름을 말하는 것으로, 호스트명은 완전한 도메인명(예 : dumca.joayo.net)으로 지정해 주거나 dumca와 같이 사용자가 임의대로 좋아하는 용어나 닉네임 형태로 지정해 줄 수 있습니다. 호스트명은 꼭 지정해 주어야 하는 것은 아니므로 이 과정을 생략 가능합니다. 그러나 호스트명을 지정해 주지 않게 되면 기본적으로 localhost라는 호스트명이 사용됩니다. 리눅스 설치 후 호스트명은 /etc/sysconfig/network 파일에서 HOSTNAME 옵션으로 변경해 줄 수 있습니다.

③ 그 외 설정

DHCP 방식으로 네트워크를 설정하지 않는 경우에는 게이트웨이 주소와 네임서버 주소를 지정해 주어야 합니다. 네트워크에 대한 설정은 "4부 2장"에서 자세히 다뤄지므로, 네트워크에 대한 기본 지식이 없어서 이 과정의 설정이 어렵게 느껴지는 사용자는 이 과정의 설정을 무시한 채 다음 과정으로 진행하고, 리눅스 설치 후 4부 2장을 참고로 하여 이 부분의 설정을 변경할 수 있습니다.

시간대 설정

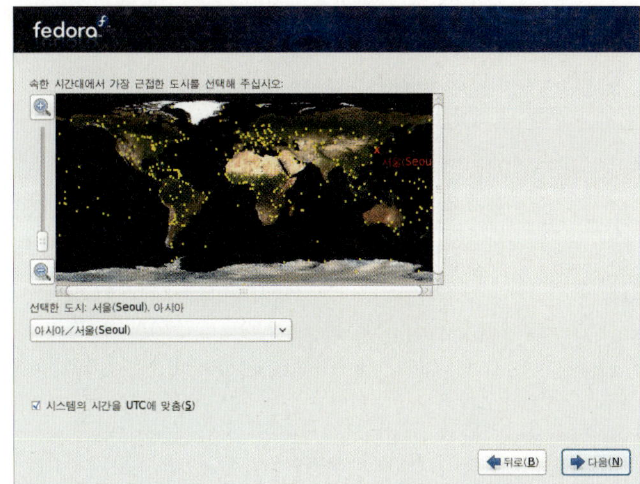

리눅스 콘솔상에서 사용하는 시간대를 설정하는 과정입니다. 한국 시간대는 [아시아/서울(Seoul)]를 선택합니다. 한국 시간대에서는 [시스템의 시간을 UTC에 맞춤]에는 체크하지 않습니다.

루트 열쇠글 설정

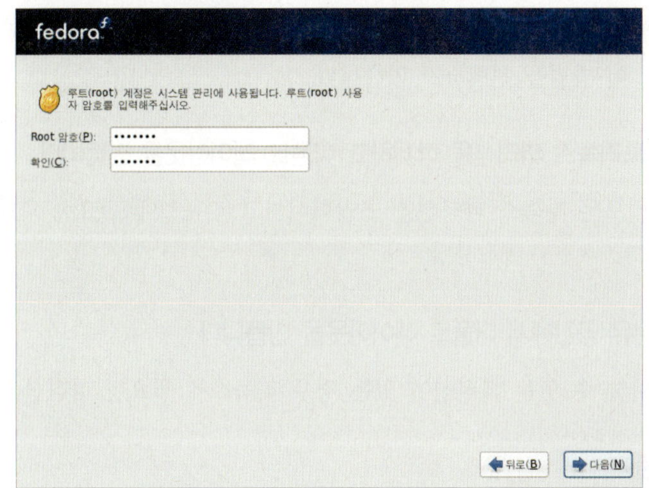

리눅스 시스템 관리자인 root의 열쇠글을 지정해 주는 과정입니다. root는 리눅스 시스템에 로그인하여 시스템을 관리할 수 있는 수퍼 유저(super user)이기 때문에 기본적으로 루트 계정은 이미 생성되어 있으며, 다른 이름으로는 변경이 불가능합니다.

디스크 파티션 분할 설정

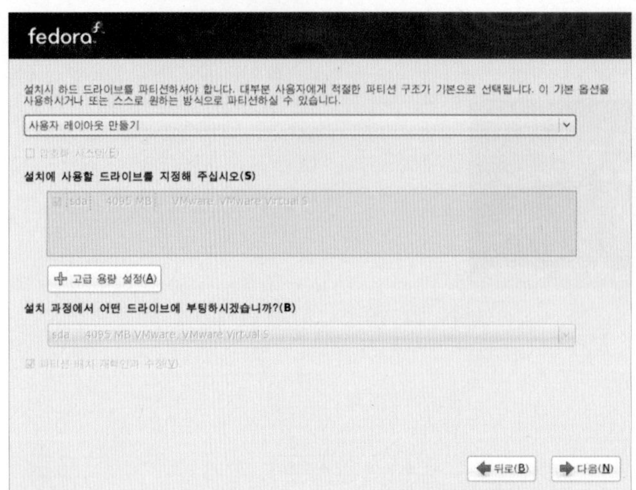

페도라 리눅스를 설치하기 위해서는 리눅스 네이티브 파티션과 스왑 파티션 등 최소한 두 개의 파티션을 준비해야 합니다. 이러한 파티션을 준비하기 위해서는 이 단계에서 제공하는 세 가지 방법 중에 하나를 선택하여 파티션을 생성해 주어야 합니다.

① 선택한 드라이브 상의 모든 파티션을 삭제하고 디폴트 레이아웃을 만듭니다.

하드 디스크의 모든 파티션이 제거한 후에 리눅스에 필요한 파티션이 자동 생성되는 방법으로, 윈도우 파티션이 있는 경우에는 이 방법을 선택하지 않습니다.

② 선택한 드라이브 상의 리눅스 파티션을 삭제하고 디폴트 레이아웃을 만듭니다.

윈도우 파티션을 제외한 모든 리눅스 파티션을 초기화시키고 리눅스에 필요한 파티션이 자동 생성되는 방법입니다.

③ 선택한 드라이브의 여유 공간에서 디폴트 레이아웃을 만듭니다.

선택한 하드 디스크에 나눌 수 있는 파티션이 있는 경우 리눅스에 필요한 파티션을 생성합니다.

④ 사용자 레이아웃 만들기

사용자가 직접 파티션을 나누는 방법으로는 이 방법을 권장합니다. 앞에서 우리는 이미 디스크 드루이드를 이용하여 파티션을 나누는 방법을 연습해 보았습니다. 이 과정에서는 파티션 나누는 방법을 설명하지 않으므로, 앞 장의 디스크 드루이드를 이용한 파티션 나누는 방법을 연습해 보지 않은 독자가 있다면 앞 장으로 되돌아가 파티션 나누는 방법을 충분히 연습한 후에 이 과정을 처리하기 바랍니다.

디스크 설정

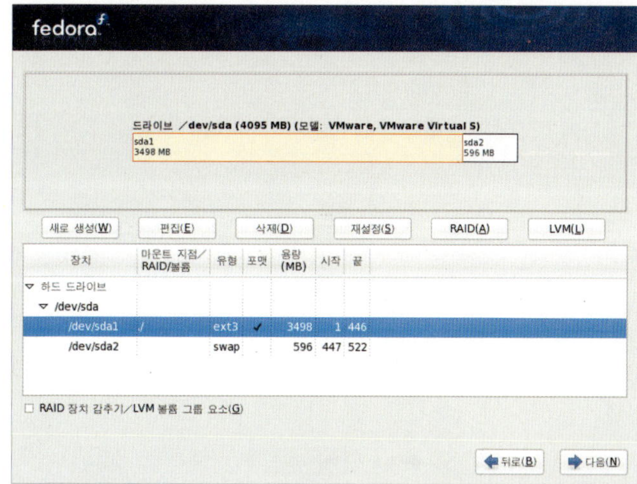

이 과정은 디스크 드루이드로 생성한 파티션에 대해서 마운트와 시스템 포맷 여부를 설정하는 과정입니다. 리눅스 파티션은 디렉토리 개념으로 사용되기 때문에 리눅스 파티션을 디렉토리로 연결하는 과정을 마운트(mount)라고 하는데, 이 마운트 기능을 이용하여 생성한 파티션을 리눅스의 각 디렉토리로 마운트시켜주어야 합니다.

리눅스가 설치될 파티션을 선택하여 / 디렉토리로 마운트되도록 설정한 후 [다음] 버튼을 클릭하면 포맷할 파티션 목록을 보여줍니다. 포맷하고자 하는 파티션이 올바르다면 [포맷] 버튼을 클릭합니다.

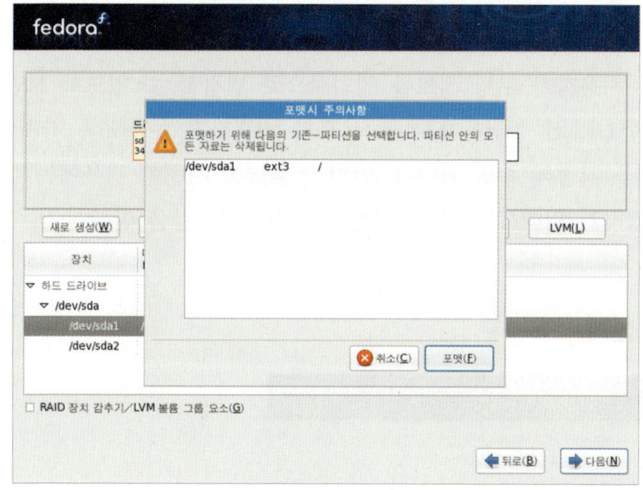

부트로더 설정

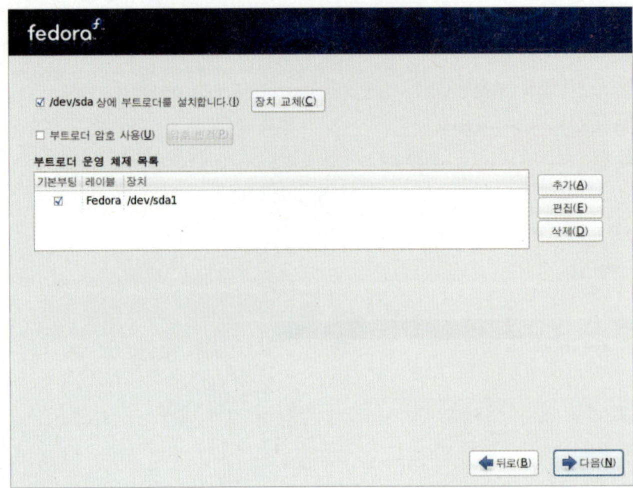

① 기본 부트로더 GRUB 설치

부트로더는 시스템에 설치되어 있는 운영체제로 부팅할 수 있도록 해 주는 부트 관리 프로그램입니다. 리눅스 운영체제가 부팅하는데 있어서 부트로더는 매우 중요하며, 리눅스 뿐만 아니라 윈도우, NT 등 다른 운영체제와 멀티 부팅하는데 있어서 중요합니다. GRUB 부트로더는 첫 번째 하드 디스크(/dev/sda)에 설치됩니다. 만일 부트로더를 설치하지 않으려면 [장치교체]를 클릭하여 설정하면 됩니다.

② 부트로더 암호 설정

GRUB 부트로더는 다른 사용자가 부팅 정보를 임의적으로 변경할 수 없도록 보안상 암호를 지정할 수 있습니다. 시스템 부팅시 GRUB 설정을 다른 사용자가 변경하지 못하도록 하려면 [부트로더 암호 사용]에 체크한 후 열쇠글을 지정해 주면 됩니다. 만일 열쇠글을 지정한 경우에는 부팅시 GRUB 부트 메뉴에서 부팅 정보를 수정하기 위해서는 이 단계에서 설정한 열쇠글을 반드시 입력해야 합니다.

설치할 패키지 그룹 선택

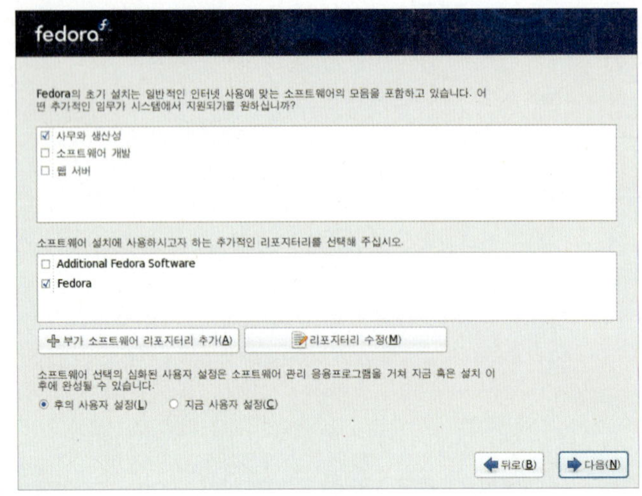

설치할 패키지를 선택합니다. 페도라에서 지원하는 기본적인 패키지만 설치되도록 하려면 [사무와 생산성]를 선택하여 [다음] 버튼을 클릭하고, 사용자가 설치될 패키지를 선택하려면 [지금 사용자 설정]을 체크하여 [다음] 버튼을 클릭하면 됩니다. 여러분은 [사무와 생산성]와 [소프트웨어 개발]만 체크하고 [다음] 버튼을 클릭하여 설치를 진행합니다.

패키지 설치

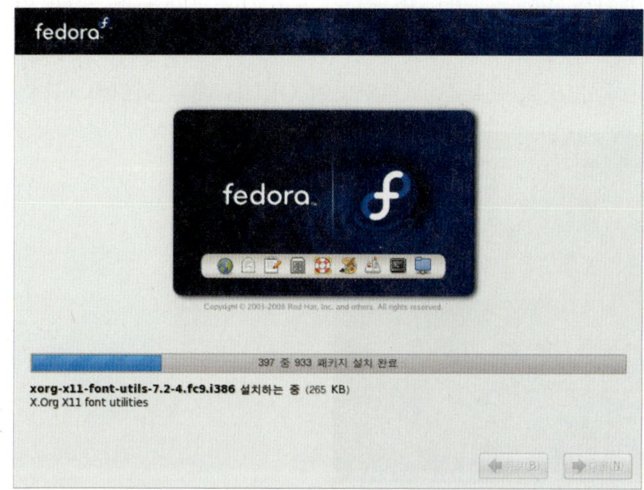

리눅스 패키지가 설치되는 과정입니다. 선택된 패키지의 양과 시스템의 성능에 따라서 대략 20분 내지 한 시간 이상의 시간이 소요됩니다.

페도라 리눅스 설치 완료

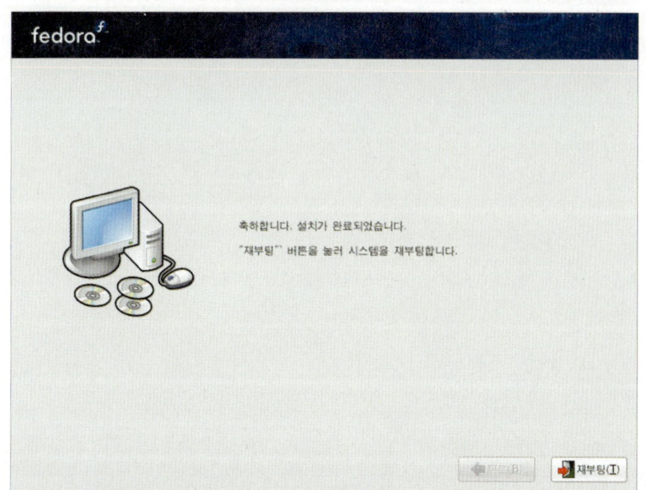

드디어 페도라 리눅스가 설치되었군요. 지금까지 페도라 리눅스를 설치하느라 고생이 많았습니다. [재부팅] 버튼을 클릭하면 DVD-ROM 드라이브에서 페도라 설치 DVD가 자동으로 배출되면서 시스템 리부팅이 이뤄지게 됩니다.

시스템이 다시 시작하게 되면, 바이오스 화면이 나온 후 다음 화면이 여러분을 맞이하게 됩니다. 일정한 시간(3초) 동안 키보드 입력이 없으면 바로 리눅스로 부팅이 이뤄집니다.

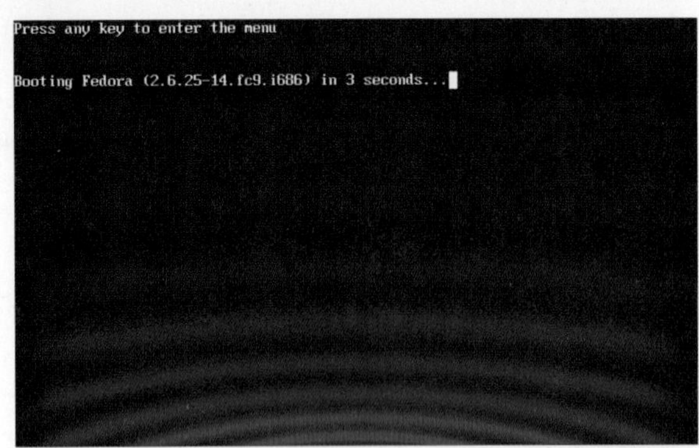

아무 키보드나 눌러 봅니다. 그러면 리눅스 부트로더인 GRUB 메뉴 화면이 나타날 것입니다.

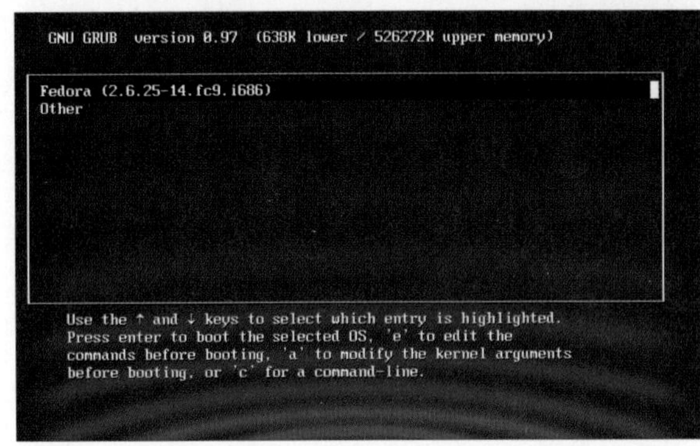

[Enter] 키를 치면 리눅스로 부팅이 이뤄지고, 부팅이 완료되면 페도라 시스템 사용을 위한 셋업 에이전트 화면이 나오는데, 이후의 과정은 Part II에서 다시 시작하기로 하겠습니다.

Chapter
05. No1.Linux 소개

No1.Linux는 맨드레이크 리눅스의 핵심 개발자였던 Texstar가 RPM 패키지와 KDE 오픈 데스크탑을 기반으로 개발한 PCLinuxOS 배포판 운영체제를 한글화하여 리마스터(Remaster, 재구성)하여 만들어진 배포판입니다. No1.Linux는 처음에는 인도에서 PCLinuxOS로 기반으로 하여 리마스터된 Granular Linux를 가지고 한글화 리마스터를 시작하였다가(No1.Linux 0.1버전), 그 이후에 이스라엘 개발자 Sefy가 히브리어 버전으로 리마스터링한 배포판을 가지고 개발이 진행되었고(No1.Linux 0.2), no1linux.org 커뮤니티 사이트의 정식 오픈과 함께 공식적으로 공개되었습니다. No1.Linux 0.3 버전부터는 PCLinuxOS 2008 Minime 오리지널 버전을 기반으로 개발되고 있으며, RPM 리포지토리 서버로부터 업그레이드된 최신의 패키지 환경으로 개발되고 있습니다. 개선점이 많은 No1.Linux이 탄생할 수 있는 동기를 제공한 PCLinuxOS 개발자인 Texstar와 그의 팀 그리고 이스라엘 개발자 Sefy 씨, 인도의 Granular Linux 프로젝트 팀 그리고 KDE 한국팀에 지면을 빌어 무한한 감사를 드립니다.

No1.Linux는 누구나 쉽게 사용할 수 있는 국산 토종 리눅스 데스크탑 운영체제를 목표로 하고 있으며 사용자의 제안을 100% 수렴하여 개발자 수준이 아닌 사용자 수준에서 사용할 수 있도록 개발되고 있으므로 사용자와 개발자간에 완벽한 피드백을 통해 가장 이상적이고 누구나 쉽게 사용할 수 있는 데스크탑 운영체제를 여러분들에게 항상 제공할 것입니다.

1. No1.Linux 특징

1.1 KDE 데스크탑 환경 기반

No1.Linux는 KDE 오픈 데스크탑 환경을 기본 데스크탑으로 채택하여 윈도우 사용자들이 언제든지 리눅스로 부담감과 어려움이 없이 손쉽게 이전하여 리눅스를 사용할 수 있는 환경을 제공합니다. KDE 오픈 데스크탑 환경은 윈도우 환경과 유사하여 응용 프로그램 실행하는데 있어서 매우 친근함과 편의성을 느끼게 해 줄 것입니다. No1.Linux는 KDE 오픈 데스크탑으로 최신 4.0 버전이 아닌 3.5 버전(3.5.9)에 4.0버전의 메뉴 방식인 kickoff를 제공하고 있는데, KDE 4.0 버전에 비해 KDE 3.5.9 버전이 매우 자연적이고 친화적인 느낌을 주고 있어서 이를 채택하고 있습니다.

1.2 LiveDVD/USB/DISK 지원

No1.Linux는 페도라 리눅스와는 달리 설치하는 과정 없이 DVD로 바로 부팅하여 엑스 윈도우와 그 응용 프로그램을 사용할 수 있게 만들어진 라이브DVD입니다. 라이브DVD는 DVD 한 장으로 부팅하여 바로 리눅스의 엑스 윈도우를 사용할 수 있습니다만, DVD로 구동되기 때문에 속도가 느린 점이 흠이라 할 수 있습니다. 그러나 No1.Linux가 어떤 배포판인지 체험하거나, 오프라인 교육 장소에서 리눅스 설치 없이도 교육하거나, 리눅스를 깔면 눈총을 받는 가정이나 회사에서 리눅스를 사용하고자 할 때 유용하게 사용됩니다. 또한 인터넷 공유기로 사용하거나 리눅스 시스템이 문제가 발생하여 시스템을 복구할 때 매우 유용합니다.

No1.Linux는 부팅 가능한 USB로 사용할 수 있도록 라이브USB를 지원합니다. 라이브DVD와 동일한 형태로 사용되며, 휴대성이 간편하여 어느 장소에서도 리눅스를 빠른 속도로 사용할 수 있는 것이 장점입니다. 바이오스에서 USB 부팅을 지원하지 않는 시스템에서도 라이브USB를 사용할 수 있는 배치 파일을 제공합니다.

라이브디스크(LiveDISK)는 라이브DVD/USB보다도 가장 빠르게 No1.Linux를 사용할 수 있는 방법으로, 윈도우 엑스피 파티션이나 리눅스 파티션에 이미지를 넣어두면 이들 파티션으로부터 라이브 형태로 부팅되도록 하여 빠른 속도로 No1.Linux를 사용할 수 있습니다.

1.3 하드 디스크 로 설치 지원

No1.Linux는 라이브로 부팅한 후 하드 디스크로 리눅스를 고정적으로 설치할 수 있는 설치 프로그램인 드레이크라이브 인스톨러를 지원합니다. 이 프로그램을 이용하면 원하는 파티션에 No1.Linux를 설치하여 No1.Linux를 사용할 수 있습니다. 내장 하드 디스크외 USB이나 SSD와 같은 외장 저장 장치로도 설치가 가능합니다. 다른 배포판의 경우 리눅스 설치하는 과정에선 다른 작업을 할 수 없지만, No1.Linux는 리눅스 설치 과정이라도 엑스 윈도우 응용 프로그램을 실행할 수 있을 뿐만 아니라 동영상, 음악 파일을 감상할 수 있고, 리눅스용 네이트온으로 친구와 채팅을 할 수 있는 등 라이브 배포판의 독특함과 강점을 느낄 수 있습니다.

1.4 리눅스용 네이트온 지원

No1.Linux는 메신저 프로그램으로 최신의 리눅스용 네이트온을 지원하고 있어서 하드 디스크로 No1.Linux를 설치하거나 라이브 형태로 리눅스를 하면서 네이트온을 사용할 수도 있습니다.

1.5 개발자보다 뛰어난 나만의 배포판 만들기와 백업 기능

No1.Linux를 이용하여 No1.Linux보다 잘 꾸며진 나만의 배포판을 만들 수 있는 LiveDVD를 만드는 스크립트를 제공하고 있어 누구나 라이브 배포판의 개발자가 될 수 있습니다. LiveDVD 제작 스크립트는 잘 꾸며놓은 엑스 환경을 다른 사용자에게 그대로 공개 배포할 수 있게 끔 해 줄뿐만 아니라 시스템 전체를 가장 효율적으로 백업할 수 있도록 도와 줍니다.

1.6 멋지고 환상적인 홈 씨어터 기능과 편리한 멀티미디어 환경 지원

HDTV 시청 및 녹화, 동영상 보기, 이미지 파일 보기, 게임 즐기기, 웹 서핑, 일기 예보 등 다양한 멀티미디어 기능을 갖춘 홈 씨어터인 MythTV가 기본적으로 설정되어 있어 부팅 시 홈 씨어터로 로그인하여 여러분의 시스템을 홈 씨어터 전용으로 활용할 수 있습니다. 뿐만 아니라 MPlayer, SMPlayer, Xine, Kaffeine 등 다양한 동영상 플레이어를 지원하며, HDTV 수신을 위한 채널 설정과 HDTV 수신 카드를 위한 펌웨어 지원을 하며, 한글 자막이 기본적으로 설정되어 있고, 동영상 코덱은 쉽게 자동으로 설치할 수 있는 스크립트를 제공합니다.

1.7 RPM 패키지 설치 도구, 시냅틱(Synaptic)과 빠른 국내 리포지토리 서버 지원

No1.Linux는 시냅틱 패키지 설치 도구를 지원하여 리포지토리 서버로부터 RPM 패키지를 누구나 손쉽게 설치할 수 있도록 지원하고 있으며, RPM 리포지토리(저장소)는 빠른 속도의 국내 미러 서버를 기본적으로 지원하고 있어 별도의 리포지토리 서버 설정없이도 빠른 속도로 패키지의 관리가 가능합니다.

1.8 공개 글꼴 기본 지원

No1.Linux는 서울시에서 개발한 서울남산체, 서울한강체 등 서울서체 공개 글꼴을 기본 글꼴로 사용합니다. 공개 글꼴 서울서체는 데스크탑 환경 뿐만 아니라 동영상 플레이어에서 기본적으로 제공하고 있어서 미려한 환경으로 글꼴을 사용할 수 있습니다. No1.Linux는 서울서체외에 공개 글꼴은 은 글꼴과 네이버의 사전체도 지원합니다.

1.9 윈도우 응용 프로그램 호환성 지원

No1.Linux는 윈도우 응용 프로그램을 리눅스에서도 사용할 수 있는 환경을 기본적으로 제공하고 있습니다. WINE 프로그램을 이용하여 인터넷 익스플로러, 다이렉트X 9.0c, 포토샵, MS 오피스 등 다양한 윈도우 응용 프로그램을 설치하여 사용할 수 있으며, PlayOnLinux 프로그램으로 윈도우용 일부 게임들을 리눅스에서도 즐길 수 있습니다. 다른 시스템에 있는 윈도우와 No1.Linux간에 자료를 서로 공유할 수 있는 환경(삼바 공유)도 기본적으로 제공합니다.

1.10 모질라 파이어폭스3, 오픈오피스 2.4.1, 김프 2.4.5 지원

웹 브라우저로 컹커러와 파이어폭스 3.0.1를 지원하며, 기본 한글 글꼴은 서울서체로 지원합니다. MS 오피스와 100% 호환성을 갖는 오픈 오피스 2.4.1를 지원하며, 그래픽 편집 프로그램으로 김프 2.4.5 버전을 지원합니다. 그 외 CD/DVD 레코딩 프로그램(K3B, ISO master), 데이터 백업 (KDar), 압축 관리 프로그램(Karchiver) 등 다양한 프로그램을 지원합니다.

1.11 한글화된 시스템 제어 센터

No1.Linux의 제어 센터(Control Center)에선 손쉬운 서버 설정, 네트워크 서비스 설정, 인증, 하드웨어 설정 관리, 네트워크 연결 관리, 시스템 설정, 네트워크 공유, 디스크 마운트 관리, 보안 설정, 부트 관리 등 종합적이고 체계적인 시스템 관리 기능을 제공하여 시스템을 편리하고 손쉽게 관리할 수 있습니다.

2. No1.Linux 스크린샷

2.1 시스템 부팅 및 KDE 로그인 과정

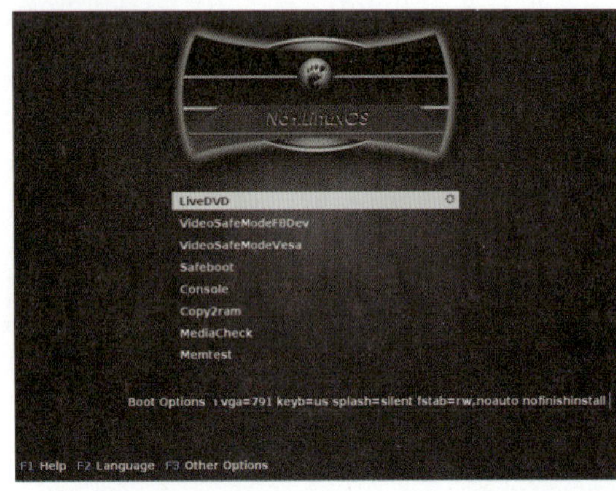

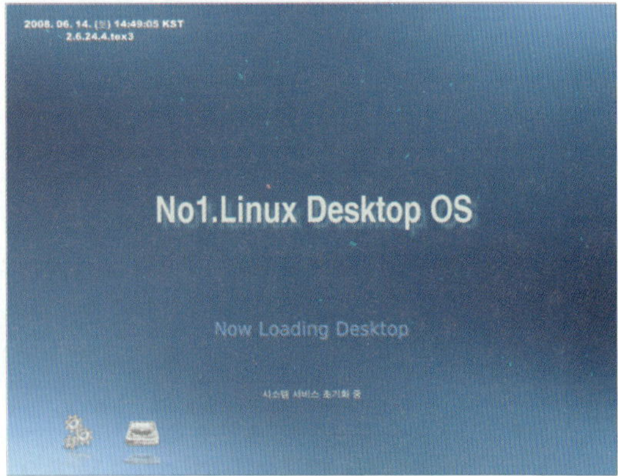

2.2 KDE 바탕화면

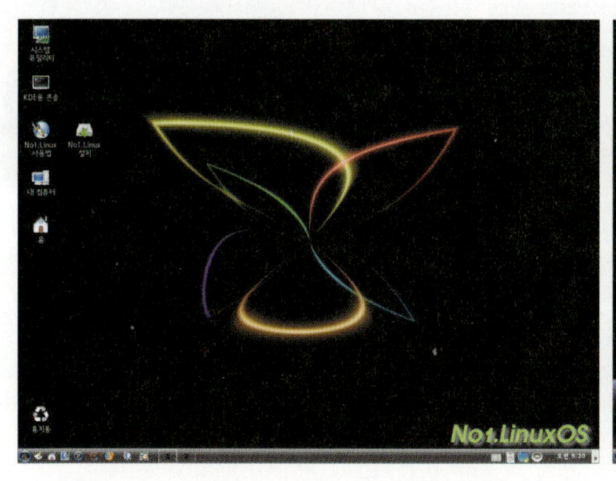 

2.3 주요 지원 프로그램

2.3.1 MythTV 홈 씨어터

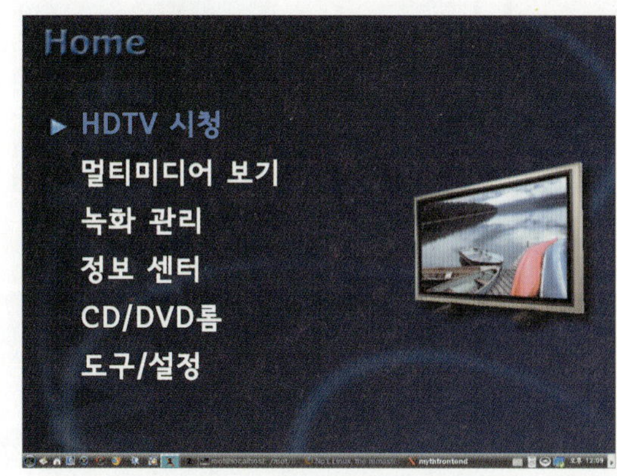

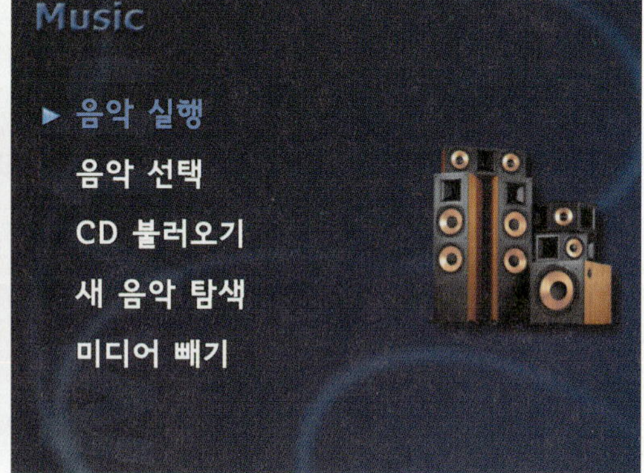

2.3.2 HDTV 지원 동영상 재생기

〈MPlayer〉 〈Kaffeine〉

2.3.3 그래픽 프로그램

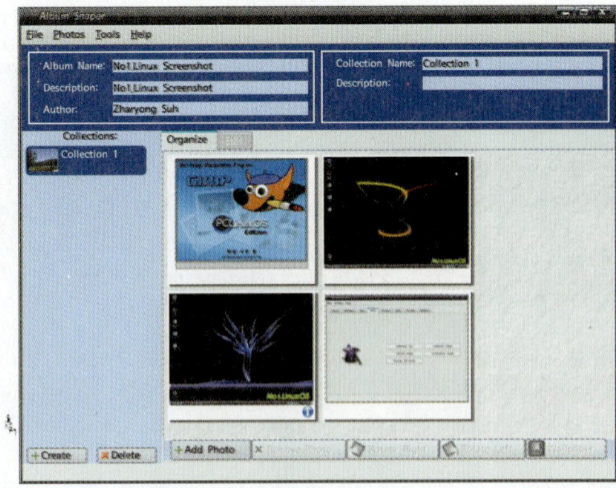

〈Album Shape〉

〈Gimp〉

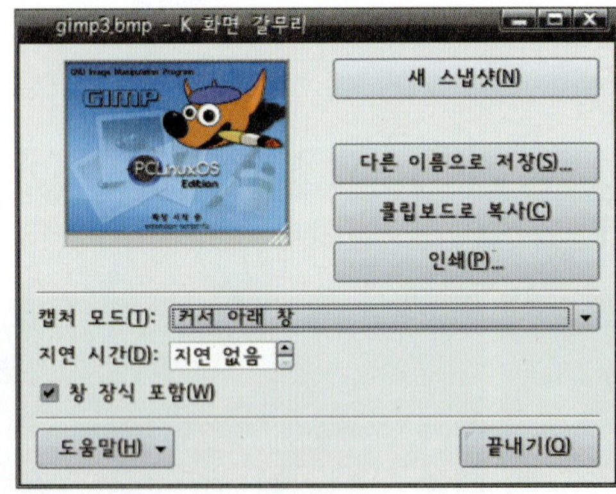

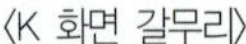

〈K 화면 갈무리〉

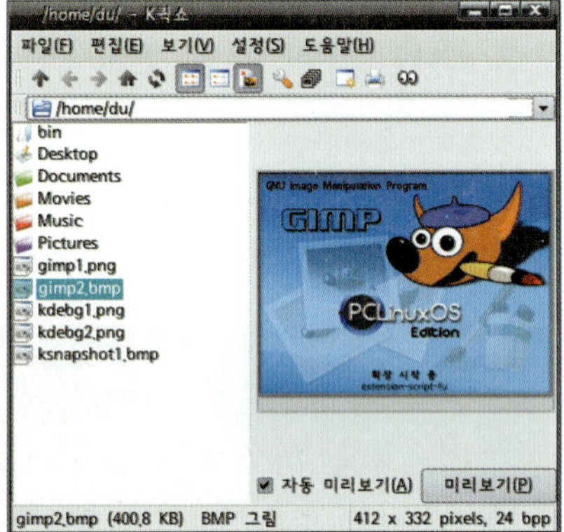

〈kuickshow 이미지 뷰어〉

2.3.4 인터넷 프로그램

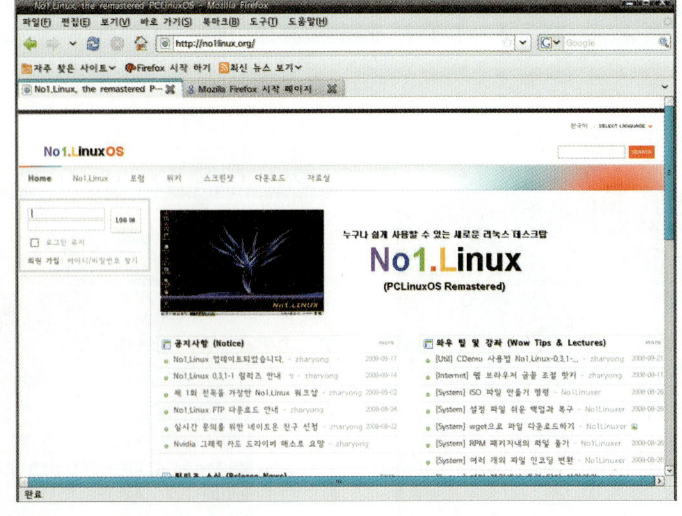

〈Firefox3 Web Browser〉

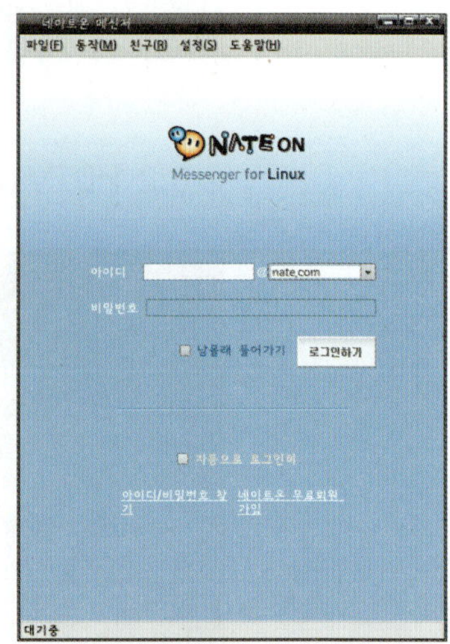

〈Nateon Messenger〉

2.3.5 K Start Menu (Kickoff)

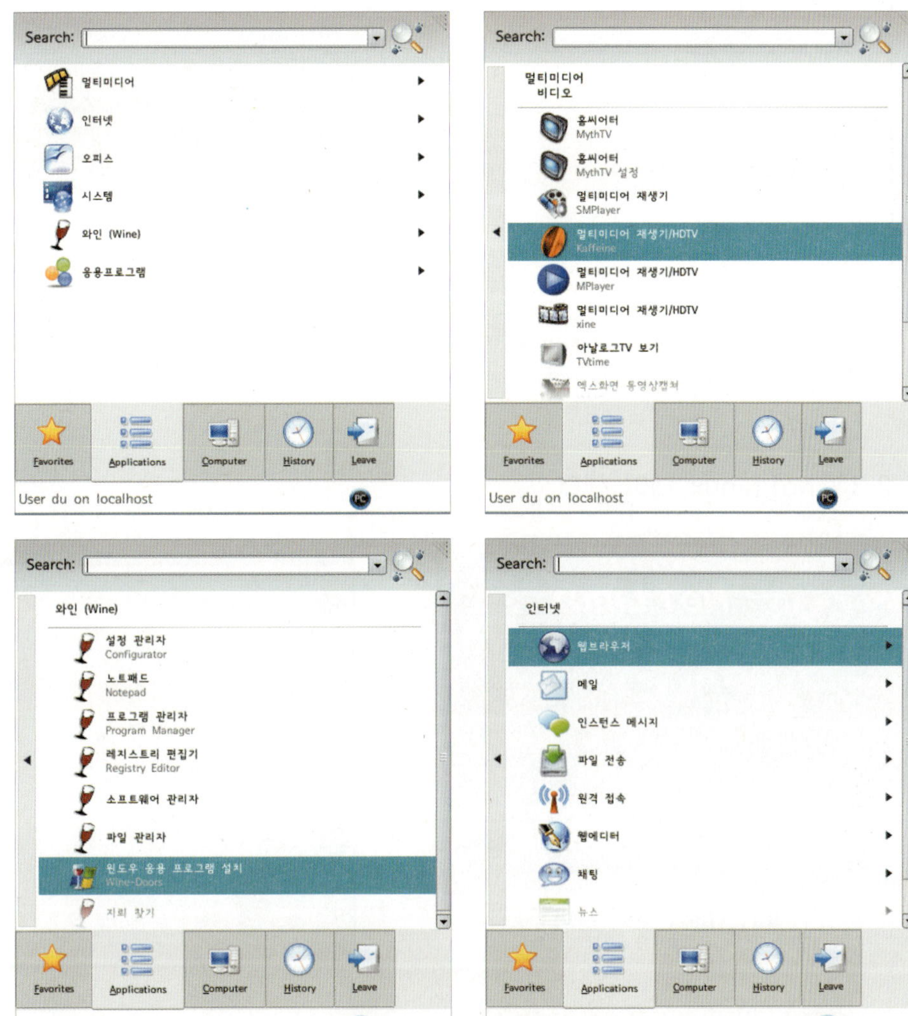

2.3.6 윈도우 응용 프로그램과 게임 프로그램 즐기기

〈인터넷 익스플로러 6.0〉　　　　　　　〈곰 플레이어〉

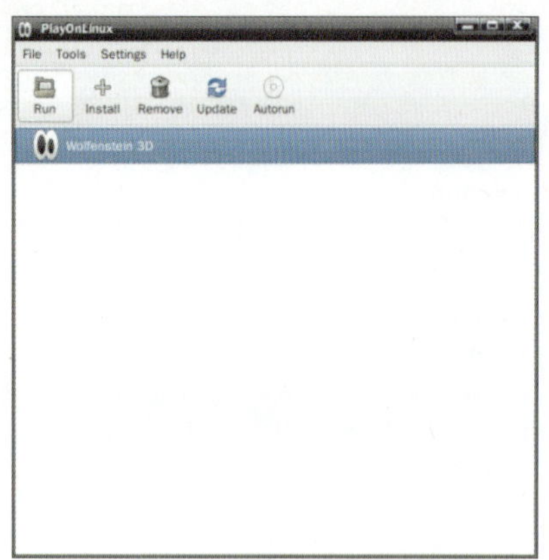

<PlayOnLinux로 울펜슈타인3D 게임하기>

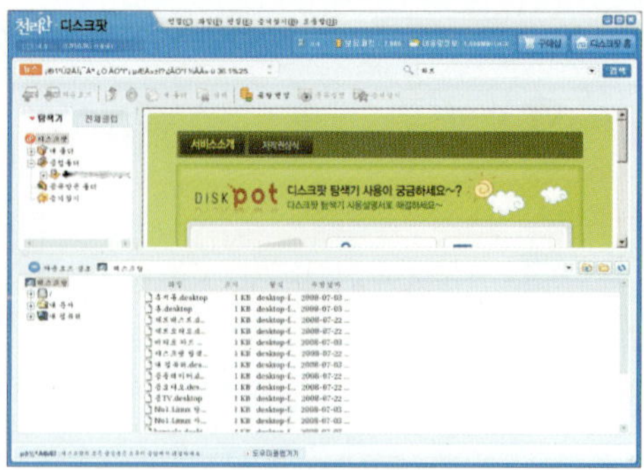

<천리안 디스크팟 전용 프로그램>

2.3.7 No1.Linux 제어 센터

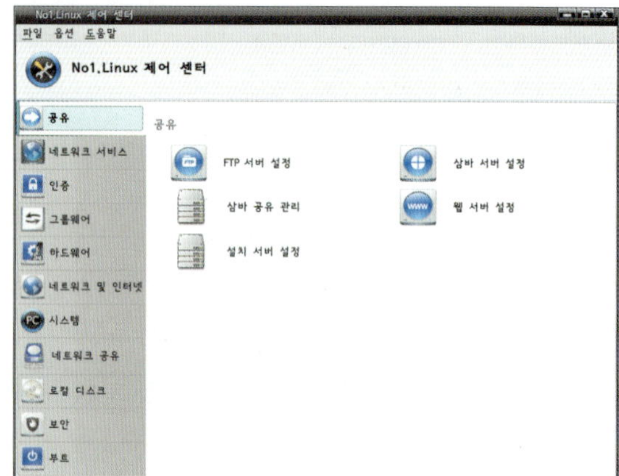
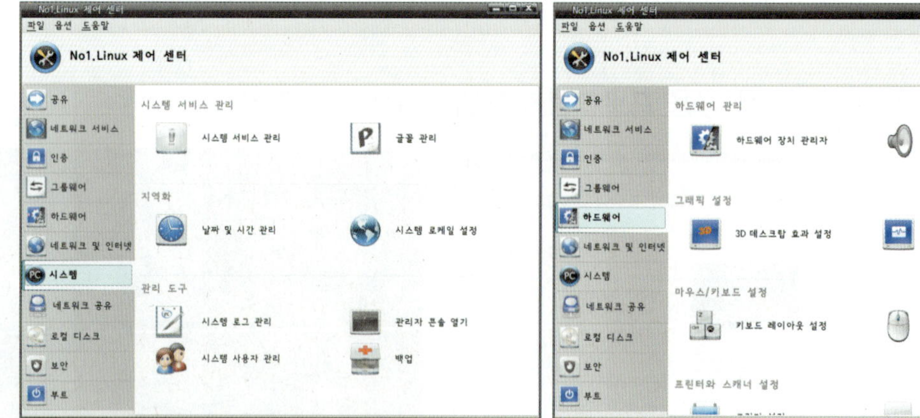

3. No1.Linux 부팅 방법

3.1 LiveDVD 부팅

특별 부록으로 제공된 No1.Linux DVD를 DVD-ROM 드라이브에 넣고 바이오스에서 CD-ROM으로 부팅되도록 한 후 시스템을 부팅합니다. 부트 화면에서 LiveDVD를 선택하여 Enter 키를 쳐서 부팅합니다.

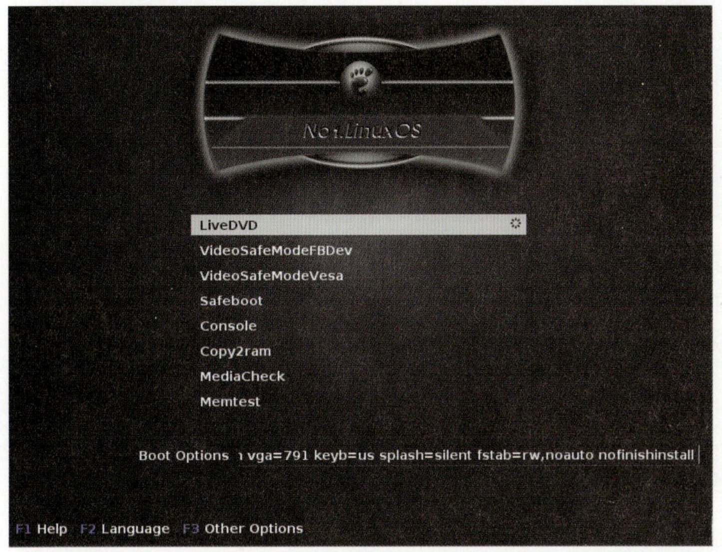

만일 아무런 키보드 입력이 없으면 1분후 자동으로 LiveDVD로 부팅이 이뤄집니다. 이때 화살표가 원형으로 동작하고 있음을 보이고, 한바퀴 돌면 자동으로 부팅이 이뤄집니다.

이 화면은 부트 스플래시(Boot Splash)라고 하는데, 부팅에 관련된 메시지 대신에 이 그래픽 화면으로 부팅 상태를 보여줍니다. 이 상태에서 부팅에 관련된 메시지들을 확인하고자 한다면 ESC키를 누르면 됩니다.

KDM 로그인 화면에서 사용자이름과 비밀번호에 각각 root를 입력합니다. LiveDVD로 매번 부팅할 때 사용자이름과 비밀번호는 root로 동일합니다만, 만일 LiveDVD를 하드 디스크로 설치한 경우에는 root 의 열쇠글은 변경될 수 있음을 주의하기 바랍니다.

3.2 LiveDISK 부팅

Step1 LiveDISK로 부팅하기 위해서는 윈도우 엑스피로 부팅합니다.

Step2 파일 브라우저를 열어 DVD 드라이브로 이동하여 부록 No1.Linux DVD에 있는 livecd.sqfs 파일을 c:₩로 복사합니다.

Step3 http://www.no1linux.org 사이트의 자료실에서 Runme-at-XP-0.3.1-3.tar.gz 파일을 다운로드하여 알집으로 압축을 풉니다.

Step4 압축이 풀어진 폴더에 있는 No1Linux.exe 파일을 더블클릭하여 실행합니다.

Step5 시스템을 재시작합니다.

Step6 엑스피의 멀티 부팅 메뉴에서 두 번째 부트 엔트리인 No1.Linux.exe 파일을 실행합니다.

Step7 No1.Linux로 부팅이 이뤄지고, 부트 스플래시가 나타난 후 KDM 로그인 화면이 나옵니다.

Step8 사용자이름과 비밀번호에 각각 root를 입력하여 로그인을 합니다.

> **경고:** 엑스피 파티션으로부터 부팅하는 방법에 대해서는 아직 문제점이 보고되지 않았지만, 안전성이 입증되어 있지 않으므로, 데이터 또는 파티션이 날라갈 수 있는 위험성이 있을 수 있으므로 신중하게 사용하시기 바랍니다. 이에 대한 책임은 전적으로 사용자에게 있음을 알립니다. 만일 예기치 않은 불상사를 방지하기 위해서는 엑스피 파티션을 2기가로 별도로 나누어 이곳으로 livecd.sqfs 파일을 복사하여 사용하는 것도 한 가지 방법일 수 있습니다.

4. No1.Linux 하드 디스크에 설치하는 방법

LiveDVD 또는 하드 디스크 이미지 파일(LiveDISK)로 No1.Linux를 부팅한 후 하드 디스크에 설치하는 가이드입니다.

Step1 바탕화면에 있는 [No1.Linux 설치] 아이콘을 클릭합니다.

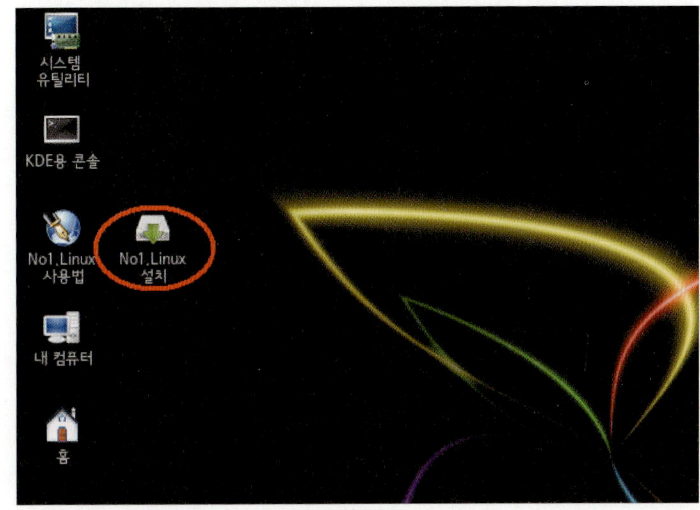

Step2 드레이크 라이브 설치 도구에 의한 마법사 창이 뜨는데, [다음] 버튼을 클릭합니다.

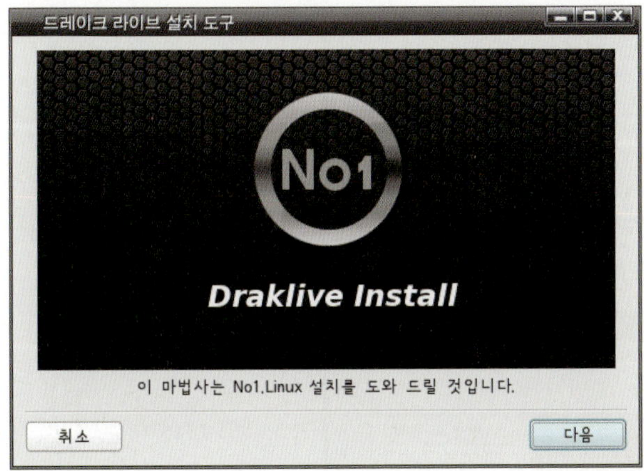

Step3 DrakX 파티션 마법사가 하드 디스크 파티션 상태를 체크하여 파티션 작업 방법을 제시합니다.

[기존의 파티션 사용]은 이미 나눠진 파티션을 이용하여 No1.Linux를 설치하고자 할 때 사용하며, [Microsoft Windows 파티션에 있는 남은 공간 사용]은 윈도우 파티션을 재조절하여 남은 공간을 리눅스 파티션으로 만들어 이곳으로 리눅스를 설치하고자 할 때 선택하고, [모든 디스크 삭제하여 사용]은 기존의 파티션을 무시한 채 모든 파티션을 초기화하여 파티션을 재생성하여 리눅스를 설치하고자 할 때 선택하고, [사용자 정의 파티션 작업]은 여러분이 직접 파티션 작업을 하고자 할 때 선택합니다. 파티션 작업은 페도라의 디스크 드루이드와 비슷하고, No1.Linux에선 파티션 파일시스템마다 색상이 지정되어 직관적인 파티션 작업을 할 수 있어 처음 파티션을 나누는 사용자도 쉽게 파티션 작업을 할 수 있을 것입니다. 바탕화면에 있는 [No1.Linux 사용법] 아이콘을 클릭하면 파티션을 나누는 방법을 자세히 참고할 수 있습니다. 일반적으로 [사용자 정의 파티션 작업]을 선택하여 파티션 작업을 하는 것이 편리합니다.

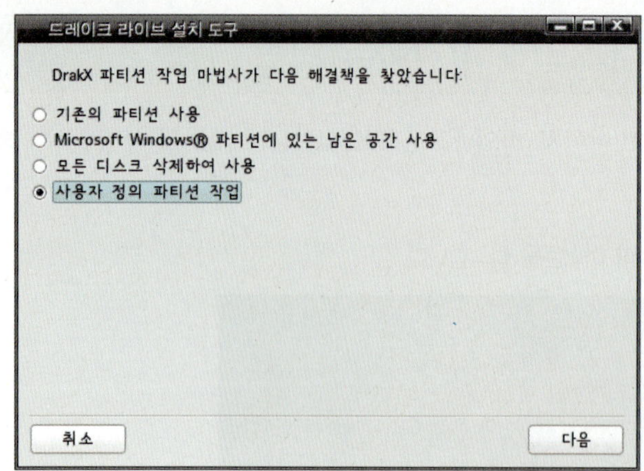

Step4 데이터 백업 단계에서 [계속]을 선택하여 [확인] 버튼을 클릭합니다.

Step5 리눅스 네이티브 파티션(빨간색)과 스왑 파티션(초록색) 등 두 파티션을 만든 후 리눅스 네이티브 파티션을 루트(/)로 마운트시키고, [완료] 버튼을 클릭합니다.

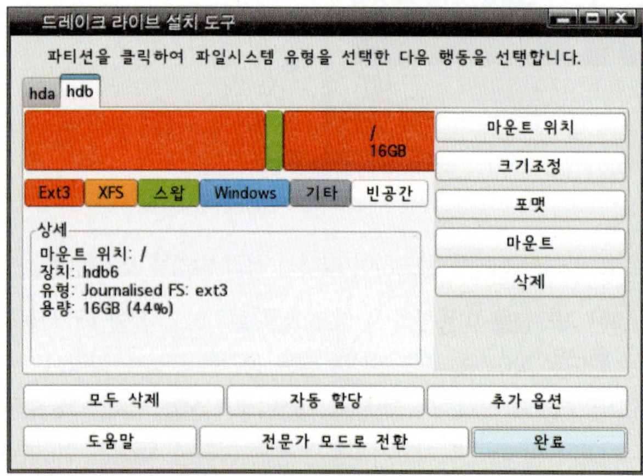

Step6 포맷할 파티션을 보여줍니다. 포맷할 파티션 선택이 올바른지 확인하여 [다음] 버튼을 클릭합니다.

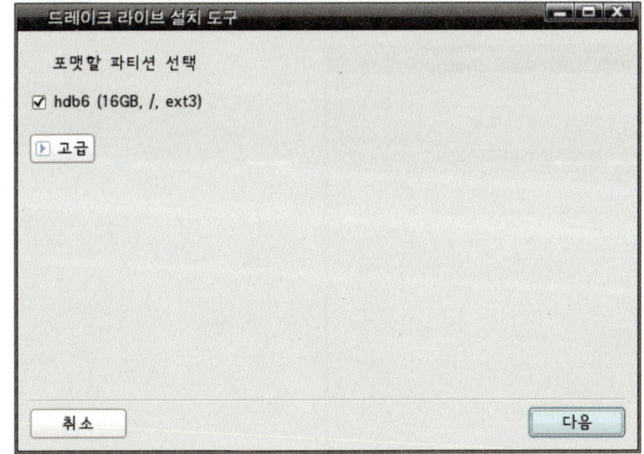

Step7 선택한 파티션이 포맷됩니다.

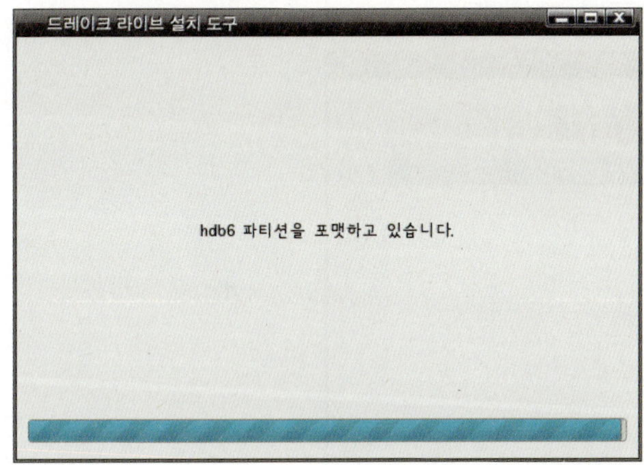

Step8 포맷이 이뤄진 후 자동으로 No1.Linux가 포맷된 파티션으로 복사됩니다. 파일 복사 과정은 시스템에 따라서 5분 내지 40 ~50분 정도 소요됩니다. LiveDISK로 이용하여 부팅한 경우 이 단계의 소요 시간은 5분 내외로 제일 빠르게 진행됩니다.

Step9 부트로더 설치를 위한 설정 단계입니다. 부트로더가 될 파티션과 부트로더 설치 유형이 자동적으로 선택되므로 [다음] 버튼을 클릭합니다.

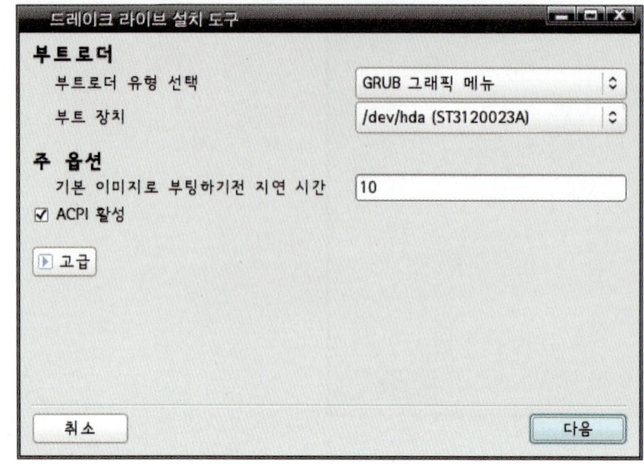

Step10 [변경] 버튼을 클릭하여 부트 엔트리를 수정합니다.

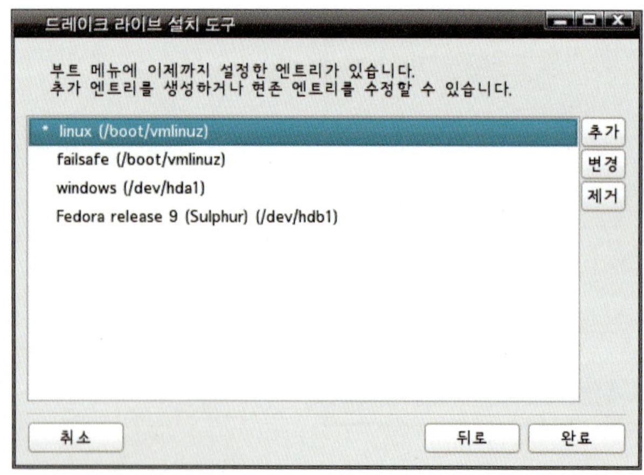

Step11 [추가] 항목에 splash=silent 옵션을 추가합니다. 그리고 [고급] 버튼을 클릭합니다.

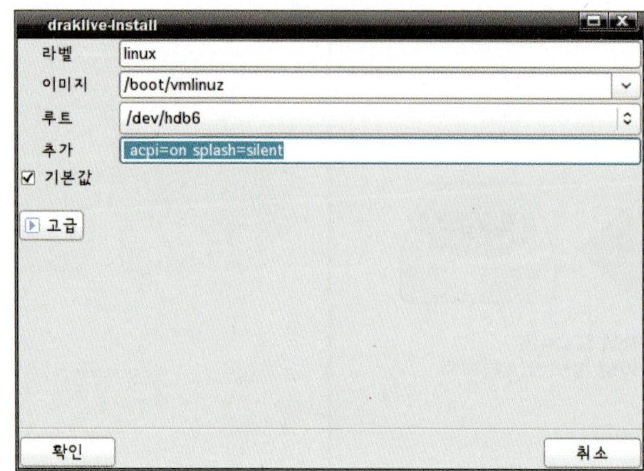

Step12 [비디오 모드] 항목의 빈 내림 차림표를 클릭하여 1024x768 16pp를 선택합니다. 그리고 나서 [확인] 버튼을 클릭합니다.

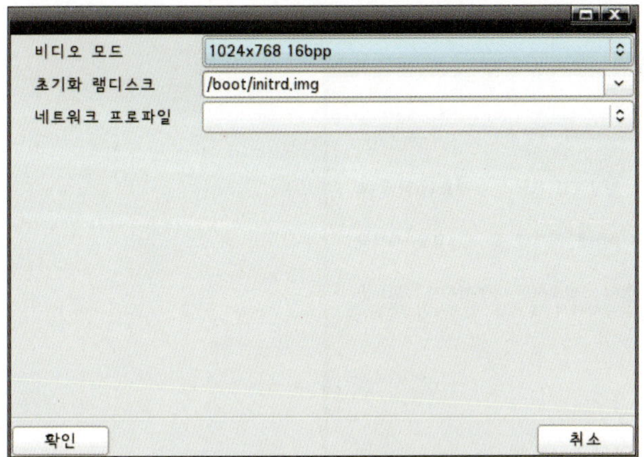

Step13 [확인] 버튼을 클릭합니다.

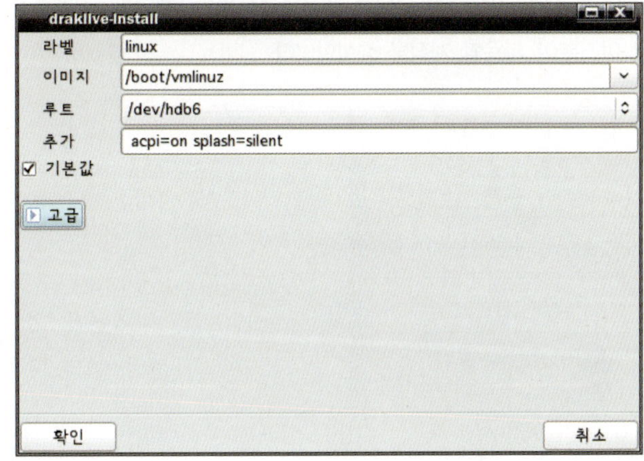

Step14 [완료] 버튼을 클릭하면 부트로더가 선택된 파티션으로 설치하게 됩니다.

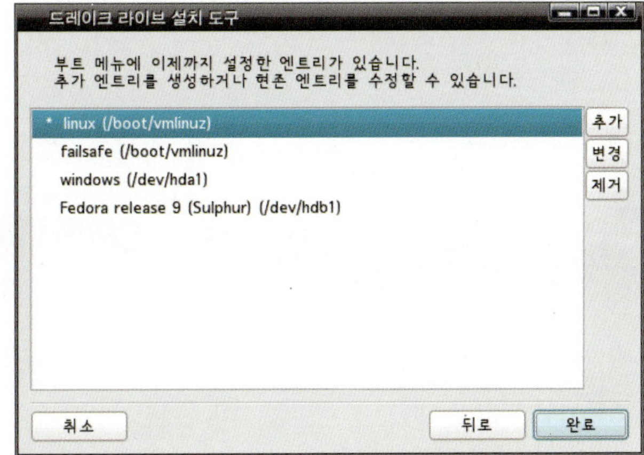

Step15 축하합니다. No1.Linux가 하드 디스크에 성공적으로 설치되었습니다. No1.Linux는 하드 디스크로 설치된 후 자동으로 시스템으로 재시작하질 않으므로, [완료] 버튼을 클릭하여 [K 시작 메뉴 〉 Leave 〉 Shutdown를 선택하여 시스템을 재시작합니다.

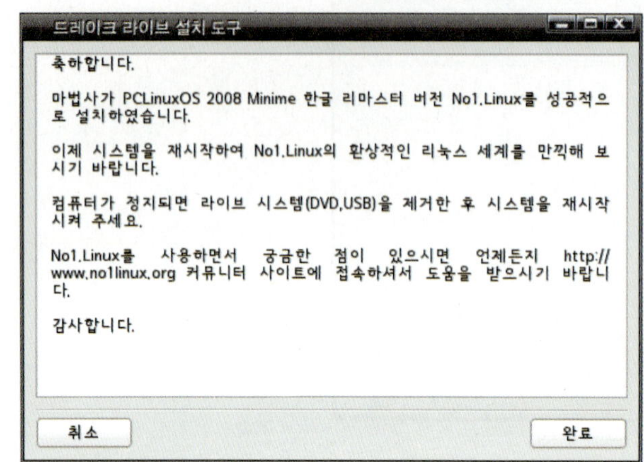

Step16 No1.Linux로 부팅하게 되면 시스템 관리자의 열쇠글과 사용자 계정을 생성하는 화면이 나타납니다. 시스템 관리자인 루트의 열쇠글을 지정해 주고, 앞으로 여러분이 사용할 계정을 생성합니다.

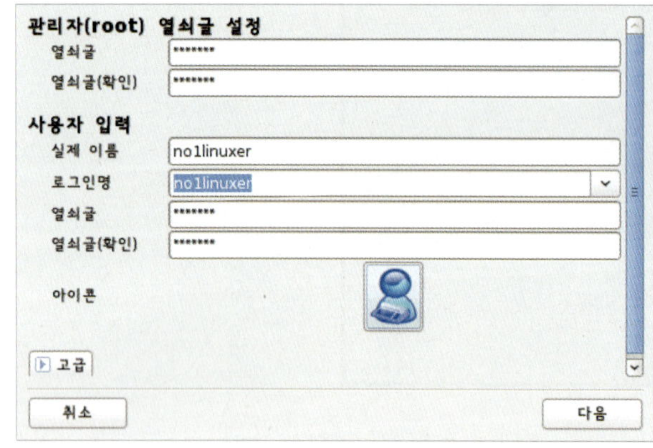

Step17 앞서 생성한 사용자 계정으로 로그인합니다.

5. No1.Linux 커뮤니티 안내

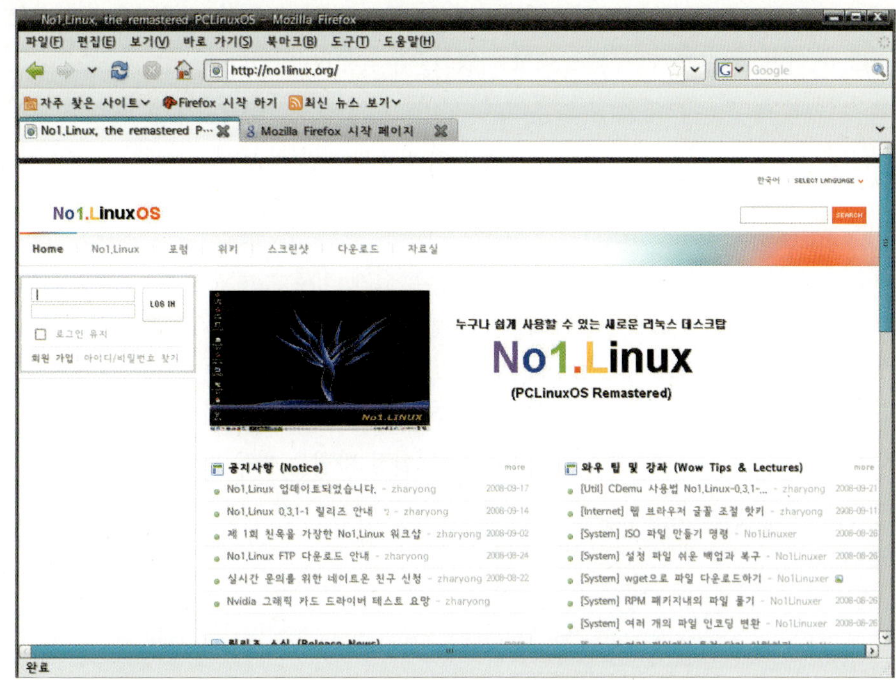

No1.Linux 사용자를 위한 커뮤니티의 주소는 다음과 같습니다.

```
http://www.no1linux.org
```

No1.Linux를 사용하는 모든 사용자는 누구나 자유롭게 이용할 수 있습니다만, 글 올리기는 회원으로 가입하여야 가능합니다. 이 커뮤니티에서는 No1.Linux를 데스크탑 운영체제로 100%로 사용할 수 있는 여러 가지 팁과 강좌를 제공하며, No1.Linux에 대한 궁금점을 풀고 있는 Q&A 게시판, 버그 보고 게시판, 건의 사항 게시판 등 다양한 포럼 게시판을 서비스하고 있습니다. No1.Linux를 사용하면서 궁금한 점이나 개선해야 할 사항 또는 건의할 사항이 있는 분들은 No1.Linux 커뮤니티를 이용해 주시기 바랍니다.

6. No1.Linux 주요 활용 팁

6.1 홈 씨어터(MythTV) 사용

MythTV는 HDTV 및 아날로그 TV를 지원하면서, 각종 동영상과 이미지 그리고 소리 파일을 지원하는 홈 씨어터 프로그램입니다. LiveDVD로 하드 디스크에 설치한 경우 MySQL-Max 패키지에 문제가 있으므로 다음과 같은 명령으로 MySQL-Max 패키지를 재설치한 후에 MythTV를 이용해야 합니다.

```
# apt-get install -y MySQL-Max
```

MythTV 설정을 위해 MySQL 데이터베이스를 수정하고자 할 경우 MySQL 루트 사용자의 열쇠글은 no1linux이며, mythtv 계정은 mythtv, 열쇠글은 mythtv입니다.

6.2 삼바 공유(PDC, 도메인 컨트롤러 지원)

No1.Linux는 윈도우 클라이언트와 No1.Linux 간에 자료를 공유하도록 삼바 서버가 기본적으로 설정되어 있습니다. 윈도우 클라이언트는 작업그룹명만 변경해 주면 삼바 서버에 바로 접근하여 삼바 서버와 자료를 공유할 수 있으며, 윈도우 AD서버와 동일한 기능의 도메인 컨트롤러(PDC) 기능으로 사용자 인증을 통하여 자신의 데이터를 삼바 서버로 백업할 수 있습니다.

No1.Linux와 윈도우 엑스피 간의 삼바 공유 설정 방법은 다음과 같습니다.

삼바 공유 사용자 이름	no1linux
삼바 공유 사용자 열쇠글	no1linux

7.2.1. 삼바 공유를 위한 윈도우 클라이언트 설정

- 시작 〉 내 컴퓨터 〉 속성 〉 컴퓨터 이름 〉 변경 〉 작업그룹 〉 no1linux로 변경
- 시스템을 리부팅합니다. (엑스피의 경우 꼭 할 필요는 없습니다.)
- 파일 브라우저(내컴퓨터 창)을 열어서 [검색] 도구 아이콘을 클릭합니다.
- [컴퓨터 또는 사람]를 클릭합니다.
- [네트워크에 있는 컴퓨터]를 클릭합니다.
- 컴퓨터 이름에 *를 입력합니다.
- 오른쪽 프레임창에 No1.Linux Samba Server가 나타납니다.
- 이걸 더블 클릭하면 인증 팝업창이 뜹니다.
- 사용자이름과 패스워드에 각각 no1linux를 입력합니다.
- 다 되었습니다. 이제 공유할 수 있는 리스트들이 보입니다. No1Linux-1를 클릭하여 그 안에 파일을 업로드해 보기 바랍니다.

no1linux, No1Linux-2는 설정이 되어 있질 않아서 접근이 안됩니다. No1Linux-1로 데이터가 잘 올라감을 확인할 수 있습니다.

7.2.2. 삼바 도메인 컨트롤러를 위한 클라이언트 설정

- 삼바 서버에 접속할 수 있는 계정을 생성해야 합니다. 제어판에서 사용자 관리를 클릭하여 no1linux 계정을 만듭니다.

- 제어판 〉 시스템 〉 컴퓨터 이름 〉 변경 〉 도메인을 선택합니다.

  조금 전에는 작업그룹을 선택하여 변경했지만, 이번에는 도메인을 선택해야 합니다. 그리고 no1linux를 입력합니다.

- 도메인에 가입할 권한이 있는 계정의 이름으로는 root를, 암호에는 삼바 서버의 루트 열쇠글(root)을 입력합니다.

- 도메인 시작 창이 뜨면 [확인]을 누릅니다. 그리고 나서 시스템을 재시작합니다.

- 시스템을 재시작하면 윈도우 엑스피 로그온 창이 뜨게 됩니다. 사용자이름(no1linux)과 암호(no1linux)을 입력하고, [옵션]버튼을 눌러 등록된 도메인(no1linux)를 선택하여 [확인] 버튼을 클릭합니다.

- 이제, 로그인되면서 삼바 서버의 공유 폴더에 인증 절차 없이 접근할 수 있게 됩니다. 앞서 설명한 대로 삼바 서버를 찾아서 공유 폴더에 접근해 보시기 바랍니다.

- 삼바 서버의 도메인 컨트롤러가 정상적으로 동작하고 있다면 엑스피 클라이언트가 종료될 때 클라이언트의 자료들이 서버로 전송(즉, 백업)되고, 다시 엑스피로 로그인하면 서버의 데이터와 비교하여 데이터가 동기화되므로, 윈도우 사용자의 데이터가 자동 백업되는 이점이 있습니다.

6.3 KDE 부트 스플래시 변경하기

Step1 http://www.kde-look.org 사이트에서 왼쪽 메뉴에 있는 Ksplash를 클릭하여 사용하고자 하는 스플래시를 다운로드합니다.

Step2 다운로드한 스플래시를 /usr/share/apps/ksplash/Themes 디렉토리로 압축을 풀어 놓습니다. (배포판에 따라서 압축을 풀지 않고 이 디렉토리 아래로 압축 그대로 옮겨 놓아도 되는 경우도 있습니다.)

Step3 [K시작 메뉴 〉 KDE 제어판 〉 모양과 테마 〉 시작 화면]를 실행합니다.

Step4 오른쪽 추가한 스플래시가 보입니다. 이것을 선택하여 적용하게 되면 새로운 스플래시로 변경됩니다.

6.4 부트 스플래시 바꾸기

Step1 /usr/share/bootsplash/themes/스플래시명/images 디렉토리에 부트 스플래시를 이미지를 넣어 둡니다.

Step2 패널 아이콘 중에서 [시스템 제어센터] 아이콘을 클릭합니다.

Step3 [부트 〉 그래픽 부트 테마 설정]를 선택합니다.

Step4 그래픽 부트 모드를 [그래픽]으로 테마는 [적용하고자 하는 스플래시]를 선택하여 [확인] 버튼을 클릭합니다. 만일 테마가 보이질 않는다면 그래픽 부트 모드를 변경하여 [확인]를 눌렀다가 그래픽 부트 테마 설정을 닫았다가 재실행하면 됩니다. 상기 단계에서 부트로더에서 프레임버퍼가 설정되어 있지 않다는 창이 뜨면 프레임버퍼를 1024x768 16비트로 설정해 주면 됩니다.

Step5 시스템을 재부팅하여 새로운 부트 스플래시로 적용되는지를 확인합니다.

6.5 나만의 No1.Linux 만들어 보기(LiveCD 사용법)

No1.Linux는 누구나 리마스터링(재구성)할 수 있도록 LiveCD 스크립트를 제공하고 있습니다. 이 스크립트를 이용하면 여러분 설정한 환경 그대로 iso 파일을 만들어 주고, 만들어진 iso를 DVD로 굽게 되면 이 DVD로 Live 형태로 부팅하여 사용할 수 있습니다. 현재의 시스템을 그대로 백업하는데 상당히 좋은 도구가 됩니다. 그러면 여러분의 환경을 친구나 이웃에게 전달해 주기 위한 ISO 파일을 만드는 방법을 알아보겠습니다.

Step1 LiveCD/DVD 실행

[K 시작메뉴 〉 Favorites 〉 LiveCD 제작] 실행 또는 [K 시작메뉴 〉 Applications 〉 시스템 〉 LiveCD 제작] 실행

Step2 [확인] 버튼을 클릭합니다.

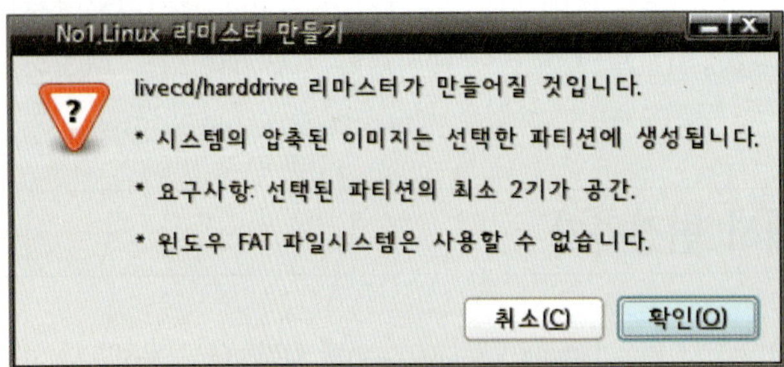

Step3 [예] 버튼을 클릭합니다.

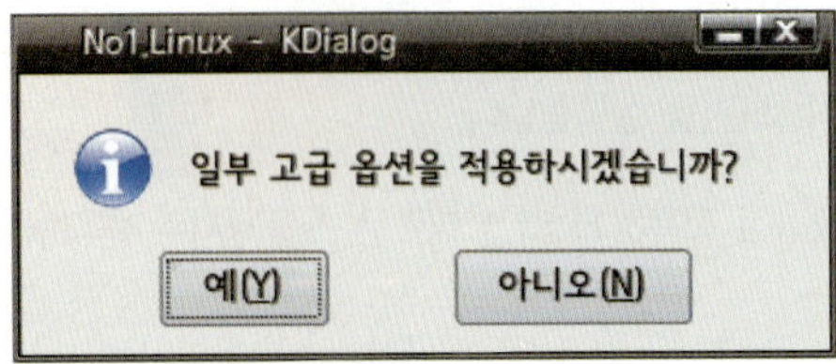

Step4 모든 체크박스 옵션을 체크하여 [확인] 버튼을 클릭합니다.

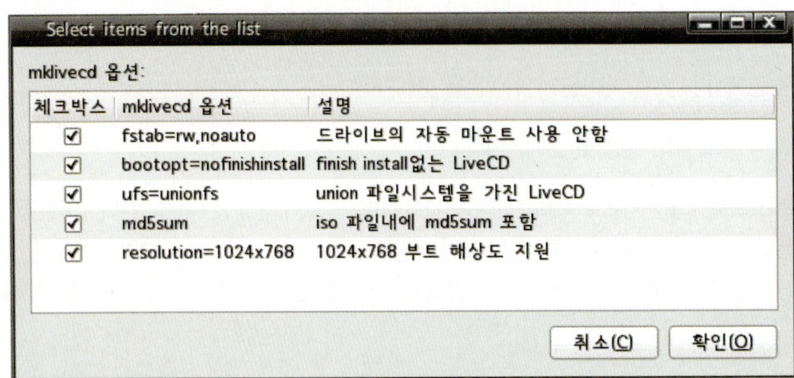

Step5 옵션없이 [확인] 버튼을 클릭합니다.

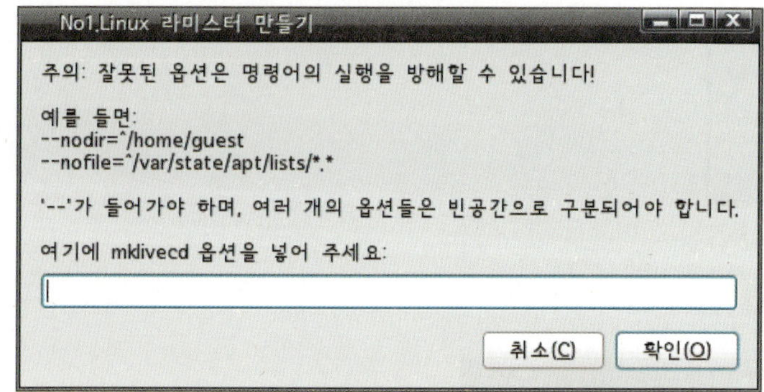

Step6 ISO 파일명(No1Linux-버전명)과 저장될 위치(/)를 선택합니다.

Step7 mklivecd 스크립트에 의해서 iso 파일이 생성되는 과정을 볼 수 있습니다. 이 때 iso 제작에 소요되는 시간은 시스템 사양에 따라서 큰 차이가 있습니다. CPU이 성능이 빠르면 빠를수록 제작 시간이 그만큼 단축됩니다. No1.Linux ISO를 제작하는데 AMD5600+, 2G 환경에서 대략 15분 정도 소요됩니다.

Step8 md5sum 파일을 자동 생성합니다. 이 파일이 생성되면 이 창은 자동으로 사라집니다.

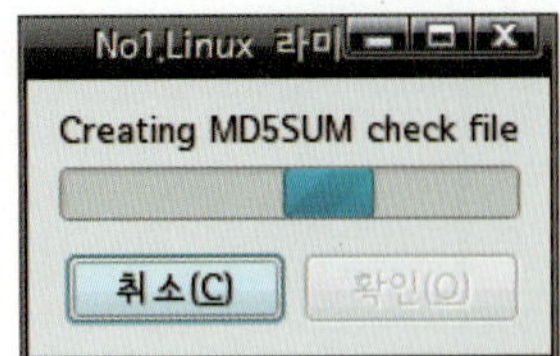

Step9 ISO 파일이 생성되었습니다.

이로써 모든 ISO 제작 과정이 완료되었습니다. 이제 K3B 프로그램으로 ISO 파일을 DVD로 굽게 되면 LiveDVD가 만들어집니다.

6.6 인터넷 공유기

No1.Linux는 인터넷 공유기로 활용할 수 있도록 미리 인터넷 공유에 관련된 설정이 되어 있습니다. 여러분 시스템에 이더넷 카드 2장이 꽂혀 있고, 허브만 있다면 인터넷 공유기로 사용할 수 있습니다. No1.Linux 시스템을 인터넷 공유기로 사용하고자 할 경우 다음 사항을 그대로 따라 진행하면 됩니다.

Step1 이더넷 카드를 하나 더 추가합니다. (메인 보드에 이더넷 카드가 내장되어 있거나 이더넷 카드가 꽂혀 있는 경우)

Step2 이더넷 카드 연결 방법

이더넷 종류	연결 대상	이더넷 인터페이스
1번 이더넷 카드	인터넷 전용선	eth0
2번 이더넷 카드	허브 또는 PC(크로스케이블)	eth1

Step3 eth0 이더넷 인터페이스에 아이피가 할당되도록 네트워크를 연결합니다. 주의할 점은 eth0 인터페이스를 갖는 이더넷 카드에 인터넷 전용선이 연결되어야 합니다. 만일 허브로 연결된다면 인터넷 공유가 되질 않음을 주의하십시오.

Step4 eth1 이더넷 인터페이스에 다음과 같이 내부 아이피를 할당합니다.

```
$ su -c 'ifconfig eth1 192.168.100.1'
password: 루트 열쇠글을 입력합니다.
```

Step5 dhcpd 서버 데몬을 재시작시킵니다.

```
$ su -c '/etc/init.d/dhcpd restart'
password: 루트 열쇠글을 입력합니다.
```

Step6 shorewall 방화벽을 재시작시킵니다.

```
$ su -c '/etc/init.d/shorewall restart'
password: 루트 열쇠글을 입력합니다.
```

Step7 squid 데몬을 재시작시킵니다.

```
$ su -c '/etc/init.d/squid restart'
password: 루트 열쇠글을 입력합니다.
```

이제 인터넷 공유기로 No1.Linux 시스템은 동작하게 됩니다. 부팅 시 eth0와 eth1 인터페이스의 네트워크 설정이 올바르게 되어 있다면 step5~7 단계는 자동으로 지원되므로, 굳이 실행할 필요는 없게 됩니다.

Step8 윈도우 클라이언트는 허브로 연결하여 네트워크 등록정보에서 자동 아이피 할당으로 설정해 놓게 되면 No1.Linux 시스템으로부터 자동으로 아이피를 할당받아 인터넷이 가능해집니다. 리눅스 클라이언트는 네트워크 설정을 dhcp로 설정해 놓으면 이것 역시 자동으로 아이피를 할당받아 인터넷을 공유할 수 있게 됩니다.

찾아보기

MZ

1등이 목표가 아니었다
단지 앞만 보고 달렸을뿐

메가존 만의 끈기와 노력은
다른 이들이 따라오는 것 조차 허락하지 않는다

앞으로도 메가존은 1등을 위해 달리지 않는다
다만, 처음과 같이 앞만 보고 달릴 뿐

메가존의 ONE-STOP 서비스와 함께 -
e-세상 거침없이 달려라!

메가존은 각각 전문화된 영역인
디자인, 프로그램, 보안, 기획, 콘텐츠 등의 전문지식으로
철저한 분석, 적합한 기획을 통해
독창적이고 창의적인 디자인을 구현합니다

또한 고객의 e-Business의 부가가치 창출을 위해
최적의 e-Solution 제공 및
이를 통한 고객의 가치창출을 극대화해
미래에 대한 비전까지 제시합니다

THE ART OF PERFORMANCE
MEGAZONE
151-014, Samnam Bldg 3F, Sillim-dong 527-13, Gwanak-gu, Seoul, Korea
tel + 02 2109 2500   fax + 02 2109 2599 www.mz.co.kr

세상을 움직이는

색다른 나를 꿈꾼다!
당신의 색을 담을 그곳, 메가존

TOTAL Online Business Company

THE ART OF PERFORMANCE
MZ MEGAZONE

서울시 관악구 신림4동 527-13 삼남빌딩 3층   Tel 02 2109 2500   Fax 02 2109 2599   www.mz.co.kr

누구나 쉽게 배울 수 있는
서자룡의
페도라 리눅스
그대로 따라하기

누구나 쉽게 배울 수 있는
서자룡의
페도라 리눅스
그대로 따라하기